마케팅 파운데이션

Marketing Foundations

제4판

CENGAGE Learning®

Marketing Foundations

4th Edition

William M. Pride
O. C. Ferrell

ISBN: 9780538756372

ISBN-13: 978-89-6454-309-2

Cengage Learning Korea Ltd.
Suite 1801 Seokyo Tower Building
133 Yangwha-Ro Mapo-Gu
Seoul 121-837, Korea
Tel: (82) 2 322 4926
Fax: (82) 2 322 4927

Cengage Learning is a leading provider of customized learning solutions with office locations around the globe, including Singapore, the United Kingdom, Australia, Mexico, Brazil, and Japan. Locate your local office at: **www.cengage.com/global**

Cengage Learning products are represented in Canada by Nelson Education, Ltd.

For product information, visit **www.cengageasia.com**

Printed in Korea
1 2 3 4 15 14 13 12

마케팅 파운데이션

Marketing Foundations

제4판

William M. Pride O. C. Ferrell 지음

김도일 | 김학윤 | 이호배 | 최혜경 옮김

박영사

CENGAGE Learning

Andover • Melbourne • Mexico City • Stamford, CT • Toronto • Hong Kong • New Delhi • Seoul • Singapore • Tokyo

마케팅 파운데이션 4판
Marketing Foundations, 4th Edition

4판 인쇄 2012년 8월 21일
4판 발행 2012년 8월 27일

저자 William M. Pride · O. C. Ferrell
역자 김 도 일 · 김 학 윤 · 이 호 배 · 최 혜 경
발행인 안 종 만
발행처 (주)박영사
서울특별시 종로구 평동 13-31번지 전화 (02)733-6771 FAX (02)736-4818
등록 1959. 3. 11. 제300-1959-1호(倫)
홈페이지 www.pybook.co.kr e-mail: pys@pybook.co.kr

정가 30,000원

ISBN 978-89-6454-309-2

역자 서문

역자들은 대학에서 마케팅을 강의하거나 현업에서 마케팅 전문가로 활동한지 20여년이 넘었지만 아직도 "마케팅이란 이런 것이다"라고 설파하기에는 여전히 부족함을 느낀다. 정말 우리가 마케팅을 잘 알고 있나? 남들에게 마케팅을 쉽게 설명할 수 있나? 시간이 지날수록 마케팅의 기본에 대한 궁금증은 여전히 남아있다. 막상 마케팅에 대한 내용을 전달한다면서 고객 중심적 전달보다는 여전히 현학적이고 알지 못할 용어들로 고객들을 혼란스럽게 만들고 있는건 아닌지 우려되기도 한다. 이러다 보니 마케팅을 누구나 쉽게 이해할 수 있도록 잘 정리된 책을 저술할 용기는 점점 더 없어지는 것 같다.

이런 고민을 하고 있던 중 작년에 Pride와 Ferrell의 Marketing Foundations를 홍대 대학원 마케팅 과목에서 기본교재로 사용했다. 특히 수강생중 많은 학생들이 학부에서 경영학을 전공하지 않아서 가능하면 쉬우면서 이해하기 쉽게 서술된 책을 선정했는데 수강생들의 반응이 상당히 좋았다. 그래서 기회가 되면 이 책을 번역했으면 좋겠다는 생각을 갖게 되었다.

즉, 이 책을 번역하게 된 계기는 마케팅을 매우 간단명료하면서 쉽게 설명하였다는 점을 들 수 있다. 어렵게 책을 쓰기는 쉽지만 이렇게 편안하게 써내려간 마케팅 책을 보기가 쉽지 않다. 그러면서도 마케팅에서 다룰 주제나 용어들을 빠짐없이 다루고 있어서 내용도 알차다. 그리고 분량도 많지 않아서 번역에 쉽게 착수할 수 있었다.

이번 작업에 참여한 역자중 대부분이 Hawkins의 '소비자행동'을 번역한 경험도 있어서 역자간의 호흡도 잘 맞는 것을 확인하였다. 늘 느끼는 것이지만, 책을 공저하거나 공역할 때의 문제는 자신들이 맡은 부분 외에는 거의 관심을 갖지 않기 때문에 책 전체내용의 흐름에 대한 일관성이나 용어들에 대한 통일이 쉽지 않다. 그래서 이번 번역에서는 철저하게 역자들끼리 번역내용을 서로 돌려보면서 상대방의 번역을 재차삼차 교정하고 조정하면서 완성하였다.

이번 번역의 또 다른 특성은 역자중에 현역 마케팅 전문가를 합류시켜서 현업의 감각에 맞게 번역하고, 마케팅 용어에 대한 번역도 학계와 실무적 차이를 최대한 좁히려고 노력하였다.

끝으로, 본문의 이해를 돕기 위해서 삽입된 그림들 중에서 일부는 저작권 관계로 다른 그림들로 교체하였다.

강의하는 교수의 입장에서 이 역서는 분량이 적으면서도 다루는 주제들이 많아서, 강의시간에 교재내용을 그대로 설명하는 지루함보다는 강의 스타일에 맞게 교재의 핵심 주제에 대해서 유연성있게 강의 내용을 구성할 수 있다. 학생들이 가장 싫어하는 강의중 하나가 교재에 있는 내용을 그대로 전달하는 경우라고 한다.

이 책은 수강생이나 독자의 입장에서 장황한 설명보다는 핵심적 내용에 주안점을 두어서 기억하기 쉽고 새로운 주제나 용어에 친숙하기 용이하도록 구성되어있다.

이 책이 나오기까지는 여전히 여러 사람들의 도움이 절대적이었다.

우선 이 책을 출판하도록 허용해 준 박영사에 감사드린다.

그리고 일부 초벌 번역을 해준 홍대 대학원 문화예술경영학과의 임주현과 박지영, 홍대 대학원 경영학과의 권장헌, 용어정리를 해준 홍대 대학원 경영학과의 강정윤, 전체적으로 초고를 읽고 수정해 준 부산대 박사과정 오미옥, 그리고 전체적인 교정체제를 잡아주고 번역 조언을 해준 홍대 대학원 경영학과 박사과정 이철성에게 고마움을 전한다.

역자간에 충분한 논의와 내용검토를 통해서 번역하였지만 미국이라는 나라에 대한 문화적 차이를 완전히 극복했다고 보기 어려워서 번역상의 오류가 발생할 수 있는데 이것은 전적으로 역자들의 책임이라는 것을 인정한다.

부디 이 책을 읽는 누군가에게 도움이 되기를 바라며.....

2012년 8월

역자 일동

저자 서문

역동적 환경에서의 마케팅

변화하는 마케팅 환경에 적응할 필요성은 절대적으로 중요하다. 이 책(Marketing Foundations)은 조직과 사회에서 마케팅 역할과 관련된 적합한 개념들과 최선의 관행들을 이용해서 시장을 선도한다.

이 새 개정판은 가장 전폭적 개정을 거쳤고 그 결과 가장 최신의 교재가 되었다. 효율성과 학습에 대한 욕구를 반영하기 위해서, 몇 개 장을 줄이고 페이지 수를 줄였지만 모든 주요 개념들을 다룰 수 있도록 상당한 신경을 썼다. 이 책을 더 압축적으로 만들기 위해서 내용들을 더욱 신경써서 분석하였고, 최근 것으로 재구성하였고 미케팅 환경에서의 중요한 변화들을 반영하였다.

마케팅 관리자는 지난 80년 동안, 소비자의 높은 실업률, 개인적인 재무적 손실, 신용감소, 그리고 사업에 대한 자신감과 신뢰의 상실이라는 가장 심각한 침체기를 직면하였다. 경제의 변환은 마케팅 전략과 활동에 강하게 영향을 미치고 있다. 이 개정판에 대한 추가 사항으로는 마케팅이 변화할 필요를 반영하고 사업 환경의 기존 및 미래의 개발에 적응할 필요를 반영하고 있다. '전환 중인 마케팅' 칼럼은 어떻게 마케팅이 변하고 있고 새로운 기술, 경쟁적 요인, 그리고 세계 경제에 적응하는가를 반영하고 있다

사업이 지속가능성 주도의 중요성을 인정하기 시작하면서, 이 책 전반에서 그린(green)에 대한 주제를 통합하고 있다. 그린 마케팅을 고객과의 의미있는 장기적 관계를 창출하기 위해서 이해관계자에 대한 평가를 하는 반면 자연 환경을 유지하고, 지원하고, 그리고 향상시키는 것을 포함한 전략적 과정으로 본다. 그린 마케팅은 미래의 세대에게 잘 살 수 있는 세상을 만들어 주기 위해서 직면하게 되는 많은 도전들 때문에 사업에서 중요해지고 있다. 지구 온난화를 최소하는 방법에 대한 대부분의 보고서에서 탄소배출이 주안점이 되고 있어서, 줄이고, 재사용하고, 그리고 재활용에 대한 필요가 대부분의 사업에서 그린 주도성의 원천이 되고 있다. 각 장은 마케팅 활동들을 지속가능성 및 자연환경과 관련하는 지속가능성 칼럼을 제공한다.

변화에 대한 주제와 일관되게, 기업가 마케팅 칼럼이 기업가 정신과 마케팅의 역할을 논의할 기회를 제공하고, 변화하는 환경에서 성공적인 마케팅 전략을 개발하는데 필요한 창의성을 제공한다.

이 책의 구성

제1부: 전략적 마케팅과 환경 마케팅의 개요; 전략적 마케팅 기획, 마케팅 환경 요인, 그리고 사회적 책임과 마케팅 윤리의 검토

제2부: 마케팅조사와 표적시장 마케팅 조사와 정보시스템; 표적 시장과 세분화 평가의 고려

제3부: 고객행동 소비자와 산업재 구매행동; 세계시장과 국제마케팅

제4부: 제품결정 제품의 개발 및 관리; 브랜딩과 패키징 개념

제5부: 가격결정 가격 설정의 기초와 마케터가 가격 설정에 사용하는 과정

제6부: 유통결정 마케팅 경로와 공급사슬관리, 소매, 도매, 그리고 직접 마케팅

제7부: 촉진결정 통합적 마케팅 커뮤니케이션과 광고, 인적 판매, 판매촉진, 그리고 홍보를 포함한 촉진 방법

보충교재

저자들이 이 자료를 강의하고 교재 및 부교재를 개정하는데 체험 접근방법을 유지하였다. 이러한 결과로 학생에게 도달하는데 정확하고, 건전하고, 그리고 성공적인 통합적 강의 패키지와 접근방법이 개발되었다. 저자들과 출판사는 시장에서 압도할 수 있는 우수한 강의패키지와 부교재를 제공하기 위해서 협력해서 작업했다. 이러한 관여의 결과가 강의 패키지와 학생 학습 결과에 신뢰와 자신감을 키웠다

강의자를 위한 부교재

강의자 매뉴얼. 강의자 매뉴얼은 강의 환경의 욕구에 맞추어서 개정되었다. 이것은 다양하고 역동적인 논의 개시, 수업활동, 그리고 집단 연습으로 최신화되었다. 또한 이 매뉴얼은 다음과 같은 도구들을 포함한다

- 특성과 멀티비디오를 이용한 통합 강의 개요
- 각 장별 퀴즈
- 복습 문제에 대한 모범답안

파워포인트 슬라이드. 파워포인트는 매우 대중적인 강의 도구가 되었으며, 강의를 향상시키기 위해서 파이포인트 프로그램을 업데이트하는데 특별한 노력을 하였다. 광고물과 같은 내용을 포함한 프리미엄 강의 슬라이드, 비디오 클립, 웹링크, 그리고 독특한 그래프와 자료들이 학생들의 활용과 관심을 증가시킬 수 있는 최신의 독특한 내용이 강의자에게 제공된다.

문제은행. 문제은행은 O/X문제, 선다형문제, 그리고 에세이 문제를 포함해서 4,000문제 이상을 제공한다. 각 문제에 대해서 정확한 정답, 적합한 학습목표, 난이도 수준, 교재 출제근거 페이지, 그리고 AACSB기준의 제시가 표기되어 있다. 강의자는 문제를 선정하고, 편집하고, 그리고 추가할 수 있거나, 무작위로 선정된 문제를 생성시킬 수 있다.

마케팅 비디오 케이스시리즈DVD. 이 시리즈는 교재에 있는 비디오사례와 연계된 내용을 담고 있다. 방대한 양의 비디오 사례는 이번 개정판에서 처음이고, Netflix, Harley-Davidson, Lonely Planet, Washburn Guitars, 그리고 Smart Car USA 와 같은 흥미로운 기업들의 비디오 클립의 지원을 받는다

강의자 동료 웹사이트(www.cengage.com/international). 비밀번호로 보호되고, 강의자 웹사이트는 강의계획을 설계하고 강의하도록 도와주는 유용한 도구를 포함하고 있다. 내용으로는 강의자 매뉴얼, 문제은행, 프리미엄 파워포인트 슬라이드, 상호작용적 마케팅 계획, 그 이상의 파일을 포함하고 있다.

학생을 위한 부교재

학생 웹사이트(www.cengage.com/international). 학생 웹사이트는 학습목표, 각장별 요약, 용어, 그리고 기타 교재 특정 도구를 학생에게 제공한다.

상호작용적 마케팅 계획. 마케팅 계획 워크시트는 상호작용적 환경과 멀티미디어 환경하에서 재생산되고 개정되었다. 비디오 프로그램은 워크쉬트를 이용해서 개발되어서, 학생들이 기업들의 신제품 출시 시련과정을 따라가 보도록 해준다. 이 비디오는 응용가능한 관점에서 개념적인 마케팅 계획을 수립하도록 도와주고, 마케팅 계획의 특정 단계에 대한 요약뿐만 아니라 비디오에 소개된 사건에 근거한 표본에 의해서 지원된다. 이러한 요소들은 학생들을 지원하는 1-2-3 펀치처럼 행동하는 한편, 상호작용적 마케팅 계획의 마지막 단계에서 이러한 요소들은 자신의 계획과 경쟁한다. 이 계획은 하나의 단순 프로젝트에서 완성되거나 한 학기동안 수행될 수도 있는 세 가지의 기능적 부문으로 나누어져 있다.

감사의 글

대부분의 교재들과 마찬가지로, 이 책도 마케팅 학문의 발전에 공헌한 많은 학자들과 실무자들의 아이디어들을 반영하고 있다.

우리의 초기 마케팅 교재에 대해서 수년간에 걸쳐서 헤아릴 수 없을 만큼 귀중한 피드백을 제공한 수 백명의 비평가들에게도 감사를 드리고 싶다:

Zafar U. Ahmed
Minot State University

Thomas Ainscough
University of Massachusetts—Dartmouth

Sana Akili
Iowa State University

Katrece Albert
Southern University

Joe F. Alexander
University of Northern Colorado

Mark I. Alpert
University of Texas at Austin

David M. Ambrose
University of Nebraska

David Andrus
Kansas State University

Linda K. Anglin
Minnesota State University

George Avellano
Central State University

Emin Babakus
University of Memphis

Julie Baker
Texas Christian University

Siva Balasubramanian
Southern Illinois University

Joseph Ballenger
Stephen F. Austin State University

Guy Banville
Creighton University

Frank Barber
Cuyahoga Community College

Joseph Barr
Framingham State College

Thomas E. Barry
Southern Methodist University

Charles A. Bearchell
California State University—Northridge

Richard C. Becherer
University of ennessee—Chattanooga

Walter H. Beck, Sr.
Reinhardt College

Russell Belk
University of Utah

John Bennett
University of Missouri—Columbia

W. R. Berdinc
California State Polytechnic Institute

Karen Berger
Pace University

Bob Berl
University of Memphis

Stewart W. Bither
Pennsylvania State University

Roger Blackwell
Ohio State University

Peter Bloch
University of Missouri—Columbia

Wanda Blockhus
San Jose State University

Paul N. Bloom
University of North Carolina

Nancy Bloom
Nassau Community College

James P. Boespflug
Arapahoe Community College

Joseph G. Bonnice
Manhattan College

John Boos
Ohio Wesleyan University

Peter Bortolotti
Johnson & Wales University

Jenell Bramlage
University of Northwestern Ohio

James Brock
Susquehanna College

John R. Brooks, Jr.
Houston Baptist University

William G. Browne
Oregon State University

John Buckley
Orange County Community College

Gul T. Butaney
Bentley College

James Cagley
University of Tulsa

Pat J. Calabros
University of Texas—Arlington

Linda Calderone
State University of New York College of Technology at Farmingdale

Joseph Cangelosi
University of Central Arkansas

William J. Carner
University of Texas—Austin

James C. Carroll
University of Central Arkansas

Terry M. Chambers
Westminster College

Lawrence Chase
Tompkins Cortland Community College

Larry Chonko
Baylor University

Barbara Coe
University of North Texas

Ernest F. Cooke
Loyola College—Baltimore

Robert Copley
University of Louisville

John I. Coppett
University of Houston—Clear Lake

Robert Corey
West Virginia University

Deborah L. Cowles
Virginia Commonwealth University

Sandra Coyne
Springfield College

Melvin R. Crask
University of Georgia

William L. Cron
Texas Christian University

Gary Cutler
Dyersburg State Community College

Bernice N. Dandridge
Diablo Valley College

Tamara Davis
Davenport University

Lloyd M. DeBoer
George Mason University

Sally Dibb
University of Warwick

Ralph DiPietro
Montclair State University

Paul Dishman
Idaho State University

Suresh Divakar
State University of New York—Buffalo

Casey L. Donoho
Northern Arizona University

Todd Donovan
Colorado State University

Peter T. Doukas
Westchester Community College

Kent Drummond
University of Wyoming

Lee R. Duffus Florida
Gulf Coast University

Robert F. Dwyer
University of Cincinnati

Roland Eyears
Central Ohio Technical College

Thomas Falcone
Indiana University of Pennsylvania

James Finch
University of Wisconsin—La Crosse

Letty C. Fisher
SUNY/Westchester Community College

Renee Florsheim
Loyola Marymount University

Charles W. Ford
Arkansas State University

John Fraedrich
Southern Illinois University, Carbondale

David J. Fritzsche
University of Washington

Donald A. Fuller
University of Central Florida

Terry Gable
Truman State University

Ralph Gaedeke
California State University, Sacramento

Robert Garrity
University of Hawaii

Cathy Goodwin
University of Manitoba

Geoffrey L. Gordon
Northern Illinois University

Robert Grafton-Small
University of Strathclyde

Harrison Grathwohl
California State University—Chico

Alan A. Greco
North Carolina A&T State University

Blaine S. Greenfield
Bucks County Community College

Thomas V. Greer
University of Maryland

Sharon F. Gregg
Middle Tennessee University

Jim L. Grimm
Illinois State University

Charles Gross
University of New Hampshire

Joseph Guiltinan
University of Notre Dame

John Hafer
University of Nebraska at Omaha

David Hansen
Texas Southern University

Richard C. Hansen
Ferris State University

Nancy Hanson-Rasmussen
University of Wisconsin—Eau Claire

Robert R. Harmon
Portland State University

Mary C. Harrison
Amber University

Lorraine Hartley
Franklin University

Michael Hartline
Florida State University

Timothy Hartman
Ohio University

Salah S. Hassan
George Washington University

Manoj Hastak
American University

Del I. Hawkins
University of Oregon

Dean Headley
Wichita State University

Esther Headley
Wichita State University

Debbora Heflin-Bullock
California State Polytechnic University—Pomona

Merlin Henry
Rancho Santiago College

Tony Henthorne
University of Southern Mississippi

Lois Herr
Elizabethtown College

Charles L. Hilton
Eastern Kentucky University

Elizabeth C. Hirschman
Rutgers, State University of New Jersey

George C. Hozier
University of New Mexico

John R. Huser
Illinois Central College

Joan M. Inzinga
Bay Path College

Deloris James
University of Maryland University College

Ron Johnson
Colorado Mountain College

Theodore F. Jula
Stonehill College

Peter F. Kaminski
Northern Illinois University

Yvonne Karsten
Minnesota State University

Jerome Katrichis
Temple University

Garland Keesling
Towson University

James Kellaris
University of Cincinnati

Alvin Kelly
Florida A&M University

Philip Kemp
DePaul University

Sylvia Keyes
Bridgewater State College

William M. Kincaid, Jr.
Oklahoma State University

Roy Klages
State University of New York at Albany

Hal Koenig
Oregon State University

Douglas Kornemann
Milwaukee Area Technical College

Kathleen Krentler
San Diego State University

John Krupa Jr.
Johnson & Wales University

Barbara Lafferty
University of South Florida

Patricia Laidler
Massasoit Community College

Bernard LaLond
Ohio State University

Richard A. Lancioni
Temple University

Irene Lange
California State University—Fullerton

Geoffrey P. Lantos
Stonehill College

Charles L. Lapp
University of Texas—Dallas

Virginia Larson
San Jose State University

John Lavin
Waukesha County Technical Institute

Marilyn Lavin
University of isconsin—Whitewater

Hugh E. Law
East Tennessee University

Monle Lee
Indiana University—South Bend

Ron Lennon
Barry University

Richard C. Leventhal
Metropolitan State College

Marilyn Liebrenz-Himes
George Washington University

Jay D. Lindquist
Western Michigan University

Terry Loe
Kennesaw State University

Mary Logan
Southwestern Assemblies of God College

Paul Londrigan
Mott Community College

Anthony Lucas
Community College of Allegheny County

George Lucas
U.S. Learning, Inc.

William Lundstrom
Cleveland State University

Rhonda Mack
College of Charleston

Stan Madden
Baylor University

Patricia M. Manninen
North Shore Community College

Gerald L. Manning
Des Moines Area Community College

Lalita A. Manrai
University of Delaware

Franklyn Manu
Morgan State University

Allen S. Marber
University of Bridgeport

Gayle J. Marco
Robert Morris College

Carolyn A. Massiah
University of Central Florida

James McAlexander
Oregon State University

Donald McCartney
University of Wisconsin—Green Bay

Anthony McGann
University of Wyoming

Jack McNiff
State University of New York College of Technology at Farmington

Lee Meadow
Eastern Illinois University

Carla Meeske
University of Oregon

Jeffrey A. Meier
Fox Valley Technical College

James Meszaros
County College of Morris

Brian Meyer
Minnesota State University

Martin Meyers
University of Wisconsin—Stevens Point

Stephen J. Miller
Oklahoma State University

William Moller
University of Michigan

Kent B. Monroe
University of Illinois

Carlos W. Moore
Baylor University

Carol Morris-Calder
Loyola Marymount University

David Murphy
Madisonville Community College

Keith Murray
Bryant College

Sue Ellen Neeley
University of Houston—Clear Lake

Carolyn Y. Nicholson
Stetson University

Francis L. Notturno, Sr.
Owens Community College

Terrence V. O'Brien
Northern Illinois University

James R. Ogden
Kutztown University of Pennsylvania

Lois Bitner Olson
San Diego State University

Mike O'Neill
California State University—Chico

Robert S. Owen
State University of New York—Oswego

Allan Palmer
University of North Carolina at Charlotte

David P. Paul, III
Monmouth University

Terry Paul
Ohio State University

Teresa Pavia
University of Utah

John Perrachione
Truman State University

Michael Peters
Boston College

Linda Pettijohn
Missouri State University

Lana Podolak
Community College of Beaver County

Raymond E. Polchow
Muskingum Area Technical College

Thomas Ponzurick
West Virginia University

William Presutti
Duquesne University

Kathy Pullins
Columbus State Community College

Edna J. Ragins
North Carolina A&T State University

Daniel Rajaratnam
Baylor University

Mohammed Rawwas
University of Northern Iowa

James D. Reed
Louisiana State University—Shreveport

William Rhey
University of Tampa

Glen Riecken
East Tennessee State University

Winston Ring
University of Wisconsin—Milwaukee

Ed Riordan
Wayne State University

Bruce Robertson
San Francisco State University

Robert A. Robicheaux
University of Alabama—Birmingham

Linda Rose
Westwood College Online

Bert Rosenbloom
Drexel University

Robert H. Ross
Wichita State University

Tom Rossi
Broome Community College

Vicki Rostedt
The University of Akron

Michael L. Rothschild
University of Wisconsin—Madison

Kenneth L. Rowe
Arizona State University

Don Roy
Middle Tennessee State University

Catherine Ruggieri
St. John's University

Elise Sautter
New Mexico State University

Ronald Schill
Brigham Young University

Bodo Schlegelmilch
Vienna University of Economics and Business Administration

Edward Schmitt
Villanova University

Thomas Schori
Illinois State University

Donald Sciglimpaglia
San Diego State University

Stanley Scott
University of Alaska?Anchorage

Harold S. Sekiguchi
University of Nevada—Reno

Gilbert Seligman
Dutchess Community College

Richard J. Semenik
University of Utah

Beheruz N. Sethna
Lamar University

Morris A. Shapero
Schiller International University

Terence A. Shimp
University of South Carolina

Mark Siders
Southern Oregon University

Carolyn F. Siegel
Eastern Kentucky University

Dean C. Siewers
Rochester Institute of Technology

Lyndon Simkin
University of Warwick

Roberta Slater
Cedar Crest College

Paul J. Solomon
University of South Florida

Sheldon Somerstein
City University of New York

Eric R. Spangenberg
University of Mississippi

Rosann L. Spiro
Indiana University

William Staples
University of Houston—Clear Lake

Bruce Stern
Portland State University

Claire F. Sullivan
Metropolitan State University

Carmen Sunda
University of New Orleans

Robert Swerdlow
Lamar University

Crina Tarasi
Central Michigan University

Steven A. Taylor
Illinois State University

Ruth Taylor
Texas State University

Hal Teer
James Madison University

Ira Teich
Long Island University—C.W. Post

Debbie Thorne
Texas State University

Dillard Tinsley
Stephen F. Austin State University

Sharynn Tomlin
Angelo State University

Hale Tongren
George Mason University

James Underwood
University of Southwest Louisiana—Lafayette

Barbara Unger
Western Washington University

Tinus Van Drunen
University Twente (Netherlands)

Dale Varble
Indiana State University

Bronis Verhage
Georgia State University

Charles Vitaska
Metropolitan State College

R. Vish Viswanathan
University of Northern Colorado

Kirk Wakefield
Baylor University

Harlan Wallingford
Pace University

Jacquelyn Warwick
Andrews University

James F. Wenthe
Georgia College

Sumner M. White
Massachusetts Bay Community College

Janice Williams
University of Central Oklahoma

Alan R. Wiman
Rider College

John Withey
Indiana University—South Bend

Ken Wright

West Australia College of Advanced Education-Church/and Campus

우리는 제6부 "유통결정"에 대해서 공헌했을 뿐만 아니라 교재전반에 걸쳐서 전세계적 차원을 통합하는데 조언을 제공한 Tomas Hult(Michigan State University)에게 감사를 드리고 싶다.

우리는 새로운 특성인 Developing Your Marketing Plan과 문제은행에 대해서 작업을 해준 Phylis Mansfild, 강의자 매뉴얼을 업데이트해 준 Chuck Tomkovick에게도 감사를 드린다. 그리고 파워포인트 슬라이드를 업데이트하는데 전문적인 노력과 근면함을 보여준 Milton Pressly에게도 감사한다. 부교재에 대한 이들의 작업들이 이 개정판의 요구와 기준을 충족시키고 있다. 우리는 당신들에게 다시 한번 감사드린다.

Jennifer Jackson은 교재, 부교재, 그리고 웹사이트의 연구, 편집, 내용개발, 그리고 저술을 도와주었다. 우리 저자들은 편집적 제안, 기술적 지원, 그리고 지지를 제공한 Marian Wood의 도움에 진심으로 감사드린다. 교재 및 부교재와 관련된 무수한 과제들의 완성을 도와준 것에 대해서, 우리 저자들은 Alexi Sherrill, Jennifer Sawayda, Courtney Bohannon, Saleha Amon, Clarissa Means, 그리고 Brenda Lake에게 감사를 표시한다.

Texas A&M University와 University of New Mexico의 동료교수들이 우리에게 보낸 지원과 격려에 대해서 감사를 표시한다. 또한 우리는 학생들, 학생표적집단, 그리고 지속적인 피드백을 제공한 학생 통신원들로부터 받은 비평과 제안에 대해서도 매우 감사하게 생각한다.

Cengage Learing에 있는 재능있는 수많은 전문가들도 이 책을 개발하는데 공헌하였다. 특히 Mike Roche, Suzanna Bainbridge, Scott Dillion, Terri Miller, Deanna Ettinger, Stacy Shirly, Shanna Shelton, 그리고 Sarah Greber에게 감사드린다. 이들의 영감, 인내, 지원 그리고 우정은 헤아릴 수 없을 만큼 소중하다.

William M. Pride

O.C. Ferrell

To Nancy, Mike, and Allen Pride

To Linda Ferrell

한눈에 보는 차례

차 례

2 마케팅조사와 표적시장 87

3 고객행동 147

4 제품결정 235

CHAPTER 9 제품, 브랜딩 및 패키징 개념 237

CHAPTER 10 제품 및 서비스의 개발과 관리 273

5 가격결정 305

6 유통결정 359

전략적 마케팅과 환경

1

BANANASTOCK/THINKSTOCK

제1장
고객지향적인
전략적 마케팅

제2장
마케팅 전략의 기획

제3장
마케팅환경,
사회적 책임 및 윤리

제1부는 마케팅의 영역을 소개하고 마케팅의 여러 가지 구성요소를 탐색하고 분석하는 넓은 관점을 제공한다. 제1장은 마케팅을 정의하고, 고객, 표적시장, 마케팅믹스, 관계마케팅, 마케팅개념 및 가치를 포함한 여러 가지 주요 개념을 탐색한다. 제2장은 기획과정에 대한 조직의 자원 및 기회의 영향, 사명서의 역할, 기업, 사업단위 및 마케팅의 전략, 그리고 마케팅 기획과 같은 전략적 마케팅 이슈를 개관한다. 이러한 이슈는 마케팅환경의 경쟁적, 경제적, 정치적, 법률적 및 규제적, 기술적, 그리고 사회문화적 요인의 영향을 크게 받는다.

고객지향적인 전략적 마케팅

CHAPTER 1

ISTOCKPHOTO/THINKSTOCK

학습목표

1. 마케팅을 정의한다.
2. 표적시장, 마케팅믹스, 마케팅 교환 및 마케팅환경 등 여러 가지 중요한 마케팅 용어를 이해한다.
3. 마케팅개념 및 마케팅지향성을 알아본다.
4. 고객관계구축의 중요성을 이해한다.
5. 마케팅관리과정의 일부분인 주요 마케팅기능을 설명한다.
6. 사회에서 마케팅의 역할을 이해한다.

Red Sox의 마케터가 PBR 리그와 제휴를 맺다

Red Sox와 황소타기 경기는 공통점이 있는가? 이들 둘은 마케팅회사인 Fenway Sports Group (FSG)을 통해서 연결된다. 기업수준의 파트너십을 장려하려는 노력의 일환으로, Red Sox 소유주인 New England Sports Ventures가 설립한 FSG는 2009년에 Professional Bull Riders (PBR)와 제휴를 맺었다. 이 파트너십으로 FSG는 PBR의 독점적인 판매대리점이 되었다. PBR은 훌륭하지만 위험한 아이디어가 어떻게 이익을 낼 수 있는지를 잘 보여주고 있다. PBR은 20명의 황소타기 선수들이 로데오의 가장 인기 있는 부분인 황소타기가 자립할 수 있다고 판단한 1992년에 출발하였다. 황소타기 선수 각각이 1,000달러씩 투자하였다. 그 이래로 PBR은 1,200명의 선수들이 300회 이상의 경기에서 시합하는 최고의 황소타기 리그가 되었다.

PBR은 FSG가 수년간 제휴를 맺었던 여타 파트너십들과 확연하게 다른데, 이 파트너십들은 East Coast 조직들과 야구를 끌어들였다. 황소타기 선수는 8초 동안 화난 200파운드의 황소 등에 타고 있어야 한다. 이 힘든 일은 위험하지만, 승자는 천만 달러의 상금을 얻을 수 있다. PBR은 다른 브랜드의 마케팅에 문외한은 아니다. PBR은 Copenhagen, Wrangler 및 Enterprise Rent-A-Car와 같은 기업스폰서들로부터 2,400만 달러의 스폰서십 수입을 거둬들였다. "PBR은 유능한 팀으로 소수의 블루칩 회사와의 관계를 개발하는 데 뛰어난 솜씨를 보여왔지만 기업의 후원 관점에서는 덜 발전되어 있다"고 그들의 전문성으로 획득할 수 있는 추가적인 기업의 스폰서십을 바라고 있는 FSG 부회장인 Brian Corcoran은 이야기하였다.

FSG와 PBR의 파트너십은 여러 다른 대기업들이 스포츠 관련 예산을 삭감하는 시점에서 이루어졌다. 그러나 FSG와 PBR은 그들의 전략적 파트너십이 스포츠산업을 다각화할 뿐만 아니라 고급 브랜드들과 유익한 관계를 가져올 것이며 또한 전 세계적으로 황소타기 스포츠를 촉진시켜줄 것이라는 희망을 가지고 있다.[1]

모든 다른 조직과 같이, PBR은 소비자가 원하는 제품을 개발하고, 다양한 매체를 통해서 유용한 정보를 전달하고, 입장권에 적당한 가격을 매기고 소비자가 원하는 장소와 시간에 제품을 이용할 수 있게 해주는 방법을 강구해야 한다. PBR이 이 모든 것을 할지라도, 경쟁 또는 경제적 침체와 같은 통제불가능한 요소가 회사의 성공에 영향을 미칠 수 있다.

이 장은 이 책 전체에서 다루어지는 전략적 마케팅개념 및 의사결정을 소개한다. 우선, 마케팅에 대한 정의를 개발하고, 이 정의의 각 요소들을 자세하게 살펴볼 것이다. 그런 후에 마케팅개념을 소개하고 이를 실행하는데 관련된 여러 이슈를 검토할 것이다. 또한 고객관계관리를 간략히 살펴보고 어느 때보다 더 고객이 요구하는 가치의 개념을 살펴볼 것이다. 그리고 마케팅교환을 장려하기 위하여 마케팅활동을 기획하고, 조직하고, 실행하고, 그리고 통제하는 마케팅관리과정을 살펴볼 것이다. 마지막으로 글로벌 사회에서 마케팅의 중요성을 살펴볼 것이다.

1.1 마케팅의 정의

만약 당신이 사람들에게 마케팅이 무엇이냐고 묻는다면 아마도 다양한 답을 들을 것이다. 많은 사람들이 마케팅을 광고 또는 판매라고 생각하지만 마케팅은 실제적으로 대부분의 사람들이 생각하는 것 이상의 활동을 포함하고 있다. 이 책에서 우리는 **마케팅**(marketing)을 동적인 환경에서 고객들과 만족스러운 교환관계를 일구어내고, 이해관계자들과의 우호적인 관계를 개발하고 유지하기 위해서 제품, 서비스 및 아이디어를 창출하고, 유통시키고, 촉진하고, 그리고 가격을 설정하는 과정으로 정의한다. 이 정의는 미국마케팅학회(AMA)의 정의와 일치하는데 AMA는 마케팅을 고객, 파트너 및 사회 전체에 유용한 제공물을 창출하고, 알리고, 전달하며 그리고 교환하기 위한 활동, 일련의 제도 및 프로세스로 정의하였다.[2] 이 책의 마케팅 정의에 기초하여 제1장은 구성되어 있다.

1 고객들이 초점이다

조직들이 개발하고, 가격을 매기고, 유통시키고 촉진하는 제품의 구매자로서 **고객들**(customers)이 모든 마케팅활동의 초점이다(<그림 1.1> 참조). 기업은 자신이 만들고 생산하는 것으로 제품을 정의하는 것이 아니라 고객을 만족시키기 위해서 무엇을 하는가에 의하여 정의해야 한다. Walt Disney는 테마공원을 만드는 사업을 하는 것이 아니라 사람을 행복하게 하는 사업을 하고 있다. Disney World에서 고객들은 방문객들이며, 대중은 청중이고 종업원들은 무대배우들이다. 고객의 만족과 즐거움은 제품

그림 1.1 전략적 마케팅의 구성요소

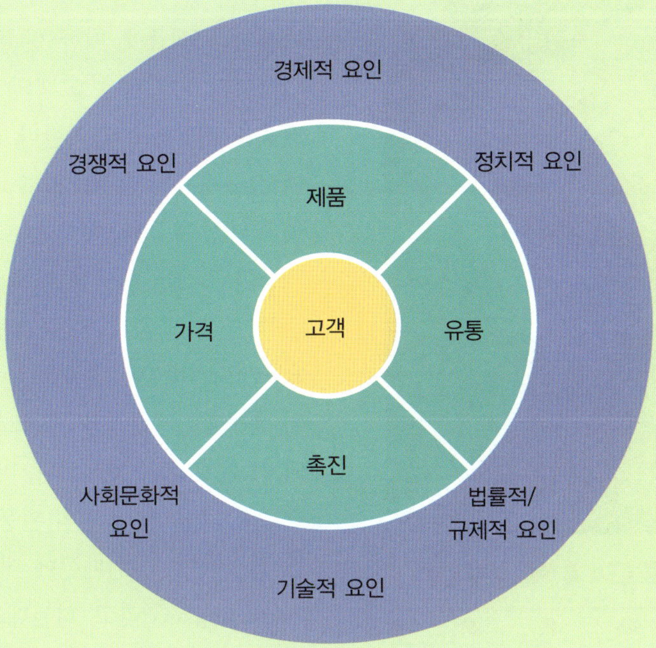

을 구매하고 살 때 얻게 되는 모든 것으로부터 올 수 있다. 예를 들어, Procter & Gamble의 Fusion 면도기는 매우 말끔한 면도를 할 수 있게 하지만 Procter & Gamble의 Swiffer는 집안을 빠르고 말끔하게 청소하는데 도움을 준다.

마케팅의 본질은 고객들과 마케터들 모두가 이득을 보게 되는 만족스러운 교환을 일궈내는 것이다. 고객은 마케팅 거래에서 발생하는 비용을 초과하여 보상 또는 편익을 얻기를 기대한다. 마케터는 그 대가로 가치 있는 것(일반적으로 제품에 부과되는 가격)을 얻기를 기대한다. 판매자–구매사 상호작용을 통하여, 고객은 판매자의 미래행동에 대한 기대를 형성한다. 이러한 기대에 부응하기 위해서, 마케터는 약속한 대로 제공해야 한다. 시간이 지나면서, 이러한 상호작용은 쌍방 간의 관계로 이어진다. Wendy's 및 Burger King과 같은 패스트푸드점은 만족한 고객(많은 고객들이 점포로부터 몇 마일 이내에서 근무하거나 거주)의 재구매에 의존하는 반면에 고객의 기대는 맛있는 음식, 가치 및 믿을 수 있는 서비스에 기초한다.

조직들은 **표적시장(target market)**이라고 하는 특정 고객집단에 일반적으로 마케팅노력의 초점을 맞추고 있다. 마케팅관리자들은 대단히 많은 사람들 또는 비교적 적은 집단을 표적시장으로 정의할 수 있다. 예를 들어서, Firefly Mobile은 자사의 FlyPhone 휴대폰으로 사진을 찍을 수 있고, MP3를 이용할 수 있고, 게임을 하고, 친구들과 사진을 공유할 수 있는 휴대폰을 원하는 13~17세의 청소년들을 겨냥하였다. 다른 기업들은 각 시장에 대하여 다른 제품, 촉진, 가격, 그리고 유통시스템으로 다중 시장을 겨냥하고 있다. Nike는 이러한 전략을 사용해서, 두 가지 스포츠를 하는 선수, 농구선수, 에어로빅광 그리고 운동화 구매자들의 개별적 욕구를 충족시키기 위하여 여러 형태의 신발과 의복에 대한 마케팅을 펼치고 있다. Nike는 한 민족을 위해서 운동화를—미국인디언을 위한 Air Native N7—개발까지 하였다.[3]

IMAGE COURTESY OF THE ADVERTISING ARCHIVES

표적시장에 소구
Special K는 건강을 의식하는 소비자들을 표적으로 한다.

2 마케팅은 제품, 가격, 유통 그리고 촉진을 다룬다

마케팅은 제품에 대한 단순한 광고나 판매 그 이상이다. 마케팅은 고객의 욕구를 충족시키는 제품을 개발하고 관리한다. 그리고 적절한 장소에서 구매자가 받아들일 수 있는 가격으로 제품을 구매할 수 있도록 하는 데 초점을 둔다. 또한 제품이 고객의 욕구를 충족시킬 수 있는지를 판단하는 데 도움이 되는 정보를 전달하는 것을 요구한다. 이러한 활동들은 표적시장의 고객들의 욕구를 충족시키기 위해서 계획되고, 조직화되고, 실행되고, 통제된다. 마케터들은 제품, 가격설정, 유통 및 촉진의 활동들의 형태 및 정도를 결정해야 하기 때문에 이것들을 **마케팅믹스(marketing mix)**라고 하는데, 그 이유는 활용할 각 요소의 형태와 양을 결정해야 하기 때문이다. 마케팅관리자의 일차적인 목표는 일반적 제품형태에 대하여 고객의 욕구를 충족시키기 위해서 이들 요소의 적절한 배합을 만들고 유지하는 것이다. <그림 1.1>에서 마케팅믹스가 고객을 중심으로 구축되어 있는 것을 주목하라.

마케팅관리자는 표적시장의 고객의 욕구와 부합되는 마케팅믹스를 개발하고자 노력한다. 예를 들면, Nissan Rogue의 마케팅믹스는 크로스오버(crossover) SUV에 대하여 주로 20대 및 30대 초의 남녀로 구성되어 있는 표적시장에 적합한, 통합화된 유통, 촉진, 그리고 가격을 결합한다. Rogue의 마케팅믹스는 히트하고 있는 연속극 Heroes와 퀴즈프로 차량 5대 경품에 삽입된 간접광고 및 광고뿐 아니라, 경제적 엔진, 맵시 있는 디자인, 파워핸들, 2만 달러 정도의 가격을 포함한다.[4]

마케터들은 마케팅믹스를 개발하기 전에 고객욕구에 대한 심층적이고 최신의 정보를 수집해야 한다. 그러한 정보로는 표적시장 사람들의 나이, 소득, 인종, 성별, 교육수준 및 제품특징에 대한 그들의 선호, 경쟁자 제품에 대한 태도, 제품을 이용하는 빈도 등이 있다. Procter & Gamble은 남성의 샤워 습관에 대한 여러 시간의 관찰 조사를 통하여 많은 남성들이 머리를 감기 위해서 이미 바디비누를 사용해왔다는 것을 알고서 Old Spice High Endurance Hair & Body Wash를 출시하였다.[5] 마케팅정보로 무장한 마케팅관리자들은 특정 표적시장을 만족시킬 수 있는 마케팅믹스를 보다 잘 개발할 수 있다.

개별 마케팅믹스변수와 관련된 의사결정과 활동들을 면밀히 살펴보자.

(1) 제품변수

성공적인 마케팅노력으로 제품들은 일상생활의 일부가 되게 된다. 고객들이 코가콜라, 리바이스 청바지, 비자카드, 타이레놀, 3M 포스트잇에 대하여 오랫동안 만족한 경우를 고려해 보라. 마케팅믹스의 제품변수는 고객의 욕구와 필요를 조사하고 충족시키는 제품을 디자인하는 것을 다룬다. **제품(product)**은 유형 제품, 서비스, 또는 아이디어일 수 있다. 유형 제품은 만질 수 있는 물리적 실체이다. Mini Cooper 자동차, Apple 아이폰, 또는 Ivory 비누는 유형 제품의 예이다. 서비스는 고객에게 무형적 편익을 제공하는 것으로 사람 또는 사물에 인간의 그리고 기계의 노력을 부과하는 것이다. 항공여행, 드라이클리닝, 이발, 은행, 의료, 탁아소 등은 서비스의 예이다. 아이디어는 생각, 철학, 이미지, 그리고 이슈를 가리킨다. 예를 들면, 결혼카운슬러는 사례를 받고 배우자에게 관계를 개선하는 데 도움이 되는 아이디어를 제공한다. 다른 아이디어 마케터들에는 정치정당들, 교회들 및 학교들이 포함된다.

제품변수는 또한 브랜드명 및 포장을 개발하거나 수정하는 것을 포함하며 보증 및 수리서비스에 대한 의사결정을 포함할 수 있다. 전 세계적으로 가장 뛰어난 농구선수들 각각은 세계적 브랜드이다. Houston Rocket의 센터인 Yao Ming은 McDonald's, PepsiCo, Reebok의 광고모델이 되었으며 이들 중 많은 제품들은 그의 조국인 중국에서 팔린다.[6]

제품변수결정 및 관련된 활동은 고객들의 필요와 욕구에 초점을 맞춘 제품을 제작하는 데 직접적으로 관련이 있기 때문에 중요하다. 기업이 목적을 달성하는 데 도움을 주는 제품구색을 유지하기 위해서, 마케터들은 신제품을 개발하고, 기존제품을 변경하고, 더 이상 구매자를 만족시키지 못하거나 수익이 수용 불가능한 제품은 제거해야 한다. 예를 들면, 장례업에서 어떤 기업들은 DVD 회고록, 소리와 사진을 보여주는 묘비, 그리고 고인의 유물을 보관하는 함을 가진 관 등을 신제품으로 개발하였다. 화장을 원하는 사람이 증가하므로 그들에 소구하기 위하여 다른 기업들은 화장 및 장례 서비스를 더 제공하고 있다.[7] 제9장 및 제10장에서 그러한 제품 이슈 및 더 많은 것들을 살펴 볼 것이다.

(2) 가격변수

가격변수는 가격목표 및 정책의 결정, 그리고 제품가격의 결정과 관련된 의사결정 및 행동과 관계된다. 교환

전환 중인 마케팅

효율성과 크기로 매력적인 세분시장이 된 경차시장

환경에 대한 관심이 증가함에 따라 자동차메이커들은 전 세계적으로 판매가 감소하는 것을 보고 있으며 사람들은 이동에 대한 보다 현명한 해결책을 찾고 있다. 하나의 답은 다음과 같이 보인다: 작게. 전 세계적으로 판매는 급격하게 감소하고 있지만, Mini Cooper(BMW사의 차) 및 Smart 자동차(Smart는 Mercedes-Benz 자동차회사의 일원이다)는 자동차업계에서 전망이 밝은 두 부분이다. Smart 자동차는 미국시장에서 여타 자동차와 같지 않은데, 약 106인치의 길이로 Mini Cooper 보다 3피트 작다. 이러한 작은 크기에도 불구하고, 이 차를 시험 운전해 본 사람들은 내부가 생각했던 것보다 더 넓다는 것을 발견한다. 77만대의 초기 Smart Fortwo 쿠페가 36개국에서 2001년 이래 팔렸으며 현 Smart 모델(인터넷으로 공장에 주문이 가능한 최초의 자동차이다)은 미국에서 잘 나가고 있다. Toyota의 경차에 대한 답은 iQ라고 불리는데 작은 치가 친근한 일본과 유럽에서 출시될 것이며, 판매는 각각 월 2,500대 및 6,000대가 될 것으로 기대된다. 계획은 궁극적으로 역시 미국에서 이 차를 판매하는 것이다.

ISTOCKPHOTO/THINKSTOCK

작은 수송 수단의 부분적인 성공 이유는 고객의 실제적이고 정서적인 측면에 호소하였다는 것이다. 연료효율성은 매우 높다. Smart Fortwo 쿠페는 고속도로에서 연비 40 mpg(갤런당 주행마일)를 내며, Mini Cooper는 37 mpg, iQ는 가장 연료효율적인 차로 54 mpg를 낸다. Fortwo는 또한 낮은 배출량으로 캘리포니아 Air Resources Board로부터 극소배출차량으로 지명되었다. 증가된 주차공간 대안도 주차가 힘든 혼잡한 도시에서 작은 차의 또 다른 혜택이다. 작은 차들은 또한 큰 차보다 가격적으로 구매가능한 것을 목표로 하고 있는데, Smart는 $11,590에서 $16,590의 가격대이며, iQ는 $13,720에 팔리고, Mini Cooper는 최고가격이 $18,000에서 $20,000이다. 작은 차를 사는 것이 매우 현명한 것으로 보이는 것이 당연하다.[a]

에서 얻어지는 가치에 관심이 있기 때문에 가격은 마케팅믹스의 중요한 요소이다. 가격은 종종 경쟁적 도구로 사용되며, 심한 가격경쟁은 때때로 가격전쟁을 가져온다. 고가격은 제품의 프리미엄 이미지를 구축하기 위하여 경쟁적으로 사용될 수 있다. 예를 들면, Waterman 및 Mont Blanc 만년필은 자신들에게 상당한 지위를 부여하는 고품질 및 고가격의 이미지를 가지고 있다. 한편 어떤 고급품 마케터들은 고급 브랜드로 상향 전환하기를 원하는 중간계층의 소비자들에게 어필하기 위하여, 하향 조정된 가격의 제품을 제공하고 있다. 예를 들면, 핸드백 제조업자인 Coach는 가죽 핸드백은 6,000달러에 팔리지만 48달러의 낮은 가격으로 직물 팔찌를 팔고 있다.[8] 제11장 및 제12장에서 가격결정을 살펴볼 것이다.

COURTESY PETZL

제품

Petzl의 광고는 등산헬멧의 품질, 편안함 및 신뢰성에 초점을 둔다.

(3) 유통변수

고객을 만족시키기 위하여, 제품은 적절한 시간에 편리한 장소에서 구매할 수 있어야 한다. 예를 들면, Subway는 스트립 몰(strip mall)뿐만 아니라 Walmart, Home Depot, 빨래방, 교회 및 병원 안에도 위치하며, 또한 Goodwill 상점, 자동차대리점 및 용구상점 안에도 위치한다. 3만개의 Subway 상점이 88개의 나라에 있으며 이들 대부분은 프랜차이즈이다. 6천개의 상점은 교회와 같은 비전통적인 장소에 위치한다.[9] 유통변수를 다루기 위해, 마케팅관리자는 가능한 한 표적시장의 많은 고객이 바라는 크기로 제품을 공급하여, 전체 재고, 수송 및 보관비용을 최대한 낮추고자 한다. 마케팅관리자는 또한 중간상(도매상 및 소매상)을 선택하고 동기 부여하며, 재고통제절차를 구축하고 유지하며, 수송 및 보관 시스템을 개발하고 관리하여야 한다. 인터넷 및 전자상거래의 출현은 유통변수에 급격한 영향을 미쳤다. 회사들은 각 나라에 시설을 유지하지 않고도 전 세계적으로 제품을 구매할 수 있게 만들 수 있다. Apple은 음악을 팔기 위하여 건물을 세우는 대신, iTunes 상점을 통하여 인터넷으로 노래를 유통시키는 기술적 진보로 이득을 보았다. iTunes 상점은 2003년 설립된 이래 60억 곡 이상의 노래를 판매하였다. Apple iPhone의 사용자들은 인터넷 접속을 하기 위하여 컴퓨터를 찾을 필요없이 iTunes 상점으로부터 휴대폰 네트워크를 통하여 노래를 다운받을 수 있다.[10] 제13장 및 제14장에서 유통이슈를 다룰 것이다.

(4) 촉진변수

촉진변수는 개인 또는 집단에게 기업 및 기업의 제품에 대하여 알리기 위해 사용되는 활동과 관련된다. 촉진은 기업 및 신제품 또는 기존제품의 대중의 인지도를 높이는 데 목적이 있다. 예를 들면, Del Monte Foods는 자사의 Kibbles 'n Bits Brushing Bites 개 사료를 광고 및 촉진하기 위하여 유머 TV 광고, 버스투어, 그리고 웹사이트(SmoochablePooch.com)를 사용하였다.[11] 촉진활동은 또한 고객에게 제품특징에 대해 교육시키거나 사람들로 하여금 담배 또는 약 오용과 같은 정치적 또는 사회적 이슈에 대한 특정 입장을 갖도록 촉구한다. 예를 들면, 상승하는 연료가격은 미국 에너지성(U.S. Department of Energy)으로 하여금 Energy Hog 마스코트를 사용하여 국민이 에너지를 절약하도록, 특히 가정난방에서 절약하도록 광고 캠페인을 실시하게 하였다. 그 캠페인은 또한 책자, 아이들을 위한 지워지는 문신, 두 개의 웹사이트(게임이 있는 어린이용과 에너지 절약 및 기기에 대한 정보를 제공하는 어른용)를 사용하였다.[12] 촉진은 Arm & Hammer의 베이킹 소다 또는 Ivory 비누처럼 수십년간 존재해왔던 기존제품의 관심을 유지하는 데 도움이 될 수 있다. 많은 기업들은 자신 및 제품에 대한 정보를 제공하기 위하여 인터넷을 사용하고 있다. 예를 들면, Ragu의 웹사이트는 이탈리아 문구, 요리법 및 복권을 제공하며, Southwest Airlines의 웹사이트는 고객이 예약을 할 수 있게 한다. 제15장부터 제17장에서 촉진활동에 대해서 자세히 살펴볼 것이다.

마케팅믹스변수는 조정될 수 있기 때문에 종종 통제 가능한 것으로 간주된다. 그러나 마케팅관리자가 조정하는 정도에는 한계가 있다. 경제적 조건, 경쟁구조 및 정부규제는 관리자가 가격을 빈번히 또는 크게 변경하는 것을 억제할 수 있다. 대부분의 유형적 제품의 크기, 형태, 디자인의 변경은 비용이 많이 든다. 따라서 그러한 제품특징은 자주 변경될 수 없다. 또한 제품을 유통시키기 위해 사용되는 촉진 캠페인 및 방법은 보통 짧은 시간에 재설계되거나 개정될 수 없다.

3 마케팅은 고객 및 다른 이해관계자들과 관계를 구축한다

개인들과 조직들은 가치 있는 것을 얻는 대가로 제품, 서비스 또는 아이디어를 제공하거나 이전하는 **교환**(exchanges)을 일구어내기 위해서 마케팅을 펼친다. 어떤 제품(상품, 서비스 또는 아이디어)이라도 마케팅 교환에 포함될 수 있다. 우리는 개인들과 조직들이 발생한 비용을 초과하는 보상을 얻으려고 한다는 것만을 가정한다.

교환이 일어나기 위해서는 네 가지 조건이 충족되어야 한다. 첫째, 둘 또는 그 이상의 개인들, 집단들, 또는 조직들이 참여해야 하며 각각은 상대방이 원하는 가치 있는 것을 가지고 있어야 한다. 둘째, 교환은 거래에 참여한 쌍방에게 편익 또는 만족을 제공해야 한다. 셋째, 각 당사자는 상대방이 가지고 있는 것이 가치 있는 것이라는 약속에 대한 신뢰가 있어야 한다. 예를 들면, 만약 당신이 Coldplay 공연장에 간다면, 큰 기대를 가지고 갈 것이다. 마지막으로, 신뢰를 구축하기 위해서, 교환의 각 당사자는 기대를 충족시켜야 한다.

<그림 1.2>는 교환과정을 설명한다. 화살표는 각 당사자가 자신이 교환에 제공할 수 있는 가치 있는 것을 가지고 있다는 것을 알리는 것을 표시한다. 조건이 충족되었다고 해서 교환이 반드시 이루어지는 것은 아니다. 마케팅활동은 실제적 거래 또는 매출이 없는 경우에도 발생할 수 있다. 예를 들면, 당신은 Sub-Zero 냉장고의 광고를 볼 수 있을 것이다. 그러나 결코 사지 않을 수 있다. 교환이 일어날 때, 제품이 다른 제품 또는 재무적 자원과 교환된다.

마케팅 활동은 만족스러운 교환관계를 창출하고 유지하도록 하여야 한다. 교환관계를 유지하기 위해서, 구매자들은 획득하는 제품, 서비스, 또는 아이디어에 만족해야 하며, 판매자들은 대가로 얻는 재무적 보상 또는 가치 있는 것에 만족해야 한다. 관계에 대한 신뢰가 없는 불만족한 고객은 종종 다른 기업 또는 제품을 찾는다.

마케터는 고객뿐만 아니라 관련된 이해관계자들과의 관계도 구축하고 유지하는 데 관심이 있다. **이해관계자들**(stakeholders)은 기업의 제품, 운영, 시장, 산업 그리고 성과의 측면에서 이해관계 혹은 요구권리를 갖고 있는 구성원들을 포함한다. 이들에는 고객, 종업원, 투자자, 주주, 공급자, 정부, 지역 공동체, 그리고 다수의 다른 대상들이 포함된다. 이해관계자와 호의적인 관계를 개발하고 유지하는 것은 기업 및 제품의 장기적 성장에 중요하다.

그림 1.2 구매자와 판매자 간의 교환

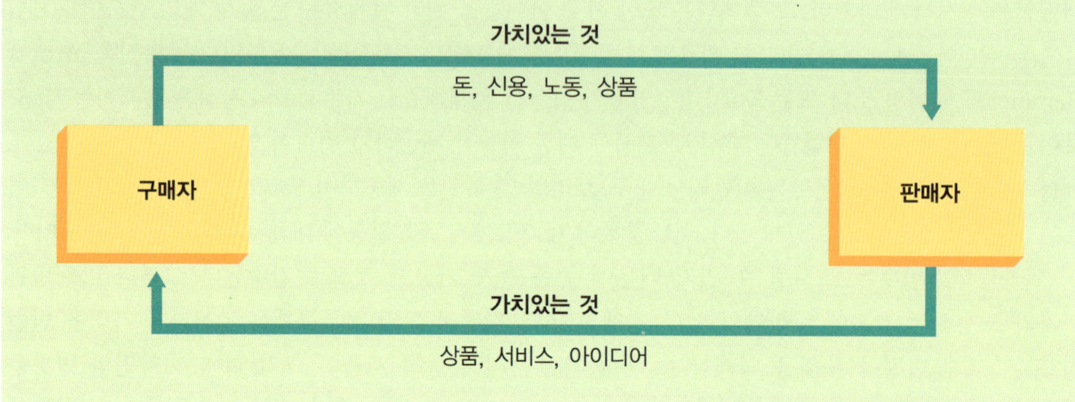

4 마케팅은 동적 환경에서 일어난다

마케팅은 진공상태에서 일어나지 않는다. **마케팅환경**(marketing environment)은 경쟁적, 경제적, 정치적, 법률적/규제적, 기술적 그리고 사회문화적 요인을 포함하는 데, 이것은 고객을 둘러싸고 있으며 마케팅믹스에 영향을 미친다(<그림 1.1> 참조). 이들 요인이 구매자 및 판매자에 미치는 영향은 극적이고 예측하기가 어렵다. 또한 이들 요인은 마케터에게 위협을 야기할 수 있으며 또한 신제품 및 고객에게 접근하는 새로운 방법에 대한 기회를 발생시킬 수 있다.

마케팅환경의 요인들은 3가지 일반적인 방식으로 교환을 촉진하는 마케터의 능력에 영향을 미친다. 첫째, 이들은 고객의 라이프스타일, 삶의 기준 그리고 제품에 대한 선호 및 욕구에 영향을 미친다. 마케팅관리자는 고객을 만족시키기 위하여 마케팅믹스를 개발하고 조정하려고 하기 때문에, 환경적 요인의 고객에 대한 영향은 또한 마케팅믹스 구성요소에 간접적으로 영향을 미치게 된다. 예를 들면, 소비자의 건강관심에 반응하여 Burger King은 메뉴를 개편하여, 560칼로리 미만, 지방이 30% 미만, 트랜스지방이 없는 보다 건강식인 Kids Meals를 포함시켰다. 또한 건강 가이드라인에 부합되는 제품을 촉진할 때에만 라이센스 캐릭터를 사용함으로써 12세 미만의 어린아이에게 광고하는 것을 제한하겠다고 약속을 하였다.[13] 마찬가지로, Dunkin's Donuts도 메뉴의 모든 제품에서 트랜스지방을 제거하였다.[14] 둘째, 마케팅환경의 요인은 마케팅관리자가 특정 마케팅활동을 할 수 있는지 또한 어떻게 할 수 있는지를 결정하는 데 도움을 준다. 셋째, 환경적 요인은 기업의 마케팅믹스에 대한 구매자의 반응에 영향을 미침으로써 마케팅관리자의 결정 및 행동에 영향을 미칠 수 있다.

마케팅환경의 요인은 급격하고 극적으로 변할 수 있다. 이러한 사실이 마케팅을 흥미롭고 도전적으로 만든다. 이들 요인은 서로 간에 밀접하게 연결되어 있기 때문에 한쪽에서의 변화는 다른 쪽에서의 변화를 야기할 수 있다. 예를 들면, 어린아이의 청량음료 및 패스트푸드의 소비를 비만, 당뇨, 골다공증과 연결시키는 증거는 그러한 제품의 마케터를 부정적으로 홍보되게 하였으며, 공립학교에서 청량음료의 판매를 규제하는 법규의 제정요청을 야기시켰다. 어떤 기업들은 이러한 우려에 자발적으로 제품을 보다 건강식으로 만들거나 심지어 신제품을 출시하였다. Campbell's Soup는 자연 바다소금을 사용하여 소금함유량을 줄인 제품라인을 출시함으로써 이러한 우려에 대응하였다. 기업은 또한 방부제를 사용하지 않은, 일회의 채소량을 제공하는 Campbell's V8 수프를 출시하였다. Campbell은 또한 포장쓰레기에 대한 고객 우려에 대응해서 농축수프캔은 물이 이미 포함되어 있는 기존 캔보다 작으므로 보다 환경친화적이라는 광고를 하였다.[15] 마케팅환경의 변화는 마케터에게 불확실성을 야기하고 마케팅노력을 저해하지만 또한 기회를 만들어 낸다. 최근의 전 세계적인 불황으로 고객은 그들 돈에 대하여 보다 큰 관심, 보다 좋은 품질 및 보다 큰 가치를 원하였다. 사실상, 불황에 대기업의 90%는 마케팅예산의 삭감을 피하기 위해 비즈니스의 다른 영역에서 비용을 줄이고 있다.[16] 마케터는 환경요인의 변화를 감시하여 이들 변화에 적응하거나 영향을 줄 수 있으며, 또한 그러한 변화가 제공하는 기회를 활용할 수 있다.

마케팅믹스 변수—제품, 가격, 유통 및 촉진—는 조직이 통제하는 변수이다. 그러나 환경의 요인들은 통제가 훨씬 더 어렵다. 마케터는 자신이 마케팅환경의 변화를 확실하게 예측할 수 없다는 것을 알고 있지만, 그럼에도 불구하고 마케팅환경변화에 대한 계획을 세울 수 있다. 이들 환경요인은 마케팅활동에 큰 영향을 미치기 때문에 제3장에서 이들 각각에 대하여 보다 깊이 살펴볼 것이다.

1.2 마케팅개념의 이해

어떤 기업들은 대지를 구입하고, 공장을 짓고, 사람들과 기계를 구비하고, 그리고 그들이 생각하기에 구매자들이 필요로 한다고 생각하는 제품을 생산함으로써 성공을 추구한다. 그러나 이들 기업은 잠재적 고객들이 자신들의 필요와 욕구를 충족시키는 데 도움을 주는 것보다 제품을 만드는 것으로 그들의 사업을 정의하기 때문에 그들이 제공해야 하는 것으로 고객을 끌어들이는 데 빈번히 실패한다. 예를 들면, CD가 플라스틱 레코드보다 더 일반화되자, 턴테이블 제조업자들은 홈엔터테이먼트에 대한 욕구를 충족시킬 새로운 제품을 개발할 기회를 갖게 되었다. 이러한 기회를 좇지 않았던 Dual 및 Empire 같은 기업들은 더 이상 존재하지 않는다. 그러한 조직들은 마케팅개념을 실행하는 데 실패하였다. 마찬가지로, MP3 기술의 인기가 상승함에 따라 Apple 컴퓨터와 같은 기업들이 자신의 취향에 맞춘 음악 라이브러리를 저장하려는 소비자들의 욕구를 충족시키기 위해서 iPod 같은 제품을 개발할 수 있었다. CD를 구매하는 대신에, 고객은 Apple의 iTunes로부터 온라인상에서 99센트에 노래 한 곡을 다운받을 수 있다.

마케팅개념(marketing concept)에 의하면, 조직은 목적을 달성하기 위한 통합된 활동들을 통하여 고객의 욕구를 충족시키는 제품을 제공하도록 노력하여야 한다. 고객만족은 마케팅개념의 주요 핵심이다. 마케팅개념을 실행하기 위하여, 기업은 구매자가 원하는 것을 판단해야 하며 이러한 정보를 사용하여 만족스러운 제품을 개발하도록 노력한다. 기업은 고객분석, 경쟁자분석, 기업자원의 통합 등에 초점을 맞추어 장기적 이윤을 창출할 뿐만 아니라 고객가치와 만족을 제공한다.[17] 기업은 또한 고객의 변화하는 바람과 선호에 보조를 맞추기 위하여 계속적으로 제품을 변경하고, 적합화하고, 개발해야 한다. 예를 들면, Ben & Jerry의 Homemade Ice Cream은 지속적으로 아이스크림 및 셔벗(과즙 아이스크림)에 대한 고객의 욕구를 평가한다. 이 기업의 웹사이트에는 시도되었고 궁극적으로 실패한 목록의 '맛의 무덤'이라는 리스트를 유지한다. 또한 매달 10가지의 최상의 맛을 게시한다. Merck 및 Pfizer와 같은 제약회사들은 계속적으로 전염병, 바이러스, 암, 그리고 다른 의학적 문제들과 싸우고자 신약을 개발하는 노력을 한다. 콜레스테롤을 낮추거나, 당뇨를 조절하거나, 우울증을 완화시키거나 또는 여러 면에서 삶의 질을 높이는 약들은 또한 제약회사에 큰 이윤을 갖다 준다. 섬유근육통 치료제인 Lyrica와 같은 신제품이 개발되었을 때, 기업은 고객에게 접근하기 위한 마케팅활동을 개발해야 하고, 제품의 편익과 부작용을 전달해야 한다. 이와 같이 마케팅개념은 고객으로 시작해서 고객으로 끝난다. 연구에 의하면 고객만족과 주주가치 사이에는 양(+)의 관계가 있다.[18]

마케팅개념은 마케팅의 두 번째 정의가 아니다. 그것은 조직의 전반적 활동에 지침을 제공하는 관리철학이다. 이러한 철학은 마케팅에 국한된 것이 아니라 조직의 모든 활동에 영향을 미친다. 생산, 재무, 회계, 인적자원 및 마케팅부서도 함께 일해야 한다. 마케팅 개념을 수용한 기업은 고객의 목적뿐 아니라 자신의 목적도 충족시켜야 하며, 그렇지 않으면 오래 존속하지 못할 것이다. 기업의 전반적 목적은 이윤, 시장점유율, 매출, 또는 이러한 세 가지를 종합적으로 증대시키는 것과 관련될 수 있다. 마케팅개념은 기업이 고객지향적이 됨으로써 이 세 가지 목적을 가장 잘 달성할 수 있다는 것을 강조한다. 따라서 마케팅개념을 실행하는 것은 고객뿐 아니라 조직에도 이로워야 한다.

마케터는 현재의 구매자의 욕구뿐 아니라 사회의 장기적 요구도 고려해야 한다. 사회의 장기적 복지를 희생하여 고객의 욕구를 충족시키려는 것은 용납될 수 없다. 예를 들면, 많은 부모들이 편하고, 흡수가 잘 되고, 안전한 기저귀를 원하지만, 사회는 일반적으로 현재 및 미래에 상당한 매립용지 문제를 일으키는 분해되지 않는 일회용 기저귀를 원하지 않는다. 마케터는 사회적으로 책임 있는 행동을 하도록 기대된다. 이러한 생각은 3장에서 보다 자세히 논의될 것이다.

1 마케팅개념의 진화

마케팅개념은 사업을 운영하는 것에 대한 명확한 한 가지 접근방법인 것 같다. 그러나 사업가는 매출을 올리고 이익을 내는 가장 좋은 방법이 고객을 만족시키는 것이라고 항상 생각하지는 않는다(<그림 1.3> 참조).

(1) 생산지향성

19세기 후반에, 산업혁명은 미국에서 한창 진행 중이었다. 전기, 철도수송, 노동의 분화, 조립라인, 그리고 대량생산은 상품을 보다 효율적으로 생산할 수 있게 되었다. 새로운 기술과 노동을 이용하는 새로운 방법으로 제품은 시장에 물밀듯이 쏟아져 나왔으며, 제조된 상품에 대한 수요는 강력했다.

(2) 판매지향성

1920년대에, 제품에 대한 강한 수요는 수그러졌고, 기업들은 구매자들에게 제품을 판매해야 한다는 것을 깨달았다. 1920년대 중반에서 1950년대 초까지 기업들은 판매를 이익을 높이는 주요 수단으로 보았다. 이 기간에 판매지향성을 갖게 되었다. 기업가들은 가장 중요한 마케팅활동은 인적판매, 광고, 그리고 유통이라고 생각하였다. 오늘날, 일부 사람들은 마케팅을 판매지향성과 동일시하는 오류를 범한다.

(3) 마케팅지향성

1950년 초 일부 기업가들은 효율적 생산 및 광범위한 촉진이 고객이 제품을 구매하는 것을 보장하지 않는다는 것을 깨달았다. 이들 기업들 및 그 이후 많은 다른 기업들은 그들이 제품을 만들고 나서 고객

기업가 마케팅

Leatherman의 마케팅은 야외 생존주의자 및 더 많은 사람들에게 소구한다

Timothy S. Leatherman은 아내와 유럽을 여행하는 도중에 그의 차가 고장이 났을 때 Pocket Survival Tool의 아이디어를 개발하였다. Leatherman의 무브랜드 주머니칼에는 그의 차를 고치는데 필요한 도구가 없었다. 그는 왜 주머니칼에 펜치를 부착할 수 없는지 의아해 하였다. 그는 집에 돌아온 후, 시제품을 개발하는 작업을 하였다. 그가 그 제품을 Portland 칼 사업체에 가지고 갔을 때, 그들은 이것을 보고 이것은 칼이 아니고 도구라고 말하였다. Leatherman은 그때 야외 생존주의자 시장에 소구하기 위하여, 그의 발명품에 Pocket Survival Tool이란 이름을 붙였다. 그의 제품이 우편주문 카탈로그를 통하여 구매 가능해진 것은 또한 적절한 시장을 찾는 데 도움이 되었다. 오래지 않아 Tim Leather-man과 그의 동업자는 일 년에 백만 개 이상을 팔았다. Leatherman은 그의 고객의 욕구를 이해하고 그들에게 접근하는 방법을 찾음으로써 마케팅에 성공하였다.[b]

들이 그 제품이 필요하다는 것을 설득하는 것이 아니라, 고객들이 무엇을 원하는지 먼저 결정하고 그러고 나서 그러한 제품을 생산해야 한다는 것을 알았다. 많은 조직들이 고객의 욕구를 충족시키는 것의 중요성을 깨달음에 따라, 미국의 기업들은 마케팅시대, 즉 마케팅지향성의 시대로 들어가게 되었다.

마케팅지향성(marketing orientation)은 현재 및 미래의 고객욕구와 관련된 시장정보의 전사적 창출, 전 부서로의 정보의 전파, 그리고 그에 대한 전사적 대응을 요구한다.[19] 마케팅지향성은 표적시장에 봉사하기 위하여 신제품을 탐색하고 개발하는 전략적 초점을 개발함으로써, 신제품혁신과 연결된다.[20] 전 세계적으로 디자이너의상으로 잘 알려진 Ralph Lauren은 광범위한 표적시장에 소구하기 위하여, JCPenny 백화점에 중가의 의복과 가정용품을 출시하였다. 새로운 American Living 제품라인은 직접적으로 Ralph Lauren 명칭과 결부되지 않지만, 구전촉진에 의해 제품라인의 디자이너가 알려지고 새로운 고객을 끌어오리라 기대된다.[21] 최고위층 관리자, 마케팅관리자, 비마케팅관리자(생산, 재무, 인적자원 등등의 관리자들) 그리고 고객은 마케팅지향성을 개발하고 수행하는 데 모두 중요하다. 신뢰, 개방성, 약속을 존중함, 존경, 협동 그리고 시장을 존재이유로 여기는 것은 보다 시장지향적이고자 노력하는 기업에서 요구되는 6가지 가치이다.[22] 마케팅관리자가 부서 간 갈등을 최소화하며 고객지향적

그림 1.3 마케팅개념의 진화

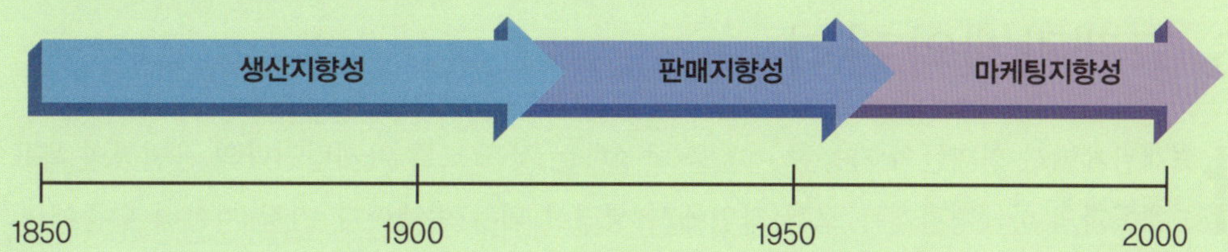

리더십을 갖지 않는다면, 마케팅지향성을 실현하는 것은 어려울 것이다. 비마케팅관리자는 고객을 이해하는 데 중요한 정보를 공유하기 위하여 마케팅관리자와 커뮤니케이션을 해야 한다. 마지막으로, 마케팅지향성은 계속적으로 변화하는 고객의 욕구와 필요에 반응하는 것을 포함한다. 이를 실현하기 위하여, 책, CD, DVD, 인형 및 많은 다른 제품의 온라인 공급자인 Amazon.com은 구매자의 온라인 구매를 추적하여 관련된 품목을 추천한다. 고객이 원하는 것을 평가하려고 하는 것은 우선은 어렵고 또한 패션 및 기호가 변할 수 있는 속도 때문에 더 복잡해진다. 오늘날, 기업은 고객을 만족시키고 의미 있는 장기적 구매자-판매자 관계를 구축하기를 원한다. 이렇게 하는 것은 기업이 자신의 재무적 가치를 높이는 데 도움이 된다.[23]

2 마케팅개념의 실행

철학은 합리적으로 들리고 글로는 좋게 보일 수 있지만 그렇다고 해서 쉽게 실행할 수 있다는 것을 의미하지 않는다. 마케팅개념을 실행하기 위해서, 마케팅지향적인 조직은 몇 가지 일반적 조건들을 받아들여야 하고 여러 문제를 인식하고 처리해야 한다. 결과적으로 마케팅개념이 모든 기업에서 충분히 수용되고 있는 것은 아니다.

관리층은 먼저 고객의 진정한 욕구를 발견하기 위한 정보시스템을 구축하고 그 정보를 이용하여 욕구를 충족시키는 제품을 만들어야 한다. 예를 들면, 조사결과에 의하면 여성들은 개인 맞춤화할 수 있고 자신들의 삶에 관련된 제품을 원한다는 것이 나타났다. 예를 들면, Kimberly-Clark의 Huggies 브랜드는 임산부를 위하여 Baby Countdown이란 위젯(widget)을 내놓았다. 단지 해야 하는 것은 예정일을 입력하는 것이며 그러면 Countdown이 그들의 몸에서 어떤 일이 일어나고 있으며 어떤 일이 일어날 지를 알려준다.[24] 식품가격이 증가함에 따라, McDonald's는 1달러 치즈버거의 비용을 줄이기 위한 방법을 결정하고자 대규모 테스트를 실시하였다. 기업은 가격을 낮추면서 동시에 고객의 욕구를 충족시켜야 한다는 압력을 느낀다.[25] 정보시스템은 보통 고가이며, 관리층은 개발과 유지를 위해서 돈과 시간을 투입해야 한다. 적절한 정보시스템이 없이는 기업은 마케팅지향적이 될 수 없다.

자신의 목적뿐 아니라 고객의 목적을 충족시키기 위하여, 기업은 또한 모든 활동을 조정해야 한다. 서비스품질을 높게 유지하기 위하여, 서비스종업원을 여러가지 역할을 감당하도록 훈련시키는 것은 마케팅전략의 실행을 향상시킨다.[26] 이렇게 하기 위해서는 내적 활동 및 하나 혹은 그 이상의 부서의 전반적 목적을 개정해야 한다. 마케팅부서의 장이 현재 조직의 최고 경영층의 일원이 아니라면, 그는 최고 경영층의 일원이 되어야 한다. 어떤 부서는 사라지고 새로운 부서가 생겨날 수 있다. 마케팅개념의 실행은 최고경영층뿐 아니라 모든 수준의 관리자들과 스텝들의 지원이 필요하다.

1.3 고객관계의 관리

각 고객관계에서 최대한의 가능한 이윤을 달성하는 것은 모든 마케팅전략의 근원적인 목표이다. 고객들과의 마케팅관계는 모든 사업에서 생명이 되는 혈액이다. 가장 기본적 수준에서, 이윤은 다음과 같은 방식으로 관계를 통하여 얻어질 수 있다: (1) 새로운 고객을 획득함으로써, (2) 기존 고객의 수익성을 높임으로써, (3) 고객관계의 지속기간을 확장함으로써. 기업은 고객의 유지 외에 기업을 떠난 고객과의 관계를 회복하고 관리하는 데 또한 초점을 맞추어야 한다.[27] 마케팅개념을 실행하는 것은 교환관계를 최적화하는 것을 의미하는데, 이 관계는 고객관계에 대한 기업의 재무적 투자와 고객들이 그러한 투자에 반응함으로써 생성되는 관계이다.[28]

고객과 긍정적 관계를 유지하는 것은 마케터의 중요한 목표이다. **관계마케팅(relationship marketing)** 용어는 구매자와 판매자가 보다 더 만족스러운 교환의 창조를 통하여 가치증진에 초점을 둔, 장기적이고, 서로에게 이로운 협정을 말한다.[29] 관계마케팅은 지속적으로 구매자들의 기업에 대한 신뢰를 굳건하게 하며, 고객의 신뢰가 고객의 욕구에 대한 기업의 이해를 증진시켜준다. 성공적 마케터는 고객욕구에 반응하며 시간이 지나면서 구매자에게 가치를 증가시키려고 노력한다. 궁극적으로 이러한 상호작용은 협력과 상호의존성을 심화시키는 굳건한 관계가 된다.

이러한 장기적 고객관계를 구축하기 위하여, 마케터는 점점 마케팅조사와 정보기술 쪽으로 향하고 있다. **고객관계관리(customer relationship management: CRM)**는 고객에 대한 정보를 사용하여 바람직한 고객관계를 개발하고 유지하는 마케팅전략을 만들어 내는 것이다. 시간이 지나면서 고객가치를 증가시킴으로써, 기업은 고객애호도(customer loyalty)를 통하여 장기적 수익성을 유지하고 높이고자 한다.[30] 예를 들면, Best Buy는 보상프로그램(reward zone program)을 갖고 있는데 이는 회원이 상점에서 구매한 매 1달러에 대하여 보상점수를 모아서 선물증서로 교환할 수 있다. 매 250점이면 고객은 5달러의 증서로 교환할 수 있다.[31] Starbucks도 애호 고객을 보다 자주 매장에 들르도록 유인하기 위하여 보상프로그램을 시작하였다. 애호도 카드 및 보다 빈번한 촉진은 Starbucks의 침체되는 매출을 막기 위한 전략이다.[32]

고객관계의 관리는 구매행동 패턴의 확인 및 그 정보를 사용하여 가장 유망하고 수익성 있는 고객에 초점을 맞추는 것을 요구한다.[33] 기업은 고객의 필요와 욕구에 민감해야 하며 신뢰 및 애호도를 구축하기 위해 커뮤니케이션을 확고히 해야 한다. Lexus 고객의 생애가치가 Taco Bell 고객의 생애가치의 약 50배 이상임을 생각하라. 그러나 보다 많은 Taco Bell 고객이 있음을 기억하라. 이들 각 기업에게 고객은 중요하다. 고객의 생애가치(lifetime value)는 구매빈도, 평균 구매가치, 그리고 브랜드전환 패턴에서 생긴다.[34] 일반적으로, 마케터들이 생애가치 때문에 선택한 고객들에게 집중할 때, 다른 이유로 선택한 고객들에게 집중할 때보다 미래에 더 큰 이윤을 얻게 된다.[35] 잠재적 생애가치를 갖는 애호 고객을 상실하는 것은 이윤의 감소를 가져올 수 있기 때문에, 고객관계를 관리하는 것은 오늘날 전략적 마케팅의 주된 초점이다. 기업은 돈을 지불하는 고객의 가치뿐 아니라 다른 고객에 의해 재정적 보조를 받는 고객의 가치를 이해할 필요가 있다. 고용중개인, 중매 서비스, 그리고 IT 제공자도 소위 돈을 지불하지 않는 고객에 대하여 구전광고 및 사회적 네트워크 가치를 제공한다. 다른 고객을 끌어오는 고객은 당신의 사업을 성장시킬 수 있다.[36]

인터넷에 기반한 마케팅전략(e-marketing)을 통하여, 기업은 고객관계를 거의 일대일로 개인화할 수 있다. 컴퓨터, 골프클럽, 화장품, 축하인사카드 등의 많은 제품들이 특정 고객들을 위하여 맞춤화될 수 있다. 고객관계관리는 정보기술과 장기적 관계에 목적을 둔 마케팅전략 간에 전략적 다리를 제공한다. 이는 고객가치 및 만족을 증가시키기 위하여 정보를 사용하여 고객을 발견하고 유지하는 것을 포함한다. 제4장에서 전자마케팅(e-marketing)의 여러 전략에 대하여 보다 자세히 살펴볼 것이다.

1.4 가치 주도적 마케팅

가치는 장기적 고객관계를 관리하고 마케팅개념을 실행하는 데 중요한 한 요소이다. **가치(value)**는 제품의 가치를 결정하는 데 있어서 비용에 대한 상대적인 편익에 대한 고객의 주관적 평가이다(고객가치 = 고객편익 − 고객비용).

고객편익에는 구매자가 교환에서 얻게 되는 어떠한 것도 포함된다. 예를 들면, 호텔 및 모텔은 기본적으로 침대와 목욕탕을 제공하지만 각 기업은 손님을 만족시키기 위하여 다른 수준의 서비스, 편의시설, 환경을 제공한다. Hampton Inns은 수준이 높고, 효율적이고 저가격의 하룻밤 숙박을 유지하기 위하여 최소한의 필요 서비스를 제공한다. 반면에 Ritz-Carlton은 방문객이 바랄 수 있는 모든 생각할 수 있는 서비스를 제공하며 모든 서비스가 품질이 확실히 높도록 노력한다. 고객은 그들이 바라는 편익, 관련된 비용을 지불하고자 하는 의도와 능력에 의하여 어느 숙박시설이 최상의 가치를 제공하는지 판단한다.

고객비용에는 구매자가 제품이 제공하는 편익을 얻기 위하여 제공해야 하는 어떠한 것도 포함된다. 가장 분명한 비용은 제품의 화폐적 가격이지만 비화폐적 비용도 고객이 가치를 결정하는 데에 똑같이 중요할 수 있다. 두 가지 비화폐적 비용은 고객이 바라는 제품을 발견하고 구매하는 데 쏟는 시간과 노력이다. 시간과 노력을 줄이기 위하여, 기업은 제품의 입수가능성을 높일 수 있으며, 그럼으로써 구매자가 기업의 제품을 구매하는 것이 편리하도록 만든다. 또 다른 비화폐적 비용은 위험으로 위험은 우수한 기본적 보증을 제공하거나 추가적 비용으로 보증을 확장함으로 줄일 수 있다.[37] 또 다른 위험 감소 전략은 100% 만족보증의 제공이다. 이 전략은 오늘날 카탈로그/전화/인터넷쇼핑환경에서 점점 일반화되고 있다. 예를 들면, L.L. Bean은 카탈로그로부터 제품을 구매하는 데 관련된 위험을 줄여주기 위해 그러한 보증을 사용하고 있다.

PRNEWSFOTO/MICHELIN/NEWSCOM

가치 주도적 마케팅
고객의 가치를 추진하기 위하여, Michelin은 자사의 타이어를 내구적이고 효율적인 것으로 포지션한다.

사람들이 제품의 가치를 결정하기 위해 사용하는 과정은 그다지 과학적이지는 않다. 우리 모두는 자신의 기대 및 이전의 경험에 기초하여 제품의 가치에 대한 감을 가지는 경향이 있다. 예를 들면, 우리는 타이어, 건전지, 컴퓨터를 직접적으로 다른 경쟁제품들과 비교할 수 있다. 우리는 영화, 스포츠 행사, 연예인에 의한 공연은 보다 주관적인 개인적 선호 및 감정에 기초하여 평가한다. 대부분의 구매에서, 우리는 관련된 편익과 비용을 의식하여 계산하지 않는다. Kellogg's Corn Flakes가 가치가 높거나 McDonald가 빨리 점심을 먹기 위하여 아이들을 데리고 가기 좋은 곳이라는 것은 직관적 느낌이다. 자동차 또는 산악자전거의 구입은 정서적 요소를 가질 수 있지만 보다 의식적인 의사결정이 또한 가치를 결정하는 과정에 개입할 수 있다.

마케팅활동을 개발하는 데 있어서 고객은 자신의 경험에 기초하여 편익을 받아들인다는 것을 인식하는 것이 중요하다. 예를 들면, 많은 컴퓨터 구매자들은 빠른 배송, 설치의 용이성, 기술적 조언, 그리고 훈련지원과 같은 기술을 제품의 중요한 요소로 고려한다. 고객은 또한 쇼핑하고 제품을 선택하는 행동으로부터 편익을 이끌어낸다. 이 편익들은 Red Lobster의 해양/해산물 테마와 같은 상점의 분위기나 환경에 의하여 영향을 받을 수 있다. 웹사이트를 항해하는 것이 용이함도 지각된 가치에 상당한 영향을 줄 수 있다. 직접마케팅 중개회사인 Epsilon은 허락에 기초한 전자메일(permission-based e-mail) 발송은 애호 고객을 창출하는 좋은 방법이라는 것을 발견하였다. 응답자의 87%는 허락에 기초한 전자메일을 받는 것은 신제품에 대하여 알게 되는 좋은 방법이라고 말하였다. 응답자의 66%는 내용이 맞춤화되었을 때 그러한 메일을 선호한다고 말하였다. 그러므로 웹사이트 및 전자메일을 개별 기업에 맞추는 Amazon과 같은 기업들은 고객애호도를 유지하고 제품에 대한 고객의 관심을 창출하는 데 보다 성공적이라는 것이 밝혀졌다.[38]

마케팅믹스는 가치의 지각을 향상시키는 데 사용될 수 있다. 가치를 증명하는 제품은 보통 편익을 제공하는 어떤 특징을 갖는다. 촉진활동도 또한 고객이 제품의 가치를 평가하는 데 고려하는 이미지 및 명성 특성을 창출하는 데 도움이 된다. 어떤 경우에는 가치는 단순히 가장 낮은 가격으로 간주될 수 있다. 많은 고객들은 그들이 구매하는 화장지의 품질에 신경을 쓰지 않을 수 있다. 그들은 화장지를 쓰레기통에 버릴 것이기 때문에 흘린 것을 닦는 데 사용하기 위해서 가장 낮은 가격의 제품을 원한다. 한편 많은 사람들은 목적을 달성하는 가장 빠르고, 가장 편리한 방법을 찾고 있고 따라서 가격에는 민감하지 않게 되었다. 예를 들어서, 많은 바쁜 고객들은 슈퍼마켓에서 비록 조리된 음식이 처음부터 준비하는 음식보다 상당히 더 비싸지만 집에 가져가 빨리 식탁에 올리기 위해 조리된 음식을 사고 있다. 그런 경우 최대한으로 편리한 제품이 가장 큰 가치를 갖는 것으로 지각될 수 있다. 제품의 구입가능성, 즉 유통도 제품의 가치를 높일 수 있다. Taco Bell은 멕시코 간이식품을 사람들이 먹고 싶다는 생각이 드는 언제든지 그리고 어느 곳에서든지 사먹을 수 있기를 원한다. 그러므로 기업은 Taco Bell 제품을 슈퍼마켓, 자판기, 대학캠퍼스, 그리고 다른 편리한 장소에서 구매 가능하도록 만들었다. 이와 같이 효과적인 마케팅전략은 고객의 필요와 욕구를 이해하고 이를 충족시키고 그들이 원하는 가치를 제공하는 마케팅믹스를 설계하는 것을 요구한다.

1.5 마케팅관리

마케팅관리(marketing management)는 교환을 효과적이고 효율적으로 조성하기 위하여 마케팅 활동을 계획하고 조직하고 실행하고 통제하는 과정이다. 효과성과 효율성은 마케팅관리에 대한 정의의 중요한 두 차원이다. 효과성은 교환이 기업의 목적을 달성하는 데 도움이 되는 정도이다. 효율성은 특정 수준의 바라는 교환을 성취하기 위하여 소비해야 하는 자원을 최소화하는 것을 의미한다. 이와 같이 마케팅관리의 전반적 목적은 매우 바람직한 교환을 촉진하고 초래되는 비용을 최소화하는 것이다. General Electric이 콤팩트 형광등 및 다른 에너지효율적인 조명 제품을 확장하기 위하여 128년 된 백열등 사업을 축소한 것을 고려하라. 최근에 소비자들이 콤팩트 형광등이 더 큰 가치를 가지고 있고 자연환경에 더 이롭다는 인식 하에 콤팩트 형광등으로 옮겨감에 따라 백열등 사업은 GE의 수입 중 2% 미만을 차지하고 있다.[39]

계획은 기회와 자원을 평가하고, 마케팅 목표를 결정하고, 그리고 실행과 통제를 위한 마케팅전략 및 계획을 개발하는 체계적 과정이다. 계획은 마케팅활동을 언제, 어떻게 그리고 누가 시행할 것인지를 결정한다. 이는 마케팅관리자로 하여금 앞서 생각하고, 목표를 설정하고, 미래 마케팅활동 및 사회에 대한 영향을 고려하게 한다. 효과적인 계획은 또한 일상의 위기를 줄이거나 제거한다. 다음 장에서 마케팅전략과 계획을 보다 자세히 살펴볼 것이다.

마케팅활동을 조직하는 것은 마케팅부서의 내적 구조를 개발하는 것을 포함한다. 구조는 마케팅활동을 인도하는 열쇠이다. 마케팅부서는 기능별, 제품별, 지역별, 소비자형태별, 또는 이들의 결합으로 조직화될 수 있다.

마케팅활동의 적절한 실행은 마케팅활동의 통합, 마케팅인력의 동기부여, 부서 내에서의 효과적인 커뮤니케이션에 달려 있다. 마케팅관리자는 마케팅인력에 동기를 부여하고, 그들의 활동을 조정하고, 다른 부서의 인력의 활동과 광고회사 및 조사회사와 같은 외부조직의 마케팅활동을 자신의 활동과 통합해야 한다. 2009년 경기가 침체되었을 때 보다 많은 자동차를 팔기 위하여, Hyundai는 고객이 소득원천을 상실한다면 계약을 파기하고 자신이 구매한 자동차를 반납할 수 있는 반환(give-back) 프로그램을 시작하였다. 이러한 제안을 하기 위하여 Hyundai는 많은 반환된 자동차를 재정적으로 처리할 수 있는 준비가 되어 있어야 할 뿐아니라 증가된 수요를 감당할 수 있는 충분한 재고를 가지고 있어야만 했다.[40] 기업의 커뮤니케이션 시스템은 마케팅관리자가 고위관리층, 기업의 다른 기능 부서들의 관리자 그리고 기업 내외의 마케팅활동과 관련된 인력과 접촉할 수 있도록 해야 한다.

마케팅통제과정은 성과표준을 설정하고, 실제성과와 설정된 표준을 비교하며, 바라는 성과와 실제성과와의 차이를 줄이는 것이다. 효과적인 통제과정은 4가지 요구조건을 갖는다. 통제과정은 마케팅관리자가 신속하게 실제성과수준과 계획된 성과수준의 차이를 발견할 수 있도록 하는 일정률의 정보흐름을 보장해야 한다. 또한 특정활동을 정확히 추적하고 변화를 수용할 수 있도록 탄력적이어야 한다. 통제과정의 비용은 통제가 없을 때 발생하는 비용에 비해 상대적으로 낮아야 한다. 마지막으로 통제과정은 관리자 및 하위직원이 모두 이해할 수 있도록 설계되어야 한다.

1.6 글로벌 경제에서 마케팅의 중요성

마케팅의 정의 및 마케팅활동에 대한 논의로 마케팅의 연구가 현대세계에서 실제적으로 중요하게 된 명백한 여러가지 이유를 알게 된다. 이 절에서는 마케팅이 개인에게 어떻게 영향을 미치는지 그리고 점점 더 글로벌화되는 사회에서 마케팅의 역할을 살펴볼 것이다.

1 구매자가 지불한 돈의 상당부분은 마케팅 비용으로 사용된다

마케팅을 공부함으로써 당신은 욕구를 충족시키는 제품 및 서비스를 제공하는 데 많은 마케팅활동이 필요하다는 것을 알게 될 것이다. 분명히, 이런 활동은 돈이 들어간다. 구매자가 지불한 돈의 약 절반 정도는 마케팅비용으로 들어간다. 당신이 새 CD에 16달러를 지불한다면, 50 내지 60%는 이윤 마진뿐 아니라 촉진 및 유통을 포함한 마케팅비용으로 들어간다. CD의 생산(제작)은 약 1불, 가격의 6%를 차지한다. 월소득이 3,000달러인 가정이 600달러는 세금과 저축에 사용하면 2,400달러를 제품과 서비스구입에 사용한다. 이 금액 중 1,200달러는 마케팅비용으로 나가게 된다. 마케팅비용이 당신의 돈의 많은 부분을 사용한다면, 당신은 이 돈이 어떻게 사용되는지 알아야 한다.

2 마케팅은 비영리조직에서도 이용된다

마케팅이라는 용어로 Burger King, Volkswagen 및 Apple의 광고를 떠올리겠지만, 마케팅은 또한 이윤 같은 통상적 기업목적 이외의 목적을 달성하는 조직에도 중요하다. 연방정부, 주정부, 그리고 지역수준에서의 정부기관도 자신의 사명 및 목적을 달성하기 위하여 마케팅활동을 한다. 예를 들면, 미국 육군은 잠재적 후보자들에게 군입대의 편익을 전달하기 위하여 TV 광고, 이벤트후원 등의 촉진을 사용한다. 미국 농림성은 아이들에게 수정된 음식 피라미드(Food Pyramid)에 의하여 올바른 음식을 먹도록 가르치는 데 도움이 되는 촉진 웹사이트를 출범시켰다.[41] 대학들도 동문 및 기업으로부

UNITED NEGRO COLLEGE FUND/AD COUNCIL

AP IMAGES/ PRNEWSFOTO/AIDS HEALTHCARE FOUNDATION

비영리조직들

The United Negro College Fund 및 the AIDS Healthcare Foundation은 그들의 대의를 촉진하기 위하여 마케팅을 사용한다.

터 기부를 얻기 위할 뿐 아니라 신입생을 모집하는 데 마케팅활동을 한다.

사적인 분야에서, 비영리 조직도 또한 특정 사회집단에 혜택을 주는 프로그램을 창출하고, 가격을 설정하고, 유통시키고, 촉진하는 마케팅활동을 한다. 예를 들면, Habitat for Humanity는 자신의 집을 짓기 위하여 노동력을 제공하는 저소득층 가정을 위하여 집을 지어주거나 개축하기 위한 자금 및 자재의 기부를 받기 위하여 저소득층에게 주택을 공급하는 철학을 대중에게 촉진해야 한다. 그러한 활동은 자선기관이 그들의 사명을 달성하는 데 도움을 주는 박애적 기부로 매년 3,000억 달러를 모금하는 데 도움을 준다.[42]

3 마케팅은 기업에 중요하다

기업은 생존하고 성장하기 위하여 제품을 팔아야 하며, 마케팅활동은 제품판매를 돕는다. 판매로부터 얻어지는 재무적 자원은 혁신적 제품을 개발하는 데 사용될 수 있다. 신제품은 기업으로 하여금 고객의 변화하는 욕구를 충족시키게 할 수 있으며, 이는 거꾸로 기업이 더 많은 이윤을 창출하게 한다. 비영리기업도 생존하기 위하여 '팔' 필요가 있다.

마케팅활동은 개별 기업의 생존에 필수적인 이윤을 창출하는 데 도움을 준다. 이윤 없는 기업은 불가능하지는 않지만, 보다 많은 원재료를 구입하고, 보다 많은 종업원을 채용하고, 보다 많은 자금을 끌어오고, 추가적 제품을 만들어 내는 것, 이어서 보다 많은 이윤을 얻는 것은 어렵다. 이윤 없이는 마케터는 계속해서 고용을 창출하고 사회적 목적에 기여할 수 없다.

4 마케팅은 글로벌경제를 활성화시킨다

제품의 마케팅으로부터 얻는 이윤은 신제품 및 기술의 개발에 기여한다. 정치적 및 경제적 장애의 완화 및 보다 높은 생활수준에 대한 보편적인 갈망과 더불어 기술의 진보로 국경을 넘나드는 마케팅은 글로벌 경제성장의 밑거름이 되면서 일상사가 되었다. 전 세계적 커뮤니케이션 및 증가된 국제여행의 결과로, 많은 미국브랜드들이 세계 도처에서 널리 받아들여졌다. 이와 동시에, Toyota(일본), Bayer(독일), 그리고 Nestle(스위스)의 외국브랜드들이 General Motors, Tylenol, 그리고 Chevron의 브랜드들과 함께 팔리기 때문에 미국 고객들은 선택폭이 더 넓어졌다. 전 세계의 사람들은 CNN 및 MTV를 WalMart에서 구입한 Toshiba와 Sony TV로 시청한다. 인터넷을 통한 전자상거래는 현재 모든 크기의 기업들이 전 세계 구매자에게 접근할 수 있게 하였다. 제8장에서 글로벌 마케팅을 위한 국제시장 및 기회를 살펴볼 것이다.

5 마케팅지식은 소비자 인식을 향상시켜준다

경제의 복지에 기여하는 이외에 마케팅활동은 삶의 질을 향상시키는 데 도움이 된다. 마케팅을 공부함으로써 우리는 제품의 가치 및 결함을 보다 효과적으로 평가할 수 있게 된다. 연구결과는 어떤 식료품의 저지방 주장이 그 제품에 대한 소비를 실제적으로 증가시켜 체중을 줄이기 위한 저지방 스낵의 바람직한 효과에 반하게 된다는 것을 시사하고 있다는 것을 고려하라.[43] 어떠한 마케팅노력이 개선될 필요가 있는지 그리고 어떻게 그러한 목적을 달성하는지를 파악할 수 있다. 예를 들면, 보증에 대해 불만족한 경험을 했을 때 당신은 판매자가 약속을 지키도록 엄격한 법적용을 원할 수 있다. 당신은 또한 제품을 구매하기 전에 제품에 대한 정확한 정보를 원할 것이다. 마케팅을 이해함으로써 우리는 불공정하거나, 손해를 끼치거나, 또는 비윤리적인 마케팅관습을 저지할 수 있는 법률, 규제 및 업계지침 등과 같은 교정 조치를 평가할 수 있게 된다. 이와 같이 마케팅활동이 어떻게 작용하는지를 이해하는 것은 당신이 보다 나은 소비자가 되는 데 도움을 줄 수 있다.

6 마케팅은 기술을 통하여 사람들을 연결시킨다

신기술, 특히 컴퓨터 및 통신과 관련된 기술(technology)은 마케터들이 이전보다 더 많은 고객들을 이해하고 만족시키는데 도움을 준다. 오늘날, 마케터는 웹사이트뿐 아니라 휴대폰을 이용한 문자메시지전송, MP3을 통한 팟캐스트(podcast) 및 인스턴트 메시징, 블로그, 온라인 포럼, 온라인 게임, 메일링 리스트, 위키(wiki) 등의 효과를 인식해야 한다. 예를 들면 새로운 자동차를 쇼핑하는 소비자는 제조업자의 웹사이트를 방문해서, 이상적인 자동차를 찾아보고, 비용에 관한 피드백을 받아볼 수 있다. 소비자는 Autobytel, Edmund's 및 다른 웹사이트를 방문해서 전문적 의견을 찾아보고 최적의 가치를 찾는 데 도움을 주는 신차 및 중고차에 대한 가격비교 정보를 얻을 수 있다. 그들은 온라인이나 대리점에서 자동차를 구매할 수 있다. 기술의 발전으로 Amazon은 종업원들에게 어떠한 지시도 하지 않고 고객들을 응대할 수 있게 되었다. Amazon은 최소한의 직원을 갖고 있으며 몇 번의 마우스 클릭으로 주문을 한다.[44]

인터넷은 교환을 촉진하기 위하여 마케터에게 컴퓨터로부터 여행예약에 이르기까지 모든 것에 대한 기회를 제공한다. 예를 들면, Southwest Airlines는 웹사이트를 통하여 더 많은 승객들이 예약을 할 수 있게 되었으며, 이로 인해 온라인 예약 1위의 항공사가 되었다.[45] 인터넷은 또한 다른 기업에게 마케팅하는 데도 중요한 도구이다. 사실상 온라인 매출은 현재 1,430억 달러를 초과하였으며, 이는 전체 소매매출의

지속가능 마케팅

점점 늘어나는 환경 친화적 건물들

미국에서 건물은 국가의 1차 에너지 사용의 39%를 차지하는데 이는 자원소비의 70%, 물사용은 1조 갤런, 매년 건축 및 철거 잔해가 136백만 톤이다. 국가의 신축 상업빌딩이 에너지를 50%만 적게 쓴다면, 이산화탄소배출을 매년 6백만 톤—백만 대의 차를 도로에서 제거하는 것과 같은—을 줄일 수 있기 때문에 지구온난화의 싸움에서 빌딩은 많은 관심을 받기 시작하였다. Los Angeles에 있는 10층 상업용 빌딩이 잔디 지붕(green roof)과 사면에 그린 벽(green wall)을 갖는다면 매년 전기료를 $141,000을 줄일 수 있고 이산화탄소 40톤을 흡수할 수 있다는 것을 고려해 보라.

ISTOCKPHOTO.THINKSTOCK

이러한 그린 건물을 마케팅하는 것은 이 기술이 효과가 있으며, 고객 및 사회에 모두 혜택을 준다는 것을 증명할 뿐 아니라 고객에게 이 신기술에 대하여 교육하는 것을 요구한다. 보다 큰 기업들이 새로운 그린 건물 혁신에 동참하고 있다. Gap, inc는 California, San Bruno에 있는 본부 건물의 지붕 69,000평방피트에 잔디를 입혔으며, Ford Motor Company는 본사에 그린 지붕을 설치하였다.

각각 250개와 120개의 그린 지붕을 가지고 있는 Chicago 및 Portland와 같은 도시도 또한 그린 빌딩을 장려하고 있다. 고객과 사회가 이들 제품의 편익과 절약을 보다 잘 알게 됨에 따라, 계약업자와 건축업자에게 이런 제품들을 더 요구하게 될 것이다. 이런 방식으로 고객 및 사회의 복지는 가치가 이끄는 마케팅에 의하여 향상될 것이다.[c]

HEMERA/THINKSTOCK

AP IMAGES/GLOBE NEWSWIRE/EPSON AMERICA ,INC.

마케팅과 기술의 발전

Apple 및 Epson은 고객만족 및 애호도를 창출하기 위하여 기술 개발을 관리한다.

SNAPSHOT

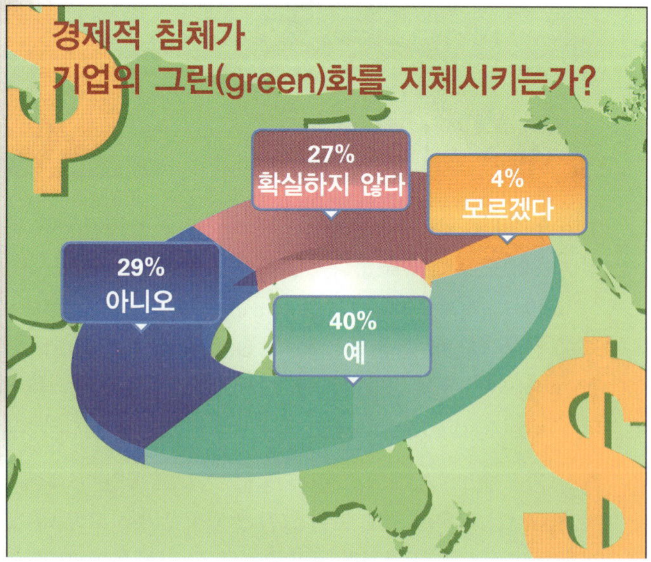

가장 최근의 불경기가 그린화에 대한 계획을 지체시킬 가능성을 지적한 CEO들에 대한 서베이로부터.
자료원: Booz & Co. survey of 828 chief executive officers and managers. Printed in *USA Today*, February 19, 2009, p. A1.

약 6%이다.[46] 성공적 기업은 고객과 수익성 있는 관계를 개발하기 위하여 마케팅전략에서 기술을 사용하고 있다.

7 사회적 책임을 다하는 마케팅은 고객들과 이해관계자들의 복지를 향상시킬 수 있다

경제체제의 성공은 신뢰 및 고객과 다른 이해관계자가 존중을 받는 협력적 관계를 촉진하는 마케터의 가치관에 의존한다. 대중은 사회적 책임과 윤리적 관심이 마케팅활동을 계획하고 실행하는 데 고려되야 한다는 것을 점점 주장하고 있다. 어떤 마케터의 무책임하거나 비윤리적인 활동은 *USA Today* 또는 *The Wall Street Journal*의 1면에 실리게 되지만, 많은 기업들은 고객 및 사회와 장기적 관계를 발전시킬 책임 있는 방법을 개발 중이다. 자연환경의 영역에 있어서, 기업들은 자연환경을 유지하고, 지원하고, 향상시키면서, 고객과의 장기적으로 의미 있는 관계를 창출하기 위하여 이해관계자의 평가를 포함하는 전략적 과정인 **그린 마케팅(green marketing)**의 개념을 받아들이고 있다. 예를 들면, Unilever는 전 세계적으로 다양한 식료품 및 개인위생용품을 생산할 뿐 아니라, São Paulo에서는 무료 지역사회 세탁기를 운영하며, Bangladesh에서는 무료 의료를 제공하는 병원을 후원하며, 전 세계적으로 공급업자들에게 재정 및 교육 자료를 제공함으로써 이들이 보다 환경친화적인 실행방식으로 전환하도록 하고, 이산화탄소 및 위험폐기물의 배출 정보를 관심 있는 이해관계자에게 제공한다. Unilever의 최고경영자인 Patrick Cescau는 "당신은 당신의 기업이 지역사회 및 환경에 미치는 영향을 무시할 수 없다"라고 말하면서 그러한 활동이 장래 수십년간 기업이 경쟁력을 유지하는데 필요하다고 믿는다. Hollywood도 Homer와 Marge Simpson이 The Simpson Movie와 The Early Show의 새 "Going Green" 부분에서 바이오디젤연료차를 운전하는 것처럼 네트워크, TV쇼, 영화에서 보다 많은 그린 주제를 포함함으로써 그린 쪽으로 나아가고 있다.[47] 마케팅의 사회에 대한 영향에 관심을 가짐으로써, 기업은 일반 대중의 이익 및 자연환경을 보호할 수 있다.

8 마케팅은 다수의 흥미롭고 유망한 직업을 제공한다

미국에서 민간 노동자의 25% 내지 33%가 마케팅활동을 수행한다. 마케팅분야는 전 세계적으로 인적판매, 광고, 포장, 수송, 지장, 마케팅조사, 제품개발, 도매업 및 소매업과 같은 흥미롭고 도전적인 다양한 직업기회를 제공한다. 또한 비영리조직의 많은 사람들도 정치, 교육, 문화, 교회, 시민 및 자선의 활동을 촉진하기 위하여 마케팅활동을 한다. 개인이 마케팅활동을 직업으로 갖든지 비영리조직을 위하여 자원하여 마케팅활동을 수행하든지, 마케팅지식과 기술은 귀중한 개인적 그리고 전문적 자산이다.

이 장의 복습

1 마케팅을 정의한다

마케팅은 동적인 환경에서 고객들과 만족스러운 교환관계를 일구어내고 이해관계자들과의 우호적인 관계를 개발하고 유지하기 위해서 제품, 서비스 및 아이디어를 창출하고, 가격을 책정하고, 유통시키며 그리고 촉진하는 프로세스이다. 마케팅의 본질은 고객과 마케터 모두에게 이익이 되고 만족스러운 교환을 개발하는 것이다.

2 표적시장, 마케팅믹스, 마케팅교환 및 마케팅환경 등 여러 가지 중요한 마케팅 용어를 이해한다

표적시장은 기업이 마케팅노력을 기울이는 고객집단이다. 제품, 가격설정, 유통 및 촉진의 변수들은 마케팅관리자가 각 요소를 어떤 형태로 그리고 어느 정도로 사용할 것인지를 결정하기 때문에 마케팅믹스라고 한다. 마케팅관리자는 표적시장의 고객의 욕구와 부합되는 마케팅믹스를 개발하고자 한다. 마케터는 마케팅믹스를 개발하기 전에 고객의 욕구에 대하여 심층적인, 최근의 정보를 수집해야 한다.

개인과 기업은 가치 있는 것에 대한 대가로 제품, 서비스 및 아이디어의 제공이나 이전인 교환을 일구어내기 위하여 마케팅을 한다. 교환이 일어나기 위해서는 네 가지 조건이 충족되어야 한다. (1) 둘 또는 그 이상의 개인, 집단, 기업이 참여해야 하며 각각은 상대방이 원하는 가치 있는 것을 가지고 있어야 한다. (2) 교환은 거래에 참여한 쌍방에게 혜택 또는 만족을 제공해야 한다. (3) 각 당사자는 상대방이 가지고 있는 것이 가치 있는 것이라는 약속에 대한 신뢰가 있어야 한다. (4) 각 당사자는 신뢰를 구축하기 위해서 기대를 충족시켜야 한다. 마케팅활동은 관련된 이해관계자들을 만족스러운 교환관계를 구축하고 유지해야 한다. 이해관계자들은 기업의 제품, 활동, 시장, 산업 그리고 성과에 있어서 이해, 즉 권한을 갖고 있는 구성원들을 말한다.

마케팅환경은 경쟁적, 경제적, 정치적, 법률적/규제적, 기술적 그리고 사회문화적 요인을 포함하는데 고객 및 마케팅믹스를 둘러싸고 있다. 이들 요인은 마케터에게 위협을 야기할 수 있으며 또한 신제품 및 고객에게 접근하는 새로운 방법에 대한 기회를 발생시킬 수 있다.

3 마케팅개념 및 마케팅지향성을 알아본다

마케팅개념에 의하면, 기업은 목적을 달성하기 위한 통합된 활동들을 통해서 고객의 욕구를 충족시키는 제품을 제공하도록 노력하여야 한다. 고객만족은 마케팅개념의 주요 목표이다. 마케팅개념의 철학은 미국에서 생산 및 판매 시대 다음으로 1950년대에 발생하였다. 마케팅개념에 부합되는 활동을 개발하는 기업은 마케팅지향적 기업이 된다.

4 고객관계구축의 중요성을 이해한다

관계마케팅은 장기적이고, 상호 만족을 주는 구매자-판매자 관계를 구축하는 것을 포함한다. 고객관계관리(Customer relationship management: CRM)는 고객에 대한 정보를 사용하여 바람직한 고객관계를 개발하고 유지하는 마케팅전략을 만들어 내는 데 초점을 두고 있다. 고객관계를 관리하기 위해서 가장 유망하고 유익한 고객들에게 초점을 맞추어서 구매행동의 패턴을 찾아내고 그러한 정보를 활용할 필요가 있다.

가치는 제품의 값어치를 결정하는 데 있어서 비용에 대비되는 편익에 대한 고객의 주관적 평가이다. 편익은 구매자가 교환에서 얻게 되는 모든 것을 포함하며, 비용은 구매자가 제품이 제공하는 편익을 얻기 위하여 제공해야 하는 모든 것을 포함한다.

5 마케팅관리과정의 일부분인 주요 마케팅기능을 설명한다

마케팅관리는 교환을 효과적이고 효율적으로 일구어내기 위하여 마케팅활동을 기획하고 조직하고 실행하고 통제하는 과정이다. 기획은 기회와 자원을 평가하고, 마케팅 목표를 결정하고, 그리고 실행과 통제를 위한 마케팅전략 및 계획을 개발하는 체계적 과정이다. 마케팅활동을 조직하는 것은 마케팅부서의 내적 구조를 개발하는 것을 포함한다. 마케팅활동의 적절한 실행은 마케팅활동의 통합, 마케팅인력의 동기부여, 부서 내에서의 효과적인 커뮤니케이션에 달려 있다. 마케팅통제과정은 성과기준을 설정하고, 실제성과와 설정된 기준과 비교하며, 바라는 성과와 실제성과와의 차이를 줄이는 것이다.

6 사회에서 마케팅의 역할을 이해한다

마케팅비용이 구매자 지출의 약 반 정도를 차지한다. 마케팅활동은 영리조직 및 비영리조직 모두에서 행하여진다. 마케팅활동은 영리조직이 이윤을 창출하는 데 도움을 주며 또한 점점 글로벌화되는 경제를 활성화시키는 데 도움을 준다. 마케팅지식은 고객의 인식을 향상시킨다. 신기술은 고객과 접촉하는 마케팅 능력을 향상시킨다. 사회적으로 책임 있는 마케팅은 고객 및 사회의 복지를 향상시킬 수 있다. 마지막으로 마케팅은 많은 흥미로운 직업 기회를 제공한다.

주요 개념

마케팅(marketing): 동적인 환경에서 고객들과 만족스러운 교환관계를 일구어내고,이해관계자들과의 우호적인 관계를 개발하고 유지하기 위해서 제품, 서비스 및 아이디어를 창출하고, 유통시키며, 촉진하고, 그리고 가격을 설정하는 과정

고객(customer): 제품의 구매자; 모든 마케팅활동의 초점

표적시장(target market): 조직이 마케팅노력을 집중하는 특정 고객 집단

마케팅믹스(marketing mix): 기업이 표적시장의 고객들의 욕구를 충족시키기 위해서 계획하고, 조직화하며, 실행하고, 통제하는 네 가지 마케팅 활동–제품, 가격설정, 유통 및 촉진

제품(product): 유형의 제품, 서비스, 혹은 아이디어

교환(exchange): 가치 있는 것을 얻는 대가로 제품, 서비스 또는 아이디어의 제공이나 이전

이해관계자(stakeholders): 기업의 제품, 운영, 시장, 산업 그리고 성과 측면에서 이해관계 혹은 요구권리를 하는 구성원들

마케팅환경(marketing environment): 고객을 둘러싸고 있으면서 마케팅믹스에 영향을 미치는 경쟁적, 경제적, 정치적, 법률적/규제적, 기술적 그리고 사회문화적 요인

마케팅개념(marketing concept): 조직의 목적을 달성할 수 있도록 통합된 활동들을 통하여 고객의 욕구를 충족시키는 관리철학; 기업의 전반적 활동을 가이드하는 관리철학

마케팅지향성(marketing orientation): 현재 및 미래의 고객욕구와 관련된 시장 정보의 전사적 창출, 전부서로의 시장정보의 전파, 그리고 이에 대한 전사적 대응; 고객욕구 조사 및 그에 따른 대응에 대한 전사적 몰입

관계마케팅(relationship marketing): 구매자와 판매자가 보다 더 만족스러운 교환의 창출을 통하여 가치증진에 초점을 둔 장기적이고, 서로에게 이로운 협정

고객관계관리(customer relationship management: CRM): 고객에 대한 정보를 사용하여 바람직한 고객관계를 개발하고 유지하는 마케팅전략을 만들어내는 것

가치(value): 제품의 가치를 결정히는데 있어서 비용 대비 상대적 편익에 대한 고객의 주관적 평가

마케팅관리(marketing management): 교환을 효과적이고 효율적으로 조성하기 위하여 마케팅활동을 계획하고, 조직화하며, 실행하고, 통제하는 과정

그린 마케팅(green marketing): 자연환경을 유지하고, 지원하고, 향상시키면서 고객과 장기적으로 의미 있는 관계를 창출하기 위하여 이해관계자의 평가를 포함하는 전략적 과정

연습문제

1. 마케팅이란 무엇인가? 당신은 이 장을 읽기 전에는 마케팅을 어떻게 정의하였는가?
2. 모든 마케팅활동의 초점은 무엇인가? 왜 그런가?
3. 마케팅믹스의 4 가지 변수는 무엇인가? 왜 이들 요소들을 변수들이라고 하는가?
4. 마케팅교환이 일어날 수 있기 전에 어떤 조건이 충족되어야 하는가? 당신이 최근에 참여한 교환을 기술하라.
5. 마케팅환경의 요인들은 무엇인가? 마케팅관리자는 이들 요인들에 대하여 얼마나 많은 통제력을 갖고 있는가?
6. 마케팅개념의 기본적 요소를 논의하라. 당신 지역에서 어느 업체가 이 철학을 사용하고 있는가? 그 이유를 설명하라.
7. 조직은 마케팅개념을 어떻게 실행할 수 있는가?
8. 고객관계관리는 무엇인가? 왜 이런 관계를 관리하는 것이 그렇게 중요한가?
9. 가치는 무엇인가? 마케터는 가치에 대한 지각을 향상시키기 위해서 마케팅믹스를 어떻게 사용할 수 있는가?
10. 마케팅관리과정에 어떠한 형태의 활동들이 포함되는가?
11. 우리 사회에서 마케팅이 왜 중요한가? 당신은 마케팅을 왜 공부해야 하는가?

마케팅 전략의 기획

CHAPTER 2

AP IMAGES/WILFREDO LEE

Lowe's 대 Home Depot: 입지, 입지, 입지

소비자의 지출에 대하여 Lowe's와 Home Depot 간의 경쟁은 치열하다. "Battle of the Brands" 조사 보고서에 의하면, 52%는 Lowe's를 선호하고, 48%는 Home Depot를 선호하였다. 그러나 Home Depot는 많은 점포 수 때문에 Lowe's보다 더 많은 매출을 올리고 있다. Lowe's는 북미지역에 1,650개의 점포가 있고 Home Depot는 2,234개의 점포를 가지고 있다. 이 체인들은 유사한 제품을 제공하기 때문에 고객은 종종 가까운 상점으로 간다. Home Depot의 주요 고객집단은 손수 만드는(do-it-yourself) 집단, 남이 대신해 주는(do-it-for-me) 집단, 그리고 전문 토건업자들이다. 상점은 마루, 캐비닛, 그리고 주방용 조리대와 같은 제품에 대해 다양한 설치 서비스를 제공한다. Lowe's도 비슷한 고객들을 갖고 있는데 두 체인 모두 4만 종에 달하는 제품을 취급하고 있다. Lowe's는 일반적으로 창고와 같은 분위기가 덜 들기 때문에 여성들에게 더 소구되고 있다.

고객은 두 체인을 모두 이용하기 때문에, 두 기업은 매출 및 고객애호도를 놓고 싸워야 한다. 이 싸움은 2008년 경기침체 때에 시작해서 주거개선산업의 침체때에 더 심화되었다. 두 기업은 주택 시장 및 경기의 하락으로 심한 타격을 받았다. 그 결과, 이들은 확장을 자제하고 비용도 삭감하였다. 한때 우수한 고객 서비스로 유명했던 Home Depot는 고객에 다시 초점을 맞추어서 점포 내 서비스를 제1순위로 정하였다. 이러한 조치의 한 부분으로, Home Depot는 작업의 환경 및 편익—우수한 고객서비스를 제공하는 유쾌한 종업원을 유지하는 데 주요 동기부여 요인들—을 증가시키는 일을 진행하고 있다. Lowe's는 제품 옵션을 향상시키

학습목표

1. 전략적 기획 과정을 설명한다
2. 조직의 자원과 기회가 어떻게 기획과정에 영향을 주는지를 설명한다
3. 전략적 기획에서 사명서의 역할을 이해한다
4. 기업수준, 사업수준, 그리고 마케팅의 전략을 살펴본다
5. 마케팅계획의 입안과정을 이해한다
6. 마케팅실행 및 마케팅 실행에의 주요 접근방법들을 설명한다

고 쾌적한 쇼핑환경을 만듦으로써 지난 수년간의 경로를그대로 따르고 있는 것 같다. 이 두 기업보다 제품라인에 무엇이 있는지 더 잘 아는 곳은 없다고 말해진다. 이 두 기업은 각각 상대방의 현재 모습보다 더 좋아지려고 노력하고 있으며, 이는 모든 소비자들에게 더 나은 쇼핑경험을 제공할 수 있게 될 것이라고 생각할 수 있다.[1]

동적인 환경에서, Home Depot와 Lowe's는 전략적 기획, 즉 목적을 달성하기 위하여 어떻게 자원과 능력을 사용할지를 결정하는 데 시간과 자원을 사용하고 있다. 이 책의 많은 부분이 세부적 마케팅 의사결정과 전략을 다루고 있지만, 이 장에서는 기업의 목적을 달성하기 위하여 조정되어야 하는 모든 기능적 영역과 활동-마케팅뿐 아니라 재무, 생산, 인적자원, 그리고 연구개발에 대한 큰 그림에 초점을 맞출 것이다. 고객들을 만족시켜주고 조직의 목적을 성취한다는 마케팅개념을 효과적으로 실행하기 위해서는 모든 기업이 전략적 기획을 할 필요가 있다.

이 장은 전략적 기획 과정의 개관으로 시작한다. 다음으로, 조직자원과 기회가 전략적 기획 및 기업사명서의 역할에 어떻게 영향을 미치는지를 살펴볼 것이다. 기업수준 및 사업수준의 전략개발을 논의한 후에, 마케팅 전략의 성격 및 마케팅계획의 작성을 살펴볼 것이다. 이들 요소들은 마케팅전략의 개발과 실행의 골격을 제공하는데 이는 이 책 나머지 부분에서 보게 될 것이다.

2.1 전략적 기획 과정

전략적 기획(**strategic planning**) 과정을 통해서 기업은 조직의 사명을 확립하고 목적, 기업수준 전략, 마케팅목표, 마케팅 전략 그리고 마지막으로 마케팅계획을 입안한다.[2] 고객만족에 대한 관심이 이 과정의 필수적인 부분이라는 점을 확실하게 하기 위해서 마케팅지향성이 전략적 기획과정에 지침을 제공해야 한다. 마케팅지향성은 또한 마케팅전략의 성공적 실행에도 중요하다. <그림 2.1>은 전략적 기획의 구성요소들을 보여주고 있다.[3]

이 과정은 조직의 강점과 약점의 자세한 분석 및 마케팅환경의 기회와 위협의 확인으로 시작한다. 이러한 분석에 기초하여, 기업은 사명과 목적을 확립하거나 수정할 수 있으며 이들 목표를 달성하기 위하여 기업수준의 전략을 입안할 수 있게 된다. 다음으로 기업의 각 기능 영역(마케팅, 생산, 재무, 인적 자원 등)의 목표를 설정하고 이를 달성하기 위한 전략을 개발한다.[4] 각 기능 영역의 목표 및 전략은 기업의 전반적 목표 및 사명을 지지해야 한다. 각 기능 영역의 전략은 마케팅지향성에 초점을 맞춰서 조정되어야 한다.

우리의 초점은 마케팅에 있기 때문에 물론 마케팅목표 및 전략에 가장 관심이 있다. 마케팅목표는 그 달성이 기업수준의 전략에 기여하고 회사 자원의 효율적 사용에 의하여 성취될 수 있도록 설계되어야 한다. 마케팅목표를 달성하기 위하여 기업은 마케팅전략을 개발해야 하는데, **마케팅전략**

그림 2.1 **전략적 기획의 구성요소**

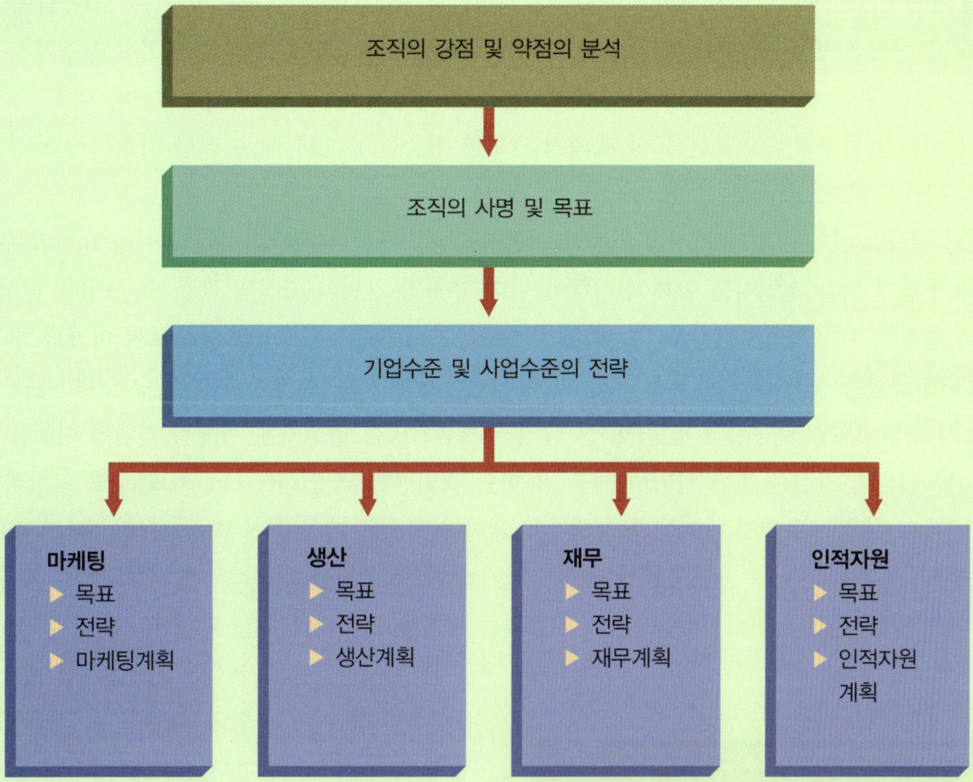

자료원: From O. C. Ferrell and Michael Hartline, *Marketing Strategy* (Mason, OH: South-Western, 2008). Reprinted with permission of South-Western, a division of Thomson Learning: www.thomsonrights.com.

(marketing strategy)은 표적시장을 확인하고 분석하고 그 시장의 사람들을 만족시키기 위한 마케팅 믹스를 개발하는 것을 포함한다. 이와 같이 마케팅전략은 표적시장의 욕구를 충족시키는 제품을 개발하고, 유통시키고, 촉진하고, 그리고 가격을 설정하는 행동계획을 포함한다. 마케팅전략은 기업의 전반적 방향을 반영하고 다른 기능 영역들과 조정될 때 가장 잘 수립된다. 적절히 실행되고 통제될 때, 마케팅전략은 마케팅목표뿐 아니라 기업의 전반적 목적의 달성에 기여하게 될 것이다. Apple의 iPod 음악 재생기 라인에 대한 마케팅전략이 우수한 디자인의 컴퓨터기업이란 평판을 재활성화하는데 도움을 주고 이는 다른 Apple 제품에 전이될 수 있는 것을 고려해 보라. 이 기업은 iPod의 외관을 모방하여 둥근 모서리와 반투명 용기의 iMac G5 컴퓨터를 개발하기까지 하였다.[5]

전략적 기획 과정은 궁극적으로 기업이 마케팅활동을 실행하고 통제하기 위해서 행해지는 활동을 명시한 **마케팅계획(marketing plan)**의 골격이 되는 마케팅전략을 낳게 된다. 이 장의 나머지 부분에서는 전략적 기획 과정의 주요 구성요소인 조직의 기회 및 자원, 조직의 사명 및 목표, 기업수준 및 사업수준의 전략, 마케팅전략, 그리고 마케팅계획의 역할을 논의할 것이다.

2.2 조직의 자원 및 기회에 대한 평가

전략적 기획 과정은 마케팅환경으로부터 시작한다. 제3장에서 살펴보게 되는 것과 같이, 경쟁적, 경제적, 법률 및 규제적, 기술적 그리고 사회문화적 요인이 조직을 위협하고 전체적 목적에 영향을 미칠 수 있다. 또한 기업이 획득할 수 있는 자원의 양 및 형태에도 영향을 미칠 수 있다. 그러나 이러한 환경적 요인들은 또한 호의적 기회를 창출할 수 있는데, 이러한 기회는 전체적 조직 목표와 마케팅목표로 전환될 수 있다.

어떤 전략적 기획 노력도 조직의 가능한 재정적 그리고 인적 자원 및 능력과 이들 요인의 수준이 미래에 어떻게 변할 것인지를 함께 평가해야 한다. 추가적 자원이 조직의 목표 및 사명을 달성하기 위해서 필요할 수 있다.[6] 자원은 고객만족과 애호도를 창출하는 데 도움을 줌으로써 마케팅 및 재무적 성과에 영향을 미친다.[7] 자원에는 또한 호의, 평판, 그리고 브랜드명이 포함될 수 있다. 예를 들면, Rolex 시계 및 BMW 자동차의 평판 및 잘 알려진 브랜드명은 경쟁자에 비해서 기업에 이점을 주는 자원이다. 그러한 강점은 또한 기업이 매우 잘 하는 것인 **핵심역량(core competencies)**을 포함하는데, 이는 때때로 매우 우수해서 기업에게 경쟁자에 대하여 이점을 제공한다. Walmart의 핵심역량인 공급사슬관리의 효율성은 그 할인체인이 낮은 가격에 대한 강한 평판을 구축하게 하였고, 더 나아가 점내 약국의 처방전을 4달러로 하는 계획에 해당되는 무브랜드 약품의 수를 확대하게 하였다.[8]

IMAGE COURTESY OF THE ADVERTISING ARCHIVES

마케팅 전략

Wendy's는 한밤중이후까지 영업을 함으로써 "심야" 시장을 겨냥하고 있다.

마케팅환경의 분석은 자원의 평가뿐 아니라 시장에서의 기회의 확인을 포함한다. 상황과 타이밍의 적절한 결합이 조직이 특정 표적시장에 도달하기 위한 행동을 취하도록 허락될 때, **시장기회(market opportunity)**가 존재한다. 예를 들면 소비자가 생수가 플라스틱 용기 때문에 환경에 부정적인 영향을 미치는 것으로 인식할 때, Sigg USA는 재활용 가능한 알루미늄 물 용기에 대한 시장기회를 인식하였다. 그 용기는 물을 다시 채우고 쉽게 들고 다닐 수 있으며 이로 인해 환경친화적이고 경제적으로 저렴한 선택이다.[9] 그러한 기회는 종종 **전략적 창(strategic windows)**이라고 불리는데, 이는 시장의 주요 요구조건과 그 시장에서 경쟁하는 기업의 특정 능력 간에 최적의 적합성이 이루어지는 일시적인 기간을 말한다.[10]

기업이 시장에서 찾아낸 기회에 핵심역량을 부합시킬 때, 기업은 **경쟁 우위(competitive advantage)**를 갖는다고 말한다. 어떤 경우에는 기업은 경쟁적 이점을 창출하기 위하여 시장기회와 부합시킬 수 있는 제조, 기술, 또는 마케팅 기량을 가지고 있을 수 있다. 예를 들면, 영국의 고급식료품기업인 Tesco는 2007년 말에 자사의 Fresh & Easy 상점으로 미국시장에 진입하였다. 일 년 후에 불경기가 닥쳐서 소비자들이 지출을 줄였다. 기업은 전략을 수정해서 값싼 대안들을 제공함으로써 경쟁 우위를 현재 추구하고 있다. Fresh & Easy는 할인된 값으로 고기를 제공할 뿐 아니라 1달러 미만의 농산물 묶음을 제공하고 있어 이들 제품은 경쟁 식료품점보다 평균 10~25% 정도 가격이 낮다.[11]

1 SWOT 분석

마케터들이 조직의 강점(strengths), 약점(weaknesses), 기회(opportunities), 그리고 위협(threats)을 평가하는데 이용할 수 있는 한 가지 도구는 **SWOT 분석(SWOT analysis)**이다. 강점과 약점은 조직이 표적시장을 만족시킬 수 있는 조직의 능력에 영향을 미칠 수 있는 내적 요인이다. 강점은 기업이 표적시장의 욕구에 부응하는 데 기업에게 우위를 제공하는 경쟁우위 또는 핵심역량을 의미한다. 예를 들면, John Deere는 도시 거주자를 위한 잔디 트랙터 및 잔디깎는 기계에서의 장인기술을 강조하기 위해서, 농업설비 비즈니스에서 자사의 서비스, 경험 그리고 평판을 활용한다. 약점은 기업이 마케팅전략을 개발하거나 실행하는 데서 직면한 어떤 한계점을 의미한다. 예를 들면, 미국 자동차기업들은 다른 나라의 경쟁자와 비교했을 때, 과다 생산설비 및 높은 임금과 같은 내적 약점을 가지고 있다. 강점과 약점은 고객의 욕구를 충족시키는 데 있어 기업에 도움이 되거나 방해가 될 때에만 의미가 있기 때문에 고객의 관점에서 검토되어야 한다. 고객의 욕구를 충족시키는 데 관련된 강점들만이 진정한 경쟁우위로 간주되어야 한다. 마찬가지로 고객만족에 직접적으로 영향을 미치는 약점이 경쟁열세로 간주되어야 한다. 주류회사인 Constellation Brands는 경쟁열세를 확인한 후 가장 이익이 나는 브랜드에 집중하기 위하여 여러 저가의 알코올 브랜드를 팔았다. 이 기업은 알코올 브랜드 산업에서 대부분의 성장은 프리미엄 제품에서 오고 있는데 너무나 많은 시간과 돈을 저가의 브랜드에 집중하고 있다는 것을 깨달았다.[12]

기회와 위협은 기업과 독립적으로 존재하며 따라서 자사와 경쟁하지 않는 모든 조직에서도 고려해야 하는 이슈를 반영한다. 기회는 적절히 반응하면 조직에 보상을 가져다 줄 수 있는 호의적 조건을 의미한다. 즉 기회는 존재하는 상황이며, 조직이 기회로부터 이익을 보려면 반응해야 한다. 한편 위협은 기업이 목적

IMAGE COURTESY OF THE ADVERTISING ARCHIVES

시장기회

Kettle Chips는 스낵식품에 첨가되는 인공성분이나 방부제를 우려하는 소비자들을 겨냥한다.

IMAGE COURTESY OF THE ADVERTISING ARCHIVES

경쟁 우위

유기농 성분이 매일유업과 Philadelphia's Cream Cheese와 같은 기업의 경쟁 우위를 창출하는데 널리 사용되고 있다.

에 도달하는 데 방해되는 조건 또는 장애물을 의미한다. 예를 들면, Apple의 최고 판매제품인 음악 재생기인 iPod 제품군은 MP3기술을 많은 새로운 휴대폰에 접목시킨 휴대폰 제조업자 및 서비스기업으로부터의 경쟁에 직면하였다. 실제로, 일본 소비자들은 이미 음악을 컴퓨터 및 디지털 플레이어보다는 휴대폰에 다운받았다.[13] 위협이 조직의 능력을 제한하지 못하도록 조치를 취해야 한다. 증가하는 경쟁의 위협에 대처하기 위하여, Apple은 사용하기 쉬운 iTunes 소프트웨어를 탑재한 휴대폰인 iPhone를 출시하였으며, iTunes는 매우 경쟁적인 가격으로 유지되고 있다.[14] 기회와 위협은 환경의 많은 자원으로부터 발생할 수 있다. 경쟁자의 신제품 도입이 기업에 위협이 될 때, 방어적 전략이 요구될 수 있다. 기업이 경쟁자의 제품에 부합되거나 우월한 신제품을 개발하고 출시할 수 있다면, 기업은 위협을 기회로 바꿀 수 있다.[15]

<그림 2.2>는 기획과정에서 관리자에 도움이 될 수 있는 4개 셀의 매트릭스를 보여주고 있다. 조직이 내적 강점을 외적 기회에 매칭시킬 때, 조직은 고객의 욕구를 충족시키는 데 있어서 경쟁우위를 창출한다. 추가로, 조직은 내적 약점을 강점으로, 외적 위협을 기회로 전환시키는 행동을 취해야 한다. 예를 들면, Proctor & Gamble은 소비자제품의 성공에서 중요한 5가지 영역—소비자 이해, 브랜드구축, 혁신, 출시 능력 및 규모에서 경쟁우위를 갖지 못한 약점을 마케팅조사 및 공급사슬관리에 수십억 달러를 투자함으로써 강점으로 바꾸었다. 실제로 기업의 조사 및 개발 프로그램은 효소, 향수, 조미료, 중합물, 기질, 그리고 계면활성제와 같은 영역에서 중요한 혁신을 육성하는 핵심역량이 되었다.[16] 적절한 마케팅기량이 부족한 기업은 약점을 강점으로 만들기 위하여 외부컨설턴트를 고용할 수 있다.

그림 2.2 SWOT 매트릭스

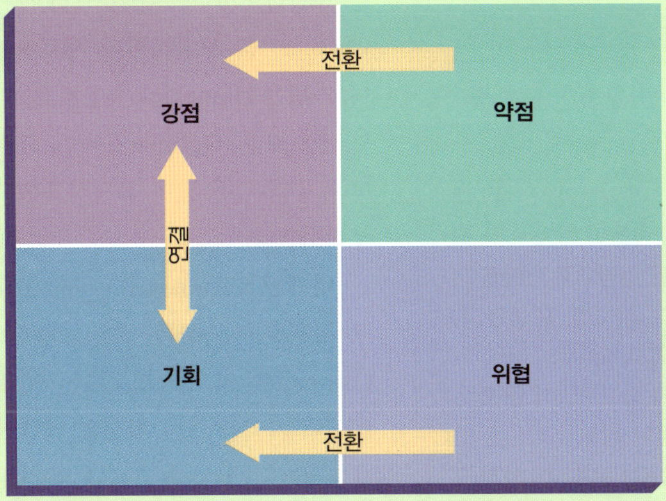

자료원: Reprinted from *Market-Led Strategic Change*, by Nigel F. Piercy, p. 371, copyright 1992 with permission from Elsevier Science.

2.3 조직의 사명과 목표의 설정

일단 조직이 자원과 기회를 평가하였다면, 이러한 기회를 활용하기 위하여 목표 및 전략을 수립할 수 있다. 어떤 조직이라도 목표는 그 조직이 되고자 원하는 것에 대한 장기적 견해 또는 비전인 **사명서(mission statement)**로부터 도출되어야 한다. 예를 들면, 허브차 제조업자인 Celestial Seasonings의 사명은 사람의 신체에 영양분을 공급하고 원기를 높이는 건강식이고, 천연 지향적 제품을 개발하고 판매하는 것이다.[17]

조직이 사명을 결정하였을 때, 조직은 두 가지 질문에 답해야 한다. 누가 우리의 고객인가? 무엇이 우리의 핵심역량인가? 이 두 질문은 매우 단순해 보이지만, 어느 기업이라도 대답해야 하는 가장 중요한 질문이다. 고객의 욕구와 필요의 정의는 기업이 이를 충족시키기 위한 방향을 제시한다. <그림 2.3>은 고객 요구사항을 기술한 Google의 사명을 보여주고 있다.

기업은 마케팅을 포함한 모든 전사적 활동을 지원하기 위하여 CI(corporate identity)—고유심볼, 개성 및 철학—를 개발하고 관리하려고 한다. 정체성(identity)을 관리하기 위해서 사명의 목표 및 가치를 이해관계자들에게 퍼뜨리고, 일관된 메시지를 내보내며, 시각적 개성을 실행할 필요가 있다. 사명서, 목적 및 목표는 바라는 기업의 정체성을 성취하기 위하여 적절히 실행되어야 한다.[18] 예를 들면, Johnson & Johnson은 고객, 종업원, 지역사회, 그리고 전 세계의 주주들에 대한 책임에 기초하여 신조 및 정체성을 개발하였다.[19]

사명서로부터 도출된 조직의 목적 및 목표는 기획 업무의 나머지 부분에 지침을 제공한다. 목적은 조직이 추구하는 최종 결과에 초점을 맞춘다. 예를 들면, Johnson Controls는 다양한 제품라인에서 고객이 일상생활에 가치를 더하는 것을 돕는 데 자사가 초점을 두고 있다는 것을 강조하기 위하

전환 중인 **마케팅**

Guitar Hero는 당신을 락음악 스타로 만든다

당신은 락음악 스타가 되는 공상을 해본 적이 있는가? 6백만 개의 판매로 Guitar Hero는 수백만의 사람들이 락의 스타 지위에 대해 꿈꾸었다는 것을 보여주었다. 그것은 건반으로 기타를 연주하는 모양을 낸 플라스틱 건반 형태의 장치를 제공한다. Comedy Central의 South Park부터 Fox의 American Idol, 가수 Maiah Carey, 슈퍼모델 Heidi Klum까지 광고모델이 된 것은 Guitar Hero를 주류상표로 만들었다. 성공하기 위해서 당신은 타고난 음악적 재능이나 음악악보를 읽을 수 있는 능력이 필요하지 않다. 당신이 설명서의 쉬운 안내를 따를 수 있다면, 한 시간 이내에 Bon Jovi, Nirvana 그리고 다른 고전 또는 현대 락 그룹의 곡조를 연주할 수 있다. 다른 사람들과 청중의 점수와 돈에 대하여 경쟁하므로 여기에 빠지는 것은 쉽다.

PHOTODISC/THINKSTOCK

Guitar Hero의 설립자인 Robert Kotick 및 그의 Activision회사는 비디오게임산업에서 놀라운 성공사례이다. 그는 3천만 달러의 부채가 있는 비디오게임 제작사를 반전시켰다. 18년 후에 Activision은 수입이 30억 달러, 순자산이 123억 달러, 최고경쟁자인 Electronic Arts의 시장가치의 두 배가 되었다. Kotick은 비디오 게임을 하는 것을 좋아하지도 않으면서 디자이너에게 창의적 재량권을 주고, 스튜디오 리더에게 손익의 일부를 공유하면서 게임의 제작에 참여하게 함으로써 어느 정도의 소유권을 주는 프랜차이즈 시스템을 설립하였다. 바로 이 기업이 Tony Hawk의 Pro Skater에게 16억 달러의 수익을, Guitar Hero에게 20억불의 이익을, 그리고 Call of Duty에게 1억 3,500만 달러의 매출을 창출하여 준 그 회사이다.

Guitar Hero의 개발로 리얼 밴드의 느낌을 모의 체험하는 기회를 원하는 표적시장을 인식하게 되었다. 기타, 드럼 그리고 보컬을 포함한 성공적인 밴드를 만들기 위한 사회적 네트워킹 기회가 성공적인 락 스타와 동일시되는 경험을 제공한다.[a]

여, "보다 편안하고, 안전하고, 지속가능한 세계"라는 새로운 사명을 개발하였다. 회사는 또한 회사의 로고를 개편하여서 새로운 슬로건 "창의력 환영(Ingenuity Welcome)"을 도입하였다. 새로운 광고캠페인에 더하여, 기업은 HomeLink(자동차 차고 개폐기), York(에어컨 및 난방 제품), Optima(건전지), 그리고 Varta(자동차 배터리) 등과 같은 많은 유명상표에 새로운 자사 로고를 부착하였다.[20]

마케팅목표(marketing objective)는 마케팅활동으로 성취하고자 하는 것을 기술한다. 예를 들면, Ritz-Carlton호텔의 마케팅목표는 90% 이상의 고객이 호텔에서 기억할 만한 경험을 했다고 말하는 것이다. 마케팅목표는 철저한 SWOT 분석에 기초해야 하며, 기회에 강점을 매칭시키고 또는 약점이나 위협을 전환시키는 것과 관련되어야 한다. 이러한 목표는 제품출시, 제품개선 또는 혁신, 판매량, 수익성, 시장점유율, 가격설정, 유통, 광고, 또는 종업원 훈련 활동 등에 의해서 기술될 수 있다.

마케팅목표는 어떤 특징들을 갖춰야 한다. 첫째, 목표는 명확하고 간결하게 기술되어서 모든 마케팅인력들이 그들이 무엇을 성취해야 하는지 명확히 이해할 수 있어야 한다. 둘째, 목표는 정확하게 측정될 수 있도록 기술되어야 한다. 이는 조직으로 하여금 목표가 달성되었는지 그리고 언제 달성되었는지를 확정하게 해준다. 목표가 시장점유율을 10% 증가시키는 것이라면, 기업은 시장점유율 변화를 정확하게 측정할 수 있어야 한다. 셋째, 마케팅목표는 달성에 대한 일정을 명확히 해야 한다. 신제품을 출시하는 목표를 설정한 기업은 이것을 수행할 시기를 기술해야 한다. 마지막으로 마케팅목표는 사업수준 및 기업수준의 전략과 일관성이 있어야 한다. 이는 기업의 사명이 조직의 모든 수준에서 달성되는 것을 보장한다. 예를 들면, General Motors는 미국 자동차 시장의 25% 시장점유율을 유지하는 전체적 마케팅목표를 가질 수 있다. 이 목표를 달성하기 위해, 다른 GM 부서의 시장점유율은 하락하지만 어떤 부서는 시장점유율을 증가시켜야 한다.

그림 2.3 Google의 사명서

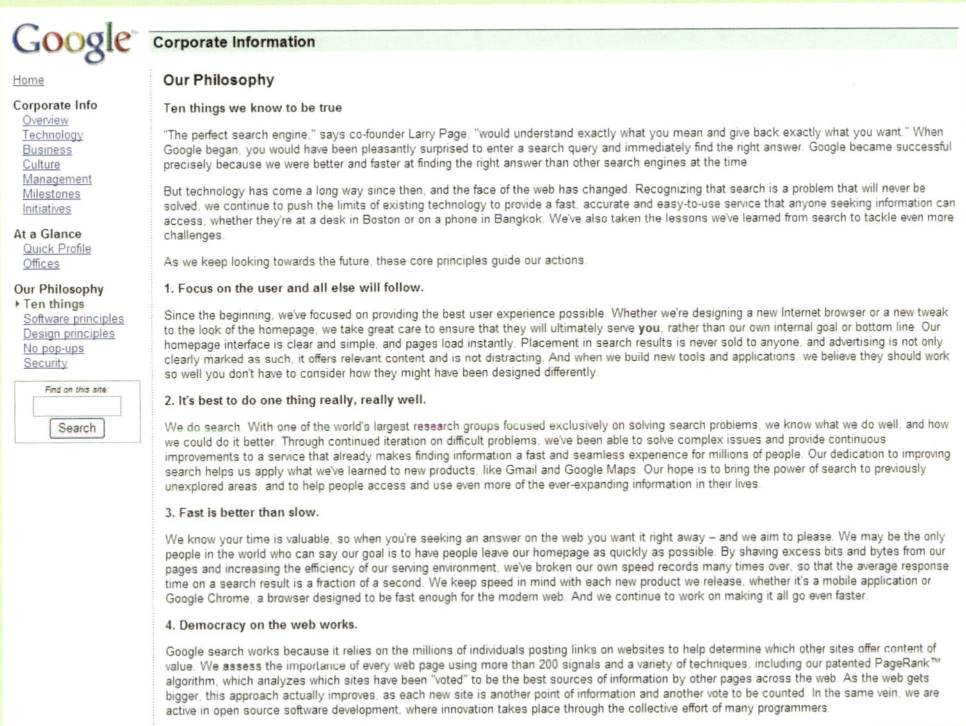

Google

Corporate Information

Home

Corporate Info
Overview
Technology
Business
Culture
Management
Milestones
Initiatives

At a Glance
Quick Profile
Offices

Our Philosophy
▸ Ten things
Software principles
Design principles
No pop-ups
Security

Find on this site:
Search

Our Philosophy

Ten things we know to be true

"The perfect search engine," says co-founder Larry Page, "would understand exactly what you mean and give back exactly what you want." When Google began, you would have been pleasantly surprised to enter a search query and immediately find the right answer. Google became successful precisely because we were better and faster at finding the right answer than other search engines at the time.

But technology has come a long way since then, and the face of the web has changed. Recognizing that search is a problem that will never be solved, we continue to push the limits of existing technology to provide a fast, accurate and easy-to-use service that anyone seeking information can access, whether they're at a desk in Boston or on a phone in Bangkok. We've also taken the lessons we've learned from search to tackle even more challenges.

As we keep looking towards the future, these core principles guide our actions.

1. Focus on the user and all else will follow.

Since the beginning, we've focused on providing the best user experience possible. Whether we're designing a new Internet browser or a new tweak to the look of the homepage, we take great care to ensure that they will ultimately serve **you**, rather than our own internal goal or bottom line. Our homepage interface is clear and simple, and pages load instantly. Placement in search results is never sold to anyone, and advertising is not only clearly marked as such, it offers relevant content and is not distracting. And when we build new tools and applications, we believe they should work so well you don't have to consider how they might have been designed differently.

2. It's best to do one thing really, really well.

We do search. With one of the world's largest research groups focused exclusively on solving search problems, we know what we do well, and how we could do it better. Through continued iteration on difficult problems, we've been able to solve complex issues and provide continuous improvements to a service that already makes finding information a fast and seamless experience for millions of people. Our dedication to improving search helps us apply what we've learned to new products, like Gmail and Google Maps. Our hope is to bring the power of search to previously unexplored areas, and to help people access and use even more of the ever-expanding information in their lives.

3. Fast is better than slow.

We know your time is valuable, so when you're seeking an answer on the web you want it right away – and we aim to please. We may be the only people in the world who can say our goal is to have people leave our homepage as quickly as possible. By shaving excess bits and bytes from our pages and increasing the efficiency of our serving environment, we've broken our own speed records many times over, so that the average response time on a search result is a fraction of a second. We keep speed in mind with each new product we release, whether it's a mobile application or Google Chrome, a browser designed to be fast enough for the modern web. And we continue to work on making it all go even faster.

4. Democracy on the web works.

Google search works because it relies on the millions of individuals posting links on websites to help determine which other sites offer content of value. We assess the importance of every web page using more than 200 signals and a variety of techniques, including our patented PageRank™ algorithm, which analyzes which sites have been "voted" to be the best sources of information by other pages across the web. As the web gets bigger, this approach actually improves, as each new site is another point of information and another vote to be counted. In the same vein, we are active in open source software development, where innovation takes place through the collective effort of many programmers.

2009 GOOGLE, INC.

2.4 기업수준, 사업수준 및 마케팅 전략의 개발

어느 조직에서도, 전략적 기획은 기업수준에서 시작하여 사업수준 및 마케팅수준으로 내려온다. 기업수준 전략은 이들 세 가지 수준에서 범위가 가장 광범위하며, 조직의 전체적 사명을 염두에 두고 개발되어야 한다. 사업수준 전략은 기업수준 전략과 부합되어야 하며, 마케팅전략은 사업수준 및 기업수준 전략과 부합되어야 한다. <그림 2.4>는 이들 기획 수준들의 관계를 보여준다.

1 기업수준 전략

기업수준 전략(corporate strategy)은 조직의 목표를 성취하기 위해서, 마케팅, 생산, 재무, 조사 및 개발, 그리고 인적자원의 기능적 영역에서 자원을 어떻게 사용할지에 대한 수단을 결정한다. 기업수준 전략은 사업의 범위뿐 아니라 자원의 전개, 경쟁우위, 그리고 기능 영역들의 전체적 조정을 결정한다. 이는 조직 사명서에서 제기된 두 가지 질문을 제기한다. 누가 우리의 고객인가? 무엇이 우리의 핵심역량인가? 이런 맥락에서 기업수준(corporate)이란 용어는 대기업에만 적용이 되는 것은 아니다. 기업수준 전략은 가장 작은 개인사업자부터 가장 큰 다국적 기업까지 모든 조직에서 이용된다.

기업수준 전략의 입안자는 기업의 문화, 경쟁, 차별화, 다각화, 사업부들 간의 상호관계, 그리고 환경 및 사회적 이슈와 같은 광범위한 이슈에 관심이 있다. 그들은 조직의 자원을 환경의 기회와 위협

그림 2.4 **전략적 기획의 수준**

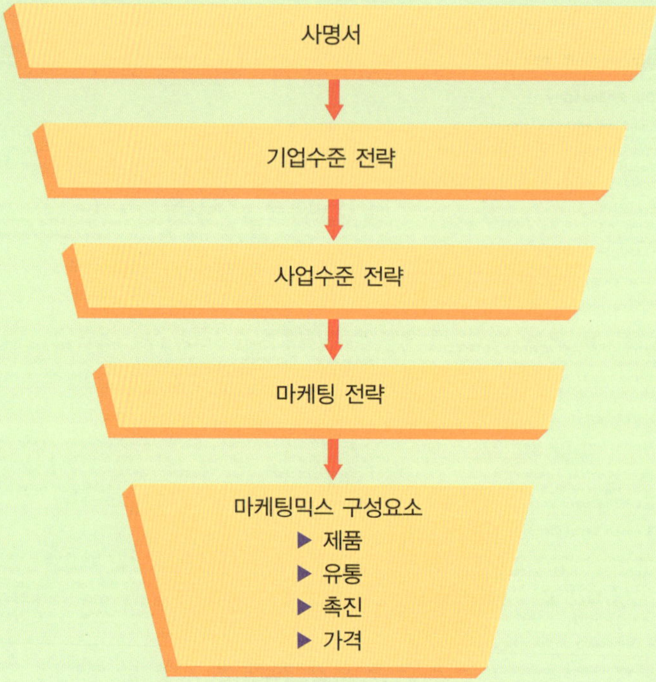

BOEING

기업전략

Boeing은 Dream Liner와 같은 혁신적인 신형제트항공기를 지속적으로 제작하는데 탁월하다.

과 연결시키려고 한다. 예를 들면, Google은 비디오 공유 웹사이트의 급속한 성장이 모든 생각할 수 있는 토픽에 대하여 전문가 및 아마추어 모두에서 비디오의 시청이 점점 인기를 끄는 것을 반영한다는 것을 인식한 후에 YouTube를 16,500만 달러에 인수하였다.[21] 기업수준 전략의 입안자는 바라는 목적을 성취하기 위하여 기업의 사업부들의 범위와 역할이 통합되도록 이들을 정의하는 데 관심이 있다. 기업수준 전략은 기술적 우월성 및 혁신능력에 영향을 미칠 수 있다.[22] 예를 들면, 휴대폰 제조업자인 Nokia는 보다 많은 위성기반 위치 서비스를 자사의 휴대폰에 도입하기 위한 기회를 인식한 후에 디지털 맵핑 및 항해적 소프트웨어 회사인 Navteq를 81억 달러에 인수하였다.[23]

2 사업수준 전략

전략적 기획에서 전사적 활동 및 성과를 분석한 후의 다음 단계는 개별 사업부의 미래 사업 방향을 결정하고 전략을 개발하는 것이다. **전략적 사업단위(strategic business unit: SBU)**는 기업 내에서의 부서, 제품라인, 또는 다른 이익 센터이다. 예를 들면, Borden의 전략적 사업단위들은 유제품, 스낵, 파스타, ReaLemon 주스 및 Cremora 커피 크리머와 같은 틈새 식료품 그리고 접착제 및 페인트와 같은 다른 여러 부서들로 이루어져 있다. 각 사업부는 확인가능한 고객집단에 대하여 개별적인 제품군을 팔고 있으며, 각각은 잘 정의된 경쟁자군을 가지고 있다. 각 SBU의 수입, 비용, 투자, 그리고 전략적 기획은 전사적인 것들과 구분될 수 있다. SBU는 다른 성장률, 기회, 경쟁정도, 그리고 이윤잠재성을 가진 다양한 시장에서 활동한다. 1990년대 이러한 사실을 인식한 Procter & Gamble은 이 기간에 창출한 가치의 85%를 차지한 두 SBU에의 의존도를 줄이고자 하는 사업부 전략을 실행하였다. 오늘날, 이 다국적 기업의 포트폴리오는 가정케어 및 미용제품과 같은 빠르게 성장하는 고마진의 사업과 아기케어 및 세탁제품을 포함한 기반사업의 균형을 맞추기 위하여 22개 범주에 분산되어 있다.[24]

전략 입안자는 각 SBU의 다른 성과 능력을 인식하고 각 부서에 부족한 자원을 신중하게 배분해야 한다. 기업의 SBU들의 포트폴리오 또는 개별적인 제품들조차 여러 시장의 매력성 및 그 시장에서의 사업의 상대적 시장점유율에 의하여 분류되고 시각적으로 보여줄 수 있는 여러 도구가 존재한다. **시장(market)**은 제품군에서 제품에 대한 욕구를 가지고, 그 제품을 구매할 능력, 의도 및 권한을 가지고 있는 개인 또는 조직의 집합이다. 특정 기업의 특정 제품을 실제적으로 구매하는 시장의 비율은 그 제품(또는 사업부서)의 **시장점유율(market share)**을 의미한다. 예를 들면, Hershey Foods는 미국에서 초콜릿 캔디 시장의 43%를 지배하는데, 경쟁자인 Masterfoods 및 Nestle는 각각 23% 및 8%를 차지한다.[25] 제품의 질, 시장의 진입순서 및 시장점유율이 SBU 성공과 관련되어진다.[26]

가장 도움이 되는 도구 중의 하나는 **시장성장률/시장점유율 매트릭스(market-growth/market-share matrix)**로, Boston Consulting Group 접근방법이라고도 하며, 제품의 시장성장률과 시장점유율이 마케팅전략을 결정하는데 중요한 고려사항이라는 철학에 기초하고 있다. 개별 제품에 대한 적절한 전략 및 전체적 포트폴리오 전략을 결정하기 위하여 기업의 모든 SBU와 제품들이 하나의 전체적 매트릭스로 통합되고 평가되어야 한다. 관리자는 이 모델을 사용하여 각 제품의 예상되는 미래의 현금 기여 및 현금 요구를 결정하고 분류할 수 있다. 일반적으로 이러한 모델을 사용하는 관리자는 그 제품이 수익성 및 현금 흐름에의 기여를 높이기 위하여 제품(또는 SBU)의 경쟁지위와 기회를 검토해야 한다.[27] BCG 분석 방법은 마케팅전략의 처방전에 대한 지침이라기보다는 보다 진단적인 도구이다.

그림 2.5 **Boston Consulting Group의 성장율–점유율 매트릭스**

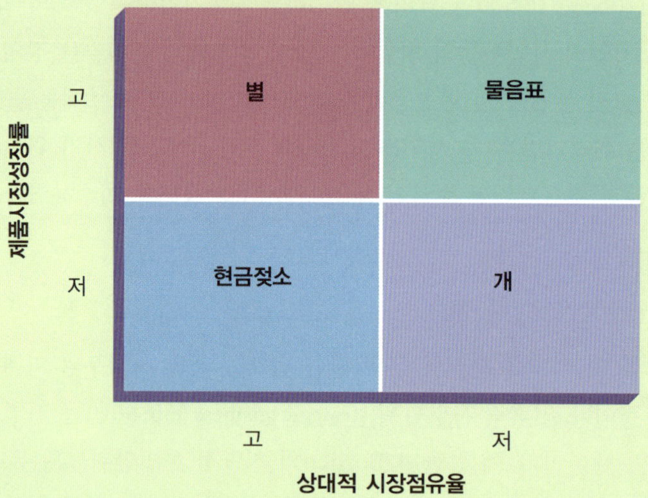

자료원: "Growth-Share Matrix Developed by the Boston Consulting Group," *Perspectives*, No. 66, "The Product Portfolio." Copyright 1970. Reprinted by permission of Boston Consulting Group.

BCG의 연구에 토대를 둔 <그림 2.5>는 전략 입안자가 기업의 제품을 별(star), 현금젖소(cash cow), 개(dog), 물음표(question mark)의 네 가지 기본적 형태로 분류할 수 있게 해준다.[28] 별은 시장에서 지배적 점유율을 가지고 있고 성장에 대한 좋은 전망을 가지고 있는 제품이다. 그러나 별은 성장 가능한 제품에 자금을 지원하고, 설비를 늘리고, 시장점유율을 증가시키기 위하여 산출하는 것보다 더 많은 현금을 사용한다. 별의 예로 Nintendo의 Wii 비디오게임 시스템을 들 수 있다. 현금젖소는 지배적 시장점유율을 갖고 있지만 성장에 대한 낮은 전망을 가지고 있다. 전형적으로 현금젖소는 시장점유율을 유지하기 위해 요구되는 것보다 더 많은 현금을 산출한다. 미국에서 가장 잘 팔리는 화장지인 Bounty는 Procter & Gamble의 현금젖소이다. 개는 낮은 시장점유율 및 성장전망을 가지고 있다. 이 제품들은 종종 기존 시장에서 발견된다. 가장 최근의 불경기 기간에 General Electric의 사업부인 GE Capital은 가격 및 주가의 하락을 가져온 금융자회사의 손실로 개가 되었다.[29] 물음표는 때때로 문제아(problem child)로 불리는데 성장하는 시장에서 작은 시장점유율을 가지고 있으며 일반적으로 시장점유율을 구축하는 데 많은 현금이 들어간다. XM Satellite Radio는 증대되는 위성라디오 인프라 구축에 들어갈 자금을 찾는 데 어려움을 겪어서 물음표가 되었다.

기업의 장기적 건전성은 현금을 산출하는 (그리고 수용할 만한 이윤을 제공하는) 여러 제품들과 성장을 지지하기 위해 현금을 사용하는 제품들을 갖고 있는지에 달려 있다. 전반적 건전성의 지표에는 현금젖소의 크기 및 취약성, 있다면 별의 전망 그리고 물음표 및 개의 수가 있다. 현금이 많이 들어가는 제품에 특별한 주의를 해야 한다. 기업이 풍부한 현금 흐름을 갖지 못한다면, 동시에 그러한 많은 제품을 지원할 수 없다. 부채능력을 포함한 자원들이 너무 많이 분산되어진다면, 기업은 너무나 미약한 제품들이 많아질 것이고 미래에 유망한 신제품이나 인수합병에 자금을 지원할 수 없을 것이다.

3 마케팅전략

전략적 기획의 다음 단계는 조직의 각 기능영역별로 견실한 전략의 개발이다. 기업수준 전략과 마케팅전략은 조직의 사명 및 목표와 이해관계자와의 관계와 균형을 이루면서 일치되어야 한다. 이는 모든 관련 이해관계자와의 효과적인 관계를 조성하는 데 마케팅이 책임이 있다는 것을 의미한다.[30] 효과적인 전략은 정부 규제자뿐만 아니라 종업원, 투자자, 그리고 지역사회를 포함한 주요 이해관계자의 지지를 얻어야 한다. Bank of America(BofA)가 Merrill Lynch를 500억 달러에 인수하였을 때, 이 은행은 16,700명의 투자 브로커와 5백만 이상의 고객이 있었다. 그러나 Merrill Lynch의 경영과 기업수준 전략은 BofA의 것과 부합되지 않았다. Merrill Lynch에 대한 잘못된 투자로 인한 손실은 BofA를 불량 대출 및 부채로 흔들리게 하여 정부의 대규모 자금지원을 필요로 하게 되었다.[31] 마케팅은 시장, 경쟁자 그리고 유통경로 구성원을 넘어서 모든 이해관계자의 관심을 이해하고 제기하는 이해관계자 지향성을 더 개발할 필요가 있다.[32]

마케팅영역 내에서, 전략은 전형적으로 다음의 두 가지 구성요소를 중심으로 입안되어진다—(1) 표적시장의 선정, 그리고 (2) 선택된 표적시장의 욕구를 충족시킬 마케팅믹스의 창출. 마케팅전략은 마케팅목표를 달성하기 위하여 기업의 자원과 전술을 가장 잘 활용하는 사용법을 명확히 표현하여야 한다. 또한 마케팅전략은 가치에 대한 고객의 욕구를 조직의 독특한 역량과 연결시켜야 한다. 내부역량은 외적 기회를 극대화시킬 수 있도록 활용되어야 한다. 기획과정은 기업의 마케팅시향적 문화 및 과정에 의하여 가이드되어야 한다.[33] 포괄적 전략은 정보에 대한 철저한 탐색, 많은 잠재적 행동 대안에 대한 분석, 그리고 전략개발 및 실행에 관한 의사결정에 대한 특정 기준들의 사용을 포함한다.[34] 우수한 마케팅전략은 적절히 실행되면, 회사로 하여금 또한 사업부 및 전사적 목표를 달성할 수 있게 한다. 기업수준, 사업수준, 그리고 마케팅 전략들이 모두가 어느 정도 중복되기는 하지만, 마케팅전략은 이들 중 가장 자세하고 구체적이다.

(1) 표적시장의 선정

조직이 시장의 욕구와 선호를 충족시키기 위하여 마케팅믹스를 적합화시킬 수 있기 전에 표적시장이 선택되어야 하기 때문에 적절한 표적시장의 선정은 기획과정에서 조직이 내리는 가장 중요한 의사결정일 수 있다. 표적시장을 정의하고 적절한 마케팅믹스를 개발하는 것은 전략적 성공의 열쇠이다. 예를 들면, Toyota는 Y 세대가 발견될 수 있는 곳에서는 어디에서—MySpace와 Facebook, 사용자가 콘텐츠를 창출하는 웹사이트, 그리고 TV 쇼의 mobisodes(mobile-phone episodes의 합성어)에서 콤팩트 자동차인 Yaris 세단의 색다른 스타일링을 보완하고 촉진하기 위하여 그 자동차에 장난꾸러기 개성을 부여함으로써 18세에서 34세의 사람들을 표적화하였다.

정확한 표적시장 선정은 생산적인 마케팅노력에 중요하다. 제품 및 때때로 기업조차도 마케터가 그들의 노력을 겨냥할 적절한 고객집단을 확인하지 않았기 때문에 실패한다. 기업이 잘못된 표적시장을 선정한다면 모든 다른 마케팅의사결정이 시간낭비가 될 것이다. 예를 들면, Ford Motor는 재출시한 Thurnderbird의 가격이 3만5천 달러에서 4만 달러로 보다 젊은 베이비부머 및 나이 든 Y 세대에게 너무 비싼 것이 부분적인 이유가 되어 매출이 저조한 경험을 하였다. 그러나 Thunderbird는 보다 큰 마력과 더 많은 특징들을 제공하는 BMW Z4 및 Audi TT와 같은 고성능 차와 경쟁할 수 없

COURTESY OF L.L. BEAN

표적시장의 선정

L.L.Bean은 많은 야외활동 제품들로 야외활동 매니아를 겨냥한다.

었다.[35] 모든 사람에게 모든 것이 되고자 하는 조직은 어느 고객집단에게도 매우 잘 그들의 욕구를 좀처럼 충족시킬 수 없다. 그러므로 모든 조직의 관리층은 어느 고객집단을 응대하려고 하는지를 지정하고 그들에 대한 충분한 정보를 모아야 한다. 예를 들면, 건강보조식품 및 다이어트 프로그램의 마케터는 다이어트 및 운동과 관련된 고객의 태도 및 행동에 매우 관심이 있을 것이다. ACNielsen이 수행한 연구는 과일 및 채소, 저탄수화물 및 유기농, 저지방식품, 그리고 비타민 및 보조식품과 같은 품목에 대한 소비자의 제품구매 이력뿐 아니라 식습관, 다이어트 플랜에의 참여, 운동습관, 그리고 건강조건에 대한 서베이 정보에 기초하여 7개의 구별되는 집단을 확인하였다.[36] 표적집단의 확인 및 분석은 기업이 마케팅믹스를 개발할 수 있는 기초를 제공한다.

가능한 표적시장들을 탐색할 때, 마케팅관리자는 표적시장에 진입하는 것이 어떻게 회사의 매출, 비용 그리고 이윤에 영향을 미치는지를 평가하고자 한다. 마케팅정보는 표적시장 고객에 집중하는 것이 용이하도록 조직화되어야 한다. 예를 들면, 회계 및 정보시스템은 고객별(또는 고객집단별) 수입과 비용을 추적하기 위하여 사용될 수 있다. 추가로, 관리자와 종업원은 수익성 있는 고객에 집중한 것에 대하여 보상받을 필요가 있다. 팀워크기술은 마케팅환경의 변화에 빠르게 반응할 수 있도록 하는 고객지향성을 촉진하는 조직구조와 함께 개발될 수 있다.[37] 마케터는 또한 기업이 특정 표적시장의 욕구를 충족시킬 수 있는 자원을 가지고 있는지 평가하여야 한다. 또한 마케터는 그러한 욕구를 충족시키는 것이 회사의 전반적 목표와 사명과 일치하는지를 결정한다. 1위 인터넷 서점인 Amazon.com은 웹사이트에서 전자제품을 팔기 시작할 때, 이 시장을 겨냥한 노력은 이윤을 증가시키고 최대의 온라인 소매점이 되는 목표와 일관성이 있다는 결정을 내렸다. 또한 가능한 표적시장에서 제품을 마케팅하고 있는 경쟁자의 크기와 수도 관심사이다.

(2) 마케팅믹스의 창출

표적시장의 선정은 그 시장의 욕구를 충족시키기 위한 마케팅믹스를 창출하는 기초가 된다. 마케팅믹스를 창출하는 결정은 조직이 표적시장을 이해하는 것과 진배없다. 이러한 이해는 전형적으로 표적시장의 특징에 대한 주의 깊고 깊이 있는 조사로부터 시작한다. 따라서 인구통계적 정보가 중요하지만, 조직은 또한 제품디자인, 가격, 유통 및 촉진에 관해서 고객의 욕구, 선호 그리고 행동을 분석해야 한다. 예를 들면, Kimberly-Clark의 마케팅조사자는 보다 젊고, 디자인 의식적인 소비자는 변기 위에 조차 Kleenex 티슈의 대형화장지 박스를 놓는 것을 혐오한다는 것을 발견하였다. 그래서 Kimberly-Clark은 Kleenex Oval Expressions을 출시하였는데, 이는 집안에 보다 많은 곳에 둘 수 있을 정도로 밝은 색과 멋진 디자인으로, 현대적인 둥근 패키지로 되어 있으며, 휴가철 선물로 가장 사랑받았다.[38]

마케팅믹스 의사결정은 추가적으로 일관성과 유연성의 두 가지 특징을 가져야 한다. 모든 마케팅믹스 의사결정은 사업수준 및 기업수준 전략과 부합되어야 한다. 그러한 일관성은 조직으로 하여금 모든 세 가지 기획수준에서 목표를 달성할 수 있게 한다. 한편 유연성은 조직이 시장조건, 경쟁 및 고객욕구의 변화에 대응하여 마케팅믹스를 변경할 수 있게 한다. 마케팅전략의 유연성은 조직 성과에 긍정적인 영향을 미친다. 마케팅지향성 및 전략적 유연성은 서로 보완적으로 조직이 다른 환경조건들을 관리하는 것을 돕는다.[39]

네 가지 마케팅믹스 변수의 개념은 오랜 시간의 테스트를 거쳤으며, 마케터에게 전략적 마케팅에서 가장 중요한 네 가지 결정에 대한 중요한 질문들을 던진다. Harley-Davidson이 자사의 경쟁적 지위를 개선하기 위한 노력을 고려해 보라. 이 기업은 기름누출 및 다른 문제들을 제거함으로써 제품을 향상시키고 고객이 공평하다고 생각하는 가격을 설정하고자 노력하였다. 이 기업은 서로들 간의 우애로 유명한 Harley 운전자의 커뮤니티를 구축하고자 촉진 도구를 사용하였다. Harley-Davidson은 또한 모터사이클 및 관련제품을 팔고 기업의 촉진 메시지를 강화하는 딜러들과의 강력한 관계를 육성하였다. 인터넷은 구체적 마케팅믹스 구성요소에 영향을 미치지만 인터넷조차 적절한 마케팅믹스를 찾는 것의 중요성을 변경시키지 않았다. 예를 들면, Amazon.com은 쇼핑객의 구매결정을 돕기 위해서 다른 고객의 제품피드백을 제공함으로써 정보기술을 활용하여 판매촉진을 가능하게 하였다.[40]

마케팅믹스 수준에서, 기업은 어떻게 경쟁우위를 달성할 것인지 상술할 수 있다. 우위를 얻기 위해서, 기업은 경쟁자보다 어떤 것을 더 잘해야 한다. 달리 말해서, 제품은 더 높은 품질을 가져야 하고, 가격은 품질(가치) 수준과 부합되어야 하며, 유통방식은 효율적이고 가능한 비용이 낮아야 하며, 촉진은 경쟁자보다 더 효과적이어야 한다. 기업이 이러한 우위를 지속할 수 있도록 시도하는 것은 또한 중요하다. **지속가능 경쟁우위(sustainable competitive advantage)**는 경쟁자가 모방할 수 없는 것이다. 예를 들면, Walmart는 매우 효율적이고 저비용의 유통시스템 때문에 식료품에서 다른 슈퍼마켓에 대하여 지속가능한 경쟁우위를 유지한다. 이는 Walmart가 저가격을 설정하고 슈퍼마켓 산업에서 가장 큰 시장점유율을 얻는 것을 돕는다. 지속가능한 경쟁우위를 유지하는 것은 불확실한 경쟁환경에 직면하였을 때 마케팅믹스의 유연성을 갖는 것을 요구한다.[41]

지속가능 마케팅

Spudware는… 단지 감자만을 위한 것은 아니다

미국에서 대략 390만 개의 플라스틱 식탁용 날붙이가 매년 사용된다. 그러나 많은 서부 도시들은 폴리스티렌 용기 및 플라스틱은 재활용되지 않거나, 생분해되지 않기 때문에 그것들을 생산하지 못하도록 하는 투표를 하고 있다. California의 많은 도시들은 그러한 제품을 금지시켰고 다른 도시들은 금지를 논의하고 있다. 이는 식물로부터 추출한 생분해되고 비료화될 수 있는 바이오플라스틱의 도매유통업자인 Excellent Packaging & Supply (EPS) 회사에게는 매우 좋은 소식이다.

JONELLE WEAVER/PHOTODISC/GETTY IMAGES

EPS는 레스토랑에 한두 개의 제품이 아니라 생분해되고 비료화될 수 있는 품목의 전체 라인을 제공한다. 80% 감자 및 옥수수 전분과 20% 콩 및 다른 채소 기름으로 만들어진 식탁용 날붙이인 스퍼드웨어®는 ESPN의 X Games에 첫 선을 보였는데, 여기에서 수천의 참석자들이 자사의 다른 식물에 기초한 제품라인과 함께 스퍼드웨어를 사용하였다. 모든 제품이 그 행사 후에 비료화될 수 있도록 사용 후에 비료화될 수 있는 쓰레기통 비닐에 모아졌다.

Spudware®는 플라스틱 식탁용 날붙이에 대한 기능적 그리고 그린 대안의 탐색에서 주요 업적이다. 많은 판매상에 의하여 중국에서 제조되고 다른 이름들로 판매된다. 환경 친화적 제품에 대한 움직임은 이 기업은 보다 오래되고, 보다 해로운 제품을 신제품으로 대체함으로써 번영할 수 있게 되었는데, 이는 법률적 그리고 사회적 변화가 이러한 새로운 마케팅기회에 대한 새로운 전략적 창을 만들 때 특히 유용하다.[b]

2.5 마케팅계획의 창출

전략적 기획에서 주요관심사는 **마케팅기획(marketing planning)**인데, 이는 마케팅 기회 및 자원을 평가하고, 마케팅목표를 결정하고, 마케팅전략을 정의하고, 그리고 마케팅프로그램의 실행 및 통제에 대한 지침을 설정하는 것이다. 마케팅기획의 결과는 마케팅계획의 개발이다. 앞에서 언급한 것처럼, 마케팅계획은 마케팅전략을 실행하기 위해 필요한 모든 활동의 개요를 기술하고 설명한 문서이다. 이는 기업의 지위 또는 상황을 기술하고 제품 및 제품그룹의 목표를 확립하고, 조직이 그러한 목표들을 어떻게 달성하려고 시도할 것인지를 구체화한다.

명확하고 잘 쓰여진 마케팅 계획을 개발하는 것은 시간이 걸리긴 하지만 중요하다. 계획은 종업원들 간에 내적 커뮤니케이션의 기초이다. 계획은 실행을 위한 일정뿐 아니라 책임 및 과업의 할당을 포함한다. 계획은 목표를 제시하고 목표를 달성하기 위하여 어떻게 자원을 배분할 것인지를 명확히 한다. 마지막으로 계획은 마케팅관리자가 마케팅전략의 성과를 모니터하고 평가하는 데 도움이 된다.

마케팅 기획과 실행은 성공적인 기업에서는 뗄 수 없을 정도로 서로 연결되어 있다. 마케팅계획은 생각을 자극하고 전략적 방향을 제시하는 프레임워크를 제공하는데 반면 실행은 일상의 이슈, 기회 그리고 마케팅계획에 포함될 수 없는 예상치 못한 상황에서—이자율의 계속적 인상 또는 경제적 침체에 적응적인 대응으로 발생한다. 예를 들면, 미국 전체 가구의 가치는 2004~2007년에 거의 연 6%로 증가하였지만 2008년에 실제 순가치는 13% 감소하였다. 실행과 관련된 적응은 직접적으로 조직의 마케팅지향성, 성장률, 그리고 전략적 효과성에 영향을 미친다.

조직은 마케팅계획을 고안할 때 많은 다른 포맷을 사용한다. 계획은 SBU, 제품라인, 개별 제품 또는 상표, 또는 특별시장에 대해서 입안될 수 있다. 그러나 대부분의 계획은 많은 공통요소를 포함함으로써 어떤 공통점을 갖고 있다. <표 2.1>은 전형적 마케팅계획의 주요 부분을 기술한다.

2.6 마케팅전략의 실행

마케팅실행(marketing implementation)은 마케팅전략을 실행하는 과정이다. 전략적 기획이 더 호의적으로 취급되고 실행은 종종 무시되지만, 실행과정 그 자체는 마케팅전략이 성공할 것인지를 결정지을 수 있다. 또한 마케팅전략은 거의 늘 예상과 다르게 될 수 있다는 것을 인식하는 것이 중요하다. 본질적으로 모든 조직은 의도된 전략과 실현된 전략의 두 가지 형태를 갖는다.[43] **의도된 전략(intended strategy)**은 조직이 기획단계에서 결정되고 실제적으로 사용하기를 원하는 전략이며, **실현된 전략(realized strategy)**은 실제적으로 발생되는 전략이다. 양자 간의 차이는 종종 어떻게 의도된 전략이 실행되는지의 결과이다. 일본식 레스토랑이 미국에 처음으로 도입되었을 때에는 일반적으로 식당구역에 입점하였다. 그러나 Yoshinoya 및 Hibachi-San Japanese Grill과 같은 일본 및 아시아의 간이음식점 체인이 다른 간이음식점보다 3배 정도로 빠르게 성장하고 있다. Yoshinoya는 일본에서 가장 큰 쇠고기 레스토랑 프랜차이즈이며, 포만감을 느끼고, 맛있고, 예산을 고려한 음식을 추구하는 전 세계적 소비자의 수가 증가하는 덕을 보았다.[44] 실현된 전략은 기획자의 기대에 부응되거나 또는 예상과 다를 수 있다.

1 고객관계관리

고객관계관리(customer relationship management: CRM)는 바람직한 장기적 고객관계를 개발하고 유지하는 마케팅전략을 창출하기 위하여 고객에 대한 정보를 사용하는 데 초점을 둔다. 관계구축노력은 고객가치를 증가시키는 것으로 나타났다.[45] CRM은 고객의 필요, 욕구, 그리고 습관을 이해하기 위해서 모든 고객접점—전화, 팩스, 인터넷, 그리고 인적—에서 유용한 정보를 수집하고, 이들 데이터를 분석

기업가 마케팅

마케팅 창업자

당신은 Crocs가 어떻게 그렇게 인기 있는 제품이 되었는지 궁금해 한 적이 있는가? Colorado, Boulder의 세 친구는 물놀이용 신발을 만드는 기업으로부터 아이디어를 얻었다. 그들은 최초의 나막신을 만들어 미국에서 Crocs란 브랜드로 마케팅하고 유통시킨 Foam Creations 기업을 인수하였다. 그 신발은 유연하고 지탱적이며, 향균성이고 가볍고 냄새방지적이고, 특허인 독립기포 수지인 크로스라이트(Crosslite)로 만들어졌다. 처음의 자금 부족 및 많은 사람들의 조롱(모든 사람들이 그 신발을 최신유행으로 생각한 것은 아니다)에도 불구하고, 여러 색의 Crocs—공기구멍이 있고, 가볍고, 미끄러지지 않고, 표식이 없는 밑창—은 빠르게 전 세계적 성공제품이 되었다.

함으로써 구매자와 판매자 간의 교환관계를 구축하려고 노력한다. CRM은 각각의 바람직한 고객들의 기업에의 평생가치를 극대화시킬 전략 및 방법을 확인하기 위하여 데이터베이스를 분석하고 사용하고 기술을 활용하는 데 초점을 둔다.[46] 마케터가 고객의 기대를 충족시키기 위하여 고객의 기대에 대하여 알려고 시도하는 것은 긴요하며, 그렇지 못한 것은 고객불만족 및 이탈을 가져올 수 있다.[47]

CRM 기술로 마케터들은 특정 고객을 확인하고, 그들의 욕구에 대하여 알기 위하여 그들과 주고받는 대화를 확립하고, 고객의 욕구를 충족시킬 제품을 맞춤화하고자 이러한 정보를 고객의 구매이력과 결합할 수 있게 되었다. 많은 온라인 소매상들처럼, Amazon.com은 고객의 관심사를 이해하기 위하여 구매데이터를 저장하고 분석한다. 이러한 정보는 소매상이 개별 고객을 만족시키는 능력을 증가시키고, 그럼으로써 각 고객에게 책, 음악, 영화 및 다른 제품의 판매를 증가시키는 데 도움이 된다. 개별고객을 확인하는 능력을 갖게 되어 마케터들은 유사한 고객집단을 겨냥하는 것으로부터 개별고객의 구매에 대한 점유율을 증가시키는 쪽으로 초점을 옮길 수 있게 되었다. 이와 같이 강조점

표 2.1 마케팅계획의 구성요소

계획구성요소	구성요소의 요약	강조점
요약	전체마케팅계획의 1,2단계의 개요	
환경분석	마케팅환경과 관련하여 회사의 현재 상황에 대한 정보	1. 마케팅환경 요인의 평가 2. 표적시장의 평가 3. 현재의 마케팅 목표 및 성과의 평가
SWOT 분석	조직의 강점, 약점, 기회 그리고 위협의 분석	1. 강점 2. 약점 3. 기회 4. 위협
마케팅목표	기업의 마케팅목표의 구체화	달성되는 것의 양적 수치
마케팅전략	기업이 어떻게 목표를 달성할 것인지의 개요	1. 표적시장 2. 마케팅믹스
마케팅실행	기업이 어떻게 마케팅전략을 실행할 것인지의 개요	1. 마케팅조직 2. 활동 및 책임 3. 실행일정
평가 및 통제	기업이 어떻게 실행계획의 결과를 측정하고 평가할 것인지의 설명	1. 성과 표준 2. 재무적 통제 3. 모니터링 절차(감사)

자료원: VALS/Mediamark Research, Inc., survey, SRI Consulting Business Intelligence, www.sric-bi.com/VALS. Reprinted with permission.

은 시장점유율로부터 고객의 점유율로 이동한다.

고객의 점유율에 초점을 두는 것은 모든 고객이 다른 욕구를 가지고 있고 그들은 기업에 똑같은 가치를 주고 있지 않다는 인식을 요구한다. CRM 기술은 마케터가 개별고객의 구매를 분석하고 가장 수익이 높고 애호도 높은 고객을 찾아내는 데 도움을 준다. 이러한 생각의 기본적 적용은 80대 20의 법칙이다. 이는 80%의 기업 이윤은 20%의 고객으로부터 온다는 것이다. 목적은 개별고객의 가치를 평가하고 그런 후에 기업에의 그들의 생애가치를 추정하는 것이다. 고객생애가치(customer lifetime value: CLV)의 개념은 개별적 고객의 구매 성향뿐 아니라 기업의 제품에 대한 구전을 포함할 수 있다.[48] 어떤 고객들은—상당한 도움을 요구하거나 또는 제품을 빈번히 반환하는— 그들이 창출하는 낮은 수준의 이윤에 비하여 유지하는 비용은 단순히 너무 많이 들 수 있다. 기업들은 수익성이 낮은 고객들이 추가적 서비스를 이용하는 가격을 높게 지불하게 함으로써 이들이 이용하지 않게 할 수 있다.

CLV는 계속적인 관계마케팅노력에 기초하여 고객의 평생 경제적 기여도를 예측하는 주요 측정치이다. 이는 특정 기간 동안의 이윤 마진에의 고객의 현재가치의 기여도의 합을 구함으로써 계산될 수 있다. 예를 들면, 한 Lexus 고객의 생애가치는 Lexus가 수년 기간에 그 고객에게 얼마나 많은 자동차를 팔 수 있는지 그리고 그 기간 동안 마진에의 기여도의 합계를 구함으로써 예측될 수 있다. 이는 정확한 과학은 아니지만, 고객의 잠재적 가치를 아는 것은 마케터가 고객을 평생 유지하기 위하여 마케팅전략들에 자원을 어떻게 최적으로 배분할 것인지를 결정하는 데 도움이 될 수 있다.

2 마케팅 실행에 대한 접근방법들

조직들은 다양한 마케팅전략들을 사용하여 그들의 목적을 달성할 수 있는 것처럼, 다른 방법들을 사용하여 마케팅전략을 실행할 수 있다. 이 절에서 마케팅실행에의 두 가지 일반적 방법-내부 마케팅과 전사적 품질관리가 토의될 것이다. 이 두 가지 방법은 마케팅활동을 조직하고 기획할 때, 마케팅 관리자가 받아들일 수도 있는 사고방식을 반영한다. 이 방법들은 서로 배타적이지 않으며, 실제적으로 많은 기업들이 마케팅활동을 입안할 때 이 두 가지 방법을 채택한다.

(1) 내부마케팅

외부고객(external customers)은 기업을 애용하는—고객의 익숙한 정의— 개인인 반면 **내부고객**(internal customers)은 기업의 종업원이다. 성공적 실행을 위해서는 두 고객 집단의 욕구가 다루어져야 한다. 내부고객이 만족하지 못한다면 외부고객도 만족하지 못하게 될 것이다. 따라서, 기업은 마케팅활동을 외부고객에 표적화하는 것에 더하여, 내부적 제품(업무)을 내부고객의 필요와 욕구를 충족시키도록 설계함으로써 우수한 내부고객을 끌어들이고, 동기부여하고, 유지하는 내부마케팅을 사용한다. **내부마케팅**(internal marketing)은 조직과 고객 간의 성공적 외적 교환을 달성하기 위하여 조직과 종업원 간의 내적 교환을 조정하는 관리철학이다. 내부마케팅은 리더가 종업원에게 조직과의 동일시 의식을 고취시키는 과정이다. 중간관리자는 내부마케팅의 기초를 만드는 데 특히 중요하다.[49]

일반적으로, 내부마케팅은 마케팅조직의 모든 구성원들이 마케팅전략을 실행하는데 각자의 역할을 이해하고 받아들이도록 하는 데 필요한 관리적 행동을 의미한다. 따라서 마케팅관리자는 외적으로 고객뿐 아니라 내적으로 종업원에게도 초점을 맞출 필요가 있다.[50] 이는 기업의 회장으로부터 아

IMAGE COURTESY OF THE ADVERTISING ARCHIVES

전사적 품질 관리
Sony는 가정용 전자기기의 생산에 전사적 품질관리를 활용한다.

래로 점포의 시간제 노동자까지 모든 종업원이 각자의 업무를 수행하고 마케팅전략을 실행하는 데 있어서 그들의 역할을 이해하고 있어야 한다는 것을 의미한다. Starbucks에서, 모든 종업원들은 의료혜택을 포함한 훈련과 후원을 받으며, 이는 제품 품질 및 환경적 관심에 근거한 조직문화를 육성한다. 간단히 말해서, 그 기업 내의 어떤 사람이든지—마케터 그리고 다른 기능을 행하는 사람 모두가 마케팅개념의 기초가 되는 고객지향성 및 서비스의 강령을 인식해야 한다.

외부마케팅 활동처럼, 내부마케팅은 시장세분화, 제품개발, 조사, 유통 그리고 심지어 PR 및 판매촉진을 포함할 수 있다.[51] 예를 들면, 조직은 판매원들을 고취시켜 판매노력을 북돋도록 하기 위하여 판매콘테스트를 후원할 수 있다. 2/3의 기업이 판매콘테스트를 사용한다고 추정되지만, 인센티브는 매우 다를 수 있다. 한 IBM의 관리자는 보상으로 무료점심을 제공하여 인정을 히였지만, 대부분의 콘테스트는 재무적 보상을 제공한다.[52] 그러한 노력은 종업원들(궁극적으로는 기업)이 고객들의 욕구와 문제를 이해하고, 그들에게 가치 있는 새로운 기술을 가르치고, 자신들의 정규 일에 대한 그들의 열정을 높이는 데 도움이 된다. 추가적으로 많은 기업들은 종업원이 기업의 사명, 목표, 그리고 마케팅전략을 이해하도록 기획세션, 웹사이트, 편지, 공적 보고서, 그리고 개인적 대화를 사용한다. 궁극적인 결과는 보다 만족한 고객들과 향상된 고객관계이다.

(2) 전사적 품질관리

품질은 특히 강력한 외국경쟁기업, 더 까다로워진 고객, 그리고 축소된 시장점유율 및 높아진 비용으로 더 저조한 이윤성과를 특히 고려할 때 많은 조직에서 주요 관심사이다. 경쟁우위를 얻기 위해, 많은 기업들이 전사적 품질관리 방법을 채택하였다. **전사적 품질관리(total quality management: TQM)**는 조직의 모든 영역에서 품질에 대한 일관된 몰입이 품질에 대한 고객들의 지각에 부응하는 문화를 촉진할 것이라는 철학이다. 사실상, 품질지향성 및 고객지향성 둘 다 우수한 성과의 원천이라는 것임을 연구는 보이고 있다.[53] TQM은 고객만족을 향상시키고, 종업원 참여 및 권한위임을 높이고, 공급자 파트너십을 형성 및 강화시키고, 그리고 지속적 품질향상을 촉진하는 노력을 통합하는 것을 포함한다. TQM은 지속적인 품질향상 및 종업원 권한위임을 요구한다.

기업의 제품 및 서비스의 지속적 향상은 품질은 무료라는 생각을 중심으로 이루어진다. 대조적으로 고품질의 제품 및 서비스를 갖지 않는 것은 특히 불만족한 고객으로 본다면 매우 비용이 많이 드는 것일 수 있다.[54] 지속적 향상의 기본적 도구는 **벤치마킹(benchmarking)**으로, 이는 한 기업의 제품, 서비스, 또는 과정의 품질을 그 산업에서 제일 성과가 좋은 기업에 의해서 산출된 품질과 비교하여 측정하고 평가하는 것이다.[55] 벤치마킹은 기업이 귀중한 마케팅 능력을 확인하고 향상시키는 데 도움을 줌으로써 기업의 학습을 촉진한다.[56] 또한 조직이 그 산업에서의 경쟁지위를 평가하는 데 도움을 줌으로써 장기적으로 달성할 목표를 제공한다.

궁극적으로, TQM은 조직의 종업원의 노력 때문에 성공하거나 실패한다. 따라서 종업원 모집, 선발 및 훈련은 마케팅실행의 성공에 매우 중요하다. **권한위임(empowerment)**은 고객접촉 종업원에게 상사의 허락을 구함이 없이 마케팅결정을 할 수 있는 권한 및 책임을 부여하는 것이다.[57] 조직의 어느 수준에서라도 결정을 내릴 수 있는 권한이 부여될 수 있지만, 권한위임은 고객과 종업원이 매일 상호작용하는 일선에서 가장 자주 이용된다.

권한이임의 한 가지 특징은 종업원들은 그들의 방법 및 성과가 조직의 사명과 부합되는 한 그들이 적합하다고 생각하는 방식으로 업무를 수행할 수 있다는 것이다. 그러나 종업원에게 권한을 위임하는 것은 조직이 전사적 비전, 공유된 목표, 그리고 TQM 노력을 지지하는 문화에 의해서 가이드될 때만이 성공적이다.[58] 예를 들면, Ritz-Carlton 호텔은 각 고객접점 종업원에게 그가 문제를 보았을 때 고객의 욕구를 돌볼 재량권을 준다. 조직 내에 품질지향적 문화를 개발하고 유지하기 위해서 많은 시간, 노력, 그리고 인내가 필요하다.

3 마케팅노력의 조직화

개인들을 연결하고 통합하는 권한과 책임의 라인을 포함하여 마케팅 부서의 구조와 관계는 마케팅 활동에 크게 영향을 미친다. 실제적으로 마케팅개념을 채택한 기업은 독특한 조직문화, 즉 고객의 욕구를 전략 및 활동에 대한 기업 의사결정의 핵심으로 만든 공유된 신념에 기초한 문화를 개발한다.[59] 공백상태에서 세품을 개발하고 나서 고객이 제품을 구매하도록 설득하는 대신에, 마케팅개념을 활용하는 기업은 고객의 필요와 욕구에 대한 지향성으로 시작한다. 예를 들면, Recreational Equipment, Inc. (REI)는 고객에게 제품이 실제적으로 사용될 방식과 유사한 조건에서 스포츠용품을 시험해 볼 기회를 준다. 고객은 다양한 길 지면과 경사를 가진 모의 하이킹 길에서 하이킹 신발을 시험해 볼 수 있으며 또는 실내 등벽에서 등산 장비를 시험해 볼 수 있다. 추가적으로, REI는 고객에게 Rock Climbing Basics, Basic Backpacking 및 REI's Outdoor School과 같은 클리닉을 제공한다.[60]

마케팅개념이 지침이 되는 철학으로 작용한다면, 마케팅부서는 생산, 재무, 그리고 인적자원의 다른 기능영역들과 밀접하게 통합될 것이다. 마케팅은 여러 주요 부문에서 다른 부서와 상호작용해야 한다. 마케팅부서는 회사의 제품의 양과 다양성을 결정할 때 제조부서와 함께 일할 필요가 있다. 생산을 담당하고 있는 사람들은 정확한 판매예측을 마케터에게 의존한다. 조사개발부서는 소비자가 바라는 제품의 특징 및 편익에 대하여 마케터가 수집한 정보에 매우 의존한다. 물류부서의 결정은 배달스케줄의 긴급성 및 비용/서비스 트레이드오프에 달려 있다. 정보기술은 종종 고객관계를 효과적으로 관리하는 데 중요한 구성요소이지만, 고객관계관리 프로그램은 고객관계에 관련된 모든 부서를 포함해야 한다.[61]

기업의 마케팅관리층이 얼마나 효과적으로 마케팅전략을 기획하고 실행할 수 있는지는 또한 마케팅부서가 어떻게 조직화되느냐에 달려 있다. 마케팅활동을 기업의 전략적 마케팅방식과 부합되는 방식으로 조직화하는 것은 성과를 높인다.[62] 효과적인 기업의 기획은 기업에게 경쟁우위를 가져다 줄 수 있다. 마케팅부서의 조직구조는 마케팅인력 간의 권한 관계를 설정하고 누가 특정 마케팅결정 및 특정활동을 실행하는 데 책임이 있는지를 명확히 한다. 이러한 내부적 구조는 마케팅활동을 감독하는 데 도움을 준다. 고객과의 관계를 발전시키는 마케팅부서의 능력은 기업의 마케팅지향성을 증가시키고 기업의 성과와 긍정적으로 연결이 된다.[63]

구조적 권한에 관한 한 가지 중요한 결정은 집중화 대 분권화이다. **집중화 조직(centralized organization)**에서는 최고위층 관리자는 아래 수준에 권한을 거의 위임하지 않는다. **분권화 조직(decentralized organization)**에서는 의사결정 권한이 가능한 한 명령계통의 맨 아래 수준까지 위임된다. 조직의 집권화 또는 분권화에 대한 결정은 마케팅에 직접적으로 영향을 미친다. 대부분의 전통적 조직은 매우 집권화되어 있다. 이런 조직에서는 전부는 아니지만 대부분의 결정은 최상층에서 이루어진다. 그러나 조직이 보다 마케팅지향적이 될수록 집권화된 의사결정은 다소 비효과적으로 알려져 있다. 이런 조직에서는 분권화된 권한이 기업으로 하여금 고객의 욕구에 보다 빠르게 대응할 수 있게 한다.

마케팅부서를 조직화하는 데 있어 어느 한 방법이 모든 기업에서 똑같이 잘 작용하지는 않는다. 최상의 방법은 기업제품의 수 및 다양성, 표적시장의 특징 및 욕구, 그리고 많은 다른 요인에 의존한다. 마케팅부서는 (1) 기능, (2) 제품, (3) 지역, 또는 (4) 고객의 유형에 의해서 조직될 수 있다. 제품의 특징은 마케팅부서가 제품에 의해서 구조화될 것인지에 영향을 미치는 반면 고객의 특징은 지역 또는 고객의 유형에 의해서 조직화되는 것을 요구할 수 있다. 한 가지 이상의 구조화 방법을 사용하여, 유연한 마케팅부서는 고객의 욕구에 보다 정확하게 부합되는 마케팅계획을 개발하고 실행할 수 있다.

(1) 기능에 의한 조직화

어떤 마케팅부서는 마케팅조사, 제품개발, 유통, 판매, 광고 그리고 고객관계의 일반적 마케팅기능에 의하여 조직된다. 이러한 기능을 감독하는 인력은 최고위층 마케팅 중역에게 직접 보고한다. 이러한 구조는 Ford 및 General Motors와 같이 집권화된 마케팅 운영을 하는 업체에서 잘 작용하기 때문에 매우 일반적이다. 식료품체인과 같은 보다 분권화된 기업에서 기능적 조직화는 심각한 통합적 문제를 일으킬 수 있다. 그러나 기능적 방법은 제품과 고객이 많거나 다양하지 않는 대규모, 집권화된 기업에서는 적합할 수 있다.

(2) 제품에 의한 조직화

다양한 제품을 생산하고 마케팅하는 조직은 기능적 조직이 부적합하다고 생각할 수 있다. 한 제품에 대한 단일 마케팅기능과 관련된 결정 및 문제들은 다른 제품에 대한 동일한 마케팅기능과 관련된 것들과 다를 수 있다. 그 결과 다양한 제품을 생산하는 업체들은 때때로 마케팅부서를 제품그룹에 의하여 조직화한다. 제품그룹에 의하여 조직화하는 것은 기업에게 다른 제품에 대하여 특별한 마케팅 믹스를 개발할 유연성을 준다. 소비재 포장제품 산업의 많은 기업과 같이 Procter & Gamble은 제품그룹별로 조직화되어 있다. 제품에 의한 조직화는 기업을 유연하게 하지만, 이러한 방법은 제품들의 중복을 줄이고 제품관리의 조정을 향상시키도록 효율적으로 그룹화되지 않으면 오히려 비용이 많이 들 수 있다.

(3) 지역에 의한 조직화

전국적으로(또는 전 세계적으로) 제품을 판매하는 대기업들은 마케팅활동을 지역별로 조직화할 수 있다. 각 지역의 마케팅 기능별 관리자는 그들의 지역 마케팅관리자에게 보고한다. 모든 지역 마케팅관리자는 마케팅 중역에게 직접 보고한다. 예를 들면, Frito-Lay는 네 개의 지역으로 구분되어 있어 기업으로 하여금 고객에게 더 가까이 가게 하고 지역 경쟁자에 대해서 보다 신속하고 효율적으로 대응할 수 있게 한다. 이러한 조직의 형태는 기업 고객의 특징과 욕구가 지역마다 매우 다를 때 특히 효과적이다. 전국 시장에 집중적으로 침투하고자 하는 기업은 지역을 하위그룹으로 구분할 수 있다.

고객형태에 의한 조직화
마케팅은 특정형태의 산업재 고객을 겨냥하는 SAS광고처럼, 종종 고객형태에 의해서 조직된다.

(4) 고객형태에 의한 조직화

때때로 회사의 마케팅부서는 고객형태에 의하여 조직화된다. 이러한 내부적 조직화의 형태는 기업이 응대하는 여러 고객집단의 욕구와 문제가 매우 다를 때 효과적이다. 예를 들면, Home Depot는 자가제작 고객 그리고 설치 및 서비스를 원하는 고객뿐 아니라 주택 건축업자 및 토건업자를 표적으로 한다. 소매상들은 도매상 또는 기관 구매자들 보다 더욱 생산자들로부터 적은 양을 보다 신속히 배달하는 것과 보다 인적인 판매를 원할 수 있다. 이러한 두 고객집단에 대한 마케팅의사결정과 활동은 매우 다르기 때문에 기업은 고객형태별로 마케팅부서를 조직화하는 것이 효율적이라고 생각할 수 있다.

4 마케팅활동의 통제

마케팅 및 전반적 조직의 목표를 달성하기 위하여, 마케팅관리자는 마케팅노력을 효과적으로 통제해야 한다. **마케팅통제과정**(marketing control process)은 성과표준을 설정하고, 실제성과를 설정된 표준과 비교하여 평가하고, 그리고 바라는 성과와 실제성과와의 차이를 줄이는 것으로 이루어진다.

통제기능은 기본적 관리활동이지만 마케팅에서 주목을 별로 받지 못하였다. 조직은 공식적 및 비공식적 통제 시스템을 갖는다. 앞에서 언급한 것처럼, 공식적인 마케팅통제과정은 성과기준, 실제성과의 평가, 그리고 부족한 차이를 교정할 통제활동을 포함한다(<그림 2.6> 참조). 내적 통제과정은 자

그림 2.6 마케팅 통제 과정

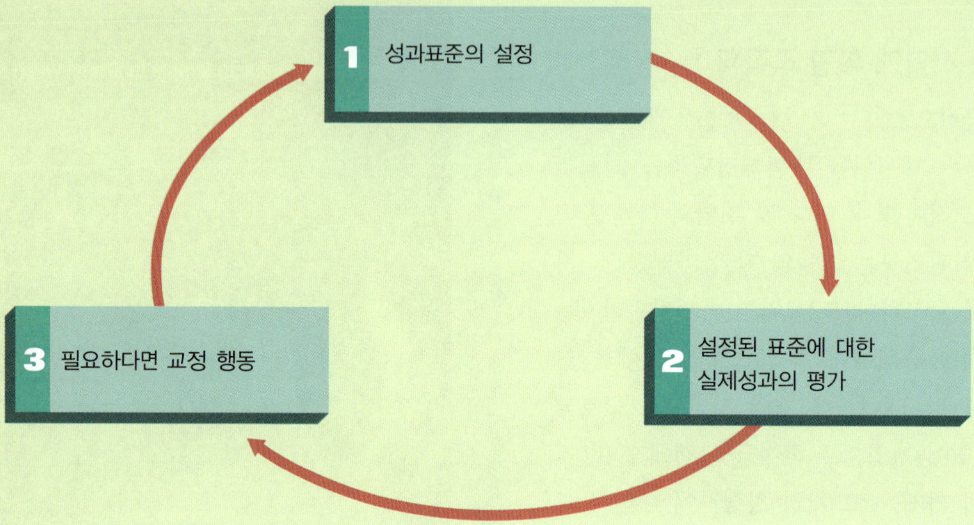

율통제, 사회적 또는 집단 통제, 그리고 기업의 가치시스템의 수용을 통한 문화적 통제를 포함한다. 어느 형태의 통제시스템이 지배적인가 하는 것은 기업의 환경적 맥락에 의존한다.[64] 공식적인 통제 과정의 이러한 단계들을 논의하고 관련된 주요 문제들을 살펴볼 것이다.

(1) 성과표준의 설정

계획은 무엇이 달성되는가에 대한 서술을 포함하기 때문에 계획과 통제는 긴밀하게 서로 연결되어 있다. 통제의 목적상, 이러한 서술은 성과표준으로 작용한다. **성과표준(performance standard)**은 실제 성과가 비교될 수 있는 성과의 기대수준이다. 성과표준은 고객불만의 20% 감소, 월간 15만 달러의 판매할당, 또는 새로운 고객수의 10% 증가일 수 있다. 예를 들면, Toyota는 2010년에 40만 대의 하이브리드 자동차의 판매, 그중 Prius는 미국에서 18만 대의 전 세계적 판매목표를 가졌다. 35만 대의 Prius가 2010년에 전 세계적으로 팔렸다면, 이는 회사가 판매목표를 달성하지 못했다는 것을 의미한다.[65] 앞에서 언급한 것 같이, 성과표준은 조직의 목표와 연계되어져야 한다.

(2) 실제성과의 평가

실제성과를 성과표준과 비교하기 위해서, 마케팅관리자는 기업 내의 종업원이 무엇을 하는지 알아야 하고 기업에 마케팅지원을 하는 외부 조직의 활동에 대한 정보를 가지고 있어야 한다. 예를 들면, Porsche는 많은 자동차 제조업자처럼, J.D. Power and Associates Customer Service 지표에서 순위가 얼마나 좋은지에 의하여 제품 및 서비스 수준을 평가한다. J.D. Power는 Porsche를 2008년 전반적 품질에서 최상위로 평가하였다. 이러한 평가는 광고 및 판매활동에 활용될 수 있다.[66] 실제성과의 기록은 차이가 존재하고 얼마나 큰 차이가 존재하는지를 결정하기 위하여 성과표준과 비교된다. 예를 들면, Toyota가 2008년에 Prius가 162,000대가 팔렸다고 확정한다면, 목표가 매년 175,000대를 파는 것이므로 차이가 존재한다.

(3) 교정행동

마케팅관리자는 설정된 성과표준과 실제성과의 차이를 줄이기 위한 여러 대안들을 가지고 있다. 그들은 실제성과를 향상시키거나, 또는 성과표준을 줄이거나 성과표준을 전적으로 변경할 수 있으며, 또는 이 모두를 할 수 있다. 미국에서 면도기의 구매감소를 이해하고자 할 때, Gillette는 줄어든 면도 횟수 및 내구성이 더 좋아진 제품이 원인이라는 것을 알게 되었다. Gillette는 판매목표를 수정해야만 했고 판매를 증가시키기 위해 PR 광고를 사용하였다.[67] 실제성과를 향상시키기 위하여, 마케팅관리자는 마케팅인력을 동기부여하는 더 나은 방식을 사용하거나 또는 마케팅노력을 통합하는 보다 효과적인 기법을 찾아야 할 것이다.

SNAPSHOT

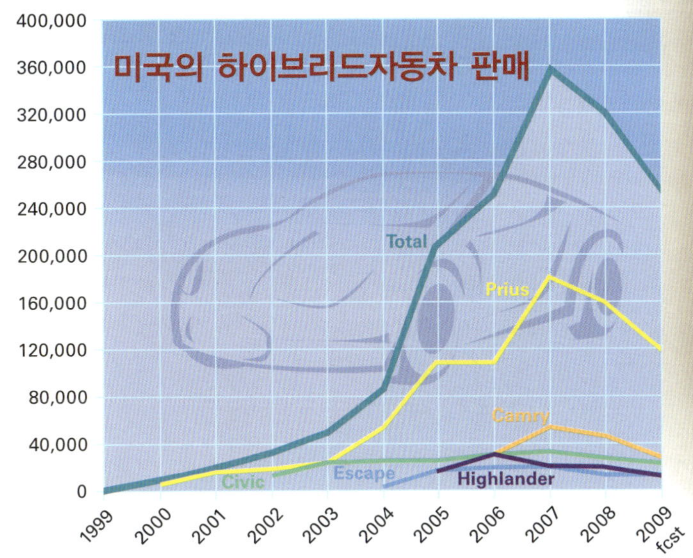

Fuel-efficient vehicles lose some appeal when gasoline prices are low
자료원: Dashboard, Hybrid Pickups Arrive, www.hybridcars.com/hybrid-salesdashboard/march-2009-dashboard-did-hybrid-sales-bottom-out-25712.html (accessed April 22, 2009).

(4) 마케팅활동 통제의 문제점

마케팅활동을 통제하는 노력에 있어서, 마케팅관리자는 빈번히 여러 문제에 부딪친다. 종종 마케팅활동을 통제하기 위해 요구되는 정보가 얻을 수 없거나 또는 비용이 많이 들어야만 얻을 수 있다. 마케팅통제가 환경적 변화를 허용할 정도로 탄력적이어야 하지만, 그러한 변화의 빈도, 강도 그리고 비예측성은 통제를 방해한다. 또한 마케팅활동과 결과의 시차는 특정 마케팅활동의 효과성을 측정하는 마케팅관리자의 능력을 제한한다. 이는 모든 광고활동에서 특히 사실이다.

마케팅 및 다른 사업활동들은 중복되기 때문에, 마케팅관리자는 종종 마케팅활동의 정확한 비용을 결정할 수 없다. 마케팅비용의 정확한 측정 없이는 마케팅활동의 결과가 비용을 들인만큼 가치가 있는지를 아는 것은 어렵다. 마지막으로, 마케팅인력에 대한 정확한 성과표준을 개발하는 것이 매우 어렵기 때문에 마케팅통제는 어려울 수 있다.

이 장의 복습

1 전략적 기획의 과정을 설명한다

전략적 기획 과정을 통해서 기업은 조직의 사명과 목표, 기업수준 전략, 마케팅목적과 목표, 마케팅전략, 그리고 마케팅계획을 확인하거나 설정한다. 마케팅목표를 달성하기 위하여 기업은 마케팅전략을 개발해야 하는데, 이에는 표적시장을 확인하고 표적시장의 욕구를 충족시키는 제품을 개발하고, 유통시키고, 촉진하고, 그리고 가격을 설정하는 행동계획을 개발하는 것을 포함한다. 고객관계관리(Customer Relationship Management: CRM)는 바람직한 장기적 고객관계를 개발하고 유지하는 마케팅전략을 창출하기 위하여 고객에 대한 정보를 사용하는 데 초점을 둔다.

시간에 따른 고객의 가치를 증가시킴으로써, 조직은 고객애호도를 통하여 장기적 이윤가능성을 유지하고 증가시키려고 한다. 전략적 기획 과정은 조직의 마케팅활동을 실행하고 통제하기 위하여 수행되는 활동을 명기한 문서인 마케팅계획의 프레임워크를 궁극적으로 산출한다.

2 조직의 자원과 기회가 어떻게 기획과정에 영향을 주는지 설명한다

마케팅환경은 경쟁적, 경제적, 법률 및 규제적, 기술적 그리고 사회문화적 요인을 포함하며 기업이 획득할 수 있는 자원에 영향을 미치며, 호의적 기회를 창출할 수 있다. 자원은 기업이 매우 잘 하는 것인 핵심역량을 포함하는데, 이는 때때로 매우 우수해서 기업에게 경쟁자에 대비되는 우위를 제공한다. 상황과 타이밍의 적절한 결합이 조직으로 하여금 특정 표적시장에 접근하는 행동을 취하게 할 때, 시장기회가 존재한다. 전략적 창은 시장의 주요 요구조건과 그 시장에서 경쟁하는 기업의 특정 능력 간에 최적의 적합성의 일시적인 기간이다. 기업이 시장에서 발견한 기회에 핵심역량을 부합시킬 때, 기업은 경쟁우위를 갖게 된다고 한다.

3 전략적 기획에서 사명서의 역할을 이해한다

조직의 목표는 조직이 되고자 원하는 것에 대한 장기적 견해 또는 비전인 사명서에서 도출되어야 한다. 체계화된 사명서는 조직에게 명확한 목적과 방향을 제시하고, 자사를 경쟁자와 구별시키고, 전략적 기획에 대한 방향을 제공하고, 고객에 대한 초점을 육성하는 데 도움을 준다. 추구하는 결과에 초점을 맞춘 조직의 목적 및 목표는 기획노력의 나머지 부분을 가이드한다.

4 기업수준, 사업수준, 그리고 마케팅의 전략을 살펴본다

기업수준 전략은 조직의 목표를 성취하기 위해서, 마케팅, 생산, 재무, 조사 및 개발, 그리고 인적자원의 기능영역에서 자원의 사용에 대한 수단을 결정한다. 사업수준전략은 전략적 사업단위에 초점을 두는데 전략적 사업단위는 특정 전략적 시장 계획을 고려하는 데 있어서 영역을 정의하기 위해 사용되는 기업 내에서의 부서, 제품라인, 또는 다른 이익 센터이다. Boston Consulting Group의 시장성장률/시장점유율 매트릭스는 각 제품 및 사업 단위에 대한 적절한 전략을 결정하기 위하여 기업의 모든 SBU와 제품들을 하나의 전체적 매트릭스로 통합한다. 마케팅전략은 이들 세 가지 전략 수준 중 가장 자세하고 구체적이며, 다음 두 가지 요소로 이루어진다: 표적시장의 선정 및 선택된 표적시장의 욕구를 충족시킬 마케팅믹스의 창출. 표적시장의 선정은 그 시장의 욕구를 충족시킬 마케팅믹스 창출의 기초로 작용한다. 마케팅믹스 결정은 또한 사업수준 및 기업수준 전략과 부합되어야 하며, 시장 조건, 경쟁, 그리고 고객욕구의 변화에 대응하기에 충분할 정도로 탄력적이어야 한다. 마케팅믹스의 다른 요소들은 다른 마케팅 전략을 수용하도록 변경될 수 있다.

5 마케팅계획의 입안 과정을 이해한다

마케팅기획의 결과는 마케팅계획의 개발인데, 마케

팅계획은 마케팅전략을 실행하기 위해 필요한 모든 활동의 개요를 기술하고 설명한 문서이다. 계획은 종업원들 간의 커뮤니케이션을 조성하고, 책임과 일정을 할당하고, 목표를 달성하기 위하여 어떻게 자원을 배분할 것인지를 명확히 하고, 마케팅관리자가 마케팅전략의 성과를 모니터하고 평가하는데 도움을 준다.

6 마케팅실행 및 마케팅실행에의 주요 접근방법들을 설명한다

마케팅실행은 마케팅전략을 실행하는 과정이다. 마케팅전략은 거의 늘 예상과 다르게 될 수 있다는 것을 인식하는 것이 중요하다. 실현된 마케팅전략은 실행과 관련된 이슈 때문에 의도된 전략과 종종 다르다. 적절한 실행은 효율적인 조직구조와 효과적인 통제 및 평가를 요구한다.

마케팅실행의 한 가지 방법은 내부마케팅으로, 내부마케팅은 조직과 고객 간의 성공적 외적 교환을 달성하기 위하여 조직과 종업원 간의 내적 교환을 조정하는 관리철학이다. 전략실행이 성공하기 위해서는 내부고객 및 외부고객 양자의 욕구가 충족되어야 한다. 또 다른 방법은 전사적 품질관리(TQM)로 이는 조직의 제품 및 서비스를 지속적으로 향상시키는 종업원의 재능에 매우 의존한다.

주요 개념

전략적 기획(strategic planning): 조직의 사명을 확립하고 목적, 기업수준 전략, 마케팅목표, 그리고 마케팅계획을 입안하는 과정

마케팅전략(marketing strategy): 표적시장을 확인하고 분석하며 그 시장의 사람들을 만족시키기 위한 마케팅믹스를 개발하는 계획

마케팅계획(marketing plan): 기업의 마케팅활동을 실행하고 통제하기 위하여 행하여지는 활동을 명시한 문서

핵심역량(core competencies): 한 기업이 매우 잘 하는 것으로 때때로 경쟁자에 비해서 이점을 제공

시장기회(market opportunity): 조직이 특정 표적시장에 도달하기 위한 행동을 취하도록 허용되는 상황과 타이밍의 적절한 결합

전략적 창(strategic window): 시장의 주요 요구조건과 그 시장에서 경쟁하는 기업의 특정 능력간에 최적의 적합성이 이루어지는 일시적인 기간

경쟁 우위(competitive advantage): 시장에서 발견한 기회에 기업의 핵심역량을 부합시킨 결과

SWOT 분석(SWOT analysis): 마케터가 조직의 강점, 약점, 기회 그리고 위협을 평가하는 도구

사명서(mission statement): 조직이 되고자 원하는 것에 대한 장기적 견해 또는 비전

마케팅목표(marketing objective): 마케팅활동으로 성취하고자 하는 것에 대한 기술

기업수준 전략(corporate strategy): 조직의 목표를 성취하기 위해서, 마케팅, 생산, 재무, 조사 및 개발, 그리고 인적자원의 기능적 영역에서 자원을 어떻게 사용할지에 대한 수단을 결정하는 전략

전략적 사업단위(strategic business unit: SBU): 기업 내의 부서, 제품 라인, 또는 다른 이익 센터

시장(market): 제품군에서 제품에 대한 욕구를 가지고, 그 제품을 구매할 능력, 의도 및 권한을 가지고 있는 개인 또는 조직의 집합

시장점유율(market share): 특정 기업의 특정 제품을 실제적으로 구매하는 시장의 비율

시장성장률/시장점유율 매트릭스(market-growth/market-share matrix): 제품의 시장성장률과 시장점유율이 마케팅전략을 결정하는데 중요한 고려사항이라는 철학에 기초하는 전략적 기획 도구

지속가능 경쟁우위(sustainable competitive advantage): 경쟁자가 모방할 수 없는 이점

마케팅기획(marketing planning): 마케팅 기회 및 자원을 평가하고, 마케팅목표를 결정하고, 마케팅전략을 정의하고, 그리고 마케팅 프로그램의 실행 및 통제에 대한 지침을 설정하는 과정

마케팅실행(marketing implementation): 마케팅전략을 실행하는 과정

의도된 전략(intended strategy): 조직이 기획단계에서 결정되고 실제적으로 사용하기를 원하는 전략

실현된 전략(realized strategy): 실제적으로 발생되는 전략

외부고객(external customers): 기업을 애용하는 개인

내부고객(internal customers): 기업의 종업원

내부마케팅(internal marketing): 조직과 고객간의 성공적인 외적 교환을 달성하기 위하여 조직과 종업원간의 내적 교환을 조정하는 관리철학

전사적 품질관리(total quality management: TQM): 조직의 모든 영역에서 품질에 대한 동일한 몰입이 품질에 대한 고객들의 지각에 부응하는 문화를 촉진할 것이라는 철학

벤치마킹(benchmarking): 한 기업의 제품, 서비스, 또는 과정의 품질을 그 산업에서 제일 성과가 좋은 기업에 의해서 산출된 품질과 비교하여 측정하고 평가하는 도구

권한위임(empowerment): 고객접촉 종업원에게 상사의 허락을 구함이 없이 마케팅결정을 할 수 있는 권한 및 책임을 부여하는 것

집중화 조직(centralized organization): 최고위층 관리자가 아래 수준에 권한을 거의 위임하지 않는 구조

분권화 조직(decentralized organization): 의사결정권한이 가능한 한 명령계통의 맨 아래 수준까지 위임되는 구조

마케팅통제과정(marketing control process): 성과표준을 설정하고, 실제성과를 설정된 표준과 비교하여 평가하고, 그리고 바라는 성과와 실제성과와의 차이를 줄이는 것

성과표준(performance standard): 실제성과가 비교될 수 있는 성과의 기대수준

연습문제

1. 전략적 기획의 주요 요소들을 식별하라. 그리고 이들 요소들이 어떻게 상호관련이 있는지 설명하라.
2. 마케팅 전략의 두 가지 주요 부분은 무엇인가?
3. 기업의 자원과 기회를 분석하는데 고려할 이슈들은 무엇인가? 이들 이슈는 마케팅목표 및 마케팅전략에 어떻게 영향을 미치는가?
4. 마케팅기획과정에서 SWOT분석은 얼마나 중요한가?
5. 조직은 마케팅목표를 어떻게 설정해야 하는가?
6. 기업수준, 사업수준, 그리고 마케팅전략 수준에서 조직이 어떻게 경쟁우위를 창출할 수 있는지 설명하라.
7. 6번 질문과 관련하여 조직이 어떻게 오랜 시간 지속될 수 있는 경쟁우위를 만들 수 있는가? 지속될 수 있는 경쟁 우위를 창출하는 것이 얼마나 어려운가?
8. 마케팅관리자는 기획에서 어떠한 이점을 얻는가? 장기적 생존에 기획이 필요한가? 왜 그런가 아니면 왜 그렇지 않은가?
9. 조직의 의도된 전략이 왜 실현된 전략과 종종 다른가?
10. 조직이 마케팅단위를 조직하는데 있어서 왜 여러 기반을 사용하는가?
11. 마케팅통제과정의 주요 단계는 무엇인가?

마케팅환경, 사회적 책임 및 윤리

CHAPTER 3

DIGITAL VISION/THINKSTOCK

T. Boone Pickens는 바람이 석유를 대체해주기를 바란다

백만장자인 석유왕 T. Boone Pickens는 자신에게 부를 가져다 준 석유를 뒤로 하고 지금은 풍력발전에 집중하고 있다. Pickens의 계획은 문제, 이 경우에는 높은 석유 의존도에 대한 기업가적 대응의 한 예이다. 그는 2,700개의 풍력 터빈으로 이루어진 100억 달러의 Texas 풍력 농장을 건설하기를 희망한다. 이는 재생가능한 에너지를 국가 에너지의 많은 부분을 공급하는 국가적 배관망에 공급할 것이다.

Pickens에게는 유감스럽게도, 경제적 위기는 그의 계획의 일부를 지연시켰다. 원유가격은 배럴당 145달러에서 낮게는 배럴당 35달러까지 요동을 쳐서, 대체 에너지 수단에 대한 수요가 감소하였다. 이는 걸림돌이지만, Pickens는 석유가격은 장래에 오를 것이므로 그의 계획에 대한 더 큰 지지를 야기할 것이라고 주장한다.

재생가능한 에너지에 대한 그의 강조에도 불구하고, Pickens는 환경론자의 법안에 동의하지 않는다. 사실상 그는 이것은 전적으로 경제적이라는 것을 강조한다. "첫째로 이것은 돈에 대한 것이다. 나는 첫째로 환경, 그리고 둘째로 돈을 위하여 4,000메가와트 풍력농장을 하려는 것이 아니다."라고 Pickens는 말한다.

그는 또한 새로운 사업을 시작하고 있는데, 수리권에서 수십억 달러를 얻음으로써 검은 금을 푸른 금으로 바꾸고 있다. Pickens는 물을 얻기 위해 Texas, Ogallala의 대수층을 뚫음

학습목표

1. 환경에 대한 조사와 분석의 중요성을 이해한다
2. 경쟁적, 경제적, 정치적, 법률적 및 규제적, 기술적, 그리고 사회문화적 요인이 마케팅전략에 미치는 영향을 살펴본다
3. 사회적 책임의 개념 및 차원을 이해한다
4. 윤리와 사회적 책임을 구분한다

으로써 논쟁을 야기시키고 있다. Pickens는 개인소유지 약 650에이커에 걸친 300마일의 파이프라인을 통하여 650억 갤런의 물을 수송할 계획이다. 최근의 법률로 Pickens는 수용권하에 있는 토지를 획득하는 것이 더 용이해졌는데, 이것은 자신들의 토지가 수용될 수도 있는 농장주들을 화나게 하고 있다.

이 일로 일부 사람들이 Pickens의 의도를 의심하게 하였다. Pickens는 결국 돈에만 관심이 있는 완고한 사업가인 것 같이 비춰졌다. 그러나 다른 사람들은 Pickens가 미국의 에너지 문제에 대한 열쇠를 갖고 있다고 믿는다. 시간이 Pickens가 미국을 에너지에 있어서 자급자족적인 나라로 만들 것인지를 말해 줄 것이다.[1]

오늘날의 경쟁이 심한 시장에서 성공하기 위해서 기업들은 마케팅환경의 변화, 특히 고객 및 공중의 욕구 그리고 경쟁자 행동의 변화에 대응해야 한다. 점차, 또한 성공은 마케터가 책임 있고 윤리적으로 행동하는 것을 요구한다. 마케팅환경의 그러한 변화를 인식하고 대응하는 것은 마케팅 성공에 필수적이기 때문에, 이 장은 이러한 변화에 기여하는 요인에 대하여 어느 정도 자세히 살펴볼 것이다.

이 장의 전반부는 마케팅환경을 구성하는 경쟁적, 경제적, 정치적, 법률적 및 규제적, 기술적, 그리고 사회문화적 요인을 살펴볼 것이다. 이 논의에서 이 요인들이 각각 어떻게 마케팅전략에 영향을 미치는지를 제시할 뿐만 아니라 마케팅환경을 감시하고 분석하는 것의 중요성을 제시할 것이다. 이 장의 후반부는 사회적 책임과 윤리의 역할을 고려할 것이다. 점차 중요성이 커지는 이러한 요인들은 마케터들에게 위협 및 기회를 야기하는 자연환경 및 소비자주의와 같은 여러 가지 이슈를 제기한다.

3.1 마케팅환경

마케팅환경은 조직의 자원획득(인적, 재무적, 자연자원 및 원자재, 그리고 정보) 그리고 생산품 산출(제품, 서비스 또는 아이디어)에 직접 또는 간접으로 영향을 미치는 외부적 요인으로 구성된다. 제1장에서 언급했듯이 마케팅환경은 경쟁적, 경제적, 정치적, 법률적 및 규제적, 기술적 그리고 사회문화적 요인을 포함한다.

환경적 요인은 빠르게 또는 천천히 변동하든 간에 항상 동적이다. 마케팅환경의 변화는 마케터에게 불확실성, 위협, 그리고 기회를 창출한다. 원유가격의 급격한 변화가 어떻게 소비자의 구매행동을 변화시킬 수 있는지 고려해 보라. 2008년에 석유는 배럴당 147달러로 뛰었고, 2009년 초에 35달러로 급락하였다. 원유가격이 급락한 후에, 하이브리드 자동차를 구매하는 데 드는 추가적 비용이 가솔린 절약에 의하여 빠르게 보전될 수 없었기 때문에 하이브리드 자동차의 매출은 하락하였다. 그러나 미래 휘발유 가격의 상승의 두려움 및 세금 우대와 같은 인센티브는 Hummers 및 트럭과 같은 대형 차량 보다 하이브리드 자동차의 판매를 더 건전하게 하였다.[2] 환경적 요인의 변화를 인식하지 못하는 마케팅관리자는 기업이 마케팅기회를 활용하지 못하게 하거나, 환경변화가 일으킨 위협에 대처하지 못하게 만든다. 그러므로 환경을 모니터하는 것은 조직의 생존 및 목표의 장기적 달성에 매우 중요하다.

마케팅환경의 변화를 효과적으로 모니터하기 위해서, 마케터는 환경조사(scan) 및 분석을 한다. **환경스캐닝(environmental scanning)**은 마케팅환경의 요인에 대한 정보를 수집하는 과정이다. 스캐닝은 관찰, 그리고 기업, 업계, 정부 및 인터넷 원천 같은 이차적 원천, 그리고 마케팅조사를 포함한다. 인터넷은 자료를 보다 쉽게 얻을 수 있게 해주며 필요한 정보를 신속하게 입수할 수 있게 해주기 때문에 많이 이용되는 스캐닝 수단이다.

환경분석(environmental analysis)은 환경스캐닝을 통해서 수집한 정보를 평가하고 해석하는 과정이다. 관리자는 정보가 정확한지 평가하고 자료의 불일치를 해소하려고 하며, 정당한 이유가 있다면, 발견사항에 유의성을 부여한다. 정보를 평가함으로써, 관리자는 환경변화와 관련된 잠재적 위협 및 기회를 확인할 수 있다.

IMAGE COURTESY OF THE ADVERTISING ARCHIVES

환경적 요인에 대한 대응
Ribena 쥬스기업은 100% 재활용병을 이용해서 환경적 책임에 대한 관심을 보여주고 있다.

마케팅환경의 현재상태를 이해하고 변화로 발생하는 위협과 기회를 인식하는 것은 기업이 전략적 계획을 세우는 데 도움을 준다. 특히, 마케팅관리자가 현재의 마케팅노력의 성과를 평가하고 미래의 마케팅전략을 개발하는 데 도움이 된다.

1 마케팅환경에 대한 대응

마케팅관리자는 환경적 요인에 대하여 통제불가능한 것으로 받아들이는 것 또는 영향을 미쳐서 변경하려고 시도하는 것의 두 가지 일반적인 접근방법이 있다.[3] 환경적 요인을 통제불가능한 것으로 보는 조직은 환경에 대해서 수동적이고 반응적이다. 환경의 요인에 대하여 영향을 미치려고 하기보다는 마케팅관리자는 환경변화에 현재의 마케팅전략을 조정한다. 그들은 환경스캐닝 및 분석을 통하여 발견한 시장기회에 조심스럽게 접근한다. 한편, 환경적 요인이 변경될 수 있다고 믿는 마케팅관리자는 보다 전향적인(proactive) 접근방법을 취한다. 예를 들면, 시장이 전통적 환경의 제약요인에 의하여 방해받는다면, 전향적인 마케팅관리자는 그 요인을 반영하여 적절한 전략을 마련하기 위해서 경제적, 심리적, 정치적, 그리고 촉진적 기량을 활용할 수도 있다. 시장기회를 방해하는 요인을 일단 발견하면 그들은 관련된 여러 관계자의 힘을 평가하고 장애가 되는 환경요인을 극복할 수 있는 전략을 개발한다. 예를 들면, Microsoft, Intel 및 Google은 다양한 대중에게 그들의 경쟁 방식의 가치를 전함으로써 컴퓨터산업에서 그들의 힘에 대한 정치적, 법률적 그리고 규제적 관심사에 대응하였다. 이 컴퓨터 거인들은 경쟁에서 자신들의 성공이 고객들에게 우수한 제품을 가져다준다고 주장한다.

전향적인 접근방법은 건설적일 수 있으며 바람직한 결과를 가져다 줄 수 있다. 환경적 요인에 영향을 미치기 위해서, 마케팅관리자는 시장기회를 확인하고자 노력하거나 또는 현 시장 기회에서 비용 대비 더 큰 편익을 추출하고자 한다. 정치적 행동은 환경적 요인에 영향을 미치는 또 다른 방법이다. 예를 들면, 제약산업은 처방전 약의 마케팅에 대한 보다 적은 제약을 위하여 매우 효과적으로 로비를 하여 왔다. 그러나 관리자는 환경적 요인들이 얼마나 변경될 수 있는지 인식해야 한다. 예를 들면, Microsoft는 재무적 자원 및 창업자 Bill Gates의 매우 뛰어난 이미지로 전향적인 접근방법을 취할 수 있다. 한 기업이 로비를 통해서 입법에 영향을 미칠 수 있지만, 단일 기업이 국가의 출생률을 크게 증가시키거나 경제를 불경기에서 호경기로 바꾸는 것은 불가능할 것이다.

2 경쟁적 요인들

경쟁 없이 활동하는 기업은 거의 없다. 사실, 대부분의 제품에 있어서, 고객은 선택할 많은 대안을 갖는다. 예를 들면, 가장 잘 팔리는 5가지 청량음료는 Coke Classic, PepsiCola, Diet Coke, Mountain Dew 그리고 Diet Pepsi이지만, 소비자가 생수, 맛을 가미한 물, 과일쥬스, 그리고 아이스티 제품 등의 대안으로 이동함에 따라 일반적으로 청량음료 매출은 답보적이다.[4] 이와 같이, 마케팅관리자가 기업이 응대할 표적시장을 정의할 때, 동시에 경쟁자군을 확정한다.[5] 제품을 공급하는 기업의 수는 경쟁자의 힘에 영향을 미칠 수 있다. 단지 하나 또는 소수의 기업이 공급을 통제할 때, 경쟁적 요인은 마케팅활동에 많은 경쟁자가 존재할 때와는 다른 종류의 영향을 미친다.

포괄적으로 이야기해서, 모든 기업들은 고객들의 돈을 놓고 서로 경쟁한다. 그러나 보다 실제적으

브랜드 경쟁 및 제품 경쟁
AEG와 Bosch는 가전 시장에서 경쟁한다.

로, 마케터는 일반적으로 **경쟁(competition)**을 동일 지역에서 유사한 또는 대체가능한 제품을 파는 다른 기업들로 정의한다. 이들 경쟁자는 네 가지 형태로 구분될 수 있다. **브랜드 경쟁자(Brand competitors)**는 유사한 가격으로 동일 고객에게 유사한 특징과 편익의 제품을 판매한다. 예를 들면, 목마르고 칼로리를 의식하는 고객은 청량음료 자판기에서 Diet Coke 또는 Diet Pepsi와 같은 다이어트 청량음료를 선택할 수 있다. 그러나 이들 청량음료는 다른 형태 음료의 경쟁에 직면하고 있다. **제품 경쟁자(product competitors)**는 같은 제품범주에서 경쟁하지만 다른 특징, 편익 그리고 가격의 제품을 판매한다. 예를 들면, 다이어트를 하는 목마른 사람은 청량음료 대신에 아이스 티, 쥬스, 미네랄 물, 또는 병에 든 물을 구매할 수 있다. **포괄적 경쟁자(generic competitors)**는 같은 문제를 해결하거나 같은 기본적 고객 욕구를 충족시키는 매우 다른 제품을 공급한다. **총예산 경쟁자(total budget competitors)**는 같은 고객의 제한된 재무적 자원을 놓고 경쟁한다.[6] 예를 들면, Diet Coke의 총예산 경쟁자는 껌, 신문, 바나나를 포함한다. 이 4가지의 경쟁형태가 모두 기업의 마케팅 성과에 영향을 미칠 수 있지만, 브랜드 경쟁자가 가장 중요한데, 이는 구매자가 전형적으로 이들 기업의 제품들을 직접적인 대체재로 간주하기 때문이다. 결과적으로 마케터는 브랜드 경쟁자에 환경분석을 집중하는 경향이 있다.

단지 하나 또는 소수의 기업이 공급을 통제할 때는 경쟁적 요인은 많은 경쟁자들이 존재할 때와는 다른 형태의 영향을 미친다. <표 3.1>은 독점, 과점, 독점적 경쟁, 그리고 순수 경쟁의 네 가지 일반적 경쟁적 구조를 나타낸다. **독점(monopoly)**은 한 조직이 유사한 대체품이 없는 제품을 생산하여, 독점적 공급원이 될 때 발생한다. 조직이 경쟁자가 없기 때문에 제품의 공급을 완전히 통제하며, 또한 유일한 판매자로서 잠재적 경쟁자에 대한 장벽을 구축할 수 있다. 실제로, 오늘날 지속되고 있는 대부분의 독점은 지역, 주, 또는 연방 기관에 의하여 크게 통제받는 지역 공익사업(전기, 수도 등)이다. **과점(oligopoly)**은 소수의 판매자들이 제품 공급의 많은 부분을 통제할 때 일어난다. 이런 경우, 각 판매자는 마케팅활동의 변화에 대한 다른 경쟁자들의 반응을 고려한다. 과점적 경쟁에 직면한 제품은 알루미늄처럼 동질적이거나 또는 자동차처럼 차별적일 수 있다. **독점적 경쟁(monopolistic competition)**은 많은 잠재

표 3.1 경쟁적 구조의 특징

경쟁형태	경쟁자의 수	시장진입의 용이성	제품	예
독점	하나	많은 장벽	거의 대체재가 없음	수도사업
과점	소수	일부장벽	동질적 또는 차별적 (실제 또는 지각적 차이)	Toyota Motors (자동차)
독점적 경쟁	다수	장벽 거의 없음	많은 대체재가 있는 제품차별화	Wrangler, Levi Strauss (청바지)
순수 경쟁	무제한	장벽없음	동질적 제품	농장(옥수수)

적 경쟁자들을 갖고 있는 기업이 제품을 차별화하는 마케팅전략을 전개하고자 시도할 때 발생한다. 예를 들면, Levi Strauss 및 Wrangler는 유명한 등록브랜드, 디자인, 광고 및 품질에 대한 평판을 통해서 블루진에 대한 우위를 확립하였다. Wrangler는 카우보이 이미지와 연결되며 NASCAR의 경주자인 Dale Earnhardt, Jr.의 공식 진이다. 블루진의 많은 경쟁 브랜드들이 구매입수 가능하지만, 이들 기업은 제품, 특히 스타일과 이미지에 있어서 차이점을 강조함으로써 틈새시장을 만들어 나갔다. **순수경쟁(pure competition)**이 실제로 존재한다면, 많은 판매자들을 포함하며, 어느 누구도 가격이나 공급에 유의하게 영향을 미칠 수 없다. 순수경쟁의 예에 가까운 것은 통제받지 않는 농부들의 시장이며, 여기서는 지역 농부들이 자신의 농산물을 팔기 위해 모인다. 순수경쟁은 연속선상의 한 끝의 이상이며, 독점은 다른 한 끝이다. 대부분의 마케터는 이들 양 극단의 한 지점의 경쟁적 상황에서 활동한다.

마케터는 경쟁자가 어떤 특정 전략을 사용하는지 그리고 이런 전략이 자사에 어떻게 영향을 미치는지 파악하기 위하여 주요 경쟁자들의 행동을 모니터할 필요가 있다. 가격은 대부분의 경쟁자들이 모니터하는 마케팅전략 변수 중의 하나이다. Frontier 또는 Southwest 항공이 구간의 요금을 내렸을 때, 대부분 항공사는 그 가격에 맞추려고 시도하였다. 모니터링을 하는 것은 마케터가 경쟁적 이점을 개발하는 데 지침이 되며 현재의 마케팅전략을 조정하고 새로운 전략을 계획하는 데 도움이 된다.

경쟁을 모니터하는데 있어서, 입수가능한 정보만 분석하는 것은 충분하지 않다. 기업은 경쟁자에 대하여 지속적인 정보를 수집하기 위한 시스템을 개발해야 한다.[7] 경쟁자가 제공하는 것뿐만 아니라 시장 및 고객이 원하는 것을 이해하는 것은 마케팅지향성을 유지하는 것을 돕는다. 경쟁자에 대한 정보는 마케팅관리자가 자신의 마케팅노력의 성과를 평가하고 자신의 마케팅전략에서 강점과 약점을 인식할 수 있게 한다. 시장점유율, 제품이동, 판매량 및 지출수준에 대한 자료는 유용할 수 있다. 그러나 이들 문제에 대한 정확한 정보는 종종 획득하기가 어렵다. 마케터가 그러한 자료를 어떻게 수집하고 조직하는지는 4장에서 살펴볼 것이다.

3 경제적 요인들

마케팅환경에서 경제적 요인은 마케터 및 소비자 모두의 의사결정 및 활동에 영향을 미친다. 이 절에서는 일반적 경제적 상황뿐 아니라 구매력, 지출의도의 효과를 살펴볼 것이다.

(1) 구매력 및 지출의향

개인의 **구매력(buying power)**의 강도는 개인이 구입할 수 있게 해주는 경제적 상황과 교환에서 사용되는 화폐, 제품 및 서비스 등과 같은 자원의 규모에 달려있다. 구매력의 주요 재무적 자원은 소득, 신용 및 재산이다.

개인에 있어서, 소득은 한 달, 일 년같이 일정기간 동안의 임금, 임대료, 투자, 연금, 보조금을 통해서 얻는 화폐의 양이다. 보통, 이러한 화폐는 세금, 제품 및 서비스를 위한 지출, 저축으로 나누어진다. 마케터는 가처분 소득이 지출 또는 저축에 사용되어지기 때문에 세금의 납부 후에 남는 돈의 양에 가장 관심이 있다. **가처분 소득(disposable income)**은 곧바로 쓸 수 있는 구매력의 원천이기 때문에 한 국가에서 가능한 전체 규모가 마케터에게 중요하다. 여러 요인들이 전체 소득의 크기(임금수준, 실업률, 이자율 및 배당률에 영향을 받는)를 포함하여 전체 가처분 소득의 크기, 그리고 세금의 수 및 양을 결정한다. 개인이 의식주의 기본적 필수품을 구입한 후에 지출 및 저축을 위해 사용가능한 처분가능 소득은 **재**

그림 3.1 미국 고객만족지수

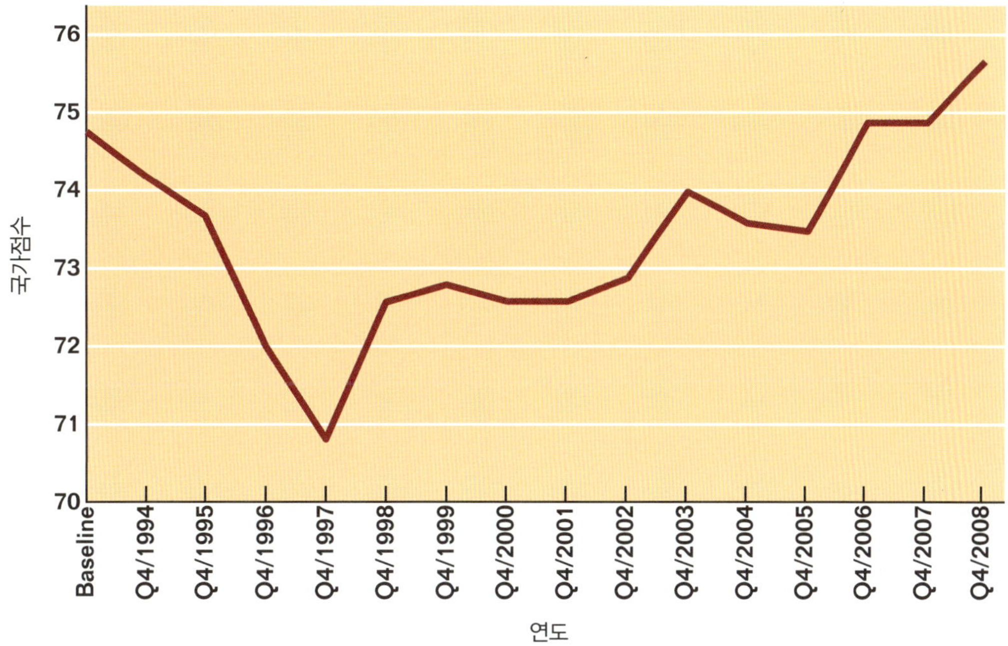

자료원: "National Quarterly Scores," American Customer Satisfaction Index, http://www.theacsi.org/index.php?option=com_content&task=view&id=31&Itemid=35 (accessed April 22, 2009).

량 소득(**discretionary income**)이라고 한다. 사람들은 재량소득을 사용하여 오락, 휴가, 자동차, 교육, 애완동물, 가구, 설비 등등을 구매한다. 총 재량 소득의 변화는 이를 제품, 특히 자동차, 가구, 대형 기구, 그리고 다른 고비용 내구재의 판매에 영향을 미친다.

신용은 현재 또는 가까운 장래에 미래 소득을 지출할 수 있기 때문에 또한 중요하다. 그러나 신용은 미래 구매력을 희생해서 현재의 구매력을 증가시킨다. 여러 요인이 사람들이 신용을 사용할지 또는 신용 없이 지낼지를 결정한다. 이자율은 특히, 집, 기구, 그리고 자동차에 대하여 신용을 이용할 의사결정에 영향을 미친다. 이자율이 낮을 때는, 자동차 및 집의 총 비용은 더 감당할 수 있다. 대조적으로, 이자율이 높을 때는, 소비자들은 그러한 비싼 품목의 구매를 보다 늦추려고 할 것 같다. 신용의 사용은 계약금의 규모 및 월별 상환금의 규모 및 횟수와 같은 신용조건에 의하여 또한 영향을 받는다.

재산은 지난 소득, 자연자원, 그리고 재무적 자원의 축적이다. 재산은 현금, 증권, 저축예금, 보석, 그리고 유가증권을 포함하여 여러 가지 형태로 존재한다. 마케터에게 재산의 중요성은 사람들이 더 부유해짐에 따라 세 가지 방식으로 구매력을 얻는다는 것이다. 사람들은 재산을 사용해서 현재의 구매를 하고, 소득을 창출하고, 많은 신용대부를 얻는다.

사람들의 **지출의향**(**willingness to spend**)—제품으로부터 기대되는 만족 때문에 구매할 성향—은 어느 정도 그들의 구매능력과 관련된다. 즉 사람들은 구매력이 있다면 때때로 구매를 할 의도가 더 있다. 그러나 다른 여러 요소들 또한 지출의향에 영향을 미친다. 어떤 요소는 특정 제품에 영향을 미친다. 어떤 요소들은 지출에 일반적으로 영향을 미친다. 한 제품의 가격 및 가치는 거의 우리 모두에게 영향을 미친다. 예를 들면, Rolex 시계는 저가의 시계가 손쉽게 구입할 수 있을 때라도 멋진 시계에 더 지출할 의향이 있는 고객에게 소구한다. 가장 최근의 불경기에서, 중간 계층의 소비자들은 경제적 불확실성 때문에 사치품에 그렇게 많이 지출할 의향이 없었다. 신용은 이용가능하지 않았다. 예를 들면, American Express는 신용대부한계를 대폭 인하하였고, 문제가 되는 계좌를 종결하기 위하여 선정된 고객에게 300달러를 제공하였다.[8] 기존에 소유한 제품으로부터 얻게 되는 만족의 정도는 또한 다른 제품을 구매할 고객의 욕구에 영향을 미칠 수 있다. 만족은 현재 소유한 제품뿐 아니라 다수의 심리적 그리고 사회적 요인에 의존한다. Michigan 대학교의 National Quality Research Center에 의해 계산되는(<그림 3.1> 참조) 미국 고객만족 지수는 광범위한 사업체들에 대한 고객만족 지표를 제공한다. 여러 가지 중에서, 그 지표는 고객이 더 불만족해진다면 전반적 지출을 줄이게 될 것이고 이는 경제적 성장을 억누를 수 있다는 것을 시사한다.[9] 고객의 전반적 지출의도에 영향을 미치는 요인들은 미래 고용에 대한 기대, 소득수준, 가격, 가족크기, 그리고 일반적 경제적 상황이다.

(2) 경제적 상황

경제의 전반적 상태는 모든 나라에서 변동한다. 일반적 경제적 상황의 변화는 공급과 수요, 구매력, 지출의도, 고객지출수준, 그리고 경쟁적 행동의 강도에 영향을 미친다(그리고 영향을 받는다). 그러므로 현재의 경제적 상황 및 경제의 변화는 조직의 마케팅전략에 광범위한 영향을 미친다.

경제의 변동은 종종 **경기순환(business cycle)**이라고 불리는 일반적 형태를 따른다. 전통적 견해로는 경기변동은 네 단계로 이루어진다: 호황(prosperity), 후퇴(recession), 불황(depression), 회복(recovery). *호황기*에서는, 실입률은 낮고, 총소득은 상대적으로 높다. 낮은 인플레이션을 가정하면, 이러한 결합은 높은 구매력을 보장한다. 그러나, *후퇴기*에서는 총 구매력은 감소하고, 실업률은 상승한다. 후퇴기와 함께하는 비관론이 종종 소비자와 기업의 지출을 억누른다. 장기화된 후퇴기는 실업률이 매우 높고, 임금은 매우 낮고 총소득은 최저점이 되고, 소비자는 경제에 대한 신뢰를 잃어버린 *불황기*가 될 수 있다. *회복기*에서 경제는 불황기 또는 후퇴기로부터 호황기로 이동한다. 후퇴기가 본격적인 불황이 없이도 일어나는 것이 가능하다. 이 회복기 동안에 고실업률은 감소하기 시작하고, 총 가처분 소득은 증가하고, 소비자 구매의도를 감소시켰던 경제적 암울함도 가라앉는다. 구매능력 및 구매의도는 증가한다.

경기순환은 마케팅전략의 성공을 높일 수 있다. 예를 들면, 호경기에 마케터는 증가된 구매력을 활용하기 위하여 제품 제공을 확대할 수 있다. 유통 및 촉진 노력을 강화함으로써 보다 큰 시장점유율을 획득할 수 있을 것이다. 구매력이 감소하는 후퇴기 또는 불황기에는, 많은 고객들은 보다 가격의식적이 되고, 보다 기본적이고 기능적 제품을 찾을 수 있다. 경제적 하락기에 기업은 구매자가 원하는 기능을 정확히 파악하고 이들 기능은 제공되고 있는 자신의 제품으로 충족된다는 점을 믿게 하는 데 노력을 집중해야 한다. 촉진 노력은 가치 및 효용을 강조해야 한다. 어떤 기업들은 불경기에 마케팅노력을 급격히 줄여서 경쟁 능력에 해를 끼치는 실수를 범한다. 미국과 대부분의 세계는 2004년부터 2007년까지 호황기를 경험하였다. 이 기간 동안 가구의 순 가치는 급격한 주택 가치의 상승, 낮은 실업률, 낮은 이자율, 그리고 확대된 신용이용 가능성으로 매년 거의 6% 증가하였다. 정부 및 금융기관의 서브프라임 대출(낮은 신용등급을 가진 사람들에게 고이자의 대출)의 결정은 이들 대출의 채

IMAGE COURTESY OF THE ADVERTISING ARCHIVES

IMAGE COURTESY OF THE ADVERTISING ARCHIVES

경제적 요인들

Tag Heuer와 Omega는 이런 시계를 구입할 수 있을 정도의 상당한 가처분 소득이 있는 소비자에게 의존한다.

무불이행 및 1930년대의 대공황 이래 가장 심각한 후퇴기를 촉발하였다. 2008년에 투자자들은 주식 가치로 10.2조 달러를 잃었고 순 가구 가치는 13% 감소하였다.[10] 9명의 가구주 중 한 명은 그들 집에 대한 대출에 대하여 담보물을 찾을 권리의 상실을 회피하려고 노력하고 있으며, 440만의 일자리가 사라졌다. Gallup 조사에 의하면 2,100만 이상의 미국인이 2008~2009년에 번영(thriving)에서 분투(struggling) 상태로 전환되었다.[11] 후퇴기에 은행 및 대부기관들이 기록적인 수의 신용카드 계좌를 폐쇄하고, 소비자신용점수를 낮추고, 신용라인을 축소함으로써 미국의 재무적 건전성은 악화되었다.[12] 정부는 일자리를 확대하기 위한 경기부양지출로서뿐 아니라 금융기관을 구제하기 위한 재무적 지원으로 수조의 달러를 제공하였다. 그 결과로 사치품 소매상 및 중간가격의 백화점조차 쇼핑객들을 끌어들이기 위해서 노력하였다. 한편, WalMart, BJ's Wholesale Club, Costco Wholesale Corporation과 같은 할인점 및 McDonald와 같은 간이음식점들은 매출 증가를 보였다.[13] 일자리 상실에 대한 두려움 때문에 저축이 증가하였으며, 소비자들은 기대를 낮추었고 상황이 나아질 것이라고 믿었다. 대부분의 전문가는 회복은 느릴 것이고 마케터는 회복이 전개됨에 따라 소비자에게 소구하기 위하여 그들의 전략을 계속적으로 조정해야 한다고 믿는다. 가장 최근의 후퇴기는 경기순환 동안에 마케팅전략을 변경할 필요성을 잘 보여주고 있다. 마케터는 경기순환의 여러 단계가 변화함에 따라 유연하게 필요한 조정을 할 필요가 있다.

4 정치적 요인들

마케팅환경의 정치적, 법률적, 그리고 규제적 요인은 서로 밀접하게 연관되어 있다. 법제화가 시행되고, 법적 결정이 법원에서 이루어지고, 규제기관이 창설되며, 대부분의 경우 선출된 또는 지명된 공무원에 의하여 운영된다. 입법 및 규제(또는 이의 완화)는 현재의 정치적 전망을 반영한다. 결과적으로, 마케팅환경의 정치적 요인은 마케팅 의사결정 및 전략에 영향을 미칠 잠재력을 갖는다.

수동적 마케터는 정치적 요인을 통제 불가능한 것으로 간주하며 이러한 요인으로부터 발생하는 조건에 단순히 적응한다. 그러나 어떤 기업들은 보다 전향적이며 정치적 과정에 영향을 미치는 것을 추구한다. 어떤 경우에는 조직은 입법 기구의 행동에 공개적으로 이의를 제기한다. 흔히 조직들은 행정관청에 자신들을 긍정적으로 여기는 사람이 선출되는 것을 돕는다. 이런 도움은 많은 경우는 선거기부금의 형태로, 종종 돈의 사용처를 지정하지 않고 정당에 기부하는 소프트 머니(soft money)로 이루어진다. 예를 들면, Citigroup은 지난 20년간 수천만 달러에 해당되는 기부를 하여 왔다.[14] 마케터는 또한 개인들에게 기부를 요청하고 그리고 공직에 출마하는 후보에게 기부하는 정치적 행동 위원회(political action committee: PCAs)를 통해서 정치적 과정에 영향을 미칠 수 있다.

기업들은 의사결정에서 특정 입장을 지지하도록 대중/정부관료들을 설득하는 로비활동을 통해서 정치적 과정에 참여할 수 있다. 자신들의 활동에 부정적인 영향을 미칠 수 있는 입법 또는 규제의 위협을 우려하는 많은 기업들은 자신들의 우려를 선출된 관료들에게 전달하기 위해서 로비스트들을 고용한다. 예를 들어서, 담배회사들의 마케터들은 주 및 지방정부가 실질적으로 소비자가격을 인상시키게 되는 담배세금을 증액시켜서는 안 된다는 점을 주 및 지방관료들에게 설득하기 위해서 로비스트들에게 수백만 달러를 지출하였다.[15]

법원의 결정조차도 마케팅믹스 변수와 관련된 의사결정을 변화시킬 수 있다. 예를 들면, 2008년 대법원은 제조업자에게 최소가격을 설정하여 소매상의 가격할인을 제한할[소매가격유지(price fixing)에 해당되는, 이전에 불법이었던] 수 있는 광범위한 권한을 부여하였다. 로비스트 및 기업의 정치적 활동은 이러한 결정들에 영향을 미칠 수 있다.[16]

5 법률적 및 규제적 요인들

많은 연방법들이 마케팅 의사결정 및 전략에 영향을 미친다. <표 3.2>는 가장 중요한 법제화된 항목들의 목록을 보여준다. 규제기관들과 자율규제요인들도 마케팅노력에 영향을 미친다.

(1) 규제기관들

연방 규제기관들이 제품개발, 가격, 포장, 광고, 인적 판매, 그리고 유통을 포함한 많은 마케팅활동에 영향을 미친다. 보통 이들 기관들은 특정유형의 업계관행에 지침을 제공하기 위해서 운영규칙들과 규정들을 제정할 수 있는 약간의 재량뿐만 아니라 구체적인 법률을 제정할 수 있는 권한을 갖고 있다.

모든 연방 규제기구들 중에서 **연방거래위원회(Federal Trade Commission: FTC)**는 마케팅활동에 가장 큰 영향을 미친다. FTC는 다양한 비즈니스관행을 규제하지만, 허위광고, 현혹시키는 가격책정, 기만적인 포장과 라벨링을 억제하는 데 상당한 자원을 할당한다. 불평을 접수하거나 또는 기업이 법률을 위반하고 있다고 믿을 만한 이유가 있을 때, 이 위원회는 그 기업이 법을 어기고 있다는 소장을 발행한다. 예를 들어서, American Telecom Services는 한때 Office Depot 및 Stapels를 포함한 소매점들을 통해서 전국적으로 전화와 전화서비스를 판매하였는데, 수만의 고객들에게 약속한 리베이트를 제공하지 않아서 FTC의 제재를 받았다. FTC는 적절한 서류를 제출한 고객들에게 2개월 이내

표 3.2 마케팅 의사결정에 영향을 미치는 주요 연방 법률

법(시행시기)	목적
경쟁 장려법	
Sherman Antitrust Act (1890)	거래를 제한하는 계약, 제휴, 또는 공동모의를 금지; 독점화 또는 독점화 시도를 경범죄로 판정
Clayton Act (1914)	그 효과가 현저하게 경쟁을 약화시키거나 독점을 창출하는 경향이 있는 가격차별화, 독점적 대리점 계약, 주식획득을 금지
Federal Trade Commission Act (1914)	Federal Trade Commission를 창설, 또한 FTC에게 불공정 경쟁을 방지하는 데 사용되는 조사권한 부여
Robinson-Patman Act (1936)	도매상 간 또는 소매상 간에 경쟁을 약화시키는 가격차별화를 금지; 제조업자가 대규모 구매자에게 불균형적으로 설비 서비스를 제공하는 것을 금지
Wheeler-Lea Act (1938)	경쟁이 저해되는 것과 관계없이 불공정하고 기만적 행위 및 관습을 금지; 식품 및 약품에 대한 광고는 FTC의 관할에 둠
Cellar-Kefauver Act (1950)	그 효과가 실질적으로 경쟁을 약화시키거나 독점을 창출하는 경향이 있을 때 상업과 관련된 어떤 조직도 다른 조직의 주식의 전부 또는 일부나 자본자산의 일부 지분을 획득하는 것을 금지
Consumer Goods Pricing Act (1975)	주들(states) 사이의 거래에서 제조업자와 재판매자 간에 재판매가격유지 계약의 사용 금지
Antitrust Improvements Act (1976)	대기업이 장래의 합병 또는 인수를 연방 규제자에게 통지하도록 요구하여 법률의 위반 여부에 대한 조사를 할 수 있게 함
소비자 보호법	
Pure Food and Drug Act (1906)	식품 및 약품의 위조 및 오해의 여지가 있는 라벨링의 금지; Food and Drug Administration 설치
Fair Packaging and Labeling Act (1966)	소비재의 불공정하거나 기만적인 패키지 또는 라벨의 불법화
Consumer Product Safety Act (1972)	Consumer Product Safety Commission를 설치; 제품과 관련하여 공중을 상해 및 사망의 부당한 위험으로부터 보호

표 3.2 마케팅 의사결정에 영향을 미치는 주요 연방 법률 (계속)

법(시행시기)	목적
Magnuson-Moss Warranty (FTC) Act (1975)	서면상의 소비자 제품 보증에 대한 최소한의 공시기준의 제공; 서면상의 보증에 대한 최소한의 동의 기준의 정의; FTC가 불공정 또는 기만적 관습에 관하여 정책기술서에 해석적 규칙을 규정할 수 있도록 함
Nutrition Labeling and Education Act (1999)	과장된 건강 주장을 금지하고 모든 가공식품에 영양정보를 보여주는 라벨의 요구
Telephone Consumer Protection Act (1991)	원하지 않는 전화 권유를 회피하는 절차의 제정; 마케터가 자동화된 전화다이얼링 시스템 또는 특정 전화선에 인위적 또는 미리 녹음된 소리를 사용하는 것을 금지
Children's Online Privacy Protection Act (2000)	13세 미만의 어린아이에 대하여 개인확인정보(이름, 우편주소, 이메일 주소, 취미, 관심, 또는 쿠키를 통한 정보)의 온라인상에서의 수집을 금지
Do Not Call Implementation Act (2003)	Federal Communications Commission(FCC) 및 FTC가 협력하여 그들의 규칙이 통화개시전 끊는 전화뿐 아니라 전화사절등록 및 다른 목록을 포함하여, 텔레마케팅 전화 관행에 관하여 일관성이 있도록 지시
등록상표 및 저작권 보호법	
Lanham Act (1946)	브랜드명, 브랜드마크, 등록상호, 그리고 트레이드마크의 보호 및 규제를 제공
Trademark Law Revision Act (1988)	Patent and Trademark Office에 등록을 통해서 아직 출시되지 않은 브랜드가 보호받도록 Lanham Act의 수정
Federal Trademark Dilution Act (1995)	등록브랜드 소유자가 등록브랜드를 보호하고 기존 등록브랜드와 일치하거나 유사한 이름의 포기를 요구할 권한의 제공
Digital Millennium Copyright Act (1998)	음악 및 영화를 포함하여 디지털 자료의 저작권을 보호하기 위하여 저작권법률의 개정

에 리베이트를 제공하겠다고 약속한 것에 대해서 기만적인 마케팅을 한 것으로 이 기업을 고발하였다. 만일 어떤 기업이 미심쩍은 관행을 지속한다면, FTC는 기업이 그 고소를 야기시킨 모든 행동을

중지하도록 요구하는 중단명령(cease-and-desist)을 내릴 수 있다. 기업은 이러한 명령을 철회시키기 위해서 연방법원에 상소할 수 있다. 그러나 만일 중단명령을 따르지 않는다면, FTC는 법원에 각 위반에 대해서 하루에 최대 1만 달러까지의 민사벌금을 요구할 수 있다. 이 위원회는 오해를 불러일으킨 것으로 여겨지는 이전의 광고에 대한 대응으로 그 기업에 교정광고를 하도록 요구할 수 있다. FTC는 기업들이 법률을 준수하도록 도움을 주기도 하며 매년 새로운 마케팅방법을 평가한다.

FTC는 Olive Garden 및 Red Lobster 레스토랑 체인을 소유하고 있는 Darden Restaurants Inc.에게 기프트카드의 마케팅에 관련된 기만적 행위에 부과된 법칙금을 납부한 이후에, 소비자 기프트카드에서 공제한 수수료를 반환하고 장래 기프트카드 제공에 대한 모든 광고에서 수수료 및 유효기한을 명확히 공지하도록 요구하였다. FTC는 소비자가 무엇을 사든지 현명한 결정을 하는 데 필요한 사실을 확실히 얻도록 노력한다.[18]

SNAPSHOT

자료원: *USA TODAY*, Snapshots®, March 2, 2009.

FTC와 달리, 다른 규제기구들은 특정 제품, 서비스, 또는 사업활동을 다루는 것에 한정된다. 예를 들면, Food and Drug Administration (FDA)는 위조된, 가짜 브랜드가 부착된, 또는 위험한 식품 및 의약품의 판매 및 유통을 금지하는 규제를 집행한다. Consumer Product Safety Commission (CPSC)은 Consumer Product Safety Act의 준수를 확실하게 하고 다른 규제기관들에 의하여 다뤄지지 않는 모든 소비자 제품으로부터 입을 수 있는 위해의 부당한 위험에서 대중을 보호한다.

또한, 많은 도시들과 타운들뿐만 아니라 모든 주들은 자기 주 또는 자치구역들내에서 마케팅관행에 대한 법률 및 규제를 집행하는 규제기관을 가지고 있다. 주 및 지방정부의 규제기관들은 연방 규제기관과 상충되는 규제를 제정하지 않으려고 한다. 그들은 일반적으로 특정 제품 및 서비스의 생산 및 판매를 다루는 법률을 집행한다. 공익사업, 보험, 금융, 그리고 주류 산업은 일반적으로 주 기관에 의해서 규제를 받는다. 이 기관들의 주요 표적은 현혹시키는 광고 및 가격이다.

(2) 자율규제

훌륭한 기업시민이 되고 정부의 개입을 예방하려는 시도로, 일부 기업들은 스스로 규제를 하고자 시도한다. 예를 들면, Kraft Foods는 어린이 비만과 어린이들의 장기적인 건강에 대한 비만의 영향에 대한 점증하는 우려에 대한 대응으로 12세 미만의 아이들에게 설탕을 함유한 스낵과 시리얼의 광고를 중단하였다. 일부 경쟁자들은 그러한 결정에 놀랐지만, Kraft의 중역은 식품 마케터들이 자율적으로 규제하지 않는다면, 정부가 어린이에 대한 광고를 제재하게 되고 산업계는 법적 소송에 직면하게 될 수도 있다는 것을 인식하였다.[19] 여러 업계협회들이 자율규제 프로그램을 개발하였다. 이들 프로그램들은 법률들의 직접적인 산물은 아니지만, 많은 경우 업계의 마케팅관행을 규제하게 될 법률들과 정부의 규제 그룹들이 생겨나는 것을 막거나 저지하기 위하여 제정되었다.

아마도 가장 유명한 민간 규제 그룹은 **Better Business Bureau**로, 이 기구는 지역 업체들에 의하여 지원받는 규제기관이다. 140개 이상의 사무소가 소비자와 특정 업체와의 문제해결을 돕는다. 각 사무소는 비록 의심스러운 행위를 하는 업체를 단속할 수 있는 강력한 집행도구는 없지만 지역에서 좋은 비즈니스 관행을 보존하는 역할도 한다. 기업이 계속적으로 BBB가 좋은 비즈니스관행이라고 생각하는 것을 위반한다면, 사무소는 지역 신문 또는 방송 매체를 통하여 소비자들에게 경고한다. 위반 조직이 BBB 회원이라면 지역 사무소에서 축출될 수 있다. 예를 들면, Cingular Wireless는 너무나 많은 불평들이 해결되지 않은 채로 있어서 Upsate New York의 BBB로부터 회원자격이 박탈되었다.[20]

BBB Council의 National Advertising Division (NAD)은 기만적이라고 추정되는 광고에 관한 주장을 조사하는 자율규제 프로그램을 운영한다. 예를 들면, NAD가 Procter & Gamble이 제기한 불평사항을 조사한 후에, NAD는 Procter & Gamble과 McNail-PPC 양사는 각자 자사 제품의 성분을 조정한 이후에 McNail-PPC는 Procter & Gamble의 Nyquil Multi-Symptom Cold/Flu Relief 약과 대비되는 자사의 Tylenol Cold Multi-Symptom Nighttime 약의 효과에 대해서 소비자들을 오도하지 않도록 그 제품에 대한 광고를 수정하라고 지시하였다.[21]

또 다른 자율규제단체인 **National Advertising Review Board (NARB)**는 어떤 광고물에 대해서 National Advertising Division가 제기한 이슈에 광고주가 이의를 제기하는 사례들을 다룬다. 그 사안은 광고주, 광고회사, 그리고 공중을 대표하는 NARB 회원들로부터 선정된 패널에 의하여 검토된다. 예를 들면, General Mills는 자사의 Malt-O-Meal 시리얼과 다른 제조업자의 제품 간에 "Betcha Can't Taste the Difference"의 주장이 입증될 수 없기 때문에 이 문구를 중단하라는 NAD 명령에 대해서 NARB에 제소하였다. NARB는 그 이슈에 대하여 NAD와 의견이 일치하였다.[22] Council of BBB 및 3개 광고협회의 후원을 받는 NARB는 공적인 집행력을 가지고 있지는 않다. 그러나 기업이 NARB의 결정에 따르기를 거부하면, NARB는 미심쩍은 관행을 공표하고 FTC에 고발할 수 있다.

자율규제 프로그램들은 정부의 법률들과 규제기관들에 비해서 여러 가지 이점을 갖고 있다. 제정과 실행에 일반적으로 비용이 적게 들며, 지침들은 일반적으로 더 현실적이고 실행가능하다. 그러나 이들 프로그램들은 여러 가지 한계점도 갖고 있다. 업계협회가 회원들을 위해서 업계지침을 만들었을 때 비회원사들은 그 지침을 반드시 따라야 하는 것은 아니다. 또한, 많은 자율규제 프로그램들은 지침을 집행할 도구 또는 권한이 부족하다. 마지막으로 자율규제프로그램들의 지침들을 종종 정부기관의 지침보다 다소 덜 엄격하다.

6 기술적 요인들

기술(technology)이란 단어는 컴퓨터, 우주선, DVD, 휴대폰, 클로닝, 라이프스타일 약품(역주: 삶의 질을 높이는 약들, 예: 발모제), 인터넷, RFID(radio frequency identification) 태그 등등과 같은 과학적 발전을 떠올리게 한다. 그러한 발전으로 마케터들은 보다 효율적으로 활동하고 소비자들에게 흥미로운 제품들을 제공할 수 있게 되었다. 그러나 이러한 혁신들이 기술의 산물일지라도, 그 어느 것도 기술 그 자체는 아니다. **기술**(technology)이란 문제를 해결하고 과업을 보다 효율적으로 수행하기 위해서 지식과 도구를 활용하는 것이다.

기술은 사회의 구성원인 우리가 어떻게 우리의 생리적 필요를 충족시키는지를 결정한다. 여러 방식으로 또한 다양한 정도로, 먹고 마시는 습관, 잠자는 형태, 성적 활동, 건강관리, 그리고 업무성과는 모두 현재의 기술 및 기술의 발전에 의하여 영향을 받는다. 예를 들면, 통신에서 기술적 혁신 때문에, 마케터들은 엄청나게 많은 사람들에게 다양한 매체를 통해서 효율적으로 접근할 수 있다. 전자메일, 음성메일, 휴대폰, PDAs(personal digital assistants), 그리고 컴퓨터는 마케터들이 고객과 상호작용하고 약속을 하고, 그리고 마지막 순간의 주문 또는 취소를 처리하는 것을 돕는다. 지상통신선을 포기하고 휴대폰을 주요 전화로 사용하는 미국 가구의 수가 늘어나고 있고, 무선전화 가입수가 2010년까지 연 2.9%로 계속적으로 증가하리라 예상된다는 것을 생각하라.[23] 대부분 문자메시지 기능을 가진 휴대폰의 확산으로, 전문가들은 브랜드들 중에서 89%는 표적시장에 도달하기 위해서 휴대폰에서 문자 및 다매체 메시지를 사용할 것이라고 예측하고 있다. 예를 들면, 레스토랑은 가입자들의 휴대폰에 점심 스페셜정보를 전송할 수 있다.

PC는 현재 미국 소비자 가정의 3/4이 가지고 있고, 대부분은 인터넷에 접속하기 위한 광대역회선 또는 모뎀이 연결되어 있다. 인터넷은 대부분의 가정에서 커뮤니케이션하고, 조사하고, 쇼핑하고, 즐기기 위한 주요도구이다. 온라인동영상의 이용은, 특히 YouTube와 같은 웹사이트를 통해서, 모든 인터넷 트래픽에서 차지하는 비율이 미국에서만 2005년 7%에서, 2009년 100만 사용자로 17% 증가하였다.[25] 인터넷을 통한 커뮤니케이션의 이점을 우리가 누리고 있지만, 사생활 및 지적재산의 보호에 대한 우려가 점점 커지고 있다. 마찬가지로, 건강 및 의학 연구는 생명을 구하는 신약들을 만들어 내고 있지만, 복제 및 유전자조작 식품은 사회의 많은 부분에서 논란이 되고 있다. 가정환경, 건강관리, 레저, 업무성과는 현재의 기술 및 기술의 진보에 의하여 크게 영향을 받는다.[26]

COURTESY OF BASF CORPORATION AND ED JAMES

기술의 영향
옥수수 에탄올의 사용은 많은 산업들과 BASF와 같은 기업들에 영향을 준다.

기술의 효과는 기술진보의 역동성, 범위, 자율지속적 성격과 같은 특징들과 관련된다. 기술의 역동성은 사회적 관계, 법률체계, 종교, 교육, 사업, 그리고 레저를 포함하여 사회기관의 구조에 도전하는 지속적인 변화를 포함한다. 범위는 기술이 사회에 퍼져나가면서 갖게 되는 기술의 광범위한 성격을 말한다. 휴대폰 및 무선전화의 영향을 고려해 보라. 거의 모든 곳에서 전화를

전환 중인 마케팅

새로운 기술이 소셜네트워크 마케팅의 기회를 제공한다

오늘날의 디지털시대에, 마케터들은 전통적 마케팅 캠페인이 유효성을 잃고 있다는 것을 알아가고 있다. 많은 사람들이 온라인에서 시간을 보내고 있으며, 그곳에서 그들은 항상 광고에 파묻히고 있다. 행동에서 이러한 변화는 인터넷 및 신기술의 진보에 의해 주도되었다. 결과적으로, 마케터들은 제품을 광고하는 수단으로 Facebook 및 Myspace와 같은 사회적 네트워크를 사용하기 시작하였다. 또한, 새로운 포럼들이 진화하고 있어서 소비자들은 개인의 일일 칼로리섭취에서 유아에게 분유를 먹일 시간에 이르기까지 자신들의 삶의 일상적인 부분을 추적하고, 이러한 것들을 온라인 커뮤니티들에서 공유할 수 있게 되었다. 그들은 자신들의 삶을 개선시키기 위해서 이러한 인터넷자료수집을 활용할 수 있기를 희망하고 있지만, 일부 기업들은 매출을 늘리기 위해서 이러한 정보를 이용하고 있다. 예를 들어서, Netflix와 Amazon은 고객들의 프로필을 작성하고 그들에게 신제품을 추천하기 위해서 개인정보를 이용하고 있다.

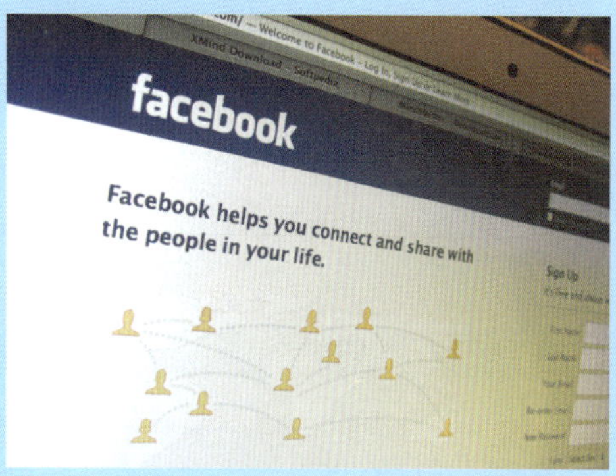

유감스럽게도, 웹에는 주의를 산만하게 하고 서로 경쟁하는 매우 많은 광고물이 있어서, 마케터들은 소비자들을 끌어들이기 위해서 자신들의 전통적인 마케팅 방법을 개조해야 한다. 온라인 커뮤니티들은 제품을 촉진하고 정보를 수집하기 위한 강력한 도구가 되고 있다. Johnson & Johnson과 같은 일부 기업들은 고객들을 위한 자신의 사회적 네트워크를 만들기조차 하고 있다. 마케터들이 사용하고 있는 한 가지 새로운 도구는 온라인커뮤니티들에서 기업의 광고메세지를 다른 소비자에게 전달하는 소비자들에게 보상하는 것이다.

물론 소비자가 온라인에서 제공하는 개인적 정보의 양은 의도하지 않았던 부정적 결과를 가져올 수 있다. 예를 들면, 당신이 온라인에서 하는 모든 것은 추적될 수 있는 디지털 흔적을 남겨서, 어떤 두려움이 일어나 사람들을 괴롭힐 수 있다. 그러나 마케터들에게 그러한 것은 고객들을 표적화하고 제품을 파는 새로운 기회를 창출할 수 있다.[a]

할 수 있음은 많은 이점뿐 아니라 교통사고의 증가, 소음공해의 증가 및 잠재적 건강위험에 대한 두려움을 포함한 부정적인 부작용도 있다.[27] 기술의 자율지속적 성격은 기술이 보다 더 빠른 발전을 가속화시킬 수 있는 촉매로 작용한다는 사실을 말한다. 새로운 혁신들이 도입되면서, 더 앞선 발전이 이루어지도록 하기 위한 보다 많은 진전의 필요성을 자극한다. 예를 들면, 인터넷은 고속휴대전화(DSL: digital subscriber line), 위성, 그리고 케이블과 같은 광대역 연결을 통한 보다 빠른 신호 전달의 필요성을 일으켰다. 기술은 모든 산업 분야 또는 기술과 접촉되는 개인의 생활경험에서 신기술에 대한 새로운 기회를 창출하는 변화과정의 출발점이 된다. 어떤 시점에서는 성능을 향상시키는 보다 많은 변화에 대한 더 큰 요구를 일으키는 상승효과도 있다.[28]

기업들이 언제 기술이 산업을 변화시키고 있는지를 파악하는 것과 신기술의 전략적 영향을 정의하는 것은 중요하다. 예를 들면, 오늘날 사용되고 있는 무선기기에는 라디오, 휴대폰, 랩탑컴퓨터, TV, 휴대용무선호출기, 그리고 자동차 열쇠가 있다. 경쟁력을 유지하기 위해서, 기업들은 이러한 기술의 발전에 뒤쳐지지 않게 따라가고 적응해야 한다. 기술평가(technology assessment)라는 절차를 통해서, 관리자들은 자기기업의 운영, 다른 비즈니스 조직들 및 사회 일반에 대한 신제품과 프로세스의 영향을 예측하려고 한다. 기술평가를 통해서 얻은 정보로, 관리자는 특정 기술을 채택할 때의 편익이 기업과 사회에서 발생하는 비용을 크게 초월하는지를 평가하고자 한다. 비즈니스가 기술에 기반을 둔 정도는 기술에 대한 관리자들의 반응에 영향을 미치기도 한다.

7 사회문화적 요인들

사회문화적 요인(sociocultural forces)들은 태도, 신념, 규범, 관습, 그리고 라이프스타일의 변화를 가져오는 사회와 문화의 영향요인들이다. 사람들이 살아가는 방식에 크게 영향을 미치는 이러한 요인들은 사람들이 어떤 제품을, 어디서, 어떻게, 그리고 언제 구매하는지를 파악하는데 도움을 준다. 다른 환경적 요인들과 같이, 사회문화적 요인은 마케터들에게 도전과 기회 모두를 제공한다.

인구통계적 특징—나이, 성별, 인종, 결혼 및 부모의 신분, 소득, 그리고 교육—의 변화는 관계 및 개인의 행동에 중요한 관련성을 갖는다. 이러한 변화는 사람들이 살아가는 방식의 변화 그리고 궁극적으로 의식주, 수송, 커뮤니케이션, 여가, 교육, 그리고 의료 서비스와 같은 소비의 변화로 이어진다. 우리는 마케팅 활동에 영향을 미치는 인구통계 및 다양성에서의 몇몇 변화를 살펴볼 것이다.

시장에 영향을 미치는 한 가지 인구통계적 변화는 고령층 비율의 증가이다. 미국 통계청에 의하면, 65세 이상의 인구의 수는 2050년에 두 배 이상으로 증가하여, 8,700만에 이를 것이라고 한다.[29] 이에 따라, 마케터들은 건강관리 서비스, 여가, 여행, 은퇴주택, 그리고 일부 피부관리 제품에 대한 수요의 큰 증가를 예상할 수 있다.

독신자들의 수도 또한 증가하고 있다. 미국 성인의 거의 41%가 결혼을 하지 않은 상태이며, 많은 사람들이 독신으로 계속 지낼 계획을 가지고 있다. 또한 혼자 사는 독신남자는 모든 가구의 11%를 차지하며(1970년 3.5%에서 증가하여), 혼자 사는 독신여성은 거의 15%를 차지하고 있다(1970년 7.3%에서 증가하여).[30] 독신자들은 부부 및 자녀가 있는 가정과 매우 다른 소비 패턴을 가지고 있다. 그들은 집을 소유하지 않을 가능성이 더 크며, 따라서 가구 및 기기를 덜 산다. 그들은 편의식품, 레스토랑, 여행, 오락, 그리고 여가에 돈을 더 쓴다. 또한 그들은 소형포장을 선호하는 반면에, 가족은 종종 대량으로 판매되는 제품 및 사용할 수 있게 포장된 제품을 구매한다.

미국은 또 다른 베이비붐으로 들어가고 있는데, 19세 이하의 인구가 8,100만 이상이다. 새로운 베이비붐세대는 전체 인구의 27.6%를 차지하고 있으며, 애초의 베이비부머(baby boomer)는 1946년에서 1964년에 태어난 사람으로 거의 28%를 차지한다.[31] 애초의 베이비부머에서 태어난 자녀들은 인종, 생활여건, 그리고 사회경제적 계층에서 서로 크게 다르다. 이와 같이 새 베이비붐은 이전 세대보다 더 다양하다.

또 다른 주목할 만한 인구 추세는 미국사회의 다문화 특성이다. 미국으로의 이민자 수는 지난 40년간 꾸준히 증가하였다. 20세기로 들어서면서, 미국인구는 백인 지배에서 크게 세 부류—백인, 흑인, 히스패닉—의 인종으로 구성된 사회로 전환하였다. 미국정부는 2050년에는 1억 200만명의 히스패닉, 6,100만의 흑인, 3,300만의 아시아인들이 미국을 고국이라고 부를 것으로 예측한다.[32] <그림 3.2>는 전문가들이 미국인구가 향후 50년간 어떻게 변할 것인지를 보여준다.

마케터는 미국인구에서 이러한 커다란 변화는 독특한 문제와 기회를 가져다 줄 것으로 인식한다. 예를

COURTESY OF ROCKY MOUNTAIN HEALTH PLANS

사회문화적 요인들
우리 문화에서, 건강관리의 준비에 대한 가치가 변하고 있다.

그림 3.2 미국의 인종별 인구 예측

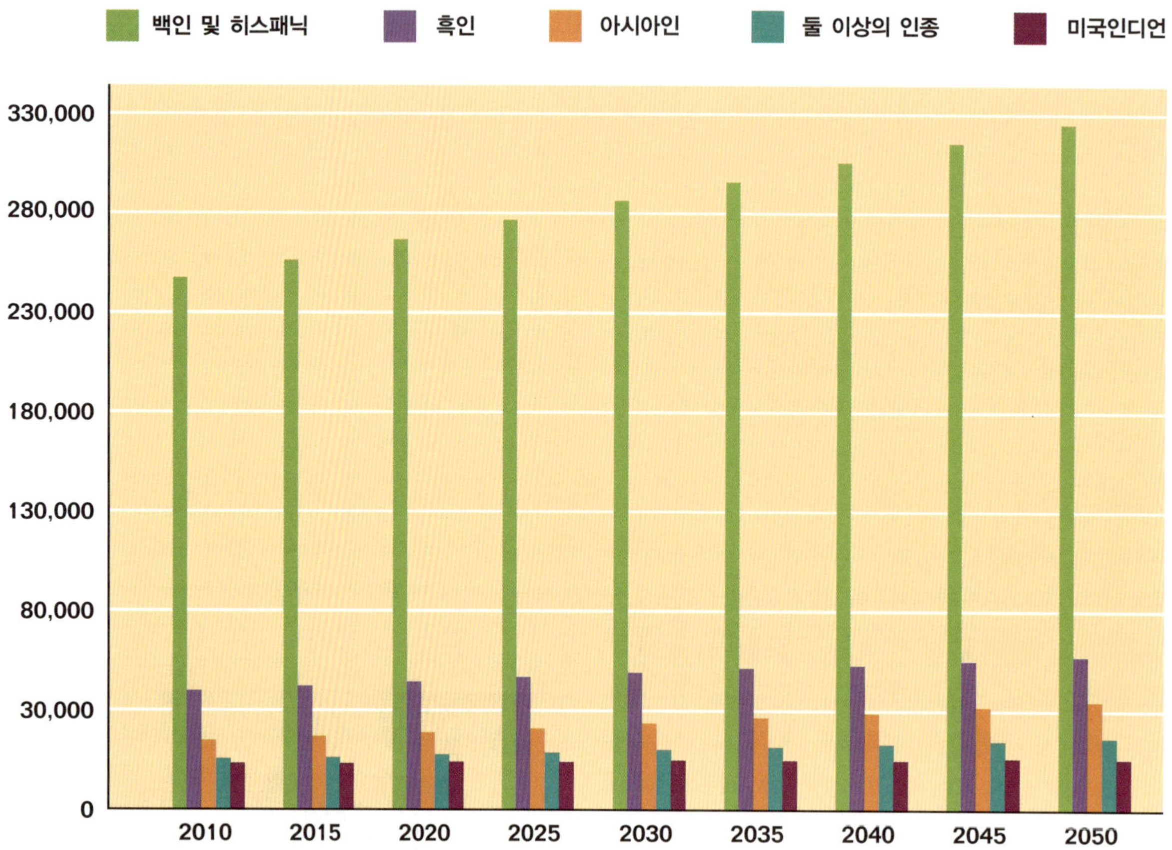

자료원: U.S. Census Bureau, "National Population Projections," http://www.census.gov/population/www/projections/downloadablefiles.html (accessed April 23, 2009).

들면, 히스패닉은 8,620억 달러의 연간 구매력을 행사하며, 전문가들은 이 수치가 2012년에는 1조2천억 달러로 증가할 것으로 예측하고 있다.[33] 그러나 다양한 인구는 다양한 고객기반을 의미하며, 마케팅실행은 변화하는 욕구를 충족시키기 위하여 수정되고 다양화되어야 한다. 예를 들면, California Milk Processor Board는 멕시코인, 쿠바인, 프에토리코인, 도미니카인, 살바도로인, 그 밖에 히스패닉 하위문화를 포함하는 다양한 히스패닉 시장에 반향을 불러일으키기 위하여 스페인어로 된 광고캠페인으로 라틴 아메리카 사람을 겨냥해 오고 있다. 그 산업계는 보다 젊은 라틴 아메리카인에게 건강의 편익을 촉진하기 위하여 최근에 오래 사용해 왔던 캠페인 "Familia, Amory Leche"(가족, 사랑, 그리고 우유)에서 "Toma Leche"(우유를 마시라) 캠페인으로 변경하였다.[34]

사회문화적 가치의 변화는 제품에 대한 사람들의 필요와 욕구에 크게 영향을 준다. 이들 가치는 갑자기 변화되지는 않지만 다양한 속도로 변화하고 있다. 마케터는 이러한 변화 정보를 아는 것은 적어도 가까운 장래에 제품에 대한 소비자들의 필요의 변화를 예측할 채비를 갖추게 할 수 있기 때문에 이러한 변화를 추적하고자 한다.

오늘날 사람들은 자신들이 먹는 식품에 더 많은 관심을 갖고 있어서 저지방, 유기농, 자연산, 그리고 건강에 이로운 제품을 더 많이 선택하고 있다. 마케터들은 이러한 라이프스타일에 부합하는 식품, 음료, 그리고 운동기구 제품의 확산으로 대응하고 있다. Earthbound Farm, Horizon Dairy, 그리고 Whole Foods' 365와 같은 새로운 유기농 브랜드의 확산에 더하여, Orville Redenbacher, Heinz, 그리고 Walmart까지 포함하여 많은 전통적 마케터들이 자신들 제품들의 유기농버전을 출시하고 있다.

가치의 주요 원천은 가족이다. 결혼의 지속성에 대한 가치는 변화하고 있지만, 자녀는 중요성을 유지하고 있다. 마케터는 보다 안전하고, 고급의 유아의류와 용품, 어린이 전자제품, 그리고 가정 오락 제품으로 대응하고 있다. 마케터들은 또한 어린이들이 의사결정에서 종종 중요한 역할을 하기 때문에 마케터는 어린이를 직접 겨냥하는 마케팅노력을 경주하고 있다. 어린이와 가족의 가치는 또한 더 많은 외식과 테이크아웃 음식에 대한 추세의 한 요인이 된다. 바쁜 가족은 일반적으로 부엌에서 더 적은 시간을 보내고 함께 즐기는 것에 시간을 더 보내기를 원한다. 이러한 추세의 수혜자는 McDonald's, Taco Bell, Boston Markets, 그리고 Applebee's와 같은 간이음식점과 캐주얼(casual: 중간 가격의 레스토랑) 레스토랑이지만, 대부분의 슈퍼마켓은 바쁜 고객의 필요를 충족시키기 위해서 보다 쉽게 요리하도록 준비된 또는 쉽게 차릴 준비가 된 요소들을 추가하였다. H-E-B's Central Market 식료품점과 같은 일부 소매점들은 또한 매장 내에 식도락가들을 위한 카페를 제공하고 있다.

3.2 마케팅의 사회적 책임과 윤리

마케팅에서, **사회적 책임**(**social responsibility**)은 조직이 사회에 미치는 긍정적 영향은 최대화하고 부정적 영향은 최소화하려는 소식의 의무를 말한다. 사회적 책임은 이와 같이 모든 마케팅 의사결정이 사회에 미치는 전체적 영향을 다룬다. 마케팅에서 사회적 책임은 이해관계자의 기대와 필요를 모니터하고, 충족시키고, 그리고 그것을 능가하는 데 필요한 관리적 과정을 포함한다.[35] 이해관계자는 기업의, 제품, 활동, 시장, 산업, 그리고 성과의 어떤 측면에서 이해관계, 또는 권한을 가지고 있는 집단이라는 것을 제1장에서 언급된 것을 기억하라. PepsiCo의 회장이며 CEO인 Indra Nooyi와 같은 CEO들은 앞으로 기업들은 "잘 하고 있는 것보다 더 잘 해야 한다"는 점을 더 인식하고 있다. "종업원들, 규제자들, 소비자들, 고

THE HOME DEPOT

사회적 책임의 특성

Home Depot은 사회적 책임을 느끼고 과거 여러해 동안 50,000명 이상의 군인집단 구성원을 채용하였다.

객들, 커뮤니티들, 그리고 다른 많은 이해관계자들과의 조화 속에서, 기업은 목적 없는 성과는 장기적으로 지속가능한 공식이 아니다"라는 데 의문이 없다고 말한다.[36]

많은 증거들이 책임 있는 마케팅에 대한 이해관계자의 요구를 무시하는 것은 고객들의 신뢰를 깨뜨리고 또한 더구나 정부 규제를 촉발할 수 있다는 것을 보여준다. 고객들, 종업원들, 또는 경쟁자들을 화나게 하는 무책임한 행동은 마케터의 재무적 지위를 위험하게 할 뿐만 아니라 법적 반향을 초래할 수도 있다. 예를 들면, 약품 거대 기업인 Merck는 자사의 관절통약 Vioxx가 심장 문제를 일으킬 수 있다는 것을 알고 있다는 뉴스가 보도된 후에, 주식의 가치는 곤두박질치고, 수천 개의 법적 소송이 제기되었다. 기업은 이미 그 약을 시장에서 철수시켰었다.[37] 대조적으로 사회적 책임을 다하는 행동은 긍정적 평판을 창출할 수 있고 매출을 증가시킬 수 있다. 예를 들면, Breast Avon Product가 후원하는 Cancer Awareness Crusade는 지역사회에서 유방암 교육 및 초기진단 서비스의 기금을 조성하기 위해 50개국에서 5억 8,500만불을 모금하는 것을 도왔다. Avon의 노력에 대한 수백 가지의 이야기가 주요 매체에 실렸으며, 이것은 기업의 매출을 증가시키는 데 기여하였다.[38]

Avon's과 같이 사회적 책임을 다하는 노력은 지역사회에 긍정적인 영향을 미치며, 동시에 간접적으로 호의, 홍보, 그리고 잠재적 고객들 및 종업원들을 끌어당김으로써 후원기업을 돕는다. 이와 같이 사회적 책임은 확실히 그 자체로 긍정적인 개념이지만, 대부분의 조직들은 간접적인 장기적 혜택을 기대하며 이를 수용한다.

사회적 책임을 다하는 조직은 이해관계자가 자신에게 기대하는 경제적, 법률적, 윤리적, 그리고 박애주의적인 사회적 책임을 수행하는 데 맞춰진 전략적 초점을 채택함으로써 **마케팅 시민의식(marketing citizenship)**을 획득하려고 노력하고 있다. 일상업무 및 전략적 계획에서 이해관계자들의 다양한 관점을 고려하는 기업들은 기업시민의식의 중요한 요소인 이해관계자 지향성(stakeholder orientation)을 갖고 있다고 한다.[39] 마케팅에서 이해관계자 지향성은 지역사회 및 특별이해집단을 포함하여 모든 이해관계자들의 필요를 이해하고 해결하는 것을 포함할 수 있도록 고객들, 경쟁자들, 그리고 규제자들을 넘어선다. 그 결과, 조직들은 현재 이해관계자의 이해에 대한 균형잡힌 관점을 보여주는 조치를 취하라는 압력을 받고 있다.[40] 예를 들어서, Pfizer는 증가하는 건강의료보험비용 및 의료보험개혁을 포함하여 여러 이슈들에 대하여 이해관계자들의 의견을 반영하는 것을 확실하게 하고 있다.[41] <그림 3.3>이 보여주는 것과 같이, 사회적 책임의 경제적, 법률적, 윤리적, 그리고 박애적 차원은 하나의 피라미드와 같다.[42] 경제적 및 법률적 측면은 오랫동안 인식되어 왔지만, 윤리적 및 박애적 이슈들은 최근에서야 인식되었다.

1 경제적 차원

가장 기본적 수준에서, 모든 기업들은 소유주들 및 투자자들의 투자에 대한 수익을 제공하고, 지역사회를 위해 일자리를 창출하고, 또한 경제에 제품 및 서비스를 제공할 수 있도록 이윤을 낼 경제적 책임을 갖는다. 조직들이 이해관계자들, 종업원들, 경쟁자들, 지역사회, 그리고 자연환경을 어떻게 연결시키는지는 경제계에 영향을 미친다.

마케터들은 또한 공정하게 경쟁할 경제적 책임을 갖는다. 규모는 기업들에게 다른 기업들에 대비되는 우위를 제공하곤 한다. 대기업들이 규모가 작은 기업들을 업계에서 내쫓을 수 있게 해주는

그림 3.3 기업의 사회적 책임 피라미드

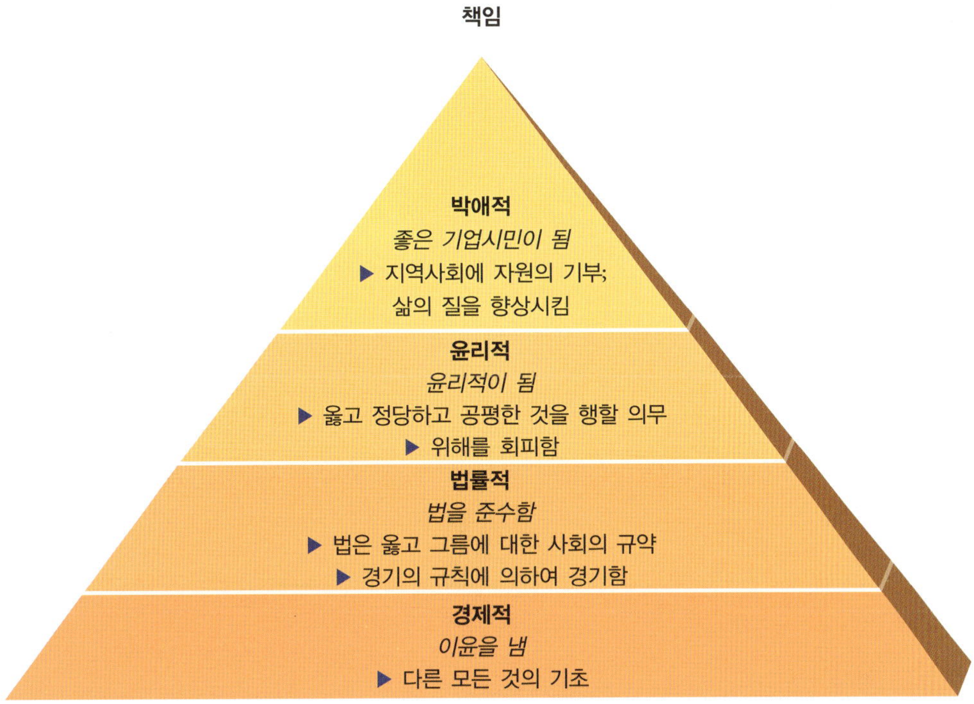

자료원: Archie B. Carroll, "The Pyramid of Corporate Social Responsibility: Toward the Moral Management of Organizational Stakeholders," adaptation of Figure 3, p. 42. Reprinted from *Business Horizons*, July/August 1991. Copyright 1991 by the Foundation for the School of Business at Indiana University. Reprinted with permission.

규모의 경제를 그들이 실현하곤 한다. 이에 따라, 소규모 기업들과 전체 지역사회까지도 인근 지역에 점포를 개설하는 Walmart, Home Depot, 그리고 Best Buy와 같은 기업들의 노력에 저항할 수도 있다. 이들 대기업은 소규모의 지역 기업들이 종종 경쟁할 수 없는 저비용으로 영업할 수 있다. 그러한 이슈들은 조직들, 지역사회, 그리고 소비자들을 위한 사회적 책임에 대한 관심을 불러일으킨다.

2 법률적 차원

마케터들은 당연히 법률 및 규정을 지킬 것으로 생각된다. 믿을 수 있는 기업행동을 증진시키려는 일부 하원위원들과 특수이해 집단들의 노력으로 허용된 행위의 범위 이내로 미국기업들의 행위를 유지시키려는 법률과 규정을 제정하게 되었다. 마케터들이 다른 사람들의 이해보다는 자신의 이해를 앞세우기 위해서 기만적인 관행에 손을 내밀었을 때, 사기의 책임이 뒤따를 수도 있다. 일반적으로 기만은 거짓 인상을 주기 위하여 사실을 속이거나, 조작하거나, 숨기려고 하는 의도적 커뮤니케이션이다. 이는 범죄로 간주되고, 유죄판결은 벌금, 징역, 또는 이 모두를 구형받을 수 있다. 기만은 매년 미국기업들에 6,000억 달러 이상의 비용을 초래한다. 평균적인 기업은 종업원들이 저지른 기만과 오용으로 전체 수입의 약 6%를 잃고 있다.[43]

고객들, 이해집단들, 또는 기업들이 어떤 마케팅조직에 의해서 자행된 무책임으로 지각하는 것에 대해서 화가 많이 났을 때, 그들은 그러한 행동을 규제할 수 있는 새로운 법률을 제정하도록 입법자들에게 촉구하거나 그 조직이 규칙을 지키도록 소송을 제기할 수도 있다. 특히 기만광고로 소비자들은 모든 촉진 메시지에 대하여 방어적 자세를 취하게 되고 모든 광고를 불신하게 된다. 따라서 이는 소비자들 뿐만 아니라 마케터들 자신에게도 손해를 끼치게 된다.[44]

3 윤리적 차원

경제적 및 법률적 책임은 충분한 이유가 있는 가장 기본적 수준의 사회적 책임이다. 이러한 책임을 고려하지 않는 것은 마케터가 윤리적 또는 박애적 활동을 하기에는 충분히 거리가 있다는 것을 의미할 수 있다. 이러한 차원을 넘어서, 대중, 정부규제자들, 민간 이해집단들, 소비자들, 산업, 그리고 조직 자체를 포함한 여러 이해관계자들에 의하여 결정되며, 수용가능한 마케팅 행위를 정의하는 원칙 및 표준인 **마케팅윤리(marketing ethics)**가 된다. 이러한 가장 기본적인 원칙들이 마케터들이 행위에 대한 사회의 기대에 따르도록 조장하는 법률과 규정으로 조문화된다. 그러나 마케팅윤리는 법적 이슈를 넘어선다. 윤리적 마케팅 결정은 신뢰를 쌓아주며, 장기적 마케팅관계를 구축하는데 도움이 된다.

사회적 책임의 입증
POSCO는 환경적 책임을 느끼고 고객들에게 자연과 함께 살아가는 법을 알려준다.

마케터들은 여러 관점—기업, 산업, 정부, 고객, 특별이해집단, 그리고 전체로서의 사회—에서 허용할 수 있는 행위에 대한 윤리적 기준을 알아야 한다. 마케팅 활동이 일반적으로 인정되는 기준에서 벗어날 때, 교환은 깨지고, 고객불만족, 신뢰의 결여, 그리고 법적 소송에 빠지게 된다. 사실상, 78%의 소비자들은 특정 업체 또는 제품을 그들에 대한 부정적 지각 때문에 회피한다고 말한다.[45] 조사는 다섯 개의 광고들 중 하나 정도는 오도하는 정보를 포함하고 있다는 것을 보여준다. 예를 들면, Burger King은 맛 테스트를 벌여서 참가자들이 McDonald's보다 자사의 샌드위치를 더 좋아한다는 것을 보인다는 주장을 하였다. 그러나 Burger King은 이러한 주장을 뒷받침할 자료를 공개하지 않았다. Domino's Pizza는 자사의 샌드위치가 Subway보다 2대1로 더 선호된다고 주장한다. 이와 같은 주장들의 문제는 주장이 상당히 주관적이지만, 광고주는 숫자가 과학적으로 보이도록 시도한다는 것이다. 자신의 제품이 가장 맛있다고 주장하는 경쟁자에 대하여 의지할 수단이 있다. 그러나 연방기구는 문제의 제품이 위해적인 주장을 할 때에 일반적으로 개입을 할 뿐이다. 더욱이 조사를 회피하기 위해서, 광고주는 지역 TV 또는 인터넷과 같은 덜 통제되는 매체에서 모호한 주장을 하고 있다. 기업이 광고에서 과장 주장 또는 거짓을 말하고 있다고 드러나면, 비윤리적 또는 무책임한 기업들을 애호하려고 하지 않는 소비자들로부터 오는 부정적인 결과들로 고통을 받게 된다.[46] 관리자가 수용되는 기준에서 벗어난 행동을 하고 있을 때, 계속되어 온 마케팅 교환은 불가능하지는 않지만 어려워진다. 그러한 문제를 다루는 가장 좋은 시점은 주요 문제가 나타난 후가 아니라, 전략적 기획과정에 있을 때이다.

윤리적 이슈(ethical issue)는 옳거나 그르다고, 또는 윤리적이거나 비윤리적으로 평가되어야 하는 여러 가지 행동들 중에서 개인이나 조직이 선택을 해야 하는 확인가능한 문제, 상황, 또는 기회이다. 어떤 활동으로 마케팅 관리자들이나 또는 표적시장의 고객들이 조종되거나 속고 있다는 생각을 하게될 때는 언제나 그 활동의 적법성과 관계없이, 마케팅 윤리적 이슈가 존재한다. 예를 들면, Los Angeles의 한 소비자는 KraftFoods의 라벨로부터 과카몰리(guacamole) 소스가 상당한 양의 아보카도를 포함하지 않고 있다는 것을 안 후에 Kraft Foods에 소송을 제기하였다. 대부분의 소비자들은 Kraft's의 시장점유율 1위인 과카몰리 소스가 아보카도를 포함하고 있다고 추측하지만, 그 제품은 주로 변형시킨 식품 전분, 코코넛과 콩기름, 식품착색제, 그리고 2%미만의 아보카도로 이루어져 있다. Kraft가 레이블을 아보카도 맛의 소스로 변경하였지만, California Avocado Commission은 제품의

표 3.3 마케팅에서 윤리적 이슈

이슈 범주	예
제품	• 제품과 관련된 위험을 공개하지 않음 • 제품의 기능, 가치, 또는 사용과 관련된 정보를 공개하지 않음 • 제품의 특성, 품질, 또는 크기에 대하여 공개하지 않음
유통	• 특정 중간상 역할과 관련된 권한과 책임에 걸맞게 행동하지 못함 • 제품 구입 가능성을 조작함 • 중간상이 특정 방식으로 행동하도록 강압을 이용
촉진	• 거짓 또는 오도하는 광고 • 조작적 또는 기만적 판매촉진, 전술, 그리고 퍼블리시티 • 인적 판매상황에서 뇌물을 제공하거나 받음
가격	• 가격 담합 • 약탈적 가격 설정 • 구매의 총 가격을 공개하지 않음

아보카도 부족에 실망을 표시하고 소속 변호사에게 소송을 검토하도록 요청하였다.[47] 특정 윤리적 이슈들의 이면에 있는 이유와 관계없이, 마케터들은 이러한 이슈를 확인하고 어떻게 해결할지를 결정해야 한다. 이는 마케팅에서 제기될 수도 있는 많은 윤리적 이슈들에 익숙해져야 한다. 연구는 어떤 이슈와 관련된 결과가 클수록 윤리적 이슈로 여겨질 가능성이 커지고, 윤리적 결정을 할 중요성이 더 커진다는 것을 시사한다.[48] 제품, 촉진, 가격, 그리고 유통(마케팅믹스)과 관련된 윤리적 결정의 예는 <표 3.3>에서 보여진다.

4 박애적 차원

피라미드의 정상에는 박애적 책임감이 있다. 마케팅윤리를 뛰어넘는 이러한 책임은 기업에게 요구되지는 않지만, 사회적 책임의 경제적, 법률적, 그리고 윤리적 차원처럼 인간의 복지 또는 호의를 촉진한다. 많은 기업이 박애적 책임을 실행하였다는 것은 연간 기업의 기부금과 환경 및 사회적 목적과 구제노력으로 거의 137억 달러를 지출하였다는 것으로 증명된다.[49] Katrina 태풍이 1,000명 이상의 사상자를 내고 New Orleans 및 Gulf Coast를 초토화한 후에, Anheuser-Bush, BP, Capital One, Cingular, DuPont, General Motors, Lowe's, Office Depot, Toyota, Walmart, 그 외 더 많은 기업들을 포함하여, 많은 기업들이 피해자들을 돕기 위하여 수백만 달러를 현금, 물품, 장비, 음식, 그리고 의약품으로 기부하였다. 다른 기업들은 구제노력을 돕기 위하여 종업원 기부금에 대응자금을 제공하였거나 고객들이 기금과 물품을 기부할 수 있는 체계를 제공하였다.[50] 더욱이 소규모 기업도 기부 및 Red Cross 및 United Way와 같은 전국적 자선단체의 지역적 대의에 대한 자원 봉사지원을 통해서 박애에 참여한다. 예를 들면, Boston에 기반한 Dancing Deer Baking은 자사의 스콘(둥그런 작은 케익), 쿠키, 브라우니, 그리고 케익에 환경적으로 친화적인 포장을 사용하며, 자사의 Sweet Home 케익의 이윤 35%를 노숙인들이 직장 및 주거를 찾는 것을 돕는 Boston 비영리단체에 기부한다.[51]

이전보다 더 많은 기업들은 기업의 박애주의에 대한 전략적 접근방법을 채택하고 있다. 많은 기업들은 지속적 또는 단기적으로 특정 사회적 대의명분에 자사의 제품을 연결시키고 있는데, 이는 **대의명분마케팅(cause-related marketing)**으로 알려진 실행이다. 예를 들면, Target은 자신의 Take Charge of Education 프로그램을 통해서 교육에 상당한 자원을 기부한다. Target Red Card를 사용하는 고객들은 Target이 고객들의 전체 구매금액의 1%를 기부할 특정 학교를 지정할 수 있다.[52] 조사는 또한 대의에 대한 기업의 지원이 조사대상자들의 80%로부터 기업에 대한 신뢰를 창출하고 있다는 것을 밝히고 있다.[53] 일부 기업들은 주요 이해관계자들의 이해를 다루고, 조직의 편익 및 사회적 편익을 달성하기 위하여 핵심역량 및 자원을 통합적으로 사용하는 것인 **전략적 박애주의(strategic philanthropy)** 접근방법을 채택하여 재무적 기부를 넘어서는 기업의 박애주의를 확대하기 시작하고 있다. 전략적 박애주의는 종업원들, 조직의 자원과 전문성, 그리고 이들 자산을 종업원들, 고객들, 공급자들, 그리고 사회적 욕구를 포함한 주요 이해관계자의 관심과 연결시킬수 있는 능력을 포함한다. 전략적 박애주의는 이해관계자들에게 대한 재무적 및 비재무적 기부(시설뿐 아니라 종업원 시간, 제품과 서비스, 회사의 기술과 장비)를 포함하며 기업에 또한 혜택을 줄 수 있다. 예를 들면, Home Depot는 지역사회의 욕구에 대처하기 위하여 전문성과 자원을 정렬하는데 진전을 보이고 있다. Home Depot의 Habitat for Humanity와의 관계는 고객들에게 편익을 주기 위하여 종업원들에게 자신들의 기량을

기업가 마케팅

기업가들은 Plumpy 견과로 기근과 싸운다

8억 5,000만 이상의 사람들이 오늘날 에이즈, 말라리아, 그리고 결핵을 합한 것보다 더 많은 사람을 사망하게 하는 기근의 상태에 있다. Nutriset은 1986년 이래 기근 및 영양부족과 싸우기 위해 식품을 판매하여 왔다. 이 기업은 500칼로리의 3온스의 땅콩 버터에 기반한 식품꾸러미인 Plumpy 견과를 출시하였는데, 이는 깨끗한 물이 필요없고, 어른의 도움없이 아이가 먹을 수 있는 제품으로, 심각한 영양부족의 관리에 진정한 혁신제품이다. 하루치 제품의 가격은 어린이당 1달러 정도이다. Nutriset은 아프리카 및 카리브해 국가들의 기업과 연합하며, 더욱이 가능할 때 마다 지역의 재료를 사용한다. 비영리조직인 Nutriset은 기업가 정신과 사회적 책임을 결합하는 방식을 발견하였다.[b]

향상시키고 작업장에 직접적 지식을 적용할 수 있는 기회를 제공한다. 이는 또한 "자신이 직접 하시오"(do-it-yourself) 센터라는 전문성의 이미지를 고양시킨다.[54]

사회적 책임은 추상적인 이상으로 보일 수 있지만, 관리자들은 매일 사회적 책임과 관련된 의사결정을 한다. 성공하기 위해서는, 기업은 전체로서의 사회뿐만 아니라, 고객들, 정부규제자들, 그리고 경쟁자들이 사회적 책임의 관점에서 원하거나 기대하는 것을 결정해야 한다. 사회적 책임의 이슈들의 2가지 주요 범주는 자연환경과 소비자주의이다.

(1) 자연환경

마케터들이 사회적 책임을 다하고 있다는 것을 실질적으로 보여주는 가장 일반적인 방법 중의 하나는 자연환경을 보호하고 보존하기 위하여 계획된 프로그램을 활용하는 것이다. 대부분의 Fortune 500대 기업들은 현재 재활용 활동을 하고 있고 낭비를 줄이고 에너지를 절약하기 위하여 상당한 노력을 하고 있다. 많은 기업들은 환경보호단체에 기부를 하고 있고, 정화 이벤트를 후원하고 참여하며, 재활용을 장려하고, 낭비 및 오염을 최소화하기 위하여 제조과정을 개편하고, 보다 환경친화적인 에너지 자원을 사용하고, 자사 제품의 환경에 미치는 효과를 전반적으로 재평가하고 있다. 환경에 대한 접근방식은 줄이고, 재사용하고, 그리고 재활용하는 것이다. 미국인은 평균적으로 매일 4.6파운드의 쓰레기를 배출하여, 매년 2억 5천1백만 톤의 쓰레기를 배출하고 있다.

그린 마케팅은 자연환경을 유지하고, 지원하고, 그리고 향상시키면서 고객들과 의미 있는 장기적 관계를 창출하기 위해서 이해관계자의 평가를 포함시키는 전략적 과정이다. 예를 들면, SC Johnson은 Windex를 생산하는 가장 큰 공장을 가동하는 데 필요한 전력 및 가스의 절반을 생산하기 위하여 Wisconsin의 Racine 공장 근처 매립지의 메탄가스를 사용하고 있다.[56] 새로운 Leaf Paper는 천연 목재 펄프를 사용하는 대신에 50%에서 100% 사용 쓰레기로부터 만들어진 종이를 생산하면서, 종이 생산 산업에서 선도적 역할을 담당하고 있다. 소규모 기업의 성공으로 다수의 대기업 경쟁자들은 자신들의 지속가능한 종이 제품을 출시하지 않을 수 없게 되었다. 재활용 용지 사용의 증가는 나무를 구하고, 매립지로 가는 화석쓰레기의 양을 줄이고 있다.[57] 한편, 고객들을 포함한 이해관계자들은 기업들이 제품의 책임 있는 공급자 및 원천을 이용할 것을 지시하고자 노력한다.[58] 예를 들면, Aveda는 자사의 지구친화적 개인생활용품에 대한 광고를 게재한 잡지들에게 재생용지로 인쇄할 것을 요구한다. 그러한 요구는 Natural Health사를 자극하여 재생용지로 전환하게 하였다.[59]

(2) 소비자주의

소비자주의(consumerism)는 소비자의 권리를 보호하고 추구하는 개인들, 집단들, 그리고 조직들의 체계적인 노력으로 구성된다. 이 운동의 주요 요인들은 개별적 소비자 옹호자들, 소비자단체들과 기타 이해집단들, 소비자 교육, 그리고 소비자 법률이다.

자신들의 목적을 달성하기 위하여, 소비자들과 그들의 옹호자들은 기업들에 편지를 쓰거나 이메일을 보내고, 정부기구에 로비를 하고, 공공 서비스 안내를 전파하며, 그들이 무책임하다고 생각하는 행동을 하는 기업들을 보이코트한다. 일부 소비자들은 대의명분을 지원하고 상황을 변화시키기 위하여 기업 및 제품을 보이코트한다.[60] 예를 들어서, 여러 조직들이 어린이를 위한 제품의 안전도를 평가하고 종종 크리스마스 전에 위험한 제품을 발표하여 부모들이 그러한 제품을 회피할 수 있도록 하고 있다. 소비자운동의 또 다른 행동들은 자동차의 안전띠 및 에어백, 돌고래를 해치지 않고 잡는 참치, 안전하지 않은 3륜 자동차 오토바이의 금지, 그리고 제품의 안전 및 정보를 규제하는 여러 법률을 초래하였다.

또한 소비자운동에 매우 중요한 것은 John F. Kennedy에 의해 제정된 소비자 장전에 기술된 네 가지 기본적 권리이다. 이들 권리는 안전할 권리(right to safety), 알 권리(right to be informed), 선택할 권리(right to choose), 그리고 의견을 존중받을 권리(right to be heard)이다. 안전할 권리를 보장하는 것은 마케터가 소비자에게 해를 줄 수 있는 제품을 판매하지 않는 의무를 갖고 있다는 것을 의미한다. 이 권리는 모든 제품은 의도된 사용에서 안전해야 하고, 적절하고 안전한 사용에 대한 완전하고 명시적인 교육을 포함해야 하며, 신뢰성 및 품질을 보장하기 위하여 검사되어야 하는 것을 의미하는 것으로 확대될 수 있다. 알 권리는 소비자가 구매하기 전에 모든 관련정보에 접근할 수 있어야 하고 검토할 기회를 가져야 하는 것을 의미한다. 많은 법률들이 이러한 권리를 충족시키기 위하여 제품포장에 특정 라벨 표시를 요구한다. 추가로 주류 및 담배 제품에 대한 라벨은 소비자들에게 이 제품이 질병 및 다른 문제를 일으킬 수 있다는 것을 알려야 한다. Federal Trade Commission은 웹사이트(http://www.ftc.gov/bcp/consumer.shtm)에서 자동차 및 인터넷에서부터 다이어트, 건강, 피트니스, 그리고 명의도용에 이르기까지 다양한 이슈들에 대하여 많은 소비자 정보를 제공한다. 선택할 권리는 소비자가 경쟁적인 가격에서 다양한 제품과 서비스에 접근할 수 있어야 하는 것을 의미한다. 또한 소비자들은 공정한 가격으로 만족스러운 품질과 서비스를 보장받아야 한다. 산업에서 기업 간의 경쟁을 줄이는 활동은 이러한 권리를 위태롭게 할 수 있다. 의견을 존중받을 권리는 소비자의 이익이 정부의 정책 수립에서 충분하고도 공감적인 고려를 받아야 할 것을 보장한다. 의견을 존중받을 권리는 또한 소비자가 제품에 대하여 마케터에게 불평할 때 소비자에게 공정한 처리를 약속한다. 소비자가 제품에 대하여 불평할 때, 제조업자가 이런 정보를 사용하여 제품을 수정하고 더 큰 만족을 주도록 만들 수 있기 때문에 이 권리는 마케터들에게도 득이 된다.

5 사회적 책임과 윤리의 전략적 기획에의 통합

마케팅윤리 및 사회적 책임의 개념은 종종 상호 교환적으로 사용되지만 구별하는 것이 중요하다. 윤리는 개인적 그리고 집단의 결정—특정 의사결정 상황에서 옳고 그름에 대한 판단을 말하는 반면, 사회적 책임은 사회에 대한 마케팅 의사결정의 전체적 영향을 다룬다. 사회적으로 책임 있는 결정을 옹호하고 행동강령을 고수하는 기업은 사회에 긍정적인 영향을 줄 가능성이 크기 때문에 이 두 개념은 상호 관련되어 있다. 윤리와 사회적 책임 프로그램 역시 유익하기 때문에 점점 이들을 전반적인 전략적 시장 기획에 포함시키는 기업의 수가 증가하고 있다.

행위에 대한 준수프로그램과 획일적인 표준 및 정책이 없다면, 기업의 종업원이 기업 내에서 어떤 행동이 수용 가능한지를 결정하기 어렵다. 그러한 프로그램과 기준이 없을 경우에 종업원들은 일반적으로 동료 및 상사들이 어떻게 행동하는지에 대한 관찰에 기초하여 의사결정을 할 것이다. 의식을 고취시키기 위해서 기업이 종업원에게 무엇을 기대하는지를 기술하는 공식적인 규칙 및 기준으로 구성된 **행동강령(codes of conduct)**(또는 윤리강령: code of ethics이라고도 하는)을 개발하였다. New York Stock Exchange는 현재 모든 회원사가 공식적인 행동강령을 가질 것을 요구한다. 행동규약은 비윤리적 행동의 기회를 줄임으로써 윤리적 행동을 장려하고, 종업원들은 그들에게 무엇이 기대되고 규칙을 범한다면 어떠한 처벌을 받을지를 알게 된다. 규약은 마케터가 특정 행동을 규정하거나 또는 제한함으로써 일상적 행동에서 전개되는 윤리적 이슈나 딜레마를 다루는 데 도움을 준다. 행동강령은 비밀보호, 종업원들과 고객들에 대한 책임, 직업에 대한 의무, 독립성과 객관성, 그리고 마케팅에 특유한 법률적 및 기술적 준수 이슈들과 같은 다소 마케팅에 특유한 이슈들뿐만 아니라 정직과 성실, 전반적인 법률의 준수, 수치스럽거나 유해한 행위들, 그리고 사회적 가치와 관련된 의무를 포함한다.[61]

지속가능 마케팅

태양이 재생가능한 세계를 창조하는 데 도움을 준다

지난 10년간 증가한 인센티브의 크기 및 재생가능 에너지관련 일자리는 에너지에 대한 태도의 사회문화적 전환을 예시한다. 한정된 자원은 상대적으로 짧은 수명을 가지지만 태양과 같은 재생가능 자원이 장기적 에너지 수요를 위해 활용될 수 있다는 것이 일반적 지식이다. 태양광(PV) 판넬은 전기를 생산하기 위해 태양에너지를 사용하는 반면 태양열 판넬은 온수를 생산하기 위해 태양에너지를 사용한다. PepsiCo, General Electric, 그리고 Toyota와 같은 많은 조직들이 마케팅전략의 일부로 생산과정에서 재생가능 에너지를 사용하고 있다. 예를 들면, Frito-Lay는 그린 제품라인인 Sunchips을 생산하는 공장에, 제품을 생산하기 위해 에너지 수요의 75%까지 공급하는 태양광 판넬을 추가하였다.

ISTOCK PHOTO/THINKSTOCK

Solar Electric Light Fund (SELF)와 같은 국제 비영리조직은 개발도상국가들에 태양에너지를 제공한다. SELF는 McNeil Nutritionals의 한 제품라인으로, 선한 일을 함(do good) 전략의 일부로 매출의 1%를 기부하는 Sun Crystals과 같은 영리기업과 협력한다. 남아프리카에서 SELF의 흥미로운 프로젝트의 하나는 2,000명의 학생에게 확실한 조명과 인터넷에 접근하게 한다. 이 특정 프로젝트는 Kellogg Foundation 및 JP Morgan Chase의 기부로 가능해졌다.

문화적 그리고 사회적 전환을 통하여, 기업은 세계의 미래에 관한 소비자의 관심을 인식함으로써 긍정적인 기업의 이미지를 창출할 뿐 아니라 태양에너지를 지원하는 것과 같은 환경에 대한 제안에 기여하는 것을 실질적으로 보여줄 기회를 갖는다.[c]

IMAGE COURTESY OF THE ADVERTISING ARCHIVES

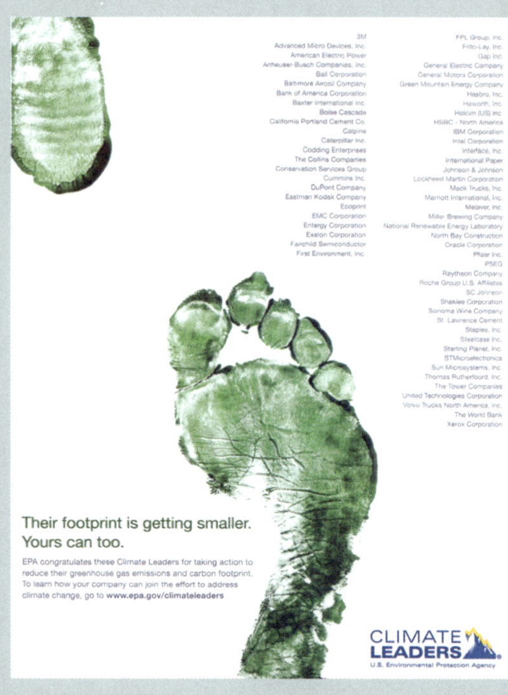

U.S. EPA CLIMATE LEADERS PROGRAM

사회적 책임의 통합

Toyota는 일부 다른 자동차 기업과 마찬가지로 환경친화적인 제품을 제공한다.
EPA는 탄소 발자국을 줄이고 온실가스배출을 통제하는 기업들을 "기후 리더"로 인정한다.

기업들이 표준을 일관되게 집행하고 행동강령을 위반한 사람들에게 벌금이나 징계를 부여하는 것이 중요하다. 예를 들면, Clear Channel Communications는 계약내용을 밝히지 않고 방송에서 노래를 틀어주는 것에 대한 보상을 받는 불법적인 관행인 "뇌물(payola)"에 대한 기업정책을 위반한 책임을 물어 2명의 임원을 해고하고 다른 종업원들을 징계하였다. 약 1,200개의 라디오 방송국을 갖고 있는 그 기업은 또한 방송국 관리자 및 프로그래밍 인력들이 자사의 정책에 대하여 추가적 교육을 받게 하였다.[62] 또한 기업은 기준의 위반에 대한 대응으로 합당한 조치를 취해야 하며, 미래의 잘못된 행동의 가능성을 줄이기 위하여 준수프로그램을 수정해야 한다. <표 3.4>는 National Business Ethics Survey (NBES)에서 공통적으로 관찰된 잘못된 행동들에 대한 여러 형태의 목록을 제시한다. 준수프로그램이 성공하기 위해서는 전반적 마케팅전략의 실행의 일부분으로 간주되어야 한다. 윤리 담당관들 및 다른 중역들이 마케팅 윤리 및 사회적 책임의 행동지침과 결단에 전념하지 않는다면 그 프로그램의 효과는 의심스럽게 될 것이다.

점증하는 증거는 윤리적이고 사회적으로 책임을 다하는 것이 이익이 된다는 것을 나타낸다. 연구는 마케팅지향성과 마케팅윤리 및 사회적 책임을 강조하는 조직문화 간에 관계가 존재한다는 것을 시사한다. 이 관계는 윤리적이고 사회적으로 관심이 있다는 것은 고객들 및 다른 이해관계자들의 필요를 충족시키는 것과 일치한다는 것을 시사한다. 종업원들이 시장을 이해하도록 격려함으로써, 기업들은 그들이 이해관계자의 요구에 대응하는 것을 도울 수 있다.[63]

기업의 사회적 책임과 고객만족, 이윤, 그리고 시장가치 간에 직접적 관련성이 있다.[64] 소비자조사

표 3.4 관찰된 잘못된 행위

관찰된 행위의 형태	관찰한 종업원 (%)
자신의 이해를 조직보다 앞세움	22
오용적인 행동	21
종업원에게 거짓말을 함	20
근무시간을 허위보고함	17
인터넷 오용	16
안전 위반	15
이해관계자에게 거짓말을 함	14
차별	13
도둑질	11
성적 학대	10
저품질의 제품 및 서비스의 공급	10
적절하지 않은 고용관행	10
환경적 위반	7
비밀인 조직 정보를 잘못 이용함	6
서류의 변경	5
재무적 기록의 변경	5
뇌물	4
경쟁자의 내부정보를 이용함	4

자료원: Ethics Resource Center, "The Ethics Resource Center's 2007 *National Business Ethics Survey: An Inside View of Private Sector Ethics*" (Washington, DC: Ethics Resource Center, 2007), p. 14.

에서, 거의 86%의 응답자들이 품질과 가격이 경쟁자들 간에 비슷할 때, 그들은 사회적 대의명분과 관련된 기업으로부터 구매를 더 할 것 같다고 제시하였다. 추가로 18세에서 25세의 젊은이들은 구매뿐 아니라 취업 및 투자 결정을 할 때 기업의 시민의식적 노력을 특히 고려할 것 같다.[65]

이와 같이 사회적으로 책임을 다하는 방식으로 비즈니스를 하는 것의 장기적 가치가 단기적 비용을 훨씬 능가한다는 인식이 커지고 있다.[66] 윤리와 사회적 책임을 조직문화에 포함시키는 전략 및 프로그램을 개발하지 않는 기업은 저조한 마케팅 성과 및 법률 위반의 잠재적 비용, 민간소송, 그리고 의심스러운 행위가 공개되었을 때 평판을 손상시키는 것으로 대가를 치를 수 있다.

이 장의 복습

1 환경에 대한 조사와 분석의 중요성을 이해한다.

환경스캐닝(Environmental scanning)은 마케팅환경의 요인들에 대한 정보를 수집하는 과정이다. 환경분석은 환경스캐닝을 통하여 수집한 정보를 평가하고 해석하는 과정이다. 이 정보는 마케팅관리자들이 불확실성과 위협을 최소화하고 환경요인에 의하여 제시된 기회를 활용하는 것을 돕는다.

2 경쟁적, 경제적, 정치적, 법률적 및 규제적, 기술적, 그리고 사회문화적 요인이 마케팅전략에 미치는 영향을 살펴본다.

마케터들은 경쟁자들이 어떤 전략을 사용하고 있고, 그들의 전략이 자사에 어떻게 영향을 미칠 것인지를 파악하기 위하여 경쟁자들의 행동을 모니터할 필요가 있다. 경제적 요인은 소비자들의 구매력과 소비의도에 영향을 미친다. 법률이 제정되고, 법적 결정이 법원에서 이루어지고, 규제기관은 선출직 또는 지명된 공무원에 의하여 창설되고 운영된다. 마케터들은 또한 스스로 규제할 것을 선택할 수 있다. 기술은 사회구성원이 필요와 욕구를 충족시키는 방식을 결정하고 삶의 질을 높이는 것을 돕는다. 사회문화적 요인은 태도, 신념, 규범, 관습, 그리고 라이프스타일의 변화를 가져오는 사회에서의 영향요인들이다. 이들 요인의 변화는 마케터들에게 기회와 위협을 창출할 수 있다.

3 사회적 책임의 개념 및 차원을 이해한다.

마케팅에서, 사회적 책임은 조직이 사회에 미치는 긍정적 영향은 최대화하고 부정적 영향은 최소화하는 조직의 의무를 말한다. 가장 기본적 수준에서, 모든 기업은 소유주들 및 투자자들의 투자에 대한 수익을 제공하고, 지역사회를 위해 일자리를 창출하고, 경제에 제품과 서비스를 제공하기 위하여 이윤을 낼 경제적 책임을 갖는다. 마케터들은 또한 법률 및 규정을 지키도록 기대된다. 마케팅윤리는 여러 이해관계자들에 의하여 결정되는, 허용할 수 있는 마케팅 행위를 정의하는 원칙 및 표준이다. 박애적 책임감은 마케팅 윤리를 넘어선다. 이는 기업에게 요구되지는 않지만, 인간의 복지 또는 호의를 향상한다.

4 윤리와 사회적 책임을 구분한다.

사회적 책임은 조직의 모든 이해관계자들의 이해를 균형화시킴으로써 달성되는 반면, 윤리는 개인적 그리고 집단의 의사결정을 하는 데 있어서 행동의 허용할 수 있는 기준을 말한다.

주요 개념

환경스캐닝(environmental scanning): 마케팅환경의 요인에 대한 정보를 수집하는 과정

환경분석(environmental analysis): 환경스캐닝을 통하여 수집한 정보를 평가하고 해석하는 과정

경쟁(competition): 동일 지역에서 유사한 또는 대체 가능한 제품을 판매하는 다른 기업들

브랜드 경쟁자(brand competitors): 유사한 가격으로 동일 고객에게 유사한 특징과 편익의 제품을 판매하는 기업

제품 경쟁자(product competitors): 같은 제품범주에서 경쟁하지만 다른 특징, 편익 그리고 가격의 제품을 판매하는 기업

포괄적 경쟁자(generic competitors): 같은 문제를 해결하거나 같은 기본적 고객 욕구를 충족시키는 매우 다른 제품을 공급하는 기업

총예산 경쟁자(total budget competitors): 같은 고객의 제한된 재무적 자원을 놓고 경쟁하는 기업

독점(monopoly): 한 조직이 유사한 대체품이 없는 제품을 생산하여 독점적 공급원이 되는 경쟁적 구조

과점(oligopoly): 소수의 판매자들이 제품 공급의 많은 부분을 통제하는 경쟁적 구조

독점적 경쟁(monopolistic competition): 많은 잠재적 경쟁자들을 갖고 있는 기업이 제품을 차별화하는 마케팅전략을 전개하고자 시도하는 경쟁적 구조

순수경쟁(pure competition): 많은 판매자들을 포함하며, 어느 누구도 가격이나 공급에 유의한 영향을 미칠 수 없는 시장구조

구매력(buying power): 교환에서 사용될 수 있는 화폐, 제품 및 서비스와 같은 자원

가처분 소득(disposable income): 세금 납부 후에 남는 돈

재량 소득(discretionary income): 개인이 의식주의 기본적 필수품을 구입한 후에 지출 및 저축을 위해 사용 가능한 처분가능 소득

지출의향(willingness to spend): 제품으로부터 기대되는 만족 때문에 구매하려는 성향으로, 이것은 구매능력과 다수의 심리적 및 사회적 요인들에 의해 영향을 받는다

경기순환(business cycle): 네 단계로 이루어지는 경제적 변동의 형태: 호황, 후퇴, 불황, 회복

Federal Trade Commission (FTC): 다양한 비즈니스 관행을 규제하고, 허위 광고, 현혹시키는 가격 책정, 기만적인 포장 및 라벨링을 규제하는 기관

Better Business Bureau: 소비자와 특정 업체와의 문제해결을 도우며, 지역 업체들에 의하여 지원받는 지역 민간 규제 기관

National Advertising Review Board (NARB): National Advertising Division이 제기한 이슈에 광고주가 이의를 제기하는 경우 사안을 고려하는 자율규제단체

기술(technology): 문제를 해결하고 과업을 보다 효율적으로 하기 위한 지식과 도구를 활용하는 것

사회문화적 요인(sociocultural forces): 태도, 신념, 규범, 관습, 그리고 라이프스타일의 변화를 가져오는 사회와 문화의 영향

사회적 책임(social responsibility): 조직이 사회에 미치는 긍정적 영향은 최대화하고, 부정적 영향은 최소화하는 조직의 의무

마케팅 시민의식(marketing citizenship): 이해관계자가 기대하는 경제적, 법률적, 윤리적, 그리고 박애적인 사회적 책임을 수행하는 데 있어서 전략적 초점의 채택

마케팅윤리(marketing ethics): 다양한 이해관계자들에 의하여 결정되며, 수용 가능한 마케팅 행위를 정의하는 원칙 및 기준

윤리적 이슈(ethical issue): 개인 또는 조직으로 하여금 옳거나 그르다고, 또는 윤리적이거나 비윤리적으로 평가되어야 하는 여러 행동 중에서 선택해야 하는 확인 가능한 문제, 상황, 또는 기회

대의명분마케팅(cause-related marketing): 지속적 또는 단기적으로 특정 사회적 대의명분에 자사의 제품을 연결시키는 관행

전략적 박애주의(strategic philanthropy): 주요 이해관계자의 이해를 다루고, 조직의 편익 및 사회적 편익을 달성하기 위한 핵심역량 및 자원의 통합적 사용

소비자주의(consumerism): 소비자의 권리를 보호하고 추구하는 개인, 집단, 그리고 조직의 체계적인 노력

행동강령(codes of conduct): 기업이 종업원에게 무엇을 기대하는지를 기술하는 공식적인 규칙 및 기준

연습문제

1. 환경 스캐닝과 환경분석은 왜 마케터들에게 중요한가?
2. 경쟁의 네 가지 형태는 무엇인가? 어느 형태가 마케터들에게 가장 중요한가?
3. 소득, 가처분소득, 그리고 재량소득을 정의하라. 각 형태의 소득은 소비자구매력에 어떻게 영향을 미치는가?

4. 어떤 요인들이 구매자의 지출의향에 영향을 미치는가?
5. Federal Trade Commissioin의 목적들은 무엇인가? FTC가 마케팅활동에 영향을 미치는 방식을 열거하라. 당신은 단일 규제기관이 그렇게 많은 마케팅 관행에 대해서 광범위한 관할권을 가져야 한다고 생각하는가? 왜 가져야 하는가 아니면 왜 갖지 않아야 하는가?
6. 여러 민간 규제 기구들을 들어보라. 당신은 자율규제가 정부의 규제 기관보다 더 효과적이라고 또는 덜 효과적이라고 생각하는가? 왜?
7. 기술이 마케팅활동에 미치는 영향을 논의하라.
8. 어떤 방식으로 문화적 가치가 변화하고 있는가? 어떻게 마케터들은 이러한 변화에 대응하고 있는가?
9. 사회적 책임은 무엇이고 왜 중요한가?
10. 사회적 책임의 네 가지 차원은 무엇인가? 이들은 마케팅 의사결정에 어떠한 영향을 미치는가?
11. 주요한 사회적 책임의 이슈는 어떠한 것들이 있는가? 각 예를 들라.
12. 소비자주의를 기술하라. 당신의 지역에서 몇 가지 활동적인 소비자 단체들을 분석하라.
13. 윤리와 사회적 책임의 차이는 무엇인가?

마케팅조사와 표적시장 2

CORBIS ROYALTY-FREE

제2부에서는 마케터들이 고객들을 잘 이해하고 그들에게 다가가기 위해서 정보와 기술을 어떻게 활용하는지를 검토한다. 제4장은 마케팅정보시스템과 마케팅조사과정의 기본 단계들을 살펴봄으로써 구매자들을 분석하기 위한 토대를 제공한다. 구매결정에 영향을 끼치는 요인들을 이해함으로써 마케터들은 고객들의 욕구를 잘 분석할 수 있고 특정 마케팅전략이 이들의 욕구를 어떻게 충족시킬 수 있는지를 파악할 수 있게 된다. 제5장에서는 마케팅전략개발의 주요 단계 중 하나인 표적시장을 선정하고 분석하는 것을 다룬다.

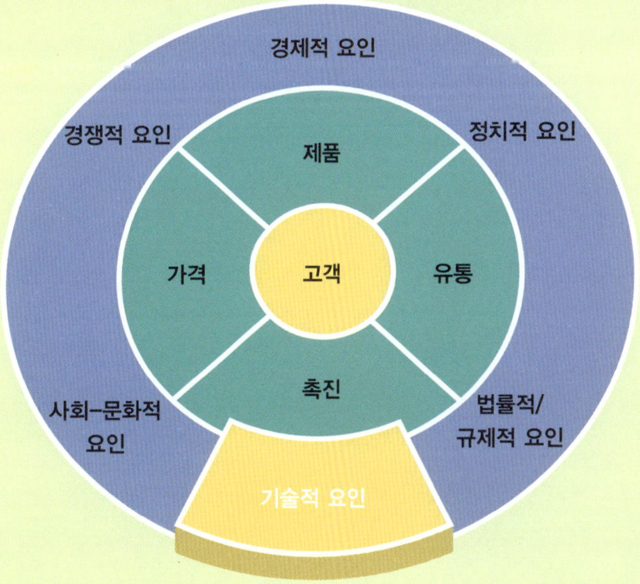

마케팅조사와 정보시스템

CHAPTER 4

온라인 고객피드백은 마케팅정보의 주요 원천이다

오늘날의 하이테크 세계에서는 인터넷 사이트를 통해서 고객들은 이전에는 상상할 수도 없었던 제품에 대한 자신들의 의견을 공유할 수 있게 되었다. 이러한 점들을 기업들이 이용할 것이라고 생각할 수도 있지만, 실은 그렇지 않았다. 예를 들어서, 고객불평에 대해서 게시판을 주기적으로 체크하는 것과 같이 아주 간단한 것을 행하는 기업들이 단지 16%에 불과하다는 조사결과도 있다. 이처럼 고객들의 관심사를 적절하게 다루지 못한 것은 기업들이 마케팅조사와 정보시스템을 향상시키는 데 도움이 될 수 있는 피드백을 놓치고 있음을 의미한다. 고객들과 온라인에서 의사소통을 함으로써, 기업들은 마케팅의사결정을 향상시키기 위해서 분석할 수 있는 정보의 내부원천을 만들어 내게 된다. 온라인 포럼을 통해서 고객들은 서로 간에 의사소통을 할 수 있고, 상호작용적인 자원의 사회적 네트워크를 만들어 내게 된다.

또 다른 이유에서 기업들은 온라인 고객피드백을 관리해야 한다. 온라인 쇼핑객의 77%는 자신들의 구매결정에서 고객들의 제품평을 이용한다. 고객들이 의견을 말하는 것은 고객불평을 처리하여 고객만족에 긍정적으로 영향을 끼칠 수 있는 기회를 제공한다는 점을 기업들은 알고 있다. 이에 따라, 일부 기업들은 온라인 피드백을 훨씬 더 신중하게 처리하기 시작하였다. BOA(Bank of America)와 Comcast는 마케팅정보시스템에 유용한 데이터베이스를 개발하기 위한 기회로 사회적 네트워킹 사이트인 트위터를 이용하고 있다. 트위터를 통해서 고객들에게 짧은 메시지를 전달하고, 질문에 답하며, 그리고 고객피드백을 받는다. 시류에 편승하려고 하는 다른 기업들은 수많은 사이트를 통해서 고객피드백을 수집하는 데 도움을 받고

학습목표

1. 마케팅조사의 정의를 내리고 이의 중요성을 이해한다.
2. 마케팅조사를 실행하는 기본적인 단계를 설명한다.
3. 마케팅조사를 위한 자료를 수집하는 기초적인 방법을 익힌다.
4. 데이터베이스, 의사결정지원시스템, 인터넷과 같은 도구들이 마케팅정보시스템과 조사에 어떻게 도움을 줄 수 있는지 설명한다.
5. 마케팅조사에서 주요 윤리적 및 국제적 이슈들을 알아본다.

있다. 예를 들어서, Yelp.com은 현지 기업들에 대한 고객들의 평을 수집하는 많은 사이트들 중 하나이다. 웹은 기업들이 고객피드백을 수집할 수 있는 다양한 방법을 제공하며, 이러한 피드백을 마케팅정보원천으로 활용할 수 있게 된 기업들은 경쟁에서 우위를 점하게 될 것이다.[1]

마케팅조사를 실행하기 위해서 마케터들은 표적시장 고객들의 특성, 필요 및 욕구에 대한 정보를 획득해야 한다. 효과적으로 활용되었을 때, 그러한 정보는 마케터가 고객들의 욕구를 충족시키고 더 나아가 예측하는 데 노력을 집중할 수 있게 해 줌으로써 고객관계관리에 도움을 줄 수 있다. 마케팅전략을 개발하고 실행하는 데 도움이 되는 실용적이고 객관적인 정보를 제공할 수 있는 마케팅조사와 정보시스템은 효과적인 마케팅의 필수적인 부분이다.

이 장에서 마케팅의사결정을 하는 데 필요한 정보를 마케터들이 어떻게 수집하는지에 초점을 맞출 것이다. 첫째, 마케팅조사의 정의를 내리고 자료를 수집하는 다양한 방법들을 포함한 마케팅조사 과정의 개별적인 단계를 검토할 것이다. 그 다음에, 마케팅조사 자료를 수집하고, 분석하며, 그리고 해석하는 데 기술이 어떻게 도움을 주는지를 살펴볼 것이다. 끝으로, 마케팅조사의 윤리적 및 국제적 이슈들을 생각해 볼 것이다.

4.1 마케팅조사의 중요성

마**케팅조사(marketing research)**는 특정 마케팅문제를 해결하거나 마케팅 기회를 포착하는 데 도움이 되는 정보에 대한 체계적인 설계, 수집, 해석 및 보고이다. 조사라는 말이 함축하는 것과 같이, 의사결정자가 곧 바로 손에 넣을 수 없는 정보를 수집하는 과정이다. 마케팅조사의 목적은 고객들의 필요와 욕구, 특정상품과 서비스에 대한 마케팅 기회, 그리고 고객들의 변화하는 태도와 구매패턴에 대해서 조직에 정보를 제공하는 것이다. 시장정보는 고객욕구에 대응할 수 있는 마케터들의 능력을 향상시켜주는데, 이는 조직의 성과를 향상시켜 줄 수 있다.[2] 구매자의 행동과 태도의 변화를 알아냄으로써 기업들은 변화무쌍한 시장과 공감을 유지할 수 있게 된다. 예를 들어서, 커피 마케터들은 Folgers와 Maxwell House와 같은 일반 브랜드(supermarket brands)에 대한 수요가 감소하는 반면에 Starbucks, Dunkin' Donuts, 그리고 McDonald's와 같은 고급 브랜드(on-the-go brands)에 대한 수요는 연 15%의 비율로 성장하고 있음을 아는 데 매우 높은 관심을 가질 것이다. 또한, 40세에서 59세 사이의 사람들의 60%가 커피를 마시는 반면에 18세에서 25세 사이의 젊은이들 중 37%만이 커피를 마시고 있다.[3] 이러한 기회나 위협을 진단하는 과정에 도움을 주기 위해서 전략기획에서도 마케팅조사를 필요로 한다.

모든 유형의 조직들은 고객들의 욕구에 부응한 마케팅믹스를 개발하는 데 도움을 받기 위해서 마케팅조사를 이용한다. 마케팅조사는 기업이 시장기회를 보다 잘 이해하고, 신제품의 성공 잠재력을 확인하고, 특정 마케팅전략의 실행 가능성을 파악할 수 있도록 도움을 준다. Unilever사는 남성두발관리부분에서 풍부한 시장기회가 있다고 믿고 있어서 이 시장에 대한 조사를 시행하였다. 남성들

기업가 마케팅

iModerate는 소비자 감정을 조사하기 위해서 텍스트메시징을 이용한다

마케팅조사기업인 iModerate LLC는 온라인 서베이의 취약점을 극복하려고 하고 있다. 온라인 서베이는 응답자들의 이면에 존재하는 감정과 태도에 대한 어떤 통찰력도 제공해 주지 않는 일반적인 의사소통만을 제공할 뿐이다. Carl Rosso는 클린턴 행정부를 위한 여론조사의 일을 한 후에 Joel Ben-sensen과 함께 이 기업을 설립하였다. 인터넷에서 서베이를 시행할 때 중요한 요소를 빠뜨리고 있음을 그는 관찰하였다. 이러한 서베이들은 각 응답자들의 생각과 감정에 대한 충분한 정보를 제공하지 않고 있어서, 그는 감정을 표출하고, 관련성을 나타내고, 서베이 자료의 질을 높이는 데 도움이 되는 쌍방향의 온라인 설문을 만들었다. iModerate는 온라인 설문을 디자인하는 데 상당한 유연성을 확보하기 위해서 진화하고 있는 기술과 인터넷을 활용한 한 사례이다.[a]

의 85%가 자신들의 두발이 비교적 양호해 보인다고 생각하지만 여성들의 50%는 동의하지 않고 있음을 조사는 보여주고 있다. 이에 따라서 남성들이 자신들의 외모에 대해서 생각하는 것과 여성들이 남성들의 머리에 대해서 생각하는 것 사이의 현저한 차이에 대처하기 위해서 Axe 제품라인을 디자인하였다. 남성들의 41%는 모든 치장용품들은 똑같이 작용한다고 믿고 있음에도, Axe는 다른 치장용품과 구별할 수 있게 디자인된 마케팅전략을 개발하였다.[4] 마케팅조사 서베이를 시행하는 가장 일

COURTESY IRWIN RESEARCH

마케팅조사의 중요성
Irwin은 기업들이 고객들의 욕구를 보다 잘 이해할 수 있도록 돕는 서비스를 제공하고 있다.

반적인 이유는 만족도(43%), 제품개발(29%), 브랜딩(23%), 세분화(18%), 기업시장(11%), 인지도, 추세 파악 및 컨셉(concept) 테스팅(18%)을 포함하고 있음을 SPSS의 한 조사는 보여주고 있다.[5]

마케팅조사의 실제 가치는 의사결정을 할 수 있는 마케터들의 능력의 향상으로 측정된다. 예를 들어서, OfficeMax를 위해서 시행된 조사는 쇼핑객들을 혼돈케 하는 점포 레이아웃에서의 문제점들을 강조하였는데, 이 조사로 경영진은 레이아웃을 개선하기 위해서 의사결정을 원활하게 할 수 있었다. 그 결과로, OfficeMax는 격자모양의 통로를 덜 어수선한 경마장형 레이아웃으로 바꾸었는데, 이것으로 쇼핑객들은 이면 벽에 이르기까지 투명한 시계를 확보할 수 있게 되었으며, 각 점포들이 고리로 이어진 주 통로 내부에 진열된 고가 전제품들을 들여다볼 수 있게 되었다.[6] 마케터들은 다른 자원을 사용할 때와 똑같은 방식으로 정보를 다루어야 하며, 정보를 얻는데 소요되는 비용과 그 정보에서 얻게 되는 편익을 비교해서 평가해야 한다. 만일 그 기업 고객을 더 잘 만족시키거나 매출액과 이익의 증가로 이어지거나, 다른 어떤 목적을 달성하는데 기업에 도움이 되는 마케팅활동에 연결된다면, 그 정보는 훌륭한 것으로 평가받게 된다.

4.2 마케팅조사과정

정확한 정보를 얻기 위해 필요한 관리를 유지하기 위해서, 마케터들은 논리적인 단계들을 갖는 하나의 과정으로 마케팅조사에 접근한다. (1) 조사문제의 정의, (2) 조사설계, (3) 자료의 수집, (4) 조사결과의 해석, (5) 조사결과의 보고(<그림 4.1>). 이 단계들은 각 프로젝트에서 따라야 하는 엄격한 규칙이라기보다는 조사를 시행하는 데 대한 전반적인 접근방법으로 여겨져야 한다. 조사프로젝트를 기획하는데, 마케터들은 각 단계를 면밀하게 검토하고 직면한 특정 쟁점을 해결하기 위해서 각 단계들을 가장 잘 조정하는 방법을 찾아야 한다.

1 조사문제의 정의

조사연구를 시작하는 첫 단계는 쟁점이나 문제의 정의인데, 여기에서는 마케팅전략이나 실행에 관련된 상황이나 문제의 특성과 경계를 밝히는 데 초점을 맞춘다. 문제의 첫 번째 징후는 대체로 목표를 성취하지 못한 것과 같은 어떤 정상적인 기능으로부터의 일탈이다. 만약 어떤 회사의 목표가 12%의 매출액 증가이며, 현재의 마케팅전략이 6%의 매출액 증가를 가져왔다면, 앞으로의 마케팅전략을 수립하는 데 도움을 주기 위해서는 이 차이가 분석되어야 한다. 매출액의 감소, 비용의 증가 및

그림 4.1 마케팅조사과정의 5단계

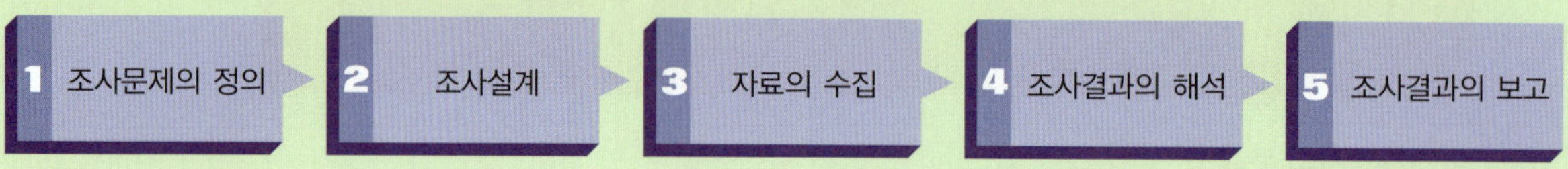

이익의 감소도 문제의 징후가 된다. 이러한 지식을 토대로, 기업은 자료를 수집할 때 기존 고객들에게서 생기는 편견을 조정하기 위한 방법 또는 새로운 고객을 찾는 데 도움이 되는 정보를 수집하기 위한 방법을 개발할 수 있는 방안으로 문제를 정의할 수 있다. 거꾸로, 어떤 조직이 매출의 급격한 증가나 다른 어떤 긍정적인 사건을 경험할 때, 그 이유를 밝히고 거기에서 생기는 기회를 극대화시키기 위해서 마케팅조사를 시행할 수도 있다.

마케팅조사는 환경에서 시장기회나 변화를 찾아내거나 규정짓는 데 초점을 맞추곤 한다. 어떤 기업이 시장기회를 찾았을 때, 적절한 마케팅전략을 고안해 낼 수 있도록 상황을 더 정확하게 이해하기 위해서 조사를 시행할 필요가 있을 수도 있다. 예를 들어서, Cisco는 합작 프로젝트에 참여하기를 원하는 기업들의 340억 달러에 이르는 기회를 포착하였다. Cisco는 인터넷을 이용하고 온라인에서 협업을 하기를 원하는 기업들이 좋은 평판을 쌓는 데 3년 내지 5년이 걸리는지를 파악하기 위해서 마케팅조사를 시행하였다. Cisco는 특정 사용자들이 활용하는 소프트웨어를 개별 욕구에 맞추면서 경쟁자들이 이미 제공하고 있는 것과 너무 유사한 제품을 도입하지 않아야 한다는 점도 알아냈다.[7] 이 기업은 이러한 정보를 이용해서 특정 표적시장에 노력을 집중하고 마케팅전략을 적절하게 다듬을 수 있게 되었다.

조사를 통해서 어떤 문제나 쟁점의 구체적인 경계를 분명하게 밝히기 위해서, 마케터는 피상적인 징후의 이면을 면밀하게 살피는 데 필요한 방식으로 상황의 특성과 경계를 규정할 필요가 있다. 마케팅관리자와 마케팅조사자 사이의 상호작용으로 조사 욕구를 명쾌하게 정의할 수 있게 된다. 조사자와 의사결정자는 마케팅조사에서 그들이 원하는 것과 그것을 어떻게 사용하게 할 것인지를 정확하게 결정할 때까지 문제정의 단계에 남아 있어야 한다. 광범위하고 불명확한 쟁점이나 문제를 정밀하고 조사를 진행할 수 있는 문장으로 정리하는 것은 조사과정의 다음 단계의 선행조건이다.

2 조사설계

문제나 쟁점이 일단 규정되고 나면, 다음 단계는 **조사설계(research design)**이다. 조사설계는 조사 문제나 쟁점을 다루는 데 필요한 정보를 획득하기 위한 전반적인 계획이다. 이 단계에서는 가설을 설정하고 그 가설을 검증하는데 가장 적절한 조사형태를 결정하여 신뢰성 있고 타당한 결과를 얻을 수 있게 한다.

(1) 가설의 설정

마케팅조사 프로젝트의 객관적인 서술은 이전의 조사와 예상된 조사결과 모두에 토대를 둔 가설을 포함해야 한다. **가설(hypothesis)**은 어떤 문제나 일련의 상황에 대한 정보에 토대를 둔 추측이나 가정이다. 가설은 이전의 조사연구나 다른 원천에서 그 문제나 상황에 대해서 이용할 수 있는 통찰력과 지식에 토대를 두고 있다. 정보가 수집되면 조사자는 그 가설을 검증할 수 있게 된다. 예를 들어서, H. J. Heinz와 같은 식품마케터는 오늘날 어린이들은 케첩과 여타 식료품에 관한 가족구매결정에 상당한 영향력을 가지고 있다는 가설을 제안할 수도 있다. 마케팅조사자는 어린이들과 그들의 부모에 대한 서베이를 통해서 자료를 수집하여 그 가설이 옳은지 여부에 대한 결론을 도출하게 된다. 실제 조사프로젝트 도중에 여러 개의 가설이 개발되는 경우도 있다. 수용되거나 기각된 가설이 조사의 주요 결론이 된다.

표 4.1 탐색적 및 결론도출적 조사의 차이점

조사프로젝트 구성요소	탐색적 조사	결론도출적 조사
조사목적	일반적: 상황에 대한 통찰력을 얻는다	구체적: 통찰력을 입증하고 행동 대안을 선택하는 데 도움을 준다
자료요구	모호하다	명확하다
자료원천	잘 정리되어 있지 않다	잘 정리되어 있다
자료수집 양식	자유응답형, 개괄적이다	대체로 체계적이다
표본	비교적 소규모; 통찰력에 대한 일반화를 극대화시키기 위해서 주관적으로 선발	비교적 대규모: 조사결과의 일반화가 가능하도록 객관적으로 선발
자료수집	유연하다: 절차가 정해져 있지 않음	엄격하다: 잘 기획된 절차
자료분석	비공식적: 대체로 비계량적	공식적: 대체로 계량적
추론/제안	최종적이 아니라 잠정적이다	잠정적이 아니라 최종적이다

자료원: A. Parasuraman, Dhruv Grewal, and R. Krishnan, *Marketing Research* (Boston: Houghton Mifflin, 2007).

(2) 조사의 형태

조사의 특성과 형태는 조사설계와 연구 중인 가설에 따라 달라진다. 마케터들은 탐색적 조사나 결론도출적 조사를 시행하기로 결정할 수도 있다. 각각은 독특한 목적을 갖고 있지만, 이들 사이의 주요 차이점은 사용되는 구체적인 조사방법보다는 공식화와 유연성에 있다. <표 4.1>은 이 차이점들을 요약하고 있다.

탐색적 조사 마케터들이 어떤 문제에 대해서 더 많은 정보가 필요하거나 잠정적인 가설을 더 구체화시키려고 할 때, 그들은 **탐색적 조사(exploratory research)**를 시행할 수도 있다. 탐색적 조사의 주 목적은 문제나 상황을 보다 잘 이해하거나 추가적인 자료요구나 의사결정 대안을 찾는 데 도움을 주는 것이다.[8] 할인가격 행사를 서술하는데서 재고정리(clearance) 대 염가판매(sale)라는 용어를 소비자들이 어떻게 지각하는지를 마케터들이 이해하는 데 도움을 줄 수 있는 연구가 최근까지도 없었다고 하자. 탐색적 연구는 80명의 소비자 집단에게 "염가판매" 표지를 내건 상점에 대한 자신들의 생각을 기록해 달라고 요청하고, 80명의 다른 집단에게 "재고정리" 표지를 내건 상점에 대한 자신들의 생각을 기록해 달라고 요청한다. 재고정리라는 용어가 사용되었을 때 소비자들은 더 큰 할인폭을 기대하고 있으며, 재고정리 제품의 품질이 염가판매 중인 제품의 품질보다 낮을 것이라고 생각하고 있음을 이 조사로 알게 되었다.[9] 소비자들이 이러한 용어들을 어떻게 보는지를 마케터들이 보다 잘 이해하고 소매가격의 책정에 대한 의사결정 대안들에 관한 추가적인 연구가설을 설정할 수 있는 여지를 마련하는 데 탐색적 조사가 도움을 준다.

결론도출적 조사 결론도출적 조사(conclusive research)는 의사결정을 하는 데서 마케터들에게 도움을 주기 위해 객관적인 절차를 통해서 통찰력을 입증할 수 있도록 설계된다. 마케터들이 하나 이상의 대안을 염두에 두고 의사결정의 최종단계에서 도움을 필요로 할 때, 결론도출적 조사를 이용한다.[10] 예를 들어서, 탐색적 조사를 통해서 재고정리와 염가판매라는 용어는 소비자들에게 각기 다른 신호를 보낸다는 점이 알려졌을지라도, 의사결정을 하는 데서 특정 제품과 표적소비자들에게 어떤 접근방법이 최선인지를 알기 위해서는 잘 정리되고 체계적인 조사프로젝트가 사용된다. 이러한 연구는 행동 대안을 선택하는 데 관련된 특수한 형태로, 입증할 수 있는 방법을 이용한 계량적인 조사가 된다. 결론도출적 조사의 2가지 형태는 서술적 조사와 실험 조사이다.

만약 마케터들이 특정 문제를 해결하기 위해서 어떤 현상의 특성을 이해할 필요가 있다면, **서술적 조사**(descriptive research)가 그들에게 도움을 줄 수 있다. 그러한 연구는 소비자들의 교육, 직업, 또는 연령에 대한 일반적인 서베이에서 십대들은 방과 후에 패스트푸드 레스토랑을 얼마나 자주 이용하는지 또는 소비자들은 얼마나 자주 운동화를 구입하는지에 대한 구체적인 서베이에 이르기까지 다양하다. 예를 들어서, 만약 Nike와 Reebok이 더 젊은 여성들을 표적시장으로 선정하려고 한다면, 그들은 15세에서 35세 사이의 여성들에게 그들이 얼마나 자주 운동을 하며, 평상시에 얼마나 자주 운동화를 신는지 그리고 일 년에 몇 켤레의 운동화를 구입하는지를 물어볼 수도 있다. 운동화 시장에 대한 구체적인 마케팅전략을 개발하기 위해서 그러한 서술적 조사가 이용될 수 있다. 서술적 연구는 일반적으로 더 많은 사전지식을 필요로 하며 쟁점이나 문제가 명확하게 성의되어 있음을 가정한다. 일부 서술적 연구는 통계적 분석과 예측도구들을 필요로 한다. 마케터들의 주요 과제는 자료를 수집하고 측정하기 위한 적절한 방법을 선택하는 것이다.

서술적 조사는 인과적 추론(즉, 변수 *x*가 변수 *y*를 일으킨다)을 하는 데 필요한 증거를 제공하는데 한계가 있다. **실험 조사**(experimental research)로 마케터들은 관계에 대한 인과적 추론을 할 수 있게 된다.[11] 이러한 실험에서는 독립변수(다른 변수에 의해서 영향을 받거나 의존적이지 않은 변수)가 조작되고 이에 따른 종속변수(독립변수에 의해서 추정된 값에 따르거나 한정된 변수)에서의 변화가 측정되어야 한다. 예를 들어서, Coca-Cola가 향이 첨가된 물 Dasani를 시장에 도입하였을 때, 경영진은 여러 수준의 잠재적인 가격에서 매출을 추정할 필요가 있었다. 일부 시장에서 Dasani는 6팩에 6.99달러로 시장에 진출하였다. 광고 및 진열위치를 일정하게 유지하면서 Coca-Cola는 가격의 매출에 대한 효과를 검토하기 위해서 가격을 조작할 수 있다. 가격이 2달러 인하되었을 때 매출이 40%가 증가하였다면, 경영진은 매출에 대한 가격의 효과에 대해서 세련된 결정을 할 수 있게 된다. Coca-Cola는 매출의 효과를 파악하기 위해서 광고나 점내 진열과 같은 다른 변수들을 조작한 실험 조사를 할 수 있다. 원인변수의 조작과 다른 변수의 통제가 실험 조사를 독특하게 만든다. 이에 따라 실험 조사는 서술적 조사를 통해서 수집된 자료보다 인과관계에 대한 더 강력한 증거를 제공할 수 있다.

(3) 조사의 신뢰성과 타당성

조사를 설계하는 데서 마케팅조사자들은 조사기법들이 신뢰할 수 있고 타당하다는 점을 확실하게 해야 한다. 만약 어떤 조사기법이 반복된 시행에서 거의 같은 결과를 가져다준다면 그 기법은 **신뢰성**(reliability)이 있다. 그러나 신뢰할 수 있는 기법이 반드시 타당한 것은 아니다. **타당성**(validity)을 갖기 위해서, 조사방법은 다른 어떤 것이 아니라 측정하려고 하는 것을 측정해야 한다. 예를 들어서, 비록 한 집단의 고객들이 등급척도에서 같은 수준의 만족을 표현했을지라도, 개인들은 여러 가지 개인적 특성으로 인해서 똑같은 반복구매행동을 보이지는 않을 것이다. 이러한 결과로 인해서 조사자들은 만족을 평가하는 목적이 잠재적인 반복구매를 추정하는 것이었다면 만족척도의 타당성에 의문을 제기할 것이다.[12] 예를 들어서, Kellogg's는 많은 조사들이 잘못된 측정도구에 집중되었음을 알게 되었다. 포장에 대한 조사를 실행하는데, Kellogg's는 여러 가지 포장의 병렬적 비교는 가상의 슈퍼마켓에서 쇼핑행동만큼 훌륭한 타당성을 갖는 측정도구를 제공하지 않음을 알게 되었다. 대안적인 조사방법을 이용함으로써, 포장 대안들은 가상의 슈퍼마켓 진열대를 이용하는 잠재적 쇼핑객들을 대상으로 검증되었다.[13] 반복된 시행들이 비슷한 결과를 가져왔는데, 이것은 대안적인 측정기법들의 신뢰성을 입증해 준다.

3 자료의 수집

마케팅조사과정의 다음 단계는 연구가설을 입증하기 위한 자료를 수집하는 것이다. 조사설계는 어떤 유형의 자료를 수집하고 그 자료를 어떻게 수집할 것인지를 명시해야 한다.

(1) 자료의 형태

마케팅조사자들은 2가지 형태의 자료를 임의로 이용할 수 있다. **일차자료(primary data)**는 응답자들로부터 직접 관찰하여 기록하거나 수집한다. 이러한 자료는 현상을 관찰하거나 관련된 사람들에게 물어봄으로써 수집된다. **이차자료(secondary data)**는 현재의 조사 이외의 어떤 목적으로 조직의 내부 및 외부에 축적되어 있다. 이차자료는 다양한 자료 서비스와 내부 및 온라인 데이터베이스에서 기업에 공급되는 일반 보고서를 포함한다. 그러한 보고서는 시장점유율, 소매점 재고수준, 고객들의 구매행동에 관련될 수도 있다. 이차자료는 일반적으로 사적 및 공적 보고서에서 활용할 수 있으며 조직에서 자체적으로 수집하여 저장하고 있다. 인터넷을 통해서 자료를 획득할 수 있는 기회가 증가함에 따라 모든 마케팅조사의 절반 이상이 이차자료원에서 오고 있다.

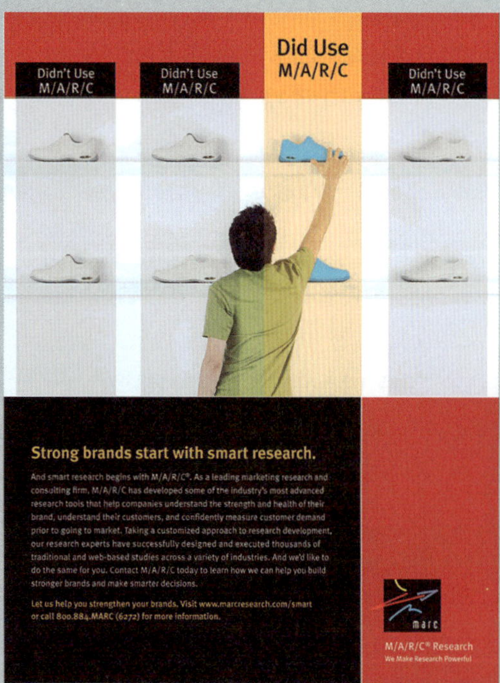

COURTESY M/A/R/C RESEARCH, CREATED BY AVREAFOSTER

일차자료수집
M/A/R/C는 강력한 브랜드자산을 유지하기 위한 일차자료를 수집하기 위해서 다국적 기업들과 함께 일하고 있다.

(2) 이차자료의 원천

마케터들은 이차자료를 수집함으로써 마케팅조사과정의 자료수집 단계를 시작하곤 한다. 그들은 마케팅문제를 검토하기 위해서 내부 및 외부 원천에서 이용 가능한 보고서와 다른 정보들을 사용하기도 한다.

이차자료의 내부원천은 조사에 상당히 기여할 수 있다. 조직의 자체 데이터베이스는 가설을 검정하고 문제점을 끄집어내는 데 사용할 수 있는 매출기록이나 조사보고서와 같은 과거의 마케팅활동에 대한 정보를 담고 있을 수도 있다. 예를 들어서, 매출보고서에서 기업

표 4.2 이차자료의 내부원천

• 매출자료; 지역, 제품형태, 또는 고객의 형태별로 세분화될 수 있다
• 회계정보: 제품범주별로 원가, 가격 및 이익 등과 같은 정보
• 판매부서에서 수집된 경쟁관련 정보

은 연중 어느 시기에 어떤 제품이 가장 잘 팔렸는지뿐만 아니라 고객들이 어떤 컬러와 사이즈를 선호하는지를 파악할 수 있게 될 수도 있다. 북미의 BMW는 자체 데이터베이스 수집과 접근전략의 일환으로 기업의 인트라넷 시스템을 유지하고 있다. 이 시스템으로 현장의 스태프들은 소매점의 재정상태를 일상적으로 이용하고 차량 공급과 인도 상태를 체크하고, 그리고 광고 및 잠재고객을 찾는 것과 같은 일을 위해서 마케팅정보를 볼 수 있게 된다.[14] 그러한 정보는 마케팅, 관리 또는 재무적 목적에서 고객관계관리(CRM) 도구들을 이용해서 수집되어 왔다. <표 4.2>는 마케팅조사 목적으로 사용될 수도 있는 일반적으로 이용할 수 있는 몇 가지 기업 내부 정보의 목록을 보여주고 있다.

회계기록은 또한 자료의 훌륭한 원천이지만 아주 이상하게 종종 간과된다. 회계부서에서 수집된 방대한 양의 자료가 다른 부서로 자연스럽게 흘러가지는 않는다. 이에 따라서 원가, 매출, 주요 고객, 또는 재품범주별 이익에 대한 세부적인 정보를 마케팅부문에서 쉽게 이용할 수 없는 경우도 있다. 이러한 상황은 특히 마케팅정보를 체계적으로 저장하지 않는 조직에서 생긴다.

이차자료의 외부원천은 정기간행물, 정부발행물, 출판되지 않은 원천 및 온라인 데이터베이스를 포함한다. *Business Week, The Wall Street Journal, Sales & Marketing Management, Marketing Research* 및 *Industrial Marketing*과 같은 정기간행물은 마케터들이 문제를 정의하고 가설을 도출하는 데 도움을 줄 수 있는 일반적인 정보를 발행한다. *Sales & Marketing Management*의 연례적인 부록인 Survey of Buying Power는 국가별로 주요 산업의 매출자료를 담고 있다. 많은 마케터들이 *Statistical Abstract of the United States,*

SNAPSHOT

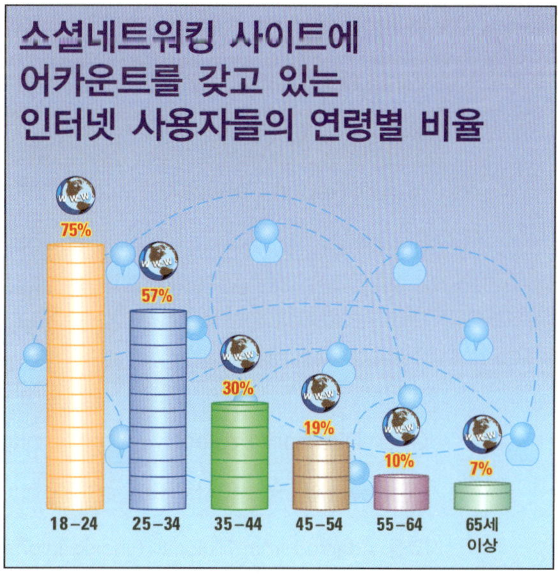

자료원: 1,650명의 인터넷사용자를 대상으로한 Pew Internet & American Life Project의 전화서베이. 오차한계는 −3%~+3%. January 14, 2009

표 4.3 이차자료의 외부원천

정부원천	
경제센서스	http://www.census.gov/econ/census02/index.html
Export.gov—국가 및 산업 시장조사	http://www.export.gov/mrktresearch/index.asp
National Technical Information Services	http://www.ntis.gov/
STAT-USA	http://www.stat-usa.gov/
Strategis—Canadian trade	http://strategis.ic.gc.ca/engdoc/main.html
협회 및 전시회	
American Society of Association Executives	http://www.asaecenter.org/peoplegroups/content.cfm?ItemNumber16433&navItemNumber14962
Directory of Associations	http://www.marketingsource.com/associations/
Trade Show News Network	http://www.tsnn.com/
Tradeshow Week	http://www.tradeshowweek.com/
잡지, 신문, 비디오, 오디오 뉴스 프로그램	
Blinkx	http://www.blinkx.com/home?safefilteroff
FindArticles.com	http://www.directcontactpr.com/jumpstation/
Google Video Search	http://video.google.com/
Media Jumpstation	http://www.directcontactpr.com/jumpstation/
News Directory	http://www.newsdirectory.com/magazine.php?cat3&sub&c
Yahoo! Video Search	http://video.search.yahoo.com/
기업정보	
Annual Report Service	http://www.annualreportservice.com/
Bitpipe	http://www.bitpipe.com/
Business Wire—보도자료	http://home.businesswire.com/portal/site/home/index.jsp?front_doortrue
Hoover's Online	http://www.hoovers.com/free/
Open Directory Project	http://dmoz.org/
PR Newswire—보도자료	http://www.prnewswire.com/

자료원: Adapted from "Tutorial: Finding Information for Market Research," KnowThis.com, http://www.knowthis.com/tutorials/principles-of-marketing/finding-secondary-research.htm (accessed March 23, 2009).

Census of Business, Census of Agriculture 및 *Census of Population* 등과 같은 연방정부 간행물을 참고하기도 한다. 이러한 정부간행물의 대부분은 온라인에서 이용할 수 있다. 정부는 매 십 년마다 주요 센서스를 실행하고 있지만, 매월 250,000가구를 서베이조사를 하고 있어서, 미국 인구의 최신 인구통계적 동향을 매년 의사결정자들에게 제공하고 있다. 이러한 정보는 Target의 신규출점의 유망지역을 찾는 데 뿐만 아니라 머천다이징과 마케팅결정을 하는 데 Target의 경영진에 도움을 주고 있다.[15]

또한, 기업들은 ACNielson이나 Infor-mation Resources, INC(IRI)와 같은 서비스를 구독할 수도 있다. 이러한 서비스는 소매점 매출 및 기타 정보를 추적해 준다. 예를 들어서, IRI는 점내 및 스캐너-기반의 기술을 이용해서 소비자 구매를 추적한다. 마케터들은 이차자료로 냉동 오렌지주스와 같은 제품범주에 대한 정보를 IRI에서 구입할 수 있다.[16] 영세기업들은 그러한 정보를 구입할 수 있는 여력이 없을 수도 있는데, 그들은 업계 간행물이나 협회를 통해서 풍부한 정보를 찾을 수 있다.[17]

인터넷은 마케팅조사자들에게 특히 유용할 수 있다. 이미 살펴보았던 것과 같이, Google과 같은 검색엔진은 마케터들이 다양한 이차자료와 관심이 가는 조사주제를 찾는 데 도움을 줄 수 있다. 물론, 기업들은 CRM 도구들을 이용해서 유용한 정보를 찾기 위해 자체 웹사이트를 채굴할(mine) 수도 있다. 예를 들어서, Amazon.com은 고객들이 구입하는 도서, 음원 및 다른 제품의 형태를 추적함으로써 그들과 관계를 강화해오고 있다. 고객이 이 웹사이트에 로그온 할 때마다, 이 기업은 그 고객의 이전 구매를 토대로 추천을 하고 있다. 이러한 마케팅시스템은 기업이 단골고객들의 욕구변화와 구매습관을 추적할 수 있게 해준다. 그리고 마케팅조사자들은 소비자들이 자신들의 제품에 대해서 무엇을 말하는지(긍정적 및 부정적 의견)를 알기 위해서 블로그를 점점 더 많이 모니터하고 있다. 요구르트 제조사인 Stonyfield Farms를 비롯한 일부 기업들은 소비자들의 선택의 이슈들에 대한 그들의 대화를 모니터하기 위해서 자신들의 블로그를 만들기도 하였다. 소셜네트워킹 사이트들은 앞쪽의 Snapshot에 나타난 것과 같이 주요 마케팅조사 정보의 중요한 원천이 되고 있다. 한편 <표 4.3>은 이차자료의 원천을 요약해 주고 있다.

(3) 일차자료 수집의 방법

일차자료의 수집은 이차자료의 수집보다 훨씬 더 길고, 비용이 더 들고, 복잡한 과정이다. 일차자료를 수집하기 위해서, 조사자들은 표본조사, 서베이법, 관찰을 이용하고 있다. 이러한 노력들은 기업의 자체 조사부서에서 직접 시행되거나 ACNielson, Information Resources, Inc., IMS International 및 Quality Controlled Service와 같은 조사 전문기업을 통해서 시행될 수도 있다.

표본추출. 조사에 쓸 수 있는 시간과 자원이 제한되어 있기 때문에, 표적시장이나 다른 모집단의 모든 구성원들을 조사하는 것은 거의 불가능하다. **모집단(population)**은 특정 연구에서 조사자가 관심을 갖는 모든 요소, 단위, 또는 사람들이다. 대통령 선거의 결과를 예측하기 위한 Gallup 여론조사에서, 미국의 등록된 모든 유권자들이 모집단을 구성한다. 전체 모집단의 특성을 나타낼 수 있도록 선발되고 제한된 수의 단위(**표본: sample**)를 체계적으로 선택함으로써, 조사자는 전체 시장이나 세분시장의 반응을 추정할 수 있다. 따라서, 마케팅조사에서 **표본추출(sampling)**은 전체 모집단을 대표할 수 있는 단위들을 선발하는 과정이다. 표본추출 기법들을 이용하여 마케터들은 관심을 갖는 모집단을 대표할 수 있는 부분의 반응을 토대로 구매행동을 상당히 정확하게 예측할 수 있게 된다. 대부분의 마케팅조사는 표본추출 기법을 활용한다.

확률표본추출과 비확률표본추출이라는 2가지 기본적인 형태의 표본추출이 있다. **확률표본추출(probability sampling)**에서는 연구되는 모집단의 모든 요소들이 조사에 선발된 확률이 알려져 있다. **무작위표본추출(random sampling)**은 확률표본의 한 유형이다. 마케터들이 무작위표본추출을 활용할 때, 모집단의 모든 단위들이 표본에 선정될 확률이 같다. 발생할 수 있는 다양한 사건들이 생길 확률이 같거나 알려져 있다. 예를 들어서, 어느 한 시점에서 한 벌의 카드에서 특정 카드가 뽑힐 확률은 1/52이다. 표본단위들은 일반적으로 0에서 9까지의 각 숫자가 연속되는 각 단계에서 발생할 확률이 같게 통계적으로 생성된 난수표에서 선택함으로써 선정된다. 일련번호가 매겨진 모집단의 요소들은 난수표에서 찾아진 숫자를 갖는 요소들을 선정함으로써 무작위로 표본에 선정된다.

확률표본의 다른 유형은 **층화표본추출(stratified sampling)**인데, 여기에서는 관심사인 모집단을 공통적인 속성에 따라 집단으로 나누고, 각 집단 내에서 무작위표본이 선정된다. 층화표본은 단순무작위표본에서 발생할 수 있는 오류의 일부를 감소시킬 수 있다. 모집단의 각 주요 집단, 즉 세분집단들의 크기에 비례해서 표본이 선발되도록 함으로써, 조사자는 표본의 크기가 너무 커지거나 너무 작아지는 것을 피할 수 있다. 여러 가지 유형의 응답자들 사이에 변동폭이 크다고 조사자들이 믿는 경우에 대체로 층화표본이 이용된다. 예를 들어서, 많은 정치적 의견조사는 성별, 인종, 연령, 지역별로 층화된 표본을 이용한다.

두 번째 유형의 표본추출인 **비확률표본추출(nonprobability sampling)**은 모집단의 특정 요소들이 표본에 선정될 확률을 계산할 수 있는 방법이 없기 때문에 확률표본추출보다 더 주관적이다. 예를 들어서, 할당표본은 조사 참가자들의 최종 선발이 조사자에게 맡겨지기 때문에 고도의 판단이 수반된다. **할당표본추출(quota sampling)**에서 조사자들은 모집단을 여러 집단으로 나누고 각 집단에서 참가자들을 임의로 선발한다. 예를 들어서, 안경을 낀 사람들에 대한 연구에서 안경을 낀 남성과 여성을 같은 수로 면접할 수 있다. 할당표본추출에서 연령, 성별, 또는 인종과 같이 두세 가지의 제한된 변수를 이용하여 참가자들의 선발을 통제할 수도 있다. 이러한 통제는 각 범주별로 대표성이 있는 응답자들을 면접할 수 있도록 하려는 것이다. 할당표본은 비확률표본이기 때문에, 모든 사람들이 표본에 선정될 확률이 같지 않고, 이에 따라 표본추출 오류가 통계적으로 측정될 수 없다. 할당표본은 가설을 개발하고 있을 때와 같은 탐색적 연구에서 자주 사용되곤 한다. 조사결과가 문제에 대한 가치 있는 통찰력을 제공할지라도, 작은 크기의 할당표본은 전체 모집단의 특성을 모두 반영하지는 않는다. 공통적인 특성을 갖고 있는 사람들이 있고 진행 중인 연구의 주제에 관심을 갖고 있을 때는 할당표본이 유용하다. 고양이에 알레르기 반응이 있는 사람들을 연구하는 데 사용된 확률표본은 매우 비효율적일 수 있다.

서베이법. 마케팅조사자들은 우편, 전화, 온라인, 또는 대인면접 서베이를 통해서 일차자료를 수집하기 위해 표본추출을 활용하곤 한다. 그러한 서베이의 결과는 구매행동을 서술하고 분석하는 데 사용된다. 서베이법의 선택은 문제나 이슈의 특성, 가설을 검증하는 데 필요한 자료, 조사자가 활용할 수 있는 자금 및 인력과 같은 자원에 달려 있다. 마케터들은 조사의 목적에 따라 한 가지 이상의 서베이법을 활용할 수도 있다. 미국마케팅학회 회원들에 대한 SPSS, Inc의 서베이는 43.8%는 전화조사를, 39.3%는 웹-기반 조사를, 26.8%는 표적집단면접을, 19%는 우편조사를, 11.8%는 이메일 조사를, 9.6%는 대인면접을 이용하고 있음을 보여주고 있다.[18] 서베이는 매우 비쌀 수 있지만(Procter & Gamble은 600개 조직이 서베이를 실행하도록 하는 데 약 2억 달러를 쓰고 있다), 소규모 기업들은 저렴하거나 무료온라인 서베이를 위해서 SurveyMonkey.com 및 zoomerang.com과 같은 사이트를 활용할 수 있다.[19] <표 4.4>는 여러 가지 서베이법의 장점을 비교 · 요약해 주고 있다.

이전보다 더 적은 사람이 참여하려고 하기 때문에 서베이를 통해서 정보를 획득하는 것은 점점 어려워지고 있다.[20] 특히 서베이가 길어지고 더 자세할수록 서베이에 응답하는 데 바쁜 개인시간을 너무 많이 빼앗긴다고 많은 사람들이 생각한다. 다른 사람들은 마케터들이 얼마나 많은 정보를 수집하고 있으며 개인의 프라이버시가 침해되고 있는지에 관심을 갖는다. 마케팅서베이로 위장한 영업기법의 비윤리적 활용도 협력을 기피하게 한다. 이러한 요인들로 모든 형태의 서베이에서 무응답률이 증가한다.

표 4.4 기본적인 4가지 서베이법의 비교

	우편조사	전화조사	온라인조사	대인면접조사
경제성	적절한 응답률을 확보한다면 전화나 대인조사보다 어쩌면 더 저렴하다.	면담자 출장비용이 들지 않는다; 방문조사보다는 저렴하다	적절한 응답률을 확보한다면 가장 저렴하다	가장 비싼 조사; 쇼핑몰 면접이나 표적집단 면접이 방문조사보다 저렴하다
유연성	유연하다; 질문지가 응답자들이 쉽게 완성할 수 있도록 짧아야 한다.	면접자가 선별 문항을 요청할 수 있어서 유연하지만, 관찰은 불가능하다.	덜 유연하다; 서베이는 온라인 사용자들이 쉽게 받고 되돌려줄 수 있어야 한다. 짧고, 양자택일형이거나 다지선택형 질문이 가장 좋은 결과를 가져다 준다.	가장 유연한 방법; 응답자들은 시각적 자극에 반응할 수 있다; 인구통계적 자료가 더 정확하다; 심층적인 선별이 가능하다.
면접자 편향	면접자 편향이 배제된다; 질문지는 익명으로 되돌려 준다.	약간의 익명성; 응답자들에게 신뢰를 구축하기 어려울 수도 있다.	면접자 편향이 배제되지만, 회수용 이메일 주소가 익명성을 없앤다.	객관성을 유지하려는 면접자의 개인적인 특성이나 능력이 편향에 이어질 수도 있다.
표본추출과 응답자의 협력	완벽한 발송 목록을 획득하는 것이 어렵다; 무응답이 주요 단점이다.	표본은 전화를 가진 응답자들로 제한된다; 걸려오는 전화를 선별하거나 통화 중이거나 통화거절이 문제이다.	표본은 컴퓨터 접근이 가능한 응답자들로 제한된다; 이용 가능한 이메일 주소목록이 어느 면에서는 대표성 있는 표본이 되지 못할 수도 있다.	부재중인 경우가 문제인데, 쇼핑몰 면접이나 표적집단 면접으로 극복할 수 있다.

서베이를 통한 자료의 수집
Neutrogena는 온라인조사를 통해서 정보를 수집한다.

대부분의 조사자들은 무응답을 타당한 서베이조사에 대한 가장 큰 위협요인으로 생각한다.[21]

우편조사(mail survey)에서는 질문지를 응답자들에게 보내고, 그들이 질문을 완성해서 반송하도록 한다. 표본에 속한 사람들이 넓은 지역에 산재해 있고 조사비용이 제한되어 있을 때 우편조사가 가장 많이 이용되곤 한다. 응답률이 신뢰할 수 있는 결과를 가져다줄 만큼 충분히 높은 한 우편조사는 가장 저렴한 조사방법인 것 같다. 이 방법의 주요 단점은 낮은 응답률로 응답자들의 특성이 모집단의 특성과 크게 다른 경우에는 결과를 왜곡시킬 수도 있다. 우편조사에서 응답에 대한 금전적 보상은 소비자 및 기업 표본 모두에서 응답률에 큰 영향을 끼치는 것으로 알려져 있다. 그러나 그러한 보상은 이 조사방법의 비용효율성을 감소시킬 수도 있다.[22] 이러한 문제점들로 인해서, 회사들은 아래에서 살펴보는 것과 같이, 인터넷조사와 자동화된 전화조사 쪽으로 점점 옮겨가고 있다.

전화조사(telephone survey)에서 면접자들은 전화를 통해서 질문에 대한 응답자들의 답을 기록한다. 전화조사는 우편조사에 비해서 몇 가지 장점이 있다. 질문지를 완성해서 반송하는 것보다는 전화통화로 답하는 것이 덜 수고스럽기 때문에 전화조사의 응답률이 더 높다. 만약 충분한 면접자가 있다면, 전화조사는 매우 신속하게 시행될 수 있다. 이에 따라 어떤 사건에 대한 즉각적인 반응을 추구하는 정치후보자들이나 조직들은 이 방법을 선택할 수도 있다. 또한, 전화조사에서는 면접자들이 응답자들과 소통을 할 수 있어서 선별문항으로 응답자들을 골라낼 수 있다. 상호작용적 음성반응 조사(interactive voice response surveys 또는 robosurvey)로 알려진 자동화된 전화조사는 녹음된 음성으로 질문을 하고 컴퓨터 프로그램이 응답자들의 답을 기록한다. 자동화된 조사의 일차적인 장점은 사람이 질문하였을 때 생길 수도 있는 편향을 배제시키는 것이다.

그러나 모집단의 아주 작은 부분만이 전화조사에 기꺼이 참여한다. 20년 전의 미국인들의 2/3에서 현저하게 줄어든 1/3만이 전화조사에 기꺼이 참여한다.[23] 이와 같이 빈약한 이미지가 전화조사에의 참여를 크게 제한해서 결과를 왜곡시킬 수도 있다. 또한, 전화조사는 말로 된 커뮤니케이션에 국한된다. 즉, 시각적 보조물이나 관찰이 포함될 수 없다. 많은 가구들이 스스로 선택하거나 전화번호부가 출간된 후에 이사해서 전화번호부에 등재되지 않고 있다. 잠재적인 응답자들은 자동응답기나 음성메일 또는 발신번호확인을 통해서 원하지 않는 통화를 차단하고 있다. 또한, 점점 더 많은 미국의 젊은이들이 이동전화를 선호해서 집 전화를 사용하지 않고 있다.[24] 이러한 이슈들은 서베이를 시행하는데서 전화표본을 이용하는 데 큰 장애가 되고 있다.

온라인조사는 우편 및 전화조사의 대안으로 진화하고 있다. **온라인조사(online survey)**에서는 접촉에 동의하고 이메일 주소를 제공한 응답자들에게 설문지가 전송된다. 더 많은 기업들이 서베이를 실행하기 위해서 자신들의 웹사이트를 이용하고 있다. 온라인조사는 트렌드와 소비패턴을 파악하기 위해서 대화방, 웹-기반 포럼, 및 뉴스그룹과 같은 온라인 커뮤니티를 이용할 수 있다. 영화, 소비자 가전제품, 식품 및 컴퓨터 등이 많은 온라인 커뮤니티의 인기 있는 주제이다.[25] 사실, 온라인에서 진행되는 이러한 대화를 청취함으로써 마케터들은 신제품 기회와 소비자 욕구를 파악할 수 있다. 또한, 이러한 유형의 온라인 자료는 다른 자료원천에 비해서 약간의 추가비용 부담으로 수집될 수 있다.[26] 진화하는 기술과 인터넷의 상호작용적 특성으로 온라인조사를 위한 질문지의 디자인에는 상당한 유연성이 있다.

인터넷 접속이 가능한 컴퓨터를 보유한 가구들이 증가하고 있음을 반영할 때, 앞으로 마케팅조사는 온라인조사를 더 많이 활용할 가능성이 크다. 더욱이, 전화조사에 대한 부정적인 태도로 대표성이 떨어지고 비용이 더 많이 들게 됨에 따라, 이메일, 팩스, 음성메일 기능을 하나의 컴퓨터-기반 시스템으로 통합하는 것은 서베이조사에 대한 유망한 대안을 제공해준다. 특히 이메일조사는 종업원들이 네트워크로 연결된 조직 내에서 그리고 회원들의 이메일 주소를 갖고 있는 협회 등에서 강력한 잠재력을 갖고 있다. 특히 대학생들은 티셔츠 및 기타 경품과 같은 인센티브가 제공되는 경우에는 이메일 주소와 기타 개인정보를 기꺼이 제공하려고 하곤 한다.[27] 그러나 마케팅조사에 이

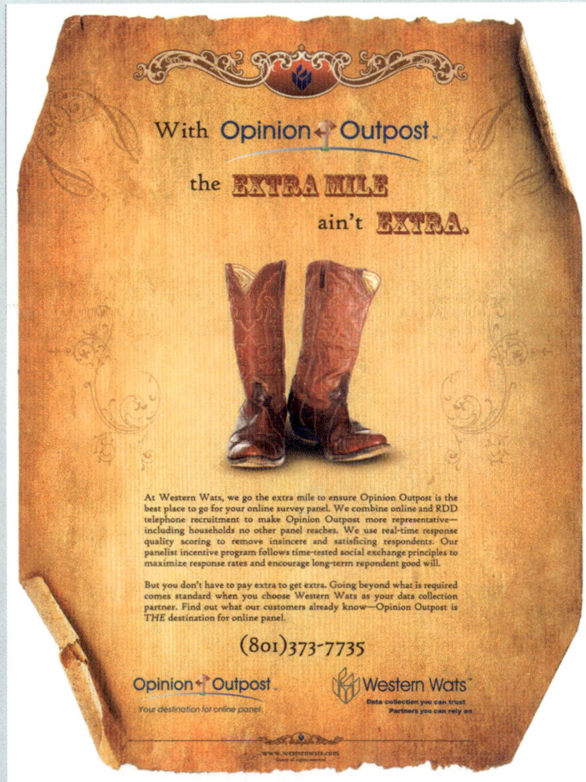

COURTESY WESTERN WATS

온라인조사

Western Wats는 고객들에게 쉽게 활용할 수 있는 온라인패널을 이용한 조사를 제공한다.

전환 중인 마케팅

마케팅조사로서 소셜네트워크와 온라인 커뮤니티

오늘날 기업세계에서 소셜네트워크서비스는 효과적인 마케팅조사를 시행하는 데 새로운 답이 될 수도 있다. 오늘날 수많은 사람들이 MySpace 및 Twitter와 같은 소셜네트워크에 참여하고 있으며 많은 기업들이 이러한 참여를 기회로 이용하기를 바라고 있다. 예를 들어서, Skittles는 Wikipedia와 Twitter에서 온 사용자 제작 콘텐츠(user-generated content: UGC)를 크게 다루기 시작하였다. 이 웹사이트는 이들 사이트에서 Skittles에 관련된 논평을 받아서 모든 사람들이 볼 수 있도록 게시한다. 널리 알리는 것 이외에도, Skittles는 자사 제품들에 대한 시장의 반응을 측정하기 위해서 게시물들을 검토할 수 있다.

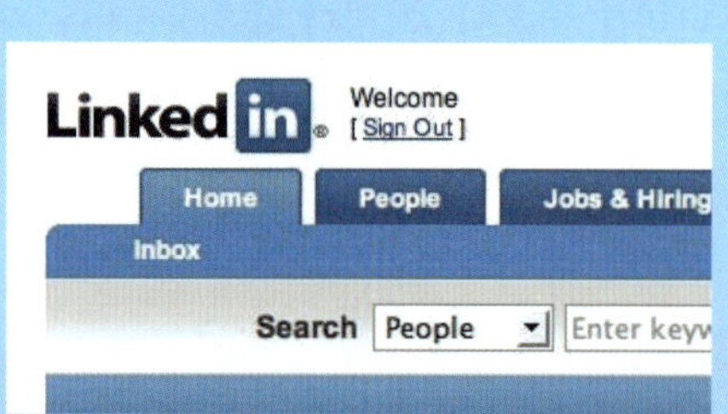

물론, 소비자들이 쓴 논평을 게시하는 것은 위험이 뒤따른다. Pranksters는 Skittle의 이미지에 해를 끼치기 위해서 엉뚱한 논평을 이미 게시하기 시작하였다. 왜 안전한 전통적인 마케팅조사보다 온라인 커뮤니티를 선택하는가? 낮은 비용이 한 가지 장점이다. 전통적인 조사방법에서 200,000 – 300,000달러의 비용이 들 수 있는 것에 비해서 300명의 온라인 커뮤니티는 6개월에 130,000 – 175,000달러의 비용이 들 수 있다고 한 기업이 추정하였다. 온라인 피드백을 받는 데 기업들은 전통적인 조사에서 부딪쳤던 과거의 장애에 직면할 수도 있다. 소비자들에게 자유롭게 표현할 수 있는 능력을 부여함으로써, 기업들은 그들을 조사과정에서 동료와 같은 참여자들로 바꿔놓고 있다. 이러한 것들은 온라인 소비자들과 기업 사이에 강력한 유대를 형성시키는 역할을 한다.

가장 중요한 것으로, 온라인 커뮤니티는 기업들이 대규모 투자를 하기 전에 새로운 아이디어를 신속하게 테스트할 수 있게 해준다. 어떤 원고를 사야 할지 여부를 고민하고 있는 출판사에게 이것은 유용하다. 온라인 커뮤니티에서 한 장을 테스트해 볼 수 있다. 그 장에 대한 반응이 부정적이라면, 그 원고를 거절해서 100,000달러 이상을 절약할 수 있게 된다. 이렇듯, 기업들이 풀어야 할 어떤 과제를 갖고 있을지라도, 기업의 온라인 커뮤니티는 올바르게 그리고 효율적으로 활용된다면 마케팅조사를 신속하고 저렴하게 실행할 수 있는 독특한 기회를 제공해 준다.[b]

메일을 활용할 때는 몇 가지 윤리적 쟁점들을 고려해야 한다. 무차별적 이메일은 스팸(spam)메일로 여겨져 프라이버시 문제가 될 수 있는데, 일부 잠재적 응답자들은 자신들의 정보가 승인을 받지 않고 제3자에게 제공될 것을 우려하기 때문이다.

소셜네트워크 사이트(social networking sites)는 마케터들이 조사를 실행하는 새로운 방법이다. 온라인 소셜네트워크는 소비자 의사결정을 이해하는데 유용한 정보를 수집하는데 이용되곤 한다는 점에서 전통적인 소셜네트워크와 유사하게 작용한다. Twitter, Facebook, MySpace, 그리고 LinkedIn이 가장 인기 있는 소셜네트워크 사이트들 중 일부이다. 이 사이트들은 사람들과 교류하려는 노력과 비용을 절감해 준다. 온라인 소셜네트워크 사이트를 이용한 조사는 표적집단 면접의 훌륭한 대안이 될 수 있다. 온라인에서 친구들을 만나게 되면, 그들은 이웃들, 사교모임 또는 파티에서 전통적으로 행했던 것과 같은 일을 할 수 있게 된다. 온라인 친구들은 좋아하는 사진, 비디오, 브랜드를 공유하고 제품만족평가를 완성할 수 있다.

Facebook은 현재 약 2억 명의 사용자를 갖고 있으며 빠른 속도로 계속 성장하고 있다. Facebook의 목표는 전화와 비슷하지만 훨씬 더 상호작용적이고 다차원적인 표준적인 커뮤니케이션 및 마케팅 플랫폼이 되는 것이다. 신제품의 바람직한 특징에 대한 정보를 요청하고 통찰력을 제공하는 데 이 사이트가 활용될 수 있다. MySpace, LinkedIn 및 Twitter는 일종의 상호작용적인 디지털 전화번호부로, 다른 한편으로는 마케팅조사자들이 유용한 정보를 획득할 수 있는 곳으로 중요해졌다.

대인면접조사(personal-interview survey)에서 참가자들은 얼굴을 마주보면서 질문에 답을 한다. 그림, 제품, 도표, 광고문안 등과 같이 다양한 오디오비주얼 보조물이 대인조사에서 활용될 수 있다. 직접적인 상호작용을 통해서 쌓인 신뢰감은 대체로 선별문항, 추적질문, 또는 심리적 테스트와 같이 훨씬 더 심층적인 면접을 가능하게 해준다. 또한, 대인면접조사는 더 길게 진행될 수 있어서 더 많은 정보를 획득할 수 있게 해준다. 끝으로, 응답자들을 더 주의 깊게 선정할 수 있고 무응답의 이유를 밝힐 수 있다.

방문조사(in-home/ door-to-door interview)는 대인면접조사의 한 유형이다. 자발적 공개의 철저함과 집단영향의 배제가 중요할 때 방문조사는 명확한 장점을 갖고 있다. 45분에서 90분에 이르는 심층적인 면접에서, 응답자들의 실질적인 동기, 느낌, 행동 및 열망을 들어낼 수 있도록 응답자들이 면밀하게 조사될 수 있다.

표적집단면접(focus-group interview)의 목적은 구성원들이 어떤 아이디어나 개념에 노출되었을 때 이루어지는 집단 상호작용을 관찰하는 것이다. Microsoft, Yahoo 및 CBS를 포함한 매체사들은 온라인 비디오광고에 대해서 더 많은 것을 알아내기 위해서 공동으로 표적집단면접을 시행하였다. 표적집단면접은 광고형식을 결정하기 위해서 활용되었는데, 이 광고형식은 매체사들의 웹사이트에서 베타(beta) 테스트가 이루어졌다. Allstate와 Capital One은 최고의 온라인 비디오광고를 방송할 목적으로 매체사들의 웹에서 광고시간을 구입하기로 의견을 모았다.[28] 이러한 면접은 8~12명의 소집단으로 질문지가 없이 비체계적으로 시행되곤 한다. 이러한 면접은 유연하고 창의적인 방식으로 진행되어 태도, 행동, 라이프스타일, 필요 및 욕구를 탐구할 수 있게 해준다. 질문은 자유응답형이고 응답자들이 자신들의 표현으로 답하는 것을 장려한다. 응답자들이 완전히 이해하지 못한 것들이나 아이디어를 설명하는 데 도움이 되는 의외의 흥미로운 것들을 명확하게 하기 위해서 조사자는 선별문항을 활용할 수 있다. 미국의 대통령도 아이디어를 검토하기 위해서 표적집단을 활용하고 있다. 표적집단면접이 진행된 후에 오바마 대통령은 참모들에게 그 면접에서 논의된 주요 사항들을 요약한 문서를 작성하도록 지시하였는데, 이 정보는 정책을 결정할 때 활용된다.[29] 면접받는 남성, 여성 및 연령집단 등 각 주요 세분시장에서 별개의 표적집단들을 활용할 필요가 있으며, 한 집단이 비정상적으로 색다른 경우에는 각 세분시장별로 최소한 2개 표적집단을 활용해야 한다고 전문가들은 권고하고 있다.[30] 표적집단은 특히 신제품 가격을 책정하는 데 유용한 것으로 알려졌다.[31] 그러나 표적집단은 일반적으로 계량적인 자료가 아니라 정성적인 자료만을 제공하기 때문에, 쟁점을 도출하는 데 잘 활용되고 있으며, 이 쟁점들은 계량적인 마케팅조사 기법들을 활용해서 다시 검토된다. 표적집단의 몇 가지 비판은 성공적이지 못한 활용에서 온다. 조사를 실행하기 위해서 표적집단들을 활용한 후에 Tropicana사는 새로운 오렌지주스 포장을 내놓았다. 새로운 디자인은 애호적인 소비자들로부터 아주 부정적인 피드백을 불러일으켰는데, 그들은 이메일과 전화를 이용해서 불평을 하였다. 수백 명의 반응을 거의 동시에 받을 수 있는 Twitter와 같은 소셜네트워크 사이트를 활용하는 것이 포장재 디자인에 대한 훨씬 더 좋고 더 신뢰할 수 있는 정보원천이 될 수 있다고 일부 사람들은 믿는다.[32]

점점 더 많은 조직들이 **고객조언위원회(customer advisory board)**를 활용하고 있는데, 이 위원회를 구성하는 소집단의 실제 고객들이 신제품 아이디어를 위한 위원회처럼 활동하고 기업의 제품, 촉진, 가격결정 및 기타 마케팅 요소들에 대한 자신들의 느낌과 태도에 대한 통찰력을 제공해 준다. 이러한 조언위원회는 기업들이 귀중한 고객들과 강력한 관계를 유지하는 데 도움을 주는 한편, 마케팅조사 과제에 대한 훌륭한 통찰력을 제공할 수도 있다.[33] 예를 들어서, Yum! Brands' KFC는 브랜드와 제품에 대해서 어머니들의 통찰력과 건의를 획득하기 위해서 KFC Moms Matter! Advisory Board를 구성했다.[34]

또 다른 대안으로는 **전화심층면접(telephone depth interview)**이 있는데, 이것은 면밀하게 살필 수 있는 전통적인 표적집단면접의 장점과 전화조사의 기밀 유지를 결합하였다. 이러한 유형의 면접은 조사 참가자들의 전문성, 지위 및 라이프스타일 등 때문에 전통적인 표적집단으로 불러 모으기 어려운 소수의 집단을 대상으로 하는 정성적 조사에 가장 적합하다. 응답자들이 면접의 날짜와 시간을 선택할 수 있다. 비록 이 방법은 실행에 어려움이 있을지라도, 다른 경우에는 마케팅조사에 참여하려고 하지 않는 응답자들의 숨겨진 정보를 찾아낼 수 있다.[35] WebEx(온라인 화상솔루션) 서비스를 통해서 온라인 상에서 이러한 방법을 실행할 수 있다.

대인면접의 특성은 변해왔다. 과거에는 무작위표본추출이나 미리 이루어진 약속을 중심으로 진행된 대부분의 대인면접이 응답자들의 집에서 이루어졌다. 오늘날에는, 대부분의 대인면접은 가정 밖에서 이루어진다. **쇼핑몰 면접조사(shopping-mall intercept interviews)**는 쇼핑몰의 특정 "개입(intercept)" 지점에서 지나가는 행인의 일정비율을 조사한다. 대인면접조사로서 쇼핑몰 면접조사는 많은 장점을 갖고 있다. 면접자는 응답자들의 비언어적인 거부표시를 파악해서 대응할 수 있다. 응답자들에게 시제품, 광고방송의 비디오 등을 보여줄 수 있고 그들의 반응을 파악할 수 있다. 몰의 환경을 활용하여 조사자들은 복잡한 상황을 다룰 수 있다. 예를 들어, 맛테스트에서 모든 응답자들이 같은 제품에 대해서 반응을 보이고 있다는 것을 조사자들은 알고 있는데, 이는 몰의 테스트 주방에서 준비를 하고 모니터할 수 있기 때문에 가능하다. 부피가 큰 설비를 필요로 하는 테스트를 실행할 수 있는 능력 이외에 저렴한 비용과 엄격한 통제로 쇼핑몰 면접조사의 인기가 높아지고 있다.

설문지 구성. 주도면밀하게 만들어진 설문지는 모든 서베이조사의 성공에 필수적이다. 질문은 명확하고, 이해하기 쉬워야 하며, 특정 목적을 지향해야 한다. 즉, 모든 질문은 조사의 자료요건을 충족시켜주는 정보를 이끌어낼 수 있도록 설계되어야 한다. 조사목적이 질문의 내용과 세부적인 사항들을 결정하기 때문에 조사자들은 설문지를 개발하기 전에 조사목적을 규정해야 한다. 질문지를 만드는 데 발생하는 공통적인 실수는 조사자들은 관심이 있지만 가설을 수용하거나 기각시키는 결정에 유용한 정보를 가져다주지 못하는 질문을 포함시키는 것이다. 끝으로, 질문을 만드는 데 가장 중요한 점은 공정성을 유지하는 것이다.

질문은 보통 자유응답형, 양자택일형, 다지선택형의 3가지가 있다.

자유응답형 질문

광대역 인터넷 접속에 대한 당신의 전반적인 의견은 무엇입니까?

____

양자택일형 질문

당신은 현재 가정, 사무실, 또는 학교에서 광대역 접속이 가능합니까?

예__________________ 아니오__________________

다지선택형 질문

당신은 어느 연령집단에 속합니까?

20세 미만__________________

20~35세__________________

36세 이상__________________

조사자들은 응답자들이 너무 사적인 것으로 받아들일 수 있거나 다른 사람들이 비난할 가능성이 있는 활동의 승인을 필요로 하는 질문에 대해서는 매우 신중해야 한다. 이러한 유형의 질문들은 덜 공격적이도록 표현을 가다듬어야 한다.

관찰방법. 관찰방법을 사용하는 데 조사자들은 물리적 조건과 사건들에 주의를 기울이면서 개인들의 드러난 행동을 기록한다. 그들과 직접적인 접촉은 피한다. 대신에 그들의 행위가 조사되고 체계적으로 기록된다. 예를 들어서, "McDonald's의 평균적인 고객들은 주문하고 얼마나 기다리는가?"와 같은 질문에 답을 하기 위해서 관찰방법을 활용할 수도 있다. 관찰은 실제 환경에서 고객들이 제품과 상호작용하는 것을 지켜보는 것과 같은 **민족지학적 기법들(ethnographic techniques)**의 활용도 포함한다.

Microsoft사는 일반인에게 공개되지 않았던 OS 소프트웨어 Vista를 전체 가족이 어떻게 사용하는지를 관찰하고 녹화하기 위해서 민족지학적 기법을 활용하여 50명의 소비자들 가정에 조사자들을 보냈다. 기업의 관찰 그리고 소비자들과의 상호작용을 토대로, MicroSoft사는 이 시스템을 개선하기 위해서 많은 변화를 주었는데, 참여 가구에서 찾아진 약 1,000개의 문제점도 보완되었다.[36]

관찰이 면접과 결합될 수도 있다. 예를 들어, 대인면접 도중에 응답자 주택 및 기타 재산의 상태가 관찰되고 기록될 수 있다. 면접자가 인종, 연령 및 성별과 같은 인구통계적 정보를 직접 관찰하여 확인할 수 있다.

만일 피조사자가 관찰과정을 알게 되면 관찰을 통해서 수집된 자료는 어느 한쪽으로 치우칠 수 있다. 그러나 쇼핑고객의 행위를 어느 한쪽으로 치우치게 하거나 영향을 미치지 않고 식료품점과 같은 자연스러운 시장환경에서 관찰이 이루어질 수도 있다. 만일 사람이 직접 관찰하게 되면 결과가 한쪽으로 치우칠 가능성이 있으며, 만일 사람의 감각적 능력이 부적절하다면 기계적 도구가 행동을 기록하는 데 사용될 수도 있다. 기계적인 관찰도구들은 카메라, 녹음기, 계수기, 스캐너 그리고 생리적 변화를 기록하는 장비들이 있다. 슈퍼마켓에서 사용되는 전자스캐너는 마케팅조사에 매우 유용하다. 그 자료는 매출과 고객들의 구매패턴에 대한 정확한 정보를 제공해 주어서 마케팅조사자들은 슈퍼마켓에서 그러한 자료를 획득할 수 있다.

관찰은 간단해서 응답자들이 자신들의 실제 감정

지속가능 마케팅

병에 숨겨진 메시지: 이차자료가 재활용 교훈을 제공하다

많은 마케팅문제들이 이차자료를 이용해서 분석될 수 있다. 사회적 책임 및 환경보존과 관련된 이차자료의 한 가지 예는 생수시장이다. Coca-Cola, Nestlé 및 PepsiCo와 같은 선도기업들은 환경에 대한 버려진 플라스틱 병의 영향에 관련된 정보를 수집하고 있다. As You Sow가 편찬한 청량음료 용기 재활용 보고서(Beverage Container Recycling Report)는 소비자들 및 기타 이해관계자들을 위한 청량음료회사들의 재활용노력에 관한 현재의 자료를 제공해 준다. 이 보고서는 웹사이트, 연례보고서 및 서베이조사에서 얻은 공개적으로 이용할 수 있는 정보를 이용하여 12개 청량음료회사들을 평가하였다.

CHRIS SATTLBERGER/ GETTY IMAGES

지난해에는 50억 파운드 이상의 PET(polyethylene terephthalate)가 플라스틱 용기에 사용되었다. 그 중에서 단지 10억 파운드만이 재활용되었다. 파운드당 25센트의 높은 회수비용으로, 나머지 40억 파운드는 1달러 지폐 10억 달러를 쓰레기매립지에 버리는 것과 같다. 비록 청량음료제조업체들이 PET병의 무게를 줄였을지라도, 재활용률은 낮아졌다. 미국에서는 매일 6천만 개 이상의 플라스틱 물병이 버려지는데, 대부분이 쓰레기매립지나 소각로로 간다. 그러나 수백만 개가 미국의 거리, 공원 및 수로에 내팽개쳐진다.

청량음료기업들은 자신들의 제품이 만들어 내고 있는 문제점을 다룰 수 있는 새로운 전략을 다시 생각하고 개발해야 한다. 이러한 경우에, 이차자료가 플라스틱 음료용기에 관련된 쟁점들에 대한 정보를 청량음료기업들뿐만 아니라 소비자단체들, 규제기관들, 그리고 생태계와 환경에 관심을 갖고 있는 기타 이해관계자들에게 제공하고 있다.[c]

조사결과의 해석
Burke같은 기업들은 마케팅조사에서 수집된 자료를 해석하는데 도움을 주며 더 심층적인 조사가 필요한 영역에 대한 통찰력을 제공한다.

이나 의견을 서술하도록 동기를 부여하는 것과 같은 서베이법의 주요한 문제들을 피할 수 있다. 그러나 관찰은 서술적인 경향이 있다. 관찰이 유일한 자료수집 방법이었을 때, 그 자료는 인과관계에 통찰력을 제공할 수 없을 수도 있다. 또 다른 결점은 관찰에 토대를 둔 분석은 관찰자의 편향이나 기계적 도구의 한계를 피하기 어렵다는 것이다.

4 조사결과의 해석

가설을 검증하기 위하여 자료를 수집한 후에 마케터들은 조사결과를 해석해야 한다. 만약 마케터들이 조사과정의 초기 단계에서 자료분석방법을 주의 깊게 기획한다면 자료의 해석이 쉬워진다. 이렇게 함으로써 또한 자료수집의 모든 과정에서 자료의 지속적인 평가가 가능해진다. 이 과정에서 공식적인 해석 도중에 검토되어야 할 영역에 대한 귀중한 통찰력을 얻을 수도 있다.

대부분의 조사에서 결론을 도출하는 첫 단계는 자료를 표로 정리하는 것이다. 만약 마케터들이 조사결과를 연구되는 사물들이나 사람들의 개별 범주에 적용하려고 한다면, 특히 공동 발생을 표로 만드는 데서 교차표(cross tabulation)가 매우 유용하다. 예를 들어, 성별과 자동차타이어 구입률이라는 2개 변수를 이용해서, 교차표는 남성과 여성들이 자동차타이어를 구입하는 데서 어떻게 다른지를 보여줄 수 있다.

자료를 표로 정리한 후에, 그 자료를 분석하게 된다. **통계적 해석(statistical interpretation)**은 무엇이 대표적이며 평균에서 벗어난 것은 무엇인지에 초점을 맞추고 있다. 통계적 해석은 반응이 얼마나 넓게 변하는지와 측정된 변수와 관련해서 반응들이 어떻게 분포되어 있는지를 나타내 준다. 마케터들이 통계량을 해석할 때, 모집단의 참값에서 벗어난 정도나 오류의 추정값을 고려해야 한다. 자료의 분석으로 조사자들은 가설을 받아들이거나 기각할 수 있게 된다.

5 조사결과의 보고

마케팅조사 과정의 마지막 단계는 조사결과를 보고하는 것이다. 보고서를 준비하기 전에 마케팅조사자들은 수집된 사실이 조사과제에 대한 답을 적절하게 하고 있는지 또는 처음에 세웠던 가설을 지지하거나 기각시키는지를 확인하기 위해서 조사결과를 명확하고 객관적으로 보아야 한다. 대부분의 경우에 진행된 연구가 조사과제에 답을 하는 데 필요한 모든 것을 제공할 수 있을 가능성은 거의 없다. 따라서 조사자들은 보고서에서 조사의 한계와 왜 그러한 한계를 갖게 되었는지를 언급해야 한다.

조사결과의 보고는 대체로 공식적이고 서면화된 문서이다. 조사자들은 조사프로젝트를 기획할 때 보고서 작성을 위한 시간을 배정해 놓아야 한다. 보고서는 조사결과를 이용할 의사결정자들과 의사소통을 하는 수단이기 때문에 조사자들은 얼마나 자세한 자료를 포함시킬지를 사전에 결정할 필요가 있다. 기업의 경영자들은 짧고 명확하며 단순하게 표현된 보고서를 선호한다는 점을 조사자들은 염두에 두어야 한다. 조사자들은 특히 의사결정자들이 어떻게 조사결과를 얻게 되었는지를 검토할 시간이 없을 경우에 요약 및 제안사항을 먼저 제시하곤 한다. 기술적인 보고서는 조사방법과 절차 그리고 수집된 가장 중요한 자료를 서술해 주기 때문에 사용자들이 자료를 분석하고 제안사항을 해석할 수 있게 해준다. 이에 따라 조사자들은 보고서 사용자들의 욕구와 기대를 인식하고 거기에 맞춰서 보고서를 작성해야 한다.

4.3 마케팅 정보의 수집 및 분석 기술

기술은 마케팅 의사결정을 위한 정보의 접근 가능성을 점점 더 높여준다. 고객구매행동을 추적하고 구매자들이 원하는 것을 알아낼 수 있는 마케터들의 능력이 마케팅의 특성을 바꿔놓고 있다. 고객유지를 향상시키기 위해서 모든 고객접점에서 얻은 자료를 통합하고 그 정보를 결합함으로써 고객관계관리의 질이 높아지고 있다. 고객들을 이해하고 만족시키기 위한 내부조사와 신속한 정보수집이 정보기술로 가능하게 되었다. 예를 들어서, 우편, 전화 및 팩스를 이용한 커뮤니케이션뿐만 아니라 이메일 불평에 대한 기업의 반응은 고객만족, 유지 및 가치를 향상시킬 수 있도록 활용될 수 있다.[37] 그러한 정보로 무장한 마케터들은 고객들의 욕구를 충족시킬 수 있도록 마케팅믹스를 정

COURTESY OF REREZ

기술의 활용

Re Rez사는 고객 기업들을 돕기 위해서 고급 마케팅조사기법들을 활용하고 있다.

교하게 조율할 수 있다.

원격통신과 컴퓨터 기술의 통합으로 마케터들은 산업예측, 업계동향 및 고객구매행동에 관련된 점점 더 많은 귀중한 정보원천에 접근할 수 있게 되었다. 최소한의 고객 상호작용으로 정확한 정보를 얻기 위해서 전자통신 도구들이 효과적으로 활용될 수 있다. 대부분의 마케팅조사자들은 이메일, 음성메일, 원격지회의수단 및 팩스를 마음대로 활용할 수 있다. 사실, 많은 기업들이 이러한 모든 기술들을 망으로 묶어서 이용할 수 있는 자료를 체계화시키기 위해서 마케팅정보시스템과 CRM 기술을 활용하고 있다. 이 절에서 우리는 마케팅조사 자료를 획득하고 관리하는 데 도움이 될 수 있는 마케팅정보시스템과 구체적인 기술을 살펴볼 것이다.

1 마케팅정보시스템

마케팅정보시스템(marketing information system: MIS)은 조직의 내부 및 외부원천에서 규칙적으로 수집된 정보의 일상적인 관리와 체계화를 위한 프레임워크이다. MIS는 가격, 광고지출, 매출, 경쟁 및 유통비용에 대한 정보의 지속적인 흐름을 제공한다. 예를 들어서, Anheuser-Busch사는 BudNet라는 시스템을 사용하고 있는데, 이 시스템은 개별 점포들의 과거 매출, 재고, 경쟁자들의 진열과 가격, 그리고 유통업체의 판매대리점들이 수집한 수많은 기타 정보를 핸드헬드(handheld) 컴퓨터에 축적해 준다. BudNet로 관리자들은 사회의 트렌드나 경쟁자들의 전략 변화에 적절한 촉진메시지, 패키지, 진열, 또는 할인으로 신속하게 대응할 수 있게 된다.[38]

MIS의 주된 초점은 컴퓨터 용량과 경영진의 정보요구뿐만 아니라 자료저장과 인출에 있다. 제품별 또는 시장범주별 매출의 정기적인 보고, 재고수준에 관한 자료, 그리고 영업사원들의 활동에 관한 기록은 의사결정에 유용한 정보들의 예이다. MIS에서 자료를 수집하는 수단은 정보흐름을 신속하게 처리하기 위한 절차보다 주의를 덜 받고 있다.

효과적인 MIS는 정보의 목적을 결정하는 것 즉, 일정한 정보를 필요로 하는 정보욕구을 찾아내는 데서 출발한다. 그런 다음에 기업은 내부 및 외부 환경에서 규칙적이고 지속적인 정보를 제공할 수 있는 지속적인 모니터링을 위한 정보시스템을 명확하게 밝힌다. 예를 들어, FedEx는 기업과 고객들 사이의 동시적인 커뮤니케이션를 제공하기 위해서 상호작용적인 마케팅시스템을 개발하였다. 전화와 인터넷을 활용하여 고객들은 자신들의 패키지를 추적하고 배달에 관한 즉각적인 피드백을 받을 수 있다. 이 기업의 웹사이트는 고객 대우에 관한 귀중한 정보를 제공하며 고객들이 기업의 서비스에 대해서 자신들이 생각하는 것을 직접적으로 표현할 수 있게 해준다. 진화하는 원격통신과 컴퓨터 기술로 마케팅정보시스템은 고객들과 일대일 관계를 계발할 수 있게 되었다.

2 데이터베이스

대부분의 마케팅정보시스템은 내부 데이터베이스를 포함한다. 데이터베이스는 마케터들이 의사결정을 하는 데 유용한 수많은 정보를 가려낼 수 있게 해준다: 내부 판매기록, 신문기사들, 기업의 뉴스공개, 정부의 경제보고서, 문헌목록, 그리고 전형적으로 컴퓨터시스템을 통해서 접근되는 그 이상의 정보. 정보기술은 전략기획에 지침을 제공하고 고객서비스를 개선시키는 데 도움이 되는 데이터베이스를 개발할 수 있게 해주었다.

고객관계관리(customer relationship management: CRM)는 여러 가지 유형의 고객들을 찾아내서 각 고객들과 상호작용하기 위한 구체적인 전략을 개발하기 위해서 데이터베이스 마케팅기법들을 활용한다. CRM은 3가지 요소들을 포함하고 있다.

1. 광범위한 인구통계적 특성, 라이프스타일 및 구매정보를 포함한 현재 및 잠재고객들의 데이터베이스를 찾아내서 구축하는 것
2. 기존 및 새로운 매체 채널을 통해서 각 소비자의 선호도 및 특성에 따라 차별적인 메시지를 전달하는 것
3. 개인 고객들을 유지하는 비용과 그들의 구매의 생애가치를 모니터하기 위해서 고객관계를 추적하는 것[39]

마케터들이 활동적인 고객들—기업에서 구매를 계속할 가능성이 있는 사람들과 비활동적인 고객들—이탈할 가능성이 있거나 이미 이탈한 고객들을 구별하는 것은 중요하다. 이러한 정보는 (1) 다시 활성화될 수 있는 이익이 되는 비활동적인 고객들을 찾아내고, (2) 고객 데이터베이스에서 비활동적이고 이익이 되지 않는 고객들을 제거하고, (3) 규칙적인 마케팅활동의 표적이 되어야 하는 활동적인 고객들을 찾아내야 한다.[40]

전국에서 최고 주택건설업체인 Pulte Homes사는 데이터베이스의 정보를 분석하여 주택구입자들의 80%가 같은 조리대, 카펫, 내부시설, 조명 등을 선택하고 있음을 알아냈다. 이 기업은 이 정보를 이용하여 2,000개의 평면도를 간소화하고, 고객들의 욕구에 더 잘 부합할 수 있도록 내부설비를 축소시켜서, 전반적인 효율성을 개선시켰다.[41] 많은 상업적 웹사이트들이 자신들의 사이트에 접속하거나 구매하기 위해서 소비자들이 등록하고 개인정보를 제공하도록 하고 있다. Ace Hardware사는 5백만 명의 할인보상 멤버를 갖고 있다. 총수입 중에서 고객이 구입하는 보상금이 차지하는 비율, 각 세분시장에서 미국의 잠재적 가구들, 보상금 데이터베이스의 비율 구성을 고찰함으로써, 이 고객들이 분석된다. 전국적으로, Ace의 마케터들은 소비자들은 찾아내서 특정 욕구와 관심사에 부합할 수 있는 직접우편으로 그들을 겨냥한다.[42] 식료품점들은 점포의 할인카드와 연결된 계산대의 스캐너를 통해서 상당한 양의 정보를 입수하고 있다. ACNielsen사에 따르면, 오늘날 미국 가구들의 78%가 최소한 하나 이상의 점포 할인카드를 사용하고 있다.[43] 사실, 시장행동을 예측할 수 있는 최선의 방법들 중 하나는 애호도 프로그램이나 기타 거래-기반 프로세스를 통해서 수집된 데이터베이스 정보를 이용하는 것이다.[44]

마케팅조사자들은 마케팅 의사결정에 유용한 정보를 얻기 위해서 LexisNexis와 같은 조사 기업들이 개발한 상업적 데이터베이스를 이용할 수 있다. 다수의 이러한 상업적 데이터베이스는 유료로 온라인에서 접속할 수 있다. 이들은 인쇄물이나 CD-ROM으로 획득할 수도 있다. 대부분의 상업적 데이터베이스에서, 사용자들은 대체로 핵심 단어나 주제 또는 기업명, 그리고 데이터베이스의 요약, 기사, 인쇄할 수 있는 보고서로 검색할 수 있다. 다중 보고서나 완벽한 기사에 접근하는 것은 추가비용이 들 수도 있다.

가구의 인구통계적 특성, 구매, TV시청행동, 쿠폰과 무료샘플과 같은 촉진에 대한 반응에 대해서 하나의 마케팅 조사 기업이 제공하는 정보를 **단일-원천 자료(single-source data)**라고 한다.[45] 예를 들어서, Information Resource, Inc.가 제공하는 Behavior Scan은 미국의 26개 시장에서 약 60,000 가구들을 조사한다. 이러한 단일-원천 정보서비스는 소비자 가정의 TV를 모니터해서 시청한 프로그램과 광고를 기록한다. 이러한 가구의 구매자들이 스캐닝 등록기가 설치된 상점에서 쇼핑할 때 그들은 계산

대에서 (신용카드와 비슷한) Hotline 카드를 제시한다. 이렇게 함으로써 각 고객의 식별번호가 전자적으로 처리되어 이 기업은 구입된 각 제품을 추적해서 이 정보를 데이터베이스에 저장할 수 있게 된다.

3 마케팅 의사결정 지원시스템

마케팅 의사결정 지원시스템(marketing decision support system: MDSS)은 어떤 의사결정의 효과를 예측할 수 있도록 도와줌으로써 마케팅 관리자들이 의사결정을 지원하는 맞춤형 컴퓨터 소프트웨어이다. 일부 MDSS는 스프레드시트보다 훨씬 더 광범위하고 계산과 모델링 역량이 뛰어나다. 관리자들이 훨씬 더 많은 대안들을 검토할 수 있게 해준다. 예를 들어서, MDSS는 어떻게 매출과 이익이 높거나 낮은 이자율에 의해서 영향을 받고, 어떻게 판매예측, 광고지출, 생산수준 등이 전체 이익에 영향을 미치는지를 파악할 수 있다. 이러한 이유로 MDSS 소프트웨어가 기업 MIS의 주요 구성요소가 되곤 한다. 맞춤형 의사결정 지원시스템은 기업마케팅에서 고객지향성과 고객만족을 지원할 수 있다.[46] 일부 MDSS는 인공지능과 기타 고급컴퓨터 기술을 내포하고 있다.

4.4 마케팅조사의 이슈들

1 윤리적 마케팅조사의 중요성

마케팅관리자들과 여타 전문가들은 의사결정을 더 잘 하기 위해서 마케팅조사, 마케팅정보시스템 및 새로운 기술에 점점 더 의존하고 있다. 따라서 그러한 조사의 신뢰성을 판단할 수 있는 전문적인 표준이 확립되어야 할 필요성이 있다. 그러한 표준은 마케팅조사 자료를 수집하는 데서 생길 수 있는 윤리적 및 법률적 이슈들 때문에 필요하다. 예를 들어서, 온라인 상호작용의 영역에서 소비자들은 마케터들이 수집한 개인정보가 어떻게 이용되고 있는지 특히 그 정보가 제3자에게 판매되는지를 경계하고 있다. 또한, 마케팅조사기관과 같은 정보공급자들과 전략결정을 하는 마케팅관리자들 사이의 관계는 윤리적 행동을 필요로 한다. 마케팅조사협회와 같은 조직들은 윤리적인 마케팅조사를 장려하는 윤리강령과 지침을 개발해왔다. 실효성이 있기 위해서 그러한 지침은 마케팅조사에 참여하는 사람들에게 어떻게 부당한 행위를 피할 수 있는지를 교육해야 한다. <표 4.5>는 설문지를 도입할 때 면접자들이 따라야 하는 명시적인 단계들을 권장하고 있다.

2 마케팅조사에서 국제적 이슈들

사회문화적, 경제적, 정치적, 법률적, 기술적 환경은 세계의 여러 지역에 따라 다르며, 이러한 변동은 마케팅조사를 통해서 외국의 관습을 이해하려는 조직을 어렵게 만들고 있다. 이 장에서 우리가 설명한 마케팅조사 과정은 국제적으로 사용될 수 있지만, 그 조사가 신뢰성과 타당성이 있음을 보장하기 위해서 자료수집 방법들은 각 지역의 차이를 반영할 수 있도록 수정되어야 한다. 예를 들어서, 라틴아메리카 사람들은 90분 이상 지속되는 표적집단면접이나 심층면접에 잘 반응하지 않는다는 점을 전문가들은 알고 있다. 따라서 조사자들은 라틴아메리카에서 제품을 마케팅하는 데 유용

표 4.5 설문지 도입에 대한 지침

설문지 도입은 ......해야 한다.
• 면접자들이 스스로 이름을 밝히게 한다.
• 조사기업의 이름이 서술되어야 한다.
• 이 조사는 마케팅조사 프로젝트임을 나타내야 한다.
• 매출과 관계가 없음을 설명해야 한다.
• 다루어지는 전반적인 주제를 언급해야 한다(만일 이것이 "무상표" 시험조사에서의 문제라면, "소비자 의견"과 같은 표현이 받아들여질 수 있다).
• 면접의 예정시간을 말해줘야 한다.
• 응답자들의 익명성과 모든 응답 내용의 비밀을 보장해야 한다.
• 가능하면 사례금을 언급해야 한다(많은 B2B와 의료 연구에서 이는 정성적 및 계량적 연구 모두에서 처음에 이루어진다).
• "각 질문에는 옳은 또는 틀린 답이 없기 때문에 생각나는 솔직한 답을 표시해 주십시오"(많은 회사들이 권장하고 있음)와 같은 문장으로 응답자들을 안심시켜야 한다.

자료원: Reprinted with permission of The Marketing Research Association, P.O. Box 230, Rocky Hill, CT 06067-0230, (860)257-4008.

한 정보를 만들어 내기 위한 자신들의 전술을 수정할 필요가 있다.[47] 세계적 및 지역적 차이가 만족스럽게 다루어졌음을 보장하기 위해서 많은 기업들이 그 지역에서 경험이 있는 조사 기업들을 고집하고 있다. 대부분의 대형 마케팅조사 기업들은 매출의 큰 부분을 미국이 아닌 외국에서 실행된 조사에서 실현하고 있다.

전문가들은 국제적 마케팅조사에 대한 2단계 접근방법을 권장한다. 첫 단계는 특정 마케팅환경을 확실하게 이해하고 일차자료를 수집하는 데서 고려되어야 할 이슈들을 정확하게 끄집어내기 위해서 이차자료에 대한 자세한 탐색과 분석을 포함한다. 이차자료는 그 시장에서 비즈니스를 하는 데 따른 위험을 평가하고 수요를 예측하는 데뿐만 아니라 경제적, 법률적, 문화적 및 인구통계적 쟁점들을 포함해서 그 시장을 전반적으로 이해하는 데 특히 도움이 된다.[48] 마케팅조사자들은 그 나라의 웹사이트와 같이 현지의 원천에서 입수한 그 나라 특유의 정보와 *The Wall Street Journal*과 같은 일반 및 비즈니스 간행물뿐만 아니라 미국 상무성에서 입수한 교역보고서를 검토하는 것으로 시작하곤 한다. 이러한 원천들에서 얻은 자료는 특정 국가의 마케팅환경에 대한 통찰력을 제공할 수 있고 미개발의 시장기회를 밝혀줄 수 있다.

두 번째 단계는 구체적인 고객욕구와 선호도에 대한 기업의 이해를 정교하게 하기 위해서 표적

집단면접 및 전화조사를 포함해서 앞에서 설명하였던 많은 방법들을 이용하는 현장조사를 포함한다. 국가별 구체적인 차이는 자료수집에 커다란 영향을 미칠 수 있다. 예를 들어서, 일부 국가에서 방문조사는 불법이다. 중국에서 정규전화에 가입한 사람들이 극히 소수여서 전화조사는 비현실적이고 전체 모집단을 대표하지 못하게 된다. 만일 기업이 잠재적 응답자들에게 어떻게 다가가야 하는지를 잘 이해하고 있으며 그들의 언어로 다가갈 수 있는 현지의 조사자를 활용한다면, 일차자료 수집이 성공할 가능성은 훨씬 더 커진다.[49] 미국이든 외국이든 그리고 일차자료를 수집하는 데 사용된 구체적인 방법이 무엇이든 간에, 목적은 특정 표적시장들의 욕구를 잘 이해하고 각 시장의 고객욕구를 충족시킬 수 있는 최상의 마케팅전략을 마련하는 것이다.

이 장의 복습

1 마케팅조사의 정의를 내리고 이의 중요성을 이해한다.

마케팅조사는 특정 마케팅 문제를 해결하거나 마케팅기회를 포착하는 데 도움이 되는 정보에 대한 체계적인 설계, 수집, 해석 및 보고이다. 마케팅조사는 기업이 시장기회를 보다 잘 이해하고, 신제품 성공의 잠재력을 확인하며, 그리고 특정 마케팅전략의 실행 가능성을 파악하는 데 도움을 줄 수 있다. 마케팅조사의 가치는 마케터들의 의사결정 능력의 향상으로 측정할 수 있다.

2 마케팅조사를 실행하는 기본적인 단계를 설명한다.

정확한 정보를 얻기 위해 필요한 관리를 유지하기 위해서, 마케터들은 논리적인 단계들을 갖는 하나의 과정으로 마케팅조사에 접근한다. (1) 조사문제의 정의, (2) 조사설계, (3) 자료의 수집, (4) 조사결과의 해석, (5) 조사결과의 보고. 첫 번째 단계인 조사문제의 정의는 마케팅전략이나 실행에 관련된 상황이나 문제의 특성과 경계를 밝히는 데 초점을 맞춘다. 두 번째 단계는 필요한 정보를 획득하기 위해서 조사프로젝트를 디자인하는 것으로, 가설을 설정하고 그 가설을 검정하는 데 가장 적절한 조사형태를 결정하여 신뢰성 있고 타당한 결과를 얻을 수 있게 한다. 문제에 대해서 더 많은 정보가 필요하거나 잠정적인 가설을 더 구체화시키려고 할 때 마케터들은 탐색적 조사를 실행한다. 객관적인 절차를 통해서 통찰력을 입증하려고 할 때 그들은 결론도출적 조사를 이용한다. 만일 연속적인 반복시행에서 거의 같은 결과를 가져다준다면 그 조사는 신뢰성이 있는 것으로 여겨진다. 만일 다른 어떤 것이 아니라 측정하려고 한 것을 측정한다면 그 조사는 타당성이 있다. 세 번째 단계는 자료수집단계이다. 조사자료를 의사결정에 적용하기 위해서 마케터들은 조사결과를 적절하게 해석하고 보고하는 것이 조사과정의 마지막 두 단계이다. 통계적 해석은 어떤 것이 전형적이고 무엇이 평균에서 벗어나 있는지에 초점을 맞춘다. 조사결과를 해석한 후에 조사자는 의사결정자가 이해하고 사용할 수 있는 조사결과에 대한 보고서를 준비해야 한다.

3 마케팅조사를 위한 자료를 수집하는 기초적인 방법을 익힌다.

마케팅조사 과정의 세 번째 단계에서 2가지 유형의 자료를 활용할 수 있다. 일차자료는 피조사자로부터 관찰하여 기록되거나 직접적으로 수집된다. 이차자료는 현재 진행 중인 조사 이외의 다른 어떤 목적으로 조직의 내부와 외부에 축적되어 있다. 이차자료는 조직의 데이터베이스나 다른 내부원천에서 또는 정기간행물이나 정부간행물 온라인 및 미간행 원천에서 수집될 수도 있다. 일차자료를 수집하기 위한 방법들에는 표본추출, 서베이, 관찰 및 실험들이 포함된다. 표본추출은 전체 모집단에서 대표성이 있는 단위를 선정하는 것과 관련된다. 확률표본추출에서는 연구되는 모집단의 모든 요소들이 연구에 선발된 확률이 알려져 있다. 비확률표본추출은 모집단의 특정 요소들이 표본에 선정될 확률을 계산할 수 있는 방법이 없기 때문에 더 주관적이다. 마케팅조사자들은 우편, 전화, 또는 인터넷을 이용하는 서베이를 통하거나 대인 또는 집단면접을 통해서 일차자료를 수집하기 위하여 표본추출을 활용한다. 주도면밀하게 구성된 설문지가 모든 서베이의 성공에 필수적이다. 관찰방법을 활용하는 데서 조사자들은 물리적 조건과 사건들에 주의를 기울이면서 개인들의 드러난 행동을 기록하지만 그들과 직접적인 접촉은 피한다. 실험에서 마케팅조사자들은 실험변수의 효과를 측정하면서 어떤 변수들을 통제하려고 한다.

4 데이터베이스, 의사결정지원시스템, 인터넷과 같은 도구들이 마케팅정보시스템과 조사에 어떻게 도움을 줄 수 있는지 설명한다.

많은 기업들이 마케팅정보시스템(MIS)을 구축하기 위해서 컴퓨터기술을 활용하는데, MIS는 조직의 내부와 외부원천에서 정보를 수집하고 관리하기 위한 프레임워크이다. 데이터베이스는 쉽게 접근하고 인출할 수 있도록 배열된 정보의 집합이다. 마케팅 의사결정 지원시스템(MDSS)은 어떤 의사결정의 효과를 예측할 수 있도록 도와줌으로써 마케팅 관리자들이 의사결정을 하는 데 도움을 주는 맞춤형 컴퓨터 소프트웨어이다. WWW (the world wide web)도 마케터들이 고객들과 의사소통을 하고 정보를 획득할 수 있게 해준다.

5 마케팅조사에서 주요 윤리적 및 국제적 이슈들을 알아본다.

비윤리적인 마케팅조사 관행을 배제하는 것과 조사를 실행하기 위해 일반적으로 받아들일 수 있는 절차를 확립하는 것은 마케팅조사의 중요한 목표이다. 국제마케팅도 똑같은 마케팅조사 과정을 이용하지만, 자료수집 방법들은 차이를 반영할 수 있도록 수정될 필요가 있다.

주요 개념

마케팅조사(marketing research): 특정 마케팅문제를 해결하거나 마케팅기회를 포착하는데 도움이 되는 정보의 체계적인 설계, 수집, 해석 및 보고

조사설계(research design): 조사문제나 쟁점을 다루는데 필요한 정보를 획득하기 위한 전반적인 계획

가설(hypothesis): 어떤 문제 또는 일련의 상황에 대한 정보에 토대를 둔 추측 또는 가정

탐색적 조사(exploratory research): 어떤 문제에 대해서 더 많은 정보가 필요하거나 잠정적인 가설을 더 구체화시키기 위해 시행되는 조사

결론도출적 조사(conclusive research): 의사결정을 하는데 있어서 마케터들에게 도움을 주기 위해 객관적인 절차를 통해 통찰력을 입증할 수 있도록 설계된 조사

서술적 조사(descriptive research): 어떤 현상의 특성을 명확히 해서 특정 문제를 해결하기 위해 시행되는 조사

실험 조사(experimental research): 마케터들이 관계에 대한 인과적 추론을 할 수 있게 해주는 조사

신뢰성(reliability): 어떤 조사기법이 반복된 시행에 있어서 거의 같은 결과를 도출할 때 성립하는 조건

타당성(validity): 어떤 조사방법이 측정하려고 하는 것을 측정할 때 성립하는 조건

일차자료(primary data): 응답자들로부터 직접 관찰하여 기록하거나 수집된 자료

이차자료(secondary data): 현재의 조사이외의 목적으로 조직의 내부 및 외부에 축적되어 있는 자료

모집단(population): 특정 연구에서 조사자가 관심을 갖는 모든 요소, 단위 또는 사람들

표본(sample): 모집단의 특성을 나타낼 수 있도록 선정된 제한된 수의 단위

표본추출(sampling): 전체 모집단을 대표할 수 있는 단위들을 선정하는 과정

확률표본추출(probability sampling): 모집단의 모든 요소들이 표본에 선정될 확률이 알려져 있는 표본추출기법

무작위표본추출(random sampling): 모집단의 모든 단위들이 표본에 선정될 확률이 같은 확률표본의 한 유형

층화표본추출(stratified sampling): 모집단을 공통적인 속성에 따라 집단으로 나누고, 각 집단 내에서 무작위표본이 선정되는 확률표본의 한 형태

비확률표본추출(nonprobability sampling): 모집단의 특정 요소들이 표본에 선정될 확률을 계산할 수 없는 표본추출기법

할당표본추출(quota sampling): 조사자들이 모집단을 여러 집단으로 나누고, 각 집단에서 표본을 임의로 선정하는 비확률표본추출 기법

우편조사(mail survey): 응답자들이 우편으로 보낸 질문지에 응답을 하는 조사방법

전화조사(telephone survey): 면접자들이 전화를 통해서 질문에 대한 응답자들의 응답을 기록하는 조사방법

온라인조사(online survey): 응답자들이 이메일이나 웹사이트를 통해서 질문지에 응답을 하는 조사방법

소셜네트워크 사이트(social networking sites): 소비자의사결정을 이해하는데 있어서 유용한 정보를 수집하기 위해 사용되는 새로운 방법

대인면접조사(personal-interview survey): 참가자들이 얼굴을 마주보면서 질문에 답을 하는 조사방법

방문조사(in-home/ door-to-door interview): 응답자의 집에서 이루어지는 대인면접

표적집단면접(focus-group interview): 구성원들이 어떤 아이디어나 개념에 노출될 때 이루어지는 집단 상호작용을 관찰하는 조사방법

고객조언위원회(customer advisory board): 신제품 아이디어의 홍보담당자 역할을 수행하고, 기업의 제품, 촉진, 가격결정 및 기타 마케팅요소들에 대한 자신들의 느낌과 태도에 대해 통찰력을 제공하는 실제 고객들의 소집단

전화심층면접(telephone depth interview): 면밀하게 살필 수 있는 전통적인 표적집단면접의 장점과 전화조사의 기밀유지를 결합한 면접조사

쇼핑몰 면접조사(shopping-mall intercept interviews): 쇼핑몰 내 특정한 "개입" 지점에서 지나가는 행인의 일정비율을 면접하는 조사방법

통계적 해석(statistical interpretation): 대표적인 것은 무엇이며, 평균에서 벗어난 것은 무엇인지에 대한 분석

마케팅정보시스템(marketing information system: MIS): 조직의 내부 및 외부원천에서 규칙적으로 수집된 정보의 일상적인 관리와 체계화를 위한 프레임워크

단일-원천 자료(single-source data): 하나의 마케팅조사 기업이 제공하는 정보

마케팅 의사결정 지원시스템(marketing decision support system: MDSS): 특정 의사결정의 효과를 예측할 수 있도록 도움을 줌으로써 마케팅 관리자들의 의사결정을 지원하는 맞춤형 컴퓨터 소프트웨어

연습문제

1. 마케팅조사란 무엇인가? 왜 마케팅조사가 중요한가?
2. 마케팅조사의 5단계를 설명하라.
3. 조사문제를 규정하는 것과 가설을 설정하는 것의 차이는 무엇인가?
4. 마케팅조사에 대한 여러 가지 유형의 접근방법을 설명하고, 각각은 언제 사용되어야 하는지를 설명하라.
5. 마케팅조사를 위한 자료를 어디에서 획득하는가? 내부 및 외부 자료의 예를 들어보라.
6. 확률표본추출과 비확률표본추출의 차이는 무엇인가? 단순무작위표본추출, 층화표본추출 및 할당표본추출은 어떤 상황에서 가장 적합한가?
7. 우편조사에서 응답률을 향상시킬 수 있는 방법에는 어떤 것들이 있는가?
8. 관찰에서 얻은 정보를 통해서 해결할 수 있는 몇 가지 마케팅 문제를 들어보라.
9. 마케팅정보시스템은 무엇이며 어떤 것을 제공해야 하는가?
10. 다른 나라들에서의 마케팅조사는 미국에서의 마케팅조사와 어떻게 다른가?

표적시장: 세분화와 평가

CHAPTER 5

하이 스쿨 뮤지컬: 공전의 히트

Memphis에서 Moscow, Budapest, Bangalore에 이르기까지 100여 개 국가의 어린이들, 청소년들 그리고 헤아릴 수 없는 성인 팬들에게 Disney의 하이 스쿨 뮤지컬이 크게 히트하였다. 기록적인 1,700만의 시청자들이 HSM2의 첫 방송을 시청한 후에 Disnesy 방송은 어린이들과 청소년들 사이에서 프라임타임에 선도적인 케이블방송이 되었다. Disney의 HSM3의 2008년 10월 개봉(뮤지컬 영화에서 가장 큰 개봉행사가 되었음) 이전에 4억 5천5백만 명의 시청자들이 첫 두 편의 HSM을 시청하였는데, 이것은 경이로운 숫자로 전 인류의 1/15에 해당한다.

Disney방송의 케이블방송용 원작영화는 제작비용이 단지 420만 달러에 불과하다. 한 분석가에 의하면, HSM은 Disney의 영업이익에서 10억 달러를 창출하였다. 수백만 명이 DVD 또는 CD를 구입하여서 그들과 친구들은 Troy, Gabriella, Sharpay, 그리고 Ryan, 열망집단과 함께 노래하고 춤을 출 수 있게 되었다. 이 영화는 곧 바로 Disney가 성공적인 콘서트 투어, 무대공연, 그리고 인형, 소설 및 문구류의 매출에 착수할 수 있게 해준 마케팅 출발점이 되었다.

Disney는 아메리칸 아이돌 스타일의 HSM TV프로그램을 개발하기 위해서 ABC방송과 제휴하였다. 승리자는 HSM3 뮤직비디오에 등장한다(이 영화의 클로징 크레디트에서 비춰진다). 여흥을 지속시키기 위해서 이 영화의 웹사이트에서는 이면 인터뷰, 퀴즈, 내려받을 수 있는 포스터, 연회준비 아이디어 등을 게시하였다.

Disney는 화장품, 의류, iPod 액세서리 그리고 아이스-스케이트 쇼에까지 영화브랜드

학습목표

1. 시장이란 무엇인지를 학습한다.
2. 전반적인 표적시장선정 전략들의 차이를 이해한다.
3. 주요 세분화 변수들을 익힌다.
4. 세분시장 프로필이란 무엇이며 어떻게 활용되는지를 파악한다.
5. 세분시장을 어떻게 평가하는지를 이해한다.
6. 표적시장이 될 특정 세분시장을 선정하는 데 영향을 미치는 요인들을 파악한다.
7. 판매예측방법을 익힌다.

사용권을 제공함과 동시에 Dannon, Honda 및 Walmart와 같은 마케팅파트너들이 어린이들과 그들의 부모를 대상으로 공동 촉진을 만들어냈다. Disney는 청중의 행동을 이해함으로써 하이 스쿨 뮤지컬 브랜드에서 수백만 달러의 이익을 창출하였다.[1]

여타 엔터테인먼트 제공자들과 효과적으로 경쟁하기 위해서 Disney는 자신들이 마케팅노력을 기울이는 특정 고객집단을 선별하였다. 성공하고자 하는 모든 조직은 고객들을 찾아내서 그 고객들의 필요를 충족시킬 수 있는 마케팅믹스를 개발하고 유지해야 한다.

이 장에서는 시장과 시장세분화를 탐구할 것이다. 처음에 시장이라는 용어의 정의를 내리고 시장의 주요 요건을 논의한다. 그런 후에 표적시장선정 과정의 단계들을 검토하는데, 여기에는 적절한 표적시장선정 전략을 찾는 것, 소비자 및 비즈니스시장을 세분화하기 위해서 어떤 변수들을 이용할 것인지를 결정하는 것, 세분시장 프로필을 작성하는 것, 관련 세분시장을 평가하는 것, 그리고 표적시장을 선정하는 것이 포함된다. 끝으로, 판매예측을 위한 여러 가지 방법을 살펴볼 것이다.

5.1 시장

제2장에서 시장을 개인이나 조직으로서 특정 제품계층의 제품에 대한 욕구를 갖고 있으며, 그러한 제품을 구입할 능력, 의지 및 권한을 갖고 있는 사람들의 집단으로 정의했다. 예를 들어서, 학생들은 교과서시장의 일부이다. 그들은 컴퓨터, 의류, 음식, 음악 그리고 기타제품에 대한 시장의 일원이다. 사람들은 어떤 제품에 대한 욕구, 구매력 및 구매의사를 갖고 있더라도 그렇게 할 권한이 없을 수도 있다. 예를 들어서, 십대들이 주류에 대한 욕구, 돈, 살 의사를 갖고 있을지라도, 법률에서 십대들의 알코올음료 구입을 금지하고 있기 때문에 주류업체들은 그들을 시장으로 생각하지 않는다. 4가지 요건들 중 어느 하나가 없는 사람들의 집단은 시장을 구성하지 못한다.

시장은 소비자시장과 비즈니스시장으로 구분할 수 있다. 이러한 범주는 특정 시장을 구성하는 개인들과 집단들의 특성 그리고 그들이 제품을 사는 목적에 토대를 두고 있다. **소비자시장(consumer market)**은 구입한 제품을 소비하거나 편익을 얻으려고 하지만 이익을 내려는 주된 목적으로 구입하지는 않는 구입자들과 가구 구성원들로 이루어진다. 소비자시장은 흔히 B2C (business-to-consumer)라고도 한다. 우리들 각자는 수많은 시장에 속한다. 구입할 능력, 의지 및 권한을 갖고 있는 수백만 명의 개인들이 주택, 음식, 의류, 차량, 개인용품, 기구, 가구, 여가용품 등등과 같은 제품의 여러 가지 소비자시장을 구성하고 있는데, 우리는 제6장에서 이들을 살펴 볼 것이다.

비즈니스시장(business market)은 재판매, 다른 제품의 생산에서 직접 사용 또는 일반적으로 일상적인 운영에서의 사용의 3가지 목적 중 하나로 특정 제품을 구입하는 개인들이나 집단들로 구성되어 있다. 예를 들어서, 램프를 생산하는 데 사용하기 위해서 전선을 구입하는 램프생산자는 전선에 대한 비즈니스시장의 일원이다. 이 기업은 사무실을 청소하기 위해서 먼지털이를 구입한다. 비록 먼

그림 5.1 표적시장선정 과정

1. 적절한 표적 시장선정 전략 확인
2. 세분화 변수의 결정
3. 세분시장 프로필 개발
4. 관련된 세분시장의 평가
5. 특정 표적시장의 선정

지털이가 램프의 생산에서 직접 사용되지는 않을지라도, 기업의 운영에 사용된다. 따라서 이 제조업체는 먼지털이의 비즈니스시장의 일원이 된다. 비즈니스시장은 B2B (business-to-business), 산업시장(industrial market), 또는 조직시장(organizational market)이라고도 한다. 비즈니스시장은 생산자, 재판매업자, 정부 및 기관시장으로 분류될 수 있다.

5.2 표적시장선정 과정

제2장에서 마케팅전략을 개발하는 2가지 주요 구성요소 중 첫 번째는 표적시장을 선정하는 것이라는 점을 언급하였다. 비록 마케터들이 표적시장선정을 위한 여러 가지 방법을 활용할 수 있을지라도, 일반적으로 5단계 과정을 사용한다. 이 과정은 <그림 5.1>에 묘사되어 있으며 다음 절에서 이것을 살펴 볼 것이다.

5.3 제1단계: 적절한 표적시장선정 전략의 확인

표적시장은 집단구성원들의 욕구를 충족시킬 수 있도록 기업이 구체적으로 마케팅믹스를 개발하고 유지하는 사람들이나 조직들의 집단이다. 표적시장을 선정하는 데 사용되는 전략은 표적시장 욕구와 특성, 제품속성들, 그리고 조직의 목적과 자원에 의해서 영향을 받는다. <그림 5.2>는 3가지 기본적인 표적시장선정 전략을 보여주고 있다: 비차별적, 집중적 및 차별적.

각 표적시장의 문자들은 잠재적 소비자들을 나타낸다. 같은 문자의 소비자들은 유사한 특성과 유사한 제품욕구를 갖고 있다.

1 비차별적 표적시장선정 전략

조직은 특정 제품에 대한 전체시장을 표적시장으로 규정짓는 경우도 있다. 기업이 하나의 마케팅믹스를 개발해서 특정 제품에 대한 전체시장을 겨냥할 때, 그 기업은 **비차별적 표적시장선정 전략(undifferentiated targeting strategy)**을 이용하고 있다. <그림 5.2>가 보여주는 것과 같이, 이 전략은 특정 유형의 제품에 대한 표적시장의 모든 소비자들은 유사한 욕구를 갖고 있어서, 이 조직은 하나의 마케팅믹스로 대부분의 소비자들을 만족시킬 수 있다. 이러한 마케팅믹스는 거의 변화가 없는 한 종

IMAGE COURTESY OF THE ADVERTISING ARCHIVES

COURTESY OF INTEL CORPORATION

시장의 유형
Altoids 민트 생산자의 광고는 소비자시장을 표적으로 삼고 있다. Intel의 광고는 기업시장을 겨냥하고 있다.

류의 제품, 하나의 가격, 모든 사람들을 겨냥한 한 가지 촉진프로그램, 전체시장에서 대부분의 소비자들에게 도달하는 하나의 유통시스템으로 구성되어 있다. 비차별적 전략을 통해서 성공적으로 마케팅이 이루어지는 제품에는 설탕과 소금, 일정 유형의 농산물과 같은 제품과 주요 기본식품류가 있다.

비차별적 표적시장선정 전략은 2가지 조건 하에서 효과적이다. 첫째, 전체시장에서 많은 고객들이 그 제품에 대한 비슷한 욕구를 갖고 있어야 한다. 이러한 상황을 **동질적 시장(homogeneous market)**이라고 한다. 다양한 욕구를 갖고 있는 고객들의 전체시장에서 하나의 마케팅믹스를 이용하는 마케터는 그 마케팅믹스가 극히 일부 고객들만을 만족시킨다는 점을 알게 된다. 모든 사람들을 만족시킨다는 것을 의미하는 "보편적인 승용차"는 특정 개인이 원하는 구체적인 속성들을 제공하지 않기 때문에 승용차에 대한 극히 일부 고객들의 욕구를 충족시키게 된다. 둘째, 조직이 고객들의 욕구를 충족시킬 수 있는 하나의 마케팅믹스를 개발하고 유지할 수 있어야 한다. 이 기업은 전체시장에서 대부분의 고객들에게 공통적인 일련의 욕구를 찾아낼 수 있어야 하고 그 시장의 꽤 큰 부분에 도달할 수 있는 자원과 관리적 기량을 갖고 있어야 한다.

비록 고객들이 몇몇 제품에 대해서 유사한 욕구를 갖고 있을지라도 대부분의 제품에서는 고객들의 욕구가 확연히 다른 것이 현실이다. 그러한 상황에서 기업은 집중적 또는 차별적 전략을 사용해야 한다.

2 시장세분화를 통한 집중적 표적시장선정 전략

다양한 제품욕구를 갖고 있는 개인들과 조직들로 구성된 시장은 **이질적 시장(heterogeneous markets)**이라고 한다. 모든 사람들이 똑같은 승용차, 가구, 또는 의류를 원하지는 않는다. 일부 사람들은 경제

그림 5.2 표적시장선정 전략들

각 표적시장의 문자들은 잠재적 고객들을 나타낸다. 같은 문자를 갖는 고객들은 유사한 특성과 유사한 제품 욕구를 갖고 있다.

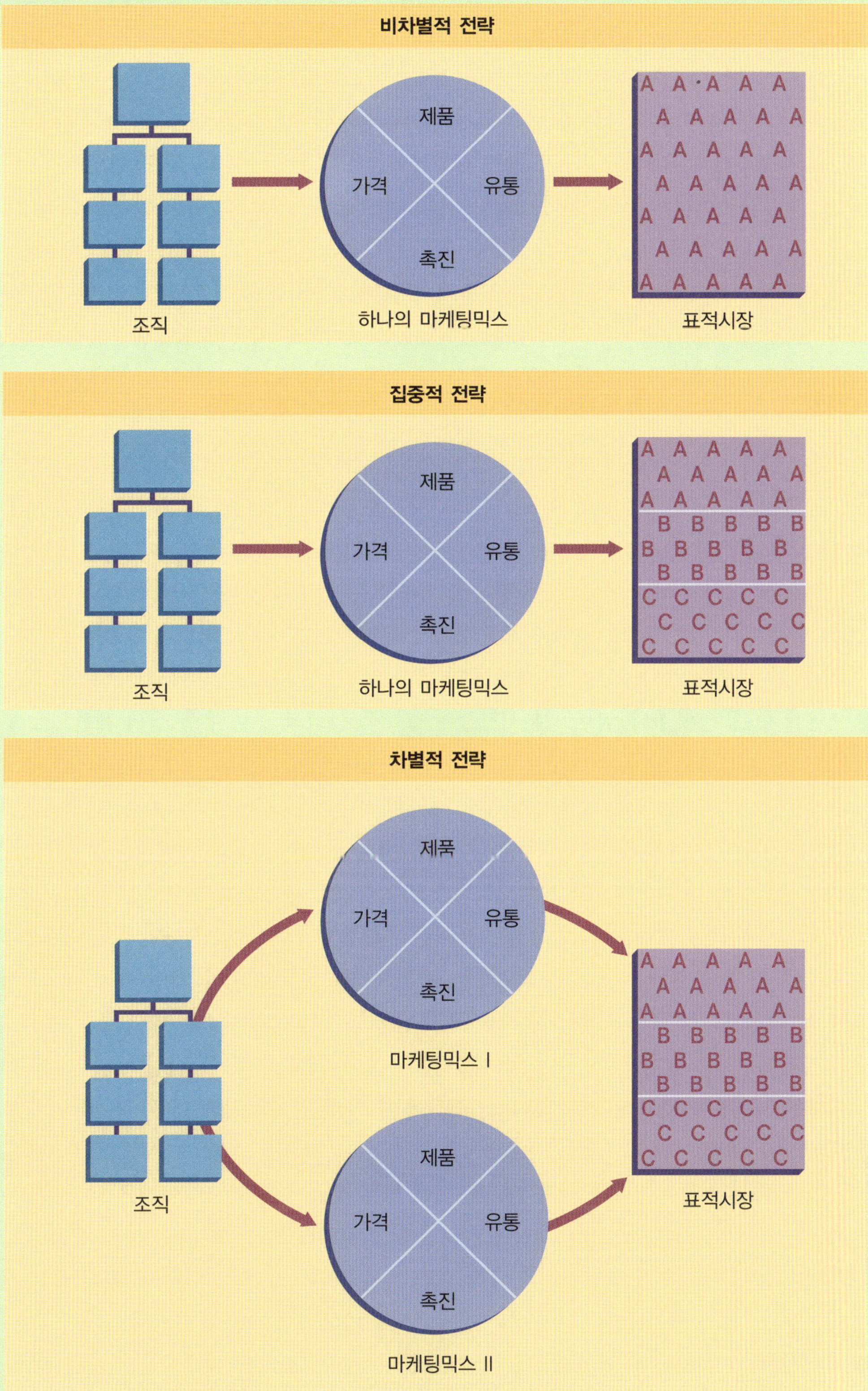

적인 승용차를 원하는 반면에 다른 사람들은 지위상징물로 자동차를 원하며, 또 다른 사람들은 넓고 안락한 차량을 찾고 있음을 생각해보자. 이렇듯 자동차시장은 이질적이다.

이처럼 이질적인 시장에서는 시장세분화가 적절하다. **시장세분화(market segmentation)**는 전체시장을 비교적 비슷한 제품욕구를 갖는 사람들과 조직들로 구성된 집단 내지 세분시장으로 나누는 과정이다. 선정된 세분시장에서 고객들의 욕구에 훨씬 더 정확하게 부합되는 마케팅믹스를 마케터들이 디자인할 수 있게 해주는 것이 그 목적이다. **세분시장(market segment)**은 비교적 비슷한 욕구를 갖게 하는 하나 이상의 비슷한 특성을 갖고 있는 개인들, 집단들, 또는 조직들로 구성된다. 온라인 컴퓨터 게임인 World Golf Tour는 나이가 많은 성인남성들을 표적으로 삼고 있다. 반면에, Vivendi의 베스트셀링 게임인 World of Warcraft는 웹에 능통한 십대들을 표적으로 삼고 있다.[2] 이질적인 시장을 세분화하는 주된 이유는 모든 사람들의 욕구에 부합하는 마케팅믹스를 개발하는 것보다는 전체시장의 비교적 작은 부분을 위한 만족스러운 마케팅믹스를 훨씬 더 쉽게 개발할 수 있다는 것이다. 시장세분화는 널리 활용되고 있다. 패스트푸드 체인점들, 청량음료회사들, 잡지출판사들, 병원들, 그리고 은행들은 시장세분화를 활용하고 있는 몇 가지 형태의 조직들에 불과하다.

시장세분화가 성공하기 위해서는 5가지 조건들이 충족되어야 한다. 첫째, 제품에 대한 고객들의 욕구가 이질적이어야 한다. 그렇지 않으면 시장을 세분화할 이유가 없다. 둘째, 세분시장들을 찾아서 구별해낼 수 있어야 한다. 기업은 전체시장의 소비자들을 제품에 대해서 비교적 고른 욕구를 갖는 소비자들로 구성된 집단들로 효과적으로 나눌 수 있는 특징이나 변수를 찾아내야 한다. 셋째, 추정된 예상매출, 비용 및 이익의 관점에서 세분시장들을 비교할 수 있도록 전체시장이 분할되어야 한다. 넷째, 최소한 한 세분시장이 그 세분시장을 위해서 특별한 마케팅믹스를 개발하여 유지하는 것을 정당화하는 데 충분한 이익잠재력을 갖고 있어야 한다. 끝으로, 기업은 특별한 마케팅믹스로 선정된 표적시장에 도달할 수 있어야 한다. 일부 세분시장들은 법률적, 사회적, 또는 유통 상의 제한으로 도달하는 데 어려움이 있거나 불가능할 수도 있다.

어떤 조직이 하나의 마케팅믹스를 이용해서 하나의 세분시장을 겨냥하도록 마케팅노력을 조정할 때, 그 조직은 **집중적 표적시장선정 전략(concentrated targeting strategy)**을 활용하고 있다. 예를 들어서, Mont Blanc 만년필은 만년필시장의 고소득층의 프리미엄 필기도구 세분시장에만 집중하고 있다.[3] <그림 5.2>에서 집중적 전략을 사용하는 조직은 마케팅믹스로 "B"고객들만 겨냥하고 있다.

집중적 전략의 주요 장점은 기업이 전문화할 수 있게 해준다는 것이다. 기업은 독특한 고객집단의 특성과 욕구를 분석한 후에 모든 에너지를 그 집단의 욕구를 충족시키는 데 집중할 수 있다. 기업은 단일 세분시장에 도달함으로써 대규모 매출을 실현할 수도 있다. 또한, 단일 세분시장에 집중함으로써 제한된 자원만을 갖고 있는 기업이 소규모 세분시장들을 소홀하게 다루어온 대규모 조직과 경쟁할 수 있게 해준다.

그러나 전문화는 기업이 모든 달걀을 한 바구니에 담는 것을 의미하는데, 이것은 모험이 될 수 있다. 만일 어떤 기업의 매출이 단일 세분시장에 달려있고 그 제품에 대한 그 세분시장의 수요가 감소한다면, 이 기업의 재무적 건전성은 떨어지게 된다. 어떤 기업이 하나의 세분시장에 침투하여 확고한 지위를 구축하게 될 때, 그 세분시장에서 누리는 인기때문에 다른 세분시장에 진출하는 것을 게을리 할 수 있다. 예를 들어서, Bentley는 픽업트럭과 SUV (sport-utility vehicle) 세분시장에서 General Motors와 경쟁하려고 할 가능성은 거의 없다.

3 시장세분화를 통한 차별적 표적시장선정 전략

차별적 표적시장선정 전략(differentiated targeting strategy)으로, 조직은 각 세분시장에 적합한 마케팅믹스를 개발함으로써 2개 이상의 세분시장에 마케팅노력을 경주한다(<그림 5.2> 참조). 어떤 기업이 어느 한 세분시장에서 집중적 전략으로 성공을 거둔 후에, 그 기업은 다른 세분시장으로 마케팅노력을 확장하는 경우가 많다. 예를 들어서, 속옷기업 Fruit of the Loom사는 전통적으로 남성용 속옷시장인 하나의 세분시장을 표적으로 삼아왔다. 그러나 이 기업은 이제 여성용과 어린이용 시장에서도 속옷을 마케팅하고 있다. 차별적 전략의 마케팅믹스는 제품특징, 유통방법, 촉진방법 및 가격에 따라 달라질 수 있다.

기업은 차별적 전략을 통해서 전체시장에서 매출을 증대시킬 수 있는데, 마케팅믹스가 더 많은 소비자들을 겨냥하고 있기 때문이다. 예를 들어서, 기성복 소매에서 50대의 부유한 소비자들을 표적으로 삼음으로써 명성을 쌓아온 Neiman Marcus사는 다른 연령집단에 맞춰진 몇 개 부티크로 지금 실험을 하고 있다. 하나의 실험개념은 Cusp인데, 젊은 여성들을 표적으로 삼고 있는 캐주얼 부티크 연쇄점이다. Neiman Marcus를 전혀 언급하지 않고 있는 이 상점들은 유명브랜드의 청바지, T-셔츠, 짧은 드레스 및 기타 캐주얼의류를 내놓고 있다.[4] 과잉 생산시설을 갖고 있는 기업에게는 차별적 전략이 유익할 수 있는데, 부가적인 세분시장에서의 매출이 과잉시설을 흡수해줄 수 있기 때문이다. 반면에 차별적인 전략은 추가적인 생산프로세스, 자재 및 인력을 필요로 하곤 한다. 이렇듯 생산과 비용이 집중적 전략보다 더 높을 수도 있다.

5.4 제2단계: 세분화 변수의 결정

세분화 변수들(segmentation variables)은 하나의 시장을 세분시장들로 나누는 데 사용되는 개인

전환 중인 마케팅

표적시장선정 기술이 소셜해지고 있다

표적시장선정 기술이 소셜(social)해지고 있다. 오늘날 마케터들은 MySpace 및 Facebook과 같은 소셜 네트워크 사이트들의 수백만 사용자들 사이에서 고객세분시장을 찾아낼 수 있는 도구들을 갖고 있다. 단지 몇 번의 클릭으로 마케터들은 여러 가지 세분시장을 검토할 수 있고 어떤 세분시장이 마케팅노력에 적합한지를 결정할 수 있다.

ISTOCKPHOTO/THINKSTOCK

예를 들어서, MySpace는 사용자들이 자신들의 프로필에 게시한 개인정보를 저장하고 분석한다. 이 사이트는 성별, 연령, 지역, 관심사 및 기타변수들에 따라 사용자들을 세분시장들로 나눈다. MyAds프로그램을 이용한 마케터들은 각 세분시장에 얼마나 많은 MySpace사용자들이 있는지를 파악할 수 있고 더 많은 것을 알아내어 부적절한 세분시장들을 제외시키며 그리고 가장 잠재력이 큰 세분시장에 집중할 수 있다. 기업들은 다중 변수들을 이용하여 MySpace 사용자들 사이에서 아주 정밀한 세분시장을 찾아낼 수 있다고 MySpace 임원이 설명하고 있다. "만일 어떤 기업이 로맨틱 코미디를 좋아하고 12개의 특정 지역에 거주하는 25~40세의 어머니 NASCAR 팬들에게 도달하기를 원한다면 우리는 그렇게 할 수 있다"고 그는 말하고 있다.

Facebook도 사용자들내에서 표적 세분시장을 찾아내는 유사한 도구를 제공하고 있다. 마케터들은 특정 대학이나 대학교와 같은 소규모 세분시장을 찾아낼 수도 있고 특정 도시나 지역에 거주하는 Facebook 사용자들을 표적으로 삼는 대규모 세분시장을 찾을 수도 있다. 마케터들이 활용할 수 있는 심리묘사적 변수들 중에는 취미와 오락 등이 있다. 예를 들어서 CBS TV네트워크는 온라인 상호작용적 게임을 하는 소비자들을 찾아내기 위해서 Facebook의 표적시장선정 도구를 사용하였다.

이러한 소셜 네트워크 사이트들이 계속 확장되고 사용자들이 자신들의 프로필과 관심사를 갱신함에 따라, 마케터들은 앞으로는 분단위로 새로운 표적시장선정을 할 수 있는 기회가 훨씬 더 많아지고 있다.[a]

COURTESY OF FRITO-LAY. INC. USED BY PERMISSION.

차별적 표적시장선정 전략

많은 기업들이 다중 마케팅믹스를 이용해서 하나 이상의 세분시장에 초점을 맞추는 차별적 표적시장선정 전략을 활용하고 있다. Frito-Lay와 같은 스낵식품회사들은 다중 마케팅믹스를 개발해서 여러 개의 세분시장을 표적으로 삼고 있다.

들, 집단들, 조직들의 특성이다. 예를 들어서, 지역, 연령, 성별 및 제품사용률 모두가 시장을 세분화하는 토대가 될 수 있다. 대부분의 마케터들은 몇 개 변수들을 결합해서 사용한다. Solutions Research Group에 의하면, iPhone의 평균적인 고객은 대학졸업(학력)으로 미국인 평균보다 26%가 더 높은 급여인 연봉 75,600달러의 31세 남성이다.[5]

세분화변수를 결정하기 위해서 몇 가지 요인들이 고려되어야 한다. 세분화변수는 제품에 대한 욕구, 제품의 사용, 또는 제품에 관한 행동과 연결되어야 한다. 스테레오 기기의 마케터들은 소득과 연령을 토대로 스테레오기기 시장을 세분화할 수 있지만 스테레오기기에 대한 사람들의 욕구는 종교에 따라 달라지지 않기 때문에 종교를 토대로 세분화하지는 않는다. 만약 전체시장의 개인들이나 조직들이 정확하게 분류될 수 있다면, 그 세분화변수는 측정가능해야 한다. 연령, 지역 및 성별에 대한 정보는 관찰이나 설문을 통해서 획득될 수 있기 때문에 그러한 정보는 측정가능하다. 그러나 지능과 같은 변수를 토대로 어떤 시장을 세분화하는 것은 매우 어렵게 되는데, 이러한 속성은 정확하게 측정하기 어렵기 때문이다. 또한, 기업의 자원과 역량이 사용하는 세분화변수의 수와 규모에 영향을 미친다. 제품형태, 고객욕구의 변동 정도도 표적세분시장의 수와 규모에 영향을 미친다. 요약하면, 시장을 세분화하는 최선의 방법은 존재하지 않는다.

마케터들은 표적 고객들과 관계를 구축하고 유지하는 데 도움이 될 수 있도록 시장을 세분화하려고 한다. 고객들의 선호도와 관심사에 대한 정보를 획득하기 위해서 마케팅조사가 필요한 경우도 많다. 표적 고객들의 연령, 소득, 고용지위, 가구구조 및 가족역할에 대한 기본적인 인구통계적 정보가 도움이 될 수도 있다. 시간이 흐름에 따라 변하는 고객들의 구매패턴을 추적하고, 데이터베이스를 활용하여 트렌드를 파악하며, 그리고 반복구매 고객들에게 더 적합한 마케팅믹스를 개발하기 위해서 CRM기법들을 마케터들이 점점 더 많이 활용하고 있다.

하나 이상의 세분화변수를 선택하는 것은 표적시장을 선정하는 데 아주 중요한 단계이다. 부적절한 세분화변수를 선정하게 되면 성공적인 마케팅전략을 개발할 가능성이 제한된다. 잠정적인 세분화 변수들을 보다 잘 이해하기 위해서 우리는 소비자시장과 비즈니스시장을 세분화하는 데 사용되는 변수들의 주요 형태를 검토할 것이다.

1 소비자시장의 세분화 변수들

어떤 소비자시장에 도달하기 위해서 세분화를 활용하는 마케터는 하나 또는 몇 개 변수들을 선택할 수 있다. <그림 5.3>에서 보여주는 것과 같이, 세분화 변수들은 4가지 범주로 나눌 수 있다: 인구통계적, 지리적, 심리묘사적, 그리고 행동관련 변수들.

(1) 인구통계적 변수들

마케터들이 시장을 세분화하는 데 공통적으로 사용하는 인구통계적 특성들에는 연령, 성별, 인종, 소득, 교육, 직업, 가족규모, 가족수명주기, 종교 및 사회계층이 있다. 이러한 인구통계적 특성들은 고객들의 욕구와 구매행동에 밀접하게 연결되어 있는 경우가 많고 쉽게 측정할 수 있기 때문에 마케터들은 이러한 인구통계적 특성을 신뢰하고 있다. 인구통계학자들과 마찬가지로, 소수의 마케터들은 사망률도 활용하고 있다. 미국의 대형 장례회사인 SCI (Service Corporation International)는 기업의 시설을 사망률이 높은 고소득 교외지역에 두려고 한다. SCI는 1,700개 이상의 장례식장, 묘지 및 화장장을 운영하고 있다.[6]

연령은 세분화목적으로 일반적으로 사용되는 변수이다. 많은 제품들이 십대들을 겨냥하고 있다. 예를 들어서, "Teens Turning Green"은 십대들을 겨냥하고 있는 회사이다. 이 기업은 십대들이 일상생활에서 안전하고 건강한 대안들을 고르도록 장려하고 있다. 이 기업은 화장품과 개인용품을 찾는 십대소녀들을 위한 그린 대안이 되고 있는 "Teens for safe cosmetics"라는 제품라인을 제공하고 있다.[7] 마케터들은 연령분포와 이 분포가 어떻게 변하는지를 알 필요가 있다. 55세 미만의 모든 연령집단들이 2025년까지는 감소할 것으로 예상되며 55세 이상의 모든 연령범주는 증가할 것으로 예상된다. 1970년에 미

그림 5.3 소비자시장의 세분화 변수들

인구통계저 변수들
- 연령
- 성별
- 인종
- 민족
- 소득
- 교육
- 직업
- 가족규모
- 가족생활주기
- 종교
- 사회계층

지리적 변수들
- 지역
- 도시, 교외지역, 시골
- 도시규모
- 군규모
- 주 크기
- 시장밀도
- 기후
- 지역

심리묘사적 변수들
- 개성 속성들
- 동기
- 라이프스타일

행동관련 변수들
- 사용량
- 최종 용도
- 기대한 편익
- 브랜드 애호도
- 가격 민감도

기업가 마케팅

Tasty Bite: 미국인들에게 파고들다

정통 인도 요리이고 천연성분인 Tasty Bite 밀은 원래 인도의 Pune에서 만들어졌는데, Ashok Vasudevan과 그의 아내 Meera가 그 기업을 인수하면서 미국시장에 진출하였다. 지금은 1,500만 달러의 사업으로 일군 Tasty Bite는 비냉동으로 데워서 먹는 식품을 생산하는데, 이 식품은 양질의 식품과 편리성을 결합하였다.

미국소비자들에게 다가가기 위해서 Vasudevan과 Meera는 우선 이 식품의 명칭을 바꾸었다. 예를 들어서, 한 때 "Palak Paneer"라고 하였던 것은 "Kashmir Spinach"가 되었다. 그런 후에, 그들은 주의를 끌기 위해서 이 제품을 화려한 상자로 포장하였다.

Tasy Bite의 천연성분을 강조함으로써, 새 주인은 Whole Foods와 Trader Joe와 같은 전문점에 내놓았다. 인도식품은 과다하게 향신료를 쓴다는 오해를 불식시키기 위해서 그들은 수많은 점내 시식회를 열어 큰 성과를 거둠으로써 대형 슈퍼마켓 체인점들을 설득하여 이 제품라인을 들여놓게 되었다. 이 회사는 계속해서 다른 민족의 전문점들을 파고 들었다.[b]

국시민의 평균연령은 27.9세였는데, 현재는 약 36.2세이다. <그림 5.4>가 보여주고 있는 것과 같이, 65세 이상의 미국인들은 젊은 2개 연령집단보다 건강과 오락에 훨씬 더 많이 지출하고 있다.

연령-기반의 세분화
동양생명은 자사 서비스의 표적으로 특정 연령집단을 겨냥하고 있다.

많은 마케터들이 어린이들의 구매영향을 인식하고 있으며 그들을 향해서 더 많은 마케팅노력을 경주하고 있다. 하나의 집단으로, 4세에서 12세 어린이들의 부모들은 400억 달러 이상의 연간 소득을 갖고 있다. 장난감, 식음료, 그리고 영화 및 케이블방송과 같은 오락들과 수많은 제품들이 특히 어린이들을 겨냥하고 있다. 또한, 이 연령집단의 어린이들은 5,000억 달러에 이르는 부모들의 연간지출에 영향을 미치고 있다.[8] 편부모 또는 부모가 모두 일을 하는 가정의 어린이들은 요리, 청소 및 식료품 쇼핑과 같은 또 다른 책임을 지는 경우도 많아서 이러한 가정에서 구입하는 제품의 형태와 브랜드에 영향을 미치기도 한다.

성별은 의류, 청량음료, 일반약품, 세면용품, 잡지 및 담배 등의 시장을 세분화하는 데 일반적으로 사용되는 또 다른 인구통계적 변수이다. 미국의 통계국은 미국전체 인구에서 여성이 50.7%이고 남성이 49.3%라고 보고하고 있다.[9] 일부 탈취제

그림 5.4 일부 제품범주에 대한 세 연령집단의 지출수준

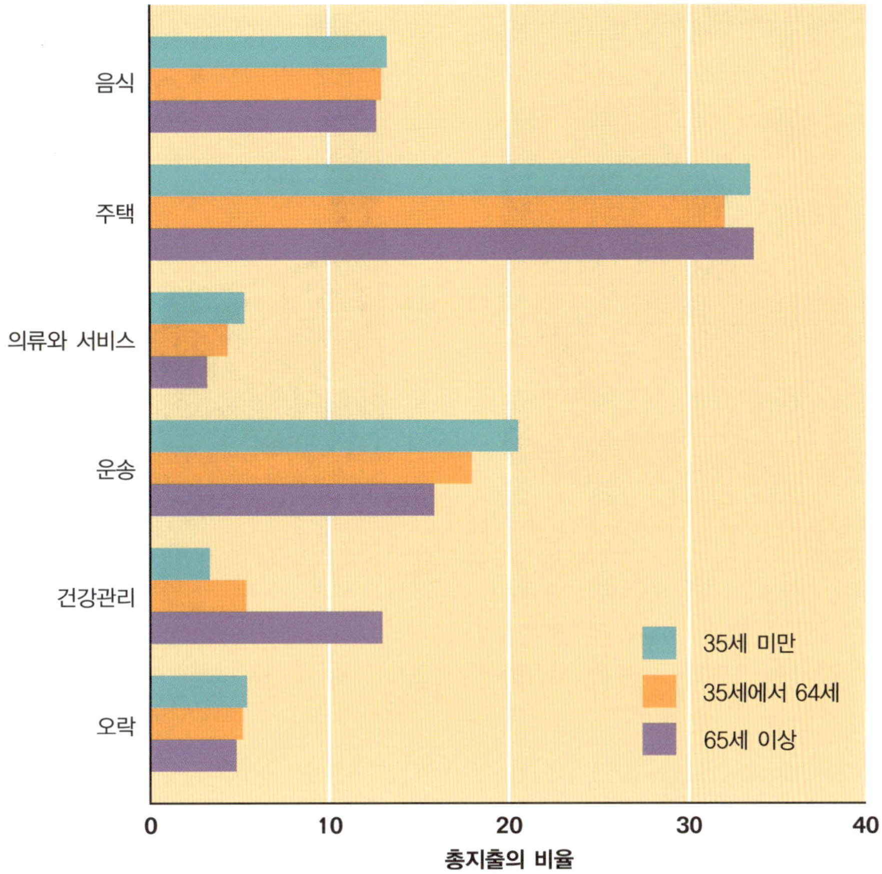

자료원: "Table 3: Age of Reference Person: Average Annual Expenditures and Characteristics, Consumer Expenditure Survey 2005," U.S. Department of Labor, Bureau of Labor Statistics, 2005, http://www.bls.gov/cex/2005/Standard/age.pdf.

마케터들은 성별 세분화를 활용하고 있다. Secret과 Lady Speedstick은 특히 여성들 대상으로 마케팅을 펼치고 있는 반면에, Old Spice와 Mitchum 탈취제는 남성들을 대상으로 하고 있다.

마케터들은 음식, 음악, 의류 및 화장품, 그리고 금융 및 보험과 같은 서비스시장을 세분화하기 위한 변수로 인종과 종족을 사용하기도 한다. 미국의 라틴 아메리카계 사람들은 세분화변수로 종족의 중요성을 잘 설명해주고 있다. 멕시코 사람들, 쿠바 사람들, 푸에르토리코 사람들, 중앙아메리카 사람들 및 남아메리카 사람들로 구성된 이 종족 집단은 전체 인구보다 5배 빠르게 성장하고 있다. 아시아계 미국인들도 많은 기업들에게 중요한 또 다른 하위문화이다. 예를 들어서, Kmart는 소수민족이 지배적인 지역에 위치한 점포에 국한된 것이 아니라 1,400여 개 점포 모두에 다문화의 인형을 갖춰 놓는 조치를 취하였다. 아시아계 미국인들, 아프리카계 미국인들, 라틴 아메리카계 미국인들의 취향에 맞춰 설계된 Dora the Explorer와 Baby Abuelita 등의 4다스의 인형들을 점포들의 주간 전단지에

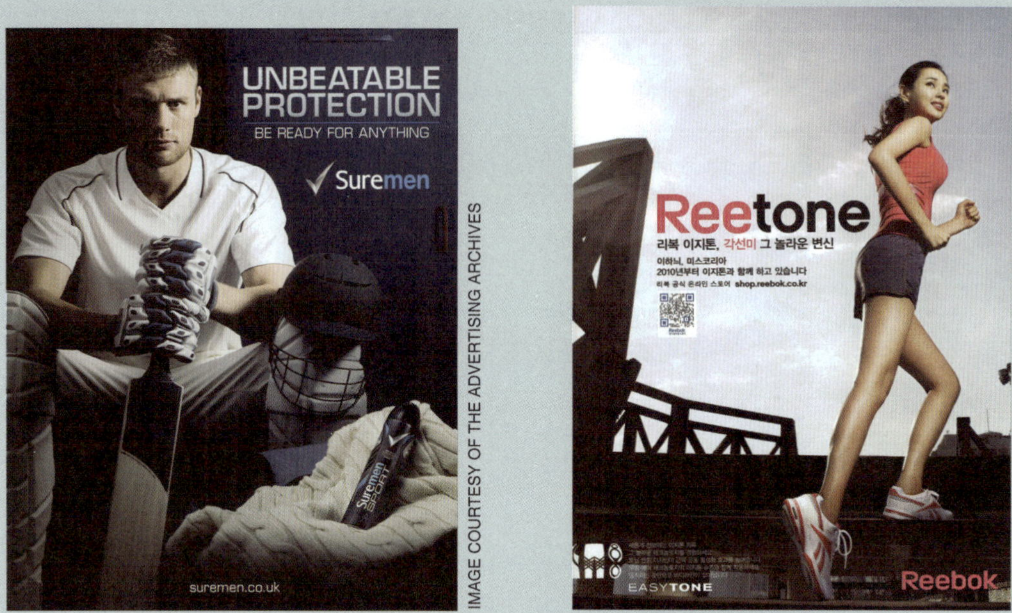

성별-기반 세분화

이러한 기업들은 성별-기반의 시장세분화를 활용하고 있다. Suremen 탈취제는 남성들을 겨냥하고 있다. Reebok은 제품의 표적으로 여성들을 겨냥하고 있다.

광고캠페인으로 지원하고 있다.[10]

소득은 사람들의 제품욕구에 강력하게 영향을 미치기 때문에 시장을 나누는 방법을 제공하곤 한다. 소득은 구매력과 어떤 라이프스타일에 대한 욕구에 영향을 미친다. 소득에 따라 세분화된 제품시장에는 스포츠용품, 주택, 가구, 화장품, 의류, 보석류, 가전제품, 자동차 및 전자제품 등이 있다. 많은 소매업체들이 고소득층의 소비자들을 표적으로 선택하는 반면에, 일부 마케터들은 대신에 선불휴대폰과 현금카드에서 특가 종이타월에 이르는 광범위한 신제품으로 저소득층 소비자들을 쫓고 있다.

가구소득과 제품욕구에 영향을 미치는 요인들 중에는 배우자와 자녀의 유무 그리고 자녀의 나이가 있다. 가족수명주기와 결합해서 사용되곤 하는 이러한 특징들은 주택, 가정용 기구, 식음료, 자동차 및 여가용품에 대한 욕구에 영향을 미친다. 가족수명주기는 여러 가지 방법으로 나누어진다. <그림 5.5>는 9가지 범주의 분류를 보여주고 있다. 가족수명주기와 관련된 미국 가구의 구성은 지난 몇 십년 동안 크게 변했다. 편부모가정이 증가하고 있는데, 이것은 더 이상 전형적인 가정이 자녀를 둔 부부로 이루어져 있지 않음을 의미한다. 1970년 이래로, 편모 가장의 가정이 전체 가구의 12%에서 26%로 증가하였으며, 편부 가장의 가정은 1%에서 6%로 증가하였다. 가족수명주기에 영향을 미치는 또 다른 요인은 남성과 여성 모두의 결혼 적령기가 늘어나고 있다는 것이다. 여성들의 결혼 적령기는 1970년 이래로 20.8세에서 25.3세로 늘어난 반면에, 남성들의 적령기는 23.2세에서 27.1세로 증가하였다. 더 중요한 것으로, 이 기간 동안에 결혼을 하지 않은 20세에서 24세의 여성들이 2배 이상 증가하였으며, 30세에서 34세의 미혼 여성들은 거의 3배가 증가하였다. 가족수명주기에서 다른 중요한 변화는 단독가구와 동거가구의 증가를 들 수 있다.[11] 이러한 변화를 추적함으로써 마케터들은 새로운 마케팅믹스로 특정 표적시장의 욕구를 충족시키는 데 도움을 받는다. 예를 들어서, MicroMarketing사는 기업들이 "수명단계

그림 5.5 전체 가구의 가족 수명주기 단계별 비율

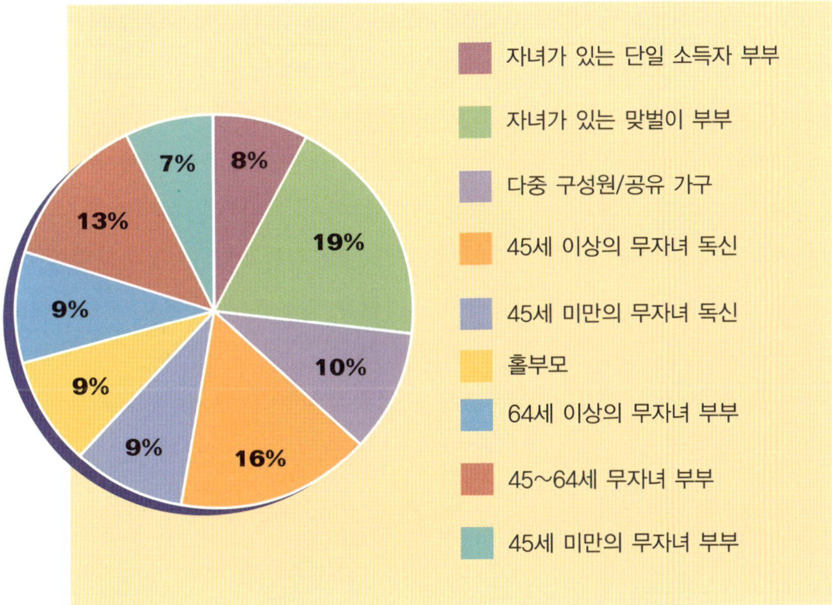

마케팅(lifestage marke-ting)"이라고 하는 것을 통해서 소비자들을 표적으로 삼는 데 도움을 주고 있다. MicroMarketing사는 최근에 이사 온 사람들, 곧 신혼부부가 될 사람들, 고등학교와 대학의 최근 졸업생들, 예비부모 등과 같은 집단을 표적으로 하는 DM (direct-mail) 캠페인을 만들어낼 수 있다. 이와 같이 한정된 표적시장에 집중함으로써 MicroMarketing사는 투자수익률을 2,000%까지 올렸음을 자랑하고 있다.[12]

마케터들은 다른 인구통계적 변수들도 이용하고 있다. 예를 들어서, 사전편찬 기업들은 교육수준에 따라 시장을 세분화하고 있다. 일부 보험회사들은 직업을 이용해서 시장을 세분화하여, 대학생들과 건강보험이 제공되지 않는 영세업체의 젊은 노동자들을 대상으로 건강보험을 내놓았다.

SNAPSHOT

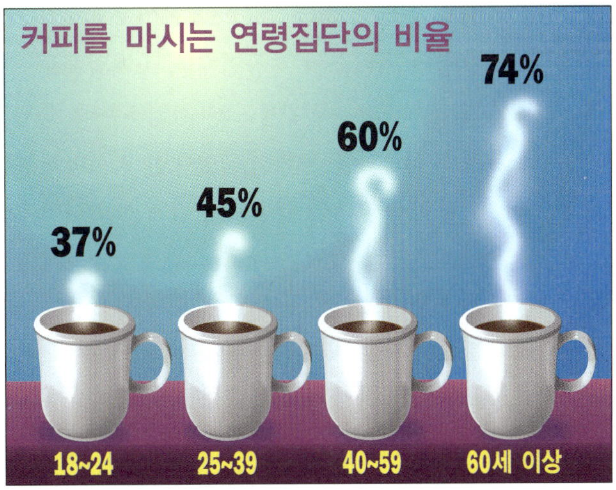

(2) 지리적 변수들

기후, 지역, 도시규모, 인구밀도, 그리고 도시/시골 등과 같은 지리적 변수들도 고객의 제품욕구에 영향을 미친다. 예를 들어서, 남부지역의 소비자들은 스노우 타이어에 대한 욕구가 전혀 없다. 시장들은 지역으로 나뉠 수도 있는데, 하나 이상의 지리적 변수들로 고객들이 지역별로 다를 수 있기 때문이다. 전국 시장에 제품을 판매하고 있는 어떤 기업이 미국시장을 태평양 연안, 남서부, 중앙, 중서부, 남동부, 중부대서양 연안, 뉴잉글랜드 등의 지역으로 나눌 수 있다. 한 개 주 또는 몇 개 주에서 활동하는 기업은 군, 도시, 우편번호 지역, 또는 다른 단위로 시장을 지역으로 나눌 수 있다.

도시규모는 중요한 세분화변수가 될 수 있다. 예를 들어서, 어느 프랜차이즈 식당은 200,000명 미만의 도시에는 입점하지 않는다. 소규모 인구기반에서는 적절한 이익을 창출하지 못한다고 결론지었기 때문이다. 다른 기업들은 소규모 도회지에서 기회를 찾는다. 고전적인 예로 Walmart를 들 수 있는데, 이 기업은 처음에 소규모 도회지들에 입점하였다.

시장밀도(market density)는 평방 마일과 같은 단위면적 내에 있는 잠재적 고객들의 수를 지칭한다. 비록 시장밀도가 일반적으로 인구밀도와 연관될지라도, 이들의 상관관계는 일치하지 않는다. 예를 들어서, 만약 어느 한 지역이 다른 지역보다 비즈니스고객들의 비율이 훨씬 크다면, 규모와 인구가 거의 비슷한 2개의 다른 지리적 시장에서 사무용품에 대한 시장밀도는 어느 한 지역이 훨씬 높을 것이다. 저밀도시장은 고밀도시장과는 완전히 다른 판매, 광고 및 유통활동을 필요로 하기 때문에 시장밀도는 유용한 세분화변수가 될 수도 있다.

몇몇 마케터들은 지리적 세분화를 활용하고 있다. **지리인구통계적 세분화(geodemographic segmentation)**는 라이프스타일 정보와 인구통계적 자료(특히 소득, 교육, 직업, 주거형태, 종족, 가족수명주기 및 도시화의 수준)를 토대로 우편번호 지역단위와 더 소규모의 주택지구 단위로 사람들의 군집을 만든다. 이처럼 소규모의 정확하게 묘사된 인구군집들은 특정제품에 대한 수요가 가장 강한 주택지구와 같이 작은 지리적 단위를 마케터들이 분리해내는 데 도움을 준다. 지리인구통계적 세분화로 마케터들은 미시마케팅을 실행할 수 있게 된다. **미시마케팅(micromarketing)**은 커뮤니티나 주택지구 시장과 같이 아주 소규모의 지리인구통계적 시장에 정밀한 마케팅노력을 집중하는 것이다. 금융 및 건강관리 서비스의 제공업체들, 소매업체들, 그리고 소비재 기업들이 미시마케팅을 활용한다. 맞춤형 광고캠페인, 촉진활동, 소매점입지분석, 특별가격, 그리고 독특한 소매제품 제공물 등은 지리인구통계적 세분화를 통해서 가능해진 미시마케팅의 몇 가지 예들이다. 많은 소매업체들이 개별 점포의 머천다이즈 믹스를 결정하기 위해서 미시마케팅을 활용하고 있다. Baytown에 있는 Best Buy 점포번호 952는 여러 가지 형태의 쇼핑객들을 발견하였다. Baytown의 복잡한 항구에 일시적으로 정박한 화물선과 유조선의 동유럽 근로자들은 금싸라기와 같은 시간을 이 점포들을 배회하는데 쓰고 있다. 그들은 본국보다 저렴한 iPod와 Apple 랩탑을 사기 위해서 택시나 셔틀버스로 15분을 이동한다. 쇼핑시간을 절약하기 위해서 Baytown Best Buy는 iPod를 점포의 뒤편에서 전면으로 옮기고, 외국의 전기 변압기를 덧붙여 놓았으며 안내표지를 단순화시켰다. 크리스마스 휴가철에 많은 변화가 이루어졌기 때문에, 선원들의 금전 등록기 영수증 발행이 67%나 증가하였다.[13]

기후도 사람들의 행동과 제품욕구에 광범위하게 영향을 미치기 때문에 지리적 세분화변수로 널리 이용되고 있다. 기후에 의해서 영향을 받는 제품시장들로는 에어컨 및 난방설비, 난로 액세서리,

의류, 원예장비, 오락용품 및 건축자재 등이 있다.

(3) 심리묘사적 변수들

마케터들은 시장을 세분화하기 위해서 개성특성, 동기 및 라이프스타일 등과 같은 심리묘사적 변수들(psychographic variables)을 이용할 때도 있다. 심리묘사적 차원은 시장을 세분화하기 위해서 단독으로 사용될 수도 있고 다른 형태의 세분화 변수들과 결합될 수도 있다.

많은 제품들이 별로 차이가 없고 소비자들의 욕구가 다른 세분화 변수들과 의미있게 연결되지 않을 때 개성특성이 세분화에 유용할 수 있다. 그러나 개성특성에 따라 어떤 시장을 세분화하는 것은 위험이 뒤따를 수 있다. 비록 마케팅실무자들이 소비자선택과 제품사용은 개성에 따라 변한다고 오랫동안 믿어왔을지라도, 최근까지도 마케팅조사는 약한 관계만이 있음을 지적하고 있다. 특히 대부분의 개성테스트들이 세분화 목적이 아니라 임상용으로 개발되었기 때문에 개성특성을 정확하게 측정하기 어렵다.

개성특성으로 사람들의 흥미를 자극할 때, 마케터들은 많은 사람들이 긍정적으로 보는 것을 거의 선택한다. 이러한 특성을 갖고 싶어하는 사람들뿐만 아니라 이러한 특성을 갖는 사람들은 그 마케터의 브랜드를 사도록 영향을 받을 수도 있다. 이러한 접근방법을 사용하는 마케터들은 얼마나 많은 사람들이 긍정적으로 평가되는 특성을 갖고 있는지를 측정하는 것에 대해서는 걱정을 하지 않는다. 그들은 표적시장의 상당히 많은 사람들이 그러한 특성을 갖고 있거나 갖기를 바란다고 가정하고 있다.

어떤 시장을 세분화하기 위해서 동기를 사용할 때, 구입하려는 소비자들의 이유에 따라 시장을 나눈다. 개인의 외모, 소속감, 지위, 안전 및 건강 등이 구매되는 제품의 형태와 그것을 사는 점포의 선택에 영향을 미치는 동기들의 예이다. 건강동기에 토대를 둔 마케팅노력은 경쟁우위가 될 수 있다. 예를 들어서 Taco Bell, Jack-in-the-Box, 그리고 Starbucks는 휴가기간에 과다하게 탐닉에 빠졌거나 체중감량을 결심한 소비자들에게 다가

지속가능 마케팅

누가 녹색소비자인가?

자신들의 제품을 환경친화적인 것으로 포지셔닝하려는 마케터들은 시장을 세분화할 때 3가지 색의 녹색소비자들을 찾아야 한다. 미국인구의 12%인 "순수한 녹색(true green)" 소비자들은 규칙적으로 녹색제품을 구입한다. "옅은 녹색(light green)" 소비자들(인구의 68%)은 가끔 녹색제품을 구입하는데 특히 녹색제품을 쉽게 입수할 수 있을 때 구입한다. 인구의 20%를 이루고 있는 "전혀 녹색이 아닌(nerver green)" 소비자들은 단지 녹색제품을 구입하지 않을 뿐이다.

AP IMAGES/PRNEWSFOTO/ZERO MOTORCYCLES

Fairmont Resort Hotel은 환경의 지속가능성에 대한 몰입을 토대로 포지셔닝을 하였던 1990년 이래로 3가지 색의 녹색소비자들을 경험해오고 있나. "그것은 우리에게 정말로 차별화의 노내가 되었나"고 Fairmont의 환경문제 담당이사가 말하였다. 이 기업은 지구-친화적인 컨퍼런스 식사를 제공함으로써 컨퍼런스 시설을 녹색으로 포지션을 구축하였다.

Zero Motorcycles는 새로운 라인의 전기오토바이로 순수한 그리고 옅은 녹색 세분시장을 겨냥하고 있다. 휘발유로 운행하는 대신에, 이 오토바이들은 전기 모터를 작동시키는 충전가능한 리듐이온 배터리를 장착하고 있는데, 이 모터는 깨끗하고 효율적이며 그리고 힘이 좋다. 사실, 도시와 오프로드용 녹색 오토바이는 인기가 매우 높아져서 Zero사는 수요에 맞추려고 고군분투하고 있다.

포장이 제품의 녹색포지셔닝을 지원할 수 있다. Unilever사가 여기에 해당하는 사례이다. 다용도 세제를 압축한 "Small & Mighty"의 32온스 용기는 이전 제품의 100온스 용기와 같은 양의 의류를 세탁해준다. 또한, "Small & Mighty" 용기는 플라스틱을 구형 용기의 절반밖에 필요로 하지 않아서, 매년 1억 5천만 파운드의 플라스틱과 수백만 갤런의 원유를 절감하고 있다. 이것은 녹색소비자들에게 중요한 마케팅이슈가 될 수 있다.[c]

그림 5.6 VALS 유형과 스포츠 선호도

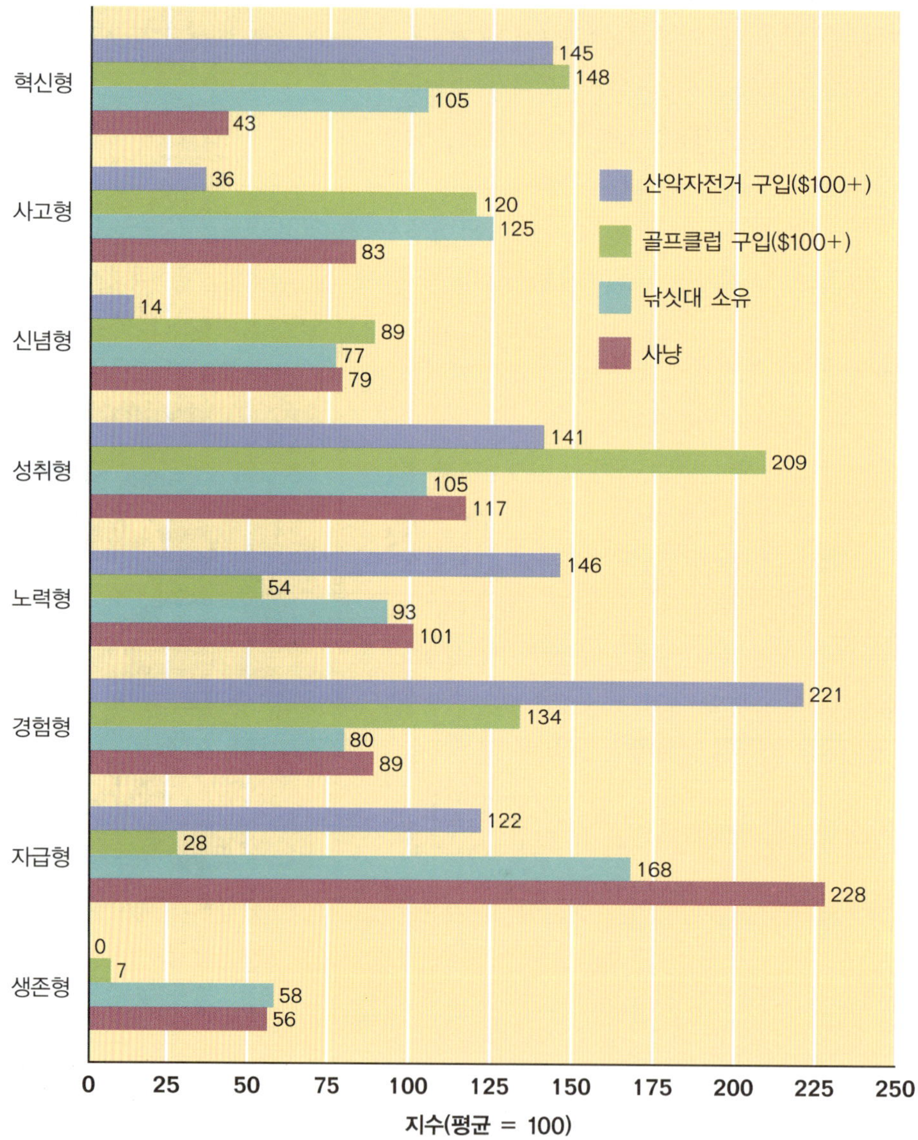

자료원: VALS/Mediamark Research, Inc., survey, SRI Consulting Business Intelligence, http://www.sric-bi.com/VALS. Reprinted with permission.

가기 위해서 연초에 "라이트" 신제품을 내놓았다. Jack-in-the-Box는 300칼로리 치킨 파히타 피타와 데리야키 소스의 구운 치킨 스트립을 출시하였다. Taco Bell은 350 이하의 칼로리를 갖는 "Fresco 메뉴"를 출시하였다.[14]

라이프스타일 세분화는 사람들이 시간을 어떻게 쓰는지, 자신들의 환경에서 일의 중요성(예컨대,

일 또는 가정), 자신들과 다양한 문제에 대한 신념, 그리고 소득 및 교육과 같은 인구통계적 특성에 따라 사람들을 집단으로 나눈다.[15] 라이프스타일(liftstyle)은 사람들의 활동(activities: 일, 취미, 오락 및 스포츠), 관심(interest: 가족, 가정, 패션, 식품 및 기술), 그리고 의견(opinion: 정치, 사회적 이슈, 교육 및 미래)에 관련된 수많은 특성들을 포함하고 있기 때문에 라이프스타일분석은 구매자들에 대한 폭넓은 관점을 제공해준다.

가장 인기있는 소비자 프레임 중 하나는 SRI Consulting Business Intelligence의 VALS™ 이다. VALS는 구매행동에 관련된 심리적 특성(개성특성)과 주요 인구통계적 특성을 토대로 소비자들을 분류한다. 소비자들의 VALS 형태를 파악하는 데 사용되는 VALS분류 설문지는 소비자들의 라이프스타일 유형을 알아내기 위한 보다 큰 설문지에 통합될 수 있다. <그림 5.6>은 산악자전거, 골프클럽, 낚싯대, 사냥을 구입하는 각 VALS 집단의 비율을 보여주는 VALS자료의 예이다. VALS조사는 기존 시장을 세분화하는 데뿐만 아니라 신제품을 개발하는 데 사용되기도 한다. VALS시스템은 미국, 일본 및 영국에서 개빌되어왔다.[16] 다른 많은 라이프스타일 분류 시스댐이 존재한다. Experian' s Behavior Bank와 같은 몇몇 기업들은 수백만 명의 소비자들에 대한 라이프스타일 자료를 수집하고 있다.

(4) 행동관련 변수들

기업들은 제품에 대한 소비자행동의 몇 가지 특징에 따라 시장을 나눌 수 있다. 이러한 특징은 일반적으로 제품사용의 몇 가지 측면에 관련된다. 예를 들어서, 어떤 시장을 대량사용자, 중량사용자, 소량사용자, 그리고 비사용자로 분류되는 사용자들로 나눌 수도 있다. 대량사용자들과 같은 특정 집단을 만족시키기 위해서, 마케터들은 독특한 제품을 개발해서 특별한 가격을 매기고, 특별한 촉진 및 유통활동을 전개할 수도 있다. 1인당 소비자료는 여러 가지 수준의 사용을 파악하는 데 도움이 된다.[17]

라이프스타일 세분화
이 광고에서 Garmin GPS는 야외활동 라이프스타일을 향유하는 사람들을 겨냥하고 있다.

소비자들이 제품을 어떻게 사용하거나 활용하는지도 세분화의 토대가 된다. 특정 방식으로 제품을 사용하는 고객들을 만족시키기 위해서 패키지, 규모, 텍스처, 또는 컬러와 같은 몇 가지 특징을 활용해서 제품사용을 더 쉽고, 안전하고 더 편리하게 만들 수 있다.

편익세분화(benefit segmentation)는 소비자들이 그 제품으로부터 원하는 편익에 따라 시장을 나누는 것이다. 비록 대부분의 시장세분화가 해당변수와 고객들의 욕구 사이의 관련성을 가정하고 있지만, 편익세분화는 고객들이 추구하는 편익이 그들의 제품욕구이기 때문에 다르다. 예를 들어서, 치약을 구입한 어떤 고객이 충치예방, 하얀 이, 천연성분, 또는 잇몸질환 예방에 관심을 가질 수 있다. 이렇듯 개인들을 그들의 욕구에 따라 직접 세분화할 수 있다. 원하는 편익을 파악함으로써 마케터들은 사람들을 특정 편익묶음을 찾는 집단으로 나눌 수도 있다. 예를 들어서, Kellogg의 Smart Strong Heart 시리얼(원래는 Smart Start Healthy Heart 였음)은 여성 베이비붐세대를 겨냥해서 이들의 심장에 좋은 시리얼을 제공하였다. 이 시리얼은 저콜레스테롤과 고혈압에 도움을 줄 수 있는 비타민 A, C 및 E, 낟알귀리 그리고 저나트륨 성분을 갖고 있다.[18] 이러한 세분화의 유효성은 3가지 조건에 달려있다. 추구하는 편익을 찾아낼 수 있어야 한다. 이러한 편익을 이용해서 마케터들은 사람들을 인식할 수 있는 세분시장으로 나눌 수 있어야 한다. 이렇게 해서 얻은 하나 이상의 세분시장에 기업의 마케팅노력으로 접근할 수 있어야 한다. Timberland와 Avia사는 구매자들이 추구하는 편익을 기반으로 신발시장을 세분화하였다.

2 비즈니스시장의 세분화 변수들

소비자시장과 마찬가지로, 비즈니스시장도 흔히 세분화되는데, 다중변수들을 결합해서 세분화하는 경우도 있다. 마케터들은 지리적 위치, 조직의 형태, 고객규모, 그리고 제품용도에 따라 비즈니스시장을 세분화한다.

(1) 지리적 위치

일부 소비자제품에 대한 수요는 기후, 지역, 고객선호도 및 유사한 요인에서의 차이때문에 지역에 따라 상당한 변화가 있음을 우리는 앞에서 언급하였다. 비즈니스제품에 대한 수요도 지리적 위치에 따라 변한다. 예를 들어서, 특정 유형의 목재 생산자들은 고객들의 욕구가 지역별로 다르기 때문에 시장을 지역에 따라 나눈다. 지리적 세분화는 특정 지역에 집중되어 있는 산업체에 도달하는 데 특히 적절할 수도 있다. 예를 들어서, 가구와 직물 생산자들은 남동부에 집중되어 있다.

(2) 조직의 형태

기업은 어떤 시장 내의 조직의 형태에 따라 그 시장을 세분화하는 경우가 많다. 다른 형태의 조직은 다른 제품 특징, 유통시스템, 가격구조 및 판매전략을 필요로 하곤 한다. 이러한 차이를 반영할 때, 어떤 기업은 하나의 마케팅믹스로 단일 세분시장에 집중하거나 다중 믹스(차별화된 표적시장선정전략)로 여러 집단에 초점을 맞출 수도 있다. 예를 들어서, 융단 생산자는 잠재적 고객들을 자동차제조업체, 상업적인 융단 도급업체들(대규모 상업용 빌딩에 양탄자를 까는 회사들), 아파트단지 개발업체들, 융단도매업체들, 그리고 대규모 소매 융단특약점들 등과 같은 몇 개 집단으로 세분화할 수 있다.

(3) 고객규모

조직의 규모는 구매절차와 그 조직이 원하는 제품의 유형과 수량에 영향을 미칠 수도 있다. 따라서 규모는 비즈니스시장을 세분화하기 위한 효과적인 변수가 될 수 있다. 특정 규모의 세분시장에 도달하기 위해서 마케터들은 하나 이상의 마케팅믹스 요소를 조정해야 하는 경우도 있다. 예를 들어서, 아주 대량으로 구매하는 고객들에게는 할인해주는 경우가 많다. 또한, 마케터들은 대규모 조직 구매자들에게 적절하게 서비스하기 위해서 개별적인 판매노력을 경주해야 하곤 한다. 대규모 및 소규모 구매자들의 욕구는 크게 다른 경향이 있기 때문에 마케터들은 다양한 고객집단에 도달하기 위해서 완전히 다른 마케팅관행을 활용하는 경우도 있다.

(4) 제품용도

특히, 철강, 석유, 플라스틱 및 목재 등의 기초 원료와 같은 일부 제품들은 여러 가지 방식으로 사용된다. 어떤 기업이 제품을 어떻게 사용하는지는 구매방법뿐만 아니라 구매되는 제품의 유형과 수량에 영향을 미친다. 예를 들어서, 컴퓨터는 엔지니어링 목적, 기초과학연구, 그리고 워드프로세싱, 회계처리 및 텔레커뮤니케이션과 같은 기업운영 목적으로 사용될 수도 있다. 따라서 컴퓨터업체는 컴퓨터 하드웨어와 소프트웨어에 대한 조직의 욕구는 그 제품을 구입하는 목적에 따라 달라지기 때문에 컴퓨터시장을 용도별로 세분화할 수도 있다.

5.5 제3단계: 세분시장 프로필 개발

세분시장 프로필은 어떤 세분시장 내의 잠재적 고객들 사이의 유사성을 서술해주고 다른 세분시장에 속한 사람들과 조직들 사이의 차이점을 설명해준다. 프로필(profile)은 인구통계적 특성, 지리적 요인들, 추구하는 제품편익, 라이프스타일, 브랜드선호도 및 사용률과 같은 몇 가지 측면들을 포함할 수도 있다. 세분시장 내의 개인들과 조직들은 몇 가지 특징들과 제품욕구에 관해서는 매우 유사하지만 다른 세분시장에 속한 개인들 및 조직들과 상당히 다르다. 마케터들은 그 조직의 가능한 제품이 잠재고객들의 제품욕구에 부합되는 정도를 평가하기 위해서 세분시장 프로필을 사용한다. 세분시장 프로필은 마케터들이 잠재적인 고객집단에 서비스하기 위해서 자신의 역량을 어떻게 사용할 수 있는지를 이해하는 데 도움을 준다.

세분시장 프로필을 활용함으로써 마케터들은 몇 가지 점에서 이득을 얻을 수 있다. 그러한 프로필은 마케터들이 어떤 세분시장이 그 기업의 강점, 약점, 목적 및 자원에 관해서 그 조직에 가장 매력적인지를 파악하는 데 도움을 준다. 마케터들이 어떤 세분시장이 매우 매력적이라고 처음에는 믿었을지라도, 세분시장 프로필은 그렇지 않음을 나타내는 정보를 가져다 줄 수도 있다. 조직이 선택한 세분시장에 대해서, 세분시장 프로필에 담긴 정보는 의사결정을 하는 데 매우 유용할 수 있다.

5.6 제4단계: 관련 세분시장의 평가

세분시장 프로필을 분석한 후에, 마케터는 추가적인 분석이 필요한 몇 개의 관련 세분시장들과 더 이상 고려할 필요가 없는 관련 세분시장들을 찾아낼 수 있게 된다. 관련 세분시장을 더 심층적으로 평가하기 위해서, 각 세분시장에 관련된 추정매출액, 경쟁 및 추정원가 등을 포함한 몇 가지 중요한 요인들이 분석되어야 한다.

1 매출액 추정

어떤 세분시장의 잠재적 매출은 제품수준, 지역, 시기 및 경쟁수준 등을 포함한 몇 가지 차원에 따라 측정될 수 있다.[19] 제품수준에 관해서, 잠재적 매출은 특정 제품아이템(예: Diet Coke)이나 전체 제품라인(예: Coca-Cola Classic, Caffeine-free Coke, Diet Coke, Caffeine-Free Diet Coke, Cherry Coca-Cola, Diet Cherry Coca-Cola, Vanilla Coke, 그리고 Diet Vanilla Coke)에 대해서 추정할 수 있다. 마케터는 추정에 포함될 지역도 결정해야 한다. 기간에 관해서, 추정매출액은 단기(1년 이하), 중기(1~5년), 또는 장기(5년 초과)가 될 수 있다. 경쟁수준은 매출이 단일 기업에 대해서 또는 전체 산업에 대해서 추정되었는지를 명시해야 한다.

시장잠재력(market potential)은 특정 수준의 산업전체 마케팅노력에서 특정 기간 내에 고객들이 구입하게 될 한 산업에 속한 모든 기업들의 제품의 총매출액이다. 시장잠재력은 금액이나 단위로 표현된다. 세분시장의 시장잠재력은 경제적, 사회문화적 및 기타 환경요인에 의해서 영향을 받는다. 시장잠재력을 추정할 때 마케터들은 그 산업에서 마케팅노력의 일정한 수준을 가정해야 한다. 마케팅노력의 특정 수준은 기업에 따라 달라지지만, 모든 기업들의 마케팅활동의 총량은 산업전체의 마케팅노력과 같다. 마케터는 산업의 마케팅노력이 변할 것인지 어느 정도로 변할 것인지도 고려해야 한다.

기업 매출잠재력(company sales potential)은 한 산업 내의 개별 기업이 특정 제품에 대해서 얻을 것으로 기대할 수 있는 시장잠재력의 최대 비율이다. 몇 가지 요인들이 어떤 세분시장에 대한 기업 매출잠재력에 영향을 미친다. 첫째, 시장잠재력은 기업 매출잠재력의 규모에 대한 절대적인 범위를 정해준다. 둘째, 산업전체 마케팅노력의 규모는 그 기업의 매출잠재력에 간접적이지만 일정한 영향을 미친다. 이러한 활동들은 시장잠재력의 크기에 직접적인 관계가 있다. 예를 들어서, Domino's Pizza가 가정배달을 광고할 때, 그 활동은 전체수준에서 피자를 간접적으로 촉진하게 된다. 이 광고는 Pizza Hut과 다른 경쟁자들의 가정배달 피자를 판매하는 데 도움을 줄 수도 있다. 셋째, 경쟁자들의 마케팅활동에 비한 어떤 기업의 마케팅활동의 강도와 유효성도 기업의 매출잠재력의 규모에 영향을 미친다. 만일 어떤 기업이 마케팅노력에 어떤 경쟁자보다 2배를 더 많이 지출한다면, 그리고 만일 지출된 단위금액이 매출을 실현시키는 데 더 효과적이라면, 이 기업의 매출잠재력은 경쟁자들에 비해서 훨씬 더 커질 것이다.

기업 매출잠재력을 측정하는 데는 분해와 결합이라는 2가지 전반적인 접근방법이 있다. **분해 접근방법(breakdown approach)**에서, 마케터는 우선 특정 기간에 대한 전반적인 경제적 예측을 한다. 그 다음에, 이 경제적 예측을 토대로 시장잠재력을 추정한다. 그런 후에 전반적인 경제적 예측과 시장잠재력의 추정치에서 기업의 매출잠재력을 구한다. **결합 접근방법(buildup approach)**에서, 마케터는 판매구역과 같은 특정 지역의 잠재적 구매자가 특정 기간에 얼마나 많은 제품을 구입할 것인지를 추정하는 것으로 시작한다. 그런 후에 그 마케터는 그 금액에 그 지역의 잠재적 구매자의 수를 곱한다. 그 마케터는 그 기업이 제품을 판매하는 각 지역에 대해서 같은 계산을 한 후에 시장잠재력을 구하기 위해서 각 지역의 총금액을 합산한다. 기업 매출잠재력을 구하기 위해서, 그 마케터는 기업 마케팅활동의 계획된 수준, 그 기업이 얻을 수 있는 전체 시장잠재력의 비율을 토대로 추정하게 된다.

2 경쟁의 평가

매출액을 추정하는 것 이외에, 고려하고 있는 세분시장에서 이미 활동하고 있는 경쟁자들을 평가하는 것이 매우 중요하다. 경쟁에 대한 정보가 없다면 추정된 매출액에 현혹될 수도 있다. 추정매출액을 토대로 매력적인 것으로 보이는 세분시장은 경쟁에 대한 평가가 이루어진 후에 훨씬 덜 매력적이라는 점이 드러날 수도 있다. 그러한 평가에서는 경쟁자들에 대한 몇 가지 질문이 이루어진다. 얼마나 많은 경쟁자들이 있는가? 그들의 강점과 약점은 무엇인가? 몇몇 경쟁자들이 큰 시장점유율을 갖고 있어서 그 세분시장을 지배하고 있는가? 우리 기업은 경쟁자들의 마케팅믹스에 효과적으로 대응할 수 있는 마케팅믹스를 창출할 수 있는가? 새로운 경쟁자들이 이 세분시장에 진입할 가능성이 있는가? 만일 그렇다면, 그들은 성공적으로 대응할 수 있는 우리의 능력에 어떻게 영향을 미치게 되는가? 이러한 질문에 대한 답은 잠재적인 세분시장에서 경쟁에 대한 적절한 평가에 매우 중요하다.

3 비용 추정

표적 세분시장의 필요를 충족시키기 위해서, 조직은 그 세분시장에 있는 개인들과 조직들의 필요와 욕구에 정밀하게 부응할 수 있는 마케팅믹스를 개발해서 유지해야 한다. 그러한 믹스를 개발해서 유지하는 데는 상당한 비용이 소요될 수 있다. 독특한 제품특징들, 매력적인 포장디자인, 후한 제품보증, 막대한 광고, 매력적인 촉진제안, 경쟁력이 있는 가격, 우수한 인적 서비스는 조직의 상당한 자원을 소비하게 된다. 사실, 어떤 세분시장에 도달하는 데 비용이 너무 많이 들어서 마케터들이 그 시장에 접근하지 못할 수도 있다. 비용에 대한 또 다른 고려사항은 조직이 경쟁자들의 비용과 같거나 더 저렴하게 그 세분시장에 도달할 수 있는지 여부이다. 만일 그 기업의 비용이 더 많이 든다면, 그 세분시장에서 장기적으로 경쟁을 할 수 없게 된다.

5.7 제5단계: 특정 표적시장의 선정

어떤 세분시장을 선정하는데 고려해야 하는 초기의 중요한 이슈는 고객들의 필요가 시장을 세분화할 수 있을 정도로 충분히 다른지 여부이다. 만일 세분화분석에서 고객의 필요가 상당히 동질적인 것으로 밝혀진다면, 그 기업의 경영진은 앞에서 논의하였던 비차별적 접근방법을 사용하는 것으로 결정할 수도 있다. 그러나 만일 고객 필요가 이질적이라면, 어느 세분시장이 더 매력적인지를 따져서 하나 또는 그 이상의 표적시장을 선정해야 한다. 반면에, 마케터들은 어느 세분시장에도 진출하지 않기로 결정할 수도 있다.

하나 또는 그 이상의 세분시장이 조직의 목적을 실현할 수 있는 의미 있는 기회를 제공한다고 가정하면, 마케터들은 어떤 세분시장에 진출할지를 결정해야 한다. 대체로 전 단계에서 수집된 정보—매출액 추정, 경쟁자들, 비용 추정에 대한 정보를 최종적인 이 단계에서 면밀하게 검토하여 장기적인 이익기회를 파악하게 된다. 기업의 경영진은 조직이 선정한 세분시장들에 효과적으로 진출하여 경쟁할 수 있는 재무적 자원, 경영 기량, 종업원 전문성 및 시설을 갖고 있는지 여부도 검토해야 한다. 또한, 일부 세분시장의 요건들이 기업의 전반적인 목적과 상충될 수 있으며, 법률적 문제의 가능성, 이해관계자들과의 갈등 및 기술의 발전으로 일부 시장은 매력을 잃을 수 있다. 이에 더해서, 장기적인 성장 전망을 고려할 때 일부 세분시장은 매우 매력적일 수 있고 다른 세분시장은 매력이 떨어질 수 있다.

적절한 표적시장을 선정하는 것은 마케팅개념철학에 대한 조직의 수용과 활용에 중요하다. 올바른 표적시장을 찾아내는 것은 성공적인 마케팅전략을 실행하는 데 관건이 되는 반면에, 그렇지 못하게 되면 매출손실, 과다한 비용 및 심각한 재무적 손실에 직면하게 될 수도 있다. 면밀한 표적시장분석으로 조직은 고객의 필요를 충족시키고 자신의 목적을 실현할 수 있는 입지를 마련하게 된다.

5.8 판매예측

판매예측(**sales forecast**)은 마케팅활동의 특정 수준에서 특정 기간에 기업이 실제로 제품을 팔 수 있을 것으로 예상되는 매출액이다. 판매예측은 기업의 매출잠재력과는 다르다. 판매예측은 기업마케팅노력의 일정한 수준에서 실제 매출이 어느 정도가 될 것인지에 집중된 반면에, 기업의 매출잠재력은 어떤 환경여건이 어떻게 펼쳐질지를 가정하고 마케팅활동의 여러 수준에서 어느 정도의 매출이 가능한지를 평가한다. 기업들은 자신들의 활동을 기획하고, 조직하고, 실행하며 통제하는 데 판매예측을 활용한다. 수많은 활동의 성공은 이러한 예측의 정확성에 달려있다. 실패한 기업들의 공통적인 문제는 부적절한 기획과 현실적인 판매예측의 부족에 있다. 지나치게 낙관적인 판매예측으로 과다한 구매, 과잉투자 및 과다한 비용에 직면하게 될 수 있다.

매출을 예측하기 위해서 마케터는 몇 가지 예측기법들에서 선택하여 사용할 수 있는데, 일부는 임의적이고 다른 일부는 과학적이고 복잡하고 많은 시간을 필요로 한다. 방법에 대한 기업의 선택은 관련된 비용, 제품의 유형, 시장특성, 예측의 기간, 예측의 목적, 판매기록 자료의 안정성, 필요한 정보의 활용가능성, 경영진의 선호, 그리고 예측조사자의 전문성과 경험에 달려있다.[20] 일반적인 예측기법들은 5가지 범주로 나누어진다: 경영자의 판단, 서베이, 시계열분석, 회귀분석 및 시장테스트.

1 경영자의 판단

경우에 따라 기업은 주로 한 명 또는 그 이상의 경영자의 직관인 **경영자의 판단**(**executive judgement**)을 토대로 매출을 예측한다. 이러한 접근방법은 비과학적이지만 편리하고 저렴하다. 제품수요가 비교적 안정적이고 예측조사자가 오랜 시장관련 경험을 갖고 있을 때, 경영자의 판단은 상당히 잘 작용할 수 있다. 그러나 직관은 최근 경험에 크게 치우치기 때문에, 예측이 지나치게 낙관적이거나 지나치게 비관적이게 된다. 직관의 또 다른 결함은 예측조사자가 앞으로 어디로 나아가야 할지를 결정하는 지침으로 과거의 경험만을 활용한다는 점이다.

2 서베이

매출을 예측하는 다른 방법은 미래의 구매에 대한 자신들의 예상에 관해서 고객들, 판매원들, 또는 전문가들에게 물어보는 것이다. **고객예측 서베이**(**customer forecasting survey**)에서, 마케터들은 특정 기간에 고객들이 구매 의도를 갖고 있는 제품의 유형과 수량을 그들에게 묻는다. 이러한 접근방법은 비교적 소수의 고객들을 갖고 있는 비즈니스에서는 유용할 수도 있다. 예를 들어서, 제한된 수의 기업들(주로 컴퓨터 제조업체들)에게 마케팅을 펼치는 Intel은 고객예측 서베이를 효과적으로 실행할 수 있다. 반면에, PepsiCo는 수백만 명의 고객들을 갖고 있어서 미래의 매출을 예측하기 위해서 고객 서베이를 활용하는 것은 적절하지 않을 수 있다.

판매원예측 서베이(sales force forecasting survey)에서 기업의 판매원들이 특정 기간 동안에 자신들의 구역에서 예상판매를 추정한다. 예측조사자는 이러한 예측치를 결합하여 조심스러운 예측을 한다. 마케터는 몇 가지 이유로 판매스탭들을 조사한다. 판매스탭들은 기업의 어느 누구보다 더 고객들과 일상적으로 가까이에 있어서 고객들의 미래 제품 필요에 대해서 더 잘 알고 있다는 점이 가장 중요한 이유이다. 판매원들이 예측을 도울 때, 그들은 예측액의 달성을 위해서 더 열심히 일할 가능성이 크다. 이 방법의 다른 장점은 단일 영업구역별, 몇 개 영업구역으로 된 부분별, 부문들을 합친 지역별 그리고 전체 지역시장별로 예측이 된다는 것이다. 이렇듯 이 방법은 가장 작은 지리적 판매단위에서 가장 큰 단위의 판매예측을 제공한다.

기업이 **전문가예측 서베이(expert forecasting survey)**를 원할 때, 그 기업은 판매예측을 하는 데 도움을 줄 전문가들을 활용한다. 이러한 전문가들은 특정 시장에 대해서 확고한 전문성을 갖고 있는 경제전문가들, 경영컨설턴트들, 광고회사 경영자들, 대학교수들, 또는 기업외부의 기타 전문가들이다. 이들의 경험, 그리고 기업 및 시장에 대한 활용가능한 정보의 분석을 토대로 전문가들은 예측을 하여 제공하거나 예측에 관한 질문에 응답한다. 전문가들을 활용하는 것은 편리하고 비교적 저렴하다. 그러나 그들은 기업 외부에서 활동하기 때문에, 이들 전문가들은 실효성이 있게 일하는 기업내부의 사람들보다 동기부여가 덜 이루어질 수도 있다.

전문가예측 서베이의 보다 복잡한 형식은 델파이기법을 포함한다. **델파이기법(Delphi technique)**은 전문가들이 최초로 예측을 해서 기업에 제출하면 기업은 이들의 평균을 내서 전문가들에게 결과를 알려주며, 전문가들이 다시 개별적으로 예측을 정제해가는 절차이다. 전문가들은 평균적인 결과를 활용해서 자신들의 예측을 정제하며 이러한 예측은 범위를 좁혀간다는 점이 이 기법의 전제이다. 개별적으로 작업을 수행하는 전문가들이 예측에 대한 합의를 이룰 때까지 이 절차가 여러 번 반복될 수 있다. 델파이기법을 활용하는 최종목적은 매우 정확한 판매예측을 하는 것이다.

3 시계열분석

시계열분석(time-series analysis)에서 예측조사자는 일정한 기간에 걸친 어떤 기업의 매출에서 패턴을 찾기 위해서 그 기업의 매출기록 자료를 활용한다. 어떤 패턴이 찾아지면, 그것을 이용하여 매출을 예측할 수 있게 된다. 이 예측방법은 과거의 매출패턴이 미래에도 계속될 것이라고 가정한다. 시계열분석의 정확성과 이에 따른 유용성은 이러한 가정의 타당성에 달려있다.

시계열분석에서 예측조사자는 통상적으로 4가지 유형의 분석을 한다—추세, 순환, 계절성 및 무작위요인. **추세분석(trend analysis)**은 연매출액이 전반적으로 증가하거나, 감소하거나 또는 정체되어 있는지를 파악하기 위해서 여러 해에 걸친 기업의 연간매출액과 같은 총액기준의 매출액자료에 초점을 맞추고 있다. **순환분석(cycle analysis)**을 통해서, 예측조사자는 매출액이 일관성을 갖고 주기적으로 변동하는지를 확인하기 위해서 3년내지 5년에 걸친 매출액(보통은 월별 매출자료)을 분석한다. **계절성분석(seasonal analysis)**을 수행할 때, 분석자는 기후나 휴일에 따른 활동과 같은 계절적 요인들이 매출에 영향을 미치는 정도를 평가하기 위해서 일별, 주별, 또는 월별 매출액을 검토한다. **무작위 요인 분석(random factor analysis)**에서 예측조사자는 이례적인 매출변동이 지역의 정전, 자연재해, 또는 외국시장의 정치적 불안정성과 같은 무작위적이고 비반복적인 사건 때문에 생겼는지를 확인하려고 한다. 이러한 분석의 각각을 수행한 후에, 예측조사자는 그 결과들을 결합하여 판매예측을 하게 된다. 시계열분석은 상당히 안정적인 수요를 갖는 제품에서는 효과적인 예측방법이 되지만, 매우 이례적인 수요를 갖는 제품에서는 그렇지 않다.

4 회귀분석

시계열분석과 마찬가지로 회귀분석도 매출기록 자료를 필요로 한다. **회귀분석(regression analysis)**에서 예측조사자는 과거의 매출액(종속변수)과 인구, 1인당 소득, 또는 GDP와 같은 하나 이상의 독립변수들 사이에 있는 관계를 찾으려고 한다. 단순회귀분석은 하나의 독립변수를 이용하는 반면에, 다중회귀분석은 2개 이상의 독립변수들을 포함하고 있다. 회귀분석의 목적은 기업의 매출액과 하나 이상의 독립변수들 사이의 관계를 정확하게 표현해주는 수식을 개발하는 것이다. 그러나 이 수식은 인과관계가 아니라 관련성만을 나타낸다. 일단 정확한 수식을 찾아내면, 분석자는 필요한 정보를 이 수식에 대입하여 판매예측을 얻게 된다.

정밀한 관련성이 확인될 때 회귀분석은 유용하게 된다. 그러나 예측조사자가 완벽한 관련성을 찾아내는 것은 거의 불가능하다. 또한, 활용가능한 매출기록 자료가 풍부할 때만 이 방법을 사용할 수 있다. 따라서 회귀분석은 신제품의 매출을 예측하는 데는 쓸모가 없다.

5 시장 테스트

시장 테스트(market test)는 어떤 제품을 하나 이상의 테스트지역에서 구매자들이 입수할 수 있게 하고 유통, 촉진 및 가격에 대한 소비자반응과 구매를 측정하는 것을 포함하고 있다. 테스트지역은 200,000명 내지 500,000명의 인구를 갖는 도시들이 되곤 하지만, 대도시나 50,000 내지 200,000명의 인구를 갖는 상가지역이 될 수도 있다. 예를 들어서, 마케팅조사회사인 ACNielson Market Decisions은 고객회사들이 선택한 도시들의 맞춤 테스트시장들 이외에 Boise, Tucson, Colorado Springs, Peoria, Evansville, Charleston 및 Portland (Maine)에서 고객사들을 위한 시장테스트를 시행하고 있다.[21]

시장테스트는 의도한 구매가 아니라 소비자들의 실제 구매에 대한 정보를 제공해준다. 또한, 광고, 점내촉진, 가격책정, 포장결정 및 유통 등 다른 마케팅활동의 강도와 관련해서 구매량을 평가할 수 있다. 예를 들어서, Proctor & Gamble은 Iowa의 Cedar Rapids에서 자신들의 Tide, Gain, Dreft, Cheer 및 Era 세제의 고농축 신제품에 대한 시장테스트를 시행하였다. 세제의 기존 버전을 대체하는 새롭고 환경친화적인 제품을 기대하였던 이 기업은 제품, 제품의 가격, 그리고 TV, 점내 및 온라인 촉진노력에 대한 소비자들의 반응을 평가할 필요가 있었다.[22] 예측조사자는 테스트지역에서 소비자반응을 토대로 광역단위에 대한 매출액을 추정하였다.

판매기록 자료를 필요로 하지 않기 때문에, 시장테스트는 신제품의 매출이나 새로운 지역에서 기존제품의 매출을 예측하는 데 효과적이다. 시장테스트는 마케터에게 마케팅믹스의 여러 가지 요소들을 테스트할 수 있는 기회를 제공하기도 한다. 그러나 이러한 테스트는 시간이 많이 걸리는 경우도 있으며 비용이 많이 든다. 또한, 시장테스트 기간 동안의 소비자반응이 전체 시장의 반응을 나타내는지 또는 그러한 반응이 미래에도 계속될 것인지를 확인할 수 없다.

6 다중 예측방법

비록 일부 기업들은 단일 예측방법에 의존하고 있을지라도, 대부분의 기업들은 여러 가지 기법들을 활용하고 있다. 다양한 제품라인의 마케팅을 펼칠 때 기업은 여러 가지 방법을 활용하지 않을 수 없는 경우도 있지만, 특히 제품이 각각 다른 세분시장에서 팔릴 때는 단일 제품라인에서도 여러 가지 예측방법이 필요할 수도 있다. 따라서 자동차타이어의 제조업체는 신차에 대한 타이어매출을 예측하기 위해서 어느 한 기법에 의존하고 대체타이어에 대한 매출을 예측하는 데는 다른 방법에 의존할 수도 있다. 각기 다른 예측기간에 따라 여러 가지 예측방법이 활용될 수도 있다. 단기 예측을 하는 데 어느 한 방법을 활용한 기업이 그 방법은 장기예측에는 적절하지 않다는 것을 알게 될 수도 있다. 마케터는 어느 한 방법의 결과를 하나 이상의 다른 방법을 활용해서 결과를 비교함으로써 검증할 수도 있다.

이 장의 복습

1 시장이란 무엇인지를 학습한다.

시장은 개인들이나 조직들로서 특정 제품계층의 제품에 대한 필요를 갖고 있으며, 그러한 제품을 구입할 능력, 의지 및 권한을 갖고 있는 사람들의 집단이다.

2 전반적인 표적시장선정 전략들의 차이를 이해한다.

비차별적 표적시장선정 전략은 특정 제품에 대한 전체 시장을 겨냥한 단일 마케팅믹스를 설계하는 것과 관련된다. 이러한 전략은 동질적인 시장에서는 효과적인 반면에, 이질적인 시장에 대해서는 집중적 표적시장선정 전략이나 차별적 표적시장선정 전략이 더 적절하다. 집중적 전략과 차별적 전략은 둘 다 시장을 한 가지 이상의 유사한 특성을 갖고 있어서 유사한 제품필요에 연결될 수 있는 개인들, 집단들, 또는 조직들로 이루어진 세분시장들로 나눈다. 집중적 표적시장선정 전략은 하나의 마케팅믹스로 단일 세분시장을 겨냥하는 것과 관련된다. 차별적 표적시장선정 전략은 각 세분시장에 맞춰진 마케팅믹스로 둘 이상의 세분시장을 겨냥한다.

3 주요 세분화 변수들을 익힌다.

세분화 변수들은 전체시장을 세분화하는 데 사용되는 개인들, 집단들, 또는 조직들의 특성들이다. 사용될 변수는 제품에 대한 고객들의 필요, 제품의 용도, 또는 제품에 대한 행동과 연결되어야 한다. 소비자시장에 대한 세분화 변수들은 4가지 범주로 나눌 수 있다. 인구통계적(연령, 성별, 소득, 민족 및 가족생활주기), 지리적(인구, 시장밀도 및 기후), 심리묘사적(개성특성, 동기 및 라이프스타일), 그리고 행동적(사용량, 최종용도, 기대편익, 브랜드애호도 및 가격민감도). 비즈니스시장을 세분화하기 위한 변수들은 지리적 위치, 조직의 유형, 고객규모 및 제품용도를 포함한다.

4 세분시장 프로필이란 무엇이며 어떻게 활용되는지를 파악한다.

세분시장 프로필은 한 세분시장 내의 잠재적 고객들 사이의 유사성을 묘사해주며, 각기 다른 세분시장에 있는 사람들과 조직들 사이의 차이를 설명해준다. 세분시장 프로필은 기업의 제품이 잠재고객들의 제품필요에 부합되는 정도를 평가하는 데 사용된다.

5 세분시장을 어떻게 평가하는지를 이해한다.

마케터들은 매출액 추정(시장잠재력과 기업의 매출잠재력을 포함), 경쟁에 대한 평가, 그리고 비용 추정과 같이, 각 세분시장에 연결된 몇 가지 중요한 요인들을 분석함으로써 관련 세분시장을 평가한다.

6 표적시장이 될 특정 세분시장을 선정하는 데 영향을 미치는 요인들을 파악한다.

특정 세분시장을 실제로 선정하는 데 고객들의 필요가 세분화를 할 수 있을 정도로 다른지, 그리고 어떤 세분시장에 초점을 맞춰야 하는지에 대한 평가가 필요하다. 각 잠재적 세분시장에 대한 매출액 추정, 경쟁에 대한 평가 및 비용 추정, 그리고 기업의 재무적 자원, 경영기량, 종업원 전문성, 시설 및 목적이 이러한 결정에서 중요한 요인이 된다. 법적 이슈, 이해관계자들과 갈등, 기술의 발전, 장기적인 성장전망도 중요한 요인이다.

7 판매예측방법을 익힌다.

판매예측은 마케팅활동의 특정 수준에서 특정 기간에 기업이 제품을 팔 수 있을 것으로 예상되는 매출액이다. 매출을 예측하기 위해서 마케터들은 경영자의 판단, 서베이, 시계열분석, 회귀분석, 및 시장테스트를 포함하는 여러 가지 기법들 중에서 선택을 할 수 있다. 경영자의 판단은 한 명 이상의 경영자의 직관에 토대를 두고 있다. 서베이는 고객, 판매원 및 전문가 예측 서베이를 포함한다. 시계열분석은 일정 기간에 걸친 기업매출에서 패턴을 찾기 위해 기업의 판매기록 자료를 이용하며 4가지 주요 형태의 분석을 활용한다. 추세, 순환, 계절성 및 무작위요인. 회귀분석에서 예측조사자들은 과거의 매출과 하나 이상의 독립변수들 사이의 관계를 찾으려고 한다. 시장테스트는 하나 이상의 테스트 지역에서 구매자들이 제품을 입수할 수 있게 하고 유통, 촉진 및 가격에 대한 소비자 반응과 구매를 측정하는 것과 관련된다. 많은 기업들이 다중 예측방법을 활용하고 있다.

주요 개념

소비자시장(consumer market): 구입한 제품을 소비하거나 편익을 얻으려고 하지만 이익을 내려는 주된 목적으로 구매하지는 않는 구매자들 및 가구 구성원들

비즈니스시장(business market): 재판매, 다른 제품의 생산에서 직접 사용 또는 일반적인 일일운영에서의 사용을 위해 특정 제품을 구매하는 개인들 또는 집단들

비차별적 표적시장선정 전략(undifferentiated targeting strategy): 조직이 하나의 마케팅믹스를 개발해서 특정 제품에 대한 전체시장을 겨냥하는 전략

동질적 시장(homogeneous market): 전체시장에서 많은 고객들이 제품에 대한 비슷한 욕구를 갖고 있는 시장

이질적 시장(heterogeneous markets): 특정 제품범주내 제품에 대해 다양한 욕구를 갖고 있는 개인들 및 조직들로 구성된 시장들

시장세분화(market segmentation): 전체시장을 비교적 비슷한 제품 욕구를 갖는 사람들과 조직들로 구성된 집단 또는 세분시장으로 나누는 과정

세분시장(market segment): 비교적 비슷한 욕구를 갖고 있는 하나 이상의 비슷한 특성을 갖고 있는 개인들, 집단들, 또는 조직들

집중적 표적시장선정 전략(concentrated targeting strategy): 조직이 하나의 마케팅믹스를 사용해서 하나의 세분시장을 겨냥하는 전략

차별적 표적시장선정 전략(differentiated targeting strategy): 조직이 각 세분시장에 적합한 마케팅믹스를 개발함으로써 2개 이상의 세분시장을 표적으로 삼는 전략

세분화 변수(segmentation variables): 하나의 시장을 세분시장들로 나누는데 사용되는 개인들, 집단들 또는 조직들의 특성

시장밀도(market density): 단위면적 내에 있는 잠재적 고객들의 수

지리인구통계적 세분화(geodemographic segmentation): 라이프스타일 정보와 인구통계적 자료를 토대로 우편번호 지역단위 및 더 소규모의 주택지구 단위로 사람들을 군집화 하는 시장세분화

미시마케팅(micromarketing): 조직들이 아주 소규모의 지리인구통계적 시장에 정밀한 마케팅노력을 집중하는 시장세분화 접근법

편익세분화(benefit segmentation): 소비자들이 그 제품으로부터 원하는 편익에 따라 시장을 나누는 것

시장잠재력(market potential): 특정 수준의 산업전체 마케팅 노력으로 특정 기간 내에 고객들이 구매하게 될 제품의 총량

기업 매출잠재력(company sales potential): 산업 내 개별 기업이 특정 제품에 대해 얻을 것으로 기대할 수 있는 시장잠재력의 최대 비율

분해 접근방법(breakdown approach): 특정 기간에 대한 전반적인 경제적 예측과 여기서 도출된 시장잠재력을 토대로 기업 매출 잠재력 측정

결합 접근방법(buildup approach): 특정 지역의 잠재적 구매자가 특정 기간에 얼마나 많은 제품을 구매할 것인지를 추정하여, 그 추정치와 잠재적 구매자의 수를 곱한 후에 고려되는 모든 지역의 총금액을 합산함으로써 기업 매출 잠재력 측정

판매예측(sales forecast): 마케팅활동의 특정 수준에서 특정 기간에 기업이 실제로 제품을 판매할 수 있을 것으로 예상되는 매출액

경영자의 판단(executive judgement): 한 명 또는 그 이상의 경영자 직관을 토대로 하는 판매예측

고객예측 서베이(customer forecasting survey): 특정 기간 동안 고객들이 구매 의도를 갖고 있는 제품의 유형 및 수량에 관하여 고객 조사

판매원예측 서베이(sales force forecasting survey): 특정 기간 동안에 판매원의 영업 구역에서 예상 판매에 대한 기업 판매원의 서베이

전문가예측 서베이(expert forecasting survey): 경제전문가들, 경영컨설턴트들, 광고회사 경영자들, 대학교수들 또는 기업외부의 기타 전문가들과 같은 전문가들이 제공하는 판매예측

델파이기법(Delphi technique): 전문가들이 우선적으로 예측을 해서 기업에 제출하면 기업은 이 예측의 평균치를 내서 전문가들에게 결과를 알려주고, 전문가들이 다시 개별적으로 예측을 정제하는 절차

시계열분석(time-series analysis): 일정한 기간에 걸친 어떤 기업의 매출 패턴 또는 패턴들을 찾기 위해서 그 기업의 매출기록 자료를 활용하는 예측방법

추세분석(trend analysis): 연매출액의 전반적인 추세를 파악하기 위해 여러 해에 걸친 총액기준의 매출액자료에 초점을 맞추는 분석

순환분석(cycle analysis): 매출액이 일관성을 갖고 주기적으로 변동하는지 확인하기 위해 3년에서 5년 사이의 매출액 분석

계절성분석(seasonal analysis): 계절적 요인들이 매출에 영향을 미치는 정도를 평가하기 위해서 일별, 주별 또는 월별 매출액에 대한 분석

무작위요인 분석(random factor analysis): 이례적인 매출변동이 무작위적이고 비반복적인 사건 때문에 발생했는지의 여부를 확인하는 분석

회귀분석(regression analysis): 과거의 매출액과 인구 혹은 소득과 같은 하나 이상의 독립변수들 사이에 있는 관계를 찾아서 매출을 예측하는 방법

시장 테스트(market test): 제품을 하나 이상의 테스트지역에서 구매자들이 입수할 수 있게 한 후 소비자 반응과 구매 측정

연습문제

1. 당신 지역에서 시장을 대표하면서 충족되지 않은 제품필요를 갖고 있는 사람들의 집단을 찾아보라. 이 시장에 어떤 비즈니스조직이 도달할 수 있는가? 왜 그렇다고 생각하는가?
2. 표적시장선정 과정의 5가지 주요 단계를 설명하라.
3. 비차별적 전략은 무엇인가? 어떤 조건에서 그 전략이 가장 유용한가? 어떤 회사가 비차별적 전략을 사용하고 있는 현재의 시장상황을 파악해보라. 이 기업은 성공을 거두고 있는가? 왜 그렇다고 생각하는가?
4. 시장세분화란 무엇인가? 효과적인 세분화를 위한 기본적인 조건들을 설명하라. 시장세분화를 활용하고 있는 몇 개 기업을 찾아보라.
5. 집중적 및 차별적 전략의 차이를 설명하고, 각각의 장점과 단점을 설명하라.
6. 소비자시장을 세분화하는 데 사용될 수 있는 4가지 주요 범주를 설명하라. 각 범주의 변수로 세분화한 제품시장의 예를 찾아보라.
7. 비즈니스시장을 세분화하기 위해서 어떤 차원들을 이용하는가?
8. 세분시장 프로필이란 무엇인가? 왜 그것은 표적시장선정 과정에서 중요한가?
9. 세분시장을 평가하기 위해서 마케터들이 분석해야 하는 중요한 요인들을 설명하라.
10. 표적시장을 선정하려고 할 때 왜 마케터는 판매잠재력에 관심을 갖는가?
11. 적절한 표적시장을 선정하는 것이 마케팅개념을 수용하려는 조직에 왜 중요한가?
12. 판매예측이란 무엇인가? 그것은 왜 중요한가?

고객행동 3

JUPITERIMAGES/THINKSTOCK

제3부에서는 고객에 초점을 맞추고 있다. 구매결정에 영향을 미치는 요인들을 이해함으로써 마케터들은 고객의 필요를 분석하여 특정 마케팅전략으로 이들 필요를 어떻게 충족시킬 수 있는지를 평가할 수 있게 된다. 제6장에서는 소비자 구매의사결정과정과 구매의사결정에 영향을 미치는 요인들을 검토한다. 제7장은 비즈니스시장, 조직구매자, 구매센터 및 조직의 구매의사결정과정에 중점을 두고 있다. 제8장에서는 국제 고객들에게 봉사하는 마케터들의 행동, 관여 및 전략을 다루고 있다.

소비자 구매행동

CHAPTER 6

COMSTOCK/THINKSTOCK

고등학교와 대학의 스포츠를 통한 고객의 이해

고등학교 스포츠가 펼쳐지는 스타디움, 육상경기장, 체육관 등 어느 곳에서나, 기업들은 학생 선수들에게 초점을 맞추고 있다. 예를 들어서, 십대들을 이해하고 그들과 개인용품에 대해서 얘기를 나누기 위해서 Procter & Gamble (P&G)사는 치어리더 훈련캠프에서 자사의 Herbal Essences 샴푸, CoverGirl 메이크업 및 기타 아이템들의 샘플을 나누어준다. "그것은 우리의 유력한 소비자집단과 관계를 맺는 독특한 방식"이라고 P&G Beauty의 PR관리자는 말하였다.

NASCAR 및 기타스포츠의 적극적인 스폰서인 Allstate사는 고등학교 운동부를 지원하려는 현지 대리점들을 위한 프로그램을 마련하여 고등학교 스포츠에 뛰어들었다. "정말 많은 커뮤니티에서, 고등학교 운동경기는 최고의 이벤트들 중 하나이다. 십대들 그 자체는 보험의 큰 고객이 아니지만 그들의 부모들은 큰 고객들이다"라고 Allstate의 임원은 설명하고 있다. 그리고 학생들은 졸업 후에 자동차 및 주택보험을 필요로 하며, Allstate는 자사의 브랜드가 확고한 입지를 굳힐 수 있기를 바란다.

십대들은 PepsiCo의 비타민이 강화된 스포츠음료인 Propel의 큰 고객집단이다. 지난 몇 년 동안, Pepsi사는 수백 개의 고등학교 스포츠행사에서 강습회를 개최하였으며 50만 명의 학생들에게 영양성분과 물에 대해서 교육하였다. 이 강습회는 교육적이기 때문에, 십대들은 "주류 마케팅에 대해서 그들이 구축한 방어벽의 일부를 허물게 된다"고 Propel의 스포츠마케팅 담당자는 말하였다.

학습목표

1. 관여수준과 소비자문제 해결과정의 유형을 설명한다.
2. 구매의사결정과정의 단계들을 설명한다.
3. 상황요인들이 소비자 구매의사결정과정에 어떻게 영향을 미치는지를 설명한다.
4. 소비자 구매의사결정과정에 영향을 미칠 수 있는 심리적 요인들을 이해한다.
5. 소비자 구매의사결정과정에 영향을 미치는 사회적 요인들을 이해한다.

대학스포츠프로그램과 헬스센터에 대한 기업스폰서십을 조율해주는 ACIS (American Collegiate Intramural Sports)는 Nike 등의 기업들이 전국의 학생선수들과 접촉하는 데 도움을 주고 있다. 예를 들어서, 캠퍼스 스포츠 행사 도중에 Microsoft사가 자사의 X박스 게임기를 촉진할 수 있도록 ACIS가 도움을 주었다. ACIS는 수많은 캠퍼스에서 유명 브랜드의 운동복을 취급하는 임시점포를 개설하기도 하였다. 미래를 예측해 볼 때, 더 많은 브랜드들이 학생선수들의 관심을 끌게 됨으로써 이 무리의 노른자위로 질주할 수 있을 것인가?[1]

Procter & Gamble, Allstate 및 ACIS와 같이 성공적인 조직의 마케터들은 고객들의 욕구를 이해하고 그들의 구매행동을 이해하기 위해서 최대한의 노력을 한다. 만족스러운 고객관계를 구축하고 유지할 수 있는 능력을 갖추기 위해서 기업들은 구매행동을 이해할 필요가 있다. **구매행동(buying behavior)**은 의사결정과정과 제품의 구매 및 사용에 참여하는 사람들의 행위를 포함한다. **소비자 구매행동(consumer buying behavior)**은 사업목적이 아니라 개인용도나 가정에서 사용하기 위해서 제품을 구입하는 최종소비자들의 구매행동을 지칭한다. 마케터들은 몇 가지 이유에서 구매행동을 이해하려고 한다. 첫째, 기업의 마케팅전략에 대한 구매자들의 반응은 그 기업의 성공에 큰 영향을 미친다. 둘째, 제1장에서 언급하였던 것과 같이, 마케팅개념은 기업이 고객을 만족시킬 수 있는 마케팅믹스를 구성해야 한다는 점을 강조한다. 무엇이 구매자들을 만족시키는지를 알아내기 위해서, 마케터들은 소비자들이 무엇을, 언제, 어디에서, 어떻게 구입하는지에 대한 주요 영향요인들을 검토해야 한다. 셋째, 구매행동에 영향을 미치는 요인들에 대한 이해를 심화시킴으로써 마케터들은 소비자들이 마케팅전략에 어떻게 반응하게 될지를 예측할 수 있게 된다.

이 장에서, 우리는 첫째로 고객의 관여수준이 활용되는 문제해결의 유형에 어떻게 영향을 미치는지를 검토하고 소비자문제해결과정의 유형을 살펴볼 것이다. 그런 후에 문제인식에서 시작하여 정보탐색과 대안평가를 거쳐 구매와 구매후 평가로 이어지는 소비자 구매의사결정과정의 주요 단계들을 분석할 것이다. 다음으로, 환경, 시간, 구매이유 그리고 구매자의 무드와 상태 등 구매의사결정에 영향을 미치는 상황요인을 검토할 것이다. 계속해서 지각, 동기, 학습, 태도, 개성과 자아개념 그리고 라이프스타일 등 구매의사결정에 영향을 미치는 심리적 요인들을 살펴볼 것이다. 역할, 가족, 준거집단과 의견선도자, 사회계층 그리고 문화와 하위문화를 살펴보는 것으로 이 장을 끝맺을 것이다.

6.1 관여수준과 소비자문제해결과정

현재 및 미래의 욕구를 충족시켜주는 제품을 획득하고 유지하기 위해서 소비자는 문제해결을 수행하게 된다. 소비자들은 관련된 제품의 특성에 따라 여러 가지 유형의 문제해결과정을 수행하게 된다. 소비자가 문제해결에서 기울이는 정신적 및 물리적 노력의 양이 크게 달라진다. 문제해결과정의 유형을 결정짓는 주요 요인은 고객의 관여수준이다. **관여수준(level of involvement)**은 어떤 제품에 대한 관심의 정도와 소비자가 이 제품에 부여하는 중요성의 정도이다. 고관여제품들은 다른 사람들의 눈에 쉽게 띄고(의류, 가구, 또는 자동차 등과 같이) 고가일 가능성이 크다. 예를 들어서, 고가의 자전거는 대체로 고관여제품이다. 건강관리와 같이 중요성이 높은 이슈들도 높은 수준의 관여에 연결된다. 저관여 제품들은 덜 비싸고 여러 가지 식료품들과 같이 사회적 위험이 작은 제품들이다. 어떤 제품이나 제품범주에 대한 계속되고 오랫동안 유지되는 소비자의 관심은 지속적 관여(enduring involvement)라고 한다. 이와는 달리, 상황적 관여(situational involvement)는 일시적이고 동적이며 사고 후에 새 차를 사고 싶은 욕구와 같이 특별한 상황에서 생긴다. 소비자관여는 제품범주(스포츠와 같은), 특정 브랜드에 대해 애호도, 특정 광고물(예, 재미있는 커머셜)이나 매체(특정 TV 프로그램과 같은)에 대한 관심, 또는 어떤 의사결정이나 행동(예, 쇼핑을 즐겨하는 것)에 부여될 수도 있다. 반면에, 어떤 소비자가 특정 광고를 재미있게 볼지라도 다른 브랜드에 대한 애호도 때문에 광고된 브랜드에 대한 관여는 낮을 수도 있다.[2] 다른 요인들과 마찬가지로, 관여수준도 일상적 반응행동, 제한된 문제해결 또는 확장된 문제해결 등 소비자 문제해결유형의 선택에 영향을 미친다(<표 6-1>).

자주 구매되고 탐색과 의사결정노력을 거의 필요로 하지 않는 낮은 비용의 아이템들을 구입할 때 소비자는 **일상적 반응행동(routinized response behavior)**을 활용한다. 그러한 아이템들을 구입할 때, 소비자는 특정 브랜드를 선호할 수도 있지만, 그 제품범주에서 대여섯 개 브랜드를 잘 알고 있으며 하나 이상의 브랜드를 받아들 수 있는 것으로 보고 있다. 대체로 저관여 제품들은 일상적 반응행동을 통해서 즉, 거의 자동적으로 구입된다. 예를 들어서, 대부분의 구매자들은 청량음료나 시리얼을 선택하는 데 시간과 노력을 거의 기울이지 않는다.

제품을 가끔 구매하거나 익숙한 제품범주의 익숙하지 않은 브랜드에 대한 정보를 얻을 필요가 있을 때 구매자들은 **제한된 문제해결(limited problem solving)**에 참여하게 된다. 이러한 유형의 문제해결은 정보를 수집하고 생각하는 데 중간 정도의 시간이 소요된다. 예를 들어서, 만일 Procter & Gamble사가 개선된 Tide 세제를 출시한다면, 관심이 있는 구매자들은 그 신제품의 시용구매를 결정하기 전에 그 제품을 사용해본 친구에게 물어보거나 그 제품에 대한 광고를 보거나 그 기업의 웹사

표 6.1 소비자 문제해결

	일상적 반응	제한된 문제해결	확장된 문제해결
제품비용	낮다	중간이다	높다
탐색노력	거의 없다	중간이다	광범위하다
소요시간	짧다	단기에서 중기	길다
브랜드선호도	한 브랜드가 선호될 수도 있지만, 하나 이상의 브랜드에 대한 선호도 가능하다	여럿	상황에 따라 다르다; 대체로 다수

자료원: VALS/Mediamark Research, Inc., survey, SRI Consulting Business Intelligence, www.sric-bi.com/VALS. Reprinted with permission.

이트를 방문함으로써 그 신제품에 대한 추가적인 정보를 찾게 될 것이다.

가장 복잡한 형태의 문제해결은 **확장된 문제해결(extended problem solving)**로, 예컨대 자동차나 주택 또는 대학교육과 같이 익숙하지 않거나 비싸거나 또는 이따금 사는 제품을 구입할 때 발생한다. 그 구매자는 대안이 되는 브랜드들을 평가하거나 선택하는 데 많은 기준들을 사용하며 정보를 찾고 구입을 결정하는데 많은 시간을 들이게 된다. 확장된 문제해결은 흔히 고관여 제품을 구입하는 데 사용된다.

특정 제품의 구매가 항상 같은 유형의 문제해결과정을 가져오는 것은 아니다. 어떤 제품을 처음으로 구입할 때는 확장된 문제해결에 참여하지만 그 제품을 다시 살 때는 제한된 문제해결로 충분하다는 것을 알게 될 수도 있다. 만일 일상적으로 구입한다면, 전에는 만족스러웠던 브랜드들이 더 이상 만족시키지 못하게 될 때 새로운 브랜드로 전환하기 위해서 제한된 또는 확장된 문제해결을 사용할 수도 있다. 이렇듯, 만일 평소에 구입하던 진통제의 브랜드가 더 이상 잘 듣지 않는다는 점을 알게 된다면, 제한된 문제해결을 통해서 다른 브랜드를 찾게 될 수도 있다. 대부분의 소비자들이 3가지 문제해결과정의 어느 것에도 토대를 두지 않고 충동에 의해서 구입하는 경우도 있다. **충동구매(impulse buying)**는 의식적인 계획이 없이 곧바로 뭔가를 사고 싶은 강력한 충동에서 생겨난다.

6.2 소비자 구매의사결정과정

<그림 6.1>에 있는 **소비자 구매의사결정과정(consumer buying decision process)**은 5단계를 포함하고 있다: 문제인식, 정보탐색, 대안평가, 구매, 그리고 구매후 평가. 각 단계를 검토하기 전에, 중요한 몇 가지를 생각해 보자. 첫째, 구매행위는 이 과정의 한 단계에 불과하며 보통 첫 번째 단계가 아니다. 둘째, 비록 구매가 이루어졌더라도, 의사결정의 모든 과정이 구매로 이어지는 것은 아니다. 개인들은 이 과정의 어느 특정 단계에서 끝이 날 수도 있다. 끝으로, 모든 소비자 의사결정이 5단계 모두를 포함하고 있는 것은 아니다. 제한된 문제해결이나 일상적 반응행동은 일부 단계가 생략될 수도 있다.

1 문제인식

어떤 구매자가 바라는 상태와 실제상태 사이의 차이를 인식하게 될 때 문제인식(problem recognition)이 이루어진다. 프로그램을 할 수 없는 계산기를 갖고 있지만 수학과목을 수강하기 위해서 프로그램을 할 수 있는 계산기가 필요한 학생을 생각해 보자. 그녀는 바라는 상태—프로그램을 할 수 있는 계산기를 갖는 것과 실제상태 사이의 차이가 존재함을 인식하게 된다. 따라서 그녀는 새로운 계산기를 사기로 결정한다.

소비자 문제인식의 속도는 매우 빠를 수도 있고 다소 느릴 수도 있다. 어떤 경우에는 소비자가 문제나 욕구를 가지고 있지만 그것을 인식하지 못할 수도 있다. 마케터들은 판매사원, 광고, 및 포장을 이용하여 그러한 욕구나 문제의 인식의 계기를 제공할 수도 있다. 예를 들어서, 대학의 서점은 학기 초에 대학신문에 프로그램을 할 수 있는 계산기를 광고할 수도 있다. 그 광고물을 본 학생들은 과제수행을 위해서 그러한 계산기가 필요하다는 것을 인식하게 될 수도 있다.

그림 6.1 소비자 구매의사결정과정과 이 과정에 대한 영향요인들

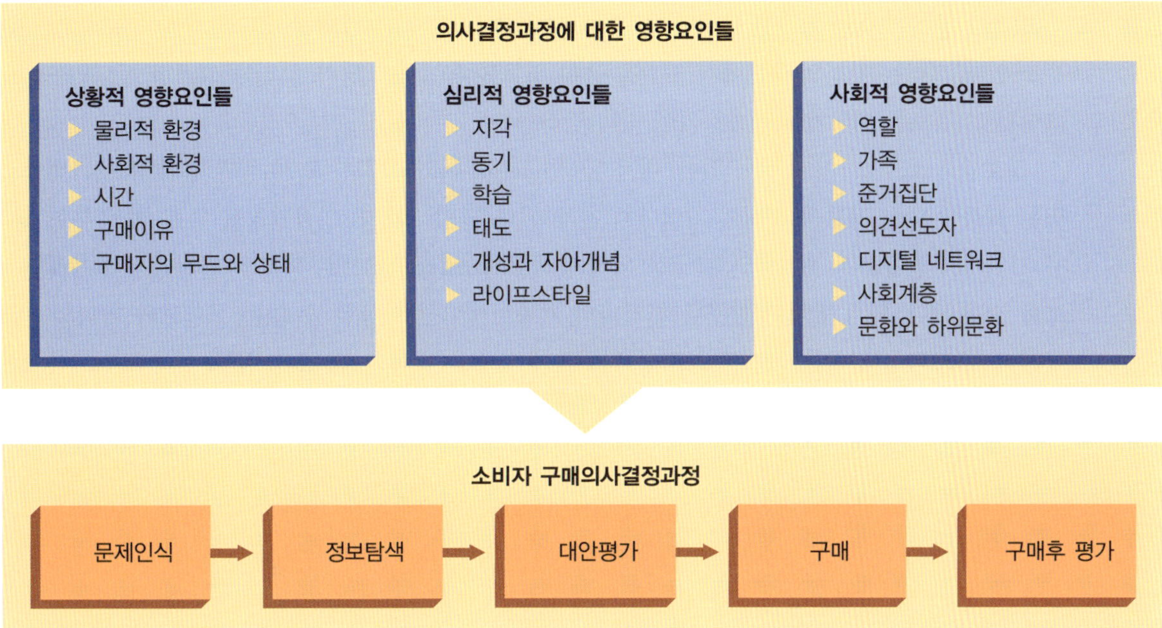

문제인식

이 광고물의 첫번 째 줄에서 State Farm사는 "삶은 항상 계획대로 진행되지는 않는다"고 말하고 있다. 이 광고물은 생명보험의 구입에 관한 문제인식을 자극하려고 한다.

2 정보탐색

문제 내지 욕구를 인식한 후에 (의사결정과정이 계속된다면) 구매자는 그 문제를 해결해주거나 욕구를 충족시키는 데 도움이 되는 제품정보를 탐색한다. 예를 들어서, 위에서 언급하였던 학생은 프로그램을 할 수 있는 계산기에 대한 욕구를 인식한 후에, 계산기의 여러 가지 유형과 브랜드에 대한 정보를 찾게 될 수도 있다. 그녀는 자신의 주변에서 시간을 들여 정보를 획득하게 된다. 그러나 그러한 정보의 영향은 그녀가 그 정보를 어떻게 해석하는가에 따라 달라진다.

정보탐색에는 2가지 측면이 있다. **내적 탐색(internal search)**에서 구매자들은 문제를 해결해줄 수 있는 제품에 대한 정보를 자신의 기억에서 찾게 된다. 만일 그들이 의사결정을 하는 데 충분한 정보를 기억에서 인출하지 못한다면, 그들은 **외적 탐색(external search)**으로 외부의 원천에서 추가적인 정보를 찾게 된다. 외적 탐색은 친구나 친척과의 커뮤니케이션, 이용할 수 있는 브랜드와 가격의 비교, 마케터-주도적인 원천들, 그리고 공적인 원천들에 초점을 맞출 수도 있다. 친구, 친척 그리고 동료들의 개인적인 친교도 개인이 그들을 신뢰하고 존경하기 때문에 중요한 정보원천이 될 수 있다. 그러나 소비자들은 제품에 대한 친구들의 지식과 그 제품들을 평가할 수 있는 능력을 과대평가할 수도 있다는 연구결과가 있다.[3] 판매사원, 광고, 웹사이트, 포장라벨, 그리고 점내시연 및 점내진열 등과 같은 마케터-주도적인 정보원천들은 대체로 소비자들의 노력을 거의 필요로 하지 않는다. 사실, 인터넷은 소비자 의사결정과정에서 주요 정보원천이 되었는데, 특히 제품 및 가격에 관련된 정보에 대해서 더 그렇다. 구매자들은 예컨대 정부보고서, 신문기사, *Consumer Reports*와 같은 간행물, 제품검사기관의 보고서 등과 같은 독립적인 원천에서 정보를 획득할 수도 있다. 소비자들은 사실에 입각해 있다는 점과 어느 쪽으로도 치우지 않는다는 점에서 이러한 원천에서 획득한 정보를 신빙성이 있는 것으로 보는 경향이 있다. 광고주들에게 잘 알려진 반복은 정보에 대한 소비자들의 학습을 향상시켜준다. 광고메시지를 처음으로 보거나 들었을 때, 수용자들은 중요한 세부사항들을 모두 포착하지 못할 수도 있지만, 그 메시지가 반복되면서 그들은 세부사항들을 더 많이 알게 된다.

SNAPSHOT

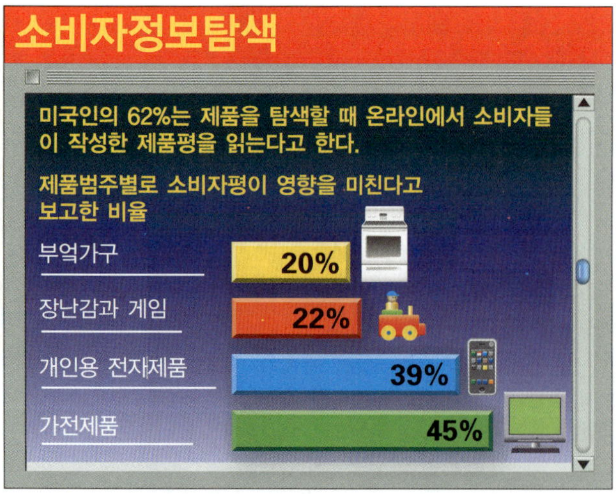

자료원: Deloitte & Touche. Margin of error ±3%. As seen in *USA Today Snapshort* on Nov. 7, 2007, p. B1.

3 대안평가

성공적인 정보탐색은 구매자들이 대안으로 여길 수 있는 브랜드들의 집단을 가져다준다. 이 집단을 **고려군(consideration set:** 상기군(evoked set)이라고도 함)이라고 한다. 예를 들어서, 프로그램을 할 수 있는 계산기의 고려군은 Texas Instrument, Hewlett-Packard, Sharp 및 Casio의 제품들을 포함할 수 있다.

소비자들이 브랜드들에 대해서 잘 모르더라도, 그들이 들어보지 못한 브랜드들보다는 들은 적이 있는 브랜드들에 더 큰 가치를 부여한다는 연구결과가 있다. 그래서 긴급한 여행을 위해서 2개 항공사들 사이에 선택을 하려고 할 때, 대부분의 소비자들은 익숙하지 않은 브랜드보다는 들은 적이 있는 브랜드를 선택하게 된다.[4]

고려군에 포함된 제품들을 평가하기 위해서, 구매자는 **평가기준(evaluative criteria)**을 이용한다. 평가기준은 그 구매자에게 중요한 것으로 객관적일 수도 있고(환경보호국 Environmental Protection Agency: EPA 연비등급과 같이) 주관적일 수도(스타일과 같이) 있다. 예를 들어서, 어떤 계산기 구매자는 큰 화면과 버튼이 있는 충전할 수 있는 계산기를 원할 수도 있지만, 다른 구매자는 크기에 대한 선호도가 없고 충전할 수 있는 계산기를 싫어할 수도 있다. 구매자는 각 기준에 일정한 중요성을 부여하기도 한다. 일부 특징이 다른 특징들보다 더 큰 비중을 가질 수 있다. 평가기준들을 이용하여 구매자는 고려군에 속한 브랜드들을 평가하여 순위를 매기게 된다. 평가단계에서 구매자가 사고 싶은 브랜드를 산출하지 못할 수도 있다. 그러한 경우에는 또 다른 정보탐색이 필요하게 될 수도 있다.

마케터들은 대안을 프레이밍(framing)함으로써, 즉 대안들과 그 속성들을 일정한 방식으로 서술함으로써 소비자의 평가에 영향을 미칠 수도 있다. 프레이밍은 어떤 특징을 소비자에게 더 중요하게 만들고 기억에서 회상을 도울 수도 있다. 예를 들어서, 경쟁자의 승용차보다 우수한 승차감과 안전성을 강조함으로써 어떤 자동차메이커는 소비자들의 주의를 자사 제품의 우수성으로 돌릴 수 있다. 프레이밍은 노련한 구매자들보다는 경험이 없는 구매자들의 의사결정에 영향을 미칠 가능성이 크다.

4 구매

구매단계에서 소비자는 살 제품을 선택한다. 선택은 평가단계의 결과와 다른 차원들에 토대를 두게 된다. 제품 입수가능성(availability)이 어떤 브랜드를 살 것인지에 영향을 미칠 수도 있다. 예를 들어서, 만일 어떤 소비자가 Nike의 검정색 운동화를 원하는데 자신에게 맞는 사이즈가 없다면 그 소비자는 Reebok의 검정색 운동화를 살 수도 있다.

이 단계에서 구매자들은 그들이 제품을 실 판매자를 선택하기도 한다. 판매자의 선택은 최종 제품 선택에 영향을 미칠 수도 있으며, 흥정이 가능하다면 이 단계에서 결정되는 판매조건에도 영향을 미칠 수 있다. 가격, 인도조건, 보증, 유지보수, 설치 및 신용조건 등과 같은 다른 이슈들도 결정된다. 끝으로, 소비자가 구매의사결정과정을 중단하기로 결정하지 않는 한 이 단계에서 실제 구매가 이루어진다.

5 구매후 평가

구매 후에 구매자는 실제성능이 기대수준에 부응하는지를 확인하기 위해서 제품을 평가하기 시작한다. 대안을 평가하는 데서 사용하였던 많은 기준들이 구매후 평가단계에서도 적용된다. 이 단계의 결과는 만족이나 불만족이 되는데, 이것은 소비자불평, 다른 구매자들과의 커뮤니케이션, 그리고 그 제품의 재구매에 영향을 미친다.

고가 제품의 구매 직후에 평가는 **인지적 부조화(cognitive dissonance)**를 일으킬 수도 있다. 인지적 부조화는 그 제품을 구입한 것이 올바른 결정이었는지에 대해서 구매자의 마음속에 의문을 품게 만든다. 예를 들어서, 199달러의 iPod를 산 후에, 어떤 소비자는 그 구매에 죄책감을 느낄 수도 있으며

COURTESY OF COLGATE-PALMOLIVE COMPANY

제품속성의 프레이밍

Palmolive Pure+Clear의 메이커는 불필요한 화학성분이 없고, 짙은 냄새가 없으며, 자극적인 염료가 없고, 그리고 접시에 유해물질이 남지 않게 해주는 제품속성의 판단틀을 제공하고 있다.

자신이 올바른 브랜드와 품질을 구입하였는지에 의문을 갖게 될 수도 있다. 경쟁브랜드가 갖고 있는 바람직한 특징 중 일부가 없는 고가의 고관여제품을 최근에 구입하였을 때 인지 부조화가 발생할 가능성이 높다. 인지 부조화를 경험한 구매자는 그 제품을 반품하려고 하거나 그 제품을 선택한 것을 정당화시키기 위해서 그 제품에 대한 긍정적인 정보를 찾게 된다. 마케터들은 판매사원들이 최근 구매자들을 접촉하여 자신의 구매에 확실하게 만족하도록 함으로써 인지 부조화를 감소시키려고 하는 경우가 많다.

<그림 6.1>이 보여주는 것과 같이, 3가지 주요 범주의 영향요인들이 소비자 구매의사결정과정에 영향을 미치는 것으로 여겨진다: 상황요인, 심리적 요인 및 사회적 요인. 이 장의 나머지 부분에서 우리는 이들 영향요인들에 초점을 맞출 것이다. 비록 우리가 각 주요 영향요인들을 나누어서 논의할지라도, 소비자 구매의사결정과정에 대한 이들의 효과는 서로 연결되어 있다.

6.3 구매의사결정과정에 대한 상황적 영향

상황적 영향(situational influences)은 소비자 구매의사결정과정에 영향을 미치는 환경, 시간 및 장소로부터 발생한다. 예를 들어서, 세차를 하면서 타이어가 마모되었음을 알게 된 후에 자동차 타이어를 구입한 것은 휴가를 망친 고속도로에서의 파열 직후에 타이어를 구입한 것과 완전히 다른 경험이다. 상황요인은 소비자 구매의사결정과정의 모든 단계에서 구매자에게 영향을 미칠 수 있으며 그 소비자가 의사결정과정을 단축하거나 연장하거나 중단하게 할 수도 있다. 상황요인은 5가지 범주로 나뉜다: 물리적 환경, 사회적 환경, 시간관점, 구매이유 및 구매자의 일시적 무드와 상태.[5]

물리적 환경(physical surroundings)은 위치, 점포분위기, 향기, 음향, 조명, 날씨, 그리고 의사결정이 이루어지는 다른 요인들 등을 포함하고 있다. 소매 체인점들은 가능한 한 둘러보기 쉽게 하고 쇼핑고객들의 선택해서 구입하려는 의지를 북돋을 수 있도록 점포환경을 디자인해야 한다는 연구결과가 있다.[6] Olive Garden 및 Chili's와 같은 수많은 레스토랑 체인점들은 고객들의 식사경험을 풍요롭게 해주는 특별한 환경을 제공하기 위해서 건물 등을 포함한 시설에 중점적으로 투자하고 있다. 일부 상황에서 날씨, 교통소음 및 악취 등과 같은 차원들을 마케터들이 통제할 수 없다는 것은 의문의 여지가 없다. 그러나 그들은 고객들에게 더 쾌적한 환경을 조성해주려고 노력해야 한다. 예를 들어서, 일반적인 기후조건은 특별한 형태의 차량(SUV와 같은)과 일부 부품(4륜 구동과 같은)을 구입하려는 고객의 결정에 영향을 미칠 수도 있다. 현재의 기상조건은 우호적이거나 비우호적인지에 따라, 소비자들이 쇼핑을 계속하고 특정 제품을 찾도록 조장할 수도 있고 억제할 수도 있다.

사회적 환경(social surroundings)은 구매의사결정이 이루어질 때 함께 있는 친구들, 친척들, 판매사원들 및 다른 고객들과 같은 다른 사람들의 특성과 상호작용을 포함한다. 그들은 레스토랑들, 상점들, 또는 스포츠시설과 같은 공공장소에 있기 때문에 일정한 방식으로 행동해야 한다는 압력을 느낄 수도 있다. 그 제품이 사용되거나 소비될 때 주변에 있는 사람들에 대한 생각은 사회적 환경의 또 다른 차원이다. 사람들로 북적이는 점포 또는 고객과 판매사원 사이의 논쟁으로 소비자들은 쇼핑을 그만두거나 아예 그 점포를 떠나게 될 수도 있다.

어떤 제품을 찾거나 그 제품을 사기 위해서 그 제품에 대해서 알게 되는 데 필요한 시간의 양과 같은 시간차원도 구매의사결정과정에 몇 가지 방식으로 영향을 미친다. 예를 들어서, 자신의 형편에 따라 정보에 근거한 결정을 하기 위해서 예전보다 더 많은 남성들이 온라인에서 다이아몬드 약혼반지를 구입하고 있다. Blue Nile과 같은 인터넷고급보석점은 남성들에게 다이아몬드에 대한 안목을 넓혀서 다이아몬드와 셋팅의 다양한 목록에서 독특한 조합을 선택할 수 있도록 해주기 위해서 웹사이트에 상호작용적 도구를 크게 부각시키고 있다.[7] 그 구매자는 제품사용의 가능한 빈도, 그 제품을 사용할 수 있게 되는데 요구되는 기간, 전반적인 제품수명의 길이를 고려하기 때문에 시간이 중요한 역할을 한다. 구매에 영향을 미치는 시간의 다른 차원은 시간대, 요일이나 날짜, 계절 및 휴일을 포함하고 있다. 소비자가 느끼는 시간압박의 양도 구매의사결정에 얼마나 많은 시간을 할애할 것인지에 영향을 미친다. 시간에 쫓기는 고객은 구매의사결정을 신속하게 하거나 구매를 미루게 될 가능성이 크다.

구매이유는 그 제품구매로 누구를 위해서 무엇을 성취하게 되는가 하는 문제를 제기한다. 일반적으로, 소비자들은 자기 자신이나 가정에서 사용하거나 선물로 어떤 제품을 구입한다. 예를 들어서, 선물로 구입하는 사람은 자신이 사용하기 위해서 구입할 때와는 다른 제품을 구입할 수도 있다. 예를 들어서, Cross 펜을 갖고 있는 사람이 자신이 사용하기 위해서 그 펜을 살 가능성은 거의 없다.

구매자의 일시적인 무드(노여움, 불안 또는 만족과 같은)나 일시적인 상태(피로, 질병, 여유돈과 같은)도 소비자 구매의사결정과정과 관계가 있다. 이러한 무드나 상태는 현재 상황의 바로 전에 있었던 상황이며 오래 지속되지는 않는다. 이러한 무드나 상태는 정보를 탐색하거나 정보를 받아들이거나 또는 대안을 찾고 평가할 수 있는 소비자의 능력과 욕구에 영향을 미칠 수 있다. 슬픈 구매자는 구매의사결정에서 위험을 더 감수하려고 하는 반면에 즐거운 구매자는 위험-회피적일 가능성이 크다는 점을 시사하는 증거도 있다.[8] 무드는 소비자의 구매후 평가에 크게 영향을 미칠 수 있다.

6.4 구매의사결정과정에 대한 심리적 영향

심리적 영향(psychological influences)은 사람들의 일반적인 행동을 부분적으로 결정해주며 따라서 소비자로서의 행동에 영향을 미친다. 소비자행동에 대한 주요 심리적 요인은 지각, 동기,

전환 중인 마케팅

브랜드 팬들은 말한다: 조명, 카메라, 효과

직접 만든 광고물은 소비자행동에서 최근 추세 중 하나이다. PespsiCo의 Frito-Lay 부문, H.J. Heinz, Best Western 호텔, Klondike 등에서 후원하는 콘테스트로 수많은 소비자들이 상을 받고 TV나 온라인 등에서 30초의 영예를 누리기 위해서 대본을 써서 촬영하고 편집하여 응모하도록 부추기고 있다. 자신들이 직접 응모를 하든가 또는 자신들이 좋아하는 광고물을 보고 투표하기 위해서 클릭하든간에 직접 만든 광고물은 소비자들이 자신들이 좋아하는 브랜드에 빠져들게 한다.

HEMERA/THINKSTOCK

PepsiCo의 Frito-Lay가 2009년 슈퍼볼 기간에 방영할 Doritos 광고를 소비자들이 직접 제작하도록 한 콘테스트를 개최하였을 때, 1,900명이 응모하였다. 이 기업은 5개의 작품을 선정하여 일반대중이 온라인에서 자신들이 좋아하는 광고에 투표하도록 하였으며, 최고 득표를 한 2개 작품을 슈퍼볼 기간에 방영하였다. USA Today의 소비자패널이 2009년 슈퍼볼 광고물의 순위를 매겼을 때, 직접 만든 Doritos광고물 중 하나가 최고를 차지하였다. 광고물을 제작하였던 소비자들은 백만 달러를 벌었으며 Frito-Lay는 무료홍보에서 백만 달러를 벌었다.

H.J Heinz는 추가적인 버즈(buzz)를 구축하는 방법으로 소비자들이 직접 만든 광고물을 응모하도록 한 2개의 콘테스트를 개최하였다. 2개 모두에서, 자신들이 만든 케첩 광고물을 YouTube에 올리고 Heinz의 http://www.TopThisTV.com 사이트에 등록하도록 소비자들에게 요청하였다. 이 기업의 마케터들은 4,000개 이상의 응모작품들 중에서 10개 작품을 선정해서 우승자를 가리기 위해서 YouTube 방문자들이 투표하도록 하였다. 최우수 작품은 TV의 전국네트워크에 57,000달러를 들여 토막광고를 하였으며 YouTube에 영구 등록하였다. Heinz의 최우수 작품은 무료로 매체의 주의를 끌고 소비자가 만든 수많은 광고작품에서 이 회사의 케첩이 주역이 되어서 수백만 달러의 가치를 갖게 되었다.[a]

학습, 태도, 개성과 자아개념, 그리고 라이프스타일이다. 이러한 심리적 요인은 내부적으로 작용하지만, 그것들은 그 개인의 외부에 있는 사회적 요인에 의해서 크게 영향을 받는다.

1 지각

각기 다른 사람들은 같은 시점에 있는 같은 사물을 다른 방식으로 지각한다. 당신이 <그림 6.2>를 처음으로 보았을 때, 당신은 물고기를 보았는가 또는 새를 보았는가? 마찬가지로, 각기 다른 시점에서 한 개인은 동일한 항목을 다른 방식으로 지각할 수도 있다. **지각(perception)**은 의미를 찾기 위해서 유입정보를 선택하고, 조직하며 그리고 해석하는 과정이다. **유입정보(information inputs)**는 시각, 미각, 청각, 후각 및 촉각을 통해서 받아들인 감각이다. 우리가 어떤 광고물을 듣거나 친구를 보거나, 인근 레스토랑에서 요리하는 음식의 냄새를 맡거나 어떤 제품을 접촉할 때, 우리는 유입정보를 받아들인다. 구매의사결정과정의 문제인식이나 정보탐색 단계에 있는 소비자들을 끌어들이기 위해서 마케터들은 냄새를 점점 더 많이 활용하고 있다. 예를 들어서, 일부 세정제 메이커들은 냄새로 불쾌해질 수 있음을 알게 되었다. 신선한 초원, 산뜻한 리넨제품 및 라벤더향과 같은 향이 구매가능한 Clorox 표백제는 원래의 표백제 냄새를 옅게 만드는 데 세심한 주의를 기울였다. 원래의 표백제 냄새를 완전하게 덮어 없애는 대신에, 소비자들은 원래의 표백제와 같이 강하지 않다면 표백제 냄새를 유지하는 제품을 더 선호한다.[9]

정의에 나타난 것과 같이, 지각은 3단계의 과정이다. 비록 우리는 한 번에 수많은 정보를 받을지라도, 극히 일부만이 우리의 의식에 도달하게 된다. 우리는 한 순간에 모든 유입정보를 의식할 수 있는 능력을 갖고 있지 않기 때문에 우리는 유입정보의 일부를 선택하고 나머지는 무시하게 된다. 개인이 인지에 도달하는 유입정보를 선택하기 때문에 이러한 현상은 **선택적 노출(selective exposure)**이라고 한다. 만일 당신이 이 책의 이 단락에 집중하고 있다면, 당신은 밖에서 자동차들이 소

그림 6.2 물고기들 또는 새들: 당신은 무엇을 보았는가?

음을 일으키고 있다는 것, 실내조명이 켜져 있다는 것, 또는 당신의 손이 이 페이지에 닿아있다는 것을 인식하지 못할 수도 있다. 비록 당신이 이러한 유입정보를 받아들였을지라도, 그 정보들이 감지되기 전까지는 당신의 의식에 도달하지 않게 된다.

개인의 현재 욕구들이 선택적 노출에 영향을 미친다. 특정 시점에서 소비자의 강한 욕구에 연결된 유입정보는 선택되어 의식될 가능성이 크다. 많은 패스트푸드 광고들이 식사시간에 임박해서 방송되고 있는 것은 우연한 일이 아니다. 고객들이 이러한 시점에서 이들 광고물에 다이얼을 맞출 가능성이 더 크다.

지각의 선택적 특성은 선택적 노출뿐만 아니라 다른 2가지 조건에서 생긴다: 선택적 왜곡과 선택적 유지. **선택적 왜곡**(**selective distortion**)은 지금 받은 유입정보를 변화시키거나 왜곡하는 것이다. 선택적 왜곡은 소비자가 개인적인 감정이나 신념과 일치하지 않은 정보를 받을 때 발생한다. 예를 들어서, 싫어하는 브랜드를 촉진하는 광고물을 볼 때, 그 시청자는 자신의 이전 관점과 더 일치되게 그 정보를 왜곡시킬 수도 있다. 이러한 왜곡은 그 소비자에 대한 광고물의 효과를 상당히 약화시킨다. **선택적 보유**(**selective retention**)에서, 개인은 개인적인 감정이나 신념을 지지하는 유입정보는 기억하고 지지하지 않는 유입정보를 잊게 된다. 판매제시를 들은 후에 그 점포를 떠나면, 고객은 자신의 신념과 상충되는 판매 강조점(selling points)은 잊게 될 수도 있다.

지각적 과정에서 두 번째 단계는 지각적 조직화이다. 의식에 도달한 유입정보는 체계화된 형식으로 받아들여지지 않는다. 의미를 산출하기 위해서, 개인은 새로운 정보를 심적으로 조직화하여 기억에 이미 저장되어 있는 것과 통합해야 한다. 사람들은 조직화시키기 위해서 여러 가지 방법을 이용한다. 개인이 형태나 문장에서 빠진 부분을 메울 때 완결(closure)이라는 방법이 발생한다. 자신의 브랜드에 대한 주의를 끌려는 시도에서 광고주는 광고물에서 불완전한 이미지, 음향, 또는 문장을 이용함으로써 완결을 활용하게 된다.

지각적 과정의 세 번째 단계인 해석(interpretation)은 조직화된 것에 의미를 부여하는 것이다. 개인은 해석을 자신이 기대한 것이나 익숙한 것에 토대를 둔다. 이러한 이유에서, 제품이나 포장을 변경한 생산자는 중대한 문제에 봉착하게 된다. 사람들이 그 전의 익숙한 제품이나 포장을 찾을 때, 그들이 새로운 것을 인식하지 못할 수도 있다. 만약 제품이나 포장의 변경이 그 변화를 사람들에게 알리는 촉진프로그램을 수반하지 않는다면, 그 조직은 매출감소의 고통을 겪게 될 수도 있다.

2 동기

동기(motives)는 욕구를 충족시키거나 목적을 성취하는 방향으로 개인의 활동을 이끄는 내부의 활성화 에너지이다. 구매자들의 행위는 단지 하나의 동기보다는 일련의 동기들에 의해서 영향을 받는다. 어느 한 시점에서 개인의 어떤 동기가 다른 동기보다 더 강하게 된다. 예를 들어서, 커피를 마시고 싶은 사람의 동기는 잠자리에 들기 전보다는 깨어난 직후에 훨씬 더 강하다. 일부 동기는 개인이 자신의 목적을 성취하는 데 도움을 줄 수 있는 반면에 다른 동기는 목적성취에 장애물을 만들어낼 수 있다.

미국의 심리학자인 Abraham Maslow는 욕구의 계층에 토대를 둔 동기이론을 개발하였다. Maslow에 의하면, 인간은 <그림 6.3>에 묘사된 것과 같이, 가장 중요한 것에서 가장 덜 중요한 것까지의 5가지 수준의 욕구를 충족시키려고 한다. 이 체계를 **Maslow의 욕구계층(Maslow's hierarchy of needs)**이라고 한다. 한 수준의 욕구가 충족되고 나면 인간은 계층의 다음 수준의 욕구를 충족하려고 한다. 가장 기본적인 수준은 사람들이 가장 먼저 충족시키려고 하는 의식주 및 섹스와 같은 생존의 요건인 생리적 욕구(physiological needs)이다. 음식 및 음료의 마케터들은 생리적 욕구에 소구하곤 한다. 다음 수준은 안전과 물리적 및 정서적 고통에서의 해방을 포함한 안전욕구(safety needs)이다. 경보시스템과 보험의 마케터들은 촉진에서 사람들의 안전욕구를 이용하려고 한다. 다음은 사랑과 애정 및 소속감의 요구인 사회적 욕구(social needs)이다. 화장품, 기타 미용제품, 보석 그리고 승용차에 대한 광고는 이러한 제품의 구입

그림 6.3 Maslow의 욕구계층

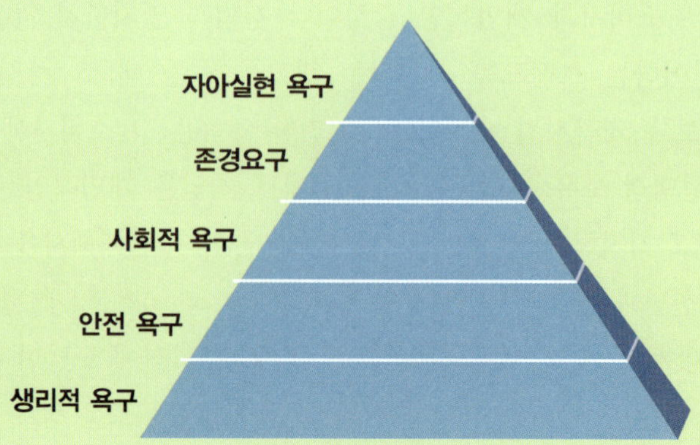

이 사랑을 가져다준다는 것을 시사하고 있다. 존경욕구(esteem needs)에서, 사람들은 자신의 가치에 대한 의식인 자존심뿐만 아니라 다른 사람의 존경과 인정을 필요로 한다. Lexus 자동차를 소유하는 것, 성형수술을 받는 것, 또는 항공기의 일등석을 이용하는 것은 존경욕구를 충족시켜줄 수 있다. 이 계층의 최상위에는 자아실현욕구(self-actualization needs)가 있다. 자아실현욕구는 성장 · 발전하고 가능한 모든 것을 실현하려는 욕구를 말한다. 구인광고에서 미국 육군은 잠재적 지원병들에게 "군대에는 당신이 실현할 수 있는 모든 것이 있다"고 말한다.

규칙적으로 어떤 제품을 구입하는 장소에 영향을 미치는 동기를 **애고동기(patronage motives)**라고 한다. 어떤 구매자는 가격, 서비스, 위치, 제품 다양성, 또는 판매사원의 친절 등과 같은 애고동기로 특정 점포에서 쇼핑할 수도 있다. 애고동기를 활용하기 위해서 마케터들은 단골고객들이 특정 점포를 애고하는지를 파악하여 점포의 마케팅 믹스에서 이러한 특징들을 강조하려고 한다.

IMAGE COURTESY OF THE ADVERTISING ARCHIVES

Maslow 욕구계층의 어느 수준인가?
Nintendo의 Wii를 이용한 사람은 사회적 욕구를 충족시키려고 할 가능성이 크다.

3 학습

학습(learning)은 정보와 경험에 따른 개인의 사고과정과 행동의 변화를 말한다. 행동의 결과는 학습과정에 크게 영향을 미친다. 만족스러운 결과를 가져다주는 행동은 반복되는 경향이 있다. 예를 들어서, Snickers 캔디 바를 구입해서 그 맛을 즐긴 소비자는 Snickers 제품을 다시 구입할 가능성이 더 크다. 사실, 그 사람은 만족을 더 이상 제공하지 않게 되지 않는 한 그 브랜드의 구입을 계속할 것이다. 행동의 결과가 더 이상 만족스럽지 않게 되었을 때, 그 사람은 다른 브랜드로 바꾸거나 캔디 바를 먹는 것을 중단할 수도 있다.

구매의사결정을 할 때 구매자들은 정보를 처리한다. 개인들은 정보를 처리할 수 있는 능력이 다르다. 경험이 없는 구매자들이 사용하는 정보의 유형은 제품과 구매상황에 익숙한 경험이 많은 구매자들이 사용하는 유형과 다를 수도 있다. 따라서 골동품 책상의 두 잠재적 구매자들은 구매의사결정을 하는 데 다른 유형의 정보를 사용할 수도 있다. 경험이 없는 구매자는 가격으로 그 책상의 가치를 판단하는 반면에, 경험이 더 많은 구매자들은 그 책상의 품질과 가치를 판단하기 위해서 제조업체, 시기, 원산지 등에 대한 정보를 찾을 수도 있다. 경험이 없는 소비자들은 다른 사람들에게서 정보를 구하고 해박한 "구매 친구(purchase pal)"와 함께 다닐 수도 있다. 경험이 더 많은 구매자들은 제품에 대해서 더 확고한 자신감과 더 많은 지식을 갖고 있으며 제품의 어떤 특징들이 제품품질에 대한 믿을 수 있는 단서인지를 알 수 있다.

마케터들은 소비자들이 자사제품에 대한 경험을 쌓는 데 도움을 줌으로써 그 제품에 대해서 알 수 있게 해 준다. 쿠폰과 함께 제공되곤 하는 무료 샘플은 시용구매를 장려하고 구매위험을 줄이는 데 크게 기여할 수 있다. 예를 들어서, 일부 소비자들은 이색적인 메뉴에 경계를 할 수도 있기 때문에, 일부 레스토랑은 무료 샘플을 제공하기도 한다. 점내 실연은 제품사용에 대한 지식을 쌓는 데 도움을 준다. 소비자들은 판매사원, 광고물, 친구들 및 친척들에게서 얻은 정보를 통해서 간접적으로 제품을 경험함으로써 알게 되기도 한다. 판매사원과 광고물을 통해서, 마케터들은 소비자들이 알게 되는 것에 영향을 미치고 그 제품에 대해서 더 호의적인 태도를 창출하기 위해서 구매 전(경우에 따라서는 구매 후)에 정보를 제공한다.

4 태도

태도(attitude)는 어떤 대상이나 아이디어에 대해서 갖는 개인의 지속적인 평가, 느낌, 그리고 행동성향이다. 우리가 태도를 갖게 되는 대상은 유형일 수도 있고 무형일 수도 있으며, 생물일 수도 있고 무생물일 수도 있다. 예를 들어서, 우리는 자동차, 풋볼, 시리얼에 대해서 태도를 갖는 것과 마찬가지로, 섹스, 종교, 정치 및 음악에 대해서 태도를 갖고 있다. 태도가 특별할 수 있을지라도, 태도는 안정되어 있어서 매순간마다 변하지는 않는다. 그러나 개인의 모든 태도들이 어느 한 시점에서 동등한 영향을 미치는 것은 아니다. 일부 태도는 다른 태도들보다 더 강력할 수 있다. 개인들은 경험 그리고 다른 사람들과의 상호작용을 통해서 태도를 획득하게 된다.

AP IMAGES/PRNEWSFOTO/TRAVEL INDUSTRY ASSOCIATION OF AMERICA

태도를 변화시키려는 노력
SeeAmerica.org는 환경보존에 대한 사람들의 태도에 영향을 미치려고 한다.

태도는 3가지 요소로 구성되어 있다: 인지적, 감성적, 그리고 행동적. 인지적 구성요소는 대상이나 아이디어에 대한 개인의 지식과 정보이다. 감성적 구성요소는 대상이나 아이디어에 대한 감정과 정서로 되어 있다. 행동적 구성요소는 대상이나 아이디어에 대한 행위로 나타난다. 어느 한 구성요소의 변화는 다른 구성요소들을 변화시킬 수도 있고 변화시키지 않을 수도 있다. 따라서 어떤 소비자가 어느 특정 브랜드에 대한 자신의 태도에서 감성적 또는 행동적 구성요소를 변화시키지 않고도 그 브랜드에 대해서 더 많이 알게 될 수도 있다.

기업과 그 기업의 제품에 대한 소비자의 태도는 그 기업 마케팅전략의 성패에 크게 영향을 미친다. 소비자들이 어떤 기업 마케팅활동의 어느 한 측면에 강한 부정적 태도를 갖고 있을 때, 그들이 그 제품을 사용하는 것을 그만 둘뿐만 아니라 친척이나 친구들이 그 제품을 사용하지 않도록 설득할 수도 있다.

태도는 소비자행동을 결정하는 데 매우 중요

한 역할을 수행하기 때문에, 마케터들은 가격, 포장디자인, 브랜드명, 광고물, 판매원, 수선서비스, 점포위치, 기존 또는 제안된 제품의 특징, 그리고 사회적 책임노력 등에 대한 소비자태도를 측정해야 한다. 마케터들이 이러한 태도를 측정하는 데 몇 가지 방법이 도움이 될 수 있다. 가장 단순한 방법들 중 하나는 사람들에게 직접 물어보는 것이다. 예를 들어서, Hampton Hotels는 호텔의 청소 후 냄새에 대한 태도를 여행자들에게 물었다. 대부분의 여행자들(86%)은 상쾌한 공기와 리넨의 냄새가 산뜻한 호텔방을 가장 잘 나타내준다고 한 반면에, 14%만이 세정제의 냄새가 산뜻한 방을 나타낸다고 응답하였다. 이 조사는 호텔체인들이 방에 상쾌한 공기와 리넨의 냄새를 남길 수 있도록 청소관행과 세정제의 사용을 정제하는 데 도움을 준다.[10] 마케터들은 태도척도를 통해서 태도를 평가하기도 한다. **태도척도(attitude scale)**는 대체로 어떤 대상에 대한 일련의 형용사들, 구절들, 또는 문장들로 구성되어 있다. 응답자들은 일정한 방식으로 형용사들, 구절들, 또는 문장에 반응함으로써 그 대상에 대한 자신들의 감정의 강도를 표현한다. 예를 들어서, 쇼핑에 대한 사람들의 태도를 측정하는 마케터는 "쇼핑은 TV를 시청하는 것보다 더 재미있다"와 같은 몇 개의 문장들에 동의하거나 동의하지 않는 정도를 표시하도록 응답자들에게 요청할 수 있다.

마케터들은 상당히 많은 소비자들이 마케팅믹스의 한 측면에 대해서 부정적인 태도를 갖고 있음을 파악하였을 때, 그들을 더 긍정적으로 만들기 위해서 그들의 태도를 변화시키려고 할 수도 있다. 이러한 과제는 일반적으로 시간이 걸리고, 비용이 많이 들고, 어려우며, 막대한 촉진노력을 필요로 할 수도 있다. 예를 들어서, 자두 생산자들의 조직인 California Prune Growers는 자두를 칼륨과 섬유질이 풍부해 자양분이 많은 스낵으로 표현함으로써 자두에 대한 소비자들의 태도를 변화시키기 위해서 광고를 활용하였다. 소비자들의 반응을 바꿔서 더 많은 소비자들이 특정 브랜드를 구입하도록 하기 위해서, 기업은 소비자태도의 인지적 구성요소를 바꾸기 위해서 정보집약적인 캠페인을, 또는 감성적 구성요소에 영향을 미치기 위해서 설득적인(정서적) 캠페인을 펼칠 수 있다. 무료 샘플을 배포함으로써 행동적 구성요소를 변화시킬 수 있다. 영리 및 비영리 조직들 모두가 건강과 안전성에서 가격 및 제품특징에 이르기까지 많은 이슈들에 대한 사람들의 태도를 변화시키려고 한다.

5 개성과 자아개념

개성(personality)은 어떤 상황에서 행동의 일관된 패턴으로 이어지는 일련의 내적인 특성들과 독특한 행동성향이다. 개인의 개성은 유전적 특징과 그 사람을 독특하게 만드는 개인적 경험에서 생긴다. 개성은 대체로 강박감, 야망, 사교성, 독단적인 태도, 권위주의, 내향성, 외향성 및 경쟁지향성 등과 같은 하나 이상의 특징을 갖는 것으로 서술되고 있다. 마케팅조사자들은 그러한 특징들과 구매행동 사이의 관련성을 찾으려고 한다. 몇 가지 개성특성들과 구매자행동 사이에 극히 단편적인 연결고리가 있음이 밝혀졌을지라도, 많은 연구의 결과는 아직은 결론이 나지 않았음을 보이고 있다. 개성과 구매행동 사이의 약한 연결은 관련성이 없다기보다는 신뢰성이 부족한 측정도구들의 산물일 수도 있다. 일부 마케터들은 소비자들의 개성이 구입되는 제품의 형태와 브랜드에 영향을 미친다고 확신하고 있다. 예를 들어서, 한 개인이 구입하는 의류, 보석류, 또는 자동차의 유형은 하나 이상의 개성특성을 반영하고 있을 수도 있다.

때때로 마케터들은 광고로 특정유형의 개성을 겨냥한다. 예를 들어서, 일부 담배브랜드의 광고는 특정 개성유형을 지향하고 있다. 마케터들은 무감각이나 수줍음과 같이 부정적으로 평가되는 개성특성들보다는 안전의식, 사교성, 독립성, 또는 경쟁지향성과 같이 긍정적으로 평가되는 개성특성들에 초점을 맞춘다.

개인의 자아개념은 개성과 밀접하게 연결되어 있다. **자아개념**(**self-concept**: 자아이미지 self-image라고 할 때도 있음)은 자신에 대한 개인의 관점이나 지각이다. 개인들은 심리적 및 사회적 차원의 상호작용을 토대로 자신들의 자아개념을 개발하고 바꿔 나간다. 구매자는 자아개념을 반영하거나 향상시켜주는 제품을 구입하며 구매의사결정은 안정적인 자아개념의 개발과 유지에 중요하다는 연구결과도 있다. 소비자들의 자아개념은 특정 제품범주의 어떤 제품을 구입하는지에 영향을 미칠 수도 있고 구입장소뿐만 아니라 브랜드선택에 영향을 미칠 수도 있다.

6 라이프스타일

제5장에서 살펴보았던 것과 같이, 많은 마케터들은 라이프스타일에 따라 시장을 세분화하려고 한다. **라이프스타일**(**lifestyle**)은 활동, 관심 및 의견을 통해서 표현되는 개인의 삶의 패턴이다. 라이프스타일패턴은 사람들이 시간을 보내는 방식, 다른 사람들과의 상호작용의 정도, 삶과 생활에 대한 전반적인 사고방식을 포함한다. 사람들은 자신의 라이프스타일을 부분적으로 결정하지만, 패턴은 나이, 교육, 소득 및 사회계층과 같은 인구통계적 요인들뿐만 아니라 개성에 영향을 받기도 한다. 라이프스타일은 긴 질문목록을 통해서 측정된다.

KYMCO USA 2009

라이프스타일
KYMCO는 자사의 광고에서 특정 유형의 라이프스타일을 장려하고 있다.

라이프스타일은 문제인식에서 구매후 평가에 이르는 소비자 구매의사결정과정의 많은 측면에 강력한 영향을 미친다. 라이프스타일은 제품에 대한 소비자들의 욕구, 브랜드선호도, 사용하는 매체의 유형, 쇼핑방식과 장소에 영향을 미친다.

소비자 라이프스타일을 검토하기 위한 가장 인기 있는 분석체계들 중 하나는 SRI Consulting Business Intelligence의 서베이이다. 이 기업의 VALS™프로그램은 짧은 설문지를 이용하여 소비자들을 8개의 기본적인 집단으로 분류한다. 혁신형, 사고형, 성취형, 경험형, 신념형, 노력형, 자급형 및 생존형(<그림 6.4> 참조). 세분화는 구매행동과 4가지 주요 인구통계적 특징과 관계가 있는 심리적 특징에 토대를 두고 있다. 이러한 VALS™설문지는 8개 집단의 라이프스타일을 알아내기 위해서 특정 제품, 서비스, 여가활동, 또는 매체선호도에 초점을 맞춘 보다 큰 서베이와 결합된다.[11] VALS™는 개성을 소비자라이프스타일과 연결시키는 분석체계이다.

그림 6.4 VALS™형

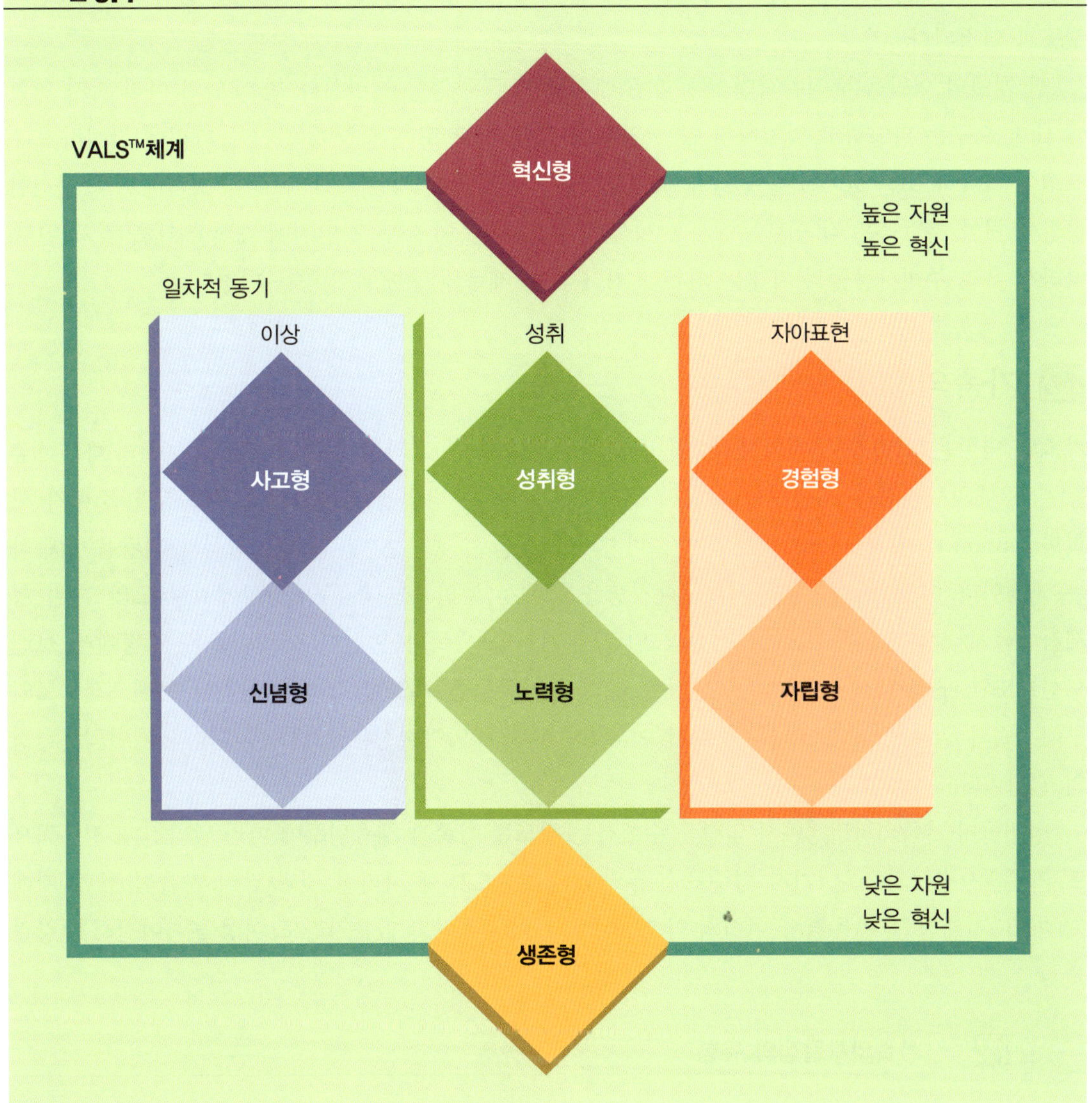

6.5 구매의사결정과정에 대한 사회적 영향

다른 사람들이 구매의사결정에 미치는 영향을 **사회적 영향(social influences)**이라고 한다. <그림 6.1>에 나타난 것과 같이, 사회적 요인은 7가지 주요 영역으로 분류된다. 역할, 가족, 준거집단, 의견선도자, 디지털네트워크, 사회계층 그리고 문화와 하위문화.

1 역할

우리 모두는 집단, 조직 및 기관에서 지위(positions)를 갖고 있다. 각 지위는 역할과 연결된다. **역할(role)**은 특정 지위에 있는 개인이 자신과 주변사람들의 기대를 토대로 수행하기로 되어 있는 일련의 행위와 활동이다. 사람들은 여러 가지 지위를 갖고 있기 때문에, 그들은 여러 가지 역할을 수행해야 한다. 예를 들어서, 한 남자가 아들, 남편, 아버지, 고용인이나 고용주, 교회신자, 시민단체의 회원, 그리고 야간대학의 학생의 역할을 수행할 수도 있다. 따라서 기대의 다중 집합이 각 개인의 행동과 연결된다.

한 개인의 역할들은 전반적인 행동과 구매행동 모두에 영향을 미친다. 한 개인의 여러 가지 역할에 대한 요구는 다양하고 일치하지 않는 경우도 있다. 학교 또는 직장에 가거나, 파티에 참석하거나, 교회에 가거나 또는 요가교실에 감에 따라 당신이 사서 입게 되는 옷의 유형을 생각해보라. 이러한 상황에 처한 사람들은 각 이벤트에서 받아들일 수 있는 옷이 어떤 것인지에 대한 기대를 갖게 된다. 따라서 우리 주변사람들의 기대는 의류와 기타 많은 제품의 구매에 영향을 미친다.

2 가족의 영향

가족의 영향은 소비자 구매의사결정과정에 매우 직접적인 효과를 갖는다. 부모들(가족의 다른 어른들)은 구매의사결정을 포함해서 다양한 문제에 대처하는 방법을 자녀들에게 가르친다. **소비자 사회화(consumer socialization)**는 개인이 소비자의 역할을 수행하는 데 필요한 지식과 기량을 획득하는 과정이다. 어린이들은 자신들의 구매경험을 통해서 뿐만 아니라 구매상황에서 부모와 손위 형제자매를 관찰함으로써 이러한 지식과 일련의 기량을 습득하곤 한다. 어린이들은 가정에서 브랜드선호도와 구매관습을 관찰하고, 가정을 꾸려서 가족들을 부양할 때까지 이러한 브랜드선호도와 구매관습의 일부를 유지한다. 가정에서 이루어지는 구매의사결정은 집단의사결정과 개인의사결정의 결합이다.

성인들이 가족의사결정에서 역할을 수행하는 정도는 가족과 제품범주에 따라 달라진다. 전통적으로, 가족의사결정과정은 4가지 범주로 분류되었다: <표 6.2>에 나타난 것과 같이, 자율적, 남편-지배적, 아내-지배적 및 공동결정. 여성의 역할은 계속해서 변화하고 있을지라도, 여성들은 여전히 건강관

표 6.2 가족의사결정의 유형

의사결정의 유형	결정권자	제품의 유형
남편-지배적	가정의 남성 가장	잔디깎기, 하드웨어와 공구, 스테레오, 냉장고, 세탁기
아내-지배적	가정의 여성 가장	어린이의류, 여성의류, 식료품, 주방용품, 화장실용품, 실내장식품
자율적	남편과 아내가 동등하게 결정하지만 동시에 참여하지는 않는다	남성의류, 여행용품, 장난감과 게임, 스포츠장비, 카메라
공동결정	남편과 아내가 공동으로 결정	휴가, TV, 거실가구, 카펫, 금융상품, 가족승용차

리용품, 세탁용품, 종이제품 및 식품 등의 가사용품에 관련된 구매의사결정을 하고 있다. 여성이 가족구매의사결정의 80% 이상을 하고 있다고 알려져 있다. 부부는 특히 내구재와 같은 몇 가지 제품의 구매에 공동으로 참여한다. 남성의 역할변화 때문에 상당히 많은 남성들이 일차적인 식료품쇼핑객이 되고 있다. 어린이들은 많은 구매의사결정을 하며 여러 가지 가족구매의사결정에도 영향을 미친다. 가족구매의사결정의 유형은 가족구성원들의 가치 및 태도뿐만 아니라 가족의 구조에 따라 달라진다.

2명 이상의 가족이 어떤 구매의사결정에 참여할 때, 그들의 역할은 분화되어 각자가 아이디어를 제안하는 것, 정보를 수집하는 것, 그 제품을 구입할 능력이 되는지의 여부를 결정하는 것, 그 제품을 구입할지 여부를 결정하는 것, 또는 특정 브랜드를 선택하는 것과 같은 구매에 관련된 일정한 과제를 수행하게 된다. 수행되는 특정 구매과제는 고려되고 있는 제품의 유형, 대체로 활용되는 가족 구매의사결정과정의 유형, 의사결정에서 어린이가 미치는 영향력의 정도에 따라 달라진다. 이렇듯 가족의 구성원들은 가족구매과정에서 다른 역할을 수행하게 될 수도 있다. 표적시장의 필요에 부합되는 마케팅믹스를 개발하기 위해서, 마케터들은 실제로 누가 구매하는지 뿐만 아니라 어떤 구성원들이 구매-관련 과제를 수행하는지를 알아야 한다.

가족수명주기단계는 가족구성원들의 개인적인 및 공동의 필요에 영향을 미친다(가족수명주기단계는 제5장에서 논의되었음). 예를 들어서, 최근에 결혼한 20대 부부의 승용차 필요와 그 부부가 40대가 되어 17살 된 아들과 13살짜리 딸이 있게 되었을 때 승용차 필요가 어떻게 다른지를 생각해보자. 가족생활주기 변화는 가족의 어떤 구성원들이 구매의사결정에 참여하는지와 구입되는 제품의 유형에 영향을 미친다.

3 준거집단

준거집단(reference group)은 개인의 가치, 태도 및 행동에 긍정적이거나 부정적인 영향을 미치는 모든 집단이다. 대부분의 사람들은 가족, 일에 관련된 집단들, 남학생 사교클럽이나 여학생 사교클럽, 시민단체, 전문조직, 또는 종교와 관련된 집단과 같은 몇 개의 준거집단을 갖고 있다.

일반적으로 3가지 유형의 준거집단이 있다: 회원집단, 열망집단, 회피집단. 회원준거집단(membership reference group)은 어떤 개인이 실제로 소속되어 있는 집단으로, 그 개인은 그 집단에 속한 사람들의 가치, 태도 및 행동을 받아들일 수 있을 정도로 충분히 집단구성원들과 동일시한다. 열망준거집단(aspirational reference group)은 어떤 사람이 소속되기를 열망하는 집단이다. 개인은 이러한 집단구성원들과 같아지기를 바란다. 어떤 사람이 가입하고 싶지 않은 집단은 회피준거집단(disassociative reference group)이다. 그 사람은 집단구성원들의 가치, 태도 및 행동을 받아들이려고 하지 않는다.

준거집단은 개인의 비교기준으로 그리고 정보원천으로 작용할 수도 있다. 고객의 행동은 집단구성원들의 행위와 신념에 더 일치되게 변화할 수도 있다. 예를 들어서, 어떤 사람은 어떤 셔츠 브랜드의 구입을 그만두고 준거집단구성원들의 조언을 토대로 다른 브랜드로 전환할 수도 있다. 개인은 제품의 종류와 구입하는 장소와 같은 장래의 구입에 관한 다른 요인들에 대해서 준거집단에서 정보를 찾을 수도 있다.

준거집단이 구매의사결정에 영향을 미치는 정도는 제품의 가시성과 준거집단영향에 대한 개인의 감수성에 따라 달라진다. 일반적으로, 어떤 제품이 더 가시적일수록 그 구매의사결정이 준거집단

표 6.3 의견선도자와 주제의 예

의견선도자	가능한 주제
지방의 종교지도자	후원하려는 자비심, 정치적 아이디어, 라이프스타일 선택
여성클럽 회장	의류와 신발구매, 헤어스타일과 스타일리스트, 네일아트와 헤어스타일
"영화광" 친구	영화, DVD, TV프로
가족 주치의	처방약, 비타민, 건강제품
"기술전문가" 지인	컴퓨터와 가전제품구매, 소프트웨어, 인터넷서비스, 게임

의 영향을 받을 가능성이 더 커진다. 제품의 가시성은 다른 사람들이 그 제품을 볼 수 있는지와 그 제품이 주의를 끄는지에 달려있다. 준거집단은 어떤 제품을 살 것인지 여부와 제품범주 내에서 특정 형태의 제품을 살 것인지, 또는 특정 브랜드를 살 것인지에 영향을 미칠 수 있다. 준거집단이 행동에 영향을 미칠 수 있는 한 가지 방식은 집단규범을 위반한 사람들을 경멸하는 것이다. 학자들은 집단규범에서 벗어난 동료들에게 경고하거나 괴롭히거나 심지어 회피하는 이러한 풍습을 청소년들에게서 확인하였다.[12] 마케터들은 특정 집단의 사람들이 그 제품을 사고 그 제품에 매우 만족한다는 점을 시사함으로써 광고에서 준거집단영향을 활용하려고 하는 경우도 있다.

4 의견 선도자

대부분의 준거집단에서 한 명 이상의 구성원들이 의견 선도자로 인식되고 있다. **의견 선도자(opinion leader)**는 정보를 찾는 준거집단참여자들이 관심을 갖고 있는 특정 영역에 대한 정보를 제공한다. 다른 구성원들은 의견선도자들을 특정 영역에 해박하고 쉽게 접근할 수 있는 사람으로 여긴다. 어떤 의견선도자가 모든 이슈에 대해서 가장 권위가 있는 것은 아니지만, 그 사람은 하나 이상의 주제에 대해서 정보의 신빙성 있는 원천이 되는 지식이나 전문성을 갖고 있다(<표 6.3> 참조).

그러한 사람들은 자신들이 의견선도자라는 것을 알고 있기 때문에, 관심 영역에서 전문성을 유지할 책임감을 느껴서 광고물, 제조업자의 소책자, 판매사원들, 기타 정보원천을 찾아나서게 된다. 소비자들이 제품관여수준이 높지만 제품지식이 얕을 때, 그들이 의견선도자의 가치와 태도를 공유하고 있을 때, 그리고 제품세부사항이 많거나 복잡할 때 의견선도자의 영향력이 커질 가능성이 높다.

5 디지털 네트워크

비록 소비자들이 구매의사결정을 할 때 친구와 가족의 추천과 제안에 의존하곤 할지라도, 그들은 소비재에 대한 의사결정과정에서 점점 더 전자네트워크 원천에 귀를 기울이고 있다. http://www.

CNET.com 및 http://consumerreport.org와 같은 일부 웹사이트는 치우치지 않는 제품정보와 엄격한 검사절차로 소비자들에게 믿을 수 있는 정보원천으로 확고한 위상을 확립하였다. 그러나 다수의 덜 알려진 소비자 대변 사이트와 개인들까지도 제품리뷰에 대해서 인터넷을 기웃거리는 소비자들에게 강력한 영향을 미치고 있다.

의사결정과정에서 도움을 받기 위해서 소비자들이 인터넷에 의존하는 것은 이동전화를 통한 텍스트메시징과 MP3 플레이어를 통한 팟캐스트뿐만 아니라 블로그, 소셜네트워크 사이트, 온라인 포럼, 메일링 리스트 및 위키스의 번창에서 쉽게 볼 수 있다. **블로그(Blogs:** "web logs"의 약자)는 필자들이 편집하고 다른 인터넷 사용자들과 상호작용하는 웹기반 잡지이며, **위키스(wikis)**는 사용자들이 일정한 형태의 웹사이트(wikipages라고 함)의 콘텐츠에 덧붙이거나 편집할 수 있게 해주는 인터페이스를 창출해주는 소프트웨어이다. 가장 잘 알려진 위키스 중 하나는 온라인 백과사전인 http://Wikipedia.org이다. Facebook, Myspace, CarSpace, LiveJournal, 또는 Slashdot과 같은 **소셜네트워크(social networks)**는 구성원들이 블로그, 그림, 오디오 및 비디오를 포함한 개인의 프로필을 공유할 수 있게 해준다. 예를 들어서, Jeff Jarvis는 자신의 새 랩톱 컴퓨터 문제를 다룬 Dell의 부당한 처사에 대한 우울한 경험을 한 후에, 그는 자신의 블로그에 그것에 대해서 썼다. 며칠내에 그의 블로그는 가장 많이 방문한 웹사이트 중 하나가 되었으며, 웹에서 Dell 공포 이야기의 파도를 일으키게 되었다. 곧 이어서 사람들이 검색엔진에 "Dell"을 입력하면, 그 페이지의 첫 줄에 노골적인 험담과 함께 Jarvis의 블로그와 웹사이트가 올라왔다.[13]

소비자들이 정보를 공유하는 다른 방법은 YouTube와 같은 비디오사이트를 통한 것인데, 그곳에서 그들은 특정 제품을 사용한 자신들의 이야기에 대해서 직접 만든 비디오를 올릴 수 있다. 기업들은 자사 웹사이트나 제3자의 비디오 사이트에 자사제품과 사용에 대한 비디오를 올릴 수 있다.

지속가능 마케팅

Toyota의 Prius는 녹색방향으로 향하고 있다.

전 세계에서 백만대가 팔린—미국에서만 40만 대 이상이 팔린 Prius로, Toyota는 하이브리드의 리더로 멀찌감치 앞서가고 있다. 왜? 한 가지 이유는 연료효율성이다. 고속도로에서, Prius 하이브리드의 휘발유-전기 모터는 일 갤런에 거의 50마일을 가게 해준다. 다른 이유는 Prius가 대기오염물질을 적게 배출해서 일반승용차보다 상당히 더 환경친화적이라는 것이다. 그러나 최근의 조사에 따르면 많은 사람들이 Prius를 사는 주된 이유는 "그것이 나에 대한 표현을 해 준다"는 것이다. 바꿔 말하면, 그들은 그린의 우상을 몬다는 데 자부심을 느낀다.

Prius가 운행되고 있는 유일한 하이브리드 차는 아니다. Toyota는 Camry Hybrid 세단과 Highlander Hybrid SUV도 만든다. 그리고 Honda, Ford 및 General Motors와 같은 경쟁업체들도 하이브리드 차에 깊숙이 뛰어들고 있다. 그럼에도, Prius는 오해의 우려가 없는 명확하고 여유가 있는 실루엣을 갖고 있는 매우 독특한 승용차이다.

ISTOCKPHOTO/THINKSTOCK

그리고 바로 그러한 면이 "나에 대한 표현을 해 준다"는 것의 이유이다. Prius를 알아 보는 구경꾼들은 그 차주가 환경이슈에 대해서 걱정하고 있음을 곧 바로 알게 된다. Sierra Club의 지구경고프로그램의 수장으로 Prius을 소유하고 있는 Dan Becker의 표현을 빌리면: "Prius로 당신은 처음이자 영원히 승용차로 녹색표현을 할 수 있게 되었다." 사실, 90%가 다음에 차를 살 때 다시 사겠다고 말하고 있어서 Prius 차주들은 매우 만족하고 있다. 그들은 Prius를 제조한 Toyota의 주머니에 더 많은 녹색머니를 넣어주고 있다.[b]

6 사회계층

모든 사회에서 사람들은 다른 사람들을 많이 존경받거나 적게 존경받는 지위로 분류하여 서열화한다. 이러한 서열화가 사회계층으로 이어진다. **사회계층(social class)**은 비슷한 서열을 가진 사람들의 개방적 집단이다. 계층은 사람들이 들어갈 수도 있고 나갈 수도 있기 때문에 열려있다(open)고 한다. 사람들을 계층으로 분류하는 기준은 사회마다 다르다. 미국에서 우리는 직업, 교육, 소득, 부, 인종, 민족 및 소유물을 포함한 많은 요인들을 고려한다. 누군가의 서열을 정하는 사람은 어떤 사회의 모든 기준들을 적용할 필요는 없다. 사회계층의 결정에서 소득의 역할이 과다하게 강조되는 경우도 있다. 비록 소득이 사회계층을 정하는 데 도움이 될지라도, 다른 요인들도 일정한 역할을 한다. 사회계층 내에서 소득과 지출습관은 구성원에 따라 크게 다르다.

미국에서 사회계층의 분석은 사람들을 3개 내지 7개 범주로 나누는 것이 일반적이다. <표 6.4>에서 보듯이 사회학자인 Richard P. Coleman은 소비자분석의 목적에서 전체 인구를 3개 주요 지위집단으로 분류할 수 있다는 점을 제안하였다. 그러나 그는 각 지위집단 내에서 사람들의 생활상황에는 상당한 다양성이 존재한다는 점을 마케터들에게 강조하였다.

사회계층에 속한 사람들은 어느 정도는 공통적인 행동패턴을 조성하고 갖는다. 그들은 유사한 태도, 가치관, 언어패턴 및 소유물을 갖고 있다. 사회계층은 사람들의 삶의 여러 가지 측면에 영향을 미친다. 예를 들어서, 사회계층은 아이를 가질 수 있는 기회와 아이들이 유년기를 넘길 수 있는 기회에 영향을 미친다. 사회계층은 유년기의 교육, 종교의 선택, 고등교육을 받을 수 있는 기회, 직업선택 및 레저활동에 영향을 미친다. 사회계층은 개인 삶의 매우 많은 측면과 관계가 있기 때문에, 구매의사결정에 영향을 미치기도 한다.

소셜네트워크
카카오스토리는 사교적 및 전문적인 상호작용을 할 수 있는 수많은 온라인 활동과 기회를 제공한다.

사회계층은 사람들의 지출, 저축 및 신용관행에 영향을 미친다. 사회계층은 한 개인이 사서 사용하는 제품의 형태, 수량 및 질에 어느 정도 영향을 미친다. 예를 들어서, 사회계층은 의류, 음식, 금융상품과 건강관리서비스, 여행, 레크리에이션, 오락, 집 단장의 구매에 영향을 미친다. 어느 면에서 낮은 계층의 사람들은 고급 승용차, 주택, 가정용품 및 기타 지위 상징물을 구입함으로써 상류사회를 열심히 모방하려고 한다. 사회계층은 쇼핑패턴과 애고하는 점포의 유형에도 영향을 미친다. 어떤 경우에 마케터들은 점포위치와 점내인테리어, 제품디자인과 특징, 가격결정 전략, 인적판매노력 및 광고를 통해서 어떤 사회계층에 초점을 맞추려고 한다. 많은 회사들이 중간

표 6.4 사회계층의 행동특성과 구매특징

계층(인구의 %)	행동특성	구매특징
미국의 상류층		
최상류층 (upper-upper: 0.5)	• 사회적 엘리트 • 부유하고 저명한 가족 • 사회적 지위의 세습	• 자녀들은 사립 예비학교와 최고의 대학에 진학한다 • 과시적으로 소비하지 않는다 • 돈을 사설 클럽, 다양한 대의 및 예술에 쓴다
상류층 (lower-upper: 3.8)	• 신흥사회엘리트 • 고소득의 성공적인 전문가들 • 사회적 지위의 획득	• 교외의 저택 및 고급 승용차와 같은 지위의 상징물을 구입한다 • 고급제품에 대한 큰 시장을 제공한다 • 박물관과 라이브 극장을 관람한다 • 스키, 골프, 수영 및 테니스에 돈을 쓴다
중상층 (upper-middle: 13.8)	• 경력-지향적, 전문학위를 가짐 • 자녀의 교육적 성취를 바람	• 고품질 제품에 대한 큰 시장을 제공한다 • 우아하지만 신중한 특징을 갖는 가족라이프스타일 • 돈을 영화, 교외원예 및 사진에 쓴다
미국의 중산층		
중간층 (middle class: 32.8)	• 전형적인 미국인 • 의식을 갖고 일하며 문화적으로 규정된 표준에 집착한다 • 평균급여의 화이트컬러 근로자들 • 교회에 나가고 법을 잘 지킨다 • 자녀의 학교와 스포츠활동에 깊게 관여한다	• 존경받는 이웃들과 사는 것을 매우 높게 평가하며, 집을 잘 꾸민다 • 전반적으로 가격에 민감하다 • 전통적인 소비기호를 받아들이고 범주전문가들의 의견을 묻는다 • 낚시, 캠핑, 보트 및 사냥에 지출한다

표 6.4 사회계층의 행동특성과 구매특징(계속)

계층(인구의 %)	행동특성	구매특징
미국의 중산층		
근로층 (working class: 32.3)	• 평균적인 블루컬러 근로자들 • 변함없는 일상적인 활동과 함께 일상적인 삶을 즐긴다 • 육체노동과 중간 정도의 기량을 수반한 직업을 갖고 있다 • 일부 노동조합원이다 • 시민 또는 교화활동에 사회적으로 관여하지 않는다; 친한 이웃 및 친척들로 사회적 상호작용을 제한한다	• 소규모 주택/아파트에 거주한다 • 소비자로서 충동적이지만 전국 브랜드에 높은 애호도를 갖고 있다 • 최고 흥정을 추구한다 • 지역여행과 레크리에이션 파크와 같은 레저 활동을 즐긴다
미국의 하류층		
하층 (upper-lower: 9.5)	• 이 계층 위로 올라가지 못한 저소득층 • 중산층의 도덕을 거부한다	• 생활수준이 극빈층보다 조금 낫다 • 특히 충동구매를 통해서 가능할 때는 언제나 쾌락을 추구한다 • 자주 신용으로 구매한다
최하층 (lower-lower: 7.3)	• 일부는 생계보조비를 받고 집이 없다 • 빈곤에 시달린다 • 일부는 강한 종교적 신념을 갖고 있다 • 일부는 직업이 없다 • 자신들의 문제에도 불구하고 다른 사람들에게 선한 마음을 가지고 있다 • 열악한 주거지역에서 살 수밖에 없다	• 생존에 필요한 제품에 지출한다 • 폐기된 제품을 사용가능한 것으로 바꿀 수 있다

자료원: Roger D. Blackwell, Paul W. Miniard, and James F. Engel, Consumer Behavior, 10th ed. (Mason, OH: South-Western, 2005); "The Continuing Significance of Social Class Marketing," Journal of Consumer Research, 10 (December 1983): 265-280; Eugene Sivadas, George Mathew, and David J. Curry, "A Preliminary Examination of the Continued Significance of Social Class in Marketing," Journal of Consumer Marketing, 14 (Number 6, 1997): 463–469.

근로계층이 전체 인구의 매우 큰 부분을 차지하기 때문에 이들에게 초점을 맞추고 있다. 중간계층은 미국 이외에도 인도, 중국, 멕시코 등의 나라에서 점증하고 있어서, 이들 지역의 소비자들은 마케터들에게 더 매력적이 되고 있다. 일부 기업들은 여러 가지 제품으로 다양한 계층을 겨냥하고 있다. 예를 들어서, BMW는 통상적으로 고급 승용차로 상류계층의 고객들을 겨냥하고 있지만, 이 기업은 중간계층 소비자들을 겨냥해서 2만 달러 대의 가격을 가진 몇 가지 모델을 출시하였다.

7 문화와 하위문화

문화(culture)는 한 사회가 환경에 대응하는데 사용하는 가치, 지식, 신념, 관습, 물체 및 개념의 축적으로 미래의 세대에 전승된다. 사물의 예로는 식품, 가구, 건물, 의복 및 도구를 들 수 있다. 개념은 교육, 복지 및 법률을 포함한다. 문화는 핵심가치와 특정 사회에서 다양한 행동이 수용되는 정도를 포함한다. 예를 들어서, 우리의 문화에서 기업가들뿐만 아니라 고객들도 윤리적으로 행동하도록 기대하고 있다.

문화는 우리의 일상생활에 스며들어 있기 때문에 구매행동에 영향을 미친다. 우리의 문화는 우리가 입고 먹는 것 그리고 우리가 거주하고 여행하는 곳을 결정해준다. 식품의 위생에서 사회의 관심은 식품회사가 제품을 개발하고 촉진하는 데 접근하는 방법에 영향을 미친다. 문화는 우리가 제품을 구입하고 사용하는 방법 그리고 그것들에서 얻는 만족에 영향을 미치기도 한다.

미국의 마케터들이 다른 나라에 제품을 판매할 때, 그들은 그들의 문화가 제품구매와 사용에 미치는 엄청난 영향을 실감하게 된다. 글로벌 마케터들은 다른 지역에 사는 사람들이 각기 다른 태도, 가치 및 욕구를 가지고 있으며 이것들은 다른 형태의 마케팅믹스뿐만 아니라 각기 다른 사업방식을 요구한다는 것을 알게 된다. 일부 국제 마케터들은 문화적 차이를 조정하지 않거나 할 수 없기 때문에 실패하기도 한다.

한 문화는 다양한 하위문화로 구성되어 있다. **하위문화(subculture)**는 특징적인 가치와 행동패턴이 서로 비슷하지만 주변문화의 그것들과 다른 개인들의 집단이다. 하위문화의 경계는 일반적으로

기업가 마케팅

어떤 사람들은 감당할 수 있고 어떤 사람들은 감당할 수 없다

당신은 Facebook을 확인하지 않고는 하루 또는 한 시간도 지낼 수 없는 4천만 명중 한 사람인가? Facebook은 Harvard 대학생들을 위한 온라인 인명부로 수년 전에 출발하였다. 이 사이트가 개설되고 2주 후에 4,000명이 자신들의 프로필을 게시하였다. 수개월 이내에 Facebook은 전 세계의 젊은 사람들을 연결시켜주는 완전히 성숙한 사회적 현상이 되었다.

최근의 조사는 35세에서 54세의 사용자들의 수가 매 2개월마다 거의 배로 성장하여 놀랄 정도로 급증하고 있음을 보여준다. 그리고 55세 이상의 사용자들도 매우 빠르게 증가하고 있다. 결과는? 십대들은 나이든 사람들과 교류가 이루어지지 않으면서 편하게 드나들 수 있는 새로운 장소를 찾고 있다.[c]

지역 그리고 나이, 종교, 인종, 민족과 같은 인구통계적 특징에 토대를 두고 있다. 우리의 문화는 다수의 각기 다른 하위문화를 갖고 있는데, 그들 중 일부로 서부해안, 게이, 아시아계 미국인 및 대학생을 들 수 있다. 보다 큰 문화에서보다는 하위문화 내에서 사람들의 태도, 가치 및 행위에 유사성이 존재한다. 다른 하위문화에 비해서, 하나의 하위문화에 속한 사람들은 특정 형태의 의복, 가구, 또는 식품에 대한 강한 선호도를 갖고 있을 수도 있다. 하위문화는 특히 즉각적 판단을 하도록 압력을 받을 때 사람들이 광고물에 반응하는 방식에서 상당한 역할을 한다는 점을 보여주는 연구도 있다.[14] 한 개인이 하나 이상의 하위문화의 구성원이 될 수 있으며 특정 하위문화에서 유래된 행동패턴과 가치가 모든 구성원들에게 반드시 적용되는 것은 아니라는 점을 이해하는 것이 중요하다.

민족이나 인종 하위문화를 구성하고 있는 미국 인구의 비율은 증가할 것으로 예상된다. 2050년에는 미국인의 거의 절반이 인종과 민족 하위문화의 구성원이 될 것이다. 인구통계국은 가장 크고 가장 빠르게 성장하고 있는 미국의 민족하위문화는 아프리카계 미국인, 라틴 아메리카계 미국인 및 아시아계 미국인이 될 것이라고 한다. 이러한 하위문화의 인구성장은 마케터들의 관심을 끌고 있다. 보다 정밀하게 이들 집단을 겨냥하기 위해서, 마케터들은 그들의 차이점을 알게 되고 점점 더 민감해지려고 노력하고 있다. 기업들은 성공하기 위해서 자신들의 마케팅전략에 다양한 하위문화의 가치, 욕구, 관심사, 쇼핑패턴 및 구매습관을 반영하게 될 것이다.

하위문화
하위문화는 연령, 종교, 인종, 및 종족과 같은 인구통계적 특성과 지역에 근거할 수 있다.

(1) 아프리카계 미국인 하위문화

미국에서 아프리카계 미국인 하위문화는 미국인구의 13.1%를 차지하고 있다.[15] 모든 하위문화와 마찬가지로, 아프리카계 미국인 소비자들은 독특한 구매패턴을 갖고 있다. 예를 들어서, 아프리카계 미국인 소비자들은 백인소비자들보다 공익사업, 신발, 여성복과 아동복, 식료품 및 주택에 더 많은 돈을 쓰고 있다. 아프리카계 미국인 소비자들의 결합구매력은 2013년 말에 1조2천억 달러에 이를 것으로 예상된다.[16] 지난 해 3분기 동안 아프리카계 미국인 매체에 대한 총지출은 180억 달러였다. Proter & Gamble사가 이 범주에서 최고의 지출자였다.[17] 자신들의 광고에 아프리카계 미국인 배우들을 포함시킴으로써, 이 기업은 자사 제품에 대한 긍정적인 반응을 격려하여, 백인소비자들과의 유대를 유지하면서 아프리카계 미국인에게서 매출을 증대시킬 수 있을 것이라고 믿고 있다.

다른 많은 기업들이 집중적인 노력으로 아프리카계 미국인 커뮤니티에 손을 내밀고 있다. 예를 들어서, Walmart는 많은 머리손질용품과 더 다양하고 많은 도시음악(urban music) 등과 같이 아프리카계 미국인 소비자들이 선호하는 제품을 보강하여 아프리카계 미국인이 많이 거주하는 지역에 입점한 1,500개 점포의 머천다이징을 조정하였다. 이 소매업체는 자사의 광고캠페인에 더 많은 아프리카계 미국인 배우들을 등장시키고 있다.[18] 다른 소매업체인 Target은 다양성을 칭송하기 위해서 "Dream in Color"라는 일 년짜리 캠페인을 시작하였다. 이 캠페인은 Martin Luther King Day의 많은 이벤트들, 시인인 Maya Angelou 박사의 특별출연, 학교용 무료 포스터, 그리고 역사적으로 유명한 그리고 현대 아프리카계 미국인 시인들에 대한 접근을 제공하는 독특한 온라인 커리큘럼을 포함하고 있다.[19]

(2) 라틴 아메리카계 미국인 하위문화

라틴 아메리카계 미국인은 미국인구의 14.7%를 차지하고 있으며, 그들의 구매력은 2013년 말에 1조 4천억 달러에 이를 것으로 예상하고 있다.[20] 라틴 아메리카계 미국인의 구매행동을 고려할 때, 마케터들은 이 하위문화가 쿠바인, 멕시코인, 푸에르토리코인, 스페인인, 도미니카인 등 거의 20여 개 국적과 민족으로 구성되어 있음을 염두에 두어야 한다. 각각은 소비자선호와 구매행동에 영향을 미치는 자체의 역사와 문화를 갖고 있다. 마케터들은 라틴 아메리카계(Hispanic)와 라틴계(Latino)라는 용어들은 인종구분보다는 인종범주를 지칭한다는 점도 인식해야 한다. 이 집단의 성장과 구매력 때문에, 라틴 아메리카계 미국인 하위문화의 이해가 마케터들에게 매우 중요하다. 전반적으로, 라틴 아메리카계 미국인은 가족지향적 가치, 제품품질에 대한 관심, 그리고 강한 브랜드 애호도를 가지고 있으며, 그들은 유명 브랜드에 더 많이 기꺼이 지출한다.[21] 아프리카계 미국인 소비자들과 마찬가지로, 라틴 아메리카계 미국인들은 주택, 식료품, 전화, 의류, 신발, 휘발유 등에 더 많이 지출하고 있다. 그러나 그들은 건강관리, 오락 및 교육에는 덜 쓰는 반면에 남성의류와 가정용품에도 더 많이 지출하고 있다.[22]

이 강력한 하위문화를 끌어들이기 위해서, 마케터들은 제품을 개발하고 광고와 촉진 프로그램을 준비할 때 라틴 아메리카계 미국인의 가치와 선호도를 고려하고 있다. 예를 들어서, Walmart를 포함해서 많은 소매업체들이 라틴계 소비자들이 크게 집중되어 있는 시장에서 1월 6일의 Three King Day라는 라틴 아메리카계 미국인의 축제를 촉진하고 있다.[23] American Airlines는 이 축제기간에 더 많은 라틴계 사람들이 전국 각지로 연결된 비행기를 타도록 장려하는 스페인어로 된 광고캠페인을 전개하였다. TV, 라디오, 온라인 및 옥외매체에 광고를 실은 *destino* 캠페인은 항공사가 자신들의 뜻을 펼치는데 어떻게 도움이 되는지를 보여주기 위해서 라틴계 사람들의 삶을 보여주는 삽화를 담고 있다.[24]

(3) 아시아계 미국인 하위문화

아시아계 미국인(Asian American)이라는 용어는 필리핀인, 중국인, 일본인, 인도인, 한국인 및 베트남인 등 15개 이상의 민족집단에서 온 사람들을 포함하고 있으며, 미국인구의 4.9%를 차지하고 있다. 각 집단의 언어, 종교 및 가치관이 구성원들의 구매의사결정에 영향을 미친다. 그러나 열심히 일하는 것, 강력한 가족 간의 유대 및 교육의 중시와 같은 이러한 하위문화의 일부 특성은 민족 간에 공유되고 있다.[25] 아시아계 미국인은 가장 빠르게 성장하고 있는 미국의 하위문화로, 2013년에는 7,520억 달러의 구매력을 갖게 될 것으로 예상하고 있다.[26]

마케터들은 다양한 아시아계 미국인 시장을 다각도로 겨냥하고 있다. Walmart점포들은 다문화 마케팅부서를 설치하고 아시아계 미국인을 위한 새로운 전략을 수립하고 있다. Walmart는 영어와 베트남어로 된 back-to-school 마이크로사이트를 개설하였다. 이 사이트는 공부와 복장에 대한 팁, 학교용품 등에 대한 수업자료준비를 위한 사이트로 포지션을 갖게 되었다.[27]

이 장의 복습

1 관여수준과 소비자문제해결과정의 유형을 설명한다.

개인의 관여수준—특정 상황에서 제품에 대한 개인의 중요성과 관심의 강도는 사용되는 문제해결과정에 영향을 미친다. 지속적 관여는 개인적 관련성 때문에 어떤 제품에 대해서 갖게 되는 지속적인 관심인 반면에, 상황적 관여는 구매자들이 처한 특정 상황이나 환경에서 생기는 일시적인 관심이다. 3가지 유형의 소비자문제해결이 있다: 일상적 반응행동, 제한된 문제해결 또는 확장된 문제해결. 탐색과 결정노력이 거의 필요하지 않은 자주 사는 저가 아이템을 구입할 때 소비자들은 일상적 반응행동을 활용한다. 제한된 문제해결은 가끔 구입하는 제품이나 구매자들이 익숙한 제품범주의 익숙하지 않은 브랜드에 대한 정보를 획득할 필요가 있을 때 사용된다. 익숙하지 않거나 비싸거나 또는 이따금 사는 제품을 구입할 때 소비자들은 확장된 문제해결을 수행하게 된다.

2 구매의사결정과정의 단계들을 설명한다.

소비자 구매의사결정과정은 5단계로 되어 있다: 문제인식, 정보탐색, 대안평가, 구매 및 구매후 평가. 모든 의사결정과정이 구매로 이어지지는 않으며, 모든 소비자 의사결정이 5단계 모두를 포함하고 있는 것은 아니다. 구매자들이 바라는 상태와 실제상태 사이의 차이를 인식하게 될 때 문제인식이 이루어진다. 문제나 필요가 인식되고 나면, 구매자들은 그 문제를 해결하거나 필요를 충족시키는 데 도움이 되는 제품에 대한 정보를 찾게 된다. 성공적인 탐색은 구매자들이 가능한 대안으로 여기는 고려군이라는 브랜드들의 집단을 가져다준다. 고려군에 포함된 제품들을 평가하기 위해서, 구매자는 여러 가지 제품을 비교하고, 평가하여, 순위를 매기는 일정한 기준을 설정한다. 마케터들은 대안의 판단프레이밍을 제공함으로써 소비자들의 평가에 영향을 미칠 수 있다. 구매단계에서 소비자들은 평가단계의 결과와 다른 차원들을 토대로 제품이나 브랜드를 선택한다. 구매자들은 그 제품을 살 판매자도 선택한다. 구매 후에 구매자들은 자신이 산 제품의 실제 성능이 기대수준에 부합되는지를 파악하기 위해서 그 제품을 평가한다.

3 상황요인들이 소비자 구매의사결정과정에 어떻게 영향을 미치는지를 설명한다.

상황요인은 소비자가 구매의사결정을 하는 외부의 여건이나 상태이다. 상황요인은 환경, 시간, 구매이유 및 구매자의 일시적 무드와 상태를 포함한다.

4 소비자 구매의사결정과정에 영향을 미칠 수 있는 심리적 영향들을 이해한다.

심리적 영향은 사람들의 일반적인 행동을 부분적으로 결정해주며 따라서 소비자로서의 그들의 행동에 영향을 미친다. 소비자행동에 대한 주요 심리적 영향은 지각, 동기, 학습, 태도, 개성과 자아개념, 그리고 라이프스타일이다. 지각은 의미를 산출하기 위해서 유입정보(시각, 미각, 청각, 후각 및 촉각을 통해서 받아들인 감각)를 선택하고, 조직하며 그리고 해석하는 과정이다. 지각적 과정의 3단계는 선택, 조직화 및 해석이다. 동기는 개인의 활동을 필요를 충족시키거나 목적을 성취하는 쪽으로 이끄는 내부의 활성화 에너지이다. 학습은 정보와 경험에 따른 개인의 사고과정과 행동의 변화를 말한다. 마케터들은 소비자들이 학습하는 것을 조형해서 그들이 구입하는 것에 영향을 미치려고 한다. 태도는 어떤 대상이나 아이디어에 대해서 갖는 개인의 지속적인 평가, 감정, 그리고 행동성향으로, 3가지 요소로 구성되어 있다: 인지적, 감성적, 그리고 행동적. 개성(personality)은 어떤 상황에서 행동의 일관된 패턴으로 이어지는 일련의 내적인 특성들과 독특한 행동성향이다. 개성과 밀접하게 연결되어 있는 자아개념은 자신에 대한 개인의 관점 내지 지각이다. 구매자는 자아개념을 반영하거나 향상시켜 주는 제품을 구입한다는 연구결과가 있다. 라이프스타일은 활동, 관심 및 의견을 통해서 표현되는 개인의 삶의 패턴이다.

5 소비자 구매의사결정과정에 영향을 미치는 사회적 영향들을 이해한다.

사회적 영향은 다른 사람들이 구매의사결정에 미치는 영향이다. 사회적 영향은 역할, 가족, 준거집단, 의견선도자, 디지털네트워크, 사회계층 및 문화 그리고 하위문화를 포함한다. 모든 사람들은 집단, 조직 및 기관에서 지위를 갖고 있으며, 각 지위는 역할 즉, 특정 지위에 있는 개인이 자신과 주변사람들의 기대를 토대로 수행하기로 되어 있는 일련의 행위와 활동을 갖고 있다. 가정에서 어린이들은 구매의사결정과 같은 의사결정을 어떻게 하는지는 부모(다른 성인들)와 형제자매에게서 배운다. 소비자사회화는 개인이 소비자의 역할을 수행하는 데 필요한 지식과 기량을 획득하는 과정이다. 가족의 영향을 통해서 소비자사회화가 부분적으로 이루어진다. 준거집단은 개인의 가치, 태도 및 행동에 긍정적이거나 부정적인 영향을 미치는 모든 집단이다. 준거집단의 주요 3가지 형태는 회원집단, 열망집단, 회피집단이다. 대부분의 준거집단에서 한 명 이상의 구성원들이 준거집단참여자들에게 찾는 정보를 제공함으로써 의견선도자로 인식되고 있다. 소비자들은 구매의사결정에 도움이 되는 정보를 찾기 위해서 인터넷—특히 블로그, 위키스 및 사회적 네트워크를 이용하는 경우도 있다. 사회계층은 비슷한 사회적 서열을 가진 사람들의 열린 집단이다. 사회계층은 사람들의 지출, 저축 및 신용 관행에 영향을 미친다. 문화는 한 사회가 환경에 대응하는 데 사용하는 가치, 지식, 신념, 관습, 사물 및 개념의 축적으로 미래의 세대에 전승된다. 한 문화는 하위문화들로 구성되어 있다. 하위문화는 특징, 가치와 행동패턴이 서로 비슷하지만 주변문화와 다른 개인들의 집단이다. 미국 마케터들은 3개 주요 민족 하위문화에 집중하고 있다: 아프리카계 미국인, 라틴 아메리카계 미국인 및 아시아계 미국인.

주요 개념

구매행동(buying behavior): 제품의 구매 및 사용에 참여하는 사람들의 의사결정과정 및 행위

소비자 구매행동(consumer buying behavior): 사업목적이 아니라 개인용도 또는 가정에서 사용하기 위해 제품을 구입하는 최종소비자들의 구매행동

관여수준(level of involvement): 어떤 제품에 대한 관심의 정도와 소비자가 이 제품에 부여하는 중요성의 정도

일상적 반응행동(routinized response behavior): 자주 구매되며, 탐색과 의사결정노력을 거의 필요로 하지 않는 낮은 비용의 아이템들을 구매할 때 사용되는 소비자 문제해결과정의 유형

제한된 문제해결(limited problem solving): 제품을 가끔 구매하거나 익숙한 제품범주의 익숙하지 않은 브랜드에 대한 정보가 필요할 때 구매자들이 사용하는 소비자 문제해결과정의 유형

확장된 문제해결(extended problem solving): 익숙하지 않거나 비싸거나 또는 이따금 사는 제품을 구매할 때 활용되는 소비자 문제해결 과정의 유형

충동구매(impulse buying): 즉시 무엇인가를 구매하고 싶은 강력한 충동에서 비롯되는 비계획적 구매 행동

소비자 구매의사결정과정(consumer buying decision process): 문제인식, 정보탐색, 대안평가, 구매, 그

리고 구매 후 평가를 포함하는 5단계의 구매결정과정

내적 탐색(internal search): 구매자들이 문제를 해결할 수 있는 제품에 대한 정보를 자신의 기억에서 찾는 정보탐색

외적 탐색(external search): 구매자들이 외부의 원천에서 정보를 찾는 정보탐색

고려군(consideration set): 구매자가 구매의 대안으로 고려할 수 있는 브랜드들의 집단

평가기준(evaluative criteria): 구매자에게 중요한 객관적, 주관적 특성

인지적 부조화(cognitive dissonance): 구매 직후에 구매결정이 올바른 결정이었는지에 대해서 구매자가 갖게 되는 의문

상황적 영향(situational influences): 소비자 구매결정과정에 영향을 미치는 환경, 시간 및 장소의 영향

심리적 영향(psychological influences): 사람들의 일반적인 행동을 부분적으로 결정하여 소비자로서의 행동에 영향을 미치는 요인들

지각(perception): 의미를 찾기 위해서 유입정보를 선택하고, 조직하며, 그리고 해석하는 과정

유입정보(information inputs): 감각기관을 통해서 받아들인 감각

선택적 노출(selective exposure): 인지에 노출되는 유입정보를 선택하는 반면 다른 유입정보는 무시하는 과정

선택적 왜곡(selective distortion): 개인의 감정 또는 신념과 일치하지 않을 때 정보를 변화시키거나 뒤트는 것

선택적 보유(selective retention): 개인의 감정과 신념을 지지하는 유입정보는 기억하고, 그렇지 않은 유입정보는 잊는 것

동기(motives): 욕구를 충족시키거나 목적을 성취하는 방향으로 개인의 활동을 이끄는 내부 활성화 에너지

Maslow의 욕구계층(Maslow's hierarchy of needs): 가장 중요한 것부터 가장 덜 중요한 것까지 인간이 충족시키고자하는 5가지 수준의 욕구

애고동기(patronage motives): 규칙적으로 한 개인이 어떤 제품을 구입하는 장소에 영향을 미치는 동기

학습(learning): 정보와 경험에 따른 개인의 사고과정과 행동의 변화

태도(attitude): 어떤 대상이나 아이디어에 대해서 갖는 개인의 지속적인 평가, 느낌, 그리고 행동성향

태도척도(attitude scale): 어떤 대상에 대한 일련의 형용사들, 구절들, 또는 문장들에 대한 개인 반응의 강도를 계측하여 소비자들의 태도를 측정하는 수단들

개성(personality): 어떤 상황에서 행동의 일관된 패턴으로 이어지는 일련의 내적인 특성들 및 독특한 행동성향

자아개념(self-concept): 자신에 대한 지각이나 관점

라이프스타일(lifestyle): 활동, 관심 및 의견을 통해서 표현되는 개인의 삶의 패턴

사회적 영향(social influences): 다른 사람들이 한 개인의 구매결정에 미치는 영향

역할(role): 특정 지위에 있는 개인이 자신과 주변사람들의 기대를 토대로 수행하기로 되어 있는 일련의 행위와 활동

소비자 사회화(consumer socialization): 개인이 소비자의 역할을 수행하는데 필요한 지식과 기량을 획득하는 과정

준거집단(reference group): 개인의 가치, 태도 및 행동에 긍정적 이거나 부정적 영향을 미치는 모든 집단

의견 선도자(opinion leader): 준거집단 참여자들이 관심을 갖고 있는 특정 영역에 대한 정보를 제공하는 준거집단의 구성원

블로그(blogs): 사람들이 편집하고, 다른 인터넷 사용자들과 상호작용할 수 있는 웹기반 잡지

위키스(wikis): 사용자들이 일정한 형태의 웹사이트 콘텐츠에 덧붙이거나 편집할 수 있게 해주는 인터페이스를 창출해주는 소프트웨어

소셜네트워크(social networks): 구성원들이 블로그, 그림, 오디오, 및 비디오를 포함한 개인의 프로필을 공유할 수 있게 해주는 웹기반 서비스

사회계층(social class): 비슷한 서열을 가진 사람들의 개방적 집단

문화(culture): 한 사회가 환경에 대응하는데 사용하는 가치, 지식, 신념, 관습, 물체 및 개념의 축적

하위문화(subculture): 특징적인 가치와 행동패턴이 서로 비슷하지만 주변문화의 그것들과는 다른 개인들의 집단

연습문제

1. 어떤 소비자의 관여수준은 문제해결과정에 대한 그의 선택에 어떻게 영향을 미치는가?
2. 문제해결과정의 유형을 나열하고, 각 유형을 이용하여 당신이 구입한 제품의 예를 들어라. 당신은 충동적으로 제품을 구입한 적이 있는가? 만일 그렇다면, 그러한 상황을 서술하라.
3. 소비자 구매의사결정과정의 주요 단계들은 어떤 것들이 있는가? 이들 단계들은 모두가 모든 소비자 구매의사결정에서 사용되는가? 왜 그렇다고 또는 그렇지 않다고 생각하는가?
4. 소비자 구매행동에 영향을 미치는 상황적 영향의 범주들은 어떤 것들이 있는가? 이들 영향들 각각이 구매자들의 결정에 어떻게 영향을 미치는지를 설명하라.
5. 선택적 노출은 무엇인가? 왜 사람들은 그렇게 하는가?
6. 마케터들은 소비자 학습을 조형하기 위해서 어떻게 하는가?
7. 왜 마케터들은 소비자태도에 관심을 갖는가?
8. 라이프스타일은 어떤 방식으로 소비자 구매의사결정과정에 영향을 미치는가?
9. 역할은 개인의 구매행동에 어떻게 영향을 미치는가? 몇 가지 예를 들어보라.
10. 가족의 영향은 무엇이며, 가족은 어떻게 구매의사결정에 영향을 미치는가?
11. 준거집단이란 무엇인가? 준거집단은 구매의사결정에 어떻게 영향을 미치는가? 당신 자신의 준거집단의 예를 들어보라.
12. 의견선도자는 준거집단구성원들의 구매의사결정과정에 어떻게 영향을 미치는가?
13. 소비자행동은 디지털 네트워크에 의해서 어떻게 영향을 받는가?
14. 사회계층은 어떤 방식으로 개인의 구매의사결정에 영향을 미치는가?
15. 문화란 무엇인가? 문화는 개인의 구매의사결정에 어떻게 영향을 미치는가?
16. 당신이 속한 하위문화를 서술하라. 당신이 속한 하위문화에 독특한 구매행동을 찾아보라.

비즈니스시장과 구매행동

CHAPTER 7

AFP PHOTO DDP/NIGEL TREBLIN GERMANY OUT/NEWSCOM

비즈니스시장과 고객들은 가상마케팅을 믿고 있다

많은 비즈니스고객들은 문제를 해결하거나 비즈니스필요를 충족시켜주는 제품과 서비스를 찾을 때 가상(virtual) 제품실연을 찾거나 가상 시사회를 방문하려고 한다. 가상마케팅(virtual marketing)이 전국 또는 전 세계에 퍼져있는 비즈니스 구매자를 찾으려는 많은 기업들의 주요 활동이라는 점은 별로 이상한 일이 아니다.

IBM은 정교한 정보기술시스템을 파는 데 가상마케팅을 활용하고 있다. "우리가 시장세분화를 고찰하면서 구매결정의 30 내지 60%가 소문(buzz)에 토대를 두고 있다는 점을 알게 되었다"고 이 기업의 SOAW (Service Oriented Architecture and WebSphere) 마케팅담당 부사장은 설명한다. 소문을 창출하기 위해서 그녀는 "이전에 접촉한 적이 없는 청중에게 다가가는 데 도움을 줄 수 있고 그들에게 효과적으로 다가가는 데 도움을 주는" 가상마케팅을 활용하고 있다.

첫째, IBM은 Yahoo Video에 제품실연을 올렸는데, 이것은 매우 인기가 있어서 그 팀은 Service Oriented Architecture에 대한 30분짜리 영화를 기획하였고, 이를 추종자들이 YouTube와 Yahoo Video에 업로드하여 촉진하였다. 그 다음에, 이 기업은 전 세계의 잠재고객들을 이 영화에 초대하여 구매자들이 편리한 시간에 볼 수 있도록 온라인에 이 영화를 게시하였다. 결과: 수만 건의 판매문의를 가져왔다.

각종 기업들이 가상마케팅으로 눈을 돌리고 있다. 예를 들어서, Visa사가 소상공인들에게 신용카드를 마케팅하는 한 가지 방법은 온라인 네트워크 도구와 Facebook의 페이지를 후원

학습목표

1. 비즈니스시장의 여러 가지 형태를 구별한다.
2. 비즈니스고객들과 거래의 주요 특징을 찾아낸다.
3. 비즈니스제품에 대한 수요의 몇 가지 속성들을 이해한다.
4. 구매센터의 주요 구성요소들을 이해한다.
5. 비즈니스 구매의사결정과정의 단계들과 이 과정에 영향을 미치는 요인들을 이해한다.
6. 산업분류체계를 서술하고 이것이 비즈니스시장을 찾아내어 분석하는데 어떻게 활용될 수 있는지를 설명한다.

하는 것이다. 3개월도 되지 않아서 Visa의 Facebook 커뮤니티는 20,000명의 소상공인을 끌어들였으며 이 커뮤니티가 확장되면서 수천의 사람들에게 서비스를 제공하는 것을 목표로 하고 있다. 다른 예로, 대리석과 다른 석재를 사려는 기업들은 "The Virtual Stone Show"를 방문해서 밤낮으로 공급자들의 세공품을 검토할 수 있다. 가상마케팅 덕분에 공급자들과 파트너들에 대한 검색은 클릭으로 신속하게 해결할 수 있게 되었다.[1]

비즈니스시장에 효과적으로 대응하기 위해서 IBM과 같은 비즈니스마케터들은 비즈니스고객들을 이해할 필요가 있다. 비즈니스마케터들은 고객들에게 더 나은 서비스를 제공하고 장기적인 고객관계를 구축하고 유지할 수 있도록 고객들을 이해하고 그들에게 다가가기 위해서 상당한 노력을 기울인다. 소비자시장 마케터들과 마찬가지로, 비즈니스마케터들도 고객을 만족시키는 데 관심을 갖고 있다.

이 장에서 우리는 비즈니스시장과 비즈니스 의사결정과정을 고찰할 것이다. 우선 우리는 여러 가지 유형의 비즈니스시장과 이 시장을 구성하고 있는 구매자들의 유형을 논의할 것이다. 그 다음에, 우리는 거래의 특징, 구매자들의 속성과 관심, 구매방법, 비즈니스 구매자들에게 팔리는 제품에 대한 수요의 독특한 특징과 같은 비즈니스구매의 몇 가지 차원을 탐구할 것이다. 그런 후에 우리는 비즈니스 의사결정이 어떻게 이루어지고 누가 구매하는지를 검토할 것이다. 끝으로, 우리는 비즈니스시장이 어떻게 분석되는지를 고찰할 것이다.

7.1 비즈니스시장

제5장에서 정의한 것과 같이, 비즈니스시장(business market: business-to-business market 혹은 B2B라고도 함: 이 책에서는 business market을 '비즈니스 시장'과 '산업재 시장'을 같은 의미의 번역으로 사용함)은 재판매, 다른 제품의 생산에서 직접사용, 또는 전반적으로 일상적인 운영에 사용하기 위해서 특별한 유형의 제품을 구입하는 개인들, 조직들, 또는 집단들로 구성되어 있다. 비록 B2B 마케팅도 표적시장을 정의하고, 구매행동을 이해하며, 효과적인 마케팅믹스를 개발하는 것과 같은 최종소비자에 대한 마케팅과 같은 개념을 활용하고 있을지라도, 비즈니스시장에는 구조적 및 행동적 차이가 있다. 비즈니스고객들에 대한 마케터는 자사 제품이 도매업체들, 소매업체들, 다른 제조업체들과 같은 다른 관련기업들에 어떻게 영향을 미치는지를 인식해야 한다. 비즈니스 제품은 기술적으로 복잡하고, 시장은 까다로운 구매자들로 구성되어 있곤 한다. 비즈니스 시장은 비교적 소수의 고객집단으로 구성되어 있기 때문에, 그 시장의 세분시장은 몇몇 고객들이 될 수 있다. 예를 들어서, 미국의 철도설비시장은 몇 개 주요 운송업체로 제한되어 있다. 반면에, 비즈니스 제품은 옥수수나 볼트 또는 나사와 같은 상용품(commodity)이지만, 구입되는 양과 구입방법이 아래에서 살펴보는 것과 같이, 크게 다르다. 비즈니스마케팅은 마케팅경로의 구성원들에게 장기적으로 이득이 되는 관계에 토대를 두곤 한다. 공급자들과 고객들의 네트워크는 협력, 신뢰 및 합작에 토대를 둔 강력한 제휴를 구축하는 것의 중요성을 인식하고 있다. 예를 들어서, Iowa의 Cedar Rapids에 있는 Alliant Energy Corp의 전략적 조달 및 기획의 고참 구매자는 미국에 있는 제조업체들뿐만 아니라 이 기업 및 유통업체들과 그들의 공급업체들 사이에 삼각 제휴를 구

축하였다. 따라서 이들 삼자는 공급사슬의 원가 인상과 인하를 더 잘 관리할 수 있는 방법을 논의하기 위해서 만난다.[2] 제조업체들은 마케팅 조사, 생산, 스케줄, 재고관리 및 정보시스템을 공유하면서 비즈니스고객들과 신제품을 공동으로 개발하기도 한다. 비록 비즈니스마케팅이 협력적이고 장기적인 구매자-판매자 관계에 토대를 두고 있을지라도, 매우 경쟁적인 시장가격에 기본적인 제품의 주기적인 교환에 토대를 둔 거래를 하기도 한다. 대부분의 비즈니스 마케터들은 고객필요를 이해하고 부가가치 교환을 제공하는 것을 목적으로 하고 있다. 부가가치 교환은 고객들을 끌어들이는 것에서 호의적인 고객관계를 개발하는 것으로 변화된다.

비즈니스시장의 4가지 범주는 생산자, 재판매업자, 정부 및 기관이다. 이 절에서 우리는 이들 각각을 논의할 것이다.

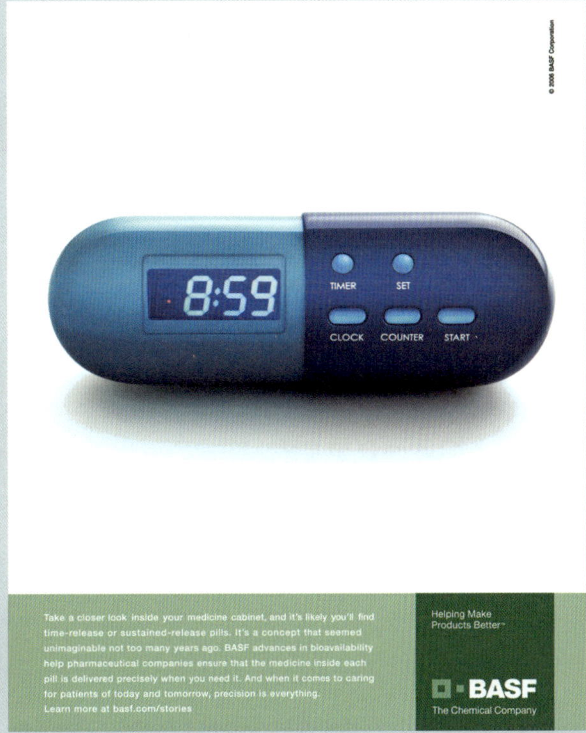

COURTESY OF BASF CORPORATION AND ED JAMES

생산자 시장에 집중하다

일부 비즈니스 마케터들은 생산자 시장에 집중하고 있다. BASF사는 이 광고물에서 언급되고 있는 제품으로 약품의 제조업체들을 겨냥하고 있다.

1 생산자시장

다른 제품을 생산하거나 운영하는데 사용하여 이익을 낼 목적으로 제품을 구입하는 개인들과 비즈니스조직들은 **생산자시장(producer markets)**으로 분류된다. 생산자시장은 다른 제품을 생산하는데 사용되는 중간재 및 완제품뿐만 아니라 원자재의 구매자들을 포함하고 있다. 예를 들어서, 제조업체들은 제품생산에서 직접 사용하기 위하여 원자재와 부품을 구매한다. 슈퍼마켓은 종이 및 플라스틱 자루, 선반, 계산대 및 스캐너 등과 같은 수많은 지원용품의 생산자시장의 일부이다. 농부들은 농기계, 비료, 종자 및 가축류의 생산자시장의 일부이다. 생산자시장은 농업, 임업, 어업 및 광업에서 건설, 운송, 통신 및 공익사업에 이르는 광범위한 산업을 포함하고 있다. <표 7.1>이 보여주는 것과 같이, 전국적인 생산자시장의 기업체 수가 매우 많다.

제조업체들은 지리적으로 집중되어 있다. 절반 이상이 단 7개 주에 있다—California, Texas, Ohio, Illinois, Pennsylvania 및 Michigan. 이러한 집중으로 생산자시장에 판매하는 기업들이 더 효율적으로 응대할 수 있게 되는 경우도 있다. 어떤 주에서는 특정 산업의 생산이 산업전체 생산의 큰 비중을 차지하고 있다.

2 재판매업자시장

재판매업자시장(reseller markets)은 도매업체 및 소매업체와 같은 중간상들로 구성되어 있는데, 그들은 완제품을 구입해서 이익을 남기고 재판매한다. 사소한 변경 이외에는, 재판매업자들은 그들이 취급하

표 7.1 산업집단의 업체 수

산업	업체 수
농업, 임업, 어업 및 수렵	24,100
광업	24,700
건설	787,700
제조	333,500
운송, 창고 및 공익	228,500
금융, 보험 및 부동산	847,500
기타 서비스	5,253,700

자료원: U.S. Bureau of the Census, *Statistical Abstract of the United States*, 2009 (Washington, DC: U.S. Government Printing Office, 2008), Table 737.

는 제품의 물리적 특징을 바꾸지 않는다. 생산자들이 소비자들에게 직접 판매하는 아이템들을 제외하고, 도매상들은 제품을 구입하여 소매상들, 다른 도매상들, 생산자들, 정부, 기관에 재판매한다. 예를 들어서, Arrow Electronic사는 컴퓨터칩과 다른 전자부품을 사서 이동전화단말기, 컴퓨터 및 자동차의 서브시스템 생산자들에게 재판매한다. 미국의 429,823개 도매상들 중 많은 비율이 New York, California, Illinois, Texas, Ohio, Pennsylvania 및 Florida에 위치한다.[3] 비록 일부 제품들이 최종 소비자들에게 직접 판매되고 있을지라도, 일부 제조업체들은 자기 제품을 도매상들에게 판매하고, 그들은 다시 그 제품을 유통시스템의 다른 기업들에게 판다. 소매상들은 제품을 사서 최종소비자들에게 판매한다. 미국에는 110만 개의 소매상이 있으며, 1,500만 명 이상을 고용하고 있고 연간 매출이 3조 1천억 달러 이상이 되고 있다.[4] 예컨대, Home Depot, PetSmart 및 Staples와 같은 일부 소매상들은 아주 많은 아이템들을 취급하고 있다. 슈퍼마켓들은 5만 가지에 이르는 제품을 취급할 수도 있다. 소규모의 자영 소매점에서는 점주나 관리자가 구매의사결정을 한다.

구매의사결정을 할 때, 재판매업자들은 몇 가지 요인을 고려한다. 그들은 어떤 제품이 어느 가격에 얼마나 팔리는지를 파악하기 위해서 그 제품에 대한 수요의 수준을 평가한다. 재판매업자들은 잠재적 이익에 비례하여 어떤 제품을 취급하는 데 필요한 공간의 규모를 평가한다. 사실, 그들은 단위면적당 매출을 토대로 제품을 평가하는 경우도 있다. 고객들은 필요할 때 구입가능한 제품을 갖고 있는 재판매업자들에게 의존하기 때문에 재판매업자들은 대체로 원하는 시기와 장소에 적절한 양을 공급할 수 있는 공급자의 능력을 평가한다. 재판매업자들은 주문 처리의 용이성, 생산자의 기술적 지원과 교육 프로그램의 이용가능성을 고려하기도 한다. 이러한 유형의 관심사가 재판매업자시장을 다른 시장과 구별해준다.

3 정부시장

연방, 주, 군(county) 및 지방 정부가 **정부시장(government markets)**을 구성하고 있다. 이러한 시장은 자신들의 내부 운영을 지원하고 고속도로, 교육, 용수, 에너지 및 국방을 국민들에게 제공하기 위해서 사무용품과 건강관리 서비스에서 자동차, 중장비, 및 무기에 이르는 다양한 제품과 서비스에 연간 수십 억 달러를 지출한다. 연방정부는 국방에만 연간 6,600억 달러 이상을 지출하고 있다. 정부지출은 미국 국내총생산(GDP)의 약 19%를 차지하고 있다.[5] 연방정부에 더해서, 50개의 주정부, 3,033개의 군정부, 그리고 89,476개의 지방정부가 있다.[6] 지난 30년간 연방, 주 및 지방정부 단위가 지출한 금액은 정부 단위의 총 수와 그들이 제공하는 서비스 모두가 증가하고 있어서 급격하게 증가해왔다. 이러한 서비스를 제공하는 원가도 상승해왔다.

정부가 사는 제품의 유형과 양은 다양한 정부기구에 대한 사회적 수요를 반영하고 있다. 정부서비스에 대한 시민들의 욕구가 변하면서, 정부시장의 제품에 대한 수요도 변하고 있다. 예를 들어서, NIC는 공식적인 정부포털, 온라인 서비스 및 안전결제처리솔루션의 전국적인 선도적 제공자이다. 이 기업의 혁신적인 e-정부 서비스는 전국에 걸쳐있는 정부기구, 시민들 및 기업의 원가를 절감하고 효율성을 높이는 데 기여하고 있다. 고객들 중 하나는 Utah주 정부이다. Utah주의 공식 웹사이트—http://www.utah.gov 는 거의 800가지 온라인서비스에 대한 시민들과 기업의 접근을 제공한다. 지난해에 이 사이트는 1,200만이 넘는 방문을 받았으며, 960만 건의 온라인거래를 안전하게 처리하고, 새로운 Public Meeting Notice 사이트(http://utah.gov/pmn/index.html)를 포함해서 37개의 새로운 서비스를 시작하였는데, 이 사이트는 Utah전역에 걸쳐 방문자들에게 쉬운 검색을 가능하게 하고 정부조직이 주선한 공공회합을 찾을 수 있게 해준다.[7]

비록 정부계약을 획득한 거대기업에 대해서 전해 듣는 것이 일반적일지라도, 사실, 모든 규모의 기업들이 정부기구에 팔고 있다. 근년에 들어서, 인터넷은 소규모 기업들이 정부계약기회를 알아보고 입찰에 참여할 수 있는 장소를 제공함으로써 소규모 기업들이 더 많은 정부계약을 따는 데 도움을 주고 있다. 예를 들어서, ZANA Network는 전 세계의 중소기업들(Small and Medium Enterprises: SMEs)을 위한 온라인 시장이자 비즈니스개발 자원이다. ZANA Network는 거래자원, 비즈니스지침 및 핵심적인 서비스와 함께 판매하고, 구매하며, 그리고 제휴를 맺을 수 있게 해준다. 그것은 또한 기업가들, 발명가들, 전문가들 및 기타 중소기업들이 상호 이익을 위한 커뮤니티에서 협력할 수 있게 해준다. 새로운 정부계약 특징과 함께, ZANA Network는 기업들이 제품을 사고 팔 수 있는 온라인 서비스의 원스톱 메뉴를 제공한다.[8]

정부기구들은 서비스를 제공하는 데 필요한 제품을 사기 위해서 공적 기금을 쓰기 때문에, 그들은 일반대중들에게 책임이 있다. 이러한 책임감이 복잡한 일련의 구매절차를 설명해준다. 일부 기업들은 관료적 형식주의의 분규를 피하고자 하기 때문에 정부구매자들에게 팔려고 시도하지도 않는다. 그러나 많은 마케터들이 정부절차를 효율적으로 다루는 것을 알게 되어 장애물이 있는 것으로 생각하지 않는다. 방위관련 아이템과 같은 일부 제품은 정부가 유일한 고객이다. U.S. Government Printing Office는 구매절차를 설명하고 다양한 연방기구들이 구입하는 제품의 유형을 서술한 여러 가지 서류를 인쇄하여 배포하고 있다.

AP IMAGES/PRNEWSFOTO/AMERICAN COLLEGE OF THE BUILDING ARTS

기관 시장
일부 대학들은 기관시장의 한 부분이다.

4 기관시장

자선, 교육, 커뮤니티, 또는 기타 비영리 목적을 갖는 조직들이 **기관시장(institutional markets)**을 구성한다. 기관시장의 구성원들은 교회, 일부 병원, 남학생 사교클럽과 여학생 사교클럽, 자선단체, 사립대학을 포함한다. 기관들은 신도들, 학생들, 환자들 등에게 상품, 서비스, 아이디어를 제공하기 위해서 매년 수백만 달러의 제품을 구입한다. 기관들은 각기 다른 목적을 갖고 다른 유형의 조직들보다 적은 자원을 갖고 있기 때문에, 마케터들은 그들에게 봉사하기 위해서 특별한 마케팅노력을 기울일 수도 있다. 예를 들어서, Maine주의 Hussey Seating은 전 세계에 있는 스포츠 경기장들뿐만 아니라 학교들, 대학들, 교회들 및 기타 기관들에 경기장 좌석을 판다. 가족소유의 기업들은 학교기금출연과 지역경제개발 프로젝트의 원가절약형 건설을 통해서 기관고객들에 대한 후원을 베풀고 있다.[9]

7.2 비즈니스고객들에 대한 마케팅의 차원들

비즈니스고객들의 여러 가지 형태를 고찰하였기에, 우리는 이제 그들에 대한 마케팅의 몇 가지 차원들을 검토할 것이다. 여기에는 거래의 특징, 비즈니스고객들의 속성들, 비즈니스고객들의 일차적인 관심사, 구매방법, 구매의 주요 형태 및 비즈니스제품에 대한 수요의 특징이 포함된다(<그림 7.1> 참조).

1 비즈니스고객들과의 거래의 특징

기업들 사이의 거래는 소비자 판매와 몇 가지 점에서 다르다. 비즈니스고객들의 주문은 개인소비자 판매보다 훨씬 더 큰 경향이 있다. 유럽의 최대 저가항공사인 Ireland's Ryanair는 281대의 Boeing 737 항공기에 추가해서 추정된 비용 22억 5천만 달러에 32대의 Boeing 737-800 제트기를 주문하였다.[10] 공급자들은 이익을 내기 위해서 대량으로 제품을 판매해야 하곤 한다. 따라서 그들은 소량을 주문하는 고객들에게는 팔지 않는 것을 선호한다. 일부 비즈니스 구매는 컴퓨터 시스템과 같은 고가 아이템을 포함하고 있다. 원자재 및 부품과 같은 다른 제품들은 생산에서 계속적으로 사용되며 공급은 빈번한 보충을 필요로 할 수도 있다. 이러한 아이템의 판매에 관한 계약은 장기적인 협정이 될 가능성이 크다.

비즈니스 구매와 관련된 논의와 교섭은 상당한 마케팅노력을 기울여야 할 필요가 있다. 구매의사

그림 7.1 비즈니스 고객들에 대한 마케팅의 차원들

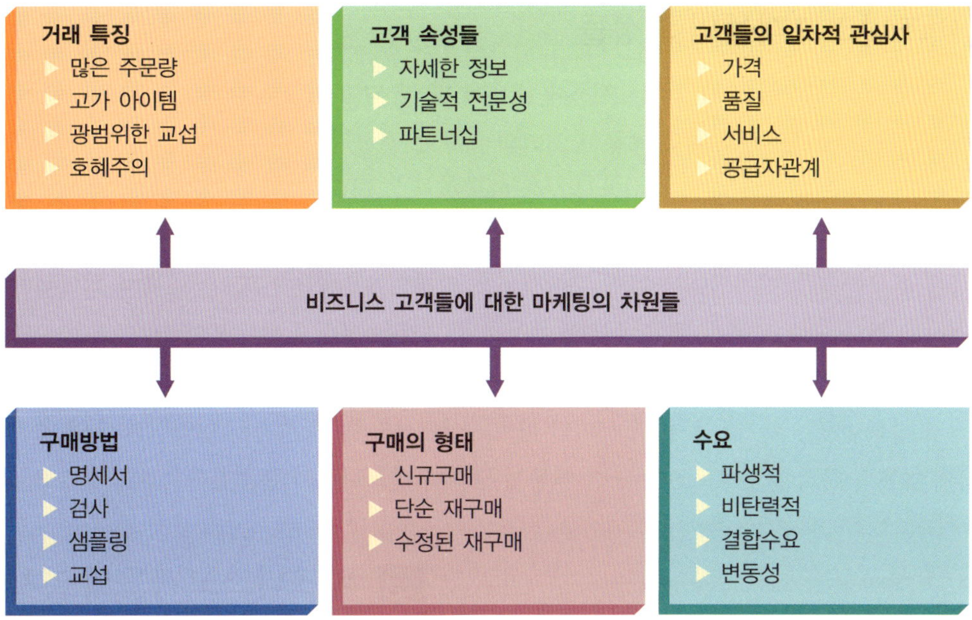

자료원: "National Quarterly Scores," American Customer Satisfaction Index, http://www.theacsi.org/index.php?option=com_content&task=view&id=31&Itemid=35 (accessed April 22, 2009).

결정이 위원회에서 이루어지곤 한다. 주문은 대규모이면서 고가인 경우가 자주 있다. 제품은 맞춤일 수도 있다. 구매조직의 여러 사람들과 부서들이 참여할 수도 있다.

비즈니스 시장에 고유한 한 가지 관행은 2개 조직이 서로에게서 구입하기로 합의한 약정인 **호혜주의(reciprocity)**이다. 경쟁을 저해하는 호혜적인 약정은 불법이다. 연방공정거래위원회(Federal Trade Commission: FTC)와 법무부(Justice Department)는 경쟁을 억제하는 호혜적 관행을 막는 조치를 취한다. 그럼에도 불구하고 상당한 정도의 호혜적인 활동이 소기업들 사이에서 그리고 정도는 덜하지만 대기업들 사이에서도 발생한다. 호혜주의는 구매기구들이 특정 공급자들만을 상대하

SNAPSHOT

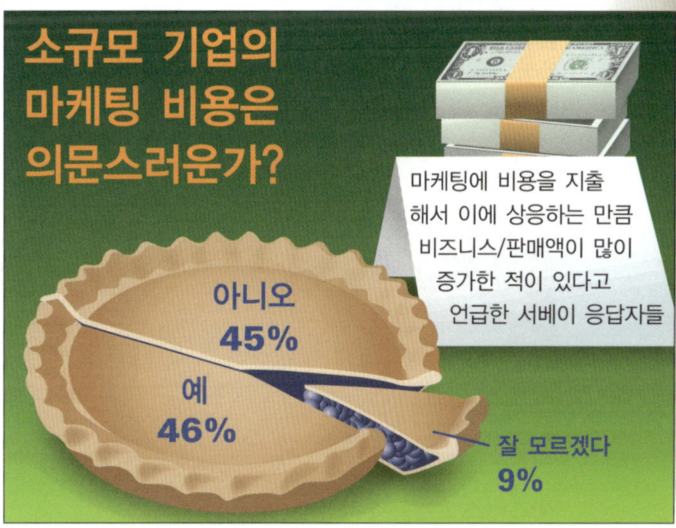

자료원: Data from American Express Fall Small Business Monitor survey of 627 small-business owners/managers of companies with fewer than 100 employees. Margin of error: ±4 percentage points.

도록 영향을 미치기 때문에, 구매기구들 사이의 도덕성을 떨어뜨려서 최적이 아닌 구매를 하게 될 수 있다.

2 비즈니스고객들의 속성들

비즈니스고객들은 자신들이 구입하는 제품에 대해서 더 잘 알고 있기 때문에 그들은 구매행동이 소비자들과는 다르다. 그들은 대체로 제품이 조직의 욕구에 부합되는지를 확인하기 위해서 제품의 기능적 특징과 기술적 명세에 대한 자세한 정보를 요구한다. 그러나 개인적인 목적이 비즈니스 구매행동에 영향을 미칠 수도 있다. 대부분의 구매기구들은 조직에서의 승진과 재무적 보상에서 오는 심리적 만족을 추구한다. 합리적인 비즈니스 구매행동을 일관되게 보인 기구들은 소속된 기업들이 조직의 목적을 성취하는 데 도움을 주기 때문에 개인적인 목적을 성취할 가능성이 크다. 오늘날 많은 공급자들과 그들의 고객들은 파트너십이라고도 하는 서로에게 이득이 되는 관계를 구축하고 유지한다. 소규모 납품업체와 대기업 구매자 사이의 파트너십에서도, 높은 수준의 대인신뢰가 양 조직의 파트너십에 높은 수준의 몰입으로 이어지기 때문에 강력한 파트너십이 존재한다는 연구결과도 있다.[11]

3 비즈니스고객들의 일차적 관심사

구매의사결정을 할 때 비즈니스고객들은 다양한 요인들을 고려한다. 주요 고려사항으로 가격, 제품품질, 서비스 및 공급자관계를 들 수 있다. 가격은 운영비와 판매할 상품의 원가에 영향을 미치기 때문에 매우 중요하게 여긴다는 점은 명백하다. 판매할 상품의 원가는 판매가격, 수익성, 그리고 최종적으로는 경쟁력에 영향을 미치게 된다. 주요 설비를 구입할 때, 비즈니스고객은 가격을 일정한 수준의 수익을 실현하는 데 필요한 투자금액으로 간주한다. 비즈니스고객은 제품의 가격을 수년간에 걸쳐서 그 제품이 조직에 제공하게 될 편익과 비교할 가능성이 크다.

대부분의 비즈니스고객들은 사는 제품의 특정 품질수준을 실현하고 유지하려고 한다. 이러한 목적을 성취하기 위해서, 대부분의 기업들은 이들 제품에 대해서 일정한 표준(일반적으로 허용된 결함의 비율로 표현함)을 설정하고 명세서(specification: 스펙이라고도 함)라고 하는 일련의 특징들을 토대로 구입한

COURTESY OF CDW

비즈니스 고객들의 관심사
이 광고에서 CDW사는 비즈니스고객들의 주요 관심사 중 하나인 탁월하고 시의적절한 서비스를 약속하고 있다.

다. 고객은 제품의 품질을 평가하여 명세서에 맞는지를 확인하려고 한다. 만일 어떤 제품이 최종소비자에게서 명세서의 요건을 충족시키지 못하거나 제대로 기능하지 못한다면, 그 고객은 그 제품의 공급자를 탈락시키고 다른 공급자로 바꾸게 된다. 반면에, 비즈니스고객들은 명세서를 능가하는 제품을 구입하는 데 신중해지는 것이 보통인데, 그러한 제품은 더 많은 비용이 소요되어 그 조직의 전반적인 원가를 상승시키게 되기 때문이다. 명세서는 고객의 욕구에 부합되도록 설계되며 이들의 욕구를 충족시키는 데 기여하지 못한 것은 모두가 낭비되는 것으로 여겨질 수 있다.

비즈니스구매자들은 서비스를 가치있게 여긴다. 공급자가 제공하는 서비스는 고객들의 원가, 매출 및 이익에 직접적 및 간접적으로 영향을 미친다. 어떤 경우에는 고객서비스들의 믹스가 마케터들이 경쟁우위를 획득하는 주요 수단이 된다. 예를 들어서, Proctor & Gamble사는 Wendy's International사에 맞춤형 비디오를 제공하고 각 레스토랑의 모든 곳을 청소하는 데 산업용 청소용품을 어떻게 사용하는지를 Wendy' s사의 종업원들에게 보여주기 위해서 지침을 이 비디오에 포함시켰다.[12] 고객들이 요구하는 전형적인 서비스는 시장정보, 재고관리, 납기에 맞춘 납품, 수선서비스 및 온라인 커뮤니케이션역량이다. 비즈니스구매자들은 기술적인 제품정보, 수요에 관한 자료, 전반적인 경제여건에 대한 정보를 필요로 할 가능성이 크다. 적절한 재고를 유지하는 것은 고객이 필요로 할 때 제품을 이용할 수 있게 해 주면서 고객의 재고요건과 원가를 절감해주기 때문에 매우 중요하다. 비즈니스고객들은 제품이 필요할 때 그 제품을 갖고 있어서 바로 사용할 수 있는 것을 보장하는 데 평소에 책임이 있기 때문에 납기에 맞춘 납품이 매우 중요하다. 또한, 신뢰할 수 있게 납기에 맞춘 납품은 비즈니스고객들이 재고부담을 덜 갖게 해주기 때문에 그들의 비용을 절약해주기도 한다. 기계의 구매자들은 특히 설비가동의 중단은 비용을 수반하기 때문에 수선서비스와 부품교체에 관심을 갖는다. 굴착, 건설 및 자재취급 기계의 제조업체인 Caterpillar Inc.는 전 세계에서 신속한 서비스와 부품교체를 제공함으로써 경쟁우위뿐

지속가능 마케팅

비즈니스여행자들은 더 환경친화적인 항공사를 원한다

더 빠른 비행기, 더 저렴한 비행기, 또는 더 환경친화적인 비행기를 탈 것인가? 비즈니스여행자들은 까다로운 고객들이며, 요즘 그들은 필요로하는 것 그 이외의 것을 얻고 있다. 점점 더 많은 기업 출장관리자들이 항공사들의 환경활동을 꼼꼼하게 따지고 있다. 어떤 항공사들이 재활용 프로그램들을 갖고 있는가? 오염을 줄이고 자연자원을 절약하기 위해서 항공사들은 무슨 일을 하고 있는가?

ISTOCKPHOTO/THINKSTOCK

American Airlines가 자사의 환경정책에 대한 현장실사를 시작했을 때, 이 회사는 한 걸음 더 나간 질문을 생각하고 공급자들에게 환경정책에 대해서 물었다. 그 결과로, American Airlines의 비즈니스 여행자들은 항공사에게 뿐만 아니라 모든 공급자들에게 녹색압력을 실제로 더 가하고 있다. 더 환경친화적인 비행으로 폐기물을 줄이고 원가를 절감함으로써 이 항공사의 수지결산이 더 탄탄하게 되었다. 그래서 미국 환경보호국의 Climate Leaders 프로그램의 일원으로 American 항공사는 2015년 이전에 온실가스배출을 30% 줄일 계획을 갖게 되었다. 이 회사는 이미 오래된 제트기를 연료효율성이 더 높은 모델로 교체하고 있으며 에너지를 절약하기 위해서 사무실을 개조하고 있다.

다른 항공사들도 환경친화적인 운항을 위한 조치들을 취하고 있다. 예를 들어서, British Airways는 2020년 말까지 매 승객 당 배출된 고체폐기물(종이, 병 및 캔과 같은)의 40%를 재활용하는 목표를 설정하였다. 승객들이 대기 질과 지구온난화에 관심을 갖고 있다는 점을 알게 됨으로써, 이 항공사는 자사의 웹사이트에 탄소이산화물 계산기를 올려놓았다. 이제 승객들은 자신들의 비행거리에 대한 탄소이산화물 배출을 파악할 수 있으며, 만약 그들이 선택한다면 청결 에너지 프로그램에 투자함으로써 이러한 배출을 상쇄시켜주는 기부를 할 수 있게 되었다.[a]

만 아니라 국제적인 명성을 얻고 있다. 비즈니스고객들은 기술의 적합성, 신뢰성, 또는 공급자들이 납기를 지키지 못하게 할 수 있는 다른 요인들에 미심쩍어 한다면, 새로운 기술을 제공하려는 공급자들의 노력에 대항할 가능성이 크다.[13]

고객들이 질문을 하고, 불만을 토로하며, 주문을 하고 선적을 추적할 수 있게 해주는 커뮤니케이션 채널이 서비스의 없어서는 안 될 구성요소이다. 마케터들은 서비스의 균일성, 단순성, 진실성 및 정확성을 위해서 노력해야 한다. 마케터들은 고객서비스목적을 정하고 고객서비스 프로그램을 모니터해야 한다. 기업들은 고객들을 대상으로 공식적으로 서베이조사를 시행하거나 비공식적으로 전화를 걸어서 그들이 받고 있는 서비스의 품질에 대한 질문을 함으로써 서비스를 모니터할 수 있다. 고객들의 기쁨을 보장하기 위해 시간과 노력을 경주하는 것은 고객유지율을 향상시켜줌으로써 마케터들에게 커다란 이득을 가져다준다.

끝으로, 비즈니스고객들은 공급자들과의 관계를 구축하고 유지하는 비용에 관심을 갖는다. 특정 공급자와 관계를 구축하고 신뢰를 쌓는 노력을 함으로써, 구매자들은 자신들의 탐색노력과 화폐적인 가격에 대한 불확실성을 완화시킬 수 있다.[14]

비즈니스고객들은 재고회전율과 적절한 제품을 적절한 시기에 적절한 장소로 이동시킬 수 있는 능력을 향상시킬 수 있을 뿐만 아니라 재고와 유지비용을 절감시킬 수 있는 잠재력을 포함한 구매의 전반적인 적합성을 염두에 두어야 한다. 좋은 파트너가 되지 못한 단일 공급자가 전체 비즈니스에 영향을 미칠 수 있다.

4 비즈니스구매의 방법

비록 2명의 비즈니스구매자들이 똑같은 방식으로 일을 하지는 않을지라도, 대부분은 다음과 같은 구매방법들 중 하나 이상을 활용한다. 명세서, 검사, 샘플링 및 교섭. 제품들이 어떤 특징(사이즈, 형태, 무게 및 컬러와 같은)에 따라 표준화되고 그러한 기준들에 따라 등급이 매겨져 있을 때, 비즈니스구매자는 수량, 등급 및 기타 속성들을 서술하거나 명시함으로써 단순하게 구매할 수도 있다. 농산물이 이러한 범주에 속하곤 한다. 구매자들은 경우에 따라 요구되는 제품을 서술할 때 특정 브랜드나 거기에 상응하는 것을 명시하기도 한다. 명세에 토대를 둔 구매는 신뢰가 쌓인 지속적인 관계를 갖는 구매자와 판매자 사이에 특히 일반적이다.

산업설비, 중고자동차 및 건물과 같은 일부 제품들은 독특한 특징을 갖고 있으며 상태가 변할 수도 있다. 예를 들어서, 특정 중고 트럭은 변속기에 고장이 있을 수도 있다. 따라서 그러한 제품의 비즈니스구매자들은 검사를 기초로 구매결정을 해야 한다.

샘플링은 로트에서 제품의 견본을 가져다가 이 견본의 특징들이 전체 로트를 대표하고 있다고 가정하고 견본을 평가한다. 제품이 예컨대 곡물과 같이 동질적이고 전체 로트를 검토하는 것이 물리적으로나 경제적으로 가능하지 않을 때 이 방법이 적절하다.

기업들의 일부 구매는 협의된 계약에 기초를 두고 있다. 어떤 경우에 구매자들은 자신들이 필요한 것을 정확하게 서술하고 응찰하도록 판매자들에게 요청한다. 그런 후에 그들은 가장 매력적인 입찰을 제시한 공급자들과 교섭한다. 이러한 접근방법은 예컨대 상업용 자동차를 획득할 때 사용될 수 있다. 다른 경우에 구매자는 구입할 예정인 것을 구체적으로 명시하지는 못하고 맞춤형 설비의 경우와 같이

ISTOCKPHOTO/THINKSTOCK

비즈니스구매의 방법
항공기의 구매는 협의된 계약을 통해서 이루어질 가능성이 크다.

전반적인 서술만을 제공할 수도 있다. 구매자와 판매자는 기준가격을 명시하고 추가적인 비용과 수수료의 지급에 대비할 수 있는 계약을 교섭할 수도 있다. 이러한 계약은 건축, 맞춤형 설비 및 특별한 프로젝트와 같은 일회성 프로젝트에서 가장 일반적으로 사용된다.

5 비즈니스구매의 유형

대부분의 비즈니스구매는 신규구매, 단순 재구매 및 수정된 재구매 중 하나이다. 각 유형은 각기 다른 영향을 받기 때문에 비즈니스마케터들은 판매접근방법을 적절하게 수정할 필요가 있다.[15] **신규구매(new-task purchase)**에서 조직은 새로운 일을 하거나 새로운 문제를 해결하기 위해서 사용할 아이템을 처음으로 구입하게 된다. 신규구매는 제품명세서, 공급자명세서, 그 제품에 대한 앞으로의 구매에 대한 절차를 개발할 필요가 있다. 최초 구매를 실행하기 위해서 비즈니스 구매자는 대체로 훨씬 더 많은 정보를 필요로 한다. 예를 들어서, 만일 Heineken사가 짠 맛이 나고 향긋한 맥주향의 스낵을 도입하려 하고 자동화된 포장설비를 구입하려고 한다면, 그것은 신규구매가 된다.

단순 재구매(straight-rebuy purchase)는 동일한 제품을 거의 같은 판매조건에 일상적으로 구입할 때 발생한다. 구매자들은 이러한 일상적인 구매결정에서는 정보를 거의 필요로 하지 않으며, 과거에 만족스러운 서비스와 제품을 제공하였던 익숙한 공급자들을 이용하는 경향이 있다. 이러한 공급자들은 비즈니스구매자들이 쉽고 편리하게 재주문할 수 있게 해주는 자동화된 재주문 시스템을 설치하려고 한다.

COURTESY OF INTEL CORPORATION

파생 수요

Intel Quad-Core 프로세서에 대한 수요는 이 프로세서를 탑재한 컴퓨터 설비의 최종 사용자에 대한 판매에서 파생된다. 이 메시지에서 Intel사는 컴퓨터설비의 제조업체들이 아니라 컴퓨터설비 사용자에게 직접 광고하고 있다.

수정된 재구매(modified-rebuy purchase)에서는 신규구매가 두 번째나 세 번째 주문에서 바뀌거나 단순 재구매에 관련된 요건들이 수정된다. 비즈니스구매자는 더 신속한 납품, 더 낮은 비용, 또는 제품명세의 다른 품질수준을 찾을 수도 있다. 수정된 재구매 상황으로 다른 공급자들이 그 비즈니스를 차지할 수도 있기 때문에 그 고객을 유지하기 위해서 단골 공급자들이 더 경쟁력을 갖추도록 노력하게 할 수도 있다. 통신서비스에서와 같이, 기업이 서비스계약의 조건을 바꿀 때, 수정된 재구매가 이루어진다.

6 비즈니스제품에 대한 수요

소비자수요와는 달리, 비즈니스제품에 대한 수요(산업수요: industrial demand라고도 함)는 (1) 파생적이고, (2) 비탄력적이며, (3) 결합되거나, 또는 (4) 변동성이 크다는 특징을 가질 수 있다.

(1) 파생수요

비즈니스고객들, 특히 생산자들은 소비자들의 필요를 충족시켜주는 상품과 서비스의 생산에서 직접적이거나 간접적으로 사용할 목적으로 제품을 사기 때문에, 비즈니스 제품들의 수요는 소비자제품에 대한 수요에서 파생된다. 그래서 **파생수요(derived demand)**라고 한다. 장기적으로, 비즈니스제품에 대한 수요는 소비자 제품에 대한 수요와 전혀 관련이 없는 것은 없다. 수요의 파생적 특성은 보통 다수준적이다. 각기 다른 수준에 있는 비즈니스마케터들은 특정 제품에 대한 소비자수요의 변화에 따라 영향을 받게 된다. 예를 들어서, 소비자들은 건강과 유익한 영양성분에 관심을 가져왔으며 그 결과로 지방, 콜레스테롤 및 나트륨이 적은 제품들을 더 많이 구입하고 있다. 소비자들이 지방이 많은 식품의 구입을 줄였을 때, 식품가공업체들, 설비제조업체들, 그리고 이러한 제품과 관련된 원자재의 공급업체들이 마케팅을 하였던 제품에 대한 수요에서도 변화가 일어났다. 어떤 제품에 대한 소비자수요에 변화가 생길 때, 그 변화는 그 제품의 생산에 관련된 모든 기업들의 수요에 영향을 미치는 파도를 일으키게 된다.

(2) 비탄력적 수요

비탄력적 수요(inelastic demand)는 가격인상이나 인하가 비즈니스제품에 대한 수요를 크게 변화시키지 않는 것을 의미한다. 일부 비즈니스 제품에는 수많은 부품이 들어가기 때문에, 한 가지나 두 가지 부품에만 영향을 미치는 가격인상은 단위당 생산원가를 약간 높이게 될 수도 있다. 어떤 부품에 대한 꽤

기업가 마케팅

Steelcase사는 비즈니스고객들이 건강을 유지하기를 원한다

휴지통으로 1914년에 특허를 등록한 Steelcase사는 불에 취약한 짚 휴지통의 일반적인 비즈니스문제에 대한 해결책으로 시장에 나왔다. 오늘날 그들은 기업들이 효율성을 향상시켜주는 사무실환경을 만들어내는 데 도움을 주는 솔루션을 찾고 있다. 종업원 건강이 점점 더 관심을 끌고 있다는 점을 알게 되면서, Steelcase사의 마케팅전문가들은 사무근로자들이 정리하는데 도움을 주는 사무용가구라인을 개발하기 위해서 Mayo Clinic의 의사들과 함께 노력하였다. Walkstation은 조절할 수 있는 책상과 바퀴가 달린 컴퓨터 워크스테이션으로 구성되어 있다(딸린 의자는 선택사양이다). Steelcase의 CEO는 자사의 마케팅전문가들에게 한 가지 주요 질문을 몇 번이고 되풀이하여 물었다. "이 제품을 가져온 사용자 통찰력은 무엇인가?"[b]

큰 가격인상이 그 제품의 원가에서 큰 비중을 차지할 때, 수요는 훨씬 더 탄력적이게 되는데, 부품의 가격인상이 소비자수준에서의 가격을 크게 인상시키게 되기 때문이다. 예를 들어서, 만일 비행기엔진 제조업체들이 엔진의 가격을 큰 폭으로 인상시킨다면, Boeing사는 자신들이 제조한 비행기의 가격을 인상하지 않을 수 없게 되어서, 항공사들은 새로운 비행기를 살 여력이 있는지를 재고하여 비행기에 대한 수요는 더 탄력적이게 된다. 그러나 방풍유리의 가격인상은 비행기의 가격이나 수요에 크게 영향을 미칠 것 같지는 않다.

탄력성은 개별 기업이 직면하는 수요곡선에는 적용되지 않고 비즈니스제품에 대한 산업수요에만 적용된다. 스파크플러그 생산자가 소형엔진제조업체들에게 판매하는 스파크플러그의 가격을 인상하였지만, 그 기업의 경쟁업체들은 낮은 가격을 계속 유지하는 것을 생각해보자. 대부분의 소형엔진 제조업체들은 낮은 가격의 브랜드들로 전환하게 될 것이기 때문에 이 스파크플러그회사는 판매량의 감소를 경험하게 될 것이다. 비록 특정 비즈니스제품에 대한 산업수요가 비탄력적일지라도, 특정 기업은 탄력적인 수요에 취약하다. 우리는 제11장에서 가격탄력성을 다시 고찰하게 될 것이다.

(3) 결합수요

어떤 비즈니스제품, 특히 원자재와 부품에 대한 수요는 결합수요가 되기 쉽다. **결합수요(joint demand)**는 두 개 또는 그 이상의 아이템들이 한 제품을 생산하는 데 결합되어 사용될 때 발생한다. 예를 들어서, 도끼를 제조하는 기업은 도끼날과 같은 수의 도끼손잡이를 필요로 한다. 따라서 이들 두 제품은 연대하여 수요가 생긴다. 만일 도끼손잡이의 부족이 발생한다면, 그 생산자는 도끼날도 덜 사게 된다. 결합수요의 효과를 이해하는 것은 연대하여 수요가 생기는 다중 아이템을 판매하는 마케터들에게 특히 중요하다. 그러한 마케터들은 어떤 고객이 연대하여 수요가 생기는 아이템들 중 하나를 구입하기 시작할 때, 관련된 제품을 판매할 수 있는 좋은 기회가 생긴다.

전환 중인 마케팅

중앙통로 1이 대세: 이익창출을 위한 파트너

할인점 Costco와 Walmart에 공급하는 크고 작은 모든 기업들이 이들 거대한 소매점들과 파트너십을 구축함으로써 새로운 효율성을 체득하고 있다. 예를 들어서, Costco는 어떤 기업들로 하여금 보다 많은 제품들이 모든 트럭 및 점내진열대에 맞도록 그들의 제품을 다시 포장하도록 하고, 이런 변화는 소매점뿐만 아니라 공급자들에게도 이득이 된다고 주장해 왔다. Costco의 구매자들이 어떤 제품을 찾을 때, 가장 큰 기업들도 소매점이 매우 큰 고객이기 때문에 면밀한 주의를 기울이게 된다.

CIARAN GRIFFIN/THINKSTOCK

Hershey사의 한 부서인 Mauna Loa는 최고 품질의 마카다미아견과의 70%를 Costco에 팔고 있다. 그래서 Costco가 작은 마카다미아견과를 새로운 초콜릿 스낵에 혼합할 것을 제안하였을 때, Mauna Loa는 주저하지 않았다. 작은 견과류는 일반적으로 거의 이익이 없는 낮은 가격으로 판매되고 있다. 그래서 Mauna Loa는 더 많은 견과수확량을 유용하게 활용하고, 새로운 스낵의 가격을 매력적으로 책정하여 Costco와 함께 Hershey의 전체 매출규모를 증대시킬 수 있게 되었다.

세계 최대 소매점인 Walmart는 공급자들과 함께 일하는데 단 하나의 목적을 갖고 있다. "만일 우리의 고객들이 그것을 사고 싶어 한다면, 우리는 그것을 팔려고 한다."고 한 임원이 말하였다. 공급자들은 품질관리 테스트와 같은 특정 규칙을 따라야 하지만, Walmart의 몇 개 점포에 상품을 납품하는 것의 보상은 그 프로세스를 가치있는 것으로 만들어준다. 그래서 많은 기업들이 Walmart에 판매하고 싶어 하는데, 사실 이 소매점은 잠재 공급자들을 찾기 위해서 전국에서 B2B Expo 회의를 개최하고 있다. Walmart가 사지 않을 때에도, 그 기업의 피드백으로 많은 기업들이 제품을 개선하고 미래의 이익을 위한 준비를 할 수 있게 해준다.[c]

(4) 변동성이 큰 수요

비즈니스제품에 대한 수요는 소비자수요에서 파생되기 때문에, 변동성이 매우 크다. 일반적으로, 특정 소비자제품들이 잘 팔릴 때 그 제품들의 생산자들은 장기적인 생산요건에 확실하게 부응하기 위해서 대량의 원자재와 부품을 산다. 또한, 이들 생산자들은 생산시설을 확장할 수도 있는데, 이러한 확장은 새로운 설비와 기계, 더 많은 근로자들, 그리고 더 많은 원자재와 부품의 획득을 수반한다. 그것에 비해, 어떤 소비자 상품들에 대한 수요의 감소는 이러한 상품들을 생산하는 데 사용되는 비즈니스제품에 대한 수요를 크게 감소시킨다. 가격변화가 놀라운 일시적인 수요변화로 이어지는 경우도 있다. 비즈니스제품에 대한 가격인상은 비즈니스고객들이 가격이 더 인상될 것으로 예상하기 때문에 초기에는 그들이 그 아이템을 더 많이 사게 할 수도 있다. 마찬가지로 비즈니스제품에 대한 수요는 가격인하 다음에 낮을 수도 있는데, 이는 구매자들이 또 다른 가격인하를 기다리기 때문이다. 수요의 변동성은 가격이 자주 변경되는 산업에서 상당히 클 수 있다.

7.3 비즈니스 구매의사결정

비즈니스(조직) **구매행동(business/ organizational buying behavior)**은 생산자들, 정부부서들, 기관들, 그리고 재판매업체들의 구매행동을 의미한다. 소비자 구매행동에 영향을 미치는(제6장에서 논의하였던) 여러 가지 요인들이 비즈니스구매행동에 영향을 미치지만, 몇 가지 요인은 비즈니스 구매의사결정에 독특한 것이다. 우리는 우선 비즈니스 구매의사결정과정에 누가 참여하는지를 알기 위해서 구매 센터를 분석할 것이다. 그런 후에 우리는 구매 의사결정과정의 단계들과 그것에 영향을 미치는 요인들에 초점을 맞출 것이다.

1 구매 센터

비교적 작은 수의 비즈니스 구매의사결정이 단 한 사람

에 의해서 이루어진다. 구매의사결정은 구매 센터를 통해서 이루어지곤 한다. **구매 센터(buying center)**는 비즈니스 구매의사결정을 하는 조직 내부 사람들의 집단이다. 구매 센터들은 사용자들, 영향력 행사자들, 구매자들, 결정권자들 및 정보통제자들을 포함하고 있다.[16] 한 사람이 여러 가지 역할을 수행할 수도 있다.

사용자들(users)은 획득할 제품을 실제로 사용하는 조직의 구성원들이다. 그들은 흔히 구매과정을 개시하며 구매명세서를 만들어낸다. 구매 후에, 그들은 명세서와 비교하여 제품성과를 평가한다. 영향력행사자들(influencers)은 엔지니어들과 같은 전문가들인데, 그들은 명세서를 만들고 대안이 되는 제품들을 평가하는 데 도움을 준다. 전문가들은 고려하고 있는 제품들이 새로운 고급 기술을 수반하고 있을 때 특히 중요한 영향력행사자들이 된다. 구매자들(buyers)은 공급자들을 선정하여 구매조건을 교섭한다. 그들은 명세서의 작성에 참여할 수도 있다. 구매자들을 구매기구(purchasing agents) 또는 구매관리자(purchasing managers)라고 할 때도 있다. 공급자들과 제품들에 대한 그들의 선택은, 특히 신규구매에서는 구매 센터에서 다른 역할을 담당하는 사람들에 의해서 크게 영향을 받는다. 결정권자들(deciders)은 제품들을 실제로 선택한다. 구매자들이 결정권자들이 될 수도 있지만, 각기 다른 사람들이 이러한 역할을 담당하는 것이 이상한 것은 아니다. 일상적으로 구입되는 아이템에서는 구매자들이 결정권자들이 되는 것이 일반적이다. 그러나 구매자는 일정한 금액 한도를 넘는 구매를 할 권한을 갖고 있지 않을 수도 있는데, 그러한 경우에는 관리직의 고위 인사가 결정권자가 된다. 비서들이나 기술자들과 같은 정보통제자들(gatekeepers)은 구매 센터에서 다른 역할을 담당하고 있는 사람들 사이의 정보흐름을 통제한다. 공급자들과 직접 흥정을 하는 구매자들은 정보흐름을 통제할 수 있기 때문에 정보통제자들이 될 수도 있다.

한 조직의 구매 센터의 수 및 구조는 조직의 규모, 시장지위, 구입할 제품의 양과 형태, 그리고 구매결정에 누가 참여해야 하는지에 관한 그 기업의 전반적인 경영철학에 따라 영향을 받는다. 구매센터의 규모는 구매의사결정과정의 단계, 구매의 유형(신규구매, 단순한 재구매, 수정된 재구매)에 따라 영향을 받는다. 비즈니스고객에게 판매하려는 마케터는 누가 구매 센터에 참여하는지, 각 참가자들이 하는 결정의 유형, 그리고 어떤 사람이 구매과정에서 가장 큰 영향력이 있는지를 알아내야 한다. 어떤 경우에는 많은 사람들이 구매 센터를 구성하기 때문에, 마케터들은 모든 참가자들과 쉽게 접촉할 수 없다. 그 대신에 그들은 가장 영향력이 큰 참가자들 중 일부와 반드시 접촉해야 한다.

2 비즈니스 구매의사결정과정의 단계들

소비자들과 마찬가지로, 기업들도 구매의사결정과정을 따른다. 이러한 과정은 <그림 7.2>의 아랫부분에 요약되어 있다. 첫 단계에서, 한 명 또는 그 이상의 사람들이 어떤 문제나 필요가 존재한다는 점을 인식하게 된다. 문제인식은 다양한 환경에서 이루어진다. 예를 들어서, 기계가 고장이 나거나 기업이 기존 제품을 수정하거나 새로운 제품을 도입할 때, 문제인식이 이루어진다.

사용자들, 영향력행사자들, 또는 구매자들과 같은 구매 센터의 개인들이 문제인식에 참여할 수도 있지만, 판매대리점들이나 광고물과 같은 외부원천에서 자극을 받을 수도 있다.

두 번째 단계인 제품명세서의 작성에서 구매 센터 참가자들은 문제나 필요를 평가하여, 이를 해결하거나 충족시키는 데 필요한 것을 알아낸다. 이 단계에서 엔지니어들과 같은 사용자들과 영향력

그림 7.2 비즈니스(조직) 구매의사결정과정과 영향요인들

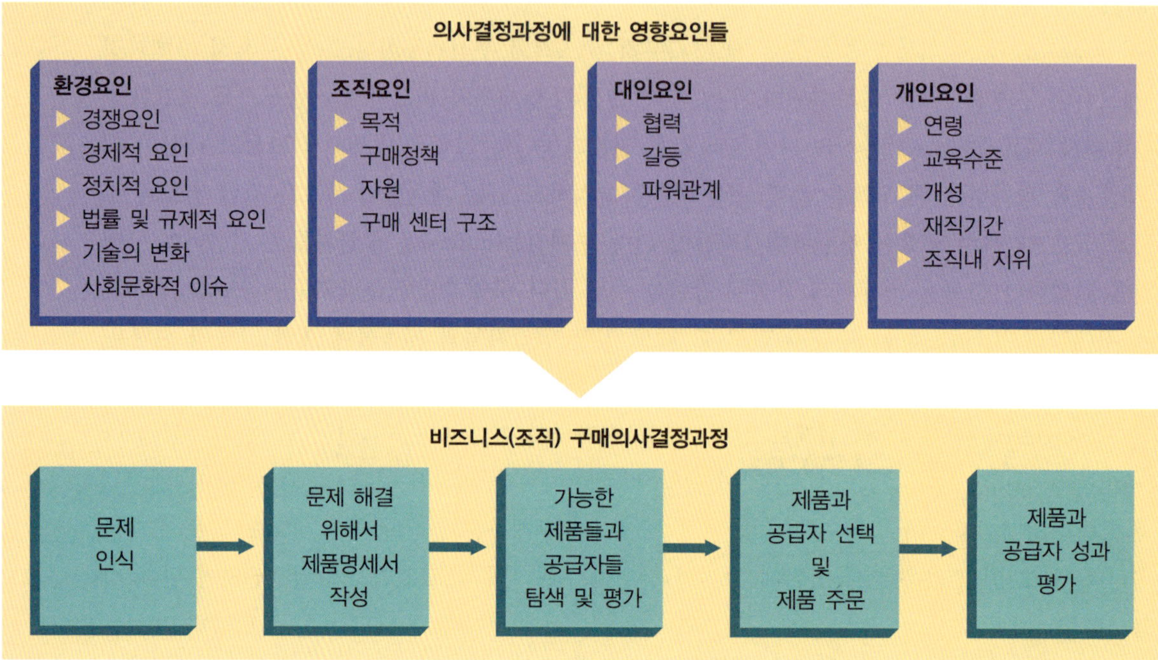

행사자들은 제품명세서를 작성하는 데 정보와 조언을 제공하곤 한다. 필요를 평가하고 서술함으로써 조직은 제품명세서를 작성할 수 있게 된다.

잠재적인 제품들과 공급자들을 탐색하고 평가하는 것이 의사결정과정의 세 번째 단계를 구성한다. 탐색활동은 사내 파일들, 업계 명부를 들춰보는 것, 정보를 얻기 위해서 공급자들과 접촉하는 것, 알고 지내는 공급자들로부터 제안서를 받는 것, 그리고 웹사이트, 카탈로그 및 업계 간행물을 검토하는 것을 포함한다. 공급자들을 탐색하기 위해서 Walmart와 같은 일부 조직들은 여성들이나 소수민족이 소유하고 있는 업체들과 파트너십을 구축하기 위해서 자신들이 원하는 것을 광고한다. 이 단계에서 일부 조직들은 잠재적 구매의 각 구성요소들을 평가하는 **가치분석(value analysis)**을 실시한다. 가치분석은 비용효율이 가장 높은 방식으로 제품을 획득하기 위해서 품질, 디자인, 자재, 그리고 축소하거나 제거할 수 있는 아이템들을 검토한다. 제품들이 두 번째 단계에서 작성된 제품명세서에 부합되거나 능가하는지를 확인하기 위해서 제품들을 평가한다. 일반적으로 다중 기준을 이용하여 공급자들을 판단한다. 많은 기업들이 가격, 제품품질, 납품서비스, 제품 입수가능성 및 전반적인 신뢰성과 같은 특징들에 초점을 맞춰서 현재 및 잠재적 공급자들을 공식적이고 체계적으로 평가하는 **공급자분석(vendor analysis)**을 활용하고 있다. 일부 공급자들은 필요한 양을 공급할 수 있는 자원을 갖고 있지 않아서 수용불가능한 것으로 간주될 수도 있다. 성실하지 않은 납품과 서비스로 배제되는 공급

자들도 있다. 기존 공급자들로부터 제품을 조달할 수 없는 경우도 있으며, 구매자는 제품을 디자인하고 만들기 위해서 3M과 같은 혁신적인 기업을 찾아내야 한다.

세 번째 단계에서의 심의와 평가의 결과는 구입할 제품을 선택하고 그 제품을 살 공급자들을 선정하는 네 번째 단계에서 활용된다. 어떤 경우에 구매자는 **다중 조달원천(multiple sourcing)**이라고 알려진 프로세스인 여러 개의 공급자들을 선정하여 활용한다. 다른 경우에는 단 하나의 공급자가 선정되는데, 이러한 경우는 **전속조달원천(sole sourcing)**이라고 한다. 연방정부와 계약을 맺고 있는 기업들은 한 아이템에 대해서 여러 공급원천을 가져야 한다. 어떤 제품을 단 하나의 기업에서 조달할 수 있는 경우를 제외하고는 전속조달원천은 전통적으로 장려되지 않고 있다. 그러나 오늘날에는 단일 조달원천이 훨씬 더 일반적이게 되었는데, 그러한 협정은 부분적으로 구매자와 공급자 사이의 원활한 커뮤니케이션, 공급자들 측면에서 안정성과 수익성 그리고 구매자 측면에서 저렴한 가격을 의미할 수 있기 때문이다. 그러나 많은 조직들은 아직도 다중 조달원천을 선호하는데, 이러한 접근방법이 노동쟁의, 공급부족, 또는 파산에 따른 혼란의 위험을 완화시켜주기 때문이다. 이 네 번째 단계에서 실제로 제품의 주문이 실행되며, 조건들, 신용약정, 납품기일과 방법 및 기술적 지원에 관한 세부적인 사항들이 완성된다.

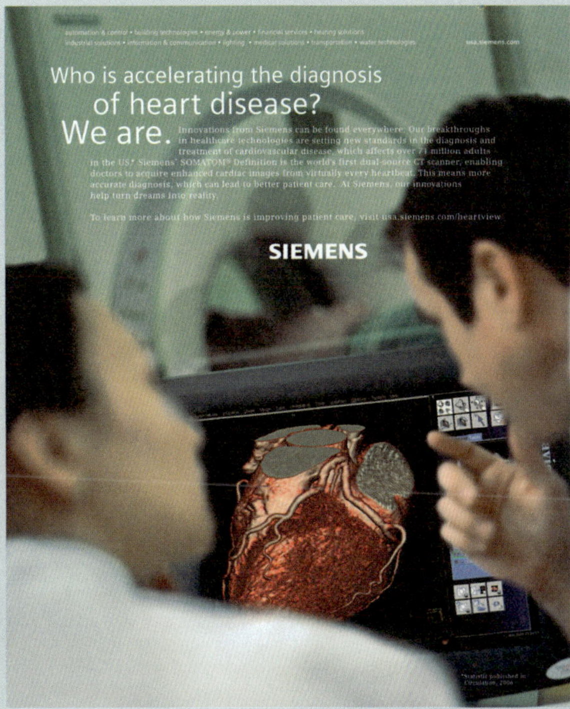

REPRINTED WITH PERMISSION OF SIEMENS CORPORATION

문제인식
건강관리 제공업체들을 겨냥하고 있는 이 광고는 문제인식에 초점을 맞추고 있다. 일부 건강관리 제공업체들은 진단능력을 향상시키기 위해서 설비를 최신화하려고 할 수 있다.

다섯 번째 단계에서는 명세서와 비교하여 제품성능이 평가된다. 제품이 명세서에 합치되지만, 그 제품의 성능이 첫 번째 단계에서 인식된 문제를 적절하게 해결하지 못하거나 필요를 충족시키지 못하는 경우도 있다. 이 단계에서 공급자의 성과도 평가된다. 만일 공급자 성과가 불충분하다면, 비즈니스구매자는 그 공급자로부터 교정조치를 구하거나 새로운 공급자를 찾아 나서게 된다. 평가의 결과는 앞으로의 비즈니스 구매의사결정의 다른 단계들에 피드백이 된다.

이러한 비즈니스 구매의사결정과정은 주로 신규구매에서 온전히 활용된다. 수정된 재구매와 단순한 재구매 상황에서는 모든 단계는 아니지만 일부 단계들이 활용된다.

3 비즈니스 구매의사결정과정에 대한 영향요인

<그림 7.2>에는 비즈니스 구매의사결정에 영향을 미치는 주요 4가지 범주의 요인들이 나열되어 있다: 환경, 조직, 대인 및 개인요인.

비즈니스구매결정과정에 대한 영향요인들

수많은 비즈니스구매결정이 환경요인들의 영향을 받는다. 에너지절약은 원가절감으로 이어지며, 이것은 다시 조직들이 더 경쟁력을 갖게 해줄 수 있다.

환경요인은 경쟁적 및 경제적 요인, 정치적 요인, 법률 및 규제적 요인, 기술의 변화 그리고 사회문화적 이슈를 포함하고 있다. 이러한 요인들은 조직에 상당한 불확실성을 조성하는데, 이러한 불확실성으로 구매 센터에 있는 사람들이 특정 유형의 구매를 염려하게 된다. 한 가지 또는 그 이상의 환경요인의 변화는 새로운 구매기회와 위협을 만들어낸다. 예를 들어서, 경쟁과 기술의 변화는 소프트웨어, 컴퓨터 및 통신설비와 같은 제품의 경우에는 구매의사결정을 어렵게 만든다. 반면에, 많은 비즈니스마케터들은 인터넷이 고객서비스비용을 절감시킬 수 있으며 기업들이 비즈니스고객들과의 관계를 개선할 수 있게 해준다고 믿고 있다.[17]

구매의사결정과정에 영향을 미치는 조직요인은 구매 센터의 크기와 구조뿐만 아니라 기업의 목적, 구매정책 및 자원을 포함한다. 조직은 어떤 구매정책을 가질 수 있으며 구매 센터 참가자들은 이에 따라야 한다. 예를 들어서, 기업의 정책은 대부분의 판매자들이 바라고 있는 것보다 더 길거나 짧은 유별난 장기 또는 단기 계약을 금할 수도 있다. 조직의 재무적 자원으로 특별한 신용약정이 필요할 수도 있다. 모든 상황들이 구매의사결정에 영향을 미칠 수 있다.

대인요인은 구매 센터에 있는 사람들 사이의 관계이다. 공동 파트너십의 모든 구성원들 사이의 신뢰는 특히 맞춤형 제품을 포함하는 구매에서 매우 중요하다.[18] 구매 센터 참가자들 사이에 파워의 행사와 갈등의 수준은 비즈니스 구매의사결정과정에 영향을 미친다. 구매 센터의 일부 사람들은 다른 사람들보다 커뮤니케이션 능력이 뛰어나 더 설득력이 있을 수도 있다. 이러한 대인적 역학이 숨겨져 드러나지 않아서 마케터들이 접근하는 데 어려움이 생길 수도 있다.

개인적 요인은 연령, 교육, 개성, 근무기간과 조직에서의 지위와 같은 구매 센터 참가자들의 개인적인 특성들이다. 예를 들어서, 25년 동안 조직에 근무한 55세의 관리자는 단지 2년 동안 근무한 30세의 종업원과는 다르게 구매 센터의 의사결정에 영향을 미칠 것이다. 이러한 요인들이 얼마나 영향을 미치는지는 구매 상황, 구입할 제품의 유형, 그리고 그 구매가 신규구매, 수정된 재구매, 또는 단순재구매인지에 따라 달라진다. 사람들의 교섭스타일은 조직 내에서 그리고 조직 간에 크게 다르다. 효과적이기 위해서 마케터들은 이러한 요인들과 이러한 요인들이 구매결정에 미치는 영향을 인식할 수 있을 정도로 고객들을 잘 알아야 한다.

7.4 산업분류체계

마케터들은 잠재적인 비즈니스고객들에 대해서 상당히 많은 정보에 접근하고 있는데, 이러한 정보의 많은 양은 정부와 업계 간행물과 웹사이트를 통해서 입수할 수 있다. 마케터들은 이러한 정보를 활용하여 잠재적 비즈니스고객들을 찾아내고 그들의 구매잠재력을 추정할 수 있게 된다.

비즈니스고객들에 대한 많은 정보는 산업분류체계에 기초를 두고 있다. 미국에서 마케터들은 전통적으로 표준산업분류(Standard Industrial Classification: SIC)체계에 의존하는데, 이것은 공업, 상업, 금융 및 서비스 조직의 선별적인 경제적 특성을 분류하기 위해서 연방정부가 개발한 것이다. 그러나 SIC체계는 **NAICS (North American Industry Classification System)**라고 하는 새로운 산업분류체계로 대체되고 있다. NAICS는 북미자유무역협정(North American Free Trade Agreement: NAFTA)의 세 파트너들 사이에 비교할 수 있는 통계를 작성하기 위해서 미국, 캐나다 및 멕시코가 사용하는 단일 산업분류체계이다. NAICS분류는 수행된 생산활동의 유형에 기초를 두고 있다. NAICS는 유럽과 다른 많은 나라들이 사용하고 있는 국제표준산업분류(International Standard Industrial Classification: ISIC)체계와 유사하다. SIC체계는 산업활동을 10개 부문으로 나누는 데 비해서, NAICS는 산업활동을 20개 부문으로 나누고 있다(<표 7.2>). NAICS는 SIC체계의 1,004개와 대비되는 1,170개의 업종을 담고 있다. NAICS는 더 포괄적이고 더 최신이며 서비스산업과 하이테크 제품에 대해서 상당히 더 많은 정보를 제공하고 있다.[19] <표 7.2>는 Apple, Inc와 AT&T에 대한 일부 NAICS코드를 보여주고 있다. 앞으로 몇 년에 걸쳐서 3개 NAFTA 참가국들은 종전에 사용하던 산업분류체계를 NAICS로 전환할 것이다.

표 7.2 NAICS분류의 예들

AT & T, Inc.의 NAICS 체계		Apple Inc.의 NAICS 체계	
Section51	정보	Section31–33	제조업
Subsection517	원거리통신	Subsection334	컴퓨터와 전자제품 마케팅
Industry Group 5171 Industry Group 5172	유선 원거리통신서비스 무선 원거리통신서비스	Industry Group 3341	컴퓨터 및 주변기기 제조업
Industry 51711 Industry 51721	유선 원거리통신서비스 무선 원거리통신서비스	Industry 33411	컴퓨터 및 주변기기 제조업
Industry 517110 Industry 517210	유선 원거리통신서비스 무선 원거리통신서비스	U.S. Industry 334111	전자컴퓨터 제조업

자료원: NAICS Association, http://www.census.gov/epcd/naics07/ (accessed March 6, 2009).

산업분류체계는 마케터들이 주로 제공되는 상품과 서비스의 유형을 기초로 조직들을 집단으로 분류하는 데 도움을 주는 표준적인 도구이다. 산업분류체계가 세분화의 수단이 될지라도, 어떤 마케터가 어떤 고객들에게 그리고 얼마나 많은 고객들에게 다가갈 수 있는지를 정확하게 파악하기 위해서는 다른 유형의 자료들과 함께 사용되어야 한다.

마케터는 특정 산업분류체계에서 조직들의 식별 및 위치를 파악하기 위해서 몇 가지 접근방법들을 활용할 수 있다. 한 가지 접근방법은 정부의 명부나 Standard & Poor's Register와 Dun & Bardstreet's Million Dollar Directory와 같은 상업적인 산업명부를 활용하는 것이다. 이러한 원천들은 회사명칭, 산업분류, 주소, 전화번호 및 연매출액과 같은 한 기업에 대한 정보를 담고 있다. 이러한 원천들 중에서 하나 이상을 참고함으로써 마케터들은 산업분류번호로 비즈니스고객들을 찾아내어 그들의 위치를 파악하고, 원하는 지역별로 잠재고객들의 목록을 작성할 수 있다. 조금 비싸기는 하지만 더 편리한 접근방법은 상업적인 자료 서비스를 이용하는 것이다. 예를 들어서, Dun & Bradstreet는 특정 산업 분류집단에 속하는 조직들의 목록을 제공할 수 있다. 이 목록의 각 기업에 대해서, Dun & Bradstreet는 이름, 위치, 매출규모, 종업원 수, 취급하는 제품의 유형, 대표자의 이름 및 기타 관련된 자료를 제공한다. 어느 접근방법을 이용하든지간에 잠재고객들의 집단을 효과적으로 찾아내어 그들의 위치를 파악할 수 있다. 그러나 마케터는 그 목록에 있는 모든 조직들을 추구할 수는 없을 것 같다. 어떤 기업들은 다른 기업보다 더 큰 구매잠재력을 가지고 있기 때문에 마케터는 어느 고객 또는 고객집단을 추구해야 하는지를 결정해야 한다.

비즈니스고객들이나 고객집단들의 구매잠재력을 추정하기 위해서, 마케터는 잠재고객들의 구매의 규모와 종업원 수와 같은 산업분류자료에서 이용할 수 있는 변수 사이의 관계를 찾아내야 한다. 예를 들어서, 페인트제조업체는 종업원 수에 비례해서 특정 유형의 잠재고객이 구입하는 평균 갤런양을 알아내려고 할 수도 있다. 이러한 세분시장에 경험이 없는 마케터는 구입규모와 종업원 수 사이의 관계를 확인하기 위해서 잠재고객들의 무작위표본을 조사하려고 들 것이다. 이러한 추정치를 입수한 후에, 마케터는 매출과 이익잠재력이 가장 큰 고객집단을 선정할 수 있는 위치에 서게 될 것이다.

유용성에도 불구하고 산업분류자료는 몇 가지 문제점을 갖고 있다. 첫째, 극히 일부 산업들이 구체적으로 명시되지 않고 있다. 둘째, 한 부서에서 다른 부서로 제품의 이전이 전체 출하의 일부로 계산되기 때문에, 동일 기업 내의 2개 조직 사이에 제품이 출하되었을 때 이중 계산이 발생할 수도 있다. 셋째, 미국 통계국이 특정 비즈니스조직을 알아볼 수 있는 자료의 제공을 금지하고 있어서, 전체 출하량의 가치와 같은 일부 자료는 적게 나타날 수도 있다. 끝으로, 정부기구들이 산업분류자료를 제공하기 때문에, 자료수집시점과 정보가 배부되는 시점 사이에 일반적으로 상당한 시차가 존재한다.

이 장의 복습

① 비즈니스시장의 여러 가지 형태를 구별한다.

비즈니스(B2B)시장은 재판매, 다른 제품의 생산에서 직접사용, 또는 일상적인 운영에서 사용을 위해서 특별한 유형의 제품을 구입하는 개인들과 집단들로 구성되어 있다. 생산자시장은 다른 제품을 생산하거나 운영의 일부로 사용하여 이익을 낼 목적으로 제품을 구입하는 개인들과 비즈니스조직들을 포함하고 있다. 이익을 내기 위해서 완성품을 사서 재판매하는 중간상들은 재판매업자시장으로 분류된다. 정부시장은 연방, 주, 군, 지방정부로 구성되는데, 그들은 내부운영을 지원하고 시민들에게 서비스를 제공하기 위해서 상품과 서비스에 매년 수십억 달러를 지출하고 있다. 자선, 교육, 커뮤니티, 또는 다른 비영리 목적을 갖고 있는 조직들은 기관시장을 구성한다.

② 비즈니스고객들과 거래의 주요 특징을 찾아낸다.

비즈니스고객들을 포함한 거래는 소비자 거래와 몇 가지 점에서 다르다. 그러한 거래는 규모가 더 크고 교섭은 이따금 이루어지며 일단 교섭이 되면 오래 지속된다. 비즈니스거래는 구입하는 조직에서 한 명 이상의 사람들과 부서들이 개입하곤 한다. 그러한 거래는 두 개 조직이 서로 구매하기로 합의하는 약정인 호혜주의를 수반한다. 비즈니스고객들은 일반적으로 최종소비자들보다 지식이 많으며 제품의 특징들과 기술적 명세에 대한 정보를 찾을 가능성이 크다.

③ 비즈니스제품에 대한 수요의 몇 가지 속성들을 이해한다.

비즈니스고객들은 품질, 서비스, 가격, 공급자관계에 특히 관심을 갖고 있다. 품질은 구매자의 기업이 생산하는 제품의 품질에 직접적으로 영향을 미치기 때문에 중요하다. 정확한 수준의 품질을 실현하기 위해서 조직들은 명세서라고 하는 일련의 표시된 특징들을 토대로 제품을 사곤 한다. 서비스는 기업의 원가, 매출액 및 이익에 직접적인 영향이 있기 때문에 시장정보, 적기납품, 부품의 이용가능성 및 커뮤니케이션 역량과 같은 문제들이 비즈니스구매자들에게 매우 중요하다. 비록 비즈니스고객들이 어떤 제품을 살 것인지를 결정하는 데 가격에 전적으로 의존하지는 않을지라도, 가격은 수익성에 직접적으로 영향을 미치기 때문에 주요 관심사가 된다.

비즈니스구매자들은 명세서, 검사, 샘플링 및 교섭을 포함하는 여러 가지 구매방법을 사용한다. 대부분의 조직구매는 신규구매, 단순 재구매, 또는 수정된 재구매이다. 신규구매에서 조직은 새로운 일을 하거나 새로운 문제를 해결하는 데 사용할 아이템의 첫 구매를 하게 된다. 단순 재구매는 구매자가 거의 같은 판매조건에서 동일 제품을 일상적으로 구입할 때 발생한다. 수정된 재구매에서, 신규구매가 두 번째나 세 번째 주문으로 바뀌거나 단순 재구매와 관련된 요건들이 수정된다.

산업수요는 몇 가지 차원에서 소비자수요와 다르다. 산업수요는 소비자 제품에 대한 수요에서 파생한다. 산업수준에서 산업수요는 탄력적이다. 일부 비즈니스제품은 결합수요일 가능성이 큰데, 이 수요는 두 개 이상의 아이템이 한 제품을 만드는데 결합되어 사용될 때 발생한다. 끝으로, 조직의 수요는 소비자수요에서 파생되기 때문에 비즈니스제품에 대한 수요는 변동성이 크다.

④ 구매 센터의 주요 구성요소들을 이해한다.

비즈니스 구매의사결정은 구매의사결정에 참여하는 사람들의 집단인 구매 센터를 통해서 이루어진다. 사용자들은 그 제품을 실제로 사용하는 조직 내의 사람들이다. 영향력행사자들은 명세서를 작성하고 제품들을 가능한 용도별로 평가하는 데 도움을 준다. 구매자는 공급자들을 선정하고 구매조건을 교섭한다. 정보통제자들은 구매 센터에서 각기 다른 역할을 담당하고 있는 사람들 사이의 정보흐름을 통제한다.

⑤ 비즈니스 구매의사결정과정의 단계들과 이 과정에 영향을 미치는 요인들을 이해한다.

비즈니스 구매의사결정과정의 단계들은 문제인식, 문제를 해결하기 위한 제품명세서의 작성, 제품들과 공급자들의 탐색과 평가, 가장 적절한 제품의 선택과 주문, 그리고 제품과 공급자의 성과에 대한 평가이다.

4가지 범주의 요인들이 비즈니스 구매의사결정에 영향을 미친다. 환경요인은 경쟁적 요인, 경제적 상황, 정치적 환경, 법률과 규제, 기술의 변화, 사회문화적 요인을 포함한다. 조직요인은 구매 센터의 규모와 구조뿐만 아니라 기업의 목적, 구매정책 및 자원을 포함한다. 대인요인들은 구매 센터에 있는 사람들 사이의 관계이다. 개인요인은 연령, 교육, 개성, 근무기간, 조직에서의 지위와 같은 구매 센터 구성원들의 개인적 특성들이다.

6 산업분류체계를 서술하고 이것이 비즈니스시장을 찾아내어 분석하는데 어떻게 활용될 수 있는지를 설명한다.

미국, 캐나다 및 멕시코가 사용하는 NAICS와 같은 산업분류체계는 비즈니스고객집단들을 찾는 데 필요한 정보를 마케터들에게 제공한다. 이러한 정보는 다른 정보와 함께 이러한 목적으로 가장 잘 이용되고 있다. 표적산업을 찾아낸 후에 마케터는 정부와 상업적 자료원천을 이용하여 잠재고객들의 이름과 위치를 알 수 있게 된다. 그런 후에 마케터들은 잠재고객의 구매와 산업분류자료에서 입수할 수 있는 변수 사이의 관계를 찾아냄으로써 비즈니스고객의 잠재적 구매를 추정해야 한다.

주요 개념

생산자시장(producer markets): 다른 제품을 생산하거나 운영하는데 사용해서 이익을 낼 목적으로 제품을 구매하는 개인들과 비즈니스 조직들

재판매업자시장(reseller markets): 도매업체 및 소매업체와 같이 완제품을 구입해서 이익을 남기고 재판매하는 중간상들

정부시장(government markets): 내부운영을 지원하고, 제품을 국민들에게 제공하기 위해 제품과 서비스를 구매하는 연방, 주, 군, 그리고 지방 정부들

기관시장(institutional markets): 자선, 교육, 커뮤니티, 또는 기타 비영리 목적을 갖는 조직들

호혜주의(reciprocity): 2개 조직이 서로에게서 구매하기로 합의한 비즈니스 마케팅 고유의 약정

신규구매(new-task purchase): 새로운 일을 하거나 새로운 문제를 해결하기 위해서 사용할 아이템에 대한 조직의 첫 구매

단순 재구매(straight-rebuy purchase): 비즈니스 구매자가 거의 같은 판매조건으로 동일한 제품을 구매하는 일상적인 구매

수정된 재구매(modificd-rcbuy purchase): 두 번째 이후의 주문이 변경되는 신규구매 또는 단순 재구매 요건들이 수정되는 경우의 구매

파생수요(derived demand): 소비자 제품에 대한 수요에서 파생되는 비즈니스 제품에 대한 수요

비탄력적 수요(inelastic demand): 가격인상 또는 인하에 의해서 크게 변하지 않는 수요

결합수요(joint demand): 한 제품을 생산하는데 두 개 이상의 아이템들이 결합되어 사용되는 것과 관련된 수요

비즈니스(조직) 구매행동(business/organizational buying behavior): 생산자들, 정부부서들, 기관들 및 재판매업체들의 구매행동

구매 센터(buying center): 사용자들, 영향력 행사자들, 구매자들, 결정권자들 및 정보통제자들을 포함하여 비즈니스 구매의사결정을 하는 조직 내부의 사람들

가치분석(value analysis): 잠재적 구매의 각 구성요소에 대한 평가

공급자분석(vendor analysis): 현재 및 잠재적 공급자들에 대한 공식적이고 체계적인 평가

다중 조달원천(multiple sourcing): 여러 공급원을 이용하는 한 조직의 의사결정

전속 조달원천(sole sourcing): 단 하나의 공급원을 이용하는 한 조직의 의사결정

NAICS (North American Industry Classification System): 미국, 캐나다 및 멕시코 사이에 비교 할 수 있는 통계자료를 작성하기 위한 산업분류체계

연습문제

1. 비즈니스시장의 주요 네 가지 유형을 찾아내어 설명하고 예를 들어보라.
2. 구매행동에 관해서, 왜 비즈니스고객들은 최종소비자들보다 일반적으로 더 합리적이라고 하는가?
3. 비즈니스고객들의 일차적인 관심사는 무엇인가?
4. 소비자거래와 비즈니스고객들이 포함된 거래를 구별해주는 몇 가지 특징들을 설명하라.
5. 비즈니스구매에서 일반적으로 사용되는 방법들은 무엇인가?
6. 왜 단순 재구매를 수행하는 구매자들은 신규구매를 하는 사람들보다 정보를 덜 필요로 하는가?
7. 비즈니스제품에 대한 수요는 소비자 수요와 어떻게 다른가?
8. 기업 구매 센터의 주요 구성요소들은 무엇인가?
9. 비즈니스 구매의사결정과정의 단계를 설명하라. 단순 재구매를 할 때 이러한 의사결정과정은 어떻게 활용되는가?
10. 환경, 조직, 대인 및 개인 요인이 비즈니스구매에 어떻게 영향을 미치는가?
11. 산업분류체계는 마케터들이 어떤 기능을 수행하는 데 도움을 주는가?
12. 비즈니스마케터들이 잠재고객들의 이름과 주소를 알아내기 위해서 사용할 수 있는 몇 가지 원천을 나열하라.

글로벌시장과 국제마케팅

CHAPTER 8

CHARLES STURGE/ALAMY

개발도상국들에서 이동전화가 마케터들에게 돈벌이가 되는 기회를 제공하고 있다

통신망의 기반시설이 부족한 빈곤 국가들은 사람들이 전화를 걸고, 인터넷을 검색하며, 그리고 비즈니스를 할 수 있게 해주는 이동전화가 답이 될 때가 많다는 점을 깨닫고 있다. 이동전화 기술은 많은 가난한 사람들이 기술적으로 약진할 수 있게 해준다. 신흥시장의 사람들에게, 이동전화는 인터넷에 접속할 수 있는 주요 방법이 되고 있다. 실제로, 많은 이동전화회사들이 가장 빠르게 성장하는 지역은 인도네시아, 이집트 및 러시아와 같은 개발도상 국가들이다. 국제통신조합(International Telecommunication Union: ITU)은 40억 인구가 이미 이동전화를 이용하고 있으며 대부분이 개발도상국가에 있다고 추정하고 있다. 이동전화로 사람들은 이메일을 확인하는 것에서부터 온라인뱅킹을 이용하는 것까지 모든 것을 할 수 있게 되었다. 새로운 기술로 이동전화로 인터넷에 훨씬 더 쉽게 접속할 수 있게 되었다. 고성능 이동전화 브라우저의 수가 2013년에 7억에 이를 것으로 추정되고 있다.

편리성 이외에도, 이동전화는 개발도상 국가들의 기반시설에 대변혁을 일으키는 역할을 하고 있다. 이동전화의 인기가 치솟으면서 글로벌기업들이 개발도상 국가들에 신호탑, 발전소들, 그리고 다른 형태의 무선기술들을 구축하도록 조장하고 있다. 이는 다시 더 많은 도로와 항만의 개발에 이어져서 이들 국가들의 상당한 경제성장을 이끌고 있다. Nokia와 같은 이동전화회사들은 소비자들이 이동전화를 이용하여 더 좋은 세상을 만들기 위한 경쟁대회를 열

학습목표

1. 글로벌 시장과 국제마케팅의 특성을 이해한다.
2. 국제마케팅활동에 영향을 미치는 환경적 요인들을 분석한다.
3. 여러 지역의 무역제휴, 시장, 협약을 알아본다.
4. 국제시장에 진출하는 방법을 검토한다.
5. 국제마케팅전략이 맞춤화에서 글로벌화의 연속선상위에 있다는 것을 인식한다.

고 있다. 가나의 한 최종 결선자가 모조약품을 찾아내는 데 이동전화를 이용하는 시스템을 만들었는데, 이것은 4개 약품 중 하나가 가짜인 아프리카의 수많은 사람들의 삶을 개선시켜줄 수 있다. 이동전화기술의 새로운 혁신과 이의 급증하는 사용으로 이동통신 산업은 세계에서 가장 어려운 국가들에서 마케팅노력을 향상시키도록 고무되고 있다. 이러한 노력은 일부 사람들이 가난에서 탈출할 수 있게 해줄 뿐만 아니라 일자리를 창출해서 수백만 명의 사람들의 삶의 질을 향상시켜주고 있다.[1]

기술의 발전과 급속하게 변하는 정치적 및 경제적 여건으로 Nokia와 같은 통신회사들과 이동전화 단말기 생산자들이 자국뿐만 아니라 해외에서 자사제품의 마케팅활동을 펼치는 것이 이전보다 훨씬 더 쉬워지고 있다. 세계 인구의 대부분과 전체 구매력의 2/3를 갖고 있는 미국밖의 국제시장은 성장을 위한 엄청난 기회가 되고 있다. 예를 들어서, Visa는 2009년에 처음으로 글로벌 광고캠페인을 시작하였다. "더 많은 사람들이 비자를 갖고 간다(More people go with Visa)"라는 캐치프레이즈는 하나가 된 글로벌회사를 향한 Visa의 조치를 반영하려고 하였다. Visa는 진실로 글로벌한 마케팅전략을 개발하기 위해서 노력하고 있으며, 이는 이 기업의 비용을 절감해 줄 것이다.[2]

점점 더 글로벌하게 된 마케팅의 특성 때문에 이 장을 글로벌 시장과 국제마케팅의 고유한 특징에 할애하게 되었다. 글로벌마케팅전략의 특성과 국제마케터들에게 기회와 위협을 만들어내고 있는 환경요인을 고찰하는 것으로 이 장을 시작한다. 그 다음에 여러 지역의 무역제휴, 시장 및 협약을 고찰할 것이다. 끝으로, 미국기업들이 국제마케팅에 대해서 갖고 있는 몰입의 수준과 정도를 살펴볼 것이다. 이러한 요인들은 중요하며 국제적인 요소들을 포함하는 모든 마케팅계획에 반영되어야 한다.

8.1 국제마케팅전략의 특성

국**제마케팅(international marketing)**은 국경을 넘나드는 마케팅활동을 개발하고 실행하는 것과 관련된다. 예를 들어서, Walmart는 2백만 명의 종업원들을 고용하고 있으며 미국, 브라질, 중국과 같은 거대 시장을 포함해서 15개 국가에서 8,100개의 점포를 운영하고 있는 반면에, Starbucks는 47개 국가의 16,600개 점포에서 176,000명의 종업원들을 고용하고 있다.[3] 이러한 시장에 접근하기 위해서는 혁신이 필요하며 치열해지고 있는 글로벌 경쟁으로 기업들은 더 양질의 더 저렴한 제품을 내놓지 않을 수 없게 되었다.

기업들은 국제시장이 엄청난 성장기회를 제공하고 있다는 점을 깨달아가고 있다. 동시에 정부와 산업의 지도자들은 국제적인 기회를 충분히 활용하고 있는 기업들이 너무 적다고 푸념하고 있다. 이러한 상황에 대처하기 위해서 많은 국가들이 자국의 기업들이 국제적으로 경쟁력을 갖추는 데 도움이 되는 커다란 실무적인 지원과 소중한 벤치마킹연구를 제공하고 있다. 예를 들어서, 미국 상무부의 글로벌 비즈니스 솔루션 부서인 U.S. Commercial Service는 미국기업들에게 국제시장과 산업, 독특한 글로벌 네트워크, 정보기술의 혁신적인 활용에 대한 중소규모의 비즈니스에 초점을 맞춘 광범위한 실용적 지식을 제공하고 있다.[4]

전통적으로 McDonald's와 KFC를 포함한 대부분의 기업들은 다양한 시장과 기회에 대한 지식을 쌓으면서 점진적으로 국제시장에 진출하였다. 그런데 1990년대부터는 eBay, Google 및 Logitech과 같은 일부 기업들은 국제시장에 대한 몰입과 투자를 수월하게 해주는 지식과 자원을 갖고 설립되었다. 이러한 태생적 글로벌(born globals)—전형적으로 자국의 국내시장 밖에서 매출의 70% 이상을 실현하는 소규모의 기술기반 기업들은 설립과 거의 동시에 보다 크고, 더 오래된 기업들과 경쟁을 하는 틈새시장에 자사제품을 수출한다.[5] 기업의 제품과 서비스에 대한 마케팅을 펼치기 위해서 전통적인 접근방법이나 태생적 글로벌 접근방법, 또는 양 접근방법의 속성들을 결합한 접근방법이 활용되든 간에, 국제마케팅전략은 기업의 글로벌 운영에서 매우 중요한 요소가 된다. 오늘날, 대부분의 산업에서 글로벌경쟁은 격렬하며 신흥시장들과 기업들이 가세하면서 점점 더 치열해지고 있다.

IMAGE COURTESY OF THE ADVERTISING ARCHIVES

국제마케팅
Bounty 종이타월에 대한 이 스페인어 광고는 광범위한 국제마케팅 프로그램의 일부이다.

8.2 국제시장의 환경적 요인

외국시장에 진출한 기업들은 마케팅전략을 크게 조정해야 한다는 점을 알게 되곤 한다. 외국시장에 영향을 미치는 환경요인은 국내시장에 영향을 미치는 환경요인과 크게 다를 수도 있다. 따라서 성공적인 국제마케팅전략은 면밀한 환경의 분석을 필요로 한다. 외국고객의 필요와 욕구를 이해하기 위해서 조사를 시행하는 것은 국제마케팅성공에 매우 중요하다. 기업들은 개발도상 국가들의 가난한 소비자들의 엄청난 시장잠재력을 인식하기 시작하였다. Unilever, Proctor & Gamble, Lipton 및 Vaseline은 하루에 2달러로 살아가는 사람들도 감당할 수 있는 소규모의 일회용 포장과 같이 돈의 가치에 초점을 맞춤으로써 가난한 국가들에서 시장참여를 확대하고 있다. Hindustan Lever가 제품의 가격을 대부분의 인도사람들이 감당하지 못한다는 점을 알게 되었을 때인 십여 년 전에 이 전략이 고안되었다.[6] 많은 기업들은 그러한 노력이 엄청난 재무적 보상을 가져다주고, 시장점유율을 증대시켜주며, 전 세계에서 자사 제품에 대한 소비자인지도를 높여줄 수 있다는 점을 실제로 보여주었다. 이 절에서 우리는 다른 나라에서 마케팅환경의 사회문화적, 경제적, 정치와 법률 및 규제적, 사회적 및 윤리적, 경쟁적 및 기술적 요인의 차이가 마케팅활동에 얼마나 깊게 영향을 미칠 수 있는지를 검토할 것이다.

1 사회문화적 요인

국가들 사이의 문화적 및 사회적 차이는 마케팅활동에 커다란 영향을 미칠 수 있다. 마케팅활동은 일차적으로 목적에 있어서 사회적이기 때문에 가족, 종교, 교육, 건강 및 레크리에이션에 관한 신념과 가치에 의해서 영향을 받게 된다. 국가들 간에 주요 사회문화적 편차를 알아냄으로써 마케터들은 마케팅 전략의 효과적인 적응을 위한 토대를 놓을 수 있게 된다. 예를 들어서, 인도에서는 McDonald's 메뉴의 3/4이 많은 채소류를 담고 있어서 인도사람들의 취향에 호소할 수 있게 만들어지며, 이들 메뉴는 돼지나 쇠고기를 전혀 사용하지 않는다. 그러나 중국에서 이 패스트푸드 거인은 메뉴의 조정을 거의 하지 않으며 섹시한 광고캠페인으로 쇠고기 버거를 촉진하기도 한다.[7] 비록 풋볼이 미국에서 인기 있는 스포츠이자 많은 TV광고주들에게 큰 기회가 될지라도, 유럽과 라틴 아메리카에서는 축구가 가장 인기 있는 TV 스포츠이다. 국제적인 인기의 부족에 대처하기 위해서 NFL은 마케팅전략을 수정해왔다. 풋볼게임을 수출하려고 노력하는 데서 십여 년 동안 수백만 달러의 손실을 기록한 후에, NFL은 미국인 이외에는 이 게임을 이해하지 못하고 있기 때문에 풋볼이 인기를 얻지 못했다는 점을 알게 되었다. 이 문제를 다루기 위해서 마케터들은 가상의 온라인 Coach Silo를 만들게 되었다. 강하게 발언하는 이 캐릭터는 풋내기들에게 풋볼경기가 어떻게 진행되는지에 대한 3시간 분량의 8장으로 된 지도서를 제공해준다. 웹사이트에서는 NFL스타들을 크게 다루고 있으며 5개 국어로 볼 수 있게 만들었다.[8] 물론 마케팅 커뮤니케이션은 다른 언어들로 번역되기도 한다. 그러나 때때로 번역된 메시지의 참 의미는 잘못 해석되거나 상실될 수 있다. 외국시장에서 실패한 일부 번역을 생각해보자. KFC의 오래된 슬로건인 "Finger lickin' good(손가락을 빨아 먹을 정도로 맛있다)"은 "Eat your finger off(당신의 손가락을 먹어치우다)"라는 의미의 스페인어로 번역된 반면에 Coors'의 "Turn it loose(놓아버려라)" 캠페인은 "Drink Coors and get diarrhea(쿠어스맥주를 마시고 설사를 해라)"라는 의미의 스페인어로 번역되었다.[9]

마케팅 심벌, 트레이드마크, 로고, 그리고 제품조차도 특정 문화에서 심오한 종교적 또는 문화적 의미를 갖는 대상물과 관련되어 있다면, 이들을 국제시장에 이전시키는 것은 어려울 수 있다. 예를 들어서, Big Boy가 방콕에 새로운 레스토랑을 개점하였을 때, 그것은 유럽과 미국 여행자들에게 곧 인기를 얻었지만, 현지의 태국사람들은 그곳에서 먹기를 거부하였다. 그 대신에 그들은 Big Boy 상—햄버거를 든 토실토실한 소년의 발에 쌀과 향을 봉헌하였다. 이 상은 그들에게 부처를 상기시킨다.[10]

다른 나라에 대한 구매자들의 지각도 제품수용과 사용에 영향을 미칠 수 있다. 국산제품에 대한 소

문화적 차이
Kellogg's는 올림픽 금메달리스트인 자전거 선수 Chris Hoy를 부각시킨 Bran Flakes에 대한 이 광고에서 아침식사의 문화적 차이를 활용하고 있다.

비자들의 선호는 원산지와 경쟁하는 제품들의 제품범주 모두에 따라 달라진다는 연구가 있다.[11] 사람들이 다른 나라의 제품에 익숙하지 않을 때, 그 나라에 대한 그들의 지각 자체가 그 제품에 대한 태도에 영향을 미칠 수도 있으며 그들이 그것을 살 것인지 여부를 결정하는데 도움이 될 수도 있다. 만일 어떤 나라가 품질이 좋은 제품을 생산한다는 평판을 갖고 있어서 소비자들의 마음속에 긍정적인 이미지를 갖고 있다면, 그 나라에서 온 제품의 마케터들은 원산지를 잘 알아볼 수 있게 만들려고 할 것이다. 예를 들어서, 서구의 컴퓨터기술에 대한 전반적으로 호의적인 이미지는 일본에서 Dell과 Apple의 미국산 컴퓨터와 Microsoft의 소프트웨어의 매출에 불을 붙였다. 반면에, 마케터들은 특정 나라와 자신들을 분리해서 생각해주기를 바랄 수도 있다. 세상 사람들은 멕시코가 품질이 좋은 제품을 생산하는 것으로 항상 여기는 것은 아니기 때문에 Volkswagen은 미국에서 팔고 있는 모델 중 일부(Beetle을 포함)가 멕시코에서 만들어지고 있다는 점을 광고하고 싶지는 않을 수도 있다. 어떤 제품의 브랜드이미지와 원산지가 구매에 미치는 영향의 정도는 국가의 문화적 특성에 따라 상당한 차이가 있게 된다.[12]

제품들이 한 나라에서 다른 나라로 출시되었을 때, 만일 두 문화 사이에 유사성이 존재한다면 수용의 가능성은 훨씬 더 커진다. 사실, 국가들 사이에는 유사한 문화적 특성이 많이 있다. 국제마케터들에게, 문화적 차이는 제품개발, 광고, 포장, 및 가격결정에 시사점을 갖는다. 예를 들어서, Starbucks는 차를 마시는 나라인 중국에서 커피제품을 팔려고 노력해왔다. 그런데 이 기업은 중국의 젊은 세대를 겨냥함으로써 크게 성공을 거두었다. 중국의 젊은 세대는 이 체인점의 주문을 받아서 만든 음료, 개인적 서비스, 그리고 오리지널 뮤직을 좋아한다. 중국의 한 자녀 정책에서 생겨난 어린이들 세대인 중국의 "소황제들"의 마음에 들기 위해서 Starbucks는 공식적인 커피시음회, 푸짐한 샘플, 유용한 소책자, 안락한 비공식 모임장소를 제공하고 있다.[13]

2 경제적 요인

글로벌마케터들은 국제무역시스템 특히 마케팅노력을 억누를 수 있는 무역장벽뿐만 아니라 개별 국가들의 경제적 안정성을 이해할 필요가 있다. 국가들 사이의 경제적 차이—생활수준, 신용, 구매력, 소득분포, 국가의 자원, 외국환율 등의 차이는 해외에서 펼쳐지는 마케팅에서 조정해야 하는 많은 사항들을 강요하게 된다.

비록 과거에는 미국과 서부유럽이 세계의 어느 곳보다 경제적으로 더 안정되어 있었을지라도, 2008년에 시작된 글로벌 불황은 글로벌 파워를 갖고 있는 이들 국가들에도 경제적 압력을 가하고 있다. 그러나 개발도상 국가들은 더 큰 어려움을 겪고 있다. 상품에 대한 수요의 글로벌 붕괴는 중국 및 일본과 같은 국가들에게 고통을 주고 있는데, 이들 국가들은 성장을 제조와 수출에 크게 의존하고 있다. 싱가포르, 홍콩 및 대만은 선진국들이 소비를 줄이면서 수주에 어려움을 겪고 있다.[14] G-20 (Group of 20)은 세계에서 가장 큰 경제대국들 19개 나라와 유럽연합(European Union: EU)의 집단이다. G-20은 세계무역의 80%를 차지하고 있으며 2009년 초에 글로벌경제에 1조 1천억 달러를 투입한 글로벌 재정회복 패키지에 합의하였다.[15] 최근에는 브라질, 아이슬란드, 파키스탄 및 러시아와 같은 다양한 여러 나라들이 불황, 높은 실업률, 기업파산, 화폐시장의 불안정성, 무역불균형, 그리고 커다란 개혁이 필요한 재정시스템과 같은 경제적 문제를 경험하고 있다. 멕시코 및 브라질과 같은 안정적인 개발도상 국가들도 경기순환에서 미국보다 더 큰 폭의 변동을 보이고 있다. 경제적 불안정성은 만일 안정되어 있다면 커

지속가능 마케팅

장거리 Wi-Fi가 원격비즈니스의 길을 열어주고 있다.

기술의 발전은 국제마케팅을 수월하게 만드는 데 핵심요인이다. 무선기술은 사람들이 이메일과 문자서비스에 접속할 수 있게 해줄 뿐만 아니라 제3세계 커뮤니티들이 본류기술과 수송시스템에서 멀리 떨어져 있는 지역에서 더 좋은 건강관리편익도 제공해주고 있다. 이 모든 것은 Berkeley에 있는 University of California의 교수인 Eric Brewer와 그의 대학원 학생들이 개발한 신제품을 통해서 가능해졌다. 그들은 자신들이 Wildnet라고 부른 무선 네트워킹시스템을 개발하였다. 그것은 wi-fi기술의 범위를 공항의 "핫스팟(hot spot)"보다 100배나 더 넓은 60마일까지 확대해준다.

PETER BECK/CORBIS

Wildnet는 Linux운영체계와 같은 저렴한 부품과 시스템을 활용한다. 또한, 한 라우터는 400달러 미만의 비용이 들며 단지 8와트의 전기를 소비한다. 이 정도의 전기는 하나의 태양전지판에서 생산될 수 있다. 오늘날까지 Wildnet의 가장 극적인 영향은 남부 인도에서 보여졌다. 이곳에서 고속 연결이 가난한 시골사람들에게 양질의 안구건강관리를 가져다주고 있다. 현지 커뮤니티의 병원들 중 일부는 지역의 종합병원들과의 연결시설을 구축하고 있는데 이 연결로 현지주민들은 직접 원거리를 이동하지 않고도 의사와 연결할 수 있게 되었다. Aravind Eye Hospital은 Wildnet를 통해서 연결된 5개의 원격시력센터에서 한 달에 1,400명의 환자들을 치료하고 있는 지역의 종합병원이다. Wildnet는 개발도상 국가들에서 경제개발과 사람들의 웰빙을 향상시킬 수 있는 기회를 열어주고 있다. 이러한 발전은 글로벌 경제의 더 숙련되고 경제적으로 생산성이 더 높은 구성원을 양산하게 될 것이다.[a]

다란 마케팅기회를 제공하고 있을 국가에서 미국제품의 시장을 붕괴시키고 있다. 많은 국가에서 소비자들은 지출하는 것보다 상당히 더 많은 금액을 저축하려고 한다. 이것은 저축을 미덕으로 여기는 문화 때문에, 또는 정치적, 경제적, 또는 고용불안 때문일 것이다. 가장 최근의 글로벌 불황의 와중에, 일부 국가에서는 수출이 크게 감소하면서 정부들은 경제를 활성화시키는 방법으로 소비자지출을 증가시키는 방법을 찾는 데 앞을 다투고 있다. 이러한 문제는 특히 아시아에서 심각하다.[16]

한 국가에서 생산한 모든 제품의 가치에서 미국은 거의 14조 6천 달러에 이르는 세계에서 가장 큰 국내총생산을 갖고 있다. **국내총생산(Gross Domestic Product: GDP)**은 한 국가의 경제적 지위에 대한 전반적인 측정치이다. 이는 한 국가에서 일정 기간 동안에 이루어진 제품과 서비스의 총산출물의 시장가치이다. 그러나 국내총생산은 인구와 관련하여 GDP(1인당 GDP)를 고려한 것은 아니다. 미국은 48,000달러로 세계에서 가장 큰 1인당 GDP를 갖고 있다. 지리적 규모에서 미국에 견줄 수 있는 캐나다는 40,200달러의 1인당 GDP를 갖고 있다. 라틴 아메리카에서 가장 큰 경제인 브라질은 단지 10,300달러의 1인당 GDP를 갖고 있다.[17] <표 8.1>은 미국을 포함한 15개 국가의 경제의 상대적 분석을 제공하고 있다. 1인당 소득, 신용, 및 소득의 분포에 대한 지식은 시장잠재력에 대한 전반적인 통찰력을 제공한다.

국제무역의 기회가 높은 소득을 갖는 국가들에 한정되는 것은 아니다. 일부 국가들은 몇 년 전에 그들이 경험하였던 것보다 훨씬 더 빠른 속도로 발전하고 있으며, 이들 국가들, 특히 아프리카, 남부유럽, 라틴 아메리카 및 중동에 있는 국가들은 큰 시장잠재력을 갖고 있다. 예를 들어서, 아프리카에서 일부 이동전화 서비스제공자들은 낮은 GDP와 낮은 유선전화사용 때문에 많은 국가들에서 이동전화서비스에 대한 잠재적 시장을 총체적으로 낮게 추정하고 있음을 인정하고 있다. 인도에서 이동전화산업은 한 인구통계적 집단-시골의 가난한 사람들에서 붐을 이루고 있다. 비록 글로벌 불황으로 많은 소비자들이 지출을 축소하

표 8.1 일부 국가의 비교분석

국가	인구	GDP(US$)	수출(US$)	수입(US$)	인터넷사용자	이동전화가입자	방송국(수)
브라질	198,739,269	2조3백억	2,000억	1,760억	5,000만	1억 2천98만	138
캐나다	33,487,208	1조3360억	4,618억	4,367억	2,800만	1,875만	80
중국	1,338,612,968	7조8천억	1조 4,650억	1조 1,560억	2억 5,300만	5억 4,728만 6천	3,240
온두라스	7,792,854	284억 8천만	62억 3,600만	100억 2천만	424,200	4백18만 5천	11
인도	1,166,079	3조3,190억	1,757억	2,875억	8천만	2억 9,608만	562
일본	127,078,679	4조4,870억	7,680억	6,962억	8,811만	1억733만9천	211
요르단	6,342,948	310억1천만	65억 2,100만	156억 5천만	112만 7천	477만 1천	22
케냐	39,002,772	664억8천	47억 2,900만	94억 8,500만	3백만	1,144만	8
멕시코	11,211,789	1조5,780억	2,940억	3,059억	2,281만 2천	6,825만 4천	236
러시아	140,041,247	2조2,250억	4,760억	3,020억	3천만	1억 7천만	7,306
남아프리카	49,052,489	5,061억	814억7천	873억	510만	4,230만	556
스위스	7,604,467	3,099억	1,727억	2,128억	461만	809만 6천	106
터키	76,805,524	7,294억	1,418억	2,048억	1,315만	6,197만 6천	635
태국	65,905,410	5,701억	1,784억	1,790억	1,341만 6천	5,137만 7천	111
미국	307,212,123	14조5천8백만	1조 3,779억	2조 1천9백억	2억 2천3백만	2억 5천5백만	2,218

자료원: CIA, World Fact Book, https://www.cia.gov/library/publications/the-world-factbook/ (accessed March 30, 2009).

게 되었을지라도, 이들 가난한 구매자들은 부동산가격의 붕괴, 주식가치의 폭락, 또는 삭감된 임대료에 영향을 받지 않고 있다. 전화선이 설치되지 않은 지역에서 이동전화는 시골의 가난한 농부들과 기타 소규모 기업들이 자기들 세상의 밖의 사람들과 접촉을 유지할 수 있게 도와주고 있다.[18] 그러나 마케터들은 이들 국가에 있는 고객들의 구매력을 특정 제품에 대한 실제 수요로 전환할 수 있게 되기 전에 정치적 및 법률적 환경을 이해해야 한다.

3 정치적, 법률적 및 규제적 요인

정치적, 법률적 및 규제적 요인들은 미국에서 그런 것처럼 많은 국가들에서 밀접하게 얽혀있다. 대체로 선출 또는 임명된 공무원들이 법률을 제정하고, 법률에 따른 결정을 해석하며, 그리고 규제기관이 운영된다. 한 국가의 법률 및 규제 기반은 그 국가의 풍토를 직접적으로 반영하고 있다. 일부 국가에서 이러한 정치적 풍토는 선거를 거친 사람들에 의해서 결정되는 반면에, 다른 나라에서는 지도자들이 임명되거나 어떤 파워에 기반을 둔 리더십을 독점한다. 법률과 규제는 한 국가에서 기업의 활동에 직접적인 영향을 미치는 반면에, 정치적 요인은 모든 국가 시장에서 간접적이고 명확하게 알려지지 않은 경우도 있다. 예를 들어서, 중국에 진출하여 기업을 운영하기 위해서는 중국정부와 함께 일을 할 필요가 있으며, 그것은 공산주의 통치의 도래 때문에 고도의 정치적 과정이 된다.

일부 개인들과 기업들은 자국에서 세금과 규제를 회피하기 위해서 세법의 국가별 차이를 활용하려고 한다. Antigua에서 나이트작위를 갖고 있는 미국의 금융가인 Allen Stanford는 Texas의 Houston에 있는 자신의 Caribbean Bank of Antigua가 출자한 사무소의 예금증서를 팔았다. 정부는 이러한 예금증서의 보험을 인수하지 않으며, Stanford의 경영은 정부의 감독을 많이 받는 것도 아니다. 그는 결국 투자자들로부터 어림잡아 80억 달러에 이르는 금액을 사기하였다. 중세 이래로 스위스 은행들은 비밀주의로 잘 알려져 왔다. 그러나 최근의 글로벌 금융위기로 많은 국가들이 스위스, 리히텐슈타인 및 안도라(Andora)가 전면적이고 총체적인 금융프라이버시의 관행을 지속할 수 있게 해줄 것인지 여부를 재검토하지 않을 수 없게 되었다. 미국, 독일, 영국 및 다른 나라들의 압력 하에서, 스위스의 뒤를 따른 리히텐슈타인과 안도라의 유럽에 있는 지배기관들은 모두가 자국에서 세금회피로 고발된 예금주들의 이례적인 고도의 보호를 포기하기로 동의하였다.[19]

한 국가의 정치체계, 법률, 규제기관들, 특수이해집단들 및 법원은 모두가 국제마케팅에 커다란 영향력을 갖고 있다. 공/사기업들, 소비자들 및 외국기업들에 대한 정부의 정책은 국경을 넘나드는 마케팅활동에 영향을 미친다. 일부 국가들은 관세와 같은 무역장벽을 설치하였다. **수입관세(import tariff)**는 국경 밖에서 구입해서 들여오는 모든 상품에 국가가 부과하는 모든 조세이다. 관세는 외국상품의 가격을 인상시키기 때문에, 관세는 국가 사이의 자유무역을 저해한다. 관세는 대체로 국가의 재정수입을 늘리거나 국내 제품을 보호하기 위해서 부과된다. 양국 사이의 지속적인 무역 분쟁에 대한 반응으로 멕시코정부는 미국산 90개의 공산품과 농산물에 관세를 부과하였다. 멕시코정부는 멕시코트럭이 미국 전역에서 화물을 운송할 수 있게 해주었던 프로그램을 미국정부가 취소한 것에 대한 보복이라고 주장한다. 양국이 우발적인 운행을 허용해주는 협약을 체결하였음에도 불구하고 노동조합들은 미국의 도로에서 멕시코트럭이 운행하는 것을 오랫동안 반대해왔다.[20] 미국에서 관세수입은 1900년 대 초의 연방정부세수의 약 50%에서 감소되어 연방정부세수의 2%도 되지 않는다.[21]

비관세무역장벽은 쿼터와 무역제한을 포함한다. **쿼터(quota)**는 수입국가가 일정기간에 특정 제품범주를 허용하는 상품의 양에 대한 한도이다. **수출금지(embargo)**는 정부의 특정 제품의 무역이나 특정 국가와의 무역 중단이다. 수출금지는 일반적으로 특정 상품들이나 국가들을 겨냥하고 있으며 정치적, 건강, 또는 종교적 이유로 발동된다. 예를 들어서, 미국은 공인되지 않은 이베리아의 햄, 압생트 그리고 개와 고양이 모피를 포함한 모든 제품의 수입을 금지하고 있다.[22]

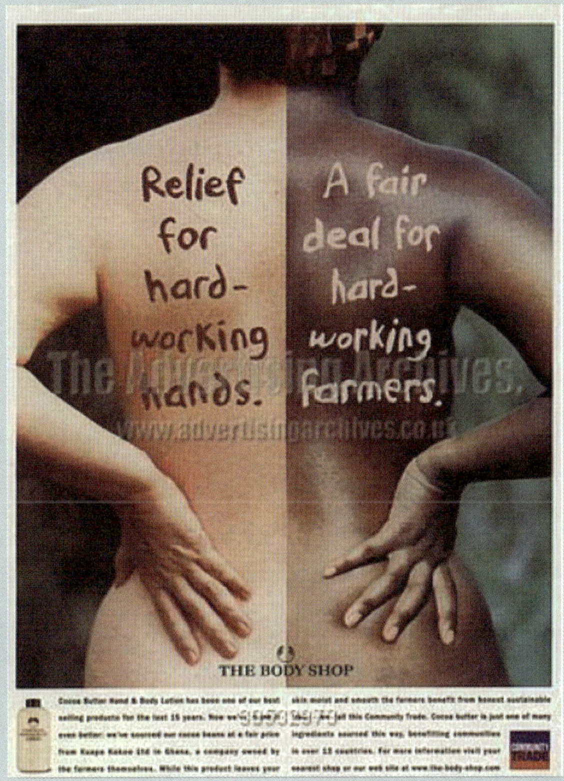

IMAGE COURTESY OF THE ADVERTISING ARCHIVES

글로벌 다양성
다양성은 세계 도처에서 경쟁력의 향상을 유도할수 있는 가치이다.

매입 또는 매도할 수 있는 특정 화폐의 금액에 대한 정부의 규제인 **외국환관리(exchange controls)**도 국제무역을 제한할 수도 있다. 외국환관리는 중앙은행과 같은 중앙의 기구를 통해서 기업들이 외국제품을 사고파는 것을 규제할 수 있다. 반면에, 국제무역을 장려하기 위해서 일부 국가들은 관세와 기타 무역장벽을 없애주는 자유무역지대—다국적 경제 커뮤니티를 설정하는 데 합류하고 있다. 그러한 지역적인 무역제휴는 이 장의 후반부에서 논의할 것이다. 외국화폐 환율은 마케터들이 외국시장에서 책정할 수 있는 가격에 영향을 미치기도 한다. 국제금융시장의 변동으로 국가별로 책정된 가격이 매일 변화되고 있다. 따라서 모든 국제마케팅전략에서 이러한 변동을 고려해야 한다.

국가들은 무역수지를 방어하기 위해서 수입을 제한할 수도 있다. **무역수지(balance of trade)**는 한 국가의 수출과 수입 간의 가치의 차이이다. 어떤 나라가 수입한 상품보다 더 많은 상품을 수출할 때 화폐가 그 나라로 유입되기 때문에 흑자의 무역수지를 갖게 된다. 미국은 약 6,800억 달러의 무역수지 적자를 보이고 있다.[23] 무역수지 적자는 미국 달러가 미국 기업들과 근로자들의 희생을 대가로 외국의 경제를 지원하고 있음을 의미하기 때문에 미국경제에 부담이 되는 것으로 여겨지고 있다.

쿼터, 수입품에 책정된 최소한 가격수준, 세금, 그리고 건강 및 안전 요건과 같은 많은 비관세 장벽들로 미국 기업들이 자사 제품을 수출하는 데 어려움을 겪을 수 있다. 예를 들어서, 일본문화의 집단주의적 특성과 일본사람들 커뮤니케이션의 고맥락(high-context) 특성으로 직설적인 마케팅메시지의 일부 형태가 일본에서는 덜 효과적이게 되고 많은 일본사람들이 직설적인 마케팅관행에 대한 더 엄격한 규제를 지지하도록 만들고 있다.[24] 수입업체들에 대한 정부의 태도도 그 나라에 대한 수출의 경제적 실행가능성에 직접적인 영향을 미친다.

4 사회적 책임과 윤리적 요인[25]

윤리적 가치와 법적 표준의 차이도 마케팅노력에 영향을 미칠 수 있다. 예를 들어서, 중국과 베트남은 지적 재산에 대해서 미국과 다른 표준을 갖고 있다. 이러한 차이점들은 컴퓨터소프트웨어, 음악 CD, 서적 및 다른 많은 제품의 마케터들에게 이슈를 만들어내고 있다. 실제로, WCO (World Customs Organization)와 인터폴은 특히 중국에서 해적상품의 산업이 전 세계 상품교역의 5%내지 7%에 이르고 있어서 연간 5,120억 달러의 매출손실에 이어지고 있는 것으로 추정하고 있다. 그러나 중국 정부는 해적행위 문제를 단속하는 조치들을 취해왔다.[26] 일상적으로 위조되는 제품들로는 소비자가전, 약품, 이동전화기, 담배, 시계, 구두, 오토바이 및 자동차를 들 수 있다.[27]

일부 브랜드들은 긍정적인 영향을 주도록 특별히 만들어진다. Project RED는 GFFATM [Global Fund to Fight AIDS, Tuberculosis(결핵), and Malaria(말라리아)]에 대한 인지도를 높이고 기금을 조성하는 데 도움을 주기 위해서 U2의 간판인 Bono가 만든 브랜드이다. American Express, Apple, Converse, Gap Inc., Emporio Armani, Hallmark 및 Motorola와 같은 유명한 글로벌 브랜드들은 모두가 HIV와 AIDS에 대한 글로벌 사회운동에 기여하기 위해서 Project RED와 협력하고 있다. Project RED는 기업들이 이익을 내면서 기업의 사회적 책임에 대한 의제를 설정하고 도움이 필요한 이들을 지원할 수 있게 해주고 있다.[28]

표 8.2 가장 청렴한 나라들과 가장 부정직한 나라들

가장 청렴한 나라들	가장 부정직한 나라들
덴마크	소말리아
뉴질랜드	미얀마
스웨덴	이라크
싱가포르	아이티
핀란드	아프가니스탄
스위스	수단
아이슬란드	기니
네덜란드	차드
오스트레일리아	적도 기니
캐나다	콩고민주공화국

주: 미국은 18위로 벨기에, 일본과 동률.
자료원: Adapted from the Transparency International, "Corruption Perceptions Index 2008," http://www.transparency.org/policy_research/surveys_indices/cpi/2008 (accessed April 2, 2009).

마케터들이 외국에 나가서 일할 때, 그들은 다른 국가의 문화는 다른 방식으로 작용하고 있으며 윤리적 행위에 대한 다른 기준을 갖고 있음을 알게 되는 경우가 있다. 많은 미국인들은 미국기업들이 다른 나라들의 기업들과는 다른 경우가 많다는 인식을 갖고 있음을 주목하라. 이것은 "우리" 대 "그들"에 대한 관점이 다른 나라들에도 널리 퍼져 있음을 시사한다. <표 8.2>는 기업인들, 위험분석가들 및 일반 대중이 가장 청렴한 그리고 가장 부정직한 것으로 지각하는 나라들을 보여주고 있다. 마케팅에서 "우리"는 "그들"과 다르다는 아이디어는 자기준거기준(self-reference criterion)—자기 자신의 문화적 가치, 경험 및 지식에 대한 무의식적 준거라고 한다. 어떤 상황에 직면하였을 때, 우리는 우리가 생애 동안에 축적해온 지식을 토대로 반응하는 경향이 있는데, 지식은 우리가 출생한 문화에 근거를 두는 경우가 일반적이다(우리의 종교적 신념에 뿌리를 둔 경우도 많다). 우리의 반응은 우리 문화와 연결된 의미, 가치 및 상징에 토대를 두고 있지만, 다른 문화의 사람들과 직접 관련되지는 않는다. 그러나 많은 마케터들이 "로마에 있을 때는 로마식으로 하라"는 원리를 수용하고 있다. 그들은 국제적으로 비즈니스를 할 때 그들이 일하고 있는 나라의 문화적 관행에 맞추고 자기 자신의 윤리적 가치를 벗어나는 것을 그 나라의 문화적 관행을 사용하여 합리화시키는 경우도 있다. 예를 들어서, 뇌물제공이나 "비즈니스의 바퀴에 윤활유를 치는 것" 그리고 이런 방식의 기타 문제시될 수 있는 관행을 방어하는 데 일부 기업들은 문화적 상대주의를 활용하고 있다. **문화적 상대주의(cultural relativism)**는 도덕성은 문화에 따라 다르므로 비즈니스 관행이 특정 문화에서 옳거나 그른 것으로 다르게 정의될 수 있다는 개념이다.

국가표준의 차이점은 멕시코사람들이 미끼를 묾(bite)이라고 하는 것에 의해서 설명될 수 있다. 사례금과 뇌물의 사용은 많은 정부에 깊이 박혀있다. 미국의 법률뿐만 아니라 미국의 무역 및 기업정책은 사례금과 뇌물수수에 직접관여를 금지하고 있다. 미국 기업들은 이러한 관행에 젖어있는 외국기업들과 경쟁하는 데 어려움을 겪고 있다. 사례금의 지급을 거절한 일부 미국 기업들은 현지의 컨설턴트들, PR 회

경쟁에서 앞서가기

AT&T의 광범위한 글로벌 네트워크는 경쟁우위를 제공한다.

사들, 광고대행사들을 고용하지 않을 수 없게 되는데, 이것은 결국 간접적인 사례금이 된다. 관례화되어 있는 소액의 팁이나 선물을 제공할 것인지 여부에 대한 최종 결정은 회사의 윤리강령에 토대를 두어야 한다. 그러나 1977년의 Foreign Corrupt Practices Act에서 미국 기업들이 외국 정부의 정책결정에 영향을 미치기 위해서 큰 금액의 사례금이나 뇌물을 제공하려는 것은 불법이다. 그럼에도 불구하고, 표준적인 과업의 수행을 지원하는 사소한 사례금이나 소액 사례금은 받을 수 있는 경우가 많다. 이 법률은 미국의 모든 공기업들에게 해외활동에 대해서 엄격한 내부통제와 기록유지 요건을 의무화하고 있다.

법적 및 윤리적 표준의 차이로 인해서, 많은 기업들이 국제적인 비즈니스 행위에 대한 윤리적 프로그램과 표준을 제정하기 위해서 개별적으로 그리고 집단적으로 노력하고 있다.[29] Mattel사는 2008년에 과다한 안전하지 않은 납 수준 때문에 중국에서 만든 수백만 개의 인형을 리콜하지 않을 수 없게 되었을 때 심각한 부정적인 보도를 경험하였다. 이 기업은 신속하게 문제를 찾아내서 그 이후로는 보다 엄격한 안전표준을 실천하고 있다. 이 사건은 미래에 일반대중의 유사한 안전 재해를 피할 수 있도록 인형산업에 대한 규제강화의 자극으로 작용하였다. 비록 규제로 생산원가가 증가하였을지라도, 많은 이해관계자들이 이것은 어린이들의 안전을 지키는 데 필요한 조치라고 생각한다.[30] Levi Strauss의 윤리강령은 근로자들이 혹사당하는 나라에서 제조하는 것을 금하고 있다. Starbucks의 글로벌 윤리강령은 커피를 수확하는 농부들을 보호하려고 한다. 많은 기업들이 일관되고 잘 통합된 기업문화를 유지하기 위해서 국경에 관계없이 윤리적 행동을 표준화하기로 하였다.

거대한 바이오테크 식품 기업인 Monsanto는 사회적 책임과 윤리에 대한 이 기업의 약속에 관한 비판을 알고 있다. Monsanto는 미국에서 콩의 97%를 생산하고 있으며, 이 기업의 살충제와 제초제는 대부분의 농부들이 사용하고 있다. 그러나 Monsanto는 유전적으로 조작된 농작물로 가장 유명하며, 이것의 건강과 환경에 대한 영향은 전 세계적으로 치열하게 논의되고 있다. GMO 농작물은 농부들이 더 많은 작물을 수확할 수 있도록 도울 수 있는 반면에, 다수의 비난하는 사람들은 곤충, 다른 식물들, 그리고 인간의 건강에 대한 실험실에서 만들어진 식물의 영향에 대해서 걱정하고 있다. Monsanto는 GMO가 점점 심각해지는 세계의 기아문제를 해결하는 데 도움이 된다고 주장한다. 그들은 이 문제가 지금 가장 중요한 관심사라고 믿고 있다. 전 세계에서 2억 8천2백만 에이커 이상이 현재 바이오테크 농작물을 재배하고 있어서, 이 주장은 설득력이 있어 보인다. 성장이 가장 빠른 지역은 거대한 인구를 먹여 살리기 위해서 수확량이 많은 농작물이 필요한 인도와 같은 개발도상국들이다.[31]

5 경쟁적 요인

소비자들은 경쟁이 제공하는 선택으로 번영하고 있고 기업들은 지속적으로 경쟁자들을 압도하려고 하고 있어서, 경쟁은 글로벌 시장의 주요 요소로 여겨지곤 한다. 그러나 점점 더 긴밀하게 서로 연결된 국제시장과 기술의 발전은 국제시장에 고유한 경쟁요인이 되고 있다. 각 국가는 자국 시장에 있는 경쟁자들과 종종 독립적인 다른 환경적 요인들(즉, 사회문화적, 기술적, 정치적, 법률적, 규제적 및 경제적 요인들)에 근거를 두고 있는 독특한 경쟁측면들을 갖고 있다. 세계에서 가장 경쟁력이 있는 국가들이 <표 8.3>에 나열되어 있다. 비록 기업들이 경쟁을 주도하고 있을지라도, 국가들은 발생할 수 있는 모든 유형의 경쟁에 대하여 기반시설을 구축하고 유지한다. 예를 들어서, 미국(그리고 다수의 다른 나라)의 소프트웨어에서 거의 독점에 가까운 MicroSoft사로 인해서 미국정부와 미국기업들은 MicroSoft사의 경쟁관행

표 8.3 국가경쟁력의 순위

1. 미국	9. 일본
2. 스위스	10. 캐나다
3. 덴마크	11. 홍콩
4. 스웨덴	12. 영국
5. 싱가포르	13. 한국
6. 핀란드	14. 오스트리아
7. 독일	15. 노르웨이
8. 네덜란드	

자료원: The Global Competitiveness Report 2008–2009, World Economic Forum, http://www.weforum.org/pdf/gcr/2008/rankings.pdf (accessed March 31, 2009).

에 대해서 오랫동안 법률투쟁을 펼치고 있다. 다른 나라들은 이미 존재하는 독점구조에 대해서 어느 정도는 허용하고 있다. 예를 들어서, 스웨덴에서는 Swedish Alcohol Retail Monopoly에 의해서 법적으로 지원을 받고 있는 정부 상점인 Systembolaget을 통해서 대부분의 주류 판매가 이루어지고 있다.[32]

제3장에서 논의되었던 경쟁의 유형(즉, 브랜드, 제품, 포괄적 및 총예산 경쟁)과 경쟁구조의 유형(즉, 독점, 과점 및 독점적 경쟁 그리고 순수경쟁)을 뛰어넘어, 국제적으로 활동하고 있는 기업들도 그들이 표적으로 하는 국가들의 경쟁적 요인을 기술하고, 이들 시장에서 활동하는 국가들과 글로벌 경쟁자들의 상호의존성을 인식하고, 새로운 유형의 고객들 즉, 글로벌 고객들을 유념할 필요가 있다. 최근까지도 고객들은 경쟁자들의 제품을 비교하고, 경쟁제품의 특징에 대한 자세한 내용을 알아보며, 그리고 현지(국가나 지역) 시장 밖에 있는 다른 선택대안을 검토할 수 있는 기회를 거의 갖지 못하였다. 그러나 오늘날 고객들은 전 세계 거의 모든 나라에서 똑같은 제품을 살 수 있을 것으로 기대하고, Miami의 현지 상점에서 사는 제품이 London이나 Beijing에서 판매되는 유사 제품들과 똑같은 특징을 갖고 있을 것으로 기대하고 있다. 인도와 같은 곳에 사는 수십억 명의 가난한 사람들이 승용차를 소유할 수 있게 해주려는 시도로, Tata Motors는 2,000달러에 세계에서 가장 저렴하게 대량생산된 승용차를 만들고 있다. 비록 이 승용차가 고급승용차의 쾌적한 장치나 안전 특징을 갖고 있지는 않을지라도, 가난한 사람들이 승용차를 소유하는 꿈을 실현하는 방법이 될 수 있다. 이 승용차의 미국 버전이 작업 중에 있지만, 보다 엄격한 안전성 법률로 미국 소비자들이 Nano차를 소유하기 위해서는 더 기다려야 할 것이다. 많은 사람들이 이 승용차의 출시를 반대하고 있는데, 더 극단적인 기후패턴과 지구온난화를 일으키고 있는 문제인 온실가스 배출을 크게 악화시킬 수 있는 가능성이 있기 때문이다.[33]

SNAPSHOT

세계에서 가장 존경받는 10대 기업들

1	Apple(미국)
2	Berkshire Hathaway(미국)
3	Toyota Motor(일본)
4	Google(미국)
5	Johnson & Johnson(미국)
6	Proctor & Gamble(미국)
7	FedEx(미국)
8	Southeast Airlines(미국)
9	General Electric(미국)
10	Microsoft(미국)

자료원: *Fortune* March 16, 2009, p. 76.

6 기술적 요인

기술의 발전으로 국제 마케팅이 훨씬 더 쉬워졌다. 음성메일, 이메일, 팩스, 이동전화 및 인터넷으로 국제마케팅활동은 더 쉽고 편리하게 펼칠 수 있게 되었다. 인터넷사용은 전 세계에서 극적으로 가속화되고 있어서, 사용자가 16억 명에 이르는 것으로 추정되고 있다.[34] 일본은 8천8백만 명의 사용자들 갖고 있는 반면에, 미국은 2억 2천3백만 명으로 최고의 신장률을 보이고 있다. 3백만의 사용자들이 등록한 Kenya와 424,200명에 불과한 Honduras와 같은 나라들이 있어서 개발도상국들은 인터넷회사들에게 큰 성장지역이 되고 있다(<표 8.1> 참조).[35]

인터넷마케팅은 비교적 저렴한 비용으로 많은 수의 고객들에게 다가갈 수 있는 잠재력 때문에 기업의 국제마케팅전략의 스마트한 부가물이 될 수 있다. 그러나 언어 및 현지화된 콘텐츠와 같은 이슈들로 인해서 인터넷을 통해서 국제마케팅을 실행하는 것이 어려워질 수 있다.[36] 많은 기업들이 새로운 시장을 손에 넣기 위해서 활용해야 할 만큼 웹사이트를 활용하지 못하고 있다. 기업 웹사이트에 필수적인 요소가 되고 있는 4가지 요인은 개인전용 쇼핑, 명확한 분류, 주문추적, 그리고 심층적인 제품 또는 서비스관련 정보이다.[37]

전 세계의 국가들은 추가적인 인센티브로 글로벌 인재풀에서의 고용과 같은 수단을 활용하고, 세금감면과 규제완화를 제공함으로써 혁신을 최고의 의제로 삼고 있다. 예를 들어서, 싱가포르는 생명과학, 청정에너지 및 디지털 미디어분야에서 연구개발을 하려는 기업들에게 세금감면을 제공하고 있다.[38] 미국과 일본에서는 기술의 기반시설이 부족한 다수의 개발도상국들에서 마케터들은 기존 기술을 비약적으로 발전시킬 수 있는 기회를 활용하기 시작하였다. 예를 들어서, 이동전화와 무선통신은 전통적인 유선 통신시스템보다 저렴한 비용으로 많은 국가들에 다가가고 있다. 전 세계 인구의 절반 이상이 이동전화를 사용하고 있으며, 이제 이동전화가입자 수의 증가는 유선전화가입자 수를 능가하고 있다.[39] 이동전화시장의 성장기회는 아프리카, 중동 및 동남아시아에서 여전히 강세를 보이고 있다. 중국에서 이동전화서비스계약의 급속한 성장이 만들어낸 한 가지 기회는 이동전화충전소(手机充電所)인데, 여기에서 소비자들은 이동전화단말기, 카메라 및 PDA 배터리를 12센트에 신속하게 충전시킬 수 있으며, 그들은 10분의 충전시간 동안 광고를 볼 수 있다.[40]

8.3 지역별 무역제휴, 시장 및 협약

비록 많은 기업들이 세계를 하나의 거대한 시장으로 보기 시작하였을지라도, 다양한 지역별 무역제휴와 특수시장이 국제마케팅을 행하고 있는 기업들에 영향을 미친다. 일부는 기회를 만들어내고, 다른 일부는 제약을 가하고 있다. 이 절에는 미국, 캐나다 및 멕시코 사이의 NAFTA (North American Free Trade Agreement), EU (European Union), MERCOSUR (Mercado Commun del Sur), APEC (Asia-Pacific Economic Cooperation), GATT (General Agreement of Tariffs and Trade), WTO (World Trade Organization), 몇몇 지역별 무역제휴, 시장 및 시장에 영향을 미치는 변화여건을 검토할 것이다.

1 NAFTA

1994년에 발효된 **NAFTA (North American Free Trade Agreement)**는 캐나다, 멕시코 및 미국을 4억 3천만 명 이상의 소비자들을 갖는 하나의 시장으로 효과적으로 바꾸어 놓았다. NAFTA는 캐나다, 멕시코 및 미국에서 생산되어 거래되는 상품에 대한 거의 모든 관세를 철폐할 목적으로 창설되었는데, 이 목적은 2008년 1월에 성취되었다.[41] 이러한 무역제휴는 연간 15조 달러의 추정된 산출액을 갖는다. NAFTA로 미국 기업들이 멕시코와 캐나다에 더 용이하게 투자할 수 있게 되었으며, 지적재산권에 대한 보호를 제공하고, 모든 참여국가에서 미국 기업들이 동등한 대우를 받을 수 있게 되어 교역이 확대되었으며, 그리고 원산지 규정을 단순화시켜주었다.

거의 3천3백5십만 명에 이르는 캐나다의 인구는 미국과 견줄 수 있는 40,200달러의 1인당 GDP를 갖고 있어서 매우 풍요로운 시장이다. 캐나다는 미국과의 교역에서 상당한 흑자를 보이는데, 미국은 매년 캐나다 수출의 80%를 흡수한다. 멕시코는 거의 1억 1천 1백만 명의 인구를 갖고 있어서 캐나다보다 훨씬 큰 나라이지만, 1인당 GDP는 14,200달러로 추정되어 크게 낮다. NAFTA 국가들은 서로 간에 교역을 계속하지만, 2008년에 시작된 불황으로 약화된 경제는 둔화된 성장을 의미한다.

미국 기업들은 멕시코와 미국의 국경 근처에 공장(수출용 조립공장: maquiladoras라고 함)을 세워 멕시코의 비교적 낮은 인건비와 지리적 근접성을 활용해왔다. 수출용 조립공장은 특히 자동차, 전자제품 및 의복산업에서 인기 있는 모델이다. 멕시코북부의 생산직의 높은 집중도로 북부의 생활의 질은 이 지역을 Texas와 점점 비슷하게 만든 반면에, 멕시코의 남부는 여전히 중앙아메리카와 더 비슷하게 유지되고 있다. 최근의 불황에서 수출용 조립공장들이 크게 영향을 받았다. 제조된 상품에 대한 수요의 감소와 미국과 멕시코 국경을 따라 펼쳐진 마약전쟁에서 오는 폭력의 증대는 멕시코 경제의 미래에 대한 우려로 이어지고 있다. 실제로 멕시코 경제는 2009년에 추정값 3%의 수축을 보였다.[42]

미국과 멕시코 양국 정부는 NAFTA가 이민이 아닌 상품이 수출되는 건전한 교역관계를 촉진시키는데 도움을 줄 것을 희망하고 있다. NAFTA가 체결된 이후 15여 년에 걸쳐서 미국에 대한 멕시코의 수출은 폭발적으로 증가하였지만, 미국으로의 이민이 홍수를 이뤄서 이 교역협정이 성공적이지는 않았다. NAFTA는 예기치 못한 부작용을 낳았다. 멕시코의 농부들은 보조금을 받은 싼 미국농산물과 경쟁을 할 수 없다. 다국적 기업들이 저렴한 아시아의 제조업체들로부터 부품을 점점 더 많이 조달하면서 국내 산업도 고통을 받아왔다. 교역은 천문학적으로 증가하였지만, 다수의 시골 주민들과 영세사업자들은 일자리를 잃어서 더 큰 기회가 있는 것으로 생각되는 미국으로 이민을 가려고 한다.[43] NAFTA

기업가 마케팅

중국의 해적행위에 흥분하고 있는 기업가들: BraBaby의 사례

값싼 가정용 제품들까지도 글로벌 시장에서 경쟁의 도전에 직면하고 있다. Angel Sales, Inc.의 설립자인 Robert Engel과 Laura Engel은 브래지어를 세탁하는 데 사용되는 플라스틱 도구인 BraBaby를 발명하였다. 이 도구는 내구성을 유지하고 확장시켜준다. 그들은 자신들의 제품이 허락, 파트너십, 라이센스계약, 또는 보상이 없이 복제되어 전 세계에서 입수할 수 있다는 것을 알게 되었다. Engel 부부는 미국, 유럽공동체, 오스트레일리아, 뉴질랜드, 대만, 홍콩 및 중국에서 상표를 등록하고 특허와 저작권을 받는데 거의 125,000달러를 지출하였지만, 저작권침해자들은 이러한 조치에 아무런 주의도 기울이지 않았다. Engel 부부는 성공적인 제품을 개발하여 마케팅을 하는데 내재되어 있는 도전에 대해서 귀중한 교훈을 얻었다. 성공적인 제품을 발명하는 것은 법제화되지 않거나 문화적으로 받아들여지지 않은 지적재산표준을 갖고 있는 글로벌시장에서 전쟁의 시작이 된다.[b]

가 발효된 기간에도 멕시코의 일자리 증가는 평균적으로 약 3%를 기록하였는데, 이것은 수백만 명의 젊은 근로자들이 노동시장에 진출할 수 있도록 일자리를 만들어내는 데 필요한 성장률에 훨씬 미치지 못한다. NAFTA에 대한 많은 비판에 대한 대응으로, 비록 Obama 대통령은 자유무역협정을 저해하거나 보호주의적 조치를 취하지 않도록 조심하겠다고 지도자들을 안심시켜왔음에도 불구하고 보다 엄격한 환경 및 노동보호 법률에 대한 욕심을 내비쳐왔다.[44]

소비의 위축은 NAFTA에 해를 끼치고 이에 대한 비판에 기름을 부었다. 2009년 초에 NAFTA는 주로 글로벌 경제적 불황으로 27%가 넘은 교역의 기록적인 침체를 경험하였다.[45] 트럭운송 분쟁은 미국과 멕시코의 관계를 긴장시켰다. 미국은 운행안전 규제에 대한 멕시코의 낮은 표준을 이유로 수송하기 위해서 미국으로 들어오는 멕시코의 트럭을 금지하게 되었다. 멕시코는 관세와 무역규제를 없애려는 NAFTA의 목적에 정면으로 대치되게 미국으로 일반적으로 들어오는 90개 이상의 상품에 관세를 부여하는 보복조치를 단행하였다.[46]

멕시코의 NAFTA 참여는 미국 및 캐나다와 다른 라틴 아메리카 국가들을 연결시켜서 서반구의 모든 국가들 사이의 교역을 통합시킬 수 있는 기회를 제공한다. 사실, 북 및 남 아메리카의 34개 국가 사이에 자유무역협정을 체결하려는 노력이 진행 중이다. FTAA (Free Trade Area of the America)는 8억 인구를 갖고 있어서 무역장벽을 진보적으로 제거하여 세계에서 가장 큰 자유무역지대를 만들어낼 것이다. 그러나 이 협약을 완성시키려는 교섭은 논란에 휩싸여 있으며, 이 협약 자체가 글로벌화에 반대하는 운동가들의 도화선이 되었다. 같은 종류의 무역협정—Costa Rica, Dominican Repblic, El Salvador, Guatemala, Honduras, Nicaragua 및 미국 사이의 CAFTA-DR (Central American Dominican Republic Free Trade Agreement)도 Costa Rica를 제외한 모든 국가들에 의해서 비준이 되었다. 미국은 이미 비준을 한 국가들과 이 협약의 조항들을 실행하기 시작하였다. 이러한 협약들이 전면적으로 실행되었을 때, 이러한 협약들은 이 지역의 교역에 커다란 영향을 미치게 될 것이다.

2 EU

EU (European Union, European Community 또는 Common Market이라고도 함)는 회원국들 사이의 무역을 장려하기 위해서 1958년에 출범하였는데, 처음에는 Belgium, France, Italy, West Germany, Luxembourg 및 Netherland가 참여하였다. 1991년에 동독과 서독이 통일되었으며, 2007년까지는 United Kingdom, Spain, Denmark, Greece, Portugal, Ireland, Austria, Finland, Sweden, Cyprus, Poland, Hungary, Czech Republic, Slovenia, Estonia, Latvia, Lithuania, Slovakia, Malta, Romania 및 Bulgaria가 가담하였다. Croatia와 Turkey도 가입을 요청하였다.[47] 1993년까지, 각 국가는 별개의 시장으로 움직였지만, 그 당시에 회원국들은 공식적으로 세계에서 가장 큰 단일 시장들 중 하나로 통합되었는데, 오늘날에는 12조 달러가 넘는 결합 GDP를 갖고 거의 5억에 이르는 소비자들을 포함하고 있다.[48]

회원국들 사이의 자유무역을 수월하게 하기 위해서 EU는 통관, 기업활동에 대한 규제, 수입관세 및 부가가치세의 표준화, 통관, 그리고 모든 회원국들이 사용할 수 있는 표준화된 통화의 발행 등 공동으로 노력하고 있다. 많은 유럽 국가들은 공동의 화폐인 유로로 교역을 한다. 그러나 몇 몇 EU 국가들(예: Denmark, Sweden 및 United kingdom)은 자국에서 유로의 사용을 거절하였다. 비록 공동의 화폐로 많은 마케터들이 가격전략을 수정하지 않을 수 없게 되었으며 경쟁이 더 치열해졌을지라도, 단일 통화의 사용으로 역내에서 상품을 판매하는 많은 기업들이 복잡한 외국환 환율을 처리해야 하는 불편을 해소할 수 있게 되었다.[49] 장기적인 목적은 EU내에서 모든 무역장벽을 제거하여, EU 국가들의 경제적 효율성을 향상시키며, 그리고 경제성장을 촉진하여, 유럽연합의 경제가 특히 일본, 태평양연안의 다른 국가들 및 북아메리카에 대항하여 글로벌 시장에서 더 경쟁력을 갖추게 하는 것이다. 그러나 몇 가지 쟁점사항들로 회원국들은 분열되고 완전한 자유무역을 저해하는 다수의 장벽들이 여전히 남아있다. 이에 따라 EU가 진정으로 규제가 철폐된 하나의 시장으로 태어나는 데는 수년이 더 걸릴 수도 있다.

EU국가들이 하나의 거대한 시장으로 기능하려고 함에 따라, EU의 소비자들은 필요와 욕구가 더 동질적이게 될 수도 있다. 그러나 EU에 사는 대부분의 거주자들은 자국의 문화와 전통을 유지하는 것을 강력하게 원하고 있다.[50] 그 결과로, 마케터들은 주 언어뿐만 아니라 기호와 선호의 차이를 반영하여 각 국가 내의 소비자들을 위해서 마케팅믹스를 불가피하게 조정하게 될 수도 있다. 이러한 독특한 기호와 선호에 대한 정보를 수집하는 것은 유럽고객들의 필요를 충족시켜주는 마케팅믹스를 개발하는데서 여전히 매우 중요한 요인이 될 가능성이 크다.

3 MERCOSUR

MERCOSUR (Mercado Comun del Sur; Common Market of the Southern Cone)는 Argentina, Brazil, Paraguay 및 Uruguay를 하나의 자유무역 동맹으로 묶기 위한 Treaty of Asunción으로 1991년에 출범하였다. Venezuela가 2006년에 가세하였지만 정식회원국은 아니다. Bolivia, Chile, Colombia, Ecuador 및 Peru는 준회원국이다. 이 동맹은 남아메리카 인구의 2/3에 상당하며 2조 9천7백억 달러의 결합 GDP를 갖고 있어서, NAFTA와 EU 다음의 세 번째로 큰 교역블록이다. NAFTA와 같이, MERCOSUR은 "국가들 사이에 상품, 서비스 및 생산요소들의 자유로운 유통"을 장려하며 공통적인 역외 관세와 상업정책을 확립하려고 한다.[51]

전환 중인 마케팅

명성을 다시 구축하려고 하는 "Made in China"

중국은 연간 1조 2천억 달러의 상품을 수출하고 있어서 세계 교역의 거의 9%를 차지하고 있다. 그러나 최근에 "중국산(made in China)"이라는 문구는 어린이용 장난감에서 납 성분의 페인트와 오염된 애완동물 사료와 우유에 관련된 스캔들로 불명예를 떠안게 되었다. Interbrand와 Fortune이 실행한 조사는 700명 이상의 조사참가자들 중 단지 6%만이 중국산 제품의 구입에 관심이 있음을 보여주고 있다. 브랜드이미지 문제도 중국제품들에 영향을 미치고 있다. 제품들은 싸고, 조잡한 품질, 안전하지 않은 것으로 간주되고 있다. 또한, 중국의 브랜드들은 소비자의 관심과 애호, 즉 정서적 연대감을 얻는 데 필요한 주요 요소들이 없다.

COMSTOCK/THINKSTOCK

소수의 중국 브랜드들이 논쟁을 딛고 일어섰다. Lenovo(세계 4대 PC 브랜드)와 Haier(세계 3대 가전 브랜드)는 출중하다. Lenovo는 IBM의 PC부문을 인수한 후에 이륙하였다. Haier는 혁신과 품질로 잘 알려져 있다. 사실, 기술 및 소비자 전자제품과 같은 영역에서, 분석가들은 중국이 글로벌 최전선에 서게 될 것이라고 예상한다. 중국은 제조, 첨단기술, 및 가격경쟁력에서 뛰어난 국가이다.

중국은 다음 경로 중 어느 하나 또는 모두를 추구함으로써 강력한 실체가 될 수 있다: 중국이 긍정적인 명성을 갖고 있는 시장에 집중하는 것(예컨대, 대체의약), 글로벌 명성을 갖고 있는 기업들의 기치 하에 이들 기업들을 위해서 제조하는 것, 브랜드들을 인수하는 것. 중국은 투명성을 제고하기 위해서 노력해야 하며 규제를 완화해야 한다. 스캔들과 빈약한 명성에도 불구하고, 자동차, 신발, 항공서비스를 생산하는 기업들과 같은 중국 회사들은 개선을 결의하고 있다. 혁신, 제품품질, 안전, 정서적 매력 및 가치에 주의를 기울임으로써 "중국산"이라는 문구는 완전히 새로운 의미를 갖게 될 수도 있다.[c]

4 APEC

APEC (Asia-Pacific Economic Cooperation)은 1989년에 창설되었으며, 회원국들 사이에 개방된 무역과 경제적 및 기술적 협력을 장려하며, 처음에는 Australia, Brunei Darussalam, Canada, Indonesia, Japan, Korea, Malaysia, New Zealand, Philippine, Singapore, Thailand 및 United States가 참여하였다. 그 이후로, 이 동맹은 Chile, China, Chinese Taipei, Hong Kong, Mexico, Papua New Guinea, Peru, Russia 및 Vietnam이 가세하여 성장을 거듭하고 있다. 21개 회원국의 동맹은 전 세계 인구의 40%를, GDP의 54%를, 그리고 세계 교역의 44%를 차지하고 있다.[52] APEC은 기업활동을 장려하는 데 깊게 연루되어 있고 기업/사적 부문이 광범위한 영역의 APEC활동에 참여할 수 있게 한다는 점에서 여타 국제적인 교역 동맹과 다르다.

최근의 경제적 혼란과 불황에도 불구하고, APEC의 기업들은 지난 30여 년 동안 글로벌 비즈니스에서 점점 더 경쟁력을 갖고 정교해졌다. 예를 들어서, 한국은 세계에서 자동차의 5대 생산자가 되었으며 50만 대 이상의 자동차를 미국에 수출하고 있다. 현대와 기아는 제품라인을 확장하고 품질과 브랜드이미지를 개선하여 미국에서 시장점유율을 확대시키고 있다. 특히 일본기업들은 자동차, 오토바이, 시계, 카메라 그리고 오디오와 비디오장비에서 세계시장을 엄청나게 잠식하고 있다. Sony, Sanyo, Toyota, Mitsubishi, Canon, Suzuki 및 Toshiba의 제품은 전 세계에서 팔리고 있으며 다른 제품을 판단하는 데 이용되곤 하는 품질표준을 설정하고 있다. 가장 중요한 신흥 경제강대국은 중국인데, 이 국가는 가장 풍요로운 제조국가들 중 하나가 되었다. 미국의 2대 교역국가가 된 중국은 많은 산업을 민영화하고, 금융시스템을 재건하고, 그리고 기반시설에 공공지출을 증대시켜서 자국의 경제를 활성화시키려는 경제개혁을 시작하였다. 중국의 성장률이 9%에서 7%로 둔화되었지만, 중국은 여전히 대부분의 다른 나라들을 앞서고 있다. 그러나 중국이 세계 2대 자동차 생산국임에도 불구하고, 중국의 제조업체들이 오랫동안 동경해온 미국 자동차시장은 그들의 손아귀에서 훨씬 벗어나 있다. 중국의 자동차는 아직 미국시장을 뚫지 못하고 있다. 그러나 중국은 급격하게 변화하는 이 산업에서 글로벌 경쟁력을 획득하는 방법으로 최대 전기자동차 생산자가 되려는 거대한 포부를 갖고 있다.[53] Nike와 Adidas는 자사 신발생산의 대부분을 중국으로 이전하였으며, 최근에 중국은 CD 플레이어, 이동전화단말기, 휴대용 스테레오 및 PC의 주요 생산지가 되었다.

APEC의 시장은 그 시장을 이해한 마케터들에게 거대한 기회를 제공하고 있다. McDonald' s의 뒤를 이어 2대 패스트푸드 체인인 Yum!(冬央魚片) Brands는 1987년에 중국에서 첫 번째 KFC 패스트푸드 레스토랑을 개점하였으며 그 이후로 중국인들에게 패스트푸드를 제공하는 East Dawning이라는 새로운 개념의 점포뿐만 아니라 2,000개의 KFC와 Pizza Hut 매장을 개설하였다. 중국은 이 회사 이익의 약 16%를 점유하고 있다.[54]

APEC이 많은 기업들에게 거대한 기회를 제공하고 있지만, 중국 및 인도와 같은 국가들의 거대한 규모는 규제 및 안전에 대한 관심을 불러일으킨다. Mattel 납 오염 장난감과 2008년의 독성 멜라민 오염 우유 스캔들을 기억하는 사람들은 국제무역에 연루되었을 때 어떤 문제가 얼마나 빠르게 확대될 수 있는지를 알게 될 것이다.[55] 중국의 명성은 이 두 사건으로 심각하게 훼손되었다. 멜라민 오염 우유 스캔들의 보도 이후에 모든 중국 브랜드들이 고전하였다는 조사결과가 있다.[56] 세계교역의 위축과 2009년 초의 조류인플루엔자 창궐에 대한 우려가 겹치면서 중국의 경제적 건전성은 심각하게 타격을 받았다.[57] 2008년 후반기에 최소한 2억 명의 중국 이주노동자들이 실직하였으며, 중국의 수출은 2009년 초에 전년대비 거의 26%가 떨어졌다. 일본은 수출에서 35%가 급감하여 훨씬 더 큰 어려움을 겪었다. Beijing과 같은 수출전진기지는 세금을 감면해주고 무역을 끌어올리기 위한 인센티브제도를 입안하여 경기둔화를 완화시키려고 하였다.[58] 글로벌 불황과 결합하여 이러한 문제들 모두는 미래에 영향을 받게 되는 아시아의 APEC국가들을 어려움으로 얽어매고 있다.

5 WTO

세계무역기구(World Trade Organization: WTO)는 149개 회원국들 사이의 자유무역을 장려하는 국제무역기구이다. WTO는 원래 관세협상을 위한 포럼과 국제적 무역 분쟁을 논의하고 해결하는 장소를 제공하기 위해서 1947년에 23개 국가들이 조인한 **GATT (General Agreement on Tariffs and Trade)**를 이어받은 국제기구이다. GATT의 일괄협상들로 대부분의 제품에 대한 무역장벽이 완화되었으며 부당하게 낮은 가격에 제품을 파는 **덤핑(dumping)**을 못하게 하는 규정과 같은 국제적 상거래에 지침을 제공하는 규정을 제정하였다.

자유무역이라는 WTO의 일차적인 목적을 달성하기 위해서는 무역장벽을 제거하는 것, 세계 도처에서 무역규정에 대해서 개인들, 기업들 및 정부들을 교육하는 것, 그리고 갑작스러운 정책변화가 발생하지 않을 것이라고 글로벌시장을 안심시키는 것이 필요하다. WTO는 무역협상과 분쟁해결을 위한 포럼으로서 역할을 한다.[59] WTO의 중심은 국제적 상업과 무역정책을 위한 법률적 기반규정을 제공하는 협약이다. 예를 들어서 미국, 캐나다 및 EU는 새로운 회원국인 중국이 수입된 자동차부품에 마치 완성차인 것처럼 관세를 부과하고 있어서 자동차부품의 외국제조업체들에게 중국에서 명확한 불이익을 주고 있다고 WTO에 제소하였다. 이 분쟁을 해결하려는 시도가 실패로 끝난 후에,

국경을 넘나드는 비즈니스
CJ는 대의명분을 지원하며 아프리카의 어린이들에게 청정수를 제공하는 자원을 수출하고 있다.

이 국가들은 중국의 조치가 적법한지 여부에 대해서 WTO가 중재하고 판결해달라고 요청하였다.[60]

WTO는 존립에 몇 가지 가장 큰 도전에 직면하고 있다. 2008년 후반기에서 2009년에 걸쳐서 악화되고 있는 글로벌 불황은 자유무역을 장려하는 이 기구의 임무에 엄청난 압력을 가하고 있다. 현지국가의 일자리를 지키고 성장에 박차를 가하려는 노력에서 많은 국가들이 품질이 떨어지고 가격이 비싼데도 불구하고 현지국가에서 조달하는 것에 소비자들과 기업들에게 장려금을 제공하는 유사 보호주의적 조치를 취하고 있다. 2009년의 글로벌 무역은 9% 이상이 감소하여 WTO의 역사에서 최악의 해가 되었다. 현지국가의 기업들을 보호하기 위한 압력에도 불구하고 WTO의 공식적인 입장은 국제적인 자유무역이 가장 건전한 글로벌 경제에 이어질 것이라는 점을 여전히 유지하고 있다.[61]

8.4 국제시장 진입 방식

마케터들은 <그림 8.1>이 보여주는 것과 같이, 넓은 스펙트럼을 갖는 관여의 여러 수준에서 국제시장에 진출하고 있다. 국내마케팅은 자국 내의 시장을 겨냥한 마케팅전략에 몰두한다. 다른 쪽 끝에서, 글로벌마케팅은 주요 지역이나 전 세계에 대한 마케팅전략을 개발하는 것을 포함한다. 국제적 활동을 하는 많은 기업들이 자기 지방이나 지역의 시장에서 활동하는 소기업으로 시작하여 외국시장의 기회를 활용하기 전에 전국시장으로 확대해나간다. 국제마케팅에 대한 몰입의 수준은 국제마케팅 전략의 주요 변수가 된다. 이 절에서 우리는 수출과 수입제도, 무역회사들, 라이센스와 프랜차이즈제도, 계약생산, 합작투자, 직접소유, 그리고 국제적 관여에 대한 다른 접근방법들을 검토할 것이다.

그림 8.1 국제마케팅에의 관여수준

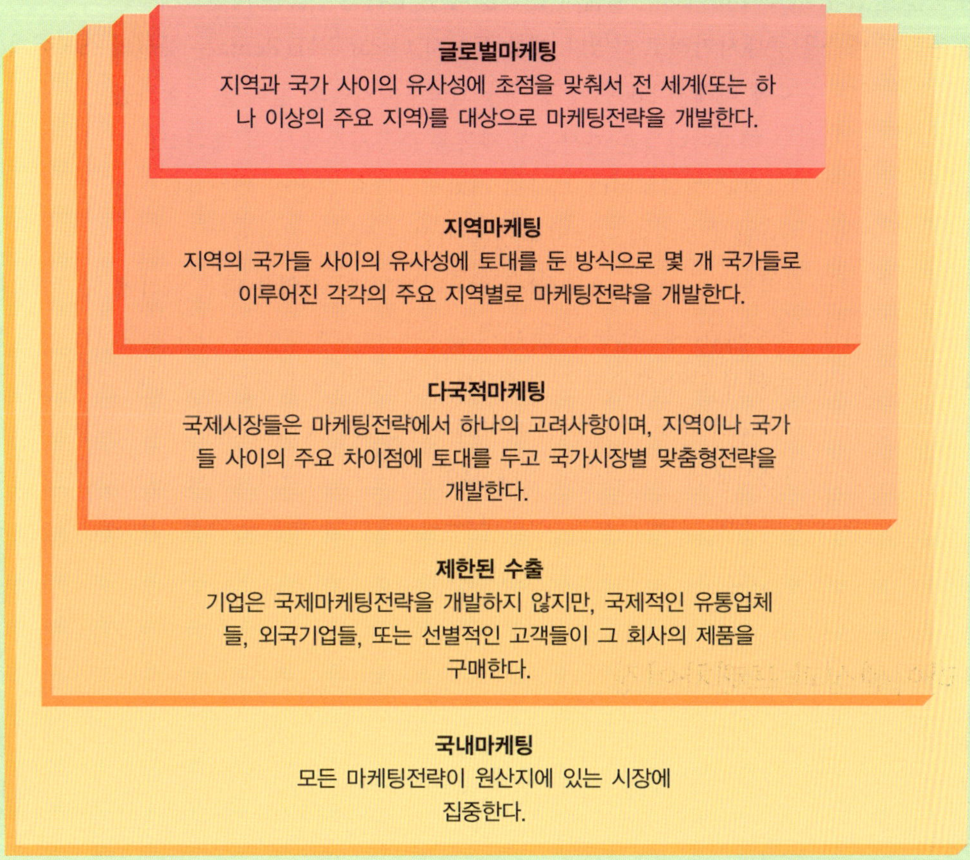

1 수출과 수입

수출과 수입은 최소한의 노력과 자원투입을 필요로 한다. **수입(importing)**은 외국의 공급원으로부터 제품의 구입이다. 외국시장에 제품을 판매하는 **수출(exporting)**로 모든 규모의 기업들이 글로벌 비즈니스에 참여할 수 있게 된다. 어떤 기업이 외국에서 판매를 실현하기 위해서 거의 노력을 하지 않는 경우에도 제한된 수출이 이루어질 수 있다. 외국의 구매자들이 특정 기업이나 그 기업의 제품을 찾을 수도 있으며, 유통업체가 그 기업의 제품을 찾아내 수출할 수도 있다. 어떤 기업은 다른 나라에 파는 것과 관련된 대부분의 마케팅기능을 넘겨받은 수출중개상을 찾을 수도 있다. 이러한 접근방법은 최소한의 노력과 비용을 필요로 한다. 포장, 라벨, 스타일, 색상의 수정이 외국시장에 맞게 제품을 개조하는 데 드는 주요 비용이 된다. 건전한 목적을 갖고 제품품질을 유지하는 것이 수출에서 경쟁우위를 얻는 데 중요하다.[62]

수출대리점은 여러 나라의 구매자들과 판매자들을 연결시켜서 거래를 성사시켜주고 수수료를 받는다. 수출상점들과 수입상인들은 여러 나라에서 제품을 구입한 후에 외국에 내다판다. 그들은 외국고객들의 필요를 이해하는 데 전문가들이다. 수출중개상들을 활용하는 것은 외국에 직접투자가 필요하지 않기 때문에 제한된 위험을 갖는다.

불황을 타지 않는 것으로 알려진 산업들도 2008~2009년에 걸친 불황에서는 고전을 면치 못하였다. 미국 백화점들은 부자 소비자들의 수요가 뚝 떨어질 것으로 예상하여 최고급 패션디자이너들로부터의 주문을 줄였다. 미국에서 이러한 매출의 둔화를 메우기 위해서 많은 패션회사들은 국제적인 소매상들을 통해서 매출을 증대시키려고 하였다. 예를 들어서, Oscar del la Renta는 자신의 스테이지 쇼에서 2008년 이전의 숫자에 비해서 500%가 증가한 외국구매자들의 참가를 경험하였다. Thakoon과 Derek Lam과 같은 일부 디자이너들은 자신들의 제품을 중동시장에서 더 매력적으로 만들기 위해서 더 보수적인 재단과 원단으로 전환하였다. 미국의 디자이너들은 유럽의 경쟁자들보다 더 혁신적이고 유연해짐으로써 장기적으로 자신들의 글로벌 위상을 강화시키려고 하였다.[63]

마케터들은 가끔 무역회사(trading company)를 활용하는데, 이 기업은 다른 나라에 있는 구매자들과 판매자들을 연결시켜주지만, 제조에는 손을 대지 않으며 제조에 관련된 시설을 갖고 있지도 않다. 무역회사들은 품질에 비해서 가장 우수한 가격조건으로 한 국가에서 상품을 구입한 후에 다른 나라의 구매자들에게 판다. 미국의 가장 잘 알려진 무역회사는 Sears World Trade인데, 이 기업은 소비자 상품, 조명기구들 및 가공식품에 전문화되어 있다. 무역회사들은 국제마케팅에 손을 댄 기업들이 부담하는 위험을 축소할 수 있다. 무역회사는 국내 및 국제시장에서 품질과 가격 기대에 부합할 수 있는 제품에 대한 정보를 생산자들에게 제공한다.

2 라이센싱과 프랜차이징

국경을 넘나들면서 잠재시장이 존재할 때, 그리고 생산, 기술적 지원, 또는 마케팅 노하우가 필요할 때, **라이센싱(licensing)**은 직접투자에 대한 대안이 된다. 허가수여자(licensee: 외국에서 운영의 주체)는 매출액이나 제조에 사용된 공급량에 따라 수수료나 로열티를 지급한다. 허가수여자는 라이센스계약이 체결되었을 때 초기 선급금 또는 사용료를 지급할 수도 있다. 경영기법들이나 기술적 지원의 교환이 라이센스계약의 주요 동기이다. 예를 들어서, Questor Corporation은 Spalding이라는 브랜드를 소유하고 있지만 골프클럽이나 테니스공은 전혀 생산하지 않는다. 모든 Spalding 스포츠용품은 전 세계에 라이센스계약을 맺고 있다. 프랑스의 요구르트인 Yoplait는 미국에서의 생산에 라이센스를 제공하고 있다. Yoplait 브랜드는 프랑스 이미지를 유지하려고 노력하고 있다.

DOCTOR'S ASSOCIATES, INC.

프랜차이징
Subway는 확장적인 글로벌 프랜차이즈 네트워크를 제공한다.

라이센싱은 외국의 정치적 안정성에 의문이 있거나 직접투자를 할 수 있는 정도로 자원의 여유가 없을 때 직접투자에 대한 매력적인 대안이 된다. 라이센싱은 추가적인 수익을 창출해줄 뿐만 아니라 기업브랜드를 강화시킬 수 있는 귀중한 전략이 될 수도 있다. PepsiCo는 T-셔츠, 남성과 여성 의류, 신발 및 액세서리를 포함한 많은 제품에 대해서 자사의 잘 알려진 이름으로 라이센스계약을 맺고 있다. 이 기업은 라이센스제도를 Pepsi 브랜드의 인지도를 구축하고 확장시키는 주요 도구로 여긴다.[64]

프랜차이징(franchising)은 본부회사(franchiser)가 재무적 투자와 본부회사의 운영표준에 따라 비즈니스를 영위하기로 한 약정에 대한 대가로 자사의 이름, 로고, 운영방법, 광고, 제품 및 프랜차이즈 비즈니스에 관련된 다른 요소들을 이용하여 자사 제품의 마케팅활동을 펼칠 수 있는 권리를 가맹점(franchisee)에게 제공하는 라이센스제도의 한 형식이다. 이러한 약정으로 본부회사는 국제마케팅의 위험을 4가지 방식으로 최소화할 수 있게 해준다. (1) 본부회사는 거액의 자본투자를 하지 않아도 된다. (2) 가맹점들이 정해진 사용료와 로열티를 지급하기 때문에 본부회사의 수익흐름은 상당히 안정된다. (3) 본부회사는 자기 이름에 대한 통제권을 유지하고 자기 제품의 글로벌 침투를 증가시킬 수 있다. (4) 프랜차이즈약정으로 가맹점들 행동의 일정한 표준을 보장하는데 이는 프랜차이즈 이름을 보호해준다.[65] KFC, Wendy's, McDonald's, Holiday Inn 및 Marriott는 세계 어디에서나 쉽게 볼 수 있는 유명한 본부회사들이다.

3 계약생산

계약생산(contract manufacturing)은 어떤 기업이 외국기업을 내세워 스펙에 따라 자사 제품의 정해진 양을 생산하고 최종 제품에 국내기업의 이름을 붙일 때 발생한다. 예를 들어서, Gap Inc.는 자사 의류의 일부에 대해서 계약생산에 의존하고 있으며 Reebok은 자사 운동화의 많은 부분을 한국의 계약생산업체를 활용하여 제조하고 있다.

최근에 아웃소싱이 인기를 끌고 있다. **아웃소싱(outsourcing)**은 노동 및 부품이 더 저렴한 국가의 기업들과 생산이나 다른 과업(고객서비스 지원부서)에 대한 계약을 체결하는 것과 관련된다. 모든 신발의 대부분은 브랜드에 관계없이 중국에서 생산되고 있다는 점을 생각해보자. 서비스도 아웃소싱을 할 수 있다. *Newsday*와 *The Chicago Tribune*과 같은 일간지를 소유하고 있는 Tribune은 효율성을 향상시키고 신문체인의 고객서비스를 끌어올리기 위한 노력으로 필리핀에 있는 기업으로부터 고객서비스 운영을 아웃소싱하고 있다.[66] 그러나 아웃소싱은 주로 미국의 많은 일자리가 없어진다는 점에서 논란이 되어왔다.

아웃소싱은 항공기 거인인 Boeing 기업에게 뜨거운 이슈가 되었다. 거의 27,000명의 기계공들이 일자리보호에 대한 우려와 자신의 계약에 관한 분쟁으로 2008년 9월에 일자리를 떠났다. 이 문제의 핵심에는 이 기업이 더 유연해지고 경쟁력을 강화하기 위해서 노동조합에 가입한 근로자들을 해고할 것인지에 대한 의문이 있었다. Boeing은 미국에서 최종 조립이 이루어지긴 하지만 자사의 787 Dreamliner의 생산과 조립의 대부분에 대해서 외국 계약업체를 활용해왔다. 그러나 외국 공급업체들의 생산이 지연되면서 일 년 이상의 주문적체가 발생하게 되었다. 파업을 한 미국 근로자들은 자신들이 생산을 맡게 되지 않는다면 점거는 풀리지 않을 것이라고 주장하였지만, Boeing은 기업에게 경제적으로 이익이 된다고 판단될 때 외국의 계약업체들을 활용할 권리를 갖고 있다고 하였다.[67]

4 합작투자

국제마케팅에서 **합작투자(joint venture)**는 국내기업과 외국 기업이나 정부 사이의 파트너십이다. 합작투자는 자연자원의 개발이나 자동차제조와 같이 거액의 투자가 필요한 산업에서 특히 인기가 있다. 합작투자의 통제력은 동등하게 나누어지거나 어느 한 쪽이 의사결정을 통제할 수도 있다. 합작투자는 국유화나 외국인 소유에 대한 정부의 제한 때문에 정치적 불가피성을 수반하는 경우도 있다.

선진국에서는 다국적 기업들이 하이테크 제품으로 또는 강력한 연구개발 부문을 소유함으로써 더 우위를 점하고 있다. 반면에, 신흥시장에서는 현지국가의 기업들이 저렴한 비용의 생산과 유통으로 우위를 가질 수 있다. 파트너십이나 합작투자를 성사시킴으로써 현지국가 기업들은 경쟁우위를 확보하기 위해서 핵심역량을 활용하고 현지국가 시장에 대한 자신들의 지식을 이용할 수 있다. 중국에서 다국적 기업들은 브랜드 집약적인 비즈니스에서 우위를 유지하며 현지국가 기업들은 유통과 생산이 중요한 부분에서 우위를 갖고 있다.[68] 합작투자는 본국 시민의 관점에서 합법성을 제공하기도 한다. 현지국가의 파트너들은 경제적 및 사회정치적 환경에 대해서 그리고 유통네트워크에 대해서 직접 얻은 지식을 갖고 있으며, 현지국가의 자원(원료, 노무관리 등)에 특권을 가진 접근을 할 수도 있다. 많은 저개발국가의 기업가들은 자신의 기업전략을 실행하는 손쉬운 수단으로 외국 파트너들과의 제휴를 적극적으로 찾는다.

합작투자는 원가우위와 외국시장에 진출하는 다수의 무경험 기업들로 인해서 글로벌 중요성이 더 커지고 있는 것으로 생각된다. 합작투자는 기업에 대한 완전하고 명료한 통제에 대한 욕구와 추가적인 자원에 대한 탐색 사이의 트레이드오프의 산물이다. 인수나 내부개발이 여의치 않거나 위험과 제약으로 다른 대안을 찾을 수 없을 때 합작투자가 이루어질 수도 있다. 글로벌 경쟁에 직면해서 프로젝트규모가 커지고 기업들이 기술혁신의 막대한 비용을 분산시키려고 함에 따라 합작투자에 대한 유인이 더 강해지고 있다.[69]

국제 비즈니스 구조의 새로운 형태인 **전략적 제휴(strategic alliance)**는 전 세계를 기반으로 경쟁우위를 창출하기 위해서 형성된 파트너십이다. 전략적 제휴는 합작투자와 매우 유사하다. 국제적인 전략적 제휴와 다른 비즈니스 구조를 구별해주는 것은 제휴에서 파트너들이 동일 제품계층의 시장점유율을 놓고 경쟁을 펼치는 전통적인 라이벌들이라는 점이다. 그러한 협력 중 하나는 Sky Team Alliances인데, 여기에는 Northwest Airlines, KLM, Aeromexico, Air France, Alitalia, Continental Airlines, CSA Czech Airlines, Delta Airlines 및 Korean Air가 참여하고 있다. 이 제휴는 9개 기업들 사이에 고객서비스를 향상시키기 위해서 디자인되었다. 그러한 제휴의 또 다른 예로는 Toyota와 General Motors가 만든 NUMMI (New United Motor Manufacturing Inc.)을 들 수 있다. 이 제휴는 오늘날 Toyota Corolla와 Pontiac Vibe뿐만 아니라 인기 있는 Toyota Tacoma 소형픽업을 생산하고 있다. 이 제휴는 일본 자동차업체의 품질 엔지니어링과 General Motors의 마케팅전문성과 시장접근을 결합하였다.[70] GM의 파산 후에, 연비가 좋은 자동차란 Toyota의 지식은 미국 자동차 제조업체가 회생하는 데 도움을 주었을 수도 있다. 국제적인 전략적 제휴의 파트너십은 자신들의 독특한 아이덴티티를 유지하면서 각자의 핵심역량을 활용할 수 있게 해준다.

5 직접소유

일단 어떤 기업이 장래성이 있는 정치적 및 경제적 환경을 갖고 있는 외국에서의 마케팅에 오랫동안 전념하게 되면, 외국 자회사나 부문의 **직접소유(direct ownership)**가 하나의 가능한 대안이다. 대부분의 외국 투자는 생산설비나 인적자원에 국한되는데 그 이유는 별도의 외국 유통시스템을 개발하는 비용이 엄청나기 때문이다. 중국, 인도, 또는 멕시코에서 소매점의 개설은 시설, 조사 및 경영에 상당한 재

표 8.4 10대 글로벌 기업들

순위	총수입(백만 미국달러)
1. Royal Dutch Shell	458,361.0
2. Exxon Mobil	442,851.0
3. Walmart Stores	405,607.0
4. BP	367,053.0
5. Chevron	263,159.0
6. Total	234,674.0
7. Conoco-Phillips	230,764.0
8. ING Group	226,577.0
9. Sinopec	207,814.0
10. Toyota Motor	204,352.0

자료원: "The 2009 Fortune Global 500," Fortune, http://money.cnn.com/magazines/fortune/global500/2009/full_list/(accessed October 9, 2009).

무적 투자를 필요로 할 수 있다. 이러한 고비용의 일부를 절감하기 위해서 Dell은 아일랜드의 지역본부를 폴란드로 이전하였다. 이 이전으로 Dell의 아일랜드 노동력의 절반인 1,900명을 잃게 되었다. Dell은 이 나라의 두 번째로 큰 외국고용주였기 때문에, 이 해고는 Dell 지역본부의 기지였던 아일랜드의 Limerick에 심각한 타격을 주었다. 폴란드로의 재배치는 2008년에 비용 30억 달러를 절감하기 위해서 시작되었던 전사적 이동의 일부였다.[71]

다국적 기업(multinational enterprise; multinational corporation라고도 함)이라는 용어는 여러 국가에 지역본부나 자회사를 갖고 있는 기업을 의미한다. 모기업은 한 국가에 기지를 두고 다른 나라들에서 생산, 경영 및 마케팅활동을 수행한다. 이 기업의 자회사들은 대체로 자율적이어서 그 자회사들은 개별적인 국제 시장의 필요에 반응을 보일 수 있다. <표 8.4>는 10대 글로벌 기업들을 나열하고 있다.

완전히 소유한 외국의 자회사는 모기업과 독립적으로 운영할 수 있게 해 줌으로써 자회사의 경영진에게 현지국가의 환경에 적합화할 수 있는 재량권을 부여할 수 있다. 마케팅노력, 생산 및 경영을 도울 수 있는 협력적인 체제를 개발할 수 있다. 완전히 소유한 외국의 자회사가 본국으로 제품을 수출할 수도 있다. 예를 들어서, 미국 자동차제조업체들 중 일부는 외국의 자회사에서 조립된 자동차를 수입한다. 외국의 자회사가 수입세, 관세 및 기타 운영의 우위를 제공한다. 가장 큰 우위들 중 하나는 범문화적(cross-cultural) 접근방법이다. 자회사는 보통 외국의 경영진에 의해서 운영되어서 현지국가의 아이덴티티를 발전시킬 수 있다. 그러한 제도의 가장 큰 위험은 정치적 불안정성에서 온다. 기업이 외국투자를 잃게 될 수도 있다.

8.5 국제마케팅 믹스의 맞춤화와 글로벌화

국내마케터들과 마찬가지로 국제마케터들도 특정 표적시장에 대처할 수 있는 마케팅믹스를 개발한다. <표 8.5>는 제품, 유통, 촉진 및 가격에 관련된 국제적 이슈의 예들을 보여주고 있다. 전통적으로 국제마케팅전략은 문화적, 지역적 및 국가별 차이에 마케팅믹스를 맞춰왔다. 예를 들어서, 많은 비누와 세제 제조업체들은 현지국가의 물 사정, 설비 및 세탁습관에 맞게 자신들의 제품을 개조한다. Ford Motor Company는 도로, 용도 및 경제적 여건에서의 글로벌 차이를 수용하여 현지여건에 맞게 F 시리즈 트럭을 개조하였다. 이러한 전략은 전 세계에서 수백만 대의 트럭이 팔려 크게 성공하였다. Ford의 전략은 현지여건에 맞게 개조할 수 있는 표준적인 플랫폼을 활용하는 대량 맞춤화(mass customization)로 가장 잘 설명할 수 있다. 이러한 관행은 어떤 제품이나 서비스의 맞춤화의 유효성으로 대량생산의 효율성의 모순을 해소해준다.

이 스펙트럼의 다른 끝에서, 마케팅의 **글로벌화(globalization)**는 마치 전 세계(또는 주요 지역)가 하나의 실체로 다루는 마케팅전략을 개발하는 것과 관련된다. 글로벌화된 기업은 가능한 한 마케팅 전략의 표준화로 세계시장에 접근한다. 예를 들어서, Nike와 Adidas는 전 세계적으로 표준화되어 있다. 글로벌화된 제품의 다른 예로는 전자통신설비, 미국의 의류, 영화, 청량음료, 로큰롤과 다른 음악 CD, 화장품 및 치약을 들 수 있다. Sony TV, Starbucks 커피, Levi 진 및 미국담배 브랜드들은 세계시장에서 매년 성장을 거듭하고 있다. 오늘날, 특히 컴퓨터와 텔레커뮤니케이션에 관련된 기술의 발전은 글로벌화를 촉진시키는 잠재력을 갖고 있다.[72]

수 년 동안 조직들은 모든 시장에서 표준화된 제품, 촉진캠페인, 가격 및 유통채널을 활용함으로써 가능한 한 마케팅믹스를 글로벌화하려고 노력하고 있다. 글로벌화된 마케팅전략의 경제적 및 경쟁상의 이득은 뚜렷하다. 브랜드명, 제품특징, 포장 및 라벨은 표준화가 용이한 마케팅믹스 변수들이다. 매체할당, 소매점 및 가격은 표준화가 더 어려울 수 있다. 결국, 다양한 환경 및 시장여건들 사이의 유사성의 정도가 글로벌화의 가능성과 정도를 결정해준다. 성공적인 글로벌전략은 기업이 "글로벌하게 생각하고, 현지사정에 맞게 행동하라"는 아이디어를 실행할 수 있는 정도에 따라 달라지곤 한다.[73] 테이크아웃(takeout) 식품도 글로벌화에 도움이 되고 있다. McDonald's, KFC 및 Taco Bell 레스토랑은 비록 메뉴를 현지국가의 취향에 맞게 조정하고 있을지라도 세계 도처에서 배고픈 고객들을 만족시키고 있는 것처럼 보인다.

어떤 기업이 해외매출을 전반적인 마케팅전략에 편입해야 한다면 국제마케팅은 약간의 전략적 기획이 필요하다. 비록 글로벌화가 세계 경제발전을 위한 메커니즘으로 여겨져 왔을지라도, 마케터들이 특정 국가에 고유한 요인들을 무시한다면 진전이 어려움에 직면할 수도 있다.[74] 국제마케팅활동은 기업의 목적을 달성하기 위해서 맞춤형의 마케팅믹스가 필요한 경우도 있다. 글로벌화는 기업 시장의 필수적인 부분으로 세계, 지역, 또는 다국적 분야에 전면적인 몰입을 필요로 한다. 세계 또는 지역 시장은 국내시장만큼 중요해지고 있다. 어떤 기업이 마케팅전략을 세계화하기로 선택한 정도에 관계없이, 표적시장의 필요와 욕구를 이해하고, 결정된 마케팅전략을 성공적으로 실행하기 위해서 광범위한 환경분석과 마케팅조사가 필요하다. 글로벌시장에 진출한다고 글로벌 경쟁우위가 자동적으로 얻어지는 것은 아니다. 그러나 글로벌시장에의 진출은 가치창출을 위한 5가지 기회를 가져다준다. (1) 현지국가 시장의 차이에 맞게 조정하는 것, (2) 글로벌 규모의 경제를 활용하는 것, (2) 글로벌 범위의 경제를 활용

표 8.5 국제적 마케팅믹스 이슈들

제품배치	국제적 이슈들
제품요소	
핵심제품	여러 국가들에 걸쳐서 고객들의 욕구에 공통성이 있는가? 제품은 어떻게 사용되고 있으며 어떤 맥락에서 사용되고 있는가?
제품수용	여러 시장들에서 제품의 인지도는 어떻게 창출되는가? 그 제품은 일반적으로 어떻게 그리고 어디에서 구입되는가?
제품의 관리	완전히 새로운 제품은 기존제품이나 약간 수정된 제품과 관련해서 특정 국제시장에서 어떻게 관리되는가?
브랜딩	그 브랜드는 세계 도처에서 광범위하게 수용되고 있는가? 본국에 대한 지각이 소비자의 브랜드지각에 도움을 주는가 또는 해치는가?
유통요소	
마케팅중간상들	마케팅중간상들의 역할은 국제적으로 무엇인가? 그 기업의 자국 국경을 벗어나 어디에서 가치가 창출되는가?
물적 유통	본국에서 해외시장으로의 제품의 가장 효율적인 이동은 무엇인가?
소매점들	여러 국가들에서 제품을 소비자들에게 파는 데 활용할 수 있는 소매점들에는 어떤 유형들이 있는가?
소매전략	표적국가들에서 고객들은 일반적으로 시내, 교외, 또는 몰 등 어디에서 쇼핑을 하는가?
촉진요소	
광고	일부 국가들의 소비자들은 제품에 고유한 광고보다는 기업에 고유한 광고를 보는 것을 기대한다. 이것은 광고에 어떻게 영향을 미치는가?
PR	이해관계자들의 이해를 국제적으로 관리하기 위해서 PR은 어떻게 사용되는가? 이해관계자들의 이해는 세계적으로 다른가?
인적판매	어떤 유형의 제품이 국제적인 인적판매를 필요로 하는가? 그것은 국내에서 판매되는 방법과 다른가?
판매촉진	표적 국제시장들에서 쿠폰사용은 널리 보급된 활동인가? 어떤 형태의 판매촉진이 사용되어야 하는가?
가격요소	
핵심 가격	가격은 표적국가의 시장들에서 제품의 가치방정식의 중요한 요소인가?
수요의 분석	국제적 수요는 국내 수요와 비슷한가? 가격의 변화는 수요를 급격하게 변화시키는가?
수요, 비용 및 이익의 관계	제품을 국제적으로 마케팅을 할 때 비용은 어떤 것들이 있는가? 그것들은 국내 상황과 비슷한가?
가격의 결정	가격책정전략, 환경요인, 기업관행 및 문화적 가치는 어떻게 가격에 영향을 미치는가?

PRNEWSFOTO/PEPSI-COLA COMPANY

글로벌화
비록 포장에서 약간의 수정을 하고 있을지라도, PepsiCo는 세계를 하나의 시장으로 다루고 있다.

하는 것, (4) 활동과 자원을 위한 최적 입지를 찾아내는 것, 그리고 (5) 여러 지역에 걸친 지식의 이전을 극대화시키는 것.[75] 이러한 기회를 활용하기 위해서, 마케터들은 마케팅조사를 시행할 필요가 있다.

이 장의 복습

① 글로벌시장과 국제마케팅의 특성을 이해한다.

국제마케팅은 국경을 넘나드는 마케팅활동을 개발하고 실행하는 것과 관련된다. 국제시장들은 성장을 위한 엄청난 기회를 제공한다.

② 국제마케팅활동에 영향을 미치는 환경요인들을 분석한다.

특별히 중요한 환경의 측면들은 사회문화적, 경제적, 정치적, 법률적 및 규제적, 사회적 및 윤리적, 경쟁, 그리고 기술적 요인이다. 마케팅활동은 목적이 주로 사회적이기 때문에, 가족, 종교, 교육, 건강, 그리고 레크리에이션에 관한 신념과 가치에 의해서 영향을 받는다. 문화적 차이는 의사결정행동, 제품수용 및 제품사용에 영향을 미칠 수도 있다. GDP와 1인당 GDP는 어떤 국가의 경제적 지위에 대한 일반적인 척도이다. 정치적 및 법률적 요인은 한 국가의 정치적 및 윤리 시스템, 법률, 규제기구들, 특수 이해집단, 그리고 법원을 포함한다. 중요한 무역장벽은 수입관세, 쿼터, 수출금지 및 외국환 관리를 포함한다. 윤리분야에서 문화적 상대주의는 도덕성은 문화에 따라 다르며 이에 따라 기업관행이 특정 문화에 따라 옳거나 그른 것으로 규정될 수 있다는 개념이다. 다른 나라에 존재하는 경쟁의 형태와 경쟁구조의 유형을 고려하는 것에 더해서, 마케터들은 작용하고 있는 경쟁요인들을 고려하고 세계 도처에서의 제품선택에 대해서 잘 알고 있는 글로벌 고객들의 중요성을 인식할 필요가 있다. 기술의 발전은 국제마케팅에 크게 도움이 된다.

3 여러 지역의 무역제휴, 시장, 협정을 알아본다.

NAFTA, EU, MERCOSUR, APEC, GATT 및 WTO와 같은 여러 지역의 무역제휴와 특정 시장들은 국제마케팅을 행하는 기업들에게 기회이자 제약이 되고 있다.

4 국제시장에 진출하는 방법을 검토한다.

수입(외국의 공급원으로부터 제품의 구입)과 수출(외국시장에서 제품의 판매)은 국제시장에 진출하는 가장 손쉽고 유연한 방법이다. 라이센스와 프랜차이즈제도는 한 기업이 다른 기업의 이름, 전문성 및 부품을 사용하기 위해서 그 기업에게 사용료를 지급하기로 한 약정이다. 계약생산은 어떤 기업이 스펙에 따라 자사 제품의 정해진 양을 생산하기 위해서 외국의 기업을 고용하고 최종제품에는 국내회사의 이름을 부착할 때 발생한다. 합작투자는 국내기업과 외국의 기업이나 정부 사이의 파트너십이다. 전략적 제휴는 전 세계를 기반으로 경쟁우위를 창출하기 위해서 형성된 파트너십이다. 기업은 외국에 자체의 마케팅 또는 생산시설을 설립하고 소유할 수 있다. 여러 국가들에서 시설을 직접 소유하고 있는 기업들을 다국적 기업이라고 한다.

5 국제마케팅전략이 맞춤화에서 글로벌화의 연속선상에 있다는 것을 인식한다.

비록 대부분의 기업들이 표적시장들의 차이를 반영하여 마케팅믹스를 조정할지라도, 일부 기업들은 전 세계에 걸쳐서 마케팅노력을 표준화하고 있다. 전통적인 국제마케팅을 전면적으로 행하는 것은 문화적, 지역적, 국가별 차이에 따라 조정된 제품에 토대를 두고 있다. 그러나 글로벌화는 마치 전 세계(지역들)가 하나의 실체인 것처럼 마케팅전략을 개발하는 것과 관련된다. 글로벌화된 기업들은 세계 도처에서 같은 방식으로 표준화된 제품의 마케팅을 펼친다. 어떤 기업이 해외매출을 전반적인 마케팅전략에 포함시킨다면 국제마케팅은 어느 정도의 전략적 기획이 필요하다.

주요 개념

국제마케팅(international marketing): 국경을 넘나드는 마케팅활동을 개발하고 수행하는 것

국내총생산(gross domestic product: GDP): 일정 기간 동안 한 국가의 제품과 서비스 총산출물의 시장가치; 한 국가의 경제적 지위에 대한 전반적인 측정치

수입관세(import tariff): 국경 밖에서 구매하여 들여오는 모든 상품에 국가가 부과하는 조세

쿼터(quota): 일정 기간 동안 특정 제품범주에 대해 수입국가가 허용하는 상품의 양에 대한 한도

수출금지(embargo): 특정 제품의 무역이나 특정 국가와의 무역에 대한 정부의 중단

외국환관리(exchange controls): 매입 또는 매도할 수 있는 특정 화폐의 금액에 대한 정부의 규제

무역수지(balance of trade): 한 국가의 수출과 수입 간 가치의 차이

문화적 상대주의(cultural relativism): 도덕성은 문화에 따라 다르므로 비즈니스 관행이 특정 문화에서 옳거나 그른 것으로 다르게 정의될 수 있다는 개념

NAFTA (North American Free Trade Agreement): 캐나다, 멕시코 및 미국을 단일 시장으로 묶어준 제휴

EU (European Union): 유럽 회원국 사이의 무역을 장려하는 제휴

MERCOSUR (Common Market of the Southern Cone: Mercado Comun del Sur): 남아메리카 회원국 사이에 제품, 서비스 및 생산요소의 자유로운 유통을 장려하며, 공동의 대외관세와 상업정책을 보유하고 있는 제휴

APEC (Asia-Pacific Economic Cooperation): 전 세계 회원국 사이에 개방된 무역과 경제적 및 기술적 협력을 장려하는 제휴

세계무역기구(World Trade Organization: WTO): 회원국 사이의 자유 무역을 장려하는 기구

GATT (General Agreement on Tariffs and Trade): 전 세계의 관세를 축소하고, 국제무역을 확대시키기 위한 국가들 사이의 협정

덤핑(dumping): 부당하게 낮은 가격으로 제품을 판매하는 것

수입(importing): 외국의 공급원으로부터 제품을 구입하는 것

수출(exporting): 외국시장에 제품을 판매하는 것

라이센싱(licensing): 허가수여자가 매출액이나 제조에 사용된 공급량에 따라 수수료 또는 로열티를 지급하는 직접투자의 대안

프랜차이징(franchising): 본부회사가 재무적 투자와 자사의 운영표준에 따라 비즈니스를 영위하기로 한 약정에 대한 대가로 자사의 이름, 로고, 운영방법, 광고, 제품 및 프랜차이즈 비즈니스와 관련된 다른 요소들을 이용하여 자사 제품의 마케팅활동을 펼칠 수 있는 권리를 가맹점에게 제공하는 라이센스 제도의 한 형태

계약생산(contract manufacturing): 스펙에 따라 제품의 정해진 양을 생산하기 위해 외국기업을 활용하는 관행

아웃소싱(outsourcing): 노동 및 부품이 더욱 저렴한 국가의 기업들과 생산 또는 다른 과업에 대한 계약을 체결하는 관행

합작투자(joint venture): 국내기업과 외국기업이나 정부 사이의 파트너십

전략적 제휴(strategic alliance): 전 세계를 기반으로 경쟁우위를 창출하기 위해 형성된 파트너십

직접소유(direct ownership): 어떤 회사가 외국에 있는 자회사 또는 다른 시설을 소유하는 상황

다국적 기업(multinational enterprise): 여러 국가에 지역본부 또는 자회사를 갖고 있는 기업

글로벌화(globalization): 전 세계 또는 주요 지역을 하나의 실체로 다루는 마케팅전략의 개발

연습문제

1. 국제마케팅은 국내마케팅과 어떻게 다른가?
2. 국제마케팅을 행할 것인지의 여부를 결정할 때 마케터들은 어떤 요인들을 고려해야 하는가?
3. 왜 이 장은 국제마케팅환경의 분석에 초점을 맞추고 있다고 생각하는가?
4. 최근에 한 제조업체가 아시아의 한 국가에 그린 라벨을 붙인 피넛버터를 수출하였다. 이 제품은 밀림의 병과 연결되어서 실패하였다. 이러한 실수는 어떻게 극복될 수 있는가?
5. 만일 당신이 소액의 팁(뇌물)이 관례가 되어 있는 외국에서 인가서류를 받기 위해서 소액의 팁을 요구받았다면, 당신은 어떻게 할 것인가?
6. NAFTA는 북미(미국, 캐나다, 멕시코)에서 미국제품의 마케팅기회에 어떻게 영향을 미치는가?
7. 라틴 아메리카에서 개 사료의 마케팅을 펼칠 때 미국 기업들은 마케팅믹스의 어떤 측면을 바꾸어야 하는가?
8. 외국에서 라이센스계약을 체결하거나 합작투자를 할지 여부를 결정할 때 마케터들은 무엇을 고려해야 하는가?
9. 마케팅전략에서 전략적 제휴의 중요성을 설명하라.
10. 마케팅믹스의 글로벌화를 맞춤화와 비교하라. 어느 한 쪽이 다른 쪽보다 더 나은가? 왜 그렇다고 생각하는가?

제품결정 4

PHOTODISC/THINKSTOCK

제9장
제품, 브랜딩 및 패키징 개념

제10장
제품 및 서비스의 개발과 관리

제4부에서는 효과적인 마케팅 믹스를 개발하고 유지하는 것과 관련된 결정과 활동을 분석하려고 한다. 제4부에서부터 제7부까지는 마케팅믹스의 주요 구성요소인 제품, 가격, 유통, 그리고 촉진에 초점을 맞추고 있다. 제4부는 마케팅믹스의 제품요소를 탐색한다. 제9장은 기본적인 제품 개념과 브랜딩 및 패키징 결정에 초점을 맞추고 있다. 제10장은 제품라인 확장, 제품 수정, 신제품개발, 제품삭제, 그리고 제품으로서의 서비스관리를 포함하는 제품관리에 관한 다양한 차원들을 분석한다.

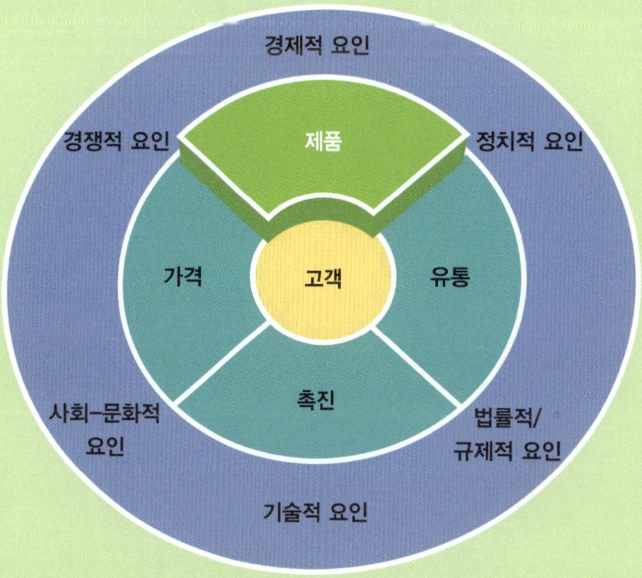

제품, 브랜딩 및 패키징 개념

CHAPTER 9

2008 SUZANNA SMITH

Webkins의 세계

봉제완구 사업이 강아지에서 고양이. 소 그리고 아바타까지 진행되고 있다. 이런 것에 대해서는 Webkins를 20억 달러 브랜드로 만든 Ganz에게 문의하라. 화려한 동물 인형들은 귀엽고 껴안고 싶다. 그러나 이 인형들은 어린이들이 뿌리칠 수 없게 만드는 상호작용 요소도 있다. 각 Webkins 장난감은 사용자가 비밀번호로 Webkins World 사이트에 로그인해서 동물인형을 가족으로 등록하고 이름도 붙인 다음에 가상현실에서 함께 놀이를 할 수 있다. 사용자는 친구의 Webkins와 함께 놀 수 있는 날짜를 잡을 수 있고 다른 사용자들(부모의 동의받은 후)과 문자로 채팅도 할수 있다.

초기구매가격으로 Webkins World에 대한 1년간 이용권뿐만 아니라 애완동물 장난감과 같은 가상의 엑스트라를 구입할 수 있는 2,000 KinsCash를 획득한다. Ganz는 Webkins 사용자가 종종 방문하기를 원하고 그러면 콘테스트에 참가하거나 평이한 문제에 답을 맞히면 KinsCash를 상금으로 준다. 그 결과 매달 거의 3백만 사용자가 Webkins World에 로그인하고 있다. 그러나 1년후에 로그인하는 유일한 방법은 다른 Webkins를 구입해서 새 비밀번호를 확보하는 것이다.

광고도 하지 않고 어떻게 Webkins를 시장에 진출시켰는가? Ganz의 대변인은 "우리의 성공은 주로 구전을 통해서 이루어졌다"고 한다. "우리는 운동장에서 운동장으로 퍼져나갔다고 말한다." 구전이 Webkins를 유달리 매력적이게 만들었으며 Pennsilvania 대학 Whaton

학습목표

1. 제품의 개념과 어떻게 제품이 분류되는지를 이해한다
2. 제품 아이템, 제품라인, 리고 제품믹스의 개념을 설명하고 어떻게 이들이 연관되어 있는지를 이해한다
3. 제품수명주기와 이것의 마케팅 전략에 대한 영향을 이해한다
4. 제품수용과정을 설명한다
5. 브랜딩의 가치와 브랜드 자산의 주요 구성요소를 설명한다
6. 브랜드 유형들과 이들이 어떻게 선정되고 보호되는지를 알아본다
7. 두 가지 유형의 브랜딩 정책을 확인하고 브랜드 확장, 공동브랜드, 그리고 브랜드 라이센싱을 설명한다

8 주요 패키징 기능과 디자인 고려사항 그리고 패키징이 마케팅 전략에 어떻게 사용되는가를 설명한다

9 라벨링의 기능과 법률적 이슈를 이해한다

School의 Lisa Bolton 교수가 다음과 같이 확인하였다: "어린이들은 그것을 스스로 발견하였다. 부모나 기업이 어린이들에게 그렇게 하도록 강요하지 않았다."

Webkins의 인기는 경쟁기업이 자신의 일부 제품에도 상호작용 기능을 추가하도록 자극을 주었다. 예를 들어서, Mattel's Barbie Girls MP3 Player의 구매자는 http://www.BarbieGirls.com에 무료로 접속할 수 있는 코드번호를 받는다. Hasbro's Littlest Pet Shop의 화려한 애완인형은 비밀번호가 주어져 특별한 플레이 사이트에 접속할 수 있다. Disney's Pixe Hollow 보석제품도 아바타의 가상세계에 들어가는 비밀번호가 있어서 여기에 들어가서 착용해 보도록 해서 이 제품을 믿을 수 있게 만든다. 과연 Webkins가 상호작용하는 장난감을 새로운 정상에 올려 놓음으로써 앞설 수 있을까?[1]

제품은 마케팅믹스에서 중요한 변수이다. Webkins 창업기업인 Ganz와 같은 기업에 의해서 제공된 제품믹스는 기업의 매우 중요한 경쟁수단이 될 수 있다. 만일 한 기업의 제품이 소비자의 필요와 욕구를 충족시켜 주지 못할 때, 그 기업은 제품을 수정하지 않는다면 실패할 것이다. Dell PC와 같은 성공적인 제품을 개발하는 것은 기본적인 제품개념에 대한 지식을 요구한다.

이 장에서는 먼저 제품을 정의하고 제품들이 어떻게 분류되는지를 논의한다. 다음으로 제품의 개념과 제품믹스를 알아본다. 그리고 제품수명주기의 단계를 살펴보고 각 단계의 마케팅 전략에 대한 효과를 알아본다. 그 다음으로 제품수용과정을 개략적으로 살펴본다. 그리고 브랜딩을 논의하고 고객과 마케터, 브랜드 애호도, 그리고 브랜드자산에 대한 브랜딩의 가치를 살펴본다. 이어서 브랜드의 다양한 유형을 알아본다. 그리고 기업이 브랜드를 선정하고 보호하는 방법, 다양한 브랜딩 정책의 채택, 브랜드 확장, 공동브랜딩, 그리고 브랜드 라이센싱을 알아본다. 또한 제품의 일부로서 패키징의 중요한 역할을 살펴본다. 패키징의 기능, 패키징 디자인에서 고려할 이슈, 그리고 패키지가 어떻게 마케팅 전략에서 주요 요소가 될 수 있는지를 알아본다. 끝으로 라벨에 대해서 논의한다.

9.1 제품이란

제 1장에서 정의했듯이 *제품(product)*이란 교환의 형태로 받는 유형제품, 서비스, 그리고 아이디어이다. 제품은 형태를 갖거나 형태가 없을 수 있고 기능적, 사회적 그리고 심리적 효용이나 편익을 포함하고 있다 제품은 설치, 보증, 제품정보, 그리고 수리나 유지에 대한 약속도 포함한다. 따라서 일부 신차에 대한 4년/5만 마일 보증은 제품자체의 일부이다. **유형제품(good)**은 Dell PC나 Big Mac처럼 물리적 실체가 있고, 반대로 **서비스(service)**는 형태가 없다. 서비스는 사람이나 대상물에 대한 인적 노력이나 기계적 노력의 적용 결과이다. 서비스의 예로는 Beyonce의 콘서트 공연, 온라인 여행사, 건강진료, 유아원, 부동산 서비스, 그리고 격투기 레슨이 포함된다, **아이디어(idea)**는 개념, 철학, 이미지, 혹은 이슈가 포함된다. 아이디어는 문제를 해결하거나 환경에 적응하는 데 도움을 주는 심리적 자극을 제공한다. 예를 들어서, MADD(Mothers Against Drunk Driving)는 알코올의 안전한 소비와 음주운전에 대한 엄격한 법 시행을 장려한다.

총체적 제품 제공물은 세 가지 상호의존적 요소 즉, 핵심제품 자체, 그 제품의 보완적 특징, 그리고 그 제품의 상징적 및 경험적 편익을 갖고 있는 것으로 생각하는 것이 유용하다(<그림 9.1> 참조). 어떤 사람은 기본적 효용을 갖고 있는 새로운 타이어(예: Sear의 Guardsman III)를 구입하고 반면에 다른 사람은 안전한 타이어(예: Michelin)를 구입하고, 그리고 또 다른 사람은 브랜드 명성이나 대표적인 성능(예: Pirelli)에 근거해서 구입한다. 핵심 제품은 제품의 기본적 효용이나 주요 편익으로 구성되고 항상 소비자의 기본적 욕구를 해결해 준다. 예를 들어서, 광대역 인터넷 서비스는 빠른 인터넷 접속을 제공하지만 일부 구매자는 어디서나 가능한 무선 접속과 같은 추가적 특징을 원한다. 보완적 특징은 핵심적 효용이나 편익에 추가적으로 부가적 가치나 속성을 제공한다. 보완적 제품은 설치, 배달, 교육, 그리고 자금 조달까지도 제공할 수 있다. 이러한 보완적 속성들은 핵심 제품의 기능을 효과적으로 만드는 데 요구되지는 않지

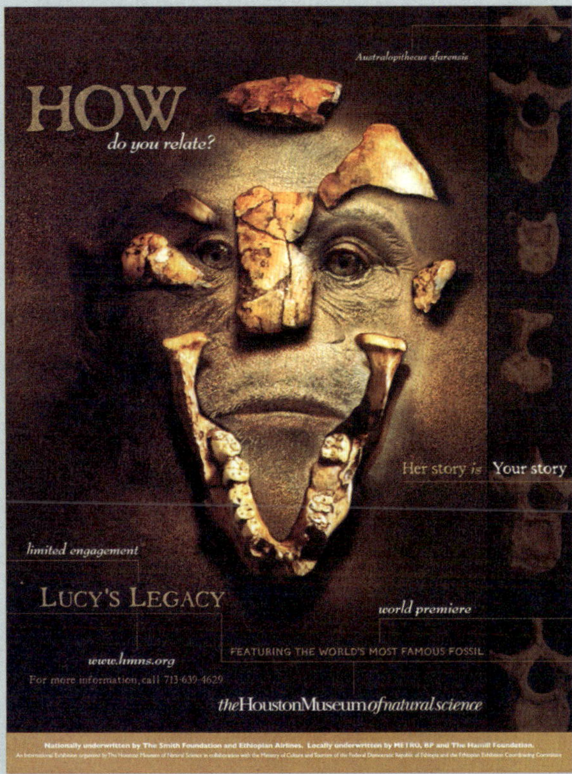

COURTESY OF THE HOUSTON MUSEUM OF NATURAL HISTORY

제품이란 무엇인가?
제품은 유형제품, 서비스, 아이디어, 혹은 이들의 조합이다. Houston Museum of Natural Science는 서비스를 제공한다.

그림 9.1 전체제품

만 다른 제품의 브랜드와 차별화시키는 데 도움을 준다. 예를 들어서, BLOCKBUSTER Online은 추가적 특징을 제공하는데 신청자들에게 DVD를 어떻게 받았는지에 관계없이 대여한 DVD를 대여점에서 교환하게 만든다; 경쟁업체인 Netflix의 고객은 DVD를 우편으로 반납해야 하고 다른 DVD를 대여받기 위해서는 며칠을 기다려야 한다.[2] 마지막으로, 고객들도 제품에 대한 자신들의 경험에 근거해서 편익을 받는다. 또한 많은 제품들이 구매자에 대한 상징적 가치를 갖고 있다. 일부 고객들에게는 쇼핑이라는 단순한 행동이 상징적 가치를 제공하고 그들의 태도를 개선해 준다. 일부 점포들은 고객을 위한 특별한 경험을 창출하는 노력을 해서 이러한 가치를 이용한다. 예를 들어서, 당신은 여러 소매점에서 구입할 수 있다. 그러나 Build-a-Bear에서 인형동물의 종류를 선택한 후 스스로 인형 안에 솜을 집어넣고 심장을 집어넣어서 출생증명서를 갖고 있는 이름을 지어주고, 목욕도 시켜주고, 옷도 입혀주고 치장도 해준다. 소매점의 분위기와 실내장식, 제품선택의 다양성과 깊이, 고객지원, 그리고 심지어 향기나 음향도 모두 경험적 요소에 공헌한다.

구매자가 제품을 구매할 때, 실제로는 그 제품이 제공할 것으로 생각하는 편익과 만족을 구매하는 것이다. 예를 들어서, 종종 Rolex 시계는 시간을 알려주기 위한 것이 아니라 성공을 나타내기 위해서 구매된다. 특히 서비스는 기대에 근거해서 구매된다. 기대는 과정과 배달뿐만 아니라 이미지, 약속, 그리고 상징에 의해서 제시되는데, 이 기대는 소비자가 유형제품과 무형제품에 대한 판단을 하는 데 도움을 준다. 제품은 기대를 만족시키도록 도와주는 활동과 과정에 의해서 형성된다. 예를 들어서, Starbucks는 커피샵을 처음으로 시작하지는 않았지만 고급커피 음료를 어디서나 표준화된 서비스로 멋지고 좋은 커피샵에서 이용가능하게 만들었다. 종종 상징과 단서는 무형제품을 소비자에게 더 유형적이거나 실제처럼 만들기도 한다. 예를 들어서, Allstate 보험사는 안전, 강력함, 그리고 친절을 상징화하기 위해서 거인의 손을 이용한다.

9.2 제품분류

제품들은 두 가지의 일반적 범주 중 하나에 해당된다. 개인 혹은 가족의 욕구를 만족시키기 위해서 구매된 제품은 **소비자 제품**(**consumer products**)이다. 기업을 운영하는 데 사용하기 위해서, 재판매를 위해서, 혹은 다른 제품을 만들기 위해서 구매된 제품은 **비즈니스 제품**(**business products**)이다. 소비자는 자신의 개인적 욕구를 충족시키기 위해서 제품을 구매하지만 비즈니스 구매자는 기업의 목적을 충족시키는 것을 추구한다. 제품 분류는 가격책정, 유통, 그리고 촉진에 영향을 줄 수 있기 때문에 중요하다. 여기에서는 소비자 제품과 비즈니스 제품의 특성을 살펴보고 이러한 제품들과 관련된 마케팅 활동을 알아본다.

1 소비자 제품

소비자 제품을 분류하는 데 가장 널리 받아들여지는 접근방법은 소비자 구매행동의 특성에 근거하고 있다. 이것은 제품을 네 가지 범주, 즉 편의품, 선매품, 전문품, 그리고 미탐색품으로 구분한다. 그러나 모든 구매자가 특정 형태의 제품을 구매할 때 같은 방식으로 행동하지는 않는다. 따라서 하나

기업가 마케팅

이것은 너의 할머니때의 서커스가 아니다!

Guy Laliberte가 1984년에 Cirque du Soleil를 창립했을 때, 그의 목표는 서커스를 재발명하는 것이었다. 처음에는 몇 명의 거리 공연자들로 시작했지만 지금은 수천 명의 공연자, 안무가 아티스트, 트레이너, 그리고 공연 기획자들이 매년 동시에 전혀 다른 19개의 서커스쇼를 한다. Cirque의 스카우터는 각 쇼에서 역할을 할 수 있는 재능을 가진 사람을 찾아서 전 세계를 돌아다닌다. 공연자는 무대에 오르기 전에 공연과 관련된 모든 측면에 조화를 이루기 위해서 여러 달 동안 트레이닝을 받는다. 한편 Cirque의 마케팅 전문가는 인쇄광고와 머천다이즈을 포함한 마케팅믹스를 계획해서 원하는 이미지를 고려한다. 이러한 유형적 요소(tangible element)가 Cirque의 혁신적 접근방법을 서커스 개념으로 전달하는 데 도움을 주고 매 공연마다 오디언스들을 기다리게 하는 인상적인 경험을 암시한다.[a]

의 제품은 여러 범주로 분류될 수 있다. 이러한 문제를 최소화하기 위해서 마케터는 구매자들이 특정 제품을 구매할 때 일반적으로 어떻게 행동하는가의 관점에서 생각한다. 소비자 제품의 네 가지 전통적 범주를 알아보는 것이 통찰력을 더 제공할 수 있다.

(1) 편의품

편의품(convenience products)은 상대적으로 저렴하고, 자주 구입하는 제품으로 구매자가 단지 최소한의 구매노력을 기울인다. 이러한 제품들은 빵, 음료수, 그리고 껌에서부터 가솔린과 신문까지 다양하다. 이 구매자들은 구매를 계획하거나 유사한 브랜드들이나 판매자들을 비교하는 데 거의 시간을 들이지 않는다. 심지어 특정 브랜드를 선호하는 구매자도, 만일 선호하는 브랜드를 편하게 구입하지 못한다면, 쉽사리 다른 대안을 선택할 것이다. 어떤 편의품은 정상적으로 7-Eleven, Exxon Mobil, 그리고 Starbucks와 같은 일반 소매점을 통해서 판매된다. 예를 들어서, Starbucks는 공항, 호텔, 그리고 식품점 내에 커피숍을 개설해서 고객들이 언제 어디서나 욕구가 생길 때마다 커피를 마실 수 있다는 확신을 준다. 판매자는 높은 판매회전을 경험하기 때문에 단위당 총 마진은 상대적으로 낮다. Altoid mints와 같은 편의품의 제조업자는 소매차원의 촉진노력을 거의 기대하지 않으므로 자체적으로 이 제품에 대해서 광고와 판매촉진을 해야 한다. 패키징도 중요하다. 왜냐하면 많은 편의품들은 소매수준에서 셀프서비스로 이용 가능하다. 따라서 패키지는 이러한 제품을 판매하는 데 중요한 역할을 한다.

(2) 선매품

선매품(shopping products)이란 구매자가 구매를 계획하고 결정하는 데 상당한 노력을 기울이려고 하는 제품이다. 구매자는 가격, 제품 특성, 품질, 서비스, 그리고 보증에 대해서 여러 점포들과 브랜드들을 비교하는 데 많은 시간을 투자한다. Macy's와 같은 백화점들은 선매품을 취급하고 있고 경쟁기업들과 함께 같은 쇼핑센타에 있기 때문에 소비자들이 쇼핑하면서 제품들과 가격들을 비교할 수 있다. 가전제품, 자전거, 가구, 스테레오, 카메라, 그리고 신발을 선매품의 예로 들수 있다. 이러한 제품들은

THE SKINNY COW®

AP IMAGES/PRNEWSFOTO/MARRIOTT INTERNATIONAL, INC.

편의품과 선매품
아이스크림바는 편의품이고 호텔은 선매품이다.

꽤 오랫동안 사용할 수 있을 것으로 예상되므로 편의품보다는 덜 자주 구매된다. 비록 선매품이 편의품보다 더 비싸더라도 선매품 구매자가 브랜드 애호도가 높은 경우는 거의 없다. 그래서 그들은 브랜드들을 쇼핑하고 비교하려고 하지 않는다. 선매품은 편의품보다 더 적은 소매점들이 필요하다. 왜냐하면 선매품은 덜 자주 구매되기 때문에 재고율이 더 낮고 마케팅 경로구성원들은 높은 총 마진을 받기를 기대한다. 어떤 상황에서는 선매품과 편의품 모두 같은 장소에서 판매될 수도 있다.

(3) 전문품

전문품(specialty products)은 하나 혹은 그 이상의 특성을 갖고 있고 일반적으로 구매자들은 이 제품을 구입하기 위해서 상당한 노력을 기울일 의지가 있다. 실제로 구매자들은 전문품을 구매하기 위해서 계획을 세운다. 그들은 그들이 원하는 것을 정확히 알아보고 다른 대안은 수용하지 않으려고 한다. 전문품의 예는 Mont Blanc 펜과 Babe Ruth가 싸인한 야구공과 같이 야구를 기념할 만한 제품도 포함된다. 전문품을 탐색할 때 구매자들은 대안들을 비교하지 않는다. 그들은 이미 미리 선정한 제품을 갖고 있는 특정 점포를 찾는 데 주로 관심을 갖는다. 예를 들어서, Tag Heuer는 레이싱 팬을 위해서 특별히 디자인된 Indy 500 시계를 제작하였다. 전문품은 종종 제한된 소매점포를 통해서 유통된다. 선매품과 마찬가지로 전문품도 가끔씩 구매되고 낮은 재고율을 유지하고 상대적으로 높은 총 마진을 요구한다.

(4) 미탐색품

미탐색품(unsought products)이란 갑작스러운 문제를 해결해야 할 때 구매되는 제품, 고객이 인지하지 못하는 제품, 그리고 사람들이 꼭 구매할 필요는 없다고 생각하는 제품을 말한다. 응급 의료서비스와 자동차 수리가 신속히 문제를 해결할 필요가 있는 제품의 예이다. 아프거나 다친 사람은 응급진료센타나 병원에 갈 계획을 세울 시간이 없다. 마찬가지로 고속도로 상에서 자동차의 팬 벨트가 고장났을 경우 소비자는 가능한 한 빨리 가장 가까운 자동차 수리점을 찾을 것이다. 그러한 경우 평상시라면 의사결정을 하기 위해서 충분한 시간을 갖고 고려할 수도 있는 가격과 다른 특성보다는 신속성과 문제해결이 훨씬 더 중요하다. 재난구조와 수도관 수리와 같은 긴급서비스를 제공하는 ServiceMaster와 같은 기업들은 믿을 수 있는 브랜드(ServiceMaster Clean과 Rescue Rooter)와 우수한 기능적 성과를 통해서 소비자와 신뢰를 구축해서 미탐색품들을 구매하도록 한다.

2 비즈니스 제품

비즈니스 제품은 기업의 목적과 목표에 근거해서 구매된다. 일반적으로 이 제품은 소비자 제품과 관련되어 있는 심리적 보상보다는 기능적 측면이 더 중요하다. 비즈니스 제품은 특성과 의도된 용도에 따라서 다음과 같이 7가지 범주로 분류될 수 있다: 설비; 부속장비; 원료; 부품; 가공원료; 유지, 수리, 및 운영(MRO) 공급품; 그리고 비즈니스 서비스.

(1) 설비

설비(installations)는 사무실 빌딩, 공장, 그리고 창고와 같은 시설들 그리고 생산라인과 대형기계와 같은 주요 장비를 포함한다. 일반적으로 설비는 고가이고 장기간 사용할 의도로 갖고 있다. 설비는 상당히 고가이고 전통적으로 자본의 장기투자가 요구되기 때문에 구매의사결정은 흔히 기업의 고위직에서 이루어진다. 설비 제품의 마케터는 교육훈련, 수리 유지지원, 그리고 그러한 구매에 대한 자금조달 지원까지를 포함한 다양한 서비스를 제공해야 한다.

지속가능 마케팅

그린(green) 주장을 더 깊게 파고 들기

체인톱이 가솔린보다 전기로 작동시키면 '그린' 인가? 천연박하와 녹차추출물이 함유된 치약 혹은 프라스틱 손잡이가 있는 그림붓은 어떤가? 이것은 그린 제품의 판매가 늘어나고 마케터들과 소비자들 모두가 정확하게 무엇이 어떤 제품을 그린제품으로 만드는지를 파악하려고 하면서 이것은 핫이슈가 되었다.

Home Depot가 Eco Options 마케팅 캠페인에 특별한 관심을 끌게 될 그린제품을 지정하기 위해서 공급자들을 초청했을 때 어떤 일이 생겼는지를 생각해보자. 갑자기 소매점들이 이 점포에서 다루는 176,000개 제품 중에서 공급업체들은 60,000개 이상의 제품이 '그린' 으로 지정될 가치가 있다고 믿었다. Eco Options 캠페인을 담당한 임원인 Ron Javis는 다음과 같이 기억하고 있다: "누군가의 마음에 우리에게 판매하고 있는 제품은 환경친화적이었다". "만일 그들이 자신들의 제품으로 하늘이 더 맑아지고 초원이 더 푸르러졌다고 말한다면, 그것만으로는 충분하지 않다"고 그는 덧붙였다.

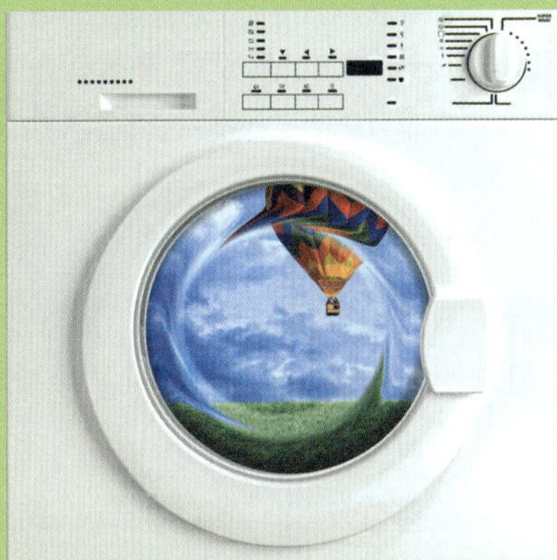
HEMERA/THINKSTOCK

Enviornmental Protection Agency의 Energy Star 지명과 같은 기준을 이용하여 제품들을 선정한 후, Jarvis는 단지 2,500개 제품만을 Eco Option 프로그램에 포함시켰다. 여기에 해당되는 제품으로는 태양력 잔디 조명, 에너지효율 세탁기가 있다. 이 프로그램을 촉진하기 위해서 이 기업은 1백만 개의 컴팩트 형광등을 무료로 나누어주고 웹사이트를 구축해서 고객들이 제품들에 대해서 읽고 환경적 영향을 볼 수 있게 하였다.

쇼핑객의 반응은 다음과 같다: 3개월 이내에 Eco Options 제품의 판매는 프로그램이 시작되기 전보다 평균적으로 10% 더 증가하였다. 그린 제품이 아닌 것보다 다소 비싼데도 불구하고 Eco Options 제품은 최근의 경기침체 동안에도 잘 판매되었는데 이것은 소비자들이 환경적 가치를 이해하였기 때문이다. Jarvis는 "고객들은 앞에서는 약간 더 지불할 수 있지만 결과적으로 수치가 맞음을 알고 있다" 고 말한다.[b]

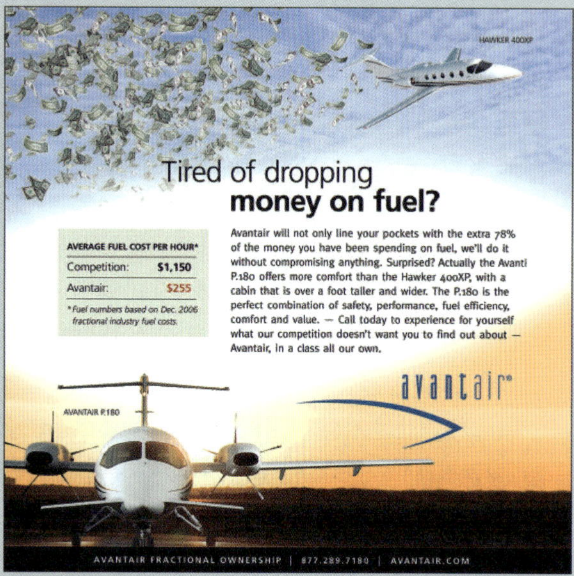

REPRINTED WITH PERMISSION OF AVANTAIR®

비즈니스 제품

Avantair 항공기는 비즈니스 고객들이 사용하도록 고안된 제품이다.

(2) 부속장비

부속장비(accessory equipment)는 최종제품의 일부가 되지는 않지만 생산이나 업무 활동에 사용된다. 예로는 파일 캐비넷, 소형 마력모터, 계산기, 그리고 공구를 들 수 있다. 주요 설비와 비교해서 부속장비는 통상적으로 저렴하고, 교섭 없이 일상적으로 구매되고, 자본재보다는 소모품으로 취급된다. 왜냐하면 이러한 제품들은 오랫동안 지속될 것으로 기대하지 않기 때문이다. 많은 점포들이 설비보다 부속장비를 유통시키기를 원하지만 판매자는 설비제품에서 기대되는 다양한 서비스를 제공할 필요는 없다.

(3) 원료

원료(raw materials)는 실제 제품의 일부가 되는 자연 재료이다. 여기에는 광물, 화학품, 농산물, 그리고 산림해양물이 포함된다. 예를 들어서, 옥수수는 다양한 제품들, 즉 식품, 음료(콘시럽), 그리고 심지어 연료(에탄올)의 원료로 사용된다. 실제로 대체연료로서 에탄올의 인기가 증가하고 있기 때문에 옥수수 가격이 높게 치솟고 있다.[3] 원료는 등급과 명세에 따라서 거래가 되고 거래량이 상대적으로 대규모이다.

(4) 부품

부품(component parts)은 실제 제품의 일부가 되는 것으로 조립을 하기 위한 완성 아이템이거나 조립 전에 거의 가공할 필요가 없는 제품을 말한다. 비록 부품들이 전체 제품의 일부가 되지만, 종종 쉽게 확인가능하거나 구분될 수 있다. 스파크 플러그, 타이어, 시계, 브레이크 그리고 스위처(switcher)는 자동차의 부품이다. 구매자(기업)들은 이러한 아이템을 자기 기업의 명세서나 산업 표준에 따라서 구입한다. 구매자들은 이 부품들이 명시된 품질을 갖고 있고 제 시간에 배달되어서 생산이 늦어지거나 중단되지 않기를 기대한다. 잔디깎는 기계 제조업체나 컴퓨터 제조업체와 같이 주로 조립을 하는 기업은 부품 공급업체에 상당히 의존하고 있다.

(5) 가공원료

가공원료(process materials)는 다른 제품의 생산에 직접적으로 사용된다. 그러나 부품과 달리 가공원료는 쉽게 확인 가능하지 않다. 예를 들어서, 샐러드 드레싱 기업은 샐러드 드레싱에 식초를 친다. 이 식초는 가공원료이다. 왜냐하면 식초가 샐러드 드레싱에 포함되어 있지만 확인 가능하지는 않다. 부품과 마찬가지로 가공원료는 산업표준이나 구매자 명세서에 따라서 구입된다.

(6) MRO 공급품

MRO 공급품(Maintenance Repair Operation supplies)은 유지, 수리, 운영 제품으로 생산과 운영을 용이

하게 해주지만 완성 제품의 일부가 되지는 않는다. 종이, 연필, 기름, 청소 대행업체, 그리고 페인트가 이런 범주에 속한다. 비록 사람들이 소비자 제품으로서 Tide, Downy, Febreze에 친숙해 있지만, 호텔과 레스토랑에서는 이러한 제품들이 접시를 닦고 시트와 수건을 세탁하는 데 필요한 MRO 공급품이다. P&G는 32억 달러 시장인 경비 청소 제품의 산업자 고객를 점차 표적으로 하고 있다.[4] MRO 공급품은 많은 점포를 통해서 쉽게 판매되고 일상적으로 구입된다. 공급품을 필요할 때 이용 가능하게 하기 위해서 구매자들은 종종 여러 판매자들과 거래한다.

(7) 비즈니스 서비스

비즈니스 서비스(business services)는 무형제품으로 많은 기업들이 기업운영 시 사용한다. 여기에는 재무적, 법적, 마케팅 조사, IT, 그리고 경비서비스가 포함된다. 기업은 이러한 서비스를 내부적으로 제공할 지 혹은 기업 외부에서 조달할 지 여부를 결정해야 한다. 이러한 결정은 각 대안과 관련된 비용 그리고 이런 서비스가 얼마나 자주 필요한 지에 달려 있다. 예를 들어서, 전 세계로 익일 배달 서비스를 효율적으로 제공할 수 있는 기업은 거의 없기 때문에 많은 기업들이 FedEX, UPS, DHL 그리고 다른 서비스 제공업체에 의존한다.

9.3 제품라인과 제품믹스

마케터는 자기 기업의 모든 제품들 간의 관계를 이해해야 전체 제품의 마케팅을 조정할 수 있다. 아래의 개념들이 기업의 제품들 간 관계를 설명하는 데 도움을 준다. **제품아이템(product item)**이란 기업의 제품들 중에서 별개의 제공물로 지정될 수 있는 한 제품의 특정 버전(version)이다. Gillette M3 Power Nitro 면도기는 하나의 제품 아이템을 나타낸다. **제품라인(product line)**은 마케팅, 기술적 혹은 최종 사용적 고려 때문에 같은 단위로 간주되는 밀접하게 관련된 제품 아이템들을 말한다. 예를 들어서, Reebok은 Kool-Aid향과 같은 과일향기를 갖고 있는 새로운 운동화라인을 출시하였다. 이 제품라인의 첫 번째 운동화는 포도, 체리 그리고 딸기향이 신발 안창에서 난다.[5] 제품라인의 정확한 경계(비록 종종 모호하기는 하지만)는 냉동 디저트 제품라인 혹은 샴푸 제품처럼 서술적 용어로 구분된다. 최적의 제품라인을 개발하기 위해서 마케터는 구매자의 목적을 이해해야 한다. 제품라인의 구체적인 제품 아이템은 각기 다른 표적시장의 필요나 다른 소비자들의 욕구를 반영해야 한다.

제품믹스(product mix)는 한 기업이 고객들에게 이용 가능하게 만들 수 있는 복합적 혹은 전체적인 제품집단을 의미한다. 예를 들어서, P&G는 자기기업이 생산하는 모든

IMAGE COURTESY OF THE ADVERTISING ARCHIVES

제품라인
Burberry는 신발, 지갑, 선글라스, 시계 그리고 의류를 포함한 다양한 제품라인을 생산한다.

그림 9.2 제품믹스 폭과 깊이의 개념: P&G 제품에 적용

세제	치약	비누	탈취제	샴푸	티슈타월
Ivory Snow 1930	Gleem 1952	Ivory 1897	Old Spice 1948	Pantene 1947	Charmin 1928
Dreft 1933	Crest 1955	Camay 1926	Secret 1956	Head & Shoulders 1961	Puffs 1960
Tide 1946		Zest 1952	Sure 1972	Vidal Sassoon 1974	Bounty 1965
Cheer 1950		Safeguard 1963		Pert Plus 1979	
Bold 1965		Oil of Olay 1963		Ivory 1983	
Gain 1966				Infusium 23 1986	
Era 1972				Physique 2000	
Febreze Clean Wash 2000				Herbal Essence 2001	

깊이

폭

헬스 케어, 뷰티 케어, 세탁 및 청소, 식품음료, 종이, 화장품, 그리고 방향제가 제품믹스를 구성한다. **제품믹스의 폭(width)**은 한 기업이 제공하는 제품라인의 수로 측정된다. **제품믹스의 깊이(depth)**는 각 제품라인에 있는 각기 다른 제품 아이템의 평균 개수이다. <그림 9.2>는 P&G 제품믹스의 일부에 대한 폭과 깊이를 보여준다.

9.4 제품수명주기와 마케팅 전략

생물학적 주기가 출생해서 성장을 거쳐 쇠퇴로 진행하듯이, 제품수명주기도 이렇게 진행된다. <그림 9.3>에서 보듯이, **제품수명주기(product life cycle)**는 네 개의 주요 단계를 갖고 있다: 도입, 성장, 성숙, 쇠퇴. 하나의 제품이 이러한 주기를 거치면서, 경쟁, 가격책정, 유통, 촉진, 그리고 시장정보와 관련된 전략들이 주기적으로 평가되어야 하고 아마도 변경되어야 한다. 현명한 마케팅 관리자는 제품의 도입, 변경, 그리고 제거할 때가 되었고 적절하게 운영된다는 것을 확신하기 위해서 수명주기 개념을 이용한다. 전통적인 수명주기 패턴을 이해함으로써 마케터는 수익성 있는 제품믹스를 유지할 수 있다.

1 도입기

제품수명주기의 **도입기(introduction stage)**는 제품이 시장에 처음 출시되는 것으로부터 시작된다. 이때는 매출이 전무한 상태이므로 수익은 적자이다. 초기 수입은 낮은 반면 기업은 일반적으로 제품개발, 촉진, 그리고 유통에 대한 많은 지출을 감당해야 하기 때문에 수익은 적자가 된다. <그림 9.3>에서 매출이 영(0)에서부터 어떻게 증가하는지 그리고 높은 비용 때문에 적자인 상태에서 수익도 어떻게 증가하는지를 주시하라.

잠재적 구매자는 신제품의 특징, 사용, 그리고 장점을 인지해야 한다. 신제품의 가치를 강조하는 노

그림 9.3 제품수명주기의 4단계

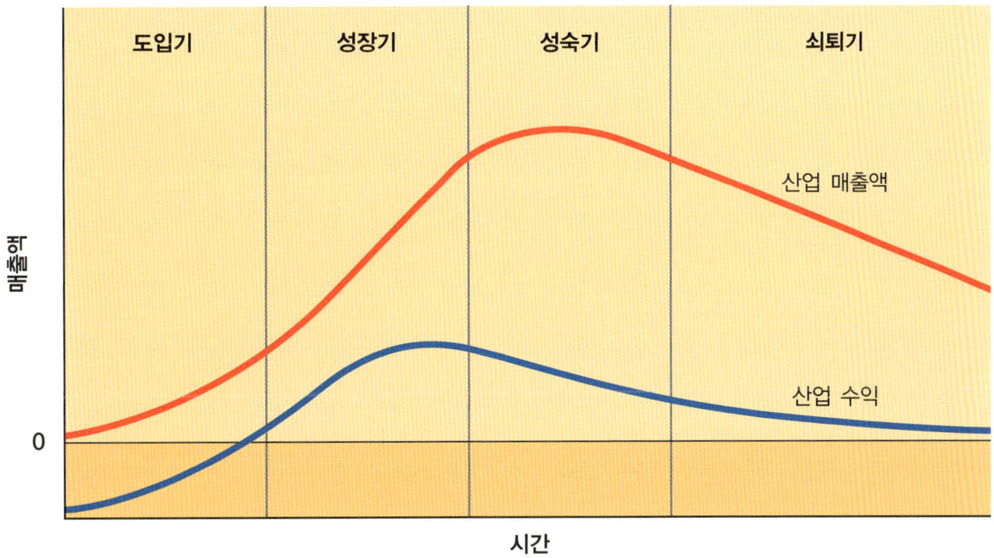

력이 브랜드 애호도와 고객관계에 대한 기반을 구축할 수 있다.[6] 이 시점에서 두 가지 어려움이 생길 수 있다. 첫째, 판매자는 자원, 기술적 지식, 그리고 제품을 성공적으로 출시하는 마케팅 노하우가 부족할 수 있다. 그러나 충분한 예산이 없는 기업가들은 Essence of Vali가 아로마테라피 제품을 이용해서 했던 것처럼 무료 샘플을 제공해서 관심을 끌 수 있다. 다른 기법은 매체에 출현시켜서 사람들의 시선을 끄는 것이다. 둘째, 비싼 마케팅 조사와 개발 비용을 감당하기 위해서는 초기제품 가격은 비쌀 수 있다. 이러한 어려움 때문에, 많은 제품들이 도입기를 극복하지 못하는 것이 놀라운 일은 아니다.

대부분의 신제품은 서서히 시작하고 즉각적인 수익을 실현할 만큼 충분한 매출을 창출하지 못한다. 구매자들이 신제품에 대해서 알기 시작하면 마케터들은 제품의 약점을 경계하고 제품의 초기 소멸을 방지하기 위해서 신속하게 수정해야 한다. 매출 곡선이 상승해서 손익분기점에 도달하고 경쟁기업이 시장에 진입하게 되면 성장기가 시작된다.

2 성장기

성장기(growth stage) 동안 매출은 급속히 증가하고, 수익은 정점에 도달한 후 쇠퇴하기 시작한다(<그림 9.3> 참조). 성장기는 신제품의 생존에 중요하다. 왜냐하면 이 기간 동안에 제품 성공에 대한 경쟁기업들의 반응이 제품의 수명기대치에 영향을 미치기 때문이다. 많은 경쟁기업들이 시장에 진입하고 가격을 낮추도록 압력을 가하기 때문에 수익은 성장기 후반부터 감소하기 시작한다.

매출이 증가하면서 마케팅관리자는 마케팅 전략을 수정하여 이러한 가속을 지원해야 한다. 목적은 브랜드 애호도를 촉진하여 제품의 시장 포지션을 확립하고 강화하는 것이다. 높은 시장 침투를 달성하기 위해서 세분화가 더 강력히 사용되어야 한다. 이것은 여러 세분 시장의 다양한 욕구를 만족시킬 수 있는 다양한 제품형태들을 개발할 것을 요구한다. 예를 들어서, Apple은 다양한 형태의 iPod MP3 플레이어를 도입했다. 여기에는 얇고, 화려한 소형, 풍부한 혼합, 더 작은 나노, 그리고 다운로드 받은 비디오를 볼 수 있는 큰 화면을 갖춘 iPod 비디오까지 다양하다. 이러한 모든 형태의 MP3는 Apple이 경쟁이 심한 MP3 산업에 시장침투를 확장하는 데 도움을 주었다. 마케터도 자신의 브랜드와 비교해서 경쟁 브랜드의 시장 포지션을 분석해서 필요하다면 수정 행동을 취해야 한다.

매출액이 증가하면서 생산의 효율성이 높아져서 더 낮은 비용이 가능해져서 가격을 더 낮출 수 있는 기회를 제공한다. 예를 들어서 평면 TV가 도입되었을 때 가격이 5천 달러 혹은 그 이상이었다. 수요가 증가함에 따라서 LCD와 플라즈마(plasma) 기술이 규모의 경제의 이점을 살려서 생산원가를 몇년 만에 1천 달러 이하로 낮출 수 있었다. 만일 가격인하가 가능하다면, 하나의 브랜드가 시장점유율을 높여서 새로운 경쟁자가 시장에 진입하는 것을 억제할 수 있도록 도와준다. 지역적인 시장 커버리지(coverage)의 차이는 성장기에 없어진다. 한 제품이 시장에서 수용되면, 새로운 유통 점포들이 그 제품을 취급하기가 더 쉬워진다. 촉진 비용은 도입기보다 다소 낮아질 수 있으나 여전히 많이 소요된다. 매출이 증가하면서, 비용은 전체매출액에서 차지하는 비율이 낮아진다. 광고 메시지는 브랜드의 편익을 강조하게 된다. 쿠폰과 샘플은 시장 점유율을 높이는 데 사용될 수 있다.

3 성숙기

성숙기(maturity stage) 동안 매출 곡선은 정점을 이룬 후 감소하기 시작하고 수익은 계속 하락한다(<그림 9.3> 참조). 이 단계는 많은 브랜드들이 시장이 존재하기 때문에 치열한 경쟁으로 특징지워진다. 경쟁자들은 제품에 대한 개선과 차별을 강조한다. 그 결과 성숙기에서는 경쟁력이 약한 기업은 시장에서 밀려난다. 이 시장에 남아있는 기업들은 기존 촉진과 유통에 변화를 주려고 한다. 이 단계에서는 광고와 유통업체 지향적 촉진이 전형적이다. 마케터는 제품이 성숙단계에 도달함에 따라서 구매자들도 이 제품에 대한 지식이 높아진다는 것도 고려해야 한다. 소비자들은 더 이상 무경험자가 아니고 이미 경험이 있는 전문가이다. 성숙제품의 마케터는 때때로 유통망을 전 세계 시장으로 확대한다. 종종 제품들이 전 세계 고객의 다양한 욕구를 더 정확히 부응되도록 변경되어야 한다.

많은 제품들이 수명주기의 성숙기에 해당되기 때문에, 마케터들은 이러한 제품들을 다루는

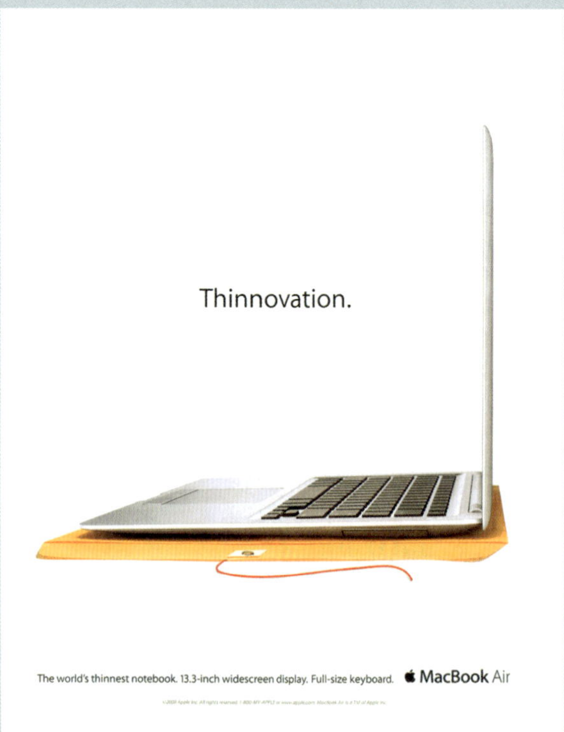

IMAGE COURTESY OF THE ADVERTISING ARCHIVES

제품수명주기
노트북 컴퓨터는 제품수명주기의 성숙기 단계에 해당된다.

방법을 알아야 하고 마케팅 전략을 조정할 준비를 해야 한다. 성숙기에 마케팅 전략을 조정하는 많은 접근방법들이 있다. 성숙기 제품들의 매출을 증가시키기 위해서 마케터들은 기존제품의 새로운 용도를 제안할 수 있다. Arm & Hammer는 베이킹소다를 이러한 방법으로 수요를 증가시켰다.

성숙기에는 세 가지 목표 즉, 현금흐름 창출, 시장 점유율 유지, 그리고 고객 점유율 증가가 추구된다. 현금흐름을 창출하는 것은 초기 투자비용을 만회하고 신제품을 지원하기 위해서 초과 현금을 창출하는 것이 본질적이다. 예를 들어서, General Motors는 성숙시장에서 몇 년간 매출이 감소한 후 전 세계 시장에서 운영하는 것을 지원하기 위해서 현금흐름에 초점을 맞추었다. Coca-Cola와 같은 기업은 공격적인 촉진과 신제품 도입으로 현재 시장 점유율을 유지하려고 노력하고 있다. 한계적인 시장 점유율을 갖고 있는 기업은 그 기업의 포지션을 개선할 합당한 기회가 있는지 여부 혹은 그 제품을 포기할지 여부를 결정하여야 한다. 기업은 개별 고객의 구매에 대한 자기 기업의 점유율을 끌어올리는 데 초점을 맞출 수도 있다. 예를 들어서, 많은 은행들이 고객의 더 많은 금융서비스를 얻기 위해서 새로운 서비스(중개, 자금계획, 자동차 대출 등)를 추가하였다. 마찬가지로 많은 수퍼마켓들은 레스토랑, 영화대여, 그리고 드라이크리닝과 같은 서비스를 추가해서 고객들의 가사 욕구를 원스톱 쇼핑할 수 있도록 해서 고객 점유율을 증가시키려고 노력한다.[7]

가격전략의 매우 다양한 혼합이 성숙기에 사용된다. 치열한 가격경쟁이 시작된다. 기업도 가격 이외 다른 방법 즉, 제품 품질이나 서비스로 경쟁한다. 또한 마케터는 제품 라인 내에 있는 제품을 차별화시킬 수 있는 가격 유연성을 키워야 한다. 가격인하나 인센티브가 일반적이다. 그러나 만일 유통과 생산 비용이 올라가면, 가격은 증가할 수 있다.

성숙기 동안 마케터는 취급점을 관리하고 자신의 브랜드를 판매하도록 인센티브를 제공하기도 한다. 성숙기에 시장 점유율을 유지하기 위해서는 중간 정도 혹은 그 이상의 상당한 촉진비용이 필요하다. 광고메시지는 브랜드를 경쟁기업과 차별화시키는 데 초점을 두고, 판매촉진 노력은 소비자와 재판매자 모두를 겨냥할 수 있다.

4 쇠퇴기

쇠퇴기(decline stage) 동안 매출은 급속히 감소한다(<그림 9.3> 참조). 이렇게 매출이 감소할 때, 마케터는 제품라인에서 수익이 없는 제품 아이템을 제거하는 것을 고려한다. 또한 마케터는 촉진 노력을 삭감하고, 한계적인 유통업체를 제거하고 끝으로 제품을 퇴출할 계획을 수립할 수도 있다. 예를 들어서, P&G의 Sure 탈취제는 거의 30년 정도 된 브랜드이지만 급속한 매출 감소 때문에 기업은 잘 알려져 있는 이 브랜드를 Innovative Brand LLC에 매각하였다. Innovative Brand LLC는 이미 P&G의 Pert 샴푸 브랜드를 구입한 바가 있다.[8]

쇠퇴기에 마케터는 제품을 제거할 것인지 아니면 제품수명주기를 연장하기 위해서 리포지셔닝을 시도할 지를 결정하여야 한다. 종종 쇠퇴기 제품은 유사한 경쟁제품들이 도입되기 때문에 제품의 독특성을 잃게 된다. 경쟁은 구매자들이 미세한 제품 차별화에 덜 민감해짐에 따라 대체와 브랜드 전환이 증가한다. 이러한 이유들 때문에 쇠퇴기에서 마케터는 제품의 스타일, 디자인, 혹은 다른 속성들을 바꾸지 않는다. 신기술이나 사회적 추세, 대체 제품, 혹은 환경적 요인들이 제품을 퇴출시킬 때가 되었음을 나타낸다.

쇠퇴기 동안 여전히 높은 매출을 나타내는 점포는 유지되고 이익이 없는 점포는 폐업된다. 이익에 제대로 공헌을 하지 못하게 되면 전체 마케팅 경로가 제거될 수 있다. 공장형 점포나 인터넷 점포와 같이 전에는 사용하지 않던 점포들이 진부한 제품의 남아 있는 재고를 정리하기 위해서 사용된다. 매출이 감소하기 때문에 제품을 구입하기가 쉽지는 않지만 애호도가 높은 구매자는 여전히 그 제품을 취급하는 점포를 찾는다. 촉진 노력에 대한 지출은 상당히 감소된다. 특가제공을 알리는 광고가 매출의 감소율을 늦출 수도 있다. 쿠폰 및 프리미엄과 같은 판매촉진이 일시적으로 구매자의 관심을 다시 끌 수도 있다. 제품의 매출이 계속해서 감소하게 되면 판매담당자들은 수익성이 있는 제품을 더 강조하는 쪽으로 전환한다.

9.5 제품수용과정

신제품 특히 세상에 처음 소개된 제품에 대한 수용은 하루아침에 일어나지는 않는다. 사실은 매우 오랜시간이 걸릴 수도 있다. <표 9.1>에서 일부 인용된 것처럼, 사람들은 종종 신제품을 수용하는 것에 대해서 조심스러워하거나 심지어 회의적이다.

최종적으로 신제품을 채택하는 고객들은 수용과정을 거치게 된다. **제품수용과정(product adoption process)**의 단계는 아래와 같다:

1. 인지(awareness): 구매자가 제품의 존재를 인지하게 된다.
2. 관심(interest): 구매자는 정보를 찾아나서고 제품에 대한 학습을 잘 받아 들인다.
3. 평가(evaluation): 구매자는 제품의 편익을 고려하고 이것을 구매시도할지 여부를 결정한다.
4. 시용(trial): 구매자는 제품이 자신의 욕구를 충족시킬수 있는지 여부를 결정하기 위해서 이 제품을 검사하거나 테스트하거나 혹은 시용한다.
5. 수용(adoption): 구매자는 제품을 구입하고 이러한 일반적 타입의 제품에 대한 욕구가 발생할 때마다 이것을 다시 사용할 것으로 기대될 수 있다.[9]

첫 번째 단계(인지단계) 즉, 사람들이 제품의 존재를 알기 시작할 때, 사람들은 제품에 대한 정보가 거의 없고 그러한 정보를 얻으려고 하는 데 관심이 없다. 소비자들은 관심 단계에 들어서야 비로소 제품의 특성, 용도, 장점, 단점, 가격, 혹은 입지에 대해서 정보를 얻으려는 동기가 유발된다. 평가단계에서, 개인들은 이 제품이 특정 욕구를 충족시키는 데 결정적인 어떤 기준을 만족시킬 지 여부를 고려한다. 시용 단계에서, 사람들은 가능하면 소량으로 구입해서, 무료 샘플을 이용해서, 혹은 다름 사람으로부터 제품을 빌려서, 처음으로 제품을 사용하거나 경험한다. 사람들은 일반적 타입의 제품을 필요로 할 때 특정 제품을 선택해서 수용단계로 옮겨간다. 수용단계에 진입했다는 것이 사람들이 최종적으로 신제품을 수용할 것이라는 것을 의미하지는 않는다. 수용단계를 포함한 어떤 단계에서도 거절될 수 있다. 제품수용과 제품거절 모두 일시적이거나 영속적일 수 있다.

기업이 신제품을 도입할 때, 사람들이 동시에 수용과정을 시작하지 않거나 같은 속도로 수용과정을 거치지 않는다. 최종적으로 제품을 수용하는 사람들 중에서 일부는 비교적 빨리 수용과정에 진입하는 반면 다른 사람들은 상대적으로 늦게 시작한다. 대부분 제품의 경우 수용과정을 시작도 하지

표 9.1 대부분의 새로운 아이디어에는 회의론자들이 있다

"아마도 컴퓨터에 대해서 세계적으로 다섯대만 수요가 있을 것으로 생각한다."

–Thomas Watson, IBM 회장, 1943

"이 '전화'는 단점들이 너무 많아서 커뮤니케이션 수단으로 여기는 데는 문제가 있다. 이 기기는 본질적으로 우리에게 가치가 없다."

–Western Unio 내부 메모, 1876

"무선뮤직박스는 상상할만한 상업적 가치가 없다. 누가 아무에게도 전달되지도 않는 메시지에 돈을 지불하겠는가?"

–1920년대 라디오에 투자하도록 재촉하는 것에 대한 David Sarnoff 동료의 반응

"이 개념은 흥미롭고 잘 구성되어 있지만 C 학점보다 더 잘 받기 위해서는 이 아이디어는 실행가능해야 한다."

–어느 Yale 대학 경영대학 교수의 Fred Smith의 신뢰할 수 있는 익일배달 서비스 제안에 대한 반응(Smith는 결국 Federal Express를 설립하였다)

"도대체 누가 배우가 이야기하는 것을 듣고 싶어하는가?"

–H. M Waner, Warner Brother, 1927

"쿠기상점은 나쁜 아이디어이다. 그 외에 마케팅 조사 보고서는 미국사람들은 크리스피 쿠키를 좋아하고 당신이 만드는 소프트 쿠키나 씹는 쿠키를 좋아하지 않는다."

–Mrs. Fields' Cookies를 시작하려는 Debbie Fields의 아이디어에 대한 은행원의 반응

"우리는 이러한 소리를 좋아하지 않는다. 그리고 기타 음악은 사라지고 있다'"

–Decca Recording Company가 Beatles를 거절, 1962

않는 비수용자들도 있다.

신제품을 수용하는 데 걸리는 시간의 길이에 따라서, 소비자들은 다음과 같은 5가지 유형의 수용자들로 구분된다: 혁신자, 조기 수용자, 조기 다수자, 후기 다수자, 그리고 최종수용자.[10] <그림 9.4>는 수용자 범주와 이 범주가 전통적으로 나타내는 전체 수용자 비율을 보여준다. **혁신자(innovators)**는 신제품을 최초로 수용한다. 이들은 신제품을 시용하는 것을 즐기고 모험추구적이다. **조기 수용자(early adopters)**는 신제품을 신중하게 선택하고 나머지 수용자 범주에 있는 사람들에 의해서 "점검해 줄 사람"으로 간주된다. **조기 다수자(early majority)**들은 보통 사람들보다 약간 먼저 제품을 수용한다. 이들은 신제품을 시용하는 데 신중하고 조심스럽다. **후기 다수자(late majority)**들은 신제품에 대해서 매우 회의적이지만 경제적 필요나 사회적 압력 때문에 결국 제품을 수용한다. 신제품을 마지막으로 수용하는 **최후수용자(laggards)**는 과거지향적이다. 이들은 신제품을 의심한다. 그리고 이들이 최종적으로 혁신을 수용할 때, 이미 이 제품은 다른 신제품으로 대체되어 있을 수 있다.

그림 9.4 **제품 수용자 범주의 분포**

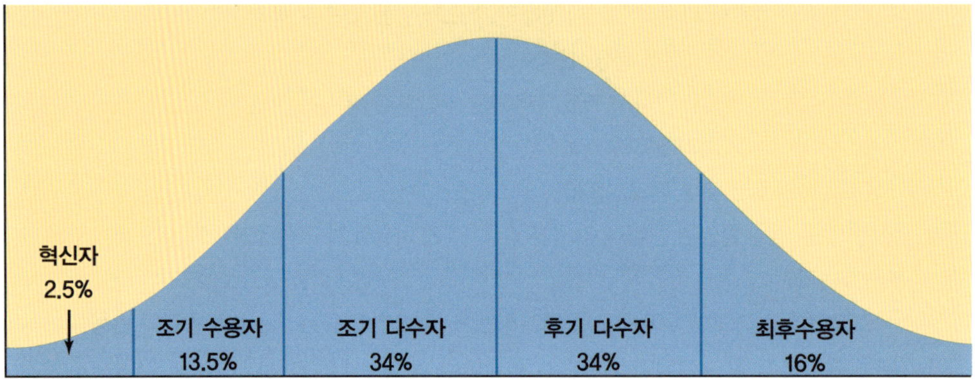

자료원: Reprinted with permission of The Free Press, a division of Simon & Schuster Adult Publishing Group, from *Diffusion of Innovations*, Fourth Edition, by Everett M. Rogers. Copyright 1995 by Everett M. Rogers. Copyright ©1962, 1971, 1983 by The Free Press. All rights reserved.

9.6 브랜딩

마케터는 브랜드에 대한 선택, 브랜드 이름, 브랜드 마크, 트레이드 마크. 그리고 트레이드 이름을 포함한 제품에 대한 많은 의사결정을 해야 한다. **브랜드**는 한 마케터의 제품을 다른 마케터의 제품들과 구별해주는 이름, 용어, 디자인, 상징 또는 어떤 다른 특징이다. 브랜드는 단일 제품 아이템, 유사 제품군, 혹은 판매자의 모든 제품 아이템을 확인가능하게 할 수 있다.[11] 어떤 사람들은 브랜드를 물리적 제품, 이름, 색상, 로고 혹은 광고 캠페인뿐만 아니라 상징주의와 경험을 포함해서 제품과 관련된 모든 것으로 정의한다.[12] 예를 들어서, Hearts on Fire는 광택과 반짝임을 극대화한 특별한 하트와 화살을 브랜드로 사용하고 있는데 이것은 Heart on Fire 다이어몬드가 전통적인 다이어몬드보다 15~20% 더 프리미엄 가격을 받을 수 있도록 해준다.[13] **브랜드 이름(brand name)**은 브랜드의 일부로서 글자, 단어 그리고 7UP와 같은 숫자를 포함해서 발음될 수 있는 것이다. 브랜드 이름은 제품의 유일하게 구별되는 특성일 경우도 있다. 브랜드 이름이 없다면 기업은 자기 제품을 차별화시킬 수 없다. 소비자의 입장에서 브랜드 이름은 제품자체만큼 기본적이다. 많은 브랜드 이름들은 Scotch 테이프, Xerox 복사기처럼 제품과 동일시 된다. 이러한 브랜드 이름의 소유자는 촉진 활동을 통해서 테이프와 복사기의 일반 이름으로 사용되는 것으로부터 보호받을 수 있도록 노력한다.

단어로 구성되지 않은 브랜드 요소, 종종 상징이나 디자인이 하나의 **브랜드 마크(brand mark)**이다. 브랜드 마크의 예로는 McDonald의 Golden Arches, Nike의 swoosh(휙소리를 표현한 마크) 그리고 Apple의 iPod의 정형화된 실루엣을 들 수 있다. **트레이드마크(trademark)**는 법적인 지정으로 소유자가 브랜드나 브랜드의 일부에 대한 독점권을 갖고 다른 사람들이 이것을 사용하지 못하도록 법적으로 규제한다. 미국에서 브랜드 이름이나 브랜드 마크를 보호하기 위해서 기업은 미국 Patent Trade-

ISTOCKPHOTO/THINKSTOCK

브랜드 마크
빨간색과 흰색의 표적모양은 Target 슈퍼마켓의 브랜드 마크이다.

mark Office에 트레이드마크로 등록을 해야 한다. Patent Trademark Office는 통상적으로 1년에 약 170,000개의 새로운 트레이드마크를 등록한다.[14] 끝으로 **트레이드 이름(trade name)**은 특정 제품의 이름이라기보다는 Ford Motor Company와 같이 기업의 축약하지 않은 법적인 전체 이름이다.

1 브랜딩의 가치

구매자와 판매자 모두가 브랜딩으로부터 혜택을 받는다. 브랜드는 구매자가 좋아하거나 싫어하는 특정 제품을 확인하도록 도와주고, 이들의 욕구를 충족시켜 주는 제품의 구매를 용이하게 해주고 제품을 구매하는 데 필요한 시간을 단축시켜준다. 브랜드가 없다면, 제품선택은 제멋대로 이루어진다. 왜냐하면 구매자들이 선호하는 제품을 구매한다는 보장을 할 수 없기 때문이다. 어떤 브랜드를 구매하는 것은 자아표현의 형태일 수 있다. 예를 들어서, 의류브랜드는 많은 소비자에게 중요하다. Tommy Hilfiger, Polo Ralph, Campion, Nike, 그리고 GUESS와 같은 이름은 시장에서 그러한 기업들에게 경쟁우위를 제공해준다. 특히 고객이 제품의 품질을 판단할 수 없을 때 브랜드는 고객에게 일정 품질 수준의 상징으로 여겨질 수도 있다. 결국 사람들은 품질에 대한 지각이 그 제품의 품질을 나타내도록 한다. 브랜드는 구매자의 구매에 대한 지각된 위험을 줄여준다. 추가적으로, 심리적 보상은 지위를 상징해 주는 브랜드를 소유하는 데서 나온다. 미국에서 Merdecedes-Benz 브랜드가 예이다.

각 기업은 브랜드가 자기 제품임을 확인시켜 주어서 고객들이 구매를 더 수월하게 만들기 때문에

그림 9.5 **브랜드 자산의 주요 요소**

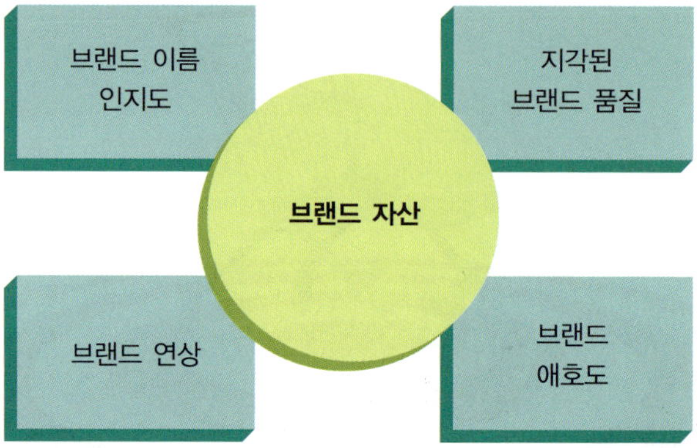

자료원: Adapted with the permission of The Free Press, a division of Simon & Schuster Adult Publishing Group, from *Managing Brand Equity: Capitalizing on the Value of a Brand Name*, by David A. Aaker. Copyright © 1991 by David A. Aaker. All rights reserved.

판매자도 브랜딩을 통해서 혜택을 받는다. 브랜딩은 기업이 기존 제품들 중에서 하나 혹은 그 이상의 이름을 이용한 신제품을 도입하는 데 도움을 준다. 브랜드가 붙은 제품을 촉진하는 것은 간접적으로 그 기업의 다른 유수한 브랜드 제품을 촉진하기 때문에 브랜딩은 촉진 노력을 도와준다. 브랜딩은 브랜드 애호도도 높여준다. 구매자가 특정 브랜드에 어느 정도 애호도를 갖게 되면, 그 제품에 대한 그 기업의 시장점유율은 일정 수준의 안정성을 이룰 수 있고, 기업이 자원을 더 효율적으로 사용할 수 있도록 해준다. 일단 한 기업이 한 브랜드에 대해서 어느 정도 수준의 고객 애호도를 개발하게 되면, 고객을 유인하기 위해서 계속해서 가격을 인하하는 것보다는 상당히 일관된 가격을 유지할 수 있다.

브랜딩에는 문화적 차원이 있다. 대부분의 브랜드 경험은 개별적이고, 각 고객은 브랜드에 대한 자신의 사회적 의미를 부여한다. 브랜드의 소구는 주로 상징적 이미지와 주요 연상에 근거한 감성적 수준에서 이루어진다.[15] Harley-Davidson, Google, 그리고 Apple과 같은 일부 브랜드의 경우, 이것은 다음처럼 거의 광신과 같은 결과를 초래할 수 있다. 이러한 브랜드는 종종 온라인 포럼, 블로그, 팟캐스트(podcasts) 그리고 그 외 다른 수단을 통해서 커뮤니케이션하는 애호 고객들의 커뮤니티를 개발한다. 이러한 브랜드는 심지어 고객이 자신들의 실체와 자아개념을 개발하도록 도와주고 자아 표현의 형태로 역할을 한다. 사실 *문화적 브랜딩(cultural branding)*이라는 용어는 고객이 자신들의 실체를 확고히 하는 데 유용하다고 생각한 강력한 신화를 전달하는 데 브랜드가 어떻게 사용되는지를 설명하기 위해서 사용된다.[16] 브랜드가 고객의 마음에 독립적으로 존재하기 때문에 마케터에 의해서 직접적으로 통제되지 않는다는 것을 인정하는 것도 중요하다. 브랜드의 모든 측면은 고객의 감성적 관여, 해석, 그리고 기억에 종속된다. 마케터들이 브랜딩이 어떻게 구매에 영향을 주는가를 이해하면 마케터는 고객 애호도를 높일 수 있다.[17]

2 브랜드 자산

잘 관리된 브랜드는 기업의 자산이다. 종종 이러한 자산의 가치는 브랜드 자산이라고 한다. **브랜드 자산(brand equity)**은 시장에서 브랜드의 강도와 관련된 마케팅 및 재무적 가치이다. 특허 및 트레이드마크와 같은 실제의 독점적 브랜드 자산 외에, 네 가지 주요 요소가 브랜드 자산을 이루고 있다: 브랜드 이름 인지도, 브랜드 애호도, 지각된 브랜드 품질, 그리고 브랜드 연상[18](<그림 9.5>참조).

브랜드를 인지한다는 것은 브랜드 친밀성을 높이고 이것은 브랜드에 대해서 어느 정도 편안함을 가져다 준다. 친숙한 브랜드는 그렇지 않은 브랜드보다 더 잘 선택될 수 있다. 왜냐하면 친숙한 브랜드는 더 신뢰할 수 있고 더 수용가능한 품질로 인식된다. 친숙한 브랜드는 그렇지 않은 브랜드와 달리 고객의 고려군(consideration set)에 포함될 가능성이 더 크다.

브랜드 애호도(brand loyalty)는 고객이 특정 브랜드에 대해서 갖고 있는 호의적 태도이다. 만일 브랜드 애호도가 충분히 강력하면 고객은 이런 제품들이 필요할 때 일관되게 이 브랜드를 구매할 수 있다. 브랜드에 대한 고객만족은 그 브랜드에 대한 애호도 때문이라는 것이 가장 공통된 이유이다.[19] 고객의 브랜드 애호도 개발은 제품을 구매할 때 위험을 줄일 수 있고 쇼핑시간을 단축시킨다. 그러나 제품에 대한 브랜드 애호도의 정도는 제품 범주마다 다르다. 바나나와 같은 일부 제품에 대한 브랜드 애호도를 개발하는 것은 어려운 일이다. 왜냐하면 고객들은 이미 이러한 제품의 품질을 판단할 수 있고 품질에 대한 지표로 브랜드를 언급할 필요가 없기 때문이다. 브랜드 애호도는 나라마다 다를 수 있다. 프랑스, 독일 그리고 영국의 고객들은 미국고객보다 덜 브랜드 애호적인 경향이 있다

애호도는 다음과 같은 세 가지 수준이 있다: 재인, 선호도, 그리고 집착. **브랜드 재인(brand recognition)**은 고객이 그 브랜드가 존재한다는 것을 알고 있을 때 발생하며, 만일 선호하는 브랜드를 구입할 수 없거나 다른 브랜드들을 잘 모른다면 재인된 브랜드를 구매대안으로 생각하게 된다. 이것이 브랜드 애호도의 가장 관대한 형태이다. 애호도라는 용어는 여기서 매우 막연하게 사용된다. **브랜드 선호도(brand preference)**는 좀더 강력한 수준의 브랜드 애호도이다. 고객은 한 브랜드를 다른 경쟁적 브랜드보다 더 선호하고 만일 구입가능하다면 이 브랜드를 구매할 것이다. 그러나 만일 이 브랜드가 이용가능하지 않다면 고객은 추가적인 노력을 해서 선호하는 브랜드를 구매하기보다는 다른 대체 브랜드를 수용한다. **브랜드 집착(brand insistence)**이 발생할 때, 고객은 강력하게 특정 브랜드를 선호하고 다른 대체 브랜드를 수용하지 않고, 그리고 그 애호 브랜드를 획득하기 위해서 상당한 시간과 노력을 기꺼이 들일 의지가 있다. 만일 어떤 브랜드를 집착하는 고객이 점포에 가서 그 브랜드가 없다는 것을 알았을 때, 그는 다른 브랜드를 구매하기 보다는 다른 곳에 가서 애호 브랜드를 찾을 것이다. 브랜드 집착은 Hilton Hotel과 같은 서비스 제품 혹은 Chicago Bears나 Dallas Cowboys와 같은 스포츠 팀에도 적용할 수 있다. 브랜드 집착은 가장 강력한 수준의 브랜드 애호도이다. 이것이 브랜드 업자의 꿈이다. 그러나 이것은 브랜드 애호도의 일반적인 형태는 아니다.

브랜드 애호도는 브랜드 자산의 중요한 요소이다. 왜냐하면 브랜드 애호도는 경쟁기업의 행동에 대한 취약성을 줄일 수 있으며, 이것은 기업이 기존 고객을 지키고 새로운 고객을 획득하기 위해서 소요되는 상당한 자원을 아낄 수 있도록 해준다. 애호도 고객은 새로운 잠재적 고객에게 브랜드 가시성과 자신감을 제공한다.

고객들은 언제, 어디서 쇼핑하더라도 자신들의 브랜드를 찾을 수 있을 것이라고 기대하므로 소

COURTESY OF GEICO

브랜드 연상의 유발
Geico는 호의적인 브랜드 연상을 유발시키기 위해서 브랜드 캐릭터로 도마뱀(gecko:발음이 비슷함)을 사용한다.

매점들은 고객들에게 잘 알려져 있는 브랜드들을 취급하려 한다.

고객들은 특정 브랜드를 일정 수준의 전반적 품질과 연관시킨다. 브랜드 이름이 품질을 실제로 판단할 수 있는 대안으로 사용된다. 많은 경우에 고객들은 스스로 제품의 품질을 판단할 수 없고 대신에 품질의 지표로 브랜드에 의존한다. 브랜드의 지각된 높은 품질은 프리미엄 가격을 지원하는데 도움이 되고 마케터가 지나친 가격경쟁을 피하도록 해준다. 또한 지각된 호의적 브랜드 품질은 브랜드 확장의 도입을 수월하게 해준다. 왜냐하면 브랜드에 대한 관심은 관련된 제품에 대한 높은 관심으로 전환될 수 있기 때문이다. 브랜드와 관련된 일련의 연상들은 브랜드 자산의 또 다른 주요 요소이다. 때때로 마케터는 특정 라이프스타일 혹은 개성을 특정 브랜드에 연결시키려고 노력한다. 예를 들어서, 고객들은 Michelin 타이어가 가족들을 보호해주는 것으로 연상한다; DeBeers 다이어몬드는 애정있는 오랜 관계를 연상한다 ("다이어몬드는 영원하다"); 그리고 Dr Pepper는 독특한 맛을 연상한다. 이러한 유형의 브랜드 연상들은 브랜드 자산에 상당히 기여한다. 브랜드 연상은 종종 Jolly Green Giant, Pillbury Dough Boy, 그리고 Charlie the Tuna와 같은 브랜드 캐릭터를 사용해서 더 촉진된다. 이러한 브랜드 캐릭터들을 광고와 패키지에 등장시키는 것은 고객들이 광고와 패키지를 이 브랜드들과 연계시키도록 도와준다.

비록 브랜드 자산을 측정하기는 어렵지만 브랜드 자산은 기업에 대한 브랜드의 가치를 나타낸다. <표 9.2>는 가장 높은 경제적 가치를 갖고 있는 10대 브랜드를 보여준다. <표 9.2>에 소개된 브랜드를 소유하고 있는 기업은 이 브랜드의 경제적 가치가 기업이 소유한 가장 비싼 단일 자산일 수 있다는 것에 동의한다.

3 브랜드의 유형

브랜드는 다음과 같은 3가지 범주가 있다: 제조업체 브랜드, 유통업체 브랜드, 그리고 무브랜드.

제조업체 브랜드(manufacturer brands)는 생산자에 의해 주도되고 구매시점에서 제품으로 생산자와 동일시되는 것을 확실하게 해준다—예를 들어서, Green Giant, Dell, Starbucks, 그리고 Levi's jeans. 제조업체 브랜드는 제조기업이 유통, 촉진, 그리고 어느 정도의 가격결정에 관여하도록 요구한다.

사적 유통업체 브랜드(private distributor brands, 사적 브랜드, 점포브랜드, 혹은 딜러 브랜드라고도 함)는

표 9.2 2011년도 세계 상위 10대 글로벌 브랜드

브랜드	브랜드 가치(십억 달러)
1. Coca-Cola	71.8
2. IBM	69.9
3. Microsoft	59.0
4. Google	55.3
5. GE	42.8
6. McDonald's	35.5
7. Intel	35.2
8. Apple	33.4
9. Disney	29.0
10. hp	28.4

자료원: "Best Global Brands, 2011," Interbrand, http://www.interbrand.com/best_global_brands.aspx.

재판매업자, 즉 도매업체 혹은 소매업체에 의해 소유된다. 사적 브랜드의 주요 특성은 제조기업이 제품자체에 나타나지 않는다는 것이다. 소매업체와 도매업체는 더 효율적인 촉진을 개발하고 총 마진을 창출하고, 그리고 점포 이미지를 변화시키기 위해서 사적 유통업체 브랜드를 사용한다. 친숙한 소매업체 브랜드 이름으로 Sears의 Kenmore 그리고 JC Panney의 Arizona가 있다. Kenmore와 같이 꽤 성공적인 사적 브랜드는 전국적으로 유통된다. 종종 성공적인 사적 유통업체 브랜드를 갖고 있는 소매업체는 수익을 증가시킬 것을 희망하면서 제품을 비용, 품질, 그리고 디자인을 더욱 통제하기 위해서 자신의 제품을 직접 생산하기 시작했다. 현재 사적 라벨의 매출은 브랜드 이름의 매출 비율의 2배 이상으로 성장하고 있고 슈퍼마켓에서 판매되는 포장 제품의 20%를 차지한다.[20]

전통적인 브랜드 제품의 일부 마케터들은 브랜딩이 없는 정책 즉, *무브랜딩*(generic branding)에도 착수했다. **무브랜드(generic brand)**는 단지 제품범주(예, 알루미늄 호일)만을 의미하고 기업이름이나 다른 확인가능한 용어를 포함하지는 않는다. 무브랜드는 통상적으로 비교가능한 브랜드 제품보다 낮은 가격으로 판매된다. 비록 한 때는 무브랜드가 모든 소매 식품 매출의 10% 정도를 나타내기도 하지만, 요즘은 0.5% 정도를 차지한다.

4 브랜드 이름의 선정

마케터는 브랜드 이름을 선정하는 데 여러 요소들을 고려한다. 첫째, 이름은 고객들에게 발음하기 쉽고, 철자를 확인하기 쉽고, 그리고 기억하기 쉬워야 한다(만일 기업이 이 제품을 다른 나라에서 마케팅할 의향이 있다면 외국인 구매자를 포함해서). Cheer와 같이 간단한 한 음절로 된 이름이 종종 이러한 조건을 충족시킨다. 둘째, 브랜드 이름은 주요 편익을 나타내야 하고, 가능하다면 제품의 용도와 특별한 특성을 긍정적인 방법으로 시사해야 한다. 즉 부정적이거나 공격적인 언급은 회피해야 한다. 예를 들어서, Ajax 접시닦기 세제, Vanish 변기 세재, Formula 409 다목적 세제, Cascade 식기세척기 세제, 그리고 Wisk 세탁용 세제와 같은 주방용 세척 제품의 브랜드 이름은 강력함과 효과성을 의미한다. 긍정적 속성과 편익을 전달하는 브랜드 이름을 더 잘 기억하고 호의적으로 평가한다는 증거들이 있다.[21] 셋째, 경쟁 브랜드들과 구별시키기 위해서 브랜드는 독특해야 한다. 만일 마케터가 제품라인의 한 브랜드를 사용하려고 한다면, 이 브랜드는 같은 제품라인에 있는 모든 제품들과 양립할 수 있어야 한다. 끝으로, 브랜드는 모든 형태의 매체에서 사용될 수 있고 인식될 수 있도록 디자인되어야 한다. 이미 많은 명백한 제품 이름들이 사용되고 있기 때문에 적절한 브랜드 이름은 도전적인 과제가 된다.

어떻게 브랜드 이름이 고안되는가? 브랜드 이름은 단일 혹은 복합 단어(예: Dodge Nitro)로 창조된다. 브랜드 이름은 Volvo의 S60 세단 혹은 Motorola의 RAZR V3 폰과 같이 글자와 숫자가 이용된다. Apple의 iPhone과 BMW Z4 Roadster와 같이 단어, 숫자, 그리고 글자들이 조합되어서 브랜드 이름을 만들기도 한다. 부정적 의미를 갖는 것을 피하기 위해서, 마케터는 종종 의미 없는 조어를 사용하기도 한다(예: Kodak과 Exxon).

실제로 누가 브랜드 이름을 만드는가? 브랜드 이름은 기업이 내부적으로 만들 수도 있다. Del Monte에서 임원들이 브레인스토밍으로 27개 아이디어를 이용해서 새로운 애완 고양이 식품에 대해서 "pate", "soufflé", 그리고 "creme brulee"와 같은 이름을 찾아냈다.[22] 종종 브랜드 이름은 제품 개발과 친밀한 개인들에 의해서 제안되기도 한다. 일부 기업들은 브랜드 이름 창출과 승인에 참여하는 위원회를 갖고 있다. 매년 많은 신제품을 출시하는 대기업들은 브랜드 이름을 개발하는 부서를 갖고 있기도 하다. 때때로 브랜드 이름을 개발하는 데 전문화된 외부 컨설턴트와 기업이 이용되기도 한다.

5 브랜드 보호

마케터는 등록을 통해서 쉽게 보호받을 수 있도록 브랜드를 설계하여야 한다. 일련의 법원판결들은 브랜드 형태에 근거해서 광범위한 보호위계를 만들었다. 가장 보호 가능한 것으로부터 최소로 보호 가능한 것까지, 이러한 브랜드 형태들로는 기발한(Exxon), 임의의(Dr Pepper), 제안적(Spry'n Wash), 서술적(Minute Rice), 그리고 일반적(알루미늄 호일)까지 있다. 무브랜드는 보호받을 수 없다. 별명(surname)과 서술적, 지역적, 혹은 기능적 이름은 보호받기 어렵다.[23] 그러나 연구들에 의하면 전반적으로 소비자들은 서술적이고 암시적인 브랜드 이름을 선호하고 이러한 이름들이 기발하거나 임의적인 브랜드 이름과 비교해서 기억하기가 더 쉽다는 것이 밝혀졌다.[24] 이러한 설계들 때문에 일부 브랜드들은 다른 브랜드보다 더 쉽게 법적으로 침해받을 수 있다. 비록 등록이 10년 동안 국내에서 트레이드마크를 보호하고 그리고 이 트레이드마크는 무제한으로 갱신될 수 있지만, 기업은 이 트레이드마크가 필요할 때 갱신된다는 것을 확신하는 시스템을 개발해야 한다.

브랜드에 대한 독점적 권리를 보호받기 위해서, 기업은 브랜드가 U.S. Patent and Trademark Office에 이미 등록되어 있는 다른 브랜드를 침해하지 않도록 해야 한다. Apple이 iPhone을 매우 멋지게 출

2009 SUSAN HOLTZ

브랜드 보호
기업들은 브랜드를 보호하기 위해서 광고에서 특정 문구나 상징을 이용한다. Ziploc브랜드 바로 뒤에 "brand" 라는 말을 표기하고 심볼 ®을 사용한다.

시한 후, iPhone이라는 트레이드마크 이름을 소유하고 있는 Cisco에 의해서 제소되었다. 결국 두 기업은 Apple의 이름 사용에 대해서 합의에 도달하지 못했다. 이러한 과제는 침해가 법정에서 결정되기 때문에 복잡할 수 있다. 법정에서는 브랜드가 제품의 원천에 대해서 소비자를 혼란스럽게 하거나, 틀리게 하거나, 혹은 기만시키는지 여부에 대한 의사결정에 근거해서 판결한다. McDonald's는 침해에 대해서 트레이드마크를 공격적으로 보호하는 기업들 중의 하나이다. 이 기업은 유사 이름을 사용하는 기업들에 대해서 금전적 부담을 주었다. 왜냐하면 접두사(Mc)를 사용하는 것이 소비자들에게 이러한 기업들은 McDonald's가 소유하고 있거나 관련되어 있는 인상을 줄 수 있기 때문이다.

마케터는 브랜드 이름이 일반 제품 범주를 언급할 때 사용되는 일반명사가 되는 것을 막도록 보호해야 한다. 일반명사는 독점적 브랜드 이름으로 보호받을 수 없다. 예를 들어서, 한 때는 브랜드 이름이었던 *aspirin, escalator, shredded wheat*는 결국 제품 범주를 언급하는 일반명사가 되었다. 따라서 이 이름들은 더 이상 보호받지 못한다. 브랜드 이름이 일반명사가 되는 것을 보호하기 위해서 기업들은 대문자로 브랜드 이름을 만들어서 이것을 일반제품 범주의 이름을 수정하기 위해서 형용사로 사용한다(예, Kool-Aid Brand Soft Drink Mix).[25] 브랜드 이름 바로 뒤에 *브랜드*라는 단어를 포함시키는 것도 도움이 된다. 기업은 이 브랜드가 트레이드마크이고 제품범주로 사용되지 말아야 한다는 광고를 통해서 이 문제를 다룰 수 있다. 기업은 브랜드가 심볼 ®을 사용해서 등록된 트레이드마크라는 것을 알릴 수 있다.

해외에서 브랜드를 보호하려고 하는 미국 기업은 자주 문제에 봉착한다. 많은 나라에서 브랜드 등록이 가능하지 않다. 그러한 나라에서는 브랜드를 처음 사용하는 기업이 자동적으로 그 이름을 사용할 수 있는 권한을 갖는다. 어떤 경우에는 미국 기업들은 실제로 해외 기업으로부터 브랜드 권리를 구입해야 했다. 왜냐하면 해외 기업이 그 나라에서 최초 사용자이기 때문이다. 쿠바 정부와 합작투자를 한 프랑스 기업인 Pernod Richard에 의해서 183개국에서 거래된 Havana Club rum이 1960년에 국유화되면서 유발된 10년 이상의 논쟁을 생각해 보라. 그러나 Bacardi는 미국에서 유통하기 위해서 이것을 생산할 의도로 브랜드의 쿠바의 원래 창시자로부터 권리와 제조법을 구입하였다. Pernod Richard는 Bacardi를 협정위반으로 소송을 하였다. 그러나 Bacardi는 미국 내에서 트레이드마크의 쿠바 등록은 더 이상 유효하지 않다고 주장하였다. 이러한 논쟁은 미국 법정과 WTO(World Trade Organization)가 관련되어 있다.[26]

브랜드를 보호하려는 마케터는 브랜드 위조와도 싸워야 한다. 예를 들어서, 미국에서 사람들은 가짜 GM 부품, 가짜 Cartier 시계, 가짜 Louis Vuitton 핸드백, 가짜 Walt Disney 캐릭터인형, 가짜 Warner Brothers 의류, 가짜 Mont Blanc 펜, 그리고 자기 브랜드를 갖고 있지 않은 기업들이 불법으로 유통시키는 많은 가짜 제품들을 구입할 수 있다. 가짜 제품들로 인한 손실은 연간 2,500억~3,500억 달러로 추정된다.

트레이드마크의 보호를 강화하기 위해서, 미의회는 1988년에 Trademark Law Revision Act를 제정하였다. 이법은 1946년 Lanham Act 이후 유일한 연방 트레이드 법률 제정이다. 이러한 최근 법 제정의 취지는 해외기업에 비해서 미국 기업에 대한 연방 등록 시스템의 가치를 높이고 위조, 혼동, 그리고 기만으로부터 일반인을 보호하는 것이다.[27]

6 브랜드 정책

브랜드 정책을 수립하기 전에, 기업은 자신의 제품들에 브랜드를 붙일지 여부를 결정하여야 한다. 만일 기업의 제품이 동질적이고 경쟁기업의 제품과 유사하다면 브랜드 애호도를 창출하려는 방법으로 브랜드를 붙이는 것이 어렵다. 석탄, 모래, 그리고 농작물과 같은 원료들은 브랜드를 붙이기가 어렵다. 왜냐하면 그런 제품들은 동질적이고 물리적 특성도 유사하기 때문이다.

만일 기업이 제품에 브랜드를 붙인다면, 개별 브랜딩, 가족 브랜딩, 혹은 결합 브랜딩을 사용할 수 있다. **개별 브랜딩(individual branding)**은 각 제품에 대해서 다른 이름을 붙이는 정책이다. Sara Lee는 Hanes 속옷 L'eggs 팬티스타킹, Champion 스포츠웨어, Bali, Jimmy Dean, Ball Park, 그리고 다른 다양한 브랜드를 갖고 있는 많은 사업부 내에서 개별 브랜딩을 사용한다. 개별 브랜딩의 주요 장점은 만일 기업이 열등 제품을 출시한다면 이 제품과 관련된 부정적 이미지가 그 기업의 다른 제품들까지 오염시키지 않는다는 것이다. 개별브랜딩 정책은 기업이 같은 시장의 여러 세분시장에 진입하기를 원할 때 시장세분화를 용이하게 할 수도 있다. 이때 분리되고 관련없는 이름들이 사용될 수 있고 각 브랜드는 특정 세분시장을 목표로 할 수 있다.

가족 브랜딩(family branding)을 사용하면, 한 기업의 모든 제품들이 같은 이름 혹은 적어도 이름의 일부를 같이 사용한다(예: Kellogg's Frosted Flakes, Kellogg's Rice Krispies, 그리고 Kellogg's Corn Flakes). 어떤 경우 브랜드에서 기업의 이름이 다른 단어들과 결합된다. Arm & Hammer는 모든 제품에 제품의 일반적 서술과 함께 이 이름을 사용한다(예: Arm & Hammer Heavy Duty Detergent, Arm & Hammer Pure Baking Soda, Arm & Hammer Carpet Deodorizer). 개별 브랜딩과 달리 가족 브랜딩은 가족 브랜드의 한 제품을 촉진하게 되면 그 기업의 다른 제품들도 촉진한다는 것을 의미한다. 가족 브랜딩을 사용하는 다른 기업들로는 Mitsubishi, Heinz, 그리고 Sony를 들 수 있다.

기업은 단일 브랜딩 정책으로 제한되지 않는다. 많은 제품들에 대해서 주로 개별 브랜딩을 사용하는 기업이 특정 제품라인에 대해서는 가족 브랜딩을 사용할 수도 있다. 브랜딩 정책은 그 기업이 생산하는 제품 및 제품라인의 수, 표적시장의 특성, 경쟁제품의 수와 형태, 그리고 기업자원의 크기에 의해서 영향을 받는다.

7 브랜드 확장

브랜드 확장(brand extension)은 기업이 다른 제품범주의 신제품에 브랜드 이름을 붙일 때 기존 브랜드들 중에서 하나를 사용할 때 발생한다. 이에 대한 예로는 볼펜 제조기업인 Bic이 일회용 Bic 면도기와 Bic 라이터를 출시한 것을 들 수 있다. 브랜드 확장은 라인확장과 혼동하지 말아야 한다. 라인확장은 새로운 향이나 크기와 같이 같은 제품 범주 내의 신제품에 대해서 기존 브랜드를 사용하는 것을 말한다. 예를 들어서, Tylenol 제조기업인 McNeil Consumer Products는 Extra Strenth Tylenol P.M.을 출시했을 때, 이 신제품은 동일 제품범주에 있기 때문에 라인확장이다.

마케터는 만일 브랜드가 너무 자주 혹은 원래 제품 범주로부터 너무 멀리 확장된다면, 브랜드가 상당히 약해질 수 있다는 공통된 우려를 갖고 있다. 예를 들어서, Nabisco SnackWell 브랜드는 초기에는 크래카, 쿠키, 그리고 스낵바와 같은 굽는 스낵 범주에서만 확장되었다. 그러나 이 브랜드가 요구르트와 젤라틴믹스까지 훨씬 더 먼 영역까지 확장되었다. 비록 일부 전문가들이 Nabisco에게 SnackWell 브랜드를 이런 정도까지 확장하는 것에 대해서 경고할 수 있지만, 일부 증거들은 브랜드들이 원래 제품 범주에 대한 고객의 지각을 확장하는 광고를 통해서 비교적 덜 관련된 제품범주까지 성공적으로 확장될 수 있다는 것을 보여준다.

8 공동브랜딩

공동브랜딩(co-branding)는 한 제품에 대해서 둘 혹은 그 이상의 브랜드를 사용하는 것이다. 마케터는 여러 브랜드의 브랜드 자산을 이용하기 위해서 공동브랜드를 채택한다. 공동브랜딩은 가공식품 범주들과 신용카드 산업에서 인기가 있다. 공동브랜딩을 사용하는 브랜드들은 같은 기업이 소유할 수 있다. 예를 들어서, Kraft의 lunchables 제품은 Kraft 치즈 브랜드를 또 다른 Kraft의 소유 브랜드인 Oscar Mayer lunchmeats와 한 팀을 이루었다. 브랜드들은 서로 다른 기업들에 의해 소유될 수도 있다. 예를 들어서, American Express, Visa, 그리고 MasterCard와 같은 신용카드 기업들은 General Motors, AT&T, 그리고 항공사들과 같은 다른 브랜드들과도 한 팀이 된다. 효과적인 공동브랜딩은 고객들이 관련된 브랜드에 대해서 갖고 있는 신뢰와 확신을 이용하는 것이다. 브랜드는 브랜드의 정체성을 잃지 말아야 하고 어느 브랜드가 주요 브랜드라는 것을 고객에게 명확히 해야 한다. 예를 들어서, Kellogg는 브랜드를 소유하고 있고 Kellogg's Healthy Choice Cereal의 주된 브랜드업자라는 것은 매우 명백하다. 마케터가 공동브랜드 제품이 성공적이지 못할 때, 두 브랜드 모두가 제품 실패

공동브랜드
Lunchable은 Oscar Mayer와 Kraft로 구성된 공동브랜드 제품이다.

와 관련된다는 것을 이해하는 것이 중요하다. 고객의 수용을 얻기 위해서, 관련된 브랜드는 구매자의 마음에 보완적 적합성을 나타내어야 한다. Harley-Davidson와 같은 브랜드를 Healthy Choice와 같은 브랜드와 연결시키려는 노력은 공동브랜딩을 달성하지 못할 것이다. 왜냐하면 고객들은 이러한 브랜드들을 양립 가능한 것으로 지각하지 않을 것이기 때문이다.

9 브랜드 라이센싱

인기 있는 브랜딩 전략에는 **브랜드 라이센싱(brand licensing)**이 포함되는데, 브랜드 라이센싱은 한 기업이 다른 기업에게 라이센싱 요금을 받고 다른 제품에 자기 브랜드를 사용하도록 허용하는 협정이다. 브랜드 사용료는 적게는 도매 총매출액의 2%에서부터 10%이상까지 다양하다. 예를 들어서, Kohl's는 캐쥬얼 신발 제품라인에 사용하기 위해서 Tony Hawk를 라이센스하였다.[28] 라이센스를 받은 기업은 모든 제조, 판매, 그리고 광고 기능을 책임지고 만일 라이센스 받은 제품이 실패하면 그 비용을 감수한다. 라이센싱의 장점은 추가 수입에서부터 낮은 비용이나 무료 홍보, 새로운 이미지 그리고 트레이드마크 보호까지 다양한다. 주요 단점으로는 제조통제가 없기 때문에 이 기업 이름에 피해를 주고 소비자들에게 같은 브랜드를 사용하는 관련없는 너무 많은 제품들을 마구 만들어 낸다.

9.7 패키징

패키징(packaging)은 제품에 대한 용기와 그래픽 디자인의 개발을 포함한다. 패키지는 제품의 중요한 일부가 될 수 있고, 제품을 더 다양하고 더 안전하고 사용하기에 더 쉽게 만든다. 브랜드 이름과 마찬가지로 패키지는 제품에 대한 태도에 영향을 줄 수 있어서 구매의사결정에 영향을 준다. 예를 들어서 젤리, 소스, 그리고 케찹의 일부 제조기업들은 짤 수 있는 프라스틱 용기로 제품들을 패키지해서 더욱 편리하게 사용하고 보관할 수 있도록 한다. 반면 일부 페인트 제조기업은 쉽게 개봉하고 쏟을 수 있는 페인트통을 도입했다. 패키지 특성은 구매시점이나 사용하는 동안에 제품에 대한 구매자의 인상을 형성하도록 도와준다. 여기에서는 패키징의 주요 기능을 알아보고 주요한 패키징 의사결정을 생각해 본다. 또한 마케팅 전략에서 패키지의 역할을 분석한다.

1 패키징의 기능

효과적인 패키징은 단순히 제품을 용기에 넣어서 포장지로 싸는 것 그 이상이다. 첫째, 패키징 재료는 제품을 보호하고 제품의 기능적 형태를 유지시켜 주는 기본적 목적을 담당한다. 우유 및 오렌지 쥬스와 같은 유동체는 내용물을 보관하고 보호하는 패키지가 필요하다. 패키징은 제품의 유용성에 영향을 줄 수 있는 손상을 막아야 하므로 높은 비용이 소요된다. 이러한 제품의 경우 제품을 만지작거리는 것이 문제이기에 이런 위험을 방지하기 위해서 여러 패키징 기법들이 개발되었다. 일부 패키지는 물건을 훔쳐가지 못하도록 설계된 것도 있다.

패키징의 또 다른 기능은 소비자에게 편리성을 제공하는 것이다. 예를 들어서, 작은 무균 패키지—액체를 담을 수 있고 냉장이 필요 없는 개별 사이즈의 박스나 플라스틱 백—가 어린이와 활동적인 라이프스타일의 젊은 성인들에게 강력하게 소구한다. 패키지의 크기나 형태가 제품의 보관, 사용의 편리성, 혹은 교체율과 관련될 수 있다. 예를 들어서, 소형 개별 야채캔은 낭비를 막고 보관을 쉽게 한다. 패키징의 세 번째 기능은 제품의 특성, 사용, 편익 그리고 이미지를 커뮤니케이션해서 제품을 촉진하는 것이다. 종종 제품을 더 멋있어 보이게 하기 위해서 재사용 가능한 패키지가 개발된다. 예를 들어서, Cool Whip 패키지는 식품보관용기를 대신한다.

2 주요 패키징 고려사항

마케터는 패키지를 개발할 때 많은 요소들을 고려해야 한다. 분명히 중요한 고려사항은 비용이다. 비록 많은 다른 패키지 재료, 과정, 그리고 디자인이 이용가능하지만, 비용은 상당히 다양하다. 최근에 구매자들은 개선된 패키징에 더 많은 돈을 지불할 의향이 있음을 보여주었지만 여기에는 한계가 있다.

마케터는 기업의 패키지 디자인들끼리 얼마만큼의 일관성이 바람직한가를 고려해야 한다. 만일 한 기업의 제품들이 관련이 없거나 매우 다른 표적시장을 겨냥한다면 일관성 없는 패키지가 최선의 정책이 될 수 있다. 전반적인 기업이미지를 촉진하기 위해서, 기업은 모든 패키지를 유사하게 하거나 디자인의 주요 요소를 포함시켜야 한다고 결정할 수 있다. 이러한 접근방법을 **가족 패키징(family packaging)**이라고 한다. 이것은 종종 제품라인에서만 사용된다(예: Campbell 스프, Weight Watchers 식품, 그리고 Planters Nuts).

AP IMAGES/PRNEWSFOTO/THE PROCTER & GAMBLE COMPANY

편리성 패키징
일부 기업들은 사용하는 데 편리하게 디자인된 패키지로 경쟁한다.

패키지의 촉진 역할은 중요한 고려사항이다. 언어와 비언어적 상징을 통해서 패키지는 잠재적 구매자에게 제품의 내용, 특성, 사용, 장점, 그리고 위험에 대해서 정보를 제공할 수 있다. 기업은 색상, 디자인, 모양, 그리고 질감의 선택을 이용해서 바람직한 이미지와 연상을 창출할 수 있다. 예를 들어서, 많은 화장품 기업들은 풍부함, 호화로움, 그리고 배타성의 인상을 창출하도록 패키지를 디자인한다. 명확한 촉진 가치를 갖는 패키지를 개발하기 위해서 디자이너는 크기, 형태, 질감, 색상, 그리고 그래픽을 고려해야 한다. 패키지가 제품을 보관하기에 충분히 커야 한다는 명확한 한계를 넘어서, 패키지는 더 크거나 작도록 디자인될 수 있다. 밝은 색상의 패키징은 패키지를 더 커 보이게 할 수 있는 반면 어두운 색상은 지각된 크기를 최소화할 수 있다.

종종 패키지의 색상은 관심을 끌기 위해서 선택된다. 그리고 색상은 고객의 감성에 긍정적으로 영향을 미칠 수 있다. 사람들은 특정 색상을 어떤 느낌 및 경험과 연관시킨다. 푸른색은 위로를 해준다. 이 색은 부, 신뢰, 그리고 안전과 연관된다. 회색은 강함, 배타성, 그리고 성공과 연관된다. 오렌지색은 낮은 비용을 의미할 수 있다. 빨간색은 흥분과 자극을 암시한다. 자주색은 존엄 및 위엄과 연관된다. 노란색은 쾌활과 기쁨을 암시한다. 검은색은 강하고 권위적인 것과 연관된다.[29] 패키징에 대한 색상을 선택할 때, 마케터는 특정한 색상이 특정한 제품과 연계될 때 긍정적 혹은 부정적 느낌을 유발시키는지 여부를 판단해야 한다. 예를 들어서, 가공업자들은 고기나 빵을 녹색 재료로 패키지하지 않는다. 왜냐하면 고객들은 녹색을 곰팡이와 연관시키기 때문이다. 마케터들은 특정 표적시장이 특정 색상에 대해서 호의적으로 혹은 비호의적으로 반응하는지 여부도 결정하여야 한다. 어린이에게 소구하도록 설계된 패키지는 종종 원색과 대담한 디자인을 사용한다.

패키징은 재판매자의 욕구도 맞추어야 한다. 도매기업과 소매기업은 패키지가 수송, 보관, 그리고 취급을 수월하게 하는지 여부를 고려해야 한다. 재판매자는 만일 패키지가 방해가 되면 그 제품을 취급하는 것을 거절할 수 있다. 세탁용 세제와 섬유유연제가 농축된 형태는 소매기업이 기존 판매 선반 공간에서 더 많은 제품 다양성을 제공하도록 도와준다.

3 패키징과 마케팅 전략

패키징은 마케팅 전략의 주요 구성요소가 될 수 있다. 새 뚜껑이나 칸막이, 더 나은 박스나 포장재, 혹은 더 편리한 용기는 제품에게 경쟁 우위를 제공할 수 있다. 신제품의 올바른 유형의 패키지는 매우 빨리 시장이 제품을 인지하도록 도울 수 있다. 예를 들어서, Sunsweet Growers이 New Ones 건자두를 출시해서 건강식 스낵을 원하는 소비자들을 표적으로 할 때, 이것을 명심하였다. 20개의 개별적으로 포장된 씨없는 자두 스낵을 투명한 통에 담아서 캔디처럼 보이게 해서 판매하였다.이 패키지는 제품을 보호하고 도시락이나 책상에 충분히 휴대 가능하도록 만들었다.[30] 기존 브랜드의 경우에, 마케터는 정기적으로 패키지를 재평가하여야 한다. 마케터는 특히 소비자 편의품에 대해서 패키징을 주요 전략적 도구로 보아야 한다. 예를 들어서, 식품산업에서 핫도그, 피자, 영국식 머핀, 냉동 디너, 그리고 비스켓과 같은 제품에 대한 초대형과 대형 패키지 크기가 매우 성공적이었다. 패키징의 전략적 사용을 고려할 때, 마케터는 패키징과 패키지 변화에 대한 비용도 분석하야 한다. 여기에서는 패키징이 전략적으로 사용될 수 있다는 것을 알아본다.

(1) 패키지의 변경

종종 마케터는 기존 디자인이 더 이상 유행에 맞지 않을 때, 특히 경쟁 제품의 패키징과 비교했을 때 패키지를 변화시킨다. Arm & Hammer는 현재 베이킹소다를 보충가능한 플라스틱 세이커(shaker)를 판매하고 있다. Quaker Oats는 Rice-A-Roni 패키지를 재설계하기 위해서 패키지 디자인 기업을 고용해서 제품에 대해서 시간이 지나면서 진화된 현대적인 외형을 나타내는 반면 전통적인 맛 소구를 유지하도록 하였다. 패키지는 신제품 특성이 강조되어야 할 필요가 있기 때문에, 혹은 새로운 패키지 원료가 이용가능해졌기 때

전환 중인 마케팅

제품이 얼마나 그린(green)인가? 라벨을 확인하라

많은 기업들이 자기 제품, 서비스 혹은 운영에 대한 그린인증을 획득해서 환경 의식적인 고객들을 효과적으로 만족시키려고 한다. 가장 잘 알려져 있는 몇몇 그린 인증 라벨과 지정은 아래와 같다:

- Energy Star: U.S. Environmental Protection Agency와 U.S. Department of Energy가 관리하는 Energy Star 라벨은 에너지 효율적 집과 사무실 집기(예: PC, 식기세척기, 세탁기, 레이저 프린터)를 확인해 준다. 예를 들어서, Dell은 낮은 전원 사용으로 Energy Star 기준을 따르고 있는 많은 컴퓨터와 모니터들을 출시하였다.

AP IMAGES/PRNEWSFOTO/ 'ALL' LAUNDRY DETERGENT

- Green Seal: 이 비영리 단체는 제품의 공급, 생산, 패키징, 소비 그리고 처분의 환경적 영향을 조사한다. 환경친화적인 가정 청소 제품뿐만 아니라 나무가 고갈되지 않도록 만들어진 종이와 다른 제품들에서 Green Seal 로고를 찾아라.
- Forest Stewardship Council: 46개국 이상에서 활동하는 Forest Stewardship Council은 지속가능성에 염두에 두고 관리되는 나무 및 나무 제품에 라벨을 붙인다. Martin과 Gibson 모두 이 인증 라벨을 획득한 나무로 기타를 만든다.
- Sustainable Forestry Initiative: 이 라벨에 대한 자격을 주기 위해서, 제품의 섬유성분의 전부 혹은 일부는 환경친화성으로 관리되는 삼림으로부터 만들어져야 한다. 이 라벨은 재활용 재료를 포함한 제품을 식별할 수도 있다. 한 연구는 만일 이러한 라벨이 환경적 편익을 설명한다면, 소비자의 70%가 환경친화적인 재목으로 만들어진 제품을 선택한다는 것을 알아냈다.
- Leadership in Energy and Environmental Design(LEED): LEED 인증은 빌딩의 설계, 건설, 그리고 운영이 U.S. Green Building Council에 의해 설정된 그린 기준을 충족시킨다는 것을 알려준다. 예를 들어서. U.S. Postal Service는 에너지와 물을 보존하는 LEED 인증 유통센타를 구축하여 그린인증을 자랑하고 있다.[c]

문에 재설계될 수도 있다. 기업은 제품을 더 안전하게 만들거나 혹은 사용에 더 편리하게 만들기 위해서 패키지를 변화시키기로 결정할 수도 있다. Oscar Mayer는 전통적 베이컨 패키징이 종종 지저분하고 여러 번 사용하도록 하는 과정에서 신선도를 유지하도록 봉할 수 없다는 소비자불만을 해결하기 위해서 다시 디자인된 "Stay-Fresh Reclosable Tray"로 슬라이스 베이컨을 출시하였다. 패키징 기업인 Bemis Co와 협력해서 개발된 새로운 패키지는 1920년대 이후 베이건 패키징에서 가장 중요한 변화를 나타낸다.[31]

(2) 2차적 사용 패키징

2차적 사용 패키지는 패키지의 초기 기능 이외 목적으로 재사용될 수 있는 것을 의미한다. 예를 들어서, 마가린 용기는 점포 찌꺼기를 담기 위해서 재사용될 수 있고 젤리 용기는 음료수잔으로 사용될 수 있다. 고객은 종종 2차적 사용 패키지를 제품에 대한 가치를 추가하는 것으로 본다. 이런 경우에 이러한 사용은 단위매출을 자극한다.

(3) 범주전용 패키지

범주전용 패키징을 이용해서, 제품은 특정제품 범주와 연관된 패키징 관행과 일맥상통하게 포장된다. 예를 들어서, 마요네즈, 겨자, 케찹, 그리고 땅콩 버터와 같은 일부 제품 범주는 전통적 패키지 형태를 갖고 있다. 다른 제품 범주는 인식할 수 있는 색상 조합에 의해서 특성화된다(예: 스프에 대해서 빨간색과 흰색, Ritz와 같은 크래커에 대해서 빨간색, 노란색, 그리고 푸른색). 기업이 이런 제품 범주 중 하나에 브랜드를 출시할 때 마케터는 고객이 기존 특정 제품범주에 해당되는 신제품이라는 것을 인정할 것을 확신시키기 위해서 종종 전통적 패키지 형태와 색상 조합을 이용할 것이다.

(4) 혁신적 패키징

종종 마케터는 제품을 특이하게 보이도록 하기 위해서 독특한 뚜껑, 디자인, 약 바르는 도구, 혹은 다른 특징을 채택한다. 이러한 패키징은 혁신이 제품을 더 안전하게, 혹은 더 사용하기 쉽게, 혹은 제품을 더 잘 보호하도록 만들 때 효과적일 수 있다. 어떤 경우에 마케터는 자기 브랜드가 경쟁제품보다 눈에 더 띄게 하기 위해서 전통적인 패키징 관행과 일치하지 않는 혁신적이거나 독특한 패키지를 사용한다. 보기 드문 패키징은 종종 패키지 디자인뿐만 아니라 고객들이 독특한 패키지와 이것의 편익을 알아차리게 하는 데 상당한 자원이 소요된다. 더구나, 최근 연구 결과에 의하면, 관심을 끄는 독특한 형태를 갖는 패키지는 제품의 더 많은 양을 담을 수 있는 것으로 지각될 수 있다고 하였다.[32]

(5) 복합 패키징

제품을 단일 단위로 패키지하는 것보다는, 마케터는 종종 두 개 묶음 꾸러미, 세 개 묶음 꾸러미, 여섯 개 묶음 꾸러미, 혹은 복합 패키징의 다른 형태를 사용한다. 특정 유형의 제품의 경우, 복합 패키징은 수용을 증가시킬 수 있다. 왜냐하면 이러한 패키징은 소비 시점(예: 가정에서)에서 이용가능한 제품의 양을 증가시키기 때문이다. 이것은 구매자가 여러 번 제품을 시용하도록 격려함으로써 제품에 대한 소비자 수용을 증가시킬 수도 있다. 복합 패키징은 음료수 여섯 개 묶음 꾸러미처럼 제품을 취급하고 보관하는 것을 더 수월하게 만들 수 있다.

(6) 취급개선 패키징

제품을 유통경로상에서 취급하기 수월하도록 하기 위해서 제품 패키지가 변경될 수 있다. 예를 들어서, 패키지의 외부 판지를 바꾸거나 특별한 묶음, 쭈글쭈글한 포장, 혹은 팔레트를 사용하는 것이다. 어떤 경우에는 패키지의 형태가 바뀐다. 자동 창고 시스템을 이용해서 더 쉽게 처리할 수 있도록 제품의 외부 용기는 종종 바뀔 수 있다.

SNAPSHOT

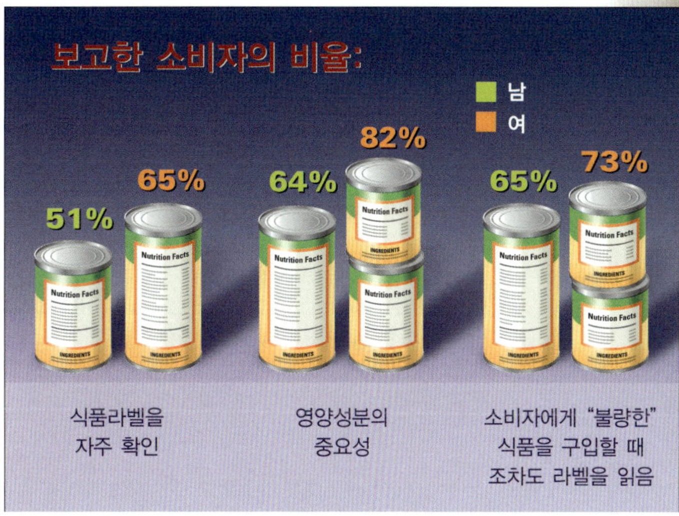

자료원: AP-Ipsos

9.8 라벨링

라벨링(labeling)은 패키징과 매우 밀접한 관련이 있고 식별하고, 촉진하고 정보를 제공하고, 그리고 법적인 목적으로 사용된다. 라벨은 제품의 크기에 비해서 작거나 클 수 있어서 다양한 정보의 양을 전달한다. 예를 들어서, Chiquita 바나나에 붙어 있는 스티커는 매우 작아서 과일의 브랜드 이름과 재고유지 단위 번호만 표시하고 있다. 라벨은 패키지 자체의 일부 혹은 패키지에 부착된 별도 특성이다. Coke캔에 있는 라벨은 실제로 캔의 일부인 반면, 2리터짜리 Coke병에 있는 라벨은 분리되어 있어서 제거될 수도 있다. 라벨에 제시된 정보는 브랜드 이름과 마크, 등록된 트레이드마크 심볼, 패키지 크기와 내용물, 제품 특성, 영양분 정보, 알레르겐(allergens)의 가능성 존재, 제품의 형태와 스타일, 서비스의 빈도, 주의사항, 용도 및 안전예방책의 지침, 제조기업의 이름과 수소, 유효기간, 승인 도장, 그리고 그 외 사실들이 포함된다.

라벨은 독특한 그래픽디자인과 결합된 브랜드 이름을 표시해서 제품의 식별을 용이하게 할 수 있다. 예를 들어서, Heinz 케찹은 브랜드 이름이 읽기 쉽고 라벨이 독특한 왕관같은 형태이기 때문에 슈퍼마켓 진열대에서 식별하기가 쉽다. 제품과 이 제품의 편익에 관심을 끌도록 해서, 라벨은 기업의 촉진노력을 강화할 수 있다. 라벨은 할인제공 혹은 같은 가격으로 더 큰 패키지 크기의 제공 혹은 새롭거나 개선된 제품특성에 대한 정보와 같은 촉진 메시지를 포함할 수 있다.

여러 연방 법률들과 규제는 특정제품의 라벨에 포함되어야 하는 정보를 지정한다. 의류는 제조기업 이름, 제조국, 직물함유량, 그리고 세탁지침이 라벨에 표시되어야 한다. 샴푸나 세제와 같은 제품에 대한 라벨은 안전예방책과 사용지시 모두 포함되어야 한다. 1990의 Nutrition Labeling Act는 FDA (Food and Drug Adminstration)가 식품 라벨링과 패키징, 영양 내용물에 초점을 맞추고, 라벨 형식, 성분 라벨링, 식품 기재사항, 그리고 건강 메시지를 검토할 것을 요구한다. 이 법령은 26,000개 미국 기업들이 만드는 250,000개 이상의 제품들에 부착되는 많은 라벨링들을 규제하고 있다. 영양적 주장이 이루어지는 어떠한 식품 제품은 표준형식을 따르는 영양분 라벨링을 갖고 있어야 한다.

표 9.3 원산지에 근거한 지각된 제품의 가치*

	"Made in U.S.A"		"Made in Japan"		"Made in Korea"		"Made in China"	
	가치	품질	가치	품질	가치	품질	가치	품질
미국성인	4.0	4.2	3.2	3.2	2.6	2.4	2.8	2.4
서부 유럽인	3.3	3.4	3.5	3.5	2.8	2.4	2.9	2.4

*척도는 1 (낮음)부터 5 (높음).
자료원: "American Demographics 2006 Consumer Perception Survey," *Advertising Age*, January 2, 2006, p. 9. Data by Synovate.

식품 제품 라벨은 용기당 사용량 수치, 사용규모, 사용당 칼로리 수치, 비만유발 칼로리 수치, 탄수화물 수치, 그리고 비타민과 같은 특정 영양분의 용량을 서술해야 한다. 추가적으로, 새로운 영양성분 라벨링 요구조건은 식품제품에 있는 트랜스지방산의 양에 초점을 맞춘다. 비록 소비자들이 라벨에 있는 이런 유형의 정보에 호의적으로 반응하더라도, 이들이 실제로 트랜스지방산을 사용하는지 여부에 대한 증거가 혼합되어 있다. 한 연구는 미국 소비자의 80%가 식품라벨을 읽지만, 여전히 44%는 라벨에 있는 정보가 건강에 좋지 않다고 표기되어 있을 때 조차도 제품구매를 허락한 적이 있다고 보고하였다.[33]

식품생산과 가공에서 새로운 기술의 사용은 추가적인 식품 라벨 이슈를 유발시켰다. 현재 FDA는 라벨링이 식품에 방사선을 쏘일 때 특정 방사선 로고가 이용되는 것을 요구한다. 추가적으로 FDA는 식품 마케터가 유전적 조작 유기체가 없는 제품이라는 라벨을 선택하거나 생명공학 성분의 촉진을 선택했는지를 따르도록 자발적인 지침을 발간하였다.

"Made in U.S.A." 라벨에 관한 FTC (Federal Trade Commission)의 지침은 많은 제조기업에 관계되어서, 점차적인 제조활동의 국제화 특성 때문에 문제가 커지고 있다. FTC는 만일 "Made in U.S.A" 라는 라벨이 붙어 있다면 그 제품의 부품들의 "모두 혹은 사실상 모든" 것은 미국에서 생산되는 것을 요구한다. 비록 최근에 FTC가 "실질적인 모두"를 해석하는 지침을 바꾸는 것을 고려했었지만, 결국 FTC는 이 아이디어를 거부했고 "모두 혹은 사실상 모두" 기준을 유지하고 있다. 이런 결정의 관점에서 FTC는 New Balance가 운동화 라벨에 "Made in U.S.A."를 사용하는 것을 중지하도록 명령하였다. 왜냐하면 일부 부품(고무깔창)은 중국에서 만들어지기 때문이다. "Made in U.S.A." 라벨링 이슈는 아직 완전히 해결되지 않았다. "Made in U.S.A."를 사용하는 것에 대한 FTC의 기준은 도전을 받을 것이고 계속해서 바뀔 것이다.[34] <표 9.3>은 "Made in U.S.A." 라벨이 미국과 서부유럽 모두에서 얼마나 중요한가에 대한 통찰력을 보여준다. 이것은 미국-, 일본-, 한국-, 그리고 중국-원산지 라벨에 대한 품질과 가치에 대한 평가를 포함한다.

이 장의 복습

1 제품의 개념과 어떻게 제품이 분류되는지를 이해한다

제품은 교환을 통해서 받는 유형 제품, 서비스, 그리고 아이디어 혹은 이 세 가지의 조합이다. 제품은 유형 혹은 무형일 수 있고 기능적, 사회적, 그리고 심리적 효용 혹은 편익을 포함한다. 소비자가 제품을 구매할 때, 이들은 제품이 제공하는 편익과 만족을 구매하는 것이다.

제품은 구매자의 의도에 근거해서 분류될 수 있다. 소비자 제품은 개인적 그리고 가족의 욕구를 충족시키기 위해서 구매되는 제품이다. 비즈니스 제품은 기업운영에 활용, 재판매, 혹은 다른 제품의 제조를 위해서 구매된다. 소비자 제품은 편의품, 선매품, 전문품, 그리고 미탐색품으로 분류될 수 있다. 비즈니스 제품은 설비, 부속 장비, 원료, 부품, 가공원료, 유지, 수리 및 운영(MRO) 공급품, 그리고 비즈니스 서비스 설비로 분류될 수 있다

2 제품 아이템, 제품라인, 그리고 제품믹스의 개념을 설명하고 어떻게 이들이 연관되어 있는지를 이해한다

제품 아이템은 기업의 제품들 내에서 구별되는 제공물로 지정될 수 있는 제품의 특정한 형태이다. 제품라인은 마케팅, 기술적 고려 혹은 최종사용의 고려 때문에 같은 단위로 간주되는 일련의 밀접하게 관련된 제품 아이템들이다. 기업이 고객에게 사용가능하게 만드는 복합적 혹은 전체적 집단의 제품들을 제품믹스라고 한다. 제품믹스의 폭은 기업이 제공하는 제품라인의 수로 측정된다. 제품믹스의 깊이는 각 제품라인에서 제공되는 다양한 제품의 평균수이다.

3 제품수명주기와 이것의 마케팅 전략에 대한 영향을 이해한다

제품수명주기는 한 산업에서 제품 아이템이 어떻게 네 단계, 즉 도입기, 성장기, 성숙기, 쇠퇴기를 거치는가를 설명한다. 매출 곡선은 도입기에는 영(0)이고, 성장기에는 증가비율로 상승하고, 성숙기에는 절정을 이루고, 쇠퇴기에는 상당히 감소한다. 수익은 제품수명주기의 성숙기 말기에 정점을 이룬다.

4 제품수용과정을 설명한다

고객들이 신제품을 채택할 때, 통상적으로 다섯 단계의 수용 과정을 거쳐서 채택한다. 첫 번째는 인지단계로서 이때 구매자가 제품의 존재를 인식하게 된다. 두 번째는 관심단계로서 이때는 구매자가 정보를 추구하고 제품에 대한 학습을 받아들이려고 한다. 세 번째인 평가단계에서는 구매자가 제품의 편익을 고려하고 이 제품을 시용할지 여부를 결정한다. 네 번째인 시용단계에서는 구매자가 이 제품이 자신들의 욕구를 충족시키는지 여부를 결정하기 위해서 제품을 알아보거나, 테스트하거나, 혹은 시용한다. 마지막으로 수용단계에서는 구매자가 실제로 제품을 구매하고 이런 유형의 제품에 대한 욕구가 유발될 때마다 사용한다.

5 브랜딩의 가치와 브랜드 자산의 주요 구성요소를 설명한다

브랜드는 하나의 이름, 용어, 디자인, 상징, 혹은 한 판매자의 유형제품 혹은 서비스를 식별하고 이것을 다른 판매사의 제품들과 구별시키는 어떤 특성을 말한다. 브랜딩은 구매자들이 제품을 식별하고 평가하는 것을 도와주고 판매자가 제품도입과 재판매를 용이하게 도와주고 브랜드 애호도를 육성한다. 브랜드 자산은 브랜드의 강도와 연관되어 있는 마케팅 및 재무적 가치를 말한다. 이것은 기업에 대한 브랜드의 가치를 나타낸다. 브랜드 자산을 구성하는 4가지 주요 요소로는 브랜드 이름 인지도, 브랜드 애호도, 지각된 브랜드 품질, 그리고 브랜드 연상이 있다.

6 브랜드 유형과 이들이 어떻게 선정되고 보호되는지를 알아본다

제조업체 브랜드는 생산자에 의해 주도된다. 사적 유

통 브랜드는 재판매자에 의해 주도되고 소유되는데 종종 점포 혹은 유통업체의 이름을 사용하기도 한다. 무브랜드는 단지 제품범주만을 나타내고 기업 이름이나 다른 식별되는 용어를 포함하지 않는다. 브랜드 이름을 선택할 때, 마케터는 말하기 쉽고, 쓰기 쉽고, 기억하기 쉬운 이름을 선택해야 하고, 제품의 용도, 편익 혹은 특별한 특성을 암시하는 이름을 선택해야 한다. 브랜드 이름은 단어 글자, 숫자, 무의미한 단어 혹은 이들의 조합으로부터 찾을 수 있다. 기업은 자기 브랜드의 소유권을 U.S Patent and Trademark Office에 등록해서 보호받을 수 있다.

7 두 가지 유형의 브랜딩 정책을 확인하고 브랜드 확장, 공동브랜드, 그리고 브랜드 라이센싱을 설명한다

개별 브랜딩은 기업의 제품들 각각에 대해서 별개의 이름을 지명한다. 가족 브랜딩은 단일브랜드 이름으로 기업의 모든 제품들을 식별한다. 브랜드 확장은 다른 제품 범주에 있는 신제품이나 개선된 제품에 대해서 기존 브랜드를 사용한다. 공동브랜드는 한 제품에 대해서 두 개 혹은 그 이상의 브랜드를 사용한다. 라이센싱 협정을 통해서 라이센싱 사용료를 받고, 기업이 다른 기업에게 다른 제품에 대해서 자기 브랜드를 사용하도록 허락할 수 있다, 브랜딩 라이센싱은 제조기업이 추가 수익을 얻을 수 있고 낮은 비용이나 무료로 홍보할 수 있고, 자신의 트레이드마크를 보호할 수 있다.

8 주요 패키징 기능과 디자인 고려사항 그리고 패키징이 마케팅 전략에서 어떻게 사용되는지를 설명한다

패키징은 제품의 용기 및 그래픽 디자인의 개발을 포함한다. 효과적인 패키징은 내용물 보호, 경제성, 안전, 그리고 편리성을 제공한다. 이것은 제품 특성, 사용, 편익, 그리고 이미지를 촉진함으로써 고객의 구매결정에 영향을 준다. 패키지를 개발할 때, 마케터는 고객이 기꺼이 지불하려고 하는 가격에 의하여 차감되는, 효율적이고 효과적인 패키지의 가치를 고려해야 한다. 다른 고려사항으로는 어떻게 패키지가 만지는 것에 저항력이 있을지, 복합 패키징과 가족 패키징을 사용할지 여부, 어떻게 효과적인 촉진 수단으로 패키지를 디자인하는가, 그리고 얼마나 최선으로 재판매자가 이 패키지를 수용하도록 하는가가 포함된다. 패키징은 전반적 마케팅 전략의 중요한 부분이 될 수 있고 특정 세분 시장을 표적화하는 데 사용될 수 있다. 패키지의 수정은 성숙기 제품을 소생시킬 수 있고 제품수명주기를 연장할 수 있다. 제조기업은 새로운 특성을 전달하거나 제품을 더 안전하게 혹은 더 편리하게 만들기 위해서 패키지를 변경한다. 만일 패키지가 이차적 사용을 갖고 있다면 소비자에 대한 제품의 가치는 증가할 수 있다. 범주 전용 패키징은 제품을 소비자들이 더 쉽게 인지하도록 만든다. 혁신적 패키징은 제품의 구별성을 더 높여준다.

9 라벨링의 기능과 법률적 이슈를 이해한다

라벨링은 패키징과 매우 밀접한 관계를 갖고 있고 식별, 촉진, 그리고 정보적 및 법률적 목적으로 사용된다. 다양한 연방법률과 규제는 특정 제품이 경고, 지시, 영양적 정보, 제조기업의 식별, 그리고 그 외 정보들이 라벨화되고 표시될 것을 요구한다.

주요 개념

유형제품(good): 형태가 있는 물리적 실체

서비스(service): 사람이나 대상물에 대한 인적 노력이나 기계적 노력의 적용 결과

아이디어(idea): 개념, 철학, 이미지, 혹은 이슈

소비자 제품(consumer products): 개인 혹은 가족의 욕구를 만족시키기 위해서 구매된 제품

비즈니스 제품(business products): 재판매를 위해서 혹은 다른 제품을 만들기 위해서 구매된 제품

편의품(convenience products): 구매자가 최소한의 구매노력을 기울

이는 상대적으로 저렴하고, 자주 구입하는 제품

선매품(shopping products): 구매자가 구매를 계획하고 결정하는데 상당한 노력을 기울이려고 하는 제품

전문품(specialty products): 구매자들이 구입하기 위해서 상당한 노력을 기울일 의지가 있으며, 독특한 특성을 가진 제품

미탐색품(unsought products): 갑작스러운 문제를 해결해야 할 때 구매되는 제품, 고객이 인지하지 못하는 제품, 그리고 사람들이 꼭 구매할 필요는 없다고 생각하는 제품

설비(installations): 시설들 및 대형의 주요 장비

부속장비(accessory equipment): 최종제품의 일부가 되지는 않지만 생산이나 직무 활동에 사용되는 장비

원료(raw materials): 실제 제품의 일부가 되는 자연 재료

부품(component parts): 실제 제품의 일부가 되는 것으로 조립을 하기 위한 완성 아이템이거나 조립 전에 거의 가공할 필요가 없는 제품

가공원료(process materials): 다른 제품의 생산에 직접적으로 사용되지만 쉽게 확인할 수 없는 재료

MRO 공급품(MRO supplies): 유지, 수리, 운영 제품으로 생산과 운영을 용이하게 해주지만 완성 제품의 일부가 되지는 않는 제품

비즈니스 서비스(business services): 많은 조직들이 운영 시 사용하는 무형 제품

제품아이템(product item): 기업의 제품들 중에서 별개의 제공물로 지정될 수 있는 한 제품의 특정 버전

제품라인(product line): 마케팅, 기술적 혹은 최종 사용적 고려 때문에 같은 단위로 간주되는 밀접하게 관련된 제품 아이템들의 집단

제품믹스(product mix): 한 기업이 고객들에게 이용가능하게 만들 수 있는 복합적 혹은 전체적인 제품 집단

제품믹스의 폭(width of product mix): 한 기업이 제공하는 제품라인의 수

제품믹스의 깊이(depth of product mix): 각 제품라인에 있는 각기 다른 제품 아이템의 평균 개수

제품수명주기(product life cycle): 도입, 성장, 성숙, 쇠퇴의 네 가지 단계를 거치는 제품의 진행

도입기(introduction stage): 시장에 처음으로 출현하는 제품수명주기의 초기 단계-매출이 0에서 시작하고, 수익은 적자인 제품수명주기의 난계

성장기(growth stage): 매출이 급속히 증가하고, 수익은 정점에 도달한 후 쇠퇴하기 시작하는 제품수명주기의 단계

성숙기(maturity stage): 매출 곡선이 정점을 이룬 후 감소하기 시작하고, 수익은 계속 하락하는 제품수명주기의 단계

쇠퇴기(decline stage): 매출이 급속히 하락하는 제품수명주기의 단계

제품수용과정(product adoption process): 제품 수용에 있어서 구매자가 거치는 단계

혁신자(innovators): 신제품의 최초 수용자

조기 수용자(early adopters): 신제품의 신중한 수용자

조기 다수자(early majority): 평균 사람들보다 약간 먼저 신제품을 수용하는 사람들

후기 다수자(late majority): 필요를 느낄 때 신제품을 수용하는 회의론자

최후수용자(laggards): 신제품을 신뢰하지 않는 마지막 수용자

브랜드(brand): 한 마케터의 제품을 다른 마케터의 제품들과 구별되도록 하는 이름, 용어, 디자인, 상징 또는 어떤 다른 특징

브랜드 이름(brand name): 발음될 수 있는 브랜드의 일부

브랜드 마크(brand mark): 단어로 구성되지 않은 브랜드 요소

트레이드마크(trademark): 브랜드의 독점적 사용에 대한 법적인 지정

트레이드 이름(trade name): 조직의 법적인 전체 이름

브랜드 자산(brand equity): 시장에서 브랜드의 강도와 관련된 마케팅 및 재무적 가치

브랜드 애호도(brand loyalty): 특정 브랜드에 대해서 갖고 있는 고객의 호의적 태도

브랜드 재인(brand recognition): 고객이 브랜드의 존재를 알고 이것이 대안적 구매라고 인지

브랜드 선호도(brand preference): 고객이 한 브랜드를 다른 경쟁적 브랜드보다 더 선호하는 브랜드 애호도의 정도

브랜드 집착(brand insistence): 고객이 강력하게 특정 브랜드를 선호하고, 다른 대체 브랜드를 수용하지 않는 브랜드 애호도의 정도

제조업체 브랜드(manufacturer brands): 생산자에 의해 주도되는 브랜드

사적 유통업체 브랜드(private distributor brands): 재판매자에 의해 주도되고 소유되는 브랜드

무브랜드(generic brands): 단지 제품 범주를 나타내는 브랜드

개별 브랜딩(individual branding): 각 제품에 대해서 다른 이름을 붙이는 정책

가족 브랜딩(family branding): 한 기업의 모든 제품들이 같은 이름을 사용하는 브랜딩

브랜드 확장(brand extension): 다른 제품범주의 신제품에 브랜드 이름을 붙일 때 기존 브랜드들 중에서 하나를 사용하는 것

공동브랜딩(co-branding): 한 제품에 대해서 둘 이상의 브랜드를 사용하는 것

브랜드 라이센싱(brand licensing): 한 기업이 다른 기업에게 라이센싱 요금을 받고 다른 제품에 자기 브랜드를 사용하도록 허용하는 협정

가족 패키징(family packaging): 기업의 모든 제품 패키지를 유사하게 하거나 디자인의 주요 요소를 포함시키는 패키징

라벨링(labeling): 패키지 라벨에 식별, 촉진 또는 다른 정보를 제공하는 것

연습문제

1. 소매점에서 판매되는 PC는 소비재 혹은 산업재인가? 그 이유를 설명하라
2. 편의품과 선매품은 어떻게 다른가? 무엇이 각 유형의 제품의 특성을 구별시키는가?
3. 한 기업의 제품 믹스는 어떻게 제품라인의 개발과 관련되는가? 언제 기업이 제품믹스의 폭보다는 제품라인에 깊이를 추가하는가?
4. 제품이 수명주기의 네 단계를 거치면서 어떻게 산업 이익이 변하는가?
5. 제품 수용 과정의 단계는 무엇이고 어떻게 이것들이 상업화단계에 영향을 미치는가?
6. 브랜딩은 어떻게 소비자와 마케터에게 편익을 주는가?
7. 브랜드 자산은 무엇인가? 브랜드 자산의 주요 요소를 확인하고 설명하라.
8. 브랜드 애호도의 주요한 세가지 수준이 무엇인가?
9. 제조업체 브랜드, 사적 유통업체 브랜드, 그리고 무브랜드를 비교하고 대조하라.
10. 마케터가 브랜드명을 선택할 때 고려하는 요소들을 파악하라
11. 공동브랜드가 무엇인가? 공동 브랜드를 사용할 때 어떤 이슈가 고려되어야 하는가?
12. 패키지가 수행할 수 있는 기능을 설명하라. 어떤 기능이 가장 중요한가? 그 이유는?
13. 패키지를 개발할 때 마케터가 고려해야 하는 주요 요소는 무엇인가?
14. 어떤 방법으로 패키징은 전략적 도구로 사용될 수 있는가?
15. 라벨링의 주요 기능은 무엇인가?

제품 및 서비스의 개발과 관리

CHAPTER 10

GARY CRABBE/ALAMY

Merlin Entertainments의 매직 마케팅

Magic Kingdom은 이동하고 있다: 영국에 거점을 두고 있는 Merlin Entertainments Group은 전세계에 있는 테마파크에서 매직을 만들고 있다. Merlin은 Legoland and Sea Life 공원, Madame Tussaud 밀랍 박물관, 그리고 London Eye Ferris wheel과 같이 잘 알려진 관광 명소들을 소유하고 있다. 이 기업은 "전통적인 가족 시장뿐만 아니라 많은 젊은 성인들과 10대를 유치해서" 고객베이스를 확장하기 위해서 Italy에 있는 Gardaland 테마파크와 리조트를 취득하였다. 결국, 매년 2,700만 이상의 고객이 Merlin의 전세계 58개 공원을 방문한다.

새로운 테마파크 비용에 수백만 달러가 들고 경쟁이 치열해질 때, 새로운 고객을 유치하고, 기억에 남을 경험, 그리고 재방문을 격려하는 것이 중요하다. Disney와 Universal이 새로운 관광명소를 자신의 테마파크에 끊임없이 추가하는 것처럼 Merlin도 지속적으로 관광명소를 새롭게 관리하고 확장하고 있다. 예를 들어서, California의 Carsbad에 있는 Legoland에 인기있는 Pirate Shore를 포함해서 14개의 새로운 전시회를 추가해서 관광객이 피크시즌보다 20%나 더 증가했다. Legoland 안에는 Merlin이 Land of Adventure와 Lost Kingdom을 개장했다.

많은 경우에 Merlin은 가족들이 며칠씩 머물 수 있는 오락 장소를 만들기 위해서 이 이름들을 조합하였다. California의 Legoland 옆에 Merlin은 Lego 빌딩구역과는 완전히 다른 현지 해역의 토박이 해양생물과 심해동식물 그리고 해녀들을 전시하기 위해서 Sea Life

학습목표

1. 기업이 라인 확장과 제품 수정을 통해서 어떻게 기존 제품을 관리하는지를 이해한다.
2. 기업이 어떻게 제품 아이디어를 상업화된 제품으로 개발하는가를 설명한다.
3. 제품 차별화의 중요성 그리고 다른 제품들과 차별화시키는 요소들을 알아본다.
4. 제품 포지셔닝과 리포지셔닝을 설명한다.
5. 제품믹스를 개선하기 위해서 어떻게 제품제거가 이루어지는가를 이해한다.
6. 서비스의 특성을 이해하고 서비스에 대한 마케팅 믹스를 개발할 때 어떻게 이러한 특성들이 문제가 되는 지를 이해한다.

7 제품을 관리하는데 활용되는 조직구조를 익힌다.

Legoland를 건설하였다. 이 기업은 며칠씩 머물면서 많은 비용을 지출하는 것을 원하지 않는 가족들에게 하루 동안 충분히 즐길 수 있도록 Illinois에 있는 Legoland Discovery Centers처럼 테마파크의 소규모 형태도 도입하였다. Merlin이 미래의 서비스 브랜드를 만드는 것처럼 더 많은 테마파크 매직을 눈여겨 보라.[1]

효과적으로 경쟁하여 목표를 달성하기 위해서, Merlin Entertainments Group은 고객의 욕구 변화에 대응해서 제품믹스를 조정해야 한다. 기업은 종종 신제품을 도입해야 하거나, 기존제품을 수정해야 하거나, 혹은 불과 몇 년전까지 성공적이었던 제품을 제거해야 한다. 표적시장을 만족시키고 기업의 목표를 달성하는 제품을 제공하기 위해서 마케터는 효과적인 제품믹스를 개발하고, 변경하고 그리고 유지해야 한다. 기업의 제품믹스는 여러 형태의 조정이 필요할 수 있다. 고객의 태도와 제품 선호도는 시간이 지나면서 변하기 때문에 특정 제품에 대한 욕망은 줄어들 수 있다.

이 장에서 기업의 제품믹스를 개선하는 여러 가지 방법을 살펴본다. 첫째, 효과적인 라인확장과 제품 수정을 통한 기존 제품의 관리를 알아본다. 다음에는 신제품 개발단계를 살펴본다. 그리고 기업들이 시장에서 제품을 차별화하는 방법을 논의하고 이어서 제품 포지셔닝과 리포지셔닝을 논의한다. 둘째, 취약한 제품들의 삭제에 대한 중요성과 기업이 이들을 제거하는 데 사용하는 방법을 알아본다. 그리고 제품으로서 서비스의 특성과 이러한 서비스의 특성이 어떻게 서비스의 마케팅믹스를 개발하는데 영향을 미치는가를 살펴본다. 끝으로, 제품을 관리하는 데 사용되는 기업의 조직을 살펴본다.

라인 확장
초코렛 향의 Chex Mix는 라인 확장의 예이다.

10.1 기존 제품의 관리

기업은 기존제품을 이용해서 이익을 얻을 수 있다. 현재의 제품믹스의 구성을 평가해서 마케터는 취약점과 차이를 파악할 수 있다. 이 분석은 라인확장과 제품 수정을 통해서 제품믹스의 개선을 이끈다.

1 라인확장

라인확장(line extension)은 기존 제품라인 내에서 하나 혹은 그 이상의 제품들과 밀접하게 관련되어 있는 제품을 개발하는 것이지만 다소 다른 고객의 욕구를 충족시키기 위해서 특별히 디자인된다. 예를 들어서, P&G는 지갑이나 여행가방 안에 적합한 여행용 크기와 양초를 포함해서 Febreze 방취제에 몇몇 라인확장을 하였다.[2]

매년 소위 신제품이라고 출시되는 많은 것들이 사실은 라인확장이다. 라인확장은 신제품보다 더 보편적이다. 왜냐하면 라인확장이 매출을 증가시키는 데 비용이 적게 들고 위험이 낮기 때문이다. 라인확장은 다른 세분시장에 초점을 맞추거나 그 세분시장에 있는 사람들의 욕구를 더 적확하게 충족시키려고 노력할 수 있다. 그러나 라인확장의 채택이 갖는 하나의 부작용은 만일 고객들이 라인확장에 대해서 덜 만족하게 된다면 핵심 제품에 대해서도 덜 긍정적인 평가를 초래할 수 있다는 것이다.

2 제품 수정

제품 수정(product modification)은 한 제품에 대한 하나 혹은 그 이상의 특성에 변화를 주는 것을 의미한다. 제품 수정은 원래 제품이 제품라인에 더 이상 존재하지 않기 때문에 라인확장과는 다르다. 예를 들어서, 자동차는 동일 브랜드의 새로운 모델을 만들 때 매년 제품 수정을 사용한다. 일단 새로운 모델을 출시하면, 자동차 기업은 작년 모델의 생산을 중단한다. 라인확장과 마찬가지로 제품 수정은 신제품 개발보다 덜 위험하다.

제품 수정은 특정 상황하에서만 기업의 제품믹스를 개선할 수 있다. 첫째, 제품이 수정가능해야 한다. 둘째, 고객들은 제품이 수정되었다는 것을 지각할 수 있어야 한다. 셋째, 제품 수정은 제품을 고객의 욕구와 더 일치하게 만들어서 더 만족을 제공할 수 있도록 하여야 한다. 성공적인 제품을 수정하는 데 하나의 단점은 원래의 제품을 경험했던 소비자가 수정된 제품을 더 위험한 구매로 간주할 수 있다는 것이다.[3] 제품을 수정하는 주요한 방법으로 품질 수정, 기능적 수정, 그리고 미적 수정이 있다.

(1) 품질 수정

품질 수정(quality modification)은 제품의 신뢰성 및 내구성과 관련된 변화이다. 변화는 보편적으로 재료와 생산과정의 변경으로 실행된다. 예를 들어서, Continental Tire는 운송기업에 스티어, 드라이브, 그리고 트레일러 타이어를 포함해서 영업용 타이어를 제공한다. Continental은 외피수명을 늘려주는 것으로 특허권을 갖고 있는 돌배출 시스템(stone ejection system)과 타이어를 더 오래 쓸 수 있게 해주는 접지면의 충분한 깊이와 같은 특징을 포함시키기 위해서 자사의 타이어를

ISTOCKPHOTO/THINKSTOCK

제품 수정
자동차 기업들은 품질 수정, 기능적 수정, 그리고 미적 수정을 채택한다.

수정하였다.[4] 스포츠 이벤트나 항공여행과 같은 서비스의 경우, 품질 수정이 소비자가 브랜드에 대한 열정과 애호도를 갖게 해주는 정서적 경험을 강화시키는 것을 포함할 수 있다.

제품의 품질을 낮춤으로써 기업은 가격을 인하하고 그 제품으로 다른 표적시장을 겨냥할 수 있게 된다. 반대로 제품의 품질을 높임으로써 기업은 경쟁브랜드들보다 우위를 갖게 된다. 높은 품질은 기업이 고객 애호도를 높이고 가격에 대한 고객의 가격민감도를 낮추기 때문에 높은 가격을 책정할 수 있게 해 준다. 그러나 높은 품질은 더 비싼 부품과 가공을 요구할 수 있어서, 기업은 다른 영역에서 비용절감을 해야 한다. Caterpillar와 같은 일부 기업들은 품질은 높이면서 비용은 낮추는 방법을 찾고 있다.

(2) 기능적 수정

제품의 다양성, 효과성, 편의성, 또는 안정성에 영향을 미치는 변화를 **기능적 수정(functional modification)**이라고 한다. 이것은 제품이 다시 디자인될 것을 요구한다. 상당한 기능적 수정을 한 제품범주는 사무실 및 농장 비품, 기구, 청소 제품, 그리고 소비자 전자제품이 포함된다. 기능적 수정은 제품을 더 많은 사람들에게 유용하게 만들 수 있고 그 시장을 확대할 수 있다. 예를 들어서 RIM(Research in Motion)은 BlackBerry 스마트폰에 GPS칩과 내비게이션 특성을 추가하였다.[5] 기능적 수정은 경쟁브랜드가 제공하지 않는 편익을 제공해서 제품이 호의적인 경쟁 지위를 차지하게 할 수 있다. 이것들은 기업이 진취적인 이미지를 획득하고 유지하는 데 도움을 줄 수 있다. 끝으로 기능적 수정은 종종 제조물 책임(product liability) 소송의 가능성을 감소시킬 수 있다.

(3) 미적 수정

미적 수정(aesthetic modification)은 제품의 미각, 질감, 소리, 향기, 혹은 외형을 변경시켜서 제품의 감각적 소구를 변화시킨다. 구매결정을 하려는 구매자는 제품의 모양, 향기, 맛, 느낌 또는 소리에 사로잡힌다. 예를 들어서, Cadbury Schweppe은 Dr.Pepper음료수 제품라인에 새로운 체리바닐라 향을 추가하였다. 미적 수정은 구매에 강력하게 영향을 미칠 수 있다. 자동차 기업은 품질과 미적 수정 모두에 의존하고 있다.

미적 수정을 통해서 기업은 경쟁 브랜드와 자기 제품을 차별화할 수 있고 상당한 큰 시장 점유율을 획득할 수 있다. 미적 수정의 주요 단점은 이들의 가치가 주관적으로 결정된다는 것이다. 비록 기업이 제품의 감각적 소구를 개선하려고 노력하지만, 고객들은 실제로 수정된 제품이 덜 매력적이라는 것을 발견할 수 있다.

10.2 신제품 개발

기업은 제품믹스를 향상시키는 수단으로 신제품을 개발한다. 신제품을 개발하고 도입하는 것은 비싸고 위험하다. 그러나 신제품을 도입하는데 실패하는 것도 위험하다.

신제품이라는 용어는 하나 이상의 의미를 가질 수 있다. 진정한 신제품은 혁신적 편익을 제공한다. Coca-Cola와 Nestle의 합작투자에 의해서 제공된 녹차제품인 Enviga는 “칼로리가 낮은” 것을 의미하는 것으로 Enviga를 마시면 캔당 소비하는 것보다 더 많은 칼로리를 태우도록 한다는 것을 의미한다.[6] 그러나 다르고 분명히 더 나은 제품은 종종 새로운 것으로 간주된다. 예를 들어서, Cascade Lacrosse는 뇌에 주는 충격을 40% 감소시키는 새로운 스포츠 헬멧을 출시하였다. 프로하키 선수의 40%가 일년에 적어도 1번의 뇌진탕을 겪기 때문에, 이 헬멧은 상당한 신제품이다.[7] 다음과 같은 제품들은 지난 30년의 제품 혁신들이다: Post-it Notes, 팩스기계, 휴대전화, PC, PDA(Personal Digital Assistants), 디지털 음악플레이어, 위성라디오, DVD(Digital Video Recorders). 신제품은 처음으로 출시된 디지털 카메라처럼 어떤 기업에서도 판매되지 않았던 혁신적 제품일 수 있다. 현격하게 새로운 제품은 성공가능성을 결정하기 위해서 확장된 시업분석을 포함히여, 복합적 개발과정을 필요로 한다.[8] 비록 다른 기업이 이미 유사한 제품을 생산해서 마케팅을 하고 있을지라도, 특정 기업이 현재 출시하는 제품도 신제품이 될 수 있다. 마지막으로, 제품이 다른 시장으로부터 하나 혹은 그 이상의 시장으로 옮겨졌을 때도 이 제품은 새로운 것으로 볼 수도 있다. 예를 들어서, Saturn VUE SUV를 일본에서도 이용가능하게 만드는 것은 일본에 신제품을 도입하는 것으로 볼 수 있다.

신제품의 예
일부 마케터들은 이것을 신제품으로 간주하지만, 다른 마케터들은 이것을 라인확장으로 본다.

제품을 도입하기까지, 제품은 <그림 10.1>에 제시된 **신제품 개발과정(new-product development process)**의 7단계를 거치게 된다: (1) 아이디어 창출, (2) 아이디어 선별, (3) 개념 테스트, (4) 사업성분석, (5) 제품 개발, (6) 테스트 마케팅, (7)상업화. 제품은 신제품 개발의 어떤 단계에서도 탈락될 수 있다. 여기에서는 제품들이 아이디어 창출에서부터 완전히 상업화된 제품까지 개발되는 단계를 살펴본다.

1 아이디어 창출

기업이나 다른 조직들은 자신들의 목표를 달성하는 데 도움을 줄 수 있는 제품 아이디어를 추구한다. 이러한 활동이 **아이디어 창출(idea generation)**이다. 단지 몇 개의 아이디어만 성공할 수 있다는 사실이 상업적으로 이러한 과제에 대한 도전을 강조한다. 비록 일부기업들이 거의 우연하게 아이디어를 얻지만, 제품믹스를 효과적으로 관리하려고 하는 기업들은 보통 신제품 아이디어를 창출하기 위한 체계적 접근방법을 개발한다. 시장을 응대할 새로운 방법을 파악하려는 목적 있는 집중화된 노력이 혁신의 핵심이다.

신제품 아이디어는 여러 원천에서 올 수 있다. 이러한 아이디어들은 내부적 원천 즉 마케팅 관리자, 조사자, 판매원, 엔지니어, 혹은 다른 사람들로부터 나올 수 있다. 브레인 스토밍과 좋은 아이디어

그림 10.1 신제품 개발 단계

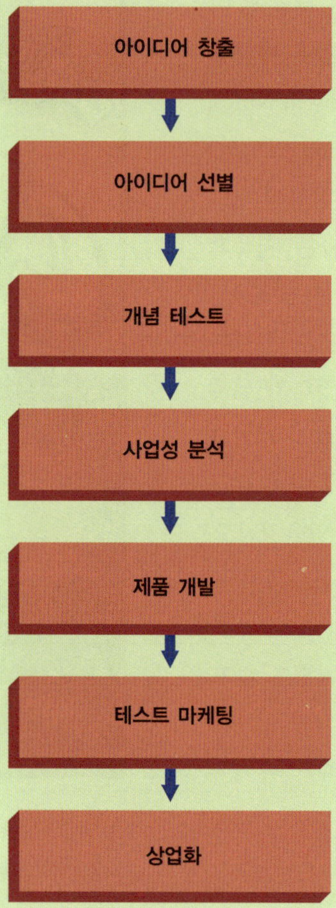

에 대한 인센티브나 보상은 아이디어 개발을 격려하는 전형적인 방법이다. 예를 들어서, 3M Post-it Note에 대한 아이디어는 종업원으로부터 나왔다. 교회성가대원으로서 그는 찬송가에 있는 노래를 표시하기 위해서 종이 조각을 사용하였다. 종이 조각이 모자라기 때문에, 그는 뒤에 접착제가 있는 종이를 개발할 것을 제안하였다. 레스토랑 산업에서, 아이디어는 가맹점으로부터 나올 수 있다. 예를 들어서, McDonald's의 가맹점 사장이 Big Mac과 Egg McMuffin을 발명했다. 오늘날 새로운 McDonald's의 제품 아이디어는 종종 기업의 주방장인 Dan Coudreaut으로부터 나왔는데, 그는 패스트 푸드 거인의 신제품인 스낵랩(snack wrap)을 개발하였다.[9]

신제품 아이디어는 고객, 경쟁기업, 광고대행사, 경영컨설턴트, 그리고 조사기업과 같은 기업외부 원천으로부터도 나올 수 있다. P&G는 아이디어의 35% 정도를 발명자와 외부 컨설턴트로부터 얻는다.[10] 종종 컨설턴트가 신제품 아이디어를 자극하는 원천으로 사용된다. 신제품 개발 활동을 외부 기관에 외주를 줄 때, 자세한 계약명세로 특정 과제를 명확히 할 때 최상의 결과가 얻어진다.[11] 이러한 금액의 상당한 비율이 고객의 욕구를 조사하는 데 사용된다. 고객에게 제품이나 기업으로부터 원하는 것을 물어보는 것이 기업들이 성공하고 경쟁적이도록 도와준다.

2 아이디어 선별

선별(screening)과정에서, 가장 잠재력이 있는 아이디어들이 차후 검토를 위해서 선정된다. 선별하는 동안, 제품 아이디어는 기업의 목표와 자원과 부합되는지 여부를 결정하는 분석이 이루어져야 한다. 만일 제품 아이디어가 기존제품과 유사한 제품으로 나오게 되면, 마케터는 신제품이 기존 제품의 매출을 잠식할 수 있는 정도를 평가하여야 한다. 기업이 제품을 생산하고 마케팅하는 전반적 능력이 분석되어야 한다. 고려하는 다른 측면은 구매자의 특성과 욕구 그리고 가능한 환경의 변화이다. 선별에 대한 의사결정을 할 때, 종종 신제품 요구조건에 대한 체크리스트가 사용된다. 이런 실행은 평가자가 체계적이도록 격려해서 적절한 아이디어를 간과할 수 있는 기회를 줄인다. 신제품 개발의 다른 단계와 비교해서, 선별단계에서 상당히 많은 신제품 아이디어들이 제거된다.

3 개념 테스트

아이디어를 적절하게 평가하기 위해서, 제품개념에 대한 테스트가 필요하다. **개념 테스트**(concept test)에서 소규모의 잠재적 구매자 표본에게 서면이나 구두설명을 통해서 제품 아이디어가 제시된 후 제품에 대한 태도와 초기구매의도를 알아본다. 하나의 제품 아이디어에 대해서 기업은 하나 혹은 여러 개의 제품 개념들을 테스트할 수 있다. 개념 테스트는 비용이 적게 드는 절차이므로 기업이 R&D에 상당히 많은 기업자원을 투자하기 전에 제품 아이디어에 대한 고객의 초기 반응을 결정할 수 있도록 해 준다. 온라인 커뮤니티로부터의 아이디어도 제품 개발 과정에서 유익할 수 있다.[12] 개념 테스트의 결과는 제품 개발자가 제품속성과 편익이 잠재적 고객에게 매우 중요하다는 것을 더 잘 이해하도록 도와준다.

개념을 테스트할 때, 개념이 간단히 설명된 후 일련의 질문이 제시된다. 질문들은 테스트되는 제품 유형에 따라서 상당히 다르다. 전형적인 질문들은 다음과 같다: 일반적으로, 당신은 제안된 이 제품이 매력적이라고 생각하는가? 특히 어떤 편익이 당신에게 매력적인가? 어떤 특징에 당신은 거의 혹은 전혀 관심이 없는가? 당신은 이 제안된 제품이 현재 당신이 사용하는 제품보다 더 잘 작용한다고 느끼는가? 기존 제품과 비교해서 이 제안된 제품의 주요 장점은 무엇인가? 만일 이 제품이 적절한 가격으로

기업가 마케팅

"무모한 것" 같은 예전 코미디때문에 돈을 너무 많이 벌어서 웃음이 그치지 않는다: Spanx 덕분에!

Sara Blakely가 꽉 끼는 바지안에 부드러운 바디라인을 위해서 발목없는 스타킹을 원했을 때, 그녀는 원하는 것을 얻기 위해서 자신의 스타킹의 발목부분을 잘라냈다. 그녀는 다른 여성들도 이런 문제에 대한 해결책을 찾고 있다는 것을 알아내고, 이 혁신적인 아이디어를 온라인으로 특허를 내는 긴 과정에 착수하였다. 그녀가 이 시제품을 제조할 기업을 찾으려고 노력하였지만, 그 아이디어는 "비정상적이고 절대로 팔리지 않을 것"이기 때문에 계속해서 거절당했다. 마침내, 한 제조업자가 그녀에세 전화를 해서 함께 일하자고 제안을 하였다. 무엇이 그 사람으로 하여금 마음을 바꾸게 만들었나? 그는 두 딸을 두었는데 그 딸들은 이 아이디어가 절대로 미친 짓이라고 생각하지 않았다. Spanx는 현재 연간 1억 5천만 달러 이상의 매출을 올리고 있다.[a]

사용가능하다면, 구입하겠는가? 얼마나 자주 이 제품을 구매하겠는가? 어떻게 이 제안된 제품이 개선될 수 있는가?

4 사업성 분석

사업성 분석(business analysis) 단계에서, 제품 아이디어는 기업의 매출, 비용, 그리고 수익에 대한 잠재적 공헌도를 판단하기 위해서 평가된다. 이 단계에서, 평가자는 다음과 같은 다양한 질문을 한다: 이 제품이 기업의 기존 제품믹스에 적합한가? 시장 진입을 정당화할 수 있을 만큼 충분히 수요가 있는가? 그리고 이 수요가 지속될 것인가? 어떤 형태의 환경적 변화와 경쟁적 변화가 기대되는가? 그리고 어떻게 이런 변화가 제품의 미래매출, 비용, 그리고 수익에 영향을 미치는가? 기업의 조사, 개발, 엔지니어링, 그리고 생산 능력이 제품을 개발하는데 적합한가? 만일 새로운 설비가 건설되어야 한다면 얼마나 빨리 완공될 수 있고 얼마나 비용이 소요되는가? 제품 개발과 상업화를 하는 데 필요한 자금이 수중에 있거나 또는 양호한 ROI와 걸맞는 조건으로 얻을 수 있는가?

사업성 분석단계에서, 기업은 시장 정보를 찾게 된다. 2차자료와 함께, 소비자 조사의 결과는 잠재적 매출, 비용, 그리고 수익을 추정하는 데 필요한 구체적인 것들을 공급해준다. 이 단계에서 많은 제품의 경우(물론 이 단계에서는 여전히 제품 아이디어에 불과해서), 정확히 매출을 추정한다는 것이 어렵다. 특히 혁신적이고 완전히 새로운 제품일 경우에 더욱 그렇다. 종종 기업들은 얼마만큼 판매되어야 수익이 발생하기 시작하는지를 결정하기 위해서 손익분기분석을 활용한다. 종종 어떤 기업은 투자회수분석을 사용한다. 이 분석은 마케터가 신제품 개발에 투자된 자금을 회수하는 데 걸리는 기간을 계산한다. 손익분기분석과 투자회수분석은 추정에 근거하기 때문에, 보통 유용해보이지만 정확한 수단은 아니다.

5 제품 개발

제품 개발(product development)은 기업이 기술적으로 제품을 생산할 수 있는지 여부와 최종 가격을 합리적으로 결정하기에 충분할 정도로 낮은 비용으로 생산될 수 있는지 여부를 결정하는 단계이다. 수용가능성을 테스트하기 위해서, 아이디어나 개념은 시제품(prototype)이나 작업 모델로 전환된다. 시제품은 소비자 마음에 제품과 연관되는 유형 및 무형의 속성을 나타내주어야 한다. 제품의 디자인, 기계적 특성, 그리고 무형의 측면이 시장의 욕구와 연계되어야 한다. 마케팅 조사와 개념 테스트를 통해서 구매자에게 중요한 제품 속성이 파악된다. 이러한 특성들은 제품 설계를 통해서 고객들에게 커뮤니케이션되어야 한다.

시제품이 개발되면, 전반적 기능들이 테스트되어야 한다. 이 제품의 성과, 안전, 편의성, 그리고 다른 기능적 품질이 실험실과 현장에서 테스트된다. 기능적 테스트는 엄격하고 제품을 철저하게 테스트하기에 충분할 만큼 오랫동안 이루어져야 한다. 이 단계에서 드러나는 제조 이슈들은 수정을 요구할 수 있다. Cadbury Schweppes가 Trident Splash껌을 개발할 때, 생산 문제들은 성분변화를 필요하게 하였다. 한 성분조합은 너무 부드러워서 기계를 막히게 하였다; 또 다른 성분 조합은 시험적 배달과정에서 껌이 액체센터에서 새는 결과를 초래하였다. 올바른 처방을 찾는 데도 몇 달이 소요되었다.[13]

제품 개발과정에서 제기되는 중요한 문제는 어느 정도의 품질이 되도록 제품을 만드는가이다. 예를 들어서, 품질의 주요 차원은 내구성이다. 높은 품질은 종종 더 나은 재료와 더 비싼 가공을 요구하는데, 이것은 생산원가를 증가시켜서 결국 제품의 가격을 높인다. 품질의 특정 수준을 결정하기 위해서, 마케터는 어떤 가격을 표적 시장이 수용가능하다고 보는가를 대략적으로 확인하여야 한다. 또한 마케터는 품질 수준을 그 기업의 다른 제품들과 일관되도록 설정하려고 노력한다. 분명히 경쟁 브랜드의 품질도 고려된다.

종종 신제품의 개발단계는 지루하고 비용이 많이 든다; 따라서 상대적으로 적은 수의 제품 아이디어가 개발에 착수된다. 만일 제품이 이 단계에서 테스트 마케팅을 할 가치가 있을 정도로 충분히 성공적이라고 판단된다면, 제품 개발단계의 후반부에서 마케터는 테스트 마케팅 단계에서 사용할 브랜딩, 패키징, 라벨링, 가격책정, 그리고 촉진에 대한 의사결정을 하기 시작한다.

6 테스트 마케팅

의도한 시장을 대표할 수 있는 것으로 여겨지는 특정 지역에서 제품을 제한되게 출시하는 것을 **테스트 마케팅(test marketing)**이라고 한다. 예를 들어서, P&G는 Align를 대량으로 만들기 전에 Cincinnati, Dallas, 그리고 St. Louis에서 2년 동안 프로바이오틱 다이어트 보충제의 테스트마케팅을 실시하였다.[14] 테스트 마케팅의 목적은 잠재적 고객이 제품을 구매할 정도를 결정하는 것이다. 테스트 마케팅은 제품 개발 단계의 연장은 아니다; 이것은 전체 마케팅믹스에 대한 표본 출시이다. 테스트 마케팅은 제품이 개발 및 다른 마케팅믹스 변수들에 관한 초기계획을 거친 후에만 실시되어야 한다. 예를 들어서, Chesterfield County에 거점을 둔 Swedish Match North America의 모기업인 Swedish Match AB는 Snus라고 하는 연기없는 담배제품을 미국에서 판매하기 위해서 담배제조기업인 Philip Morris International과 제휴하였다. Snus는 경구용 연기없는 담배인데 이것은 저온 살균된 것으로 소비자의 혀 밑에 넣는 작은 주머니 형태로 판매

표 10.1 미국의 상위 10대 테스트 마켓 도시

순위	도시
1	Albany, NY
2	Rochester, NY
3	Greensboro, NC
4	Birmingham, AL
5	Syracuse, NY
6	Charlotte, NC
7	Nashville, TN
8	Eugene, OR
9	Wichita, KS
10	Richmond, VA

자료원: "Which American City Provides the Best Consumer Test Market?" *Business Wire*, May 24, 2004.

된다. 이 제품은 Marlboro 브랜드로 Dallas와 Indianapolis에서 테스트 마케팅되었다.[15]

기업들은 제품실패를 줄이기 위해서 테스트 마케팅을 사용한다. 테스트되지 않은 제품을 출시하는 위험으로는 이미 수익성이 있는 제품을 잠식하는 것 그리고 신제품이 실패할 경우 유통업체와 고객의 신뢰성 상실이 포함된다.

적절한 테스트 영역의 선정은 매우 중요하다. 왜냐하면 테스트 마케팅 결과의 타당성은 의도된 표적시장을 정확하게 나타내는 테스트 장소의 선정에 의해서 매우 중요하게 좌우되기 때문이다. 가장 자주 사용되는 미국의 상위 10대 테스트 도시들은 <표 10.1>에 나타나 있다.

테스트 도시를 선정하는 데 사용되는 기준은 제품의 속성, 표적 시장의 특성, 그리고 기업의 목표와 자원에 달려있다. 테스트 마케팅은 여러 가지 편익을 제공한다. 이것은 마케터가 제품을 노출시켜서 자연스러운 환경에서 매출성과를 측정하게 한다. 제품이 제한된 지역에서 마케팅되는 동안, 기업은 제품이나 마케팅믹스의 다른 부분에서의 약점을 파악할 수 있도록 노력할 수 있다. 전국적인 출시 후에 발견된 제품의 약점은 수정하는 데 많은 비용이 들 수 있다. 만일 소비자들의 초기 반응이 부정적이라면, 마케터는 소비자들이 제품을 다시 시용 구매하도록 설득할 수 없을 수도 있다. 따라서 테스트 마케팅 후 조정을 하는 것은 신제품의 성공에 결정적일 수 있다. 한편 테스트 결과는 신제품 도입을 가속화시키기에 충분하게 긍정적일 수 있다. 테스트 마케팅은 마케터가 마케팅믹스의 변경을 통해서 다양하게 광고, 가격책정, 브랜드 전환, 그리고 반복 구매로 실험을 하도록 해준다.

테스트 마케팅에 위험이 없지는 않다. 이것은 비용이 많이 들며 경쟁기업들이 방해하려고 노력할 수 있다. 경쟁기업은 신제품의 구매와 이에 대한 인지를 막기 위해서 광고나 촉진을 늘리고, 가격을 낮추고, 그리고 특별 인센티브를 제공해서 테스트 프로그램이 작동하지 못하도록 할 수 있다. 그러한 어떤 전술도 테스트 결과를 무효화시킬 수 있다. 종종 경쟁기업들은 테스트단계에서 신제품을 복제한 유사한 제품을 서둘러 출시한다. 이 때가 바로 잠재고객들이 대신에 시장선도 기업으로 가게 하는 이슈들을 파악하는 조사를 실시할 때이다.[16] 성공적인 테스팅을 한 후 가능한 한 빨리 상업화 단계로 이동하는 것이 바람직하다. 한편 일부 기업들은 신제품에 대해서 대대적으로 촉진해서 경쟁기업들이 유사한 신제품을 개발하는 것을 단념하도록 만든다.

이러한 위험 때문에, 많은 기업들이 고객 선호도를 측정하는 대안적 방법을 이용한다. 그러한 하나의 방법이 모의 테스트 마케팅(simulated test marketing)이다. 전통적으로, 쇼핑센터에서 소비자들에게 신제품에 대한 광고를 보도록 요구되고 집에 가져갈 무료샘플을 제공한다. 이러한 소비자들은 그 후에 전화로 인터뷰를 받고 그 제품에 대해서 평가하도록 요청받는다. 모의 테스트마케팅의 주요 장점은 빠른 속도, 낮은 비용, 그리고 엄격한 보안을 들 수 있는데, 이런 장점들은 경쟁기업에게 정보가 흘러들어가는 것을 줄일 수 있고 방해를 줄일 수 있다. AC Nielsen과 같은 마케팅 조사 기업은 제안된 제품에 대한 독립적 평가를 제공하도록 돕는 테스트 마케팅 서비스를 제공한다.

분명히 테스트 마케팅되는 모든 제품들이 출시되는 것은 아니다. 때때로 테스트 마케팅 단계에서 발견되는 문제들은 해결될 수 없다.

7 상업화

상업화(commercialization) 단계에서, 제조 및 마케팅에 대한 전면적 계획이 정밀하게 수립되고 정착되어야 하고 이에 대한 예산도 마련되어야 한다. 상업화단계의 초기에, 마케팅 관리자는 테스트 마케팅의 결과를 분석해서 제품 출시 전에 마케팅믹스의 수정이 필요한 것을 찾아낸다. 테스트 마케팅의 결과는 마케터에게 제품의 물리적 속성의 하나 혹은 그 이상을 변화시키거나, 더 많은 소매점들을 포함시키는 유통계획을 수정하거나, 촉진 노력을 변경하거나, 혹은 제품가격을 변경하도록 말해준다. 그러나 테스트 마케팅 결과에 근거해서 점점 더 많은 변경이 이루어질수록, 테스트 마케팅 예측은 덜 유효해지게 된다.

이 단계의 초기에, 마케터는 더 큰 규모의 생산을 대비해야 할 뿐만 아니라 보증, 수리, 그리고 교체 부품에 대한 의사결정도 해야 한다. 기업이 제공하는 보증의 형태는 구매자에게 결정적인 이슈가 될 수 있다. 특히 비싸고 기술적으로 복잡한 제품이 관련될 때는 더욱 그렇다. 수리 서비스와 교체 부품을 제공하는 효과적인 시스템을 구축하는 것은 호의적인 고객 관계를 유지하는 데 필요하다. 비록 제조기업이 이러한 서비스를 구매자에게 직접 제공할지라도, 제조기업이 지역 서비스 센타를 통해서 이러한 서비스를 제공하는 것이 더 보편적이다. 어떤 서비스가 제공되는가에 관계없이, 이러한 서비스들이 빠르고 정확하게 수행되는 것이 고객에게 중요하다.

상업화 단계에서 제품이 시장에 진입한다. 제품을 출시할 때, 기업은 공장과 설비뿐만 아니라 광고, 인적판매, 그리고 다른 형태의 촉진에 많은 지출을 한다. 이러한 지출은 여러 해 동안에 회수되지 않을 수도 있다. 소규모 기업은 이러한 과정이 어렵다는 것을 안다. 그러나 그럴지라도 이 기업들은 신제품을 촉진하는 것뿐만 아니라 빠른 피드백을 확보하기 위해서 보도자료, 블로그, 팟캐스트(podcast), 그리고 다른 수단을 이용할 수 있다. 다른 저비용 촉진 수단으로는 신문과 잡지에 게재된 제품 리뷰들이며, 이 리뷰들이 긍정적이고 동일한 고객을 표적으로 할 때 특히 도움이 된다.

그림 10.2 상업화 단계에서 전국 시장으로 확장 단계들

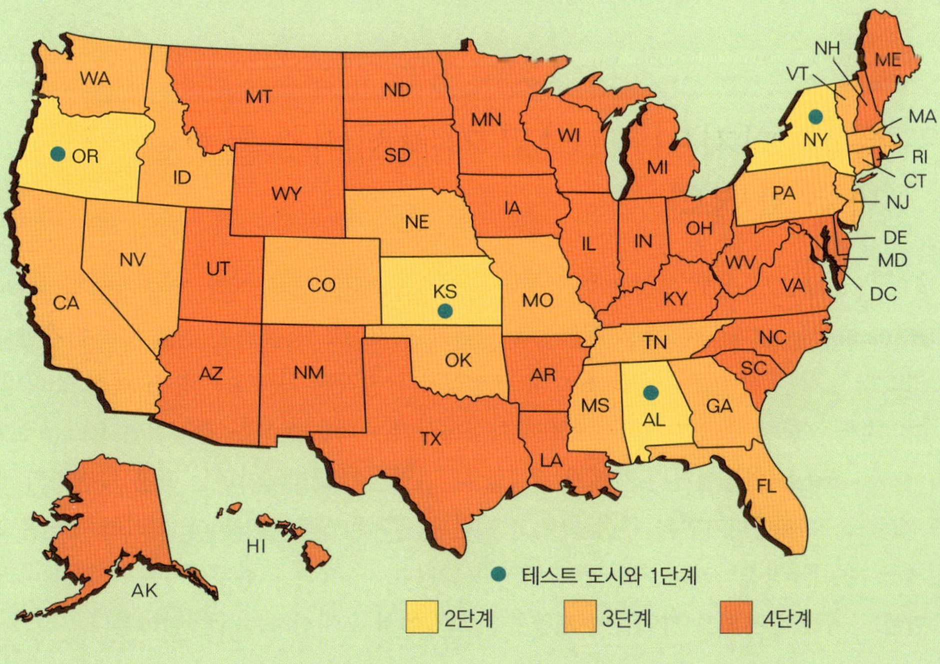

제품이 하루밤만에 전국적으로 출시되는 것이 아니라 공개(rollout)라는 과정을 통해서 출시된다. 공개를 통해서 제품이 소개되고 특정 지역에서 시작해서 점차 인접지역으로 확대된다. 제품을 전국적으로 마케팅하는 데 여러 해가 걸릴 수도 있다. 종종 테스트 도시들이 초기 마케팅 지역으로 사용되고, 제품 도입이 테스트마케팅의 자연스러운 확장이 된다. <그림 10.2>의 지도에 있는 NY의 Albany, AL의 Birmingham, OR의 Eugene, KS의 Wichita에서 테스트 마케팅된 제품은 이러한 도시에 먼저 출시될 수 있다. 1단계 도입이 완료되면, 2단계는 테스트 도시가 위치한 주들의 시장범위를 포함할 수 있다. 3단계에서, 마케팅 노력은 인접 주들로 확대될 수 있다. 그러면 모든 나머지 주들은 4단계에서 담당하게 된다. 점진적 제품도입은 주(state)별로 진출하는 것은 아니다; 주 경계를 넘어서 카운티(county) 집단과 같은 지역적 조합들이 종종 이용된다. 다국적 시장을 목표로 하는 제품들도 한 나라 혹은 한 지역에서 동시에 공개발표가 될 수 있다.

점진적 제품도입은 여러 이유로 바람직하다. 이것은 신제품 도입의 위험을 줄인다. 만일 제품이 실패할 때, 기업은 만일 단지 몇 개 지역시장에 출시했다면 전국적으로 제품을 마케팅했을 때 보다 더 적은 손실을 경험할 것이다. 더구나 어떤 기업은 하루 만에 전국에 제품을 출시할 수 없다. 왜냐하면 제품을 유통하는 데 필요한 도소매시스템이 그렇게 빨리 구축될 수 없기 때문이다. 유통 네트워크의 개발은 상당한 시간이 걸릴 수 있다. 또한 성공적인 제품에 대한 전국적 수요를 충족시키는 데 필요한 단위의 수는 거대할 수 있고, 통상적으로 기업은 요구되는 수량을 단기간에 생산할 수 없다. 끝으로, 점진적 도입은 표적 고객을 더 잘 만족시키도록 마케팅믹스의 적절한 조정을 할 수 있도록 해 준다.

제품을 점진적으로 도입하는 것의 좋은 이유가 있음에도 불구하고, 마케터는 이러한 접근방법이 경쟁적인 문제들을 초래한다는 것을 알고 있다. 점진적 도입은 경쟁기업으로 하여금 신제품 개발 기업이 하는 것을 관찰할 수 있도록 하고 마치 자기기업의 마케터가 하는 것처럼 신제품의 결과를 모니터할 수 있도록 해 준다. 만일 경쟁기업이 새롭게 도입된 제품이 성공적이라는 것을 안다면, 경쟁기업은 유사한 제품으로 동일한 표적시장에 재빨리 진입할 수 있다. 또한, 제품이 지역별로 도입되면, 경쟁기업은 신제품의 촉진을 상쇄시키려는 마케팅 노력을 확대할 수 있다.

10.3 품질, 디자인, 그리고 지원서비스를 이용한 제품 차별화

제품의 가장 중요한 일부 특성은 다른 제품과 구별시켜주는 요소이다. **제품 차별화(product differentiation)**는 고객들이 경쟁 제품들과 다르게 지각하도록 제품을 창출하고 디자인하는 과정이다. 고객의 지각은 제품을 차별화하는 데 결정적이다. 지각된 차이로는 품질, 특성, 스타일, 가격, 그리고 이미지를 포함할 수 있다. 다른 제품과 차별화시키는 데 사용되는 결정적인 요소는 브랜드이다. 여기에서는 제품을 만들어서 고객에게 제공할 때 기업들이 고려해야하는 제품 차별화의 세 가지 측면 즉, 제품 품질, 제품디자인과 특성, 그리고 제품 지원서비스를 알아본다. 이러한 측면은 제품들 간의 실제적 차이를 창출하려는 기업의 시도가 포함된다. 이 장의 후반부에서는 기업이 이러한 세 가지 측면에 근거해서 어떻게 기업들이 제품들을 시장에서 포지션하는지를 알아본다.

1 제품 품질

품질(quality)이란 고객의 욕구를 충족시킬 것으로 기대된 대로 제품이 수행하도록 하는 제품의 전반적 특성을 말한다. 기대된 대로라는 말은 이 정의에서 매우 중요하다. 왜냐하면 통상적으로 품질은 다른 고객들에게 다른 것을 의미한다. 일부에게는 내구성이 품질을 의미하고, 다른 고객에게는 제품의 사용 용이성이 품질을 나타낼 수도 있다.

품질의 개념은 소비자 시장과 비즈니스 시장 간에도 다르다. 비즈니스 시장의 경우, 기술적 지속성, 수리 용이성, 그리고 기업의 명성이 중요한 특성이다. 소비자와 달리, 대부분의 비즈니스 기업들은 제품 품질보다는 가격을 덜 강조한다.

COURTESY OF ROLEX

제품 품질
이 제품은 매우 높은 품질을 갖고 있고 이것을 주요 경쟁적 도구로 사용하도록 설계되어 있다.

품질의 중요한 하나의 차원은 **품질 수준(level of quality)** 즉, 제품이 보유한 품질의 양이다. 이 개념은 상대적이다. 왜냐하면 제품의 품질 수준은 다른 제품의 수준과 비교되지 않는다면 설명하기 어렵기 때문이다. 예를 들어서, 대부분의 소비자들은 Timex 시계의 품질 수준이 훌륭하다고 생각한다. 그러나 Timex 시계를 Rolex 시계와 비교할 때, 대부분의 소비자들은 Rolex의 품질 수준이 더 높다고 말한다.

품질 수준이 어느 정도 높아야 하는가? 이것은 제품 및 제품 실패의 비용과 결과에 달려있다.

두 번째로 중요한 차원은 일관성이다. **품질의 일관성(consistency of quality)**이란 시간이 지나도 제품이 동일한 수준의 품질을 갖는 정도를 말한다. 일관성은 제품을 구입할 때마다 고객들이 기대하는 품질을 제공하는 것을 의미한다. 품질 수준과 관련해서, 일관성은 상대적 개념이다. 이것은 오랜 시간 동안 동일 브랜드내에서 품질 비교를 의미한다. McDonald' s 프렌치 후라이는 일반적으로 판매지역에 관계없이 품질이 일관된다. 제품 품질의 일관성은 경쟁제품에 대해서도 비교될 수 있다. 이 단계에서 일관성은 기업의 성공에 결정적이다. 일관된 근거로 품질을 제공할 수 있는 기업들은 경쟁자에 대한 주요 경쟁적 우위를 갖는다.

2 제품 디자인과 특성

제품 디자인(product design)이란 제품이 착상되고, 계획되고, 그리고 생산되는 방법을 의미한다. 디자인은 제품의 모든 물리적 특성의 총합을 포함하기 때문에 매우 복잡한 주제이다. 많은 기업들은 그들 제품의 뛰어난 디자인으로 잘 알려져 있다: 개인 전자제품의 Sony, 프린터의 Hewlett-Packard, 컴퓨터와 뮤직 플레이어의 Apple, 백팩(backpack)의 JanSports. 좋은 디자인은 어떤 브랜드도 소유할 수 있는 최고의 경쟁적 우위중 하나이다.

디자인의 한 요소는 **스타일(styling)** 혹은 제품의 물리적 외관이다. 한 제품의 스타일은 어떤 제품

지속가능 마케팅

소규모 기업들이 그린제품으로 번창하고 있다

그린으로 제품을 차별화시키는 것이 New Leaf Paper 및 Carol's Daughter와 같은 소규모 기업들에게 많은 수익을 제공하였다. 기업가 Jeff Mendelsohn은 1998년에 New Leaf Paper를 시작해서 재활용 재료들을 상업적 용도의 고품질의 환경친화적 종이로 전환시켰다. 비록 첫 해의 매출은 1백만 달러였지만, 그는 계속해서 그린제품라인을 확장하고 프린터와 New Leaf Paper의 환경적 편익에 대해서 디자이너를 교육했다. 첫 10년 동안, Mendelsohn은 그린 차별화에 근거해서 연간 매출을 2천만 달러 이상으로 증가시켰다. 그는 "우리는 독특한 제품라인과 제지 산업에서 얘기할 수 있는 스토리를 갖고 있다"고 말한다.

ISTOCKPHOTO/THINKSTOCK

Carol's Daughter는 샴푸, 스킨 크림, 그리고 목욕오일과 같은 완전한 천연 퍼스널 케어 제품에 전문화하였다. 기업의 그린 차별화는 소비자 화장품 시장을 표적으로 하는 대형 경쟁기업과 분리시켰다. Lisa Price는 신선한 천연 성분을 이용해서 주방에서 뷰티 제품을 만들기 시작한 1994년에 Carol's Daughter를 설립하였다. Will Smith와 같은 유명인과 그의 아내인 Jada Pinkett Smith의 투자와 Steve Stoute의 마케팅 지식을 이용해서, Carol's Daughter는 확장하여서 현재 자신의 매장뿐만 아니라 Macy's, Sephora,그리고 다른 주요 소매점 백화점을 통해서 판매하고 있다. 비록 연간 매출이 3천만 달러에 접근하고 있지만, Stoute는 "우리는 브랜드의 유산을 변화시키지 않는다"고 강조한다—그린은 주된 차별화로 남아있다.[b]

이 매우 빨리 팔릴 수 있도록 할 수 있는 하나의 디자인 특성이다. 그러나 좋은 디자인은 단순히 외관 그 이상을 의미한다; 이것은 제품의 기능성과 유용성을 포함한다. 예를 들어서, 청바지는 멋져 보일 수 있지만, 만일 3번 세탁후 천이 뚫어진다면 분명히 디자인은 형편없는 것이다. 대부분의 소비자들은 보기도 좋고 기능도 잘 작동하는 제품을 찾는다.

제품특성(product feature)은 제품이 어떤 과제를 수행하도록 하는 특정 디자인 특성이다. 특성을 추가하거나 제거해서, 기업이 경쟁기업의 제품들과 차별화시킬 수 있다. Chrysler는 미니밴 제품라인을 다른 자동차 기업보다 이중 에어백, 철제 강화문, 그리고 통합 생산된 유아 안전벨트와 같은 승객안전과 관련된 특성들을 갖고 있다고 촉진한다. 제품특성은 같은 기업의 제품들을 차별화시키는 데도 이용될 수 있다. Nike는 특정 소비자의 욕구를 위해서 워킹신발과 런–워크(run-walk)신발 모두를 제공한다. 이런 경우에, 기업의 제품들은 "저가 근거" 혹은 "간편 형태"로부터 고가의 고급 "특성 패키지" 제품까지 다양한 범위의 특성으로 판매된다. 자동차 산업은 정기적으로 다양한 범위의 특성을 갖는 제품들을 판매한다. 일반적으로 제품이 더 많은 특성을 가질수록, 가격이 높을수록, 지각된 품질은 더 높다. 브랜드가 지속가능한 경쟁적 우위를 갖기 위해서, 마케터들은 고객이 원하는 제품 디자인과 특성을 결정해야 한다. 마케팅 조사 노력과 데이터 베이스로부터의 정보는 고객들의 제품디자인과 특성 선호도를 평가하는 데 도움을 줄 수 있다. 고객이 구입할 수 있는 가격에 제품 디자인과 특성에 대한 바람을 충족시킬 수 있는 것이 제품의 장기적 성공에 결정적이다.

3 제품지원서비스

많은 기업들이 지원서비스를 제공해서 제품을 차별화한다. 통상적으로 **고객서비스(customer services)**라고 말하는데, 이러한 서비스는 제품에 가치를 추가하도록 기업이 제공하는 인적 혹은 기계적 노력을 포함한다.[17] 고객서비스의 예로는 배달과 설치, 자금조달 알선, 보장과 보증, 수리, 할부예약제, 편리한 작동 시간, 적절한 주차, 그리고 무료전화번호와 웹사이트에 의한 정보가 포함된다. 예를 들어서, 온라인 신발 소매점인 Zappos는 24시간 서비스와 신속한 무료 반품 덕분에 우수한 고객서비스의 명성을 얻었다.[18]

SNAPSHOT

자료원: BusinessWeek

전체 제품 제공물의 주요 부분이든 부차적 부분이든 간에, 모든 마케터들은 고객서비스를 판매한다. 좋은 고객서비스를 제공하는 것은 시장에 있는 모든 제품들이 본질적으로 동일한 품질, 디자인, 그리고 특성을 갖고 있을 때 기업이 차별화시킬 수 있는 유일한 방법일 수 있다. 특히 이는 컴퓨터 산업에서 해당된다. 예를 들어서, 랩탑 컴퓨터를 구매할 때, 일부 고객들은 제품 품질과 디자인보다는 빠른 배송, 기술적 지원, 보증, 그리고 가격에 더 관심을 갖는다. 기업은 마케팅 조사를 통해서 고객이 원하고 필요로 하는 서비스의 형태를 발견할 수 있다. 기업이 제공하는 고객서비스의 수준은 고객 만족에 상당히 영향을 미칠 수 있다.

10.4 제품 포지셔닝과 리포지셔닝

제품 포지셔닝(**product positioning**)이란 고객의 마음속에 경쟁 브랜드와 비교해서 자사 제품의 특정한 개념을 창출하고 유지하려고 의도하는 의사결정과 활동을 말한다. 마케터가 제품을 출시할 때, 표적시장이 가장 원하는 특성을 갖고 있는 것으로 이 제품을 포지션하려고 노력한다. 이 투사된 이미지는 중요하다. Crest는 충치를 방지하는 불소치약으로 포지셔닝되어 있고, Close-Up은 사용자의 성적 소구를 높이는 미백 치약으로 포지셔닝되어 있다.

1 지각도

제품의 포지션은 경쟁 브랜드들의 포지션과 비교해서 제품의 속성에 대한 고객 지각의 결과이다. 구매자들은 정기적으로 수많은 구매결정을 한다. 많은 제품들에 대한 계속적인 재평가를 피하기 위해서, 구매자들은 구매결정을 단순화하기 위해서 마음속에서 제품들을 집단화 혹은 포지셔닝을 하는 경향이 있다. 고객들이 제품들을 독립적으로 포지셔닝하도록 하기보다는, 마케터는 광고를 통해서 제품에 대해서 소비자의 개념이나 지각에 영향을 미치고 형성하도록 노력한다. 종종 마케터는 <그림 10.3>에서

그림 10.3 진통제에 대한 가상적 지각도

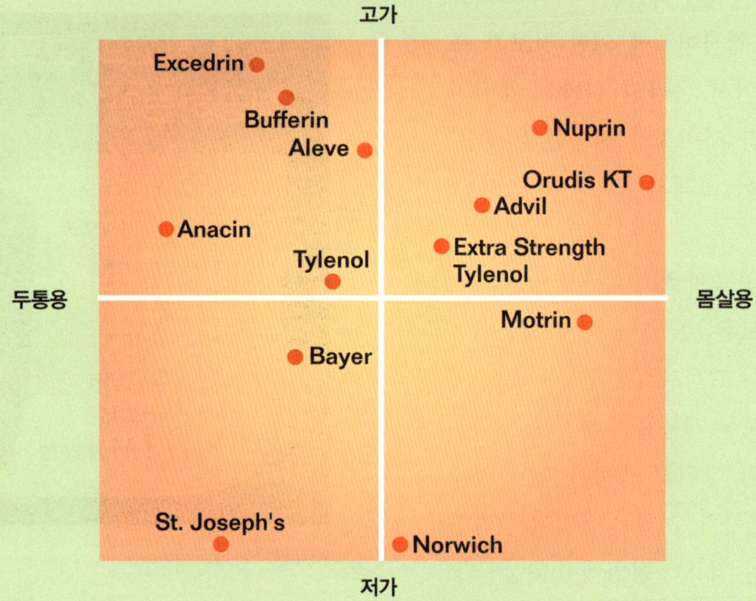

COURTESY OF CORT

제품지원서비스
CORT 가구는 다른 사무가구 제조업체가 제공하지 않는 제품서비스를 제공한다.

보는 것처럼 지각도(perceptual map)를 개발해서 제품 포지션을 분석한다. 지각도는 둘 혹은 그 이상의 차원에 관해서 소비자 표본들에게 제품, 브랜드, 그리고 기업에 대한 지각을 질문해서 작성된다. <그림 10.3>에 있는 것과 같은 지각도를 개발하기 위해서, 응답자들에게 가격과 진통제가 사용되는 진통의 형태에 관해서 어떻게 진통제들을 지각하는가를 물어본다. 또한 응답자들에게 제품특성의 측면에서 특정 집단의 고객들의 바램에 대한 일치를 나타내는 "이상점(ideal points)" 혹은 "이상적 군집(ideal clusters)"을 설정하기 위해서 제품특성에 대한 선호도에 대해서 질문을 한다. 그러면 마케터는 이상적 지점과 비교해서 자사 브랜드가 어떻게 지각되는가를 알 수 있다.

2 포지셔닝의 근거

마케터는 제품 포지셔닝에 대한 여러 가지 근거를 이용한다. 포지셔닝의 보편적 근거는 경쟁기업을 이용하는 것이다. Pepsi콜라가 Coca 콜라에 대항해서 포지셔닝했던 것처럼 기업은 다른 브랜드와 정면으로 경쟁하도록 제품을 포지션하거나, 혹은 7UP이 다른 음료수 제조기업들에 대해서 포지셔닝했던 것처럼 경쟁을 피하도록 제품을 포지션할 수 있다. 정면 경쟁(head-to-head cmpetition)은 적어도 제품의 성과적 특성이 경쟁 브랜드의 그것과 비슷하고 제품의 가격이 낮다면 마케터의 포지셔닝 목표가 될 수 있다. 정면 포지셔닝은 만일 제품의 성과적 특성이 우월하다면 제품가격이 비쌀 때도 적합할 수 있다. 예를 들어서, Ford는 Fusion이 최고 평가를 획득했다는 *Car and Driver* 잡지의 결과를 강조하는 광고를 통해서 Fusion 승용차를 Honda Accord와 Toyota Camry에 대항해서 정면으로 포지셔닝하였다.[19] 반대로 경쟁을 피하는 포지셔닝은 제품의 성과적 특성이 경쟁 브랜드와 상당히 다르지 않을 때 최선이 될 수 있다. 더구나 경쟁을 피하기 위해서 제품을 포지셔닝하는 것은 브랜드가 일부 구매자에게 중요한 독특한 특성을 갖고 있을 때 적합할 수 있다. 예를 들어서, Volvo는 안전성이라는 특성에 초점을 맞추어서 경쟁기업들과 다르게 포지셔닝을 해오고 있다. 일부 자동차 기업들이 광고를 통해서 안전성 이슈를 언급하는 반면, 많은 자동차 기업들은 스타일, 연비 효율성, 성능, 혹은 판매조건 등에 초점을 더 맞추고 있다. 경쟁을 피하는 것은 기업이 이미 자사의 하나 혹은 그 이상의 브랜드를 갖고 있는 시장에 브랜드를 도입하려고 할 때 결정적이다. 마케터는 새로운 브랜드가 상당히 큰 수익을 창출하지 않는다면, 기존 브랜드의 매출을 잠식하는 것을 피하기를 원한다.

제품 포지셔닝
Deckers 메이커는 이 제품을 편안하고, 유연하고, 그리고 합리석인 가치로 포지셔닝하고 있다.

제품 포지션은 제품의 특정 속성이나 특성에 근거할 수 있다. 예를 들어서, Apple의 iPhone은 독특한 모양, 사용하기 쉬운 터치스크린, 그리고 iTunes에의 접근성과 같은 제품 속성에 근거하고 있다. 만일 제품이 적절하게 계획되었다면, 이 제품의 특성은 명확히 구별되는 소구를 제공할 것이다. 스타일, 형태, 구조, 그리고 색상은 이미지와 소구를 창출하는 데 도움을 준다. 만일 구매자가 편익을 쉽게 파악할 수 있다면, 이들은 당연히 그 제품을 구매할 가능성이 높다. 신제품이 어떤 선호되는 속성을 제공하지 못할 때, 또 다른 신제품이 진입할 여지가 있다.

제품 포지셔닝을 하는 다른 근거로는 가격, 품질수준, 그리고 제품이 제공하는 편익이 포함된다. 예를 들어서, Era 세탁세제는 얼룩 처리와 얼룩 제거를 제공한다. 또한 표적시장은 마케팅이 제공한 포지셔닝 근거가 될 수 있다. 이런 형태의 포지셔닝은 제품을 사용하는 사람들의 유형을 촉진하는 데 주로 의존한다.

3 리포지셔닝

포지셔닝 결정이 신제품에만 해당되는 것은 아니다. 기존 제품의 포지션을 평가하는 것이 중요하다. 왜냐하면 한 브랜드의 시장 점유율과 수익성은 제품 리포지셔닝에 의해서 강화될 수 있다. 예를 들어서, 몇 년 전에 Kraft는 Cheez Whiz의 매출이 상당히 감소했기 때문에 이 제품을 중단하기 직전까지 갔었다. Kraft가 Cheez Whiz를 빠르고, 편리하고, 전자레인지 사용이 가능한 소스로 리포지션한 후, 매출은 새로운 최고치로 다시 상승했다. 신제품을 제품라인에 도입할 때, 기존 브랜드들에 대한 자기잠식을 최소화하고 새로운 브랜드에 대해서 호의적 포지션을 확실하게 하기 위해서 하나 혹은 그 이상의 기존 브랜드들이 리포지션되어야 할 수도 있다.

리포지셔닝은 제품, 가격, 혹은 유통에 물리적으로 변화를 주어서 수행될 수 있다. 이러한 변화를 주기 보다는, 종종 마케터는 촉진 노력을 통해서 이미지를 바꿔서 제품을 리포지션한다. 끝으로, 마케터는 다른 표적시장을 목표로 해서 제품을 리포지션할 수 있다.

10.5 제품제거

일반적으로 하나의 제품이 무한정으로 표적 시장의 고객을 만족시키고 기업의 전반적 목표를 달성하는 데 공헌할 수 없다. **제품 제거(product deletion)**는 특정 제품이 더 이상 충분한 수의 고객을 만족시키지 못하기 때문에 제품믹스에서 그 제품을 제거하는 과정이다. 예를 들어서, Conde Naste는 다른 가정 실내장식 및 가정 생활 잡지들과의 치열한 경쟁으로 인하여 여러 해 동안 광고수익이 감소한 이후로 100년 역사의 *House & Garden* 잡지 발간을 중단하였다.[20] 쇠퇴하는 제품은 기업의 수익성을 감소시키고 다른 제품을 수정하거나 신제품을 개발하는 데 사용될 수 있는 자원을 고갈시킨다. 한계 제품은 더 짧은 생산실행시간을 요구할 수 있는데, 이것은 단위당 생산비용을 증가시킬 수 있다. 끝으로, 망해가는 제품이 완전히 고객들의 호의를 상실할 때, 부정적 느낌이 그 기업의 다른 제품들로 이선될 수 있다.

대부분의 기업들은 제품을 제거하는 것이 어렵다는 것을 안다. 한 제품을 제거하는 결정은 제품믹스에 여전히 필요하다고 믿는 관리자와 다른 종업원들이 반대할 수도 있다. 특히 여전히 일부 애호 고객들을 갖고 있는 판매원은 이 제품이 제거될 때 당황하게 된다. 종종 쇠약해지는 제품의 마케팅믹스를 변화시키려고 노력해서 매출을 증가시켜서 결국 제거되는 것을 피하는 데 상당한 자원과 노력이 소요된다.

일부 기업들은 제품이 상당한 재무적 부담이 될 때만 제품을 제거한다. 더 나은 접근방법은 제품믹스의 전반적 효과성에 대한 영향을 결정하기 위해서 각 제품을 정기적으로 평가하는 형태의 체계적 리뷰이다. 이러한 리뷰는 미래 매출, 비용, 제품과 관련된 수익을 추정할 뿐만 아니라 주어진 기간 동안 매출에 대한 제품의 공헌도를 분석해야 한다. 제품 성과를 개선하는 마케팅 전략의 변화에 대한 가치를 측정하여야 한다. 체계적 리뷰는 기업이 제품성과를 개선하고 제품을 제거할 시기를 확인하도록 해준다.

제품을 제거하는 기본적인 세 가지 방법이 있다: 단계적 제거, 소진후 제거, 즉시 제거(<그림 10.4> 참조). 단계적 제거(phase-out)는 마케팅 전략에 대한 변화없이 제품이 쇠퇴하도록 놔두는 것이다. 제품에 새로운 생명을 부여하는 어떤 시도도 없다. 예를 들어서, Nikon은 단종된 필름 카메라가 공급이 고갈될 때까지만 판매되도록 했다.[21] 소진후 제거(run-out)는 제품에 남아있는 어떠한 장점이라도 이용한다. 핵심 시장에서 마케팅 노력을 강화하거나 광고와 같은 일부 마케팅 지출을 제거하는 것이 갑자기

그림 10.4 제품 제거 과정

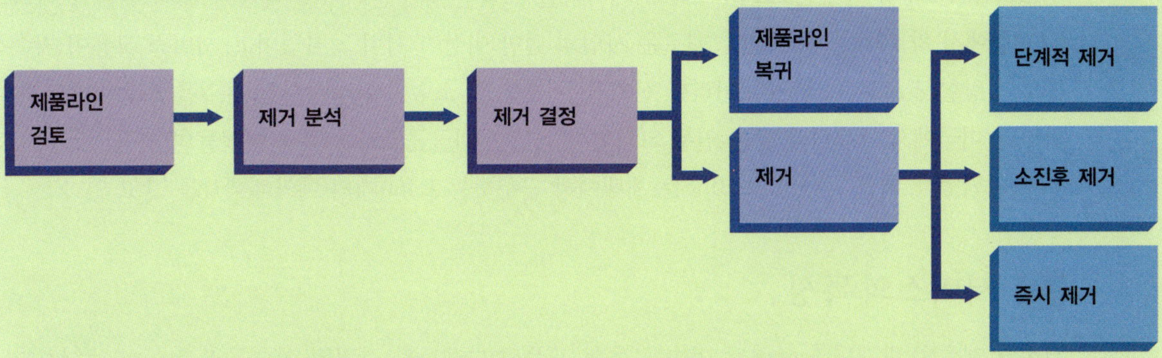

자료원: Martin L. Bell, Marketing: *Concepts and Strategy*, 3rd ed., p. 267; copyright 1979, Houghton Mifflin Company; used by permission of Marcellette Bell Chapman.

수익이 뛰어오르게 할 수 있다. 이러한 접근 방법은 컴퓨터나 계산기의 낡은 모델과 같이 기술적으로 진부화된 제품에서 보편적으로 이용된다. 매출을 급등시키기 위해서 종종 가격을 낮춘다. 세 번째 대안인 수익성없는 제품의 즉각 제거(immediate drop)는 손실이 너무 커서 제품의 수명을 연장할 수 없을 때 최선의 전략이다.

10.6 제품으로서 서비스의 관리

제품들 중에는 형태가 있는 유형 제품보다는 서비스인 경우가 많다. 서비스 제품을 마케팅 하는 기업들로는 재무서비스, 개인적 서비스, 그리고 전문적 서비스와 같은 영리기업과 교육기관, 교회, 자선단체, 그리고 정부와 같은 비영리 조직이 포함된다. 여기에서는 경제에서 서비스 산업의 중요성 증가에 초점을 맞춘다. 그런 후 서비스의 독특한 특성을 설명한다. 끝으로, 서비스의 마케팅믹스를 개발하고 관리하는 데 이러한 특성이 갖는 도전을 다룬다.

1 서비스의 본질과 중요성

모든 제품이 무형 제품,서비스 혹은 아이디어든 간에 어느 정도 무형이다. 통상적으로 서비스는 사람이나 물건을 겨냥한 인적 혹은 기계적 노력의 적용을 통해서 제공된다. 예를 들어서, 교육과 같은 서비스는 사람(학생)을 겨냥하는 서비스 제공자(교사)를 포함하는 반면, 청소 및 실내장식 서비스는 대상을 겨냥한다. 서비스는 사람(항공 혹은 대중 수송) 혹은 대상(화물 수송)을 겨냥하는 기계적 노력의 사용을 포함할 수 있다. 건강관리와 조경과 같은 다양한 범주의 서비스는 인적 기계적 노력을 모두 포함한다. 비록 많은 서비스가 도구 및 기계와 같은 유형의 것을 사용하는 것을 수반하지만, 서비스와 유형 제품의 주된 차이는 서비스가 전체 제품의 무형 부분에 의해서 지배된다는 것이다. 제품과 마찬가지로 서비스는 이와 관련된 고객서비스와 혼동되지 말아야 한다. 고객서비스는 제품을 마케팅하는 것의 일부인 반면, 서비스 제품의 마케터도 고객서비스를 제공한다.

미국 경제에서 서비스의 중요성 증가는 많은 사람들이 미국을 세계의 첫 번째 서비스 경제라고 부르도록 한다. 독일, 일본, 호주, 그리고 캐나다를 포함한 대부분의 선진국에서, 서비스는 그 나라의 GDP중에서 약 70%를 차지한다. 새로운 사업의 절반 이상이 서비스 사업이고, 서비스 고용이 지속적으로 성장할 것으로 기대된다. 이러한 산업들은 여성 및 소수민족의 상당한 유입을 노동력으로 흡수하였다. 미국에서 콜센터와 같은 일부 고객접촉 직업은 미국근로자들 특히 여성들의 가정으로부터 외부 조달되었다. 예를 들어서, JetBlue는 재택에서 근무하는 1,400개의 예약대행사를 갖고 있다.[22]

2 서비스의 특성

서비스 제품의 마케팅과 관련된 이슈는 유형 제품의 마케팅과 관련된 이슈들과 정확히 동일하지는 않다. 이러한 차이들을 이해하기 위해서, 우선 서비스의 구별되는 특성을 이해할 필요가 있다. 서비스는 6가지 기본적 특성을 갖고 있다: 무형성, 생산과 소비의 비분리성, 소멸성,이질성, 단골 중심적 관계, 그리고 고객접촉.[23]

(1) 무형성

이미 언급했듯이, 서비스를 유형 제품과 구별시키는 주요한 특성은 무형성이다. **무형성(intangibility)**은 서비스는 형태가 없고 만져볼 수 없다는 것을 의미한다. 예를 들어서, 학생이 수업에 참여해서 얻게 되는 교육을 만져보는 것은 불가능하다; 무형의 편익이 더욱 지식화되고 있다. 또한, 서비스는 물리적으로 소유될 수 없다. 제품은 순수 제품(유형)으로부터 순수 서비스(무형)까지의 다양한 범주로 되어 있다. 순수 제품은 비록 존재할지라도 드물다. 왜냐하면 실제로 모든 제품의 마케터들은 고객서비스도 함께 제공한다. 교육 및 건강관리와 같은 무형의 서비스 주도적 제품은 분명히 서비스 제품이다. 물론 레스토랑음식이나 호텔 투숙과 같은 일부 제품들은 유형 및 무형 차원을 모두 갖고 있다.

(2) 생산과 소비의 비분리성

마케터에게 도전하는 서비스의 또 다른 중요한 특성은 **비분리성(inseparability)**이다. 이것은 서비스의 생산이 고객의 소비와 분리될 수 없다는 사실을 언급한다. 예를 들어서, 항공승객 서비스는 제공되는 동시에 소비된다. 다른 말로 서비스는 생산과 동시에 판매되고 소비된다. 유형 제품 마케팅의 경우, 고객이 제품을 구입해서, 집에 가져가서, 그리고 사용하기 전까지 보관한다. 유형 제품의 제조기업은 실제 고객을 볼 수 없다. 그러나 고객은 서비스 생산현장에 나타나야 하고(예, 결혼 카운셀링 혹은 수술), 서비스를 집에 갖고 갈 수 없다. 실제로 서비스의 충분한 가치를 제공하기 위해서 서비스 제공자와 고객은 함께 움직여야 한다.[24] 예를 들어서, 동네 수퍼마켓에서 동전계산 기계를 이용하는 고객들은 동전을 투입하고 나서 모든 잔돈이 계산될 때까지 기다려야 한다. 비분리성은 고객과 서비스 제공자 간 공유된 책임을 의미한다. 결과적으로, 종업원교육 프로그램은 공유된 책임과 긍정적 느낌에 대한 지각을 향상시키기 위해서 서비스 경험에서 고객의 역할을 강조해야 한다.[25]

(3) 소멸성

서비스는 **소멸성(perishability)**으로 특성화된다. 왜냐하면 한 시점에서 사용되지 않은 서비스는 미래의 소비를 위해서 저장될 수 없기 때문이다. 예를 들어서, 항공기의 빈 좌석들은 저장되거나 나중에 승객에게 판매될 수 없다. 서비스의 소멸성에 대한 다른 예로는 판매되지 않은 농구티켓, 비워져 있는 치과의사 예약시간, 그리고 빈 호텔방을 들 수 있다. 비록 고기, 우유, 그리고 농산물과 같은 일부 제품도 소멸 가능하지만, 일반적으로 유형 제품은 서비스보다 덜 소멸가능하다. 만일 청바지 한 벌이 백화점 진열대에 일주일 동안 놓여있다면, 여전히 누군가가 다음날 그것을 구매할 수 있다. 유형 제품의 마케터는 수요공급 문제를 생산 스케줄과 재고 기법을 통해서 조종할 수 있다. 서비스 제품의 마케터는 이런 장점을 갖고 있지 않아서 수요와 공급을 맞추려고 노력하는 과정에서 여러 장애들에 직면한다. 그러나 이들은 주간별, 하루의 시간별, 혹은 계절별로 변동하는 수요를 계획할 수 있다.

(4) 이질성

사람들이 받는 서비스의 품질은 **이질성(heterogeneity)** 혹은 변동성이 높다. 유형 제품의 품질은 표준화된 절차를 통해서 통제하기가 더 쉽고, 실수를 분리시키거나 수정하기가 더 쉽다. 그러나 사람 행동의 특질 때문에, 서비스 제공자가 서비스 전달에 대한 일관된 품질을 유지하는 것이 매우 어렵다. 품질의 이러한 변동은 기업들마다, 같은 서비스 설비 내에서 서비스 요원들마다, 그리고 같은 기업 내에서 서비스설비마다 발생할 수 있다. 예를 들어서, 한 서점의 소매점원은 같은 체인의 다른 서점의 그들보다 더 많은 제품지식이 있어서 고객에게 더 도움을 줄 수 있다. 통상적으로 노동집약성의 정도가 증가할수록 이질성이 증가한다. 자동차수리, 교육, 그리고 헤어 스타일링과 같은 서비스들은 인적 노동에 많이 의존한다. 통신, 헬스클럽, 그리고 대중교통과 같은 다른 서비스들은 더 장비 집약적이다. 사람 중심적 서비스는 종종 서비스 제공 시점마다 변동되는 경향이 있다. 예를 들어서, 헤어스타일리스트가 오늘 고객에게 멋지게 머리손질을 해주었다는 사실이 나중에 같은 헤어스타일리스트로부터 동일한 품질의 머리손질을 받을 수 있다는 보장을 할 수가 없다. 반면에 장비 중심적 서비스는 사람 중심적 서비스보다 이러한 문제로부터 좀 더 자유로울 수 있다. 예를 들어서, ATM (automated teller machine)은 은행에서 은행원 서비스 품질의 비일관성을 줄였고 바코드 스캐닝은 식품점의 계산대에서 서비스의 정확성을 개선하였다.

(5) 단골관계

많은 서비스 제품의 성공은 **단골관계(client-based relationship)**의 창출과 유지 즉, 오랜 기간 동안 반복적으로 서비스를 사용하는 만족고객을 만드는 고객과의 상호작용에 달려있다.[26] 사실 변호사, 회계사, 그리고 금융설계사와 같은 일부 서비스 제공자들은 자기들의 고객을 단골(client)이라고 부르고 이들과의 긴밀하고 장기적인 관계를 개발하고 유지한다. 이러한 서비스 제공자들의 경우, 고객을 유치하는 것만으로는 충분하지 않다. 계속해서 이러한 서비스를 사용하는 상당한 단골집단을 유지할 수 있을 정도일 때 비로소 이들은 성공적이다. 예를 들어서, 회계사는 수십 년 동안 자기 분야의 고객들에게 서비스할 수 있다. 만일 이 분야의 고객들이 회계사의 서비스를 좋아한다면, 이들은 다른 고객들에게 이 회계사를 추천하려고 한다. 만일 여러 고객들이 이러한 긍정적 구전 커뮤니케이션을 반복한다면, 회계사는 만족고객에 대한 충분한 명단을 확보할 것이다. 실제로 조사는 구전 커뮤니케이션이 서비스에서 중요한 역할을 한다는 것을 발견하였다. 특히 혁신적 개성을 갖고 있는 소비자의 경우에는 더욱 그렇다.[27] 이러한 과정은 단골관계를 창출하고 유지하는 열쇠가 된다. 단골관계가 실제로 발

고객 접촉 수준
은행서비스는 상당수의 서비스들이 온라인으로 제공된 이후로는 비교적 낮은 수준의 고객접촉을 요구한다.

생하도록 확신하기 위해서, 서비스 제공자는 신뢰를 구축하고, 고객몰입을 보여주고, 그리고 고객을 만족시켜서 서비스제공자에게 매우 애호적이고 경쟁사로 전환하지 않도록 하는 단계를 밟아야 한다.

(6) 고객 접촉

모든 서비스가 높은 수준의 고객접촉을 요구하는 것은 아니지만, 많은 서비스가 요구한다. **고객접촉(customer contact)**은 서비스를 전달하는 데 필요한 서비스 제공자와 고객간 상호작용의 수준을 말한다. 높은 접촉서비스로는 건강관리, 부동산, 법률적 서비스, 그리고 머리손질서비스가 포함된다. 낮은 접촉서비스의 예로는 세금서비스, 자동차수리, 그리고 드라이 크리닝이 있다. 일부 서비스 지향적 사업들은 테크놀로지를 통해서 고객 접촉의 수준을 낮추고 있다. 예를 들어서, Alamo Rent A Car는 셀프서비스 체크인 키오스크(kiosks)를 도입해서, 여기서 고객들이 렌탈 계약서를 출력해서 직접 렌트카로 갈 수 있다.[28] 일반적으로 높은 접촉서비스는 사람 지향적 행동을 포함하는데 서비스 생산현장에 고객이 있어야 한다. 예를 들어서, 헤어스타일리스트의 고객은 머리 손질 과정 현장에 있어야 한다. 고객이 출석해야 할 때, 서비스 제공 과정은 최종 결과물만큼이나 중요하다. 비록 이것이 종종 서비스 제공자가 고객에게 직접 가야 가능할지라도, 전통적으로 높은 접촉서비스는 고객이 서비스 제공설비에 가는 것을 요구한다. 따라서 서비스설비의 물리적 외관은 서비스에 대한 고객의 전반적 평가의 주요한 요소가 될 수 있다. 예를 들어서, 물리적 서비스 환경이 고객 대 고객 상호작용을 향상시킬 때, 이것은 서비스 기업에 대한 더 큰 애호도와 호의적인 구전으로 이어질 수 있다.[29]

높은 접촉서비스 제공자의 종업원들은 만족 고객을 창출하는 데 매우 중요한 요소의 일부이다. 고객접촉의 기본적 교훈은 만족한 종업원이 만족한 고객을 만든다는 것이다. 실제로 조사는 종업원

표 10.2 서비스 특성과 마케팅 도전

서비스 특성	마케팅 도전결과
무형성	고객이 평가하기 어렵다
	고객이 물리적으로 소유하지 못한다
	광고하거나 진열하기가 어렵다
	가격을 책정하거나 정당화하기가 어렵다
	서비스과정이 특허로 보호받지 못한다
생산과 소비의 비분리성	서비스 제공자가 대량생산서비스를 할 수 없다
	고객이 생산에 참여해야 한다
	다른 고객들이 서비스결과에 영향을 미친다
	서비스는 유통에 어려움이 있다
소멸성	서비스를 보관할 수 없다
	수요공급의 균형이 매우 어렵다
	사용되지 않은 서비스 용량은 영원히 소멸된다
	수요는 시간에 매우 민감할 수 있다
이질성	서비스 품질을 통제하기가 어렵다 서비스 전달을 표준화하기가 어렵다
단골관계	성공은 오랫동안 고객을 만족시키고 유지하는 데 달려 있다
	반복적 사업을 창출하는 것은 어렵다
	관계마케팅이 중요하다
고객접촉	서비스 제공자가 전달에 결정적이다
	높은 수준의 서비스 요원 교육 및 동기유발 요구
	고객만족을 유지하면서 낮은 비용을 달성하기 위해서 높은 접촉서비스를 낮은 접촉서비스로 전환시킨다

자료원: K. Douglas Hoffman and John E. G. Bateson, *Essentials of Services Marketing* (Mason, OH: South-Western, 2001); Valarie A. Zeithaml, A. Parasuraman, and Leonard L. Berry, *Delivering Quality Service: Balancing Customer Perceptions and Expectations* (New York: Free Press, 1990); Leonard L. Berry and A. Parasuraman, *Marketing Services: Competing through Quality* (New York: Free Press, 1991), p. 5.

만족이 높은 서비스 품질을 제공하는 데 하나의 매우 중요한 요소임을 나타내고 있다. 따라서 고객접촉이 유발하는 문제점을 최소화기 위해서 서비스 기업은 종업원의 욕구를 이해하고 충족시키기

전환 중인 마케팅

서비스를 위한 블로깅(blogging)과 트위팅(tweeting)

많은 서비스 마케터들은 블로그(blogs)나 트위터(Twitter)의 포스터를 통해서 고객들과 접촉을 유지하고 있다. 블로그(웹 블로그보다는 짧은)는 사람들이 메시지와 이미지를 올린 후 코멘트를 하도록 방문자를 초청하는 인터넷 사이트이다. 트위터는 미니 블로그 사이트로서 사용자들이 140자 이내의 메시지(tweets라고 함)를 올린다. 메시지를 올리고 독자들이 말하는 것에 반응함으로써, 기업의 블로거와 트위터들은 전세계에 있는 서비스의 고객들과 개별적 연계를 만들어낸다.

HEMERA/THINKSTOCK

예를 들어서, Marriott International의 CEO인 Bill Marriott는 자신의 "Marriott on the Move"블로그에 글로 쓴 아이디어, 사진 그리고 비디오 뿐만 아니라 음성 메시지를 올린다. 이 블로그의 주간 방문자 6,000여 명은 Marriott의 CEO가 하는 일을 볼 수 있고, 그가 방문하는 호텔과 리조트에 관해서 읽고, 그리고 자신들의 의견을 추가할 수 있다. 이것은 Marriott의 서비스를 마케팅하는 데도 좋은 방법이다. 블로그에서 예약페이지를 클릭한 방문자들이 5백만 달러의 호텔 숙박을 예약하였다.

점차 많은 기업들이 트위터를 사용해서 고객의 문의에 응답하고, 서비스 이슈를 도와주고, 그리고 단지 한 두 문장으로 특별 제공촉진을 한다. 예를 들어서, JetBlue는 매출, 연착, 그리고 트위터를 따르는 128,000명 고객의 불평에 대해서 커뮤니케이션하기 위해서 트위터를 사용한다. 이와 유사하게 Comcast와 같은 케이블 기업은 트위터를 이용해서 자사의 서비스와 관련해서 고객들이 겪는 문제에 대해서 피드백을 받고 해결책을 제공한다. 그리고 Starbucks는 70,000명의 고객을 신제품과 점포개점 특별이벤트 등에 관한 트위터 포스트로 전환시켰다.[c]

위해서 이들에게 올바르게 교육을 하고, 더 많은 결정을 스스로 할 수 있는 권한을 부여하고, 그리고 이들의 고객 지향적 행동에 대해서 보상하는 단계를 채택해야 한다.[30]

3 서비스에 대한 마케팅믹스의 창출

서비스의 특성은 서비스의 마케터에게 많은 도전들을 하게 된다(<표 10.2>참조). 특히 이러한 도전들은 서비스에 대한 마케팅믹스를 개발하고 관리하는 데 분명하게 나타난다. 비록 그러한 마케팅믹스가 주요 마케팅믹스 변수 즉, 제품, 가격, 유통, 그리고 촉진을 포함하지만, 서비스의 특성은 마케터가 추가적인 이슈를 고려할 것을 요구한다.

(1) 서비스의 개발

일반적으로 기업이 제공하는 서비스는 핵심서비스 및 하나 이상의 부가서비스로 구성된 서비스의 패키지 혹은 묶음이다. 핵심서비스(core service)는 고객이 받기를 기대하는 기본적인 서비스경험이나 상품이다. 부가서비스(supplementary service)는 핵심서비스와 관련되면서 경쟁기업의 서비스와 차별화시키는 데 사용되는 보조적 서비스이다. 예를 들어서, Hampton Inns는 핵심 서비스로 객실을 제공한다. 무료 현지전화, 무료 케이블 TV, 그리고 무료 콘티넨탈 조식과 같은 부가서비스는 객실과 묶음으로 제공된다.

앞에서 언급했듯이, 이질성은 서비스 품질의 변동성을 초래하고 서비스를 표준화시키는 것을 어렵게 만든다. 그러나 이질성은 서비스 마케터에게 하나의 이점을 제공한다. 이질성은 개별 고객의 특정한 욕구와 조화시키도록 서비스를 개별화할 수 있도록 해 준다. 건강관리가 가장 개별화된 서비스의 예이다; 환자들마다 다르게 서비스가 제공된다. 이런 개별화된 서비스는 서비스 제공자와 고객 모두에게 비쌀 수 있고, 그래서 일부 서비스 마케터는 딜레마에 직면하고 있다: 어떻게 효율적이고 경제적인 방법으로 수용가능한 수준의 서비스 품질을 제공해서 개별 고객의 욕구를 만족시키는가? 이런 문제에 대처하기 위해서, 일부 서비스 마케터들은 표준화된 패키지를 제공한다. 예를 들어서, 변호사는 논쟁의 여지가 없는 이혼에 대해서 특정가격의 이혼 패키지를 제공할 수 있다. 서비스 묶음이 표준화되면, 서비스 제공자의 세부적 행동과 활동들이 매우 구체화된다. 자동차 윤활유 공급업자는 종종 단일 가격으로 서비스 묶음을 제공한다; 고객의 차에 무엇을 할 것인가에 대해서 취해야 할 구체적인 행동이 매우 상세하다. 다양한 다른 장비 중심적 서비스도 패키지 서비스로 표준화된다. 예를 들어서, 케이블 TV 제공자는 종종 "기본", "표준", "프리미엄", 그리고 "헐리우드"와 같이 여러 패키지를 제공한다.

무형성의 특성은 고객이 구매하기 전에 서비스를 평가하기 어렵게 만든다. 무형성은 헤어스타일리스트와 같은 서비스 마케터가 고객들에 대한 약속을 마케팅 한다. 고객은 약속에 부응하거나 그 이상으로 충족시킬 수 있도록 서비스를 실행한 서비스제공자에게 어느 정도의 신뢰를 갖지 않을 수 없게 된다. 서비스 제품 마케터는 그들이 제공할 수 있는 것 이상으로 고객의 기대를 높이는 약속에 대비해서 조심해야 한다. 무형성의 문제에 대처하기 위해서, 마케터는 고객에게 서비스 품질에 대해서 확신을 주도록 도움을 주기 위해서, 잘 차려입은 전문가적 분위기를 나타내는 접점 직원과 깔끔하고 매력적인 물리적 시설과 같은 유형적 신호를 채용한다. 대부분의 서비스 제공자는 적어도 높은 접촉 종업원들의 일부에게 유니폼을 입힌다. 유니폼은 서비스 경험을 눈에 잘 보이도록 만드는 데 도움을 주고, 품질을 알리고, 일관성을 창출하고, 그리고 원하는 이미지를 제안하는 단서를 제공하는 물리적 증거의 역할을 한다.[31] 항공사 조종사의 유니폼에 의해서 전달되는 전문 직업 의식, 경험, 그리고 능력을 고려해보자. 종종 생명보험사는 보험계약서를 최고급 용지에 작성해서 가죽 케이스에 넣어줌으로써 보험제품의 품질을 더 눈에 보이도록 만들려고 노력한다.

생산과 소비의 비분리성과 고객접촉수준도 서비스의 개발과 관리에 영향을 준다. 고객이 서비스 제공현장에 있어야 한다는 것은 다른 고객들이 서비스결과에 영향을 미칠 수 있다는 것을 의미한다. 예를 들어서, 만일 비흡연자가 흡연석이 없는 레스토랑에서 식사를 한다면, 비흡연 고객이 경험하는 서비스의 전반적 품질은 감소한다. 서비스 마케터는 모든 고객들이 서비스의 의도된 편익을 받을 수 있도록 허용해주는 환경을 유지할 책임을 공유하도록 고객들을 격려해서 이러한 문제를 줄일 수 있다.

(2) 서비스의 가격책정

서비스는 소비자의 가격민감성, 거래의 특질, 그리고 원가를 반영할 수 있도록 가격을 책정해야 한다.[32] 서비스 제품에 대한 가격은 여러 다른 근거에 의해서 책정될 수 있다. 해충구제 서비스, 드라이크리닝, 카펫트 청소, 그리고 의사의 진료의 가격들은 통상적으로 특정 과제의 성과에 근거한다. 다른 서비스는 시간에 근거한다. 예를 들어서, 변호사, 컨설턴트, 카운셀러, 피아노 강사, 배관공은 시간당 혹은 일당으로 가격이 부과된다.

일부 서비스는 수요에 근거한 가격책정을 사용한다. 서비스에 대한 수요가 많을 때, 가격도 또한 높고 수요가 적을 때 가격도 낮다. 서비스의 소멸성이란 수요가 적을 때 사용되지 않은 나머지 용량이 저장될 수 없어서 결국 영원히 잃어버리는 것이다. 비행기나 영화관의 빈 좌석은 수입손실을 나타낸다. 일부 서비스는 시간에 매우 민감하다. 왜냐하면 상당한 수의 고객들이 특정 시간대에 서비스를 요구하기 때문이다. 이 시점을 피크 수요(peak demand)라고 한다. 시간에 민감한 서비스의 제공자는 대부분의 수입을 피크 수요 동안에 실현한다. 항공사의 경우, 피크 수요는 통상적으로 하루 중 이른 시간이나 늦은 시간에 발생한다. 시간에 민감한 서비스의 제공자는 종종 수요공급의 균형을 맞추는 문제를 관리하기 위해서 수요에 근거한 가격책정을 이용한다. 이들은 피크 수요동안에는 최고 가격을 책정하고 비수기 수요 동안에는 낮은 가격을 책정해서 더 많은 고객들이 서비스를 사용하도록 격려한다. 이것이 바로 같은 영화가 낮 시간의 가격이 밤 시간의 가격보다 반값이 되는 이유이다.

서비스가 묶음으로 고객에게 제공될 때, 마케터는 서비스를 하나의 가격으로 제공할지, 분리해서 가격을 책정할지, 혹은 두 가지 방법을 조합해서 사용할지 여부를 결정해야 한다. 예를 들어서, 일부 호텔은 단일 가격으로 서비스 패키지를 제공하는 반면, 다른 호텔은 객실, 전화 서비스, 그리고 조식을 별도로 가격을 책정한다. 일부 서비스 제공자는 특정 묶음의 서비스에 대해서 단일 가격 옵션을 제공해서 부가적 묶음을 추가적 가격으로 이용가능하게 만든다. 예를 들어서, 통화대기와 발신자번호표시와 같은 전화 서비스는 한 묶음이 되어서 단일가격의 패키지로 판매된다.

서비스의 무형적 특성 때문에, 고객들은 때때로 품질의 척도로 가격에 상당히 의존한다. 만일 고객들이 서비스 범주에서 이용가능한 서비스를 품질이 유사한 것으로 지각한다면, 그리고 만일 그런 서비스의 품질이 서비스를 구매한 후에도 판단하기 어렵다면, 고객은 가장 낮은 가격의 서비스 제공자를 찾으려고 할 것이다. 예를 들어서, 많은 고객들이 가장 낮은 요율의 자동차보험 제공자를 찾는다. 만일 여러 서비스제공자들의 품질이 변동적일 가능성이 높다면, 고객들은 가격-품질 연상에 크게 의존할 수 있다. 예를 들어서, 만일 당신이 맹장수술을 받아야 한다면, 당신은 1,500달러라는 평균가격을 부과하는 의사를 선택할 것인가 혹은 399달러에 맹장을 제거하는 의사를 선택할 것인가?

유통
FedEx는 소매점들을 통해서 일부 서비스를 제공한다.

(3) 서비스의 유통

마케터는 다양한 방법으로 서비스를 전달한다. 어떤 경우에, 고객은 서비스 제공자의 서비스 설비가 있는 곳으로 간다. 예를 들어서, 대부분의 건강관리, 드라이 크리닝, 그리고 스파 서비스는 서비스 제공자의 서비스설비에서 전달된다. 일부 서비스는 고객의 집이나 사업장에서 제공된다. 잔디관리, 에어컨과 난방수리, 그리고 카펫트 청소가 예들이다. 일부 서비스는 고객과 서비스제공자 간에 대면 접촉이 발생하지 않는다는 의미의 "거리를 두고(arm' s length)" 주로 전달된다. 전기, 인터넷, 케이블 TV, 그리고 전화 서비스를 포함한 여러 설비 중심적 서비스는 대면 접촉이 없이 전달된다. 대면 접촉이 없이 높은 품질의 고객서비스를 제공하는 것이 비용이 많이 들 수 있으나, 고객을 만족하게 만들고 시장점유율을 유지하는 데 필수적이다.

서비스에 대한 마케팅 유통은 통상적으로 짧고 직접적이다. 이것은 서비스 제공자가 서비스를 최종 사용자에게 직접 전달한다는 것을 의미한다. 그러나 일부 서비스 제품은 중간상을 이용한다. 예를 들어서, 여행 대행사는 항공 서비스 전달을 용이하게 해주고, 독립 보험대리점은 다양한 보험 상품들을 마케팅하는 데 참여하고, 그리고 금융설계사는 투자서비스를 마케팅한다.

서비스 마케터는 유형제품 마케터보다 창고보관이나 수송에 별로 관심이 없다. 그러나 이들은 재고관리 특히 서비스의 공급과 수요를 조화시키는데 매우 관심이 높다. 서비스의 비분리성 특성과 고객접촉의 수준이 수요 관리에 대한 도전에 공헌한다. 어떤 경우에는 서비스 마케터는 서비스 전달을 계획하는 접근방법으로 약속과 예약을 이용한다. 건강관리 제공자, 변호사, 회계사, 자동차 정비사, 그리고 레스토랑은 서비스 전달을 계획하고 보조를 맞추기 위해서 종종 약속이나 예약을 사용한다. 서비스 공급을 증가시키기 위해서, 마케터는 여러 서비스 장소들을 사용하고 각 장소에서 접촉서비스 제공자의 수를 증가시킨다. 전국적 그리고 지역적 안구 관리와 모발 관리 서비스가 예이다.

노동원가를 낮출 뿐만 아니라 전달을 고객에게 더 접근하기 쉽게 하고 서비스 공급을 증가시키기 위해서, 일부 서비스 제공자는 접점 종업원을 줄이고 이들을 서비스설비로 교체하였다. 다른 말로, 이들은 높은 접촉서비스를 낮은 접촉서비스로 바꾸고 있다. 은행 산업이 하나의 예이다. ATM을 설치해서 서비스 용량을 증가시키고 고객 접촉을 줄였다. 또한 현재 많은 자동화된 은행서비스들이 전화로 하루 24시간 내내 이용가능하다. 그런 서비스는 고객서비스 대리인에 대한 필요를 줄임으로써 더 비용을 낮추도록 도와준다. 그러나 서비스 전달을 사람에서 설비로 변화시키는 것이 일부의 문제들을 유발한다.

(4) 서비스의 촉진

서비스의 무형성은 서비스 마케터에게 촉진관련 어려움을 초래한다. 광고에서 서비스의 실제적 성과를 묘사하거나 점포에 진열하는 것이 가능하지 않을 수 있기 때문에, 고객에게 서비스를 설명하는 것은 어려운 과제이다. 전통적으로 서비스 제품에 대한 촉진은 서비스를 상징화하는 유형적 단서를 포함한다. 예를 들어서, Transamerica는 보험과 다른 금융서비스와 연관된 중요한 특성들인 강력함, 안전, 그리고 신뢰성을 상징화하기 위해서 피라밋 모양의 사시 빌딩을 이용한다. 유사하게, Allstate가 광고에서 사용하는 손은 개별화된 서비스와 신뢰할 수 있게 돌보는 보험모집인을 상징화한다. 비록 이러한 상징들은 실제 서비스와 관계없을지라도, 고객들이 보험 서비스를 연상시키는 무형적 속성을 훨씬 더 이해하기 쉽게 만든다. 서비스를 더 가시적인 형태가 있게 만들기 위해서, 종종 서비스에 대한 광고는 서비스 시설, 장비, 그리고 서비스 요원의 사진을 보여준다. 마케터도 고객의 라이프스타일을 가시적인 형태가 있는 것으로 표현해서 서비스를 촉진한다. 예를 들어서, Ameriprise는 영화 *Easy Rider*에 출연한 Dennis Hopper를 은퇴 나이에 가까운 베이비부머를 겨냥한 은퇴 금융서비스의 광고에 등장시켰다. 이 기업은 골프 코스에서 틀에 박힌 은퇴를 원하지 않는 베이비 부머에게 감성적 소구를 제공하기 위해서 "주인공 같지 않은 주인공의 위대한 영웅이미지"로 Hopper를 선택하였다.[33]

유형적 제품 마케터와 비교해서, 서비스 제공자는 가격, 보증, 성과 증거자료, 유용성, 그리고 접점요원의 교육 및 증명서를 더 촉진할 것이다. 실내 선탠 숍의 동업조합인 International Smart Tan Network은 선탠 설비 기사를 위한 전문가적 기준의 자격증 과정을 제공한다. 이 조합은 광고를 통해서 " Smart Tan Certification" 프로그램을 촉진하도록 선탠 숍을 격려하고 품질 교육에 대한 하나의 측정으로 선탠 숍을 이용해보도록 격려한다.[34] 광고를 준비할 때, 서비스 마케터는 고객의 마음속에서 서비스의 형태를 볼 수 있는 것처럼 해 주기 위해서 구체적이고 특정한 언어를 조심스럽게 사용한다. 예를 들어서, Bears Stearns는 "미국에서 가장 존경받는 안전한 기업"으로 선정된 것을 광고한 적이 있다. 서비스 기업은 고객들의 기대가 달성 불가능한 수준으로 높아지지 않도록 서비스에 대해서 너무 많은 약속을 하지 않도록 조심해야 한다.

이러한 행동을 통해서, 서비스 접점 요원들은 서비스에 대한 인적 판매에 직접적 간접적으로 관여될 수 있다. 종종 인적 판매는 개인적 영향이 고객으로 하여금 주어진 서비스의 편익을 마음속에 그리도록 도와주기 때문에 중요하다. 서비스 접점 요원들은 인적 판매에 관계하기 때문에, 일부 기업들은 요원교육에 상당한 투자를 한다.

서비스의 이질성과 무형성 때문에, 구전 커뮤니케이션은 서비스 촉진에서 중요하다. 서비스제공자에 대해서 다른 사람들이 얘기하는 것이 개인이 그 서비스제공자를 이용할지를 결정하는 데 엄청난 영향을 미친다. 일부 서비스 마케터는 만족한 고객들로 하여금 해당 서비스에 대해서 주변 친구나 아는 사람들에게 얘기하도록 해서 긍정적 구전 커뮤니케이션을 할 수 있도록 노력하고 심지어 그렇게 하도록 인센티브도 제공한다.

10.7 제품의 개발 및 관리를 위한 조직

제품 라인과 믹스, 제품수명주기, 포지셔닝, 그리고 리포지셔닝의 개념들을 살펴보게 되면, 제품관리가 복잡한 과제라는 것이 분명해진다. 종종 기업의 전통적인 기능적 조직 형태 즉, 관리자가 광고, 판매, 그리고 유통과 같이 사업 기능별로 전문화된 형태는 기업의 욕구에 적합하지 않다. 이런 경우 관리자는 제품을 개발하고 관리하는 데 필요한 과제를 수행하는 조직 접근방법을 찾아야 한다. 기능적 조직에 대한 대안으로는 제품이나 브랜드 관리자 접근방법, 시장 관리자 접근방법, 그리고 벤처팀 접근방법이 포함된다.

제품 관리자(product manager)는 다양한 제품을 생산하는 기업내에서 상호관련된 집단을 구성하는 제품, 제품라인, 혹은 여러 독특한 제품을 책임지고 있다. **브랜드 관리자(brand manager)**는 단일 브랜드를 책임진다. 예를 들어서, General Foods는 Maxim커피 담당 브랜드 관리자와 Maxwell House 커피담당 브랜드 관리자가 있다. 제품 및 브랜드 관리자 모두가 할당된 제품을 마케팅하는 데 관련된 활동, 정보, 그리고 전략을 조화시키기 위해서 범기능적으로(crossfunctionally) 운영한다. 제품 관리자와 브랜드 관리자는 유통, 촉진(특히, 판매촉진과 광고), 그리고 가격의 믹스를 조화시켜서 목표를 달성하기 위해서 마케팅 활동을 계획한다. 이들은 패키징과 브랜딩 의사결정을 고려하고 R&D, 엔지니어링, 그리고 생산 담당 요원들과 긴밀하게 작업해야 한다. 마케팅 리서치는 제품 관리자가 소비자를 이해하고 표적시장을 찾는 것을 도와준다. 왜냐하면 Mercedes-Benz와 Jaguar 같은 최고급 브랜드는 이 기업의 다른 대량시장 브랜드와 연관시켜서 브랜드 이미지를 손상시킬 수 있기 때문에, 브랜드 관리자는 이 기업의 관련된 브랜드와 독립된 이미지를 유지하여야 한다.[35] 기업에 대한 제품이나 브랜드 관리자 접근방법은 많은 대규모의 다양한 제품을 만드는 기업들에 의해 채택된다.

시장 관리자(market manager)는 특정 집단의 고객을 담당하는 마케팅 활동을 관리할 책임을 맡고 있다. 이러한 접근방법은 특히 기업이 다양한 고객 집단들에게 제품을 제공하기 위해서 다른 형태의 마케팅 활동에 관여할 때 효과적이다. 어떤 기업은 비즈니스시장을 담당하는 시장 관리자와 소비자 시장을 담당하는 다른 시장 관리자를 두고 있다. 이러한 광범위한 시장 범주는 보다 제한된 시장 책임으로 구분될 수도 있다.

벤처팀(venture team)은 새로운 시장을 겨냥하는 완전히 새로운 제품을 개발한다. 제품이나 시장 관리자와 달리, 벤처팀은 제품을 개발하는 모든 측면을 책임진다; R&D, 생산과 엔지니어링, 재무 및 회계, 그리고 마케팅. 벤처팀 구성원은 기업의 각기 다른 부서들로부터 차출된다. 외부 부서에서 작업할 때, 벤처팀은 상당히 세분화된 시장에서 기회를 활용할 수 있는 신제품을 개발하기 위해서 발명적 접근방법을 적용할 수 있는 매우 높은 유연성을 갖는다. 점차 기업들은 제품 품질을 높이기 위한 노력으로 제품 개발을 위해서 이러한 범기능적 팀을 사용하고 있다. 신제품이 상업적 잠재력을 갖는 것으로 밝혀졌을 때, 팀 구성원들은 각자 자기 부서로 복귀하거나 제품을 관리하기 위해서 새로운 부서나 기존 부서에 합류할 수 있다.

이 장의 복습

1 어떻게 기업은 라인확장과 제품 수정을 이용해서 기존 제품들을 관리하는지를 이해한다.

기업은 효과적으로 경쟁하고 목표를 달성하기 위해서 제품믹스를 조정할 수 있어야 한다. 기존 제품들을 이용해서 제품믹스는 라인확장과 제품 수정을 통해서 개선될 수 있다. 라인확장은 기존 제품라인에 있는 하나 혹은 그 이상의 제품들과 밀접하게 관련된 제품을 개발하는 것이지만 기존과 다른 고객 욕구를 충족시키기 위해서 설계되는 것은 아니다. 제품 수정은 한 제품의 하나 혹은 그이상의 특성을 변화시키는 것이다. 이러한 접근은 품질 수정, 기능적 수정, 그리고 미적 수정을 통해서 달성될 수 있다.

2 기업이 어떻게 제품 아이디어를 상업적 제품으로 개발하는지를 설명한다.

제품을 도입하기 전에 7단계의 신제품 개발 단계를 거치게 된다. 아이디어 창출단계에서 신제품 아이디어는 내부 및 외부 원천에서 얻을 수 있다. 선별 과정에서 아이디어가 기업의 전반적 목표와 자원과 일치되는가를 결정하기 위해서 평가된다. 세 번째 단계인 개념 테스트는 일부 잠재적 고객의 표본들을 대상으로 제안된 제품에 대한 초기 인식과 초기 구매의도를 결정하기 위해서 제품 아이디어에 대한 간단한 설명을 확인하도록 한다. 사업성분석단계에서 기업의 판매, 비용, 그리고 수익에 대한 잠재적 공헌을 결정하기 위해서 제품 아이디어가 평가된다. 제품 개발 단계에서 기업은 제품을 생산하는 것이 기술적으로 적합한지 여부 그리고 최종가격을 합리적으로 책정할 만큼 충분히 낮은 원가로 생산할 수 있는지 여부를 결정한다. 테스트 마케팅은 진출 의도 시장을 나타낼 수 있도록 선정된 지역에서 제품을 제한적으로 도입한다. 끝으로, 상업화단계에서, 제품의 본격적 생산을 시작하고 완전한 마케팅 전략이 개발된다.

3 제품 차별화의 중요성 그리고 다른 제품과 차별화 시키는 요소들을 알아본다.

제품 차별화는 고객들이 경쟁제품들과 다르게 지각하는 제품을 만들고 디자인하는 과정이다. 제품 품질, 제품디자인과 특성, 그리고 제품 지원 서비스가 기업들이 제품을 만들고 마케팅할 때 고려하는 제품 차별화의 세가지 차원이다.

4 제품 포지셔닝과 리포지셔닝을 설명한다.

제품 포지셔닝은 고객의 마음에 제품의 확실한 개념을 창출하고 유지하는 의사결정과 활동들을 말한다. 기업은 만일 경쟁 브랜드의 성능이 자기 브랜드와 비슷하고 만일 자기 제품의 가격이 더 낮다면 다른 브랜드와 정면으로 경쟁하도록 포지션할 수도 있다. 브랜드가 일부 고객들에게 중요한 독특한 특성을 갖고 있을 때는 경쟁을 피하도록 포지셔닝하는 것이 적합하다. 기업은 제품 리포지셔닝을 통해서 기존 브랜드의 시장점유율과 수익성을 증가시킬 수도 있다.

5 제품믹스를 개선하기 위해서 어떻게 제품제거가 이루어지는가를 이해한다.

제품제거는 더 이상 충분한 수의 고객을 만족시키지 못하는 제품을 제거하는 과정이다. 비록 기업의 종업원이 제품 삭제를 반대할 수 있을지라도, 취약한 제품은 수익성이 없고, 너무나 많은 시간과 노력을 허비하고, 생산 운영을 단축시키고, 그리고 자사의 다른 제품들에게 비호의적 인상을 형성할 수 있다. 제품믹스는 언제 제품을 제거할지를 결정하기 위해서 체계적으로 검토되어야 한다. 제거될 제품들은 단계적 제거, 소진후 제거, 혹은 즉시 제거될 수 있다.

6 서비스 제품의 특성을 이해하고 이러한 특성들이 서비스에 대한 마케팅믹스를 개발할 때 어떻게 문제가 되는지를 이해한다.

서비스는 행동, 성과, 그리고 물리적으로 소유될 수 없는 노력이 관련되는 무형적 제품이다. 서비스는 6가지 기본적 특성을 갖고 있다: 무형성, 생산과 소비의 비분리성, 소멸성,이질성, 단골관계, 그리고 고객접촉. 무형성은 서비스가 보이지 않고, 만질 수 없고, 맛보거나 냄새가 없다는 것을 의미한다. 비분리성은 서비스의 생산이 소비와 분리될 수 없다는 것을 의미한다. 소멸성은 한 시점에서 사용되지 않은 서비스 용량은 미래의 소비를 위해서 보관될 수 없다는 것을 의미한다. 이질성은 서비스 품질의 변동성을 의미한다. 단골 관계는 서비스를 오랫동안 반복적으로 사용하도록 유도하는 고객과의 상호작용이다. 고객접촉은 서비스 제공자와 고객간 서비스를 전달하는 데 필요한 상호작용이다.

7 제품을 관리하기 위해서 사용되는 조직구조를 익힌다.

종종 전통적인 기능적 형태 혹은 조직은 제품을 개발하고 관리하는 복잡한 과제에 적합하지 않다. 이에 대한 대안적 형태로는 제품 혹은 브랜드 관리자 접근방법, 시장 관리자 접근방법, 그리고 벤처팀 접근방법이 포함된다. 제품 관리자는 다양한 제품들을 만드는 기업내 상호관련된 제품 집단을 구성하는 제품, 제품라인, 혹은 일부 독특한 제품들을 책임진다. 브랜드 관리자는 단일 브랜드를 책임지는 제품 관리자이다. 시장 관리자는 특정 집단이나 고객계층을 담당하는 마케팅 활동을 관리하는 책임을 맡는다. 벤처팀은 종종 새로운 시장을 겨냥하는 완전히 새로운 제품을 만드는 데 사용된다.

주요 개념

라인확장(line extension): 기존 제품 라인과 밀접하게 관련되어 있지만 다른 고객의 욕구를 충족시키기는 제품의 개발

제품 수정(product modification): 한 제품에 대한 하나 혹은 그 이상의 특성에 대한 변화

품질 수정(quality modification): 제품의 신뢰성 및 내구성과 관련된 변화

기능적 수정(functional modification): 제품의 다양성, 효과성, 편의성 또는 안전성에 영향을 미치는 변화

미적 수정(aesthetic modification): 제품의 감각적 소구에 대한 변화

신제품 개발과정(new-product development process): 제품의 도입을 위한 7단계의 과정

아이디어 창출(idea generation): 목표를 달성하기 위한 제품 아이디어 추구

선별(screening): 차후 검토를 위해 가장 잠재력이 있는 아이디어 선정

개념 테스트(concept testing): 제품 아이디어에 대한 잠재적 구매자의 반응 추구

사업성 분석(business analysis): 기업의 매출, 비용, 그리고 수익에 대한 제품 아이디어의 잠재적 공헌도 평가

제품 개발(product development): 제품의 생산이 기술적으로 실현 가능하고 비용 효과적인지의 여부를 결정

테스트 마케팅(test marketing): 잠재적 고객이 실제로 제품을 구입할 정도를 측정하기 위해서 제한된 지역에 제품을 출시하는 것

상업화(commercialization): 제조 및 마케팅에 대한 전면적 계획의 결정과 예산 마련

제품 차별화(product differentiation): 고객들이 경쟁 제품들과 다르게 지각하도록 제품을 창출하고 디자인하는 것

품질(quality): 고객의 욕구를 충족시킬 것으로 기대된 대로 수행하도록 하는 제품의 특성

품질 수준(level of quality): 제품이 보유한 품질의 양

품질의 일관성(consistency of quality): 시간이 지나도 제품이 동일한 수준의 품질을 갖는 정도

제품 디자인(product design): 제품이 착상되고, 계획되며, 그리고 생산되는 방법

스타일(styling): 제품의 물리적 외관

제품특성(product feature): 제품이 어떤 과제를 수행하도록 하는 특정 디자인 특성

고객서비스(customer services): 제품에 가치를 추가하도록 기업이 제공하는 인적 혹은 기계적 노력

제품 포지셔닝(product positioning): 고객의 마음속에 제품의 특정한 개념을 창출하고 유지하는 것

제품 제거(product deletion): 제품믹스에서 제품을 제거하는 과정

무형성(intangibility): 형태가 없고, 만져볼 수 없는 서비스

비분리성(inseparability): 동시에 생산되고 소비되는 것

소멸성(perishability): 사용되지 않은 서비스의 미래 사용을 위한 저장 불가능성

이질성(heterogeneity): 품질의 변동성

단골관계(client-based relationship): 오랜 기간 동안 반복적으로 서비스를 사용하는 만족고객을 만드는 상호작용

고객접촉(customer contact): 서비스를 전달하는데 필요한 서비스 제공자와 고객 간 상호작용의 수준

제품 관리자(product manager): 집단을 구성하는 제품, 제품라인 혹은 여러 가지 독특한 제품에 대한 책임을 맡고 있는 조직 내 사람

브랜드 관리자(brand manager): 단일 브랜드에 대한 책임을 맡고 있는 사람

시장 관리자(market manager): 특정 집단의 고객을 담당하는 마케팅 활동을 관리할 책임을 맡고 있는 사람

벤처팀(venture team): 새로운 시장을 겨냥하는 완전히 새로운 제품을 개발하는 탈기능적 집단

연습문제

1. 라인확장이 무엇인가? 그리고 이것은 제품수정과 어떻게 다른가?
2. 제품 수정을 하는 세가지 주요 접근 방법을 비교하고 대조하라.
3. 신제품 개발 과정의 7단계를 확인하고 간단히 설명하라.
4. 단지 몇 개의 제품만 생산하는 소규모 기업이 제품을 개발하고 관리하는데 관심을 가질 필요가 있는가? 그렇다면 왜? 그렇지 않다면 왜?
5. 왜 제품 개발이 조직내에서 범기능적 활동이 되는가? 즉, 왜 재무, 엔지니어링, 제조, 그리고 다른 기능 영역이 포함되어야 하는가?
6. 개념 테스트의 주요 목적은 무엇인가? 그리고 이것은 어떻게 수행되는가?
7. 테스트 마케팅의 장단점은 무엇인가?
8. 왜 상업화 과정은 상당한 양의 시간이 걸리는가?

9. 제품차별화가 무엇인가? 그리고 이것은 어떻게 실현될 수 있는가?
10. '품질' 이라는 용어는 최근에 자동차산업에서 제품을 차별화하는데 어떻게 사용되는지 설명하라. 고품질과 저품질이란 용어를 들었을 때 떠오르는 자동차 이름이나 모델은 어떤 것들이 있는가?
11. 제품 포지셔닝은 무엇인가? 어떤 상황에서 정면(head-to-head) 제품 포지셔닝이 적합한가? 언제 정면 포지셔닝을 피해야 하는가?
12. 취약한 제품은 제품믹스에서 어떤 형태의 문제점들을 야기시키는가? 이런 문제점들을 피할 수 있는 가장 효과적인 접근방법을 설명하라.
13. 미국 경제에서 서비스는 얼마나 중요한가?
14. 주요 서비스 특성을 확인하고 논의하라.
15. 각 마케팅 믹스에서, 어떤 서비스 특성이 가장 영향이 큰가?
16. 어떤 유형의 기업이 신제품을 개발하기위해서 벤처팀을 사용하는가? 이러한 팀의 장단점은 무엇인가?

5 가격결정

제11장
가격결정의 기본

제12장
가격관리

조직이 만족스러운 마케팅믹스를 제공하려면, 가격이 표적시장의 구성원에게 수용될 수 있어야 한다. 가격결정은 마케팅믹스의 다른 구성요소들에게 많은 영향을 미칠 수 있다. 예를 들면, 가격은 어떻게 고객이 제품을 인식하는지, 어떤 형태의 마케팅 기구가 제품을 유통시키기 위하여 사용되는지, 그리고 어떻게 제품을 촉진하는지에 영향을 미칠 수 있다. 제11장은 가격의 중요성을 논의하고 가격 및 비가격 경쟁의 여러 특징들을 살펴볼 것이다. 또한 수요, 탄력성, 한계분석, 그리고 손익분기점분석과 같은 기본적 개념을 살펴볼 것이다. 마지막으로 마케터의 가격결정에 영향을 미치는 주요 요인들을 검토할 것이다. 제12장은 가격을 설정하기 위하여 마케터가 사용하는 과정의 주요 6단계들을 논의할 것이다.

가격결정의 기본

CHAPTER 11

AP IMAGES/MARK LENNIHAN

Amazon.com의 가장 잘 나가는 가격결정의 아이디어

온라인 소매 개척자인 Amazon.com은 가격결정에 세심한 주의를 기울여서 이익이 나는 145억 달러의 사업체를 이루었다. Amazon은 웹-기반의 염가형 서점으로 설립되어 수십 개의 제품범주 및 나라들로 확장하였다. 사이트, 시스템, 그리고 제공물을 개선하는 데 계속적인 투자 때문에 이윤의 폭은 줄었지만 Amazon이 쇼핑경험을 즐겁고, 빠르고, 그리고 쉽게 만듦으로써 고객을 끌어들이고 유지하는 데 도움을 준다.

Amazon의 가격결정의 한 가지 특징은 25달러 이상의 주문에 대하여 무료택배를 계속적으로 실행하고 있는 것이다. 쇼핑객들은 돈을 절약한다는 것을 알기 때문에, 무료택배의 자격이 생긴 다음에도 계속적으로 지출을 하는 경향이 있다. 그러나 이러한 선적관행이 일반화되면서, Amazon의 비용이 증가하여 이윤이 감소되었다.

Amazon은 다른 상인들(그리고 소비자들)이 그들의 물건을 팔 수 있는 온라인 점포의 역할을 하여 이윤을 얻는데, 이들은 때때로 Amazon과 경쟁을 하기도 한다. Amazon이 점포의 역할을 한 모든 구매에 대하여 Amazon은 소액의 수수료를 받는다. 이 마진은 Amazon이 물품을 구입하거나 적재하기 위하여 돈을 지불할 필요가 없기 때문에 매우 매력적이며 추가적 물품을 게시하는 비용이 낮아진다.

전자책, 음악, 그리고 영화와 같은 모든 디지털 제품은 재고 또는 선적 비용이 들지 않기

학습목표

1. 가격의 역할을 이해한다.
2. 가격 및 비가격 경쟁의 특징을 알아본다.
3. 수요곡선 및 수요의 가격 탄력성을 숙지한다.
4. 수요, 비용, 그리고 이윤 간의 관계를 이해한다.
5. 마케터들의 가격결정에 영향을 미칠 수 있는 주요 요인들을 이해한다.
6. 비즈니스 시장의 제품가격 설정에 영향을 미치는 이슈들을 숙지한다.

때문에 많은 이익이 나는데 이러한 이유로 Amazon이 보다 적극적으로 이러한 제품군으로 진입하여 왔으며, 다른 온라인 소매상의 가격과 같거나 그들보다 낮게 책정된다. Amazon은 또한 주문형 비디오 서비스를 갖고 있는데, 고객은 한 편의 영화나 또는 TV 프로그램을 빌리기 위하여 1.99달러 이하의 돈을 지불한다.

Amazon은 최근에 새로운 형태의 Kindle 독서 방식을 도입하였다. 이용자들은 무선으로 Amazon 사이트에 접속하며 23만 권의 책을 다운받는데, 이 책들은 가격이 9.99달러인 베스트셀러이다. Kindle은 성공적이어서 주문이 수개월 동안 적체되었다. 기업이 다운로드 구매의 많은 물량에 대해 매우 작은 이윤마진을 받아들인다면, Kindle은 Amazon이 계속적으로 성장하는 데 필요한 종류의 이윤가능성을 창출할 수 있을 것인가?[1]

Amazon과 같이, 많은 기업들은 가격결정을 주요 경쟁자와 경쟁하기 위한 도구로 사용한다. 그러나 경쟁자들도 또한 가격결정을 주요 경쟁도구로 사용할 수 있다. 어떤 산업에서는 가격이 가장 낮지 않지만 매우 성공적인 기업이 있다. 최적의 가격은 항상 최저의 가격은 아니다.

이번 장에서는 먼저 가격의 역할에 초점을 둘 것이다. 그러고 나서 가격 및 비가격 경쟁의 여러 특징들을 고려할 것이다. 다음으로 수요, 탄력성, 그리고 손익분기점과 같이 가격결정과 관련된 개념들을 논의할 것이다. 마지막으로 비즈니스 시장의 제품에 대한 가격결정과 관련된 이슈들을 선별적으로 살펴볼 것이다.

11.1 가격의 역할

마케팅의 목적은 구매자와 판매자 간의 욕구를 충족시키는 교환관계를 용이하게 하는 것이다. **가격(price)**은 마케팅 교환에서 제품과 교환되는 가치이다. 시간적 제약, 가격수준, 지각된 품질, 그리고 가격에 대하여 입수가능한 정보를 이용할 동기부여를 포함하여 많은 요인들이 가치의 평가에 영향을 미칠 수 있다.[2] 그러나 가격이 항상 화폐의 형태를 가지는 것은 아니다. 사실상, 제품의 교환, 즉 **물물교환(barter)**은 가장 오래된 교환 형태이다. 화폐가 관련될 수도 있고 그렇지 않을 수도 있다. 거래에서 물물교환은 연간 미국 매출의 약 90억 달러를 차지한다.

가격에 대한 구매자의 관심은 제품의 유용성 또는 만족에 대한 기대로부터 발생한다. 소비자는 제한된 자원을 가지고 있기 때문에 가장 바라는 제품을 얻기 위하여 자원을 할당해야 한다. 구매자는 교환으로 얻게 되는 효용이 희생되는 구매력만한 가치가 있는지를 결정해야 한다. 아이디어, 서비스, 권리, 그리고 제품 등의 거의 모든 가치 있는 것은 가격으로 평가될 수 있다. 우리 사회에서 화폐로의 가격은 교환에서 일반적으로 사용되는 가치의 측정이다. 가격의 목적은 마케팅 교환에서 제품의 가치를 계량화하고 표현하는 것이다.

제10장에서 지적한 것처럼, 제품을 개발하는 것은 긴 과정일 수 있다. 촉진을 기획하고 편익을 커뮤니케이션하는 것은 시간을 요한다. 유통은 제품을 취급할 중간상에 대한 장기적 몰입을 요구한다. 종종 가격은 수요변화나 경쟁자의 행동에 대응하기 위해 신속하게 변경할 수 있는 유일한 것이다.

그러나 어떤 상황하에서는 가격변수는 비교적 변경하지 못할 수 있다.

가격은 총수입의 창출에 직접적으로 관련되기 때문에 마케팅믹스의 주요 요소이다. 다음 식은 조직 전체에 중요하다.

$$이윤 = 총수입 - 총비용$$

즉,

$$이윤 = (가격 \times 판매량) - 총비용$$

가격은 이윤 공식에서 주요 요소이고 판매량의 주요 결정요인이기 때문에 여러 면에서 조직의 이윤에 영향을 미친다. 예를 들면, Hewlett-Packard에서 시장점유율을 획득하고 재무적 성과를 향상시키는 데 있어서 가격이 최고의 우선순위이다.[3] 또한 총비용도 판매량에 영향을 받는다.

가격은 소비자에게 심리적 영향을 미치기 때문에 마케터는 가격을 상징적으로 사용할 수 있다. 고가격을 설정함으로써, 마케터는 제품의 품질을 강조하고 소유와 관련된 위신을 높이고자 할 수 있다. 가격을 낮춤으로써, 마케터는 싼 물건임을 강조하고 적은 돈을 절약하려고 수고를 하는 고객을 끌어들일 수 있다. 이와 같이 이 장에서 상술하는 것처럼, 가격은 회사의 매출 및 이윤가능성에 중요한 영향을 미칠 수 있다.

11.2 가격 및 비가격 경쟁

경쟁적 환경은 제품과 관련된 마케팅믹스 결정에 크게 영향을 미친다. 가격결정은 특정 시장에서 가격 또는 비가격 경쟁적 환경에 의하여 종종 이루어진다. 가격경쟁은 소비자가 경쟁 제품들을 구분하기 어려울 때 존재하며, 마케터는 저가격을 강조한다. 비가격경쟁은 가격 이외의 다른 마케팅믹스 요소에 초점을 두는 것과 연관된다.

1 가격 경쟁

가격 경쟁(price competition)을 할 때, 마케터는 가격을 이슈로 강조하며 경쟁자의 가격과 대등하게 하거나 낮게 한다. 가격에 기초하여 효과적으로 경쟁하기 위해서는 기업은 제품의 저비용 판매자가 되어야 한다. 동일 제품을 생산하는 모든 기업이 동일 가격을 매긴다면, 최저비용의 기업이 가장 이윤이 높을 것이다. 저가격을 주요 마케팅믹스 요소로 강조하는 기업은 표준화된 제품을 판매하는 경향이 있다. 가격으로 경쟁하는 판매자는 가격을 빈번히 변경할 수 있거나 또는 그렇게 할 의도 및 능력을 가지고 있어야 한다. 예를 들면, 시장에 진입하는 커피 판매자의 수가 증가하였을 때, 경쟁은 증가되었다. Starbucks사는 특히 경제 하락기에 한 잔당 4달러의 원조라는 광범위하게 확산된 인식에 대항할 필요가 있었다. McDonald's의 싼 커피와 경쟁하기 위해서, Starbucks는 커피가격을 인하하였고 3.95달러의 할인된 가격으로 커피를 포함한 아침 식사를 팔기 시작하였다.[4] 경쟁자들이 가격을 변경할 때마다, 판매자는 신속하게 그리고 적극적으로 대응한다.

가격경쟁은 마케터에게 유연성을 제공한다. 가격은 기업의 비용 또는 제품 수요의 변화를 고려

© DIGITAL VISION/THINKSTOCK

가격경쟁
소비자 전자제품 점포는 가격에 기초해서 경쟁한다.

하여 변경될 수 있다. 경쟁자가 가격을 인하하여 시장점유율을 획득하려고 시도한다면, 가격에 기초하여 경쟁하는 조직은 그러한 행동에 대하여 신속히 대응할 수 있다. 그러나 가격경쟁의 주된 단점은 경쟁자 또한 가격을 조정할 유연성을 갖고 있다는 것이다. 그들이 자사의 가격인하에 신속하게 대처하거나 가격을 더 싸게 한다면, 가격전쟁이 발생할 수 있다. 예를 들면, 가격경쟁은 여러 무브랜드 약품 시장에서 전개되었다. Walmart가 어떤 시장에서 300개의 무브랜드 약을 4달러로 제공하였을 때, 경쟁자인 Target은 약국이 있는 자사의 모든 점포에서 4달러로 무브랜드 약을 제공할 것을 발표하였다.[5] 만성적 가격전쟁은 조직을 상당히 약화시킬 수 있다.

SNAPSHOT

자료원: 2009 National Grocers Association, Supermarket Guru Consumer Panel Survey, November 2008-January 2009.

2 비가격 경쟁

비가격 경쟁(Nonprice competition)은 판매자

가 가격에 초점을 두지 않고 대신에 독특한 제품의 특징, 서비스, 제품품질, 촉진, 포장, 또는 제품을 경쟁브랜드와 구별시키는 다른 요인들을 강조할 때 발생한다. 따라서 비가격 경쟁은 기업으로 하여금 브랜드의 가격을 변경시키는 것이 아닌 다른 수단을 통하여 수량 매출을 높이게 한다. 예를 들면, Mars는 Snickers와 M&M를 판매할 뿐 아니라 Ethel's Chocolate란 상표로 고급 캔디제품라인을 가지고 있다. 신비는 없다("No mystery middles.")라는 문구로, Ethel's Chocolates는 맛, 매력적 외양, 그리고 최신 유행의 포장에 기초하여 경쟁하며, 따라서 가격경쟁을 할 필요가 거의 없다.[6] 비가격 경쟁의 주요 이점은 회사가 상표에 대한 고객 애호도를 구축할 수 있다는 것이다. 고객들이 비가격적 요소 때문에 브랜드를 선호한다면, 그들은 다른 기업 및 브랜드에 쉽게 넘어가지는 않을 것이다. 대조적으로 가격이 고객들이 특정 브랜드를 구입하는 주된 이유라면, 경쟁자는 종종 가격인하를 통하여 이들 고객을 끌 수 있다.

비가격 경쟁은 특정 조건 하에서만 효과적이다. 기업은 독특한 제품 특징, 고품질, 촉진, 포장 또는 우수한 고객 서비스를 통하여 브랜드를 구별시킬 수 있어야 한다. 예를 들면, Tulsa에 기반을 둔 Fine Airport Parking은 경쟁자보다 고객서비스를 더 좋게 만들기 위해 기술(technology)의 사용을 강조한다. 자주 이용하는 여행객에게는 표가 필요 없는 새로운 입장 시스템을 제공하며, 경쟁자보다 더 큰 내부 및 외부 주차시설을 제공하는데, 이것들은 고객에게 편리성을 제공한다.[7] 구매자는 이러한 독특한 특징들을 인식할 수 있을 뿐 아니라 그러한 특징들을 중요하게 여겨야 한다. 마지막으로, 조직은 우월성을 확립하기 위하여 독특한 특징들을 집중적으로 촉진하고 구매자의 마음속에 브랜드를 경쟁자와 구분시켜야 한다.

비가격에 기초하여 경쟁하고 있는 마케터라도 경쟁자의 가격을 무시할 수 없다. 경쟁자의 가격을 알고 있어야 하며, 때때로 경쟁브랜드의 가격에 유사하거나 약간 높도록 가격을 설정할 준비가 되어 있어야 한다. 그러므로, 가격은 비가격 경쟁을 요구하는 환경에서도, 여전히 마케팅믹스의 중요한 구성요소이다.

기업가 마케팅

천차만별의 휴대폰

휴대폰 가격은 거의 공짜에서부터 다이아몬드가 촘촘히 박히고, 꼭 가져야 하는, 신분의 상징인 Vertu 휴대폰은 370,000달러, 그리고 도청기로 도청이 안되고, 정부의 감시 명단에 들어가 있는 갱들 및 사람들이 사용하는 휴대폰은 120만 달러까지 매우 큰 차이를 보이고 있다. 고이윤의 Vertu 브랜드의 소유기업인 Nokia는 세계시장을 지배한다.

Apple iPhone은 600달러의 가격으로 경쟁에 뛰어들었고, 신속히 경쟁자의 고급 휴대폰과 같은 가격인 199달러의 적당한 가격으로 틈새시장을 발견하였다. 소매시장에서 Apple은 인기가 있지만, 신뢰성과 고객소프트웨어 능력으로 기업 고객에게 매우 인기가 있는 BlackBerry 무선기기와 경쟁하기 위하여 적응해야 한다.

저가격에서는 Samsung이 신흥시장에서 초저가 휴대폰을 출시함으로써 시장점유율을 증가시키려고 노력하고 있다. 고가격 Vertu와 달리, 저가폰에서 Samsung의 이윤마진은 주의 깊게 모니터되어야 한다. 마케팅전략은 결과가 기대에 미치지 못하면 유연해야 한다.[a]

11.3 수요 분석

제품의 수요를 결정하는 것은 마케팅관리자의 책임이며, 마케팅관리자는 이러한 업무에 대해 마케팅조사자 및 예측자의 도움을 받는다. 마케팅 조사 및 예측 기법은 잠재적 매출의 추정치, 즉 특정 기간에 팔 수 있는 제품의 양을 산출한다. 이러한 추정치는 제품 가격 및 수요량의 관계를 설정하는 데 도움이 된다.

1 수요곡선

대부분의 제품에서, 수요량은 가격이 내려감에 따라 증가하며, 가격이 오르면서 수요량은 내려간다. 예를 들면, Intel은 가격을 낮추는 것이 자사 프로세서의 수요를 증가시킨다는 것을 알고 있다. 마케팅환경 및 구매자 수요, 능력(구매력), 의도 및 구매권한이 안정적으로 지속되는 한, 기본적으로 이러한 역의 관계는 유지된다.

<그림 11.1>은 가격이라는 한 변수가 수요량에 미치는 영향을 설명해준다. 고전적인 **수요곡선(demand curve)** (D_1)은 다른 모든 요인들이 동일하다는 전제 하에, 시장에서 여러 가격에서 구매자가 구입하는 제품 수량의 그래프이다.[8] 이는 가격이 떨어질 때, 수요는 보통 증가하는 것을 예시한다. 수요는 제품품질, 촉진, 그리고 유통을 포함하여 마케팅믹스의 여러 요소에 의존한다. 이러한 요인들의 개선은 수요곡선을 D_2로 이동시킬 수 있다. 이러한 경우, 같은 가격(P)에서, 증가된 양(Q_2)이 팔릴 것이다.

여러 형태의 수요가 존재하며, 모두가 <그림 11.1>의 고전적 수요곡선과 일치하는 것은 아니다. 고급 향수 및 보석과 같은 위신제품(prestige product)은 저가격보다는 고가격에서 더 잘 팔릴 것 같다. 이들 제품은 가격 때문에 구매자들이 자신을 엘리트로 느끼게 만드는 부분적 이유로 갖기를 원할 수 있다. 가격이 급격하게 떨어지고 많은 사람들이 이 제품을 소유하게 된다면, 제품은 매력을 잃을 수도 있다.

<그림 11.2>의 수요곡선은 명성제품에 대하여 가격과 수요량의 관계를 보여준다. 고가격에서 수요는 보다 크며, 즉 적지 않다. 특정 가격 범위에서—P_1에서 P_2로 가격이 오르면, 수요는 Q_1에서 Q_2로 증가한다. 그러나 특정 점을 지난 후에는, 가격을 올리는 것은 역의 결과를 가져온다. 가격이 너무 높으면 수요는 줄어든다. 가격이 P_2 에서 P_3로 증가한다면, 수요는 Q_2에서 Q_1으로 감소한다.

2 수요의 변동

구매자 욕구의 변화, 다른 마케팅믹스 변수의 효과성의 변동, 대체제의 존재, 그리고 동태적인 환경요인들은 수요에 영향을 미칠 수 있다. 레스토랑 및 공익기업은 매일 수요의 큰 변동을 경험한다. 인형 제조업자, 폭죽 공급업자, 그리고 냉방 및 난방 계약업자도 제품의 계절적 성격 때문에 또한 수요의 변동에 직면한다. 광대역서비스, 쇠고기, 그리고 평면 TV의 수요는 지난 수년간 변화하였다. 어떤 경우에는, 수요변동은 예측가능하다. 레스토랑 및 공익기업의 관리자들에게 수요가 변동한다는 것은 놀라운 일이 아니다. 그러나 다른 제품에서 수요의 변화는 예측이 여의치 않으며, 이것은 어떤 기업들에게서는 문제를 야기할 수 있다. 다른 조직은 수요 변동을 예상하고 소비자의 변화하는 욕구를 충족시키고자 새로운 제품 및 가격을 개발한다.

그림 11.1 가격-수량 관계 및 수요증가를 보여주는 수요함수

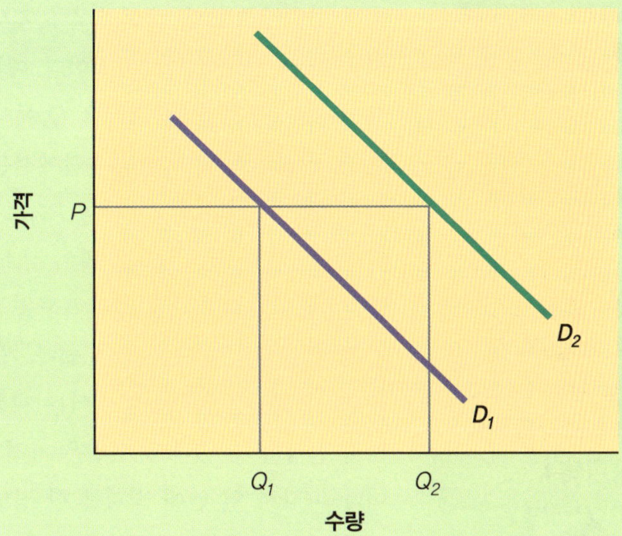

그림 11.2 명성제품에 대한 가격과 수량 관계를 보여주는 수요곡선

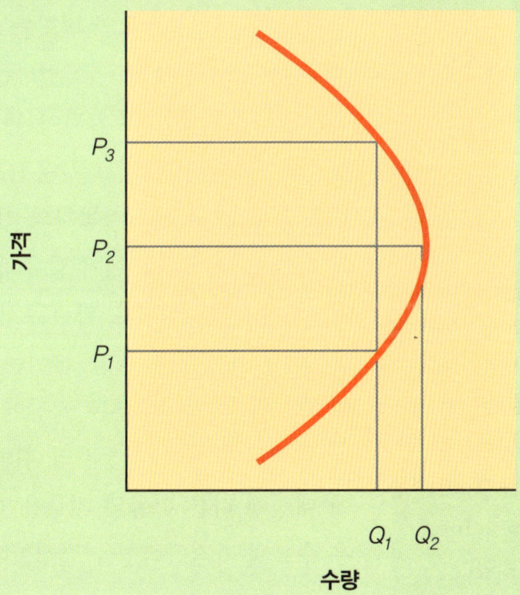

3 수요의 가격탄력성 평가

지금까지, 가격과 구매력에 대한 표적시장의 평가를 마케터들이 어떻게 알아내는 지와 가격이 수요량과 역 또는 정의 관계를 갖는지를 알아내기 위해서 그들이 수요를 어떻게 검토하는지를 살펴 보았다. 다음 단계는 수요의 가격탄력성을 평가하는 것이다. **수요의 가격탄력성(price elasticity of demand)**은 가격변화에 대한 수요 민감성의 측정이다. 이는 공식적으로 가격의 1% 변화에 대한 수

지속가능 마케팅

환경친화적 페인트의 가격 결정

건물을 환경친화적으로 칠하는 것은 경제적으로 더 큰 부담을 주지만, 점점 더 많은 주택소유자들과 건물소유주들이 오늘날의 환경친화적 페인트에 자신들의 지갑을 열려고 한다. 이것은 Aura 및 Natura 페인트를 생산하는 Benjamin Moore에게는 좋은 소식이다. 전통적 페인트는 마를 때 오염물질인 증발성의 유기화합물(VOC)을 배출하며, 냄새는 예민한 코를 자극할 수 있다. 대조적으로 Aura와 같이 VOC가 적은 페인트 및 Natura와 같은 무 VOC는 나쁜 냄새가 나지 않으며, 오염물질을 적게 배출하며 보다 빨리 마른다.

© ISTOCKPHOTO/THINKSTOCK

Aura 제품라인을 개발하기 위해 15,000만 달러을 투자한 후에, Benjamin Moore는 자사의 다른 제품의 갤런당 비용보다 15달러가 더 비싼 가격으로 그 제품을 출시하였다. 고객은 가격이 비싼 페인트가 환경을 보존하는 것 그 이상을 한다고 생각하기 때문에, Aura 페인트는 보다 적은 덧칠로도 충분하며,어떤 색깔, 음영으로도 고객이 배합할 수 있다. Aura는 또한 보통의 페인트보다 내구성이 더 좋으며 잘 긁히지 않는다. 마지막으로 새로운 기술로 Benjamin Moore 딜러들은 색깔을 보다 정확하게 매칭시킬 수 있게 되었다.

Aura를 출시한 지 2년 후에, Benjamin Moore는 Natura를 출시하였는데, 이는 무 VOC 페인트 제품라인으로 가격이 보통 페인트보다 갤런당 10달러가 더 높다. Aura처럼, Natura는 어떤 색깔로도 배합될 수 있으며 색깔은 정확성을 위하여 컴퓨터로 매칭된다.

매년, 주정부는 주택의 페인트에 대하여 낮은 수준의 VOC를 의무화함으로써 오염을 줄이기 위한 규제를 통과시키고 있다. Aura 및 Natura는 많은 주에서 이러한 추세의 선두에 있으며, 더 높은 가격에도 불구하고 Benjamin Moore의 수지를 보다 녹색으로 칠하고 있다.[b]

요량의 퍼센트 변화로 정의된다(<그림 11.3> 참조).[9] 가격의 1% 변화에 의해 야기된 수량의 퍼센트 변화는 비탄력적 수요보다 탄력적 수요에서 더 크다. 전력에서, 수요는 비교적 비탄력적이다. 예를 들어, 가격이 P_1에서 P_2로 증가할 때 수량은 Q_1에서 Q_2로 다소 감소한다. 레크리에이션 운송수단에서는 수요는 비교적 탄력적이다. 가격이 P'_1에서 P'_2로 급격하게 상승할 때 수량은 Q'_1에서 Q'_2로 많이 감소한다.

마케터가 수요의 가격탄력성을 파악할 수 있다면, 가격을 결정하는 것은 보다 쉽다. 가격의 변화에 대한 총수입을 분석한 후에, 마케터는 제품이 가격탄력적인지를 결정할 수 있다. 총수입은 가격과 수량을 곱한 것이다. 따라서 일 년에 벽지를 한 장당 10달러에 만 장을 팔면 총수입은 10만 달러가 된다. 수요가 탄력적이라면 가격의 변화는 총수입에서 반대의 변화를 야기한다. 가격인상은 총수입의 감소를 가져오고, 가격인하는 총수입의 증가를 가져온다. 비탄력적 수요는 총수입에서 같은 방향으로의 변화를 가져온다. 가격인상은 총수입을 증가시키고, 가격인하는 총수입을 감소시킨다. 예를 들면, 휘발유 가격이 갤런당 3달러를 초과할지라도 사람들은 직장으로 운전을 해서 가야 하고, 업무를 보고, 쇼핑하고, 자동차의 기름을 필요로 하는 여러 일들을 하기 때문에 휘발유의 수요는 비교적 비탄력적이다. 높은 휘발유 가격은 많은 사람들로 하여금 사용하는 휘발유의 양을 줄이는 노력으로 행동을 변화하게 하지만, 대부분은 직장에 통근하여야 하는 주중의 활동에 대한 일정량의 휘발유가 필요하기 때문에 대신에 다른 활동의 지출을 삭감한다.[10] 다음 공식은 수요의 가격탄력성을 결정한다:

$$\text{수요의 가격탄력성} = \frac{(\text{수요량의 \% 변화})}{(\text{가격의 \% 변화})}$$

예를 들면, 판매자가 가격을 2% 증가시킬 때 수요가 8% 줄어든다면, 수요의 가격탄력성은 −4(음의 부호는 가격과 수요 간에 역의 관계가 있다는 것을 나타냄)이다. 가격이 4% 증가할 때 수요가 2% 줄어든다면, 탄력성은 −0.5이다. 수요가 비탄력적일수록 가격을 올리

그림 11.3 수요의 탄력성

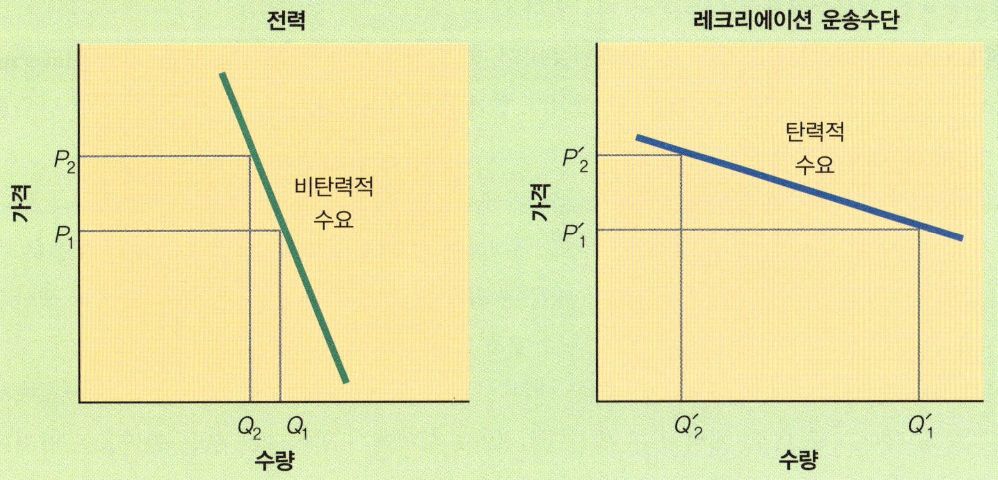

는 것이 판매자에게는 이득이 된다. 쉽게 구매가능한 대체품이 없고 전력 또는 맹장수술과 같은 소비자가 강한 욕구를 가지고 있는 제품은 보통 비탄력적인 수요를 갖는다.

마케터는 가격을 탄력성의 고려만으로 정할 수 없다. 또한 여러 다른 판매량과 관련한 비용을 고려해야 하며 이윤이 어떻게 되는지 평가해야 한다.

11.4 수요, 비용, 그리고 이윤의 관계

고객은 가격인상에 덜 관대하고, 제조업자에게 가격을 통제할 새로운 방법을 찾도록 강요하기 때문에 수요, 비용, 그리고 이윤의 분석은 중요하다. 과거에는, 많은 고객은 프리미엄 브랜드를 원하였고 이러한 제품에 대하여 할증요금을 기꺼이 지불하려고 하였다. 오늘날, 고객은 품질을 희생함이 없이 돈을 더 적게 쓸 수 있다면 특정 브랜드이름을 포기할 수 있다. 영업을 계속하기 위해서 기업은 비용을 충당할 뿐 아니라 고객의 기대를 충족하는 가격을 설정해야 한다. 이 절에서는 수요, 비용, 그리고 이윤의 관계를 이해하는 두 가지 방식 즉, 한계분석 및 손익분기점분석을 살펴볼 것이다.

1 한계분석

한계분석은 생산(또는 판매량)이 한 단위 변할 때 기업의 비용 및 수입이 어떻게 되는지를 조사한다. 생산비용 및 수입이 모두 평가되어져야 한다. 생산비용을 결정하기 위하여, 여러 형태의 비용을 구분하는 것이 필요하다. **고정비(fixed cost)**는 생산 또는 판매량의 변화와 관계없이 변하지 않는다. 예를 들면, 항공기 제조업자의 건물사용의 임대료는 이 건물에서 생산의 증가 때문에 변화하지 않는다. 임대료는 리스가 갱신될 때 올라갈 수 있으나 공장이 생산이나 수입을 늘리기 때문에 늘어나지는 않는다. **평균 고정비(average fixed cost)**는 생산단위당 고정비이며 고정비를 생산수량으로 나누어서 계산된다.

변동비(variable cost)는 생산 또는 판매 수량의 변화와 함께 직접 변동한다. 잔업 근무자의 임금 및 추가적 원료의 비용은 생산이 증가될 때 발생하는 추가적 비용이다. **평균 변동비**(average variable cost)는 변동비를 생산수량으로 나누어서 계산된다.

총비용(total cost)은 평균고정비 및 평균변동비의 합과 생산수량의 곱이다. **평균 총비용**(average total cost)은 평균 고정비 및 평균 변동비의 합이다. **한계비용**(marginal cost: MC)은 기업이 한 단위를 더 생산할 때 발생하는 추가적 비용이다.

<표 11.1>은 여러가지 비용들과 이들 사이의 관계를 예시해준다. 생산량이 증가함에 따라 평균 고정비가 감소함을 주목하라. 평균 변동비는 평균 총비용처럼 U자 형태를 따른다. 평균 총비용은 변동비가 오르기 시작한 후에도 계속 감소하기 때문에 최저점은 평균 변동비용의 최저점보다 생산량이 높은 곳에서 이루어진다. 평균 총비용은 5단위에서 22달러의 비용이 최저이지만, 평균 변동비는 3단위에서 10.67달러가 최저이다. <그림 11.4>에서 보듯이, 한계비용은 평균 총비용의 최저점에서 평균 총비용과 같다. <표 11.1>에서 이는 생산단위 5와 6 사이에서 일어난다. 평균 총비용은 한계비용이 평균 총비용보다 작은 한 감소하며, 한계비용이 평균 총비용보다 커질 때 증가한다.

표 11.1 비용 및 관련 관계

1 수량	2 고정비	3 평균 고정비 (2) ÷ (1)	4 평균 변동비	5 평균 총비용 (3) + (4)	6 총비용 (5) × (1)	한계비용
1	$40	$40.00	$20.00	$60.00	$60	
						$10
2	40	20.00	15.00	35.00	70	
						2
3	40	13.33	10.67	24.00	72	
						18
4	40	10.00	12.50	22.50	90	
						20
5	40	8.00	14.00	22.00	110	
						30
6	40	6.67	16.67	23.33	140	
						40
7	40	5.71	20.00	25.71	180	

그림 11.4 전형적 한계비용 및 평균 총비용의 관계

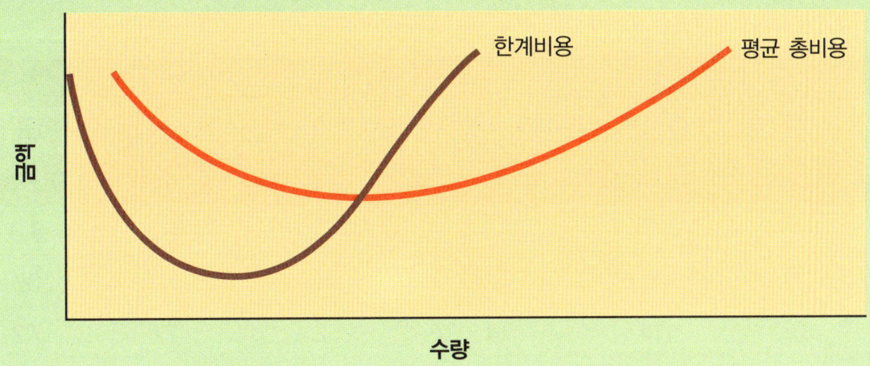

한계수입(marginal revenue: MR)은 기업이 제품 한 단위를 추가로 판매할 때 발생하는 총 수입의 변화이다. <그림 11.5>는 한계수입 및 수요곡선을 보여주고 있다. 미국에서 대부분의 기업들은 제품에 대하여 하향 기울기의 수요에 직면한다. 기업들은 추가적으로 수량을 팔기 위해 가격을 낮추어야 한다. 이러한 상황은 추가적으로 판매되는 각 단위는 이전에 팔린 한 단위보다 더 적은 이윤을 준다. 그래서 <그림 11.5>에서 보듯이, MR은 평균 수입보다 작게 된다. 궁극적으로 MR은 0에 도달하며 추가적 단위의 판매는 실제적으로 기업에 손해가 된다.

기업이 한 단위가 이윤을 내는지를 결정하기 전에 수입뿐 아니라 비용도 알아야 하는데, 이는 이윤은 수입에서 비용을 뺀 것이기 때문이다. MR이 한 단위의 수입을 더하는 것이고 MC는 한 단위의 추가적 비용이라면, MR에서 MC를 뺀 것은 그 단위가 이익이 되는지를 알려준다. <표 11.2>는 가격과 수량의 여러 조합에 대하여 가격, 판매수량, 총수입, 한계수입, 한계비용, 총비용, 그리고 이윤 간의 관계를 예시한다. <표 11.2>의 총비용과 한계비용의 숫자는 <표 11.1>에서 계산되고 보여짐을 유의하라.

그림 11.5 전형적 한계수입 및 평균수입의 관계

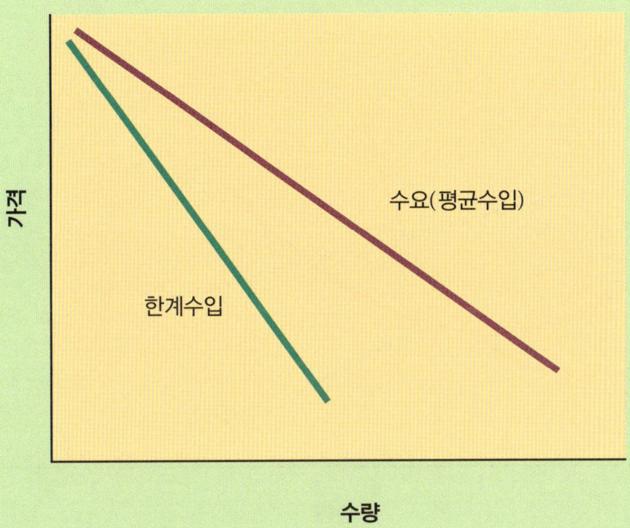

표 11.2 최고의 이윤을 가져오는 가격에 대한 한계분석 방법

1 가격	2 판매수량	3 총수입 (1) × (2)	4 한계수입	5 한계비용	6 총비용	7 이윤 (3) − (6)
$57	1	$57	$57	$60	$60	−$ 3
50	2	100	43	10	70	30
38	3	114	14	2	72	42
33*	**4**	**132**	**18**	**18**	**90**	**42**
30	5	150	18	20	110	40
27	6	162	12	30	140	22
25	7	175	13	40	180	−5

* 굵은 글체 숫자는 최상의 가격-이윤 결합을 나타냄.

이윤은 MC = MR에서 최고이다(<표 11.2>를 참조하라). 이 표에서, 4단위의 수량에서 이윤이 최고이며, MR − MC = 0임을 유의하라. 최적의 가격은 33달러이며, 이윤은 42달러이다. 이 점까지는 추가적 판매수량으로 발생하는 추가적 수입은 추가적 생산비용을 초과한다. 이 점을 넘어서면, 한 단

그림 11.6 최적 이윤을 위한 한계비용과 한계수입 개념의 결합

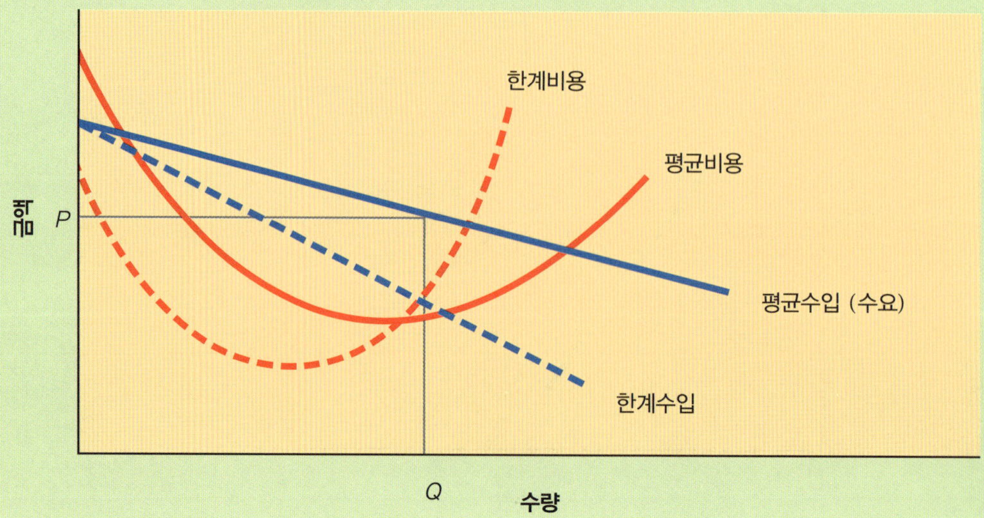

위를 생산하는 추가적 비용은 추가적으로 발생하는 수입을 초과하며, 이윤은 감소한다. 가격이 최저 평균 총비용인 22달러(<표 11.1> 참조)에 기초한다면, 이는 33달러의 가격에서 4단위에 42달러의 이윤에 비하여 30달러의 가격에서 5단위에 더 적은 40달러의 이윤을 가져올 것이다.

<그림 11.4>와 <그림 11.5>를 결합하여 <그림 11.6>을 그리면, MR이 MC를 초과하는 단위는 이윤을 가져다 주지만, MC가 MR를 초과하는 단위는 이윤을 감소시킨다는 것을 보여준다. 기업은 MR이 MC와 같아지는 점이 가장 많은 이윤을 가져오는 생산수준이기 때문에 이 점에서 생산해야 한다.

한계분석에 대한 이러한 논의는 가격결정이 매우 정밀하다는 잘못된 인식을 줄 수 있다. 수입(수요) 및 비용(공급)이 일정하게 유지된다면, 가격은 최대의 이윤에서 설정될 수 있다. 그러나 실제로 비용과 수입은 빈번히 변한다. 다른 기업의 경쟁적 전술 또는 정부의 행동은 수입에 대한 회사의 기대를 신속히 약화시킬 수 있다. 이와 같이 한계분석은 검토하기 위한 하나의 모형에 불과하다. 이는 비용과 수입이 확정되기 전의 신제품의 가격을 설정하는 데 도움을 주지 못한다. 한편, 특히 경쟁적 상황에서 기존제품의 가격을 설정하는 데 있어서, 대부분의 마케터는 한계비용과 한계수입의 관계를 이해함으로써 득을 볼 수 있다.

2 손익분기점 분석

제품을 생산하는 비용과 제품을 판매해서 얻는 수입이 같은 점이 **손익분기점(breakeven point)**이다. 어떤 벽지 제조기업이 연간 총비용이 10만 달러이고 10만 달러의 벽지를 판매하였다면, 이 기업은 손익분기점에 있다.

<그림 11.7>은 손익분기점을 결정하는 데 관련된 비용, 수입, 이윤, 그리고 손실 간의 관계를 예시한다. 손익분기에 필요한 수량을 아는 것은 가격을 설정하는 데 중요하다. 단위당 100달러 가격의 제품이 단위당 변동비가 60달러라면, 고정비를 충당하는 공헌금액은 40달러이다. 총고정비가 12만

그림 11.7 손익분기점의 결정

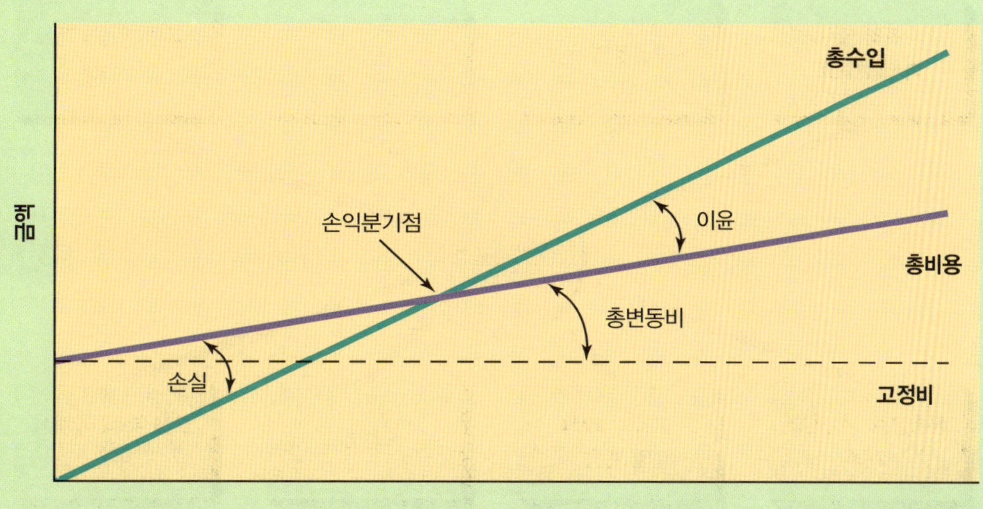

달러라면, 손익분기점은 다음과 같이 결정된다.

$$\text{손익분기점} = \frac{\text{고정비}}{\text{고정비에 대한 단위당 공헌금액}}$$

$$= \frac{\text{고정비}}{\text{가격} - \text{변동비}}$$

$$= \frac{\$120{,}000}{\$40}$$

$$= 3{,}000 \text{ 단위}$$

달러 매출액으로 손익분기점을 계산하기 위해서는, 수량단위 손익분기점에 단위당 가격을 곱하라. 앞의 예에서, 금액판매액으로 손익분기점은 3,000(수량단위)에 $100를 곱한 것, 즉 $300,000이다.

손익분기점 분석을 효과적으로 사용하기 위하여, 마케터는 여러 대안적 가격들에 대하여 손익분기점을 결정해야 한다. 이러한 결정은 마케터로 하여금 총수입, 총비용, 그리고 고려 중인 각 가격에 대한 손익분기점을 비교할 수 있게 한다. 이러한 비교분석이 마케터에게 정확히 어떤 가격을 매길지를 알려줄 수 없지만 명확히 회피되어야 하는 매우 바람직하지 않은 가격 대안을 식별할 수 있다.

손익분기점 분석은 단순하고 쉽다. 그러나 이 분석은 수요량은 기본적으로 고정되어 있고(비탄력적), 가격을 설정하는 주요 과업은 비용을 보전하는 것임을 가정하고 있다. 이 분석은 시장점유율이나 투자수익과 같은 가격목표를 달성하는 방법보다는 어떻게 손익분기점을 이루는 지에 초점을 두고 있다. 그럼에도 불구하고, 마케팅관리자는 제품이 적어도 손익분기전을 달성하고 있는지를 결정하기 위해서 이 개념을 사용할 수 있다.

그림 11.8 가격결정의 영향 요인

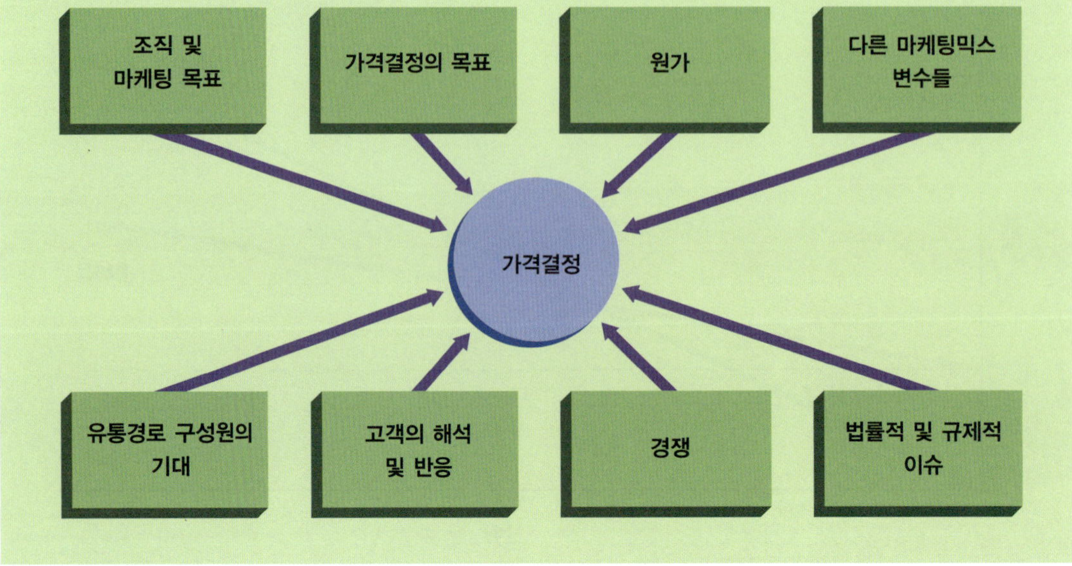

11.5 가격결정의 영향 요인

가격결정은 여러 요인들이 고려되기 때문에 복잡할 수 있다. 빈번히 구매자, 유통경로 구성원, 그리고 경쟁자의 가격에 대한 반응에는 상당한 불확실성이 있다. 가격은 또한 마케팅계획, 시장분석, 그리고 판매예측에서 중요하게 여겨진다. 가격은 경쟁브랜드와 관련하여 브랜드의 포지션을 평가할 때 주요 이슈이다. 가격결정에 영향을 미치는 주요 요인들은 <그림 11.8>에서 보듯이 8개 범주의 하나로 묶을 수 있다. 이 절에서 이들 8개의 요인이 각각 가격의사결정에 어떻게 투입되는지를 살펴볼 것이다.

1 조직 및 마케팅 목표

마케터는 조직의 목표 및 사명과 일관성 있는 가격을 설정해야 한다. 예를 들면, 가격지향적으로 포지션하고자 하는 소매상은 제품품질에 비하여 비싸지 않은 가격을 설정하기 원할 것이다. 이 경우에, 마케터는 제품의 가격을 비싸게 설정하기를 원하지 않을 것이고 가격을 기업의 전반적 목적에 부합되게 설정하도록 노력할 것이다.

가격결정은 또한 조직의 마케팅목표와 부합되어야 한다. 예를 들면, 생산업사의 마케팅목표 중 하나가 내년 말까지 단위매출을 12% 증가시키는 것이라고 가정해 보자. 구매자가 가격에 민감하다고 가정하면, 가격을 올리거나 또는 평균 시장가격보다 높게 설정하는 것은 이런 목표와 부합되지 않을 것이다.

2 가격결정 목표의 형태

마케터가 사용하는 가격목표의 형태는 분명히 가격결정과 상당한 관련성을 갖는다. 예를 들면, 시장점유율을 증가시키기 위하여 가격을 사용하는 조직은 경쟁자의 고객을 끌어오기 위하여 가격을 경쟁자보다 낮게 설정할 것 같다. 마케터는 때때로 시장점유율을 획득하고자 하는 바람으로 일시적 가격인하를 사용한다. 기업이 신속하게 현금을 얻을 필요가 있다면, 세

전환 중인 마케팅

언제나, 어디에서나: 고객은 대담하게 비교한다

기술 덕분에 고객은 제품가격을 어느 시간 및 어느 곳에서도 즉시 비교할 수 있다. 최근의 조사에서, 38%의 소비자는 가격을 온라인에서 비교하고 27%는 지역상점에서 학교물품을 쇼핑하러 나가기 전에 쿠폰을 다운받는다는 것으로 나타났다. 고객이 집에서, 상점에서, 그리고 전화에서 가격을 비교하는 여러 방식이 있다:

- NySimon.com 및 PriceGrabber.com과 같은 웹사이트는 제품형태, 소매상 그리고 다른 기준에 의하여 가격비교를 할 수 있게 한다. 조사는 연말의 명절 구매시즌에 그러한 가격비교 사이트에 특히 많은 접속이 이루어진다는 것을 보여준다.
- FreeShipping.org 및 DealCatcher.com과 같은 웹사이트는 고객이 무료택배 또는 할인쿠폰 같은 특별 가격촉진을 찾는 데 도움을 준다.
- Frucall과 같은 휴대폰 서비스는 고객으로 하여금 구매전에 온라인 가격과 점포 가격을 비교할 수 있게 한다. 고객은 제품명 및 코드를 입력하면 Frucall은 그 품목의 최적 온라인 가격을 찾아준다. 온라인 가격이 보다 낮다면, 고객은 Frucall을 사용하여 바로 주문할 수 있다.

© NOEL HENDRICKSON/THINKSTOCK

가격을 비교하는 고객은 반드시 가장 저가의 제품을 선택하는 것은 아닐 수 있지만 내적 그리고 외적 준거가격에 의하여 대안들을 평가한다. 금융 상품 및 서비스에 대하여, 사람들은 비교 사이트를 가격견적 과정의 출발점으로 사용하는 경향이 있다고 한 마케팅전문가는 말한다. 이는 기준을 설정하여 브랜드관련 탐색을 증가시킬 수 있다. 다른 많은 제품범주에도 해당되며 고객이 어느 것이 가장 싼 것인지만 아니라 많은 요인에 기초하여 가격에 반응한다는 것을 의미한다.[c]

일, 리베이트, 특별할인 같은 일시적 가격인하를 사용할 가능성이 있다. 다음 장에서 가격결정 목표에 대하여 보다 자세히 살펴볼 것이다.

3 원가

분명히 원가는 가격을 설정할 때 이슈임에 틀림없다. 기업은 일시적으로 경쟁에 대응하기 위하여, 현금유입을 창출하기 위하여, 더욱이 시장점유율을 높이기 위하여 원가 미만으로 제품을 팔 수 있지만, 장기적으로 원가 미만으로 제품을 팔아서는 생존할 수 없다. 기업이 큰 규모의 비즈니스를 갖고 있을 때라도, 만일 각 품목이 원가보다 조금이라도 낮게 팔린다면 그 기업은 생존할 수 없다. 마케터는 모든 비용이 제품과 관련된 총비용에 포함되도록 주의 깊게 모든 비용을 분석해야 한다.

점차로 가격에 민감해지는 시장에서, 시장점유율 및 매출액을 유지하기 위해서, 많은 마케터는 비용을 줄이는데 집중해 왔다. 예를 들면, 매우 경쟁이 심한 컴퓨터산업에서 Sun Microsystems는 컴퓨터, 소프트웨어, 그리고 관련제품을 개발하고, 생산하고, 판매하는 데 드는 비용을 줄이는 방법을 항상 찾고 있다. 비용절감조치로 기업은 최근에 3,700명의 종업원을 해고하였고 보유 부동산을 축소하였다.[11] 노동력 절감 기술, 품질에 초점을 둠, 그리고 효율적 제조과정은 비용절감 및 가격인하로 나타나는 생산성 향상을 가져왔다.

특정제품과 관련된 비용을 고려하는 이외에, 마케터는 제품이 생산라인의 다른 제품과 관련된 비용을 고려해야 한다. 제품은 특히 연구개발, 생산, 그리고 유통의 비용 등 일부 비용들을 공유한다. 대부분의 마케터는 제품의 원가를 그 제품의 가격을 결정하는 데 최저 또는 바닥, 하한으로 간주한다.

가격이 촉진의사결정에 영향을 준다
대부분의 향수 광고는 가격을 제시하지 않는다.

4 다른 마케팅믹스 변수들

모든 마케팅믹스 변수들은 서로 밀접하게 관련되어 있다. 가격결정은 제품, 유통, 그리고 촉진 변수들과 관련된 결정 및 활동에 영향을 미칠 수 있다. 제품가격은 빈번히 그 품목의 수요에 영향을 미친다. 예를 들면, 고가격은 낮은 수량 판매를 가져올 수 있고, 이는 차례로 더 높은 단위당 생산비를 가져올 수 있다. 역으로 더 낮은 생산비는 낮은 가격으로 실현될 수 있다. 많은 제품에서, 구매자는 더 나은 품질은 고가격과 연관시키고 더 낮은 제품품질은 저가격과 연관시킨다. 이런 지각된 가격-품질 관계는 고객의 제품 또는 브랜드의 전반적 이미지에 영향을 미친다. 예를 들면, Sony는 자사의 TV가

고품질의 전자제품이라는 것을 알리는 데 도움이 되도록 가격을 평균보다 높게 설정한다. 소비자는 Sony 브랜드명, 품질의 평판, 그리고 Sony 제품과 관련된 위신을 인식한다.

제품의 가격은 유통의 여러 차원과 연관된다. 고가격의 제품—Bentley 또는 Rolls-Royce 자동차—은 종종 선택적(selective) 또는 전속적(exclusive) 유통을 통해서 판매된다. 동종 제품범주에서 저가격의 제품은 집중적(intensive) 유통을 통해서 판매될 수 있다. 예를 들면, Cross 펜은 선택적 유통을 통해서 그리고 Bic 펜은 집중적 유통을 통해서 유통된다. 게다가 선적 같은 물적 유통비용의 증가는 고객에게 이전될 수 있다. 2005년 및 2006년 연료비가 치솟음에 따라, 많은 기업들은 더 높은 가격 또는 연료 할증금의 형태로 고객에게 비용을 전가시키지 않을 수 없었다. 예를 들면, Big Sky Airlines는 항공료를 25%에서 40% 인상해야 했고 Briggs Distribution Company는 소매점들에게 맥주 및 다른 음료의 배달마다 3달러의 연료할증금을 부과해야 했다.[12] 가격을 설정할 때, 도매상 및 소매상과 같은 마케팅 경로 구성원의 마진이 고려되어야 한다. 경로 구성원들은 그들이 수행하는 기능에 대하여 적절히 보상받아야 한다.

가격은 제품이 촉진되는 방식을 결정할 수 있다. 특별 판매가격이 종종 광고내용에 포함되곤 한다. 프리미엄 가격은 비록 고급승용차나 최고급 보석류와 같은 고급품에서 광고에 제시되기도 하지만, 대부분의 경우 광고에 제시될 가능성은 낮다. 고가격 제품은 저가격 제품보다 인적 판매를 더 요구할 것 같다. 게다가, 가격구조는 판매원의 고객과의 관계에 영향을 미칠 수 있다. 복잡한 가격구조는 고객에게 설명하는 데 더 시간이 걸리며, 잠재적 구매자를 더 혼동시킬 수 있고, 장기적으로 고객 불만족을 야기할 오해를 가져올 수 있다. 예를 들면, 많은 항공사의 가격구조는 복잡하고 빈번히 항공표 판매자 및 여행자 모두를 혼동시킨다.

5 경로 구성원의 기대

가격결정을 할 때, 생산자는 경로 구성원들이 무엇을 기대하는지를 고려해야 한다. 경로구성원은 수행하는 기능에 대하여 이윤을 얻을 것을 확실히 기대한다. 기대되는 이윤의 양은 중간상이 대신에 경쟁제품을 취급하였다면 얼마나 얻을 수 있는지에 달라진다. 또한 제품을 취급하는 데 요구되는 시간 및 자원의 양이 중간상의 기대에 영향을 미친다. 경로구성원의 기대를 이해하지 못하는 것은 부정적 결과를 가져올 수 있다. 예를 들면, Food Lion과 여러 다른 식료품 체인점은 Unilever 제품이 너무 가격이 높고 최근의 불경기 동안 가격을 올렸기 때문에 300개의 Unilever 제품의 취급을 중단하였다.[13]

경로구성원들은 종종 대량 주문 및 즉시지불에 대해서 생산자들이 할인해 줄 것을 기대한다. 때때로 재판매업자들은 생산자들이 판매교육, 서비스훈련, 수리조언 서비스, 협동광고, 판매촉진, 그리고 아마도 생산자에게 팔리지 않은 제품의 반환에 대한 프로그램 등과 같은 여러 지원활동을 기대한다. 이러한 지원활동들은 분명히 생산자가 가격을 결정할 때 고려해야 하는 비용들과 관련이 있다.

6 고객의 해석과 반응

가격결정을 할 때, 마케터들은 다음과 같은 중요한 질문에 관심을 가져야 한다: 고객들이 어떻게 우리의 가격을 해석하고 반응할 것인가? 이런 맥락에서 해석은 가격이 무엇을 의미하는지, 즉 가격이 고객에게 무엇을 전달하는지를 말한다. 가격 때문에 고품질, 저품질, 매우 싼 거래, 공정한 가격, 또는 바가지를 의미하는가? 고객 반응은 가격이 고객들이 그 제품의 구매에 더 다가서게 하는지, 그리고 가격이 구매 후에 구매경험과 제품에 대한 만족을 높이는지를 말한다.

고객들의 가격에 대한 해석과 반응은 어느 정도 가치의 평가 즉, 구매를 하기 위해 그들이 포기하는 것에 그들이 얻는 것을 대비시켜 결정된다. 얻는 것을 평가하는 데 있어서, 고객들은 제품속성, 편익, 이점, 약점, 제품을 사용할 확률, 그리고 제품과 관련된 위신까지도 고려할 것이다. 제품의 비용을 평가하는 데 있어서, 고객들은 가격, 제품을 구매하는 데 걸리는 시간과 노력, 그리고 구매 후에 제품을 유지하는 데 필요한 자원까지도 고려할 것이다.

때때로, 고객들은 고가격을 고품질의 지표로 해석한다. 그들은 특히 제품의 품질을 직접 평가할 수 없을 때, 가격—품질의 관련성을 추론할 가능성이 크다. 그러나 항상 그런 것은 아니다. 가격에 상응하는 품질을 갖는 것으로 받아들이는지 여부는 고객 및 제품의 유형에 따라서 다르다. 고객들이 가격을 품질에 연상시키는 것을 활용해서 높은 가격에 중간 내지 저급품을 제공하는 마케터들은 장기적 고객관계를 구축할 수 없을 것이다.

가격을 해석하고 반응할 때, 고객들은 가격이 너무 높거나, 너무 낮거나, 또는 대략적으로 적당한지를 어떻게 결정하는가? 일반적으로, 그들은 가격을 내적 또는 외적 준거가격과 비교한다. **내적 준거가격**(internal reference price)은 그 제품에 대한 경험을 통해서 구매자의 마음속에서 형성된 가격이다. 이는 제품의 원가가 대략적으로 어느 정도일 것이라는 신념이다. 내적 준거가격을 정하기 위해서 소비자들은 한 가지 이상의 가치를 고려하게 되는데, 여기에는 소비자들이 적절하다고 생각하는 원가, 통상적으로 매겨지는 가격, 최근에 지불한 가격, 지불할 의향이 있는 최고 및 최저 가격, 자신들이 보통 구입하는 브랜드의 가격, 유사제품의 평균가격, 기대되는 미래 가격, 그리고 전형적인 할인 가격이 포함된다.[14] 자신감이 적은 소비자들은 자신감이 높은 소비자들보다 높은 내적 준거가격을 갖고 있는 경향이 있으며, 빈번히 구매하는 소비자들은 아마도 경험 및 자신감 때문에 고가격을 불공평한 것으로 판단할 가능성이 크다는 연구결과가 있다.[15] 소비자로서의 우리의 경험은 우리에게 여러 제품에 대한 내적 준거가격을 제공한다. 예를 들면, 우리 대부분은 청량음료 6개짜리 한 팩, 식빵 한 덩어리, 또는 일 갤론 우유가 얼마인지에 대한 합당한 생각을 가지고 있다. 경험이 적은 제품범주에 대하여 **외적 준거가격**(external reference price)에 더 크게 의존한다. 외적 준거가격은 소매상 또는 제조업자와 같은 타인에 의하여 주어지는 비교가격이다. 가격에 대한 고객들의 지각은 또한 미래 가격인상에 대한 기대, 그들이 최근에 지불한 가격, 그리고 제품에 대하여 그들이 지불하고 싶은 가격에 의하여 영향을 받는다. 가격이 적당한지에 대한 고객의 지각에 영향을 미치는 다른 요인들에는 시간적 또는 재무적 제약, 저가격의 제품을 탐색하는 데 드는 비용, 그리고 제품을 세일 판매할 것이라는 기대가 포함된다.

구매자들의 경쟁제품과 비교한 제품 지각으로 기업은 경쟁자들의 가격과 크게 다른 가격을 설정할 수 있게 된다. 제품이 대부분의 경쟁제품들보다 우수하다고 여겨진다면, 프리미엄가격이 가능할 수 있다. 그러나 우수한 품질의 제품도 가격이 너무 높게 책정될 수 있다. 강한 브랜드애호도는 때때로 고가격을 설정할 기회를 제공한다. 한편 구매자들이 제품을 호의적으로 봐주지 않는다면(크게 부정적이지는 않지만), 저렴한 가격이 매출을 일으킬 수도 있다.

가격의 맥락에서, 구매자들는 가치의식, 가격의식, 그리고 위신민감성 정도에 의하여 특징지을 수 있다. 이런 특징들을 이해하는 마케터들은 가격목표 및 정책을 더 잘 설정할 수 있다. **가치의식적**

(value-conscious) 소비자들은 제품의 가격 및 품질 모두에 관심이 있다.[16] 이런 소비자는 가치를 가격 한 단위당 품질로 또는 경제적 절약뿐 아니라 경쟁브랜드와 대비되는 특정 제품에서 기대되는 추가적 이득으로 간주할 수 있다. 첫 번째 견해는 생수, 바나나, 그리고 휘발유와 같은 상용품에 적절하다. 가치의식적인 소비자는 휘발유의 품질이 Exxon 및 Shell에서 똑같다고 지각한다면, 더 싼 주유소로 갈 것이다. 경제적 가치뿐만 아니라 다른 브랜드와 대비되는 특정 브랜드에서 기대하는 추가적 이득을 찾는 소비자들에게는, 제품차별화 가치는 독특하다고 생각되는 편익 및 특징과 관련될 수 있다.[17] **가격의식적**(price-conscious) 소비자들은 낮은 가격을 지불하고자 노력한다.[18] 예를 들면, 가격의식적인 애완동물의 사료 구매자들은 Wal-mart의 Ol' Roy 브랜드가 가장 저렴한 사료이며 기본적 필요를 충족시켜준다고 생각하기 때문에 아마도 이 브랜드를 구매할 것이다. 조사는 염가를 찾는 가격의식적 소비자들은 모든 쇼핑객들 중 단지 1.2%를 차지하며 일반적으로 이윤을 1% 미만으로 감소시킨다는 것을 발견하였다.[19] 명성의식적인 구매자들은 우월함과 신분을 의미하는 제품을 구매하는데 집중한다.[20] 예를 들면, **명성의식적**(prestige-sensitive) 구매자들을 위한 향수 및 미용제품의 주요 생산자인 Corty사는 최근에 Home Shopping Netwok (HSN)과 협력하여 정선된 Corty 제품을 제공하였다. 한 가지 그러한 제품은 Lancaster 365 Cellular Elixer로 이는 Corty Prestige's Lancaster 브랜드의 고급 항노화 제품으로 1.7 온스 병당 95달러이다.[21] 일부 소비자들은 가치, 가격 그리고 명성의 의식 정도가 다르다는 것을 인식하는 것이 중요하다. 또한 일부 세분시장에서는, 소비자들은 자동차, 가정 기기, 레스토랑, 그리고 애완견 사료까지도 보다 고급 제품으로 점점 상향 이동하고 있지만 청소용품 및 식료품에서 그들은 여전히 가격의식적이다.

가격에 대한 고객의 해석
이 광고에서 가격은 고객에게 무엇을 의미하는가?

7 경쟁

마케터는 경쟁자들의 가격에 따라 자신의 가격을 조정할 수 있도록 경쟁자들의 가격을 알 필요가 있다. 이것은 기업이 반드시 경쟁자의 가격과 대등하게 가격을 설정하는 것을 의미하지는 않는다. 기업은 경쟁자들보다 가격을 높게 또는 낮게 설정할 수 있다. 그러나 어떤 기업에게는 경쟁자들과 대등하게 가격을 설정하는 것이 생존을 위한 중요한 전략이다.

AP IMAGES/PRNEWSFOTO/TALLYGENICOM

시장구조의 영향

Tally Genicom 프린터 가격의 설정 및 책정은 프린터 산업이 과점이라는 사실에 의해서 영향을 받는다.

가격을 조정할 때, 마케터는 경쟁자들이 어떻게 반응할지를 평가해야 한다. 경쟁자들이 가격을 변경할 것인가? 그렇다면 가격을 올릴 것인가 아니면 내릴 것인가? 제3장에서, 여러 경쟁적인 시장구조에 대하여 기술하였다. 기업이 속한 산업을 특징지우는 구조는 가격설정의 유연성에 영향을 미친다. 예를 들면, 완화된 가격규제때문에, 통신산업의 기업들은 독점 시장 구조에서 과점 시장 구조로 옮겨갔으며, 이는 상당한 가격경쟁을 야기하였다.

어떤 조직이 독점적으로 영업하고 규제를 받지 않을 때, 조직은 시장이 부담하게 될 어떤 가격이라도 설정할 수 있다. 그러나 기업은 정부의 규제를 피하기 위해서 또는 보다 낮은 가격을 사용해서 시장에 침투하기 위해서 제품에 가능한 최고의 가격을 매길 수는 없다. 독점이 규제된다면, 기업은 보통 가격설정에서 더 적은 유연성을 갖는다. 규제기구는 기업이 합당한 그러나 과도하지 않은 이윤을 창출하는 가격을 설정하게 한다. 정부소유의 독점기업은 그렇게 하지 않으면 구매할 수 없는 사람들이 구매할 수 있도록 만들기 위해 가격을 원가 이하로 설정할 수 있다. 예를 들면, 교통시스템은 때때로 이러한 방식으로 운영된다. 그러나 정부소유 독점기업도 때때로 수요를 통제하기 위해 보다 높은 가격을 설정한다. 주정부가 소유한 주류상점을 가진 여러 주에서는, 주류상점을 정부기구가 소유하지 않는 주보다 주류의 가격이 더 높다.

자동차 및 항공 산업은 과점의 예로, 소수의 판매자들이 있으며 경쟁자의 진입 장벽은 높다. 그러한 산업에서 기업은 경쟁자들도 따라 할 것을 기대하면서 가격을 올릴 수 있다. 조직이 경쟁우위를 얻기 위해서 가격을 인하할 때, 다른 기업들도 따라 할 것 같다. 이와 같이 과점 시장 구조에서는 가격인하를 통하여 얻어지는 이점이 거의 없다.

독점적 경쟁 시장 구조는 물리적 특성, 특징, 품질 그리고 브랜드 이미지에 의하여 차별화되는 제품을 제공하는 많은 판매자들로 이루어진다. 제품의 독특한 특징들은 기업으로 하여금 경쟁자와 다른 가격을 설정하게 할 수 있다. 그러나 독점적 경쟁 시장 구조의 기업들은 이 장의 앞부분에서 논의되었던 비가격 경쟁을 실행할 것 같다.

완전경쟁 조건 하에서는 많은 판매자들이 존재한다. 구매자들은 모든 판매자들의 제품들을 같은 것으로 간주한다. 모든 기업들은 자신들의 제품들을 현행 시장가격으로 판매하며, 구매자는 그보다 높은 가격을 지불하지 않을 것이다. 이와 같이 이러한 시장구조 형태는 마케터에게 가격설정의 유연성을 제공하지 않는다. 산업으로서 농업은 완전경쟁의 여러 특징을 가지고 있다. 농부는 농산물을 현행 시장가격으로 판다. 예를 들면, 때때로 옥수수, 콩, 그리고 밀 재배업자들은 잉여 농산물을 가지고 있어서 하락된 시장 가격에 팔지 않을 수 없었다.

8 법률적 및 규제적 이슈들

법률 및 규제적 이슈들도 가격 결정에 영향을 미친다. 인플레이션을 억제하기 위해서, 연방정부는 가격통제를 실행하거나, 특정 수준에서 가격을 동결하거나, 가격인상률을 결정할 수 있다. 어떤 주에서는 규제 기관들이 보험, 낙농제품, 그리고 술과 같은 제품에 대하여 가격을 설정한다.

많은 규제와 법률은 가격결정 및 활동에 영향을 미친다. Sherman Antitrust Act는 가격을 통제하기 위한 담합을 금지하며 그리고 그 법령을 해석하는 데 있어서, 법원은 한 산업의 기업들이 가격을 담합하는 것은 불법이라고 규정하였다. 마케터들은 담합을 시사하지 않는 방식으로 독립적인 가격정책을 개발하고 가격을 설정함으로써 가격 담합을 피해야 한다. Federal Trade Commission Act 및 Wheeler-Lea Act는 기만적 가격을 금지한다. 일부 다른 나라들 및 무역 협정도 유사한 금지항목을 가지고 있다. 예를 들면, European Commission은 전 세계적 캔디 산업에서 가격담합의 의혹을 조사하고 있으며 미국의 Hersy 및 Mars를 포함하여 많은 캔디 생산업자들에게 가격결정관행에 대한 정보를 제출하도록 요청하였다.[22]

Robinson-Patman Act는 가격결정에 큰 영향을 미쳐왔다. 여러 이유에서, 마케터들은 같은 형태의 제품을 다른 가격들로 팔기를 원할 수 있다. Clayton Act뿐 아니라 Robinson-Patman Act도 그러한 가격차별화를 제한한다. 한 명 또는 여러 구매자들에게 다른 구매자들보다 경쟁우위를 제공하여 경쟁을 저해하는 경향이 있는 차등가격을 제공하는 관행은 **가격차별화(price discrimination)**라고 불리며 법으로 금지된다. 그러나 모든 차등가격이 차별적인 것은 아니다. 차등가격이 경쟁을 방해하지 않는다면, 가격차별화가 다양한 고객들에 대한 판매활동이나 운송비의 차이에서 발생한다면, 또는 차등가격이 경쟁자들의 가격에 대처하기 위해 특정 구매자에게 가격을 인하해야 하기 때문에 발생한다면, 마케터는 가격차별화를 사용할 수 있다. 예를 들면, 항공사들은 구매 시에 좌석의 여분에 기초하여 동일 항공편에 대하여 다른 고객들에게 다른 가격을 매길 수 있다. 그 결과로 이웃하여 앉아 있는 두 여행객 중 한 사람은 몇 주 전에 예약을 했고, 다른 사람은 단지 몇 자리 남아 있을 때인, 출발 며칠 전에 예약을 해서 매우 다른 항공료를 지불하였을 수 있다.

11.6 비즈니스 시장의 가격결정

비즈니스 시장은 재판매를 위해서, 자신의 업무를 위해서 사용하기 위해서, 또는 다른 제품의 생산을 위해서 제품을 구매하는 개인들 및 조직들로 구성된다. 이 구매자들 범주에 대한 가격설정은 때때로 소비자들에 대한 가격설정과 다르다. 구매규모의 차이, 지리적 요인, 그리고 수송비용으로 판매자들은 가격을 조정할 필요가 있다. 이 절에서 할인, 지리적 가격설정, 이전 가격설정을 포함하여, 비즈니스 시장의 가격결정의 독특한 여러 이슈들을 논의할 것이다.

비즈니스 시장의 가격결정

Network Solutions는 소규모 기업에 컴퓨터 기반 마케팅 서비스를 제공한다. 이러한 서비스들에는 웹사이트 디자인 도구, 실제 사람에 의한 고객서비스, 개별화 이메일 그리고 온라인 판매와 마케팅 도구가 포함되는데 가격은 $24.97/월 부터 시작된다.

1 가격 할인

생산자들은 보통 중간상들에게 정가(list price)에서 할인 혹은 인하를 제공한다. 많은 형태의 할인이 있지만, 보통 다음 5가지 범주 중 하나에 속한다: 거래, 수량, 현금, 계절, 그리고 공제. <표 11.3>은 각 할인 형태를 사용하는 여러 이유들을 요약하고 예들을 제시한다. 그러한 할인은 마케팅전략의 중요 요소이다.

(1) 거래 할인

생산자가 특정 기능을 수행한 중간상에게 제공하는 정가의 할인은 **거래** 혹은 **기능적 할인(trade or functional discount)**이라고 한다. 거래 할인은 보통 정가에서의 퍼센트 또는 일련의 퍼센트로 기술된다. 중간상은 판매, 수송, 분류, 최종 처리, 그리고 아마도 신용 서비스를 행하는 것과 같은 여러 기능을 행한 것에 대하여 보상으로 거래 할인을 받는다. 일부 거래 할인은 종종 산업 내에서는 표준적 관행이지만, 할인은 산업별로 상당히 다르다. 제조업자가 재판매업자로 하여금 제품을 취급하도록 유인하기 위해서는 합당한 이윤에 더하여 중간상의 비용을 상쇄하기에 충분한 거래 할인을 제공하는 것이 중요하다.

(2) 수량 할인

대량으로 구매하는 경제성을 반영하는 정가에서의 공제는 **수량 할인(quantity discounts)**이라고 불린다. 수량 할인은 많은 산업에서 사용되며 규모의 경제를 통하여 얻은 비용 절감분은 구매자에게 이전된다.

수량 할인은 누적적이거나 비누적적일 수 있다. **누적 할인(cumulative discounts)**은 일정 기간 동안에 걸쳐서 누적된 할인수량이다. 예를 들면, 3개월 동안 총구매액이 10,000달러라면, 구매자에게 5%, 즉 500달러의 리베이트를 보장할 수 있다. 그러한 할인은 판매에서 경제성을 반영하고 구매자가 한 판매자로부터 구매하는 것을 장려하는 것으로 생각된다. **비누적 할인(Noncumulative discounts)**은 구매수량, 현금 주문, 구매하는 제품믹스에 기초한 한 번의 가격인하이다. 누적 할인과 같이 이들 할인은 판매 또는 업무 기능에서 어떤 경제성을 반영해야 한다.

(3) 현금할인

현금 할인(cash discounts), 혹은 가격 할인은 즉각적 지불 또는 현금 지불에 대하여 구매자에게 제공

표 11.3 비즈니스 시장에서 사용되는 할인

형태	사용 이유	예
거래 (기능적)	수송, 창고, 판매, 그리고 신용 서비스를 행하는 것과 같은 특정 기능을 행한 것에 대하여 보상함으로써 효과적인 재판매업자를 끌어들이고 유지하기 위하여	대학서점은 새 책에 대하여 학생들이 지불하는 소매가보다 약 1/3 정도 낮게 지불.
수량	구매할 때 고객이 대량으로 구매하는 것을 격려하기 위하여, 그리고 누적 할인의 경우에는 고객애호도를 장려하기 위하여	대규모 백화점 체인은 개별적으로 소유되는 전문점보다 여성복을 보다 낮은 가격으로 구매.
현금	즉각적 지불을 장려하여 매출채권 및 회수와 관련된 비용을 줄이기 위하여	산업재 시장의 많은 기업이 채권이 10일 이내에 지불되면 2%의 할인 제공.
계절	마케터가 비수기에 판매를 북돋움으로써 자원을 보다 효율적으로 사용하게 하기 위하여	Florida 호텔은 여름 기간 동안 전국적 그리고 지역적 판매 미팅을 여는 회사들에게 매우 할인된 숙박료 제공.
공제	보상판매공제의 경우, 구매자가 구매하는 것을 돕고 잠재적으로 중고 기구의 재판매를 통하여 이윤을 얻기 위하여; 촉진공제의 경우 판매상이 광고 및 판매지원 프로그램에 참여하는 것을 보장하기 위하여	농업 기기 판매인은 농부의 사용한 트랙터를 보상판매로 새 것으로 바꾸어 준다. Nabisco는 2주간 통로 끝에 대규모 진열을 한 것에 대하여 촉진 공제 지불.

된다. 매출채권(accounts receivable)은 많은 조직들에서 비용 및 회수의 문제를 안고 있다. 즉각적 지불을 장려하는 정책은 일반적인 관행이며 때때로 가격을 설정하는 데 주요 관심사항이다.

할인은 현금 지불 또는 정한 기간 내의 현금지불에 기초한다. 예를 들면 "2/10 net 30"은 매출채권이 10일 내에 지불이 이루어지면 2%의 할인이 주어진다는 것을 의미한다. 구매자가 10일 내에 지불을 하지 않는다면 전체 잔액이 할인 없이 30일이 기한이다. 30일 내에 지불이 되지 않는다면 이자가 붙을 수 있다.

(4) 계절 할인

성수기가 지난 제품이나 서비스를 구입하는 구매자에게 제공하는 가격할인은 **계절 할인(seasonal discounts)**이다. 이러한 할인은 판매자가 연중보다 안정된 생산을 유지하게 한다. 예를 들면, 자동차 임대 중개인은 자동차 임대 사업이 저조한 달에 기업의 자동차 사용을 장려하기 위하여 겨울 및 초봄에 계절 할인을 제공한다.

(5) 공제

또 다른 형태의 정가에서 할인은 **공제(allowance)**로, 원하는 목표를 달성하기 위한 가격에서의 양보이다. 예를 들면, 보상판매공제(trade-in allowance)는 사용하던 품목을 제공하고 새 품목을 구매할 때 제공하는 가격할인이다. 공제는 구매자가 새로운 구매를 더 잘 할 수 있도록 돕는다. 이러한 형태의 할인은 항공기 산업에서 일반적이다. 또 다른 예는 촉진공제(promotional allowance)로 중간상에게 특정 품목의 매출을 증가시키기 위해 의도된 광고 및 판매촉진 프로그램에 참여한 것에 대하여 제공되는 가격할인이다.

2 지리적 가격설정

지리적 가격설정(geographic pricing)은 구매자와 판매자의 물리적 거리와 관련된 수송 비용 또는 다른 비용에 대한 할인과 관련된다. 가격은 F.O.B. (free-on-board) 공장 또는 목적지로 설정될 수 있다. **F.O.B. 공장도 가격(F.O.B. factory price)**은 수송차량에 선적되기 전 공장에서의 제품가격을 지칭하며, 따라서 수송비는 배제된다. 구매자는 운송비를 지출해야 한다. **F.O.B. 목적지 가격(F.O.B. destination price)**은 생산자가 고객에게 제품을 선적하는 비용을 부담한다는 것을 의미한다. 이 정책은 멀리 있는 고객을 끌어들이기 위하여 사용된다. F.O.B. 가격설정이 가격을 매기기가 쉬운 방법이지만 때때로 마케터가 실행하기가 어려우며, 특히 기업이 다양한 제품믹스를 가지고 있을 때 또는 고객이 넓게 퍼져있을 때 그렇다. 고객은 가장 경제적인 선적 방법에 대하여 알기를 원할 것이기 때문에 판매자는 운임에 대하여 알고 있어야 한다.

각 고객에게 다른 가격을 부과하는 데 관련된 문제를 회피하기 위하여, **균일 지리적 가격설정(uniform geographic pricing)**, 때때로 우표식(postage-stamp) 가격설정으로 불리는 방식이 사용될 수 있다. 모든 고객에게 지역에 관계없이 같은 가격이 부과되며, 가격은 모든 고객에 대한 평균 운송비에 기초한다. 종이 제품 및 사무실 기기는 종종 균일 방식에 기초하여 가격이 부과된다.

구역 가격설정(zone pricing)은 여러 주요 지리적 구역 각각에 대해서 균일한 가격을 설정한다. 구역에 도달하는 운송비가 증가하면서 가격도 또한 증가한다. 예를 들면, Florida의 제조업자의 가격은 Georgia의 구매자보다 태평양 연안 및 캐나다의 구매자가 더 높을 수 있다.

기점 가격설정(base-point pricing)은 공장도 가격에 구매자와 가장 가까운 기점으로부터의 운임을 더하는 가격을 포함하는 지리적 가격설정 정책이다. 이러한 가격설정 방식은 의문스러운 법률적 상태 때문에 실제적으로 폐기되었다. 이 정책은 모든 구매자가 제품이 제조되는 곳과 관계없이 Detroit 또는 Pittsburgh와 같은 한 곳에서 운임을 지불하게 되는 결과를 가져온다.

판매자가 실제적 운임의 전부 또는 일부를 부담할 때, **운임부담 가격설정(freight absorption pricing)**이 사용된다. 판매자는 특정 고객과 거래하기를 원하거나 더 많은 거래를 하기를 원하기 때문에 이런 방식을 선택할 수 있다. 더 많은 거래는 평균 비용이 하락하게 하며 추가적 운임을 상쇄한다. 이런 전략은 시장 잠재력을 향상시키고 점점 더 경쟁적인 시장에서 지배력을 유지하기 위하여 사용된다.

3 이전 가격결정

이전 가격설정(transfer pricing)은 조직의 한 부서가 다른 부서에 제품을 팔 때 발생한다. 가격은 다음

중 한 가지 방식에 의하여 결정된다. 실제 총원가(actual full cost)는 특정 기간 동안의 모든 고정비와 변동비를 생산된 단위 수로 나누어서 계산된다. 표준 총원가(standard full cost)는 공장의 최대능력에서 제품을 생산할 때 발생되는 비용에 기초하여 계산된다. 원가 가산 투자(cost plus investment)는 원가에다 내부적 필요를 위하여 사용된 판매부서의 자산 부분의 비용을 더한 것이다. 시장기반 원가(market-based cost)는 시장가격에 판매노력 및 다른 비용이 들지 않았음을 반영하여 적은 금액을 차감한 것이다. 이전 가격결정의 선택은 기업의 관리전략 및 부서의 상호작용 성격에 의존한다. 조직은 또한 이전 가격결정이 구매에 관련된 모든 부서에게 공평할 것을 보장해야 한다.

이 장의 복습

1 가격의 역할을 이해한다.

가격은 마케팅 교환에서 제품과 교환되는 가치이다. 가격은 항상 지불되는 돈은 아니다: 물물교환(barter), 즉 제품의 교환은 가장 오래된 교환 형태이다. 가격은 총수입의 창출에 직접적으로 관련되기 때문에 마케팅믹스의 주요 요소이다.이윤은 수학적으로 가격을 판매수량과 곱하여서 총수입을 얻은 다음 총비용을 차감함으로써 결정될 수 있다. 가격은 외부환경의 변화에 대하여 보통 빠르고 쉽게 조정할 수 있는 마케팅믹스 변수이다.

2 가격 및 비가격 경쟁의 특징을 확인한다.

가격경쟁은 가격을 주요 제품 차별화로 강조한다. 가격은 빈번히 변동하며 판매자들 간의 가격경쟁은 공격적이다. 비가격 경쟁은 독특한 제품의 특징, 서비스, 제품품질, 또는 다른 요인들을 통하여 제품 차별화를 강조한다. 따라서 비가격 경쟁은 기업으로 하여금 브랜드의 가격을 변경시키는 것이 아닌 다른 수단을 통하여 수량 매출을 높이게 한다. 비가격경쟁을 사용하여 브랜드애호도를 구축하는 것은 제품이 물리적으로 차별화될 수 있고 고객들이 그런 차이을 인식할 수 있을 때 가장 효과적이다.

3 수요곡선 및 수요의 가격탄력성을 숙지한다

고전적인 수요곡선은 다른 모든 요인들이 동일하다는 전제 하에, 시장에서 여러 가격에서 팔릴 것으로 기대되는 제품 수량의 그래프이다. 이는 가격이 떨어질 때, 수요는 보통 오르는 것을 예시한다. 그러나 명성제품에서는 가격과 수요량과의 직접적인 양의 관계가 있다. 수요는 가격이 오르면서 증가한다. 수요의 가격탄력성—가격의 일정 퍼센트 변화에 대한 수요량의 퍼센트 변화—이 결정되어야 한다. 수요가 탄력적이면 가격의 변화는 총수입에서 반대 방향의 변화를 야기한다. 비탄력적 수요는 제품의 가격이 변할 때 총수입에서 같은 방향의 변화를 가져온다.

4 수요, 비용, 그리고 이윤 간의 관계를 이해한다

수요, 비용, 이윤 간 관계의 분석은 한계분석 또는 손익분기점 분석을 통하여 달성될 수 있다. 한계분석은 생산 (또는 판매량)이 한 단위 변할 때 기업의 비용 및 수입이 어떻게 되는지를 조사한다. 한계분석은 최대 이윤을 가져오는 가격을 구하기 위하여 수요곡선과 기업의 비용을 결합한다. 고정비는 생산 또는 판매량의 변화와 함께 변화하지 않는다. 변동비는 생산 또는 판매 수량의 변화와 함께 직접 변동한다. 평균 변동비용은 생산 단위당 평균 변동비이다. 총비용은 평균고정비 및 평균변동비의 합과 생산수량의 곱이다. 최적 가격은 한계비용(한 단위를 더 생산하는 것과 관련된 비용)이 한계수입(한 단위가 추가적으로 판매될 때 발생하는 총수입의 변화)과 같아지는 점에서 얻어진다.

손익분기점 분석—손실도 이윤도 발생하지 않도록 팔아야 하는 단위수량을 결정—은 가격을 설정하는 데 중요하다. 생산비용과 제품의 판매수입이 같은 점이 손익분기점이다. 손익분기점을 효과적으로 사용하기 위해서는 마케터는 여러 대체 가격 각각에 대하여 손익분기점을 결정하는 것이 중요하다. 이런 결정은 각 고려하는 가격이 총수입, 총비용, 그리고 손익분기점에 미치는 효과의 비교가 가능하게 한다.

5 마케터들의 가격결정에 영향을 미칠 수 있는 주요 요인들을 이해한다

8가지 요인이 가격결정에 영향을 미친다: 조직 및 마케팅목표, 가격목표, 원가, 다른 마케팅믹스 요소, 유통경로 구성원의 기대, 고객의 해석 및 반응, 경쟁, 그리고 법률적 및 규제적 이슈. 가격을 설정할 때, 마케터들은 조직의 목표 및 사명과 일관성 있는 결정을 해야 한다. 가격결정목표는 가격설정 결정에 크게 영향을 미친다. 대부분의 마케터는 제품원가를 제품이 그 미만으로 가격을 설정할 수 없는 하한으로 간주한다. 마케팅 변수들 간의 상호관련성 때문에 가격은 제품, 촉진, 그리고 유통결정에 영향을 미칠 수 있다.경로구성원이 수행하는 기능에 대하여 기대하는 수입도 가격결정을 할 때 고려되어야 한다.구매자의 가격지각은 변동적이다. 어떤 소비자 세분시장은 가격에 민감하지만 다른 쪽은 그렇지 않다. 기업은 경쟁자의 가격과 비교하여 자신의 가격을 조정할 수 있도록 경쟁브랜드에 부과된 가격에 대한 지식이 중요하다. 정부의 규제 및 법제화는 가격결정에 영향을 미친다.

6 비즈니스 마케터의 제품가격결정에 영향을 미치는 이슈들을 숙지한다.

조직 구매자에게 주어지는 할인의 범주에는 거래, 수량, 현금, 계절, 그리고 공제가 있다. 거래적 할인은 분류, 수송, 최종 처리, 또는 신용 서비스를 행하는 것과 같은 기능을 행한 것에 대한 가격할인이다. 중간상이 대량으로 구매한다면 생산자는 수량적 할인을 제공하는데, 누적적 또는 비누적적일 수 있다. 현금 할인은 즉각적 지불 또는 현금 지불에 대한 가격할인이다. 비수기에 제품이나 서비스를 구매하는 구매자는 계절 할인을 받을 수 있다. 마지막 형태의 정가에서 할인은 보상판매공제와 같은 공제이다.

지리적 가격설정은 구매자와 판매자의 물리적 거리와 관련된 운송비 또는 다른 비용에 대한 할인과 관련된다. F.O.B 공장도 가격은 구매자가 공장으로부터의 선적비용을 지불해야 하는 것을 의미한다. F.O.B. 목적지 가격은 생산자가 선적비용을 지불하는 것을 의미한다. 이는 가격을 매기기가 쉬운 방법이지만 마케터가 실행하기가 어렵다.판매자가 수송에 대하여 고정된 평균비용을 부과할 때 이는 균일 지역 가격결정을 사용하는 것이다.구역가격은 주요 지리적 구역 내에서 균일하다. 운송비가 증가하면서 구역별 가격은 증가한다. 기점 가격설정에서는 가격은 구매자와 가장 가까운 기점으로부터 초래되는 선적비용에 대하여 조정된다. 운임부담가격결정은 판매자가 운임의 전부 또는 일부를 부담할 때 발생한다.

이전 가격설정은 조직의 한 부서가 다른 부서에 제품을 팔 때 발생한다. 이전 가격설정에 사용되는 방식에는 실제 총원가, 표준 총원가, 원가 가산 투자, 시장기반 원가가 있다.

주요 개념

가격(price): 마케팅 거래에서 제품과 교환되는 가치

물물교환(barter): 제품의 교환

가격 경쟁(price competition): 가격을 강조하며 경쟁자의 가격과 대등하게 하거나 낮게 하는 것

비가격 경쟁(nonprice competition): 가격 대신에 제품을 경쟁 브랜드와 구별시키는 다른 요인들을 강조하는 것

수요곡선(demand curve): 다른 모든 요인들이 동일하다는 전제하에 다양한 가격대에서 구매자가 구입하는 제품 수량의 그래프

수요의 가격탄력성(price elasticity of demand): 가격변화에 대한 수요 민감성의 측정

고정비(fixed cost): 생산 또는 판매량의 변화와 관계없이 변하지 않는 비용

평균 고정비(average fixed cost): 생산 단위당 고정비

변동비(variable cost): 생산 또는 판매량의 변화에 따라 직접적으로 변동하는 비용

평균 변동비(average variable cost): 생산단위당 변동비

총비용(total cost): 평균고정비 및 평균변동비의 합을 생산수량과 곱한 것

평균 총비용(average total cost): 평균 고정비와 평균 변동비의 합

한계비용(marginal cost: MC): 기업이 한 단위를 더 생산할 때 발생하는 추가적 비용

한계수입(marginal revenue: MR): 기업이 제품 한 단위를 추가로 판매할 때 발생하는 총 수입의 변화

손익분기점(breakeven point): 제품을 생산하는 비용과 제품을 판매해서 얻는 수입이 같은 지점

내적 준거가격(internal reference price): 제품에 대한 경험을 통해서 구매자의 마음속에서 형성된 가격

외적 준거가격(external reference price): 타인에 의하여 주어지는 비교가격

가치의식적(value-conscious): 제품의 가격 및 품질에 대한 관심

가격의식적(price-conscious): 낮은 가격을 지불하고자 노력하는 것

명성의식적(prestige-sensitive): 우월함과 신분을 의미하는 제품에 집중하는 것

가격차별화(price discrimination): 한 명 또는 그 이상의 구매자들에게 경쟁 우위를 제공함으로써 경쟁을 저해하는 차등가격을 제공하는 것

거래/기능적 할인(trade/functional discount): 생산자가 특정 기능을 수행한 중간상에게 제공하는 정가에 대한 할인

수량 할인(quantity discounts): 대량구매에 대한 정가에서의 공제

누적 할인(cumulative discounts): 일정기간 동안에 걸쳐서 누적된 수량 할인

비누적 할인(noncumulative discounts): 특정 요인에 기초한 한 번의 가격인하

현금 할인(cash discounts): 즉각적 지불 또는 현금 지불에 대하여 구매자에게 제공되는 가격할인

계절 할인(seasonal discounts): 성수기가 지난 제품이나 서비스를 구매하는 구매자에게 제공되는 가격할인

공제(allowance): 원하는 목표를 달성하기 위한 가격에서의 양보

지리적 가격설정(geographic pricing): 구매자와 판매자의 물리적 거리와 관련된 수송비용 또는 다른 비용에 대한 할인

F.O.B. 공장도 가격(F.O.B. factory price): 선적되기 전 공장에서의 제품가격

F.O.B. 목적지 가격(F.O.B. destination price): 생산자가 선적비용을 부담한다는 것을 의미하는 가격

균일 지리적 가격설정(uniform geographic pricing): 지역에 관계없이 모든 고객에게 같은 가격을 부과하는 것

구역 가격설정(zone pricing): 주요한 지리적 구역 내 수송비용에 기초한 가격설정

기점 가격설정(base-point pricing): 공장도 가격에 구매자와 가장 가까운 기점으로부터의 운임을 더하는 지리적 가격결정

운임부담 가격설정(freight absorption pricing): 판매자가 실제적 운임의 전부 또는 일부를 부담하는 것

이전 가격설정(transfer pricing): 동일한 기업 내 한 부서가 다른 부서에 판매하는 제품에 대한 가격결정

연습문제

1. 왜 가격결정이 조직에 중요한가?.
2. 가격 및 비가격 경쟁을 비교하라. 각 형태가 가장 잘 작동할 수 있는 조건을 기술하라.
3. 왜 많은 수요곡선은 가격과 수량간에 역의 관계를 나타내는가?
4. 비탄력적 수요를 갖는 제품의 특징을 열거하라. 그리고 그러한 제품의 여러 가지 예를 들어보라.
5. 왜 한계비용과 한계수입이 같은 때 최적이윤이 발생하는지 설명하라.
6. Chambers 기업은 신제품에 대한 손익분기점 분석을 위하여 추정치들을 막 수집하였다. 변동비는 단위당 7달러이다. 추가적 공장의 비용은 48,000달러이다. 일반 간접비로 신제품에 대하여 연간 18,000달러를 부과할 것이다. 광고비는 8,000달러가 될 것이고 유통비용으로 55,000달러가 사용될 것이다. 제품이 12달러에 팔린다면 손익분기점 수량은 얼마인가? 금액으로 손익분기점은 얼마인가?
7. 마케팅믹스변수는 어떠한 면에서 가격결정에 영향을 미치는가?
8. 경로 구성원은 제조업자 가격에 대하여 어떠한 형태의 기대를 가질 수 있는가? 이러한 기대는 가격결정에 어떻게 영향을 미칠 수 있는가?
9. 법률 및 규제 요인들은 가격결정에 어떻게 영향을 미치는가?
10. 거래 할인과 수량 할인을 비교하라.
11. F.O.B.를 사용하는 이유는 무엇인가?
12. 이전 가격결정에 사용되는 주요 방법은 어떤 것들이 있는가?

가격관리

CHAPTER 12

ANTHONY DEVLIN/PA WIRE URN:6131482 (PRESS ASSOCIATION VIA AP IMAGES)

Apple이 iPhone 가격결정에 대한 요청에 응하다

처음으로 Apple iPhone이 판매되기 며칠 전에, Apple 휴대폰의 사용하기 편한 터치 스크린 및 다매체 특성을 시험해보기를 열망하여, 수천의 구매자들이 Apple 상점 밖에서 줄을 섰다. Apple의 아이콘적인 iPod 미디어 플레이어와 같이, 멋진 iPhone은 기술에 정통한 소비자들에게 반드시 가져야 하는 지위 상징이 즉각적으로 되었다. 그러나 iPhone의 출시 2달 안에, Apple은 가격변경에 대한 비판과 논란을 초래하였다.

전통적으로 Apple은 신제품에 대하여 고가격을 설정하였다. 한 가지 이유는 브랜드의 고가격 고품질의 포지셔닝 및 특별한 위신을 강화하기 위함이다. 다른 이유는 각 제품의 수명주기의 출발선에서부터 개발비용을 회수하기 시작하고 이윤을 구축하기 위함이다. 이러한 가격전략은 Apple의 Macintosh 및 iPod에서 효과가 있었다.

이러한 전략을 따라서, iPhone은 AT&T와의 독점적 계약을 통한 전화서비스 비용을 제외하고 처음에 599달러로 가격이 설정되었다. 두 달 후에 통상적인 방식을 깨뜨리고, Apple은 연말의 선물증정 시즌이 다가오자 보다 구매가 용이하도록 iPhone 가격을 갑자기 200달러 인하하였다.

Apple의 가격결정은 보다 높은 가격에 제품을 구매한 고객으로부터의 성난 항의를 촉발하였고, 최고경영자는 신속하게 고객의 주장이 일리가 있다는 것을 인정하였다. "우리의 초기 고객은 우리를 신뢰하였고, 우리는 이와 같은 순간에 행동으로써 그러한 신뢰에 부응해야 한

학습목표

1. 가격을 확정하는 데 사용되는 과정의 주요 여섯 단계를 이해한다
2. 가격목표를 개발하는 것과 관련된 이슈들을 알아본다
3. 가격에 대한 표적시장의 평가를 알아보는 것의 중요성을 이해한다
4. 마케터가 어떻게 경쟁적 가격을 분석하는지를 이해한다
5. 가격설정에 사용되는 기반을 숙지한다
6. 가격전략의 여러 형태를 설명한다
7. 최종적인 특정 가격이 어떻게 결정되는지를 이해한다

다"고 그는 말했다. 이 기업은 가격인하 전에 iPhone을 구매한 각 고객들에게 Apple 상점에서 100달러의 신용을 제공하였다.

그 이후 Apple은 더 많은 특징, 더 강한 파워, 그리고 더 낮은 가격의 새로운 iPhone 모델을 출시하였다. 현재 Walmart는 기본 모델 199달러 그리고 고급 모델 299달러의 공식적 가격에서 2달러의 할인을 해서 iPhone을 팔고 있다. 이러한 모든 소동은 Apple 브랜드를 빛나게 했으며 매우 경쟁이 심한 스마트폰 시장에서 시장점유율을 획득하는 데 도움을 주었다.[1]

대부분의 기업처럼 Apple은 고객을 끌어들이고 유지하기 위하여 가격결정의 특정방식을 개발하여 왔다. 가격전략을 선택하는 것은 가격설정 과정의 기본적 단계 중의 하나이다. 정말로, 어떤 기업들은 고객인 기업들이 자신의 제품에 대하여 최적의 가격을 설정하는 데 도움을 주는 제품, 특히 소프트웨어를 개발하였다.

이 장에서, 가격을 설정할 때 마케터가 사용할 수 있는 과정의 여섯 단계를 살펴볼 것이다(<그림 12.1>을 참조). 1단계는 조직의 전반적 목표 및 마케팅목표와 부합되는 가격목표의 개발이다. 2단계는 가격에 대한 표적시장의 평가를 파악하는 것을 수반한다. 3단계는 경쟁자의 가격을 평가하는 것을 수반하는데, 이는 마케팅전략에서 가격의 역할을 결정하는 데 도움이 된다. 4단계는 가격 설정을 위한 기반을 선택하는 것을 수반한다. 5단계는 가격전략 즉 마케팅믹스에서 가격을 사용하는 지침의 선택이다. 최종 가격을 결정하는 6단계는 환경적 요인들 및 가격을 확정하는 체계적 접근방법에 대한 마케터의 이해 및 사용에 의존한다. 이러한 단계들은 모든 마케터가 따라야 하는 엄격한 단계는 아니고, 오히려 가격을 확정하는 논리적 순서를 제공하는 지침이다.

그림 12.1 가격을 확정하는 단계

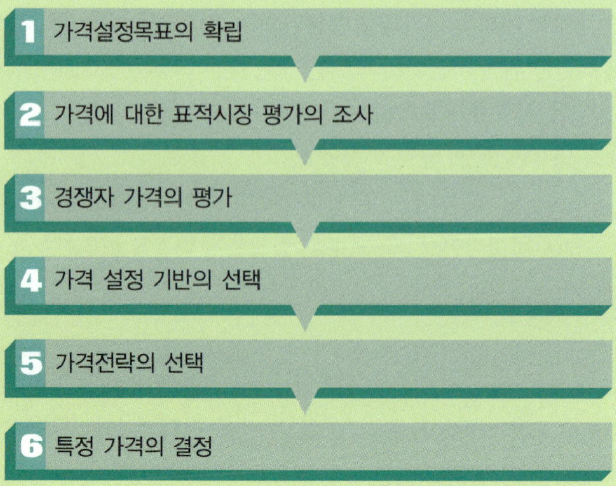

12.1 가격설정 목표의 확립

가격을 설정하는 데 첫 번째 단계는 기업이 가격을 통하여 달성하기를 원하는 것을 기술하는 **가격설정 목표(pricing objectives)**를 확립하는 것이다. 가격설정 목표의 확립은 가격설정의 다음 단계의 결정에 대한 기반을 형성하기 때문에 중요한 과업이다. 이와 같이 가격설정 목표는 명시적으로 기술되어야 하고, 그 기술문은 목표를 달성하기 위한 시간 일정을 포함해야 한다.

마케터는 가격설정 목표가 재무, 회계, 그리고 생산을 포함하여 많은 기능적 영역의 결정에 영향을 미치기 때문에 확실하게 가격목표가 조직의 마케팅 목표 및 전반적 목표와 일관성이 있도록 하여야 한다. 마케터는 단기적 그리고 장기적 가격목표를 이용할 수 있으며, 하나 또는 여러 가격목표를 이용할 수 있다. 예를 들면, 기업은 시장점유율을 다음 3년간 18% 증가시키기를 원할 수 있고, 투자수익률 15%를 달성하고, 그리고 시장에서 품질의 이미지를 촉진할 수 있다. 아래에서 기업이 설정할 수 있는 여러 가격목표를 살펴볼 것이다(<표 12.1> 참조).

1 생존

근본적 가격목표는 생존(survival)이다. 대부분의 조직은 생존을 위해서 필요하다면 단기적 손실 및 내적 대변동과 같은 문제를 용인할 것이다. 예를 들면, D. R. Horton 및 KB Homes는 심각한 주택 불경기에 판매를 활성화하고, 팔리지 않은 비싼 주택 재고를 줄이기 위하여 새 주택에 대하여 여섯 자리만큼이나 되는 가격을 대폭 인하하였다.[2] 가격은 변경하기 쉬운 변수이기 때문에, 비용을 감당할 수 있는 수준까지 매출 규모를 확대함으로써 기업이 생존할 수 있도록 가격을 활용하는 경우가 많다. 예를 들면, 여성복 소매업자는 채권자, 종업원, 그리고 임대업자에게 지불할 충분한 현금을 창출하기 위하여, 3일간의 60% 세일을 할 수 있다.

표 12.1 가격설정 목표 및 목표를 달성하기 위한 전형적 행동

목표	가능한 행동
생존	조직의 비용을 충당할 수 있도록 매출액을 증가시킬 수 있게 가격수준을 조정함
이윤	기업이 이윤을 최대화하게 하는 가격 및 원가 수준을 확인함
투자수익률	기업이 투자에 대한 목표 이윤을 산출할 수 있게 하는 가격수준을 확인함
시장점유율	기업이 경쟁자의 매출과 대비되는 매출을 유지하거나 증가시킬 수 있도록 가격수준을 조정함
현금 흐름	신속한 매출을 촉진해주는 가격수준을 설정함
현상유지	수요 및 매출을 안정시키는 데 도움이 되는 가격수준을 확인함
제품품질	연구개발 비용을 회수하고 고품질 이미지를 확립하기 위하여 가격을 설정함

지속가능 마케팅

주택에서 생산된 에너지

에너지를 생산하는 태양열 판넬로부터 자연친화적인 건축자재까지, 새 주택은 날로 더 그린화(greener)되고 있다. National Association of Home Builders에 의하면, 주택건축업자들 중 열의 아홉은 새 건축에 환경에 좋은 특징들을 포함시키고 있다. 그러나 재활용 플라스틱으로 만들어진 태양열 판넬 및 지붕깔개와 같은 최첨단 제품은 종종 초기고가격(skimming) 전략을 사용하여 판매된다. 그 결과 그린 주택을 소유하고 싶은 사람들조차 이러한 추가적 특징들의 가격표를 볼 때 주저한다.

ISTOCKPHOTO/THINKSTOCK

예를 들면, 해가 비칠 때 전력을 생산하는 태양열 판넬의 평균비용은 주택당 8,000달러에서 40,000달러까지 들 수 있다. 이러한 투자는 장기적으로 소유자의 에너지 비용을 급격하게 줄임으로써 투자비를 뽑을 수 있다. 한 Maryland의 주택소유자는 태양열 판넬 및 다른 에너지 효율적인 주택 개선 때문에 전기비로 한 달에 30달러 미만을, 어떤 경우에는 아주 적은 3달러를 낸다. 그러나 매년 판매되는 새 주택 중에 1% 미만이 태양열 판넬 설비를 갖추고 있다.

더 많은 경쟁자들이 시장에 진입함에 따라, 가격은 조금씩 더 낮은 쪽으로 이동하기 시작하고 있다. 또한, 주정부 및 연방정부가 후원하는 인센티브는 그린 주택 특징들을 구매자가 더 구매가능하도록 만들고 있다. 마지막으로, 가격이 높을지라도, 많은 커뮤니티에서 건축업자 및 구매자는 지역의 건축조례를 준수하기 위하여 곧 더 그린화되지 않을 수 없게 될 것이다.

2 이윤

기업은 자신의 목표가 이윤(profit)을 극대화하는 것이라고 주장하지만, 이윤극대화의 실현은 측정하기가 어렵기 때문에 이윤극대화 목표는 실행이 거의 불가능하다. 이런 어려움 때문에, 이윤목표는 소유자 및 최고위층 의사결정자가 만족스럽게 여기는 수준에서 설정되는 경향이 있다. 구체적인 이윤목표는 실제적 금액 또는 판매수입의 비율로 기술될 수 있다. 예를 들면, Procter & Gamble은 Gillette Fusion 5중날을 출시할 때, 자사의 Mach 3중날 제품보다 30% 높게 가격을 설정하였다. 전체적으로 72%의 시장점유율을 가지고 있는 P&G는 Fusion 면도기 제품군이 이윤을 높이는 데 도움이 될 것으로 기대한다.[3]

3 투자수익률

특정 투자수익률(ROI: Return On Inverstment)을 얻기 위해 가격을 설정하는 것은 이윤과 관련한 가격목표이다. 가격이 설정될 때는 ROI를 추산하는 데 필요한 모든 비용과 수이 자료를 얻을 수 없기 때문에 투자수익률에 기초한 대부분의 가격목표는 시행착오에 의해서 얻어진다. General Motors는 ROI 가격목표를 사용한다. 많은 제약회사들도 연구개발에 큰 투자를 하기 때문에 ROI 목표를 사용한다.

4 시장점유율

많은 기업들은 산업전체 매출에 대한 어떤 제품의 매출 비율인 시장점유율을 유지하거나 증가시키는 가격목표를 확정한다. 많은 기업들은 높은 시장점유율은 종종 더 높은 이윤으로 전환된다는 것을 인식하고 있다. 지난 30년간 진행된 PIMS (Profit Impact of Market Strategies) 연구는 시장점유율과 제품품질은 수익성에 크게 영향을 미친다는 것을 보였다. 이와 같이 마케터는 종종 시장점유율의 증가를 주요 가격목표로 이용한다.

시장점유율의 유지나 확대가 산업 매출의 성장에 반드시 좌우되는 것은 아니다. 전체 산업의 매출이 정체되거나 감소할지라도 조직은 시장점유율을 증가시킬 수 있다는 것을 기억하라. 한편, 전체 산업 매출이 증가한다면 시장점유율이 감소할지라도 기업의 매출액은 증가할 수 있다.

5 현금 흐름

어떤 기업들은 가능한 빨리 현금을 회수하기 위하여 가격을 설정한다. 재무관리자가 제품을 개발하는데 들어간 자본을 신속하게 회수하고자 노력하는 것은 이해가 된다. 이 목표는 짧은 제품수명주기를 예상하는 마케팅관리자의 지지를 받을 수 있다.

어떤 상황에서는 이 목표는 수용가능할 수 있지만, 현금 유입 및 회수를 목표로 사용하는 것은 가격이 이윤에 기여하는 가치를 너무 단순화한 것이다. 이 가격목표가 고가격을 가져온다면, 더 낮은 가격의 경쟁자는 시장에서 높은 점유율을 획득할 수 있다.

IMAGE COURTESY OF THE ADVERTISING ARCHIVES

제품 품질
Kellogg의 Corn Flakes 광고는 높은 제품 품질에 초점을 맞추고 있다. Kellogg 광고의 많은 부분에서 메시지의 일부는 "당신에게 최선을 다합니다"이다.

6 현상유지

어떤 경우에 조직은 유리한 위치에 있고 더 이상 바랄 것이 없어서 현상유지(status quo)의 목표를 설정할 수 있다. 현상유지목표는 특정 시장점유율을 유지하는 것, 경쟁자의 가격에 대항하는(이기는 것이 아니라) 것, 가격안정성을 달성하는 것, 그리고 대중의 호의적 이미지를 유지하는 것과 같은 여러 차원에 초점을 둘 수 있다. 현상유지 가격목표는 제품에 대한 수요를 안정화시키는 데 기여함으로써 기업의 위험을 줄일 수 있다. 현상유지 가격목표의 사용은 때때로 경쟁적 도구로서 가격의 역할을 최소화하고 산업에서 비가격 경쟁의 분위기를 가져온다.

7 제품품질

어떤 기업은 제품품질(product quality)에서 업계를 선도하는 목표를 가질 수 있다. 이 목표는 보통 제품의 높은 품질, 어떤 경우에는 연구개발의 고비용을 충당하기 위하여 고가격을 요구한다. 예를 들면, Bentley Motors는 악세사리 및 옵션에 따라 19만 달러에서 26만 달러까지 비용이 들 수 있는 수제 자동차의 품질을 알리는 데 도움을 주기 위하여 고가격을 사용한다.[4] 앞에서 언급한 대로, PIMS 연구는 제품품질 및 시장점유율이 수익성의 좋은 지표라는 것을 보여준다. 고객이 좋은 품질이라고 지각하는 제품 및 브랜드는 경쟁적 시장에서 더 잘 생존할 것 같다. 고품질은 보통 마케터가 제품에 대해 고가격을 매길 수 있게 한다.

SNAPSHOT

그린(green) 승용차

17세에서 28세의 젊은 미국인이 환경친화적인 자동차에 대해 얼마나 더 지불할 의도가 있는가?

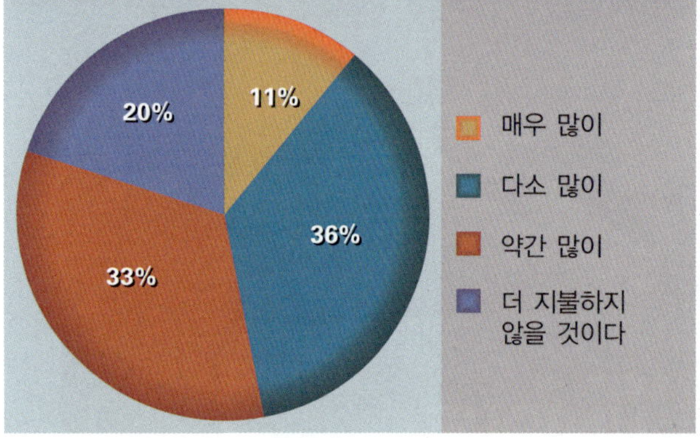

자료원: Bayer Consulting for Deloitte 서베이(17세–28세의 1,006명 표본), *USA today*, February 5, 2009.

12.2 가격에 대한 표적시장 평가의 조사

가격목표를 개발한 후에, 다음으로 마케터는 가격에 대한 표적시장의 평가를 알아볼 필요가 있다. 가격이 구매자에게 중요 이슈라는 일반적 가정에도 불구하고, 가격의 중요성은 제품형태, 표적시장의 형태, 그리고 구매상황에 의존한다. 예를 들면, 구매자는 아마도 가방 가격 보다 휘발유 가격에 보다 예민하다. 표적시장의 형태와 관련해서, 성인은 특정 제품에 대해서는 어린이보다 돈을 더 지불해야 할 수 있다. 구매도 구매자의 가격에 대한 견해에 영향을 미친다. 다른 상황에서는 대부분의 영화관람객은 영화관 매점에서 청량음료, 팝콘, 그리고 캔디에 대해 부과되는 가격을 지불하지 않으려고 한다. 가격에 대한 표적시장의 평가를 알아봄으로써, 마케터는 전반적 마케팅전략에서 가격을 얼마만큼 강조할지 더 잘 알 수 있는 위치에 있게 된다. 가격에 대한 표적시장의 평가에 대한 정보는 또한 마케터가 경쟁자보다 얼마나 더 높게 가격을 설정할 수 있는지를 결정하는 데 도움을 줄 수 있다.

오늘날 어떤 소비자들은 덜 비싼 제품을 찾고 보다 선택적으로 쇼핑하기 때문에, 어떤 제조업자들 및 소매업자들은 제품의 가치에 초점을 맞추고 있다. 가치는 어떤 제품의 가격과 품질 속성들을 결합시키는데, 이러한 가격과 품질속성들을 이용해서 소비자들은 경쟁브랜드들을 구별한다. 소비자들은 자신들의 지출에 대해서 더 나은 가치를 제공하는 제품의 좋은 거래조건을 찾고 있다. 그들은 또한 유기물 함유량 또는 시간절약 특징과 같은 매우 바람직한 속성을 가지고 있는 제품이 훨씬 큰 가치를 갖는 것으로 간주할 수 있다. Target 및 Best Buy와 같이, 저가격과 고품질을 제공하는 기업은 저가격에 대하여 어느 정도의 품질을 소비자가 희생해야 하는가에 대한 소비자 기대를 바꾸어 왔다.[5] 품질과 가치에 대한 소비자의 기대뿐만 아니라, 소비자에게 제품이 얼마나 중요한지를 이해하는 것은 마케터가 가격에 대한 표적시장의 평가를 정확하게 파악하는 데 도움을 준다.

12.3 경쟁자 가격의 평가

대부분의 경우, 마케터는 경쟁브랜드의 가격을 알게(가격설정의 3 단계) 될 때, 더 유리한 위치에 있게 된다. 경쟁브랜드의 가격을 알아내는 것은 마케팅조사의 통상적 기능이다. 예를 들면, 어떤 식료품점 및 백화점은 체계적으로 가격에 대한 자료를 수집하는 전임 비교 쇼핑객(comparative shopper)을 가지고 있다. 그러나 경쟁자의 가격을, 특히 제조업자 및 소매업자 시장에서 파악하는 것이 항상 쉬운 것은 아니다. 경쟁자의 가격 리스트는 종종 엄격히 보호된다. 마케터가 경쟁자의 가격 리스트를 입수할 수 있을지라도, 가격이 협상을 통해서 확정될 수 있기 때문에 그 가격 리스트가 경쟁제품의 판매되는 실제 가격을 반영하지 않을 수 있다.

경쟁브랜드의 가격을 아는 것은 마케터에게 매우 중요하다. 경쟁자의 가격 및 경쟁자가 강조하는 마케팅믹스변수는 부분적으로 가격이 고객에게 얼마나 중요할 것인지를 결정한다. 가격경쟁이 지배적인 산업에서 마케터는 확실하게 가격이 경쟁자의 가격과 같게 또는 낮게 하기 위하여 경쟁자의 가격정보가 필요하다. 어떤 경우에는 조직은 제품에 고급 이미지를 부여하기 위하여 가격을 경쟁자보다 약간 높게 매긴다. 대조적으로 어떤 회사들은 가격을 경쟁적 수단으로 사용하여 제품 가격을 경쟁자보다 낮게 설정한다.

12.4 가격설정 기반의 선택

4단계는 가격설정의 기반-원가, 수요, 그리고/또는 경쟁을 선택하는 것과 연관된다. 사용할 기반의 선택은 제품의 형태, 산업의 시장구조, 경쟁브랜드에 대비되는 어떤 브랜드의 시장점유율, 고객특성에 의해 영향을 받는다. 이 섹션에서 각 기반들이 개별적으로 논의되지만, 비록 어느 하나가 가격의 주된 근거가 될지라도 조직은 일반적으로 둘 또는 이 들 세 차원을 모두 고려한다. 예를 들면, 기업이 원가를 가격설정의 기반으로 사용한다면, 기업내의 마케터는 또한 경쟁자의 가격을 알고 있고 관심을 갖게된다. 기업이 수요를 가격설정의 기반으로 사용한다면, 가격결정을 하는 담당자는 여전히 원가 및 경쟁자의 가격을 고려해야 한다. 실제로, 원가는 최저 가격을 확정하기 때문에 모든 가격결정의 한 요인이며, 최저가격 아래로는 생산 및 다른 원가를 회수할 수 없게 될 것이다. 수요도 마찬가지로 실질적인 최고가격을 설정하며, 최고가격 이상으로는 고객들이 제품을 구매하지 않을 것 같다.

1 원가기반 가격설정

원가기반 가격설정(cost-based pricing)에서는, 일정의 금액 또는 퍼센트가 제품의 원가에 더해진다. 따라서 이 방법은 원하는 이윤마진의 계산을 포함한다. 원가기반 가격결정은 반드시 공급과 수요의 경제적 측면을 고려하지는 않으며 단 하나의 가격결정 전략 또는 가격결정목표와 관련될 필요는 없다. 원가기반 가격결정은 실행하기가 단순하고 쉽다. 일반적인 두 가지 원가기반 가격결정은 원가가산 및 가산이익률 가격결정이다.

(1) 원가가산 가격설정

원가가산 가격설정(cost-plus pricing)에서, 판매자의 원가가 확정되며(보통 프로젝트 중간 또는 프로젝트가 끝난 후에), 가격을 확정하기 위해 일정 금액 또는 퍼센트가 판매자의 원가에 더해진다.[6] 원가가산 가격설정 및 경쟁기반 가격설정은 사실상 서비스의 가격을 설정하는 가장 흔한 기반이다. 생산비를 예측하기가 어려울 때, 원가기반 가격설정이 적절하다. 고객주문설비를 포함하는 프로젝트 및 상업적 건축은 이러한 방법에 의해 종종 가격이 매겨진다. 정부는 방위계약을 체결할 때 빈번히 그러한 원가기반 가격설정을 사용한다.구매자에게 한 가지 함정은 판매자는 더 큰 이윤기반을 확립하기 위해서 원가를 부풀릴 수 있다는 것이다. 게다가, 간접비와 같은 일부 원가는 결정하기가 어려울 수 있다. 급격한 인플레이션 기간에는 원가기반 가격설정이 흔하며, 특히 생산자가 가격이 변동하고 있는 원자재를 사용해야 하는 경우에 그러하다.

(2) 가산이익률 가격설정

소매상들에게 일반적 가격설정 방식은 **가산이익률 가격설정(markup pricing)**으로, 제품의 가격은 원가의 미리 결정된 퍼센트(가산이익률로 불리는)를 원가에 더함으로써 구해진다. 소매상에서 가산이익률은 제품범주마다 다르지만—예를 들면 철물은 35%의 가산이익률 그리고 인사 카드(greeting card)는 100%의 가산이익률—, 단일 제품범주에서의 품목은 종종 동일한 퍼센트가 부과되어 가격이 설정되며 소매 수준에서 % 가산률은 대체로 산업별로 표준화되어 있다. 특정 제품범주에 대하여 표준적 가산이익률을 사용하는 것은 가격설정을 쉽게 수행할 수 있는 일상적 업무로 만든다. 이는 많은 소매상들이 가산이익률 가격설정을 사용하는 주요 이유 중의 하나이다.

가산이익률은 원가의 퍼센트 또는 판매가격의 퍼센트로 기술될 수 있다. 다음 예는 가산이익률이 어떻게 결정되는지를 예시하고, 두 방식의 차이점을 보여준다 소매상이 참치 한 캔을 45센트에 구매하여, 원가에 15센트를 더해서, 가격을 60센트로 설정한다고 가정하자. 숫자를 보면:

$$\text{원가의 가산이익률} = \frac{\text{가산이익률}}{\text{원가}} = \frac{15}{45} = 33.33\%$$

$$\text{판매가의 가산이익률} = \frac{\text{가산이익률}}{\text{판매가}} = \frac{15}{60} = 25.0\%$$

가산이익률을 논의할 때, 가산이익률이 원가 또는 판매가 중 어느 기반에 기초하는지를 아는 것은 중요하다.

수요기반 가격설정
렌트카 가격은 수요에 기반한다. 높은 수요는 높은 가격을 요구하고, 수요가 낮을 때는 가격이 낮다.

2 수요기반 가격설정

마케터는 때때로 제품의 수요수준에 기초하여 가격을 설정한다. **수요기반 가격설정(demand-based pricing)**이 사용될 때, 고객은 제품의 수요가 강할 때 더 높은 가격을 지불하고, 수요가 약할 때 더 낮은 가격을 지불한다. 예를 들면, 달리 많은 고객을 끌어들일 수 없는 호텔은 종종 수요가 더 적은 기간 동안은 인하된 요금을 부과한다. Sprint 및 Verizon과 같은 이동통신사들도 또한 피크타임 및 비 피크타임 요율을 부과하거나 또는 비 피크타임에 무료 휴대폰 통화시간을 제공함으로써 수요에 기반한 가격설정을 사용한다. 이 가격기반을 사용하기 위해서, 마케터는 여러 다른 가격에서 소비자의 제품 수요의 양을 추정할 수 있어야 한다. 마케터는 그리고 나서 가장 많은 총수입을 창출하는 가격을 선택한다. 분명히, 가격기반 가격설정의 효과성은 수요를 정확하게 추정하는 마케터의 능력에 달려있다. 원가가산 가격설정에 비해서, 수요기반 가격설정은 구매자가 제품의 원가보다 훨씬 높은 수준의 제품을 가치있게 여긴다고 가정을 하면, 기업을 보다 높은 이윤수준에 도달할 수 있는 더 나은 위치에 올려 놓는다.

3 경쟁기반 가격설정

경쟁기반 가격설정(**competition-based pricing**)에서, 조직은 원가를 경쟁자의 가격에 비해 부차적으로 여긴다. 경쟁제품들이 상대적으로 동질적이고 가격이 주요 구매 고려사항인 시장에서 기업이 활동할 때, 이 방식의 중요성이 더 커진다. 경쟁기반 가격설정을 사용하는 기업은 가격을 경쟁자의 가격보다 낮게, 높게, 또는 같게 설정할 수 있다. 항공사는 경쟁기반 가격설정을 사용하며, 종종 동일구간에 대하여 동일 요금을 부과한다. 또한 Orbitz, Expedia, 그리고 Priceline.com과 같은 온라인 여행사는 경쟁기반 가격설정을 사용한다.

모든 마케팅원론책의 가격이 똑같지는 않지만, 비슷하다. 서점이 교재에 대하여 출판사에 지불하는 가격은 경쟁자의 가격에 기초하여 결정된다. 경쟁기반 가격설정은 기업이 매출이나 시장점유율을 증가시키는 가격설정목표를 달성하는데 도움이 될 수 있다. 경쟁기반 가격설정은 빈번한 가격조정을 필요로 할 수 있다. 예를 들면, 경쟁이 심한 항공구간에서 요금은 종종 조정된다.

12.5 가격전략의 선택

가격결정의 기반을 선택한 후의 다음 단계는 가격 및 마케팅목표를 달성하기 위하여 입안된 방식 또는 행동진로인 가격결정전략의 선택이다. 일반적으로, 가격전략은 마케터가 가격을 확정하는 실제적 문제를 해결하는 데 도움이 된다. <표 12.2>은 이 섹션에서 논의할 가장 일반적인 가격전략을 제시한다.

1 차별적 가격설정

가격설정의 중요한 이슈는 같은 제품에 대하여 단일가격 또는 다른 가격들을 사용할 것인가이다. 단일가격을 사용하는 것은 여러 이점이 있다. 주요한 이점은 단순성이다. 단일가격은 종업원과 고객 모두가 이해하기 쉽고, 많은 판매원 및 고객이 가격을 협상해야 하는 것을 좋아하지 않기 때문에 마케터와 고객 간의 적대적 관계가 전개될 가능성을 줄여준다. 그러나 단일가격의 사용은 약간의 어려운 점을 야기한다. 단일가격이 너무 높으면, 일부 잠재적 고객들은 그 제품을 구매할 수 없을 것이다. 가격이 너무 낮으면, 가격이 더 높았다면 더 지불하였을 고객으로부터의 수입을 기업이 잃을 수 있다.

기업가 마케팅

TerraCycle은 쓰레기를 현금으로 바꾼다

2001년에, 두 명의 Princeton 대학생이 지렁이똥으로 만든 유기식품을 판매하는 TerraCycle을 창업하였다. 이 회사의 최근 제품라인은 재활용쓰레기로 만든 손가방, 우산 그리고 샤워커텐을 포함한다.

TerraCycle의 원자재는 수 천개의 지방 단체들에서 조달된다. 재활용 프로그램을 실행하는 이 단체들은 Stonyfield Farm 및 Coca-Cola와 같은 후원자들로부터 우편요금이 지불된 수거백을 받는다. 이 프로그램을 통해서 사용된 용기 꾸러미들이 TerraCycle에 보내진다. 제품은 쓰레기로 만들어지며, 원자재 가격은 올라가지 않는다. 그 결과, TerraCycle은 자사의 제품에 대하여 매우 경쟁적 가격을 설정할 수 있으며 환경을 도우면서 이윤을 구축할 수 있다. 재활용 단체들을 확대하고, 신제품을 고안하고, 그리고 보다 많은 쓰레기를 현금화하는 데 속도를 냄에 따라, 연간 매출이 1,500만 달러를 넘고 있다.

차별적 가격설정(**differential pricing**)은 같은 품질 및 양의 제품에 대하여 다른 구매자들에게 다른 가격을 부과하는 것을 의미한다. 차별적 가격이 효과적이기 위해서는, 시장은 가격민감성이 다른 여러 세분시장으로 구성되어야 하며, 이 방식은 고객에게 혼동을 주거나 적대감을 주지 않게 사용되어야 한다. 더 낮은 가격을 지불하는 고객은, 판매자의 의도가 아닌 한 그 제품을 더 높은 가격을 지불하는 사람들이나 조직에게 재판매할 수 없어야 한다. 차별적 가격결정은 여러 방식으로 이루어질 수 있으며, 협상가격결정, 부차적(sccondary) 시장 할인, 주기적 할인, 그리고 무작위 할인이 있다.

(1) 협상 가격설정

협상 가격설정(**negotiated pricing**)은 최종가격이 판매자와 구매자 간의 협상을 통하여 확정될 때 이루어진다. 예를 들면, 당신이 집을 산다면 당신은 판매자와 최종가격을 협상하려고 할 것이다. 협상가격은 여러 산업에서 그리고 모든 유통 수준에서 이루어진다. 경제적 하락기에서는 협상가격이 더 많이 사용된다. 이미 결정된 정가 또는 가격표가 있을 때에도, 제조업자, 도매업자, 그리고 소매업자는 여전히 최종 판매가격을 협상할 수 있다. 소비자들은 보통 주택, 자동차, 그리고 중고설비에 대하여 협상을 한다.

(2) 부차적 시장 가격설정

부차적 시장 가격설정(**secondary-market pricing**)은 주표적시장에 대하여 하나의 가격을 설정하고 다른 시장에 대하여는 다른 가격을 설정하는 것을 의미한다. 종종 부차적 시장에 부과되는 가격은 더 낮다. 그러나 부차적시장에 응대하는 비용이 정상적인 시장보다 더 높은 경우에는 부차적 시장의 고객은 더 높은 가격을 지불할 수 있다. 부차적 시장의 예에는 지리적으로 고립된 국내시장, 외국의 시장, 그리고 비수기에 제품을 구매하고자 하는 세분시장이 있다. 예를 들면, 일부 레스토랑들은 이른 저녁 시간에 일찍 오는 사람들을 위한 특별 가격을 제공하며, 영화관은 노인들에게 할인을 하여주며, 일부 교과서들 및 제약제품들은 외국에서 미국보다 상당히 싼 가격으로 팔린다. 부차적 시장은 조직

표 12.2 일반적 가격설정 전략

차별적 가격설정	심리적 가격설정
협상 가격	준거 가격
부차적 시장 가격	묶음 가격
주기적 할인	다수량 가격
무작위 할인	상시 최저가
신제품 가격설정	단수 가격
초기고 가격	관습 가격
침투 가격	명성 가격
제품라인 가격설정	**촉진 가격설정**
부속적 가격	가격 선도자
프리미엄 가격	특별행사 가격
유인 가격	비교 가격
가격 계열화	**전문가 가격설정**

에게 과다한 시설을 활용하고 자원할당을 안정화시킬 기회를 제공한다.

(3) 주기적 가격할인

주기적 가격할인(periodic discounting)은 반복적으로 또는 정기적으로 행해지는 가격의 일시적 인하이다. 예를 들면, 대부분의 소매상은 매년 휴가철 세일을 갖는다. 자동차 딜러들은 다음 년도의 모델이 출시될 때, 현 모델에 대하여 정기적으로 할인을 한다. 마케터의 관점에서 보면 주기적 할인의 주요 문제는 할인이 패턴을 보임에 따라 고객이 언제 할인이 있을 것인가를 예측하여 더 낮은 가격을 활용하기 위하여 구매를 미룰 수 있다는 것이다.

(4) 무작위 가격할인

고객이 언제 할인이 있을 것인지를 아는 것의 문제를 완화하기 위하여, 일부 조직들은 **무작위 가격할인**(random discounting), 즉 비체계적으로 가격을 일시적으로 할인한다. 제품의 가격인하가 무작위적으로 이루어질 때, 그 브랜드의 현 사용자는 언제 인하가 있을 것인지를 예측할 수 없어 구매를 미루지 않을 것이다. 그러나 자동차산업에서는, 세일, 리베이트, 그리고 무이자 융자에의 의존도가 높아지기 때문에, 무작위 할인은 거의 지속적 할인이 되어가고 있으며, 어떤 분석가는 자동차제조업자들이 소비자가 기대하게 된 관대한 인센티브를 중단하기가 점점 어려워질 것이라고 경고하였다. 마케터는 또한 새로운 고객을 끌어들이기 위하여 무작위 할인을 사용한다.

JEFF GREENBERG/PHOTOEDIT

무작위 가격할인

소매상은 점포로 고객을 유인하기 위해서 무작위 가격할인을 사용한다. 고객은 언제 할인이 되는지를 예측할 수 없다.

주기적 할인 또는 무작위할인이 사용되는 것과 관계없이, 소매업자는 종종 제품을 세일할 때 팽창 가격(tensile pricing)을 사용한다. 팽창 가격은 세부적인 특정 가격인하와 대조적으로 가격인하에 대한 폭넓은 기술을 말한다. 팽창 가격의 예는 "20%에서 50% 인하", "75%까지 인하", 그리고 "10% 이상 인하"과 같은 기술이다. 일반적으로, 최대인하(50%까지 인하)만을 언급하는 팽창 가격을 사용하고 광고하는 것이 가장 높은 고객반응을 창출한다.[8]

2 신제품 가격설정

신제품의 기준 가격(base price)을 설정하는 것은 마케팅전략을 형성하는 데 필요한 부분이다. 기준가격은 쉽게 조정되며(정부의 가격통제가 없는 경우), 기준가격의 확정은 마케팅믹스에서 가장 중요한 결정 중의 하나이다. 마케터가 기준가격을 설정할 때, 경쟁자들이 얼마나 빨리 시장에 진입할 것인지, 진입시 강력한 캠페인을 펼칠 것인지, 그리고 그들의 진입이 본원적 수요의 개발에 어떠한 영향을 미칠 것인지도 고려해야 한다. 신제품 가격결정에 사용되는 두 가지 전략은 초기고가격 및 침투 가격이다.

(1) 초기고가격

초기고가격(price skimming)은 그 제품을 가장 원하는 사람이 지불하고자 하는 가능한 가장 높은 가격을 책정하는 것이다. 예를 들면, Apple iPhone은 AT&T를 통하여 8기가 바이트 메모리의 스마트폰의 초기 가격이 AT&T의 다음으로 비싼 전화기보다 200달러가 더 비싼 599달러로 출시되었다. 이러한 방식은 가장 유연한 초기 기준 가격을 제공한다. 초기고가격은 특히 제품이 수명주기에서 도입기일 때 여러 이점을 줄 수 있다. 초기고가격 정책은 상당히 큰 개발 비용을 상쇄하기 위한 초기의 매우 필요한 현금 유입을 창출할 수 있다. 새로운 약을 출시할 때, Merck 및 Pfizer와 같은 대부분의 제약업체들은 대규모의 연구개발비용을 부담하고 다른 약에 대한 연구개발에 자금을 지원하는 데 도움을 주기 위하여 종종 초기고가격을 사용한다. 초기고가격은 가격이 너무 낮아서 비용을 회수할 수 없는 경우에 발생하는 문제로부터 마케터를 보호한다. 기업이 제품을 출시할 때, 생산능력은 아마도 제한될 수 있다. 초기고가격은 기업의 생산능력과 수요를 일치시키는 데 도움이 될 수 있다. 초기고가격의 사용은 고가격이 이 사업형태가 매우 수익성이 있게 보이도록 하기 때문에 경쟁자를 산업으로 끌어들일 수 있다.

(2) 침투 가격

침투 가격(penetration price)에서는 시장을 파고 들어서 상당한 시장점유율을 빨리 획득할 수 있도록 가격은 경쟁브랜드보다 낮게 설정된다. 이 방식은 초기고가격을 낮추거나 즉 인하하는 것보다 침투 가격을 올리는 것이 더 어렵기 때문에 초기고가격보다 더 탄력적이다. 기업은 보다 높은 가격으로 시장의 상층부를 흡수한 후 침투가격을 사용하는 것이 일반적이다.

침투 가격은 경쟁자가 시장에 쉽게 진입할 수 있을 것으로 마케터가 생각할 때 특히 유익하다. 침투 가격은 마케터가 쉽게 대규모의 시장점유율을 획득할 수 있게 하기 때문에 경쟁자는 시장에 진입하는 것을 단념할 수 있다. 추가로, 더 낮은 단위당 침투 가격은 더 낮은 단위당 이윤을 가져오기 때문에, 마케터는 잠재적 신규 진입자에게 특별히 수익성 있는 것으로 보이지 않을 수 있다.

3 제품라인 가격설정

어떤 마케터들은 가격 전략을 세울 때, 제품을 품목별로 고려하는 것이 아니라 제품라인 가격설정을 사용한다. **제품라인 가격설정(product-line pricing)**은 제품라인 내에서 다수의 제품가격을 결정하고 조정하는 것을 의미한다. 마케터가 제품라인 가격설정을 사용했을 때, 목표는 개별 제품의 수익성에 초점을 두는 것이 아니라 전체 제품라인의 이윤을 최대화하는 것이다. 제품라인 가격설정은 마케터에게 가격 설정에서 유연성을 줄 수 있다. 예를 들면, 마케터는 한 제품은 매우 수익성이 있게 하는 반면, 다른 제품은 경쟁제품

IMAGE COURTESY OF THE ADVERTISING ARCHIVES

부속적 가격설정
Gillette 면도기는 저렴하다. 정기적으로 이 면도기를 사용하기 위해서, 고객들은 면도날 카트리지를 교체 구매해야 한다. 면도날 카트리지 교체의 연간비용이 상당히 크다. Gillette는 부속적 가격설정을 사용하고 있다.

보다 더 낮은 가격을 가짐으로써 시장점유율을 높이도록 가격들을 설정할 수 있다. 마케터가 제품라인 가격설정을 사용할 때, 부속적 가격, 프리미엄 가격, 유인 가격, 그리고 가격 계열화를 포함한 여러 선택가능한 전략들을 갖는다.

(1) 부속적 가격설정

부속적 가격설정(captive pricing)에서는, 제품라인의 기준제품의 가격은 낮은 반면에 이 제품을 작동시키거나 개선시키기 위해 요구되는 품목의 가격은 높을 수 있다. Hewlett Packard 및 Canon과 같은 프린터 기업은 비교적 저가의, 저 마진의 프린터를 제공하고 상당한 이윤을 창출할 수 있도록 잉크 카트리지를 판매함으로써 부속적 가격을 사용하여 왔다. 마찬가지로 Sony는 이윤을 창출할 부속품 및 게임을 팔 것을 기대하며, Play-Station 3 비디오 게임 컨솔의 출시 가격을 599달러(원가보다 240달러가 낮은)로 설정하였다.[10]

(2) 프리미엄 가격설정

프리미엄 가격설정(premium pricing)은 한 제품라인이 같은 제품의 여러 버전을 가지고 있을 때 종종 사용된다. 고품질의 제품 또는 용도가 가장 다양한 제품에 가장 높은 가격이 설정된다. 예를 들면, Chevrolet는 가장 빠르고 파워가 가장 좋은 Corvett ZR1의 초기 가격을 10만 달러로 설정하였다. 기업은 수제 620마력의 V8 엔진의 강력한 자동차가 Ferrari의 성능과 경쟁할 수 있기를 기대하였다.[11] 제품라인의 다른 제품은 가격에 민감한 쇼핑객 또는 제품특유의 특징을 찾는 쇼핑객들에게 어필되도록 가격이 설정되었다.

Cable Bites
묶음 가격 설정은 전화, 케이블 TV, 그리고 인터넷 서비스를 포함한 통신 산업에서 흔히 사용된다.

프리미엄 전략을 사용하는 마케터는 종종 이윤의 상당 부분이 프리미엄 가격의 제품으로부터 오는 것을 알게 된다. 보통 프리미엄 가격을 사용하는 제품범주의 예는 소형 부엌기기, 맥주, 아이스크림, 그리고 케이블 TV 서비스이다.

(3) 유인 가격설정

고객을 끌기 위해, 마케터는 제품라인의 보다 높은 가격의 품목을 팔고자 하는 의도로 제품라인의 한 품목에 낮은 가격을 책정할 수 있다. 이 전략은 **유인 가격설정(bait pricing)**으로 알려져 있다. 예를 들면, 컴퓨터 소매상은 고객이 상점에 왔을 때, 보다 높은 가격의 모델을 구매할 것을 바라면서 가장 낮은 가격의 컴퓨터 모델을 광고할 것이다. 이 전략은 제품라인에서 보다 높은 가격의 제품의 판매를 촉진할 수 있다. 소매상이 광고한 낮은 가격의 모델에 대해 충분한 판매물량을 가지고 있다면, 이 전략은 수용가능한 것으로 여겨진다. 그러나 유인 및 전환(bait and switch)은 소매상이 유인상품을 팔 의도는 없고, 더 높은 가격의 제품을 판매하기 위해서 점포로 고객들을 유인하도록 낮은 가격을 책정한다. 유인 및 전환은 비윤리적으로 여겨지며, 어떤 주에서는 또한 불법이다.

(4) 가격 계열화

조직이 제품의 선별적인 그룹이나 라인에 대하여 제한된 수의 가격들을 설정할 때, 조직은 **가격 계열화(price lining)**를 사용하고 있는 것이다. 소매상은 15달러에 팔리는 유사한 품질의 남자 셔츠에 대하여 여러 스타일 및 브랜드들을 가질 수 있으며 또한 22달러에 팔리는 보다 고급품질의 셔츠 라인을 가질 수 있다. 가격 계열화는 제품라인에서 스타일 및 브랜드의 최종 선택에서 한 가지 중요 변수를 일정하게 함으로써 고객의 의사결정을 단순화한다. 가격 계열화의 또 다른 형태는 가입(subscription) 서비스이다. 케이블 또는 위성 TV 가입자는 각기 다른 가격에 다양한 채널 패키지 또는 묶음을 선택한다. 마찬가지로, Netflix와 같은 회원 DVD 대여 서비스의 가입자는 한 번에 빌리기를 원하는 DVD 수에 기초하여 회원 가격을 선택할 수 있다.

가격 계열화의 기본 가정은 제품의 여러 묶음 또는 세트에 대한 수요는 비탄력적이라는 것이다. 가격이 매력적이라면, 고객은 가격이 다소 인상되더라도 개의치 않고 구매에 집중할 것이다. 이와 같이 85달러, 55달러, 그리고 35달러로 가격이 설정된 드레스를 취급하는 여성용 드레스 상점은 가격을, 예를 들면, 각기 83달러, 53달러, 그리고 33달러로 인하해도 보다 많은 매출을 얻지는 못할 것이다. 그러나 85달러와 55달러의 격차는 소비자 반응의 변화를 불러일으킬 수 있다.

4 심리적 가격설정

제품의 가격을 아는 것이 고객들에게 항상 즐거운 경험은 아니다. 이는 때론 놀라움을 주거나(극장내 매점에서), 때론 아주 두려운 것일 수도 있다. 우리들 대부분은 정찰가격에 심적으로 시달려 왔다. **심리적 가격설정(psychological pricing)**은 제품가격을 보다 매력적으로 만들기 위해 고객의 가격 지각에 영향을 미치고자 한다. 이 섹션에서, 심리적 가격의 여러 가지 형태를 고려할 것이다: 준거가격(reference pricing), 묶음 가격(bundle pricing), 다수량 가격(multiple unit pricing), 상시저가(everyday low prices), 단수 가격(odd-even pricing), 관습 가격(customary pricing), 그리고 명성 가격(prestige pricing).

(1) 준거 가격설정

준거 가격설정(reference pricing)은 제품에 중간 수준의 가격을 설정하여, 고객이 비싼 가격을 외적준거가격 (즉 비교 가격)으로 이용할 것이라는 기대로 비싼 모델 또는 브랜드 옆에 진열을 하는 것을 의미한다. 비교때문에, 고객은 중간정도의 가격을 호의적으로 볼 것으로 기대된다. 준거가격은 한 대안이 다른 대안과 비교될 때 보다 대안 단독으로만 고려될 때 덜 매력적으로 보이는 고립효과(isolation effect)에 기초한다. 당신이 DVD 플레이어를 구매하려 Best Buy 상점에 갔을 때 중간정도 가격의 DVD 플레이어는 진열중인 보다 비싼 대안의 중요 속성들을 대부분 가지고 있고 또한 더 낮은 가격이기 때문에 특히 매력적으로 보일 것이다. 중간정도 가격의 유통업체의 사적 브랜드가 보다 비싼 유명 제조업자 브랜드 옆에 놓여있는 것은 드문 일이 아니다.

(2) 묶음 가격설정

묶음 가격설정(bundle pricing)은 둘 이상의 제품을, 보통 보완적 제품들이 단일 가격으로 팔리도록 묶는 것이다. 예를 들면, 간이음식점은 각 품목의 개별적 가격을 합산한 것보다 더 낮은 가격으로 묶음 음식을 제공한다. 대부분의 통신 및 케이블TV 사업자는 월정요금으로 지역 전화 서비스, 광대역 인터넷 서비스, 그리고 디지털케이블 또는 위성TV를 한 묶음으로 제공한다. 고객을 끌기 위해서, 단일 가격은 개별 제품의 가격들을 합한 금액보다 상당히 싸다. 묶음 가격은 고객만족을 촉진하고, 회전이 느린 제품이 회전이 더 빠른 제품과 묶였을 때, 기업이 매출을 자극하고 수입을 늘리는 데 도움을 줄 수 있다. 또한 고객애호도를 촉진하고 고객유지를 높이는데 도움이 될 수 있다. 개별적으로 제품을 파는 것보다 묶음으로 파는 것은 비용을 절감할 수 있다. 묶음 가격은 보통 은행 및 여행 서비스, 컴퓨터, 그리고 여러 옵션 패키지를 가진 자동차에서 사용된다.

그러나 어떤 조직들은 때로 일품 가격(à la carte pricing)으로 불리는 품목별로 가격설정하는 방식을 선호하여 비묶음을 하고 있다. 이 방식은 고객이 자신의 목적에 적합한 믹스가 아닌 묶음을 구매할 필요 없이 그들이 원하는 제품들만을 골라서 선택할 수 있는 기회를 제공한다. 게다가, 인터넷의 도움으로, 비교 쇼핑이 이전보다 더 편리해져서 고객이 품목의 가격을 따져보고 자신의 믹스를 만들 수 있게 하였다. 그럼에도 불구하고 묶음가격은 묶음의 편리성을 선호하는 고객에게는 계속적으로 소구를 한다.

(3) 다수량 가격설정

다수량 가격설정(multiple-unit pricing)은 둘 이상의 동일 제품들을 함께 묶어서 단일 가격으로 팔리는 경우이다. 이 방식은 정상 가격보다 더 싼 단위당 가격을 갖게 된다. 다수량 가격은 보통 2팩의 감자칩, 여섯 팩의 전구, 여섯 및 열두 팩의 청량음료에서 사용된다. 고객은 이 가격전략이 제공하는 비용 절감 및 편리성으로 이득을 본다. 어떤 회사는 고객을 자사의 브랜드로 끌기 위해서, 어떤 경우에는 소비를 증진시키기 위하여 다수량 가격을 사용할 수 있을 것이다. 고객이 다량으로 구매할 때, 제품의 소비는 증가할 수 있을 것이다. 예를 들면, 다수량 가격은 고객이 더 많은 양의 스낵을 구매할 것을 조장하며, 고객은 소비시에 제품이 옆에 있기 때문에 더 많이 소비하게 될 것 같다. 그러나 이는 모든 제품에 해당되는 것은 아니다. 예를 들면, 전구, 비누, 식탁용 소금은 소비시에 더 많다고 해서 사용이 증가되지는 않을 것 같다.

Sam' s Club 및 Costco와 같은 할인점 및 창고형 할인점은 다수량 가격의 주요 이용자들이다. 이들 상점에서 어떤 제품에서는, 8팩 통조림 참치와 같이 다량의 동일제품의 패키지를 구매할 때 상당한 단위당 가격인하를 받는다.

(4) 상시저가

빈번한 단기적 가격인하의 사용을 줄이거나 없애기 위하여, 어떤 조직은 **상시저가(everyday low prices: EDLP)**로 불리는 방식을 사용한다. 상시저가에서, 마케터는 보다 높은 가격을 설정하고 빈번히 인하를 하는 대신에 일관되게 제품의 가격을 낮게 설정한다. 상시저가는 인하폭이 크지는 않지만 고객이 공정한 가격을 받고 있다는 것을 확신시키기 위하여 경쟁자의 가격보다 훨씬 낮게 설정된다. 상시저가는 Walmart와 같은 소매점에 의하여 사용된다. "Always Low Prices, Always"란 문구를 이미 특허등록한 Walmart는 상시저가를 광범위하게 사용하기 때문에 EDLP란 약어를 특허등록하고자 하였다. 그러나,

다른 기업들뿐 아니라 National Grocers Association 및 SUPERVALU 슈퍼마켓체인으로부터의 떠들썩한 반대로 Walmart는 EDLP를 특허등록하지 못하였다.[12] 상시저가를 사용하는 기업은 빈번한 인하로 인한 손실의 감소, 매출의 안정성의 증가, 그리고 촉진 비용의 감소로 인해 이득을 본다.

상시저가의 주요 문제점은 고객이 혼재된 반응을 보인다는 것이다. 지난 수년간, 많은 마케터는 고객을 매우 인하된 가격을 찾고 기대하도록 "훈련(train)"시켜 왔다. 의류와 같은 어떤 제품범주에서는, 가장 큰 할인을 찾는 것이 전국적인 소비자 위안거리가 거의 되었다. 따라서 큰 폭의 할인을 하지 않는 것은 특정 마케터에게 문제가 될 수 있다. 어떤 경우에는 고객은 상시저가를 마케터가 주장하는 그대로 믿는 것이 아니라 대신에 마케팅계략이라고 생각한다.

AP IMAGES/PRNEWSFOTO/ICONIX BRAND GROUP, INC.

상시저가(everyday low prices)
Walmart는 상시저가전략을 사용하는 것으로 유명하다.

(5) 단수 가격설정

가격의 끝자리까지 제시하는 **단수 가격설정(odd-even pricing)**을 통하여 마케터는 구매자의 가격에 대한 또는 제품에 대한 지각에 영향을 미치려고 한다. 단수 가격은 제품이 100달러 보다는 99.95달러에 더 많이 팔릴 것이라고 가정한다. 이론적으로, 고객은 그 제품이 100달러가 아니라 99달러 얼마라서 싸다고 생각하거나, 최소한 친구에게 그렇게 이야기 할 것이다. 물론, 아마도 고객은 그 상점은 100달러에 가격을 설정하였지만 가격을 센트까지 인하하여 99.95달러로 인하하였다고 생각할 수 있을 것이다. 혹자는 또한 어떤 형태의 고객은 짝수보다는 홀수 가격에 더 끌릴 수 있다고 주장한다. 연구는 여자는 남자보다 홀수로 끝나는 가격에 반응을 보일 가능성이 더 있다는 것을 나타낸다.[13] 그럼에도 불구하고, 홀수가격은 오늘날 짝수가격보다 훨씬 더 일반적이다.

짝수 가격은 제품에 배타적 또는 고급 이미지를 주기 위하여 종종 사용된다. 짝수 가격은 아마도 고객이 그 제품을 고품질의 프리미엄 상표로 인식하는 데 영향을 미칠 것이다. 예를 들면, 셔츠 제조업자는 프리미엄 셔츠 패키지에 권장 소비자가격을 41.95달러 대신에 42.00달러로 적을 수 있다. 이 셔츠의 짝수 가격은 고급 이미지를 고양시키는 데 사용된다.

(6) 관습 가격설정

관습 가격설정(customary pricing)에서 어떤 제품은 주로 전통에 의하여 가격이 설정된다. 최근의 경제적 불확실성으로 대부분의 가격들이 크게 변동하였지만, 관습적 또는 전통적 가격의 고전적 예는

AP IMAGES/PRNEWSFOTO/DOONEY & BOURKE

명성 가격설정
기업은 프리미엄의 고품질 제품을 지원하고 커뮤니케이션하기 위해서 명성 가격설정을 채택한다.

캔디바의 가격이다. 수년간, 캔디바의 가격은 5센트이다. 새로운 캔디바는 5센트 이상으로 팔리기 위해서는 매우 특별한 어떤 것이 되어야 한다. 이 가격은 성스러워서 초코렛 가격이 변동함에 따라 제조업자는 가격을 변경하기 보다 캔디바 자체의 크기를 늘리거나 줄였다. 물론 오늘날 5센트 캔디바는 사라졌다. 그러나 대부분의 캔디바는 여전히 한결같은 가격으로 그러나 분명히 이전보다 높은 가격으로 팔린다. 이와 같이 관습 가격은 이 시장에서는 여전히 표준이다.

(7) 명성 가격설정

명성 가격설정(prestige pricing)에서는, 가격은 명성 또는 품질 이미지를 전달하기 위하여 인위적으로 높은 수준에서 설정된다. 명성 가격은 특히 구매자가 보다 높은 가격을 보다 높은 품질과 연관시킬 때 사용된다. 약사들은 어떤 고객들은 처방약이 가격이 꽤 높지 않다고 불평한다는 것을 보고한다. 분명히, 어떤 소비자들은 약의 가격을 효능과 연관시킨다. 연구는 많은 소비자들이 더 비싼 제품이 싼 제품보다 더 잘 듣는다고 생각하는 것을 보여주고 있다.[14]

명성 가격을 설정하는 전형적 제품범주에는 향수, 술, 보석, 그리고 자동차가 있다. 전통적으로 가정용 기구는 명성 가격이 설정되지 않았지만, 고급기구는 최근에 고품질의 제품으로 바꾸려는 어떤 소비자 세분시장의 의도를 활용하는 것 같이 보인다. 이들 소비자는 Sub-Zero 냉장고, Viking 업소용 레인지, 또는 Whirlpool Duet 세탁기가 위신뿐 아니라 고품질을 제공하기 때문에 추가적으로 돈을 더 지출하는 것에 대해 개의치 않는다. 명성 가격을 사용하는 제조업자가 가격을 획기적으로 내린다면, 새로운 가격은 제품의 지각된 고품질 이미지와 일치하지 않을 것이다. 골프클럽에서 핸드백까지, 명성제품은 기록적인 수준으로 팔리고 있다. <표 12.3>에서 Smart Money가 최고라고 선정한 여러 명성제품을 고려해 보라. 예를 들면, 애완동물에 쓰는 비용은 연간 360억 달러로 증가하여, 어떤 가정들이 자녀들에게 지출하는 비용과 비슷하다. 어떤 소비자들은 1,000달러나 되는 돈을 좋은 성격, 지능, 그리고 작은 크기 때문에 비글-퍼그(Beagle-Pug) 교배종인 "Puggle"과 같은 교배종 강아지에게 지출할 의도가 있다.

5 전문가 가격설정

전문가 가격설정(professional pricing)은 특정 분야에서 뛰어난 기술이나 경험을 가지고 있는 사람들에 의하여 사용된다. 전문가들은 종종 그들의 요금(가격)이 특정 업무에 쓰여진 시간 및 노력에 직접적으로 연관되지 않는다고 생각한다. 오히려, 기준 요금은 업무를 수행하는 데 관련된 문제들과 관계없이 부과된다. 어떤 의사 및 변호사 요금은 주된 예이다: 검진에 75달러, 맹장수술에 1,500달러, 이혼에 대하여 399달러. 다른 전문가들은 다른 방식으로 가격을 설정한다. 다른 마케터와 같이, 전문가들도 시설, 노동, 보험, 설비, 그리고 소모품과 관련된 비용을 갖는다.

전문가 가격의 개념은 전문가들이 고객에게 요금을 과다청구하지 않을 윤리적 책임을 가지고 있다는 개념을 수반한다. 어떤 경우에 판매자는 고객에게 고가격을 책정하여 많은 수량을 지속적으로 판다. 당뇨병환자는 생존하기 위하여 매일 인슐린 치료약이 필요하기 때문에, 가격이 1달러이든 10달러이든 구매를 할 것이다. 사실상, 환자는 가격이 높을지라도 그 치료약을 구매할 것이다. 이런 경우, 판매자는 고요금을 청구하는 경우가 있을 수 있다.

6 촉진가격설정

마케팅믹스의 주요 요소로 가격은 종종 촉진과 통합된다. 이 두 변수는 때때로 통합되어서 가격정책이 촉진지향적이 된다. 촉진가격의 형태에는 가격선도자(price leaders), 특별행사 가격(special-event pricing), 그리고 비교 가격(comparison discounting)이 있다.

(1) 가격선도자

때때로 기업은 몇몇 제품에 대하여, 통상적인 가산이익률 아래로, 원가와 비슷하게, 또는 원가미만으로 가격을 설정하는데, 이는 **가격선도자(price leaders)**로 알려진 가격을 가져온다. 이러한 형태의 가격은 소수 품목에 대하여 고객을 끌기 위해서 슈퍼마켓 및 레스토랑에서 매우 자주 사용된다. 관리자는 정가의 제품의 매출이 가격선도제품의 감소된 수입을 상쇄하고도 남을 것으로 기대한다.

(2) 특별행사 가격설정

판매수량을 늘리기 위해, 많은 조직들은 특정 계절의 또는 특별 상황에 가격과 광고 또는 판매촉진을 통합

전환 중인 마케팅

가격전략들을 혼합하는 것이 고객들을 혼합시킬 수 있는가?

고객은 상시저가를 선택할 것인가? 많은 형태의 소매상들은–특히 슈퍼마켓– 오늘날의 도전적인 경제적 경쟁적 환경에서 가격을 계획할 때 이런 질문과 씨름한다.

식료품체인은 종종 고객을 끌기 위하여 한정된 기간의 세일로 촉진가격을 사용한다. 그러나 Shop & Shop and Giant 식료품 체인의 마케팅 부회장에 의하면, 이러한 가격의 상승과 하락은 슈퍼마켓이 성공적으로 상시저가를 실행하는 능력을 제한할 수 있다. 슈퍼마켓에서 수년간 행하여진 여러 가격 캠페인에 기초하여, 소비자들은 실제로 슈퍼마켓의 가격주장에 대하여 매우 낮은 신뢰성을 갖는다고 그는 이야기한다.

HEMERA/THINKSTOCK

그 결과, 일부 제품에 내하여 싱시저가와 매우 눈에 띄는 촉진가격을 결합하는 슈퍼마켓의 수가 늘어나고 있다. 예를 들면, Stop & Shop은 여러 부분에서 가격을 낮춤으로써 상시저가로 전환을 시작하였고, 고객이 새로운 가격에 주의를 기울이도록 광고 및 매장내 간판을 사용하였다. 또한 주간 판매 특별가격을 계속 시행하였고 여러 계절품, 농산물, 식품, 그리고 가정용품에 대하여 일시적으로 가격을 인하하였다.

SUPERVALU는 Shaw's and Acme 식료품 체인의 특정 부분에서 상시저가를 채택하고 있다. 최고경영자는 슈퍼마켓이 특정 범주에서 소비자를 품목이 세일할 때만 구매하도록 훈련시켰다는 것을 목격한다. 그러므로, SUPERVALU는 그 범주에서 빈번히 세일을 하는 슈퍼마켓 경쟁자들과 경쟁하기 위하여, 촉진가격에 의존하는 대신에 상시저가를 도입함으로써 이득을 볼 것을 기대한다. 아직도 Stop & Shop와 같이 SUPERVALU는 가치에 굶주린 쇼핑객들은 항상 절약을 찾고 있다는 것을 알기에, 주간 특별 판매가격을 없애지 못하고 있다.

표 12.3 명성제품 가격의 예

우편주문 소고기	Niman Ranch Grass-Fed Prime Filet	파운드 당 $63
자동차	렉서스 LFA	$375,000
겨울 모험여행	Lake Placid Lodge의 Owl's Head Cabin	커플당 $4,480
샴페인	House of Salon's Salon Le Mesnil 1996	$350

자료원: Kristen Bellstrom, "The Best of Everything," *Smart Money*, November 13, 2007, http://www.smartmoney.com.

한다. **특별행사 가격설정**(special-event pricing)은 휴일, 시즌, 또는 행사와 연계된 광고된 세일 또는 가격인하와 연관된다. 가격목표가 생존이라면, 특별 세일 행사는 필요한 운영자금을 창출하도록 고안될 수 있다. 특별행사 가격결정은 생산, 일정, 보관, 그리고 물적 유통을 포함한다. 매출이 침체될 때, 특별행사 가격은 마케터가 고려해야 하는 하나의 대안이다.

(3) 비교 할인

비교 할인(comparison discounting)은 제품의 가격을 특정 수준으로 설정하면서 동시에 더 높은 가격과 비교한다. 그러한 높은 가격은 제품의 이전 가격, 경쟁브랜드의 가격, 다른 소매점포에서의 그 제품의 가격, 또는 제조업자의 권장소매가격일 수 있다. 고객은 할인 비교가 유익한다는 것을 알게 될 것이며 할인 비교는 구매에 상당한 영향을 줄 수 있다.

이 가격전략은 때로 기만적 가격 관행을 가져오기 때문에, Federal Trade Commission은 비교 할인에 대한 지침을 확정하였다. 비교가 이루어지는 고가격이 제품의 이전 가격이라면, 판매자는 고객에게 상당기간 동안 이전 가격을 제시한 것이 틀림없다. 고가격이 같은 업계에서 다른 소매업자가 부과한 가격이라면, 판매자는 이러한 주장이 사실이라는 것을 증명할 수 있어야 한다. 판매자가 고가격으로 제조업자 권장소매가격을 사용한다면, 고가격은 상당비율의 제품이 판매되는 가격과 유사해야 한다. 어떤 제조업자의 권장소매가격은 너무 높아서 매우 적은 제품이 이 가격에서 실제적으로 팔린다. 이러한 경우, 비교 가격은 기만적이 될 수 있다.

12.6 특정 가격의 결정

가격전략은 특정 가격을 산출한다. 그러나 이 가격은 특정 시장 또는 산업의 가격관행뿐 아니라 상황과 일관성이 있도록 수정할 필요가 있을 것이다.

정부의 가격통제가 없는 경우, 가격은 마케팅믹스를 조정하는 데 유연하고 편리한 수단이다. 많은 상황에서, 가격은 쉽게 몇 분, 또는 며칠내에 조정될 수 있다. 그러한 유연성은 이 마케팅믹스 요소의 독특한 특징이다.

최종가격을 설정하기 위하여 마케터는 가격목표를 설정하고, 표적시장의 고객에 대한 상당한 지식을 가지고, 수요, 가격탄력성, 비용, 그리고 경쟁적 요인을 파악하는 것이 중요하다.

이 장의 복습

1 가격을 확정하는 데 사용되는 과정의 주요 여섯 단계를 이해한다

가격설정 과정의 여섯 단계는 (1) 가격목표를 개발하고, (2) 가격에 대한 표적 시장의 평가를 파악하고, (3) 경쟁자의 가격을 평가하고, (4) 가격 설정의 기반을 선택하고, (5) 가격전략을 선택하고, (6) 특정 가격을 확정하는 것이다.

2 가격목표를 개발하는 것과 관련된 이슈들을 알아본다

가격목표의 설정은 가격목표가 다음 단계들의 결정에 대한 기반을 형성하기 때문에 중요하다. 조직은 단기 및 장기 목표들, 그리고 다른 제품 및 세분시장에 대하여 다른 목표들을 포함하여 다양한 가격목표를 설정할 수 있다. 가격목표는 기업의 장기계획에서 가격의 역할을 기술하는 전반적 목표이다. 여러 주요 형태의 가격목표가 있다. 가장 근본적인 가격목표는 생존이다. 가격은 조직이 생존하는 것을 돕도록, 판매량을 증가시키거나 경쟁자와 싸우기 위해 쉽게 변경될 수 있다. 이윤목표는 보통은 금액 또는 퍼센트 변화에 의하여 기술되며, 이윤극대화를 위한 수준보다는 만족스러운 수준에서 보통 설정된다. 매출증가 목표는 판매량을 증가시킴으로써 이윤기반을 늘리는 데 초점을 둔다. 투자수익률을 위한 가격은 특정 이윤을 목표로 갖는 것이다. 시장점유율을 유지하거나 증가시키는 가격목표는 시장 지위가 성공과 연결되어 있다는 것을 시사한다. 다른 형태의 가격목표로는 현금유입, 현상유지, 그리고 제품품질이 있다.

3 가격에 대한 표적 시장의 평가를 조사하는 것의 중요성을 이해한다

가격에 대한 표적시장의 평가를 조사함으로써, 마케터는 전반적 마케팅전략에서 가격에 얼마만한 강조를 할지를 알게 되며, 마케터가 경쟁자보다 얼마나 더 높게 가격을 설정할 수 있는지를 결정하는 데 도움을 줄 수 있다. 어떤 제품의 품질에 대한 소비자의 기대뿐 아니라, 다른 제품에 비해서 그 제품이 소비자에게 얼마나 중요한지를 이해하는 것은 마케터가 가격에 대한 표적시장의 평가를 올바르게 이해하는 데 도움을 준다.

4 마케터가 어떻게 경쟁적 가격을 분석하는지를 이해한다

마케터는 경쟁브랜드의 가격을 알 필요가 있다. 이는 비가격 경쟁이 사용될 때 경쟁자의 가격과 일치하게 기업이 가격을 유지할 수 있게 한다. 기업이 가격을 경쟁적 수단으로 사용한다면 가격을 경쟁브랜드보다 낮게 설정할 수 있다.

5 가격설정에 사용되는 기반을 숙지한다

가격이 기초로 하는 3가지 차원은 원가, 수요, 그리고 경쟁이다. 기업이 원가기반 가격을 사용했을 때, 기업은 일정의 금액 또는 퍼센트를 원가에 더함으로써 가격을 결정한다. 다른 두 일반적인 원가기반 가격결정은 원가가산 가격결정 및 가산이익률 가격결정이다. 수요기반 가격결정은 제품에 대한 수요에 기초한다. 이 방식을 사용하기 위해서, 마케터는 소비자가 여러 다른 가격에서 제품 수요의 양을 추정할 수 있어야 한다. 수요기반 가격결정은 제품의 수요가 강할 때 더 높은 가격을, 수요가 약할 때 더 낮은 가격을 가져온다. 경쟁기반 가격결정에서는, 원가와 수입은 경쟁자의 가격에 비해 부차적으로 여겨진다.

6 가격전략의 여러 형태를 설명한다

가격전략은 가격설정 및 마케팅목표를 달성하기 위하여 입안된 방식 또는 행동진로인 가격결정전략의 선택이다. 주요가격전략은 차별적 가격결정, 신제품 가격결정, 제품라인 가격결정, 심리적 가격결정, 전문가 가격결정, 그리고 촉진 가격결정이다. 협상가격, 부차적 시장 가격할인, 주기적 가격할인, 그리고 무작위 가격할인이 차별적 가격의 예이다. 신제품 가격결정에 사용되는 두 가지 전략은 초기고가격 및 침투 가격이다. 초기고가격은 그 제품을 가장 원하는 사람이 지불하고자 하는 가능한 가장 높은 가격을 책정하는 것이다. 침투 가격은 시장에 침투하고 상당한 시장점유율을 빨리 획득할 수 있도록 낮게 설정된 가격이다. 제품라인 가격결정은 제품라인 내에서 다수의 제품 가격을 확정하고 조정하는 것을 의미한다. 이 전략 범주에는 부속적 가격, 프리미엄 가격, 유인 가격, 그리고 가격계열화가 있다. 심리적 가격은 제품가격을 보다 매력적으로 만들기 위해 고객의 가격 지각에 영향을 미치고자 한다. 심리적 가격전략은 준거가격, 묶음가격, 다수량가격, 상시저가, 단수 가격, 관습 가격, 그리고 명성 가격을 포함한다. 전문가 가격은 특정 분야에서 뛰어난 기술이나 경험을 가지고 있는 사람들에 의하여 사용되며, 따라서 그들이 가격을 설정하게 한다. 이 개념은 전문가들이 고객에게 요금을 과다청구하지 않을 윤리적 책임을 가지고 있다는 생각을 수반한다. 마케팅믹스의 주요 요소로 가격은 종종 촉진과 통합된다. 이 두 변수는 때때로 통합되어서 가격정책이 촉진지향적이 된다. 촉진가격의 형태에는 가격선도, 특별행사 가격, 그리고 비교 가격이 있다. 가격선도는 통상적인 가산이익률 아래로, 원가와 비슷하게, 또는 원가 미만으로 가격이 설정되는 제품이다. 특별행사 가격은 휴일, 시즌, 또는 행사와 연결된 광고된 세일 또는 가격인하와 연관된다. 비교 가격은 제품의 가격을 특정 수준으로 설정하면서 동시에 더 높은 가격과 비교한다.

7 최종적인 특정 가격이 어떻게 결정되는지를 이해한다

가격이 하나 또는 그 이상의 가격전략을 사용하여 결정된다면, 가격은 특정 시장 또는 산업의 가격관행과 일치되도록 수정될 필요가 있다. 가격전략을 사용하는 것은 최종 가격을 설정하는데 도움이 된다. 마케팅믹스에서 가격이 사용되는 방식은 최종 가격에 영향을 미친다. 가격은 변경이 쉽기 때문에 마케팅믹스를 조정하기에 편리한 수단이다.

주요 개념

가격설정 목표(pricing objectives): 기업이 가격을 통하여 달성하기를 원하는 목표

원가기반 가격설정(cost-based pricing): 일정의 금액 또는 퍼센트를 제품의 원가에 더하는 것

원가가산 가격설정(cost-plus pricing): 일정의 금액 또는 퍼센트를 판매자의 원가에 더하는 것

가산이익률 가격설정(markup pricing): 원가의 미리 결정된 퍼센트를 원가에 더하는 것

수요기반 가격설정(demand-based pricing): 제품의 수요수준에 기초하여 가격을 결정하는 것

경쟁기반 가격설정(competition-based pricing): 주로 경쟁자의 가격에 의해 영향을 받아 가격을 결정하는 것

차별적 가격설정(differential pricing): 같은 품질 및 수량의 제품에 대하여 다른 구매자들에게 다른 가격을 부과하는 것

협상 가격설정(negotiated pricing): 협상을 통하여 최종가격을 결정하는 것

부차적 시장 가격설정(secondary-market pricing): 주 표적시장에 하나의 가격을 설정하고, 다른 시장에 대해서는 다른 가격을 설정하는 것

주기적 가격할인(periodic discounting): 반복적으로 또는 정기적으로 행해지는 가격의 일시적 할인

무작위 가격할인(random discounting): 비체계적으로 행해지는 가격의 일시적 할인

초기고가격(price skimming): 제품을 가장 원하는 사람이 지불하고자 하는 가능한 가장 높은 가격을 책정하는 것

침투 가격설정(penetration pricing): 시장을 파고 들어가서 상당한 시장점유율을 빨리 획득할 수 있도록 경쟁브랜드보다 낮게 가격을 설정하는 것

제품라인 가격설정(product-line pricing): 제품라인 내 다수의 제품 가격을 결정하고 조정하는 것

부속적 가격설정(captive pricing): 제품라인의 기본제품의 가격은 낮게 결정하는 반면 부속된 제품의 가격은 더 높은 수준에서 설정하는 것

프리미엄 가격설정(premium pricing): 제품라인 내 다른 제품에 비해 고품질 또는 다용도가 가장 높은 제품의 가격을 더욱 높게 결정하는 것

유인 가격설정(bait pricing): 제품라인 내 보다 높은 가격의 품목을 팔고자하는 의도로 제품라인의 한 품목의 가격을 낮게 책정하는 것

가격 계열화(price lining): 선별된 제품의 집단 또는 라인에 대하여 제한된 수의 가격들을 설정하는 것

심리적 가격설정(psychological pricing): 제품가격을 보다 매력적으로 만들기 위해 고객의 가격 지각에 영향을 미치고자 가격을 설정하는 것

준거 가격설정(reference pricing): 중간 수준으로 제품의 가격을 설정하여, 더 비싼 모델이나 브랜드 옆에 진열하는 것

묶음 가격설정(bundle pricing): 둘 이상의 보완적 제품들을 묶어서 단일 가격으로 판매하는 것

다수량 가격설정(multiple-unit pricing): 둘 이상의 동일 제품을 함께 묶어서 단일 가격으로 판매하는 것

상시저가(everyday low prices: EDLP): 일관되게 제품의 가격을 낮게 설정하는 것

단수 가격설정(odd-even pricing): 가격 또는 제품에 대한 구매자의 지각에 영향을 미치기 위해 가격의 끝자리 수까지 제시하는 것

관습 가격설정(customary pricing): 전통에 따라 가격을 설정하는 것

명성 가격설정(prestige pricing): 명성 또는 품질 이미지를 전달하기 위해 인위적으로 높은 수준에서 가격을 설정하는 것

전문가 가격설정(professional pricing): 특정 분야에서 뛰어난 기술이나 경험을 가지고 있는 사람들에 의해 설정되는 가격

가격선도자(price leaders): 통상적인 가산이익률 아래로, 원가와 비슷하게, 또는 원가 미만으로 결정된 가격

특별행사 가격설정(special-event pricing): 휴일, 시즌, 또는 행사와 연계된 광고된 세일 또는 가격인하

비교 할인(comparison discounting): 제품의 가격을 특정 수준으로 설정하면서 동시에 더 높은 가격의 제품과 비교하는 것

연습문제

1. 가격설정과정의 6단계를 설명하라.
2. 투자수익 가격목표는 시장점유율 확대 목표와 어떻게 다른가?
3. 가격설정을 할 때 마케팅 목표와 가격설정목표는 왜 고려되어야 하는가?
4. 왜 마케터는 경쟁자의 가격을 알고 있어야 하는가?
5. 원가기반 가격설정의 이점은 무엇인가?
6. 어떤 조건에서 원가가산 가격설정이 가장 적절한가?
7. 한 소매업자가 24센트에 수프 한 캔을 구입하여 36센트에 판다. 원가에 대한 비율로 그리고 판매가격에 대한 비율로 가산이익율을 계산하라.

8. 차별적 가격설정은 무엇인가? 이는 어떻게 달성될 수 있는가?
9. 어떤 형태의 제품에 대하여 초기고 가격이 가장 적절한가? 어떤 형태의 제품에 대하여 침투가격이 가장 효과적인가?
10. 묶음가격설정을 설명하고 다른 산업들을 사용하여 세 가지 예를 들라.
11. 상시저가를 사용하는 것의 장점과 단점은 무엇인가?
12. 소비자는 가격과 품질을 연계시키는가? 언제 위신 가격설정이 사용되어야 하는가?
13. 가격선도자는 가격결정을 하는데 현실적인 방법인가? 그렇다면 왜 그렇게 생각하는가?

6 유통결정

ISTOCKPHOTO/THINKSTOCK

제13장
마케팅 경로와
공급사슬관리

제14장
소매, 다이렉트 마케팅
및 도매

소비자를 만족시키는 제품을 개발하는 것이 중요하지만, 성공적인 마케팅 전략을 충분히 보장하지는 않는다. 소비자들이 제품을 원할 때, 가능한 장소에서 적당한 양이 구입가능하여야 한다. 제6부에서는 제품의 유통을 다루고 제품을 이용 가능하도록 도와주는 마케팅 경로와 기관에 대해 다룬다. 제13장은 공급사슬관리, 마케팅 경로와 주문 처리, 자재관리, 창고업, 재고관리, 수송과 같은 제품의 물적 유통과 관련된 결정과 활동에 대해 논의한다. 제14장은 소매와 도매의 유형을 다루는데 여기에는 직접 마케팅과 직접 판매, 전략적 소매 이슈들을 포함한 소매와 도매를 살펴본다.

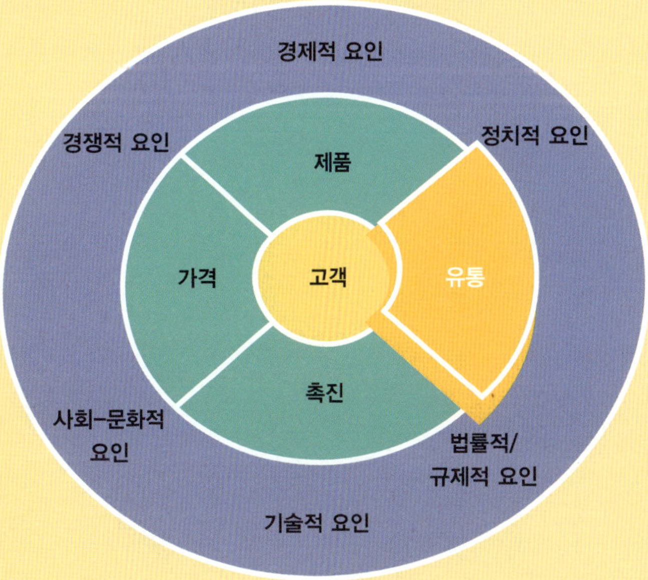

마케팅 경로와 공급사슬관리

CHAPTER 13

JEFF GREENBERG/ALAMY

Blue Bell Creameries의 성장에 발목잡는 유통

Blue Bell Creameries는 1907년 Texas, Brenhem에 설립되어서 버터를 생산하는 Breham Creamery Company로 시작하였다. 1911년까지 이 기업은 매일 두 갤런의 아이스크림의 생산을 위해서 크랭크를 손으로 돌렸으며, 지역 농부들로부터 원료를 구입하고, 말이 끄는 마차를 통하여 주변 지역에 아이스크림을 배달하였다. 이 아이스크림은 이 지역에서 가장 유명하게 되었고, 1930년에 기업은 Texas bluebell wildflower를 따라서 이름을 Blue Bell Creameries로 바꾸었다.

오늘날, Blue Bell은 Texas의 아이콘이 되었고, 66가지 이상의 향을 가진 아이스크림과 250가지의 냉동 스낵을 생산한다. 기업은 17개 주에 제품을 유통하고, 그 제품은 전국적으로 모든 냉동 제품의 대략 20%를 차지한다.

수년간의 확장은 Blue Bell에 새로운 도전을 가져왔다. Alabama, Sylacauga에 위치한 주요 유통 센터에서, 200명의 사람들은 생산 지역에서 저장고로 그리고 소매상들에게 보내거나 유통 센터로 이동시키기 위해 2교대로 일을 하였다. 기업은 더 많은 저장고를 필요로 하였다.

여러 가지 옵션을 고려한 후에, Blue Bell은 Westfalia Technologies의 자동 저장 검색 시스템(ASRS)을 선택하였다. 첫째, Westfalia는 생산 라인과 새로운 ASRS사이에 400피트 거리를 커버하는 팔레트 이동 시스템(pallet-conveying sytem)을 설치하였다. 다음으로, 이 기업은 여분으로 2대의 저장검색기계를 포함하여 7,000개의 팔레트를 저장할 수 있는 9층 높이의 ASRS를 건설하였다. 만약 하나의 기계가 작동하지 않는다면, 두 번째 기계가 그 생산

학습목표

1. 공급사슬관리의 기초를 설명한다
2. 마케팅 경로와 공급사슬의 역할과 중요성을 탐색한다
3. 마케팅 경로의 종류를 확인한다
4. 마케팅 경로 선택의 영향 요인을 이해한다
5. 시장 커버리지의 강도를 확인한다
6. 리더십, 협동, 갈등을 포함한 마케팅 경로에서의 전략적 이슈를 조사한다
7. 공급사슬관리의 일부로서 물적 유통을 조사한다
8. 경로관리에서 법적 이슈를 탐색한다

라인을 떠맡아 절대로 생산이 멈추지 않았다. 그 시스템은 또한 다양한 크기의 팔레트를 처리해서, Blue Bell이 패키지 사이즈를 다양화 할 수 있게 해주었다.

이전에는 Blue Bell이 이러한 작업을 손으로 했기 때문에, 이 시스템은 큰 혁신을 의미한다. Blue Bell의 총괄 관리자는 말했다. "이 시스템은 지게차 운반을 80% 줄여주었다." 또한 생산 손실을 줄여주었고, 엄청난 노동력 절감을 가져왔다. 현재, 기업은 확장을 계속하며 애호적인 소비자가 기대하는 제품의 질을 유지할 수 있다.[1]

Blue Bell Creameries의 이러한 의사결정들은 마케팅믹스의 **유통(distribution)** 요소와 관련되어 있다. 유통은 제품을 소비자들이 원할 때, 이용할 수 있는 장소에서 제품을 이용할 수 있는 것과 관련된 결정과 활동에 초점을 두고 있다. 이용할 유통 경로를 선택하는 것은 마케팅 전략 개발에 있어서 중요한 결정이다.

이 장은 마케팅 경로와 공급사슬관리에 초점을 둔다. 첫째, 공급사슬의 개념과 다양한 활동에 대해서 탐색한다. 둘째, 마케팅 경로와 중간상의 필요성을 상세히 설명하고, 이들이 주로 수행하는 기능을 분석한다. 그 다음에, 마케팅 경로 내에서의 행동 패턴과 경로 통합의 형태를 포함하여, 공급사슬관리를 고려해본다. 다음으로 마케팅 경로 형태를 대략적으로 살펴보고, 어떻게 이것들이 선택되는지 살펴보고, 어떻게 마케터들이 제품에 대한 시장 범위의 적절한 강도를 결정하는지 탐색한다. 또한 물적 유통의 목적과 기본적인 기능을 포함하여 공급사슬 안에서 물적 유통의 역할을 살펴본다. 마지막으로, 경로관리에 영향을 주는 여러 가지 법적 이슈들을 살펴본다.

13.1 공급사슬의 기초

유통의 중요한 기능은 관련된 모든 조직이 원재료부터 최종고객에게 전달되는 제품의 흐름 및 전환과 관련된 모든 활동을 말하는 **공급사슬(supply chain)**을 효과적으로 창출하는 일부가 되도록 하는 결합적 노력이다. 이것은 기업과 고객에게 서비스하고 경쟁적 우위를 창출하기 위해서 "전방부문(예, 도매상, 소매상)"뿐만 아니라, 공급사슬에서의 "후방부문(예: 공급자)"을 구성하는 기업들이 관련되는 전체 유통 시스템으로 이어진다. 역사적으로, 마케팅은 공급사슬의 전방부문의 활동을 선택하는 것에만 초점을 두었지만, 오늘날 마케팅 전문가들은 중요한 시장 우위는 공급사슬에서 중요한 활동을 효과적으로 통합하여 확보될 수 있다는 것을 인정한다. 이러한 활동으로는 운영, 물류, 외부조달, 그리고 마케팅 경로가 포함된다. 이러한 활동을 통합하는 것은 마케팅 관리자로 하여금 운영관리, 물류관리, 그리고 공급관리의 관리자들과 함께 일할 것을 요구한다.[2] **운영관리(operations management)**는 투입자원을 제품으로 변환시키기 위해서 기업이 사용하는 일련의 모든 관리적 활동들이다.[3] **물류관리(logistics management)**는 고객의 필요와 욕구를 충족시키기 위하여 원산지에서부터 소비에 이르기까지 제품과 정보의 효율적이며 효과적인 흐름과 보관을 기획하고, 실행하고, 그리고 통제하는 것과 관련된다. 가장 광범위한 형태인 **공급관리(supply management)**(예: 구매, 조달, 외부조달)는 원재료에서부터 최종 고객까지 그리고 재디자인 및 최종 처분까지의 가치 증진을 가능하게 하는 과정을 말한다.

공급사슬관리(supply-chain management: SCM)는 제품이 적정한 양으로 적절한 장소에, 적당한 시간에 생산되고 유통되도록 운영관리, 물류관리, 공급관리, 그리고 마케팅 경로관리 기능을 통합하는 데 사용되는 일련의 접근방법이다. 이것은 생산, 조사, 판매, 광고, 선적, 그리고 무엇보다 최적 수준의 효율성과 서비스를 할 수 있도록 협력하고 전체 사슬에 걸친 균형을 이해하는 것과 같은 활동을 포함한다. <표 13.1>은 공급사슬관리와 관련된 주요 업무의 개요를 서술한다. 공급사슬은 또한 제품과 서비스를 만들기 위한 원재료와 구성요소의 공급자들, 물류와 운송기업, 커뮤니케이션 기업, 그리고 마케팅 교환에 간접적으로 참여하는 다른 기업들을 포함한다. 따라서 공급사슬은 제품 유통을 수월하게 하고 협동적인 노력으로부터 혜택을 얻는 모든 기관을 포함한다. 새로운 반도체 시설을 건설하기 위해 30억 달러를 지출하고 만약 시스템 실수나 부품 부족으로 인해 조립 라인이 멈춘다면 하루에 100만 달러를 잃게 되는 컴퓨터 칩 생산자인 Intel을 고려해보자. 결과적으로, Intel은 설비 공급자에게 이런 실수 후 15분 이내에 대응할 것을 요구한다.[4] 공급사슬관리 시스템에 대한 세계적인 지출은 250억 달러 이상이다.[5]

기술은 세계적 차원에서 공급사슬관리 능력을 향상시켰다. 특히 정보 기술은 공급사슬의 후방부문에서 재고 필요성을 생산자의 요구에 맞추고, 공급사슬의 전방 부문에서는 고객 욕구를 맞추기 위한 아주 매끄러운 유통 과정을 구축하였다. 체인 구성원들끼리 통합된 정보를 공유해서 비용을 줄일 수 있고, 서비스를 향상시킬 수 있고, 그리고 상승된 가치를 최종 고객에게 제공할수 있다. 실제로, 정보는 공급사슬을 효과적이며 효율적으로 운영하는 데 중요하다.

최근에 혁신적인 제품과 서비스에 대한 수요가 증가함에 따라, 마케터들은 항상 변하는 고객의 욕구를 충족시키기 위하여 신제품 개발과 기존제품을 수정할 수 있는 유연성과 반응성을 증가시켜야 한다. 공급업자들은 공급사슬의 "후방" 부문에서 고객 욕구를 충족시키기 위해 원료와 서비스 투입을 제공한다. 고객들은 공급사슬의 "전방" 부문에서 적합한 제품을 개발하는 데 더욱더 지식 원천이 된다. 이것은 고객들이 언제, 어디서, 어떻게 원하는 제품을 확실하게 얻을 수 있게 해주는 데 전

표 13.1 공급사슬관리의 주요 과제

운영관리	고객의 제품 욕구를 충족시키기 위하여 운영과 파트너십에 대한 조직적이고 시스템 전체에 걸친 조정
공급관리	모든 공급사슬 구성원들을 지원하기 위해서 공급자들로부터 필요한 자원, 제품, 그리고 서비스 조달
물류관리	창고 관리와 재고관리를 포함하여 마케팅 경로를 통해 제품이 최종 소비자에게 이동하도록 설계된 모든 활동
경로관리	판매, 서비스, 장기적인 고객관계 개발과 관련된 모든 활동

BAX GLOBAL INC., IRVINE, CA USA

COURTESY AVERITT EXPRESS

기술이 공급사슬관리를 조성해준다
BAX Global은 산업재 고객을 위한 공급사슬관리를 조성해주는 서비스와 기술을 제공한다.

체 공급사슬이 결정적으로 중요하다는 것을 의미한다.

그러므로 기업은 공급사슬의 전방부문 및 후방부문 기업들의 네트워크간 제휴를 통해서 자신의 공급사슬관리에 관여해야 한다. 후방부문 기업들은 제품을 생산하기 위해 직접 또는 간접적인 투입물을 제공한다. 전방부문 기업은 최종 고객에 대한 제품 배달과 판매 후의 서비스에 대한 책임을 진다. 공급사슬 활동의 전방 및 후방 관리는 공급사슬을 관리하는 것과 연관되어있다.

효과적인 공급사슬관리는 마케팅 지향성과 밀접하게 연관되어있다. 사업의 모든 기능적 영역(마케팅, 관리, 생산, 재무, 정보 시스템)은 고객 지향성과 공급사슬관리를 실행하는 것과 연관이 있다. 이러한 활동들은 운영관리, 물류관리, 그리고 공급관리와 겹친다. 만약 한 기업이 지속적인 소비자 중심적 리더십에 근거해서 마케팅 전략을 수립한다면, 공급사슬관리는 고객 만족을 보장하기 위해서 협동과 전략적 조정에 의해서 추진될 것이다. 관리자들은 공급사슬관리가 소비자 요구를 충족시키는데 필수적이고 모든 사업 영역들간 조정을 요구한다는 것을 인식해야 한다. 마케팅 지향성과 공급사슬관리 간의 논리적 관계는 기업성과를 증가시킬 수 있다.[6]

13.2 공급사슬에서 마케팅 경로의 역할

마케팅 경로(marketing channel)(또한 유통 경로라고 함)는 공급사슬 안에서 생산자들로부터 고객들에게 이르기까지 제품의 흐름을 관장하는 일련의 개인과 조직이다. 마케팅 경로의 주요 역할은—운영관리, 물류관리, 그리고 공급관리와 협력하여—제품을 적절한 시간에 적절한 장소에서

표 13.2 중간상이 수행하는 마케팅 경로 활동

마케팅 활동	표본 활동
마케팅 정보	데이터베이스와 정보 시스템에 있는 판매 자료와 기타 자료의 분석 마케팅 조사의 수행이나 의뢰
마케팅 관리	고객관계의 개발과 조직의 생산성을 위한 전략적이며 전술적인 계획을 수립
교환 조성	소비자의 욕구에 부합하는 제품 구색갖춤 선택 파트너십 개발을 위한 경로 구성원과의 협력
촉진	촉진 목표의 설정 광고, 인적 판매, 판매 촉진, 홍보, 패키징의 조정
가격	가격 정책과 판매 조건의 설정
물적 유통	운송, 창고관리, 자재관리, 재고 관리, 그리고 커뮤니케이션의 관리

적절한 양을 이용가능하게 만드는 것이다. 고객 만족을 제공하는 것은 마케팅 경로 결정의 추진력이 되어야 한다. 따라서 구매자의 필요와 행동은 경로 구성원들에게 있어 주요한 관심의 대상이다.

일부 마케팅 경로는 직접적인데, 이는 제품이 생산자로부터 소비자에게 직접 도달한다는 것을 의미한다. 예를 들어서, 고객이 Omaha Steaks (http://www.omahasteaks.com)로부터 음식을 온라인 주문하면, 제품은 생산자로부터 소비자에게 보내진다. 그러나 대부분의 경로에는 하나 혹은 그 이상의 **마케팅 중간상(marketing intermediaries)**이 존재해서, 이들이 계약 체결이나 제품의 구매와 재판매를 통하여 생산자를 다른 중간상이나 최종 소비자와 연결해 준다. 마케팅 중간상은 <표 13.2>에 설명된 활동들을 수행한다. 또한 이들은 그들의 유통활동을 통해서 뿐만 아니라, 모든 마케팅 경로 구성원들이 효과적인 고객 관리를 유지하는데 도움을 주는 데이터베이스와 정보 시스템을 유지함으로써 고객관계 관리에서 중요한 역할을 한다. 예를 들어서, eBay는 인터넷 판매자와 구매자 사이에서 마케팅 중간상으로서 역할을 한다. eBay는 이러한 교환을 위한 공개토론장(forum)을 제공할 뿐만 아니라, eBay 경로 구성원들 간의 관계를 수월하게 해주고 PayPal 자회사를 통하여 지불 문제를 용이하게 해준다.

도매상과 소매상은 중간상의 예이다. 도매상들은 제품을 구입해서 다른 도매상, 소매상과 산업 소비자들에게 재판매를 한다. 소매상들은 제품을 구입해서 최종 소비자에게 재판매한다. 예를 들어서, 동네 슈퍼마켓은 Tylenol과 Advil을 도매상의 선반에서 구매하는데, 이 도매상들은 McNeil Consumer Labs와 Whitehall-Robins와 같은 생산기업으로부터 처방전이 필요 없는 약 및 처방약과 함께 진통제를 구입한다. 제14장은 마케팅 경로에서 도매상과 소매상의 역할을 자세하게 다룬다.

공급사슬은 고객과 함께 시작하고 고객의 요구를 충족시키기 위하여 경로 구성원들의 협력을 요구한다. 모든 구성원들은 모든 경로 구성원들의 비용을 줄이기 위해서 협력에 집중하여야 하며, 그렇게 해서 수익을 증가시킬 수 있다. 구매자, 판매자, 마케팅 중간상, 그리고 촉진 대행사가 함께 일할 때, 협력적인 관계는 배송, 일정, 패키징, 혹은 다른 요구조건에 대한 소비자의 욕구를 충족시키는 타협과 조정을 하게 한다.

각각의 공급사슬 구성원들은 다른 체인 구성원들로부터 정보를 필요로 한다. 예를 들어서, 공급자들은 생산자들로부터 주문과 예측정보가 필요하다; 그들은 또한 그들의 공급자로부터 이용 가능한 정보를 필요로 한다. 고객관계관리(customer relationship management: CRM) 시스템은 모든 경로 구성원들이 바람직한 고객관계를 개발하고 유지하는 마케팅 전략을 수립하는 데 도움을 주기 위해서 공급사슬 파트너의 정보 시스템으로부터 정보를 활용한다. 따라서 공급사슬 파트너들과의 관계를 관리하는 것은 고객을 만족시키는 데 중요하다. CRM은 인기를 얻고 있으며, Hewlett-Packard 및 Amazon.com과 같은 대기업들은 데이터 마이닝과 CRM 분석적 활용에 대한 실행과 지원에 상당한 비용을 지출한다.

1 마케팅 경로의 중요성

비록 마케팅 경로에 대한 결정이 다른 마케팅 결정들보다 우선할 필요는 없지만, 마케팅 경로는 마케팅믹스의 나머지 변수들(예, 제품, 촉진, 가격)에 강력한 영향을 준다. 경로 결정은 제품의 출시와 구매자의 제품에 대한 접근 가능성을 결정하기 때문에 중요하다. 효과적인 마케팅 경로 운영이 없다면, 심지어 최고의 제품과 서비스조차도 성공할 수 없을 것이다. 소규모 기업들은 Best Buy와 Office Depot과 같은 체인 전문점에서 컴퓨터를 더 구매하려고 해서 이러한 매장을 통해서 유통하지 않는 컴퓨터 기업들은 불리해진다는 것을 고려하라. 실제로, 컴퓨터 산업에서 직접 판매 모델을 개척한 Dell조차도 현재 그들의 컴퓨터를 Best Buy에서 판매하고 있다. Dell에서부터 직접 Dell 시스템을 구매하거나 Best Buy와 같은 소매점에서 구입하는 선택안은 그들이 필요한 것을 그들이 원하는 시간과 장소에서 구매할 수 있으면서 소비자들이 선택할 수 있는 컴퓨터 시스템을 시험적으로 테스트를 할 수도 있다는 것을 의미한다.

마케팅 경로 결정들은 일반적으로 다양한 기업들(예: 공급자, 물류 제공자, 그리고 운영 기업) 사이에 장기적 관여를 필요로 하기 때문에 추가적인 전략적 중요성을 지닌다. 마케팅 경로 보다는 가격이나 홍보 전략을 변경하는 것이 일반적으로 더 용이하다. 또한 마케팅 경로는 효용을 창조하고, 교환 효율성을 촉진하는 것을 포함하여 많은 기능을 담당한다. 비록 이러한 기능들 중의 일부는 단일 경로 구성원에 의해서 수행되지만, 대부분의 기능들은 경로 구성원들의 독자적 및 공동의 노력을 통하여 성취된다.

(1) 마케팅 경로의 효용 창조

마케팅 경로는 네 가지 유형의 효용 즉, 시간, 장소, 소유, 그리고 형태를 창출한다. 시간 효용(time utility)은 소비자들이 그것들을 원할 때 제품을 이용가능 하도록 하는 것이다. 장소 효용(place utility)은 소비자들이 그것들을 구매하기를 희망하는 장소에서 이용할 수 있게 함으로써 창출될 수 있다. 소유 효용(possession utility)은 고객이 사용하거나 미래의 사용을 목적으로 보관하기 위해서 제품에 접근하는 것을 의미한다. 소유 효용은 소유를 하거나 임대나 대여 계약과 같은 제품 사용 권리를 소비자에게 주는 것과 같은 협정을 통해서 발생될 수 있다. 경로 구성원들은 때때로 조립, 준비 또는 개인 고객에게 맞게 제품을 개량해서 형태 효용(form utility)을 창출한다.

(2) 마케팅 경로의 교환 효율성 촉진

마케팅 중간상들은 특정한 서비스나 기능들을 효율적으로 수행함으로써 교환 비용을 줄일 수 있다. 심지어 생산자와 구매자가 같은 도시에 있을지라도, 교환과 관련된 비용이 있다. <그림 13.1>이 보여주듯이, 네 명의 구매자가 네 명의 생산자로부터 제품을 찾을 때, 16번의 거래가 가능하다. 만약 하나의 중간상이 생산자와 구매자 모두에게 도움을 준다면, 거래의 수는 8번으로 줄어든다. 중간상은 교환을 조성하는 전문가이다. 그들은 마케팅 경로의 적절한 활동에 사용되는 중요한 자원에 접근할 수 있고 통제할 수 있기 때문에, 가치 있는 지원을 제공한다.

그럼에도 불구하고, 언론, 소비자, 공무원, 심지어 마케터들까지도 중간상, 특히 도매상들을 비난한다. 비평가들은 도매상들이 비효율적이며, 기생한다고 비난한다. 중간상이 적을수록 가격은 낮아진다는 것을 가정하고, 구매자들은 가능하다면 유통경로를 짧게 하는 것을 원한다.

도매상들을 제거하는 것이 소비자가격을 낮출 수 있다고 제안하는 비평가들은 도매상들이 제공

그림 13.1 중간상이 제공하는 교환 효율성

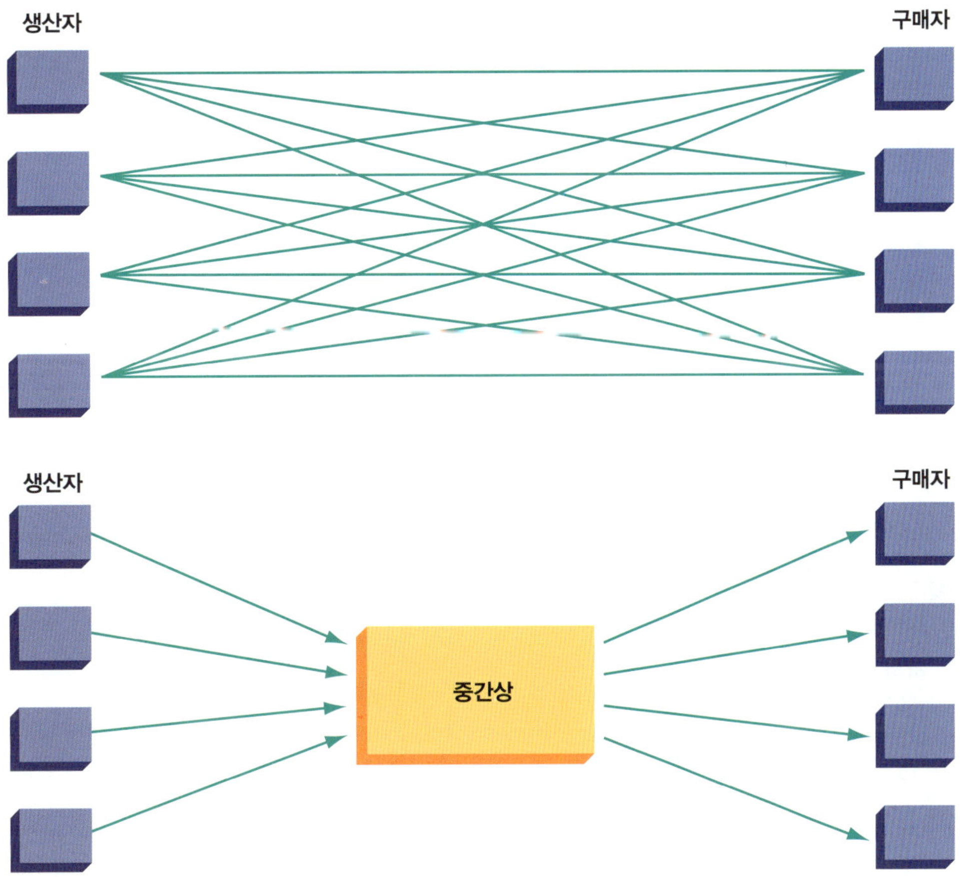

하는 서비스에 대한 필요까지 제거하지는 못한다는 것을 인식하지 못하였다. 즉, 비록 도매상들은 제거 될 수 있을지라도, 그들의 기능들은 제거될 수 없다. 다른 경로 구성원들이 그러한 기능들을 수행하게 되고, 그래서 고객들은 여전히 지불을 하여야 할 것이다. 또한 모든 생산자들은 소매상이나 고객들과 직접 거래해야 하는데, 이것은 모든 생산 기업이 다양한 많은 고객들과 거래하기 위해서는 고객들에 대한 방대한 거래 기록을 유지해야 하고 이들을 상대하기에 충분한 인원의 종업원을 고용해야 한다는 것을 의미한다. 가격은 비효율적인 경로 구성원의 비용을 반영하기 때문에 고객들은 제품에 결국 더 많은 돈을 지불하게 될 것이다.

도매상을 제거하자는 제안은 마케팅 경로의 양쪽 끝(생산자와 소비자)에서부터 나왔기 때문에, 도매상은 진정으로 요구되는 마케팅 활동만을 수행하도록 주의해야 한다. 이들은 생존하기 위해서 다른 마케팅 기관보다 더 효율적이고 더 고객 중심적이어야 한다. 실제로 연구에 의하면, Walmart와 같은 할인점에서 저렴한 도매 가격이 낮은 소매 비용과 결합될 때 더 많은 매출을 올릴 수 있을 것이라고 제안한다.[7]

2 마케팅 경로의 유형

한 제품에 적당한 마케팅 경로가 다른 제품에는 적당하지 않기 때문에, 많은 다른 유통 경로가 개발되어 왔다. 다양한 마케팅 경로들은 일반적으로 소비자 제품을 위한 경로와 산업재 제품을 위한 경로로 구분될 수 있다.

(1) 소비자 제품의 경로

<그림 13.2>는 소비자 제품의 유통에 있어서 사용되는 여러 가지의 경로를 보여준다. 경로 A는 생산자로부터 소비자에게까지 제품의 직접적인 이동을 설명한다. 예를 들어서, 변호사가 제공하는 법률 자문은 경로 A를 통하여 이동한다. Omaha Steaks처럼, 인터넷을 통하여 제품을 판매하는 기업들처럼, 공장에서 최종 소비자에게 직접 제품을 판매하는 생산자는 직접 마케팅 경로를 사용한다. 인터넷을 통한 직접 마케팅은 일부 기업의 유통 전략에서 매우 중요한 부분이 되었는데, 이것은 전통적인 소매점에서 판매되는 제품에 대한 보완수단이 된다. 고객들을 직접 상대하거나 혹은 중간상을 이용하는 전략적인 선택에 직면하면, 기업은 고객을 직접 상대해서 얻는 혜택과 중간상을 이용하는 것과 관련된 거래 비용을 평가해야 한다.

제품이 생산자로부터 소매상과 그리고 고객에게 이동하는 경로 B는 생산자로부터 대형 소매상들이 대량으로 구입하는 것이 가능하므로 대형 소매상이 자주 선택하는 형태이다. Kmart와 Walmart 같은 소매상들은 생산자들로부터 직접 구입한 의류, 스테레오, 다른 많은 제품들을 판매한다. 새로운 자동차와 새로운 대학 교재도 이러한 마케팅 경로를 통해서 판매된다. 주로 L.L.Bean과 J.Crew 같은 무점포 소매상들도 이러한 형태의 경로를 이용한다.

경로 C는 특히 소비자 제품에서 오래된 유통경로이다. 이 경로는 제품을 생산자에서부터 도매상으로, 그리고 소매상에게 그리고 마지막으로 소비자에게 가져간다. 그것은 수천 개의 소매상을 통하여 수만 명의 소비자에게 판매하는 제품들에 대한 실용적 선택이다. Wrigley 껌을 판매하는 많은 수의 소매상을 고려해보자. 만약 가능하다면, Wrigleys가 자기 브랜드의 껌을 판매하는 각 소매상들과 직접 거래하는 것은 매우 어렵다. 담배, 가정용품, 설비, 그리고 많은 편의 제품을 생산하는 기업들은 도매상에게 제품을 판매하고, 그러면 도매상은 소매상에게 팔고, 이번에는 개인 소비자와 거래를 한다.

그림 13.2 소비자 제품의 전통적 마케팅 경로들

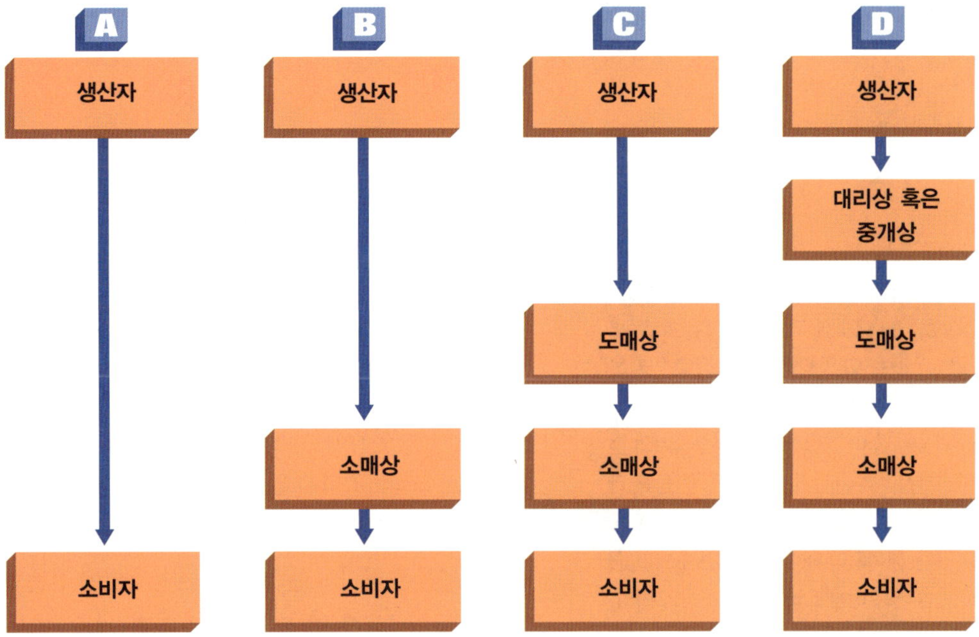

제품이 생산자에서 대리상, 도매상, 소매상, 그리고 소비자에게 흘러가는 경로 D는 가공식품과 같이 대량 유통이 필요한 제품에서 종종 이용된다. 예를 들어서, 특정 소매점에서 크래커 제품라인을 다루기 위해서, 식품 가공업자는 도매상에 크래커를 팔기 위해 대리상(또는 식품 중개상)을 고용한다. 그러면 도매상들은 슈퍼마켓, 자동판매기 운영사, 다른 소매점에 크래커를 판매한다.

일반적인 의견과 달리, 어떤 소비자 제품의 경우 긴 경로가 가장 효율적인 유통 경로가 될 수 있다. 여러 경로 중간상들이 전문화된 기능을 수행할 때, 한 경로 구성원이 그것들을 모두 수행하고자 노력할 때보다 비용은 더 낮아질 수 있다. 본질적으로, 이러한 논리는 낮은 비용의 국가에 있는 기업에 생산의 일부를 위탁하는 것과 유사하다. 마케팅 경로의 입장에서, 제품을 생산의 특정 요소를 전문화한, 즉 경로를 통해서 제품을 유통시키는 기업은 제조기업보다 전문화된 과업을 수행하는 데 더 효과적이고 효율적이라는 것을 의미한다. 이것은 비용 효율을 가져오고 고객에 대한 가치를 부가한다.

(2) 비즈니스 제품의 유통경로

<그림 13.3>은 비즈니스 제품에 대해서 가장 보편적인 네 가지 경로를 보여준다. 소비자 제품들처럼, 산업재 제품의 제조업자들도 한 단계 이상의 도매상들과 거래를 한다.

경로 E는 비즈니스 제품의 직접 경로를 보여준다. 소비자 제품과 달리, 모든 비즈니스 제품의 절반 이상, 특히 비싼 설비는 직접 경로를 통해서 판매된다. 비즈니스 고객들은 특히 값이 비싸고 기술적으로 복잡한 제품의 경우에 생산자와 직접 커뮤니케이션하는 것을 선호한다. 예를 들어서, 구매자들은 비

지속가능 마케팅

풍력이 가정의 터빈을 돌린다

만약 유통의 원천이 소비시점에 있다면, 일부 제품들의 마케팅 경로는 엄청난 효율성을 얻을 수 있다. 이러한 하나의 사례가 풍력터빈으로 생산하는 전기인데, 풍력터빈은 더욱 작아지고 저렴해지고 있다. 심지어 낮은 바람 속도로도 에너지를 이용할 수 있을 정도로 기술이 더욱 효율적이기 때문에, 보다 많은 소규모 사용자—심지어 주택—도 풍력의 이점을 즐길 수 있을 것이다. 소비자들이 전통적인 화력 전기의 대안으로 환경 친화적인 대안을 요구함에 따라, 세계적으로 기업들은 재생가능한 에너지 시류에 이미 합류하였다.

DIGITAL VISION/THINKSTOCK

Arizona, Flagstaff에 기반을 둔, Southwest Windpower는 이 엄청난 틈새시장을 인지하고 주택에 풍력 터빈을 소개하였다. Southwest의 노력을 더 지원하기 위해서, 국가와 많은 주정부들이 추가적인 장려책, 종종 풍력 터빈 비용의 30%까지 상당한 리베이트를 제공하고 있다. 에너지에 대한 세계적인 수요가 증가하고, 주거용 터빈의 비용이 감소함에 따라, 모든 이웃이 한 집마다 하나씩 터빈을 갖는 데 오랜 시간이 걸리지 않을 것이다.

Skystream 3.7은 Southwest가 시장에서 성공한 최신 생산품이다. 34피트~70피트 높이의 12피트 회전자로, Skystream 3.7은 가정에서 사용하기에 충분한 전기를 생산하며, 일부 지역에서 생산된 여분의 전기는 전기 기업에 되팔 수 있다. Skystream 3.7은 매우 낮은 바람에 맞도록 설계되었다—그것은 8 mph 미풍에서 전기를 생산하기 시작하며, 23 mph에 최대 전기를 얻을 수 있다. 터빈당 비용이 12,000달러에서 15,000달러에 이르기 때문에, 제품에 대한 현재의 시장은 평균 소비자에게 적합하지 않다. 그러나 설치비용, 평균 바람 속도, 리베이트, 그리고 현지 전기 비용에 따라서, Skystream 3.7은 빠르면 5년 후에 이익을 낼 수 있다.

전기는 소비 시점에 공급되므로, 소비자들은 Skystream 3.7을 얻을 수 있는 마케팅 경로나 공급사슬을 찾는다. Southwest Windpower는 유통업자의 국제적 네트워크를 통하여 독점적으로 판매한다. 예를 들어서, 미국에서 Conergy와 SunWize는 지역 도매상인데 이들은 현지 유통업자들에게 3.7터빈을 이용가능하도록 만든다. New Mexico의 Albuquerque에서 Affordable Solar와 같은 지역 유통상들은 터빈장치를 판매하고 배달하는 것과 같은 서비스를 제공하면서 고객과 직접 함께 작업을 한다.

풍력 터빈의 잠재적인 구매자들이 너무 흩어져 있기 때문에, Southwest Windpower는 그들의 대안적 에너지 제품들을 팔기 위해서 도매상이나 유통상들에게 의존하는 것이 더 효율적이다. 만약 이러한 주택용 터빈에 대한 수요가 계속적으로 성장한다면, 하나 또는 그 이상의 기업들이 대량 생산, 더 나아가서 터빈의 비용을 낮추는 것에 투자를 할 것이다. 그렇게 되면 이것은 모든 가정에 풍력터빈 한 대씩이라는 Henry Ford의 새로운 형태의 비전을 창출할 수 있다.[a]

싸고 상당히 복잡한 SQL 서버 컴퓨터를 Dell로부터 직접 구매하는 것을 선호한다. 유사하게, Intel은 컴퓨터 제조업자들에게 마이크로프로세서 칩을 판매하기 위한 직접 마케팅 경로를 구축하였다. 이러한 환경에서, 고객들은 오직 생산자만이 제공할 수 있는 기술적인 도움과 개인적인 보증을 원한다.

경로 F에서, 산업 유통업체는 생산자와 소비자간 교환을 촉진한다. **산업 유통업체**(**industrial distributor**)는 제품의 소유권을 가지고 재고를 취급하는 독립적인 사업자이다. 산업 유통업체는 일반적으로 유지관리 공급품, 생산공구, 소형 운영설비와 같은 표준화된 제품들을 판매한다. 몇몇의 산업 유통업체들은 다양한 제품 라인을 취급한다. 예를 들어서, W.W.Grainger는 전동 및 수동공구, 펌프, 관리 공급품, 그리고 다른 많은 제품들을 전 세계의 생산자, 정부, 기관 시장에 64억 달러 이상을 판매한다.[8] 다른 산업 유통업체들은 하나 또는 몇 개의 제품라인에 전문화한다. 산업 유통업체들은 비즈니스 제품을 취급하는 비율이 점차 증가하고 있다. 전반적으로, 이러한 유통업체들은 제품이 광범위하게 시장 소구를 하고, 쉽게 저장되고 서비스받고, 소량으로 판매되고, 큰 손실을 피할 수 있는 수요가 필요할 때 가장 효과적으로 사용될 수 있다.

산업 유통업체들은 판매자에게 여러 가지 혜택을 제공한다. 그들은 현지 시장에서 비교적 낮은 비용으로 생산자들에게 필요한 판매 활동을 할 수 있고 고객에게 신용 서비스를 제공해서 생산자의 재정적 부담을 줄일 수 있다. 또한 산업 유통업체는 일반적으로 고객들과 친밀한 관계를 유지하기 때문에, 그들은 현지의 필요를 잘 이해하고 시장 정보를 생산자에게 전달할 수 있다. 산업유통업체들은 현지 시장에 적정한 재고를 유지해서, 생산자의 자본 요구를 감소시킨다.

그러나 산업 유통업체를 이용하는 것은 여러 가지 단점들이 있다. 산업 유통업체들은 독립된 기업이기 때문에 통제하기가 어렵다. 그들은 종종 경쟁 브랜드를 재고로 가지고 있으므로, 생산자들은 자신들의 브랜드를 적극적으로 팔아 줄 것을 기대할 수 없다. 더구나 산업 유통업체들은 재고를 유지하기 때문에, 그들은 상당한 비용이 발생한다; 결과적으로, 이것은 부

그림 13.3 **비즈니스 제품의 전통적 마케팅 경로들**

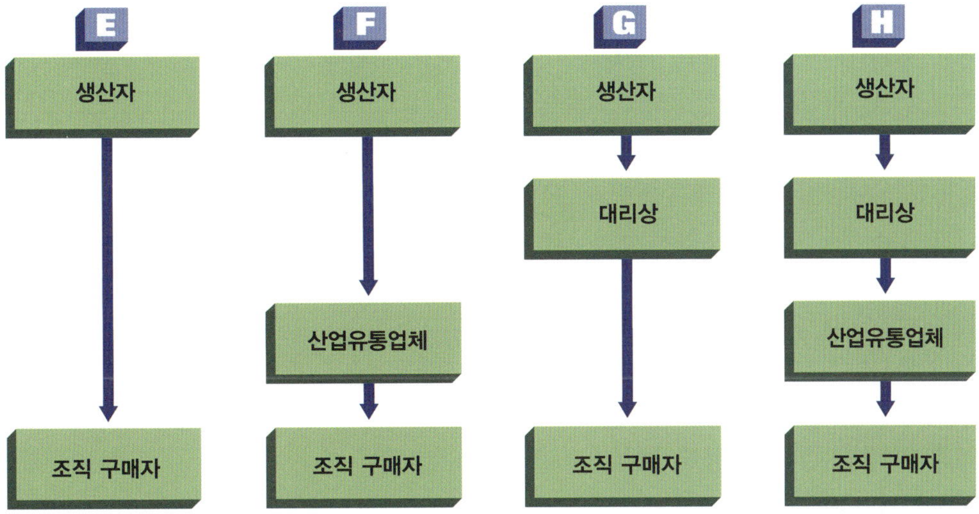

피가 크거나 천천히 팔리는 제품 또는 특별한 시설이나 특별한 판매 노력이 필요한 제품을 다루려고 하지 않는다. 어떠한 경우에는, 산업 유통업체는 특정 제품을 판매하고 서비스하는 데 필요한 기술적인 지식이 부족하다.

비즈니스 제품에 대한 세 번째 경로인 경로G는 할당된 지역에 여러 생산기업들의 보완 제품을 판매하고 수수료로 보상받는 독립된 사업자인 제조업체 대리상(manufacturer's agent)을 고용한다. 산업 유통업체와 달리 제조업체 대리상은 제품에 대한 소유권을 가지지 않으며, 일반적으로 제품을 소유하지도 않는다. 제조업체 대리상은 생산업자를 대신해서 판매원으로 활동하는데, 가격이나 판매 조건을 협상할 수 있는 재량권은 거의 없거나 전혀 없다.

제조업체 대리상을 이용하는 것은 조직 마케터에게 혜택을 줄 수 있다. 이러한 대리상은 일반적으로 상당한 기술적 정보와 시장 정보를 갖고 있고, 확보된 일련의 고객들을 갖고 있다. 상당히 계절적 수요를 갖고 있는 조직 판매자는 일 년 내내 판매인력을 지원할 필요가 없기 때문에, 제조업체 대리상은 자산이 될 수 있

비즈니스 제품에 대한 직접 경로
Dell은 비즈니스 고객에게 도달하기 위해서 직접마케팅 경로를 이용한다.

다. 제조업체 대리상이 전통적으로 수수료에 근거해서 보수를 받는다는 사실 때문에 매우 제한된 자원을 가지고 있어서 정규직 판매원을 채용할 수 없는 기업들에게 경제적 대안이 될 수도 있다.

제조업체 대리상을 사용하는 것이 문제가 없는 것은 아니다. 비록 성과급 수수료가 재정적으로 더 실행가능할 수 있을지라도, 판매자는 제조업체 대리상을 거의 통제할 수 없다. 보상 방식 때문에, 제조업체 대리상은 일반적으로 보다 더 대형 고객에 집중하는 것을 선호한다. 생산적인 판매활동 시간을 빼앗을 때, 제조업체 대리상들은 종종 후속판매를 권유하거나, 특정한 판매 노력을 하거나, 혹은 판매자에게 시장 정보를 제공하는 데 시간을 쓰는 것을 꺼린다. 제조업체 대리상은 거의 재고를 유지하지 않기 때문에 고객에게 부품이나 수리서비스를 빨리 제공하는 능력은 제한적이다.

마지막으로, 경로 H는 제조업체 대리상과 산업 유통업체 모두를 포함한다. 이러한 경로는 생산자가 넓은 지리적 영역을 담당하기를 원하지만, 높은 계절적 수요 때문에 판매원을 유지할 수 없거나 판매원을 채용할 여력이 없을 때 적절하다. 또한 이러한 유형의 경로는 기존 판매원들을 늘리지 않고 새로운 지리적 시장에 진출하기를 원하는 산업재 마케터에게도 유용하다.

(3) 다중 마케팅 경로와 경로 제휴

다양한 표적 시장에 도달하기 위하여, 제조업체들은 다른 집단의 중간상과 관련된 각 경로를 이용해서 여러 마케팅 경로들을 동시에 이용할 수 있다. 특히 제조업체들은 같은 제품이 소비자 고객과 비즈니스 고객 모두를 대상으로 할 때, 다중 경로를 종종 이용하기도 한다. 예를 들어서, Del Monte가 가정용 케첩을 시장에 출시할 때, 그 제품은 식품 도매상을 통해 슈퍼마켓에 판매되거나 혹은 어떤 경우에는 소매상에 직접 판매된다. 반면에 시당이나 기관에 팔리는 케첩은 다른 유통 경로를 이용하게 된다.

어떤 경우에는, 생산자는 같은 제품을 같은 표적 시장에서 유통하기 위해 두 개 혹은 그 이상의 마케팅 경로를 이용하는 **이중 유통(dual distribution)**을 선호할 수 있다. 예를 들어서, Kellogg는 시리얼을 Walmart(경로 B)와 같은 대형소매기업 그리고 식품 중개인 또는 도매상(경로 C)에 직접 판매한다. 이중 유통의 다른 예는 소매점과 자사 우편주문 카탈로그나 웹사이트를 통해서 제품을 판매하는 기업이다. 그러나 이중 유통은 Kellogg와 같은 제조업체들로부터 직접 구매하는 대형 소매 식료품 체인과 경쟁을 해야만 할 때에는 도매상과 소규모 소매상들 간에는 불만을 초래할 수 있다. 다른 예로는 State Farm 보험회사가 있는데, 이 기업은 고객 상호작용의 주요한 수단으로 대리인을 사용하는 "오래된" 사업방식을 유지하기로 결정하였다. 따라서 잠재적으로 다른 보

IMAGE COURTESY OF THE ADVERTISING ARCHIVES

다중 마케팅 경로 사용
Coca-Cola와 같은 주요 청량음료기업은 다중 마케팅 경로를 채택한다.

험사들(예: Progressive)이 하는 것과 같은 방식으로 온라인 보험 상품을 제공하지 않기 때문에 다른 보험사에 판매를 빼앗길 수 있다.

한 기업의 제품이 다른 기업의 마케팅 경로를 통하여 유통될 때 **전략적 경로 제휴(strategic channel alliance)**가 가능하다. 두 기업의 제품들은 종종 표적 시장이나 용도의 측면에서 유사하지만, 그들은 직접적인 경쟁자는 아니다. 한 브랜드의 생수는 음료수의 마케팅 경로를 통하여 유통될 수 있거나, 혹은 국내의 시리얼 생산자는 European 식품 가공업체와 전략적 경로 제휴를 체결할 수 있다. Ocean Spray와 PepsiCo는 그러한 제휴를 해서, Pepsi는 Ocean Spray의 이름으로 일회분의 크랜베리 주스 제품을 생산해서 병에 담아 유통하였다.[9] 그런 제휴는 마케팅 경로를 소유하고 있는 기업과 경로를 통하여 브랜드 제품을 유통시키는 제조기업 모두에게 혜택을 제공할 수 있다.

3 마케팅 경로의 선정

적절한 마케팅 경로를 선택하는 것은 중요하다. 과정은 기업들마다 다르지만, 경로 선택 의사결정은 일반적으로 아래와 같은 하나 혹은 그 이상의 요소들에 의하여 상당히 영향을 받는다: 고객 특성, 제

그림 13.4 마케팅 경로의 선정

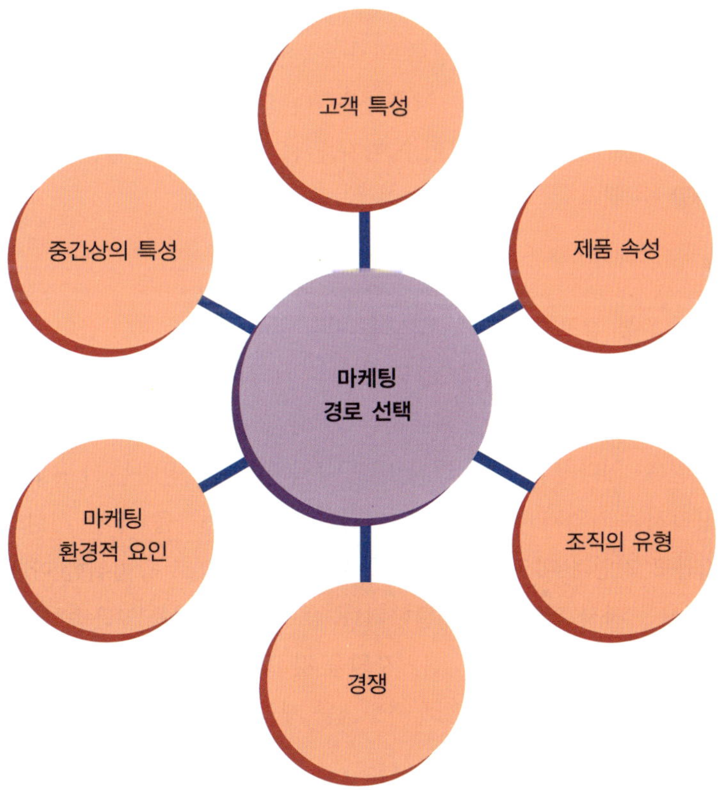

품 속성, 조직의 유형, 경쟁, 마케팅 환경적 영향, 그리고 중간상의 특성(<그림 13.4> 참조).

(1) 고객 특성

마케팅 관리자들은 경로 선택에 있어서 표적시장 구성원들의 특성을 고려해야 한다. 이미 언급했듯이, 소비자에게 적당한 경로들은 산업재 소비자를 위한 경로와는 다르다. 집에서 사용할 카페트를 구입하는 소비자와 비교할 때, 상업용 빌딩에서 사용할 카페트를 구입하는 산업재 소비자에게는 다른 마케팅 경로가 요구될 것이다. 이미 언급했듯이, 종종 산업재 고객들은 생산자(또는 산업재의 유통업자처럼 높은 식견을 가진 경로 중재자)와 직접 거래하는 것을 선호한다. 특히 메인 프레임 컴퓨터, 제트 비행기, 큰 탄광 기계와 같이 매우 기술적인 제품이거나 비싼 제품인 경우에 그러하다. 더구나 산업재 고객들은 세세한 설명과 기술적 지원을 요구하는 복잡한 제품을 구입하고 그리고/혹은 상당한 양의 규모로 구매할 가능성이 높다.

한편, 일반적으로 소비자들은 제한된 양의 제품을 구입하고, 소매상으로부터 구매하고, 그리고 종종 한정된 서비스 제공에 대해서 신경 쓰지 않는다. 또한 고객들이 좁은 지리적 지역에 집중되어 있다면, 보다 더 직접적인 경로가 이상적이다. 그러나 많은 고객들이 주 전체나 전국에 흩어져 있을 경우에는 다중 중간상들을 통한 유통이 더 효율적일 수 있다.

(2) 제품 속성

제품 속성은 마케팅 경로의 선택에서 강력한 영향을 미칠 수 있다. 자동차와 같이 복잡하고 비싼 제품의 마케터들은 짧은 경로들을 이용하며, 낙농품 및 농산물과 같은 부패하기 쉬운 제품의 마케터들도 마찬가지이다. 음료수와 캔 제품 같이 덜 비싸고, 보다 표준화된 제품은 많은 중간상들이 관여하는 좀더 긴 경로를 채택할 수 있다. 또한, 경로 의사결정은 제품의 견고성에 의해서 영향을 받을 수 있다. 특별한 취급이 요구되는 깨지기 쉬운 제품들은 파손의 위험을 최소화할 수 있는 더 짧은 경로들을 통하여 유통될 것이다. 제품의 독점적인 이미지를 전달하려는 기업들은 활용할 수 있는 매장의 수를 제한하기를 원할 수 있다.

(3) 조직의 유형

조직의 특징은 분명히 유통 경로 선택에 큰 영향을 미칠 것이다. 오로지 기업의 규모 때문에 대형 기업들은 중간상이나 다른 경로 구성원들과 보다 더 나은 거래를 협상할 수 있다. 소규모 기업과 비교하여, 대형기업들은 더 많은 유통 센터를 확보하는 데 더 유리한 위치에 있을 수 있는데, 이것은 고객의 배달시간을 줄일 수 있다. 지역이나 현지 경로 구성원들을 이용하는 소규모 지방 기업은 대형이면서 유연성이 떨어지는 기업과 비교해서 그 지역에 있는 고객들을 더 잘 서비스할 수 있는 위치에 있을 수 있다. 소규모 기업과 비교해서 대기업들은 경쟁 수단으로 광범위한 마케팅믹스를 사용할 수 있다. 소규모 기업들은 자사 판매원을 개발하거나, 장거리까지 제품을 운송하거나, 제품을 저장하거나 소유하거나, 혹은 신용을 확장할 수 있는 자원을 갖고 있지 못할 수 있다. 그러한 경우에, 이런 기업들은 고객들에게 효율적이고 효과적으로 서비스를 제공할 수 있는 자원을 가진 다른 경로 구성원을 침여시켜야 한다.

(4) 경쟁

경쟁은 공급사슬관리자가 고려할 또 다른 중요한 요소이다. 경쟁기업의 마케팅 경로가 성공하거나 실패하는 것은 기업으로 하여금 유사한 접근을 고려하는 것을 격려를 하거나 단념하게 할 수 있다. 또한 기업은 경쟁에서 살아남기 위해서 유사한 전략을 채택할 수밖에 없을 수 있다. 매우 경쟁적인 시장에서, 만약 필요하다면, 기업이 경쟁자들보다 싸게 팔기 위해서 낮은 비용을 유지하는 것이 중요하다.

SNAPSHOT

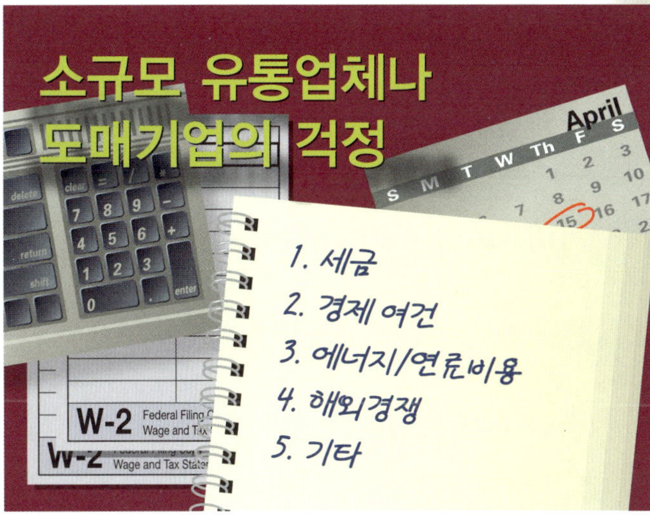

자료원: Small Business Research Board study, in "Top 5 Business Concerns," Inbound Logistics, September 2007, p. 20.

(5) 마케팅 환경적 요인

환경적 요인들도 경로 선택에 있어서 역할을 할 수 있다. 좋지 않은 경제적인 상황에서는, 비록 구매자 만족이 줄어든다 할지라도, 기업은 비용이 낮은 경로를 선택한다. 반면에 급속히 성장하는 경제에서는, 기업들이 이전에는 너무 비싸서 고려할 수 없었던 경로를 선택할 수 있게 한다. 새로운 기술의 도입은 기업들로 하여금 경로 전략을 추가하거나 조정할 수 있게 만든다. 예를 들어서, 인터넷이 강력한 마케팅 커뮤니케이션의 수단이 됨에 따라, 많은 기업들이 경쟁력을 유지하기 위해 온라인에 진출하도록 강요받는다. 정부 규제 또한 경로 선택에 영향을 줄 수 있다. 새로운 노동과 환경의 규정이 통과되면, 기업은 현재의 유통 경로 구조를 개정하도록 강요받기도 한다. 기업들은 법령이 통과되기 전에 순응적으로 보이거나 법률적 문제를 피하기 위해서 변화를 선택할 수 있다. 정부 규제는 또한 공급사슬을 복잡하게 하는 다른 나라들과의 무역 협정을 포함할 수도 있다.

(6) 중간상의 특성

기업이 현재의 중간상이 자사 제품을 적절하게 촉진하지 못하고 있다고 믿을 때, 경로 선택을 재고할 수 있다. 이러한 경우에 기업은 자사 제품들을 취급할 다른 경로 구성원을 선택할 수 있거나, 중간상들을 모두 제거하고 그 기능들을 기업이 직접 수행하는 것을 선택할 수도 있다. 대안으로, 기존 중간상이 적합한 서비스 믹스를 제공하지 않아서 기업이 다른 중간상으로 교체하도록 강요할 수 있다.

13.3 시장 커버리지의 강도

제품을 유통하기 위해 사용하는 마케팅 경로를 결정하는 것과 함께, 마케터들은 제품이 담당할 커버리지의 강도 즉, 제품이 팔릴 매장의 종류와 매장 수를 결정하여야 한다. 이 결정은 제품과 표적 시장의 특성에 달려있다. 시장 커버리지의 바람직한 강도를 성취하기 위하여, 유통은 구매자의 행동 양식에 부합해야 한다. 제9장에서 소비자 제품을 어떻게 소비자가 구입을 하는가에 따라서,

그림 13.5 시장 커버리지의 강도

편의품, 선매품, 전문품, 미탐색품의 네 가지 범주로 나누었다. 제품 구매를 고려할 때, 소비자들은 대체율, 제품 조정(서비스), 소비 기간, 제품 탐색시간, 비슷한 속성들을 고려한다.[10] 이러한 변수들은 시장 커버리지의 강도에 직접 영향을 미친다. <그림 13.5>에서 보는 바와 같이, 시장 커버리지의 주요한 세 가지 수준은 집중적 유통, 선택적 유통, 그리고 전속적 유통이다.

1 집중적 유통

집중적 유통(intensive distribution)은 제품을 유통시키기 위해 활용 가능한 모든 점포를 사용한다. 집중적 유통은 빵, 껌, 음료수, 신문과 같은 대부분의 편의품에 적당하다. 편의품은 높은 대체율을 가지며, 대부분 서비스를 필요로 하지 않으며, 그리고 종종 가격 단서에 근거해서 구매된다. 이러한 수요에 대처하기 위해서 집중적 유통이 필요하고, 모든 가능한 점포를 통해서 팔기 위해서 다중 경로가 사용될 수 있다. 예를 들어서, 음료수, 스낵, 세탁 세제, 진통제는 편의점, 서비스 스테이션, 슈퍼마켓, 할인점, 그리고 다른 유형의 소매상에서 구매할 수 있다. 소비자에게, 이용 가능성은 점포가 가까이 위치하고 있으며, 점포에서 제품을 찾는 데 필요한 시간이 최소한이라는 것을 의미한다. 이것은 소비자들이 가장 빠른 속도로 제품을 제공받고, 품질은 특정한 편의품의 기대에 부응하고, 그들에게 편리한 장소에서 제품을 구매할 수 있는 유연성을 갖고, 가장 저렴한 비용이 가능하도록 제공받는 것을 보장한다.

판매는 제품의 이용 가능성과 직접적 관계를 가질 수 있다. 서비스 스테이션에서의 빵과 우유와 같은 편의품 또는 편의 식료품점에서의 가솔린의 성공적인 판매는 이러한 제품들의 구입가능성이 점포의 속성보다 더욱 중요하다는 것을 보여준다. 표준화된 소비재를 생산하는 Procter & Gamble과 같은 기업들은 소비자가 즉시 이용가능한 것을 원하기 때문에 이 기업의 많은 제품들(예: 비누, 세제, 음식과 주스 제품, 개인 생활 용품)에 대한 집중적 유통에 의존한다.

COURTESY OF PEPSI-COLA NORTH AMERICA

집중적 유통
Aquafina와 같은 많은 병입생수 브랜드들은 집중적 유통을 통해서 유통된다.

2 선택적 유통

선택적 유통(**selective distribution**)은 제품을 유통시키기 위해 한 지역에서 오직 몇 개의 이용가능한 점포만을 사용한다. 선택적 유통은 선매품에 적당하다. TV, 스테레오, 가정용 컴퓨터와 같은 내구재가 일반적으로 이 범주에 해당된다. 이러한 제품들은 편의품보다 더 비싸고, 소비자들은 가격, 디자인, 스타일과 다른 특징들을 비교하기 위하여 여러 개의 소매 매장들을 방문하는 데 기꺼이 많은 시간을 사용하려고 한다.

선택적 유통은 경로 구성원이 고객 서비스와 같은 특별한 노력이 고객에게 중요할 때 바람직하다. 선매품들은 판매시점에서의 차별화를 요구한다. 소매상들에게 적절한 판매전 서비스를 제공하도록 동기유발을 시키기 위해서, 선택적 유통과 기업 소유 점포에서 종종 사용된다. 많은 산업재 제품들은 제품에 대한 통제를 유지하기 위해 선택적 점포에 기초하여 판매된다(예: 어떻게 제초제를 안전하게 쓰는지에 대한 설명이나 유통업체가 제초제를 뿌리게 할 지의 선택 등의 서비스를 유통업체가 구매자에게 제공해야 하는 경우). 다른 예로는 미국에서 단지 AT&T에 의해서만 유통되었던 Apple의 iPhone 출시, 그리고 Dell의 Best Buy와의 독점적 소매 협정을 들 수 있다.

3 전속적 유통

전속적 유통(**exclusive distribution**)은 상대적으로 큰 지리적 영역에 오직 하나의 매장만을 사용한다. 전속적 유통은 가끔 구매되거나, 오랜 시간에 걸쳐서 소비되거나, 구매자의 필요에 적합한 서비스나 정보를 요구하는 제품에 적합하다. 또한 Porsche, BMW, 그리고 다른 고급 자동차와 같은 비싸고, 고급 품질의 제품에서 사용된다. 전속적 유통은 편의품과 많은 선매품에는 적합하지 않다.

전속적 유통은 제품이 오직 제한된 시장에서만 이용 가능할 때, 판매자에 대한 인센티브로 종종 사용된다. 예를 들어서, 고급 자동차와 마찬가지로, 10,000달러 혹은 그 이상 가격으로 판매되는 Patek Philippe 시계는 단지 몇몇 선택된 장소에서만 구매가능하다. 전속적 유통을 사용하는 생산자들은 일반적으로 유통업체가 전체에 대한 재고를 유지하고, 판매와 서비스 교육을 위해서 자사 직원을 파견하고, 촉진 프로그램에 참가하고, 그리고 우수한 고객 서비스를 제공할 것을 기대한다. 어떤 제품들은 처음 출시될 때는 전속적 유통이 적당하지만, 경쟁자들이 시장에 진입해서 이 제품이 제품수명주기를 따라 이동하게 되면, 다른 형태의 시장 커버리지와 유통 경로가 종종 필요하다(예: Dell은 전속적 온라인 유통을 확장해서 Best Buy 소매점을 통해서도 제공). 전속적 유통(그리고 선택적 유통)에 의하여 발생할 수 있는 문제는 생산자와 전속적 권한을 갖고 있는 유통업체간 협정을 위반하고, 권한이 없는 재판매업자가 제품을 구해서 제품을 판매하는 것이다. 이것은 고급 시계 제조업체인 Rolex의 문제였다.

13.4 마케팅 경로의 전략적 이슈들

효과적인 공급사슬관리의 잠재성을 충족하고 고객 만족을 확실히 하기 위해서, 마케팅 경로는 특정한 경쟁적 우선순위와 경로 리더십의 개발, 협력, 그리고 경로 갈등의 관리에 관한 전략적 초점을 요구한다. 마케팅 경로들은 또한 경로 통합을 통한 마케팅 경로의 합병을 요구한다.

1 마케팅 경로에서의 경쟁적 우선순위

공급사슬이 많은 마케터들에게 경쟁우위를 제공할 수 있다는 많은 증거가 있다. 이미 언급했듯이, 효과적인 공급사슬관리는 마케팅 지향성과 연계되어 있다. 공급사슬 의사결정이 사업의 모든 기능적 영역을 초월하기 때문에, 공급사슬관리는 경쟁적 우선 순위이다. 가장 효과적이고 효율적인 공급사슬을 구축하는 것은 다양한 경쟁적 환경에서 사업을 유지할 수 있게 해 준다.

중대한 공급사슬 문제는 기업의 시장 가치를 10% 이상 줄일 수 있다고 추정된다. Deloitte Touche Tohmatsu는 오늘날 기업들 중 단지 7%만이 공급사슬을 효과적으로 관리한다고 보고하였다; 그러나 이러한 기업들은 다른 기업들에 비해 73% 더 수익을 냈다. Amazon.com, Dell, Fedex, Toyota, 그리고 Walmart를 포함한 잘 알려진 많은 기업들은 그들의 성공이 독특한 공급사슬 능력으로 경쟁기업을 앞질렀기 때문이라고 본다.

만약 공급사슬 활동이 통합되지 않는다면, 기능영역들은 조정없이 활동한다. 공급사슬이 기능들을 통합하게 되면, 그 보상은 공급사슬의 전체적인 관점 뿐만 아니라 효율성과 효과성이다.

그들 기업의 방향에 의해 목적 지향적인 공급사슬들은 성과 목표로서 속도, 품질, 비용, 혹은 융통성 중에서 "경쟁적 우선순위"에 초점을 둔다. 예를 들어서, Domino' s가 배달을 30분 안에 하지 못하면 공짜라는 약속에 대한 법적 어려움을 겪기 전에는, 속도가 그들의 주요 관심이었다. 품질, 비용, 피자 토핑의 다양성은 고객의 문 앞까지 따뜻한 피자를 배달하는 데 걸리는 시간에 비해 부차적인 것이었다. 다른 기업(예: Rolls-Royce)은 최고 품질의 제품을 배달하는 것과 같은 다른 경쟁적 우선순위에 초점을 맞춘다. 이럴 경우 비용이나 속도는 문제가 되지 않는다. 그러나 Rolls-Royce는 여전히 제품 맞춤형 제품에서 어느 정도의 융통성을 강조한다. Walmart는 때때로 속도, 품질, 그리고 융통성의 "비용"

차원에서 낮은 비용을 강조하는 선도적 사례이다. 그러나 일부 기업들은 융통성으로 번창하고 있다. 예를 들어서, L.L.Bean은 거의 끝없는 융통성을, 특히 반품 정책에서 제공한다. 그러나 그들은 고객들이 그들의 제품을 구할 수 있는 점포가 거의 없어서, 속도는 그들의 일부 경쟁사들보다 더 느리다. 비용은 산업 평균보다 높지만, 그들의 제품들은 일반적으로 높은 품질을 가진다.

2 경로 리더십, 협력, 그리고 갈등

각 경로 구성원들은 유통 시스템에서 다른 역할을 수행하며, 특정한 권리, 책임, 보상, 그리고 순응하지 않을 경우에는 제재를 받아들인다는 것을 (암묵적으로 또는 명시적으로) 동의한다. 더구나 각 경로 구성원은 다른 경로 구성원들에 대한 특정한 기대를 갖고 있다. 예를 들어서, 소매상들은 도매상에게 적당한 재고를 유지하고 제품을 제시간에 배달해줄 것을 기대한다. 도매상들은 소매상들이 지불 계약을 잘 이행하고 그들에게 필요한 재고를 계속 알려줄 것을 기대한다.

경로 파트너십은 공급자의 제품과 관련한 물적 유통 노력에 대한 목표, 정책, 절차에 대해서 파트너들이 동의할 때, 효과적인 공급사슬관리를 용이하게 한다. 그러한 파트너십은 시스템 전체의 효율성을 극대화할 수 있도록 중복을 제거하고 과제를 재할당한다.

가장 잘 알려진 파트너십 중의 하나는 Walmart와 Procter & Gamble간의 그것이다. Procter & Gamble는 공급사슬을 설립하고 유지하기 위하여 Arkansa의 Bentonville에 있는 Walmart의 구매 부서 근처에 자사 직원들을 배치하였다. 협동 정보 시스템을 통하여 정보를 공유하면서, P&G는 제품의 생산 및 유통 계획을 결정하기 위하여 Walmart의 재고와 추가적인 자료를 모니터한다. 그 결과로 효율성을 증가시켰고, 재고 비용을 줄였으며, 그리고 두 기업의 고객 만족은 상당히 증가하였다. 이 섹션에서 마케터들이 효과적인 경로 결정을 하는 데 이해해야 할 리더십, 협력, 그리고 갈등을 포함한 경로 구성원 행동을 논의한다.

AP IMAGES/PRNEWSFOTO/ICONIX BRAND GROUP, INC.

경로 리더십
Candie's 제품의 제조기업은 경로 리더십을 발휘한다.

(1) 경로 리더십

많은 마케팅 경로 결정은 전체 경로가 궁극적으로 편익을 줄 수 있는 아이디어를 가지고, 경로 파트너들간에 주고받는 것에 의해서 결정된다. 그러나 일부 마케팅 경로는 단일 리더, 또는 **경로 캡틴**(**channel captain**; 또는 경로 리더: channel leader)에 의해 조직되고 통제된다. 경로 캡틴은 생산자, 도매상, 또는 소매상일 수 있다. 경로 캡틴은 경로 정책을 수립하고, 마케팅믹스의 개발을 조정한다. 예를 들어서, Walmart는 자원(특히 정보 관리)의 중요성과 강력하고 전국적인 고객거점을 이용해서 소매상의 공급사슬을 지배한다. 희망하는 목표를 달성하기 위해서 캡틴은 **경로 파워(channel power)**, 즉 다른 경로 구성원들의 목표 성취에 영향을 줄 수 있는 능력을 지니고 있어야 한다. 경로 캡틴이 되는 구성원은 책임을 받아들이고 이 역할과 관련된 파워를 발휘한다.

제조업체의 대규모 생산 효율성이 매출액을 증가시킬 것을 요구할 때, 제조업체는 경로 구성원들에게 자금조달, 사업적 조언, 주문 지원, 광고 서비스, 판매와 서비스 교육, 그리고 자료 지원을 제공함으로써 파워를 발휘할 수 있다. 예를 들어서, 미국의 자동차 제조업체들은 자동차 소매상(딜러)에게 이러한 서비스들을 제공한다. 그러나 이러한 제조업체들은 또한 소매 딜러들에게 매출액, 판매와 서비스 교육, 그리고 고객 만족에 관한 많은 요구를 한다.

소매상들도 경로 캡틴으로 역할을 할 수 있다. 전국적 체인 매장과 사적 브랜드 제품의 힘이 커짐에 따라, Walmart와 같은 많은 대형 소매상들이 경로에서 리더십 역할을 맡고 있다. 소형 소매상도 그들의 지방이나 지역 시장에서 강한 고객 애호도를 가지게 될 때, 그들도 리더십 역할을 가질 수 있다. 이러한 소매상들은 많은 브랜드를 통제하고 때때로 비협조적인 생산자를 대체한다. 점차적으로 선두 소매상들은 소수의 공급업자들과의 구매력에 집중하고 있고, 이 과정에서 마케팅 효과성와 효율성을 개선시키고 있다. 장기적 몰입은 소매상들로 하여금 대량구입 할인을 기다리거나 대량 주문을 하거나 그리고 대규모 재고를 취급하는 것과 관련한 위험을 담당하기 보다는 필요하다면, 소량이고 빈번한 주문을 할 수 있게 해준다.

비록 많은 제조업체와 소매상이 소규모이고, 자금조달이 어렵고, 그리고 넓은 지역에 흩어져 있던 몇십 년 전에는 더 파워가 있었지만, 도매상들도 경로 리더십 역할을 한다. 오늘날 도매상 리더들은 여러 소매상과 협력하는 자발적 체인을 형성할 수 있는데, 도매상들은 그들에게 대량 구매나 관리 서비스를 제공한다; 이러한 소매 체인들도 자신의 브랜드를 마케팅할 수 있다. 그 대신에, 소매상들은 자신들의 대부분의 구매를 도매상 리더에게 맡긴다. Indepedent Grocers Alliance (IGA)는 미국에서 가장 잘 알려진 도매상 리더 중의 하나이다. IGA의 파워는 독립 사업 소유주들이 이용가능하게 만든 광고, 가격, 구매 지식의 전문성에 근거하고 있다. 다른 도매상 리더들은 소매상에게 점포구성, 회계, 그리고 재고관리 등을 도와준다.

(2) 경로 협력

각 구성원이 다른 구성원으로부터 무언가를 얻으려고 한다면, 경로 협력은 필수적이다. 협력은 소매상, 도매상, 공급자, 물류 제공자들에게 재고 보급을 신속하게 해주고, 고객 서비스를 개선시켜주며, 그리고 제품을 고객에게 전달하는 비용을 줄일 수 있게 해준다.[11] 협력이 없다면, 전반적 경로 목표나 개별 구성원의 목표는 실현될 수 없다. 모든 경로 구성원들은 경로 내에서 한 기업의 성공이 부분적으로 다른 구성원 기업에 달려있다는 것을 인식해야 한다. 따라서 마케팅 경로 구성원들은 시장 요구를 충족시키기 위하여 협동적인 노력을 해야 한다. 경로 협력은 경로 구성원들 간에 큰 신뢰를 가져오고, 경로의 전체적 기능을 개선하도록 한다. 경로 협력은 또한 경로 구성원들 간에 보다 만족스런 관계를 이끌 수 있다.

경로 협력을 향상시키기 위한 여러 가지 방법들이 있다. 만약 마케팅 경로가 다른 시스템과 경쟁하는 통일된 공급사슬로 간주된다면, 각 구성원들은 다른 구성원에게 불리함을 주는 행동을 취하지 않으려고 할 것이다. 유사하게, 경로 구성원들은 공통의 목표를 위해서 노력한다고 동의해서 마케팅 효과성을 극대화할 수 있도록 경로 역할들이 구성될 수 있다. 이렇게 되면 경로 구성원들이 각 개별 목표를 성취하도록 도움을 줄 수 있다. 협력의 중요한 요소는 각 경로 구성원의 과제를 정확하게 정의하는 것이다. 이것은 각 경로 구성원들이 기대하는 것을 정확하게 알기 때문에 중간상의 성과를 점검하고 평가하는 기초를 제공하고 갈등을 줄이도록 해준다.

(3) 경로 갈등

비록 모든 경로 구성원들이 동일한 일반 목표, 즉 제품을 수익성있고 효율적으로 유통하려는 목표를 위해서 일을 할지라도, 종종 구성원들은 이 목표를 성취하는 최선의 방법에 대해서 동의하지 않을 수도 있다. 그러나 만약 이기심이 역할 기대에 대한 오해를 만든다면, 최종 결과는 전체 경로에 대한 좌절과 갈등이다. New England에 기반을 둔 Hannaford Bros. 슈퍼 체인이 건강에 가장 좋은 제품을 찾는 소비자를 위해 점포 선반에 있는 각각의 모든 제품에 대한 영양 내용물을 평가하는 새로운 시스템을 도입하였을 때 발생했던 일을 고려해 보아라. 비록 Hannaford Bros. 경영진들은 건강에 좋은 최상품을 찾는 데 단순히 더 나은 가이드를 제공하고 싶다고 주장하지만, 많은 공급자들은 슈퍼마켓이 그들의 제품을 예상보다 낮게 평가하고, 자신들이 마케팅하는 제품에 대해 건강에는 좋지만 상당한 소금이나 설탕 내용물이 있는 제품이라고 선전한다고 불평하였다.[12] 개별 기업들이 함께 활동하기 위해서, 각 경로 구성원들은 역할 기대를 명확히 커뮤니케이션하고 이해해야 한다. 커뮤니케이션의 어려움은 경로 갈등의 하나의 잠재적 형태이다. 왜냐하면 비효과적인 커뮤니케이션은 좌절, 오해, 그리고 잘못 조정된 전략을 초래해서 더 조정해야하는 위험에 빠진다.

부분적으로 새로운 기술에 의해서 추진되는 다중 유통 경로의 이용 증가는 생산자와 중간상과의 갈등 잠재성을 증가시켰다. 예를 들어서 Hewlett-Packard는 자사 웹사이트를 통해서 제품을 소비자가 직접 구매가능하게 해서, Best Buy 및 CompUSA와 같은 기존의 유통업체 및 소매상들과 직접 경쟁하게 되었다. 또한 경로 갈등은 중간상들이 경쟁 제품을 지나치게 강조하거나 전통적으로 다른 중간상들이 취급하던 제품라인으로 다양화시킬 때도 발생한다. 때때로 갈등은 생산자들이 중간상을 배제시켜서 효율성을 증가시키려고 노력하기 때문에 발생한다. 그러한 갈등은 컴퓨터 소프트웨어의 마케팅 경로에서 발생하고 있다. 많은 소프트웨어 전문 판매점들은 도매 유통업체를 건너뛰고 소프트웨어 생산자와 직접적인 관계를 구축하고 있다.

전통적으로 프랜차이즈 딜러들을 이용하고 있는 생산자가 다른 형태의 소매점을 포함하기 위해 소매상 기반을 확장할 때, 상당한 갈등이 발생한다. Goodyear은 Sears와 Discount Tire로 하여금 Goodyear 타이어를 판매하도록 허락해서 시장 커버리지를 강화하였을 때, 이런 행동이 2,500개의 Goodyear 독립 딜러들의 반감을 샀다.

비록 갈등을 해결할 수 있는 유일한 방법은 없지만, 만약 아래와 같은 두 조건이 충족된다면, 파트너십은 다시 구축될 수 있다. 첫째, 각 경로 구성원의 역할이 명시되어야 한다. 오해를 최소화하기 위해서 모든 구성원들은 분명하고, 서로 간에 동의된 성과 수준을 기대할 수 있어야 한다. 둘째, 경로 파트너십의 구성원들은 리더십과 통제의 인간적인 수행을 요구하는 경로 조정의 일정한 측정을 도입하여야 한다. 경로 갈등이 생기는 것을 방지하기 위하여, 생산자 혹은 다른 경로 구성원들은 경쟁

관계에 있는 재판매업자에게 다른 브랜드를 제공할 수 있고, 재판매업자 간에 시장을 할당할 수 있고, 대형고객과의 잠재적인 갈등을 피하기 위하여 직접 판매에 관한 정책을 제한할 수 있고, 지역 유통업자들 사이의 지역적 이슈들을 협상할 수 있고, 그리고 다른 곳에 유통하는 것에 대한 중요성을 특정 재판매업자에게 인식시킬 수 있다.

3 경로 통합

경로 구성원들은 대부분의 활동들을 결합해서 통제할 수 있거나 다른 경로 구성원들에게 그 활동들을 전가시킬 수 있다. 경로 기능들은 중간상들간에 그리고 생산자 심지어 소비자에게 전달될 수 있다. 그러나 경로 구성원들은 공급사슬 기능들을 제거할 수는 없다; 구매자들 자신이 그 기능들을 수행하지 않는다면, 그들은 그것들을 수행하는 데 필요한 인력과 자원에 대해서 대가를 지불해야 한다.

다양한 경로 단계들은 경로 캡틴의 관리 하에 수평적이거나 수직적으로 결합될 수 있다. 그러한 통합은 공급을 안정화시키고, 비용을 줄이고, 경로 구성원들의 협조를 증가시킬 수 있다.

(1) 수직적 경로 통합

수직적 경로 통합(vertical channel integration)은 하나의 관리하에 경로의 둘 혹은 그 이상의 단계가 결합된다. 이것은 마케팅 경로의 한 구성원이 다른 구성원의 활동을 구입하거나 중간상의 필요를 제거하고 다른 구성원의 기능을 수행할 때 발생할 수 있다. 예를 들어서, 미국의 선두 식품 가공업체인 Smithfield Foods가 미국의 제2위 돼지 농장인 Premium Standard Farms, Inc를 인수하였다. 비록 이 인수가 독점금지 관련 문제를 일으킬 수도 있지만, 대형의 육류 가공업체들 간에 독립된 농장으로부터 가축을 얻는 대신에 자신의 가축을 기르고 도축하는 추세를 반영한다.[13]

전통적인 경로 시스템과 달리, 수직적 경로 통합의 참가자들은 원하는 표적시장에 도달하려는 노력을 조정한다. 유통에 대한 이러한 더 진보적인 접근방법에서, 경로 구성원들은 다른 구성원들을 자신의 운영의 확장으로 간주한다. 수직적으로 통합된 경로는 증가된 협상력과 정보 및 책임을 공유하기 때문에 경쟁에서 종종 더 효과적이다. 수직적으로 통합된 경로의 한쪽 끝에서, 제조업체는 광고와 교육 지원을 제공할 수 있고, 다른 한 쪽 끝에 있는 소매상들은 제조업체의 제품을 대량으로 구매해서, 적극적으로 제품들을 촉진할 수 있다.

마케팅 경로에서 성공적으로 구축된 통합은 **수직적 마케팅 시스템(Vertical Marketing Systems: VMSs)**이라고 불리며, 여기에서는 단일 경로 구성원이 표적 시장 고객을 만족시키는 것을 목표로 하는 효율적이며 저비용의 유통을 실현하는 경로활동을 조정하거나 관리한다. 수직적 통합은 마케팅 경로의 거의 대부분 혹은 모든 단계를 공통 통제나 소유권내에 두고 있다. 소매 의류 체인인 The Limited는 주요 공급원으로 100% 소유 자회사인 Mast Industries를 이용한다. Radio Shack는 도매와 소매 기능을 모두 포함한 VMS로 운영한다. 개별 경로 구성원들의 노력이 VMS에 통합되어 있기 때문에, 마케팅 활동들은 서비스의 중복 없이 최대의 효과성과 경제성을 기할 수 있도록 조정될 수 있다. VMS들은 경쟁력이 있으며 소매 매출의 큰 부분을 차지하고 있다.

대부분의 수직적 마케팅 시스템은 기업형 VMS, 관리형 VMS, 혹은 계약형 VMS의 형태 중의 하나를 취한다. 기업형 VMS는 하나의 소유주 아래에서 생산자에서부터 소비자에 이르기까지 모든 마케팅 경로의 단계를 통합한다. 예를 들어서, The Limited는 기업 소유의 생산 시설과 소매상들을 운영하는 기업형 VMS를 설립하였다. 식품 가공 공장과 도매 및 생산시설을 인수한 큰 소매상을 소유한 슈퍼마켓 체인들은 기업형 VMS의 다른 예이다. 관리형 VMS에서, 경로 구성원들은 독립적이지만, 비공식적인 조정을 통하여, 높은 수준의 조직간의 관리가 실현된다. 예를 들어서, 관리형 VMS의 구성원들은 동일한 회계와 주문 절차를 채택하고 모든 파트너들의 이익을 위하여 촉진적인 활동을 공동운영할 수 있다.

비록 개별 경로 구성원들이 전통적인 마케팅 경로에서처럼 자율권을 유지한다 할지라도, 한 경로 구성원(생산자 혹은 대형 소매자와 같은)이 관리형 VMS를 지배하고 있어서 유통결정은 전체 시스템을 고려하게 된다. VMS의 규모와 파워 때문에, Intel은 Kellogg(시리얼)와 MAGNAVOX(TV와 기타 전자제품)가 그랬던 것처럼, 마케팅 경로에서 유통업체와 생산자에 대해서 강한 영향력을 발휘한다.

VMS의 가장 보편적인 형태인 계약형 VMS에서, 경로 구성원들은 각 구성원의 권리와 의무가 서술된 법적 협정에 의해 연계되어 있다. McDonald' s와 KFC 같은 프랜차이즈 기업은 계약형 VMS이다. 다른 계약형 VMS들로는 IGA (Independent Grocers Alliance)와 같은 도매상 후원 집단들이 포함된다. 여기에서는 한 도매상의 계약상의 리더십하에 독립 소매상들이 함께 단결한다. 자신의 도매상들을 소유하고 운영하는 소매상 후원 협동조합은 계약형 VMS의 세 번째 형태이다.

(2) 수평적 경로 통합

하나의 관리하에 운영의 동일한 수준에서 기업들을 결합하는 것이 **수평적 경로 통합(horizontal channel integration)**을 구성한다. 하나의 기업이 마케팅 경로의 같은 수준에 있는 다른 기업들을 합병해서 수평적으로 통합할 수 있다. 예를 들어서, 드라이크리닝 기업의 소유자는 여러 다른 기존의 드라이클리닝 기관을 인수해서 통합할 수 있다. 세계에서 세 번째로 큰 담배 생산자인 Japan Tobacco는 Britain' s Gallaher Group Plc.를 약 147억 달러에 인수하였는데, 이 기업은 여러 고급 담배 브랜드를 소유하고 있고 러시아와 동유럽에서 강한 시장 지배력을 갖고 있다. 이 담배기업의 인수로 Japan Tobacco는 세계 시장 점유율을 3%에서 11%로 신장시켰다.[14] 수평적 통합 역시 수직적 통합처럼 기업에게 충분한 매출수입을 발생시킨다.

비록 수직적 통합이 구매, 마케팅 조사, 광고, 전문화된 종업원 부문에서 효율성과 규모의 경제를 기할 수 있지만, 항상 유통을 개선하는 가장 효과적인 방법은 아니다. 규모의 문제가 뒤따르며, 유연성을 줄이고, 조정의 어려움이 있으며, 그리고 추가적인 마케팅 조사와 대규모 기획이 필요하다. 이전의 분리된 관리 하에서 보다 통일된 관리 하에서 다양한 사업단위의 유통 기능들이 더 효율적으로 수행되지 않는다면, 수평적인 통합은 비용을 줄이지도 못하고 통합 기업의 경쟁 우위를 개선시키지도 못한다.

13.5 공급사슬관리에 있어서의 물적 유통

물적 유통(physical distribution)은 로지스틱스(logistics)라고도 하는데, 제품이 생산자에서부터 소비자 및 다른 최종 사용자로 이동하는 데 사용되는 활동이다. 물적 유통 시스템은 공급사슬과 구매자 욕구를 모두 만족시켜야 한다. 따라서 유통 활동은 공급사슬 계획의 중요한 부분이며 모든 파트너들의 협력을 요구한다.

마케팅 경로 내에서, 물적 유통 활동은 생산자, 도매상, 혹은 소매상에 의해서 실행될 수 있거나, 아니면 외부에서 조달될 수 있다. 유통의 맥락에서 **외부조달(outsourcing)**은 물적 유통 업무를 그 마케팅 경로 내에서, 관리 권한이 없는 제3자와 계약하는 것이다. 대부분의 물류 활동은 창고관리, 운송, 재고관리, 정보 기술과 같은 영역에서 특별한 전문지식을 갖고 있는 제3자 기관에 외부조달을 시킬 수 있다. 예를 들어서, 일부 생산자들은 General Electric과 Penske Corp 사이의 합작투자 기업인 Penske Truck Leasing에 배달 서비스를 위탁한다. 그러면, Penske Truck은 일정 짜기, 청구서, 송장 서비스를 포함한 자사 활동의 입부를 Mexico와 India에 있는 계약자에게 위탁한다. 외부조달은 Penske에게 1,500만 달러를 절약해 주었고 효율성과 고객 서비스를 향상시키도록 도와주었다.[15] 운송기업, 창고, 그리고 데이터 서비스 제공자와 같은 제3자 기관과의 협동적 관계는 마케팅 경로 비용을 줄이는 데 도움을 주고, 모든 공급사슬 파트너들에게 서비스와 고객 만족을 신장시키는 것을 도와준다. 외부조달을 맡길 기업을 선택할 때, 마케터들은 주의해야 하며 위탁기업이 우수한 고객 서비스를 제공하는 데 도움이 되는 효율적인 기업을 이용하여야 한다. 그들은 외부조달과 관련한 물적 유통 비용을 줄이는 데 있어 창고관리와 정보기술처럼 물류 기능의 중요성을 잘 인식해야 한다.[16]

효율적인 물적 유통 시스템을 기획하는 것은 비용을 줄이고 소비자 만족을 증가시키기 때문에, 효과적인 마케팅 전략을 개발하는 데 중요하다. 배달 속도, 융통성, 그리고 서비스 품질은 종종 소비자들에게 비용만큼 중요하다. 적당한 제품을 적당한 장소에, 적당한 시간에, 적당한 양으로 그리고 적당한 지원 서비스를 제공할 수 있는 기업들은 그렇지 않은 경쟁자들보다 더욱 많이 판매할 수 있다. 더구나 제품에 대한 수요를 예측할 수 없을 때, 공급자들은 재고 욕구에 즉시 대응할 수 있어야 한다. 그러한 경우에, 물적 유통 비용은 서비스, 신뢰성, 적시성과 비교할 때, 작은 고려사항이 될 것이다.

고객관계 관리 시스템은 공급사슬 파트너의 데이터베이스 시스템의 정보를 개발해서 물류관리자가 생산자에서 최종 소비자에 이르기까지 모든 마케팅 경로 구성원들의 편익을 위하여 공급사슬의 비효율성을 파악하고 근절하도록 도와준다. 실제로, 기술은 마케팅 경로 내 물적 유통에서 더욱더 큰 역할을 하고 있다. 기술은 적시 배달, 정확한 재고 가시화, 그리고 실시간 선적 추적 능력을 용이하게 해서 물적 유통을 변형시켰다. 이런 변형은 기업들로 하여금 비용이 큰 실수를 피하고, 비용을 줄이고, 그리고 심지어 수입을 창출하도록 도움을 준다. 정보기술은 모든 마케팅 경로 구성원들이 언제라도 제품이 공급사슬 내에 어느 위치에 있는지 정확히 볼 수 있도록 허용함으로써 공급사슬에게 가시성을 제공한다.

비록 물류관리자들이 주문 처리, 재고관리, 자재 처리, 창고관리, 그리고 운송과 관련한 비용을 최소화하려고 노력하지만, 한 영역에서 비용을 줄이는 것은 종종 다른 영역의 비용을 증가시킨다. <그림 13.6>은 물적 유통 기능이 나타내는 전체 비용의 비율을 보여준다. 물적 유통에 대한 전체 비용 접근방법은 관리자로 하여금 물적 유통을 관련없는 활동들의 집합이라기보다는 하나의 시스템으로 보게 만든다. 이러한 접근방법은 개별 활동의 분리된 비용을 줄이는 것에서부터 전체적인 유통 비용을 최소화시키는 것으로 주안점을 이동시킨다.

물적 유통 관리자는 비용 상충 문제에 민감해야 한다. 유통 시스템의 한 기능적 영역에서 높은 비용은 다른 영역에서 낮은 비용을 실현하는 것이 필수적일 수 있다. 상충관계는 최고의 비용 효과성을 위해 자원을 통합하는(그리고 재통합하는) 전략적 결정이다. 유통 관리자가 이 시스템을 통합된 기능의 네트워크로 간주할 때, 트레이드오프는 통합되고 비용 효율적인 유통 전략을 실행하는 데 있어서 유용한 수단이 된다.

물적 유통의 다른 중요한 목표는 과정을 완성하는 데 필요한 시간인 **사이클 타임**(cycle time)이다. 예를 들어서, 사이클 타임을 줄이는 반면 비용을 유지하거나 줄이는 것 그리고/혹은 고객 서비스를 유지하거나 증가시키는 것은 공급사슬에서 매력적인 결합이다. 이것은 궁극적으로 더 나은 고객 만족으로 이어진다.

이 장의 나머지 부분에서는 주문 처리, 재고관리, 자재 관리, 창고 관리, 운송을 포함한 다양한 물적 유통 활동을 상세히 살펴본다.

1 주문 처리

주문 처리(order processing)는 판매 주문 정보를 받고 전달하는 것이다. 비록 관리층이 때때로 이러한 활동의 중요성을 간과할지라도, 효율적인 주문처리는 제품 흐름을 용이하게 만든다. 컴퓨터화된 주문 처리는 생산성을 증가시키기 위해 모든 공급사슬 구성원들에 대한 데이터베이스를 제공한다. 주문처리가 빠르고 정확하게 수행될 때, 주문 처리는 고객 만족, 비용 및 사이클 시간의 감소, 그리고 이익증가에 공헌한다.

주문 처리는 세 가지 주요한 과제가 수반된다: 주문 입력, 주문 취급, 그리고 주문 배달. 주문 입력은 고객이나 판매원이 전화, 우편, 이메일, 혹은 웹사이트를 통해서 구매 주문을 할 때 시작된다. 전자 주문은 수동으로, 서류 근거로 하는 주문 시스템보다 시간이 적게 걸리고, 비용을 줄여준다. 몇몇의 기업에서는, 판매 담당자가 개인적으로 주문을 받고 입력하고 불만도 처리하고, 진행 보고서를 준비하고, 그리고 판매 주문 정보를 전달한다.

주문 취급은 여러 과제들을 포함한다. 일단 주문이 들어오면, 창고로 보내지며 여기서 제품이 가능한지 확인되고, 이것은 신용부서로 전달되면 여기서 가격, 거래조건, 그리고 고객의 신용등급이 확인된다. 만약 신용 부서가 구매를 승인하면, 창고 직원(때때로 자동화 설비로 지원된다)은 그 주문을 선택해서 모아놓는다. 만약 요청받은 제품의 재고가 없다면, 생산 주문을 공장

전환 중인 마케팅

스타일에서 이익을 위한 물적 유통 능률화

패션 기업들은 물적 유통을 능률화해서 이익을 창출하고 있다. 예를 들어서, Spain's Inditex가 소유한 세계적인 소매상 Zara는 2주 이내에 새로운 디자인 스케치에서부터 완제품으로 그리고 매장에 진열될 수 있도록 일을 신속하게 처리할 수 있다. 맨 먼저, Zara의 매장 관리자들은 각 제품의 판매를 추적하고, 고객에게 그들이 좋아하는 것을 물어보고, 그리고 가장 최근의 추세를 Inditex에 보고한다.

ISTOCKPHOTO/THINKSTOCK

이러한 세부적인 것에 근거해서, 기업의 디자이너들은 새로운 스타일을 재빨리 창조하고, 그들을 Inditex의 유럽 공장에서 생산하게 하고, 그리고 스페인에서 모든 것을 창고에 넣어둔다. 각각 스타일의 작은 묶음들은 하루 안에 Zara의 유럽 매장으로 보내지고, 이틀 이내에 유럽 외부의 Zara 매장들에 항공화물로 보내진다. 그 결과로 72개국의 1,500개의 Zara 매장들은 고객을 계속하여 끌어들이기 위해 새로운 패션을 지속적으로 내놓고 있다.

Valentino, HUGO BOSS, 그리고 M Missoni 브랜드를 소유한 Valentino Fashion Group도 적당한 패션을 적당한 시간에 적당한 매장에서 공급하기 위해 물적 유통을 개혁하였다. 재고관리 시스템이 그들이 공급하는 백화점의 판매 시스템에 연계되어 있어서, Valentino는 어떤 제품이 인기가 있는지 아닌지를 즉시 알 수 있다. 이것은 경영진이 어떤 제품이 어디로 언제 보낼지를 결정하는데 도움을 준다.[b]

그림 13.6 **전체 유통비용에서 각 물적 유통기능비용의 상대적 비율**

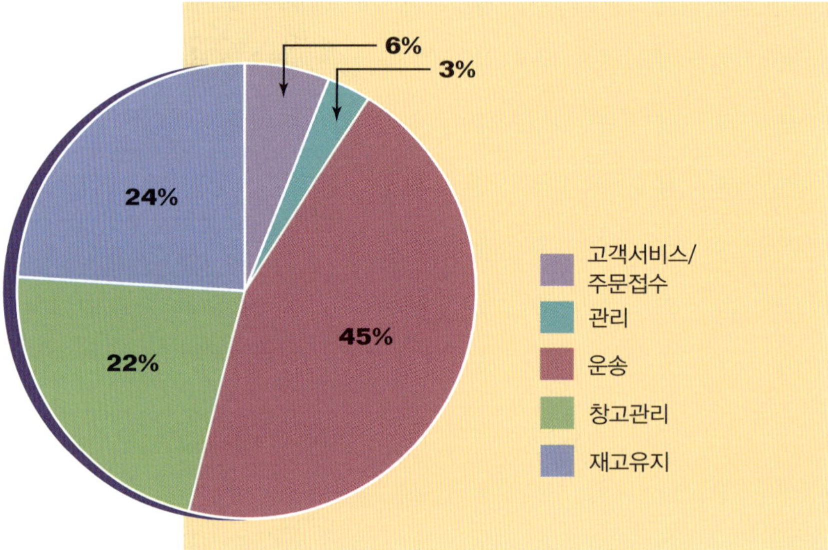

자료원: From Davis Database, 2005. Reprinted by permission of Establish Inc./Herbert W. Davis and Company.

으로 보내거나, 고객에게 대체품을 제안한다.

주문이 모아지고 선적을 위해 포장되었을 때, 창고에서는 적당한 운송사를 통해서 배달 일정이 정해진다. 만약 고객이 급송에 대한 비용을 지불한다면, Fedex, UPS, DHL과 같은 급송 배달이나, 또 다른 급송 배달 운송사가 이용된다. 고객에게 송장을 전달하고, 재고 기록이 조정되며, 그리고 주문품이 배달된다.

수동 주문 혹은 전자 주문 처리 시스템을 사용할 것인지 여부는 한정된 비용 안에서 더 신속한 속도와 정확성을 제공하는 방법에 달려있다. 수동 처리는 소량 주문에 적당하며 어떤 상황에서는 더 융통성이 있다. 그러나 대부분의 기업은 **전자적 자료 상호교환(Electronic Data Interchange: EDI)**를 사용하는데, 이는 주문처리를 생산, 재고, 회계, 그리고 운송과 통합시키기 위해서 컴퓨터 기술을 사용한다. 공급사슬 내에서, EDI는 마케팅 경로 구성원과 외부조달 업체를 연결하는 정보 시스템으로 기능을 한다. EDI는 공급사슬의 모든 구성원들에게 문서작업을 줄여주고, 그들로 하여금 송장, 주문, 지불, 문의, 그리고 일정관리에 대한 정보를 공유할 수 있도록 해준다. 결과적으로, 많은 기업들은 유통 비용과 사이클 타임을 줄이기 위하여 그들의 공급자들에게 EDI를 강요한다. 예를 들어서, Walmart와 Home Depot는 그들의 공급자들에게, 중간규모의 공급자들을 위한 EDI 소프트웨어를 개발하는 데 중점을 두는 RedTail Solution에 의해 만들어진 EDI 시스템을 사용하도록 강하게 촉구했다.[18]

2 재고관리

재고관리(**inventory management**)는 고객의 욕구를 충족시키기 위해 제품의 적절한 구색갖춤을 개발하고 유지하는 것을 포함한다. 이는 효과적인 물적 유통 시스템의 주요한 요소이다. 재고결정은 물적 유통비용과 고객에게 제공되는 서비스의 수준에 중요한 영향을 미친다. 너무 적은 제품을 재고로 가지고 있으면 그 결과는 재고부족, 혹은 제품 품절을 초래하고 이렇게 되면 브랜드 전환, 낮은 판매, 그리고 고객 이탈을 초래할 수 있다. 너무 많은 제품(또는 너무 많은 느린 이동 제품)을 취급하게 되면 비용은 증가하고, 제품 노후화, 절도, 그리고 파손의 위험도 증가한다. 재고관리의 목표는 재고비용을 최소화하는 반면 고객을 만족시키기 위해 제품의 적절한 공급을 유지하는 것이다. 이러한 목표를 달성하기 위하여, 마케터들은 두 가지 주요한 문제 즉, 언제 주문을 하고 얼마나 주문을 할 것인가에 초점을 맞춘다.

재고 관리
이 소형 재고관리 기기는 종업원이 특정 시간대에 창고에 있는 모든 제품 및 가격을 즉각적으로 확인할 수 있도록 해준다.

언제 주문할지를 결정하기 위해서, 마케터들은 재주문 시점, 즉 새로운 주문을 할 필요를 알려주는 재고 수준을 계산한다. 재주문 시점을 계산하기 위하여, 마케터들은 주문 리드 타임, 사용률, 그리고 요구되는 안전 재고량을 알아야 한다. 주문 리드 타임(order lead time)은 주문을 하고 주문을 받을 때까지 경과하는 평균 시간을 말한다. 사용률(usage rate)은 제품의 재고가 특정 시간내에 사용되거나 팔리는 비율이다. 안전 재고(safety stock)는 평균 이상의 사용률과/또는 예상보다 더 긴 리드 타임에 따른 재고부족에 대비하기 위해서 기업이 보유하는 추가 재고의 양이다. 재주문 시점은 아래의 공식을 이용하여 계산될 수 있다.

$$\text{재주문 시점} = (\text{주문 리드 타임} \times \text{사용률}) + \text{안전 재고}$$

따라서, 만약 주문 리드 타임이 10일이고, 사용률이 하루에 3단위이고, 안전 재고가 20단위라면, 재주문 시점은 50단위이다.

정확한 재주문 시점을 이용한 효율적인 재고관리는 생산할 때 사용하거나 재판매를 위해 필요할 때 즉시 공급해 주는 **적시공급**(**just-in-time: JIT**) 접근방법을 사용하는 기업에게 필수적이다. JIT를 이용하면, 기업들은 낮은 수준의 재고를 유지하고 그들이 필요할 때마다 소량의 제품과 원자재를 구매한다. 일반적으로 안전 재고는 없으며, 공급자들은 지속적으로 높은 품질의 제품을 공급하기를 기대한다. JIT재고관리는 생산자와 공급자 사이에 높은 수준의 조정을 요구하지만, 낭비를 제거하고 재고 비용을 상당히 줄인다. 이 접근방법은 비용을 줄이고 고객 만족을 높이려는 Chrysler, Harley-Davidson,

Dell을 포함해서 잘 알려진 많은 기업들에 의해서 성공적으로 사용되었다. JIT 접근이 공급사슬에서 사용될 때, 공급자들은 종종 그들의 고객에게 더 가까이 다가간다.

3 자재관리

자재관리(**materials handling**)는 유형 제품, 공급품, 그리고 자원의 물리적 처리를 말하는데, 생산 시점에서부터 소비 시점까지의 운송뿐만 아니라, 창고 운영에 있어서도 중요한 요소이다. 자재관리에 있어서 효율적인 절차와 기법은 재고관리 비용을 최소화시키고, 제품 처리 횟수를 줄이고, 소비자 서비스를 향상시키고, 그리고 소비자 만족을 높인다. 패키징, 라벨링, 하역, 그리고 이동에 대한 시스템들은 비용 절감과 소비자 만족을 극대화시킬 수 있도록 조정되어야 한다.

많은 기업들이 모든 처리 단계를 통해 RFID (radio frequency ID)로 꼬리표를 붙인 자재를 추적하기 위해 radio wave로 전환하고 있다. 예를 들어서, Daisy Brand는 공급사슬과정 동안 자사 낙농품을 추적하기 위해 RFID를 사용하는데, 이는 그 기업으로 하여금 소매상이 제품이 떨어져서 보충이 필요한 때를 알 수 있도록 도와준다.[19] RFID기술의 향상은 특히 현저하다. 중국에서는 이 기술이 운송, 현금 대체, 그리고 보안 카드에 사용되었다. 심지어 이 시스템은 중국의 전국적 ID 카드시스템으로 사용되고 있다.[20]

종종 제품 특성이 자재관리를 결정한다. 예를 들어서, 액체와 가스의 특성은 어떻게 이들을 운반하고 저장할지 결정한다. 내부 포장도 자재 처리에 있어서 중요한 고려사항이다. 제품은 취급과 운반되는 동안에 손상이나 파손을 막을 수 있도록 정확하게 포장되어야 한다. 대부분의 기업들은 제품 디자인 과정 동안에 패키징 컨설턴트를 고용해서 어떤 포장 원료와 방법이 가장 효율적인 관리를 하게 할 것인지를 결정하는 데 도움을 주게 한다.

단위 적재와 컨테이너 수송은 자재관리에 사용되는 두 가지 일반적인 방법이다. 단위적재(unit loading)를 이용해서, 하나 또는 그 이상의 박스들이 하나의 팔레트(pallet: 화물운반대)나 스키드(skid: 활주부)에 적재된다. 그러면 이러한 단위들은 지게차, 트럭, 혹은 컨베이어 시스템 같은 기계적 수단을 이용해서 효율적으로 선적될 수 있다. 컨테이너 수송(containerization)은 많은 제품들이 원산지에서 봉해지고 목적지에서 개봉되는 하나의 큰 컨테이너에 넣는 것이다. 컨테이너들은 일반적으로 8피트 넓이, 8피트 높이이며 10~40피트 길이이다. 컨테이너들은 쉽게 쌓아올릴 수 있고 기차, 바지선, 혹은 선박을 통해 선적된다. 일단 컨테이너가 목적지에 도착하면, 육상 운송에 적합하도록 바퀴달린 운송차량(wheel assemblies)이 추가될 수 있다. 컨테이너 수송은 운송과정에서 개별 제품별로 취급되지 않기 때문에, 선적에 있어서 효율성과 안전성을 증가시킨다.

4 창고관리

창고관리(**warehousing**), 즉, 제품을 저장하고 이동하기 위한 시설의 설계 및 운영은 또 다른 물적 유통 기능이다. 창고관리는 기업들로 하여금 생산과 소비 비율이 다른 것을 보상해줌으로써 시간 효용을 제공한다. 대량 생산으로 즉시 팔릴 수 있는 것보다 제품의 더 많은 재고를 보유 할 때, 기업들은 소비자가 살 준비가 될 때까지 잉여분을 보관할 수 있다. 창고관리는 또한 가격 및 계절적 품목의 구입가능성을 안정화 시키는 데 도움을 준다.

창고 시설의 선택은 중요한 전략적 고려사항이다. 제대로 된 형태의 창고는 기업으로 하여금 운송과 재고 비용을 줄이거나 고객에 대한 서비스를 향상시키도록 해준다. 잘못된 형태의 창고는 기업의 자원을 소모시킨다. 얼마나 많은 시설을 운영할지, 어디에 창고들을 위치시킬지를 결정하는 것 이상으로, 기업은 어떤 종류의 창고가 가장 적절한지를 결정하여야 한다. 창고들은 두 가지 일반적 범주에 해당한다: 사설 창고와 공공 창고. 많은 경우에 개인 시설과 공공시설의 결합이 가장 융통성 있는 창고 관리 접근방법이다.

기업은 자사 제품을 선적하고 저장하기 위해 **사설 창고(private warehouses)**를 운영한다. 기업은 주어진 지리적 시장에서 창고 수요가 상당히 많고 고정 시설에 대한 장기간 위임을 보증하기에 충분할 때, 일반적으로 사설 창고를 임대하거나 구매한다. 사설 창고는 또한 특별한 취급과 보관을 필요로 하는 기업과 창고의 설계와 운영에 대한 통제를 원하는 기업에게 적당하다. Sears와 Radio Shack와 같은 소매점들은 그들의 소매 매장을 위해 구매와 유통을 하는 사설 창고를 통합하는 것이 경제적이라는 것을 발견하였다. 매출이 상당히 안정되어 있을 때, 사설 창고에 대한 소유권과 통제는 재산 가치의 상승과 같은 편익을 제공할 수 있다. 그러나 많은 사설 창고는 보험, 세금, 관리, 그리고 부채 비용과 같은 고정 비용에 직면한다. 또한 사설 창고는 기업이 재고를 보다 더 전략적인 장소로 이동하기를 원할 때 융통성을 제한하게 된다. 많은 사설 창고는 생산자와 소비자의 직접적 연결, 감소된 사이클 타임, 그리고 공공 창고에 대한 위탁에 의해서 사라지고 있다.

공공 창고(public warehouses)는 저장 공간 및 관련 물적 유통 시설을 다른 기업에 임대한다. 그들은 때때로 수령, 하역, 검수, 그리고 제품 재선적 같은 유통 서비스를 제공하고; 주문을 받고; 금융지원을 제공하고; 제품을 전시하고; 그리고 선적을 조정한다. 예를 들어서, ODW는 11개의 시설에서 3만 제곱 피트의 창고 공간을 통하여 다양한 범위의 이런 서비스를 제공한다.[21] 공공 창고들은 계절적인 생산이나 소량 보관이 필요하거나, 많은 장소에서 유지되어야 하는 재고를 갖고 있거나, 새로운 시장을 테스트하거나 진입하거나, 혹은 사설 창고를 소유하고 있으나 때때로 추가적인 저장 공간을 요구하는 기업들에게 특히 유용하다. 공공 창고는 또한 제품 리콜 기간 동안 수집 장소로 사용된다. 사설 창고는 고정 비용이 있지만, 공공 창고는 사용자들이 공간을 빌리고 단지 필요한 장고 서비스를 구매하기 때문에 변동(그리고 종종 낮은) 비용이 발생한다.

많은 공공 창고는 대여에 대한 담보로 사용되는 제품에 대해 안전을 제공하는데 이는 창고나 소유자의 재고 장소에 서비스가 제공된다. 야외 공공 창고(field public warehouses)는 소유자의 재고 장소에서 공공 창고로 설립된다. 창고 관리자는 제품의 보관자가 되고 대여에 대한 담보로 사용될 수 있는 영수증을 발행한다. 또한 공공창고는 보세 공간(bonded storage), 즉 제품의 주인이 세관에 세금, 조세, 또는 다른 수수료를 납부할 때까지 수입되거나 과세되는 제품들을 방출하지 않는 창고 협정을 제공한다. 보세 창고는 기업들로 하여금 제품이 고객에게 선적될 때까지 그 제품에 대한 세금 납부를 연기하게 해준다.

유통 센터(distribution centers)는 공장과 공급자들로부터 제품을 받고, 주문에 따라 재편성하고, 그리고 이들을 고객에게 빠르게 선적하는 대규모의 중앙집중화된 창고로서 제품의 보관보다는 이동에 중점을 둔다.[22] 유통 센터는 특히 제품의 신속한 이동을 위해 설계된다. 유통센터는 일반적으로(엘리베이터를 사용하지 않기 위해) 단층 건물로서 주요 고속도로 또는 철도와 같은 운송 네트워크에 접근이 용이하다. 많은 유통 센터는 선적장에서 제품을 모으고 이동시키는 컴퓨터로 지시받는 로봇, 지게

표 13.3 선택 기준에 의한 운송 방식의 특징과 평가

	철도	트럭	파이프라인	수로	비행기
선택 기준					
비용	중간	높음	낮음	매우 낮음	매우 높음
속도	평균	빠름	느림	매우 느림	매우 빠름
의존성	평균	높음	높음	평균	높음
하역 융통성	높음	평균	매우 낮음	매우 높음	낮음
접근성	높음	매우 높음	매우 한정적	한정적	평균
빈도	낮음	높음	매우 높음	매우 낮음	평균
% 톤-마일 수송거리	38.2	28.5	19.9	13.0	0.3
운송 제품	석탄, 곡물, 목재,중장비, 종이와 펄프 제품 화학약품	의류, 컴퓨터, 책, 식료품과 농산물, 가축	석유, 가공석탄, 천연가스	화학약품, 보크사이트, 곡물, 자동차, 농기구	꽃, 음식(매우 부패하기 쉬운), 기술적 도구, 긴급 부품과 장치, 빠른 우편

자료원: U.S. Bureau of Transportation Statistics, *National Transportation Statistics* (Washington, DC: U.S. Government Printing Office), http://www.bts.gov/publications/national_transportation_statistics/html/table_01_46b.html (accessed April 8, 2009).

차, 승강 장치에 의해 상당히 자동화되어있다. 예를 들어서, American Eagle Outfitters는 직접 판매 경로뿐만 아니라, 15세에서 25세까지의 의류를 파는 913개의 미국과 캐나다의 American Eagle Outfitters와 Martin + Osa 점포의 필요에 응대하기 위해서 세 개의 유통 센터를 운영한다. 유통 운영의 효율성과 독창성은 기업들로 하여금 유통 센터를 통한 많은 양의 제품 흐름을 유지할 수 있게 해주어 가장 바쁜 휴가철의 수준을 유지하는 데 도움을 준다.[23] 비록 몇몇의 공공 창고가 그러한 전문화된 서비스를 제공하지만, 대부분의 유통 센터는 개인적으로 소유된다. 그들은 지역 시장의 고객을 서비스하고, 어떠한 경우에는 기업의 지점 창고를 위한 통합거점으로 역할을 한다.

5 운송

운송(**transportation**) 즉, 제품이 만들어진 곳에서부터 중간상과 최종 사용자에게로 제품이동은 가장 비싼 물적 유통 기능이다. 제품 이용가능성과 시기적절한 배달은 운송 기능에 달려있기 때문에, 운송

결정은 직접적으로 고객 서비스에 영향을 미친다. 만약 운송 시스템이 적시 배달을 보증하고 따라서 그 기업에게 경쟁 우위를 제공해 준다면, 기업은 심지어 독특한 운송 시스템과 관련된 유통 및 마케팅 전략을 설립할 수 있다. 기업은 그들 자신의 운송 선단(개별적 운송기업)들을 구축하거나 운송 기능을 공용 혹은 계약 운송기업에게 위탁한다.

(1) 운송 방식

물리적 제품을 이동시키는 다섯 가지 기본 운송 방식(transportation modes)이 있다: 철도, 트럭, 수로, 항공, 그리고 파이프라인. 각 방식은 특정한 혜택을 제공한다. 많은 기업들은 둘 또는 그 이상의 방식을 통합하여 사용하는 것을 용이하게 하는 물적 처리 절차를 채택한다. <표 13.3>은 각각의 운송 방식으로 운반되는 도시 간 화물의 비율을 나타낸다.

Union Pacific 및 Canadian National과 같은 철도는 긴 거리의 육로로 운송되어야 하는 무겁고 부피가 큰 화물을 운반한다. 일반적으로 철도는 낮은 가치의 생산품과 늘어나는 자동차들뿐만 아니라, 광물, 모래, 목재, 화학물질, 농산품을 운반한다. 철도는 취급에 덜 신경써도 되기 때문에, 소량보다는 더 낮은 요율로 선적될 수 있는 한 차량분을 운송하는 데 철도는 특히 효율적이다. 많은 기업들은 편리한 하역을 위해서 철도주변에 공장이나 창고를 위치시킨다.

트럭은 거의 모든 장소로 갈 수 있기 때문에 미국에서 모든 주요한 운송 수단 중에서 가장 융통성 있는 일정과 수송노정을 제공한다. 트럭은 공장이나 창고로부터 직접 제품을 고객에게 이동시키는 독특한 능력을 가지고 있기 때문에, 종종 도착지까지 직접 배달을 할 수 없는 다른 이동 형태와 결합하여 사용된다. 트럭은 기차보다 비싸고 나쁜 날씨에 다소 취약하다. 또한 그들이 운반하는 제품의 규모와 중량에 대한 제한에 영향을 받기 쉽다. 트럭은 때때로 화물의 높은 분실과 손상에 대해서 그리고 작은 선적품의 재처리에 의해 발생되는 지연 때문에 비난받는다.

수로는 광물, 석탄, 곡물, 그리고 석유 제품과 같은 무겁고, 낮은 가치이고, 부패하지 않는 제품의

기업가 마케팅

프렌치 프라이가 미래로 돌아가다—철도편으로

비용을 최소화하고 가치를 최대화하는 효율적인 물적 유통은 마케팅 전략에 필수적이다.

Martin-Brower Company가 버지니아 전역의 600개의 McDonald's에 냉동 감자를 트럭으로 운반했던 때로 돌아가 보면, 그들은 급등하는 운송비용에 직면하였다. 그들은 미래로 가기를 결정하고, 그들의 잘게 썬 감자를 철도로 운송하였다. 많은 사람들은 냉동 서비스를 제공하는 철도가 거의 없기 때문에 그것이 불가능하다고 생각하였다. 그러나 냉동 철도 차량을 구축한 Cryo-Trans와의 협력을 통하여, 심지어 그들은 전체 선적 과정에 걸쳐서 재고 상태를 볼 수 있도록 만든 추적 장치를 포함한 해결책을 만들었다. 그들은 운송비용을 대폭 삭감하고, 적재장에서 혼잡을 줄이고, 탄소배출량을 줄였다.

오늘날, Martin-Brower는 철도로 냉동 제품을 운송하며, 미국에서 McDonald's의 가장 큰 유통업체가 되었다.

선적에 가장 저렴한 방법이다. 수로 운송 수단은 상당한 적재량을 제공한다. 예인선과 견인선에 동력을 달아서, 연안 내륙의 수로, 내륙의 강을 따라서 내비게이션 시스템을 이용해서 운항하는 바지선은 기차 한량 무게의 10배나 되는 짐을 실을 수 있고, 원양 선박은 수천 개의 컨테이너를 운송할 수 있다. 국제 화물의 95% 이상이 수로에 의해 운반된다. 그러나 만약 철도나 트럭에 의해 보완되지 않는다면 수로 수송은 많은 시장에 있어 접근이 불가능하다. 가뭄과 홍수도 내륙 수로 운송의 사용자에게 어려움을 줄 수 있다. 그럼에도 불구하고, 수로 운송의 최대 연료 효율성과 마케팅의 지속적 국제화는 미래에 수로 운송의 사용을 증가시킬 것이다.

항공은 가장 빠르지만 가장 비싼 운송의 형태이다. 항공은 대부분 부패하기 쉬운 제품, 높은 가치가 있고 부피가 작은 제품, 그리고 긴급한 발송처럼 장거리를 빨리 운송할 필요가 있는 제품에 사용된다. 일부 항공 운송 수단은 승객, 화물, 그리고 우편을 함께 운송한다. 항공 운송은 비용에도 불구하고 창고 및 포장비용과 도난 및 손상으로 인한 비용을 줄일 수 있기 때문에 전체 비용을 줄이는 데 도움을 준다(그러나, 픽업과 최종 배달을 위하여 필요한 트럭 운송으로 비용과 운송 시간이 추가된다). 비록 항공 운송이 전체 중량-거리 운송의 1%보다 적지만, 운송 수단으로서의 중요성은 증가하고 있다. 사실, 많은 사업의 성공은 UPS, FedEx, DHL, PRS Air, U.S. Postal Service와 같은 당일 항공 배송 서비스의 이용가능성에 바탕을 둔다. 예를 들어서, Amazon.com은 온라인으로 주문된 많은 제품을 주문하루 안에 UPS를 통해서 선적한다.

가장 자동화된 운송 수단인 파이프라인은 일반적으로 화주에 속해 있으며 화주의 제품을 운반한다. 대부분의 파이프라인은 석유나 화학제품을 운반한다. ExxonMobil과 BP Amoco를 포함한 석유기업 콘소시엄에 의해 소유되고 운영되는 Trans-Alaska Pipeline은 중앙 알래스카의 멀리 있는 석유 시추 장소에서부터 해안의 선적 터미널까지 원유를 운송한다. 슬러리(slurry) 파이프라인은 분쇄된 석탄, 곡식 또는 나무조각을 물로 부유시켜서 운송한다. 파이프라인은 제품 이동이 느리지만, 계속적이며 상대적으로 낮은 비용으로 이동시킨다. 파이프라인은 신뢰할 수 있으며, 제품 손상이나 절도의 문제를 최소화한다. 그러나 내용물은 증발로 인하여 통상적으로 1% 정도 줄어들게 된다. 또한 파이프라인은 설치를 두려워하고 누수가 식물이나 동물에 해를 줄 수 있다고 걱정하는 환경주의자들에게 걱정거리가 되어왔다.

(2) 운송 방식의 선택

물류관리자들은 해당 제품에 가장 적합하고, 고객 서비스의 바람직한 수준을 창출할 수 있는 비용, 속도, 신뢰성, 하역 융통성, 접근성, 그리고 빈도들의 조합에 근거해서 운송 방식을 선택한다. <표 13.3>은 이러한 선택 기준에 의한 각 운송 방식의 상대적인 평가를 보여준다.

마케터는 보다 비싼 방식으로부터 얻는 편익이 더 높은 비용을 지불할 가치가 있는지 여부를 결정하기 위해서 대안적 운송 방식을 비교한다. Accuship과 같은 기업들은 마케터들이 다양한 운송 대안을 분석하는 데 도움을 줄 수 있다. 이 인터넷 기업의 소프트웨어는 Coca-Cola와 Home Shopping Network과 같은 기업 사용자에게 다른 운송 방식의 속도와 비용에 대한 정보를 제공하고 그들이 선적을 주문하고 온라인에서 선적을 추적할 수 있게 해준다. Accuship은 매일 거의 백만 개의 선적을 처리한다.

AP IMAGES/SETH PERLMAN

운송
수로운송은 대형 장비, 곡물, 자동차, 화학제품과 같이 무겁고, 부패하지 않는 제품을 이동시키는데 사용된다.

(3) 운송의 통합

다양한 운송 방식에 의해서 제공되는 혜택을 활용하고 부족한 점을 보완하기 위해서, 종종 마케터들은 둘 혹은 그 이상의 운송 방식을 통합한다. 최근에, 통합된 접근방법인 **복합 수단 운송(inermodal transportation)**은 운송 산업내 새로운 추세이기 때문에 더 수월해지고 있다. 여러 종류의 복합 수단 선적이 이용가능하다. 모든 수단이 트럭운송의 유연성을 낮은 비용이나 다른 형태의 운송 수단과 통합한다. 컨테이너 수송은 piggyback(트럭 트레일러와 철도 무개화차), fishyback(트럭 트레일러와 수로 운송), 그리고 birdyback(트럭 트레일러와 항공 운송)에 의한 운송을 위해 봉인된 컨테이너로 선적을 통합해서 복합수단 운송을 용이하게 하였다. 운송비용이 증가함에 따라, 통합 수송이 인기를 얻게 되었다.

전문화된 외부조달 중개인은 통합 수송의 다른 형태를 제공한다. **화물 운송업자(freight forwarders)**라고 알려진 이러한 기업들은 여러 기업으로부터의 선적을 효율적인 사이즈로 통합한다. 소형 적재(500파운드 이하)는 한 차량 혹은 한 트럭분보다 훨씬 더 비싸서 자주 통합을 요구한다. 화물 운송업자들은 다양한 마케터로부터 소량 선적량을 받아서, 운송업체로부터 운송 공간을 구입하고, 그리고 구매자에게 배달될 제품을 정렬한다. 화물 운송업자의 이익은 각 마케터에게 부과한 한 차량분이 안 되는 화물의 높은 요율과 낮은 한 차량분의 요율과의 차이 마진으로부터 온다. 대량 선적은 처리를 덜 요구하기 때문에 화물 운송업자를 이용하는 것이 배달을 신속하게 해준다. 또한 화물 운송업자들은 가장 효율적인 운수업자와 경로를 결정할 수있고 해외 시장으로 제품을 선적하는데 유용하다. 몇몇 기업들은 화물 운송업자가 택배서비스를 제공하기 때문에 선적을 화물 운송업자에게 위탁하는 것을 선호한다.

다른 운송 혁신은 **대형운송기업**(megacarrriers), 즉 철도, 트럭, 그리고 항공 서비스를 포함한 여러 선적 방법을 제공하는 화물 운송기업의 개발이다. 예를 들어서, CSX는 기차, 바지선, 컨테이너 선박, 트럭, 그리고 파이프라인을 갖고 있어서 다양한 운송서비스를 제공한다. 또한, 항공 운송기업들은 그들의 지상 운송서비스를 증가시켰다. 그들이 운송 대안의 범위를 확장함에 따라, 운송기업은 고객 서비스를 많이 강조한다.

13.6 경로관리의 법률적 이슈

경로관리를 지배하는 많은 연방법, 주법, 그리고 지역법들은 경쟁과 자유 무역을 보호해서 대중에게 서비스하는 일반 원칙에 바탕을 두고 있다. Sherman Antitrust Act 및 Federal Trade Commission Act와 같은 연방법률의 권한하에, 법원과 규제 기관들은 어떠한 상황에서 경로관리 관행이 이러한 기본 원칙을 위반하는지와 규제되어야 하는지를 결정한다. 비록 경로관리자들은 법률 전문가가 되는 것이 기대되지는 않지만, 유통기능을 통제하려는 시도가 법률적 반향을 가질 수 있음을 인식하여야 한다. 아래의 관행들이 자주 법적 규제를 받는 것들에 속한다.

1 이중 유통

앞에서 일부 기업들이 동일한 표적시장에 동일한 제품을 유통하기 위하여 둘 혹은 그 이상의 마케팅 경로를 사용해서 이중 유통을 사용할 수 있다고 하였다. 예를 들어서, Hewlett-Packard는 Best Buy와 같은 전자 제품 소매상을 통해서 뿐만 아니라, 무료 전화와 웹사이트를 통하여 직접 소비자들에게 컴퓨터를 팔았다. 이러한 실행이 경쟁을 조장할 때 법정은 이를 불법이라고 간주하지는 않는다. 제조업체도 자신의 소매점을 합법적으로 개점할 수 있다. 그러나 법정은 그들의 제품을 취급하는 독립 소매상이나 유통업체를 지배하거나 축출하기 위해서 기업 소유의 매장을 이용하는 제조업체를 경쟁에 대한 위협이라고 간주한다. 이러한 경우에, 이중 유통은 법률을 위반한다. 이러한 해석을 피하기 위해서, 생산자들은 독립 소매상의 가격보다 심하게 저가로 팔지 않는 소매가격을 이용하여야 한다.

2 판매 지역의 제한

제품의 유통에 대한 통제를 강화하기 위하여, 제조업체들은 중간상으로 하여금 자사 제품을 정해진 판매 지역 외에서 판매하는 것을 금지하려고 노력할 것이다. 중간상들은 이러한 실행이 그들에게 독점적 지역을 주고 이 지역 내에서 동일 생산자의 브랜드들과의 경쟁을 피하도록 해주기 때문에 종종 이러한 관행을 좋아한다. 최근에, 법원은 판매 지역의 제한에 대해서 상반되는 입장을 보였다. 비록 법정이 판매지역의 제한이 같은 브랜드를 취급하는 중간상들 사이의 거래를 제한하는 것이라 했지만(소규모 혹은 새로 설립된 기업의 경우는 제외), 그들도 독점적인 지역이 다른 브랜드를 다루는 유통업체들 간에 실제로 경쟁을 촉진할 수 있다는 것을 주장한다. 지금은 지역의 제한을 설정하려는 생산자의 의도와 그렇게 함으로써 시장에 미치는 전반적 효과는 각 사례별로 평가되어야 한다.

3 구속 계약

공급자가(일반적으로 생산자나 프랜차이저) 경로 구성원에게 다른 제품도 함께 구매해야 한다는 계약으로 제품을 공급할 때, **구속 계약(tying agreement)**이 존재한다. 공급자들은 취약한 제품을 보다 인기 있는 제품과 함께 유통시키고자 구속 계약을 도입하거나, 또는 프랜차이저가 품질 관리에 필요한 정책 및 프랜차이저의 명성을 보호한다는 것을 정당화해서 프랜차이즈 판매에 시설과 공급품 구입을 같이 묶을 수 있다.

이와 관련된 관행이 전체라인 강매(full-line forcing)인데, 여기에서 공급자들은 경로 구성원들이 공급자의 어떤 물건이라도 획득하기 위해서 공급자의 전체 라인을 구매하도록 요구한다. 제조업체들은 때때로 중간상이 새로운 제품들을 받아들이고 적당한 제품의 범위가 고객에게 이용가능하다는 것을 확실하게 하기 위하여 전체라인 강매를 이용한다.

법정은 그 공급자 홀로 특정한 품질의 제품을 제공할 수 있을 때, 중간상이 경쟁 제품도 자유롭게 취급할 수 있을 때, 그리고 기업이 이제 방금 시장에 진입했을 때 구속 계약을 인정한다. 그 외 대부분의 구속계약들은 불법으로 간주된다.

4 독점적 거래

제조업체가 중간상으로 하여금 경쟁사의 제품을 취급하는 것을 막을 때, 이 협정을 **독점적 거래(exclusive dealing)**라고 한다. 제조업체들은 독점적 거래 협정으로 상당한 시장 보호를 받으며 협정을 위반한 중간상에게 선적을 중단할 수 있다.

독점적 거래 계약의 합법성은 일반적으로 세 가지 테스트를 적용해서 결정된다. 만약 독점적 거래가 경쟁자에게 시장의 10% 정도까지만 허용한다면, 만약 관련된 판매 수입이 상당히 크다면, 그리고 만약 제조업체가 유통업체보다 훨씬 더 크다면(그래서 협박을 한다면), 그 협정은 반경쟁적인 것이라고 간주된다.[25] 만약 주어진 시장에서 유통업체와 고객이 유사한 제품에 접근할 수 있거나, 만약 독점적 거래계약이 그렇지 않으면 약한 경쟁자를 강하게 한다면, 그 협정은 허용된다.

5 거래 거부

75년 이상 동안, 법정은 생산자가 그들과 사업을 할 경로 구성원을 선택할 권리(그리고 다른 구성원과는 거래를 거부할 수 있는 권리)를 가진다고 주장해 왔다. 그러나 기존 유통 경로 내에서 공급업자가 단순히 도매상이나 유통업체들이 반경쟁적이거나 거래를 제한하는 정책을 반대하기 때문에 이들과 거래하는 것을 법적으로 거부할 수는 없다. 더구나 공급자들은 다른 구성원들이 불법적인 정책에 순응하지 않는 것을 선택한 다른 구성원에 대하여 거래 거부 행동을 하기 위해서 일부 경로 구성원들을 조직화하는 것이 금지된다.

이 장의 복습

1 공급사슬관리의 기초를 설명한다

마케팅믹스의 유통 요소는 고객이 제품을 구매하기 원하는 시간과 장소에 이용 가능하도록 하는 활동과 연관된 의사결정에 초점을 두고 있다. 유통의 중요한 기능은 관련된 모든 기업들이 효과적인 공급사슬을 구축하는 데 일부가 되도록 하는 결합된 노력이다. 공급사슬은 원자재에서 최종 고객에 이르기까지 제품의 흐름과 변환과 관련된 모든 활동을 언급한다. 운영관리는 한 기업이 자원을 투입하여 제품으로 변환시키는 데 사용되는 일련의 전체 관리활동이다. 물류관리는 고객의 필요와 욕구를 충족시키기 위해 원산지에서부터 소비에 이르기까지 제품, 서비스 그리고 정보의 효율적이며 효과적인 흐름과 보관을 기획, 실행, 그리고 통제하는 것을 포함한다. 넓은 형태의 공급관리는 원자재에서부터 최종 고객으로, 이어서 재설계 및 마지막 처분으로의 가치 증진을 가능하게 하는 과정을 말한다. 따라서 공급사슬관리는 제품과 서비스가 생산되어서 적당한 양으로, 적절한 장소로, 그리고 적절한 시간에 유통되도록 하기 위하여 운영관리, 물류관리, 공급관리, 마케팅 경로관리의 기능을 통합하는데 사용되는 일련의 접근방법이다. 공급사슬은 제품을 유통하고 협동적인 노력으로부터 혜택을 얻는 모든 기업들—즉 생산자, 도매상, 그리고 소매상뿐만 아니라 유통을 용이하게 만드는 선적업체와 다른 기업들을 포함한다.

2 마케팅 경로와 공급사슬의 역할과 중요성을 탐색한다

마케팅 경로, 혹은 유통 경로는 생산자에서부터 고객에 이르기까지 제품의 흐름을 관리하는 개인과 조직의 집단이다. 마케팅 경로의 주요한 역할은 제품을 적절한 시간에 적절한 장소에서 적당한 양을 이용할 수 있게 하는 것이다. 대부분의 유통 경로에서, 생산자와 소비자는 마케팅 중간상에 의해 연결되어 있다. 중간상의 두 가지 주요한 형태로는 제품을 구매해서 이것을 다시 최종 소비자에게 판매하는 소매상과 제품을 구매해서 다른 도매상, 소매상, 혹은 비즈니스 고객에게 재판매하는 도매상이 있다.

마케팅 경로는 많은 기능들을 제공한다. 마케팅 경로는 고객이 원하는 시간과 장소에서 사용가능하게 하고 판매나 임대를 통하여 고객이 제품 사용에 접근할 수 있게 해서 시간, 장소, 그리고 소유 효용을 창조한다. 마케팅 중간상은 종종 특정 서비스와 기능을 수행함으로써 교환 비용을 줄여주면서 교환 효율성을 높여 준다. 비록 일부 비평가들이 도매상을 제거할 것을 제안하지만, 마케팅 경로에서 중간상의 기능은 수행되어야 한다. 따라서 하나 혹은 그 이상의 중간상을 제거하게 되면 그 경로상의 다른 기업이 그 기능을 위해서 더 활동해야 하는 결과를 가져온다. 중간상들이 생산자와 구매자 모두에게 서비스하기 때문에, 생산자에서 최종 소비자까지 제품 이동에 필요한 총거래 빈도수를 줄인다.

3 마케팅 경로의 종류를 확인한다

유통의 경로는 크게 소비자 제품의 경로와 비즈니스 제품의 경로로 분류된다. 이러한 두 가지 포괄적인 범주내에서 제품에 따라서 다른 경로들이 사용된다. 비록 소비자 제품이 생산자로부터 소비자에게 직접 이동될 수 있지만, 도매상과 소매상을 포함하는 소비자 경로들이 일반적으로 경제적이고 지식 효율적이다. 비즈니스 제품의 유통은 사용 경로의 형태가 소비자 제품과 다르다. 직접 유통 경로는 비즈니스 마케팅에서 공통이다. 또한 산업 유통업체, 제조업체 대리인, 그리고 대리인과 유통업체의 결합을 포함한 경로들도 사용된다. 대부분의 생산자들은 다중 또는 이중 경로를 갖고 있어서 유통 시스템은 다양한 표적 시장에 따라서 조정될 수 있다.

4 마케팅 경로 선택의 영향 요인을 이해한다

적합한 마케팅 경로를 선택하는 것은 공급사슬관리자에게 있어서 중요한 결정이다. 어떤 경로가 가장 적당한가를 결정하기 위하여, 관리자들은 고객 특성, 조직 형태, 제품 속성, 경쟁, 환경적 영향, 그리고 중간상의 활용가능성과 특성을 고려해야 한다. 이러한 요소들에 대한 주의 깊은 고려가 공급사슬관리자가 정확한 경로를 선택하는 것을 도와 줄 것이다.

5 시장 커버리지의 강도를 확인한다

마케팅 경로는 제품들이 적합한 시장 커버리지를 받아들일 수 있도록 관리된다. 집중적 유통을 선택할 때, 생산자들은 제품을 모든 가능한 유통업체에서 이용할 수 있게 만들려고 노력한다. 선택적 유통에서는, 그 지역에서 단지 일부 매장들이 제품을 유통하도록 선택된다. 독점적 유통은 일반적으로 넓은 지리적 지역에서 단일 유통업체에게 제품을 판매할 수 있는 권리를 준다.

6 리더십, 협동, 갈등을 포함한 마케팅 경로에서의 전략적 이슈를 조사한다

각 경로 구성원은 시스템에서 다른 역할을 수행하고, 권리, 책임, 보상, 그리고 순응하지 않을 경우에 제재를 받는 것에 동의한다. 비록 많은 마케팅 경로가 합의에 의해서 결정되지만, 일부는 단일 리더, 혹은 경로 캡틴에 의해서 조직되고 통제된다. 경로 캡틴은 생산자, 도매상, 또는 소매상이 될 수 있다. 마케팅 경로는 구성원들이 협동할 때 가장 효율적으로 작동하며, 그들이 자신들의 역할에서부터 벗어날 때, 경로 갈등이 생겨난다.

마케팅 경로의 통합은 한 경로 구성원의 관리하에서 다양한 활동들을 하게 한다. 수직적 통합은 하나의 관리하에 둘 혹은 그 이상의 단계를 통합한다. 수직적 마케팅 시스템(VMS)은 모든 경로 구성원들의 상호 이익을 위해 중앙집중적으로 관리된다. 수직적 마케팅 시스템은 기업형 VMS, 관리형 VMS, 계약형 VMS가 있다. 수평적 통합은 하나의 관리하에서 경로 운영의 동일 수준에 있는 기업들을 통합한다.

7 공급사슬관리의 일부로서 물적 유통을 조사한다

물적 유통, 혹은 로지스틱스는 제품이 생산자에서부터 고객 및 다른 최종 사용자에게 제품을 이동시키는 데 사용되는 활동들을 말한다. 이러한 활동들은 주문 처리, 재고관리, 자재 관리, 창고관리, 그리고 수송을 포함한다. 효율적인 물적 유통 시스템은 비용을 줄이고 고객 만족을 증가시킬 수 있기 때문에 전체 마케팅 전략의 중요한 요소이다. 마케팅 경로 내에서, 물적 유통 활동은 종종 도매상에 의해 수행되지만, 생산자 또는 소매상 또는 위탁된 제 3자에 의해서 수행될 수도 있다. 효율적인 물적 유통 시스템은 비용과 이동시간을 감소시켜주면서 고객 서비스도 증가시킨다.

주문 처리는 판매 주문 정보의 수령 및 이전을 말한다. 주문 처리는 주문 입력, 주문 처리, 그리고 주문 배달의 세 가지 주요 임무로 구성되는데, 이것들은 수동적으로 수행될 수 있지만 종종 전자 자료 교환 시스템을 통해서 더 잘 처리될 수 있다. 재고 관리는 고객의 필요를 충족시키기 위해 제품의 적절한 구색 갖춤을 개발하고 유지하는 것과 연관되어 있다. 물류관리자들은 비용을 낮게 유지하면서 고객의 욕구를 충족시키기 위한 최적의 재고 수준을 찾는데 노력하여야 한다. 제품의 물적 처리인 자재 관리는 창고업과 제품 운송에 있어서 중요한 요소이다. 창고업은 제품을 저장하고 이동하기 위한 시설을 디자인하고 운영하는 것과 연관된다. 그러한 시설들은 개인적으로 또는 공적으로 소유된다. 제품이 만들어진 장소에서 소비되고 사용되는 장소로의 이동인 운송은 가장 비용이 많이 드는 물적 유통 기능이다. 제품을 이동하는 기본적 방식은 철도, 트럭, 수로, 항공, 파이프라인이 포함된다.

8 경로관리에서 법률적 이슈를 탐색한다

연방, 주, 그리고 지역법들은 경쟁과 자유 무역을 보호하기 위하여 경로관리자를 규제한다. 경로관리자가 기본적 원칙을 위반하는지 여부에 따라 법정은 그 활동을 금지하거나 허가한다. 경쟁을 장려하는 입법은 유통 관행에 적용된다. 종종 법적 제한을 받는 경로관리 관행으로는 이중 유통, 판매지역의 제한, 구속 계약, 독점적 거래, 그리고 거래 거부들이 포함된다. 이러한 관행들이 약한 경쟁자를 강화시키거나 유통업체들 사이의 경쟁을 증가시킬 때, 그것들은 허용될 수 있다; 대부분의 경우에서, 경쟁이 상당히 약화되면, 그러한 관행들은 불법으로 간주된다.

주요 개념

유통(distribution): 소비자들이 구매하고자 원하는 때와 장소에서 제품을 이용할 수 있도록 만드는 결정과 활동

공급사슬(supply chain): 원료에서 최종고객으로 전달되는 제품의 흐름 및 전환과 연관된 모든 활동

운영관리(operations management): 투입자원을 제품으로 변환시키기 위해 조직이 사용하는 일련의 관리적 활동

물류관리(logistics management): 고객의 필요와 욕구를 충족시키기 위해 원산지부터 소비에 이르기까지 제품 및 정보의 효율적이며 효과적인 흐름과 보관을 기획하고, 실행하고, 그리고 통제하는 것

공급관리(supply management): 가장 광범위한 형태로 원재료에서부터 최종 고객까지, 그리고 재디자인 및 최종 처분까지의 가치 증진을 가능하게 하는 과정

공급사슬관리(supply-chain management: SCM): 제품이 적절한 수량으로, 적절한 장소에, 적절한 시간에 생산되고 유통되도록 운영관리, 물류관리, 공급관리 및 마케팅 경로 관리 기능을 통합하는데 사용되는 일련의 접근방법

마케팅 경로(marketing channel): 공급사슬 내 생산자들로부터 고객들에게 이르기까지 제품의 흐름을 관장하는 개인 및 조직의 집단

마케팅 중간상(marketing intermediaries): 계약 협정 또는 제품의 구매와 재판매를 통해 생산자와 다른 중간상 또는 최종 소비자를 연결해주는 중간 상인

산업 유통업체(industrial distributor): 산업제품의 소유권을 가지고 재고를 취급하는 독립적인 사업조직

이중 유통(dual distribution): 같은 표적 시장에서 같은 제품을 유통하기 위해 두 개 이상의 마케팅 경로를 사용하는 것

전략적 경로 제휴(strategic channel alliance): 한 기업의 제품이 다른 조직의 마케팅 경로를 통해 유통될 수 있는 협정

집중적 유통(intensive distribution): 제품을 유통시키기 위해 이용가능한 모든 점포를 사용하는 것

선택적 유통(selective distribution): 제품을 유통시키기 위해 일부 이용가능한 점포만을 사용하는 것

전속적 유통(exclusive distribution): 제품을 유통시키기 위해 상대적으로 큰 지리적 영역에 있어서 오직 하나의 점포만을 사용하는 것

경로 캡틴(channel captain): 마케팅 경로 또는 공급사슬의 지배적인 구성원

경로 파워(channel power): 다른 구성원의 목표 달성에 영향을 줄 수 있는 한 경로 구성원의 능력

수직적 경로 통합(vertical channel integration): 하나의 관리 하에서 마케팅 경로의 둘 혹은 그 이상의 단계를 결합하는 것

수직적 마케팅 시스템(vertical marketing systems: VMSs): 표적시장 고객의 만족을 목표로 효율적, 저비용 유통을 실현하기 위해 단일 경로 구성원이 관리하는 마케팅 경로

수평적 경로 통합(horizontal channel integration): 하나의 관리 하에서 운영 수준이 동일한 조직들을 결합하는 것

물적 유통(physical distribution): 생산자부터 소비자 및 다른 최종 사용자까지 제품을 이동시키기 위해 사용되는 활동

외부조달(outsourcing): 마케팅 경로 내 관리 권한이 없는 제3자와 물적 유통 업무를 계약하는 것

사이클 타임(cycle time): 과정을 완성하는데 필요한 시간

주문 처리(order processing): 판매주문 정보의 수령 및 전달

전자적 자료 상호교환(electronic data interchange: EDI): 주문 처리를 생산, 재고, 회계 및 운송과 통합하는 전산화된 수단

재고관리(inventory management): 고객의 욕구를 충족시키기 위해 제품의 적절한 구색을 개발하고 유지하는 것

적시공급(just-in-time: JIT): 생산 또는 재판매에 필요할 때 즉시 공급해주는 재고관리 접근방법

자재관리(materials handling): 유형 제품, 공급품 및 자원의 물리적 처리

창고관리(warehousing): 제품을 저장하고 이동하기 위한 시설의 설계 및 운영

사설 창고(private warehouses): 제품을 선적하고 저장하기 위한 자사 운영 시설

공공 창고(public warehouses): 기업에 의해 임대될 수 있는 저장 공간 및 관련 물적 유통시설

유통 센터(distribution centers): 제품의 보관보다는 이동에 초점을 맞추는 대규모의 집중화된 창고

운송(transportation): 제품이 만들어진 곳에서부터 중간상 및 최종 사용자까지의 제품의 이동

복합 수단 운송(intermodal transportation): 결합하여 사용되는 둘 혹은 그 이상의 운송방식

화물 운송업자(freight forwarders): 여러 기업으로부터의 선적을 효율적인 사이즈로 통합하는 조직

대형운송기업(megacarriers): 여러 선적 방식을 제공하는 화물운송 기업

구속 계약(tying agreement): 공급자가 경로 구성원에게 다른 제품도 함께 구매해야 한다는 조건으로 제품을 공급하는 계약

독점적 거래(exclusive dealing): 제조업자가 중간상으로 하여금 경쟁사 제품의 취급을 막는 상황

연습문제

1. 공급사슬을 정의하라. 이것이 왜 중요한가?
2. 마케팅 경로의 주요 기능을 설명하라. 왜 이런 기능들이 경로 구성원들의 결합된 노력을 통해서 더 잘 수행되는가?
3. 소비자가 유통의 비효율성에 대해서 종종 중간상을 비난하는 이유들을 열거하라.
4. 소비자 제품에 대한 4가지 형태의 마케팅 경로를 비교하고 대조하라. 아래의 각 제품은 어떤 형태의 경로를 통해서 유통되는 것이 가장 좋은가?
   a. 새로 나온 자동차
   b. 짭짤한 크래커
   c. 크리스마스 트리
   d. 신간 교재
   e. 소파
   f. 음료수
5. 산업재 제품에 대한 가장 보편적인 경로를 설명하라. 마케터가 각 경로를 선택하도록 유도하는 제품과 상황들을 설명하라.
6. 산업 유통업체를 설명하라. 어떤 형태의 제품들이 산업 유통업체를 통해서 마케팅되는가?
7. 어떤 조건에서 생산자가 하나 이상의 마케팅 경로를 가장 잘 이용하는가?
8. 마케팅 경로 선택 의사결정에 영향을 미칠 수 있는 요소들을 확인하고 설명하라.
9. 집중적 유통, 선택적 유통, 그리고 전속적 유통의 차이를 설명하라
10. "경로 협력은 경로구성원들이 개별 목표를 달성하기 위해서 전체 목표를 지지할 것을 요구한다"는 말에 대해서 비평하라.
11. 세 가지 형태의 수직적 마케팅 시스템(VMS) 즉, 기업형 VMS, 관리형 VMS, 그리고 계약형 VMS 가가에 대한 주요 특성을 설명하라.
12. 물적 유통 시스템을 개발하는 것과 관련된 비용과 서비스간의 상충관계를 설명하라.
13. 주문처리와 관련된 주요 과제는 무엇이 있는가?
14. 제품이나 공급품을 다시 주문할 때 재고관리자가 직면하는 상충관계를 설명하라. 어떻게 재주문시점이 계산되는가?
15. 사설 창고와 공공창고의 주요한 차이를 설명하라. 이들이 유통센타와 어떻게 다른가?
16. 다섯 가지 주요 운송 형태를 비용, 속도, 그리고 신뢰성 관점에서 비교하고 대조하라.
17. 어떤 상황에서 구속 계약, 독점적 거래 그리고 이중 유통이 불법으로 판단되는가?

소매, 다이렉트 마케팅 및 도매

CHAPTER 14

RICK WILKING/REUTERS/LANDOV

Target의 소매 전략 재정비

1962년에 소매의 새로운 시대가 열렸다. 이때 Target, Walmart, Kmart가 모두 할인점으로 문을 열었다. Target은 1975년까지 빠르게 성장했으며, 모기업의 백화점보다 매출 수입이 더 높았다. 할인 소매상이 전 미국 지역으로 확장되면서 2000년에 모 기업을 Target으로 개명했다.

모든 쇼핑객에게 모든 제품을 제공하기보다는, Target은 할인된 가격으로 좋은 디자인을 기반으로 한 차별화를 시켰다. 예를 들어서, 건축가인 Michael Graves는 스타일리시한 housewares와 홈데코 제품을 Target을 위해 개발했다. Target이 전문 의약품을 판매하는 ClearRx 병의 모양까지도 새롭게 바뀌었다. 즉 Target 소매상의 빨갛고 하얀 황소의 눈(red-and-white bull' s-eye)과 같은 로고가 "저렴한 스타일(cheap chic)"을 나타내게 된 것이다.

또한 Target은 제한된 시간동안 "팝업식(pop-up)" 점포를 열어 어떤 제품 범주나 특정한 디자이너를 알리기도 했다. 며칠 혹은 몇 주 동안의 이러한 일시적이고 독립적인 점포는 Target에게 짧지만 확실히 이목을 끎으로써 표적 고객을 유인하도록 해준다.

그러나 최근의 경제적 혼란과 소비자 지출의 감소는 매출과 이익 모두에 영향을 미쳤다. 이에 대응하여, Target은 Walmart와 더욱 효과적으로 경쟁하기 위해 적은 수의 점포를 개점하고, 저가격에 마케팅 초점을 강화시켰다. "고객들은 지금은 매우 금전적으로 어려운 상황이어서, 어떤 의미에서는 우리의 가장 큰 강점이 어려운 점이 되었다"라고 Target의 사장은 말했다. "이 어려운 시기에, 우리의 일부 고객은 과거에 그들이 그랬던 것만큼 설득당하는 것

학습목표

1. 마케팅 경로에서 소매상의 목적과 기능을 이해한다
2. 소매상의 주요 유형을 확인한다
3. 소매업의 전략적 이슈를 확인한다
4. 직접 마케팅 및 직접 판매의 다양한 종류를 확인한다
5. 프랜차이징과 그 장단점을 조사한다
6. 도매상의 특성과 기능에 대해서 이해한다
7. 도매상의 분류방법에 대해서 이해한다

을 원치 않는다." 또한 Target은 신선 식품과 기본적 가정용품의 제품라인의 공급을 확장하고 있다. 이 소매의 재정비가 고객으로 하여금 Target에서 더 자주 쇼핑하도록 만들 수 있는가?[1]

Target과 같은 소매상은 소비자들에게는 가장 가시적이고 접근 가능한 마케팅 경로 구성원이다. 소매상들은 마케팅 경로에서 중요한 연결고리이다. 왜냐하면 이들은 생산자와 도매상의 마케터이면서 동시에 고객이기 때문이다. 이들은 구입, 판매, 등급 매김, 위험 감수, 그리고 고객 정보 데이터베이스 개발 및 유지와 같은 다양한 공급사슬 기능을 수행하고 있다. 소매상은 마케팅 경로에서 소비자와의 관계와 생산자 및 중간상과의 파트너십을 개발하는 전략적 위치에 있다.

이 장에서는 소매상, 다이렉트 마케팅, 그리고 도매상의 특징과 제품 및 서비스를 소비자들에게 공급하는 이들의 중요한 역할을 알아본다. 첫 번째, 소매점의 주요 유형을 알아보고, 소매상에서의 전략적 이슈를 고려한다: 입지, 소매상 포지셔닝, 점포 이미지, 혼합적 머천다이징, 그리고 소매상 유형 순환(the wheel of retailing). 두 번째, 카탈로그 마케팅, 직접 반응 마케팅(direct response marketing), 텔레마케팅, TV홈쇼핑, 온라인 소매상, 다이렉트 판매(direct selling)를 포함한 다이렉트 마케팅에 대해 알아본다. 또한 대중적으로 확산되고 있는 소매상 유형인 프랜차이징에 대해서도 알아본다. 마지막으로, 마케팅 경로에서 도매상의 중요성 그리고 이들의 기능 및 분류에 대해서 알아보고자 한다.

14.1 소매

소매(retailing)는 구매자가 개인적으로, 가족으로, 또는 가정에서 제품을 소비하려고 하는 모든 거래를 포함한다. 따라서 소매 거래에서의 구매자는 최종적인 소비자이다. **소매상**(retailer)은 최종 소비자에게 되팔기 위한 목적으로 제품을 구입하는 기업이다. 비록 대부분 소매상의 판매는 소비자에게 직접적으로 이루어지지만, 비소매(nonretail) 거래는 소매상이 다른 기업들에게 제품을 판매하게 될 때 종종 발생한다. 소매는 점포나 서비스 구축에서도 종종 발생하나, 직접 판매, 직접 마케팅, 점포 밖의 자동판매기를 통해서도 발생한다.

소매는 국가 경제에 중요하다. 미국에는 대략 110만 소매상이 활동한다.[2] 이 수치는 지난 25년 동안 비교적 계속 유지가 되고 있지만, 매출액은 4배 이상 증가하고 있다. 대부분의 개인 소득은 소매 점포에서 지출되며, 거의 8명 중 한 사람이 미국에서 소매 운영과 관련된 직종에 고용되어 있다.

소매상들은 가치를 부가시키고, 서비스를 제공하며 제품을 선택하는 것을 도와준다. 또한 소매상은 구매자들의 쇼핑 경험을 홈쇼핑처럼 더욱 편하게 만들어줌으로써 제품의 가치를 향상시킨다. 점포의 위치를 통해서 소매상은 비교 쇼핑을 가능하게 한다; 예를 들어서, 자동차 딜러는 가구점과 마찬가지로 인근 지역에 밀집되어 있다. 제품 가치는 소매상이 기술 자문, 배송, 신용, 수리 등과 같은 서비스를 제공할 때도 강화된다. 끝으로, 소매 판매원들은 고객들에게 어떻게 제품이 그들의 욕구를 충족시키고 문제를 해결하는지를 설명할 수 있다.

소매상에 의한 부가된 가치는 생산자와 최종 소비자에게 모두 중요하다. 소매상은 생산자와 최종 소비자 사이의 중요한 연결고리가 되는데, 이는 최종 소비자들과의 교환이 발생하는 환경을 제공하기 때문이다. 최종 소비자는 소매상이 마케팅 기능의 실행을 통해서 광범위한 종류의 제품을 이용가능하게 하는 혜택을 받는다. 소매상은 시간, 장소, 소유 효용, 그리고 어떤 경우에는 형태 효용(form utility)을 창출하는 데 중요한 역할을 한다.

Walmart, Home Depot, Macy's, Staples, Best Buy와 같은 선도적인 소매상은 소비자들이 필요로 하는 것을 찾아 볼 수 있도록 제품을 둘러보고 비교할 수 있는 장소를 제공한다. 그러나 이러한 전통적 소매는 카탈로그, TV, 그리고 인터넷을 통해서 홈쇼핑을 제공하는 직접 마케팅 경로에 의해서 도전을 받고 있다. "전통적(bricks and mortar)" 소매상들은 다양한 방법으로 소매 환경의 이러한 변화에 대응하고 있다. 예를 들어서, Walmart는 온라인 쇼핑 웹사이트를 구축해서 McDonald's 및 KFC와 같은 거대 패스트푸드 기업과 협력해서 소비자들이 쇼핑을 하는 장소에서 편안하게 식사할 수 있도록 소비자들을 끌어들이고 있다.

SNAPSHOT

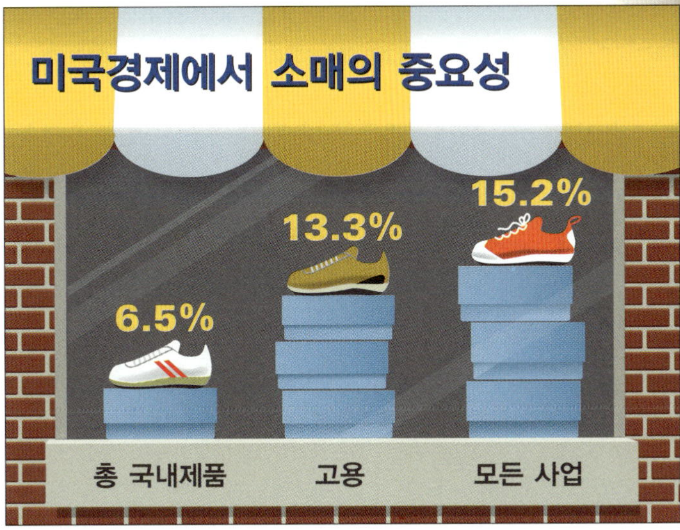

자료원: U.S. Bureau of the Census, *Statistical Abstract of the United States*, 2008 (Washington, DC: U.S. Government Printing Office, 2007), pp. 431, 496, 647, 650.

새로운 점포 방식과 정보 기술의 발전은 소매상 환경을 매우 역동적이고 경쟁적으로 만들고 있다. 문자 메시지 기술은 온라인 소매상들이 실시간으로 고객들과 이야기할 수 있도록 하여 고객들이 다른 웹사이트로 옮겨가지 않도록 만든다. 예를 들어서, Land's End 웹사이트의 쇼핑객들은 사이즈, 색상, 혹은 다른 제품의 상세정보에 대해서 고객 서비스 담당자와 직접적으로 키보드를 통해 이야기를 나눌 수 있도록 하였다. 소매의 성공 비결은 소비자가 원하는 서비스, 제품의 질, 혁신을 제공하는 소매 전략에 강력한 고객 초점을 맞추는 것이다. 비경쟁 소매상들과 다른 마케팅 경로 구성원들간의 파트너십은 소매상들에게 새로운 기회를 제공하고 있다. 예를 들어서, 공항은 The Sharper Image, McDonald's, Sunglass Hut, The Body Shop과 같은 소매상들에게 장소를 대여해주고 있다. Kroger와 Nordstrom은 제휴 공동브랜드 신용카드를 개발해서 가맹 점포에서 고객들에게 리베이트를 제공한다.

소매상들은 국제적인 기회를 모색하고 있다. 예를 들어서, McDonald's와 Gap Inc.는 모두 국내 점포보다 더 많은 국제 점포를 열고 있으며, 이러한 추세가 미래에도 지속될 것을 예상할 수 있다. Starbucks는 일본과 동남아시아에 수백 개의 점포를 열었다. IKEA, ZARA, BP와 같은 해외 소매상들은 점점 더 미국으로 진출하고 있다.

1 소매상의 주요 형태

다양한 형태의 소매상이 존재한다. 이들을 분류하는 한 가지 방법은 소매상에서 제공하는 제품의 폭

(breadth)이다. 두 가지 일반적인 범주로는 종합 소매상과 전문품 소매상이 포함된다.

(1) 종합 소매상

상당한 깊이의 다양한 제품 라인을 제공하는 소매상 기관을 **종합 소매상(general merchandise retailer)**이라고 한다. 이 범주에서 제품 제공물의 형태, 고객 서비스의 믹스, 그리고 소매상 운영 스타일이 상당히 다양하다. 종합 소매상의 주요 형태로는는 백화점, 할인점, 편의점, 슈퍼마켓, 슈퍼스토어, 하이퍼마켓, 창고형 멤버십, 그리고 창고형 쇼룸이 있다(<표 14.1> 참조).

백화점 **백화점(department stores)**은 마케팅과 내부 관리를 용이하게 하기 위해서 다양한 제품믹스를 갖고 있는 것 그리고 화장품, 가정용품, 옷, 가구, 그리고 가전제품처럼 분리된 부서로 구성된 것을 특성으로 하는 대형 소매 조직이다. 종종 각 부서는 독자적 사업으로서 기능을 하고, 개별 부서별 구매자는 상당히 자율적이다. Macy's, Sears, Dillard's, Neiman Marcus과 같은 전형적인 백화점들은 의류, 액세서리, 화장품에서 큰 비중의 매출을 실현하고 있다. 이 백화점들이 취급하는 다른 제품들로는 선물

표 14.1 종합 소매상

소매상 종류	설명	예시
백화점	다양한 제품믹스를 제공하고 분리된 부서로 조직된 대형 조직	Macy's, Sears, JCPenney
할인점	유명 브랜드와 사적 브랜드(private brand)를 낮은 가격에 제공하는 셀프 서비스 종합 소매상	Walmart, Target, Kmart
편의점	이용하기 편리한 곳에 위치한 좁은 제품 구색갖춤을 제공하는 적은 셀프서비스 점포	7-eleven, Circle K, Stripes
슈퍼마켓	식료품 및 비식료품의 모든 제품라인을 제공하는 셀프서비스 점포	Kroger, Albertsons, Winn-Dixie
슈퍼스토어	일상적으로 반복 구매하는 제품들뿐만 아니라 슈퍼마켓에서와 마찬가지로 모든 식료품 및 비식료품을 제공하는 초대형 점포	Walmart Supercenters
하이퍼마켓	슈퍼마켓과 할인점의 결합 형태로서 슈퍼스토어보다 크다	Carrefour
창고형 멤버십	할인 소매상과 현금지불 및 무배달 도매상을 결합한 대규모의 회원제 점포	Sam's Club, Costco
창고형 쇼룸	대규모 제품재고와 최소 서비스를 제공하는 저가의 대형 빌딩에 있는 점포	IKEA

용품, 여행용 가방, 전자기기, 가정 액세서리, 그리고 스포츠용품 등을 포함한다. 몇몇 백화점은 자동차 보험, 두발 관리, 소득세 신고, 여행 및 안과 서비스를 제공하기도 한다. 어떤 경우에는 이러한 특화된 서비스 공간에 대한 임대가 되어 점주들은 스스로 영업을 관리하고 백화점에 임대료를 지급한다. 또한 많은 백화점들은 웹사이트를 통해 제품을 판매한다.

백화점은 어떤 측면에서는 서비스 중심적이라고 볼 수 있다. 백화점의 모든 제품들은 신용판매, 배달, 개인적 도움, 상품 반환, 그리고 즐거운 분위기를 포함할 수도 있다. 일부 백화점들은 실제로는 대규모의 부분화된 전문점들일지라도, 대부분의 백화점들은 직영점들이다. 소비자들은 한 점포의 가격, 품질 및 서비스를 다른 경쟁점포들과 비교할 수 있다. 대형 할인점과 마찬가지로 백화점은 종종 커뮤니티 안에서 소매상의 리더로 간주되며, 5만 이상의 인구를 갖고 있는 장소에서 발견된다.

ROBERT HARDING PICTURE LIBRARY LTD/ALAMY

백화점
규모, 다양한 제품믹스, 그리고 제공되는 서비스 때문에, Macy's는 백화점으로 분류된다.

할인점 최근에 백화점은 할인점에게 시장 점유율을 빼앗기고 있다. **할인점(discount stores)**은 낮은 가격으로 유명 브랜와 사적 브랜드 제품을 정기적으로 제공하는 셀프 서비스 종합 소매점이다. 할인점은 높은 매출액을 이용해서 전통적 소매점보다 낮은 마진을 수용한다. 높은 재고 회전율을 유지하기 위해서, 이들은 가전기기에서부터 가정용품, 그리고 의류에 이르기까지 광범위한 제품라인이지만 신중하게 선택된 구색을 갖추고 있다. 주요 할인 기관들은 식품, 완구, 자동차 서비스, 정원 용품, 그리고 스포츠용품을 판매한다. Walmart와 Target은 가장 큰 할인점이다. Walmart는 전 세계적으로 7,250개의 점포를 확보하고, 매년 3,780억 달러 이상의 매출을 올린다.[3] 최근 경기 침체 동안에도 Bealls Outlet Stores, Ross Stores, Dollar Stores와 같은 할인점들은 낮은 가격의 가치있는 제품들을 소비자에게 제공하는 기회를 보았다. 백화점들과 일부 독립 의류점들은 이 경기 침체기 동안 판매와 수익이 줄었다.[4] Meijer, Inc.,와 같은 몇몇 할인점들은 현지 지역 기업들이다. 이들 대부분은 대형(50,000~80,000 square feet)이면서 불필요한 서비스가 없는 시설로 운영된다. 할인점은 세일 이벤트에 의존하기 보다는 매일최저가격(Everyday Low Price: EDLP)을 제공한다.

편의점 **편의점(convenience stores)**은 영업시간이 길고, 좁은 제품 구색갖춤을 취급하는 소형 셀프 서비스 점포로서 음료수, 기타 음료, 과자, 신문, 담배, 가솔린과 같은 편의품 뿐만 아니라 ATM과 같은 서비스를 제공한다. "모퉁이 점포(corner store)"가 제공하는 주요 제품은 편의성이다. National Association of Convenience Stores에 따르면, 미국에는 약 146,294개의 편의점이 있고, 150만 명의 종업원이 고용되어 있다. 대체적으로 5,000 제곱 피트 미만의 면적에 500개의 제품들을 일주일 내내, 24시간 동안 판매한다. 많은 국제적인 체인점들뿐만 아니라, 가족이 소유한 독립적인 편의점들도 많이 있다.[5]

슈퍼마켓 **슈퍼마켓(supermarkets)**은 화장품이나 일반 의약품과 같은 비식료품뿐만 아니라 식료품의 모든 제품라인을 다루는 대형 셀프서비스 점포이다. 슈퍼마켓은 제품을 저장하거나 관리하는 데 최대의 효율성을 기하기 위해서 부서별로 배열되지만, 중앙 체크아웃(check out) 시설을 갖고 있다. 슈퍼마켓은 동네 소규모 식료품점보다 더 낮은 가격에 상품을 제공하고, 보통 무료 주차와 가계수표를 받는다. 오늘날, 소비자들은 식료품 구입의 3/4을 슈퍼마켓에서 구입한다. 그렇지만 슈퍼마켓의 식료품 시장점유율은 줄어들고 있는데, 그 이유는 소비자들이 이제는 음식 선호와 구입 습관이 다양해지고 있고, 많은 커뮤니티에서 쇼핑객들은 매우 다양한 레스토랑뿐만 아니라 편의점, 할인점, 전문 음식점 에서 선택할 수 있기 때문이다. 예를 들어서, Walmart는 미국의 슈퍼마켓 3대 체인(Kroger, Albertsons, Safeway)이 합쳐진 것보다 더 많은 수입을 "슈퍼마켓 형태 점포"에서 창출할 것을 기대한다.

슈퍼스토어 **슈퍼스토어(superstores)**는 슈퍼마켓에서 일반적으로 볼 수 있는 식료품 및 비식료품뿐만 아니라, 반복적으로 구매하는 소비자 제품을 취급하는 초대형 소매점포로서 유럽에서 시작되었다. 슈퍼스토어는 할인점과 슈퍼마켓의 특성을 결합한 것이다. 예를 들어서, Walmart Supercenter와 몇몇 Kroger store가 이에 해당된다. 슈퍼스토어는 식품의 전체 라인 외에, 가정용품, 하드웨어, 소형 가전, 의류, 개인 위생용품, 정원 관련 제품, 타이어에 이르기까지 슈퍼마켓보다 약 4배 정도로 많은 아이템들을 판매한다. 또한 드라이클리닝, 자동차 정비, 수표 현금화, 요금 납부, 스낵바와 같은 서비스도 슈퍼스토어에서 가능하다. 취급 및 재고 비용을 줄이기 위해서, 슈퍼스토어는 정교한 운영 기법을 사용하고 전체제품의 구색 갖춤을 진열하는 높은 진열장을 두기도 한다. 슈퍼스토어는 200,000 제곱 피트(전통적인 슈퍼마켓이 20,000 제곱 피트인 데 반해) 정도의 규모를 갖는다. 매출액도 슈퍼마켓보다 2~3배 정도 높은데, 부분적인 이유로는 교통이 편리한 지역에 위치해서 수익성에 필요한 매장내 통행을 유발하는 데 도움을 주기 때문이다. Costco, Walgreens, Safeway, 그리고 Kroger는 주말 쇼핑객이 각각 2,000만 명, 3,000만 명, 4,400만 명, 6,800만 명에 이른다. 매주 Walmart의 문을 통과하는 숫자는 1억 5,000만 명에 이른다.[6]

하이퍼마켓 **하이퍼마켓(hypermarkets)**은 슈퍼마켓과 할인점을 한 장소에 합쳐놓은 형태이다. 하이퍼마켓은 슈퍼스토어보다 크며, 225,000~325,000 제곱 피트 정도의 규모에 45,000~60,000여 종의 제품을 낮은 가격에 판매한다. 일반적으로 하이퍼마켓은 공간의 40~50% 정도를 식료품에 할당하고 나머지 공간은 운동화, 디자이너 청바지, 그리고 기타 의류; 냉장고, TV, 그리고 기타 가전제품; 가정용품; 카메라; 완구; 보석; 하드웨어; 자동차 용품 등과 같은 일반상품에 할당한다. 은행, 안경점, 패스트푸드 음식점과 같은 비경쟁 사업체에게 공간을 대여한다. 모든 하이퍼마켓은 낮은 가격과 다양한 선택에 초점을 맞춘다. 비록 Kmart, Walmart, Carrefour(프랑스 소매상)가 미국에서 하이퍼마켓을 운영하고 있지만, 대부분의 하이퍼마켓들은 성공을 하지 못하거나 문을 닫는다. 이런 점포들은 시간제약을 받는 미국 쇼핑객들에게는 너무 클 수 있다. 그러나 하이퍼마켓은 유럽, 남아메리카, 멕시코에서는 큰 성공을 거두고 있다.

창고형 클럽 급속히 성장하는 대량 머천다이징의 형태인 **창고형 클럽(warehouse clubs)**은 할인 소매상과 현금 지불 · 무배달 판매(cash-and-carry) 도매상을 결합한 대규모의 회원제로만 운영된다. 종종 구매 클럽(buying clubs)이라고 하는 창고형 클럽은 할인점과 같은 종류의 제품이지만 제한된 범위의 규모와 스타일을 취급한다. 대부분의 할인점은 40,000여 종의 제품을 판매하는 반면, 창고형 클럽은 인정받은 선도 브랜드인 3,500~5,000여 종의 제품만을 다룬다. 예를 들어서, Sam's Club 점포는 약 4,000가지 제품을 비축해서 이중에서 1,400가지 제품은 언제라도 구입가능하고 나머지는 한 번만 구입가능하다. Costco는 725억 달러의 매출로 창고형 클럽 산업을 선도하고 있다. Sam's club은 약 450억 달러의 매출로 2위를 차지하며, 3위는 BJ's Wholesale Club으로, 북동지역과 플로리다에서 영업하는데, 훨씬 작은 시장을 갖고 있다.[7] 이 모든 창고형 클럽은 식품, 음료, 도서, 가전기기, 가정용품, 자동차 부품, 하드웨어, 가구를 포함한 다양한 제품군을 제공한다.

슈퍼마켓과 할인점보다 더 낮은 가격을 유지하기 위해서, 창고형 클럽은 최소의 서비스만을 제공한다. 이들은 DM (direct mail)을 제외하고 일반적으로 광고를 하지 않는다. 이들의 점포시설들은 종종 산업 지역에 위치해 있는데, 지게차가 다닐 만한 넓은 콘크리트 바닥과 복도를 갖고 있다. 제품들은 팔레트 단위로 쌓아놓거나 파이프 선반(pipe rack)에 진열해 놓는다. 소비자들은 구입한 제품을 스스로 운반해야 한다. 창고형 클럽은 가격에 민감한 소비자들이나 대형 유통기업들로부터 도매 서비스를 받을 수 없는 소규모 소매상들에게 소구한다. 창고형 클럽의 평균 쇼핑객은 슈퍼마켓의 평균 쇼핑객보다 더 교육을 받고, 더 소득이 높고, 그리고 더 많은 가족을 갖고 있다.

창고형 쇼룸 **창고형 쇼룸**(**warehouse showrooms**)은 다섯 가지 기본적 특성을 갖는 소매시설이다: 대형이면서 저비용 빌딩; 창고형 자재처리 기술, 수직적 제품 진열; 대규모 점내 재고(large on-premises inventories); 최소한의 서비스. 스웨덴 기업인 IKEA는 창고형 쇼룸에서 가구, 가정용품, 그리고 주방용품을 판매하고 카탈로그를 통해서 중국과 러시아를 포함해서 전 세계에 판매하고 있다. 이러한 높은 매출량, 낮은 경비의 운영으로 더 적은 직원과 더 적은 서비스를 강조한다. 낮은 비용이 가능한 이유는 일부 마케팅 기능이 소비자에게로 이동되어서 소비자가 보다 많은 양의 제품을 운반하고, 재정적 지출을 담당해야 하고, 보관해야 한다. 비록 비용을 지불하면 배달을 해주지만, 대부분의 소비자는 제조업체의 대형 포장단위로 구입해서 갖고 간다.

JUPITERIMAGES/THINKSTOCK

창고형 클럽
Sam's Club은 많은 제품라인들을 취급하는 창고형 클럽이다. 대부분의 Sam's Club 제품라인은 제한된 제품라인의 깊이를 갖고 있다.

(2) 전문품 소매상

많은 제품믹스를 다루는 종합 소매상과 반대로, 전문품 소매상은 좁고 깊은 구색갖춤을 강조한다. 그 이름에도 불구하고, 전문품 소매상은 전

AP IMAGES/PRNEWSFOTO/ANN TAYLOR

전통적 전문품 소매상
Ann Taylor와 같은 전통적 전문품 소매상은 좁은 제품라인이지만 깊은 제품 믹스를 갖고 있다.

문 제품을 판매하지 않는다(전문 제품이 모든 제품 믹스를 보완할 경우를 제외하고는). 대신에 이들은 몇 개의 제품라인의 상당한 구색갖춤을 제공한다. 전문품 소매상으로는 세 가지 형태가 있다: 전통적 전문품 소매상, 카테고리 킬러(category killers), 상시 할인점(off-price retailers).

전통적 전문품 소매상(traditional specialty retailers)은 깊은 제품라인의 좁은 제품믹스를 취급하는 점포이다. 종종 제한된 제품라인 소매상(limited-line retailers)이라고도 불리며, 하나의 주요 제품 카테고리 내에서 다양한 깊은 제품들을 취급할 경우, 단일 제품라인 소매상(single-line retailer)이라고 한다. 통상적으로 전통적 전문품 소매상은 의류, 보석, 스포츠용품, 직물, 컴퓨터, 완구, 애완용품 등과 같은 선매품을 판매한다. Limited, Radio Shack, Hickory Farms, Gap Inc., 그리고 Foot Locker가 제한된 제품 라인이지만 이들 라인을 깊게 제공하는 소매상의 예들이다. 많은 전통적 전문품 소매상은 하나 혹은 몇 개의 점포를 갖고 하는 소규모사업이다.

전문품 소매상은 보통 규모가 삭기 때문에, 매출에 비해 비용이 많이 들고, 고객을 만족시키기 위해서는 낮은 회전율을 갖는 일부 제품을 취급하는 것이 필요하다. 그러나 종종 이러한 소매상은 제한된 라인의 제품을 많은 양으로 구입함으로써 공급자들로부터 낮은 가격에 제품을 구입한다. 성공적인 전통적 전문품 소매상은 그들 고객의 유형을 이해하며, 어떤 제품을 다룰 것인지, 그래서 팔리지 않는 제품에 대한 위험을 어떻게 줄일 수 있을지를 알고 있다. 전통적 전문품 소매상은 백화점보다 더 좋은 선택과 더 많은 전문지식을 제공한다. 패션, 서비스, 인력, 분위기, 입지를 활용함으로써 이들 전문품 소매상들은 특정 세분시장에서 소비자들을 끌 수 있도록 전략적으로 자신들을 포지션한다. 예를 들어서, Tiffany& Co.는 소규모의 새로운 소매방식을 이용하여 될 수 있는대로 현대적인 인상을 주려고 한다. 2,600 제곱 피트 규모 점포가 Tiffany 제품들을 편안하고 통풍이 잘되는 환경에서 주의를 끌게 하는 것은 일반적인 판매의 정반대를 보여준다. 그래서 소비자들은 80달러부터 시작하는 가격의 보석을 시용해보게 된다.[8]

지난 15년전에, 카테고리 킬러라고 하는 새로운 종류의 전문품 소매상이 탄생했다. **카테고리 킬러(category killer)**는 주요 제품 카테고리에 집중해서, 낮은 가격과 다양한 제품의 구입가능성으로 경쟁을 하는 초대형 전문품 소매상이다. 이러한 점포를 카테고리 킬러라고 하는 이유는 이들이 빠르게 확장되어 상당한 시장 점유율을 확보해서 높은 비용의 소규모 소매점들의 사업을 빼앗았기 때문이다. 카테고리 킬러의 예로는 Home Depot, Lowe's(주거 개선 체인점); Staples, Office Depot, OfficeMax(사무용품); Borders와 Barnes&Noble(도서판매); PETCO와 PetSmart(애완용품); Best Buy(전자기기) 등이 있다.

상시할인 소매상(off-price retailers)은 제조업자의 2급품, 초과생산품, 반품, 그리고 오프시즌 제품들을 구입해서 대폭 할인하여 소비자들에게 도매가격 이하로 판매하는 점포들이다. 제품에 대해서 정규 도매가격을 지불하고 통상적으로 2급 브랜드를 취급하는 할인점(discount stores)과 달리, 상시할인점은 의류, 신발, 혹은 가정용품과 같이 제한된 제품라인의 유명브랜드와 디자이너 제품을 제공한다. T.J. Maxx, Marshalls, Stein Mart, Burlington Coat Factory와 같은 많은 상시할인 소매점들은 1980년대 중반부터 계속 성장해오고 있다. 상시할인 소매점은 백화점 제품과 견줄 수 있는 제품들을 백화점보다 20~50%를 덜 받지만 고객서비스는 거의 제공하지 않는다. 이들은 공동화장실과 중앙 계산대로 특성화되어 있다. 일부 점포들은 반환이나 교환을 허락하지 않는다. 상시할인 소매점은 원래의 라벨 그대로 제품을 판매할 수도 있고 그렇지 않을 수도 있다. 그들은 일년에 재고를 9~12번 회전시키는데, 전통적 전문품 소매점의 3배 정도 자주 하는 것이다. 이들은 브랜드이름을 잘 알고 있으면서 가격에 민감한 고객들이라는 같은 고객들을 놓고 백화점들과 경쟁한다.

2 소매의 전략적 이슈

대부분의 산업재 구입이 경제적 기획과 필요성에 기반을 두는 반면, 소비재 구입은 사회적 및 심리적 영향으로부터 기인한다. 소비자들은 다양한 이유 즉, 특정한 제품을 찾거나, 지루함으로부터 벗어나기 위해서, 혹은 새로운 무언가를 배우기 위해서 쇼핑을 하기 때문에, 소매상은 단순히 제품으로 공간을 채우는 것보다 더 많은 것을 해야 한다. 그들은 소비자가 원하는 제품을 구매가능하게 해야 하고, 활기찬 쇼핑환경을 만들어야 하고, 점포 애호도를 증가시키는 마케팅 전략을 개발하여야 한다. 여기에서는 소매 목표를 달성하도록 하기 위해서, 점포의 입지, 소매 포지셔닝, 점포 이미지, 그리고 제품 범주 관리가 어떻게 사용되는가를 알아본다.

기업가 마케팅

Tara의 유기농 아이스크림: 성장하는 틈새시장

Santa Fe의 예술가인 Tara Esperanza의 친구가 그녀에게 가정용 아이스크림 제조기를 주었을 때, 그들은 어떻게 그녀에게 창의력과 기업가 정신을 불어 넣어야 할지를 몰랐다. Tara는 레몬글라스(lemon glass), 라벤더(lavender), 가람 마살라(garam masala)와 같은 독특한 맛을 가지고 실험을 했는데, 친구들이 기꺼이 맛을 보고 그녀에게 "이걸 팔아봐!"라고 말해주었다. Tara는 Santa Fe에서 유기농 아이스크림을 판매함으로써 올해의 뉴멕시코의 떠오르는 기업가가 되었다. 좋은 유통은 성공에 필수적이어서, 그녀도 소매상과 온라인에서 제품을 판매하기 시작했다.

Tara는 환경 친화적인 사업 실행을 강조하였다. 모두 유기농 성분을 사용할 뿐만 아니라, 유기농 낙농제품의 산지에 더 가까운 곳으로 이전을 한 캘리포니아 버클리의 새로운 점포에서는 감자 녹말로 만들어진 스푼과 분해가능한 용기로 아이스크림을 제공했다.[a]

COURTESY: LOWE'S COMPANIES, INC.

카테고리 킬러
Lowe's와 같은 점포는 거대한 제품믹스와 저렴한 가격 때문에 종종 카테고리 킬러라고 불린다.

(1) 입지, 입지, 입지

점포의 입지는 전략적 소매 이슈에서 가장 유연성이 적지만 가장 중요한 것 중의 하나이다. 왜냐하면 입지가 소비자를 끌어당기는 제한된 지리적 상권을 좌우하기 때문이다. 소매상들은 가능성 있는 입지를 평가할 때 영업 상권내 표적 시장의 위치, 판매될 제품의 종류, 대중 교통의 이용가능성, 소비자의 특징, 그리고 경쟁사의 위치를 포함한 다양한 요소들을 고려한다. 입지를 선정할 때, 소매상은 보행자, 차량통행, 주차, 운송과 같은 요소들을 포함해서 잠재적 소재지에서 이동의 상대적 용이성을 평가한다. 소매상들은 소재지 자체의 다음 특징들을 평가한다: 상권내 점포의 종류; 고려중인 부지나 건물의 크기, 모양, 그리고 가시성; 그리고 임대, 대여, 혹은 소유 조건. 소매상들은 인근 소매상과의 양립성을 추구한다. 왜냐하면 서로간에 보완하는 점포들이 모두를 위한 더 많은 고객을 끌어당기기 때문이다.

많은 소매상들은 도심 중심 사업 구역에 입점하는 것을 선택하는 반면, 다른 소매상들은 다양한 형태의 계획적 쇼핑센터(planned shopping center)에 있는 장소를 선호한다. Toys "R" Us, Walmart, Home Depot, 그리고 많은 패스트푸드 레스토랑을 포함한 일부 소매상들은 다른 건물과 연결되어있지 않은 독립된 건물을 선택하지만, 많은 체인점들은 계획적 쇼핑센터와 쇼핑몰에서 볼 수 있다. 일부 소매상들은 덜 정통적인 환경에 자리잡는 것을 선택한다. 예를 들어서, Subway가 교회, 빨래방, 병원 안에 위치를 잡는 반면, McDonald's는 병원 안에 다수의 점포를 열었다.[9] 계획적 쇼핑센터는 근린, 커뮤니티, 지역, 초대형지역(superregional), 라이프스타일, 그리고 주력 쇼핑센터를 포함한다.

근린쇼핑센터(neighborhood shopping centers)는 통상적으로 소형 식품점, 주유소, 패스트푸드 레스토랑과 같은 통상적으로 일부 소형 편의점과 전문점을 포함한다. 이러한 많은 소매상은 그들의 점포에서 2~3마일 내에 살고 있거나 10분 이내의 운전 시간 내에 있는 소비자들을 표적시장으로 간주한다. 왜냐하면 대부분의 구매는 편의성과 개인적 접촉에 근거하기 때문에, 통상적으로 근린쇼핑센터 내에서 판매노력이 거의 조정이 되지 않는다. 일반적으로 제품믹스는 필수적인 제품으로 이루어져 있으며, 제품 라인의 깊이는 제한적이다.

커뮤니티 쇼핑센터(community shopping centers)는 하나 혹은 두 개의 백화점과 일부 전문점 그리고 편의점들을 포함한다. 이들은 근린쇼핑센터에 없는 선매품이나 전문품을 찾는 소비자들을 끌어들인다. 이 쇼핑센터는 더 넓은 지리적 영역을 담당하기 때문에, 소비자들은 근린쇼핑센터보다 커뮤니티 쇼핑센터로 더 먼거리를 운전해서 간다. 커뮤니티 쇼핑센터는 쇼핑객들을 끌어들이기 위해 계획되고 조정된다. 전시, 자동차쇼, 노상할인판매(sidewalk sales)와 같은 특별한 이벤트로 통행을 유발시킨다. 커뮤니티 쇼핑센터의 관리인들은 센터의 전체 제품 구색갖춤을 보완하는 임차 점포를 찾는다. 이러한 센터들은 넓은 제품믹스와 깊은 제품 라인을 갖고 있다.

지역쇼핑센터(regional shopping centers)는 통상적으로 모든 쇼핑센터 중에서 가장 큰 백화점, 가장 넓은 제품믹스와 가장 깊은 제품 라인을 가지고 있다. 비록 일부는 커뮤니티 쇼핑센터이기는 하지만, 많은 쇼핑몰들이 지역쇼핑센터이다. 지역쇼핑센터는 15만명 이상의 소비자들이 표적시장으로, 잘 조정된 관리와 마케팅 활동을 갖고 있어야 한다. 표적시장으로는 그들이 거주 지역에서 이용가능하지 못한 제품과 가격을 찾기 위해 멀리서 온 소비자들을 포함한다. 지역쇼핑센터의 장소를 임대하는 비용이 비싸기 때문에, 임대점포들은 소형의 독립운영 점포보다는 전국적 체인점이 되기를 더 선호한다. 통상적으로 대형 쇼핑센터들은 광고를 하고, 특별 이벤트를 마련하고, 일부 소비자 단체에게는 교통수단을 제공하며, 자체 안전요원들을 유지하고, 그리고 점포의 구성믹스를 신중하게 선정한다. 이러한 센터의 가장 큰 형태는 **초대형 지역쇼핑센터(superregional shopping centers)**라고 부르며, 이들은 가장 많은 제품라인과 가장 깊은 제품믹스를 갖고 있고 수 마일 떨어져 있는 소비자들을 끌어 들인다. 초대형 지역쇼핑센터는 스케이트 링크장, 놀이장(amusement center), 최고급 레스토랑과 같은 특별한 명소를 유치해놓는다. Minneapolis 지역에 있는 Mall of America는 미국에서 가장 큰 쇼핑몰인데, Nordstrom과 Bloomingdale's를 포함한 520개의 점포들과 50개의 레스토랑이 있다. 또한 아쿠아리움, 박물관, 테마파크, 14개의 스크린을 갖고 있는 극장, 호텔, 그리고 많은 특별 이벤트를 포함하고 있다.[10]

AP IMAGES/AP PHOTO/GEORGE WIDMAN

소매 위치
McDonald's와 같은 많은 소매들은 좋은 위치에 점포를 확보하는데 많은 시간과 자원을 소요한다.

전통 몰의 매출이 감소하면서, 일부 쇼핑센터 개발자들은 전통적 쇼핑센터와는 확연히 차별화되는 새로운 형태를 찾고 있다. **라이프스타일 쇼핑센터(lifestyle shopping centers)**는 통상적으로 전국 체인점이 소유해서, 고급 명품, 식당, 위락 점포(entertainment stores)를 갖추고 있는 야외 쇼핑센터이다. 이들은 종종 부유한 동네 가까이에 위치해 있으며, 연못, 벤치, 그밖에 생활편의시설을 갖추어 "격식을 갖추지 않은 구경(casual browsing)"을 조장 한다. 실제로, 건축 디자인은 이러한 "작은 도시"의 중요한 측면인데, 이 작은 도시는 도시의 거리나 공원을 갖추고 있고 쾌적한 장소라는 느낌을 창출해서 고객 애호도를 높이도록 조장한다. 일부 라이프스타일 쇼핑센터는 전통적인 "Main Street" 쇼핑센터와 비슷하게 디자인되거나, 건축가에 의해 입증된 중점 테마를 가질 수도 있다.[11]

일부 쇼핑센터 개발자들은 전통적인 백화점을 거점으로 고려하지 않고, **파워 쇼핑센터(power shopping centers)**에서 상시 할인점과 소형점포를 카테고리 킬러와 결합하고 있다. 이러한 쇼핑센터들은

AP PHOTO/JERRY S. MENDOZA

라이프스타일 쇼핑센타
많은 라이프스타일 쇼핑센타들은 Banana Republic, Apple Store, 그리고 Ann Taylor Lofts와 같은 점포들로 구성된다.

Gap Inc., Toys "R" Us, PetSmart, Home Depot와 같은 점포가 거점이 된다. 주력 쇼핑센터의 수가 증가하고 있어서, 그 결과 같은 소매 매출을 놓고 경쟁하는 다양한 형태의 쇼핑센터를 출현시키고 있다.

공장형 아울렛 몰(factory outlet mall)은 Quicksilver, Liz Claiborne, Reebok, 그리고 Le Creuset과 같은 전통적인 제조업체 브랜드를 취급하는 할인 및 공장형 점포라는 특성을 갖는다. 일부 아울렛 센터는 최고급 제품을 제공한다. 제조업자들은 이러한 점포를 소유해서 자사 제품을 다루는 전통적인 소매상과의 갈등을 피하려는 특별한 노력을 하고 있다. 제조업자들은 자사 점포가 경쟁이 없는 장소에 있기를 바란다. 실제로 대부분의 공장형 아울렛 센터는 도시 중심부 지역 밖에 위치해 있다. 모든 공장형 아울렛들이 재고정리품과 등외품을 쌓아놓는 것은 아니지만, 대부분은 할인점포들과 비교를 피하려고 한다. 공장형 아울렛 센터는 품질과 주요 유명 브랜드를 찾는 가치 의식적인 소비자들을 유인한다. 이들은 지역 쇼핑센터와 상당히 유사한 방식으로 운영되지만, 통상적으로 더 넓은 쇼핑 범위를 갖고 있는 소비자(이중의 일부는 여행객이 될 수도 있고)들을 끌어들인다. 촉진 행위는 이런 쇼핑센터의 핵심이다. 공예 전시, 골동품 전시, 콘테스트, 특별 이벤트들이 상당한 고객왕래를 유발한다.

(2) 소매 포지셔닝

다양한 대형쇼핑센터와 전통적인 점포가 제공하는 제품들의 확장은 소매 경쟁을 심화시키고 있다. 그래서 소매 포지셔닝이 중요한 고려사항이다. **소매 포지셔닝(retail positioning)**은 서비스가 되지 않거나 서비스가 충분치 않은 세분시장을 파악해서, 이러한 소비자들의 마음에서 자신을 다른 소매상과 차별화시키는 전략을 통해서 서비스를 제공하는 것을 포함한다. 예를 들어서, 전문점 체인인 Payless ShoeSource는 창고 같은 환경에서 다양한 종류의 저가 신발을 제공하는 것으로 명성을 쌓아왔다. 이 소매상은 제품믹스를 확장하고 4,500개의 점포를 단장해서, 다양한 가격대(가장 비싼 것은 60달러까지)의 스타일리시하고 트렌디한 신발을 제공하는 업체로 리포지셔닝하고 있다. Payless는 낮은 가격대의 패션에 관심이 있는 여성들을 표적으로 해서 오리지널 스타일에 초점을 맞춘 뉴욕 디자인 사무실을 열었고 Laura Poretzky가 디자인한 신발 라인을 도입하였다.[12] 많은 할인점과 전문점 체인들은 편리한 위치와 낮은 가격을 중요시하는 시간이 없고, 돈이 없는 소비자들의 마음에 들 수 있도록 자신들을 포지셔닝하고 있다. 이러한 전략은 할인점과 전문점이 대형 백화점을 밀어내고 시장 점유율을 확보할 수 있게 해 준다.[13]

(3) 점포 이미지

소비자를 끌어들이기 위해서, 소매점은 표적시장에 소구하는 이미지—소비자의 마음에 기능적이고 심리적 그림을 그리는 것—를 만들어야 한다. 점포 환경, 제품 품질, 그리고 서비스 품질이 점포 이미지의 중요한 결정 요소이다. Atlanta에 있는 Mercedes-Benz 딜러는 서비스 품질과 점포 이미지를 개선하기 위해서 소비자들이 대리점 서비스 부서에 운전해서 들어올 때 자동으로 이들을 맞이하고 메시지를 보내는 RFID 기술을 사용하고 있다. 고객이 대리점의 서비스 레인에 다가오면, 그 딜러에서 판매되었거나 서비스를 받은 적이 있는 자동차의 후방거울 전면에 부착된 RFID 태그가 직원들에게 재빨리 자동차 소유주의 이름과 자동차의 서비스 기록과 같은 컴퓨터에 저장된 정보에 접속하도록 신호를 쏘아준다. 천장에 부착된 2개의 50인치짜리 플라즈마 모니터가 고객도착에 대한 자동화된 내부 메시지와 함께 자동으로 그 개인에 맞춘 환영을 제공한다.[14]

소비자들의 감성에 소구하고 구매를 격려하는 점포 디자인의 물질적 요소인 **분위기(atmospherics)**는 이미지를 형성하고 소매상을 포지션하는 데 도움을 준다. 예를 들어서, Barnes & Nobles는 문학적 이미지를 전달하기 위해서 작가의 벽화와 고전 서적의 표지를 액자사진으로 이용한다. 일부 연구들에 의하면, 소매상들은 고객들의 쇼핑 동기에 근거해서 이들을 환기시키는 데 영향을 미치기 위해서 서로 다른 요소들—음악, 색상, 그리고 배치와 상품 제시의 합성—을 사용할 수 있다는 것을 보여 주었다. 예를 들어서, 전문 소매상의 소비자들은 복합

전환 중인 마케팅

쇼핑백을 그린으로

많은 소매상들은 지구를 보존하는 방법으로 소비자들에게 일회용 플라스틱백 대신 재사용이 가능한 쇼핑백을 사용하라고 권유한다. 쇼핑객들이 매년 1,000억 개가 넘는 플라스틱백을 집으로 가져갈지라도, 그들은 이중에서 10억 개 미만을 재사용한다. 그리고 대부분의 플라스틱백이 자연분해성이 아니기 때문에, 폐기물은 영원히 땅속에 남아있게 된다. 이 때문에 몇몇 도시와 나라에서는 대형 소매점에서 무료 플라스틱백을 제공하는 것을 금지하고 있다. 사실상, Ireland와 Toronto에서는 모든 플라스틱백에 대해 세금을 붙이고 있으며, 이러한 전략은 다른 지역에서도 비슷한 방법으로 매우 성공을 거두고 있다.

THOMAS NORTHCUT/THINKSTOCK

한편, 주요 소매상들은 플라스틱과 작별을 고하고 있다. 스웨덴의 IKEA는 자사의 소매 네트워크를 통해서 플라스틱백을 제거해 나가고 있다. 소비자들은 자신들의 백을 가져와서 구입한 것을 갖고 가거나, 59센트짜리 재사용 가능한 IKEA 백을 구입한다. 플라스틱 백을 고집하는 모든 고객은 한 백당 5센트를 지불해야 하고, 이것을 IKEA가 비영리 삼림보존 단체에 기부한다.

세계에서 가장 큰 소매상인 Walmart는 플라스틱백 사용을 금하고, 재사용이 가능한 백을 50센트에 팔아서, 900만 개의 플라스틱 백을 절약하였다. 마침내, 매년 Earth Day에는 Walmart와 Home Depot를 포함한 상당수의 소매상들은 소비자들에게 그린 운동을 벌이도록 하기 위해 수천 개의 재사용 백을 나눠주고 있다.[b]

점포 이미지
Red Lobster와 같은 레스토랑은 점포 디자인과 장식을 통해서 고객 경험을 향상시키는데 상당한 자원을 소요한다

적인 배치와 밝은 색으로 더욱 기분 전환하도록 동기가 유발된 고객을 유인하는 반면, 슈퍼마켓에서는 시원한 색상과 단순한 배치와 제시 방법을 사용해야 하는데, 왜냐하면 슈퍼마켓의 소비자들은 단순히 구매하려는 동기가 유발된 경향이 있기 때문이다.[15]

외부 분위기 요소는 점포 앞면의 외관, 진열창, 점포 출입구, 교통 혼잡 정도를 포함한다. 외부 분위기는 특히 새로운 고객들에게 중요한데, 이들은 낯선 점포에 대해서는 점포의 외모로 판단하는 경향이 있고, 이는 주차장에 대해 불편하게 느끼거나 건물을 친숙하게 느끼지 않으면 들어가지 않기 때문이다. 내부 환경적 요소는 조명, 벽과 바닥 마감재, 장식설비, 점포 정착물과 같은 미적 고려가 포함된다. 내부 감각적 요소들은 분위기에 중요한 역할을 한다. 색상은 쇼핑객들이 소매 진열에 매력을 느낄 수 있게 한다. 많은 패스트푸드 레스토랑에서는 빨간색과 노란색 같은 밝은 색을 사용하는데, 이는 순환이 빨리 일어나게끔 하기 위해 소비자들을 더 배가 고프게 만들고 음식을 더 빨리 먹게 하기 때문이다. 소리(sound)는 분위기를 만드는 또 다른 중요한 감각적 요소이며, 고요함에서부터 은은한 배경 음악까지 다양할 수 있다. 예를 들어서, Pottery Barn에서는 1950년대 칵테일 바 음악을 틀어주는 반면, JCPenney는 지역 고객의 인구통계적 특성에 기반하여 다양하게 음악을 틀었다.[16] 많은 소매상들은 향기, 특히 음식향을 이용해서 고객들을 끌어들인다. 조사에 의하면, 제품에 대한 소비자 평가가 향기에 의해 영향을 받지만, 그 제품과 관련 있는 향기일 때만 영향을 받는다는 것을 알아냈다.[17]

(4) 범주관리

범주관리(category management)는 다른 제조기업들이 생산하는 유사하고 대체가능한 제품군을 관리하는 소매 전략이다. 예를 들어서, Safeway와 같은 슈퍼마켓은 화장품, 시리얼, 그리고 수프와 같은

제품들의 공간을 결정하기 위해서 범주관리를 사용한다. 상품의 구색갖춤은 전략적으로 성과를 개선하도록 추진된다. 범주관리는 식품 산업에서 개발되었다. 왜냐하면 슈퍼마켓은 제조기업들간의 매우 경쟁적인 행동에 관심이 높았기 때문이다. 범주관리는 고객가치를 높이기 위한 협력적인 공급사슬 주도권으로의 이동이다. 성공적인 범주관리는 소매상과 제조기업 간에 매출과 소비자 정보를 획득하고, 분석하고, 그리고 공유할 것을 요구한다. 예를 들어서, Walmart는 Procter & Gamble과 같은 제조기업들과 강력한 공급자 관계를 개발하였다. 수요, 소비자 행동, 그리고 제품의 최적 할당에 관한 정보 개발은 한 원천에서 가능해야 한다. SAS와 같은 기업은 범주관리 의사결정 주기의 각 단계와 연관된 자료를 관리하는 소프트웨어를 제공한다. 관건은 공급사슬에 있는 모든 참여자에게 최대 성공을 창출하기 위한 범주 제품의 제조기업과 소매상과의 협력적 상호작용이다.

14.2 직접 마케팅과 직접 판매

소매상이 공급사슬의 가장 가시적인 구성원이지만, 많은 제품들은 소매점 밖에서 판매가 되고 있다. 직접 판매(direct selling)와 직접 마케팅(direct marketing)이 이러한 제품 매출의 증가비율을 설명해준다. 제품은 자동판매기에서도 판매될 수 있지만, 이는 전체 소매 매출의 2% 미만이다.

1 직접 마케팅

직접 마케팅(Direct marketing)은 우편, 전화, 혹은 인터넷을 통해 고객들이 제품을 구매할 수 있도록 하기 위해서 통신과 비인적 매체를 사용해서 고객들에게 제품과 기업에 대한 정보를 전달한다. 직접 마케팅은 카탈로그 마케팅, 직접 반응 마케팅(direct response marketing), 텔레마케팅, TV홈쇼핑, 온라인 소매상을 통해 이뤄진다. 직접 마케팅 활동을 통한 매출은 연간 2조 달러에 이른다.[18] 자동화 산업에서 보면, 최근 직접 마케팅 캠페인에 80억 달러를 사용해서 778억 달러 매출이 발생했다.[19]

(1) 카탈로그 마케팅

카탈로그 마케팅(catalog marketing)에서, 기업은 소비자들이 우편, 전화, 인터넷을 통해 선택하고 주문을 할 수 있는 카탈로그를 제공한다. 카탈로그 마케팅은 1872년에 시작되었는데, Montgomery Ward가 시골의 가족들에게 보낸 것이 그 시작이다. 오늘날 미국에는 카탈로그 마케팅에 종사하는 JCPenney와 같은 몇몇 소매상 뿐만 아니라 7,000개 이상의 카탈로그 마케팅 기업이 있다. Spiegel, JCPenney을 포함한 일부 기업들은 다양한 제품 라인에 걸친 광범위한 제품들을 제공한다. Lands' End, Pottery Barn, J.Crew와 같은 카탈로그 기업들은 하나의 주요 제품 라인을 상당히 깊게 제공한다. 여전히 다른 카탈로그 기업들은 하나의 제품 라인 안에 단지 몇 개의 제품들에 전문화한다. 또한 Crate and Barrel과 The Sharper Image와 같은 일부 카탈로그 소매상은 주요 도심 지역에 점포를 갖고 있다.

카탈로그 소매상의 이점은 소비자들에게 효율성과 편리성을 제공한다는 것이다. 카탈로그 소매상은 먼 거리의 저비용지역에 위치할 수 있고 비싼 점포 설비를 절약하고, 그리고 인적판매와 점포 운영비를 줄일 수 있어서 편익을 얻는다. 한편, 카탈로그 소매상은 유연성이 떨어지고, 제한된 서비스만을 제공하고. 그리고 선택된 일련의 제품군에 대해서 가장 효과적이다.

(2) 직접 반응 마케팅

직접 반응 마케팅(direct response marketing)은 소매상이 제품을 광고하고 이를 우편이나 전화 주문을 통해 구입가능하도록 할 때 발생한다. 일반적으로, 구매자는 신용카드를 사용할 수 있지만 다른 형태의 지불 방법도 가능하다. 직접 반응 마케팅의 예로는 무료전화로 녹음된 뮤지컬 컬렉션을 제공하는 TV 광고, 광고나 무료전화로 신청양식을 작성해서 구입가능한 어린이 전집에 대한 신문이나 잡지 광고, 그리고 1-800-FLOWER로 전화해서 구입가능한 빌보드 프로모션 등이 있다. 직접 반응 마케팅은 우편목록에 있는 잠재고객들에게 편지, 샘플, 브로슈어, 혹은 소책자를 보내고 이들에게 우편이나 전화로 광고된 제품을 주문하도록 요청하는 방식으로도 실시된다. 직접 반응 마케팅과 관련된 광고와 유통 비용을 감당하기 위해서, 일반적으로 제품은 20달러 이상이어야 한다.

(3) 텔레마케팅

많은 기업들이 전통적 마케팅 방법의 효과성을 강화시키기 위해 전화를 사용한다. **텔레마케팅(telemarketing)**은 전화를 사용한 마케팅 관련 활동을 실행하는 것이다. 몇몇 기업들은 사전에 선정된 예상 고객의 목록을 사용한다. 텔레마케팅은 판매를 준비해주고, 고객 서비스를 개선하고, 연체계좌에 대한 지불을 재촉해주고, 비영리 단체의 기금을 모아주고, 마케팅 자료를 수집하도록 도와준다.

최근에, 계속 변하기는 하지만 텔레마케팅과 관련된 법률과 규제가 더욱 강화되고 있다. 많은 주에서는 그 주에서 활동하는 기업으로부터 텔레마케팅 전화를 받는 것을 원치 않는 고객명단을 만들었다. 국회는 텔레마케팅 전화를 받고 싶지 않은 소비자들에게 전화하지 않겠다는 전국적 등기를 시행했다. 지금까지 미국에서만 1억 7,200만 개 이상의 전화번호가 등기소에 등록되었다.[20] 전국적 등기는 Federal Trade Commission과 Federal Communications Commission에 의해 시행되고, 등기소에 등록된 소비자에게 걸려온 각 전화에 대해서 최대 11,000달러의 벌금을 내야 하는 상황이 발생했다.[21] 등기가 효과를 발휘하게 된 이후부터, 2개의 연방 등기소에서 1,600만 달러 이상의 벌금과 위반자로부터 80만 달러의 손해배상을 거둬들였다.[22] 이러한 목록에 일부 예외가 있다. 어떤 기업은 여전히 기존 고객과 커뮤니케이션하기 위해서 텔레마케팅을 사용하고 있다. 또한 자선단체, 정치 단체, 그리고 전화 설문 기관들은 전국 등기에 의해서 제약받지 않는다.

(4) TV홈쇼핑

TV홈쇼핑(TV home shopping)은 텔레비전 시청자들에게 제품을 보여주고, 그들이 무료전화로 주문하고 신용카드로 결제하도록 한다. Florida에 있는 Home Shopping Network에서 이런 방식이 처음 시작되었고 대중화되었다. TV홈쇼핑에서 판매되는 가장 대중화된 제품은 보석이고(총매출의 40%), 의류, 가정용품, 그리고 전자제품이다. 홈쇼핑 경로는 최근에 급속히 성장해서 미국 가정의 60% 이상이 홈쇼핑 프로그램에 접속하고 있다. Home Shopping Network와 QVC는 두 개의 가장 큰 홈쇼핑 네트워크이다. 홈쇼핑 매출 수익의 약 60% 정도가 반복구매자로부터 이루어진다.

TV홈쇼핑 형태는 여러 가지 편익을 제공한다. 제품은 쉽게 시연될 수 있고, 적정한 시간 동안 제품을 보여주어서 시청자들이 정보를 잘 받아들일 수 있게 된다. 제품을 보여주는 시간은 제품을 시연하는 데 필요한 시간뿐만 아니라 제품이 판매되는지 여부에도 달려 있다. 일단 전화 주문이 정점을 이룬 후 감소하기 시작하면, 새로운 제품이 소개된다. 또 다른 편익은 고객들이 집에서 편안하게 쇼핑을 할 수 있다는 점이다.

(5) 온라인 소매

온라인 소매(online retaling)는 컴퓨터를 통해 구매자들이 제품을 구매할 수 있도록 하는 것이다. 인터넷 사용과 AOL과 같은 온라인 정보 서비스의 경이로운 성장은 새로운 소매 기회를 창출하였다. 많은 소매상들은 웹사이트를 구축하여 그들의 기업과 제품에 대한 정보를 전파한다. 웹사이트를 갖고 있는 대부분의 소매상들이 제품을 촉진하는 데 웹사이트를 주로 사용하지만, Barnes & Noble, REI, Lands' End, OfficeMax를 포함한 많은 기업들은 온라인으로 제품을 판매한다. 소비자들은 PEZ Candy Dispensers, Elvis 기념품과 같은 찾기 힘든 제품들을 eBay에서 구입할 수 있다. 그들은 SitStay.com에서 고급스러운 애완견 용품을 구매할 수 있고, 한 웹 소매상은 신중히 선정된 1,500개 제품들을 취급하는 최고급 애완견 용품으로 전문화하고 있다. 은행과 금융중개 기업은 소비자들이 온라인으로 계좌관리하고 거래를 가능하게 할 수 있는 웹사이트를 구축하고 있다. Forrester Research는 미국의 온라인 소매 매출이 2007년 1,750억 달러에서 2012년까지는 3,350만 달러로 성장할 것으로 예상한다.[23] 컴퓨터 기술의 진보가 계속되고 소비자들이 시간에 대한 압박을 더욱 받게 되면서, 온라인 소매가 계속해서 증가할 것이다.

COURTESY OF TRAVELOCITY/PHOTOGRAPHER: CHARLES HARRIS

온라인 소매
Travelocity는 다양한 구색갖춤의 여행 서비스를 제공하는 온라인 소매상이다.

비록 온라인 소매가 주요 소매 장소를 나타내지만, 보안은 여전히 문제로 남아있다. Business Software Alliance의 최근 설문조사에서, 약 75%의 인터넷 사용자들이 온라인 쇼핑에 대한 염려를 표현했다. 주된 이슈는 신분 절도와 신용카드 절도이다.

2 직접 판매

직접 판매(direct selling)는 집이나 직장에서 대면(face-to-face) 판매 제시를 통해 최종 소비자에게 제품을 마케팅하는 것이다. 전통적으로는 방문판매(door-to-door selling)라고 불리며, 미국에서 직접 판매는 한 세기 전에, 행상인으로부터 시작되었는데, 그 후 수백 개 기업의 상당한 규모의 산업으로 성장하였다. 역사적으로 직접 판매상들은 잠재구매자를 찾기 위해 호별 방문을 사용하였지만, 요즘 Kirby, Amway, Mary Kay, Avon 등과 같은 많은 기업들은 다른 접근방식을 사용한다. 그들은 처음에는 우편, 전화, 인터넷 혹은 쇼핑몰 서베이를 통해서 소비자들을 파악하고, 그다음에 약속을 잡는다.

비록 대부분의 직접 판매는 개별적 즉, 개인 대 개인 기초로 이루어지지만, 종종 집단이나 혹은

지속가능 마케팅

Walmart의 지속가능성

세계에서 가장 큰 소매상인 Walmart는 종합적인 녹색 프로그램(comprehensive green program)을 시작해서 전세계의 어장, 숲, 그리고 커뮤니티의 지속성을 격려하고; 에너지 사용을 대폭 줄이고; 탄소 배출을 줄이고; 쓰레기를 재활용하고; 그리고 60,000명의 공급자들에게 친환경적인 방법으로 생산하도록 요청하였다. Walmart는 규모와 성공 덕분에, 소매업계 뿐만 아니라 다른 산업에서도 환경선도자가 되었고 이런 방법으로 수익을 최대화 시켰다.

JOCHEN SAND/THINKSTOCK

예를 들어서 Walmart는 사적 브랜드 인형의 포장을 바꾸어서 30,000톤의 원료와 35만 달러의 운송 비용을 절약했다. 트럭운송 운영을 개선하고 하이브리드 디젤-전기 트럭과 대체연료 트럭을 단계적으로 투입해서, 이 기업은 단지 3년 만에 수송효율성을 25% 개선하였다. 그리고 이 기업은 점포별로 점차적으로, 온실가스 배출과 폐기물을 줄이고 있다. 기존 점포를 리모델링하면서 Walmart는 친환경적인 조명, 난방, 그리고 그외 시스템들을 추가해서 30%까지 에너지 사용을 줄였고, 30%의 온실가스 배출을 줄였다. 중국에서는 40%까지 에너지 사용을 줄일 수 있는 점포 형태를 곧 소개할 것이다.

Walmart는 미국과 전세계적으로 친환경적인 도시를 만드는 데 도움을 주기 위해서 Clinton Climate Initiative와 파트너십을 제휴하였다. 공급자들과 파트너십을 맺고 있는 Green Jobs Council은 국내 시장에서 녹색 직업을 창출하는 새로운 방법을 찾고 있다. 이 기업의 공급사슬 파워와 공적 프로필은 이러한 녹색 주도에 더 힘을 실어주고, 녹색 운동은 환경에도 올바른 것이고 손익에도 올바른 것이라는 것을 보여준다.[c]

"파티"계획을 이용하는 것도 포함한다. 파티 계획을 이용해서, 소비자가 호스트의 역할을 하여서 친구 및 친지를 초청해서 한 집단을 설정해서 제품들을 보여주면, 판매원이 제품들을 시연을 해준다. 기분좋은 파티 분위기는 소비자들이 주저함을 극복하도록 도와주고 구매를 유도하게 된다.

직접 판매는 편익과 한계를 모두 갖고 있다. 직접 판매는 마케터에게 제품이 주로 사용되는 장소인 소비자의 집이라는 환경에서 시연할 수 있는 기회를 주게 된다. 방문 판매원은 소비자들에게 개인적인 관심을 보여줄 수 있고, 제품이 편안한 시간과 장소에서 소비자들에게 제시될 수 있다. 고객들에 대한 개인적 관심은 Mary Kay와 같은 직접 판매자들이 그들의 사업을 구축했던 기반이다. 판매원들에 대한 수수료가 판매가의 30~50%로 매우 높고 가망있는 잠재고객을 골라내는 데 요구되는 상당한 노력 때문에, 전반적 비용은 직접 판매를 가장 비싼 소매상 형태로 만들었다. 더구나 일부 고객들은 과거에 일부 직접 판매자들이 사용했던 부도덕하고 사기적인 관행 때문에 직접 판매를 부정적으로 본다. 일부 커뮤니티는 심지어 직접 판매를 통제하거나 어떤 경우에는 금지하는 지방 조례를 갖고 있다. 일부 개인들에 의한 이러한 부정적인 견해에도 불구하고, 여전히 직접 판매는 존재하고 있고, 1년에 320억만 달러의 수입을 가져다 준다.[24]

14.3 프랜차이징

프랜차이징(franchising)은 공급업자 혹은 가맹주(franchiser)가 딜러 혹은 가맹점(franchisee)에게 특정 형태의 보수를 받는 대신에 자기 제품을 판매할 수 있는 권리를 승인하는 협정이다. 가맹주는 가맹점에게 설비, 건물, 관리 노하우, 마케팅 지원를 공급해주는 댓가로 총매출의 일정 퍼센트를 받는다. 가맹점은 노동과 자본을 제공하고, 프랜차이즈 사업을 운영하고, 그리고 프랜차이즈 협정의 조항들을 따르는 데 동의한다. <표 14.2>는 미국의 상위 프랜차이즈, 제품 유형, 그리고

표 14.2 상위 미국 프랜차이저와 창업 비용

순위	프랜차이즈	사업내용	전 세계적 프랜차이즈 아울렛의 수	창업 비용
1	Subway	샌드위치, 샐러드	29,612	$78.6K~238.3K
2	McDonald's	햄버거, 치킨, 샐러드	25,465	$950.2K~1.8M
3	Liberty Tax Service	소득세 신고	2,579	$53.8K~66.9K
4	Sonic Drive in	드라이브인 레스토랑	2,768	$1.2M~3.2M
5	InterContine-ntal Corp.	호텔	3,498	다양함
6	Ace Hardware Corp.	하드웨어 및 주택개조 점포	4,581	$400K~1.1M
7	Pizza Hut	피자	10,239	$638K~2.97M
8	UPS Store, The/ Mail Boxes Etc.	우편, 사업 및 커뮤니케이션 서비스	6,034	$171.2K~280K
9	Circle K	편의점	4,143	$161K~1.4M
10	Papa John's	피자	2,615	$135.8K~491.6K

* 순위는 재무적 장단점, 성장률, 시스템의 규모, 사업연한, 정착비용, 소송, 종료비율, 기업이 자금조달을 제공하는지 여부에 주로 근거.
자료원: "2009 Franchise 500® Rankings," http://www.entrepreneur.com/franchises/rankings/franchise500-115608/2009,.html (accessed March 17, 2009).

창업 비용을 보여준다.

국제 시장이 변화하고, 미국에서 고용 선택권이 변화하고, 미국의 서비스 경제가 확장되고, 그리고 기업이 합작 투자 활동에 관심을 갖고 있기 때문에, 프랜차이징이 급속도로 증가하게 되었다. 103개 산업에서 소규모 프랜차이즈 사업은 909,253개가 있다. 프랜차이즈 사업은 1년에 8,810억 달러의 매출 추정액을 생산하고 거의 1,000만 명의 사람을 고용한다.[25]

프랜차이징은 가맹점과 가맹주 모두에게 장점을 제공한다. 가맹점은 제한된 자본으로 사업을 시작할 수 있도록 하고, 다른 기업의 사업 경험을 통해 편익을 얻을 수 있도록 해준다. 더구나 Service-Master와 Burger King과 같은 전국적으로 광고된 프랜차이즈는 점포를 열자마자 종종 고객을 보장받는다. 만약 사업적인 문제가 발생할 경우, 가맹점은 비용을 거의 들이지 않고 가맹주로부터 지도와 조언을 받을 수 있다. 일반적으로 프랜차이즈 점포는 독립적으로 소유되어서 운영되는 사업보다 더 성공적이다. 창업 2년 내에 독립 소매 사업의 거의 50%가 실패하는 것과 비교해서 프랜차이즈 소매

사업의 실패는 10% 미만이다. 또한 가맹점은 지역 광고에 사용할 수 있는 자료를 받으며, 가맹주가 후원하는 전국적 판매촉진 캠페인의 혜택을 받을 수 있다.

프랜차이즈 협정을 통해서, 가맹주는 자신의 점포를 설립하거나 운영하는 데 많은 비용을 들이지 않고 빠르게 선택적 유통경로를 얻을 수 있다. 그러므로 가맹주는 생산과 광고를 확대하는 데 더 많은 투자를 한다. 프랜차이즈 협정을 통해서, 점포들은 프랜차이징 기준에 따라서 유지되고 운영된다는 것이 보증된다. 그러나 몇몇 가맹주는 가맹점에게 그들의 메뉴, 시간 혹은 다른 운영 요소들을 그들의 표적시장의 요구를 더 잘 맞출 수 있도록 수정할 수 있도록 허락한다. 예를 들어서, 버팔로 스타일의 치킨 윙 프랜차이즈인 Wings Over는 지역의 취향에 맞추도록 메뉴 변화를 허가했으며, 대학가 주변에 위치한 몇몇 가맹점에게 오후 4시에 문을 열고 새벽 3시에 문을 닫는 것을 허락했다.[26] 대부분의 경우에 단독 소유주인 가맹점이 성공하도록 매우 높게 동기유발될 수 있다는 사실로부터 가맹주는 이득을 본다. 프랜차이즈의 성공은 더 많은 매출을 의미하고, 이것은 가맹주에게 더 높은 소득으로 전환된다.

프랜차이즈 협정은 몇몇 단점들도 있다. 가맹주는 사업의 많은 부분 즉, 장식, 종업원 유니폼의 디자인, 간판 형태, 사업 운영에 대한 자세한 명세를 지시할 수 있다. 또한 가맹점은 가맹주의 이름, 제품, 그리고 지원을 사용하는 비용을 지불해야 한다. 통상적으로 한번의 프랜차이즈 비용과 계속적으로 사용료(royalty)와 광고료를 종종 매출의 일정 비율로 지불한다. 가맹점은 하루에 10~12시간, 일주일에 6~7일을 매우 힘들게 일해야 한다. 어떤 경우에는, 프랜차이즈 협정이 똑같지 않다; 같은 서비스에 대해서 한 가맹점은 다른 가맹점보다 더 많이 지불할 수도 있다. 끝으로, 가맹주는 프랜차이즈 협정에 착수할 때 어느 정도의 통제를 포기한다. 결국, 개별 점포는 정확히 가맹주의 기준에 따라서 운영되지 않을 수 있다.

14.4 도매

도매(wholesaling)는 재판매를 위해서, 다른 제품을 만들기 위해서, 혹은 일반적인 사업 운영을 위해서 제품이 구입되는 모든 거래를 말한다. 도매는 최종 소비자와의 교환을 포함하지는 않는다. **도매상(wholesalers)**은 재판매, 다른 제품을 만들기 위한, 일반적인 사업 운영을 위한 제품 구매를 하는 개인 혹은 조직을 일컫는다. 즉 도매상은 제품을 구입해서 재판매업자, 정부 그리고 기관 사용자에게 재판매하는 것이다. 예를 들어서, 1위의 음식 서비스 유통업체인 Sysco는 레스토랑, 호텔, 학교, 산업 케이터링 업체, 그리고 병원에 냉동 식품과 신선 식품, 그리고 제지 용품에서부터 의료, 청소용품에 이르는 모든 제품을 제공한다. 도매 활동은 제품에 한계가 없다; 금융기관과 같은 서비스 기업도 활동적인 도매상 네트워크를 사용한다. 예를 들어서, 몇몇 은행은 소매 고객에게 대출을 해줄 뿐만 아니라 다른 금융기관으로부터 상당한 규모의 대출을 받는다. 미국에는 430,000개 이상의 도매 기관이 있으며,[27] 미국에 팔리는 모든 제품의 반 이상은 이러한 도매기업을 통해서 판매가 이루어진다.

도매상은 창고업, 선적 및 제품 관리, 재고 통제, 정보시스템관리와 데이터 처리, 위험감수, 자금조달, 예산책정, 심지어 마케팅 조사와 촉진을 포함한 많은 공급사슬 관리 활동에 종사한다. 도매 기업이 공급사슬에 포함되는지 여부에 관계없이, 모든 제품 유통은 이러한 활동의 실행을 요구한다. 제조에서부터 소매상에 이르는 제품의 물적 유통에 대한 주요 책임을 담당할 뿐만 아니라, 도매상은 제조업자와 소매상이 제조업자에서부터 소비자에 이르는 공급사슬을 잘 관리하도록 도와주는 정보 시스템을 구축할 수 있다. 많은 도매상들은 정보 기술과 인터넷을 사용하여 그들의 직원, 소비자, 그리고 공급자에게 중간상, 트럭 기업, 창고기업과 같은 유통지원대행사 간에 정보를 공유하도록 허용한다. 다른 기업들은 그들의 데이터베이스와 마케팅 정보 시스템을 구축해서 공급사슬 파트너들이 주문처리, 선적, 그리고 제품 개발을 용이하게 할 수 있도록 이용가능하게 만들고 변하는 시장 상황과 소비자 욕구에 대한 정보를 공유하는 것을 가능하게 만든다. 결과적으로 몇몇 도매상들은 공급사슬 관리 결정에서 중요한 역할을 하고 있다.

1 도매상의 제공 서비스

도매상은 생산자와 소매상 모두에게 필수적인 서비스를 제공한다. 생산기업과 판매 계약을 주도해서 그리고 소매상에게 다양한 제품을 판매함으로써 도매상은 생산기업 판매원의 확장으로서의 역할을 담당한다. 도매상은 재무적인 도움도 제공한다. 도매상은 종종 제품 수송비를 지불한다; 도매상은 재고를 확보해주어서 생산기업의 창고 비용과 재고투자를 줄여준다; 도매상은 신용을 확대해주고 신용이 좋지 않은 구매자로부터의 손실을 떠맡아준다; 그리고 생산기업의 제품 전량을 구매하고 신속하게 지불하거나 현금으로 지불할 때, 도매상은 운영자본의 원천이다. 도매상은 또한 마케팅 경로에서 정보를 전달해주는 통로 역할을 하며, 생산자들이 시장 전개 정보에 대해 뒤떨어지지 않도록 하고, 다른 중개상들에게 제조업자들의 촉진 계획을 따르도록 한다. 그러므로 도매상을 이용하는 것은 특별한 장점을 제공해주게 되는데, 이는 도매상이 실행하는 전문화된 서비스는 생산자로 하여금 고객의 필요와 욕구를 충족시키는 제품을 개발하고 생산하는데 집중하게 해주기 때문이다.

도매상들은 마케팅 전략, 특히 유통부문을 도와줌으로써 소매상을 지원해준다. 또한 도매상은 소매상들이 재고를 선택하는 데 도움을 준다. 도매상은 시장 상황에 대한 전문가이고 최종 구매를 협상하는 전문가이기도 하다. 공급자를 얻는 것이 중요한 산업에서는, 숙련된 구매가 필수적이다. 예를 들어서, Atlanta에 기반을 둔 Genuine Parts Company (GPC)는 전국 1인 자동차 부품 도매상으로, 자동차 부품 산업에서 80년 이상의 경험을 가지고 있어서 소비자들에게 효과적으로 응대하도록 도와준다. GPC는 300,000개 이상의 대체 부품(150개의 다른 공급업체로부터)을 6,000 NAPA AUTO PARTS 점포에 공급한다.[28] 효과적인 도매상들은 고객들에게 사업을 이해시키려는 노력을 한다. 이들은 소매상들이 직접 공급 원천을 찾고 조정하는 부담을 줄여준다. 만약 도매상들이 여러 다른 구매자들로부터 구매한다면, 비용은 모든 고객들과 분담할 수 있다. 더구나, 제조 기업의 판매원들이 소매상들에게 한 번에 소량의 제품만을 제공하는 반면, 독립 도매상들은 항상 이용가능한 다양한 범주의 제품들을 확보하고 있다. 그러므로 이러한 파트너십을 통해서 도매상들과 소매상들은 고객의 편익을 위한 성공적인 관계를 만들 수 있다.

도매상이 실행하는 서비스와 다른 사업이 제공하는 서비스들간 구별이 최근 몇 년 동안에 경계가 모호해졌다. 사업의 경쟁적 특성의 변화, 특히 Walmart, Home Depot, Best Buy와 같은 강력한 소매 체인들의 성장은 공급사슬 관계를 변화시키고 있다. 전자기기, 가구, 그리고 심지어 식품과 같은 많은 제품 범주에서, 소매상들은 낮은 비용으로 도매 활동을 수행해서, 생산자와 직접적으로 거래할 수 있다는 것을 발견했다. 증가하는 소매상의 수는 주문, 배달, 그리고 제품 취급을 신속히 처리하는 컴퓨터 기술에 달려있다. 따라서 기술은 소매상들이 많은 도매상 기능을 떠맡을 수 있도록 해준다. 그러나 도매상들이 마케팅 경로에서 제거된다면, 도매 활동은 여전히 많은 공급사슬 즉 제조기업, 소매상 혹은 대행사에 의해서 실행되어야 한다. 이러한 도매 활동은 공급사슬 관리에서 중요한 요소이다.

2 도매상의 종류

도매상은 여러 기준에 의해 분류된다. 도매상이 독립적으로 소유되는지 혹은 생산기업에 의해서 소유되는지 여부가 도매상이 어떻게 분류되는지에 영향을 미친다. 도매상은 그들이 다루는 제품에 대한 소유권을 갖고 있는지 여부에 따라서 분류될 수도 있다. 제공되는 서비스의 범위도 또 다른 기준이다. 끝으로, 도매상들은 제품 라인의 깊이와 너비에 따라서 분류된다. 이러한 기준을 사용하여, 여기에서는 상인 도매상, 대리상과 중개상, 제조기업의 영업점과 사무소와 같은 세 가지 유형의 도매기관을 살펴본다.

(1) 상인 도매상

상인 도매상(**merchant wholesalers**)은 제품에 대한 소유권을 갖고 있는 독립된 사업을 갖고 있으면서 소유권과 관련된 위험을 떠맡고, 일반적으로 다른 도매상들, 비즈니스 고객, 소매상들에게 제품을 구입해서 재판매한다. 생산자는 소비자들에게 직접 판매하는 것이 경제적으로 실행하기 어려운 경우에 상인 도매상에 의지하는 경향이 있다. 상인 도매상은 시장 담당영역을 제공하고, 판매접촉을 하고, 재고를 유지하고, 주문을 처리하고, 시장 정보를 획득하며, 그리고 고객 지원을 제공하는 데도 유용하다. 몇몇 상인 도매상들은 소매 고객이 경쟁력이 있도록 만들기 위해서 포장과 사적 브랜드를 패키징하고 개발하는 것에도 관여한다. 상인 도매상은 도매상, 중개상, 유통업체, 수집상, 수출상 및

그림 14.1 상인 도매상의 종류

수입상 등의 다양한 명칭을 갖고 있다. 이들은 완전 서비스와 한정 서비스의 범주중 하나에 해당된다(<그림 14.1> 참조)

완전 서비스 도매상(full-service wholesalers)은 가장 광범위한 도매기능을 실행한다. 고객들은 이 도매상에게 제품 이용가능성, 적당한 구색갖춤, 대용량을 소량으로 나누기, 금융적 지원, 그리고 기술적 조언과 서비스를 의존한다. 전 세계에서 잎담배의 가장 큰 구매자이면서 가공기업인 Universal Corporation은 완전 서비스 도매상의 좋은 예이다. Virginia주 Richmond에 기반을 둔 이 기업은 담배의 구매, 가공, 재판매, 그리고 선적하고, Phillip Morris(Universal의 판매에서 상당한 부분을 차지)와 같은 담배 제조업자를 포함한 고객들에게 자금을 제공한다. Universal은 또한 재목, 건축용품, 그리고 다른 농업 제품들의 판매에도 관여하고 있고 35개국에서 운영하고 있다.[29] 완전 서비스도매상은 소비자 제품 혹은 비즈니스 제품을 취급하고, 이 고객들에게 상당히 많은 마케팅 서비스를 제공한다. 많은 대형 식품 도매상들은 점포 디자인, 입지선정, 종업원 교육, 자금 조달, 상품기획(merchandising), 광고, 쿠폰 상환, 그리고 스캐닝으로 소매상을 도와준다. 완전 서비스 도매상이 종종 다른 도매상들보다 더 높은 총이익을 얻지만, 광범위한 기능을 실행하기 때문에 이들의 운영 비용도 더 높다.

완전 서비스 도매상은 양판도매상, 일반 라인 도매상, 전문품 라인 도매상, 선반 도매상으로 분류된다. **양판 도매상(general merchandise wholesalers)**은 넓은 제품믹스를 취급하지만, 제품 라인 내에서는 제한된 깊이의 제품을 제공한다. 이들은 의약품, 부패하지 않는 식품, 화장품, 세제, 담배와 같은 제품을 다룬다. **일반제품라인 도매상(general-line wholesale**rs)은 식료품, 조명설비, 유압식 공구설비와 같은 몇 개의 제품 라인만을 다룬다. 그러나 이러한 제품 라인내 폭넓은 구색갖춤을 제공한다. 예를 들어서, Bergen Brunswig Corporation은 의약품, 건강, 미용보조 제품의 일반라인 도매상이다. 일반라인 도매상은 양판 도매상과 비슷한 범위의 서비스를 제공한다. **전문품 라인 도매상(specialty-line wholesalers)**은 가장 좁은 범위의 제품을 제공하는데, 통상적으로 단일 제품라인이나 한 제품라인 안에 몇 개의 품목만을 다룬다. 예를 들어서, Red River Commodities는 미국에서 땅콩, 씨앗, 건과일의 선두적인 수입업체(전문품 라인 도매상) 이다.[30] **선반 도매상(rack jobbers)**은 슈퍼마켓, 약국, 할인점 및 잡화상의 진열 선반(display rack)을 소유하고 유지시키는 완전 서비스의 전문품 라인 도매상이다. 이들은 제품을 진열하고, 상품계획을 체크하고, 선반을 채우고, 계산서와 재고 기록을 관리한다. 소매상은 단지 진열공간만 제공하는 것이 필요하다. 선반 도매상은 건강 및 미용보조제품, 도서, 잡지, 양말류, 그리고 인사카드와 같은 높은 수익을 갖는 비식품들을 다룬다.

한정 서비스 도매상(limited-service wholesalers)은 완전 서비스 도매상보다 적은 마케팅 서비스를 제공하며 몇 개의 기능에만 전문화한다. 제조기업들은 남아있는 기능을 수행하거나, 고객이나 다른 중간유통업체에 그 기능들을 넘겨준다. 한정 서비스 도매상은 제품에 대한 소유권을 갖고 있지만, 종종 제품을 배달하거나, 신용을 승인하거나, 마케팅 정보를 제공하거나, 재고를 저장하거나, 혹은 고객의 미래 필요를 미리 계획하는 것을 제공하지 않는다. 이들은 제한된 서비스만을 제공하기 때문에, 한정 서비스 도매상은 완전 서비스 도매상보다 더 낮은 비용으로 보상되고 적은 수익마진을 갖는다. 한정 서비스를 사용할지 혹은 완전 서비스를 사용할지에 대한 결정은 마케팅 경로의 구조와 경쟁 우위를 제공하도록 공급사슬을 관리할 필요에 달려 있다. 비록 한정 서비스 도매상의 형태가 수적으로 많지는 않지만, 이들은 전문식품, 부패가능 제품, 건축 자재, 그리고 석탄과 같은 제품의 유통에서 중요하다. <표 14.3>은 네 종류의 전형적인 한정 서비스 도매상(현금무배달 도매상, 트럭 도매상, 직송 도매

표 14.3 한정 서비스 도매상이 제공하는 서비스

서비스	현금무배달 도매상	트럭 도매상	직송 도매상	우편주문 도매상
제품의 물리적 소유	예	예	아니오	예
고객에 대한 개인 판매 방문	아니오	예	아니오	아니오
시장 상황에 대한 정보	아니오	약간	예	예
고객에게 조언	아니오	약간	예	아니오
고객점포에 제품 보관 및 유지	아니오	아니오	아니오	아니오
고객에 대한 신용제공	아니오	아니오	예	약간
고객에게 제품배달	아니오	예	아니오	아니오

상, 그리고 우편주문 도매상)이 제공하는 서비스를 요약하였다.

현금 무배달 도매상(cash-and-carry wholesalers)은 고객, 주로 소규모 사업자가 현금으로 지불하고 직접 운송해 가는 중간상이다. 현금 무배달 도매상은 일반적으로 높은 회전률(turnover rate)을 갖고 있는 식품, 건축자재, 그리고 전기나 사무용품과 같은 제한된 제품라인의 제품을 다룬다. 다른 도매상으로부터 거래를 거절당하는 많은 소규모 소매상들은 현금무배달 도매상 때문에 생존한다. **트럭 도매상**(truck wholesalers)은 종종 truck jobber라고 불리기도 하는데, 현장 조사와 선정을 위해 고객들에게 직접적으로 제한된 제품 라인을 운송해주는 역할을 한다. 이들은 트럭을 소유해서 운전하는 소규모 운영자이다. 이들은 통상적으로 정규 운송 경로를 갖고 있으면서 소매상이나 다른 기관들에게 이 운송경로에 대한 욕구가 있는지를 결정한다. **직송 도매상**(drop shippers)은 desk jobbers라고도 하는데, 제품의 대한 소유권을 갖고 있으면서 판매조건을 교섭하지만 제품을 실제로 소유하지는 않는다. 이들은 소매상, 사업 구매자 혹은 다른 도매상들로부터 주문을 받아서 제조업자에게 전달하면 주문 받은 제품을 선적해서 생산자로부터 이들 고객에게 직접 배달해 준다. 또한 이들은 팔리지 않은 제품의 비용을 포함한 전체 거래 기간 동안 제품에 대한 책임을 맡는다. **우편주문 도매상**(mail-order wholesalers)은 소매상이나 기업 구매자들에게 제품을 판매하기 위해서 판매원 대신에 카탈로그를 사용한다. 도매 우편주문상은 일반적으로 화장품, 전문 식품, 스포츠용품, 사무용품, 그리고 자동차 부품을 다룬다. 이들은 구매자들이 United Parcel Service, the U.S. Postal Service, 혹은 다른 수송기업을 통해 특정 카탈로그 아이템을 선택하고 주문하는 것을 가능하게 한다. 이는 다른 도매상들이 거래하기에는 수익성이 없을 것으로 생각하는 멀리 떨어져 있는 고객들에게 소량의 제품들을 판매하는 편리하고 효과적인 방법이다. 인터넷은 우편주문 도매상들이 자신의 웹사이트에서 제품을 판매하고 제조업자에게 이 제품을 발송하도록 하는 기회를 제공하였다.

그림 14.2 대리상과 중개상의 종류

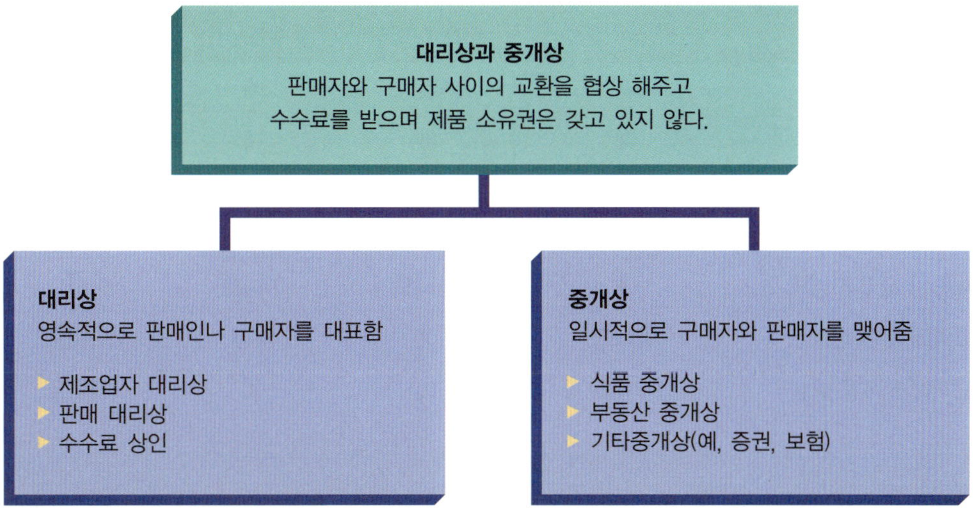

(2) 대리상과 중개상

대리상과 중개상은 구매를 협상하고 판매를 촉진시키지만 제품에 대한 소유권을 갖지는 않는다(<그림 14.2>참조). 때때로 기능중간상(functional middlemen)이라고 하는데, 이들은 제한적 서비스를 수행해 주고 수수료를 받으며, 이 수수료는 일반적으로 제품의 판매 가격에 기초한다. **대리상**(agents)은 영속적으로 판매자나 구매자를 대표하는 반면, **중개상**(brokers)은 구매자 혹은 판매자가 일시적으로 고용한 중간상이다.

비록 대리상과 중개상이 한정 서비스 도매상보다 더 적은 기능을 수행할지라도, 통상적으로 이들은 특정 제품 혹은 고객유형에 대해서 전문가이고 가치 있는 판매 전문지식을 제공할 수 있다. 또한 이들은 시장에 대해 잘 알고 있으며, 고객들과 지속적인 유대를 형성한다. 대리상과 중개상은 자원이 한정되어 있을 때 제조업자들이 판매를 확장하고, 훈련된 판매원으로부터 혜택을 받고, 그리고 인적 판매비용을 낮추는 것을 가능하게 한다. <표 14.4>는 대리상과 중개상이 제공하는 서비스를 정리하였다.

모든 대리 도매상들의 절반 이상을 차지하는 **제조업자 대리상**(manufactures' agents)은 둘 혹은 그 이상의 제조업자를 대표하고 고객들에게 모든 제품 라인을 제공하는 독립 중개상이다. 이들은 제조업자들의 판매원이 하는 것처럼 1년 내내 판매를 하고 주문을 받는다. 특정 판매영역이 한정되어 있어서, 제조업자 대리상은 비경쟁적이고 보완적인 제품을 취급한다. 대리상과 제조업자간의 관계는 판매영역, 판매가격, 주문 취급, 그리고 배달,서비스, 보증과 관련된 조건을 언급한 서면 계약서에 의해서 결정된다. 제조업자 대리상은 생산자의 가격 책정과 마케팅 정책에 대해서 거의 혹은 전혀 통제하지 않는다. 이들은 신용을 확장하지 않고 기술적 조언을 제공할 수 없다. 공통적으로 제조업자 대리상은 의류, 기계 및 설비, 철금속, 가구, 자동차 제품, 전기제품, 그리고 일부 식품을 판매하는데 사용된다.

표 14.4 대리상과 중개상이 제공하는 서비스

서비스	제조업자 대리상	판매 대리상	수수료 상인	중개상
상품의 직접 소유	약간	약간	예	아니오
판매자 혹은 구매자와의 장기적 관계	예	예	예	아니오
경쟁 제품라인을 대행	아니오	아니오	예	예
제한된 지역적 영역	예	아니오	아니오	아니오
고객에 대한 신용	아니오	예	약간	아니오
고객에게 제품 배달	약간	예	예	아니오

판매 대리상(selling agents)은 특정 제품 라인 혹은 제조업자의 전체 제품을 마케팅한다. 이들은 제품 소유권을 갖는 것을 제외한 모든 도매상 활동을 수행한다. 통상적으로 판매대리상은 동시에 몇몇 제조업체들을 위해서 판매기능을 맡고 종종 마케팅부서를 대신하여 사용된다. 사실, 판매 대리상은 소규모 생산자들 혹은 계절적 생산 혹은 다른 요인들 때문에 마케팅 부서를 유지하는 것이 어려운 제조업자들에 의해 이용되었다. 제조업체 대리상과 비교해서, 판매 대리상은 일반적으로 판매 영역에 제한이 없으며, 가격, 촉진, 유통에 대해서 전권을 가지고 있다. 이해 갈등을 피하기 위해서, 판매 대리상은 비경쟁적인 제품 라인을 취급한다. 이들은 광고, 마케팅조사, 그리고 그들이 대신하는 판매자의 신용 정책에서 중요한 역할을 하며, 때때로 제품 개발 및 패키징에 대한 조언도 한다.

수수료 상인(commission merchants)은 지역 판매자로부터 제품을 위탁받아서 대형 중앙 시장에서 판매협상을 한다. 때로는 factor merchant라고 불리는데, 이 대리상은 가격과 판매 조건에 대한 광범위한 권한을 가지고 있다. 시장 조건에서 가능한 최고의 가격을 획득하는 데 전문화되어 있다. 대부분의 수수료 상인은 농업 마케팅에서 찾아볼 수 있으며, 이들은 트럭 한 대 분량의 제품을 소유하고, 필요한 등급과 보관을 조치하고, 그리고 제품을 판매될 경매나 시장에 운송한다. 판매가 완료되면, 대리인은 수수료와 판매 비용을 공제한 후 생산자에게 이익을 넘겨준다. 또한 수수료 상인들은 생산자에게 기획 도움을 제공하고 종종 신용을 제공하지만 통상적으로 촉진지원은 제공하지 않는다.

중개상의 주요 목적은 구매자와 판매자를 함께 만나게 하는 것이다. 그러므로 중개상은 다른 중간상들보다 더 적은 기능을 수행한다. 이들은 자금조달이나 제품의 물리적 소유에 관여하지 않고, 가격 책정의 권한이 없고, 위험을 거의 떠맡지 않는다. 대신에, 이들은 특정 제품에 대한 전문화된 지식 및 구축된 접촉 네트워크를 소비자들에게 제공한다. 중개상은 슈퍼마켓 제품과 부동산과 같은 종류의 제품의 판매자들에게 특별히 유용하다. 예를 들어서, 식품 중개상은 식품과 일반 제품들을 소매상이 소유한 제품 도매상, 식품 체인, 식품 기공업체, 그리고 사업 판매자에게 판매한다.

(3) 제조업자의 판매지점과 사무소

제조업자 도매상으로 불리는 제조업자 판매지점과 사무소는 상인 도매상의 운영과 유사하다. **판매지점**(**sales branches**)은 제조업자가 소유한 중간상으로 제품을 판매하고 제조업자의 판매원에게 서비스 지원을 제공한다. 판매지점은 제조 공장으로부터 멀리 떨어져 있기 때문에, 대규모 고객들이 집중되어 있고 수요가 많은 곳에 위치한다. 이들은 신용을 제공하고, 제품을 배달하고, 촉진 도움을 주고, 그리고 다른 서비스를 제공한다. 고객으로는 소매상, 기업 구매자, 그리고 다른 도매상이 포함된다. Westinghouse Electric과 같은 전기용품 제조업자, 그리고 American Standard와 같은 배관 용품 제조업자는 종종 지사를 운영한다. 이들은 목재 산업과 자동차 부품 산업에서 일반적이다.

판매 사무소(**sales offices**)는 통상적으로 대리상과 관련된 서비스를 제공하며 제조업자가 소유해서 운영한다. 판매지점과 마찬가지로 이들은 제조공장으로부터 멀리 위치하고 있다. 그러나 판매지점과 달리 재고를 갖고 있지 않다. 제조업자 판매 사무소(혹은 지점)는 제조업자 자신의 제품 라인을 강화시키는 제품을 판매한다.

제조업자들은 자신이 도매상 기능을 수행해서 더욱 효과적으로 고객들에게 도달하기 위해서 자신들의 지점과 사무소를 설립할 수 있다. 제조업자들은 기존의 중간상을 통해서 전문화된 도매 서비스를 활용할 수 없을 때 이러한 시설을 설립할 수 있다. 제조업자들이 판매지점과 사무소를 통해서 도매 및 물적 유통 활동을 수행하는 것이 공급사슬의 효율성을 강화시킬 수 있다. 일부 상황에서는 제조업자들이 판매지점과 사무소를 전혀 이용하지 않고 우회하기도 한다. 예를 들어서, 생산자가 대형 소매상 고객들을 직접 담당하기로 결정하는 경우이다.

이 장의 복습

1 마케팅 경로내에서 소매상의 목적과 기능을 이해한다

소매는 구매자가 개인적 사용, 가족 사용, 혹은 가구에서의 사용을 통해서 제품을 소비하려는 모든 거래를 포함한다. 소매상은 최종 소비자들에게 제품을 판매하는 기업으로서 도매상과 생산자의 마케터이면서 고객이기 때문에 마케팅 경로에서 중요한 연결고리이다. 이들은 가치를 더하고, 서비스를 제공하며, 제품 선택을 하는 데 도움을 준다.

2 소매상의 주요 유형을 확인한다

소매점은 제공되는 제품의 폭에 따라서 분류된다. 광범위한 두 가지 범주는 종합 소매상과 전문 소매상이다. 종합 소매상의 주요 형태는 다음과 같다; 백화점-상당한 깊이를 갖고 있는 넓은 제품믹스로 특징지어지고, 부서별로 조직된 대형 소매조직; 할인점- 셀프서비스, 낮은 가격의 종합소매점; 편의점-오랜 시간 영업하고 편의 제품들을 중심으로 좁은 제품 구색갖춤을 제공하는 소형 셀프서비스 점포; 슈퍼마켓—일부 비식품 제품도 취급하는 대형셀프서비스 식품 점포; 슈퍼스토어—슈퍼마켓에서 판매하는 모든 제품과 일상적으로 구매하는 대부분의 소비자 제품을 취급하는 초대형 소매점; 하이퍼 마켓-한 장소에서 슈퍼마켓과 할인점 쇼핑을 제공; 창고형 클럽—대규모의 회원전용 할인 운영; 창고 및 카탈로그 쇼룸—자재 관리와 진열, 대량 재고, 그리고 최소한의 서비스를 제공하는 창고 방식의 특성을 갖는 저비용운영. 한편 전문 소매상은 몇 개의 제품라인에서 상당한 구색갖춤을 제공한다. 이들의 형태로는 다음과 같은 것들이 있다: 전통적 전문품 소매상—깊은 제품 라인의 좁은 제품믹스를 제공; 카테고리 킬러—주요 제품범주에 집중하고 저가와 거대한 제품 이용가능성을 근거로 경쟁하는 대형 전문품 점포; 상시 할인소매상—유명브랜드 제조기업의 2급 제품과 과잉 제품을 큰 폭으로 할인해서 판매.

3 소매상의 전략적 이슈를 탐색한다

전략적 소매 이슈들 중 유연성이 가장 떨어지는 입지는 점포가 고객을 끌어들이는 상권을 결정하므로 신중하게 평가되어야 한다. 가능성 있는 소재지를 평가할 때 소매상은 다양한 요소들을 염두에 두어야 하는데, 상권에 있는 기업의 표적시장, 고객 특성, 판매 제품의 종류, 대중교통과(혹은) 주차 이용가능성, 경쟁기업의 위치 등이 포함된다. 소매상은 독립건물구조, 전통적 구업 지역, 전통적인 계획적 쇼핑센터(근린, 커뮤니티, 지역, 초대형지역), 혹은 비전통적 쇼핑센터(라이프스타일, 파워, 그리고 아울렛)와 같은 여러 형태의 위치 중에서 고를 수 있다.
소매상 포지셔닝은 서비스를 받지 못하거나 서비스가 충분하지 못한 세분시장을 파악하고 이러한 소비자들의 마음에 다른 소매상과 차별화시키는 전략을 통해서 서비스하는 것과 관련된다. 포지셔닝을 촉진해주는 점포 이미지는 분위기뿐만 아니라 입지, 제공되는 제품, 고객 서비스, 가격, 촉진, 그리고 점포의 전반적 평판으로부터 이끌어낸다. 분위기는 소비자의 감성에 소구해서 이들이 구매하도록 유도하는 점포 디자인의 물리적 요소를 말한다. 혼합 머천다이징(scrambled merchandising)은 관련없는 제품 라인을 기존의 제품믹스에 추가하는 방식으로 점차 더 많은 기업에 의해서 매출을 창출하는 데 사용되고 있다.

4 다양한 형태의 직접 마케팅과 직접 판매를 확인한다

직접 마케팅은 우편, 전화, 혹은 인터넷을 통해 제품을 구매할 수 있는 소비자들에게 제품과 기업에 대한 정보를 커뮤니케이션하기 위해 통신과 비인적 매체를 사용한다. 이러한 커뮤니케이션은 카탈로그(카탈로그 마케팅), 광고(직접 반응 마케팅), 전화(텔레마케팅), TV(TV홈쇼핑), 혹은 온라인(온라인 소매상)을 통해 일어난다. 직접 판매는 집이나 직장에서 대면 판매 설명을 통해서 최종 소비자에게 제품을 마케팅한다.

5 프랜차이징과 그 장단점을 조사한다

프랜차이징은 가맹주가 가맹점에게 특정 형태의 보수를 받는 대신에 제품을 판매할 권리를 승인하는 협정이다. 프랜차이즈 협정은 전통적인 사업 형태에 비해서 많은 장단점을 갖고 있고, 프랜차이즈 사용은 점차 증가하고 있다.

6 도매상의 특성과 기능을 이해한다

도매는 재판매하기 위해서, 다른 제품을 만들기 위해서, 혹은 일반적인 사업 운영을 위해서 제품을 구매하는 모든 거래로 구성된다. 도매상은 주요 도매 거래가 이루어지는 교환을 조성하고 신속하게 처리하는 개인이나 조직이다. 생산자에게, 도매상들은 재무적 도움이나 정보의 원천이고; 도매상은 전문화된 수집과 할당 기능을 수행해서, 생산자들이 제품을 생산하는 데 집중하도록 한다. 도매상은 구매 전문지식, 광범위한 제품라인, 효율적인 유통, 그리고 창고와 보관기능을 소매상에게 제공한다.

7 도매상의 분류 방법을 이해한다

상인 도매상은 제품을 소유하고 소유권 위험을 떠맡는 독립된 사업자이다. 이들은 광범위한 범주의 도매기능을 제공하는 완전 서비스 도매상 혹은 단지 일부 마케팅 서비스를 제공하고 몇 가지 기능에만 전문화되어 있는 한정 서비스 도매상이다. 완전 서비스 상인 도매상으로는 광범위하지만 상대적으로 얕은 제품믹스를 제공하는 양판 도매상; 소수의 제품 라인내 확장적 구색갖춤을 제공하는 일반 제품라인 도매상; 하나의 제품 라인 혹은 한 제품라인내 소수의 제품을 제공하는 전문품라인 도매상; 슈퍼마켓과 다른 점포의 진열 선반을 소유하고 서비스하는 선반 도매상이 포함된다. 한정 서비스 상인 도매상으로는 소규모 사업자에게 판매하고 현금지불을 요구하고 그리고 배달해 주지 않는 현금 무배달 도매상; 직접 고객들에게 트럭에서 제한된 제품 라인을 판매하는 트럭 도매상; 제품을 소유해서 판매 협상을 하지만, 제품을 직접 소유하지는 않는 직송 도매상 그리고 다이렉트 메일 카탈로그를 통해서 소매 및 사업 구매자들에게 판매하는 우편 주문 도매상이 포함된다.

대리상과 중개상은 구매를 협상하고 매출을 신속히 처리하고 그 대가로 수수료를 받지만, 이들은 제품에 대한 소유권을 갖고 있지는 않다. 대리상은 영속적 근거로 구매자나 판매자를 대신하지만, 중개상은 구매자와 판매자가 일시적 근거로 교환을 협상하기 위해서 고용된 중간상이다. 제조업자 대리상은 둘 혹은 그이상의 판매자의 완비된 제품라인을 마케팅한다. 판매 대리상은 완전한 제품라인 혹은 한 제조기업의 전체 제품을 마케팅하고 제품 소유권을 제외한 모든 도매기능을 수행한다. 수수료 상인은 지역 판매자로부터 위탁받는 제품을 대형의 중심 시장에서 매출을 협정하는 대리상이다.

제조업자 판매 지점과 사무소는 제조기업이 소유한다. 판매 지점은 제품을 판매하고 현재 점포위치에 있는 제조업자의 판매원을 위해서 서비스를 지원해 준다. 판매 사무소는 재고를 갖고 있지 않으면서 대리상이 제공하는 기능을 담당한다.

주요 개념

소매(retailing): 구매자가 개인적으로, 가족으로, 또는 가정에서 사용을 통해 제품을 소비하고자하는 모든 거래

소매상(retailer): 최종 소비자에게 재판매하기 위한 목적으로 제품을 구매하는 기업

종합 소매상(general merchandise retailer): 상당한 깊이의 다양한 제품라인을 제공하는 소매업체

백화점(department stores): 마케팅 및 내부 관리를 용이하게 하기 위해 분리된 부서로 조직되며, 다양한 제품 믹스를 특징으로 하는 대형 소매조직

할인점(discount stores): 낮은 가격으로 유명 브랜드 및 사적 브랜드 제품을 제공하는 셀프 서비스 종합 소매점

편의점(convenience stores): 영업시간이 길고, 보통 편의품과 같은 제품의 좁은 구색을 취급하는 소형 셀프 서비스 소매점

슈퍼마켓(supermarkets): 일부 비식료품과 함께 식료품의 모든 제품라인을 취급하는 대형 셀프서비스 점포

슈퍼스토어(superstores): 반복적으로 구매되는 소비자 제품뿐만 아니라 슈퍼마켓에서 볼 수 있는 식료품 및 비식료품도 취급하는 초대형 소매점포

하이퍼마켓(hypermarkets): 하나의 장소에 슈퍼마켓과 할인점을 결합한 점포

창고형 클럽(warehouse clubs): 할인 소매상과 현금 지불 · 무배달 판매 도매상을 결합한 대규모의 회원제 업체

창고형 쇼룸(warehouse showrooms): 대규모의 점내 재고와 최소한의 서비스를 갖춘 대형, 저비용 빌딩의 소매시설

전통적 전문품 소매상(traditional specialty retailers): 깊은 제품라인의 좁은 제품 믹스를 취급하는 점포

카테고리 킬러(category killer): 주요 제품 카테고리에 집중해서 낮은 가격과 다양한 제품의 이용가능성을 토대로 경쟁하는 대규모의 전문점

상시할인 소매상(off-price retailers): 대폭 할인하여 소비자들에게 재판매하기 위해 제조업자의 2급품, 초과생산품, 반품 및 오프시즌 상품들을 구매하는 점포

근린쇼핑센터(neighborhood shopping centers): 통상적으로 일부 소형 편의점과 전문점으로 구성되는 쇼핑센터

커뮤니티 쇼핑센터(community shopping centers): 하나 혹은 두 개의 백화점과 일부 전문점 및 편의점을 보유한 쇼핑센터

지역쇼핑센터(regional shopping centers): 모든 쇼핑센터 중에서 가장 큰 백화점, 가장 넓은 제품 믹스와 가장 깊은 제품라인을 보유한 쇼핑센터의 형태

초대형 지역쇼핑센터(superregional shopping centers): 먼 지역의 고객들을 끌어 모으는 가장 넓고, 가장 깊은 제품 믹스를 보유한 쇼핑센터의 형태

라이프스타일 쇼핑센터(lifestyle shopping centers): 전형적으로 야외에 고급 명품, 식당 및 위락 점포를 갖추고 있는 쇼핑센터의 형태

파워 쇼핑센터(power shopping centers): 상시할인 점포와 카테고리 킬러를 결합한 쇼핑센터의 형태

소매 포지셔닝(retail positioning): 서비스가 제공되지 않거나 서비스가 충분하지 않은 세분시장을 파악해서 이러한 소비자들에게 다른 소매상과 차별화되는 전략을 통해 서비스를 제공하는 것

분위기(atmospherics): 소비자의 감성에 소구하며 구매를 격려하는 점포 디자인의 물질적 요소

범주관리(category management): 다른 제조 기업이 생산하는 제품과 유사하고 대체가능한 제품군을 관리하는 소매 전략

직접 마케팅(direct marketing): 우편, 전화, 또는 인터넷을 통해 구매할 수 있는 소비자에게 제품을 출시하기 위한 통신매체 및 비인적 매체의 사용

카탈로그 마케팅(catalog marketing): 고객이 우편, 전화, 또는 인터넷을 통해 선택하고 주문할 수 있도록 기업이 카탈로그를 제공하는 마케팅의 형태

직접 반응 마케팅(direct response marketing): 소매상이 제품을 광고하고 우편 또는 전화주문을 통해 구매할 수 있는 마케팅의 형태

텔레마케팅(telemarketing): 전화를 사용한 마케팅 관련 활동의 실행

TV홈쇼핑(TV home shopping): 텔레비전 시청자들에게 제품을 보여주면 그들이 무료전화로 주문하고 신용카드로 결제할 수 있는 판매의 형태

온라인 소매(online retailing): 구매자가 컴퓨터 연결망을 통해 제품을 구매할 수 있는 소매

직접 판매(direct selling): 집이나 직장에서 대면 판매 제시를 통해 최종 소비자에게 제품을 마케팅 하는 것

프랜차이징(franchising): 공급자 혹은 가맹주가 특정 형태의 보수를 대가로 딜러 혹은 가맹점에게 제품을 판매할 수 있는 권리를 승인하는 협정

도매(wholesaling): 재판매, 타제품의 생산, 혹은 일반적인 사업 운영을 위해 제품이 구입되는 거래

도매상(wholesalers): 재판매, 타제품의 생산, 혹은 일반적인 사업 운영을 위한 제품을 판매하는 개인 또는 조직

상인 도매상(merchant wholesalers): 제품에 대한 소유권을 가지고 있으며, 소유권과 관련된 위험을 떠맡고, 제품을 구매하여 다른 도매상들, 비즈니스 고객, 또는 소매상들에게 재판매하는 독립된 사업자

완전 서비스 도매상(full-service wholesalers): 가장 광범위한 범위의 도매기능을 실행하는 상인 도매상

양판 도매상(general merchandise wholesalers): 넓은 제품믹스를 취급하지만 제품라인 내에서는 제한된 깊이의 제품을 제공하는 완전 서비스 도매상

일반 제품라인 도매상(general-line wholesalers): 몇 개의 제품라인을 취급하지만 제품라인 내에서는 다양한 제품을 제공하는 완전 서비스 도매상

전문품 라인 도매상(specialty-line wholesalers): 단일 제품라인을 취급하거나 한 제품라인 내 소수의 품목을 제공하는 완전 서비스 도매상

선반 도매상(rack jobbers): 점포 내 진열 선반을 소유하고 유지하는 완전 서비스 전문품 라인 도매상

한정 서비스 도매상(limited-service wholesalers): 일부 서비스만을 제공하며, 소수의 기능에만 전문화하는 상인 도매상

현금 무배달 도매상(cash-and-carry wholesalers): 고객이 현금으로 지불하고 직접 운송해 가는 한정 서비스 도매상

트럭 도매상(truck wholesalers): 현장 조사와 선정을 위해 고객들에게 직접 제품을 운송해주는 한정 서비스 도매상

직송 도매상(drop shippers): 제품에 대한 소유권을 가지고 판매조건을 교섭하지만 실제로 제품을 소유하지 않는 한정 서비스 도매상

우편주문 도매상(mail-order wholesalers): 카탈로그를 통해 제품을 판매하는 한정 서비스 도매상

대리상(agents): 영속적 근거로 판매자나 구매자를 대표하는 중간상

중개상(brokers): 구매자 또는 판매자가 일시적으로 고용한 중간상

제조업자 대리상(manufacturers' agents): 둘 혹은 그 이상의 판매자를 대표하고 고객들에게 모든 제품라인을 제공하는 독립 중간상

판매 대리상(selling agents): 특정 제품라인 혹은 제조업자의 전체 제품을 마케팅 하는 중간상

수수료 상인(commission merchants): 제품을 위탁받아 대형 중앙 시장에서 판매협상을 하는 대리상

판매지점(sales branches): 제품을 판매하고, 제조업자의 판매원에게 서비스 지원을 제공하는 제조업자 소유의 중간상

판매 사무소(sales offices): 보통 대리상과 연관된 서비스를 제공하는 제조업자 소유의 사업체

연습문제

1. 소매상에 의해서 제품에 어떤 가치가 부가되는가? 소매상에 의해서 생산자 그리고 최종 소비자들에게 어떤 가치가 부가되는가?
2. 할인점과 백화점의 주요 차이점은 무엇인가?
3. 전통적 전문 소매상과 상시 할인소매상은 어떤 방식에서 비슷한가? 이들은 어떻게 다른가?
4. 소매 장소 입지를 결정할 때 어떤 주요 이슈를 고려해야 하는가?
5. 전통적인 쇼핑센터의 주요 3가지 형태를 설명하라. 당신의 지역에서 각 형태의 예를 들어라.
6. 소매상의 이미지를 결정하는 데 도움을 주는 주요 요인들을 논의하라. 어떻게 분위기가 점포에서 판매되는 제품에 가치를 부가하는가?
7. 어떻게 방문 판매가 소매의 한 가지 형태가 되는가? 일부 소비자들은 직접 반응 주문은 소매상을 경유하지 않는다고 생각한다. 이것이 사실인가?
8. 당신이 소매 사업을 한다면, 당신은 독립적인 점포를 열거나 혹은 프랜차이즈 계약을 한 점포를 소유하는 것을 선호하는가? 선호하는 이유를 설명하라.
9. 도매상이 생산자와 소매상에게 무슨 서비스를 제공하는가?
10. 완전 서비스 도매상과 한정 서비스 도매상의 차이점은 무엇인가?
11. 직송 도매상은 제품의 소유권을 갖지만, 이들을 물리적으로 소유하지는 않는다. 반면에 수수료 상인은 제품에 대한 물리적 소유를 하고 있으나 제품에

대한 소유권을 갖고 있지 않다. 도매 상인으로서 직송 도매상과 대리상으로서 수수료 상인으로 분류되는 논거를 설명하라.

12. 왜 제조업자의 판매 사무소와 판매 지점이 도매상으로 분류되는가? 어떤 독립 도매상이 제조업자의 판매 지점으로 대체되는가? 어떤 독립 도매상이 제조업자의 판매 사무소로 대체되는가?

7 촉진결정

MEDIOIMAGES/PHOTODISC/THINKSTOCK

제7부는 표적시장 구성원들과의 커뮤니케이션에 주로 초점을 맞추고, 종종 다른 집단에 초점을 둔다. 특정 표적시장 사람들이 제품을 의식하지 못하고 어디서 찾을 수 있는지 모른다면, 구체적 마케팅 믹스는 그 사람들을 충족시킬 수 없다. 일부 촉진 의사결정은 구체적 마케팅 믹스와 연관되어 있으며, 다른 촉진 의사결정은 전체 기업을 촉진할 준비를 갖춘다. 제15장은 통합적 마케팅 커뮤니케이션에 대하여 논의한다. 이 장에서는 커뮤니케이션 과정과 촉진믹스에 포함되는 주요한 촉진 방법들에 대하여 설명한다. 제16장은 광고캠페인 개발의 중요한 단계들에 대하여 분석한다. 또한 PR의 방법과 활용방법에 대하여도 설명한다. 제17장은 인적 판매와 촉진 활동에서 대인 판매의 역할에 대하여 다룬다. 또 이 장은 판매촉진의 일반적 특성과 기법에 대해서도 탐구한다.

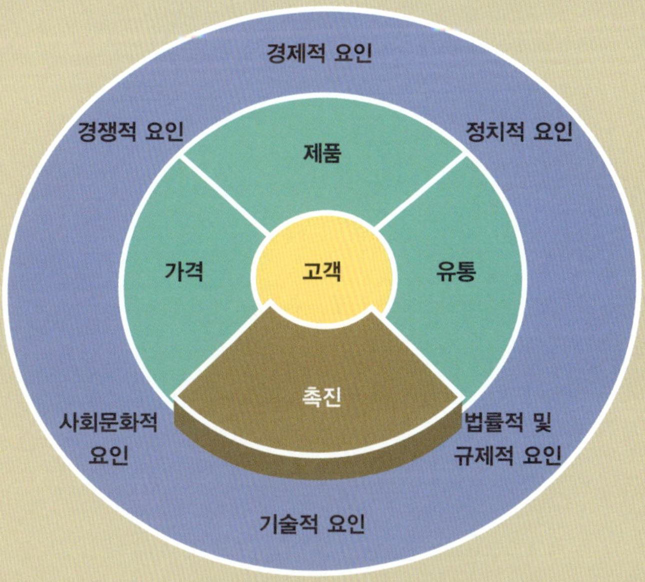

통합적 마케팅 커뮤니케이션

CHAPTER 15

AP IMAGES/PRNEWSFOTO/ BURGER KING CORPORATION

"WHOPPER VIRGINS": 창의적 마케팅 캠페인인가 혹은 무미건조한 탐험인가?

전 세계에서 햄버거를 한번도 먹어보지 않은 사람이 있을까? 버거는 세계 어디에나 있기 때문에, 한번도 먹어보지 않은 사람을 찾는 것은 불가능하다고 생각할 것이다. 이것이 바로 Burger King의 많은 홍보와 일부의 비판을 유발시킨 대담한 마케팅 활동이다. 2008년 12월에 버거킹은"The Whopper Virgins"라고 부르는 광고 캠페인을 선보였다. 즉 "The Whopper Virgins"는 버거킹 연구원들이 Transylvania, Thailand 그리고 Greenland 지역의 외딴 곳에서, 한번도 버거를 먹어보지 않았던 사람을 대상으로 McDonald의 BigMac과 버거킹의 와퍼(Whopper) 간의 맛 테스트를 실시하였다. 버거킹 측에 따르면, 테스트에 참가했던 대다수의 사람들이 와퍼를 더 선호하였다고 한다.

이를 "세계에서 가장 순수한 맛 테스트"라고 불렀으며, Burger King Corp.의 글로벌 마케팅, 전략 및 혁신 사장인 Russ Klein은, "… 이 새 캠페인은 직화방식(Flame-broiled)의 WHOPPER 샌드위치가 더 선호되고 있다는 것을 보여준 가장 순수한 증거다" 라고 말했다. 그러나 이 캠페인은 버거와 같은 종류의 식품을 먹지 않았던 사람들에게 버거를 종용하고, 회사의 이윤을 위해 개발 도상국의 사람들을 이용하고 있다고 비판 받았다. 또 버거킹이 배고픔과 영양실조가 만연한 가난한 지역에, 그 기업의 버거를 팔기 위해 광고캠페인에 너무 많은 돈을 사용했다고 비판받았다.

그러나 Klein은, 아주 조심스럽게 그 프로젝트를 수행했으며 또한 기업이 선택한 어떤 공동체도 식량이 결핍된 지역이 아니었다고 옹호했다. 더구나, 버거킹은 그 지역의 주거환경 개

학습목표

1. 통합적 마케팅 커뮤니케이션의 특성을 논의한다
2. 커뮤니케이션 과정을 서술한다
3. 마케팅 믹스에서 촉진의 역할을 이해한다
4. 촉진의 목적을 서술한다
5. 촉진믹스의 주요 구성 요소들을 이해한다
6. 촉진믹스 구성요소의 선택에 영향을 미치는 요소들을 서술한다
7. 구전 커뮤니케이션과 이것이 촉진에 어떻게 영향을 미치는지를 조사한다
8. 촉진의 비판과 방어에 대해 이해한다

선, 장난감 기증, 학습기회 증가 그리고 낡은 교회 재건 등 공동체를 위한 공헌을 했다고 주장했다. 사람들이 버거킹의 행동에 대해 지지를 하든 안 하든 상관없이, 그 캠페인에 의한 홍보는 버거 자이언트(burger giant)의 매출을 20%나 올렸다. 한 가지 확실한 것은, 이 논쟁은 Whopper 이름을 대중들 사이에 더 가시적이게 만들었다.[1]

버거킹과 같은 기업들은 그들의 표적시장과 커뮤니케이션을 위하여 다양한 촉진 방법을 사용한다. 고객 및 다른 이해관계자들에게 정보를 제공하는 것은 이들과의 장기적 관계를 시작하고 개발하는 데 필수적이다. 이 장에서는 촉진의 일반적 차원에 대해서 살펴본다. 첫째, 통합적 마케팅 커뮤니케이션의 특성에 대하여 논의한다. 그리고 촉진의 역할에 대해서 정의하고 알아본다. 그 다음은 커뮤니케이션의 의미와 과정에 대하여 분석하고, 촉진이 사용되는 이유들을 살펴본다. 그 다음으로, 주요 촉진 방법들과 특정 방법을 사용하기 위한 의사결정에 영향을 미치는 요인들을 고려한다. 마지막으로, 촉진에 대한 비판과 방어에 대하여 검토한다.

IMC
Taco Bell은 다양한 마케팅 커뮤니케이션 수단을 이용한다. 이러한 촉진 노력들은 정보적 및 설득적 효과를 극대화하도록 조정된다.

15.1 통합적 마케팅 커뮤니케이션

통합적 마케팅 커뮤니케이션(integrated marketing communication: IMC)은 고객에게 최대의 정보적 효과와 설득적 영향을 보장하기 위한 촉진 노력의 통합을 말한다. 이러한 시너지 효과 창출을 위한 다양한 마케팅 도구들을 통합하기 위해서는, 마케터의 폭넓은 관점을 필요로 한다. 통합적 마케팅 커뮤니케이션의 중요한 목적은 고객에게 일관성 있는 메시지를 전달하는 것이다. Chicago가 2016년 올림픽 유치 경쟁에 들어갔을 때, 그들은 "올림픽이 열릴 가치가 있는(Olympic worthy)" 도시로 포지션하기 위한 다양한 전술을 사용했다. http:/ /www.chicago2016.org이라는 웹사이트를 만들어서, Chicago의 흥미거리에 대하여 홍보하고, 유치와 행사지 개발을 위해서 힘을 결집하고, 그리고 기금 모금도 하였다. 또한 Michael Jordan과 같은 스포츠 스타는 Jordan

이 Chicago Bulls 경기를 했던 United Center에 시찰단이 도착했을 때 그들을 위해서 비디오를 제작하였다. 이러한 노력을 지원해 준 또다른 스포츠 및 올림픽 스타로는 Bart Conner, Greg Louganis 그리고 Nadia Comaneci가 있다. 올림픽 시찰단이 올림픽 경기장 예정지에 도착했을 때, 205명의 자원봉사자가 각 올림픽 참가국의 국기를 하나씩 들고 경기장 둘레를 에워싸고 있었다.[2]

대부분의 기업들의 내부 및 외부의 다양한 부서들이 전통적으로 촉진적 노력을 기획하고 실행하기 때문에, 고객들은 항상 일관된 메시지를 수신하는 것은 아니다. 통합적 마케팅 커뮤니케이션은 기업이 일관성 있는 메시지를 전달할 수 있도록 촉진 노력을 조정하고 관리하도록 한다. 이러한 접근방법은 장기적 고객 관계뿐 아니라 촉진자원들의 효율적인 사용을 조성한다.

통합적 마케팅 커뮤니케이션의 개념은 여러 가지 이유에서 점점 더 널리 받아들여지고 있다. 과거에 매우 인기 있는 촉진 방법이었던 광고는 고비용과 예측 불가능한 오디언스의 규모 때문에, 오늘날에는 덜 사용되고 있다. 오늘날 마케터들은 케이블과 위성 TV, DM, 인터넷, 전문잡지, CDs, DVDs, 휴대폰 그리고 심지어 iPods과 같이 더 정확히 표적화된 촉진 수단의 장점을 이용할 수 있다. 데이터베이스 마케팅도 마케터들이 개별 고객을 더욱 정확하게 공략할 수 있게 하는 한 방법이다. 최근까지, 마케팅 커뮤니케이션의 제공자들은 전문가들이었다. 광고대행사가 광고 캠페인을 개발하고, 판매촉진 전문대행사가 판매촉진 활동과 광고물들을 개발하고, PR 대행사가 퍼블리시티 노력에 종사하였다. 오늘날에는 여러 프로모션 관련 기업들이 광고, 판매촉진, 그리고 PR을 하고자 하는 기업에게 원스톱 쇼핑(one-stop shopping)을 제공함으로써, 기업고객이 각 분야를 조정해야하는 문제를 덜어준다. 마케팅 커뮤니케이션의 비용이 전반적으로 대폭 상승함에 따라, 고위 관리자들이 커뮤니케이션 노력들에 대한 체계적인 평가와 적절한 투자 수익률을 요구하고 있다. 기업들 중 74%가 IMC 접근방법을 사용하고 있지만, 25%만이 이 접근방법이 탁월하거나 아주 좋다고 평가했다.[3]

특정한 커뮤니케이션 수단의 채택 및 사용의 정확성은, IT와 고객 관심 모두가 점점 더 역동적이 됨에 따라, 변하고 있다. 예를 들어서, NBC Universal과 News Corporation의 합작회사인 Hulu.com이라는 웹사이트는 내장된 광고를 보는 대신에 무료로 TV 프로를 이용 가능하게 만든다. 이 "요청형(on demand)" 웹사이트는 이동이 많고 바쁜 표적 오디언스 즉, 원하는 시간대에 프로그램을 즐기고 싶어하는 사람에게 매력적이다. 일부 기업들은 소비자들이 정보를 얻는 다양한 매체수단을 개발하기 위해서 자기 브랜드를 붙인 콘텐츠를 만들어 내고 있다.

"Family guy"의 개발자인 Seth McFarlane와 협업으로, 버거킹은 짧고 웃기는 만화 비디오를 You Tube에서 볼 수 있게 만들었다. **브랜디드 엔터테인먼트(branded entertainment)** 또는 브랜디드 콘텐츠(branded content)는 엔터테인먼트 제품을 만들기 위해서 전자 매체들(TV, 라디오, 인터넷)과 광고주를 결합하도록 설계된다. 2008년에, 브랜디드 엔터테인먼트는 250억 달러 이상의 사업이었다. 이 범주의 촉진은 간접광고와 통합, 이벤트, 스폰서십, 그리고 기타 브랜디드 프로젝트들로 구성된다.[4] 이런 브랜디드 콘텐츠는 전통적 광고를 대체하는 것이 아니라, 이전보다는 더 많은 엔터테인먼트 선택권을 갖고 있는 현재의 소비자들에게 도달하는 새롭고 가능한 길을 마케터에게 제공한다.

오늘날, 마케터와 고객들은 서로에 대한 자료에 거의 무제한 접근하고 있다. 마케팅 커뮤니케이션을 통합하고 맞춤화하는 반면에 고객의 사생활 보호가 주요 과제가 되고 있다. 인터넷을 통해서, 기업은 전통적 촉진 활동과 통합된 제품정보와 서비스를 제공할 수 있다. 고객들과의 커뮤니케이션 관계는 실제로 제품의 특성을 결정할 수 있다. 예를 들어서, 화장품 기업은 고객과의 정보

교환을 통하여 고객의 피부타입과 색깔에 따라 다른 맞춤형 메이크업 제품을 제공한다. 정보의 공유나 판매자와 구매자의 커뮤니케이션을 용이하게 하는 기술의 사용은 성공적인 고객관계 관리를 위하여 꼭 필요하다.

15.2 커뮤니케이션 과정

커뮤니케이션은 본질적으로 정보의 전달이다. 커뮤니케이션이 이루어지기 위해서 정보의 전달자와 수신자 모두가 어떤 공동의 장을 공유해야 한다. 그들은 정보 전달에 사용된 상징, 단어, 그림 등에 대한 공통의 이해를 해야 한다. 그래서 **커뮤니케이션(communication)**은 의미의 공유라고 정의된다.[5] 이 정의에 대한 함축적 의미는 공유가 전달을 필요로 하기 때문에 정보가 전달된다는 것이다.

<그림 15.1>에서 보듯이, 커뮤니케이션은 **원천(source)**에서 시작한다. 원천은 오디언스와 공유하려고 하는 어떤 의미를 갖고 있는 사람, 집단 또는 조직이다. 원천은 판매 메시지를 커뮤니케이션하기 원하는 판매원이 될 수도 있고 광고를 통하여 수천 명의 고객들에게 메시지를 보내고 싶어 하는 조직일 수도 있다. 전략을 개발한다는 것은 원천의 커뮤니케이션 효과를 높일 수 있다. **수신자(receiver)**는 전달된 메시지를 해석하는 개인, 집단, 또는 조직이고, 오디언스(audience)는 2인 혹은 그 이상의 수신자이다. 예를 들어서, POM Wonderful사의 석류 쥬스 광고의 계획된 수신자 또는 오디언스는 아마도 건강에 대해 관심이 많은 사람들일 것이다. 약 2천5백만 달러의 의료 연구조사가 석류는 심장건강과 전립선에 좋다는 것을 보여준다.[6]

의미를 공유하기 위해서는, 원천은 그 의미를 아이디어나 개념을 나타내는 일련의 신호 또는 상징으로 전환해야 한다. 이것을 **부호화 과정(coding process)**, 또는 부호화(encoding)라고 한다. 의미를 메시지로 부호화할 때 원천은 수신자 또는 오디언스의 특성을 고려해야 한다. 의미를 공유하기 위하여, 원

그림 15.1 커뮤니케이션 과정

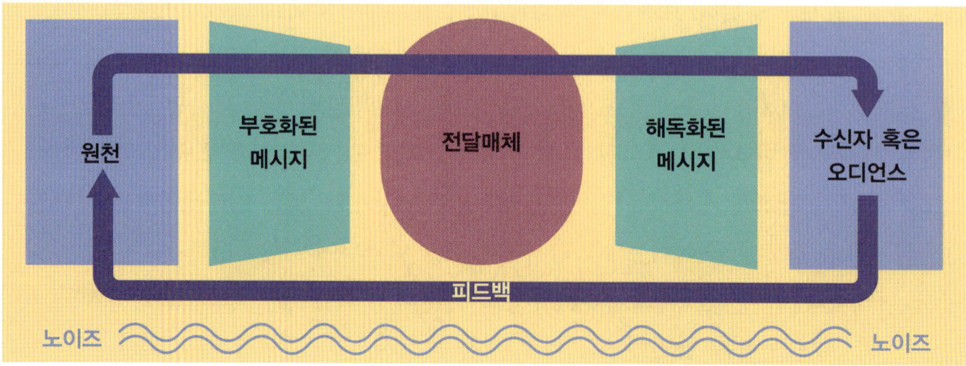

천은 수신자 즉 오디언스가 익숙한 상징 또는 심볼을 사용해야 한다. 원천으로부터의 설득적 메시지는 개인의 개성을 잘 맞추었을 때에 더 효과적이라는 연구 조사 결과가 있다.[7] 이것을 이해하는 마케터는 표적시장을 아는 것의 중요성과 광고물이 표적시장이 이해하는 언어를 사용해야 하는 것의 중요성을 깨닫는다. 예를 들어서, General Mills가 Cheerios 광고를 할 때, 광고에서 시리얼을 만드는 데 사용된 모든 성분을 다 언급하지 않는 것은 소비자들에게 일부 성분들은 별로 의미가 없기 때문이다. 전 세계 시장의 고객들과 커뮤니케이션하기 위해서 영어로 된 광고를 다른 언어로 번역할 때 일부 주목할 만한 문제점들이 발생하였다 예를 들어서, Budweiser는 스페인에서 "맥주의 여왕(Queen of Beers)"이라고 광고되었으며, KFC의 슬로건 "Finger-Lickin' Good"이 중국사람들에게는 "네 손가락을 뜯어먹어라(eat their fingers off)"로 전달되었다.[8] 사람들이 촉진에 사용된 언어를 이해하는 것은 분명히 아주 중요하다.

의미를 부호화할 때, 원천이 전달하고자 하는 개념을 언급하기 위해서 수신자 또는 오디언스가 사용하는 기호 또는 상징을 사용할 필요가 있다. 기술적인 전문용어 대신에, 소비자가 이해하는 데 도움을 주는 설명하는 언어가 더 긍정적인 태도와 구매의사를 높일 것이다.[9] 마케터는 청중에게 여러 가지 의미로 해석되는 기호 또는 상징은 피하려고 노력한다. 예를 들어서, 청량음료의 일반적 표현인 소다(soda)는 미국 전국 광고에서는 통하지 않을 것이다. 비록 미국의 일부 지역에서 그 단어는 "청량음료"의 의미이지만, 다른 지역에서는 중탄산염, 아이스크림 음료, 혹은 스카치 위스키를 섞은 어떤 것을 암시하기도 한다.

부호화된 의미를 수신자 또는 오디언스와 공유하기 위해서, 원천은 전달 매체를 선택하고 사용한다. **커뮤니케이션 경로(communication channel)**, 즉 전달매체는 메시지를 원천으로부터 수신자 또는 오디언스에게 운반한다. 전달매체로는 종이의 잉크, 성대에 의해 만들어지는 파장, 칠판의 분필 표시, 그리고 전자에 의해 만들어지는 전파의 진동(예: 라디오와 TV의 신호) 등을 포함한다. <표 15.1>은 사람들이 뉴스와 정보를 획득하는 주요한 커뮤니케이션 경로들을 요약하고 있다.

만약 원천이 부적당한 커뮤니케이션 경로를 선택한 경우, 여러 문제들이 생길 수 있다. 부호화된 메시지가 일부 수신자에게 도달할 수 있지만 잘못된 수신자에게도 도달할 수 있다. 부호화된 메시지의 전달 강도가 약할 때는 의도된 수신자에게 불완전한 형태로 도달할 수도 있다. 예를 들어서, 라디오와 TV 방송 신호 같은 경우에는 기후 조건에 따라서 지역 내에서만 효과적일 수 있다. 난청 지역에 살고 있는 수신자들은 신호를 약하게 받을 수 있으며, 비록 방송 지역 내에 있다고 하더라도, 운전 중이거나 공부하고 있는 중에 라디오를 들을 때는 불완전한 메시지를 받을 수 있다.

해독화 과정(decoding process)에서, 신호나 상징은 개념이나 아이디어로 전환된다. 만약 메시지가 수신자의 믿음이나 태도와 맞지 않을 때는, 원천의 특성이 해독화 과정(신뢰성, 합법성, 능력)에 영향을 미칠 것이다. 원천이 부호화한 대로, 수신자가 똑같은 의미로 정확히 해독화하는 경우는 거의 없다. 해독화의 결과가 부호화된 것과 다를 때, 노이즈가 존재한다. **노이즈(noise)**는 커뮤니케이션의 명확성과 정확성을 감소시키는 모든 것이다. 많은 원천을 가지고 있고 커뮤니케이션 과정의 일부 혹은 모든 부분에 영향을 미치기도 한다. 노이즈는 때때로 커뮤니케이션 경로 자체 내부에서 일어나기도 한다. 라디오 노이즈, 느리고 연결이 잘 안되는 인터넷, 그리고 후두염 등이 노이즈의 원인이다. 노이즈는 수신자가 잘 모르는 신호나 상징을 사용할 경우, 또는 의도된 것과 다른 의미를 가질 때에 발생하게 된다. 노이즈는 수신자로부터 기인할 수도 있다. 수신자는 지각적 과정이 차단되어 있을 때 부호화된 메시지를 알아차리지 못할 수 있다.

표 15.1 뉴스와 정보의 원천 변화

신문 열독률 감소; 인터넷 뉴스 증가								
	1993	1996	1998	2000	2002	2004	2006	2008
청취/구독. . .	%	%	%	%	%	%	%	%
신문	58*	50	48	47	41	42	40	34
라디오 뉴스	47*	44	49	43	41	40	36	35
정기적 시청. . .								
케이블 TV 뉴스	–	–	–	–	33	38	34	39
지역 TV 뉴스	77	65	64	56	57	59	54	52
야간 네트워크 뉴스	60	42	38	30	32	34	28	29
네트워크 아침뉴스	–	–	23	20	22	22	23	22
온라인뉴스 (1주일당 3~4일)	–	2**	13	23	25	29	31	37

* 1994년부터; ** 1995년부터.
자료원: "Key News Audiences Now Blend Online and Traditional Sources," August 17, 2008, http://people-press.org/report/444/news-media (accessed April 8, 2009).

메시지에 대한 수신자의 반응은 원천으로의 **피드백(feedback)**이다. 원천은 대부분 피드백을 기대하고 비록 즉각적으로는 아닐지라도 피드백을 받는다. 피드백을 하는 동안, 수신자나 오디언스는,이번에는 수신자가 되는 원래의 원천으로 향하는 메시지의 원천이 된다. 피드백이 부호화되면, 커뮤니케이션 경로를 통해서 전달이 되며, 원래의 커뮤니케이션 원천이었던 수신자에 의해서 부호화된다. 따라서, <그림 15.1>처럼 커뮤니케이션은 순환과정이다.

인적 판매나 제품 샘플링에서 발생하는 것처럼, 대면 커뮤니케이션을 할 때, 언어 및 비언어적 피드백이 즉각적으로 일어날 수 있다. 즉각적 피드백은 커뮤니케이션의 효과를 개선하기 위해서 메시지를 재빨리 조정하게 만든다. 예를 들어서, 판매원이 피드백을 통해서 고객이 판매 설명을 잘 이해하지 못한다는 것을 알아차리면, 그 판매원은 고객에게 맞추어 더 이해하기 쉽도록 설명할 것이다. 이것이 바로 대면 판매 설명이 텔레마케팅보다 더 높은 구매 의도를 창출하는 이유일 것이다.[10] 사람들 간의 커뮤니케이션에서, 피드백은 대화, 접촉, 웃음, 끄덕임, 눈동자의 움직임 그리고 다른 신체 동작을 통해서 발생한다.

광고와 같은 대중 커뮤니케이션에서의 피드백은 종종 느리고 또 인식하기 힘들다. 2008년에 480만 시청자가 CBS의 스포츠 프로그램 "March Madness on Demand"를 주문형으로 컴퓨터, PDAs, 그리고 노트북으로 봤다. 그 웹사이트는 2009년 토너멘트에서 3천만 달러 이상의 광고수익을 창출하였다. 또 그 웹사이트는 상급자나 직장 동료가 왔을 때에 급하게 엑셀 차트가 나타나게 해서 마치

열심히 근무하고 있는 것처럼 보이게 해서 "boss button"이라는 논란거리를 낳기도 했다.[11] 그러나 이 촉진의 효과를 알기 까지는 몇 년이 걸릴 수도 있다. 대중 커뮤니케이션의 피드백은 판매량이나 소비자의 태도와 인지도 수준의 변화를 측정하는 형식이 있다.

각 커뮤니케이션 경로는 효과적으로 처리할 수 있는 정보량이 제한되어 있다. 이 제한을 **채널용량(channel capacity)**이라고 하는데, 커뮤니케이션 과정의 최소효율적 요소에 의해 결정된다. 말에 의존하는 커뮤니케이션을 생각해 보자. 한 개인 원천이 오로지 빠르게만 말을 할 수 있다면, 개인 수신자가 얼마나 많이 귀로 들을 수 있는가에 한계가 있다. 이 한계 이상에서는 추가적인 메시지가 해독될 수 없고, 따라서 의미가 공유될 수 없다. 비록 라디오 아나운서는 1분에 수백 단어를 읽을 수 있지만, 1분 광고 메시지는 150단어 이상을 넘지 말아야 한다. 그것은 대부분의 아나운서가 1분에 150단어 이상의 속도로는 이해할 수 있는 메시지로 뚜렷하게 말할 수 없기 때문이다.

15.3 촉진의 역할과 목표

촉진(promotion)은 더 많은 오디언스들이 기업을 더 긍정적으로 보도록 혹은 그 기업의 제품들을 수용하도록 알리고 설득하여 호의적인 관계를 구축하고 유지하는 커뮤니케이션이다. 기업이 여러 촉진 목표를 추구할 수 있는 반면(이 장의 후반부에서 논의됨), 촉진의 전반적 역할은 제품의 수요를 자극하는 것이다. 이런 목적을 위해서, 많은 조직들이 현재 고객 및 잠재 고객과의 관계를 구축하고

AP IMAGES/PRNEWSFOTO/HAWKER BEECHCRAFT CORPORATION

촉진의 목표
마케터들은 다양한 촉진 목표들을 달성하기 위해서 광고 및 다른 촉진방법들을 사용한다. 이 광고의 목표는 무엇인가?

강화하기 위하여 상당히 많은 자원을 촉진에 사용하고 있다. 예를 들어서, 계란("놀라운 식용 계란: The incredible edible egg"), 돼지고기("또 다른 백색육 돼지고기: The other white meat"), 그리고 우유("Got milk?") 산업들은 수요를 자극하기 위하여 이 제품들을 사용하도록 촉진하였다. 아몬드 산업로부터 지원을 받은 한 마케팅 캠페인은 견과류가 비만, 심장병은 물론 암까지 예방하는 좋은 식품이라고 촉진했다. 그 후 아몬드의 수출은 일 년에 20억 달러에 육박했고, 광고의 효과로 국내 매출도 올랐다.[12] 또한 마케터들은 이해관계 집단(환경단체, 소비자 단체 등), 기존 및 잠재 투자자, 규제기관, 그리고 일반적으로 사회에 대해서 기업활동과 제품에 대한 정보에 초점을 맞추어서 호의적 관계를 간접적으로 조성한다. 예를 들어서, 일부 기업들은 담배, 주류, 폭력영화 등 사회로부터 비판받는 제품들의 책임감 있는 사용을 권장한다. 기업들은 가끔 선택된 집단을 돕기 위한 프로그램을 촉진하기도 한다. Häagen-Daz는 자사 브랜드를 꿀벌의 멸종 위기라는 식품 산업에서 많은 우려에 대한 이슈와 연관시켰다. Pen State University 및 University of California-Davis와 공동으로 일하면서, 이 이슈에 대한 사실적 정보를 보급했다. Vanilla Honey Bee 아이스크림은 꿀벌 로고를 사용하고 HelpTheHoneybees.com 웹사이트를 동시에 운영하면서 만들어졌다. 목적은 꿀벌의 서식지를 지원하는 방법과 백만 씨앗을 뿌리는 데에 대중들이 참가하도록 촉구하는 방법을 소비자에게 촉진하고 교육하기 위한 것이었다. 그 반응은 한 달 만에 5.2% 판매량 증가와 120만 이상의 모종으로 예상을 초월하였다.[13] 이러한 대의명분 마케팅(cause-related marketing) 노력은 제품구매를 하나 혹은 그 이상의 명분을 위한 박애주의적 노력과 연계시킨다. 표적시장이 지원하는 대의명분에 공헌함으로써, 대의명분 마케팅은 마케터가 매출을 신장하고 호의를 창출하도록 도울 수 있다. 마케터들은 또한 뉴스 커버리지 및 기업과 그 기업의 브랜드에 대한 긍정적 촉진을 선도하는 특별한 행사들을 후원하기도 한다. 예를 들어서, Fendi는 새 디자이너 상표인 B.Mix 가방을 촉진하기 위하여 Tokyo에서 유명 스타들이 출연하는 힙합파티를 개최하였다.[14]

촉진노력으로부터 편익을 최대화하기 위해서, 마케터는 커뮤니케이션의 적절한 계획수립, 집행, 조정, 그리고 통제를 기하려고 한다. 통합적 마케팅 커뮤니케이션의 효과적인 관리는 고객에 대한 정보와 고객들의 피드백, 그리고 마케팅 환경에 대한 정보, 그리고 종종 기업의 마케팅 정보 시스템으로부터 획득된 정보들에 근거한다(<그림 15.2> 참조). 마케터가 긍정적 관계를 유지하기 위해서 얼마나 성공적으로 촉진을 사용하는가는 기업이 받는 정보의 양과 질에 주로 달려 있다. 고객은 정보와 의견을 많은 다른 원천들로부터 끌어내기 때문에, 통합적 마케팅 커뮤니케이션의 계획수립도 입소문과 인터넷의 독립적 정보 원천과 같은 비공식적 방법도 고려해야 한다.

촉진의 목표는 기업마다 그리고 시간이 지나면서 기업 내에서도 상당히 다르다. 동시에 여러 가지 촉진 프로그램을 시행하는 대규모 기업들은 매우 다양한 촉진 목표를 가지고 있을 것이다. 분석의 목적상, 여기서는 8가지의 촉진 목표에 초점을 둔다. 비록 이 일련의 가능한 촉진 목표군이 포괄적이지는 않지만, 이런 목표들의 하나 혹은 그 이상의 목표가 많은 촉진 프로그램의 근거가 된다.

1 인지도 창출

상당히 많은 촉진이 인지도(awareness) 창출에 초점을 맞춘다. 기업이 신제품이나 제품라인 확장을 출시할 때, 고객의 인지도 제고는 제품 수용 과정을 선점하는데 매우 중요하다. 제품 개발에 투자를 많이 한 마케터는 제품 개발과 출시에 대한 높은 비용을 빨리 만회할 수 있는 수입을 올리기 위해서

그림 15.2 통합적 마케팅 커뮤니케이션에서 정보 흐름의 중요성

빠르게 제품의 인지도 창출에 노력한다. 가장 성공적인 신제품 출시 사례 중 하나는 Gatorade의 G2였다. G2는 일반적 게토레이 스포츠 음료의 저칼로리 제품이다. 신제품들 중에서 75%가 첫해에 750만 달러 이하의 매출로 실패한 반면, G2는 출시 첫해에 1억 6,000만 달러까지 매출을 끌어 올리면서 큰 성공을 거두었다. 인지도를 창출하기 위해서, Super Bowl 광고, SNS 매체, 그리고 이벤트 마케팅 전략이 사용되었다.[15]

인지도 창출은 기존 제품에도 중요하다. 촉진 노력은 브랜드, 제품특성, 이미지 관련 이슈(기업의 규모 혹은 사회 공헌 활동 등), 또는 운영적 특성(점포 영업 시간, 위치, 신용 이용 가능성 등)의 인지도를 올리는 데에 주력할 수도 있다. 어떤 촉진 프로그램은 성공하지 못한다. 왜냐하면 마케터가 상당한 부분의 표적시장에게 중요한 이슈에 대한 인지도 창출에 실패하거나 이러한 프로그램들이 올바른 오디언스를 겨냥하지 못하기 때문이다.

2 수요 자극

어떤 기업이 혁신적 제품을 처음 출시할 때, 개척자적 촉진을 통하여 **본원적 수요(primary demand)**—제품의 특정 브랜드보다는 제품 범주에 대한 수요—를 자극하려고 한다. **개척자적 촉진(pioneer promotion)**은 잠재고객에게 그 제품이 무엇인지, 어떻게 사용하는지, 그리고 어디서 구매할 수 있는지에 대한 정보를 제공하는 것이다. 개척자적 촉진은 제품 수명주기의 도입기에 사용되기 때문에, 경쟁이 없고 따라서 브랜드 이름을 강조하거나 다른 브랜드와 비교하지 않는다. 예를 들어서, 디지털 비디오 레코더를 최초로 출시한 기업은 특정 브랜드에 대한 혜택보다는 디지털 비디오 레코더 자체의 혜택을 강조함으로써, 본원적 수요를 자극하려고 하였다. 본원적 수요의 자극은 신제품에 국한된 것은 아니다. 때때로, 특정 기업이 아니라 산업계 협회에서 본원적 수요를 자극하려는 촉진노력을 하는 경우도 있다.

특정 브랜드에 대한 수요인 **선택적 수요(selective demand)**를 창출하기 위해서, 마케터는 특정 브랜드의 강점과 혜택에 대한 촉진노력을 기울인다. 선택적 수요의 구축은 잠재고객에게 중요한 속성을 골라내는 것도 요구한다. 선택적 수요는 잠재고객의 마음속에서 경쟁 브랜드와의 차별화를 통하여 자극될 수 있다. 제품 사용의 횟수를 증가시키고 광고 캠페인, 가격할인, 무료 샘플링, 쿠폰, 소비자 콘테스

선택적 수요
Gap은 Piperlime 온라인 점포에서만 구입가능한 Piperlime 의류, 신발, 그리고 지갑에 대한 선택적 수요를 형성하기 위해서 이런 종류의 광고를 이용한다.

트 및 게임, 그리고 경품(sweepstakes) 등을 통해서 촉진함으로써 수요가 자극될 수도 있다. 2008~2009년 경기 불황시기에, Applebee는 매출이 감소함에도 불구하고 두 사람에 20달러 저녁식사 메뉴를 선보였다. 그 식사는 불황의 영향을 받는 가족들을 끌어들이기 위하여 2개의 주요리와 1개의 애피타이져 요리를 포함하였다.[16] 대용량 포장이나 묶음 포장의 촉진은 소비를 증가시키는 것을 지향하는데, 이것은 수요를 자극할 수 있다. 또한, 선택적 수요는 기존고객에게 더 많이 사용하도록 장려하여 자극될 수도 있다.

3 제품 시용의 장려

고객을 제품 수용 과정에 진입하도록 하려고 할 때, 마케터가 인지도와 관심을 성공적으로 창출했다고 하더라도, 고객은 아직 평가 단계에 머물러 있을 수 있다. 이 경우에, 무료 샘플, 쿠폰, 시험 운행, 한시적 무료사용, 콘테스트, 그리고 게임과 같은 종류의 촉진들이 제품 시용을 장려하는 데 활용될 수 있다. McDonald's에 의한 성공적 샘플링 전술은 Southern Style 치킨 비스켓의 인지도를 창출하였다. McDonald's는 2백만 개 이상의 Southern Style 치킨 비스켓 샘플과 6백만 개 이상의 Southern Style 치킨 샌드위치를 고객들에게 무료로 나누어 주고 평가하도록 했다.[17] 마케터의 제품이 새로운 제품 범주의 첫 번째인지, 기존 범주의 새 브랜드인지, 혹은 단순히 고객들을 찾고 있는 기존 브랜드에 상관없이, 제품 시용을 유인하는 촉진노력은 제품 시용을 편리하게 만들고 잠재고객에게 낮은 위험을 갖도록 겨냥한다.

4 잠재고객 파악

특정 형태의 촉진노력은 기업의 제품에 관심을 갖고 구입할 가능성이 상당히 높은 고객들을 파악하는 것을 지향한다. 마케터는 직접 반응 정보 양식 즉, 독자로 하여금 추가적인 정보를 받기 위해서 신청양식을 완성해서 우편으로 보낼 것을 요청하는 것이 포함된 잡지 광고를 사용할 수 있다. 어떤 광고는 직접 응답을 받기 위해 무료통화 번호를 넣기도 한다. 양식에 기입하거나 전화를 하는 고객은 통상적으로 제품에 대한 관심이 더 높고 이것은 이들을 더욱 구매가능한 잠재고객으로 만든다. 기업은 전화, 추가편지, 또는 영업사원의 개별 접촉 등으로 대응할 수 있다. 예를 들어서, Dun & Bradstreet은 편지를 보내거나 무료 전화를 하는 사업자들에게 고객관계관리(customer relationship management)에 대한 무료 기사를 제공하였다. 이것은 컨설팅회사가 고객관계를 구축하고 유지하는 데 사용되는 자료를 판매하기 위해서 잠재고객을 파악하는 것을 도와주었다.

DAVID YOUNG-WOLFF/PHOTOEDIT

제품 시용의 장려
Papa John's는 특별한 피자에 대한 제품 시용을 자극하기 위해서 이러한 특별 촉진 제공을 사용한다.

5 애호고객 유지

분명히 장기적 고객 관계를 유지하는 것은 대부분 마케터들의 주요한 목표이다. 그런 관계는 매우 가치가 있다. 고객 유지를 위한 촉진노력은 기업이 비용을 통제하도록 도와줄 수 있다. 왜냐하면 새로운 고객을 획득하는 것보다 기존 고객을 유지하는 것이 훨씬 더 비용이 적게 들기 때문이다. 항공사, 렌터카 대행사, 그리고 호텔이 후원하는 단골고객 프로그램들은 애호고객을 보상하고 이들이 애호고객으로 계속 남아 있도록 조장하는 것을 추구한다. Delta 항공사는 단골 탑승자에게 25,000마일(silver 등급), 50,000마일(gold 등급), 그리고 75,000마일(platinum 등급) 비행에 대해서 혜택을 제공한다. 혜택으로는 무료로 일등석으로 상향시키고, 촉진 프로그램을 제일 먼저 알려주고, 그리고 관여 및 브랜드 애호도를 창출할 수 있는 다른 여행 혜택이 포함된다. 일부 기업들은 오직 기존 고객만 사용할 수 있는 특별한 혜택을 제공한다. 애호고객을 유지하기 위해서, 마케터는 애호도 프로그램을 광고할 뿐만 아니라 강화 광고까지 한다. 강화광고는 기존 사용자가 올바른 브랜드 선택을 했다는 것을 확신시켜 주고 제품으로부터 최고의 만족을 얻는 방법을 알려준다.

6 재판매업자 지원 조성

재판매업자 지원은 양방향이다. 일반적으로 생산자는 재판매업자를 지원해서 건전한 업무관계를 유지하기 원하고, 이어서 재판매업자가 생산자의 제품들을 지원할 것을 기대한다. 제조업자가 소비자에게 제품을 광고할 때, 재판매업자는 이 촉진을 강력한 제조업체 지원의 한 형태로 본다. 어떤 경우에는, 생산자는 제품의 판매를 촉진하기 위해서 소매상의 광고비용의 일정 부분을 지불하는 것에 동의한다. 제조업체가 경쟁이 치열한 시장에 새로운 브랜드를 출시할 때, 슈퍼마켓 관리자가 이 브랜드를 취급하도록 설득하는 것은 쉽지 않을 것이다. 그러나, 제조업체가 소매상의 지역에서 무료 샘플이나 쿠폰으로 촉진한다면, 슈퍼마켓 관리자는 이런 행동을 강한 지원이라고 보고 훨씬 더 그 브랜드를 취급하려고 할 것이다. 도매상과 소매상이 보다 적극적으로 제품을 판매하도록 장려하기 위해서, 제조업체는 이들에게 특별 제공, 구매공제, 그리고 콘테스트를 제공한다. 어떤 산업에서는, 생산자의 판매원은 제품을 설명하고 촉진할 때 도매상의 고객(소매상들)과 함께 일함으로써 도매상에게 지원을 제공할 수 있다. 재판매업자와의 강력한 관계는 지속 가능한 경쟁우위를 유지하는 기업의 능력에 중요하다. 다양한 촉진 방법을 사용하는 것은 기업이 이 목표를 성취하도록 도와준다.

7 경쟁적 촉진 활동들과의 전투

때때로, 촉진을 사용하는 마케터의 목표는 경쟁사의 촉진 프로그램의 효과를 상쇄하거나 감소시키는 것이다. 이런 유형의 촉진은 기업 매출이나 시장점유율을 증가시킬 필요는 없지만, 감소하는 것을 방지할 수는 있다. 패스트푸드와 자동차 산업과 같은 치열한 경쟁이 있는 소비자시장에서, 기업은 가장 자주 전투적인 촉진 목표를 사용한다. 일부 자동차 기업들이 다양한 연방기관과 민간기관들이 실시하는 충돌 테스트로 결정되는 자동차의 충돌저항 능력에 대한 광고를 할 때, Volkswagen, Volvo, 그리고 다른 기업들이 경쟁사의 광고와 대항하기 위해서 재빨리 그들의 안전도 광고를 내놓았다. 비록 이 광고들은 안전도 기록을 촉진하려고 노력하였지만, 또한 이 기업들은 경쟁시장에서 시장점유율 감소를 방지하려고 노력하였다.

8 매출 변동 축소

많은 제품의 수요는 기후, 휴일, 그리고 계절과 같은 요인 때문에 매달 다르다. 그러나, 사업은 매출이 급속히 변동할 때, 사업이 최고조의 효율로 운영될 수는 없다. 매출의 변동은 생산, 재고 수준, 인력 수요, 그리고 재무 자원에 이르기까지 영향을 미친다. 촉진 기법들이 비수기의 매출을 창출해서 변동성을 줄이면, 기업은 더 효율적으로 자원을 활용할 수 있다.

촉진 기법들은 판매가 부진한 시기에 판매를 자극하기 위해 개발된다. 예를 들어서, 가을과 겨울철에 잔디관리 장비의 가격인하 광고는 판매를 증대시킬 수 있다. 성수기에는 기업이 모든 수요를 취급할 수 없는 수준까지 판매를 자극하는 것을 막기 위해서 광고를 억제할 수도 있다. 어떤 경우에는, 기업은 고객이 어떤 날에 오면 더 좋은 서비스를 받을 수 있다고 광고하기도 한다. 예를 들어서, 피자집은 월요일부터 목요일까지만 사용할 수 있는 쿠폰을 돌릴 수 있다. 왜냐하면, 금요일부터 일요일까지는 무척 바쁘기 때문이다.

여기서 논의된 촉진의 주요한 목표들을 달성하기 위해서, 기업은 적절한 촉진 프로그램을 개발해야 한다. 지금부터는 촉진믹스 요소(promotion-mix elements)라고 하는 프로그램의 기본 구성요소들에 대하여 알아보자.

15.4 촉진믹스

다양한 촉진의 방법들이 개인, 집단, 그리고 조직들과 커뮤니케이션하기 위하여 사용될 수 있다. 기업이 특정 제품의 통합적 마케팅 커뮤니케이션을 관리하기 위하여 특정 촉진 방법들을 결합할 때, 그 결합이 그 제품의 **촉진믹스(promotion mix)**를 구성한다. 촉진믹스의 4가지 가능한 요소는 광고, 인적 판매, 홍보, 그리고 판매촉진이다(<그림 15.3> 참조). 어떤 제품의 경우에는, 기업들은

그림 15.3 촉진믹스의 4가지 가능한 요소

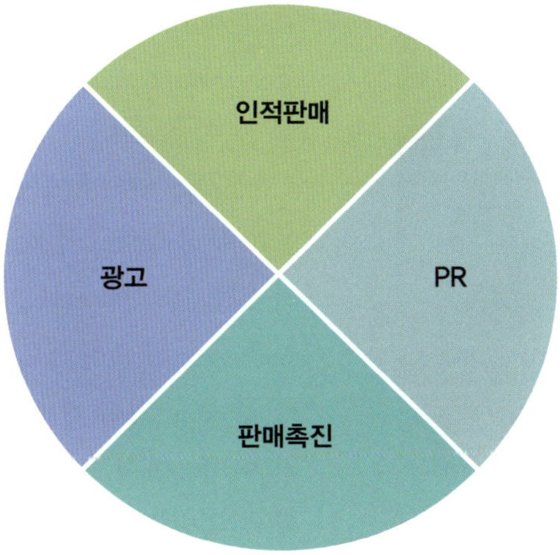

네 가지 요소 모두를 사용하고, 다른 제품들의 경우에는 단지 둘 혹은 세 가지를 사용한다.

1 광고

광고는 TV, 라디오, 인터넷, 신문, 잡지, DM, 옥외광고, 대중교통 수단을 포함한 대중매체를 통하여 표적 오디언스에게 기업과 그 기업의 제품에 대하여 유료로 전달되는 비인적 커뮤니케이션이다. 개인과 조직들은 제품, 서비스, 아이디어, 이슈, 그리고 사람을 촉진하기 위해서 광고를 사용한다. 광고는 상당히 융통성이 있어서, 매우 큰 표적 오디언스에 도달하거나 소규모의 정확히 정의된 세분시장에 초점을 맞출 수 있다. 예를 들어서, Wendy's는 어린이부터 어른까지, 잠재 패스트푸드 고객의 대규모 오디언스를 대상으로 광고하는 반면, Gulfstream jets는 훨씬 소규모이면서 더 전문화된 표적시장을 대상으로 광고한다.

광고는 여러 가지 혜택을 제공한다. 광고는 1인당 낮은 비용으로 대규모의 사람들에게 도달할 때 매우 비용효율적이다. 예를 들어서, *TIME* 잡지의 한 페이지 컬러광고의 비용은 273,750달러이다. *TIME* 잡지는 발행부수가 330만 부 이상이며, 이들 중 보증된 구독자만 1,950만 명이다(한 부당 여러 명이 읽기 때문에). 따라서, *TIME* 잡지의 구독자에게 도달하기 위한 비용은 1,000명당 약 83달러이다.[18] 광고는 또한 메시지를 여러 차례 반복하게 할 수도 있다. 예를 들어서, Levi Strauss는 TV, 잡지, 그리고 옥외광고에 광고한다. 더구나, 특정 방법으로 광고하는 것은 기업의 가치를 향상시킬 수 있고, 기업이 광고로부터 얻는 가시성은 기업의 이미지를 향상시킬 수 있다. 예를 들어서, 한 연구조사는 우편과 인쇄 광고에서 긍정적인 감각적 피드백을 창출해주는 만질 수 있는 요소를 포함하는 것은 긍정적인 설득적 도구가 될 수 있다고 제안했다.[19] 종종 기업은 광고에 유명인을 출연시켜서 기업 이미지 혹은 그 기업의 제품 이미지를 향상시키려고 한다. 가끔, 이 전략은 유명인이 물의를 일으키

AP IMAGES/PRNEWSFOTO/MINNESOTA PARTNERSHIP FOR ACTION AGAINST TOBACCO

예방을 겨냥한 광고
이 광고는 간접흡연과 관련된 많은 건강 위험들 중의 하나에 초점을 맞추고 있다.

는 행동을 하였을 경우에는 부작용을 낳을 수도 있다. 예를 들어서, 가수 Chris Brown의 Wrigley's Doub-lemint 껌 광고는 그가 여자친구인 Rihanna를 폭행을 함으로써 중지되었다. 많은 유명인들의 광고모델 계약에는 광고주가 계약의 의무를 중지할 수 있도록 "도덕성 항목"이 포함되어 있다.[20]

광고는 물론 단점들도 있다. 비록 1인당 도달 비용은 낮을지라도 절대 총비용은 매우 높다. 특히 인기 있는 TV 쇼 프로그램인 경우에는 더욱 비싸다. 높은 비용은 촉진믹스에서 광고의 사용을 제약하거나 종종 금지할 수도 있다. 광고는 빠른 피드백을 거의 제공하지 못한다. 판매 효과를 측정하기도 어렵고, 일반적으로 인적 판매보다 설득력도 떨어진다. 대부분의 경우, 사람들이 잡지 광고물을 보는 시간도 불과 몇 초이기 때문에, 고객에게 메시지를 커뮤니케이션할 수 있는 시간은 몇 초에 불과하고, 그리고 대부분의 방송광고도 30초 이내이다. 물론, "인포머셜(informercial)"을 사용하면 시청자에게 노출시간을 늘릴 수 있다. 제16장에서 광고에 대하여 심도 있게 논의한다.

2 인적 판매

인적 판매는 교환 상황에서 고객들에게 정보를 제공하고 이들을 설득해서 제품을 구매하도록 하는 유료의 인적 커뮤니케이션이다. 여기서 "제품을 구매한다"는 말은 아이디어, 이슈 등을 포함한 광의의 의미로 사용되었다. 전화를 사용하는 직접 마케팅인 텔레마케팅은 인적 판매에 상당히 의존한다.

인적 판매는 광고와 비교해서 장점과 한계를 모두 가지고 있다. 광고는 비교적 대규모의 표적 오디언스를 겨냥하는 일반적 커뮤니케이션인 반면, 인적 판매는 한 명 또는 몇 명만을 지향하는 더 구체적인 커뮤니케이션이다. 인적 판매를 통한 1인당 도달 비용은 광고보다는 훨씬 더 높지만, 인적 판매의 노력은 고객에게 대부분 더 큰 영향을 미친다. 인적 판매는 즉각적인 피드백도 받을 수 있고, 마케터가 메시지를 조정해서 커뮤니케이션을 개선시킬 수 있게 해준다. 인적판매는 마케터가 고객의 정보 욕구를 결정하고 반응하도록 돕는다.

판매원과 고객이 대면해서 만날 때, 그들은 여러 유형의 대인 커뮤니케이션을 사용한다. 우월한 커뮤니케이션 형태는 언어 즉, 문어와 구어 모두이다. 판매원과 고객은 종종 **동작 커뮤니케이션(kinesic communication)**, 혹은 머리, 눈, 팔, 손, 다리, 혹은 몸통의 움직임을 통한 커뮤니케이션을 종종 사용한다. 윙크, 고개 끄덕임, 손 제스처, 그리고 팔 동작이 동작 커뮤니케이션이다. 우수한 판매원은 고객이 눈동자를 맞추거나 머리를 끄덕이는 것으로 제품이나 제품설명에 대한 잠재고객의 관심을 평가할 수 있다. 인적 판매 상황에서 사용되는 다소 덜 명확한 형태의 커뮤니케이션인 **근접 커뮤니케이션(proxemic**

communication)은 한쪽 사람이 상대방과 거리를 두기 위해서 서로 간의 물리적 거리를 변화시킬 때 발생한다. 예를 들어서, 고객이 판매원으로부터 물러 서면 그 고객은 제품에 대한 관심이 적거나 판매원을 좋아하지 않는다는 것을 나타낸 것일 수도 있다. 접촉, 혹은 **촉감 커뮤니케이션**(**tactile communication**)도, 비록 많은 다른 나라들보다는 미국에서 덜 인기 있지만, 커뮤니케이션의 하나이다. 악수를 하는 것은 전 세계적으로 공통된 형태의 촉감 커뮤니케이션이다.

3 PR

많은 촉진 활동이 기업의 고객에게 초점이 맞추어져 있는 반면, 다른 이해관계자(공급자, 종업원, 주주, 매체사, 교육자, 잠재 투자자, 정부 공무원, 그리고 일반 사회기관)도 기업에게 중요하다. 고객 및 이해관계자들과 커뮤니케이션하기 위해서, 기업은 PR을 사용한다. PR은 기업과 이해관계자들 사이의 호의적인 관계를 창출하고 유지하는 광범위한 일련의 커뮤니케이션 활동이다. 많은 이해관계자들과 긍정적인 관계를 유지하는 것은 기업의 현재 매출과 수익뿐 아니라 장기적 생존에도 영향을 미칠 수 있다.

PR은 연차보고서(annual report), 안내책자(brochure), 이벤트 후원, 그리고 환경보호 혹은 불우이웃 돕기와 같은 사회적 책임 프로그램에 대한 후원을 포함한 다양한 수단을 사용한다. 미국 Obama 대통령이 처음 대통령이 되었을 때, 그의 경제 계획을 지지하기 위한 광범위한 PR 캠페인을 시행했다. Obama 대통령이 NBC 방송의 *Tonight Show*(그렇게 한 첫 번째 대통령), *60 Minutes*, 그리고 황금 시간대 기자회견에 출연하였다. 심지어 영부인인 Michelle Obama도 여러 잡지 매체의 표지에 출연하였다. 또한 내각 각료 및 동료들은 매체에서 대통령의 메시지를 지지하였다.

Frito-Lay사의 사업부 TrueNorth는 향후 광고의 소재로 사용될, 감동 이야기에 대한 에세이 콘테스트를 공지하기 위해서 보도자료와 웹사이트를 사용하였다. Chicago의 Inspiration Café의 창시자인 Lisa Nigro가 이러한 콘테스트의 수상자였다. Lisa는 처음

전환 중인 마케팅

PureSport는 Phelps를 모델로 사용하는 것의 찬반 모두를 발견하다

Texas company Human Performance Labs, LLC에 의해 개발된 단백질 믹스인 PureSport는 올림픽 수영 챔피언 Michael Phelps를 모델로 기용해서 큰 효과를 본 것 같다. 북경올림픽의 수영장에 나타날 때마다 그의 코치는 단백질 음료인 PureSport를 Phelps에게 주었다. 팬들이 그것을 보았고, 곧 그가 무엇을 마시고 있는지 물어보기 시작했다. 이러한 주요 모델들이 Phelps가 광고모델이 되었던 Hilton Hotel, Visa, 그리고 Kellogg Co., 등 유명 브랜드에 비해 상대적으로 알려지지 않은 신규 기업들에 출연했다. 일부 전문가들은 Phelps가 성공이 불확실한 신생 기업과 그를 연관시키는 것은 위험하다고 믿었다.

AP IMAGES/PRNEWSFOTO/H2O AUDIO

그러나, 지금은 PureSport가 유명인 행동의 도덕적 일탈이 야기하는 고통을 실감한다. 최근에 Phelps가 남가주대학(University of South California)에서 물담배를 피우는 사진이 나왔다.

물담배는 대마초를 피우는 데 종종 사용된다. 그래서 현지 보안관은 Phelps가 대마초를 흡입한 증거가 있다면, 처벌하겠다고 위협하였다. 비록 처벌할 수 있는 증거가 명백하지 않다고 하더라도, 이미 손상을 입었다. 미국수영협회는 Phelps에게 3개월 정지 처분을 내렸고, Kellogg사와 다른 주요 후원 회사들은 이 사건 이후 스폰서십을 중지했다. Kellogg사는 Phelps의 행동은 "Kellogg의 이미지와 맞지 않는다"는 입장을 유지했다. 그러나 PureSport사는 Phelps를 계속 모델로 유지했다. 비록 Phelps에 대한 물의가 다소 완화된다 해도, 그의 명성은 이미 손상이 되었다. 유명인을 모델로 사용할 때에는 항상 두 방면의 위험 부담이 있다.[a]

SNAPSHOT

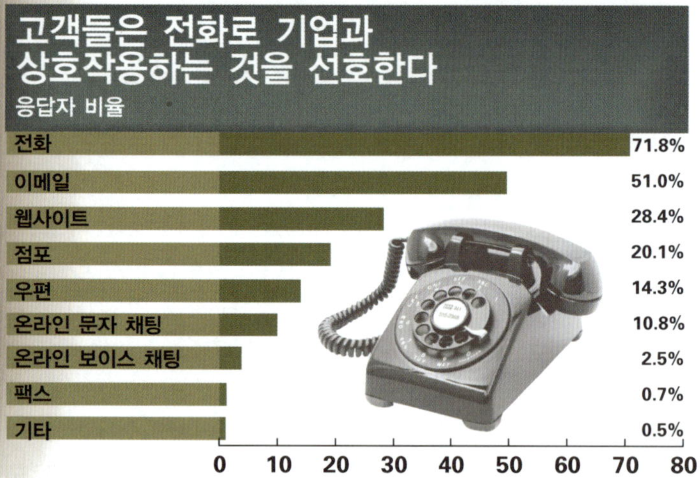

Yankee Group, *Balancing Live Service and Self-Service in the Anywhere Enterprise*, September 2007.

에는 짐마차로, 그리고 자동차로, 나중에는 버스로 집없는 사람들에게 음식을 배달하였다. 그녀의 목적은 집없는 사람들을 존중하고, 그들의 처지를 개선하기 위하여 교육과 자원을 제공하기 위함이었다. 그 결과는 Lisa의 명분뿐 아니라 TrueNorth에게도 매우 긍정적인 퍼블리시티 효과를 올렸다.[21]

PR(public relations)의 한 요소로 퍼블리시티(publicity)를 활용할 수 있다. 퍼블리시티는 기업이나 그 기업의 제품 혹은 두 가지 모두에 대하여 뉴스의 형식으로 대중매체에 무료로 게재되는 인적 커뮤니케이션이다. 퍼블리시티 형태로서 PR의 예로는 보도자료, 기자회견, 그리고 특집 기사 등이 있다. 일반적으로, PR은 촉진믹스의 다른 요소들과 일관되고 지원하기 위하여 계획되고 집행된다. PR은 조직 내의 한 부서 또는 한 개인이 책임지거나, 외부 전문 PR대행사에게 의뢰하기도 한다.

제품 불량, 환경 재해 등과 같이 불유쾌한 상황과 부정적 사건이 기업에 대한 비호의적인 PR을 유발할 수 있다. 비호의적인 기사의 해로운 효과를 최소화하기 위해서는, 효과적인 마케터는 PR 문제를 관리하도록 도와줄 수 있는 정책이나 절차를 준비하고 있다. 예를 들어서, Wal-Mart는 고용 관습, 노조 관리, 그리고, 공격적인 확장 정책과 관련된 소송과 뉴스거리로 인한 부정적 PR에 대해서 설립자의 기업가적 비전, 가족들에 대한 지원, 그리고 종업원 복지 혜택 패키지를 촉진하는 TV광고 캠페인으로 대응하였다.[22]

PR은 위기 상황에서만 사용하는 일련의 수단들로 보아서는 안 된다. PR의 최대 효과를 올리기 위해서, 기업 내부 또는 외부에 PR 담당자가 있어야 하고, 지속적인 PR 프로그램이 있어야 한다. 제16장에서 PR과 퍼블리시티에 대하여 심도 있게 논의된다.

4 판매촉진

판매촉진은 재판매업자, 판매원, 혹은 소비자에게 제품에 대한 부가가치나 인센티브를 제공해서 직접적인 유인으로 작용하는 활동이나 재료를 말한다.[23] 예로는 무료 샘플, 게임, 리베이트, 진열, 경품(sweepstakes), 콘테스트, 프리미엄, 쿠폰 등이다. 어떤 웹사이트는 소비자가 쿠폰을 관리하도록 도와준다. RetailMeNot.com이라는 한 인기 사이트는 고객이 소매점 별로 이용 가능한 쿠폰 코드를 찾도록 도와준다. 쿠폰 코드를 가진 개인은 그것을 다른 사람들과 공유할 수 있고, 사용자들은 각 코드나 제공물의 성공률을 보고할 수 있다. 판매촉진(sales promotion)은 촉진(promotion)과 혼동되어서는 안 된다. 즉 판매촉진은 광범위한 촉진의 일부분일 뿐이다. 마케터는 광고보다 판매촉진에 더 많은 시간을 보내고, 판매촉진은 광고보다 더 빨리 성장하는 영역으로 나타나고 있다.

일반적으로, 기업들이 광고나 인적 판매를 할 때, 그들은 연속적이거나 주기적으로 이들을 이용한다. 그러나 마케터의 판매촉진 사용은 불규칙적인 성향이 있다. 많은 제품이 계절성이 있다. Toro 같은 기업은 더 많은 사람들이 견인차, 잔디깎는 기계, 그리고 기타 정원 관리 장비를 구입하는 성수기인 4월이나 5월보다는 8월에 판매촉진을 더 많이 한다. 마케터는 광고나 인적 판매 등의 다른 촉진믹스 요소의 효과를 향상시키기 위해서 자주 판매촉진을 활용한다. 판매촉진을 중단하는 의사결정은 기업에 심각한 부정적 영향을 줄 수 있다. 점차적으로 판매촉진은 관련 TV프로 등과의 전략적 통합을 통하여 표적시장과 연계되고 있다. 기업의 프로그램 후원은 브랜드와 표적시장을 긴밀하게 연결해 준다. Bravo's *Top Chef*는 Toyota, Clorox, *Food & Wine* 잡지, Cambell's Soup, Diet Dr Pepper, 그리고 Quaker Oats 등과 성공적으로 제휴하였다. 이런 후원이 성공할까? 만약 브랜드 회상이 지표라면 대답은 "예"이다. Toyota는 케이블 평균인 49%보다 높은 67%의 브랜드 회상을 보였고, GLAD는 케이블 평균인 73%보다 높은 77%의 브랜드 회상을 기록했고, *Food & Wine*은 케이블 평균이 70%인데 반하여 77%의 브랜드 회상을 보였다. 간접광고(product placement)에 대해서는 이 장의 후반부에서 설명할 것이며, 17장에서는 포괄적인 판매촉진에 대하여 자세히 서술할 것이다.[24]

IMAGE COURTESY OF THE ADVERTISING ARCHIVES

판매촉진
이 광고에 있는 쿠폰은 판매촉진 기법의 하나이다.

15.5 촉진믹스 요소의 선택

마케터는 많은 이유들 때문에 촉진믹스의 구성을 변화시킨다. 비록 촉진믹스는 4 가지 요소 모두를 포함할 수 있지만, 종종 마케터는 4개 요소보다 적게 선택한다. 다양한 제품 라인을 판매하는 많은 기업들은 여러 촉진믹스들을 동시에 사용한다.

효과적인 촉진믹스는 요소들의 적절한 조합이 필요하다. 어떻게 그런 촉진믹스가 창출되는지를 보기 위해서, 기업이 특정한 촉진믹스를 위해서 사용하는 촉진믹스 요소들의 선택에 영향을 미치는 요인과 조건들을 지금부터 알아보려고 한다.

1 촉진 자원들, 목표 및 정책

기업의 촉진 예산 규모는 촉진믹스에 포함되는 촉진 방법의 숫자와 상대적 강도에 영향을 미친다. 만약 기업의 촉진 예산이 너무 적다면, 기업은 인적 판매에 더 의존할 가능성이 있다. 왜냐하면 판매에 대한 판매원의 공헌을 측정하는 것이 광고의 판매 효과를 측정하는 것보다 더 쉽기 때문이다. 일반적으로 사업은 지역 또는 전국 광고를 하기 위해서는 상당한 규모의 촉진 예산을 가지고 있어야 한다. 예를 들어서, 미국에서 가장 큰 광고주인 Procter & Gamble은 1년에 약 28억 5천만 달러의 광고를 집행한다.[25] 많은 촉진 자원을 가진 기업이 일반적으로 촉진믹스에 더 많은 요소들을 포함하지만, 더 많은 촉진 예산 비용을 지출하는 것이 꼭 더 많은 촉진 방법을 사용하는 것은 아니다. 연구 조사 결과는 촉진 활동에 지출하는 자원은 주식 가치에 긍정적인 영향을 준다고 하였다.[26]

조직의 촉진 목표와 정책도 선택된 촉진의 형태에 영향을 미친다. 만약 촉진의 목표가 시리얼 같은 새로운 편의품의 대중적 인지도를 창출하는 데에 있다면, 이것의 촉진믹스는 광고, 판매촉진 그리고 아마도 PR에 크게 의존한다. Pepsi는 칼로리가 없고 비타민을 강화한 탄산음료 Tava를 광대한 촉진 전략과 함께 출시했다. 온라인 광고와 제품 샘플링이 전통적인 TV와 인쇄매체 광고보다 더 호의적이었다. 이 음료의 표적시장은 "디지털로 다시 태어난(reborn digital)" 세대인 35~49세의 여자와 남자로서 이들은 상당한 시간을 온라인에서 보내는데, 대부분 이메일을 보내고 제품, 여행, 음악, 그리고 음식 정보에 접근하는 데 사용한다.[27] 만약 기업이 가전제품과 같은 내구재의 특성에 대해서 고객에게 교육하고 싶다면, 그 촉진믹스는 중간 정도 양의 광고, 가능하다면 고객을 점포에 유인하도록 설계된 일부 판매촉진, 그리고 이런 제품에 대해서 고객에게 알리는 우수한 방법인 인적 판매를 조합할 수 있다.

2 표적시장의 특성

표적시장의 규모, 지리적 분포, 그리고 인구 통계적 특성은 제품의 촉진믹스에 포함되는 촉진 방법들을 결정하는 데 도움을 준다. 시장 규모는 어느 정도 촉진믹스의 구조를 결정한다. 만약 규모가 제한적이라면, 적은 규모의 사람들에 도달하는 데에 효과적인 촉진믹스인 인적 판매를 강조할 것이다. 산업재 시장에 판매하는 기업과 단지 소수의 도매상들을 통하여 제품을 판매하는 기업은 자주 인적 판매를 촉진믹스의 주요한 요소로 사용한다. 수백만 명의 고객들을 대상으로 하는 제품이라면, 이 사업은 일 인당 저렴한 비용으로 많은 사람들에게 도달할 수 있는 광고와 판매촉진에 의존한다.

고객의 지리적 분포도 촉진 방법의 선택에 영향을 미친다. 고객이 광범위한 지역에 퍼져 있는 것보다 작은 지역에 집중해 있다면 인적 판매가 더 실행 가능하다. 기업의 고객이 많고 흩어져 있다면, 광고가 실제적일 것이다. 고객의 나이, 소득, 혹은 교육수준과 같은 표적시장의 인국 통계적 분포는 마케터가 선택하는 촉진 기법의 형태뿐 아니라, 사용되는 메시지와 이미지에도 영향을 미친다.

3 제품의 특성

일반적으로, 광고가 소비재의 촉진에 주요한 역할을 하는 반면, 산업재 제품의 촉진믹스는 인적 판매에 집중한다. 그러나 이러한 일반화는 조심스럽게 다루어져야 한다. 산업재 제품의 마케터도 어느 정도 광고를 하기도 한다. 소비자 편의품이 주로 광고와 판매촉진에 의해서 촉진되는 반면, 가전제품,

자동차, 주택 등 소비자 내구재에는 인적 판매가 넓게 사용되고 있다. 홍보는 산업재 제품과 소비자 제품 모두에 다 촉진믹스로 사용된다. 계절성이 매우 강한 제품의 마케터는 광고를 강조하고, 가끔 판매촉진도 사용한다. 왜냐하면, 비수기 판매는 일년 내내 광범위하게 판매원을 지원하지 않기 때문이다. 비록 대부분의 장난감 기업들이 유통업자에게 판매를 하는 판매원이 있지만, 이 기업들의 대부분은 촉진하기 위해서 주로 광고에 의존한다.

제품특성
저렴하고 자주 구입하는 편의품은 촉진믹스에 상당한 수준의 광고를 포함하도록 제조기업에게 요구한다.

제품의 가격도 촉진믹스의 구성에 영향을 미친다. 고가의 제품은 인적 판매를 많이 한다. 왜냐하면 소비자들은 더 높은 위험을 그런 제품의 구매와 연관시키고, 통상적으로 판매원으로부터 정보를 원하기 때문이다. 예를 들어서, 소수의 사람들만이 냉장고를 셀프서비스 매장에서 사려고 한다. 저가 편의품의 경우, 마케터는 인적 판매보다 광고를 이용한다. 제품이 집중적 유통을 통하여 판매되는 기업은 광고와 판매촉진에 주로 의존한다. 로션, 시리얼, 그리고 커피와 같은 많은 편의품들이 샘플, 쿠폰, 그리고 현금 반환을 통하여 촉진된다. 마케터가 선택적 유통을 선택할 때, 촉진믹스는 상당히 달라진다. 고가의 손목시계, 모피 그리고 고급 가구와 같이 전속적 유통을 통하여 판매되는 제품들은 전통적으로 상당한 양의 인적 판매를 필요로 한다. 변비약, 비처방 피임약, 그리고 여성 청결제와 같은 매우 개인적인 제품들의 제조업체들은 광고에 의존한다. 왜냐하면, 대부분의 고객들이 이 제품들에 대하여 판매원과 얘기하고 싶어 하지 않기 때문이다.

4 촉진 방법의 비용과 활용가능성

촉진 방법의 비용은 촉진믹스를 개발할 때 분석하는 중요한 요소이다. 전국 광고와 판매촉진은 많은 비용을 필요로 한다. 그러나 만약 이 노력이 매우 많은 오디언스에게 도달하는 데 성공적이라면, 일인당 도달 비용은 꽤 적을 것이다. 몇몇 유형의 광고는 상대적으로 비싸지 않다. 많은 소규모의 현지 사업들이 지역 신문, 라디오와 TV 방송국, 옥외광고, 검색엔진 광고, 그리고 대중교통수단 부착 광고를 통해서 제품과 서비스를 광고한다.

촉진믹스를 구성할 때, 마케터가 탐색하는 또 다른 고려사항은 촉진 기법의 활용가능성이다. 미국에 엄청나게 많은 매체가 있음에도 불구하고, 어떤 특정 표적시장에 효과적으로 도달하는 데 활용할

그림 15.4 푸쉬 촉진 전략과 풀 촉진 전략의 비교

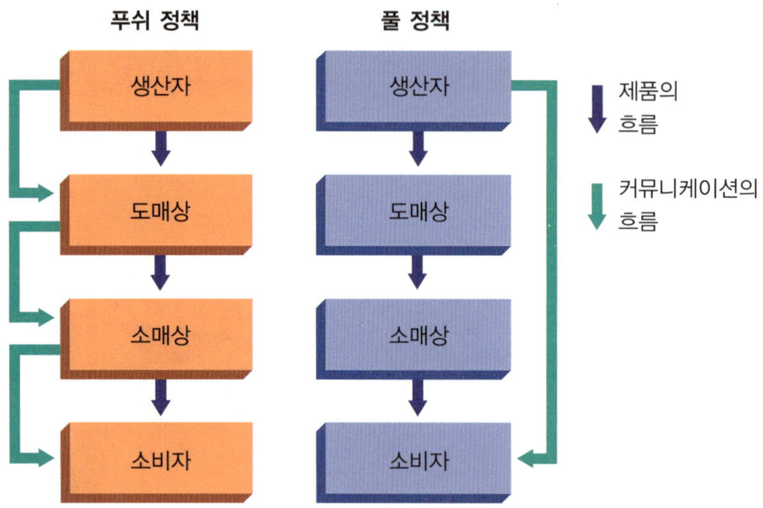

수 있는 광고 매체를 찾기 어려울 수도 있다. 매체 활용가능성 문제는 해외에서 광고할 때 더 두드러진다. TV와 같은 일부 매체를 활용할 수 없거나, 또는 TV광고가 불법일 수도 있다. 중국에서, the State Administration for Radio, Film, and Television은 유명 농구선수인 LeBron James가 나오는 나이키 광고를 금지시켰다. 그 이유는 비디오 게임에서 LeBron James가 쿵후 거장과 두 마리의 용을 물리친다는 내용이었기 때문이다. 최근에 중국 국가의 존엄과 이해, 그리고 중국의 모국문화를 존중하지 않은 미국과 일본의 광고들에 대하여 단호한 조치를 취했다.[28] 활용가능한 매체는 어떤 유형의 광고물에는 개방되어 있지 않을 수 있다. 어떤 나라에서는 TV에서 브랜드 비교를 금지하고 있다.

5 푸쉬 경로 정책과 풀 경로 정책

촉진믹스를 계획할 때, 마케터가 고려하는 또 다른 요인은 푸쉬 정책 혹은 풀 정책을 사용할지 여부이다. **푸쉬 정책(push policy)**은 생산자가 마케팅 채널상에서 바로 다음 단계에 있는 기업에게만 제품을 촉진하는 것이다. 마케팅 채널에 도매상과 소매상이 있는데, 생산자는 바로 다음 단계인 도매상에게 촉진한다. 왜냐하면 이 경우에 도매상이 생산자 바로 다음에 있는 경로 구성원이기 때문이다(<그림 15.4> 참조). 그러게 되면 각 채널 구성원은 그 다음 단계의 채널 구성원에게 촉진한다. 푸쉬 정책은 보통 인적 판매를 강조한다. 가끔, 판매촉진과 광고는 채널을 통해서 제품을 밀어내기 위해서 인적 판매와 결합한다.

<그림 15.4>에서 보듯이, **풀 정책(pull policy)**은 제품에 대한 강한 수요를 개발하기 위해서 직접적으로 소비자에게 촉진한다. 이 정책은 주로 광고와 판매촉진을 활용한다. 소비자는 소매점에서 제품을 찾도록 설득받기 때문에, 소매상은 도매상이나 생산자에게 가서 그 제품을 구입한다. 이 정책은 소비자 수준에서 수요를 창출해서 경로를 통해 제품을 끌어들이려는 의도이다. 만약 소비자가 찾는

제품이 소매점에 없을 때는 그 제품을 갖다 놓으라고 요구한다. 푸쉬 정책과 풀 정책은 상호배타적인 것은 아니다. 때때로 기업은 둘 모두를 동시에 사용한다.

15.6 구전 커뮤니케이션의 중요성 증대

촉진믹스의 구성요소에 대한 의사결정을 할 때, 마케터는 광고, 인적 판매, 판매촉진, 혹은 PR이든 관계없이 상업적 메시지는 고객에게 알리고 설득해서 구매에 더 가까이 가도록 할 수 있는 데에는 어느 정도 한계가 있다는 것을 인식해야 한다. 고객의 유형 및 관련 제품에 따라서, 구매자는 친구나 가족 등 개인적 친분이 있는 사람의 구전에 어느 정도 의존한다. **구전 커뮤니케이션(word-of-mouth communication)**은 제품, 브랜드, 그리고 기업에 대한 정보를 고객들이 서로 의견을 공유하는 개인적이고 비공식적인 교환이다.[29] 대부분의 소비자들은 의료 서비스, 법률 서비스, 그리고 자동차 수리 서비스와 같은 것을 구매할 때 내용을 잘 알고 있는 친구, 가족, 그리고 전문가로부터 정보를 구하려고 한다. 두발 관리와 같은 미용관련 서비스, 은행, 자동차뿐 아니라, 엔터테인먼트와 식당을 선택할 때에도 구전이 중요하다. 구전 커뮤니케이션의 중요성을 이해하는 효과적인 마케터는 조언 제공자와 의견 선도자를 파악해서 이들이 자사 제품에 대해서 호의적인 구전을 퍼뜨리도록 격려하도록 노력한다.

고객은 제품이나 서비스뿐 아니라 그 기업에 대한 의견을 인터넷에서 점점 더 많이 공유한다. Epinions.com과 ConsumerReview.com과 같이 소비자 지향적인 많은 사이트에서, 소비자들은 특정 제품에 대한 다른 소비자의 느낌이나 경험에 대해서 배울 수 있다. 사용자들도 제품 범주 내에서 검색할 수 있고 다양한 브랜드와 모델에 대한 소비자들의 견해를 비교할 수 있다. 구매자는 인터넷 뉴스그룹, 동호회 그리고 블로그 등을 통하여 구전 정보를 읽어볼 수 있다. 예를 들어서, 휴대폰 서비스를 찾는 소비자가 구매 결정을 하기 전에 다른 사람들의 경험과 만족도를 동호회 등을 통하여 알아볼 수 있다. Forrester와 Intelliseek의 연구에 의하면, 소비자들의 90% 이상이 다른 소비자의 추천을 신뢰하는 것으로 나타났다.[30]

기업가 마케팅

버즈를 창조한 만화책 마케팅

Andrew Sinkov는 성인용 만화책을 만들었고, 현재는 Massachusetts, Cambridge의 CoreStreet사에서 마케팅을 책임지고 있다. 그 기업은 비상 근무자를 위한 초소형 컴퓨터인 PIVMAN을 판매하는 보안 소프트웨어 기업이다. PIVMAN은 아주 흥미로운 제품은 아니지만, 제품에 대한 좋은 구전 또는 좋은 버즈를 만들기 위해서 창의적인 커뮤니케이션 전략이 필요했다. 그래서 그는 제품에 대한 기술적 정보를 설명하고 교육적 훈련을 위한 캐릭터(characters)를 포함한 12페이지의 만화책을 그리기 위하여 만화가를 채용하였다. 사실, CoreStreet사의 인기 있는 만화책은 다른 마케팅 자료들의 2배에 달하는 잠재 구매자를 창출했다. 이 기업은 만화책 버즈를 통하여 많은 다른 고객들을 끌어 들였을 뿐 아니라, Los Angeles 시의 보안 접촉의 일부에도 참여할 수 있었다.[b]

소셜미디어(social media)라는 용어는 네트워크로 사람들을 연계시키고 개인적 정보, 전문적 정보, 그리고 제품이나 브랜드 선호도와 같은 공동의 관심사를 교환하는 것을 허용하는 기술을 말한다. Facebook, LinkedIn, YouTube, Twitter 등은 마케터가 관심이 있는 집단에게 정보를 이용 가능하게 만든다. 아직 소셜미디어의 가장 효과적인 사용 방법에 대하여 정리되지는 않았다. 400명의 임원들을 대상으로 한 조사에서, 56%가 소셜미디어를 통해서 긍정적인 구전을 추적할 수 있는 도구가 없다고 응답했다. 이들 중 16%만이 그들 브랜드에 대한 소비자 평가를 추적할 수 있는 시스템이 있다고 응답했다. Procter & Gamble은 브랜드에 대한 사회매체의 영향을 이해하기 위해서 Social Media Lab을 설립하였다.[31]

온라인 구전은 소비자가 트렌드에 편승하는 경향이 있어 특히 중요하다. Facebook.com에서는 "The Purse"라는 기능이 각 학교와 관련된 트렌드를 추적한다. 예를 들어서, 학생들이 자기 학교에서 어느 밴드가 가장 인기가 있으며, 그 밴드가 다른 학교의 밴드와 비교해서 어떤지를 보여준다. Digg.com, Reddit.com, 그리고 Delicious.com 등과 같은 "social news" 웹사이트에서, 유행에 앞서가는 소비자들은 좋아하는 웹사이트 또는 인터넷 이야기들의 즐겨찾기를 서로 공유할 수 있다. 이 사이트들은 신제품을 소비자들에게 소개할 때에 영향력을 발휘하며, 또 마케터가 새 트렌드를 파악하기 위해서 점점 더 그들을 모니터해서 그들의 관점을 형성하는 데 영향을 미친다. 심지어 어떤 기업들은 사용자들이 좋아하는 제품에 대해서 사용자의 투표에 영향을 미치도록 노력한다.[32]

버즈 마케팅(buzz marketing)이라고 하는 접근방법을 통해서, 마케터가 창의적 이벤트를 통하여 제품과 관련한 퍼블리시티와 대중의 흥분을 자극하려고 하는 것이다. OfficeMax는 자사 브랜드에 대한 버즈 마케팅을 시도하기 위해서 "Elf Yourself"라는 마케팅 묘기를 창출했다. 과거 3년 동안, 소비자가 자기의 사진을 직접 꼬마요정으로 만들어 친구들에게 보내고, 또 친구도 해보도록 초청하는 것으로, 한 해에 1,700백만 명이 "Elf Yourself" 사이트를 방문하였고, 상당한 퍼블리시티와 버즈 효과를 보았다.[33] 버즈 마케팅의 이면에 있는 아이디어는 한 사회집단의 구성원이 어떤 형태의 유료 커뮤니케이션보다 더 신뢰도가 높다는 것을 전제로 한다.[34]

버즈 마케팅은 광고, 인적 판매, 판매촉진, 퍼블리시티를 사용하는 통합적 마케팅 커뮤니케이션의 일부로도 아주 효과적이다. 그러나, 마케터는 버즈 마케팅 캠페인이 법적 위반을 하지 않거나 잘못 해석이 되어서 과도한 불안을 유발하지 않도록 상당한 주의를 해야 한다. 플래시라이트가 있는 전자기기를 이용해서 *Aqua Teen Hunger Force* 쇼라는 만화채널의 프로그램을 촉진하는 버즈 마케팅 노력이 Boston 도시에서 널리 퍼진 테러에 대한 공포를 야기시킨 이후, 이 캠페인을 하기 위해 채용된 공연 예술가들은 치안문란 행위로 체포되었다는 것을 생각해 보자. "어설픈 PR 행위"를 고려하여, Ted Turner와 Turner Broadcasting은 그 사건과 관련된 시공무원 경찰들의 시간과 비용에 대한 보상 등으로 2백만 달러를 보스톤 시에 지불하고 사과하였다.[35]

바이러스 마케팅(viral marketing)은 소비자로 하여금 메시지를 극적이고 빨리 전파할 수 있는 방법인 이메일이나 온라인 비디오 등을 통하여 마케터의 메시지를 공유하도록 하는 전략이다. 예를 들어서, Burger King은 "Subservient Chicken" 웹사이트를 만들어서, 이 사이트에서 웹 검색자들은 명령을 입력해서 닭 복장의 사람을 통제할 수 있는 것처럼 보인다. 바이러스 커뮤니케이션은 1년도 되지 않은 동안 거의 5,200백만 명의 방문자를 기록하였다.[36]

구전은, 어떻게 전해지든지 상관없이, 모든 제품 범주에서 다 효과적인 것은 아니다. 구전은 신제품이나 고가의 제품에 더 효과적인 것처럼 보인다. 긍정적 구전의 명백한 혜택에도 불구하고, 마케터는 부정적 구전의 잠재적 위험도 인식해야 한다. 이는 많은 사람들에게 도달하고 기업이나 제품에 대해서 소비자가 집단적으로 대응하도록 조정할 수 있는 온라인 매체를 다룰 때 더욱 중요하다. 예를 들어서, 거대한 음반제작사인 Sony BMG는 온라인에서 사무실 앞으로 이동해서 진행된 항의캠페인에 대해서 부정적 언론의 반응을 받았다. Sony는 음반이 라디오 친화적이지 않다는 결정을 한 후 Fiona Apple의 세 번째 앨범의 제작을 중단했다. 그 앨범의 복사본은 비밀리에 인터넷에서 누출되어서, 온라인에서 가장 다운로드 많이 된 음반 중의 하나가 되었다. 팬들은 청원을 하기 위한 웹사이트와 온라인 포럼을 조직하고, 여러 달 동안 매일 Sony의 간부에게 편지를 보냈다. Sony는 온라인 캠페인의 구성원들이 뉴욕의 Sony 사무실 앞에 진을 치고 이 이야기들이 주류 매체들에서 나온 뒤에, 앨범 발매를 승인하였다.[37] 어떤 경우에도, 구전의 중요성과 인적 영향력을 과소평가해서는 안 되며, 또한 상업적 메시지의 성과에 대하여 비현실적 기대를 하여서도 안 된다.

15.7 간접광고

소비자에게 도달하기 위한 기법 중 부상하는 기법은 표적시장이 보는 TV 프로그램의 상황 내에서 제품을 선택적으로 배치시키는 것이다. **간접광고(product placement)**는 표적시장에 도달하기 위하여, TV 프로그램, 영화, 비디오 게임, 혹은 다른 엔터테인먼트 수단 안에 제품을 전략적으로 끼워넣는 것이다. 예를 들어서, NBC의 쇼 프로인 *The Office*는 그 줄거리 속에 Hewlett Packard와 Staples로부터 제품을 통합하였다. 계속 확장하는 시청 선택권과 광고를 걸러내는 기술(예: TiVo 같은 디지털 비디오 레코더)을 갖고 있는 TV 시청자들이 더욱 나누어지는 바람에, 그러한 간접광고는 더욱 중요해졌다. TV 소유 가구 중 25% 이상이 최근 디지털 비디오 레코더(DVR)를 사용한다. 이 숫자는 2014년이 되면 두 배가 될 것으로 기대된다. DVR 사용자의 대부분은 프로그램을 볼 때 광고는 빨리 감기 기

지속가능 마케팅

여기에 Plenty of Fish가 있다

어떤 사람이 사랑에 대한 열정을 강한 비즈니스로 전환하는 방법을 탐구하였다. 1999년, Markus Frind는 컴퓨터 프로그래머로 기술학교를 졸업했지만, 닷컴 거품의 붕괴로 일자리를 유지하기 어려웠었다. 몇 해 동안 여기저기 다녔지만, Frind는 해고되는 것에 피곤함을 느끼고 ASP.net(마이크로소프트의 웹 만드는 도구)를 배우기로 결정하였다. 자기 자신에 도전하기 위하여, 그는 온라인 데이트 사이트인 Plenty of Fish를 만들었다.

Frind는 집에서 일하면서 시간과 돈을 절약했고 안정적인 수입원을 창출하려고 했다. 경쟁이 심화되어 가고 있는 것을 인지하고, 그 사이트가 독특해야 할 필요성을 느꼈다. Plenty of Fish의 경쟁우위는 데이트 상대를 무료로 찾아 주는 서비스다. 표적시장은 온라인 데이트에 호기심을 가지면서 그것에 비용을 지불하기를 원하지 않는 사람들이다. 그러나 Frind는 무료 데이트 사이트를 어떻게 운영할 것인지를 생각해야 했다. 그는 Google의 AdSense(Google 광고를 그 사이트에 보여주고, 고객이 그 광고를 볼 때마다 비용을 받는 것)를 사용했고, 첫해에 월 3,300달러 이상을 벌었다. 그는 Frind의 무료고객들이 승격시키고 싶어한다고 여긴 다른 데이트 사이트의 광고를 게재해 줌으로써 돈을 벌었다.

JUPITERIMAGES/THINKSTOCK

Plenty of Fish는 최근까지 Frind의 아파트에서 설계되고 유지되었다. 그의 성공의 비결은 최소 비용과 적은 인력 운영에 있다. 5년 만에 Find는 그의 목표를 달성했다. Plenty of Fish는 월 16억 웹페이지를 연계했고, 천만 달러의 매출을 기록했다. 무엇보다도, Frind는 일주일에 최대 10시간 일한다고 말한다. 사람들은 온라인에서 일을 처리해서 많은 시간, 에너지, 그리고 가솔린을 절약할 수 있다.[c]

표 15.2 상위 10위의 TV 간접광고 브랜드

상위 10위의 TV 간접광고 브랜드		
브랜드	**범주**	**총 발생빈도**
Coca-Cola	음료수	58
24 Hour Fitness	피트니스센타	33
Ford	자동차	24
AT&T	무선 제품/서비스	20
Kodak	카메라	20
Apple	컴퓨터 시스템	19
Chevrolet	자동차	14
Mercedes-Benz	자동차	13
Star Trac	운동기구	13
Everlast	스포츠기구	12
상위 10위의 간접광고 쇼프로		
프로그램	**네트워크**	**총 발생빈도**
American Idol	Fox	116
The Biggest Loser	NBC	94
The Amazing Race 14	CBS	67
Extreme Makeover: Home Edition	ABC	48
The Celebrity Apprentice	NBC	40
The Academy Awards	ABC	39
Friday Night Lights	NBC	38
Chuck	NBC	35
The Oscars Red Carpet 2009	ABC	34
90210	CW	32

자료원: The Nielsen Company, March 5, 2009, http://adage.com/madisonandvine/article?article_id135045, accessed April 10, 2009.

능을 이용해서 지나쳐 버린다.[38]

프로그램 속의 간접광고는 광고시간대의 경쟁적인 광고보다는 프로그램을 즐기면서 소비자에게 도달하는 데 성공적이었다. <표 15.2>는 상위 10대 간접광고 브랜드와 상위 10대 간접광고 쇼 프로그램이다. 예를 들어서, NBC의 인기 코미디 쇼인 *30 Rock*은 다수의 간접광고가 포함되어 있으며, 그 중 Verizon의 무선 서비스와 Snapple 음료와 같이 다소 명확하게 보여주는 것도 있다. 특히, 리얼리티 프로그램에서는 참가자와 제품 간에 밀접한 교류가 이루어지기 때문에 간접광고가 자연스럽게 어울린다. 그 예로, Sears와 *Extreme Makeover; Home Edition; The Apprentice*에 나오는 Levi's, Burger King, Marquis Jet 그리고 Dove; *American Idol*과 Coca-cola를 들 수 있다.

간접광고는 미국 프로그램에만 국한된 것은 아니다. 유럽 의회는 최근에 간접광고를 허용했지만, 유럽의 개별 국가들이 자기 나라에서의 실행을 허용할 것인지 여부를 결정하도록 일임하였다. 더구나, 유럽의 방송사들은 특정 프로그램 시리즈에 간접적으로 광고된 제품들을 시청자에게 알려야 한다. 일반적으로, 간접광고에 대한 개념은 유럽에서는 우호적이지 않았고, 특히 영국에서는 논쟁의 대상이었다. 그러나 영국 시청자들은 *Desperate Housewives*와 *American Idol*을 포함해서 미국에서 수입한 프로그램들에서 이미 간접광고에 노출이 되어 왔다.[39]

15.8 촉진의 비판과 방어

비록 촉진 활동들이 고객에게 정보를 제공하여 구매 의사결정을 돕지만, 사회과학자들, 소비자 집단, 정부기관 그리고 사회단체들은 오랫 동안 촉진을 비판하여 왔다. 그런 비판에는 두 가지의 중요한 이유가 있다. 즉 촉진은 몇몇 단점을 갖고 있고, 우리의 일상생활에 배어 있는 매우 가시적인 기

표 15.3 촉진의 비판과 방어

이슈	논의
촉진은 속임수인가?	비록 더 이상 널리 퍼지지는 않지만, 일부 속임수의 촉진이 여전히 있다; 법, 정부규제, 산업계의 자율 규제가 의도적인 속임수 촉진을 줄이는 데 도움을 주었다; 일부 단어가 여러 가지 의미를 가지기 때문에 고객이 무심코 오해할 수도 있다.
촉진은 가격을 올리는가?	촉진이 수요를 자극할 때, 생산 수준이 높아지면, 결과적으로 생산단가를 낮추게 되고 이는 낮은 가격을 유지시킨다; 그러나 촉진이 수요를 창출하지 못할 때, 촉진에 대한 추가 비용으로 인하여 가격이 올라간다; 촉진은 낮은 가격을 유지하도록 가격 경쟁을 부추긴다.
촉진은 욕구를 창출하는가?	마케터는 사람들의 욕구에 촉진적 소구를 근거해서 이들의 욕구를 이용한다; 그러나, 마케터가 실제로 욕구를 창출하지는 않는다; 만일 촉진이 없을지라도 사람들은 여전히 Maslow가 제안했던 것과 같은 기본적인 욕구를 갖고 있을 것이다.

표 15.3 촉진의 비판과 방어 (계속)

이슈	논의
촉진은 물질주의를 조장하는가?	촉진이 제품의 인지도와 가시도를 증가시키기 때문에 영화, 스포츠, 극장, 예술, 그리고 문학 등이 물질주의에 공헌하는 것과 같은 방법으로 물질주의에 공헌할 수 있다: 만일 촉진이 없을지라도 고대 시대 사람 집단에서 물질주의가 존재했다는 증거가 있듯이, 현대에도 어떤 집단에서는 물질주의가 여전히 있었을 것이다.
촉진은 큰 비용부담 없이 고객들을 돕는가?	고객은 촉진을 통하여 제품과 서비스에 대한 정보를 배운다. 촉진은 구매 결정을 더 현명하게 할 수 있게 해준다.
잠재적으로 해로울 수 있는 제품들이 광고되어야 하는가?	일부 비평가들은 건강에 좋지 않을 수 있는 제품에 대한 촉진은 반드시 금지되어야 한다고 주장한다; 다른 사람들은 그런 제품들의 판매가 법적으로 하자가 없다면 그 제품에 대한 촉진을 허용해야 한다고 주장한다.

업 활동이라는 것이다. 비록 사람들이 단순하게 너무 많은 촉진 활동들이 있다는 것에 대해 일반적으로 불평하지만, 몇몇 구체적인 이슈들이 제기되었다. 촉진 노력은 속임수라고 여겨져 왔다. 촉진은 가격을 인상시킨다고 비난 받아왔다. 촉진에 대한 기타 비판들은 소비자들이 필요하지도 않은 제품을 사도록 교묘하게 조종하고, 이것은 더욱 물질주의 사회로 만들어서, 고객이 고비용을 정당화할 만큼 촉진으로부터 충분히 혜택을 받지 못하고, 촉진이 잠재적으로 해로울 수 있는 제품을 판매하곤 했다는 것이다. 이런 이슈들은 <표 15.3>에서 설명된다.

이 장의 복습

① 통합적 마케팅 커뮤니케이션의 특성을 논의한다

통합적 마케팅 커뮤니케이션은 고객에게 정보적 및 설득적 효과를 최대화하기 위하여 촉진과 다른 마케팅 노력을 조정하는 것이다. 일관된 메시지를 고객에게 전달하는 것이 통합적 마케팅 커뮤니케이션의 주요한 목표이다. 정보기술과 고객 관심이 모두 점차 역동적으로 발전함에 따라, 채택된 구체적 커뮤니케이션 수단과 이들이 사용되는 정확성이 변하고 있다.

② 커뮤니케이션 과정을 서술한다

커뮤니케이션은 의미의 공유이다. 커뮤니케이션의 과정은 여러 단계를 거친다. 첫째, 원천은 의미를 부호화하여 전달하고, 이 과정을 부호화라고 한다. 원천은 수신자나 오디언스에게 친숙한 상징 또는 기호를 사용하여야 한다. 부호화된 메시지는 커뮤니케이션 경로를 통하여 수신자나 오디언스에게 전해진다. 그러면 수신자나 오디언스는 그 메시지를 해독하고 통상적으로 원천에게 피드백을 보낸다. 해독된 메시지가 부호화된 메시지와 다를 때, 노이즈라고 하는 상황이 존재한다.

③ 마케팅 믹스에서 촉진 역할을 이해한다

촉진은 한 사람 혹은 그 이상의 오디언스에게 정보를 제공하고 설득함으로써, 관계를 유지하고 발전시키는 커뮤니케이션이다. 비록 기업이 여러 촉진 목표를 가질지라도, 촉진의 전반적인 역할은 제품의 수요를 자극하는 것이다. 대의명분 마케팅(cause-related marketing) 노력은 제품의 구매를 하나 혹은 그 이상의 대의명분을 위한 박애주의적 노력과 연계시키는 것이다. 마케터는 촉진 노력으로부터 혜택을 최대화할 수 있도록 커뮤니케이션의 적절한 계획 수립, 실행, 조정, 그리고 통제를 하려고 노력한다. 통합적 마케팅 커뮤니케이션 계획 수립은 비공식적인 커뮤니케이션 방법을 고려한다. 왜냐하면, 고객은 다양한 원천으로부터 정보와 의견을 얻기 때문이다.

④ 촉진의 목적을 서술한다

8가지의 주요 목표들이 많은 촉진 프로그램의 근간이 된다. 신제품, 새 브랜드 또는 기존 제품의 인지도를 창출; 본원적 수요와 선택적 수요를 자극; 무료샘플, 쿠폰, 한시적 무료사용, 콘테스트, 그리고 게임의 사용을 통한 제품 시용을 촉진; 잠재고객 파악; 애호고객 유지; 재판매업자 지원 조성; 경쟁적 촉진노력에 대응; 그리고 판매 변동을 줄이는 것이 촉진이 목표로 하는 것이다.

⑤ 촉진믹스의 주요 요소들을 이해한다

한 제품의 촉진믹스는 4가지의 주요 촉진 방법 즉, 광고, 인적 판매, PR 그리고 판매촉진을 포함한다. 광고는 표적 오디언스에게 대중매체를 통하여 기업과 그 기업의 제품에 대해서 전달하는 유료의 비인적 커뮤니케이션이다. 인적 판매는 교환 상황에서 고객들이 제품을 구매하도록 정보를 제공하고 설득하는 유료의 인적 커뮤니케이션이다. PR은 기업과 이해관계자들 사이의 호의적 관계를 창출하고 유지하는 광의의 커뮤니케이션 활동이다. 판매촉진은 재판매업자, 판매원 혹은 소비자에게 제품에 대한 부가가치나 인센티브를 제공해서 직접적 유인으로 작용하는 활동이나 자료들이다.

⑥ 촉진믹스 요소의 선택에 영향을 미치는 요소들을 서술한다

제품의 촉진믹스에 포함할 촉진 방법의 주요 결정 요인은 기업의 촉진 자원, 목표, 그리고 정책이다. 즉 표적시장의 특성, 제품의 특성, 그리고 촉진 방법의 비용과 활용가능성이다. 또 마케터는 푸쉬 정책 또는 풀 정책을 고려한다. 푸쉬 정책은 생산자가 마케팅 채널의 바로 다음 단계에 있는 기업에게만 제품을 촉진하는 것이다. 보통 푸쉬 정책은 인적 판매를 강조한다. 풀 정책을 사용하는 기업은 소비자의 제품에 대한 강력한 수요를 개발하기 위한 의도를 갖고 직접적으로 소비자를 대상으로 촉진을 한다. 소비자가 소매점에서 제품을 찾도록 설득되면,

소매상은 그 제품을 구입하기 위해서 도매상이나 생산자에게 간다.

7 구전 커뮤니케이션과 이것이 촉진에 어떻게 영향을 미치는지를 조사한다

대부분의 고객들은 구매 결정을 할 때 가족과 친구로부터 영향을 받을 것이다. 구전 커뮤니케이션은 제품, 브랜드, 그리고 기업에 대하여 고객들이 서로 공유하는 정보의 개인적 및 비공식적 교환이다. 고객들도 제품이나 기업에 대한 인터넷 구전을 찾기 위해서 온라인을 선택하기도 한다. 버즈 마케팅은 창의적 이벤트를 통하여 제품과 관련한 퍼블리시티와 대중의 관심을 일으키려는 시도이다. 바이러스 마케팅은 메시지를 극적이고 빨리 전파할 수 있는 이메일이나 온라인 비디오 등을 통하여 마케터의 메시지를 소비자들이 공유하도록 하는 전략이다. 이와 관련된 개념인 간접광고는 제품의 표적시장에 도달하기 위해서 TV 프로그램 내용 안에서 제품을 전략적으로 끼워넣는 것이다.

8 촉진의 비판과 방어를 이해한다

촉진 활동들은 고객에게 정보를 제공하여 구매 의사결정을 돕지만, 또한 많은 비판을 불러일으킨다. 촉진은 속임수라고 비난 받고 있다. 비록 일부의 속임수나 오해된 촉진들이 있지만, 법률, 정부규제, 기업의 자율 규제 등은 속임수적 촉진을 최소화 시킨다. 촉진이 가격을 올린다는 비난을 받지만, 오히려 가격을 낮추는 경향이 있다. 수요가 많으면, 생산 및 마케팅 비용이 감소해서 결국 가격이 내려간다. 또한 촉진은 가격 경쟁을 조성해서 낮은 가격을 유지하도록 도와준다. 촉진에 대한 기타 비판들은 소비자들이 필요하지도 않은 제품을 사도록 교묘하게 조종한다는 것, 더욱 물질주의 사회로 만든다는 것, 그리고 고객이 고비용을 정당화할 만큼 촉진 활동으로부터 충분히 혜택을 받지 못한다는 것이다. 마지막으로, 촉진에 대한 일부 비평은 잠재적으로 해로울 수 있는 제품, 특히 폭력, 섹스, 그리고 건강에 나쁜 활동과 관련이 있는 제품들에 대한 촉진을 전면 금지해야 한다고 주장한다.

주요 개념

통합적 마케팅 커뮤니케이션(integrated marketing communication: IMC): 정보적 효과와 설득 효과를 최대화하기 위한 촉진 노력의 통합

브랜디드 엔터테인먼트(branded entertainment): 간접광고를 포함하여 통합된 엔터테인먼트 제품을 창출하기 위해 전자 매체와 광고주를 결합하는 브랜디드 콘텐츠

커뮤니케이션(communication): 의미의 공유

원천(source): 의미를 공유하고자 하는 사람, 집단, 또는 조직

수신자(receiver): 부호화된 메시지를 해독하는 개인, 집단, 또는 조직

부호화 과정(coding process): 의미를 일련의 신호 또는 상징으로 전환하는 것

커뮤니케이션 경로(communications channel): 부호화된 메시지를 원천으로부터 수신자 또는 오디언스에게 운반하는 전달매체

해독화 과정(decoding process): 신호 또는 상징을 개념 또는 아이디어로 전환하는 것

노이즈(noise): 커뮤니케이션의 명확성과 정확성을 감소시키는 모든 것

피드백(feedback): 메시지에 대한 수신자의 반응

채널용량(channel capacity): 커뮤니케이션 경로가 효과적으로 처리할 수 있는 정보량에 대한 제한

촉진(promotion): 한 명 혹은 그 이상의 오디언스에게 정보를 제공하고 설득함으로써 관계를 구축하고 유지하는 커뮤니케이션

본원적 수요(primary demand): 특정 브랜드보다는 제품 범주에 대한 수요

개척자적 촉진(pioneer promotion): 소비자에게 신제품에 대한 정보를 제공하는 촉진

선택적 수요(selective demand): 특정 브랜드에 대한 수요

촉진믹스(promotion mix): 특정 제품을 촉진하기 위해 사용되는 촉진 방법의 조합

동작 커뮤니케이션(kinesic communication): 머리, 눈, 팔, 손, 다리, 혹은 몸통의 움직임을 통해 커뮤니케이션하는 것

근접 커뮤니케이션(proxemic communication): 대면 상호작용에 있어서 물리적 거리를 변화시켜 커뮤니케이션하는 것

촉감 커뮤니케이션(tactile communication): 접촉을 통해 커뮤니케이션하는 것

푸쉬 정책(push policy): 마케팅 경로의 바로 다음 단계에 있는 조직에만 제품을 촉진하는 것

풀 정책(pull policy): 마케팅 경로를 통해서 강력한 소비자 수요를 개발하기 위해 소비자에게 직접 제품을 촉진하는 것

구전 커뮤니케이션(word-of-mouth communication): 제품, 브랜드, 그리고 기업에 대해 고객들이 서로 공유하는 개인적이고 비공식적인 정보의 교환

소셜미디어(social media): 제품이나 브랜드 선호도와 같은 공동의 관심사뿐만 아니라 개인적 정보 및 전문적 정보의 교환을 허용하고 네트워크화 하기 위해 사람들을 연결하는 전자적 기술

버즈 마케팅(buzz marketing): 창의적인 이벤트를 통해 제품을 둘러싼 대중의 관심과 흥미를 자극하고자 하는 시도

바이러스 마케팅(viral marketing): 메시지를 극적이고 빨리 전파할 수 있는 이메일이나 온라인 비디오 등을 통해 마케터의 메시지를 공유하도록 소비자를 끌어들이는 전략

간접광고(product placement): 제품의 표적시장에 도달하기 위한 TV프로그램 내에서의 제품의 전략적 배치 또는 제품 촉진

연습문제

1. 통합적 마케팅 커뮤니케이션은 무엇을 의미하는가?
2. 촉진의 주요과제는 무엇인가? 기업은 이 과제를 성취하기 위해서 끝까지 촉진을 사용하는가? 만일 그렇다면, 몇몇 예를 들어라.
3. 커뮤니케이션은 무엇인가? 커뮤니케이션 과정을 설명하라. 커뮤니케이션 과정에서 모든 요소들을 사용하지 않고도 커뮤니케이션이 가능한가?
4. 노이즈의 여러 원인들을 알아보라. 어떻게 원천이 노이즈를 줄일 수 있는가?
5. 촉진의 가능한 목표를 설명하고, 각 목표가 사용될 수 있는 환경을 논의하라.
6. 기업이 촉진믹스에서 사용할 수 있는 네 가지 촉진 방법을 알아보고 간단히 설명하라.
7. 언어 외에 어떤 형태의 사람 간 커뮤니케이션이 인적 판매에서 사용될 수 있는가?
8. 어떻게 표적시장 특성들이 어떤 촉진 방법을 촉진믹스에 포함시킬 것인지를 결정하는가? 기업이 시리얼을 성인과 어린이 모두에게 촉진하려는 계획을 수립하고 있다고 가정하자. 어떤 주요 차원에 따라서 이러한 두 가지 촉진 노력이 다른 것들과 차별화되어야 하는가?
9. 어떻게 제품의 특성은 촉진믹스의 구성에 영향을 미치는가?
10. 다음 내용에 대해서 평가하라: "기업이 광고매체를 구입할 여유가 있다면, 적합한 매체는 언제나 이용 가능하다."
11. 푸쉬 정책과 풀 정책의 차이를 설명하라. 어떤 상황에서 각 정책이 사용되는가?
12. 어떤 방법으로 구전 커뮤니케이션이 제품에 대한 촉진의 효과에 영향을 미칠 수 있는가? 어떻게 마케터는 제품에 대한 "버즈"를 만들도록 구전 커뮤니케이션을 사용할 수 있는가?

13. 당신에 믿기에 촉진에 대한 어떤 비평이 가장 타당한가? 그 이유는?

14. 기업은 법적으로 판매 가능하고 구매될 수 있는 공격적인 제품, 난폭한 제품, 성적인 제품, 혹은 불건전한 제품을 촉진하도록 허용되어야 하는가? 당신의 입장을 설명하라.

광고와 PR

CHAPTER 16

AP IMAGES/PRNEWSFOTO/SOBE

"Doritos 소비자가 Madison Avenue의 임원을 이겼다"

대부분 성공적인 마케팅은 SOBE Super Bowl 광고의 제작자와 같이 고정관념을 깨는 사람으로부터 나온다. 이러한 형태의 사고는 최근 실직 중인 두 형제에 의하여 만들어진 Doritos 광고가 2009년 Super Bowl에서 Ad Meter 상을 탄 것에서도 입증되었다. Indiana 작은 마을의 두 명이 2,000달러 이하의 비용으로 만든 광고가 전국 최고 광고대행사들이 만든 50개의 광고와 동등하게 맞붙어서 상을 탄 것이다. Joe와 Dave Herbert 형제는 Super Bowl에 방영할 광고를 만들기 위한 대회에 다른 아마추어 광고필름 제작자들과 함께 초청되었다. 그 대회는 PepsiCo의 Frito-Lay 사업부에서 협찬하였다. 그 대회에 참가하는 사람들에게는 추가적인 상이 있었는데, 그것은 USA Today가 실시하는 연간 Ad Meter 조사에서 우승하는 광고에는 Frito-Lay가 1백만 달러의 상금을 수여한다는 것이다.

그것이 바로 그 형제가 한 것이다. Herbert 형제는 적은 돈으로 지방 YMCA에서 "Free Doritos"라는 주제로 광고를 만들었다. 광고 출연자는 출연료 대신에 무료식품을 받았다. 그 형제의 광고는 Super Bowl의 첫번째 쿼터경기에서 방영되었고, 전문가들의 광고를 추월하고 AnHeuser-Busch의 10년 연속 Ad Meter 대회 수상의 기록을 깼다. Frito-Lay의 그룹 부사장인 Ann Mukherjee는 " 이 광고는 Frito-Lay가 쓴 돈 중 가장 가치 있는 백만 달러" 라고 말했다. 이 성공은 전문 광고대행사가 아마추어 필름 제작자들을 위협적인 경쟁자로 대하게 된 최초의 좋지 않은 징조였다.[1]

학습목표

1. 광고의 본질과 유형을 설명한다
2. 광고 캠페인 개발의 주요 단계를 설명한다
3. 광고 캠페인 개발 담당자를 알아본다
4. PR에 사용되는 수단을 알아본다
5. PR의 사용과 평가 방법을 이해한다

Frito-Lay같은 사기업이나 비영리 재단은 모두 수요창출, 신제품 출시, 기존 브랜드 촉진, 기업 이미지 향상, 공공이슈에 대한 인지도 증가 등을 위하여 광고와 PR을 활용한다. 이 장에서는 광고와 PR의 다양한 측면들을 알아보려고 한다. 첫째로, 광고의 본질과 유형에 대하여 집중적으로 알아본다. 그 다음에는, 광고캠페인 개발의 주요한 단계와 누가 캠페인 개발을 책임지는지에 대하여 알아본다. 그리고 PR과 그 활용 방안에 대하여 논의한다. 다양한 PR의 도구와 PR 효과 측정법에 대하여도 알아본다. 마지막으로, 기업이 비우호적인 PR을 어떻게 다루어야 하는지에 초점을 둔다.

16.1 광고의 본질과 유형

광고는 우리의 일상생활 속에 깊이 침투해 있다. 긍정적으로 볼 때도 있고, 피하고 싶을 때도 있다. 어떤 광고는 정보를 주거나 설득을 하거나 즐겁게 해주지만, 어떤 광고는 지루하고 심지어는 불쾌하게도 한다.

제15장에서 설명한 것과 같이, **광고(advertising)**는 TV, 라디오, 인터넷, 신문, 잡지, DM, 옥외광고, 간판, 그리고 대중교통 등의 대중매체를 통하여 표적 오디언스에게 전달하는 유료의 비인적 커뮤니케이션이다. 예를 들어서, Boston에서는 Starbucks 커피 잔 모양의 자석을 택시 지붕에 붙이고 다니는 택시도 있다.[2] 기업들은 Idaho의 우표수집가들과 같은 아주 작고 특정한 집단에서부터 미국 전역의 운동화 구매자와 같은 광대한 집단에 이르기까지 다양한 오디언스들에게 도달하기 위하여 광고를 한다.

주요 광고주가 누구냐고 물으면, 대부분의 사람들은 사업을 하는 기업이라고 즉각 대답할 것이다. 그러나, 정부, 교회, 대학, 자선단체 등 비영리 조직도 이해관계자와 커뮤니케이션을 하기 위해 광고를 한다. 예를 들어서, 영국 정부는 시민들이 법과 질서를 준수하도록 조언하거나, 영향을 주거나, 혹은 점잖게 혼내기 위해 매년 3억 5천만 달러의 광고비를 지출한다.[3] 2007년에 미국 정부는 광고비로 11억 달러를 사용해 미국 전역에서 34번째로 큰 광고주였다.[4] 비록 여기서는 광고를 기업의 맥락에서 분석하지만, 많은 부분들이 모든 형태의 조직에 적용될 수 있다.

광고는 제품, 서비스, 아이디어, 이미지, 이슈, 사람, 그리고 광고주가 공표하고 육성하고 싶어 하는 모든 것을 촉진하는 데 사용된다. 어떤 것을 촉진하느냐에 따라, 광고는 기업광고 또는 제품광고로 분류된다. **기업광고(institutional advertising)**는 기업의 이미지, 아이디어 그리고 정치적 이슈들을 촉진한다. 이것은 기업의 이미지를 창조하거나 유지하는 데에 사용 될 수도 있다. 기업광고는 기업의 강점 또는 종업원과의 친화력과 같은 폭넓은 이미지 문제를 다룰 수도 있다. 기업광고는 주주, 소비자단체, 잠재투자자, 혹은 공익집단 등 이해관계자의 우호적인 관점을 증대하기 위한 목적으로 할 수도 있다. 기업이 세금 인상, 낙태, 총기 관리, 혹은 국제무역연합과 같은 공공의 이슈에 대해 촉진할 때에는 기업광고를 **옹호광고(advocacy advertising)**라고 부르기도 한다. 기업광고는 재활용과 술 소비의 절제 등 사회적으로 권장되는 행위를 촉진하기도 한다. 예를 들어서, Philip Morris는 부모가 자녀에게 금연하도록 말하는 것을 촉구하는 TV 광고를 하였다. 이런 종류의 광고는 사회적 혜택뿐 아니라 기업의 이미지도 상승시켜준다.

제품광고(product advertising)는 제품의 사용, 특징, 그리고 혜택을 촉진한다. 2가지 유형의 제품광고가 있다. 개척자광고와 경쟁광고가 그것이다. **개척자광고(pioneer advertising)**는 잠재고객에게 제품의 사용, 특징, 그리고 편익에 대한 정보를 주면서, 특정 브랜드보다는 제품 범주에 대한 수요를 자극하는 것에 집중한다. 이런 종류의 광고는 제품수명주기에서 도입기에 있는 제품인 경우에 사용된다. **경쟁광고**(**competitive advertising**)는 브랜드의 특징, 사용, 그리고 장점을 촉진하고, 때로는 직간접적으로 경쟁 브랜드와 비교를 통하여 특정 브랜드의 수요를 자극한다. 마케터는 직접 제품 비교를 하기 위해서 **비교광고**(**comparative advertising**)라고 부르는 경쟁광고 형식을 사용한다. 비교광고는 자사의 브랜드를 하나 혹은 그 이상의 특성에 대해서 다른 브랜드들과 비교하는 것이다. 예를 들어서, Subway사의 5달러짜리 1피트 길이의 서브 샌드위치에 대항하여, Quiznos는 12인치 Toasty Torpedo를 4달러에 팔았다. Subway가 서브샌드위치 시장을 지배하자 Quiznos가 시장점유율을 올리기 위한 비교광고를 한 것이다.[5] 비교광고를 하는 브랜드는 대부분 시장점유율이 낮은 브랜드이며, 그들은 그 제품 범주에서 가장 점유율이 높은 경쟁사와 비교한다. 비교광고를 많이 하는 제품 범주는 청량음료, 치약, 진통제, 식품, 타이어, 자동차 용품 그리고 세제 등이다. 1988년의 Trademark Law Revision Act에 의하면, 비교광고를 사용하는 마케터는 경쟁제품의 질이나 특징에 대하여 부정확해서는 안 된다. 비교광고의 다른 형태로는 상기광고와 강화광고가 있다. **상기광고**(**reminder advertising**)는 이미 확립된 브랜드가 특정의 특성, 사용, 그리고 장점을 여전히 제공하고 있다는 것을 고객에게 알려준다. **강화광고**(**reinforcement advertising**)는 기존 사용자에게 그들이 올바른 브랜드를 선택하였다는 것을 확신시키고 그 브랜드로부터 가장 만족하는 방법을 알려준다.

16.2 광고 캠페인의 개발

광고 캠페인은 특정 표적 오디언스에게 도달하기 위하여, 일련의 광고물들을 디자인해서 여러 광고 매체에 집행하는 것이다. <그림 16.1>에서 보듯이, 광고 캠페인 개발의 주요 단계는 다음과 같다. (1) 표적 오디언스의 파악 및 분석, (2) 광고 목표의 정의, (3) 광고 플랫폼의 개발, (4) 광고 예산 결정, (5) 매체 계획 수립, (6) 광고 메시지 개발, (7) 캠페인 집행, 그리고 (8) 광고 효과 평가. 캠페인 단계의 수나 정확한 순서는 기업의 자원, 제품의 특성, 그리고 도달하려는 표적 오디언스의 유형에 따라 다를 수 있다. 그럼에도 불구하고, 광고 캠페인 개발을 위한 이 일반적 가이드라인은 모든 종류의 조직에 다 적용될 수 있다.

1 표적 오디언스의 파악 및 분석

표적 오디언스(**target audience**)는 광고가 목표로 하는 사람들의 집단이다. Barbie 시리얼 광고는 Barbie 인형을 가지고 노는 여자 어린이들을 표적으로 한다. 한편, Special K 시리얼은 건강을 의식하는 어른들이 표적이다. 표적 오디언스를 파악하고 분석하는 것은 아주 중요하다. 이렇게 얻은 정보는 캠페인 개발의 다른 단계를 결정하는 데에 도움을 준다. 캠페인의 표적 오디언스는 기업의 표적시장의 전체이거나 일부분일 수 있다. 2011년에 소개된 Tesla의 Model S는 한 번 충전하면 300마일을 갈 수 있는 전기 자동차인데, 7천5백 달러의 세금 공제를 해서 약 5만 달러이다. 이 차는 에너지에 관심이 많은 중상 계층의 고객을 표적으로 하고, 십만 달러 이상에 팔고 있는 Tesla의 Roadster보다 가격이 저렴하다.[6]

그림 16.1 광고 캠페인의 개발 및 집행을 위한 일반적 단계

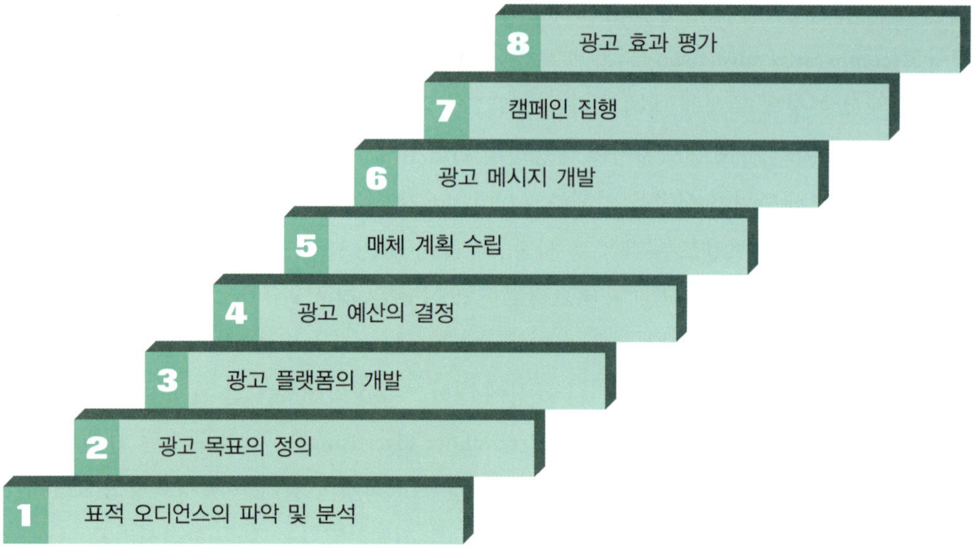

표적 오디언스

LG는 front-loading 고효율 스팀 세탁기를 생산한다. 이 광고의 표적 오디언스는 누구인가?

광고주는 한 캠페인의 정보기반을 확립하기 위해서 광고 표적들을 조사하고 분석한다. 공통적으로 필요한 정보로는 표적 집단의 위치와 지리적 분포; 연령, 소득, 인종, 성별 그리고 교육 수준과 같은 인구통계적인 요소; 라이프스타일 정보; 그리고 광고주 및 경쟁사의 제품에 대한 소비자의 구매와 사용에 관한 태도가 포함된다. 기업이 찾는 정말 유용한 정보는 광고하는 제품의 종류, 표적 오디언스의 특성, 그리고 경쟁의 정도에 달려 있다. 일반적으로, 표적 오디언스에 대하여 더 많이 알수록, 더 효과적인 광고를 개발할 수 있다. 광고 표적이 정확하게 파악되지 않아서 적절하게 분석이 되지 않는다면, 그 캠페인은 실패할 확률이 크다.

2 광고 목표의 정의

광고주의 다음 단계는 기업이 캠페인으로 성취하고 싶어 하는 것을 결정하는 것이다. 광고의 목표는 캠페인 개발의 길잡이가 되기

때문에, 광고주는 목표를 아주 조심스럽게 정해야 한다. 광고의 목표는 명확하고, 정확하고, 그리고 측정 가능한 용어로 명시해야 한다. 정확성과 측정 가능성은 캠페인 실시 후에 목표를 달성했는지의 성공 여부를 평가하기 위한 중요한 기준이다. 정확성과 측정 가능성을 부여하기 위해서는, 광고의 목표는 기준점을 포함해야 하고 이 기준으로부터 어느 정도의 차이가 있어야 하는지를 말해주어야 한다. 만약 목표가 판매 증가라면, 광고주는 현재의 판매량(기준점)과 광고를 통해서 추구하는 판매량 증가분을 명시해야 한다. 또한 목표를 언제까지 성취해야 하는지에 대한 기간도 광고의 목표에 명시해야 한다. 현재 월 판매량이 450,000달러(기준점)라면, "광고의 주요 목표는 현재 월 450,000달러 매출에서 월 540,000달러로 12개월 이내에 끌어올리는 것이다"와 같이 광고의 목표가 수립될 수 있다.

만약 광고주가 판매량을 근거로 목표를 정의한다면, 목표는 절대적 판매액이나 단위 판매액 증가, 판매증가율, 또는 시장점유율 등에 초점을 맞추게 된다. 설령 장기적 목표가 판매증가라고 하더라도, 모든 캠페인이 즉각적인 판매증가를 위해 개발되지는 않는다. 어떤 캠페인은 제품이나 브랜드의 인지도 증가, 호의적 소비자 태도의 향상, 제품 특징에 대한 소비자의 지식 증가 등을 위해 개발되기도 한다. 이런 종류의 목표는 커뮤니케이션 관점에서 기술된다.

3 광고 플랫폼의 개발

정치 캠페인을 시작하기 전에, 정당의 지도자는 캠페인의 핵심이 될 주 이슈들에 대하여 정하는 정치 플랫폼을 개발한다. 정치 플랫폼과 마찬가지로, **광고 플랫폼(advertising platform)**은 광고주가 캠페인에 포함하기를 원하는 기본 이슈나 판매 주안점들로 구성이 된다. 예를 들어서, 넷북은 전통적인 노트북 컴퓨터의 반값이라는 흥미로운 포지셔닝으로 시장점유율이 증가하고 있다. 저가이고, 작은 크기이고,

INGRAM PUBLISHING/THINKSTOCK

광고 플랫폼 이슈
광고 플랫폼은 다수의 이슈나 판매소구점을 포함한다. 모든 플랫폼 이슈들이 한 광고에 포함되지 않는다. 이 광고에서 플랫폼 이슈가 무엇인가?

그리고 가벼운 넷북 컴퓨터는 여행자, 학생, 그리고 점차적으로 전통적 노트북 소비자에게 휴대가 매우 편리한 성능 좋은 컴퓨터로 관심을 끌고 있다.[7] 한 캠페인의 광고에도 플랫폼으로부터 나온 여러 이슈가 포함되어 있을 수 있다. 비록 플랫폼이 주된 이슈를 보여주지만, 그것을 어떻게 표현해야 하는지를 나타내는 것은 아니다.

광고 플랫폼은 고객에게 중요한 이슈로 구성되어야 한다. 이슈들을 결정하는 가장 좋은 방법은 고객 조사를 통하여, 그들이 제품을 선택하고 사용할 때 가장 중요하게 고려하는 것들을 알아내는 것이다. 판매 특성은 고객에게 중요한 것뿐 아니라, 광고되는 브랜드의 강력한 경쟁적 특성이 되어야 한다. 예를 들어서, New Balance의 "Love or Money" 캠페인은, 유명 프로 운동선수의 행동 즉, 이들 중 일부는 New Balance의 경쟁사들로부터 연간 수백만 달러의 광고 모델료를 받고 있어서, 많은 사람들이 혼란스러워졌다는 것을 알아낸 인터넷 조사로부터 기인되었다.[8]

비록 조사가 광고 플랫폼의 이슈를 결정하는 데에 가장 효과적인 방법이라고 할지라도, 비용이 많이 든다. 그러므로, 광고 플랫폼은 보통 사내 직원과, 광고대행사를 이용하고 있다면, 대행사 직원의 의견에 근거하고 있다. 이러한 시행착오적 접근은 성공하기도 하고 실패하기도 한다.

광고 플랫폼이 어떤 광고 메시지를 개발할 것인가에 근거하기 때문에, 마케터는 이 단계를 신중하게 분석해야 한다. 어떤 캠페인은 표적 오디언스의 선택과 분석, 목표 명시, 매체 전략, 그리고 메시지 형식의 관점에서 완벽할 수 있다. 그러나 광고물이 소비자가 제품을 선택하고 사용할 때 별로 중요하게 여기지 않는 정보를 커뮤니케이션한다면, 그 캠페인은 궁극적으로 실패할 것이다.

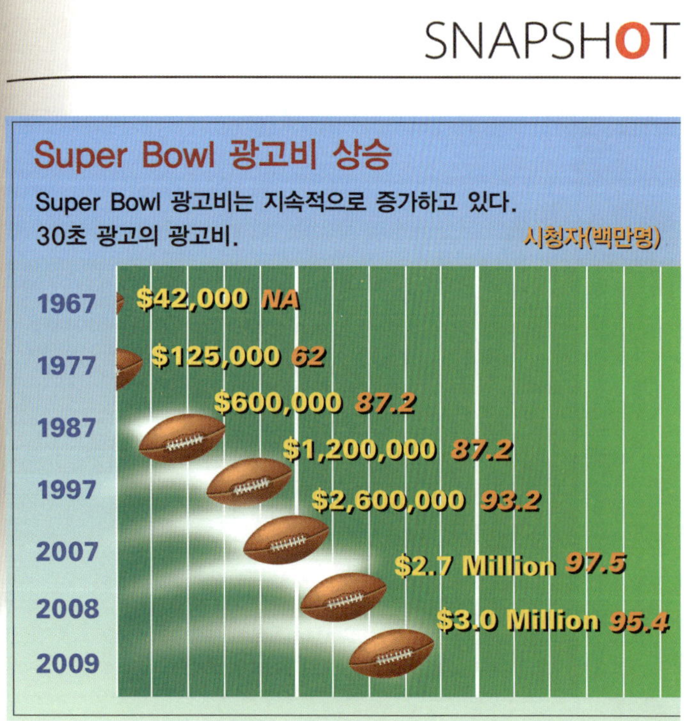

4 광고 예산의 결정

광고 예산(advertising appropriation)은 마케터가 일정기간 동안 광고를 위해 할당하는 총액이다. 예를 들어서, New Balance는 "Love or Money" 캠페인에 2천백만 달러를 계획하였다.[9] 미래의 광고 효과를 정확하게 측정하는 것이 어렵기 때문에, 일정기간 동안의 광고비를 결정한다는 것은 힘든 일이다.

기업의 광고비 결정에는 많은 요소들이 영향을 미친다. 시장의 지리적 크기와 구매자의 분포가 의사결정에 중요한 요소이다. <표 16.1>은 미국 전체에서 광고비 지출의 상위 10위 광고주를 보여준다. 비즈니스 제품의 광고 예산은 매출에 비해 상당히 적은 반면, 청량음료, 비누, 그리고 화장품과 같은 소비자 편의 제품은 매출 대비 광고비의 비중이 크다.

광고 예산을 결정하는 데 사용되는 많은 기법들 중에서, 가장 논리적인 것 중의 하나가 **목**

표 16.1 상위 10대 전국 광고주

기업	광고지출 (백만 달러)
1. Procter & Gamble	4,898.0
2. AT&T	3,344.7
3. General Motors Corp.	3,296.1
4. Time Warner	3,088.8
5. Verizon	2,821.8
6. Ford Motor Co.	2,576.8
7. GlaxoSmithKline	2,444.2
8. Walt Disney	2,320.0
9. Johnson & Johnson	2,290.5
10. Unilever	2,098.3

자료원: *Advertising Age*, June 23, 2008, Vol. 79, Issue 25, p. C10.

표 과업법(objective-and-task approach)이다. 이 방법은 캠페인이 성취할 목표를 결정하고, 그것을 성취하기 위한 과업들을 리스트화하는 것이다. 과업의 비용이 계산되어서 총예산에 가산된다. 이 방법은 한 가지 주요 문제점이 있다: 마케터가 특정 목표를 달성하기 위해 필요한 노력의 수준을 정확하게 예측하기가 때때로 어렵다는 것이다. 예를 들어서, 커피 마케터는 자사 브랜드의 시장점유율을 8%에서 10%로 올리는 데에 얼마만큼의 TV 광고를 더해야 하는지 결정하는 것이 매우 어렵다는 것을 알 수 있을 것이다.

더 널리 사용되고 있는 **매출액 비율법**(percent-of-sales approach)에서, 마케터는 단순하게 기업의 과거 매출에 계획된 매출 증가 또는 감소 요소를 추가한 후, 기업이 전통적으로 광고비로 지출한 것 그리고 산업평균에 근거한 표준 퍼센트를 곱한다. 이 방법은 광고가 매출을 창출한다기 보다 매출이 광고를 창출하는 부정확한 가정을 바탕으로 한 단점이 있다. 매출 쇠퇴기에 이 방법을 사용하는 마케터는 광고비를 줄이게 될 것이고, 그로 인하여, 매출이 더 위축될 수 있다. 비록 비논리적이지만, 이 방법이 널리 사용되고 있는 이유는 적용하기가 쉽기 때문이다.

광고 예산을 결정하는 또 다른 방법은 **경쟁 대응법**(competition-matching approach)이다. 마케터가 경쟁사와 같은 절대 금액의 광고 예산으로 대응하거나 경쟁사의 매출액 대비 광고비 퍼센트와 동일하게 할당하는 것을 말한다. 비록 경쟁사가 얼마를 광고비에 쓰는지 알고 있다고 하더라도, 이 방법만을 사용해서는 안 된다. 왜냐하면, 경쟁사가 다른 목표를 가지고 있거나 광고에 대해 다른 자원을 갖고 있을 수도 있기 때문이다. 많은 기업들과 광고대행사들이 매분기마다, 인쇄매체, 라디오, TV 등 경쟁사의 매체별 광고비 지출을 자사의 지출 수준과 비교하면서 검토한다.

때때로, 마케터는 특정 기간 동안의 광고비 지출을 회사의 고위 임원이 정하는 **임의 방법(arbitrary approach)**을 사용한다. 이 임의 방법은 종종 광고비를 적게 쓰거나 과도하게 쓰게 만든다. 비록 과학적 예산 편성 방법은 아니지만 편리하다.

5 매체 계획의 수립

<그림 16.2>에서 보듯이, 광고주는 엄청난 광고 비용을 광고 매체에 쓴다. 이런 비용은 지난 20년 간 급격하게 증가해 왔다. 매체 비용에서 최대한의 효과를 거두기 위해서는, 효과적인 매체 계획이 수립되어야 한다. **매체 계획(media plan)**은 사용될 특정한 매체(잡지, TV 방송국, 신문 등)와 광고가 나오는 날짜와 시간을 포함해야 한다. 매체 계획은 얼마나 많은 표적 오디언스에게 메시지가 노출이 되는지와 노출 빈도에 주목해야 한다. 매체 계획은 각 개인에게 미치는 메시지의 효과를 어느 정도 결정한다. 매체 계획은 표적 오디언스에 대한 철저한 분석을 요구하는 복잡한 과제이다. 그 효과를 극대화 하기 위한 정교한 컴퓨터 모델이 개발되었다.

매체 계획을 수립하기 위해서 매체 계획자는 캠페인을 위한 매체를 선정하고, 각 매체의 시간과 일정을 준비한다. 매체 계획자의 일차적 목표는 예산이 허용하는 한도 내에서 최대한의 표적 오디언스에게 광고가 도달하게 하는 것이다. 2차적 목표는 예산 내에서 표적 오디언스에게 적절한 메시지의 도달범위와 빈도를 달성하는 것이다. 도달범위(reach)는 일정기간 동안 특정 광고물에 실제로 노출된 표적 오디언스 소비자의 비율이다. 빈도(frequency)는 표적 소비자에게 광고가 노출된 횟수를 말한다.

매체 계획자는 넓은 범위의 결정에서 시작하지만, 결론적으로는 아주 세부적인 결정을 한다. 그들은 첫째로 TV, 라디오, 인터넷, 신문, 잡지, DM, 옥외광고, 혹은 대중교통 광고 등 어떤 매체를 사용할 것인가를 결정한다. 비록 인터넷 광고가 성장하고 있지만, 2008년 4분기에 겨우 0.4%가 증가했으며, 2009년 1분기에는 5%의

전환 중인 마케팅

모든 것을 읽어라: 위기의 신문

인쇄 매체의 침몰은 누구나 다 아는 사실이다. 인터넷 중심의 세대에게 전통적 신문은 진부하게 느껴질 것이다. 그 여파로 많은 신문들이 사업을 접고, 온라인 형식으로 전환하고, 종업원들을 해고했다. 일부 대형 신문사도 매출의 악화로 파산 보호 신청을 하였다. 이런 어려운 상황에도 불구하고 전보다 더 많은 소비자들이 오늘의 뉴스 편집실에서 만들어진 스토리를 읽고 있다. 많은 사람들이 뉴스를 보는데 왜 신문사의 재정은 더 나빠질까? 문제는 광고 수입의 감소와 상당히 관계가 있다. 약 90%의 신문 광고 매출은 온라인이 아니라, 인쇄매체에서 나온다. 그리고 많은 보도국 임원들은 광고국 판매원들이 온라인 콘텐츠로의 격심한 집중이 이루어지고 있는 변화추이를 거스르고 있다는 점을 인정한다. 그러나 인쇄판의 위축과 온라인제작의 성장 속에서도, 수입은 어디선가 가져와야 한다.

ISTOCKPHOTO/THINKSTOCK

2008년 말에 *The New York Times*의 광고 매출은 2007년에 비해 20% 이상 하락했다. 몇몇 신문사들이 이러한 변화에 당황하고 있다. *Lawrence Journal-World* 등을 소유한 World Company는, 뉴스가 더욱 지역 공동체 중심으로 되는 것처럼, 지역 광고주들에게 초점을 맞출 필요성을 강조한다. 이 기업은 Marketplace-지역 기업들이 수익, 영업시간, 사진, 그리고 광고와 같은 정보를 온라인에 올릴 수 있도록 하는 소프트웨어-를 만들었다. 이것은 연간 50만 달러의 순이익을 창출했는데 대부분이 새 광고 수입이다. 온라인 환경에서 신문은 광고비를 놓고 새로운 경쟁상대에 직면한다. 기업들은 방문자가 많은 사이트에 광고를 하려고 한다. 즉 신문도 오락과 채팅 사이트들과 경쟁을 해야 한다. 따라서 신문은 생존을 위해서는 변해야 한다. 인원, 신문 크기, 배포지역 등을 축소하는 것이 일시적 해결책이 될 수 있지만, 장기적 생존을 위해서는 광고주를 유인할 수 있는 새로운 방법의 모색과 새로운 수입원의 창출이 반드시 필요하다.[a]

그림 16.2 매체별 광고비지출 (10억 달러)

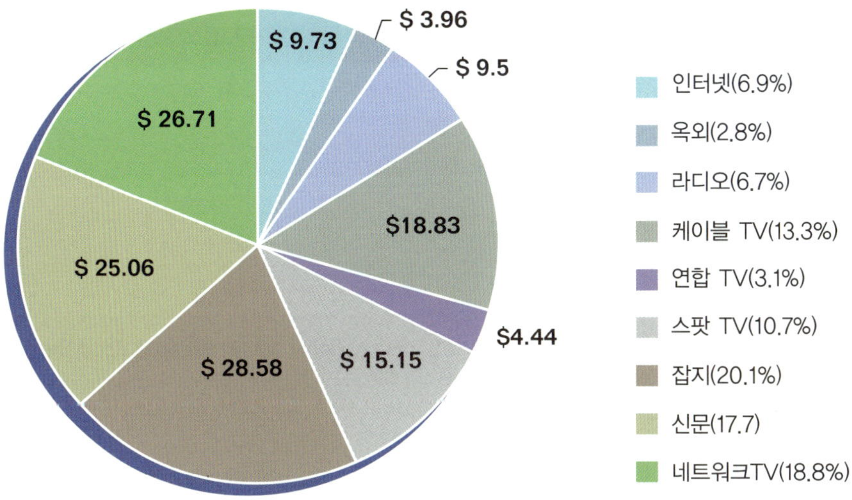

자료원: "100 Leading National Advertisers, How 2008 Ad Spending Was Split by Medium," *Advertising Age*, http://adage.com/images/random/datacenter/2009/spendtrends09.pdf, accessed October 29, 2009.

감소를 예측하고 있다. 이는 2001년 폭발적 닷컴 버블 이후 온라인 광고 매출의 첫 번째 하락이다.[10] 매체 계획자는 어떤 것이 가장 효과적인지 결정하기 위하여 다양한 형식과 접근법으로 평가한다. 일부 매체 계획들은 오직 하나의 매체에만 집중하고 한 매체만 사용한다. 소비자 제품 제조 기업의 매체 계획은 복잡하고 역동적일 수 있다.

매체 계획자가 계획을 수립할 때는 많은 요소들을 고려한다. 그들은 표적 오디언스의 위치와 인구통계적 특성을 분석한다. 매체에 대한 사람들의 취향은 인구통계적 집단과 위치에 따라 나르기 때문이다. <그림 16.2>는 다양한 매체에 대한 전통적 광고비 지출 내용을 보여준다. 전반적인 광고비 지출은 증가했다는 것을 주목하라. 1985년에는 TV 광고비는 3배 이상이었고 인터넷 광고는 존재하지 않았었다. 10대를 위한 라디오 채널, 18~34세의 남자를 위한 잡지, 다양한 연령별 여성집단을 겨냥한 TV 케이블 채널들이 있었다. 매체 계획자는 또한 특정 매체가 도달하는 오디언스의 크기와 유형을 고려한다. T. Boone Pickens가 수입 석유 의존도를 줄이기 위해 "Pickens Plan"을 내놓았을 때, 그는 5천8백만 달러의 매체 예산으로 다양한 매체, PR, 그리고 네트워킹을 사용하였다. 특히, 매체 구입은 *USA Today*와 *The Wall Street Journal*의 전면 광고뿐 아니라 CNN과 MSNBC도 포함되었다. 또 수천명의 친구를 가진 facebook 고객도 있다. http://www.pickens-plan.com에는, 비디오 블로그뿐만 아니라 50,000명 이상의 회원을 가진 facebook 형태의 로그인 사이트도 있다. 이러한 다양한 매체 전략은 시장에 침투하고 전통적 매체뿐 아니라 새롭게 떠오르는 매체도구들도 사용하도록 설계되었다.[11] 감소하고 있는 TV방송 시청률로 인하여, 많은 기업들이 케이블 TV나 인터넷 광고뿐 아니라 휴대폰을 이용한 광고와 비디오 게임의 간접광고를 포함한 대체 매체를 찾고 있다. 여러 데이터 서비스들이 다양한 매체에 대한 구독률과 시청률 등에 관한 정보를 수집하고 정기적으로 제공한다.

표 16.2 쇼핑객의 식품에 대한 정보원천

범주	통행량의 비율 (각 검색엔진 방문)
신문의 식품섹션	53
식품에 관한 웹사이트	17
케이블 TV 식품채널	14
식품 잡지	12
잡지의 식품섹션	5

자료원: Gallup & Robinson, in "Food Shoppers Have Strong Appetite for Newspaper Food Sections," advertisement, *Advertising Age*, January 1, 2007.

메시지의 내용이 매체 선택에 영향을 미치는 경우도 있다. 한 광고물에서 복잡한 이슈나 심도 있는 내용을 전달하기에는 인쇄매체가 방송매체보다 더 효과적이다. 만약 광고주가 아름다운 색깔, 패턴, 혹은 질감을 보여주고 싶다면 신문보다는 고화질로 색상을 보여주는 잡지 또는 TV를 사용해야 한다. 예를 들어서, 음식은 흑백보다는 총천연색의 잡지가 더 효과적일 것이다.

매체선정
Valpak은 매체계획에서 매체 중 하나로 잡지를 선정하였다.

매체의 비용은 중요하지만 다루기 힘든 고려사항이다. 계획자는 비용당 가능한 한 최대한의 커버리지를 획득하고자 한다. 그러나, 신문광고의 비용과 효과를 TV광고의 비용과 효과와 비교할 수 있는 정확한 방법은 없다. **비용비교지표(cost comparison indicator)**는 광고주로 하여금 각 매체수단으로 도달하는 사람의 수와 관련해서 특정 매체(예: 두 개의 잡지) 내 여러 매체수단의 비용을 비교하도록 한다. CPM (Cost Per Thousand)는 잡지의 비용비교 지표이다. 즉, 한 페이지 광고가 1,000명에게 노출되는 비용을 보여준다. <표 16.2>는 각 매체가 사용되는 정도를 보여준다. 매체는 각 장점과 단점을 비교해 보고 선택된다(<표 16.3> 참조).

표 16.3 주요 광고매체의 장단점

매체	장점	단점
신문	많은 오디언스에 도달; 읽기 위해서 구매; 지리적 유연성; 짧은 출간기간; 빈번한 발간; 협력광고, 상품서비스에 호의적	사회경제적 집단이나 표적시장에 선택적이지 못함; 제한된 재생산 능력; 많은 광고 물량이 한 광고에 대한 노출을 제한
잡지	인구통계적 선택성; 재생산; 호의적; 긴 수명; 명성; 지역적 이슈가 있을 때는 지리적 선택성; 여유로운 상태에서 구독	고비용; 30~90일의 평균 출간기간; 경쟁 치열; 제한된 도달범위; 낮은 커뮤니케이션 빈도
DM	거의 낭비 없는 발행부수; 매우 선택적; 광고주기 발행부수 조정 가능; 방해요소가 적음; 개별적; 구매행동 자극; 참신성 사용; 성과측정이 비교적 용이; 경쟁사에게 노출이 되지 않음	비용이 매우 많이 든다; 독자를 유인할 수 있는 편십 가능한 내용 부족; 스팸 메일로 읽지 않고 버릴 수 있음; 사생활 침해로 비난 받음; 광고를 읽기 위해서는 소비자가 선택하여야 함.
라디오	소비자의 95%에게 도달; 동적이고 유연적; 상대적으로 저비용; 광고를 쉽게 바꿀 수 있음; 높은 수준의 인구통계적 및 지리적 선택성; 상상력 사용을 격려	시각적 이미지 부족; 짧은 메시지 수명; 다른 활동들로 인한 집중의 한계; 시장 분화; 어려운 구매 절차; 매체와 오디언스 조사의 한계
TV	많은 오디언스에 도달; 높은 빈도 가능; 청각적이고 시각적 이중 효과; 매우 가시적; 높은 명성; 지리적, 인구통계적 선택성; 무시하기 힘듦	매우 고비용; 매우 소멸하기 쉬운 메시지; 오디언스의 규모가 보장되지 않음; 제한된 황금 시간대; 표적시장의 선택 어려움
인터넷	즉각적 반응; 정확히 표적된 시장에 도달 가능; 고객 추적과 데이터베이스 구축 능력; 높은 상호작용 매체	정확한 표적화 비용이 비쌈; 부적당한 광고 위치; 효과 측정의 어려움; 보안과 사생활 보호에 대한 우려
전화번호부	넓은 적용성; 행동과 제품 범주 지향적; 상대적 저비용; 광고 빈도와 장수; 강요 받지 않음	시장분화; 매우 지역적; 느린 업데이트; 창의성 부족; 긴 생산 기간; 주의를 끌기 위해서 큰 지면 필요
옥외광고	빈번한 반복 가능; 저비용; 판매 시점 가까이에 메시지 제시 가능; 지리적 선택 가능; 24시간 운영 가능; 창의적, 효율적	짧고 단순한 메시지; 인구통계적 선택 불가능; 독자의 완전한 주의 끌기 어려움; 교통 사고 위험과 자연훼손에 대한 비난; 제한된 영역

자료원: Information from Christian Arens, Michael F. Weigold, and William Arens, *Contemporary Advertising* (Burr Ridge, IL: Irwin/McGraw-Hill, 2009); George E. Belch and Michael Belch, *Advertising and Promotion* (Burr Ridge, IL: Irwin/McGraw-Hill, 2008).

매체 선택 의사결정과 마찬가지로, 매체 일정 결정도 표적 오디언스의 특성, 제품 속성, 제품 계절성, 고객의 매체 행동, 그리고 광고 예산의 규모와 같은 다양한 요소들에 의하여 영향을 받는다. 매체 일정은 연속형, 집중형, 파동형의 3가지 일반적인 유형이 있다. 연속형 일정(continuous schedule)이 사용될 때 전체 캠페인 기간 동안 큰 변화 없이 일정한 수준으로 광고가 나간다. 집중적 일정(flighting schedule)은 어떤 기간 동안만 광고가 나가고, 그 이외의 기간에는 광고가 방영되지 않는다. 예를 들어서, 광고캠페인이 2주 동안 실시되다가 2주 동안 중단하고 다시 2주 동안 실시하는 것과 같은 것이다. 파동형 일정(pulsing schedule)은 연속형과 집중형의 조합이다. 전체 캠페인 기간 동안 어느 정도의 광고를 지속적으로 하면서, 캠페인의 특정 기간에는 표적 오디언스와의 커뮤니케이션의 수준을 강화하기 위하여 추가적 광고를 하는 것이다.

6 광고 메시지의 개발

광고 메시지의 기본적 내용과 형식은 여러 요소들의 함수이다. 제품의 특징, 사용법, 그리고 혜택 등이 메시지의 내용에 영향을 미친다. 표적 오디언스의 특성들—성별, 연령, 교육, 인종, 소득수준, 직업, 라이프스타일, 그리고 다른 속성—이 내용과 형식에 모두 영향을 준다. 예를 들어서, "어쩌면", "아마도" "등의 애매한 단어 사용과, "확실히", " 절대적으로" 등 확실한 공약을 사용하는 광고의 주장에 대해 사람들이 어떻게 반응하는가는 성별에 따라 영향을 받는다. 연구 조사들에 의하면, 여성은 두 가지 광고 주장의 유형 모두에 부정적으로 반응하지만, 확실한 공약은 남성에게는 거의 영향을 미치지 않는다.[12] Procter & Gamble이 어린이용 Crest 치약을 촉진할 때, 이 기업은 매일 양치할 것과 충치 관리를 강조했다. 어른 용 Crest 치약은 치석과 플라그 제거를 강조했다. 효과적으로 커뮤니케이션하기 위해서 광고주는 표적 오디언스에게 의미 있고, 친숙하고 그리고 매력적인 단어, 상징, 그리고 그림을 사용한다.

광고 캠페인의 목표와 플랫폼도 메시지의 내용과 형식에 영향을 준다. 만약, 기업의 광고 목표가 매출 증대라면, 메시지는 강하고 자극적인 언어와 상징을 포함할 수 있다. 광고 목표가 브랜드 인지도를 향상시키는 것이라면, 메시지는 브랜드 이름 및 이와 관련된 단어들과 그림들을 반복해서 사용할 수 있다.

매체의 선택은 명백하게 메시지의 내용과 형식에 영향을 미친다. 효과적인 옥외광고와 짧은 방송광고는 간결하고 단순한 메시지를 사용해야 한다. 잡지와 신문 광고는 상세하고 긴 설명을 포함할 수 있다. 여러 종류의 매체가 지리적 선택성을 제공하기 때문에, 정확한 메시지가 표적 오디언스의 특정 지역에 맞게 작성될 수 있다. 어떤 잡지사는 다른 지역들과 차별화되는 한 지역에만 있는 광고와 내용 편집으로 **지역판(regional issues)**을 출판하기도 한다. 예를 들어서, *Time* 잡지는 8개의 지역판을 낸다. *Time*에 광고를 내는 기업은 아마도 New England 지역을 위한 메시지와 다른 지역에 사용할 메시지를 달리 사용할 수도 있다. 기업은 한 지역만을 선택할 수도 있다. 이러한 지리적 선택성은 기업이 같은 메시지를 다른 지역, 다른 시기에 사용 할 수 있도록 해준다.

(1) 카피

카피(copy)는 광고의 언어적 부분이며, 표제, 부제, 본문, 그리고 식별표지 등을 포함한다. 모든 광고물이 다 이 요소들을 포함하는 것은 아니다. DM 광고에서 "시도해 보세요. 잘 맞을 겁니다!"라고 손으로 쓴 기록 조차도 무료샘플 요청을 증가시킬 수 있다.[13] 표제(headline)는 아주 중요하다. 왜냐하면 사람들은 종종 표제만을 읽기 때문이다. 표제는 사람들이 본문 카피를 읽고 싶도록 관심과 주목을 끌어야 한다. Bed Bath & Beyond는 신중하게 고른 쿠폰 및 촉진 전단지에 "20%를 할인 받는다면, 귀하는 얼마나 좋으시겠어요?"라는 표제로 매우 효과적인 쿠폰을 개발했다. 감성적인 측면은 광고 집행의 효과를 강화한다. 부제(sub headline)는 표제와 본문 카피를 연결시켜 주는 역할을 하고, 때로는 표제를 설명하는 데 사용되기도 한다.

대부분 광고의 본문 카피는 서론, 본론, 결론으로 구성된다. 카피라이터(copywriter)들은 본문 카피를 체계적으로 만들기 위하여 지침을 적용하기도 한다: (1) 특정 욕구나 문제를 파악, (2) 그 욕구를 충족시키거나 문제점을 해결하는 가장 좋은 방법으로 제품을 권유, (3) 제품의 혜택을 서술하고, 왜 이 제품이 구매자의 특정 상황에 가장 적합한지를 설명, (4) 광고의 주장을 증명, (5) 구매자에게 구매하도록 권유한다. 주장을 증명할 때는 신뢰할 수 있는 방법으로 증명하는 것이 중요하다. 주장의 증명으로는 제품의 이미지와 기업의 성실성을 강화하는 데 도움이 되어야 한다. Kodak은 소비자가 얼마나 많은 프린터 잉크를 낭비하고 있는지를 교육하는 3천만 달러의 광고 캠페인으로 주목을 끌었다. “작년에 미국은 프린터 잉크에 50억 달러에 달하는 너무나 많은 돈을 지불했다.”라는 표제와 “세상에서 가장 비싼 액체는 중동에서 나오는 것이 아니다” 라는 마지막 대사로, Kodak은 그들의 효율적인 프린터에 관심을 주목 시켰으며, 하락하고 있는 핵심 필름 사업으로부터 다양화시키고 있다.[14]

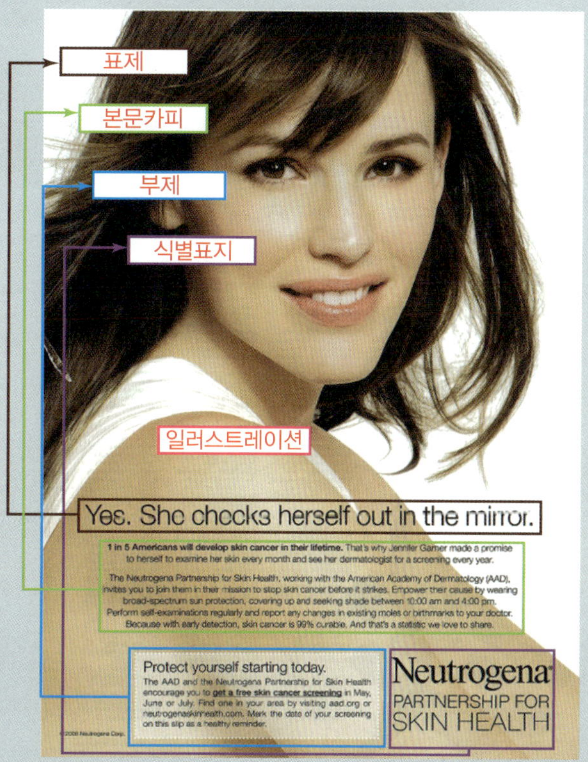

AP IMAGES/PRNEWSFOTO/NEUTROGENA

인쇄 광고의 요소

이 Neutrogena 광고는 표제, 본문 카피, 부제, 식별표지, 그리고 일러스트레이션을 포함한 인쇄광고의 모든 요소들을 포함한다.모든 인쇄광고들이 이런 모든 요소를 포함하는 것은 아니다.

식별표지(signature)는 광고의 스폰서를 확인시켜 준다. 그것은 기업의 트레이드마크, 로고, 이름, 그리고 주소 등 여러 요소들을 포함한다. 식별표지는 매력적이고, 읽기 쉬워야 하고, 독특해야 하며, 다양한 크기로도 쉽게 식별할 수 있어야 한다.

라디오 청취자는 정신적으로 완전히 몰입하는 것이 아니기 때문에, 라디오 카피는 청취자의 관심을 끌어 큰 효과를 낼 수 있도록 격식이 없고 대화적이여야 하고 이것이 결국 더 큰 효과가 있다. 라디오 메시지는 금방 소멸되기 때문에, 간결하고 친밀해야 한다. 길이는 1초에 2~1.5단어를 초과해서는 안 된다.

TV 카피에서는 듣는 내용이 보는 내용을 압도해서는 안 되고, 그 반대여서도 안 된다. 그러나, TV 메시지는 제품을 효과적으로 보여줄 수 있는 시각적 부분이 적절하게 사용되어야 한다. TV 광고의 카피는 처음에는 병렬 대본의 형식으로 쓰여진다. 시각적 내용은 왼쪽 열에, 그리고 청각적 내용은 오른쪽 열에 묘사된다. 병렬 대본이 승인되면, 카피라이터와 아티스트(artist)는, 광고의 중요 장면들을 축소된 TV 화면에 연속적으로 묘사하는 **스토리보드(storyboard)**에, 카피와 시각적 요소들을 합친다. 각 축소 화면들 밑에 시각적 부분에 사용되는 청각적 부분에 대한 설명이 들어간다. 기술 요원은 스토리보드를 광고 제작의 설계도로 사용하는 것이다.

컬러 대 흑백
이 광고는 어떤 제품을 광고할때 컬러 사용의 중요성을 강조한다.

(2) 아트워크

아트워크(artwork)는 광고의 일러스트레이션과 레이아웃으로 구성된다. 비록 **일러스트레이션**(illustrations)은 종종 사진이지만, 또한 그림, 그래프, 그리고 표가 될 수 있다. 일러스트레이션은 크기와 상관없이, 내용이나 브랜드 요소보다 이목을 끄는 데 더 중요하다.[15] 그것은 관심을 끌거나, 오디언스들이 카피를 읽거나 듣도록 장려하거나, 아이디어를 빠르게 커뮤니케이션하거나, 또는 글로 표현하기 어려운 아이디어를 커뮤니케이션하는 데 더 중요할 수 있다.[16] 광고주는 다양한 일러스트레이션 기법들을 사용한다. 설정되어 있는 제품이나, 사용하고 있는 제품만을 보여주거나, 또는 사용 후의 결과를 보여주기도 한다. 일러스트레이션은 비교, 대조 또는 도표의 형식이 될 수도 있다.

광고의 **레이아웃**(layout)은 일러스트레이션과 카피(표제, 부제, 본론 그리고 식별표지)의 물리적 배열이다. 이 요소들은 여러 가지 방법으로 배열할 수 있다. 최종 레이아웃은 여러 단계의 레이아웃 준비의 결과물이다. 이러한 단계를 거치면서, 레이아웃은 광고 캠페인을 개발하는 사람들 간의 아이디어를 교환하도록 촉진하고 제작을 담당하는 사람들에게 지시사항들을 전달한다.

7 캠페인 실행

광고 캠페인의 실행은 많은 과업들이 정시에 완료되어야 하고, 많은 사람들과 기업들이 관여되어 있기 때문에, 광범위한 계획과 조정을 필요로 한다. 제작사, 조사기업, 매체사, 인쇄소, 사진 제판소, 그리고 필름 감독 등은 캠페인에 공헌하는 많은 사람들과 기업들 중의 일부에 불과하다.

실행은 작업의 여러 단계들이 정시에 완료될 수 있도록 치밀한 스케쥴을 필요로 한다. 광고 관리자는 업무의 질을 평가하고, 필요하다면 수정하는 작업도 하여야 한다. 예를 들어서, Citibank는 가상의 동유럽 부부를 귀찮게 했다는 매체와 블로그에서의 비판 때문에 신용카드 보상 프로그램의 광고를 중단했다.[17] 어떤 경우에는, 캠페인을 하고 있는 중간에 목표를 더 효과적으로 달성하기 위하여 바꾸기도 한다. 종종 한 기업이 캠페인을 개발하고 실행은 다른 기업이 한다.

8 광고 효과의 평가

광고는 캠페인의 전에, 중간에, 그리고 후에 평가할 수 있다. 캠페인 시작 전에 평가하는 것은 **사전조사(pretest)**라고 한다. 사전조사는 보통 메시지의 하나 혹은 그 이상의 요소의 효과를 평가하려고 한다. 사전조사를 하기 위해서, 광고 제품의 실제 사용자 또는 잠재 구매자로 구성된 **소비자 평가단(consumer jury)**을 종종 활용한다. 평가단은 2개 이상 광고물의 여러 단면들을 판단한다. 이런 조사는 소비자가 광고 전문가보다 그 영향력을 더 잘 알 것이라는 것을 전제로 한다.

캠페인 동안에 광고 효과를 측정하기 위해서, 마케터는 종종 "문의법(inquiries)"을 사용하기도 한다. 캠페인의 초기 단계에서 광고주는 잠재고객이 정보를 문의할 수 있는 쿠폰, 서식, 또는 수신자 부담 전화가 각각 포함된 여러 광고물들을 동시에 사용한다. 광고주는 각 광고물 형태로부터 받은 문의의 수를 기록한다. 만약 광고주가 광고물 A로부터 78,528번의 문의를, 광고물 B로부터 37,072번, 광고물 C로부터 47,932번의 문의를 받는다면, 광고물 A가 B나 C보다 더 효과가 있는 것으로 판단된다.

캠페인 후의 광고 효과 평가는 **사후조사(posttest)**라고 한다. 어떤 사후조사가 적절한지는 광고 목표에 따라 결정된다. 만약 목표가 커뮤니케이션, 즉 제품의 특징이나 브랜드에 대한 인지도 상승 혹은 더 호의적인 고객 태도 창출이라면, 사후조사는 이 부분의 변화를 측정해야 한다. 광고주는 커뮤니케이션의 목표에 근거

지속가능 마케팅

재활용 칫솔을 구매하시겠습니까?

비록 많은 친환경 기업들이 재활용 기술을 바탕으로 한 신제품을 많이 연구하고 있지만, 재활용으로 생각하기 어려운 것이 칫솔이다. Inc. 잡지에서 "50대 친환경 기업" 중 하나로 기록된 Recycline, Inc.는 칫솔, 혀 세척기, 요구르트 컵 등의 재활용 #5 플라스틱으로 만든 면도기 등 Preserve 제품 라인을 출시했다. 작년에 이 기업의 매출은 PR, 특히 퍼블리시티에 힘입어 45%나 증가했다.

CREATAS/THINKSTOCK

PR이 기업에 대한 이해관계자의 긍정적인 태도를 포함해서 제품에 대한 호의적 이미지를 유지하는 데 사용되는데, 퍼블리시티는 대중매체를 통하여 무료로 기업과 제품에 대하여 커뮤니케이션을 하는 것이다. Preserve의 제품은 영화와 잡지 등에 무료로 퍼블리시티를 한다. 그러나, 이런 눈에 띄는 매체 노출에도 불구하고, 최근의 경기 불황으로 이 기업의 매출은 유지되기 힘들었다. 사람들이 비싼 제품들의 소비를 줄이고 저가를 선호함에 따라, Preserve는 유통업체인 Whole Foods Market과 공동으로 "Gimme 5"라는 촉진 캠페인을 계획했다. Preserve는 재활용하기 쉽지 않은 요구르트 용기나 Brita 정수기 필터에 사용되는 #5 플라스틱 재활용 수거함을 눈에 잘 띄게 진열했다. 그 수거함은 버리는 물건들을 재활용할 수 있음으로 소비자가 좋은 감정을 가지도록 했고, Preserve에는 무료로 제품의 재료를 제공했고, 그리고 Preserve, Whole Foods Market, Stonyfield Farm 등 #5 플라스틱 용기를 사용하는 기업들에 대해서는 긍정적인 입소문을 일으켰다.

Preserve의 임원은 소비자가 돈을 쓸 때 두 번 생각하기 때문에, 친환경적인 선택에 대해 좋은 감정을 계속 가질 것을 희망했다. 환경친화적인 활동이 적절한 가격을 유지하는 한, 소비자는 계속 올바른 일을 할 것이라고 그들은 확신했다.[b]

한 캠페인을 평가하기 위해 소비자 설문조사나 실험 방법을 사용한다.

캠페인의 목표가 매출이라면, 광고주는 매출의 변화나 시장점유율에 대한 캠페인의 기여도를 결정해야 한다. 예를 들어서, Kroger는 동일 점포의 매출을 6% 올렸지만, 많은 촉진 메시지와 방법을 사용하기 때문에 직접적 원인과 결과를 분리하기 어려웠다. 전통적 신문 광고뿐만 아니라, Kroger는 만약 소비자가 세금 환급(세금 환급 금액과 매출 결과를 추적할 수 있음)을 Kroger에 사용하면 식료품 가격을 10% 할인해 주고, 주유비 할인, 마일리지 포인트로 식료품 무료 교환, Direct marketing을 통한 표적대상 광고(마일리지 카드 정보와 관련), 기타 개인 맞춤형 할인 등을 제공했다.[18] 그러나, 광고에 의한 매출이나 시장점유율의 변화는 정확하게 측정되기 어렵다. 광고와 무관한 많은 요소들이 기업의 매출과 시장점유율에 영향을 미친다. 경쟁사의 행동, 정부의 행동, 경제상황의 변화, 소비자 선호도, 그리고 기후 등이 기업의 매출이나 시장점유율을 증가시키거나 감소시키는 단지 일부 요소들이다. 과거와 현재의 매출, 그리고 광고비 지출 등의 자료를 분석함으로써, 광고주는 매출이나 시장점유율을 위한 캠페인의 효과를 추정할 수 있다.

매출에 대한 광고의 직접적 효과를 결정하기 어렵기 때문에, 어떤 광고주는 소비자가 얼마나 잘 기억하는지에 따라 인쇄광고를 평가하기도 한다. 기억에 근거한 사후조사 방법으로는 재인조사와 회상조사가 포함된다. 이런 조사들은 보통 전문 조사기관에 의해 설문조사로 수행된다. **재인조사(recognition test)**는 응답자에게 실제 광고를 보여준 후, 인지하는지를 물어본다. 만약 그들이 인지한다면, 조사원은 각 응답자들이 어느 정도 읽었는지에 대한 추가 질문을 한다. 회상에 대한 평가는 응답자에게 실제 광고를 보여주지 않고, 최근 보거나 들은 적이 있는 것에 대하여 질문한다. 회상(recall)은 비보조 또는 보조 회상 방법으로 측정된다. **비보조 회상법(unaided recall test)**은 응답자에게 회상을 돕는 어떤 단서도 주어지지 않은 상태에서, 최근 본 광고에 대하여 서술하도록 하는 것이다. Gallup & Robinson의 Super Bowl 광고의 회상과 호감에 관한 12년간의 연구에 의하면, 소비자 신뢰가 낮을 때는, 회상이 평균보다 11%나 낮았고, 경제가 좋을 때보다는 35%나 낮았다.[19] **보조 회상법(aided recall test)**도 유사한 절차가 사용되지만, 응답자에게 기억을 끌어낼 수 있는 제품, 브랜드, 기업명 또는 트레이드마크의 목록들을 보여준다. 캐나다 정부는 13~15세의 청소년과 그들의 부모들을 대상으로 전국적인 반 마약 캠페인을 펼쳤다. 부모들에 대한 효과 평가에서, TV광고에 대한 73%의 높은 보조 회상을 보였고, 25%가 캠페인을 보고 뭔가를 했다고 응답했다.[20] Daniel Starch와 같은 많은 조사기관들이 광고의 재인과 회상조사 서비스를 제공한다. 재인과 회상법의 사용에 대한 주요 정당성은 사람들이 기억하는 광고의 제품을 구매할 확률이 기억하지 못하는 제품보다 더 높다는 것이다. 조사자들은 광고를 평가하기 위하여 단일원천 자료(single-source data)를 바탕으로 한 섬세한 기법을 사용한다. 모니터가 미리 선정된 가정에 설치되고, TV가 켜지면 어떤 채널을 보는지가 컴퓨터에 저장된다. 슈퍼마켓의 계산대에서도 표본가구의 구성원은 신분증을 제시한다. 계산을 할 때 스캐너에 구매 내용이 기록되고, 그 자료는 조사기관으로 전송된다. 일부 단일원천 자료 기업은 표본가구에 스캐닝 장비를 제공하여, 쇼핑에서 돌아와 집에서 구매 내용을 저장하도록 한다. 단일원천 자료는 광고의 노출과 구매 행위와의 관계에 관한 정보를 제공한다.

16.3 광고대행사

광고 캠페인은 한 개인이나 기업 내의 몇 사람, 광고부서, 또는 광고대행사에 의하여 진행된다. 작은 기업에서는 1~2명이 광고(다른 여러 활동들 포함)를 담당한다. 통상적으로 이 사람들은 카피 작성, 아트워크 그리고 매체 일정에 대한 조언을 위하여 지역 신문이나 방송사의 인력에 많이 의존한다.

큰 기업, 특히 소매업을 하는 대기업에서는 광고부서가 광고 캠페인을 개발하고 실행한다. 광고 프로그램의 규모에 따라, 광고부서에는 여러 가지 방면에서 뛰어난 기량을 가진 소수의 인력이나 카피라이터, 아티스트, 매체 구매자, 기술적 제작 코디네이터와 같은 다수의 전문인력으로 구성되기도 한다. 광고부서는 때때로 특정 프로젝트를 수행하기 위하여, 프리랜서를 채용하거나 외부 조사기관의 서비스를 사용하기도 한다.

많은 기업들이 광고 캠페인 개발을 위하여 광고대행사를 이용한다. Volkswagen이 미니밴 Routan을 출시할 때에 수상 경력이 있는 광고대행사인 Crispin Porter & Bogusky를 이용했다. Brooke Shields를 대표 모델로 한 캠페인이 TV와 인터넷에 소개되었다. 통합적 마케팅 캠페인은 젊은 가족들을 표적대상으로 하고 http://babymaker3000.com이라는 웹사이트를 제공했다. 엄마와 아빠의 사진을 합성한 140,000건 이상의 가상 아기들이 만들어졌다. 그 당시 실제 출산율과 합성 사진으로 만든 가상아기 출산율이 비슷했다.[21] 기업이 광고대행사를 이용할 때, 기업과 광고대행사는 보통 함께 광고 캠페인을 개발한다. 광고대행사는 여러 방법으로 사업을 지원한다. 큰 대행사는 카피라이터, 아티스트, 그리고 제작

표 16.4 상위 10대 광고대행사

1. Crispin, Porter & Bugusky
2. TBWA/chiat/Day
3. Boodby, Silverstein & Partners
4. R/GA
5. Tribal DDB
6. Mindshare
7. Martin Agency
8. Vidal partnership
9. RAPP
10. Deutsch

자료원: Rupal Parekh, "Agency of the Year: Crispin, Porter & Bogusky," *Advertising Age*, January 19, 2009, http://adage.com/agencya-list08/article?article_id133815 (accessed April 11, 2009).

코디네이터뿐 아니라 매체 전문가, 조사전문가, 법률 자문 등 아주 전문화된 인력의 서비스를 제공한다. 대행사 인력은 보통 광범위한 광고 경력을 가졌으며, 일반적으로 기업의 제품에 대하여 그 기업의 직원들보다 더 객관적이다. 대행사는 전통적으로 기업이 구입한 매체사로부터 15% 수수료로 보상 받기 때문에, 기업은 낮거나 적당한 비용으로 대행사 서비스를 받을 수 있다. 만약 대행사가 400,000달러의 TV 광고를 계약한다면, 대행사는 방송사로부터 60,000달러를 수수료로 받는다. 비록 광고대행사에 대한 전통적인 보상의 방법은 변화하고 있고 또 현재는 다른 요소들을 포함하고 있지만, 매체 수수료는 여전히 대행사를 활용하는 비용의 일부만을 매워주고 있다. <표 16.4>는 상위 광고대행사들을 열거하고 있다.

16.4 PR

PR(public relations)은 조직과 이들의 이해관계자들과의 호의적인 관계를 창출하고 유지하는데 사용되는 광범위한 커뮤니케이션 노력이다. Bank of America는 보도자료, 연설, 임원 약력, 회사의 연혁 등을 제공하는 온라인 뉴스 편집실을 유지하고 있다. 온라인 뉴스 편집실은 세계 금융위기로 인하여 은행의 평판이 악화되었던 2008~2009년 경기 불황 동안 매우 중요한 정보의 출처가 되었다. 기업은 내외적으로 많은 이해관계자와 커뮤니케이션하는데, PR은 이 모든 이해관계자를 상대해야 한다. 기업의 이해관계자는 고객, 공급자, 직원, 주주, 매체, 교육자, 잠재투자자, 정부기관 그리고 일반 사회단체들을 포함할 수 있다.

PR은 사람, 장소, 아이디어, 활동 그리고 심지어 국가를 촉진하는 데 사용 될 수 있다. PR은 전체 조직의 이미지를 향상시키는 데에 주력한다. 대중의 태도를 평가하고 호의적인 이미지를 창조하는 것은 기업의 제품을 직접적으로 촉진하는 것만큼이나 중요하다. 기업에 대한 대중의 태도는 그 제품의 판매에 영향을 미칠 것이며, 긍정적인 대중 인식을 유지하는 데에 매우 중요하기 때문이다. 또한, 대중이 긍정적으로 기업을 인식한다면, 종업원들의 사기도 더 강화된다.[22] 비록 PR이 기업의 제품, 브랜드, 혹은 활동들을 의식하도록 할 수 있지만, 혁신성 혹은 신뢰성과 같은 특정한 기업 이미지도 창출할 수 있다. Green Mountain Coffee Roaster, Patagonia, Sustainable Harvest 그리고 Honest Tea와 같은 기업들은 사회적으로 좋은 평판을 얻었는데, 그것은 그들의 사회적 책임을 다하는 방법으로 행동하려고 노력하기 때문만이 아니라 그들의 노력이 뉴스기사와 다른 PR 노력을 통해서 보도되기 때문이다. 매체에서 기업의 업적을 보도하게 함으로써, PR은 기업이 대중에게 긍정적인 모습으로 유지되는 것을 돕는다.

1 PR 수단

기업은 메시지를 전달하고 이미지를 창조하기 위한 다양한 PR 수단을 사용한다. PR 전문가는 다양한 이해관계자에게 전달하고 영향을 주기 위하여, 브로슈어, 뉴스레터, 사보, 보도자료, 웹사이트, 블로그, 연차보고서 등 문서로 된 PR홍보물을 만든다. Wisconsin의 Eau Claire에서 온 음악가 Justin Vernon은 그의 부모의 사냥 오두막집에 있는 동안 9개의 곡을 썼다. 그는 데스크탑 컴퓨터의 녹음 소프트웨어를 사용했다. MySpace에 그의 곡을 올리자, 온라인 입소문이 순식간에 퍼졌고 David Letterman의 *The Late Show*에 초청되었으며, 음반 녹음 계약도 맺었다.[23] PR요원은 기업이 눈에 잘 뜨이도록 로고, 명함, 회사 양식, 그리고 사인 등 기업 정체성을 위한 인쇄물도 만든다. 연설(speech)도 PR 수단의 하나이다. 회사의 임원이 회의나 매체에 공개적으로 말하는 내용은 기업 이미지에 영향을 미칠 수 있기 때문에, 연설을 하는 사람은 원하는 메시지를 정확하게 전달해야 한다.

자선음악회나 테니스 토너먼트와 같은 특별 이벤트의 일부 또는 전부의 비용을 지불하는 이벤트 후원도 PR 수단이다. 예로는 Home Depot의 NASCAR(미국 자동차 경주대회)와 미국 올림픽 팀에 대한 후원을 들 수 있다. 특별 이벤트의 후원은 비교적 최소의 비용으로 기업이나 브랜드 인지도를 증가시키는 효과적인 수단이다. 이벤트 후원은 상당한 양의 매체에 무료로 기업을 노출시킬 수 있다. McDonald's는 세계에서 가장 큰 스포츠 후원업체 중 하나이다. 올림픽에서부터 풀뿌리 청소년 프로그램까지, McDonald's는 스포츠 이벤트를 촉진하기 위하여, 2008~2009년의 경기 불황 때 조차도 거액의 돈을 기부했다.[24] 기업은 그들의 제품과 후원하는 이벤트의 목표 대상이 비슷한지, 제품과 이벤트가 고객의 마음속에서 쉽게 연관되는지를 검토한다. 또한 홍보요원은 기업에 대한 "뉴스거리"를 만들기 위하여 독특한 이벤트를 기획한다. 즉, 유명인사를 이용한 grand opening, 시상식, 열기구 타기, 그리고 기업의 오디언스에게 소구하는 인기물들을 포함한다.

퍼블리시티는 PR의 일부이다. **퍼블리시티(publicity)**는 기업, 그 기업의 제품, 혹은 둘 모두에 관하여, 대중매체에 무료로 전달하는 뉴스기사 형식의 커뮤니케이션이다. 예를 들어서, 2009년까지 JetBlue 항공사는 소비자의 항공사 품질 평가 순위에서 주요 항공사들을 제치고 3위를 기록했다. Hawaiian 항공사와 AirTran 항공사만이 JetBlue보다 상위에 올랐다.[25] 비록 PR이 퍼블리시티보다 더 광범위하고 포괄적이라고 해도, 퍼블리시티는 PR의 매우 중요한 부분이다. 퍼블리시티는 제품이나 서비스의 정보를 제공하고; 확장, 획득, 조사, 신제품 출시 등을 알리고; 또는 기업 이미지를 향상시키는 데에 사용될 수 있다.

가장 일반적인 퍼블리시티에 근거한 PR의 수단은 press release라고 불리기도 하는 **보도자료(news release)**이다. 보도자료는 보통 1페이지 이내에 300단어 이하의 제품이나 이벤트에 대한 설명을 포함하는 타이핑된 카피이다. 보도자료에는 기업이나 대행사의 이름, 주소, 전화번호 그리고 담당자를 표기한다. 보도자료는 <표 16.5>와 같이 복수의 특정 이슈들을 제시할 수 있다. **특집기사(feature article)**는 특정 출판물을 위하여 준비하는 3,000단어 이하의 원고이다. **표제가 있는 사진(captioned photograph)**은 사진의 내용에 대한 간단한 설명이 있는 사진이다. 사진표제는 신제품이나 개선된 제품을 아주 시각적인 특징과 함께 묘사하는 데에 효과적이다.

COURTESY OF CARDIAC CARE NETWORK

연차보고서

적절하게 설계된 연차 보고서는 호의적인 PR을 창출할 수 있다.

기업가 마케팅

Womenkind: 여성을 위한 광고대행사

전문가들은 미국에서 가장 강력한 구매력을 가진 층은 여성이라고 판단한다. Jerry Judge라는 한 남자는 여성을 위한 광고대행사를 만들기로 결정했다. Womenkind라는 기업은 여성을 표적 대상으로 하는 기업들에게 다양한 마케팅 서비스를 제공한다. Judge는 여성 프리랜서를 고용하고, 여성 중소기업 사업가들, 엄마들, 그리고 사회운동가들 집단을 모아, Focus group, 웹사이트 커뮤니케이션, 전화 대화와 같은 비공식적 커뮤니케이션 등의 역할을 하도록 하였다. Judge의 벤처는 Procter & Gamble과 같은 기업들의 관심을 끌었다. 이 기업은 WomIntuition이라는 조사 프로젝트를 개발했다. 이것은 광고에 노출되었을 때에 남성과 여성의 차이를 측정하기 위한 것이다. Womenkind는 여성에게 맞는 메시지를 마케터가 전달할 수 있도록 서비스한다.

이외에도 다양한 형태의 퍼블리시티에 근거한 PR 수단들이 있다. **기자회견(press conference)**은 중요한 뉴스이벤트를 알리기 위한 회의이다. 뉴스 매체관련 사람들이 기자회견에 초대되고, 보통 자료와 사진이 제공된다. 편집자에게 보내는 편지와 기획 또는 특집기사를 준비하여 신문사와 잡지사에 보내기도 하고, 방영되기 바라는 비디오와 오디오 테이프를 방송사로 보내기도 한다.

퍼블리시티에 근거한 PR은 진실성, 뉴스로서의 가치, 중요한 구전 커뮤니케이션, 매체의 후광효과 등 많은 장점을 가지고 있다. 대중은 뉴스 기사를 광고보다 더 진실성 있고 신뢰성 있게 받아들이는데, 그 이유는 뉴스 매체는 정보 제공의 대가를 받지 않기 때문이다. 또한 신제품 소개에 관한 이야기나 새로운 환경 친화적 기업 정책은 새로운 아이템으로 쉽게 주목을 받을 수 있다. 마지막으로, 퍼블리시티에 근거한 PR은 광고보다 비용이 더 적게 든다.[26]

퍼블리시티에 근거한 PR은 일부 제약들이 있다. 만약 메시지가 신문이나 방송에 전혀 보도되지 않았다면, 기업의 메시지가 뉴스거리의 가치가 있었는지를 판단해야 한다. 반드시 메시지는 시기적으로 맞아야 하고, 흥미로워야 하며, 정확해야 하고, 또 대중의 관심을 끌어야 한다. 많은 커뮤니케이션이 자격을 갖추지 못하고 있다. 보도자료의 뉴스 가치를 매체 담당자들에게 설득하는 데에 많은 시간과 노력이 걸릴 수 있다. 비록 PR요원이 보도자료를 적절한 시기에 매체에 보도하도록 권하지만, 내용이나 커뮤니케이션의 시기를 조정할 수가 없다. 신문사나 방송사의 요구에 따라 보도자료의 길이나 내용을 수정할 수도 있고, 심지어는 기업에서 가장 중요하게 여기는 메시지의 일부를 삭제할 수도 있다. 더구나, 뉴스매체 사람들은 그들에게 가장 편리한 시간대나 위치에 보도자료를 이용한다. 그러므로, 메시지가 때때로 표적 오디언스에게 도달하지 않을 수도 있는 시간대나 위치에 나올 수도 있다. 이러한 제약들이 실망을 줄 수도 있지만, 적절하게 관리된 퍼블리시티에 근거한 PR은 기업에 상당한 혜택을 준다.

2 PR 효과의 평가

좋은 PR의 잠재적 혜택 때문에, 기업이 PR 캠페인의 효과에 대하여 평가하는 것은 꼭 필요하다. 기

표 16.5 실행 가능한 보도자료의 이슈들

마케팅 인력의 변화	패키지 변화
사회적 명분에 대한 지원	신제품
개선된 보증	새로운 슬로건
업계 상황에 대한 보고서	연구 개발
기존 제품에 대한 새로운 용도	회사의 역사와 발전
제품 추천	채용, 생산, 그리고 매출 기록
품질 표창	계약에 대한 표창
회사명 변화	새로운 시장 개척
회사 간부와의 인터뷰	재무적 상황의 개선
유통 정책의 개선	전시회 개최
국제적 비즈니스 활동	브랜드의 역사
스포츠 이벤트 후원	기업 콘테스트의 우승
유명인사의 방문	Logo 변화
새로운 발견에 대한 보고서	최고 경영자의 연설
혁신적인 마케팅 활동	공로 표창
경제 예측	발명 기념일

업이 표적 오디언스에게 메시지나 이미지를 얼마나 효과적으로 커뮤니케이션했는지를 알아보는 조사를 수행할 수 있다. 환경 모니터링(environmental monitoring)은 기업에 영향을 주는 대중의 여론을 알아보는 것이다. PR 감사(public relations audit)는 대중들의 기업에 대한 이미지를 평가하거나, 특정 PR 프로그램의 효과를 평가하기 위하여 실시된다. 커뮤니케이션 감사는 메시지의 내용 분석, 가독성 조사, 혹은 리더십 조사를 포함할 수 있다. 만약 기업이 사회적 책임에 관한 이해관계자의 시각을 측정해 보기를 원한다면 사회감사(social audit)를 실시할 수 있다.

PR 수단으로서의 퍼블리시티의 효과에 대하여 평가하는 한 가지 방법은 매체에 노출된 기사의 수를 세는 것이다. 보도자료가 매체에 얼마나 많이 노출이 되는지를 알아보기 위하여, 의뢰한 기업의 기사를 수집해서 보내주는 클리핑(clipping) 서비스 대행사를 이용할 수 있다. TV 노출의 효과를 측정하기 위하여, 기업은 뉴스가 보도되었을 때의 이름과 날짜를 기록할 수 있는 카드를 보도자료에 함께 TV 방송사에게 배포하기도 한다(비록 방송사가 잘 응하지 않더라도). TV와 라디오를 추적하는 서비스가 있지만 매우 비싸다.

매체 노출의 숫자를 세는 것으로는, 얼마나 많은 사람들이 그 기업의 메시지를 읽었는지 또는 들었는지, 또는 그 메시지를 듣고 어떻게 생각하는지에 대한 것을 알 수 없다. 그러나, 퍼블리시티 캠페인의 결과로 나온 제품의 인지도, 지식, 그리고 태도 변화를 측정할 수 있다. 이 변화를 평가하기 위해서 기업은 PR 캠페인의 전과 후를 비교 측정한다. 비록 정확한 측정이 어렵다고는 하지만, 마케터는 기업의 매출에 공헌한 PR의 효과를 평가해야 한다.

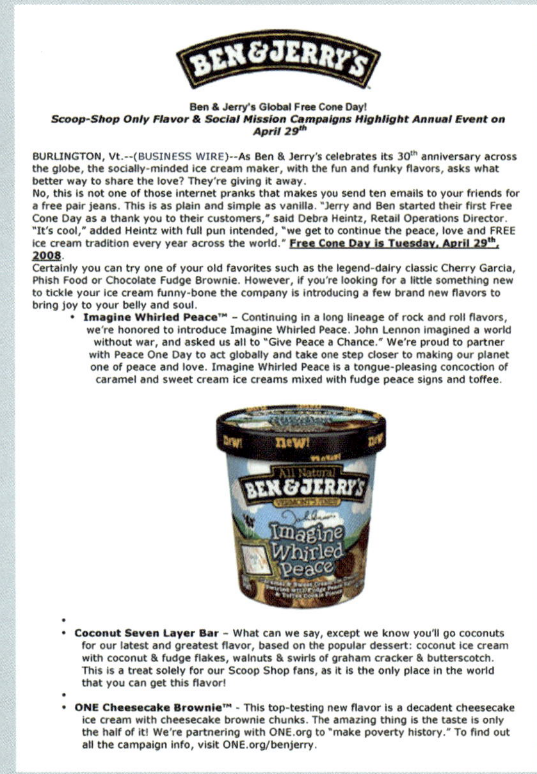

BEN&JERRY'S

Ben & Jerry's Global Free Cone Day!

Scoop-Shop Only Flavor & Social Mission Campaigns Highlight Annual Event on April 29th

BURLINGTON, Vt.--(BUSINESS WIRE)--As Ben & Jerry's celebrates its 30th anniversary across the globe, the socially-minded ice cream maker, with the fun and funky flavors, asks what better way to share the love? They're giving it away.

No, this is not one of those internet pranks that makes you send ten emails to your friends for a free pair jeans. This is as plain and simple as vanilla. "Jerry and Ben started their first Free Cone Day as a thank you to their customers," said Debra Heintz, Retail Operations Director. "It's cool," added Heintz with full pun intended, "we get to continue the peace, love and FREE ice cream tradition every year across the world." **Free Cone Day is Tuesday, April 29th, 2008**.

Certainly you can try one of your old favorites such as the legend-dairy classic Cherry Garcia, Phish Food or Chocolate Fudge Brownie. However, if you're looking for a little something new to tickle your ice cream funny-bone the company is introducing a few brand new flavors to bring joy to your belly and soul.

- **Imagine Whirled Peace™** – Continuing in a long lineage of rock and roll flavors, we're honored to introduce Imagine Whirled Peace. John Lennon imagined a world without war, and asked us all to "Give Peace a Chance." We're proud to partner with Peace One Day to act globally and take one step closer to making our planet one of peace and love. Imagine Whirled Peace is a tongue-pleasing concoction of caramel and sweet cream ice creams mixed with fudge peace signs and toffee.

- **Coconut Seven Layer Bar** – What can we say, except we know you'll go coconuts for our latest and greatest flavor, based on the popular dessert: coconut ice cream with coconut & fudge flakes, walnuts & swirls of graham cracker & butterscotch. This is a treat solely for our Scoop Shop fans, as it is the only place in the world that you can get this flavor!
- **ONE Cheesecake Brownie™** - This top-testing new flavor is a decadent cheesecake ice cream with cheesecake brownie chunks. The amazing thing is the taste is only the half of it! We're partnering with ONE.org to "make poverty history." To find out all the campaign info, visit ONE.org/benjerry.

COURTESY OF BEN & JERRY'S

보도자료

보도자료는 기업이나 제품에 관한 뉴스를 전파하는데 종종 사용된다.

3 부정적 PR에 대한 대처

지금까지 촉진믹스의 계획된 요소로서의 PR에 대하여 논의하였다. 그러나 안전하지 못한 제품, 사고, 논쟁이 될 수 있는 종업원의 행동, 또는 기타 부정적인 이벤트나 상황으로 인하여, 기업은 예기치 못하게 부정적인 언론 기사를 처리해야 할 때가 있다. 예를 들어서, 비행기 사고가 난 항공사는 매우 비극적이고 고통스러운 상황에 직면한다. 부정적인 기사는 빠르고 극적인 효력을 갖는다. 저가 항공사인 JetBlue의 9대의 비행기는 모두 승객을 가득 채운 상태에서, 폭풍우 속에서 기후가 좋아지기를 기다리면서 6시간 이상을 꼼짝도 하지 못하고 있었다. 많은 부정적인 뉴스가 TV, 인쇄매체, 온라인에 보도되고, 그리고 기업 주가는 떨어졌다.[27] JetBlue와 같이 단 한 번이라도 부정적인 사건은 수년간 많은 돈을 들인 광고 캠페인과 촉진 노력들로 형성된 고객의 좋은 태도와 호의적 이미지를 순식간에 파괴할 수 있다. 오늘날의 온라인 서비스와 인터넷을 포함한 대중매체는 이전보다 훨씬 더 빨리 정보를 퍼뜨리고, 나쁜 뉴스는 일반적으로 매체의 상당한 주목을 받게 된다.

이미지를 보호하기 위하여, 기업은 부정적인 PR을 방지하거나, 발생했더라도 그 영향력을 최소화해야 한다. 무엇보다도, 기업은 부정적인 사건이 발생하지 않도록 안전 프로그램, 점검, 그리고 효과적인 품질관리 등을 통하여 예방해야 한다. 전문가들은 언제 어디서나 전체 커뮤니케이션에 일관성 있는 브랜드 메시지와 이미지를 전달하는 것만이 위기에서 조차도 살아남을 수 있는 강한 브랜드를 만든다고 한다.[28] 그러나, 부정적인 사건은 가장 신중한 기업에서 조차도 발생할 수 있기 때문에, 기업은 그것이 발생할 때에 대처 방안을 미리 준비해 두어야 한다. 기업은 위기와 논쟁에 대한 뉴스 기사의 부정적 영향을 최소화하기 위한 정책과 절차를 준비해야 한다. 대부분의 경우에, 기업은 부정적인 사건의 뉴스 기사를 방해하거나 저지하기보다는, 오히려 촉진해야 한다. 만약 뉴스 기사가 억제된다면, 엉뚱한 소문이나 잘못된 정보가 퍼질 수도 있다. 부정적인 사건은 쉽게 심각한 문제나 사회적 이슈로 부풀려져 큰 손실을 입힐 수도 있다. 언론과 대중에 솔직하게 말하고 적절한 행동을 취한다면, 기업은 어려운 상황에도 그들의 정직한 시도로 대중에게 신뢰를 줄 수도 있고, 언론은 복잡한 이슈를 대중에게 설명하는 것을 도와줄 것이다. 부정적 사건에 효과적으로 대처하는 것이 부정적 이미지의 파급을 최소화하는 길이다. JetBlue의 9대의 비행기의 승무원들은 활주로에 꼼짝하지 못하고 있었던 뉴스 보도 후에, 승객들에게 전액 환불과 미래의 무료 탑승권을 제공했다. JetBlue의 설립자이며 CEO인 David Neeleman은 그 사건은 "창피스럽고 굴욕적이었다."라고 했으며, 즉각적으로, 위기에 대처할 수 있는 운영상의 이슈와 커뮤니케이션을 회복할 수 있는 직원 교육과 계획들을 실행했다. 또한 그런 상황이 재발 시에는 항공사를 벌하고, 승객에게 보상해 줄 수 있는 고객 권리장전법의 제정을 약속했다.[29] 전문가들은 일반적으로, 기업이 부정적인 언론 보도에 직면했을 때에, 빠르고 정직하게 대응하고, 이해관계자 모두와 커뮤니케이션할 수 있는 채널을 열어 놓아야 한다고 조언했다.

이 장의 복습

① 광고의 본질과 유형을 설명한다

광고는 TV, 라디오, 인터넷, 신문, 잡지, DM, 옥외광고, 간판, 교통 매체 등을 통하여 표적 오디언스에게 전달되는 기업과 제품에 대한 유료의 비인적 커뮤니케이션이다. 영리법인과 비영리법인 모두 광고를 이용한다. 기업광고는 기업의 이미지, 아이디어, 그리고 정치적 이슈들을 촉진한다. 기업이 세금과 같은 공공의 이슈를 촉진하고자 할 때는, 기업광고는 옹호광고라고 한다. 제품광고는 제품의 사용, 특성, 그리고 혜택을 촉진한다. 2가지 유형의 제품광고에는, 특정 브랜드보다는 제품 범주의 수요를 자극하는 것에 집중하는 개척광고와, 브랜드의 특성, 사용, 그리고 장점을 촉진함으로써 특정 브랜드의 수요를 자극하는 경쟁광고가 있다. 직접 제품 비교를 하기 위해서 마케터는 비교광고라고 부르는 경쟁광고 형식을 사용한다. 비교광고에서는 두 개 혹은 그 이상의 브랜드가 비교된다. 비교광고의 다른 형태는 이미 확립된 브랜드가 여전히 주변에 있다는 것을 알리는 상기 광고와, 기존 사용자에게 올바른 브랜드 선택을 했다는 것을 확신시키는 강화 광고가 있다.

② 광고 캠페인 개발의 주요 단계를 설명한다

비록 마케터가 광고 캠페인을 개발하는 방법은 다를 수 있겠지만, 일반적인 패턴을 따른다. 첫째, 광고가 목표로 하는 사람들의 집단인 표적 오디언스에 대한 확인과 분석이다. 둘째, 광고 목표를 정의함으로써 캠페인을 통하여 성취해야 할 것을 설정한다. 목표는 명확하고, 정확하고, 그리고 측정 가능한 용어로 제시되어야 한다. 셋째, 캠페인에 제시될 중요한 이슈들을 포함하는 광고 플랫폼을 개발해야 한다. 광고 플랫폼은 소비자에게 중요한 이슈들로 구성된다. 넷째, 캠페인에 지출할 수 있는 비용을 의사결정해야 한다. 목표과업법, 매출액 비율법, 경쟁 대응법, 그리고 임의방법을 통해서 이러한 의사결정에 도달한다.

다음으로 캠페인에 사용될 매체의 선택과 일정을 잡는 매체 계획을 수립해야 한다. 매체 계획에 영향을 미치는 요소들은 표적 오디언스의 위치와 인구통계적 특성, 메시지의 내용, 매체의 비용 등이 있다. 광고 메시지의 기본 내용과 형식은, 제품의 특징, 사용 그리고 혜택; 표적 오디언스 사람들의 특성; 캠페인의 목표와 플랫폼; 그리고 선택한 매체에 의해 영향을 받는다. 광고주는 메시지를 만들기 위하여 카피와 아트워크를 사용한다. 광고 캠페인의 실행은 광범위한 계획과 조정을 필요로 한다.

마지막으로, 광고주는 광고의 효과를 평가하기 위한 하나 혹은 그 이상의 방법을 고려해야 한다. 캠페인 전에 하는 평가는 사전조사라고 하고, 캠페인 후에 하는 평가는 사후조사라고 한다. 사후조사의 두 가지 방법은 실제 광고를 보여주고 기억하는지를 알아보는 재인조사 그리고 회상조사가 있다. 보조 회상조사는 응답자의 기억력을 끌어내기 위하여, 제품, 브랜드, 기업명, 브랜드의 목록을 보여준다. 비보조 조사에서는 어떤 단서도 주어지지 않는다.

3 광고 캠페인 개발 담당자를 알아본다

광고 캠페인은 기업 내의 인력이나 광고대행사와 협업으로 개발할 수 있다. 기업 내부의 인력으로 개발할 때는, 한 명 이상의 개인이나 기업 내의 광고부서에서 개발한다. 광고대행사를 이용하는 것이 유리할 수 있는데, 대행사는 적절한 비용으로 광고의 다양한 경험을 가진 전문인력의 서비스를 제공할 수 있기 때문이다.

4 PR에 사용되는 수단을 알아본다

PR은 기업과 그 기업의 이해관계자들과의 호의적인 관계를 개발하고 유지하기 위한 광범위한 커뮤니케이션 노력이다. PR은 사람, 장소, 아이디어, 활동, 그리고 국가를 촉진하고 기업의 긍정적인 이미지를 창조하고 유지하기 위하여 사용될 수 있다. PR의 수단은 브로슈어, 뉴스레터, 연차보고서 등 문서화된 자료들; 회사 명함, 사인 등의 기업 정체성; 연설; 이벤트 후원; 특별 이벤트 등이 있다. 퍼블리시티는 기업이나 제품에 관하여, 대중매체에 무료로 전달하는 뉴스 기사 형식의 커뮤니케이션이다. 퍼블리시티는 보도자료, 특집 기사, 표제가 있는 사진, 기자회견 등이 있다. PR의 수단으로서 퍼블리시티를 사용하는 것의 문제점은, 매체 관계자들이 보도자료를 신문이나 방송에 내보내는 것을 주저한다는 것과 메시지의 내용이나 시기를 통제하기 어렵다는 것이다.

5 PR의 사용과 평가 방법을 이해한다

PR 프로그램의 효과에 대하여 평가하기 위해서, 기업은 그들의 메시지가 얼마나 표적 대상에게 잘 전달이 되었는지를 평가하는 조사를 한다. 환경 모니터링, PR 감사, 매체 노출 수 측정 등은 PR 효과를 평가하는 모든 수단들이다. 기업은 부정적 사건으로 인한 부정적 언론 기사를 예방하기 위하여 미리 준비하고 부정적 PR을 피해야 한다. 부정적 PR의 영향을 줄이기 위하여, 기업은 부정적 사건이 일어났을 때 기자와 대중들에게 대처할 수 있는 정책과 절차를 준비해 두어야 한다.

주요 개념

광고(advertising): 대중매체를 통해서 표적 오디언스에게 조직과 그 제품에 대해 전달하는 유료의 비인적 커뮤니케이션

기업광고(institutional advertising): 기업의 이미지, 아이디어 및 정치적 이슈를 촉진하는 것

옹호광고(advocacy advertising): 공공의 이슈에 대한 기업의 입장을 촉진하는 것

제품광고(product advertising): 제품의 사용, 특성 및 편익을 촉진하는 것

개척자광고(pioneer advertising): 잠재구매자에게 제품에 대한 정보를 제공함으로써 특정 브랜드보다는 제품 범주에 대한 수요를 자극하고자 하는 노력

경쟁광고(competitive advertising): 특정 브랜드의 특성, 사용 및 장점을 촉진함으로써 그에 대한 수요를 자극하고자 하는 노력

비교광고(comparative advertising): 1개 이상의 제품 특징을 토대로 자사의 브랜드를 하나 혹은 그 이상의 브랜드와 비교하는 것

상기광고(reminder advertising): 이미 확립된 브랜드의 사용, 특징 및 편익에 대해 소비자를 상기시키는 것

강화광고(reinforcement advertising): 사용자에게 그 브랜드에 대한 만족감을 극대화하는 방법을 알려주고, 올바른 선택을 했다는 것을 확인시켜주는 것

광고 캠페인(advertising campaign): 특정 표적 오디언스에게 도달하기 위해서 일련의 광고들을 개발하고 다양한 광고 매체에 집행하는 것

표적 오디언스(target audience): 광고가 목표로 하는 사람들의 집단

광고 플랫폼(advertising platform): 광고 캠페인에 포함되는 기본적 이슈 또는 판매주안점

광고 예산(advertising appropriation): 특정기간 동안의 광고 예산

목표 과업법(objective-and-task approach): 광고 캠페인의 목표를 결정하고, 그것을 성취하는데 필요한 모든 과업의 비용을 계산하여 광고 캠페인에 대한 예산을 세우는 것

매출액 비율법(percent-of-sales approach): 기업의 과거매출 또는 예상매출과 표준 %를 곱하여 광고 캠페인에 대한 예산을 세우는 것

경쟁 대응법(competition-matching approach): 경쟁자의 광고비용에 대응하여 광고예산을 결정하는 것

임의 방법(arbitrary approach): 특정기간 동안의 광고 캠페인에 대해 기업의 고위 임원이 임의로 예산을 세우는 것

매체 계획(media plan): 광고 운영에 대한 매체수단과 스케줄을 명시하는 것

비용비교 지표(cost comparison indicator): 특정 매체 내 수단의 비용과 그와 관련된 도달한 사람들의 수를 비교하는 수단

지역판(regional issue): 지리적 지역에 따라 잡지의 다른 버전

카피(copy): 광고의 언어적 부분

스토리보드(storyboard): 광고의 주요 장면들을 연속적으로 보여주기 위해 카피와 시각적 요소를 결합하는 것

아트워크(artwork): 광고의 일러스트레이션과 레이아웃

일러스트레이션(illustrations): 오디언스의 관심을 끌기 위해 사용되는 사진, 그림, 그래프, 차트 및 표

레이아웃(layout): 광고의 일러스트레이션과 카피의 물리적 배열

사전조사(pretest): 캠페인 시작 전 광고성과의 평가

소비자 평가단(consumer jury): 광고를 사전 조사하는 광고 제품의 실제 구매자 또는 잠재 구매자의 패널

사후조사(posttest): 캠페인 후 광고 효과성의 평가

재인조사(recognition test): 응답자에게 실제 광고를 보여주고 인지하는 지의 여부를 질문하는 사후조사

비보조 회상법(unaided recall test): 응답자에게 회상을 돕는 어떠한 단서도 제공하지 않은 상태에서 최근에 본 광고에 대해 서술하게 하는 사후조사

보조 회상법(aided recall test): 응답자에게 기억을 끌어낼 수 있는 단서를 제공하고 최근에 본 광고에 대해 서술하게 하는 사후조사

PR(public relations): 조직과 이해관계자와의 호의적인 관계를 창출하고 유지하기 위해 사용되는 커뮤니케이션 노력

퍼블리시티(publicity): 대중매체를 통해 무료로 전달되는 뉴스기사 형태의 커뮤니케이션

보도자료(news release): 이벤트 또는 제품을 알리는 짧은 카피

특집기사(feature article): 특정 출판물을 위하여 준비하는 3,000단어 이하의 원고

표제가 있는 사진(captioned photograph): 내용에 대한 간단한 설명을 포함하는 사진

기자회견(press conference): 중요한 뉴스이벤트를 알리기 위한 회의

연습문제

1. 기업광고와 제품광고의 차이는 무엇인가?
2. 경쟁광고와 비교광고의 차이는 무엇인가?
3. 광고 캠페인을 만드는 주요 단계들은 무엇인가?
4. 표적 오디언스가 무엇인가? 어떻게 마케터는 표적 오디언스 확인 후 이들을 분석하는가?
5. 왜 광고 목표를 정의하는 것이 필요한가?

6. 광고 플랫폼이 무엇인가, 그리고 어떻게 사용되는가?
7. 모든 요소들이 광고 예산의 규모를 결정하는가? 어떤 기법들이 광고 예산을 결정하는 데 사용되는가?
8. 매체 계획을 개발하는 단계를 설명하라.
9. 광고 메시지에서 카피의 기능은 무엇인가?
10. 광고의 효과를 사후 조사하는 여러 가지 방법을 설명하라
11. 광고 캠페인을 개발할 때 광고대행사는 어떤 역할을 맡는가?
12. PR은 무엇인가? 기업은 PR을 통해서 누구에게 도달할 수 있는가?
13. 기업은 PR도구를 어떻게 사용하는가? 당신이 최근에 관찰한 몇몇 예들을 들어라.
14. 퍼블리시티에 근거한 PR과 관련된 문제점들과 한계들을 설명하라.

인적 판매와 판매촉진

CHAPTER 17

AP PHOTO/ADRIAN BIMMER

IBM의 유명인 판매원

Vivek Gupta의 견해에 따르면, 판매하는 것은 교제와 비슷하다. 급속히 성장하고 있는 인도의 통신 산업에서 Gupta는 고객과의 교제를 하나의 예술 형태로 만들었다. 5년 전 IBM에서 근무를 시작한 이래로, Gupta는 IBM의 최우수 판매원들 중 한 명이 되었다. 그가 통신 산업에서 종사한 17년의 세월은 인도 내 가장 큰 일부 통신사들과 관계를 맺도록 하는 전문성을 그에게 제공하였다. 그의 많은 판매 성공들 속에서 Gupta는 IBM을 위해 인도에서 4번째로 큰 휴대전화기 업체인 Vodafone과의 5년 계약을 획득해 냈다. 처음에는 Vodafone과의 계약 가능성이 그리 좋지 않았었다.

비록 Vodafone에서 Gupta에게 IBM과 절대로 거래할 의사가 없다고 명백하게 말했으나, Gupta는 어떻게 해서든 Vodafone이 그들의 정보 기술과 관련된 많은 책임들을 IBM으로 인계하도록 설득하려고 애썼다. Gupta의 판매 성공 비법은 그의 전략에 있다. 그는 고객들의 근원적 욕구 혹은 자신이 "아픈 곳(pain points)"이라고 명명한 것을 알아내기 위해서 고객들을 계속해서 연구한다. 이러한 연구 동안에 Gupta는 이 기업에 정통해져서 종업원들보다 고객들에 대해서 더 잘 안다. 일단 그는 고객들이 무엇을 원하는지 이해하게 되면 그는 IBM이 그러한 욕구를 충족시킬 수 있도록 최선의 방법을 찾았다. 또한 그는 잠재고객들이 보내는 주요 신호들을 알아차리는 데 능숙해졌다. Vodafone과의 첫 만남에서, Gupta는 그 기업의 잠재고객들이 언제 흥미를 잃게 되는지를 장담할 수 있었다. 이 지점이 그의 교제와 유사성이 있는 곳이다. "보세요, 이 고객은 결혼할 준비가 되어 있지 않아요. 그는 교제할 준비

학습목표

1. 인적 판매를 정의하고 그 목적을 이해한다
2. 인적 판매 과정의 기본 단계를 설명한다
3. 판매원의 유형을 확인한다
4. 판매 관리 의사결정과 활동을 이해한다
5. 판매촉진 활동과 그 활용 방법을 설명한다
6. 소비자 판매촉진 및 유통업체 판매촉진의 구체적 방법을 이해한다

가 되어 있는 것이니 교제하는 데 좀 더 시간을 쓰게 합시다."라고 판매원에게 말했다. 결국, Gupta는 Vodafone과 6억 달러 계약을 체결할 수 있었다. 수백만 달러의 판매실적을 올린 경험을 갖고 그리고 영업을 전 세계로 확장할 수 있는 기회로 포착함으로써, Gupta는 최고 판매원의 본보기가 되었다.[1]

많은 기업들에서, 장기적인 만족스러운 고객관계를 유지하기 위한 창의적인 방법들을 발견하기 위해서 종업원, 특히 판매 직원들을 동기 유발시키는 프로그램들이 기업의 성공에 기여한다. 제16장에서 살펴봤듯이, 인적 판매와 판매촉진은 촉진믹스의 2가지 가능한 요소들이다. 판매촉진은 일반적으로 다른 촉진믹스 요소들과 함께 사용되지만 때로는 기업의 유일한 촉진 도구인 경우도 있다. 판매촉진은 마케팅 전략에서 점점 더 중요한 역할을 맡고 있다. 인적 판매는 좀 더 전문적이고 정교해져서, 판매원들이 컨설턴트나 조언자로 더욱 활동을 한다.

이 장에서는 인적 판매와 판매촉진에 초점을 맞춘다. 먼저 인적 판매의 목적을 논의한 후 이것의 기본 단계들을 알아본다. 다음으로 판매원의 유형들에 대해 살펴보고 그들이 어떻게 선발되는지 알아본다. 그 다음으로 판매원의 목표 설정과 판매 규모 결정; 판매원의 신규채용, 선발, 교육, 보상, 그리고 동기부여; 영업 구역 관리; 그리고 판매원 성과의 관리 및 평가를 포함하는 주요 판매원 관리 의사결정에 대해 논의한다. 이어서 촉진믹스의 여러 가지 특성, 판매촉진의 사용 이유, 그리고 판매촉진에서 사용 가능한 판매촉진 방법들을 알아본다.

17.1 인적 판매

인적 판매(personal selling)는 교환상황에서 고객들에게 정보를 제공하고 제품을 구입하도록 설득하려는 유료의 인적 커뮤니케이션이다. 예를 들어서, Baxter International사의 한 판매원이 냉동 정맥주사 약(frozen premixed intravenous(IV) drugs)에 관한 새로운 포트폴리오를 설명하기 위해 병원 약사를 방문하는 것을 인적 판매라고 한다.[2] 인적 판매의 목표는 기업마다 다르다. 그러나 통상적으로 잠재고객들을 찾고, 이들이 구매하도록 설득하고, 그리고 고객들을 지속적으로 만족시키는 일을 인적 판매에서 수행한다. 비록 일반인들이 인적 판매에 대해 부정적인 지각을 마음에 품을 수 있지만, 판매원들에 대한 비호의적인 편견들은 대기업들의 노력, 전문적 판매 협회(professional sales associations), 그리고 연구기관의 노력 덕분에 변하고 있다. 한 연구조사에 의하면 인적 판매는 전문적 판매 협회가 윤리적 행동 강령을 개발해서 시행함에 따라서 지속적으로 존중을 받을 것이라고 하였다.[3]

인적 판매는 마케터들에게 고객들의 정보 욕구를 충족시킬 수 있도록 설득 메시지를 조정할 수 있는 최대한의 자유를 제공한다. 다른 촉진 방법들과 비교해서, 인적 판매는 마케터들로 하여금 제일 유망한 잠재고객들에게 초점을 맞출 수 있도록 하는 가장 정확한 방법이다. 다른 촉진믹스 요소들은 여러 사람들을 표적으로 삼는데 그들 중 일부는 잠재적 고객들이 아닐 수도 있다. 그러나 인적 판매는 일반적으로 촉진믹스 중 가장 비싼 요소이다. 한 번 산업재 판매 방문의 평균 비용은 400달러가 넘는다.[4]

수백만명의 사람들(증가하는 여성의 수를 포함해서)이 인적 판매를 통해서 생업에 종사하고 있다. 판매직은 높은 소득, 많은 자유, 높은 수준의 훈련교육, 그리고 높은 직무만족을 제공할 수 있다.

판매원들은 경쟁자들을 의식해야만 한다. 신제품 개발을 주시하고 판매 지역 내 경쟁자들의 판매 노력들에 대해서, 경쟁자가 그들의 고객들을 얼마나 자주 그리고 언제 방문하는지, 그리고 자사 제품과 비교하여 경쟁사가 경쟁제품에 대해서 말하는 것을 알아야 한다. 판매원들은 특히 경쟁자의 제품이 특정 혜택을 제공하지 않을 때, 자사 제품이 제공하는 혜택을 강조해야 한다.

기업의 제품들에 관심을 갖는 잠재구매자들을 파악하는 것이 중요하다. 대부분의 잠재구매자들은 구매를 결정하기 전에 정보를 찾기 때문에, 판매원들은 잠재고객들의 정보 욕구를 알아내어 관련 정보를 제공할 수 있다. 그렇게 하기 위해서는, 판매원들은 자사 제품들과 판매 과정 모두에 대해 전반적으로 교육을 잘 받아야 한다.

단지 1회성 구매자들로부터 이익을 올리고 살아남는 사업은 거의 없다. 장기 생존을 위해 대부분의 마케터들은 반복 판매에 의존하고 있으며, 그렇기 때문에 고객들을 지속적으로 만족시킬 필요가 있다. 또한 만족한 고객들은 호의적인 구전 활동을 하여 새로운 고객들을 끌어들인다. 기업 전체가 고객만족을 성취하는 책임을 맡고 있을지라도, 대부분의 부담은 판매원들에게 떨어진다. 왜냐하면 판매원이 기업 내 어떤 누구보다도 항상 고객들과 가까이 있으며 주로 구매자들에게 정보와 판매 후 서비스를 제공하기 때문이다. 실제로, 조사에 의하면 기업의 마케팅 지향성이 판매원의 태도, 몰입에 긍정적인 영향을 미치며, 고객의 구매의도에 영향을 미친다. 이러한 접촉은 판매원들에게 추가 판매를 창출하는 기회를 주고 그들에게 기업의 제품들과 다른 마케팅 믹스 요소

지속가능 마케팅

친환경 주택 판매

오늘날 Atlanta와 남부 지역의 건축 산업이 점점 친환경화되어가고 있다. 1999년에 설립된 EarthCraft House는 편안하고 알맞은 가격의 주택들을 짓고 있는 친환경 건축회사로 찬사를 받아오고 있다. EarthCraft House는 4,000가구가 넘는 1인 가족 주택과 1,500 이상의 다가구 주거 단위주택을 인증했다. Atlanta시는 6개의 EarthCraft 지역사회를 자랑으로 여기기까지 한다.

EarthCraft의 인증을 받기 위해서는 주택은 에너지 효율성, 내구성, 실내 공기 청정도, 자원 효율성, 오수관리, 그리고 물 보전에 대한 가이드라인을 충족시켜야만 한다. EarthCraft 주택은 해마다 1,100파운드 이상의 온실가스 배출을 줄이고 가능한 한 재생 가능 재료로 건축되고 물을 절약할 수 있다. 또한 EarthCraft 주택은 곰팡이를 줄여주고 부유분진을 거의 없애준다. 공과금에서 절약된 돈이 대출 월부금을 상쇄시킬 수 있다. EarthCraft는 2010년까지 전체 주택의 약 10% 가량(2006년의 2%로부터)이 친환경 주택이 될 것이라고 예상한다. 2008~2009년 불경기 속에서도 EarthCraft 주택은 지속적으로 번창하였다. 재정난에 처한 주택 소유자들은 친환경으로 가는 것이 단지 환경에 좋은 이상이 될 수 있음을 이해하기 시작했다. 주택에 친환경적 특성들을 추가하는 것이 저렴하고 에너지 청구서에서 주택 소유자들로 하여금 수백 달러를 절약할 수 있게 해준다. 또한 친환경 주택은 다른 많은 새집들보다 생활하는데 더 건강에 좋다.

ISTOCKPHOTO/THINKSTOCK

이러한 혜택들에도 불구하고, EarthCraft가 인증한 주택들은 스스로 자동적으로 판매되지 않는다. 인적 판매뿐만 아니라 판매촉진이 여러 환경에 있는 잠재구매자들에게 도달할 수 있게 도와준다. Georgia-Pacific, Home Depot, Whirlpool과 같은 후원자들은 그들의 매장이나 판매사무소에 시연과 구매시점 판촉자료를 제공함으로써 도와준다. 친환경 건물에 사용되는 그들의 제품을 보기 원하는 판매원들은 친환경 주택이 사회에 좋은 이유들과 장기간에 걸쳐서 어떻게 가계의 지출을 절약시킬 수 있는지 설명해 준다. 그러나 잠재고객들에게 EarthCraft 주택의 혜택들에 대해서 알리고 설득시키는 일은 주택 건설 기업에 달려 있다. 인적 판매와 판매촉진은 EarthCraft House 프로그램을 차별화시키기 위해서 필요하다.[a]

들의 장단점들을 평가할 수 있는 유리한 위치를 제공해 준다. 그들의 관찰이 기업과 고객 모두를 더 만족시켜 주는 마케팅 믹스를 유지하고 개발하도록 돕는다.[5]

1 인적 판매 과정

판매 과정에 속해 있는 특정 활동들은 판매원들, 판매 상황, 그리고 문화들에 따라 다르다. 어떤 판매원도 다른 판매원과 정확히 동일한 판매 방법들을 사용하지 않는다. 그럼에도 불구하고, 많은 판매원들은 제품을 판매할 때 일반적인 판매 과정을 따라 움직인다. 이 과정은 <그림 17.1>에서 보여주는 7단계로 구성된다: 잠재고객파악, 접근준비, 접근, 제품 소개, 이의 해결, 판매완료, 그리고 판매후 관리.

(1) 잠재고객파악

잠재고객들의 목록을 개발하는 것을 **잠재고객파악**(prospecting)이라 한다. 판매원들은 잠재고객들의 이름을 기업의 판매기록, 업계 박람회, 상업적 데이터베이스, 신문 공고(결혼, 출생, 사망, 등등), 공공기록, 전화번호부, 업계협회주소록, 그리고 기타 많은 자료들로부터 찾는다. 판매원은 관심 있는 사람들에게 정보요청 양식을 보내도록 격려하는 전통 광고와 온라인 광고에 대한 반응을 사용하기도 한다. 변호사들이나 회계사들 같은 특정 고객들을 겨냥한 세미나나 미팅들이 판매로 이어질 수도 있다.

대부분의 판매원들은 잠재고객들을 찾는 방법으로 소개(referrals)—기존 고객들로부터의 추천—

그림 17.1 인적 판매과정의 일반적 단계

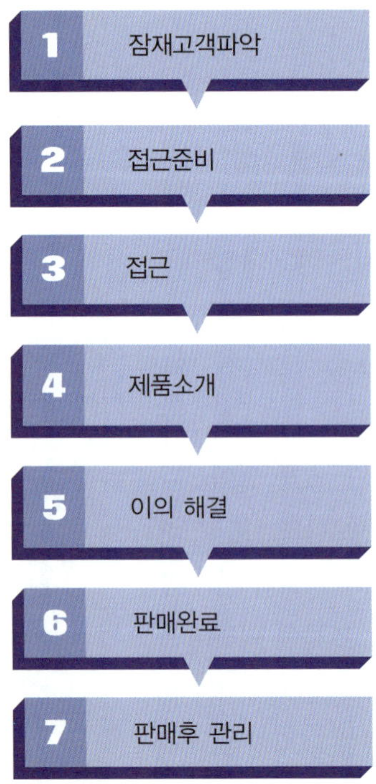

를 선호한다. 소개를 받는다는 것은 판매원이 기존 고객과 좋은 관계를 갖고 있으며 고객에게 도움을 요청하기 전에 판매원이 업무를 잘 수행해야 할 필요가 있다. 한 건의 소개가 12번의 사무적인 판매 방문의 가치를 지닌다는 조사 결과가 있다. 또한, 고객들 중 80%는 기꺼이 소개할 의사가 있는 반면에 20%는 요청을 해야 소개해 준다. 판매 전문가들은 소개를 사용하는 장점들로는, 소개받은 예상 고객들은 구매 자격을 잘 갖추었고, 판매율도 더 높고, 초기 거래물량도 더 많고, 그리고 판매 주기도 더 짧다는 것을 지적하였다.[6]

지속적인 판매활동이 성공적인 잠재고객파악에 매우 중요하다. 판매원들은 표적시장 프로필에 꼭 맞는 자격을 갖춘 잠재고객들을 적극적으로 물색해야만 한다. 잠재고객 목록을 만든 후, 판매원은 각 잠재고객이 제품을 구입할 의향이 있는지, 구입할 수 있는지, 그리고 구매할 권한이 있는지 여부를 평가해야 한다. 이러한 평가를 기반으로, 잠재고객들은 바람직함과 잠재력에 따라 등급이 매겨진다.

(2) 잠재고객에 대한 접근준비

판매원은 수용 가능한 잠재고객들을 접촉하기 전에, 각 잠재고객의 특정 제품 욕구, 현재 사용 브랜드들, 사용 브랜드들에 대한 느낌, 그리고 개인적 특성들에 관한 정보를 찾고 분석한다. 즉, 판매원들은 잠재구매자들과 구매 결정자들이 가장 중요하게 고려하고 있는 것이 무엇이고 왜 특정 제품을 필요로 하는가에 대해서 알아야 할 필요가 있다.[7] 가장 성공적인 판매원들은 그들의 잠재고객들에 대해 평가하는 데 철저하다. 접근준비 단계에는 주요 구매 결정자들을 식별하고, 고객 이력과 문제점들을 검토하고, 정보 수집을 위해 다른 고객들과 접촉하고, 신용기록들을 평가하고, 판매 프레젠테이션을 준비하고, 그리고 제품욕구를 확인하는 것이 포함된다. 마케터들은 고객들의 데이터베이스를 철저히 찾고 가장 수익성 있는 제품들과 고객들을 파악하기 위해 정보 기술과 고객관계관리(CRM) 시스템을 점점 더 많이 사용하고 있다. 또한 CRM 시스템은 영업부서가 예상 고객들을 관리하고, 고객들을 추적하고, 판매를 예측하고, 그리고 판매성과를 평가할 수 있도록 도와준다. 잠재고객에 대한 많은 정보를 확보하고 있는 판매원은 잠재고객과 정확히 커뮤니케이션할 수 있는 프레젠테이션을 개발할 준비가 더 잘 되어 있다.

(3) 고객에게 접근

판매원이 잠재고객과 접촉하는 방식인 **접근(approach)**은 판매과정에서 중요한 단계이다. 최초 판매방문의 80% 이상에서는, 구매자의 욕구와 목표에 관한 정보를 모으는 데 목적이 있다. 잠재고객들에게 호의적인 인상을 주어 이들과의 관계를 구축하는 것은 접근 단계에서 중요한 일이다. 최초 접촉 동안, 판매원은 제품을 단지 강요하기보다는 관계를 발전시키기 위해 노력한다. 판매원은 잠재고객이 제품을 고려하기까지는 몇 차례 방문해야만 할 필요가 있다. 접근은 표적 고객들에게 가치를 전달하도록 설계되어야 한다. 만약 판매 접근이 부적합하다면, 판매원의 노력은 초라한 결과를 가져오기 쉽다.

앞에서 말한 바와 같이, 접근의 한 형태는 소개에 기초한다: 판매원은 잠재고객에게 접근하여 지인, 직장동료, 혹은 친척의 추천으로 방문했다고 설명한다. 접근의 또 다른 방법에는 판매원이 사전 동의 없이 잠재고객들을 방문하는 "호별방문(cold canvass)"이 있다. 접근의 정확한 형태는 판매원의 선호도, 판매될 제품, 기업의 자원, 그리고 잠재고객의 성격에 달려 있다.

(4) 제품 설명

판매원은 판매 설명을 하는 동안, 잠재고객의 주의를 끌고, 흥미를 자극시키며, 제품에 대한 욕구를 유발시켜야만 한다. 잠재고객들의 욕구를 충족시키기 위해 판매상황을 주의 깊게 관찰하여 잠재고객의 욕구를 충족시킬 수 있도록 자신의 제안을 조정하는 판매원이 효과적인 판매 성과와 연관되어 있다는 조사결과가 있다.[8] 판매원들은 정보 교환, 추천, 위협, 약속, 환심, 그리고 영감을 주는 소구와 같은 영향력 있는 전술들을 잠재고객들과 조화시켜야 한다. 다양한 유형의 구매자들이 서로 다른 전략들에 반응하지만, 대부분의 잠재고객들은 정보교환과 추천에 잘 반응하고, 그리고 위협에 반응하는 잠재고객은 사실상 없다.[9] 판매원은 잠재고객이 제품을 만져보거나, 들어보거나, 혹은 사용해보도록 해야 한다. 가능하다면, 판매원은 제품을 시연해서 보여 주어야 한다. 시청각 장비와 소프트웨어도 제품 설명을 향상시켜 준다.

제품을 설명하는 동안, 판매원은 말할 뿐만 아니라 경청도 해야 한다. 비언어적 커뮤니케이션 방식은 설명하는 동안에 신뢰를 쌓는 데 특히 이롭다.[10] 판매 설명은 판매원으로 하여금 질문과 지적사항들을 듣고 반응을 관찰하도록 함으로써 잠재고객의 구체적인 욕구를 결정할 수 있는 최고의 기회를 제공한다. 심지어 판매원이 프레젠테이션을 미리 계획했다 하더라도, 잠재고객의 정보 욕구를 충족 시킬 수 있도록 메시지를 조정할 수 있어야만 한다.

(5) 이의 해결

효과적인 판매원은 통상적으로 잠재고객들의 이의(objection)들을 찾아내서 해결한다. 만약 이의들이 분명하지 않다면 판매원들이 이것들에 대해서 대처할 수 없고, 그러면 잠재고객은 제품을 구매하지 않을 것이다. 이의를 해결하는 가장 좋은 방법 중 하나는 잠재고객이 이의를 제기하기 전에 예상하고 대응하는 것이다. 그러나, 이러한 접근은 잠재고객이 제기하지 않을 수도 있는 이의를 언급할 수 있기 때문에 위험할 수도 있다. 가능하다면, 이의가 제기되었을 때 처리하는 것이 좋다. 제품 설명을 마친 후에, 이의를 해결할 수도 있다. 한 연구 결과는 특히 새로운 과제나 수정된 재구매 상황에서 일반적으로 고객의 욕구에 대응하여 메시지를 조정하는 것이 성과를 향상시킬 수 있다는 것을 보여준다.[11]

(6) 판매 완료

완료(closing)는 판매 과정 중에서 판매원이 잠재고객에게 제품을 구매할 것을 요청하는 단계이다. 판매원은 제품 설명을 하는 동안 잠재고객이 제품을 구매할 것을 가정하는 질문을 함으로써 "시용완료(trial close)"방법을 사용할 수 있다. 판매원은 잠재고객에게 자금 조건, 희망하는 색상이나 사이즈, 또는 배송협정에 대해 물어볼 수 있다. 하나의 질문방식으로는 정보를 모으거나 탐색하기 위해 포괄적인 질문들(무엇, 어떻게, 왜)과 판매를 명확하게 하고 마무리하기 위한 집중적 질문들(누가, 언제, 어디서)를 사용하는 것이 있다. 이러한 질문들에 대한 잠재고객의 반응은 이들이 구매하는 데까지 얼마나 가까이 왔는지를 나타낸다. 시용 완료는 잠재고객들이 "구매하겠습니다"라는 경우에 따라 어려울 수도 있는 말을 할 필요 없이 제품을 구매할 것이라는 것을 간접적으로 보여주게 해준다.

판매원은 제품 설명과정 동안 여러 시점에서 판매 완료를 하려는 노력을 해야 한다. 왜냐하면 잠재고객은 구매할 준비가 되어 있을 수도 있기 때문이다. 완료 전략 중 하나는 잠재고객에게 낮은 위험을 갖는 시험적 주문을 하도록 요청하는 것이 있다. 판매를 완료하려는 시도는 이의를 야기할 수 있다.

따라서 완료는 숨겨진 이의를 노출시킬 수 있는데, 그렇게 되면 판매원은 이의를 해소할 수 있다.

(7) 판매후 관리

성공적인 판매완료 후, 판매원은 판매후 관리를 해야 한다. 판매후 관리 단계에서 판매원은 주문이 제때 배달되고 설치를 요구한 경우 제대로 설치되는지 여부를 결정한다. 만약 제품과 관련된 어떠한 문제점이나 문의가 발생했는지 여부를 알기 위해 고객과 접촉을 해야 한다. 판매후 관리 단계는 고객의 향후 제품 욕구를 알아내는 데도 사용된다.

2 판매원의 유형

마케팅 관리자는 판매원을 육성하기 위해서 어떤 유형의 판매원이 제품들을 가장 효과적으로 판매할 것인가를 결정한다. 대부분의 기업들은 다양한 유형의 판매원들을 이용한다. 판매원들은 수행되는 기능에 근거해서 세 집단으로 분류될 수 있다: 주문 획득자, 주문 접수자, 그리고 지원요원. 한 명의 판매원이 이 세 가지 기능 모두를 수행할 수 있고 종종 그렇게 한다.

(1) 주문 획득자

주문을 받아내기 위해서 판매원은 잠재고객에게 제품을 알리고 구매하도록 설득한다. **주문 획득자(order getter)**의 역할은 신규고객에게 판매하고 기존고객들에 대한 판매를 증가시켜서 판매량을 늘리는 것이다. 이 과제는 종종 창조적 판매(creative selling)라고도 한다. 이는 판매원들이 잠재구매자들의 욕구를 인식하고 그들에게 필요한 정보를 제공할 것을 요구한다. 종종 주문 획득은 기존 고객 판매와 신규 사업 판매의 두 가지로 분류된다.

기존고객 판매 기존고객들에게 집중하는 판매원들은 이전에 자사의 제품을 구매했던 사람들과 기업들을 방문한다. 이러한 판매원들은 기존고객들의 이전 구매내역을 추적해 봄으로써 더 많은 판매를 추구한다. 기존고객은 새로운 잠재고객을 선도하는 자원이 될 수도 있다.

신규사업 판매 산업재 기업들은 신규고객들에 대한 판매에 어느 정도 의존하고 있다. 신규사업 판매원들은 잠재고객들의 소재를 파악해서 구매자로 전환시킨다. 많은 기업들의 경우, 판매원들이 신규사업을 시작하는 것을 도와주지만, 부동산, 보험, 가전제품, 중장비, 그리고 자동차를 판매하는 기업들은 상당부분을 신규고객 판매에 의존한다.

(2) 주문 접수자

판매원들은 오래 지속되고 만족스러운 고객관리를 유지할 수 있도록 주문을 받는다. **주문 접수자(order takers)**는 반복판매를 추구한다. 그들은 많은 기업들의 총매출의 상당 부분을 창출한다. 주요 목표들 중 하나는 고객들이 필요할 때와 필요한 곳에 충분한 수량의 제품을 갖고 있다는 것을 확실하게 하는 것이다. 주문 접수자의 대부분은 일상적으로 구입되고 상당한 판매노력을 요구하지 않는 표준화된 제품들의 주문을 처리한다. 그러나 주문 접수자의 역할은 진화해가고 있다. 아마도 그들은 장차 고객들의 욕구를 충족시키기 위해서 문제 해결자나 확인자 이상의 역할을 수행하게 될 것이다. 주문 접수자는 두 집단 즉, 내부 주문 접수자와 현장 주문 접수자가 있다.

많은 사업의 경우 영업 사무소에서 일하는 내부 주문 접수자(inside order takers)는 우편, 전화, 그리고 인터넷을 통해서 주문을 받는다. 어떤 제조업자, 도매상, 소매상들은 현장보다는 기업 내부에서 판매하는 판매원들을 보유하고 있다. 이것은 내부 주문 접수자가 고객들과 대면해서 커뮤니케이션하지 않는다는 것을 의미하는 것은 아니다. 예를 들어서, 소매 판매원들은 내부 주문 접수자에 속한다. 많은 주문들이 인터넷을 통해서 이루어짐에 따라, 내부 주문 접수자의 역할은 계속해서 변할 것이다.

고객을 찾아 다니는 판매원이 외부 혹은 현장 주문 접수자(outside, or field, order takers)이다. 고객들과 현장 주문 접수자들은 종종 상호의존적인 관계를 구축한다. 구매자는 정기적으로 주문하기 위해서(때로는 배달해 주기를) 판매원에게 의지하고, 판매원은 구매자가 일정 수량의 제품을 정기적으로 구매해줄 것을 기대한다. 노트북과 휴대용 컴퓨터의 사용이 현장 주문 접수자의 재고와 주문 추적능력을 개선시켰다.

(3) 지원 요원

지원 요원(support personnel)은 판매를 조성해 주지만 주로 판매를 하는 것에 단독으로 관여하지는 않는다. 그들은 주로 산업재 제품을 마케팅하고, 잠재고객의 소재를 파악하고, 고객들을 교육하고, 호의를 구축하고, 그리고 판매 후 서비스 제공에 주로 종사한다. 판매 지원요원에는 다양한 유형이 있다. 판촉 판매원, 업계 판매원, 그리고 기술 판매원이 가장 보편적이다.

통상적으로 제조업체들에 고용된 **판촉 판매원**(missionary salespeople)은 생산자의 고객들이 자신의 고객에게 판매하는 것을 돕는다. 판촉 판매원은 소매상들을 방문해서 제조업체의 제품을 알리고 구매하도록 설득한다. 그들이 성공하면 소매업체들은 생산자의 고객들인 도매업체들로부터 제품을 구매하게 된다. 의료용품과 의약품의 제조업체들은 그들의 제품을 의사, 병원, 약국들에게 촉진하기 위해 종종 파견 대리점(detail reps)이라 불리는 판촉 판매원을 고용한다.

업계 판매원(trade salespeople)은 통상적으로 주문도 받기 때문에 엄격히 말하자면 지원요원은 아니다. 그러나 그들은 고객들, 특히 소매점들이 제품을 촉진시키도록 돕는 데 많은 노력을 기울인다. 그들은 선반의 제품들을 보충하고, 더 많은 선반 공간을 확보하고, 진열을 하고, 매장 내 시연을 제공하고, 그리고 점포 고객들에게 샘플을 나눠주기도 한다. 식품생산자들과 가공업체들은 공통적으로 업계 판매원을 고용한다.

기술 판매원(technical salespeople)은 기업의 기존고객들에게 기술적 지원을 제공하는데, 제품특성들과 응용방법들, 시스템 디자인, 그리고 설치절차들에 대해서 조언을 해준다. 이러한 작업은 종종 고도의 기술을 필요로 하기 때문에 판매원은 통상적으로 자연과학 중의 한 분야 혹은 공학기술에 대한 공식적 교육을 받는다. 기술 판매원은 종종 컴퓨터, 중장비, 철강과 같은 기술적인 산업재 제품들을 판매한다.

대부분의 기업들은 여러 유형의 판매원들을 원하기 때문에, 판매원을 고용할 때, 마케터는 판매원들을 하나의 범주로 제한하는 경우는 거의 없다. 여러 요인들이 특정 기업이 얼마나 많은 유형의 판매원을 확보해야 하는가를 좌우한다. 제품 사용, 특성, 복잡성, 그리고 가격은 마치 고객의 수와 특성이 그러는 것처럼, 이용되는 판매원의 유형에 영향을 미친다. 마케팅 채널의 유형과 광고의 강도 및 유형도 판매원의 구조에 영향을 미친다.

3 판매의 유형

인적 판매는 빠른 기술혁신 때문에 점점 더 복합한 과정으로 되고 있다. 가장 중요한 것은 인적 판매의 초점이 고객들의 욕구, 문제점, 그리고 도전에 대한 해결책을 찾음으로써 특정 제품을 판매하는 것에서 고객들과 장기적인 관계를 구축하는 것으로 전환되고 있다는 점이다. 그 결과로 판매원의 역할이 변하고 있다. 인적 판매를 위한 새로운 철학들 중에는 팀판매와 관계적 판매가 있다.

많은 제품들, 특히 값비싼 첨단 산업재 제품들은 너무 복잡해져서 더 이상 한 명의 판매원이 제품과 구매과정에 대한 모든 측면의 전문가가 될 수 없다. 기업의 재무, 엔지니어링, 그리고 다른 기능적인 영역 분야의 사람들과 합동으로 일하는 판매원을 포함하는 **팀판매(team selling)**는 그러한 제품들에 적절하다. 판매원은 인적 판매 과정을 선도하지만 팀의 다른 구성원들은 고객들이 사업 도전에 대한 해결책들을 찾도록 도와주기 위해서 그들의 독특한 기량, 지식, 그리고 자원들을 판매 과정에 투입한다. 판매팀들은 단기간의 특정 상황을 다루기 위해 구성되거나, 공식적이고 계속 유지되는 팀이 될 수도 있다. 팀판매는 항공기나 의료장비와 같이 복잡하고 역동적인 신기술들에 대한 세밀한 정보가 요구되는 상황들에 유리하다. 그러나 경쟁심이 매우 높은 판매원들은 팀판매 상황에 적응하기 어려울 수도 있다.

컨설턴트나 솔루션을 판매하는 **관계적 판매(relationship selling)**는 오래 지속되는 기간 동안 고객과의 정기적인 커뮤니케이션을 통해서 서로 유익한 관계를 구축하는 것과 관련된다. 팀판매와 마찬가지로 관계판매는 특히 기업간(B2B) 마케팅에서 이용된다. 관계판매는 고객들에게 귀기울이고, 그들 기업에 대한 세밀한 이해를 얻고, 그들의 욕구와 도전에 관심을 가지고 신경써 주고, 그리고 판매 후 지원을 제공함으로써 고객들의 욕구에 대한 해결책을 찾는 것이다. 관계판매 노력은 상호 커뮤니케이션을 향상시키는 판매 자동화 기술 도구를 통해서 향상될 수 있다.[12] 고객들의 욕구와 필요에 대해 알기 위해서 소셜 미디어를 사용하는 것도 이로울 수 있다. 기업들은 온라인 논평에 대해 응답할 수 있는 반면에, 마케터들은 기업이 고객들이나 잠재고객들에게 귀기울이기 위해 한층 더 노력하려고 한다는 확신이 필요하다. 많은 경우, 마케터들은 고객들에게 귀를 기울이고 그런 다음에 필요한 정보를 얻기 위해 더 조사할 필요가 있다.[13]

SNAPSHOT

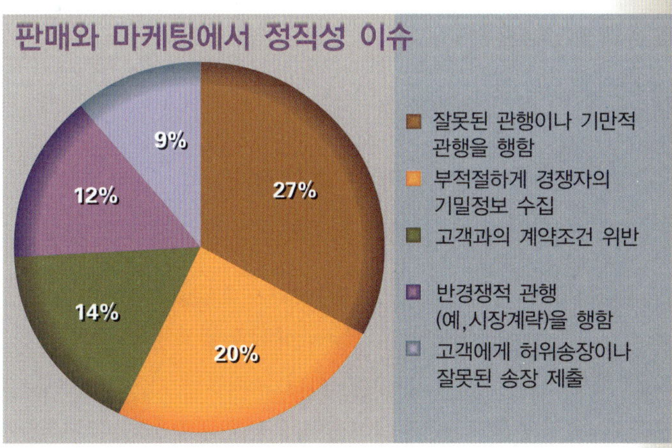

자료원: KPMG Forensic Integrity Survey, KPMG LLP (U.S.), 2008–2009.

4 판매원 관리

판매원은 기업의 주요한 투입물 중 하나인 판매수입을 창출하는 데 직접적 책임을 맡고 있다. 충분한 판매수입 없이는 기업이 살아남을 수가 없다. 또한, 한 기업의 명성은 종종 자사 판매원의 윤리적 행동에 의해 결정된다. 기업 문화의 한 요소인 긍정적인 윤리적 풍토는 감소된 역할 스트레스와 이직율의 완화 그리고 직무태도와 매출성과의 개선으로 이어진다.[14] 본질적으로 판매원의 사기와 궁극적으로 성공은 대부분 적절한 보상, 승진의 여지, 적절한 교육, 그리고 관리지원, 즉 판매관리의 모든 주요 영역들에 달려 있다. 이러한 요소들에 만족하지 않는 판매원들은 떠날 것이다. 판매원들의 투입을 평가하는 것은 기업의 성공에 있어 결정적인 관계가 있기 때문에 판매원 관리의 중요한 부분이다.

지금부터 판매 관리의 다음과 같은 일반적인 8개 영역을 살펴본다: 판매원 목표 설정, 판매원 규모 결정, 판매원 모집 및 선발, 판매원 교육, 판매원 보상, 판매원 동기부여, 판매구역 관리, 그리고 판매원 성과의 통제 및 평가.

(1) 판매원 목표 설정

판매원을 효과적으로 관리하기 위해서, 판매 관리자는 판매목표를 설정해야만 한다. 판매목표는 판매원들이 특정 기간 동안에 무엇을 성취할 것을 기대하는지 판매원에게 알려준다. 판매목표는 판매인력들에게 방향과 목적을 제시해 주고 판매원들의 성과를 평가하고 통제하기 위한 평기기준으로서의 역할을 한다. 한 연구결과에 의하면, 판매 성과에 대한 초점이 판매목표를 달성하기 위한 노력을 증가시킨다는 결과가 있다.[15] 판매목표는 정확하고 측정 가능한 용어로 명시되어야 하며 이와 관련된 기간과 지리적 지역들이 구체적으로 명시되어야 한다.

판매목표는 주로 판매원 전체와 개별 판매원 모두를 위해 수립된다. 통상적으로 전체 판매원에 대한 목표는 판매량, 시장점유율, 혹은 수익의 관점에서 명시된다. 판매량 목표는 금액이나 판매 수량으로 나타낸다. 예를 들어서, 전동드릴 생산자의 판매원에 대한 목표는 연간 드릴 600,000개, 혹은 1,800달러를 판매하는 것이 될 수 있다. 판매목표가 시장점유율로 명시되었다면 해당 산업 내 모든 기업들에 의해서 판매된 총 제품수량에 대한 해당기업의 비율의 증가를 요구한다. 판매목표가 수익에 기반해서 수립된 경우, 일반적으로 금액이나 투자수익률로 명시된다.

개별 판매원에 대한 판매목표나 할당량은 주로 금액이나 단위 판매량으로 명시된다. 개별 판매목표를 위해 사용되는 다른 근거로는 평균 주문량, 기간 내 평균방문횟수, 그리고 방문횟수당 주문비율이 있다.

(2) 판매원 규모 결정

판매원 규모가 중요한 이유는 이것이 매출과 수익을 창출하는 기업의 능력에 영향을 미치기 때문이다. 판매 인력의 규모는 보상방법, 판매원들의 사기, 그리고 전반적인 판매원 관리에 영향을 미친다. 기업의 마케팅 계획들이 시장과 마케팅 환경의 영향요인에 따라서 변하기 때문에, 판매원 규모는 정기적으로 조정되어야만 한다. 수익을 증가시키기 위해 판매원 규모를 축소시켰을 경우 한 가지 위험은 판매조직이 힘을 잃어버려서 성장이 시작되거나 시장상황이 더 좋아졌을 때 다시 판매원 규모를 늘리는 것을 막게 된다.

몇몇 분석방법들이 최적의 판매원 규모를 결정하는 것을 도와줄 수 있다. 하나의 분석방법은 기업이 고객들에게 효율적으로 서비스하기 위해서 연간 얼마나 많은 판매 방문이 필요한지를 결정한 다음에 총 방문횟수를 판매원 한 명이 일 년 동안 실현할 수 있는 평균 판매 방문횟수로 나누는 것이다. 두 번째 방법은 판매원을 하나씩 늘렸을 때 이 판매원이 달성하는 추가적 판매가 추가 판매원의 비용과 같아질 때까지 판매원을 추가하는 한계분석에 근거한다. 비록 마케팅 관리자들이 하나 혹은 몇 가지 분석방법들을 사용하지만, 그들은 통상적으로 주관적 판단으로 결정을 조절한다.

(3) 판매원 모집 및 선발

판매 관리자들은 효과적인 판매원을 육성하고 유지하기 위해서 올바른 유형의 판매원들을 모집해야 한다. 효과적인 채용 노력은 전략적 판매원 계획을 실행하기 위한 필수적 부분이고 성공적인 기업성과를 보장하는 데 도움을 줄 수 있다.[16] 채용과정에서 판매 관리자는 판매직들에 대한 자격을 갖춘 지원자들의 목록을 작성한다. 채용과정은 결과적으로 고용될 자격을 갖춘 판매원들의 풀(pool)을 만든다는 것을 확실히 하기 위해서, 판매 관리자들은 모집하기 전에 일련의 자격 조건들을 규정한다. 이러한 일련의 요구 속성들을 규정하도록 도와주는 두 가지 업무가 있다. 첫째, 판매 관리자는 판매원들이 수행해야 할 특정 과제들을 목록화하는 직무분석을 준비해야 한다. 둘째, 관리자는 기업의 성공한 판매원들뿐만 아니라 무능한 판매원들의 성향들을 분석해야 한다. 직무분석과 판매원들의 특성 분석으로부터, 판매 관리자는 일련의 구체적인 요구조건들을 개발할 수 있어야 하고, 실패로 직결될 수 있는 잠재된 약점들을 알 수 있어야 한다.

COURTESY OF CAREERBUILDER.COM

판매원 모집 및 선발
Careerbuilder.com은 유능한 판매 전문가를 모집하는데 도움을 준다.

판매 관리자는 일반적으로 여러 원천들을 통해서 지원자들을 채용한다: 기업 내 부서들, 다른 기업들, 직업소개소, 교육기관들, 모집 광고 반응자, 그리고 직원들이 추천한 사람들. 특정 원천들은 기업에서 요구하는 판매원의 유형과 판매 관리자의 특정 원천들에 대한 경험들에 의해서 결정된다.

판매원들을 채용하고 선발하는 과정은 기업마다 상당히 다르다. 판매원 이직률을 줄이려고 하는 기업들은 엄격한 채용과 선발 절차들을 가질 가능성이 많다. 일부 기업들은 판매원들을 고용하기 위해 다른 기업들의 전문화된 서비스들을 사용한다. 모집이 산발적이지 말아야 한다. 최고의 지원자들에게 도달하는 것을 목표로 지속적인 활동이 되어야 한다. 선발과정은 지원자들의 성격 및 욕구를 특정 판매 과업의 요구 사항들과 체계적이고 효율적으로 조화시켜야 한다. 마지막으로, 선발과정은 신규 판매원들을 필요하면 언제 어디서나 구할 수 있다고 확신해야 한다.

(4) 판매원 교육

많은 기업들은 공식적 교육프로그램들을 갖고 있다; 어떤 기업들은 비공식적이고 OJT (on-the-job)교육에 의존한다. 일부 체계적인 교육프로그램들은 매우 광범위한 반면에 어떤 프로그램들은 다소 간

판매원 교육

판매 교육은 다양한 방법으로 이루어진다. 이 사진에서는 판매 교육이 현장에서, 소규모 집단으로, 그리고 테크놀로지를 통해서 지원받고 있다

략하고 초보적이다. 교육프로그램이 복잡하거나 간단하든, 개발자들은 무엇을 가르치고 누구를 교육시키고, 그리고 어떻게 교육시킬 것인지를 고려해야 한다.

판매 교육프로그램은 기업, 기업의 제품들, 혹은 판매방법들에 집중한다. 교육프로그램들은 종종 3가지 모두를 담당한다. 이런 프로그램들은 신규 채용된 판매원들, 경력 판매원, 혹은 둘 모두를 표적으로 삼는다. 비록 판매원들도 새로운 판매기법들과 기업의 계획, 정책, 그리고 절차들의 변화에 대해 알아야 하겠지만, 기업의 경력 판매원에 대한 교육은 주로 제품정보를 강조한다. 예를 들어서, Honda는 자동차 기업의 신규 진출 자동차인 the Fit에 대해서 7,500명의 판매 제휴자들을 교육시키기 위하여 21개 도시를 방문하는 것이 포함된 판매 교육프로그램을 설계하였다. 이 교육프로그램은 판매원들에게 신차의 특징들과 편익들뿐만 아니라 자동차 표적시장 즉, 자동차 정보를 온라인을 통해서 편안하게 검색하는 젊은 구매자들을 소개하였다.[17] 대개는 신규 판매원들은 종합적인 교육을 요구하는 반면, 경력 판매원들은 기존 제품에 대한 재충전 과정과 신제품 정보에 대한 교육을 모두 필요로 한다.

판매교육은 현장에서, 교육기관에서, 사내 시설에서, 그리고/혹은 웹기반 기술을 사용하는 온라인을 통해서 이루어질 수 있다. 많은 기업들의 경우, 온라인 교육은 시간과 돈을 절약시켜 주고 판매원들이 신제품들에 대해 빠르게 습득하도록 해준다. 일부 기업들은 신입 사원들을 특정 판매직으로 배정하기 전에 교육시킨다. 다른 기업들은 신입 사원들을 즉시 현장에 투입한 후 어느 정도 경험을 쌓은 후에 공식적 교육을 제공한다. 신입 사원들에 대한 교육프로그램들은 짧게는 며칠에서, 길게는 3년이 될 수도 있다; 어떤 기업들은 이보다 더 길 수도 있다. 경력 판매원은 통상적으로 주기적인 재교육이 필요하기 때문에, 기업의 판매관리는 이러한 노력들의 빈도, 순서, 기간을 결정해야만 한다.

판매 교육프로그램 자재들에는 비디오, 교재, 온라인 자료, 매뉴얼과 사례들에서부터 프로그램 학습 장비와 오디오, 비디오 카세트에 이르기까지 다양하다. 강의, 시연, 시뮬레이션 교육, 그리고 OJT 교육들 모두가 효과적인 교육 방법이 될 수 있다. 전통적인 판매교육을 보충하는 자기주도학습은 판매 성과를 개선시키는 잠재력을 갖고 있다.[18] 특정 판매 교육프로그램을 위한 방법 및 자재의 선택은 피교육자의 수와 형태, 프로그램 내용과 복잡성, 기간과 위치, 교육 예산의 규모, 강사들의 수, 그리고 강사 선호도에 달려 있다.

(5) 판매원 보상

생산성이 높은 판매원을 육성하고 유지하기 위하여, 기업은 가장 효과적인 사람들을 끌어들이고, 동기부여시키고, 그리고 유지하는 보상계획을 만들고 관리해야만 한다. 계획은 관리자에게 바람직한 통제 수준을 부여하고 판매원들에게는 수용할 만한 수준의 소득, 사유, 상여금을 제공해야 한다. 보상계획은 융통성 있고, 공평하며, 관리하기 쉽고, 이해하기가 쉬워야 한다. 좋은 보상 프로그램들은 고객들에 대한 적절한 대우를 조성하고 장려한다. 확실히, 이러한 모든 요건들을 하나의 프로그램으로 포함시키는 일은 매우 어렵다.

보상 프로그램 개발자들은 일반적인 보상수준과 이를 계산하는 가장 바람직한 방법을 결정해야 한다. 요구 보상수준을 분석할 때, 판매 관리자는 판매직과 관련된 책임들과 과업에 근거해서 기업에 대한 판매원의 가치를 확인해야 한다. 판매 관리자는 기업 내 다른 부서 종업원들의 월급, 경쟁업체들의 보상계획들, 판매원 이직에 대한 비용, 그리고 비급여 판매비들을 포함한 많은 요소들을 고려할 수 있

그림 17.2 판매원과 임원의 평균급여

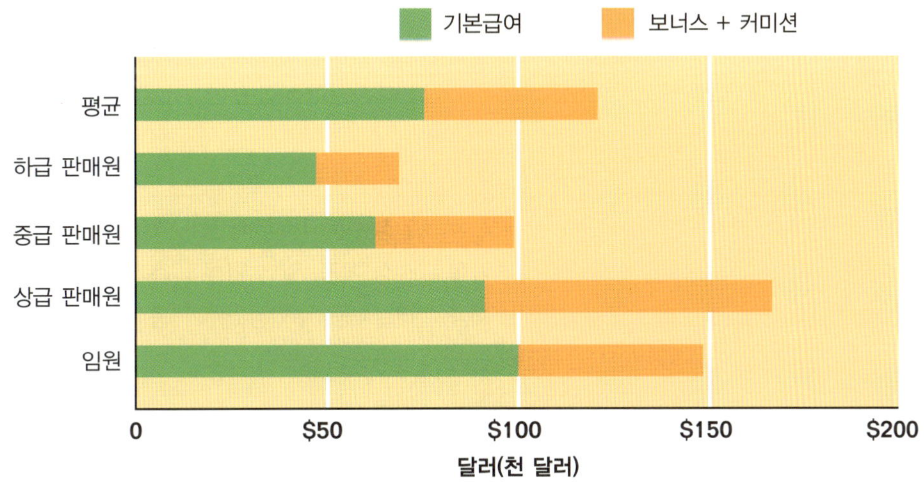

자료원: From Christine Galea, "Average Salary for Sales Staffers in 2005," *Sales and Marketing Management*, May 2006, p. 30. 2004 VNU Business Media, Inc. Reprinted with permission from Sales and Marketing Management.

다. 낮은 수준의 판매원은 연간 평균 약 65,000달러(커미션과 보너스를 포함하여)를 버는 반면 높은 수준의 높은 업무수행능력을 갖춘 판매원은 일 년에 157,000달러를 벌 수 있다(<그림 17.2>).[19]

통상적으로 판매 보상프로그램들은 판매원들에게 판매 비용을 지원해 주고, 일부 복리후생을 제공하고, 요구 보상 수준을 알려준다. 이를 달성하기 위하여, 기업은 세 가지 기본 보상 방법 즉, 고정급여, 고정커미션, 혹은 월급과 커미션의 결합에서 하나 혹은 그 이상을 사용할 수 있다. <표 17.1>이 각 방법의 장 · 단점을 제시하고 있다. **고정급여 보상계획(straight salary compensation plan)**의 경

표 17.1 판매원 보상 방법의 특성

보상방법	사용빈도 (%)*	특별히 유용한 경우	장점	단점
고정 급여	17.5	신규 판매원 보상 경우; 개발적 작업이 요구되는 신규 판매지역 진입시; 장기간동안 판매전 및 판매후 서비스를 요구하는 판매	판매원 안전성 제공; 판매 관리자의 판매원 통제가능; 관리용이; 예측가능한 판매 비용	인센티브제공없음; 판매원에 대한 근접 감독 필요; 판매 쇠퇴기에도 판매 비용의 고정 지출
고정 커미션	14.0	상당한 공격적 판매가 필요할 때; 비판매과제가 최소일때; 계약판매원과 파트타임 판매원을 사용할 때	최대의 인센티브제공; 커미션비율이 증가함에 따라 판매 관리자는 판매원의 제품 판매 격려가능; 판매 비용이 판매자원과 직접 관련	판매원의 재무적 안전성 미흡;판매 관리자의 판매원 통제 거의 불가능; 소규모 고객에게 대한 서비스 소홀;판매 비용의 낮은 예측가능성
결합	68.5	판매지역들이 비교적 유사한 판매 잠재력을 가질 때; 기업이 인센티브 제공을 원하지만 여전히 판매원 활동의 통제를 원할때	일정 수준의 재무적 안전성 제공; 일부 인센티브제공; 수익성있는 방향으로 판매원 노력 이동 가능	판매 비용의 낮은 예측가능성;관리 어려움

* 이 수치는 Darnell's Sales Force Compensation Survey, Dartnell Corporaton,Chicago,1999 로부터 계산됨.

자료원: Charles Futrell, *Sales Management* (Ft. Worth: Dryden Press, 2001), pp. 307-316.

우, 판매원들은 판매노력에 상관없이 기간 동안에 명시된 금액을 받는다. 이 액수는 그들의 급여가 인상되거나 하락할 때까지 변하지 않는다. 비록 이러한 방법이 관리하기 쉽고 판매원들에게 재정적 안정을 제공하지만, 그들로 하여금 판매노력을 부추기기 위한 인센티브를 거의 제공하지 않는다. **고정커미션 보상계획(straight commission plan)**의 경우, 판매원들의 보상은 오직 주어진 기간 동안의 판매량에 의해 결정된다. 커미션은 판매에 대한 단순비율에 근거하거나 여러 가지 판매수준과 비율들을 포함한 차등제인 슬라이딩 방식에 근거해서 정해진다. 이러한 방법이 판매원들의 판매노력을 증가시키도록 동기를 유발시켜 주는 반면에, 그들에게 재정적 안정을 거의 제공하지 못해서 판매 관리자들로 하여금 판매원에 대한 통제를 유지하기가 어렵게 만들 수 있다. 이러한 이유들 때문에, 많은 기업들은 판매원들이 고정 급여에서 판매량에 따른 커미션을 추가로 받는 **결합 보상계획(combination compensation plan)**을 제공하고 있다. 몇몇 결합 프로그램들은 판매원이 커미션을 받기 위해서는 일정 판매수준을 넘어설 것을 요구하는 반면 다른 결합 프로그램은 어떤 판매 수준에서도 커미션을 제공한다. 임금인상 다음으로 가장 선호하는 보상이 더 높은 커미션이라는 연구 결과가 있다.[20] DIY(직접 제작) 제품과 수납공간 제품들을 판매하는 Container Store는 판매원들에게 커미션 계획에 따라서 급여를 주는 대신에 경쟁업체들이 제공하는 것보다 50~100% 높은 월급을 주는 것을 더 선호한다.[21] 2008~2009년의 경기침체기에, 30년 만에 처음으로 판매량이 감소하였다. 판매원들을 해고하는 대신에 Container Store는 모든 직원들의 월급을 동결시키고 직원들에게 동기를 부여하는 방법으로 판매 콘테스트를 도입하였다.[22]

(6) 판매원 동기부여

비록 금전적 보상이 중요한 인센티브이지만, 판매원들을 동기부여하기 위한 추가 프로그램들도 필요하다. 판매 관리자는 판매원들이 생산적이 되도록 동기부여 시키는 체계적인 접근방법을 개발해야 한다. 효과적인 판매원 동기부여는 기업의 판매 관리자에 의해 지속적으로 수행되는 체계화된 일련의 활동들을 통해서 이루어진다.

판매원들도 다른 직원과 마찬가지로 개인적인 욕구를 만족시키고 개인적인 목표를 달성하기 위해 기업에 합류한다. 판매 관리자들은 이러한 욕구와 목표를 확인하고 각 판매원이 이런 것을 실행할 수 있도록 허용하는 기업 분위기를 만드는 데 매진해야만 한다. 판매 업무를 더 생산적이고 효율적으로 만들려고 기업이 노력함에 따라, 즐거운 근무 환경, 파워와 권한, 직업 안전성, 그리고 승진할 수 있는 기회가 효율적인 동기 요인들이다. 예를 들어서, Container Store에서 판매원들은 고객들의 물품 관리와 보관 문제점들을 해결하는 것을 돕기 위해서 기업의 제품들에 대해서 해마다 241시간의 교육을 받는다.[23] 강한 기업문화가 더 높은 수준의 직업만족, 조직몰입, 그리고 더 낮은 업무 스트레스를 야기한다는 연구결과가 있다.[24] 기업문화의 한 요소인 긍정적인 윤리적 풍토는 역할 스트레스와 이직 의도를 낮추고, 업무태도와 판매상의 업무능력를 개선하는 것과 관련되어 있다.[25] 판매 콘테스트와 다른 인센티브 프로그램들이 효과적인 동기부여 요인이 될 수 있다. 판매 콘테스트는 판매원들이 판매량을 증가시키거나 신규고객을 추가하고, 특별 제품을 촉진하고, 판매 방문당 더 많은 매출을 성취하고, 판매영역들을 더 철저하게 담당하도록 동기를 유발시킬 수 있다. 그러나 기업들은 판매원들이 매출을 효과적으로 올릴 수 있도록 하기 위해서 콘테스트를 설계할 때 판매원들의 선호도를 이해할 필요가 있다.[26] 일부 기업들은 이러한 콘테스트들이 판매원들을 동기유발을 시켜서 기업

판매원 동기부여
Mary Kay 화장품 기업은 판매원을 인정해 주고 동기부여하는 긴 역사를 갖고 있다

목표를 달성시키도록 하는 강력한 도구임을 알게 되었다.

적절히 설계된 인센티브 프로그램은 여러 차례에 걸쳐서 판매원들에게 지급하고, 그래서 판매 관리자는 예전보다 더 인센티브에 의존하고 있다. 뛰어난 업무성과를 장식액자와 같은 상징적인 상으로 인정하는 인정 프로그램들은 같은 동료 상황에서 실행될 때 매우 효과적일 수 있다. 기업들이 제공하는 가장 보편적인 인센티브는 현금이고 이어서 상품권과 여행이다.[27] 다른 보편적인 인센티브는 식사, 물품, 그리고 특별 주차공간을 제공하는 표창을 포함한다. 여행 보상 프로그램들은 남의 시선을 끄는 영예를 수여해서, 상을 받은 판매원이 특별하게 느끼도록 만드는 독특한 경험을 제공하고, 그리고 상을 받은 판매원들 사이에서 동지애를 구축해 준다. 그러나 일부 여행보상을 받은 판매원들은 그들이 이미 직무상의 여행을 너무 많이 했다고 느낄 수 있다. 현금보상은 운영하기 쉬우며 수령인들이 항상 고마워하고, 모든 유형의 사람들에게 소구한다. 그러나 현금은 가시적인 "트로피" 가치가 없으며 "자랑스러워할 수 있는 권한"을 거의 제공하지 않는다. 물품보상의 이점들에는 가시적인 트로피 가치가 있고, 물품을 선택하도록 허락받은 수령인들은 더 통제감을 느끼고, 그리고 물품보상은 판매원의 추진력을 구축하는 데 도움이 될 수 있다. 물품 보상을 사용하는 것의 약점들로는 직원들이 물품의 가치를 더 낮게 여길 수 있고 기업은 더 큰 관리상의 문제점을 경험할 수 있다. 일부 기업들은 인센티브 프로그램들을 이러한 프로그램을 개발하고 관리하는 기업에 위탁한다.

(7) 판매구역 관리

고객들을 찾아가야만 하는 판매원의 효과는 판매 구역에 대한 관리자의 결정에 의해서 어느 정도 영향을 받는다. 판매 관리자들은 판매 구역을 결정할 때, 판매 구역의 규모, 형태, 여정, 일정관리를 고려해야만 한다.

여러 요소들이 판매 구역의 규모와 형태의 설계에 반영된다. 첫째, 판매 관리자들은 판매 잠재력이 측정될 수 있도록 구역들을 구성해야 한다. 판매 지역은 종종 인구조사 지역, 도시, 카운티(county), 주와 같은 지리적 단위로 구성되는데, 여기서 시장 자료가 입수 가능하다. 판매 관리자는 보통 유사한 판매 잠재력을 갖고 있거나 동일한 업무량을 요구하는 판매 구역들을 개발하려고 노력한다. 만약 판매 구역들이 똑같은 판매 잠재력을 갖고 있다면, 그 구역들은 지리적 규모에 있어서 거의 항상 같지는 않을 것이다. 더 넓은 지역을 담당하는 판매원들은 일정한 판매량을 달성하기 위해서 더 오랜 시간 더 열심히 일해야만 한다. 반대로, 똑같은 업무량이 요구되는 판매 구역들로 구성되면, 종종 그 구역들에 대한 판매 잠재력은 다를 것이다. 때때로 판매 관리자들은 그들이 판매 구역들의 균형을 유지하는 데 도움을 주는 상업프로그램들을 사용한다. 비록 판매 관리자가 판매 구역들을 개발하고 유지시킬 때 형평성을 추구하지만, 일부 불공평이 항상 존재한다. 또한 지역의 규모와 형태는 판매원이 최상의 가능한 고객 서비스를 제공할 수 있도록 도와야 하고 판매 비용을 최소화해야 한다. 고객 밀도와 분포는 중요한 요소이다.

한 판매 구역의 지리적 규모와 형태는 판매 방문의 여정과 일정관리에 영향을 미치는 가장 중요한 요소들이다. 다음으로 중요한 것이 판매 구역 내 고객들의 수와 분포이고, 뒤이어 판매 방문빈도와 지속성이다. 일부 기업의 경우, 판매원들이 판매 여정과 일정을 판매 관리자의 도움을 전혀 혹은 거의 받지 않고 계획을 세운다; 다른 기업들의 경우에는, 판매 관리자가 여정과 일정을 작성한다. 누가 판매 여정과 일정을 계획하든지, 주된 목적은 판매원의 판매외 시간(이동하거나 기다리며 보내는 시간)을 최소화하고 판매시간을 최대화시켜야 하는 것이다. 계획 수립자들은 판매원의 여행과 숙박비용들을 최소한으로 유지하기 위하여 이러한 목표들을 달성하려고 노력해야 한다.

(8) 판매원 성과의 통제 및 평가

판매 관리자들은 판매원의 성과를 통제하고 평가하기 위해서 정보가 필요하다. 판매 관리자들은 방문 보고서, 고객피드백, 송장들을 사용할 수 있다. 방문 보고서는 방문했던 고객들을 확인시켜 주고 그들과의 상호작용에 관한 상세한 정보를 제공해 준다. 웹이 가능한 스마트폰도 판매 관리자들이 판매원의 활동들에 부응해 나갈 수 있도록 해준다. 판매원이 고객 및 잠재고객들과 교류한 자료들은 기업의 CRM 시스템에 포함될 수 있다. 이런 정보는 판매원의 성과에 대한 통찰력을 제공한다.

판매원의 성과를 측정하는 데 사용되는 차원들은 주로 판매목표에 의해 결정되는데 이 목표량은 보통 판매 관리자가 정해 준다. 만약 개인의 판매목표가 판매량으로 명시되었다면, 그가 달성한 판매량을 근거로 평가되어야 한다. 판매 관리자들은 주로 하루 평균 방문수, 고객당 평균판매, 판매잠재력 대비 실제 판매량, 신규고객 주문건수, 그리고 고객당 평균수익을 포함하는 여러 성과지표들을 평가한다.

판매 관리자는 판매원을 평가하기 위해서 하나 혹은 그 이상의 이러한 차원들과 미리 정한 성과 표준들을 비교한다. 그러나 판매 관리자들은 주로 판매원의 성과를 비슷한 판매조건 하에서 활동하는 다른 직원들과 비교하거나 판매원의 현재 성과를 과거 성과와 비교한다. 관리자는 가끔 직원의

기업가 마케팅

스포츠 유명인 판매

Sports Management Network, Inc.의 John Caponigro는 스포츠 선수들을 촉진하기 위하여 독특한 방법으로 인적 판매를 사용한다. 지난 20년간 Caponigro는 스포츠 유명인의 커리어를 향상시키기 위해 인적 판매를 이용하는 스포츠매니지먼트 기업을 설립하였다. 그는 고객의 목적을 달성하기 위하여, 기업, 스포츠, 마케팅 스폰서십 대행사들과의 인적 커뮤니케이션을 하는 데 엄격하다. 그의 업무 중 99%는 스폰서십, 광고모델, 그리고 라이센싱을 통해서 유명인의 가치를 극대화시키는 것이다. 레이싱 전설인 Mario Andretti는 Caponigro의 기업이 촉진한 유명인이다. Andretti는 자칭 대표라고 하는 사람들에 의하여 권유를 받았으나 여전히 Caponigro에게 충성스럽게 남아 있다. Sports Management Network는 자사의 서비스를 구체적으로 스포츠와 엔터테인먼트 산업에 맞게 서비스 제공물을 제작하였다. 장기적인 관계를 구축함으로써 Caponigro는 인적 판매와 유명인 촉진을 지배하였다.[b]

외모와 제품지식과 같이 판매성과와 직접적인 관계가 별로 없는 요소들을 판단한다. 조직몰입과 업무성과의 긍정적인 관계는 비판매원들보다는 판매원들에게서 더 강하게 나타난다.[28]

판매원들을 평가한 후, 판매 관리자들은 판매원 성과를 향상시키기 위해 필요하다면 어떠한 교정행동도 취한다. 그들은 성과표준을 조정하거나, 추가 교육을 제공하거나, 혹은 다른 동기부여 방법들을 시도할 것이다. 교정 행동은 판매원의 포괄적인 변화를 요구할 수도 있다.

17.2 판매촉진

판매촉진(sales promotion)은 제품에 대한 부가가치나 인센티브를 재판매업자들, 판매원, 혹은 소비자들에게 제공함으로써 직접적인 권유로 작용하는 활동이나 재료, 혹은 둘 모두이다. 이는 인적 판매, 광고, 그리고 PR 이외 모든 촉진활동들과 물질들을 포함한다. Wendy's는 3달러 가치의 샌드위치를 99센트에 판매하여 소비자들을 유인하기 위해서 온라인 역경매를 사용하였다. 이 경매는 Xbox 360 콘솔과 게임의자를 포함한 다양한 고급 제품들을 입찰자들에게 각각 99센트에 팔았다. 경매는 온라인을 통해 입소문으로 알려졌고 18~24세 범위의 소비자들에게 도달하는 것을 목표로 하였다. 경매 아이디어는 소비자들의 외식이 줄어들고 일반 요식업과 패스트푸드 산업 내 경쟁이 치열했던 시기에 출현했다.[29] 제품들이 매우 비슷한 경쟁시장에서, 판매촉진은 제품 시용과 구매를 장려하는 추가적인 권유를 제공한다.

마케터들은 종종 인적 판매, 광고, 혹은 둘 다 용이하도록 하기 위해 판매촉진을 이용한다. 기업들도 판매촉진 활동들을 지원하기 위해 광고와 인적 판매를 사용한다. 예를 들어서, 마케터들은 콘테스트, 무료샘플과 프리미엄(premiums)을 촉진시키기 위해 광고를 자주 이용한다. 가장 효율적인 판매촉진 노력은 다른 촉진활동들과 상당히 상호 관련되어 있다. 판매촉진에 관한 의사결정은 종종 광고와 인적 판매 결정에 영향을 미치며 그 반대로도 영향을 준다.

판매촉진은 구매 인센티브를 추가로 제공함으로써 판매를 증가시킬 수 있다. 소비자, 재판매업자, 그리고 판매원에게 원하는 행동을 취하도록 동기유발을 시키는 많은 기회들이 존재한다. 일부 유형의 판매촉진들은 재판매업자들의 요구와 효과성을 자극하기 위해 고안되고, 또 일부 판매촉진은 소비자 수요를 증가시키는 데 초점을 맞추고, 그리고 또 다른 일부는 소비자들과 재판매업자들 모두에 초점을 맞춘다. 목적과 관계없이, 마케터들은 판매촉진의 목표는 기업의 전반적인 목표뿐만 아니라 마케팅과 촉진 목표와도 일치해야 한다는 것을 명심해야 한다.

어떤 판매촉진법들을 사용할지 결정할 때, 마케터들은 몇몇 요인들, 특히나 제품특성들(가격, 크기, 무게, 비용, 내구성, 용도, 특징, 위험)과 표적시장 특성들(나이, 성별, 소득, 위치, 밀도, 사용률, 쇼핑패턴)을 고려해야 한다. 제품의 유통 방법과 재판매업자의 수와 형태가 사용될 방법의 형태를 결정한다. 경쟁 환경과 법률적 환경도 판매촉진 선택에 영향을 줄 수 있다

판매촉진의 사용은 지난 20년간 극적으로 증가한 대신에 광고는 감소하였다. 촉진비용의 사용 방법에서 이러한 전환은 여러 이유들에서 발생하였다. 가치에 대한 소비자들의 높아진 관심들은 고객들로 하여금 촉진 제공물, 특히 가격할인과 구매시점 전시에 더 잘 반응하도록 만들었다. 체크아웃 스캐너 데이터에 대한 접근성과 규모 덕분에, 소매상들은 공급사슬에서 상당한 힘을 얻었고 소매 수익을 올리기 위해 제조업체들로부터 상당한 촉진 노력을 요구하고 있다. 브랜드 애호도의 쇠퇴는 소비자를 설득해서 브랜드 전환을 하도록 설득하는 것을 목적으로 하는 판매촉진이 더 효과적인 환경을 만들었다. 마지막으로, 단기 성과를 개선하는 것을 더 강하게 강조하는 것은 결국 빨리(비록 오래가지 못할지도 모르지만) 판매량 증가를 유발하는 판매촉진 방법을 더 사용할 것을 요구한다.[30]

이 장의 남은 부분에서는 소비자 대상 판매촉진 방법과 유통업체 대상 촉진 방법을 알아보는데, 이 방법들이 무엇을 필요로 하고 마케터들이 어떤 목적들을 달성하는데 도움이 될 수 있는지도 알아볼 것이다.

1 소비자 판매촉진 방법

소비자 판매촉진 방법(consumer sales promotion methods)은 소비자들이 특정 소매점들을 단골로 다니도록 하거나 특정 제품들을 시용하도록 장려하거나 자극한다. 소매상에 의해서 시작된 이러한 방법들은 종종 특정한 지역으로 고객들을 끌어들이는 것을 목표로 하는 반면, 제조업체들에 의해 사용되는 방법들은 일반적으로 신제품을 소개하거나 기존 브랜드를 촉진한다. 여기에서는 쿠폰, 가격할인, 환불 및 리베이트, 단골 인센티브, 시연, 구매시점 진열, 무료샘플, 프리미엄, 소비자 콘테스트와 게임, 그리고 소비자 경품(sweepstake)에 대해 논의한다.

(1) 쿠폰과 가격할인

쿠폰(coupons)은 제품의 가격을 낮추고 고객들로 하여금 신제품이나 기존 브랜드를 시용하도록 촉진하거나, 판매량을 빠르게 증가시키거나, 반복구매를 유도하거나, 혹은 새로운 패키지 크기나 특성을 소개하는 데 사용된다. 절약된 금액은 구매가격에서 공제되거나 현금으로 제공된다. 소액 액면가

표 17.2 상위 10대 쿠폰 범주

1	시리얼
2	요구르트
3	염분있는 스낵
4	개인용품
5	휴대용 스낵
6	베이킹 재료
7	냉동채소
8	영양/다이어트
9	탄산음료
10	화장지

자료원: "Cereal Tops February List of Most Popular Coupon Categories According to Coupons.com," *Coupons Inc.,* March 16, 2009.

쿠폰이 모든 소비자들에게 더 낮은 제품가격과 함께 사용 가능한 경우 가장 효과적이라는 연구결과가 있다.[31] 쿠폰은 가장 널리 사용되고 있는 소비자 판매촉진이다. 소비자 포장제품 제조업체들은 약 2,530억 개의 쿠폰을 배포하는데, 이 중에서 약 1%가 회수되어서 고객들은 30억 달러의 추정치를 절약한다. 전체 소비자들의 거의 80%가 쿠폰을 사용한다.[32] 소비자들은 매우 다양한 제품 및 서비스의 쿠폰들을 발견할 수 있는 반면, <표 17.2>는 가장 많은 쿠폰을 배포한 제품 범주를 보여준다.

최상의 결과를 위하여, 쿠폰은 알아보기 쉬워야 하며 제공 내용을 명확하게 서술해야 한다. 쿠폰 촉진을 설정하는 데 있어 주요 고려사항은 제품의 본질(제품의 계절적 수요, 제품 수명주기 단계, 구매빈도)이다. 종이쿠폰은 쿠폰전문 전단지(freestanding inserts: FSIs), 인쇄광고, DM(직접 우편), 패키지(안 혹은 위)를 통해서 배포된다. 전자쿠폰은 온라인, 점내 키오스크(kiosks)를 통해, 점내 선반지급기(shelf dispensers)를 통해서, 그리고 계산대에서 배부된다. <그림 17.3>에 나타나듯이, 젊은 사람들은 전통적인 인쇄된 쿠폰보다 온라인쿠폰을 압도적으로 더 선호한다. 쿠폰 배포방법을 결정할 때, 마케터들은 전략과 목표, 회수율, 이용가능성, 발행, 그리고 독점성을 고려해야 한다. 쿠폰 배포와 회수는 매우 경쟁적이 되었다. 고객들을 점포로 끌어들이기 위해서, 일부 식료품은 고객들의 쿠폰 값어치를 두 배, 때로는 심지어 3배로 만든다.

쿠폰은 여러 가지 이점들을 제공한다. 쿠폰이 있는 인쇄광고들은 종종 그렇지 않은 인쇄광고들보다 브랜드 인지도를 창출하는 데 더 효과적이다. 중국에서, 쿠폰이 브랜드에 대한 소비자의 태도에 긍정적으로 영향을 미친다는 조사결과가 나왔다.[33] 일반적으로 쿠폰에서 제공하는 현금이 크면 클수록, 더 높은 재인률을 창출한다. 쿠폰은 현재의 제품 사용자들에게 보상하고, 이전 사용자들을 되찾

그림 17.3 젊은 소비자들은 온라인쿠폰을 선호한다

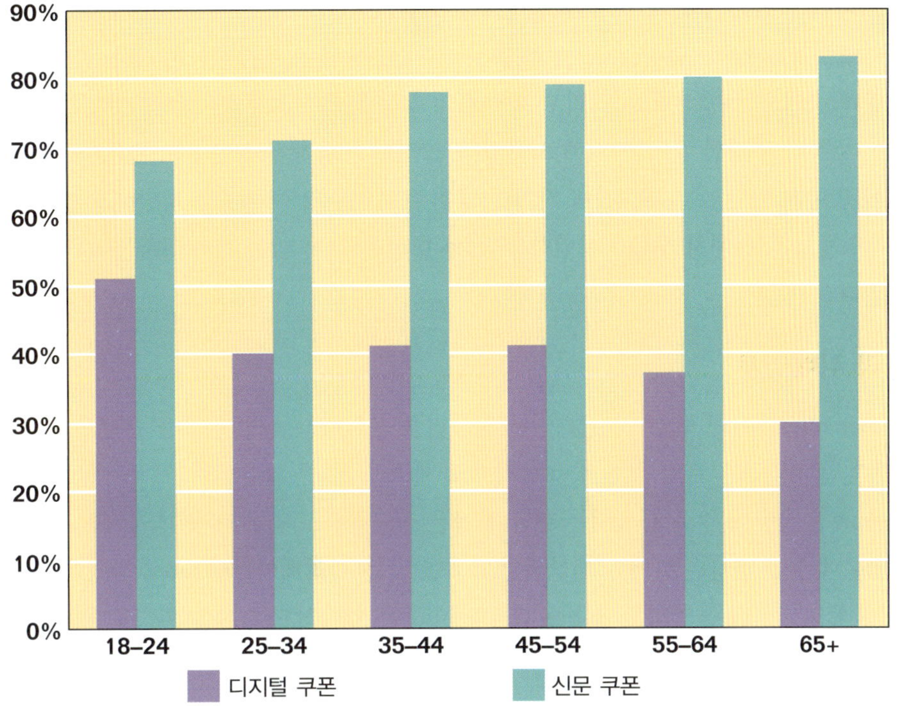

자료원: Katy Bachman, "Younger Consumers Prefer Online Coupons," *Brand Week*, April 2, 2009.

고, 그리고 더 많은 양의 구매를 장려한다. 또한 쿠폰은 되돌아오기 때문에 쿠폰은 의도한 표적시장에 도달했는지 여부를 제조업자가 결정할 수 있도록 도와준다. 인쇄쿠폰보다 전자쿠폰을 사용하는 장점으로는 회수당 낮은 비용, 더 나은 표적화 능력, 개선된 데이터 수집능력, 그리고 최적의 액면가와 쿠폰 만기 주기를 결정하는 실험능력의 개선이 포함된다.[34] 반면에, 동기가 부여된 소비자들은 온라인 쿠폰보다 인쇄쿠폰에 있는 정보를 더 주의 깊게 고려할 가능성이 크다.[35]

쿠폰 사용의 단점으로는 사기행위와 잘못된 회수가 있으며 이는 제조업자들에 손실이 클 수 있다. Coupon Information Council은 미국 내 쿠폰사기—위조된 인터넷 쿠폰뿐만 아니라 잘못된 소매업자명으로 지급된 쿠폰들을 포함해서—가 일 년에 5억 달러에 달한다고 추정하였다.[36] 몇몇 전문가에 의하면, 또 다른 단점은 쿠폰이 그 가치를 잃고 있다; 왜냐하면 너무 많은 제조업자들이 쿠폰을 제공하기 때문에 소비자들은 쿠폰, 리베이트, 혹은 환급이든지 약간의 인센티브 없이는 구매하지 않는다는 것을 배웠다. 더구나, 쿠폰을 자주 사용하는 사람들의 브랜드 애호도는 감소하였고, 그리고 많은 소비자들은 자신들이 정상적으로 구입하는 제품에 대해서만 쿠폰을 사용한다. 쿠폰들의 약 3/4은 이미 쿠폰에 있는 제품을 사용하는 사람들에 의해서 회수된다고 여겨진다. 따라서 소비자가 신규 브랜드나 제품을 시도하도록 하는 인센티브로서의 쿠폰은 성공이 의심스럽다. 쿠폰에 대한 추가적인 문제점은 점포들이 종종 쿠폰 제품을 재고로 충분히 보유하고 있지 않다는 것이다. 그러한 상황은 점포와 제품 모두에 대한 반감을 일으키게 된다.

가격할인(cents-off offer)으로, 구매자들은 라벨이나 포장에 표기되어 있는 정가보다 적은 금액을 지불한다. 이러한 방법은 쿠폰과 비슷하게 신제품이나 익숙하지 않은 제품을 시용해 보도록 하는데 강한 인센티브로 작용할 수 있다. 주로 신제품 출시 때 사용되는 가격할인은 제품 판매를 자극하고, 일시적인 판매 증가를 유발시키고, 그리고 비수기의 제품을 촉진시킬 수 있다. 가격할인은 통제하기 쉬운 방법이며 종종 특정한 목적을 위해 사용된다. 그러나 계속해서 사용하게 된다면, 가격할인은 정가에 구매할 의향이 있는 소비자들에게 가격을 낮춰주고 제품의 이미지를 저렴하게 만들 수도 있다. 또한, 종종 이 방법은 판매시점에서 할인하는 것에 대한 책임이 있는 소매업자들에 의한 특별한 취급이 요구된다.

(2) 환급과 리베이트

현금 환급(money refunds)으로, 소비자들은 구매 증거를 제출하고 특정 금액을 우편으로 환급받는다. 소비자들이 환급 자격을 갖추기 위해서, 통상적으로 제조업체들은 많은 양의 제품구입을 요구한다. 제품의 시용을 촉진시키 데 주로 사용되는 현금 환급은 상대적으로 적은 비용이 들지만, 낮은 응답률을 가져오기 때문에 현금 환급은 판매에 제한적인 효과를 갖는다. **리베이트**(rebates)의 경우, 고객은 한 번의 구매에 대해서 지정된 금액의 돈을 받는다. 리베이트는 일반적으로 현금 환급보다 더 비싼 제품들에 대해서 주어지고 고객들을 장려하는 데 사용된다. 마케터들도 브랜드 애호도를 강화시키고, 판매원들에 대한 촉진 소문을 제공하고, 그리고 제품에 대한 광고물로 리베이트를 사용한다. 자동차와 같이 큰 제품들에 대해서는 주로 구매시점에서 리베이트가 제공된다. 그러나 대부분의 리베이트 특히, 소형 제품들의 경우 고객이 리베이트를 받는 데 시간이 소요되기 때문에 지연된 할인이 제공된다.

현금 환급과 리베리트에 대한 하나의 문제점으로는 많은 사람들이 쿠폰 회수과정을 매우 복잡하다고 지각하고 있다는 것이다. 리베이트 해당 제품을 구입한 사람의 약 40%만이 실제 리베이트를 신청하고 있다.[37] 그 결과로, 마케터들은 고객들을 혼란시키고 소매상들을 좌절시킬 수도 있는 리베이트 양식 작성의 필요성을 없애고, 리베이트를 온라인으로 신청하도록 점점 더 고객들을 장려하고 있다. 소비자들도 리베이트를 제공하는 제조업자들의 이유에 대해서 부정적인 지각을 갖고 있을 수 있다. 그들은 제품들이 새로 나왔고, 입증되지 않았거나 잘 팔리지 않는다고 생각할 수도 있다. 만약 이러한 지각들이 변하지 않는다면, 리베이트는 실제로 제품의 이미지와 바람직함을 떨어뜨릴 수 있다.

(3) 단골고객 인센티브

축하카드는 Hallmark의 유일한 제품은 아니다. 기업이 애호 고객들에게 보답하기 위하여 Hallmark Gold Crown Card를 제공하는데, 이것은 단골 구매자들이 제품과 할인으로 상환할 수 있는 포인트를 모을 수 있도록 해준다.[38] 많은 기업들은 반복(빈번히)구매하는 고객들을 보상하기 위한 인센티브 프로그램들을 개발하고 있다. 앞서 언급했듯이, 대부분의 주요 항공회사들은 일정한 마일을 비행한 고객들에게 추가 비행 시 사용할 수 있는 무료 티켓으로 보상해 주는 단골고객 프로그램(frequent-flier programs)을 제공한다. 단골고객 인센티브는 특정 기업이나 협력기업 집단들에 대한 고객 애호도를 조성한다. 그들은 항공사, 렌터카 대행사, 호텔, 레스토랑과 같은 서비스업이 단골 고객프로그램에 호감을 갖고 있다. 예를 들어서 Neiman Marcus의 Incircle Rewards 프로그램은 단골고객들에게 사용한 금액에 대해서 현찰로 보상하지만 연간 5,000달러를 써야지만 자격이 주어진다. 실제로 가구 소득이 100,000달러 이상인 소비자들의 93%가 단골고객 프로그램에 참여하는 반면, 50,000달러 미만 소득인 소비자들의 58%만이 참여한다는 조사 결과가 있다.[39]

(4) 구매시점 판촉물과 시연

구매시점 판촉물(point-of-purchase: P-O-P materials)에는 실외 간판, 쇼윈도의 상품 진열, 계산대 물품(counter pieces), 진열대(display rack), 그리고 셀프서비스 판지(self-service cartons)가 포함된다. P-O-P 진열의 혁신에는 소비자들이 점포 내 진열된 제품의 4피트 반경 안에 걸어 들어오면 제품에서 향기가 나는 스니프 티저(sniff teasers)와 컴퓨터화된 상호작용 진열을 포함한다. 종종 생산자들에 의해 공급되는 이러한 판촉물들은 주의를 끌고, 소비자들에게 알리며, 그리고 소매상들이 특정 제품들을 취급하도록 장려한다. P-O-P 판촉물이 매력이고, 유익하고, 잘 구성되고, 그리고 점포 이미지와 조화를 이룬다면, 소매상은 P-O-P 판촉물을 활용할 가능성이 높다.

시연(demonstrations)은 주의를 끌 수 있는 우수한 판매촉진 수단이다. 제조업체들은 시용과 제품구매를 장려하기 위해서, 혹은 제품이 어떻게 작동하는지 보여주기 위하여 일시적으로 시연을 제공한다. 인건비가 매우 높을 수 있기 때문에 시연이 널리 사용되지는 않는다. 가전제품, 화장품, 청소용품과 같은 유형의 제품들을 촉진시키는 데 매우 효과적일 수 있다. 예를 들어서, 많은 Whole Foods 매장들은 소비자들에게 다양한 요리를 준비하는 방법을 가르쳐 주고 이 매장에서 판매되는 제품을 사용하는 방법에 대한 아이디어를 소비자에게 알려주기 위해서 요리교실과 시연을 제공하고 있다.

(5) 무료샘플과 프리미엄

마케터들은 제품의 시용을 자극하고, 제품 수명주기의

전환 중인 마케팅

공격적인 "Don't Dew It" 판매촉진이 무료 Vault 제공

판매촉진이 쿠폰, 가격할인, 그리고 리베이트와 같은 추가적인 구매 인센티브를 제공할 수 있는 반면, Coca-Cola는 전례없는 수준의 "Don't Dew It" 프로모션으로 판매촉진을 하였다. Coca-Cola의 Vault 브랜드는 Mountain Dew와 경쟁하지만 카페인이 함유된 감귤류 과일음료 시장에서 상당히 뒤처져 있다. 사실, Mountain Dew는 80%의 시장점유율을 유지하고 있어서 4%인 Vault와 비교된다. 2009년 불경기때, 쿠폰 회수율이 10% 올랐고, 설문조사에 응한 소비자들의 94%가 쿠폰을 사용한다고 지적하였다. 이러한 현상은 "Don't Dew It" 공격을 하는 데 이상적인 환경이었다.

TERRI MILLER/E-VISUAL COMMUNICATIONS, INC.

획기적이고 대담한 조치로, Coca-Cola는 Pepsi의 Mountain Dew를 구입한 소비자들에게 자사의 Vault 감귤류 과일음료의 무료 견본품으로 교환할 수 있는 쿠폰 한 장을 제공하였다. Coca-Cola의 촉진은 20온스의 Mountain Dew 하나를 사는 누구에게나 16-, 20-, 혹은 24-온스의 Vault를 무료로 주었다.

Mountain Dew가 12온스당 55밀리그램의 카페인을 포함하고 있는 것과 비교하여 인공향의 혼합 에너지 음료인 Vault는 12온스당 70.5밀리그램의 카페인을 포함하고 있다. Coca-Cola의 마케팅 관리자들은 Mountain Dew 구매자들이 Vault에 맛을 들이면 Vault를 더 선호할 것이라 믿었다. Coca-Cola는 Mountain Dew가 Mtn Dew로 이름을 바꾸고 새로운 패키지 디자인을 도입한 직후에 시기를 맞춰 촉진하였다. 대부분의 소비자들이 Vault를 무료로 얻어서 즐기는 동안, Coca-Cola는 이 새로운 프로모션이 기업을 위해 시장점유율을 늘릴 수 있는지 여부를 보기 위해서 기다려야 할 것이다. 비록 소비자가 무료 음료를 얻고 싶어할 때까지 이 캠페인에 지출된 비용이 수백만 달러에 이르렀지만, Mtn Dew는 이 시장에서 엄청난 소비자들을 확보하고 있고 강한 브랜드 애호도를 갖고 있다.[C]

초기단계에서 판매량을 향상시키고, 바람직한 유통을 획득하기 위해 **무료샘플**(free sample)을 사용한다. 샘플은 가장 비용이 많이 드는 판매촉진 방법이다. 왜냐하면 샘플의 생산과 배포—지역 행사에서, 우편이나 택배로, 온라인, 점포 내, 그리고 포장지 위에—가 높은 비용을 수반하기 때문이다. 예를 들어서, Coca-Cola는 Vitamin Water와 같은 제품의 무료샘플들을 비즈니스 컨벤션, 콘서트, 스포츠 행사들에서 배포한다. 많은 소비자들은 샘플들을 우편으로 받는 것을 선호한다. 다른 소비자들은 새로운 식품들을 슈퍼마켓에서 시용해 보거나 그들이 이미 좋아하고 있는 식품의 새로운 요리법의 샘플들을 시용하는 것을 좋아한다. 무료샘플을 설계할 때, 마케터들은 제품에 대한 계절별 수요, 시장특성, 그리고 이전 광고와 같은 요소들을 고려해야 한다. 통상적으로 무료샘플들은 낮은 회전률의 제품들에 대해서는 부적절하다. 높은 비용에도 불구하고 샘플의 사용은 증가하고 있다. 한 해에, 소비재 기업들의 거의 3/4가량이 샘플을 판매촉진 수단으로 사용한다. StartSampling.com과 FreeSamples.com 같은 웹사이트를 통해서 무료샘플의 배포가 증가하고 있다.

프리미엄(premiums)은 제품의 구매에 대한 보너스로 무료 혹은 최소비용으로 제공되는 물품들이다. Cracker Jack 상자 안에 있는 상처럼, 프리미엄은 경쟁업체들의 고객을 유인하고, 기존 제품들의 각기 다른 크기를 소개하고, 다른 촉진 노력들에 다양성을 추가하고, 고객 애호도를 자극하는 데 사용된다. 프리미엄을 사용할 때 창의성은 필수적이다. 눈에 띄고 상당한 수의 상환을 성취하기 위하여, 프리미엄은 표적고객과 브랜드의 이미지 모두가 조화를 이루어야 한다. 또한 프리미엄은 쉽게 인지 가능하고 바람직해야만 한다. 프리미엄은 패키지 상에 혹은 패키지 내에 위치하고 소매상들에 의해서 혹은 우편을 통해 배포될 수 있다. 그 예로는 주유를 가득히 하는 고객에게 무료 세차를 제공하는 주유소, 치약 하나에 이용 가능한 무료 칫솔, Kraft Cheese Singles의 구매 시 제공되는 무료 플라스틱 보관함 등이 있다.

(6) 소비자 게임, 콘테스트, 그리고 경품

소비자 콘테스트(consumer contests)에서 개인들은 분석적이거나 창의적 기술에 근거해서 상을 놓고 경쟁한다. 이 방법은 소매점 내 유동인구와 촉진 메시지에 대한 노출 빈도를 유발시키기 위해서 사용될 수 있다. 비록 총 참여율이 더 낮을지도 모르지만, 참가자들은 통상적으로 게임이나 경품보다 소비자 콘테스트에 더 많이 관여한다. 콘테스트들은 쿠폰과 같은 다른 판매촉진 방법들과도 함께 사용된다. 예를 들어서, Borders는 New Orleans Jazz & Heritage Festival 여행에 당첨시키기 위하여 자사의 Reward 애호 클럽 멤버들을 초대하여 New Orleans에 대한 에세이를 제출하도록 하였다.[40]

소비자 게임(consumer games)의 경우, 사람들은 주로 개연성에 근거해서—종종 병뚜껑이나 프렌치 후라이 상자에 있는 스티커와 같은 게임 조각(game piece)을 수집해서—상을 놓고 경쟁한다. 많은 조각들을 모으는 것이 이기는 데 필요하거나 당첨될 가능성을 증가시킬 수 있기 때문에, 게임은 반복 거래를 북돋는다. 전통적으로 게임은 장시간에 걸쳐 수행되며 유동인구과 반복 거래를 장려하기 위하여 보편적으로 패스트푸드 체인점, 청량음료 기업, 호텔들에 의해 행해진다. 소비자 게임의 개발과 관리는 종종 독립된 PR기업에 위탁하는데, 이들은 마케터들이 게임에 적용되는 연방 및 주정부의 법률을 찾는 것을 도와줄 수 있다. 비록 게임이 일시적으로 판매를 자극할 수 있지만, 기업의 장기적 판매에 영향을 미친다는 증거는 없다. 마케터들은 게임을 개발하고 관리하는 데 주의해야 한다: 문제점이나 오류들이 소비자들을 화나게 하고 고소를 유발할 수도 있다. 고객들이 음료수와 후라이 포장지에 있는 Monopoly 부동산 조각을 수집하는 McDonald's의 인기 있는 Monopoly 게임 촉진이 사기와 고소에 의해서 이미지가 손상된 것을 고려해 보자. 성공적인 6년을 보낸 후, McDonald's는 게임을 운영하고 있는 촉진 기업의 직원들이 포함되어 있는 한 범죄일당이 우승한 게임 조각으로 수백만 달러를 훔친 것에 대해 유죄를 받은 후 연례적 촉진을 끝내도록 강요받았다. McDonald's가 개선된 보안을 갖춘 Monopoly 게임을 다시 도입한 후, Burger King의 고객들이 McDonald's 게임의 잘못된 약속들에 의해서 꼬임에 넘어갔다고 주장하는 Burger King 체인점들에 의해 제기된 집단소송에 초점을 맞추어서 그 게임은 다시 정밀조사를 받았다.[41]

소비자 경품(consumer sweepstakes)의 참가자들은 상을 타기 위한 제비뽑기에 포함되기 위하여 자신들의 이름을 제출한다. Advil 진통제는 25,000달러의 상을 탈 수 있는 기회와 Los Angeles에 있는 Ellen DeGeneres의 라이브 녹화 쇼를 관람할 수 있는 여행티켓 2장과 함께 "Live Life to the Fullest" 라는 경품을 기획하였다. 경품은 종종 소비자 콘테스트들보다 더 많이 이용되고 있으며 더 많은 참가자들을 유인하는 경향이 있다. 콘테스트, 게임, 경품들은 쿠폰과 같은 다른 판매촉진 방법들과 함께 사용될 수 있다. 일부 주정부 법률은 일부 형태의 이벤트를 도박이나 복권 형태로 간주할 수 있기 때문에 콘테스트와 경품에 대한 규제와 법규들에 대해서 아는 것이 중요하다.[42]

2 유통업체 판매촉진 방법

재판매업자들, 특히 소매상들이 자사 제품들을 취급하고 이것들을 효과적으로 촉진하도록 격려하기 위해서, 생산자들은 판매촉진 방법들을 사용한다. **유통업체 판매촉진방법**(**trade sales promotion methods**)은 도매상들과 소매상들이 한 생산자의 제품들을 취급하고 이 제품들을 더 공격적으로 판매하도록 자극한다. 이러한 방법들로는 구매 공제, 역구매 공제, 스캔백 공제, 상품 공제, 협동광고, 딜러 리스팅, 무료 상품, 딜러 로더, 프리미엄 머니 혹은 푸쉬 머니, 그리고 판매 콘테스트들이 있다.

(1) 유통업체 공제

많은 제조업체들은 재판매업자들로 하여금 그들의 제품을 취급하거나 재고를 더 많이 확보하도록 장려하기 위하여 유통업체 공제(trade allowances)를 제공한다. 이러한 유통업체 공제들 중 하나로 어떤 제품의 특정 수량을 구매한 것에 대하여 재판매업자들에게 제공되는 일시적인 가격할인인 **구매공제**(**buying allowance**)가 있다. 예를 들어서, 비누 생산자는 비누 한 케이스 구매에 대해서 1달러를 재판매업자들에게 제공할 수 있다. 이러한 할인들은 재판매자가 신제품들을 다루거나, 일시적인 가격할인을 달성하거나, 혹은 정상적인 수량보다 더 많은 제품의 구매를 자극하도록 인센티브를 제공한다. 현금의 형태를 갖고 있는 구매 공제는 재판매업자들에게 수익을 창출하게 하고 간단하며 직접적이다. 재판매업자들이 그 현금을 어떻게 사용하는가에 대하서는 제한이 없으며 이 점이 이 방법의 효과를 증가시킨다. 구매 공제의 단점에는 소비자들이 "미리" 구매할 수 있다는 점이 있다. 이는 소비자들이 수개월에 걸쳐서 사용할 많은 양을 한 번에 구매한다는 것을 의미한다. 또 다른 문제점은 경쟁자들이 할인된 가격에 대등하게(또는 더 싸게) 가격을 매길 수 있다는 점인데, 이는 모든 판매자들의 이익을 낮출 수 있다.

역구매 공제(**buy-back allowance**)는 초기의 촉진 거래가 끝난 후 재판매업자가 구매하는 각 제품

리베이트
General Tire는 타이어구매자에게 VISA 기프트카드의 형태로 $50의 리베이트를 제공하였다.

단위에 대해서 생산자가 재판매업자에게 제공하는 총 금액이다. 이 방법은 재판매업자가 받는 총 금액이 쿠폰제공과 같이 초기의 소비자 촉진기간 동안에 재판매업자가 구매한 것에 비례하는 이차적인 인센티브이다. 역구매 공제는 초기의 판매촉진 노력 동안 협력을 장려하고 추후 재구매를 자극한다. 비용이 많이 드는 것이 이 방법의 주요 단점이다.

스캔 백 공제(**scan-back allowance**)는 특정 기간 동안에 소매상들의 스캐너를 통해 이동되는 건수에 근거해서 제조업자가 재판매업자에게 주는 보상이다. 스캔 백 프로그램에 참여하기 위해서, 통상적으로 소매상들은 특별가격 책정을 통해서 소비자들에게 할인된 금액을 전달할 것으로 기대된다. 스캔-백은 제조업체들에 의해서 널리 사용되고 있다. 왜냐하면 이것들이 소매수준에서 거래금액과 제품이동을 직접적으로 연결해주기 때문이다.

상품 공제(**merchandise allowance**)는 광고나 POP 진열과 같은 촉진 노력을 제공하기 위해서 재판매업자들에게 특정 금액을 지불하는 제조업자의 협정이다. 이 방법은 다량이고 고수익이면서 다루기 쉬운 제품들에 대하여 가장 적합하다. 단점으로는 일부 소매상들이 단순히 공제를 얻기 위해서 허용되는 최소한 수준의 활동들을 수행한다는 것이다. 소매상들에게 지불하기 전에, 제조업자들은 주로 그들의 업무성과를 검증한다. 제조업자들은 소매상의 추가적인 촉진노력들이 상당한 판매 증가를 가져올 것을 희망한다.

(2) 협동광고와 딜러 리스팅

협동광고(**cooperative advertising**)는 제조업자의 제품들을 광고하는 데 드는 소매상의 매체 비용의 특정 금액을 제조업자가 지불하는 것에 대해 동의하는 협정이다. 허용 금액은 주로 판매량에 근거한다. 상품 공제와 함께, 소매상은 제조업자가 광고비용에 대해서 동의한 일부를 지불하기 전에 광고들이 나왔다는 증거를 보여주어야 한다. 이러한 지불은 소매상들에게 광고에 드는 추가적인 자금을 제공한다. 일부 소매상들은 하나의 광고에 너무 많은 제품들을 몰아 넣어서 협동광고 협약을 부당하게 이용한다. 협동광고 자금을 모두가 이용할 수 있는 것은 아니다. 몇몇 소매상들은 광고를 할 여력이 없는 반면에 다른 소매업자들은 여유가 있어도 광고하기를 원하지 않을 수 있다. 모든 협동광고 자금의 상당한 부분이 신문광고에 쓰이고 있다.

딜러 리스팅(**dealer listings**)은 제품을 촉진하고 제품을 판매하는 소매업자들을 확인하는 광고들이다. 딜러 리스팅은 소매상들이 제품을 취급하고, 소매 수준에서 유동인구를 형성하는 데 영향을 미치며, 그리고 소비자들이 참여 딜러에게서 제품을 구매하도록 장려할 수 있다.

(3) 무료상품과 선물

제조업자들은 종종 제품의 정해진 양을 구매하는 재판매업자들에게 **무료상품(free merchandise)**을 제공한다. 때때로 무료상품은 다른 판매촉진 방법들을 통해 제공되는 공제에 대한 지불로 사용된다. 조작과 장부기입 문제점들을 피하기 위해, "무료" 상품은 주로 약식 송장의 형식을 취한다.

딜러 로더(dealer loader)는 특정한 양의 물품을 구매한 소매상에 대한 선물이다. 딜러 로더는 주로 필수적인 진열 부분을 프리미엄으로 제공함으로써 소매상들로부터 특별한 진열 노력을 얻어내는 데 사용된다. 예를 들어서, 제조업자는 중요한 구성요소로 순은 접시를 포함하는 진열을 설계하여 소매업자에게 제공할 수 있다. 마케터들은 새로운 유통업자들을 확보하고 더 많은 양의 제품을 밀어내기 위해서 딜러 로더를 사용한다.

(4) 프리미엄(푸쉬) 머니

프리미엄 머니(premium money) 혹은 푸쉬 머니(push money)는 판매원들이 제품 라인을 밀어붙이기 위한 인센티브로 제조업자들에 의해 제공되는 판매원에 대한 추가 보상이다. 이 방법은 인적 판매가 마케팅 노력의 중요한 부분인 경우에 적절하다; 셀프서비스를 통해 판매되는 제품들을 촉진시키는 데는 효과적이지 않다. 이 방법은 종종 제조업자들이 판매원의 관심을 얻도록 도와주지만 비용이 많이 들 수 있다.

(5) 판매 콘테스트

판매 콘테스트(sales contest)는 뛰어난 성과를 인정하여 유통업자, 소매업자, 그리고 판매원들에게 동기를 부여하도록 고안되었다. 이 방법이 효과적이기 위해서는 관련된 모든 사람들에게 공정해야 한다. 하나의 장점은 모든 유통 수준에서의 참여를 이룰 수 있다는 것이다. 그러나 긍정적인 효과들은 일시적일 수 있으며 통상적으로 상은 비용이 많이 든다.

이 장의 복습

1 인적 판매를 정의하고 그 목적을 이해한다

인적 판매는 교환상황에서 고객들에게 제품들을 구매하도록 알리고 설득하는 유료의 인적 커뮤니케이션이다. 인적 판매의 일반적인 3가지 목적으로는 잠재고객들을 찾고, 그들이 구매하도록 설득하고, 고객들을 만족시키는 것이다.

2 인적 판매 과정의 기본 단계를 설명한다

많은 판매원들이 제품을 판매할 때 일반적인 판매 과정을 통해 진행한다. 잠재고객 파악 단계에서, 판매원은 잠재고객들의 목록을 작성한다. 잠재고객들에게 접촉하기 전에, 판매원은 잠재고객들과 그들의 욕구에 대한 정보를 찾고 분석하는 것이 포함된 접근 준비를 한다. 접근은 판매원이 잠재고객들과 접촉하는 방법이다. 판매 설명을 하는 동안, 판매원은 제품에 대한 욕구와 관심을 자극시키기 위해 잠재고객들의 주의를 끌고 유지해야만 한다. 가능하다면, 판매원은 잠재고객이 이의를 제기할 때 이를 처리해야 한다. 판매를 완료하는 동안, 판매원은 잠재고객들에게 그 제품이나 그런 제품들을 구매할 것인지 물어본다. 성공적인 판매 종료 후, 판매원은 반드시 판매 후 관리를 하여야 한다.

3 판매원의 유형을 확인한다

판매원을 육성하는데, 마케팅 관리자들은 어떤 유형의 판매원들이 기업의 제품을 가장 효과적으로 판매할 것인가를 고려한다. 판매원의 5가지 유형 분류로는 주문 획득자, 기존고객 판매원, 신규사업 판매원, 주문 접수자, 지원요원이 있다. 주문 획득자는 기존고객들과 신규 잠재고객들 모두에게 구매하도록 알리고 설득한다. 주문 접수자는 반복판매를 하려고 하며 두 범주 즉, 내부 주문 접수자와 현장 주문 접수자가 있다. 지원요원은 판매를 촉진하지만 그들의 임무는 판매 그 이상으로 확대된다. 지원요원의 세 가지 유형으로는 판촉 판매원, 업계 판매원, 그리고 기술 판매원이 있다. 판매원의 역할은 변하고 있다. 팀판매는 판매원이 기업의 재무 기능, 엔지니어링 기능 그리고 다른 기능적 분야의 사람들과 협동하는 것이 포함된다. 관계판매는 오랜 기간 지속적으로 고객과의 정기적인 커뮤니케이션을 통해 상호 간의 혜택이 있는 장기적 관계를 구축하는 것이 포함된다.

4 판매 관리 의사결정과 활동을 이해한다

판매원 관리는 기업 성공의 중요한 결정요인이다. 왜냐하면 판매원이 기업의 판매수익을 창출하는데 직접적인 책임을 지고 있기 때문이다. 주요 결정 분야와 활동들에는 판매원 목표설정, 판매원 규모 결정, 채용, 선발, 교육, 보상, 그리고 판매원들의 동기부여, 판매 지역 관리 그리고 판매원 성과의 통제 및 평가가 포함된다.

5 판매촉진 활동과 그 활용 방법을 설명한다

판매촉진은 재판매업자들, 판매원들, 혹은 소비자들에게 제품에 대한 추가적 가치나 인센티브를 제공해서 직접적인 권유로 작용하는 활동이나 물품(혹은 둘 다)이다. 마케터들은 신규 고객들을 확인하고 유치하고, 신제품들을 소개하고, 그리고 재판매업자의 재고를 증가시키기 위해 판매촉진을 사용한다.

6 소비자 판매촉진 및 유통업체 판매촉진의 구체적 방법을. 이해한다

판매촉진 기법들은 두 개의 일반적 범주로 나누어진다: 소비자 판매촉진과 유통업체 판매촉진. 소비자 판매촉진 방법들은 소비자들이 특정 매장에서 거래하거나 특정 제품을 시용하도록 격려한다. 이러한 판매촉진 방법들에는 쿠폰, 가격할인, 현금 반환과 리베이트, 단골고객 인센티브, 구매시점 진열, 시연, 무료샘플, 프리미엄, 그리고 소비자 콘테스트, 게임, 경품이 있다. 유통업체 판매촉진 기법들은 재판매업자들이 제조업자의 제품들을 취급하고 공격적으로 판매하도록 동기를 부여한다. 이러한 판매촉진 기법들로는 구매 공제, 역구매 공제, 상품 공제, 협동광고, 딜러 리스팅(dealer listings), 무료 상품, 딜러 로더(dealer loaders), 프리미엄(혹은 푸쉬) 머니, 그리고 판매 콘테스트가 있다.

주요 개념

인적 판매(personal selling): 교환상황에서 제품을 구매하도록 고객에게 정보를 제공하고 설득하기 위한 유료의 인적 커뮤니케이션

잠재고객파악(prospecting): 잠재고객의 목록을 개발하는 것

접근(approach): 판매원이 잠재고객과 접촉하는 방식

완료(closing): 판매 과정 중에서 판매원이 잠재고객에게 제품을 구매할 것을 요청하는 단계

주문 획득자(order getter): 신규고객에게 판매하고, 기존고객들에 대한 판매를 증가시키는 판매원

주문 접수자(order takers): 주로 반복판매를 추구하는 판매원

지원 요원(support personnel): 판매를 돕지만 판매에 단독으로 관여하지 않는 판매직원

판촉 판매원(missionary salespeople): 생산자의 고객들이 자신의 고객에게 판매하는 것을 돕는 지원 판매원

업계 판매원(trade salespeople): 주로 생산자의 고객이 제품을 촉진하도록 돕는 것에 관여하는 판매원

기술 판매원(technical salespeople): 기업의 현재 고객에게 기술적 지원을 제공하는 지원 판매원

팀 판매(team selling): 인적 판매과정을 수행하기 위해 판매원이 주도하면서 기업의 기능적 분야 출신의 전문가로 구성된 팀을 활용

관계적 판매(relationship selling): 오랜 기간 동안 정기적인 커뮤니케이션을 통해 고객과 상호간에 편익을 가져다 주는 장기적 관계 구축

고정급여 보상계획(straight salary compensation plan): 판매노력에 상관없이 기간에 따른 명시된 금액을 판매원에게 지급하는 것

고정커미션 보상계획(straight commission compensation plan): 주어진 기간 동안의 판매량에 따라 판매원에게 지급하는 것

결합 보상계획(combination compensation plan): 고정된 급여에서 판매량에 따른 수수료를 더하여 판매원에게 지급하는 것

판매촉진(sales promotion): 재판매업자들이나 판매원들에게 제품의 판매를 유도하거나 소비자에게 구매를 설득하는 활동 및(혹은) 재료

소비자 판매촉진 방법(consumer sales promotion methods): 소비자를 특정 점포의 단골로 만들거나 특정 제품을 구매하도록 권고하는 방법

쿠폰(coupons): 소비자가 특정 제품을 구매하도록 권고하는데 사용되도록 표기된 가격할인

가격할인(cents-off offer): 구매를 권고하기 위해 구매자로 하여금 정가보다 낮은 금액을 지불하게 하는 촉진

현금 환급(money refunds): 보통 대량구매를 하는 경우 구매 증거를 제출하는 소비자에게 특정 금액을 환급하는 판매촉진 기법

리베이트(rebates): 고객이 단 한 개의 제품을 구입하는 경우에도 지정된 금액을 환급받을 수 있는 판매촉진 기법

구매시점 판촉물(point-of-purchase materials: P-O-P materials): 고객의 주의를 끌기 위해 사용되는 실외 간판, 쇼윈도의 상품 진열, 선반 진열 및 유사한 수단

시연(demonstrations): 제품의 시용 및 구매를 장려하기 위해서 혹은 제품이 어떻게 작동되는지 보여주기 위해 제조업자가 일시적으로 사용하는 판매촉진방법

무료샘플(free sample): 시용 및 구매를 권고하기 위해 제공하는 제품의 샘플

프리미엄(premiums): 제품의 구매에 대한 보너스로 무료 또는 최소한의 비용으로 제공되는 물품

소비자 콘테스트(consumer contests): 분석적 또는 창의적 기술에 근거해서 상을 받기위해 소비자가 서로 경쟁하는 판매촉진방법

소비자 게임(consumer games): 주로 개연성에 근거해서 상을 받기 위해 소비자가 서로 경쟁하는 판매촉진방법

소비자 경품(consumer sweepstakes): 당첨 목록에 포함되기 위해 참가자가 자신의 이름을 제출하는 판매촉진

유통업체 판매촉진방법(trade sales promotion methods): 도매상과 소매상이 생산자의 제품을 취급하고, 공격적으로 판매하도록 설득하는 방법

구매공제(buying allowance): 제품의 특정 수량을 구매한 것에 대해 재판매업자에게 제공하는 일시적 가격인하

역구매 공제(buy-back allowance): 초기의 촉진 거래가 끝난 후 구매하는 각각의 제품에 대해 재판매업자에게 제공하는 총금액

스캔 백 공제(scan-back allowance): 스캐너를 통해 이동되는 제품의 건수를 토대로 소매상에게 제공하는 제조업자의 보상

상품 공제(merchandise allowance): 촉진 노력을 제공하는 대가로 재판매업자에게 특정 금액을 지급하는 것에 대한 제조업자의 협정

협동광고(cooperative advertising): 제조업자의 제품 광고에 대한 소매상의 매체 비용의 특정 금액을 제조업자가 지불하는 것에 대해 동의하는 협정

딜러 리스팅(dealer listings): 제품을 촉진하고, 제품의 판매에 참여하고 있는 소매상을 확인시켜주는 광고

무료상품(free merchandise): 제품의 정해진 수량을 구매한 재판매업자에게 제공하는 제조업자의 보상

딜러 로더(dealer loader): 상품의 정해진 수량을 구매한 소매상에게 제공하는 선물, 진열의 일부

프리미엄 머니(premium money; push money): 제품의 라인을 구매한 판매원에게 제공하는 추가적 보상

판매 콘테스트(sales contest): 탁월한 성과를 인정해서 유통업자, 소매상 및 판매원에게 동기를 부여하기 위해 사용되는 촉진방법

연습문제

1. 인적 판매는 무엇인가? 어떻게 인적 판매는 다른 유형의 촉진활동과 관련되어 있는가?
2. 인적 판매과정의 요소를 파악하라. 판매원은 고객에게 제품을 판매할 때 이런 모든 요소를 포함해야 하는가? 그렇다면 왜 ? 그렇지 않다면 왜?
3. 어떻게 판매원은 잠재고객을 찾아내고 평가하는가? 당신은 이런 모든 방법들이 윤리적으로 문제가 있다고 생각하는가? 그 이유를 설명하라.
4. 주문 획득자가 주문 접수자보다 더 공격적이거나 창의적인가? 그렇다면 왜? 그렇지 않다면 왜?
5. 왜 팀판매와 관계판매가 더 보편화되는가?
6. 판매 관리자는 판매원 선발을 위한 기준을 어떻게 설정하는가? 좋은 판매원의 일반적 특성은 무엇이라고 생각하는가?
7. 판매원에 대한 교육프로그램을 개발할 때 관리자는 어떤 주요 이슈와 질문들을 고려하는가?
8. 판매원 보상에 대한 세 가지 기본 방법의 장단점을 설명하라. 일반적으로 어떤 방법을 당신은 선호하는가? 그 이유는?
9. 어떻게 판매 관리자는 판매원과 현장에서 매일 함께 할 수 없으면서도, 판매원의 성과를 통제하는가?
10. 판매촉진은 무엇인가? 왜 사용되는가?
11. 다음 각각에 대해서, 세 가지 기법을 설명하고 몇 가지 예들을 들어라.
    a) 소비자 판매촉진 방법
    b) 유통업체 판매촉진방법

용어설명

A

accessory equipment
(부속장비) Equipment that does not become part of the final physical product but is used in production or office activities
최종제품의 일부가 되지는 않지만 생산이나 직무 활동에 사용되는 장비

advertising(광고)
Paid nonpersonal communication about an organization and its products transmitted to a target audience through mass media
대중매체를 통해서 표적 오디언스에게 조직과 그 제품에 대해 전달하는 유료의 비인적 커뮤니케이션

advertising appropriation
(광고 예산) Advertising budget for a specified period
특정기간 동안의 광고 예산

advertising campaign
(광고 캠페인) Designing a series of advertisements and placing them in various advertising media to reach a particular target audience
특정 표적 오디언스에게 도달하기 위해서 일련의 광고들을 개발하고 다양한 광고 매체에 집행하는 것

advertising platform
(광고 플랫폼) Basic issues or selling points to be included in the advertising campaign
광고 캠페인에 포함되는 기본적 이슈 또는 판매주안점

advocacy advertising
(옹호광고) Promotes a company's position on a public issue
공공의 이슈에 대한 기업의 입장을 촉진하는 것

aesthetic modifications
(미적 수정) Changes to the sensory appeal of a product
제품의 감각적 소구에 대한 변화

agents(대리상)
Intermediaries that represent either buyers or sellers on a permanent basis
영속적 근거로 판매자나 구매자를 대표하는 중간상

aided recall test(보조 회상법)
A posttest that asks respondents to identify recent ads and provides clues to jog their memories
응답자에게 기억을 끌어낼 수 있는 단서를 제공하고 최근에 본 광고에 대해 서술하게 하는 사후조사

allowance(공제)
A concession in price to achieve a desired goal
원하는 목표를 달성하기 위한 가격에서의 양보

approach(접근)
The manner in which a salesperson contacts a potential customer
판매원이 잠재고객과 접촉하는 방식

arbitrary approach(임의 방법)
Budgeting for an advertising campaign as specified by a high-level executive in the firm
특정 기간 동안의 광고 캠페인에 대해 기업의 고위 임원이 임의로 예산을 세우는 것

artwork(아트워크)
An ad's illustrations and layout
광고의 일러스트레이션과 레이아웃

Asia-Pacific Economic Cooperation(APEC)
An alliance that promotes open trade and economic and technical cooperation among member nations throughout the world
전 세계 회원국 사이에 개방된 무역과 경제적 및 기술적 협력을 장려하는 제휴

atmospherics(분위기)
The physical elements in a store's design that appeal to consumers' emotions and encourage buying
소비자의 감성에 소구하며 구매를 격려하는 점포 디자인의 물질적 요소

attitude(태도)
An individual's enduring evaluation of, feelings about, and behavioral tendencies toward an object or idea
어떤 대상이나 아이디어에 대해서 갖는 개인의 지속적인 평가, 느낌, 그리고 행동성향

attitude scale(태도척도)
Means of measuring consumer attitudes by gauging the intensity of individuals' reactions to adjectives, phrases, or sentences about an object
어떤 대상에 대한 일련의 형용사들, 구절들, 또는 문장들에 대한 개인 반응의 강도를 계측하여 소비자들의 태도를 측정하는 수단들

average fixed costs
(평균 고정비) The fixed cost per unit produced
생산단위당 고정비

average total cost
(평균 총비용) The sum of the average fixed cost and the average variable cost
평균 고정비와 평균 변동비의 합

average variable costs
(평균 변동비) The variable cost per unit produced
생산단위당 변동비

B

bait pricing(유인 가격설정)
Pricing an item in the product line low with the intention of selling a higher-priced item in the line
제품라인 내 보다 높은 가격의 품목을 팔고자하는 의도로 제품라인의 한 품목의 가격을 낮게 책정하는 것

balance of trade(무역수지)
The difference in value between a nation's exports and its imports
한 국가의 수출과 수입 간 가치의 차이

barter(물물교환)
The trading of products
제품의 교환

base-point pricing
(기점 가격설정) Geographic pricing combining factory price and freight charges from the base point nearest the buyer
공장도 가격에 구매자와 가장 가까운 기점으로부터의 운임을 더하는 지리적 가격결정

benchmarking(벤치마킹) A tool of measuring and evaluating of the quality of the organization's goods, services, or processes as compared with the quality produced by the best-performing companies in the industry
한 기업의 제품, 서비스, 또는 과정의 품질을 그 산업에서 제일 성과가 좋은 기업에 의해서 산출된 품질과 비교하여 측정하고 평가하는 도구

benefit segmentation
(편익세분화) The division of a market according to benefits that consumers want from the product
소비자들이 그 제품으로부터 원하는 편익에 따라 시장을 나누는 것

Better Business Bureau
A local, nongovernmental regulatory agency, supported by local businesses, that help to settle problems between consumers and specific business firms
소비자와 특정 업체와의 문제해결을 도우며, 지역 업체들에 의하여 지원받는 지역 민간 규제 기관

blogs(블로그)
Web based journals in which people can editorialize and interact with other Internet users
사람들이 편집하고, 다른 인터넷 사용자들과 상호작용할 수 있는 웹 기반 잡지

brand(브랜드)
A name, term, design, symbol, or any other feature that identifies one marketer's product as distinct from those of other marketers
한 마케터의 제품을 다른 마케터의 제품들과 구별되도록 하는 이름, 용어, 디자인, 상징 또는 어떤 다른 특징

brand competitors
(브랜드 경쟁자) Firms that market products with similar features and benefits to the same customers at similar prices
유사한 가격으로 동일 고객에게 유사한 특징과 편익의 제품을 판매하는 기업

brand equity(브랜드 자산)
The marketing and financial value associated with a brand's strength in a market
시장에서 브랜드의 강도와 관련된 마케팅 및 재무적 가치

brand extension(브랜드 확장)
Using an existing brand to brand a new product in a different product category
다른 제품범주의 신제품에 브랜드 이름을 붙일 때 기존 브랜드들 중에서 하나를 사용하는 것

brand insistence(브랜드 집착)
The degree of brand loyalty in which a customer strongly prefers a specific brand and will accept no substitute
고객이 강력하게 특정 브랜드를 선호하고, 다른 대체 브랜드를 수용하지 않는 브랜드 애호도의 정도

brand licensing
(브랜드 라이센싱) An agreement whereby a company permits another organization to use its brand on other products for a licensing fee
한 기업이 다른 기업에게 라이센싱 요금을 받고 다른 제품에 자기 브랜드를 사용하도록 허용하는 협정

brand loyalty(브랜드 애호도)
A customer's favorable attitude toward a specific brand
특정 브랜드에 대해서 갖고 있는 고객의 호의적 태도

brand manager(브랜드 관리자)
The person responsible for a single brand
단일 브랜드에 대한 책임을 맡고 있는 사람

brand mark(브랜드 마크)
The element of a brand that is not made up of words
단어로 구성되지 않은 브랜드 요소

brand name(브랜드 이름)
The part of a brand that can be spoken
발음될 수 있는 브랜드의 일부

brand preference
(브랜드 선호도) The degree of brand loyalty in which a customer prefers one brand over competitive offerings
고객이 한 브랜드를 다른 경쟁적 브랜드보다 더 선호하는 브랜드 애호도의 정도

brand recognition
(브랜드 재인) A customer's awareness that the brand exists and is an alternative purchase
고객이 브랜드의 존재를 알고 이것이 대안적 구매라고 인지

branded entertainment
(브랜디드 엔터테인먼트) Branded content, which includes product placement, that is designed to combine electronic media with an advertiser to create an integrated, entertaining product
간접광고를 포함하여 통합된 엔터테인먼트 제품을 창출하기 위해 전자 매체와 광고주를 결합하는 브랜디드 콘텐츠

breakdown approach
(분해 접근방법) Measuring company sales potential based on a general economic forecast for a specific period and the market potential derived from it
특정 기간에 대한 전반적인 경제적 예측과 여기서 도출된 시장잠재력을 토대로 기업 매출잠재력 측정

breakeven point(손익분기점)
The point at which the costs of producing a product equal the revenue made from selling the product
제품을 생산하는 비용과 제품을 판매해서 얻는 수입이 같은 지점

brokers(중개상)
Intermediaries that buyers or sellers employ temporarily
구매자 또는 판매자가 일시적으로 고용한 중간상

buildup approach
(결합 접근방법) Measuring company sales potential by estimating how much of a product a potential buyer in a specific geographic area will purchase in a given period, multiplying the estimate by the number of potential buyers, and adding the totals of all the geographic areas considered
특정 지역의 잠재적 구매자가 특정 기간에 얼마나 많은 제품을 구매할 것인지를 추정하여, 그 추정치와 잠재적 구매자의 수를 곱한 후에 고려되는 모든 지역의 총금액을 합산함으로써 기업 매출잠재력 측정

bundle pricing(묶음 가격설정)
Packaging together two or more complementary products and selling them for a single price
둘 이상의 보완적 제품들을 묶어서 단일 가격으로 판매하는 것

business analysis(사업성 분석)
Evaluating the potential contribution of a product idea to the firm's sales, costs, and profits
기업의 매출, 비용, 그리고 수익에 대한 제품 아이디어의 잠재적 공헌도 평가

business cycle(경기순환)
A pattern of economic fluctuations that has four stages prosperity, recession, depression, and recovery
네 단계로 이루어지는 경제적 변동의 형태: 호황, 후퇴, 불황, 회복

business market
(비즈니스 시장) Individuals or groups that purchase a specific kind of product for resale, direct use in producing other products, or use in general daily operations
재판매, 다른 제품의 생산에서 직접 사용 또는 일반적인 일일 운영에서의 사용을 위해 특정 제품을 구매하는 개인들 또는 집단들

business products
(비즈니스 제품) Products bought to use in a firm's operations, to resell, or to make other products
재판매를 위해서 혹은 다른 제품을 만들기 위해서 구매된 제품

business services
(비즈니스 서비스) The intangible products that many organizations use in their operations
많은 조직들이 운영 시 사용하는 무형 제품

business/organizational buying behavior
(비즈니스(조직) 구매행동) The purchase behavior of producers, government units, institutions, and resellers
생산자들, 정부부서들, 기관들 및 재판매업체들의 구매행동

buy-back allowance
(역구매 공제) A sum of money given to a reseller for each unit bought after an initial promotion deal is over
초기의 촉진 거래가 끝난 후 구매하는 각각의 제품에 대해 재판매업자에게 제공하는 총금액

buying allowance(구매공제)
A temporary price reduction to resellers for purchasing specified quantities of a product
제품의 특정 수량을 구매한 것에 대해 재판매업자에게 제공하는 일시적 가격인하

buying behavior(구매행동)
The decision processes and acts of people involved in buying and using products
제품의 구매 및 사용에 참여하는 사람들의 의사결정과정 및 행위

buying center(구매 센터)
The people within an organizations, including users, influencers, buyers, deciders, and gatekeepers, who make business purchase decisions
사용자들, 영향력 행사자들, 구매자들, 결정권자들 및 정보통제자들을 포함하여 비즈니스 구매의사결정을 하는 조직 내부의 사람들

buying power(구매력)
Resources, such as money, goods, and services, that can be traded in an exchange
교환에서 사용될 수 있는 화폐, 제품 및 서비스와 같은 자원

buzz marketing(버즈 마케팅)
An attempt to incite publicity and public excitement surrounding a product through a creative event
창의적인 이벤트를 통해 제품을 둘러싼 대중의 관심과 흥미를 자극하고자 하는 시도

C

captioned photograph (표제가 있는 사진) A photo with a brief description of its contents
내용에 대한 간단한 설명을 포함하는 사진

captive pricing (부속적 가격설정) Pricing that basic product in a product line low while pricing related items at a higher level
제품라인의 기본제품의 가격은 낮게 결정하는 반면 부속된 제품의 가격은 더 높은 수준에서 설정하는 것

cash-and-carry wholesalers(현금 무배달 도매상)
Limited- service wholesalers whose customers pay cash and furnish transportation
고객이 현금으로 지불하고 직접 운송해 가는 한정 서비스 도매상

cash discount(현금 할인)
Price reduction given to buyers for prompt payment or cash payment
즉각적 지불 또는 현금 지불에 대하여 구매자에게 제공되는 가격할인

catalog marketing (카탈로그 마케팅) A type of marketing in which an organization provides a catalog from which customers make selections and place orders by mail, telephone, or the Internet
고객이 우편, 전화, 또는 인터넷을 통해 선택하고 주문할 수 있도록 기업이 카탈로그를 제공하는 마케팅의 형태

category killer(카테고리 킬러)
A very large specialty store concentrating on a major product category and competing on the basis of low prices and product availability
주요 제품 카테고리에 집중해서 낮은 가격과 다양한 제품의 이용가능성을 토대로 경쟁하는 대규모의 전문점

category management (범주관리) A retail strategy of managing groups of similar, often substitutable products produced by different manufacturers
다른 제조 기업이 생산하는 제품과 유사하고 대체가능한 제품군을 관리하는 소매 전략

cause-related marketing (대의명분마케팅) The practice of linking their products to a particular social cause on an ongoing or short-term basis
지속적 또는 단기적으로 특정 사회적 대의명분에 자사의 제품을 연결시키는 관행

centralized organization (집중화 조직) A structure in which top-level managers delegate very little authority to lower levels
최고위층 관리자가 아래 수준에 권한을 거의 위임하지 않는 구조

cents-off offer(가격할인)
A promotion that lets buyers pay less than the regular price to encourage purchase
구매를 권고하기 위해 구매자로 하여금 정가보다 낮은 금액을 지불하게 하는 촉진

channel capacity(채널용량)
The limit on the volume of information a communication channel can handle effectively
커뮤니케이션 경로가 효과적으로 처리할 수 있는 정보량에 대한 제한

channel captain(경로 캡틴)
The dominant member of a marketing channel or supply chain
마케팅 경로 또는 공급사슬의 지배적인 구성원

channel power(경로 파워)
The ability of one channel member to influence another member's goal achievement
다른 구성원의 목표 달성에 영향을 줄 수 있는 한 경로 구성원의 능력

client-based relationships (단골관계) Interactions that result in satisfied customers who use a service repeatedly over time
오랜 기간 동안 반복적으로 서비스를 사용하는 만족고객을 만드는 상호작용

closing(완료)
The stage in the selling process when the salesperson asks the prospect to buy the product
판매 과정 중에서 판매원이 잠재고객에게 제품을 구매할 것을 요청하는 단계

co-branding(공동브랜딩)
Using two or more brands on one product
한 제품에 대해서 둘 이상의 브랜드를 사용하는 것

codes of conduct(행동강령) Formalized rules and standards that describe what the company expects of its employees

기업이 종업원에게 무엇을 기대하는지를 기술하는 공식적인 규칙 및 기준

coding process(부호화 과정) Converting meaning into a series of signs or symbols

의미를 일련의 신호 또는 상징으로 전환하는 것

cognitive dissonance(인지적 부조화) A buyer's doubts shortly after a purchase about whether the decision was right one

구매 직후에 구매결정이 올바른 결정이었는지에 대해서 구매자가 갖게 되는 의문

combination compensation plan(결합 보상계획) Paying salespeople a fixed salary plus a commission based on sales volume

고정된 급여에서 판매량에 따른 수수료를 더하여 판매원에게 지급하는 것

commercialization(상업화) Deciding on full-scale manufacturing and marketing plans and preparing budgets

제조 및 마케팅에 대한 전면적 계획의 결정과 예산 마련

commission merchants(수수료 상인) Agents that receive goods on consignment and negotiate sales in large, central markets

제품을 위탁받아 대형 중앙 시장에서 판매협상을 하는 대리상

Common Market of the Southern Cone(MERCOSUR) An alliance that promotes the free circulation of goods, services, and production factors and has a common external tariff and commercial policy among member nations in South America

남아메리카 회원국 사이에 제품, 서비스 및 생산요소의 자유로운 유통을 장려하며, 공동의 대외관세와 상업정책을 보유하고 있는 제휴

communication(커뮤니케이션) A sharing of meaning

의미의 공유

communications channel(커뮤니케이션 경로) The medium of transmission that carries the coded message from the source to the receiver or audience

부호화된 메시지를 원천으로부터 수신자 또는 오디언스에게 운빈하는 전달매체

community shopping centers(커뮤니티 쇼핑센터) Shopping centers with one or two department stores, some specialty stores, and convenience stores

하나 혹은 두 개의 백화점과 일부 전문점 및 편의점을 보유한 쇼핑센터

company sales potential(기업 매출잠재력) the maximum percentage of market potential that an individual firm within an industry can expect to obtain for a specific product

산업 내 개별 기업이 특정 제품에 대해 얻을 것으로 기대할 수 있는 시장잠재력의 최대 비율

comparative advertising(비교광고) Compares the sponsored brand with one or more identified brands on the basis of one or more product characteristics

1개 이상의 제품 특징을 토대로 자사의 브랜드를 하나 혹은 그 이상의 브랜드와 비교하는 것

comparison discounting(비교 할인) Setting a price at a specific level and comparing it with a higher price

제품의 가격을 특정 수준으로 설정하면서 동시에 더 높은 가격의 제품과 비교하는 것

competition(경쟁) Other firms that market products that are similar to or can be substituted for its products in the same geographic area

동일 지역에서 유사한 또는 대체 가능한 제품을 판매하는 다른 기업들

competition-based pricing(경쟁기반 가격설정) Pricing influenced primarily by competitors' prices

주로 경쟁자의 가격에 의해 영향을 받아 가격을 결정하는 것

competition-matching approach(경쟁 대응법) Determining an advertising budget by trying to match competitors' ad outlays

경쟁자의 광고비용에 대응하여 광고예산을 결정하는 것

competitive advantage(경쟁 우위) The result of a company's matching a core competency to opportunities in the marketplace

시장에서 발견한 기회에 기업의 핵심역량을 부합시킨 결과

competitive advertising(경쟁광고) Tries to stimulate demand for a specific brand by promoting its features, uses, and advantages

특정 브랜드의 특성, 사용 및 장점을 촉진함으로써 그에 대한 수요를 자극하고자 하는 노력

component parts(부품) Items that become part of the physical product and are either finished items ready for assembly or products that need little processing before assembly

실제 제품의 일부가 되는 것으로 조립을 하기 위한 완성 아이템이거나 조립 전에 거의 가공할 필요가 없는 제품

concentrated targeting strategy
(집중적 표적시장선정 전략)
A strategy in which an organization targets a single market segment using one marketing mix

조직이 하나의 마케팅믹스를 사용해서 하나의 세분시장을 겨냥하는 전략

concept testing(개념 테스트)
Seeking potential buyer's response to a product idea

제품 아이디어에 대한 잠재적 구매자의 반응 추구

conclusive research
(결론도출적 조사) Research designed to verify insights through an objective procedure to help marketers in making decisions

의사결정을 하는데 있어서 마케터들에게 도움을 주기 위해 객관적인 절차를 통해 통찰력을 입증할 수 있도록 설계된 조사

consideration set(고려군)
A group of brands that a buyer views as alternatives for possible purchase

구매자가 구매의 대안으로 고려할 수 있는 브랜드들의 집단

consistency of quality
(품질의 일관성) The degree to which a product has the same level of quality over time

시간이 지나도 제품이 동일한 수준의 품질을 갖는 정도

consumer buying behavior
(소비자 구매행동) Buying behavior of ultimate consumers, those who purchase products for personal or household use and not for business purposes

사업목적이 아니라 개인용도 또는 가정에서 사용하기 위해 제품을 구입하는 최종소비자들의 구매행동

consumer buying decision process
(소비자 구매의사결정과정) A five-stage purchase decision process that includes problem recognition, information search, evaluation of alternatives, purchase, and post-purchase evaluation

문제인식, 정보탐색, 대안평가, 구매, 그리고 구매 후 평가를 포함하는 5단계의 구매결정과정

consumer contests
(소비자 콘테스트) Sales promotion methods in which individuals compete for prizes based on analytical or creative skills

분석적 또는 창의적 기술에 근거해서 상을 받기위해 소비자가 서로 경쟁하는 판매촉진방법

consumer games(소비자 게임)
Sales promotion method in which individuals compete for prizes based primarily on chance

주로 개연성에 근거해서 상을 받기 위해 소비자가 서로 경쟁하는 판매촉진방법

consumer jury(소비자 평가단)
A panel of a product's actual or potential buyers who pretest ads

광고를 사전 조사하는 광고 제품의 실제 구매자 또는 잠재 구매자의 패널

consumer market(소비자시장)
Purchasers and household members who intend to consume or benefit from the purchased products and do not buy products for the main purpose of making a profit

구입한 제품을 소비하거나 편익을 얻으려고 하지만 이익을 내려는 주된 목적으로 구매하지는 않는 구매자들 및 가구 구성원들

consumer products
(소비자 제품) Products purchased to satisfy personal and family needs

개인 혹은 가족의 욕구를 만족시키기 위해서 구매된 제품

consumer sales promotion methods
(소비자 판매촉진 방법) Ways of encouraging consumers to patronize specific stores or try particular products

소비자를 특정 점포의 단골로 만들거나 특정 제품을 구매하도록 권고하는 방법

consumer socialization
(소비자 사회화) the process through which a person acquires the knowledge and skills to function as a consumer

개인이 소비자의 역할을 수행하는데 필요한 지식과 기량을 획득하는 과정

consumer sweepstakes
(소비자 경품) Sales promotion in which entrants submit their names for inclusion in a drawing for prizes

당첨 목록에 포함되기 위해 참가자가 자신의 이름을 제출하는 판매촉진

consumerism(소비자주의)
Organized efforts by individuals, groups, and organizations seeking to protect consumers' rights

소비자의 권리를 보호하고 추구하는 개인, 집단, 그리고 조직의 체계적인 노력

contract manufacturing
(계약생산) The practice of hiring a foreign firm to produce a designated volume of product to specification

스펙에 따라 제품의 정해진 양을 생산하기 위해 외국기업을 활용하는 관행

convenience products
(편의품) Relatively inexpensive, frequently purchased items for which buyers exert only minimal purchasing effort
구매자가 최소한의 구매노력을 기울이는 상대적으로 저렴하고, 자주 구입하는 제품

convenience store(편의점)
A small self-service store that is open long hours and carries a narrow assortment of products, usually convenience items
영업시간이 길고, 보통 편의품과 같은 제품의 좁은 구색을 취급하는 소형 셀프 서비스 소매점

cooperative advertising
(협동광고) An agreement in which a manufacturer agrees to pay a certain amount of a retailer's media costs for advertising the manufacturer's products
제조업자의 제품 광고에 대한 소매상의 매체 비용의 특정 금액을 제조업자가 지불하는 것에 대해 동의하는 협정

copy(카피)
The verbal portion of advertisements
광고의 언어적 부분

core competencies(핵심역량)
Things a firm does extremely well, which sometimes give it an advantage over its competition
한 기업이 매우 잘하는 것으로 때때로 경쟁자에 비해서 이점을 제공

corporate strategy
(기업수준 전략) A strategy that determines the means for using resources in the functional areas of marketing, production, finance, research and development, and human resources to reach the organization's goals
조직의 목표를 성취하기 위해서, 마케팅, 생산, 재무, 조사 및 개발, 그리고 인적자원의 기능적 영역에서 자원을 어떻게 사용할지에 대한 수단을 결정하는 전략

cost-based pricing
(원가기반 가격설정) Adding a dollar amount or percentage to the cost of the product
일정의 금액 또는 퍼센트를 제품의 원가에 더하는 것

cost-plus pricing
(원가가산 가격설정) Adding a specified dollar amount or percentage to the seller's cost
일정의 금액 또는 퍼센트를 판매자의 원가에 더하는 것

cost comparison indicator
(비용비교 지표) A means of comparing the cost of vehicles in a specific medium in relation to the number of people reached
특정 매체 내 수단의 비용과 그와 관련된 도달한 사람들의 수를 비교하는 수단

coupons(쿠폰)
Written price reductions used to encourage consumers to buy a specific product
소비자가 특정 제품을 구매하도록 권고하는데 사용되도록 표기된 가격할인

cultural relativism
(문화적 상대주의) The concept that morality varies from one culture to another and that business practices are therefore differentially defined as right or wrong by particular cultures
도덕성은 문화에 따라 다르므로 비즈니스 관행이 특정 문화에서 옳거나 그른 것으로 다르게 정의될 수 있다는 개념

culture(문화)
the accumulation of values, knowledge, bel.iefs, customs, objects, and concepts that a society uses to cope with its environment
한 사회가 환경에 대응하는데 사용하는 가치, 지식, 신념, 관습, 물체 및 개념의 축적

cumulative discounts
(누적할인) Quantity discounts aggregated over a stated time period
일정기간 동안에 걸쳐서 누적된 수량 할인

customary pricing
(관습 가격설정) Pricing on the basis of tradition
전통에 따라 가격을 설정하는 것

customer(고객)
The purchasers of the products; the focal point of all marketing activities
제품의 구매자; 모든 마케팅활동의 초점

customer advisory board
(고객조언위원회) Small groups of actual customers who serve as sounding boards for new-product ideas and offer insights into their feelings and attitudes toward a firm's products, promotion, pricing, and other elements of marketing strategy
신제품 아이디어의 홍보 담당자 역할을 수행하고, 기업의 제품, 촉진, 가격결정 및 기타 마케팅요소들에 대한 자신들의 느낌과 태도에 대해 통찰력을 제공하는 실제 고객들의 소집단

customer contact(고객접촉)
The level of interaction between the service provider and customer needed to deliver the service
서비스를 전달하는데 필요한 서비스 제공자와 고객 간 상호작용의 수준

customer forecasting survey(고객예측 서베이)
A survey of customers regarding the types and quantities of products they intend to buy during a specific period

특정 기간 동안 고객들이 구매 의도를 갖고 있는 제품의 유형 및 수량에 관하여 고객 조사

customer relationship management: CRM
(고객관계관리) Using information about customers to create marketing strategies that develop and sustain desirable customer relationships

고객에 대한 정보를 사용하여 바람직한 고객관계를 개발하고 유지하는 마케팅전략을 만들어내는 것

customer services(고객서비스)
Human or mechanical efforts or activities that add value to a product

제품에 가치를 추가하도록 기업이 제공하는 인적 혹은 기계적 노력

cycle analysis(순환분석)
An analysis of sales figures for a period of three to five years to ascertain whether sales fluctuate in a consistent, periodic manner

매출액이 일관성을 갖고 주기적으로 변동하는지 확인하기 위해 3년에서 5년 사이의 매출액 분석

cycle time(사이클 타임)
The time needed to complete a process

과정을 완성하는데 필요한 시간

D

dealer listings(딜러 리스팅)
Advertisements that promote a product and identify the names of participating retailers that sell the product

제품을 촉진하고, 제품의 판매에 참여하고 있는 소매상을 확인시켜 주는 광고

dealer loader(딜러 로더)
A gift, often part of a display, given to a retailer purchasing a specified quantity of merchandise

상품의 정해진 수량을 구매한 소매상에게 제공하는 선물, 진열의 일부

decentralized organization
(분권화 조직) A structure in which decision-making authority is delegated as far down the chain of command as possible

의사결정권한이 가능한 한 명령계통의 맨 아래 수준까지 위임되는 구조

decline stage(쇠퇴기)
The stage of a product's life cycle when sales fall rapidly

매출이 급속히 하락하는 제품수명주기의 단계

decoding process(해독화 과정)
Converting signs or symbols into concepts and ideas

신호 또는 상징을 개념 또는 아이디어로 전환하는 것

Delphi technique(델파이기법)
A procedure in which experts create initial forecasts, submit them to the company for averaging, and have the results returned to them so that they can make individual refined forecasts

전문가들이 우선적으로 예측을 해서 기업에 제출하면 기업은 이 예측의 평균치를 내서 전문가들에게 결과를 알려주고, 전문가들이 다시 개별적으로 예측을 정제하는 절차

demand-based pricing
(수요기반 가격설정) Pricing based on the level of demand for the product

제품의 수요수준에 기초하여 가격을 결정하는 것

demand curve(수요곡선)
A graph of the quantity of a product taken by buyers in the market at various prices, given that all other factors are held constant

다른 모든 요인들이 동일하다는 전제하에 다양한 가격대에서 구매자가 구입하는 제품 수량의 그래프

demonstrations(시연)
A sales promotion method manufacturers use temporarily to encourage trial use and purchase of a product or to show how a product works

제품의 시용 및 구매를 장려하기 위해서 혹은 제품이 어떻게 작동되는지 보여주기 위해 제조업자가 일시적으로 사용하는 판매촉진방법

department stores(백화점)
Large retail organizations characterized by wide product mixes and organized into separate departments to facilitate marketing and internal management

마케팅 및 내부 관리를 용이하게 하기 위해 분리된 부서로 조직되며, 다양한 제품 믹스를 특징으로 하는 대형 소매조직

depth of product mix
(제품믹스의 깊이) The average number of different product items offered in each product line

각 제품라인에 있는 각기 다른 제품 아이템의 평균 개수

derived demand(파생수요)
Demand for industrial products that stems from demand for consumer products

소비자제품에 대한 수요에서 파생되는 비즈니스 제품에 대한 수요

descriptive research
(서술적 조사) Research conducted to clarify the characteristics of certain phenomena and thus solve a particular problem

어떤 현상의 특성을 명확히 해서 특정 문제를 해결하기 위해 시행되는 조사

differential pricing
(차별적 가격설정) Charging different prices to different buyers for the same quality and quantity of product

같은 품질 및 수량의 제품에 대하여 다른 구매자들에게 다른 가격을 부과하는 것

differentiated targeting strategy (차별적 표적시장선정 전략) A strategy in which an organization targets two or more segments by developing a marketing mix for each

조직이 각 세분시장에 적합한 마케팅믹스를 개발함으로써 2개 이상의 세분시장을 표적으로 삼는 전략

direct marketing(직접 마케팅) The use of telecommunications and nonpersonal media to introduce products to consumers, who then can purchase them via mail, telephone, or the Internet

우편, 전화, 또는 인터넷을 통해 구매할 수 있는 소비자에게 제품을 출시하기 위한 통신매체 및 비인적 매체의 사용

direct ownership(직접소유) A situation in which a company owns subsidiaries or other facilities overseas

어떤 회사가 외국에 있는 자회사 또는 다른 시설을 소유하는 상황

direct response marketing (직접 반응 마케팅) A type of marketing that occurs when a retailer advertise a product and make it available though mail or telephone orders

소매상이 제품을 광고하고 우편 또는 전화주문을 통해 구매할 수 있는 마케팅의 형태

direct selling(직접 판매) The marketing of products to ultimate consumers through face-to-face sales presentations at home or in the workplace

집이나 직장에서 대면 판매 제시를 통해 최종 소비자에게 제품을 마케팅 하는 것

discount stores(할인점) Self-service, general merchandise stores offering brand name and private brand products at low prices

낮은 가격으로 유명 브랜드 및 사적 브랜드 제품을 제공하는 셀프 서비스 종합 소매점

discretionary income (재량 소득) Disposable income that is available for spending and saving after an individual has purchased the basic necessities of food, clothing, and shelter

개인이 의식주의 기본적 필수품을 구입한 후에 지출 및 저축을 위해 사용 가능한 처분가능 소득

disposable income (가처분 소득) The amount of money left after payment of taxes

세금 납부 후에 남는 돈

distribution(유통) The decisions and activities that make products available to customers when and where they want to purchase them

소비자들이 구매하고자 원하는 때와 장소에서 제품을 이용할 수 있도록 만드는 결정과 활동

distribution centers (유통 센터) Large, centralized warehouses that focus on moving rather than storing goods

제품의 보관보다는 이동에 초점을 맞추는 대규모의 집중화된 창고

drop shippers(직송 도매상) Limited-service wholesalers that take title to products and negotiate sales but never take actual possession of products

제품에 대한 소유권을 가지고 판매 조건을 교섭하지만 실제로 제품을 소유하지 않는 한정 서비스 도매상

dual distribution(이중 유통) The use of two or more marketing channels to distribute the same products to the same target market

같은 표적 시장에서 같은 제품을 유통하기 위해 두 개 이상의 마케팅 경로를 사용하는 것

dumping(덤핑) Selling products at unfairly low prices

부당하게 낮은 가격으로 제품을 판매하는 것

E

early adopters(조기 수용자) Careful choosers of new products

신제품의 신중한 수용자

early majority(조기 다수자) Those adopting new products just before the average person

평균 사람들보다 약간 먼저 신제품을 수용하는 사람들

electronic data interchange: EDI (전자적 자료 상호교환) A computerized means of integrating order processing with production, inventory, accounting, and transportation

주문 처리를 생산, 재고, 회계 및 운송과 통합하는 전산화된 수단

embargo(수출금지) A government's suspension of trade in a particular product or with a given country

특정 제품의 무역이나 특정 국가와의 무역에 대한 정부의 중단

empowerment(권한위임) giving customer-contact employees the authority and responsibility to make marketing decisions without seeking the approval of their supervisors

고객접촉 종업원에게 상사의 허락을 구함이 없이 마케팅결정을 할 수 있는 권한 및 책임을 부여하는 것

environmental analysis
(환경분석) The process of assessing and interpreting the information gathered through environmental scanning

환경스캐닝을 통하여 수집한 정보를 평가하고 해석하는 과정

environmental scanning
(환경스캐닝) The process of collecting information about forces in the marketing environment

마케팅환경의 요인에 대한 정보를 수집하는 과정

ethical issue(윤리적 이슈)
An identifiable problem, situation, or opportunity requiring an individual or organization to choose from among several actions that must be evaluated as right or wrong, ethical or unethical

개인 또는 조직으로 하여금 옳거나 그르다고, 또는 윤리적이거나 비윤리적으로 평가되어야 하는 여러 행동 중에서 선택해야 하는 확인 가능한 문제, 상황, 또는 기회

European Union(EU)
An alliance that promotes trade among its member countries in Europe

유럽 회원국 사이의 무역을 장려하는 제휴

evaluative criteria(평가기준)
Objective and subjective characteristics that are important to a buyer

구매자에게 중요한 객관적, 주관적 특성

everyday low prices: EDLP
(상시저가) Setting a low price for products on a consistent basis

일관되게 제품의 가격을 낮게 설정하는 것

exchange(교환)
The provision or transfer of goods, services, or ideas in return for something of value

가치 있는 것을 얻는 대가로 제품, 서비스 또는 아이디어의 제공이나 이전

exchange controls(외국환관리)
Government restrictions on the amount of a particular currency that can be bought or sold

매입 또는 매도할 수 있는 특정 화폐의 금액에 대한 정부의 규제

exclusive dealing(독점적 거래)
A situation in which a manufacturer forbids an intermediary to carry products of competing manufacturers

제조업자가 중간상으로 하여금 경쟁사 제품의 취급을 막는 상황

exclusive distribution
(전속적 유통) Using a single outlet in a fairly large geographic area to distribute a product

제품을 유통시키기 위해 상대적으로 큰 지리적 영역에 있어서 오직 하나의 점포만을 사용하는 것

executive judgement
(경영자의 판단) Sales forecast based on the intuition of one or more executives

한 명 또는 그이상의 경영자 직관을 토대로 하는 판매예측

experimental research
(실험 조사) Research that allows marketers to make causal deductions about relationships

마케터들이 관계에 대한 인과적 추론을 할 수 있게 해주는 조사

expert forecasting survey
(전문가예측 서베이) Sales forecasts prepared by experts such as economists, management consultants, advertising executives, college professors, or other persons outside the firm

경제전문가들, 경영컨설턴트들, 광고회사 경영자들, 대학교수들 또는 기업외부의 기타 전문가들과 같은 전문가들이 제공하는 판매예측

exploratory research
(탐색적 조사) Research conducted to gather more information about a problem or to make a tentative hypothesis more specific

어떤 문제에 대해서 더 많은 정보가 필요하거나 잠정적인 가설을 더 구체화시키기 위해 시행되는 조사

exporting(수출)
the sale of products to foreign markets

외국시장에 제품을 판매하는 것

extended problem solving
(확장된 문제해결) A type of consumer problem-solving process employed when purchasing unfamiliar, expensive, or infrequently bought products

익숙하지 않거나 비싸거나 또는 이따금 사는 제품을 구매할 때 활용되는 소비자 문제해결과정의 유형

external customers
(외부고객) The individuals who patronize a business

기업을 애용하는 개인

external reference price
(외적 준거가격) A comparison price provided by others

타인에 의하여 주어지는 비교가격

external search(외적 탐색)
An information search in which buyers seek information from outside sources

구매자들이 외부의 원천에서 정보를 찾는 정보탐색

F

F.O.B. destination price
(F.O.B. 목적지 가격) A price indicating the producer is absorbing shipping costs

생산자가 선적비용을 부담한다는 것을 의미하는 가격

F.O.B. factory price
(F.O.B. 공장도 가격) The price of the merchandise at the factory, before shipment

선적되기 전 공장에서의 제품가격

family branding(가족 브랜딩)
Branding all of a firm's products with the same name

한 기업의 모든 제품들이 같은 이름을 사용하는 브랜딩

family packaging(가족 패키징)
Using similar packaging for all of a firm's products or packaging that has one common design element

기업의 모든 제품 패키지를 유사하게 하거나 디자인의 주요 요소를 포함시키는 패키징

feature article(특집기사)
A manuscript of up to 3,000 words prepared for a specific publication

특정 출판물을 위하여 준비하는 3,000단어 이하의 원고

Federal Trade Commission (FTC) An agency that regulates a variety of business practices and curbs false advertising, misleading pricing, and deceptive packaging and labeling

다양한 비즈니스 관행을 규제하고, 허의 광고, 현혹시키는 가격책정, 기만적인 포장 및 라벨링을 규제하는 기관

feedback(피드백)
The receiver's response to a message

메시지에 대한 수신자의 반응

fixed costs(고정비)
Costs that do not vary with changes in the number of units produced or sold

생산 또는 판매량의 변화와 관계없이 변하지 않는 비용

focus-group interview
(표적집단면접) A research method involving observation of group interaction when members are exposed to an idea or a concept

구성원들이 어떤 아이디어나 개념에 노출될 때 이루어지는 집단 상호작용을 관찰하는 조사방법

franchising(프랜차이징)
A form of licensing in which a franchiser grants a franchisee the right to market its product using its name, logo, methods of operation, advertising, products, and other elements associated with the franchiser's business, in return for a financial commitment and an agreement to conduct business in accordance with the franchiser's standard of operations

본부회사가 재무적 투자와 자사의 운영표준에 따라 비즈니스를 영위하기로 한 약정에 대한 대가로 자사의 이름, 로고, 운영방법, 광고, 제품 및 프랜차이즈 비즈니스와 관련된 다른 요소들을 이용하여 자사 제품의 마케팅활동을 펼칠 수 있는 권리를 가맹점에게 제공하는 라이센스 제도의 한 형태

free merchandise(무료상품)
A manufacturer's reward given to resellers for purchasing a stated quantity of products

제품의 정해진 수량을 구매한 재판매업자에게 제공하는 제조업자의 보상

free sample(무료샘플)
Samples of a product given out to encourage trial and purchase

시용 및 구매를 권고하기 위해 제공하는 제품의 샘플

freight absorption pricing
(운임부담 가격설정) Absorption of all or part of actual freight costs by the seller

판매자가 실제적 운임의 전부 또는 일부를 부담하는 것

freight forwarders
(화물 운송업자) Organizations that consolidate shipments from several firms into efficient lot sizes

여러 기업으로부터의 선적을 효율적인 사이즈로 통합하는 조직

full-service wholesalers
(완전 서비스 도매상) Merchant wholesalers that perform the widest range of wholesaling functions

가장 광범위한 범위의 도매기능을 실행하는 상인 도매상

functional modifications
(기능적 수정) Changes affecting a product's versatility, effectiveness, convenience, or safety

제품의 다양성, 효과성, 편의성 또는 안전성에 영향을 미치는 변화

G

general-line wholesalers
(일반제품라인 도매상) Full-services wholesalers that carry only a few product lines but many products within those lines

몇 개의 제품라인을 취급하지만 제품라인 내에서는 다양한 제품을 제공하는 완전 서비스 도매상

General Agreement on Tariffs and Trade (GATT)
An agreement among nations to reduce worldwide tariffs and increase international trade

전 세계의 관세를 축소하고, 국제무역을 확대시키기 위한 국가들 사이의 협정

general merchandise retailer(종합소매상)
A retail establishment that offers a variety of product lines stocked in considerable depth

상당한 깊이의 다양한 제품라인을 제공하는 소매업체

general merchandise wholesalers(양판 도매상)
Full-service wholesalers with a wide product mix but limited depth within product lines
넓은 제품믹스를 취급하지만 제품라인 내에서는 제한된 깊이의 제품을 제공하는 완전 서비스 도매상

generic brands(무브랜드)
Brands indicating only the product category
단지 제품범주를 나타내는 브랜드

generic competitors(포괄적 경쟁자) Firms that provide very different products that solve the same problem or satisfy the same basic customer need
같은 문제를 해결하거나 같은 기본적 고객 욕구를 충족시키는 매우 다른 제품을 공급하는 기업

geodemographic segmentation(지리인구통계적 세분화) Market segmentation that dusters people in zip code areas and smaller neighborhood units based on lifestyle information and demographic data
라이프스타일 정보와 인구통계적 자료를 토대로 우편번호 지역단위 및 더 소규모의 주택지구 단위로 사람들을 군집화 하는 시장세분화

geographic pricing(지리적 가격설정) Reductions for transportation costs or other costs associated with the physical distance between buyer and seller
구매자와 판매자의 물리적 거리와 관련된 수송비용 또는 다른 비용에 대한 할인

globalization(글로벌화)
The development of marketing strategies that treat the entire world or its major regions as a single entity
전 세계 또는 주요 지역을 하나의 실체로 다루는 마케팅전략의 개발

good(유형제품)
A tangible physical entity
형태가 있는 물리적 실체

government markets(정부시장) Federal, state, county, and local governments that buy goods and services to support their internal operations and provide products to their constituencies
내부운영을 지원하고, 제품을 국민들에게 제공하기 위해 제품과 서비스를 구매하는 연방, 주, 군, 그리고 지방 정부들

green marketing(그린 마케팅)
A strategic process involving stakeholder assessment to create meaningful long-term relationships with customers, while maintaining, supporting, and enhancing the natural environment
자연환경을 유지하고, 지원하고, 향상시키면서 고객과 장기적으로 의미 있는 관계를 창출하기 위하여 이해관계자의 평가를 포함하는 선략적 과정

gross domestic product: GDP(국내총생산)
The market value of a nation's total output of goods and services for a given period; an overall measure of a nation's economic standing
일정 기간 동안 한 국가의 제품과 서비스 총산출물의 시장가치; 한국가의 경제적 지위에 대한 전반적인 측정치

growth stage(성장기)
The stage of a product's life cycle when sales rise rapidly and profits reach a peak and then start to decline
매출이 급속히 증가하고, 수익은 정점에 도달한 후 쇠퇴하기 시작하는 제품수명주기의 단계

H

heterogeneity(이질성)
Variation in quality
품질의 변동성

heterogeneous markets(이질적 시장) Markets made up of individuals or organizations with diverse needs for products in a specific product class
특정 제품범주내 제품에 대해 다양한 욕구를 갖고 있는 개인들 및 조직들로 구성된 시장들

homogeneous market(동질적 시장) A market in which a large proportion of customers have similar needs for a product
전체시장에서 많은 고객들이 제품에 대한 비슷한 욕구를 갖고 있는 시장

horizontal channel integration(수평적 경로 통합)
Combining organizations at the same level of operation under one management
하나의 관리 하에서 운영 수준이 동일한 조직들을 결합하는 것

hypermarkets(하이퍼마켓)
Stores that combine supermarket and discount store shopping in one location
하나의 장소에 슈퍼마켓과 할인점을 결합한 점포

hypothesis(가설)
an informed guess or assumption about a certain problem or set of circumstances
어떤 문제 또는 일련의 상황에 대한 정보에 토대를 둔 추측 또는 가정

I

idea generation(아이디어 창출)
Seeking product ideas to achieve objectives

목표를 달성하기 위한 제품 아이디어 추구

idea(아이디어)
A concept, philosophy, image, or issue
개념, 철학, 이미지, 혹은 이슈

illustrations(일러스트레이션)
Photo, drawing, graphs, charts, and tables used to spark audience interest
오디언스의 관심을 끌기 위해 사용되는 사진, 그림, 그래프, 차트 및 표

import tariff(수입관세)
A duty levied by a nation on goods bought outside its borders and brought in
국경 밖에서 구매하여 들여오는 모든 상품에 국가가 부과하는 조세

importing(수입)
The purchase of products from a foreign source
외국의 공급원으로부터 제품을 구입하는 것

impulse buying(충동구매)
An unplanned buying behavior resulting from a powerful urge to buy something immediately
즉시 무엇인가를 구매하고 싶은 강력한 충동에서 비롯되는 비계획적 구매행동

in-home/ door-to-door interview(방문조사)
A personal interview that takes place in the respondent's home
응답자의 집에서 이루어지는 대인면접

individual branding
(개별 브랜딩) A policy of naming each product differently
각 제품에 대해서 다른 이름을 붙이는 정책

industrial distributor
(산업 유통업체) An independent business organization that takes title to industrial products and carries inventories
산업제품의 소유권을 가지고 재고를 취급하는 독립적인 사업조직

inelastic demand
(비탄력적 수요) Demand that is not significantly altered by a price increase or decrease
가격인상 또는 인하에 의해서 크게 변하지 않는 수요

information inputs(유입정보)
sensations received through the sense organs
감각기관을 통해서 받아들인 감각

innovators(혁신자)
The first adopters of new products
신제품의 최초 수용자

inseparability(비분리성)
Being produced and consumed at the same time
동시에 생산되고 소비되는 것

installations(설비)
Facilities and nonportable major equipment
시설들 및 대형의 주요 장비

institutional advertising
(기업광고) Promotes organizational images, ideas, and political issues
기업의 이미지, 아이디어 및 정치적 이슈를 촉진하는 것

institutional markets
(기관시장) Organizations with charitable, educational, community, or other nonbusiness goals
자선, 교육, 커뮤니티, 또는 기타 비영리 목적을 갖는 조직들

intangibility(무형성)
A service that is not physical and cannot be touched
형태가 없고, 만져볼 수 없는 서비스

integrated marketing communication: IMC
(통합적 마케팅 커뮤니케이션)
Coordination of promotional efforts for maximum informational and persuasive impact
정보적 효과와 설득효과를 최대화하기 위한 촉진 노력의 통합

intended strategy
(의도된 전략) The strategy the organization decided on during the planning phase and wants to use
조직이 기획단계에서 결정되고 실제적으로 사용하기를 원하는 전략

intensive distribution
(집중적 유통) Using all available outlets to distribute a product
제품을 유통시키기 위해 이용가능한 모든 점포를 사용하는 것

intermodal transportation
(복합 수단 운송) Two or more transportation modes used in combination
결합하여 사용되는 둘 혹은 그 이상의 운송방식

internal customers(내부고객)
A company's employees
기업의 종업원

internal marketing
(내부마케팅) A management philosophy that coordinates internal exchanges between the organization and its employees to achieve successful external exchanges between the organization and its customers
조직과 고객간의 성공적인 외적 교환을 달성하기 위하여 조직과 종업원간의 내적 교환을 조정하는 관리철학

internal reference price
(내적 준거가격) A price developed in the buyer's mind through experience with the product
제품에 대한 경험을 통해서 구매자의 마음속에서 형성된 가격

internal search(내적 탐색)
An information search in which buyers search their memories for information about products that might solve their problem
구매자들이 문제를 해결할 수 있는 제품에 대한 정보를 자신의 기억에서 찾는 정보탐색

international marketing (국제마케팅) Developing and performing marketing activities across national boundaries
국경을 넘나드는 마케팅활동을 개발하고 수행하는 것

introduction stage(도입기)
The initial stage of a product's life cycle-its first appearance in the marketplace-when sales start at zero and profits are negative
시장에 처음으로 출현하는 제품수명주기의 초기 단계—매출이 0에서 시작하고, 수익은 적자인 제품 수명주기의 단계

inventory management (재고관리) Developing and maintaining adequate assortment of products to meet customers' needs
고객의 욕구를 충족시키기 위해 제품의 적절한 구색을 개발하고 유지하는 것

J

joint demand(결합수요)
Demand involving the use of two or more items in combination to produce a product
한 제품을 생산하는데 두 개 이상의 아이템들이 결합되어 사용되는 것과 관련된 수요

joint venture(합작투자)
A partnership between a domestic firm and a foreign firm or government
국내기업과 외국기업이나 정부 사이의 파트너십

just-in-time: JIT(적시공급)
An inventory-management approach in which supplies arrive just when needed for production or resale
생산 또는 재판매에 필요할 때 즉시 공급해주는 재고관리 접근방법

K

kinesic communication (동작 커뮤니케이션) Communicating through the movement of head, eyes, arms, hands, legs, or torso
머리, 눈, 팔, 손, 다리, 혹은 몸통의 움직임을 통해 커뮤니케이션하는 것

L

labeling(라벨링)
Providing identifying, promotional, or other information on package labels
패키지 라벨에 식별, 촉진 또는 다른 정보를 제공하는 것

laggards(최후수용자)
The last adopters, who distrust new products
신제품을 신뢰하지 않는 마지막 수용자

late majority(후기 다수자)
Skeptics who adopt new products when they feel it is necessary
필요를 느낄 때 신제품을 수용하는 회의론자

layout(레이아웃)
The physical arrangement of an ad's illustration and copy
광고의 일러스트레이션과 카피의 물리적 배열

learning(학습)
Changes in a person's thought processes and behavior caused by information and experience
정보와 경험에 따른 개인의 사고과정과 행동의 변화

level of involvement (관여수준) The degree of interest in a product and the importance the individual places on this product
어떤 제품에 대한 관심의 정도와 소비자가 이 제품에 부여하는 중요성의 정도

level of quality(품질 수준)
The amount of quality a product possesses
제품이 보유한 품질의 양

licensing(라이센싱)
An alternative to direct investment requiring a licensee to pay commissions or royalties on sales or supplies used in manufacturing
허가수여자가 매출액이나 제조에 사용된 공급량에 따라 수수료 또는 로열티를 지급하는 직접투자의 대안

lifestyle shopping centers (라이프스타일 쇼핑센터) A type of shopping center that is typically open air and features upscale specialty, dining, and entertainment stores
전형적으로 야외에 고급 명품, 식당 및 위락 점포를 갖추고 있는 쇼핑센터의 형태

lifestyle(라이프스타일)
An individual's pattern of living expressed through activities, interests, and opinions
활동, 관심 및 의견을 통해서 표현되는 개인의 삶의 패턴

limited-service wholesalers (한정 서비스 도매상) Merchant wholesalers that provide some services and specialize in a few functions
일부 서비스만을 제공하며, 소수의 기능에만 전문화하는 상인 도매상

limited problem solving
(제한된 문제해결) A type of consumer problem-solving process that buyers use when purchasing products occasionally or when they need information about an unfamiliar brand in a familiar product category

제품을 가끔 구매하거나 익숙한 제품범주의 익숙하지 않은 브랜드에 대한 정보가 필요할 때 구매자들이 사용하는 소비자 문제해결과정의 유형

line extension(라인확장)
The development of a product that is closely related to existing product line but meet different customer needs

기존 제품라인과 밀접하게 관련되어 있지만 다른 고객의 욕구를 충족시키기는 제품의 개발

logistics management
(물류관리) Planning, implementing, and controlling the efficient and effective flow and storage of products and information from the point of origin to consumption in order to meet customers' needs and wants

고객의 필요와 욕구를 충족시키기 위해 원산지부터 소비에 이르기까지 제품 및 정보의 효율적이며 효과적인 흐름과 보관을 기획하고, 실행하고, 그리고 통제하는 것

M

mail-order wholesalers
(우편주문 도매상) Limited-service wholesalers that sell products through catalog

카탈로그를 통해 제품을 판매하는 한정 서비스 도매상

mail survey(우편조사)
A research method in which respondents answer a questionnaire sent through the mail

응답자들이 우편으로 보낸 질문지에 응답을 하는 조사방법

manufacturer brands
(제조업체 브랜드) Brands initiated by producers

생산자에 의해 주도되는 브랜드

manufacturers' agents
(제조업자 대리상) Independent intermediaries that represent two or more sellers and offer complete product lines

둘 혹은 그 이상의 판매자를 대표하고 고객들에게 모든 제품라인을 제공하는 독립 중간상

marginal cost: MC(한계비용)
The extra cost a firm incurs by producing one more unit of a product

기업이 한 단위를 더 생산할 때 발생하는 추가적 비용

marginal revenue: MR
(한계수입) The change in total revenue resulting from the sale of an additional unit of a product

기업이 제품 한 단위를 추가로 판매할 때 발생하는 총 수입의 변화

market(시장)
A group of individuals and/ or organizations that have needs for products in a product class and have the ability, willingness, and authority to purchase those products

제품군에서 제품에 대한 욕구를 가지고, 그 제품을 구매할 능력, 의도 및 권한을 가지고 있는 개인 또는 조직의 집합

market-growth/market-share matrix
(시장성장률/시장점유율 매트릭스)
A strategic planning tool based on the philosophy that a product's market growth rate and its market share are important considerations in determining its marketing strategy

제품의 시장성장율과 시장점유율이 마케팅전략을 결정하는데 중요한 고려사항이라는 철학에 기초하는 전략적 기획 도구

market density(시장밀도)
The number of potential customers within a unit of land area

단위면적 내에 있는 잠재적 고객들의 수

market manager(시장 관리자)
The person responsible for managing the marketing activities that serve a particular group of customers

특정 집단의 고객을 담당하는 마케팅 활동을 관리할 책임을 맡고 있는 사람

market opportunity
(시장기회) The right combination of circumstances and timing permits an organization to take action to reach a particular target market

조직이 특정 표적시장에 도달하기 위한 행동을 취하도록 허용되는 상황과 타이밍의 적절한 결합

market potential(시장잠재력)
The total amount of a product that customers will purchase within a specified period at a specific level of industrywide marketing activity

특정 수준의 산업전체 마케팅 노력으로 특정 기간 내에 고객들이 구매하게 될 제품의 총량

market segment(세분시장)
Individuals, groups, or organizations with one or more similar characteristics that cause them to have relatively similar product needs

비교적 비슷한 욕구를 갖고 있는 하나 이상의 비슷한 특성을 갖고 있는 개인들, 집단들, 또는 조직들

market segmentation
(시장세분화) The process of dividing a total market into groups, or segments, consisting of people or organizations with relatively similar product needs
전체시장을 비교적 비슷한 제품욕구를 갖는 사람들과 조직들로 구성된 집단 또는 세분시장으로 나누는 과정

market share(시장점유율)
The percentage of a market that actually buys a specific product from a particular company
특정 기업의 특정 제품을 실제적으로 구매하는 시장의 비율

market test(시장 테스트)
Making a product available to buyers in one or more test areas and measuring purchases and consumer responses
제품을 하나 이상의 테스트지역에서 구매자들이 입수할 수 있게 한 후 소비자 반응과 구매 측정

marketing(마케팅)
The process of creating, distributing, promoting, and pricing goods, services, and ideas to facilitate satisfying exchange relationships with customers and to develop and maintain favorable relationships with stakeholders in a dynamic environment
동적인 환경에서 고객들과 만족스러운 교환관계를 일구어내고, 이해관계자들과의 우호적인 관계를 개발하고 유지하기 위해서 제품, 서비스 및 아이디어를 창출하고, 유통시키며, 촉진하고, 그리고 가격을 설정하는 과정

marketing channel
(마케팅 경로) A group of individuals and organizations that direct the flow of products from producers to customers within the supply chain
공급 사슬 내 생산자들로부터 고객들에게 이르기까지 제품의 흐름을 관장하는 개인 및 조직의 집단

marketing citizenship
(마케팅 시민의식) The adoption of a strategic focus for fulfilling the economic, legal, ethical, and philanthropic social responsibilities expected by stakeholders
이해관계자가 기대하는 경제적, 법률적, 윤리적, 그리고 박애적인 사회적 책임을 수행하는데 있어서 전략적 초점의 채택

marketing concept
(마케팅개념) A managerial philosophy that an organization should try to satisfy customers' needs through a coordinated set of activities that also allows the organization to achieve its goals; a management philosophy guiding an organization's overall activities
조직의 목적을 달성할 수 있도록 통합된 활동들을 통하여 고객의 욕구를 충족시키는 관리철학; 기업의 전반적 활동을 가이드하는 관리철학

marketing control process
(마케팅통제과정) Establishing performance standards, evaluating actual performance by comparing it with established standards, and reducing the differences between desired and actual performance
성과표준을 설정하고, 실제성과를 설정된 표준과 비교하여 평가하고, 그리고 바라는 성과와 실제성과와의 차이를 줄이는 것

marketing decision support system: MDSS
(마케팅 의사결정 지원시스템)
Customized computer software that aids marketing managers in decision-making by helping them anticipate the effects of certain decisions
특정 의사결정의 효과를 예측할 수 있도록 도움을 줌으로써 마케팅 관리자들의 의사결정을 지원하는 맞춤형 컴퓨터 소프트웨어

marketing environment
(마케팅환경) The competitive, economic, political, legal and regulatory, technological, and sociocultural forces, surrounds the customer and affects the marketing mix
고객을 둘러싸고 있으면서 마케팅 믹스에 영향을 미치는 경쟁적, 경제적, 정치적, 법률적/규제적, 기술적 그리고 사회문화적 요인

marketing ethics(마케팅윤리)
Principles and standards that define acceptable conduct in marketing, as determined by various stakeholders
다양한 이해관계자들에 의하여 결정되며, 수용 가능한 마케팅 행위를 정의하는 원칙 및 기준

marketing implementation
(마케팅실행) The process of executing marketing strategies
마케팅전략을 실행하는 과정

marketing information system: MIS
(마케팅정보시스템) A framework for the day-to-day management and structuring of information gathered regularly from sources both inside and outside an organization
조직의 내부 및 외부원천에서 규칙적으로 수집된 정보의 일상적인 관리와 체계화를 위한 프레임워크

marketing intermediaries
(마케팅 중간상) Middlemen that link producers to other intermediaries or to ultimate consumers through contractual arrangements or through the purchase and resale of products

계약 협정 또는 제품의 구매와 재판매를 통해 생산자와 다른 중간상 또는 최종 소비자를 연결해주는 중간 상인

marketing management
(마케팅관리) The process of planning, organizing, implementing, and controlling marketing activities to facilitate exchanges effectively and efficiently

교환을 효과적이고 효율적으로 조성하기 위하여 마케팅활동을 계획하고, 조직화하며, 실행하고, 통제하는 과정

marketing mix(마케팅믹스)
Four marketing activities - product, pricing, distribution, promotion-that a firm can plan, organize, implement, and control to meet the needs of customers within its target market

기업이 표적시장의 고객들의 욕구를 충족시키기 위해서 계획하고, 조직화하며, 실행하고, 통제하는 네 가지 마케팅 활동—제품, 가격설정, 유통 및 촉진

marketing objective
(마케팅목표) A statement of what is to be accomplished through marketing activities

마케팅활동으로 성취하고자 하는 것에 대한 기술

marketing orientation
(마케팅지향성) An organizationwide generation of market intelligence pertaining to current and future customer needs, dissemination of the intelligence across departments, and organizationwide responsiveness to it; an organizationwide commitment to researching and responding to customer needs

현재 및 미래의 고객욕구와 관련된 시장 정보의 전사적 창출, 전부서로의 시장정보의 전파, 그리고 이에 대한 전사적 대응; 고객욕구 조사 및 그에 따른 대응에 대한 전사적 몰입

marketing plan(마케팅계획)
A written document that specifies the activities to be performed to implement and control an organization's marketing activities

기업의 마케팅활동을 실행하고 통제하기 위하여 행하여지는 활동을 명시한 문서

marketing planning
(마케팅기획) The process of assessing marketing opportunities and resources, determining marketing objectives, defining marketing strategies, and establishing guidelines for implementation and control of the marketing program

마케팅 기회 및 자원을 평가하고, 마케팅목표를 결정하고, 마케팅전략을 정의하고, 그리고 마케팅프로그램의 실행 및 통제에 대한 지침을 설정하는 과정

marketing research
(마케팅조사) The systematic design, collection, interpretation, and reporting of information to help marketers solve specific marketing problems or take advantage of marketing opportunities

특정 마케팅문제를 해결하거나 마케팅기회를 포착하는데 도움이 되는 정보의 체계적인 설계, 수집, 해석 및 보고

marketing strategy
(마케팅전략) A plan for identifying and analyzing a target market and developing a marketing mix to satisfy individuals in that market

표적시장을 확인하고 분석하며 그 시장의 사람들을 만족시키기 위한 마케팅믹스를 개발하는 계획

markup pricing
(가산이익률 가격설정) Adding to the cost of the product a predetermined percentage of that cost

원가의 미리 결정된 퍼센트를 원가에 더하는 것

Maslow's hierarchy of needs(Maslow의 욕구계층)
The five levels of needs that human seek to satisfy, from most to least important

가장 중요한 것부터 가장 덜 중요한 것까지 인간이 충족시키고자하는 5가지 수준이 욕구

materials handling(자재관리)
Physical handling of tangible goods, supplies, and resources

유형 제품, 공급품 및 자원의 물리적 처리

maturity stage(성숙기)
The stage of a product's life cycle when the sales curve peaks and starts to decline, and profits continue to fall

매출 곡선이 정점을 이룬 후 감소하기 시작하고, 수익은 계속 하락하는 제품수명주기의 단계

media plan(매체 계획)
Specifies media vehicles and schedule for running the advertisements

광고 운영에 대한 매체수단과 스케줄을 명시하는 것

megacarriers(대형운송기업)
Freight transportation firms that provide several modes of shipment

여러 선적 방식을 제공하는 화물운송기업

merchandise allowance
(상품 공제) A manufacturer's agreement to pay resellers certain amounts of money for providing special promotional efforts

촉진 노력을 제공하는 대가로 재판매업자에게 특정 금액을 지급하는 것에 대한 제조업자의 협정

merchant wholesalers (상인 도매상) Independently owned businesses that take title to goods, assume ownership risks, and buy and resell products to other wholesalers, business customers, or retailers

제품에 대한 소유권을 가지고 있으며, 소유권과 관련된 위험을 떠맡고, 제품을 구매하여 다른 도매상들, 비즈니스 고객, 또는 소매상들에게 재판매하는 독립된 사업자

micromarketing(미시마케팅) An approach to market segmentation in which organizations focus precise marketing efforts on very small geodemographic markets

조직들이 아주 소규모의 지리인구통계적 시장에 정밀한 마케팅노력을 집중하는 시장세분화 접근법

mission statement(사명서) A long-term view, or vision, of what the organization wants to become

조직이 되고자 원하는 것에 대한 장기적 견해 또는 비전

missionary salespeople (판촉 판매원) Support salespersons who assist the producer's customers in selling to their own customers

생산자의 고객들이 자신의 고객에게 판매하는 것을 돕는 지원 판매원

modified-rebuy purchase (수정된 재구매) A new-task purchase that is changed on subsequent orders or when the requirements of a straight-rebuy purchase are modified

두 번째 이후의 주문이 변경되는 신규구매 또는 단순 재구매 요건들이 수정되는 경우의 구매

money refunds(현금 환급) A sales promotion technique offering consumers money when they mail in a proof of purchase, usually for multiple product purchases

보통 대량구매를 하는 경우 구매증거를 제출하는 소비자에게 특정 금액을 환급하는 판매촉진 기법

monopolistic competition (독점적 경쟁) A competitive structure in which a firm with many potential competitors attempts to develop a marketing strategy to differentiate its product

많은 잠재적 경쟁자들을 갖고 있는 기업이 제품을 차별화하는 마케팅 전략을 전개하고자 시도하는 경쟁적 구조

monopoly(독점) A competitive structure in which an organization offers a product that has no dose substitutes, making that organization the sole source of supply

한 조직이 유사한 대체품이 없는 제품을 생산하여 독점적 공급원이 되는 경쟁적 구조

motives(동기) An internal energizing force that orients a person's activities toward satisfying needs or achieving goals

욕구를 충족시키거나 목적을 성취하는 방향으로 개인의 활동을 이끄는 내부 활성화 에너지

MRO supplies(MRO 공급품) Maintenance, repair, and operating items that facilitate production and operations but do not become part of the finished product

유지, 수리, 운영 제품으로 생산과 운영을 용이하게 해주지만 완성 제품의 일부가 되지는 않는 제품

multinational enterprise (다국적 기업) Firms that have operations or subsidiaries in many countries

여러 국가에 지역본부 또는 자회사를 갖고 있는 기업

multiple-unit pricing (다수량 가격설정) Packaging together two or more identical products and selling them for a single price

둘 이상의 동일 제품을 함께 묶어서 단일 가격으로 판매하는 것

multiple sourcing (다중 조달원천) An organization's decision to use several suppliers

여러 공급원을 이용하는 한 조직의 의사결정

N

NAICS(North American Industry Classification System) An industry classification system that will generate comparable statistics among the United States, Canada, and Mexico

미국, 캐나다 및 멕시코 사이에 비교 할수 있는 통계자료를 작성하기 위한 산업분류체계

National Advertising Review Board (NARB) A self-regulatory entity that considers cases in which an advertiser challenges issues raised by the National Advertising Division about an advertisement

National Advertising Division이 제기한 이슈에 광고주가 이의를 제기하는 경우 사안을 고려하는 자율규제단체

negotiated pricing (협상 가격설정) Establishing a final price through bargaining

협상을 통하여 최종가격을 결정하는 것

neighborhood shopping centers(근린쇼핑센터) Shopping centers usually consisting of several small convenience and specialty stores

통상적으로 일부 소형 편의점과 전문점으로 구성되는 쇼핑센터

new-product development process(신제품 개발과정) A seven-phase process for introducing products

제품의 도입을 위한 7단계의 과정

new-task purchase(신규구매) An initial purchase of an item to be used to perform a new job or solve a new problem

새로운 일을 하거나 새로운 문제를 해결하기 위해서 사용할 아이템에 대한 조직이 첫 구매

news release(보도자료) A short piece of copy publicizing an event or a product

이벤트 또는 제품을 알리는 짧은 카피

noise(노이즈) Anything that reduces a communication's clarity and accuracy

커뮤니케이션의 명확성과 정확성을 감소시키는 모든 것

noncumulative discounts (비누적할인) One-time reductions in price based on specific factors

특정 요인에 기초한 한 번의 가격 인하

nonprice competition (비가격 경쟁) Emphasizing factors other than price to distinguish a product from competing brands

가격 대신에 제품을 경쟁 브랜드와 구별시키는 다른 요인들을 강조하는 것

nonprobability sampling (비확률표본추출) A sampling technique in which there is no way to calculate the likelihood that a specific element of the population being studied will be chosen

모집단의 특정 요소들이 표본에 선정될 확률을 계산할 수 없는 표본추출기법

North American Free Trade Agreement(NAFTA) An alliance that merges Canada, Mexico, and the United States into a single market

캐나다, 멕시코 및 미국을 단일 시장으로 묶어준 제휴

O

objective-and-task approach(목표 과업법) Budgeting for an advertising campaign by first determining its objectives and then calculating the cost of all the tasks needed to attain them

광고 캠페인의 목표를 결정하고, 그것을 성취하는데 필요한 모든 과업의 비용을 계산하여 광고 캠페인에 대한 예산을 세우는 것

odd-even pricing (단수 가격설정) Ending the price with certain numbers to influence buyers' perceptions of the price or the product

가격 또는 제품에 대한 구매자의 지각에 영향을 미치기 위해 가격의 끝자리 수까지 제시하는 것

off-price retailers (상시할인소매상) Stores that buy manufacturers' seconds, overruns, returns, and off-season merchandise for resale to consumers at deep discounts

대폭 할인하여 소비자들에게 재판매하기 위해 제조업자의 2급품, 초과생산품, 반품 및 오프시즌 상품들을 구매하는 점포

oligopoly(과점) A competitive structure in which a few sellers control the supply of a large proportion of a product

소수의 판매자들이 제품 공급의 많은 부분을 통제하는 경쟁적 구조

online retailing(온라인 소매) Retailing that makes products available to buyers through computer connections

구매자가 컴퓨터 연결망을 통해 제품을 구매할 수 있는 소매

online survey(온라인조사) A research method in which respondents answer to a questionnaire via e-mail or on a website

응답자들이 이메일이나 웹사이트를 통해서 질문지에 응답을 하는 조사방법

operatlons management (운영관리) The total set of managerial activities used by an organization to transform resource inputs into products

투입자원을 제품으로 변환시키기 위해 조직이 사용하는 일련의 관리적 활동

opinion leader(의견 선도자) A reference group member who provide information about a specific sphere that interests reference group participants

준거집단 참여자들이 관심을 갖고 있는 특정 영역에 대한 정보를 제공하는 준거집단의 구성원

order getter(주문 획득자) The salesperson who sells to new customers and increases sales to current ones

신규고객에게 판매하고, 기존고객들에 대한 판매를 증가시키는 판매원

order processing(주문 처리) The receipt and transmission of sales-order information

판매주문 정보의 수령 및 전달

order takers(주문 접수자) Salespersons who primarily seek repeat sales

주로 반복판매를 추구하는 판매원

outsourcing(외부조달) The contracting of physical distribution tasks to third parties who do not have managerial authority within the marketing channel
마케팅 경로 내 관리 권한이 없는 제3자와 물적 유통 업무를 계약하는 것

P

P-O-P materials: point-of-purchase materials (구매시점 판촉물) Signs, window display, display racks, and similar means used to attract customers
고객의 주의를 끌기 위해 사용되는 실외 간판, 쇼윈도의 상품 진열, 선반 진열 및 유사한 수단

patronage motives(애고동기) Motives that influence where a person purchases a product on a regular basis
규칙적으로 한 개인이 어떤 제품을 구입하는 장소에 영향을 미치는 동기

penetration pricing (침투 가격설정) Setting prices below those of competing brands to penetrate a market and gain a significant market share quickly
시장을 파고 들어가서 상당한 시장점유율을 빨리 획득할 수 있도록 경쟁브랜드보다 낮게 가격을 설정하는 것

percent-of-sales approach (매출액 비율법) Budgeting for an advertising campaign by multiplying the firm's past or expected sales by a standard percentage
기업의 과거매출 또는 예상매출과 표준 %를 곱하여 광고 캠페인에 대한 예산을 세우는 것

perception(지각) The process of selecting, organizing, and interpreting information inputs to produce meaning
의미를 찾기 위해서 유입정보를 선택하고, 조직하며, 그리고 해석하는 과정

performance standard (성과표준) An expected level of performance against which actual performance can be compared
실제성과가 비교될 수 있는 성과의 기대수준

periodic discounting (주기적 가격할인) Temporary reduction of prices on patterned or systematic basis
반복적으로 또는 정기적으로 행해지는 가격의 일시적 할인

perishability(소멸성) The inability of unused service capacity to be stored for future use
사용되지 않은 서비스의 미래 사용을 위한 저장 불가능성

personal-interview survey (대인면접조사) A research method in which participants respond to questions face to face
참가자들이 얼굴을 마주보면서 질문에 답을 하는 조사방법

personal selling(인적 판매) Paid personal communication that attempt to inform customers and persuade them to buy products in an exchange situation
교환상황에서 제품을 구매하도록 고객에게 정보를 제공하고 설득하기 위한 유료의 인적 커뮤니케이션

personality(개성) A set of internal traits and distinct behavioral tendencies that result in consistent patterns of behavior in certain situations
어떤 상황에서 행동의 일관된 패턴으로 이어지는 일련의 내적인 특성들 및 독특한 행동성향

physical distribution (물적 유통) Activities used to move products from producers to consumers and other end users
생산자부터 소비자 및 다른 최종사용자까지 제품을 이동시키기 위해 사용되는 활동

pioneer advertising (개척자광고) Tries to stimulate demand for a product category rather than a specific brand by informing potential buyers about the product
잠재구매자에게 제품에 대한 정보를 제공함으로써 특정 브랜드보다는 제품 범주에 대한 수요를 자극하고자 하는 노력

pioneer promotion (개척자적 촉진) Promotion that informs consumers about a new product
소비자에게 신제품에 대한 정보를 제공하는 촉진

population(모집단) All the elements, units, or individuals of interest to researchers for a specific study
특정 연구에서 조사자가 관심을 갖는 모든 요소, 단위 또는 사람들

posttest(사후조사) Evaluation of advertising effectiveness after the campaign
캠페인 후 광고 효과성의 평가

power shopping centers (파워 쇼핑센터) A type of shopping center that combines off-prices stores with category killers
상시할인 점포와 카테고리킬러를 결합한 쇼핑센터의 형태

premiums(프리미엄) Items offered free or at a minimal cost as a bonus for purchasing a product
제품의 구매에 대한 보너스로 무료 또는 최소한의 비용으로 제공되는 물품

premium money; push money(프리미엄 머니) Extra compensation to salespeople for pushing a line of goods

제품의 라인을 구매한 판매원에게 제공하는 추가적 보상

premium pricing (프리미엄 가격설정) Pricing the highest-quality or most versatile products higher than other models in the product line

제품라인 내 다른 제품에 비해 고품질 또는 다용도가 가장 높은 제품의 가격을 더욱 높게 결정하는 것

press conference(기자회견) A meeting used to announce major news events

중요한 뉴스이벤트를 알리기 위한 회의

prestige-sensitive(명성의식적) Drawn to products that significantly prominence and status

우월함과 신분을 의미하는 제품에 집중하는 것

prestige pricing(명성 가격설정) Setting prices at an artificially high level to convey prestige or a quality image

명성 또는 품질 이미지를 전달하기 위해 인위적으로 높은 수준에서 가격을 설정하는 것

pretest(사전조사) Evaluation of ads performed before a campaign begins

캠페인 시작 전 광고성과의 평가

price(가격) Value exchanged for products in a marketing transaction

마케팅 거래에서 제품과 교환되는 가치

price-conscious(가격의식적) Striving to pay low prices

낮은 가격을 지불하고자 노력하는 것

price competition(가격 경쟁) Emphasizing price and matching or beating competitors' prices

가격을 강조하며 경쟁자의 가격과 대등하게 하거나 낮게 하는 것

price discrimination (가격차별화) Providing price differentials that injure competition by giving one or more buyers a competitive advantage

한 명 또는 그 이상의 구매자들에게 경쟁 우위를 제공함으로써 경쟁을 저해하는 차등가격을 제공하는 것

price elasticity of demand (수요의 가격탄력성) A measure of the sensitivity of demand to changes in price

가격변화에 대한 수요 민감성의 측정

price leaders(가격선도자) Product priced below the usual markup, near cost, or below cost

통상적인 가산이익률 아래로, 원가와 비슷하게, 또는 원가 미만으로 결정된 가격

price lining(가격 계열화) Setting a limited number of prices of selected groups or lines of merchandise

선별된 제품의 집단 또는 라인에 대하여 제한된 수의 가격들을 설정하는 것

price skimming(초기고가격) Charging the highest possible price that buyers who most desire the product will pay

제품을 가장 원하는 사람이 지불하고자 하는 가능한 가장 높은 가격을 책정하는 것

pricing objectives (가격설정 목표) Goals that describe what a firm wants to achieve through pricing

기업이 가격을 통하여 달성하기를 원하는 목표

primary data(일차자료) Data observed and recorded or collected directly from respondents

응답자들로부터 직접 관찰하여 기록하거나 수집된 자료

primary demand(본원적 수요) Demand for a product category rather than for a specific brand

특정 브랜드보다는 제품 범주에 대한 수요

private distributor brands (사적 유통업체 브랜드) Brands initiated and owned by resellers

재판매자에 의해 주도되고 소유되는 브랜드

private warehouses (사설 창고) Company-operated facilities for storing and shipping products

제품을 선적하고 저장하기 위한 자사운영 시설

probability sampling (확률표본추출) A sampling technique in which every element in the population being studied has a known chance of being selected for study

모집단의 모든 요소들이 표본에 선정될 확률이 알려져 있는 표본추출 기법

process materials(가공원료) Materials that are used directly in the production of other products but are not readily identifiable

다른 제품의 생산에 직접적으로 사용되지만 쉽게 확인할 수 없는 재료

producer markets (생산자시장) Individuals and business organizations that purchase products for the purpose of making a profit by using them to produce other products or using them in their operations

다른 제품을 생산하거나 운영하는 데 사용해서 이익을 낼 목적으로 제품을 구매하는 개인들과 비즈니스 조직들

product(제품) A good, a service, or an idea
유형의 제품, 서비스, 혹은 아이디어

product-line pricing(제품라인 가격설정) Establishing and adjusting prices of multiple products within a product line
제품라인 내 다수의 제품 가격을 결정하고 조정하는 것

product adoption process(제품수용과정) The stage buyers go through in accepting a product
제품 수용에 있어서 구매자가 거치는 단계

product advertising(제품광고) Promotes products' uses, features, and benefits
제품의 사용, 특성 및 편익을 촉진하는 것

product competitors(제품 경쟁자) Firms that compete in the same product class but market products with different features, benefits, and prices
같은 제품범주에서 경쟁하지만 다른 특징, 편익 그리고 가격의 제품을 판매하는 기업

product deletion(제품 제거) The process of eliminating a product from the product mix
제품믹스에서 제품을 제거하는 과정

product design(제품 디자인) How a product is conceived, planned, and produced
제품이 착상되고, 계획되며, 그리고 생산되는 방법

product development(제품 개발) Determining if producing a product is technically feasible and cost effective
제품의 생산이 기술적으로 실현 가능하고 비용 효과적인지의 여부를 결정

product differentiation(제품 차별화) Creating and designing products so that customers perceive them as different from competing products
고객들이 경쟁 제품들과 다르게 지각하도록 제품을 창출하고 디자인하는 것

product features(제품특성) Specific design characteristics that allow a product to perform certain tasks
제품이 어떤 과제를 수행하도록 하는 특정 디자인 특성

product item(제품아이템) A specific version of a product that can be designated as a distinct offering among an organization's products
기업의 제품들 중에서 별개의 제공물로 지정될 수 있는 한 제품의 특정 버전

product life cycle(제품수명주기) The progression of a product through four stages) introduction, growth, maturity, and decline
도입, 성장, 성숙, 쇠퇴의 네 가지 단계를 거치는 제품의 진행

product line(제품라인) A group of closely related product items that are considered to be a unit because of marketing, technical, or end-use considerations
마케팅, 기술적 혹은 최종 사용적 고려 때문에 같은 단위로 간주되는 밀접하게 관련된 제품 아이템들의 집단

product manager(제품 관리자) The person within an organization responsible for a product, a product line, or several distinct products that make up a group
집단을 구성하는 제품, 제품라인 혹은 여러 가지 독특한 제품에 대한 책임을 맡고 있는 조직 내 사람

product mix(제품믹스) The composite, or total, group of products that an organization makes available to customers
한 기업이 고객들에게 이용가능하게 만들 수 있는 복합적 혹은 전체적인 제품집단

product modification(제품 수정) Change in one or more characteristics of a product
한 제품에 대한 하나 혹은 그 이상의 특성에 대한 변화

product placement(간접광고) The strategic location of products or product promotions within television program content to reach the product's target market
제품의 표적시장에 도달하기 위한 TV프로그램 내에서의 제품의 전략적 배치 또는 제품 촉진

product positioning(제품 포지셔닝) Creating and maintaining a certain concept of a product in customers' minds
고객의 마음속에 제품의 특정한 개념을 창출하고 유지하는 것

professional pricing(전문가 가격설정) Fees set by people with great skill or experience in a particular field
특정 분야에서 뛰어난 기술이나 경험을 가지고 있는 사람들에 의해 설정되는 가격

promotion(촉진) Communication that to build and maintain relationships by informing and persuading one or more audiences
한 명 혹은 그 이상의 오디언스에게 정보를 제공하고 설득함으로써 관계를 구축하고 유지하는 커뮤니케이션

promotion mix(촉진믹스)
A combination of promotional methods used to promote a specific product
특정 제품을 촉진하기 위해 사용되는 촉진 방법의 조합

prospecting(잠재고객파악)
Developing a list of potential customers
잠재고객의 목록을 개발하는 것

proxemic communication(근접 커뮤니케이션) Communicating by varying the physical distance in face-to-face interactions
대면 상호작용에 있어서 물리적 거리를 변화시켜 커뮤니케이션하는 것

psychological influences(심리적 영향) Factors that partly determine people's general behavior, thus influencing their behavior as consumers
사람들의 일반적인 행동을 부분적으로 결정하여 소비자로서의 행동에 영향을 미치는 요인들

psychological pricing(심리적 가격설정) Pricing that attempts to influence a customer's perception of price to make a product's price more attractive
제품가격을 보다 매력적으로 만들기 위해 고객의 가격 지각에 영향을 미치고자 가격을 설정하는 것

public relations (PR)
Communication efforts used to create and maintain favorable relations between an organization and its stakeholders
조직과 이해관계자와의 호의적인 관계를 창출하고 유지하기 위해 사용되는 커뮤니케이션 노력

public warehouse(공공 창고)
Storage space and related physical distribution facilities that can be leased by companies
기업에 의해 임대될 수 있는 저장 공간 및 관련 물적 유통시설

publicity(퍼블리시티)
A news story type of communication transmitted through a mass medium at no charge
대중매체를 통해 무료로 전달되는 뉴스기사 형태의 커뮤니케이션

pull policy(풀 정책)
Promoting a product directly to consumers to develop strong consumer demand through marketing channel
마케팅 경로를 통해서 강력한 소비자 수요를 개발하기 위해 소비자에게 직접 제품을 촉진하는 것

pure competition(순수경쟁)
A market structure characterized by a large number of sellers, none of which could significantly influence price or supply
많은 판매자들을 포함하며, 어느 누구도 가격이나 공급에 유의한 영향을 미칠 수 없는 시장구조

push policy(푸쉬 정책)
Promoting a product only to the next institution down the marketing channel
마케팅 경로의 바로 다음 단계에 있는 조직에만 제품을 촉진하는 것

Q

quality modifications(품질 수정) Changes relating to a product's dependability and durability
제품의 신뢰성 및 내구성과 관련된 변화

quality(품질)
Characteristics of a product that allow it to perform as expected in satisfying customer needs
고객의 욕구를 충족시킬 것으로 기대된 대로 수행하도록 하는 제품의 특성

quantity discounts(수량할인) Deductions from list price for purchasing large quantities
대량구매에 대한 정가에서의 공제

quota(쿼터)
A limit on the amount of goods an importing country will accept for certain product categories in a specific time period
일정 기간 동안 특정 제품범주에 대해 수입국가가 허용하는 상품의 양에 대한 한도

quota sampling(할당표본추출)
A nonprobability sampling technique in which researchers divide the population into groups and then arbitrarily choose participants from each group
조사자들이 모집단을 여러 집단으로 나누고, 각 집단에서 표본을 임의로 선정하는 비확률표본추출기법

R

rack jobbers(선반 도매상)
Full service, specialty-line wholesalers that own and maintain display racks in stores
점포 내 진열 선반을 소유하고 유지하는 완전 서비스 전문품 라인 도매상

random discounting(무작위 가격할인) Temporary reduction of prices on an unsystematic basis
비체계적으로 행해지는 가격의 일시적 할인

random factor analysis(무작위요인 분석) An analysis attempting to attribute erratic sales variation to random, nonrecurrent events
이례적인 매출변동이 무작위적이고 비반복적인 사건 때문에 발생했는지의 여부를 확인하는 분석

random sampling (무작위표본추출) A type of sampling in which all the units in a population have an equal chance of appearing in the sample

모집단의 모든 단위들이 표본에 선정될 확률이 같은 확률표본의 한 유형

raw materials(원료) Basic natural materials that become part of a physical product

실제 제품의 일부가 되는 자연 재료

realized strategy(실현된 전략) The strategy that actually takes place

실제적으로 발생되는 전략

rebates(리베이트) A sales promotion technique whereby a customer is sent a specific amount of money for purchasing a single product

고객이 단 한 개의 제품을 구입하는 경우에도 지정된 금액을 환급받을 수 있는 판매촉진 기법

receiver(수신자) The individual, group, or organization that decodes a coded message

부호화된 메시지를 해독하는 개인, 집단, 또는 조직

reciprocity(호혜주의) An arrangement unique to business marketing in which two organizations agree to buy from each other

2개 조직이 서로에게서 구매하기로 합의한 비즈니스 마케팅 고유의 약정

recognition test(재인조사) A posttest in which individuals are shown the actual ad and asked if they recognize it

응답자에게 실제 광고를 보여주고 인지하는 지의 여부를 질문하는 사후조사

reference group(준거집단) Any group that positively or negatively affects a person's values, attitudes, or behavior

개인의 가치, 태도 및 행동에 긍정적 이거나 부정적 영향을 미치는 모든 집단

reference pricing (준거 가격설정) Pricing a product at a moderate level and displaying it next to a more expensive model or brand

중간 수준으로 제품의 가격을 설정하여, 더 비싼 모델이나 브랜드 옆에 진열하는 것

regional issue(지역판) Versions of a magazine that differ across geographic regions

지리적 지역에 따라 다른 잡지의 버전

regional shopping centers (지역쇼핑센터) A type of shopping center with the largest department stores, the widest product mix, and the deepest product lines of all shopping centers

모든 쇼핑센터 중에서 가장 큰 백화점, 가장 넓은 제품 믹스와 가장 깊은 제품라인을 보유한 쇼핑센터의 형태

regression analysis(회귀분석) A method of predicting sales based on finding a relationship between past sales and one or more variables, such as population or income

과거의 매출액과 인구 혹은 소득과 같은 하나 이상의 독립변수들 사이에 있는 관계를 찾아서 매출을 예측하는 방법

reinforcement advertising (강화광고) Assures users they chose the right brand and tells them how to get the most satisfaction from it

사용자에게 그 브랜드에 대한 만족감을 극대화하는 방법을 알려주고, 올바른 선택을 했다는 것을 확인시켜주는 것

relationship marketing (관계마케팅) Long-term, mutually beneficial arrangements in which both the buyer and seller focus on value enhancement through the creation of more satisfying exchanges

구매자와 판매자가 보다 더 만족스러운 교환의 창출을 통하여 가치증진에 초점을 둔 장기적이고, 서로에게 이로운 협정

relationship selling (관계적 판매) The building of mutually beneficial long-term associations with a customer through regular communications over prolonged periods of time

오랜 기간 동안 정기적인 커뮤니케이션을 통해 고객과 상호간에 편익을 가져다주는 장기적 관계 구축

reliability(신뢰성) A condition existing when a research technique produces almost identical results in repeated trials

어떤 조사기법이 반복된 시행에 있어서 거의 같은 결과를 도출할 때 성립하는 조건

reminder advertising (상기광고) Reminds consumers about an established brand's uses, characteristics, and benefits

이미 확립된 브랜드의 사용, 특징 및 편익에 대해 소비자를 상기시키는 것

research design(조사설계) An overall plan for obtaining the information needed to address a research problem or issue

조사문제나 쟁점을 다루는데 필요한 정보를 획득하기 위한 전반적인 계획

reseller markets(재판매업자시장) Intermediaries, such as wholesalers and retailers, who buy finished goods and resell them for profit

도매업체 및 소매업체와 같이 완제품을 구입해서 이익을 남기고 재판매하는 중간상들

retail positioning(소매 포지셔닝) Identifying an unserved or underserved market segment and serving it through a strategy that distinguishes the retailer from others in the minds of consumers in that segment

서비스가 제공되지 않거나 서비스가 충분하지 않은 세분시장을 파악해서 이러한 소비자들에게 다른 소매상과 차별화되는 전략을 통해 서비스를 제공하는 것

retailer(소매상) An organization that purchases products for the purpose of reselling them to ultimate consumers

최종 소비자에게 재판매하기 위한 목적으로 제품을 구매하는 기업

retailing(소매) All transactions in which the buyer intends to consume the product through personal, family, or household use

구매자가 개인적으로, 가족으로, 또는 가정에서 사용을 통해 제품을 소비하고자하는 모든 거래

role(역할) A set of actions and activities a person in a particular position is supposed to perform based on expectations of both the individual and surrounding persons

특정 지위에 있는 개인이 자신과 주변사람들의 기대를 토대로 수행하기로 되어 있는 일련의 행위와 활동

routinized response behavior(일상적 반응행동) A type of consumer problem-solving process used when buying frequently purchased, low-cost items that require very little search and decision effort

자주 구매되며, 탐색과 의사결정노력을 거의 필요로 하지 않는 낮은 비용의 아이템들을 구매할 때 사용되는 소비자 문제해결과정의 유형

S

sales branches(판매지점) Manufacturer-owned intermediaries that sell products and provide support services to the manufacturer's sale force

제품을 판매하고, 제조업자의 판매원에게 서비스 지원을 제공하는 제조업자 소유의 중간상

sales contest(판매 콘테스트) A promotion method used to motivate distributors, retailers, and sales personnel through recognition of outstanding achievements

탁월한 성과를 인정해서 유통업자, 소매상 및 판매원에게 동기를 부여하기 위해 사용되는 촉진방법

sales force forecasting survey(판매원예측 서베이) A survey of a firm's salespeople regarding anticipated sales in their territories for a specified period

특정 기간 동안에 판매원의 영업구역에서 예상 판매에 대한 기업 판매원의 서베이

sales forecast(판매예측) The amount of a product a company actually expects to sell during a specific period at a specified level of marketing activities

마케팅활동의 특정 수준에서 특정 기간에 기업이 실제로 제품을 판매할 수 있을 것으로 예상되는 매출액

sales offices(판매 사무소) Manufacturer-owned operations that provide services normally associated with agents

보통 대리상과 연관된 서비스를 제공하는 제조업자 소유의 사업체

sales promotion(판매촉진) An activity and/or material meant to induce resellers or salespeople to sell a product or consumers to buy it

재판매업자들이나 판매원들에게 제품의 판매를 유도하거나 소비자에게 구매를 설득하는 활동 및(혹은) 재료

sample(표본) A limited number of units chosen to represent the characteristics of the population

모집단의 특성을 나타낼 수 있도록 선정된 제한된 수의 단위

sampling(표본추출) The process of selecting representative units from a total population

전체 모집단을 대표할 수 있는 단위들을 선정하는 과정

scan-back allowance(스캔 백 공제) A manufacturer's reward to retailers based on the number of pieces scanned

스캐너를 통해 이동되는 제품의 건수를 토대로 소매상에게 제공하는 제조업자의 보상

screening(선별) Choosing the most promising ideas for further review

차후 검토를 위해 가장 잠재력이 있는 아이디어 선정

seasonal analysis(계절성분석) An analysis of daily, weekly, or monthly sales figures to evaluate the degree to which seasonal factors influence sales

계절적 요인들이 매출에 영향을 미치는 정도를 평가하기 위해서 일별, 주별 또는 월별 매출액에 대한 분석

seasonal discount(계절 할인)
A price reduction given to buyers for purchasing goods or services out of season

성수기가 지난 제품이나 서비스를 구매하는 구매자에게 제공되는 가격 할인

secondary-market pricing (부차적 시장 가격설정) Setting one price for the primary target market and a different price for another market

주 표적시장에 하나의 가격을 설정하고, 다른 시장에 대해서는 다른 가격을 설정하는 것

secondary data(이차자료)
Data compiled both inside and outside the organization for some purpose other than the current investigation

현재의 조사이외의 목적으로 조직의 내부 및 외부에 축적되어 있는 자료

segmentation variables (세분화 변수) The characteristics of individuals, groups, or organizations used to divide a market into segments

하나의 시장을 세분시장들로 나누는데 사용되는 개인들, 집단들 또는 조직들의 특성

selective demand(선택적 수요)
Demand for a specific brand

특정 브랜드에 대한 수요

selective distortion (선택적 왜곡) An individual's changing or twisting of information when it is inconsistent with personal feelings or beliefs

개인의 감정 또는 신념과 일치하지 않을 때 정보를 변화시키거나 뒤트는 것

selective distribution (선택적 유통) Using only some available outlets to distribute a product

제품을 유통시키기 위해 일부 이용가능한 점포만을 사용하는 것

selective exposure (선택적 노출) The process of selecting inputs to be exposed to our awareness while ignoring others

인지에 노출되는 유입정보를 선택하는 반면 다른 유입정보는 무시하는 과정

selective retention (선택적 보유) Remembering information inputs that support personal feelings and beliefs and forgetting inputs that do not

개인의 감정과 신념을 지지하는 유입정보는 기억하고, 그렇지 않은 유입정보는 잊는 것

self-concept(자아개념)
Perception or view of oneself

자신에 대한 지각이나 관점

selling agents(판매 대리상)
Intermediaries that market a whole product line or a manufacturer's entire output

특정 제품라인 혹은 제조업자의 전체 제품을 마케팅 하는 중간상

service(서비스)
An intangible result of the application of human and mechanical efforts to people or objects

사람이나 대상물에 대한 인적 노력이나 기계적 노력의 적용 결과

shopping-mall intercept interviews(쇼핑몰 면접조사)
A research method that involves interviewing a percentage of individuals passing by certain "intercept" points in a mall

쇼핑몰 내 특정한 "개입" 지점에서 지나가는 행인의 일정비율을 면접하는 조사방법

shopping products(선매품)
Items for which buyers are willing to expend considerable effort in planning and making the purchase

구매자가 구매를 계획하고 결정하는데 상당한 노력을 기울이려고 하는 제품

single-source data (단일-원천 자료) Information provided by a single marketing research firm

하나의 마케팅조사 기업이 제공하는 정보

situational influences (상황적 영향) Influences resulting from circumstances, time, and location that affect the consumer buying decision process

소비자 구매결정과정에 영향을 미치는 환경, 시간 및 장소의 영향

social class(사회계층)
An open group of individuals with similar social rank

비슷한 서열을 가진 사람들의 개방적 집단

social influences(사회적 영향)
forces that other people exert on one's buying behavior

다른 사람들이 한 개인의 구매결정에 미치는 영향

social media(소셜 미디어)
Involves electronic technologies that link people to networks and allow the exchange of personal and professional information as well as common interests such as product and brand preferences

제품이나 브랜드 선호도와 같은 공동의 관심사뿐만 아니라 개인적 정보 및 전문적 정보의 교환을 허용하고 네트워크화 하기 위해 사람들을 연결하는 전자적 기술

social networks(소셜네트워크)
Web-based services that allow members to share personal profiles that include blogs, pictures, audios, and videos

구성원들이 블로그, 그림, 오디오, 및 비디오를 포함한 개인의 프로필을 공유할 수 있게 해주는 웹기반 서비스

social networking sites
(소셜네트워크 사이트) A new way used to gather useful information in understanding consumer decisions

소비자의사결정을 이해하는데 있어서 유용한 정보를 수집하기 위해 사용되는 새로운 방법

social responsibility
(사회적 책임) An organization's obligation to maximize its positive impact and minimize its negative impact on society

조직이 사회에 미치는 긍정적 영향은 최대화하고, 부정적 영향은 최소화하는 조직의 의무

sociocultural forces
(사회문화적 요인) the influences in a society and its culture(s) that bring about changes in attitudes, beliefs, norms, customs, and lifestyles

태도, 신념, 규범, 관습, 그리고 라이프스타일의 변화를 가져오는 사회와 문화의 영향

sole sourcing(전속 조달원천)
An organization's decision to use only one supplier

단 하나의 공급원을 이용하는 한 조직의 의사결정

source(원천)
A person, group, or organization with a meaning it tries to share

의미를 공유하고자 하는 사람, 집단, 또는 조직

special-event pricing
(특별행사 가격설정) Advertised sales or price cutting linked to a holiday, season, or event

휴일, 시즌, 또는 행사와 연계된 광고된 세일 또는 가격인하

specialty-line wholesalers
(전문품 라인 도매상) Full-services wholesalers that carry only a single product line or a few items within a product line

단일 제품라인을 취급하거나 한 제품라인 내 소수의 품목을 제공하는 완전 서비스 도매상

specialty products(전문품)
Items with unique characteristics that buyers are willing to expend considerable effort to obtain

구매자들이 구입하기 위해서 상당한 노력을 기울일 의지가 있으며, 독특한 특성을 가진 제품

stakeholders(이해관계자)
Constituents who have a "stake," or claim, in some aspect of a company's products, operations, markets, industry, and outcomes

기업의 제품, 운영, 시장, 산업 그리고 성과 측면에서 이해관계 혹은 요구권리를 하는 구성원들

statistical interpretation
(통계적 해석) Analysis of what is typical or what deviates from the average

대표적인 것은 무엇이며, 평균에서 벗어난 것은 무엇인지에 대한 분석

storyboard(스토리보드)
A mockup combining copy and visual material to show the sequence of major scene in a commercial

광고의 주요 장면들을 연속적으로 보여주기 위해 카피와 시각적 요소를 결합하는 것

straight-rebuy purchase
(단순 재구매) A routine purchase of the same products under approximately the same terms of sale by a business buyer

비즈니스 구매자가 거의 같은 판매조건으로 동일한 제품을 구매하는 일상적인 구매

straight commission compensation plan
(고정커미션 보상계획) Paying salespeople according to the amount of their sales in a given time period

주어진 기간 동안의 판매량에 따라 판매원에게 지급하는 것

straight salary compensation plan
(고정급여 보상계획) Paying salespeople a specific amount per time period, regardless of selling effort

판매노력에 상관없이 기간에 따른 명시된 금액을 판매원에게 지급하는 것

strategic alliance(전략적 제휴)
Partnerships formed to create competitive advantage on a worldwide basis

전 세계를 기반으로 경쟁우위를 창출하기 위해 형성된 파트너십

strategic business unit: SBU(전략적 사업단위)
A division, product line, or other profit center within the parent company

기업 내의 부서, 제품라인, 또는 다른 이익 센터

strategic channel alliance
(전략적 경로 제휴) An agreement whereby the products of one organization are distributed through the marketing channels of another

한 기업의 제품이 다른 조직의 마케팅 경로를 통해 유통될 수 있는 협정

strategic philanthropy
(전략적 박애주의) The synergistic use of organizational core competencies and resources to address key stakeholders' interests and achieve both organizational and social benefits

주요 이해관계자의 이해를 다루고, 조직의 편익 및 사회적 편익을 달성하기 위한 핵심역량 및 자원의 통합적 사용

strategic planning
(전략적 기획) The process of establishing an organizational mission and formulating goals, corporate strategy, marketing objectives, marketing strategy, and a marketing plan

조직의 사명을 확립하고 목적, 기업수준 전략, 마케팅목표, 그리고 마케팅계획을 입안하는 과정

strategic window(전략적 창)
Temporary periods of optimal fit between the key requirements of a market and the particular capabilities of a firm competing in that market

시장의 주요 요구조건과 그 시장에서 경쟁하는 기업의 특정 능력간에 최적의 적합성이 이루어지는 일시적인 기간

stratified sampling
(층화표본추출) A type of probability sampling in which the population is divided into groups according to a common attribute, and a random sample is then chosen within each group

모집단을 공통적인 속성에 따라 집단으로 나누고, 각 집단 내에서 무작위표본이 선정되는 확률표본의 한 형태

styling(스타일)
The physical appearance of a product

제품의 물리적 외관

subculture(하위문화)
Groups of individuals whose characteristic values and behavior patterns are similar to each other and differ from those of the surrounding culture

특징적인 가치와 행동패턴이 서로 비슷하지만 주변문화의 그것들과는 다른 개인들의 집단

supermarkets(슈퍼마켓)
Large, self-service stores that carry a complete line of food products, along with some nonfood products

일부 비식료품과 함께 식료품의 모든 제품라인을 취급하는 대형 셀프서비스 점포

superregional shopping centers(초대형 지역쇼핑센터)
A type of shopping center with the widest and deepest product mixes that attract customers from many miles away

먼 지역의 고객들을 끌어 모으는 가장 넓고, 가장 깊은 제품 믹스를 보유한 쇼핑센터의 형태

superstores(슈퍼스토어)
Giant retail outlets that carry food and nonfood products found in supermarkets, as well as most routinely purchased consumer products

반복적으로 구매되는 소비자 제품뿐만 아니라 슈퍼마켓에서 볼 수 있는 식료품 및 비식료품도 취급하는 초대형 소매점포

supply-chain management
(공급사슬관리) A set of approaches used to integrate the functions of operations management, logistics management, supply management, and marketing channel management so that products are produced and distributed in the right quantities, to the right locations, and at the right time

제품이 적절한 수량으로, 적절한 장소에, 적절한 시간에 생산되고 유통되도록 운영관리, 물류관리, 공급관리 및 마케팅 경로 관리 기능을 통합하는데 사용되는 일련의 접근방법

supply chain(공급사슬)
All the activities associated with the flow and transformation of products from raw materials through delivery to the end customer

원료에서 최종고객으로 전달되는 제품의 흐름 및 전환과 연관된 모든 활동

supply management
(공급관리) In its broadest form, refer to the process that enable the progress of value from raw material to final customer and back to redesign and final disposition

가장 광범위한 형태로 원재료에서부터 최종 고객까지, 그리고 재디자인 및 최종 처분까지의 가치 증진을 가능하게 하는 과정

support personnel(지원 요원)
Sales staff members who facilitate selling but usually are not involved solely with making sales

판매를 돕지만 판매에 단독으로 관여하지 않는 판매직원

sustainable competitive advantage
(지속가능 경쟁우위) An advantage that the competition cannot copy

경쟁자가 모방할 수 없는 이점

SWOT analysis(SWOT 분석)
A tool that marketers use to assess an organization's strengths, weaknesses, opportunities, and threats

마케터가 조직의 강점, 약점, 기회 그리고 위협을 평가하는 도구

T

tactile communication
(촉감 커뮤니케이션) Communicating through touching

접촉을 통해 커뮤니케이션하는 것

target audience(표적 오디언스)
The group of people at whom advertisements are aimed
광고가 목표로 하는 사람들의 집단

target market(표적시장)
A specific group of customers on whom an organization focuses its marketing efforts
조직이 마케팅노력을 집중하는 특정 고객집단

team selling(팀 판매)
The use of a team of experts from all functional areas of a firm, led by a salesperson, to conduct the personal selling process
인적 판매과정을 수행하기 위해 판매원이 주도하면서 기업의 기능적 분야 출신의 전문가로 구성된 팀을 활용

technical salespeople (기술 판매원) Support salespersons who give technical assistance to a firm's current customers
기업의 현재 고객에게 기술적 지원을 제공하는 지원 판매원

technology(기술)
The application of knowledge and tools to solve problems and perform tasks more efficiently
문제를 해결하고 과업을 보다 효율적으로 하기 위한 지식과 도구를 활용하는 것

telemarketing(텔레마케팅)
The performance of marketing-related activities by telephone
전화를 사용한 마케팅 관련 활동의 실행

telephone depth interview (전화심층면접) An interview that combines the traditional focus group's ability to probe with the confidentiality provided by telephone surveys
면밀하게 살필 수 있는 전통적인 표적집단면접의 장점과 전화조사의 기밀유지를 결합한 면접조사

telephone survey(전화조사)
A research method in which respondents' answer to a questionnaire are recorded by interviewers on the phone
면접자들이 전화를 통해서 질문에 대한 응답자들의 응답을 기록하는 조사방법

television home shopping (TV 홈쇼핑) A form of selling in which products are presented to television viewers, who can buy them by calling a toll-free number and paying with a credit card
텔레비전 시청자들에게 제품을 보여주면 그들이 무료전화로 주문하고 신용카드로 결제할 수 있는 판매의 형태

test marketing(테스트 마케팅)
Introducing a product on a limited basis to measure the extent to which potential customers will actually buy it
잠재적 고객이 실제로 제품을 구입할 정도를 측정하기 위해서 제한된 지역에 제품을 출시하는 것

time-series analysis (시계열분석) A forecasting method that uses the firm's historical sales data to discover a pattern or patterns in the firm's sales over time
일정한 기간에 걸친 어떤 기업의 매출 패턴 또는 패턴들을 찾기 위해서 그 기업의 매출기록 자료를 활용하는 예측방법

total budget competitors (총예산 경쟁자) Firms that compete for the limited financial resources of the same customers
같은 고객의 제한된 재무적 자원을 놓고 경쟁하는 기업

total cost(총비용)
The sum of average fixed cost and the average variable costs times the quantity produced
평균고정비 및 평균변동비의 합을 생산수량과 곱한 것

total quality management: TQM(전사적 품질관리)
A philosophy that uniform commitment to quality in all areas of the organization will promote a culture that meets customers' perceptions of quality
조직의 모든 영역에서 품질에 대한 동일한 몰입이 품질에 대한 고객들의 지각에 부응하는 문화를 촉진할 것이라는 철학

trade name(트레이드 이름)
The full and legal name of an organization
조직의 법적인 전체 이름

trade sales promotion methods (유통업체 판매촉진방법) Ways of persuading wholesalers and retailers to carry a producer's products and market them aggressively
도매상과 소매상이 생산자의 제품을 취급하고, 공격적으로 판매하도록 설득하는 방법

trade salespeople(업계 판매원)
Salespersons involved mainly in helping a producer's customers promote a product
주로 생산자의 고객이 제품을 촉진하도록 돕는 것에 관여하는 판매원

trade/functional discount (거래/기능적 할인) A reduction off the list price given by a producer to an intermediary for performing certain functions
생산자가 특정 기능을 수행한 중간상에게 제공하는 정가에 대한 할인

trademark(트레이드마크)
A legal designation of exclusive use of a brand

브랜드의 독점적 사용에 대한 법적인 지정

traditional specialty retailers(전통적 전문품 소매상)
Stores that carry a narrow product mix with deep product lines
깊은 제품라인의 좁은 제품 믹스를 취급하는 점포

transfer pricing(이전 가격설정)
Setting prices on products sold by one unit to another unit in the same company
동일한 기업 내 한 부서가 다른 부서에 판매하는 제품에 대한 가격설정

transportation(운송)
The movement of products from where they are made to intermediaries and end users
제품이 만들어진 곳에서부터 중간상 및 최종 사용자까지의 제품의 이동

trend analysis(추세분석)
An analysis that focuses on aggregate sales data over a period of many years to determine general trends in annual sales
연매출액의 전반적인 추세를 파악하기 위해 여러 해에 걸친 총액기준의 매출액자료에 초점을 맞추는 분석

truck wholesalers(트럭 도매상)
Limited-service wholesalers that transport products directly to customers for inspection and selection
현장 조사와 선정을 위해 고객들에게 직접 제품을 운송해주는 한정 서비스 도매상

tying agreement(구속 계약)
An agreement in which a supplier furnishes a product to a channel member with the stipulation that the channel member must purchase other products as well
공급자가 경로 구성원에게 다른 제품도 함께 구매해야 한다는 조건으로 제품을 공급하는 계약

U

unaided recall test(비보조 회상법) A posttest in which respondents identify ads they have recently seen but are given no recall clues
응답자에게 회상을 돕는 어떠한 단서도 제공하지 않은 상태에서 최근에 본 광고에 대해 서술하게 하는 사후조사

undifferentiated targeting strategy(비차별적 표적시장선정 전략)
A strategy in which an organization designs a single marketing mix and directs it at the entire market for a particular product
조직이 하나의 마케팅믹스를 개발해서 특정 제품에 대한 전체시장을 겨냥하는 전략

uniform geographic pricing(균일 지리적 가격설정) Charging all customers the same price, regardless of geographic location
지역에 관계없이 모든 고객에게 같은 가격을 부과하는 것

unsought products(미탐색품) Products purchased when a sudden problem must be solved, products of which customers are unaware, and products that people do not necessarily think of purchasing
갑작스러운 문제를 해결해야 할 때 구매되는 제품, 고객이 인지하지 못하는 제품, 그리고 사람들이 꼭 구매할 필요는 없다고 생각하는 제품

V

validity(타당성)
A condition existing when a research method measures what it is supposed to measure
어떤 조사방법이 측정하려고 하는 것을 측정할 때 성립하는 조건

value-conscious(가치의식적)
Concerned about price and quality of a product
제품의 가격 및 품질에 대한 관심

value analysis(가치분석)
An evaluation of each component of a potential purchase
잠재적 구매의 각 구성요소에 대한 평가

value(가치)
A customer's subjective assessment of benefits relative to costs in determining the worth of a product
제품의 가치를 결정하는데 있어서 비용 대비 상대적 편익에 대한 고객의 주관적 평가

variable costs(변동비)
Costs that vary directly with changes in the number of units produced or sold
생산 또는 판매량의 변화에 따라 직접적으로 변동하는 비용

vendor analysis(공급자분석)
A formal, systematic evaluation of current and potential vendors
현재 및 잠재적 공급자들에 대한 공식적이고 체계적인 평가

venture team(벤처팀)
A cross-functional group that creates entirely new products that may be aimed at new markets
새로운 시장을 겨냥하는 완전히 새로운 제품을 개발하는 탈기능적 집단

vertical channel integration(수직적 경로 통합) Combining two or more stages of the marketing channel under one management

하나의 관리 하에서 마케팅 경로의 둘 혹은 그 이상의 단계를 결합하는 것

vertical marketing systems: VMSs(수직적 마케팅 시스템)
A marketing channel managed by a single channel member to achieve efficient, low-cost distribution aimed at satisfying target-market customers

표적시장 고객의 만족을 목표로 효율적, 저비용 유통을 실현하기 위해 단일 경로 구성원이 관리하는 마케팅 경로

viral marketing(바이러스 마케팅)
A strategy to get consumers to share a marketer's message, often through e-mail or online video, in a way that spreads dramatically and quickly

메시지를 극적이고 빨리 전파할 수 있는 이메일이나 온라인 비디오 등을 통해 마케터의 메시지를 공유하도록 소비자를 끌어들이는 전략

W

warehouse clubs(창고형 클럽)
Large-scale members-only establishments that combine features of cash-and-carry wholesaling with discount retailing

할인 소매상과 현금 지불 · 무배달 판매 도매상을 결합한 대규모의 회원제 업체

warehouse showrooms(창고형 쇼룸) Retail facilities in large, low-cost buildings with large on-premises inventories and minimal services

대규모의 점내 재고와 최소한의 서비스를 갖춘 대형, 저비용 빌딩의 소매시설

warehousing(창고관리)
The design and operation of facilities for storing and moving goods

제품을 저장하고 이동하기 위한 시설의 설계 및 운영

wholesaler(도매상)
An individual or organization that sells products that are bought for resales, for making other products, or for general business operations

재판매, 타제품의 생산, 혹은 일반적인 사업 운영을 위한 제품을 판매하는 개인 또는 조직

wholesaling(도매)
Transactions in which products are bought for resale, for making other products, or for general business operations

재판매, 타제품의 생산, 혹은 일반적인 사업 운영을 위해 제품이 구입되는 거래

width of product mix(제품믹스의 폭) The number of product lines a company offers

한 기업이 제공하는 제품라인의 수

wikis(위키스)
Software that create an interface that enables users to add or edit the content of some types of websites

사용자들이 일정한 형태의 웹사이트 콘텐츠에 덧붙이거나 편집할 수 있게 해주는 인터페이스를 창출해 주는 소프트웨어

willingness to spend(지출의향) An inclination to buy because of expected satisfaction from a product, influenced by the ability to buy and numerous psychological and social forces

제품으로부터 기대되는 만족 때문에 구매하려는 성향으로, 이것은 구매능력과 다수의 심리적 및 사회적 요인들에 의해 영향을 받는다

word-of-mouth communication(구전 커뮤니케이션)
Personal, informal exchanges of information that customers share with one another about products, brands, and companies

제품, 브랜드, 그리고 기업에 대해 고객들이 서로 공유하는 개인적이고 비공식적인 정보의 교환

World Trade Organization: WTO(세계무역기구)
An entity that promotes free trade among member nations

회원국 사이의 자유 무역을 장려하는 기구

Z

zone pricing(구역가격설정)
Pricing based on transportation costs within major geographic zones

주요한 지리적 구역 내 수송비용에 기초한 가격결정

참고문헌

Chapter 1

1. Michael Futterman, "Red Sox Marketers Make Call to Bullpen," *Wall Street Journal*, January 9, 2009, B6; Ben Klayman, "Bull Riding Taps Red Sox Marketers for Sponsors," *Reuters*, January 9, 2009, http://www.reuters.com/articlePrint?articleId=USN0914927620090109 (accessed Feb. 5, 2009); "Welcome to the PBR," *Professional Bull Riders,* http://www.pbrnow.com/about/welcome.cfm (accessed Feb. 5, 2009); "All About Bull Riding," *Professional Bull Riders,* http://www.pbrnow.com/about/sportinfo/ (accessed Feb. 5, 2009).
2. American Marketing Association, 2007.
3. Michael Lev-Ram, "A Smartphone's BFF: Teens and Tweens," *Money.CNN.com,* August 24, 2007, http://money.conn.com/2007/08/23/technology/personaltech/theirdscreeen/smartphones.biz2/index.htm (accessed February 27, 2009); "Nike Unveils Shoe for Native Americans," Powows.com, September 26, 2007, http://www.powwows.com/gathering/news/40873-nike unveils-shoe-native-americans.html (accessed January 27, 2009).
4. Laura Petrecca, "Launch Week Also Marks Debut of Cross Promo Ads," *USA Today,* September 24, 2007, http://www.usatoday.com/money/advertising/adtrack/2007-09-23-track_N.htm (accessed January 27, 2009).
5. Tom Lowry, "Wow! Yao!" *BusinessWeek* (October 25, 2004): 86–90.
6. Kelly K. Spors, "Beyond Flowers: New Funeral Options Proliferate," *The Wall Street Journal,* October 19, 2005, D2, http://online.wsj.com/.
7. Mark Jewell, "Dunkin' Donuts Eyes Turn Westward: Chain Evolves from No Frills," *The [Fort Collins] Coloradoan,* January 17, 2005, E1.
8. Coach Official Website, http://www.coach.com (accessed February 20, 2009).
9. "About Subway," http://www.subway.com/subwayroot/AboutSubway/timeline.aspx (accessed February 20, 2009).
10. Ethan Smith and Yukari Iwatani Kane, "Apple Changes Tune on Music Pricing," *The Wall Street Journal,* January 1, 2009, B1.
11. Kibbles n'Bits, http://www.smoochablepooch.com (accessed February 27, 2009).
12. Eric Bontrager, "U.S. to Consumers: Turn Down Heat," *The Wall Street Journal,* October 4, 2005, D2, http://online.wsj.com/; Mathhew L Wald, "Shifting Message, Energy Officials Announce Conservation Plan," *The New York Times,* October 4, 2005, http://www.nytimes.com.
13. Rory J. Thompson, "Burger King Joins Healthy Food Initiative," *Brandweek,* September 12, 2007, http://www.brandweek.com/bw/esearch/article_display.jsp?vnu_content_id=1003638745 (accessed February 27, 2009).
14. "Dunkin' Donuts Slimming Down," *Brandweek,* August 27, 2007, http://www.brandweek.com/bw/esearch/article_display.jsp?vnu_content_id=1003631385 (accessed February 27, 2009).
15. *Campbell's Soup,* http://www.campbellsoup.com (accessed February 24, 2009); Campbell's V8 Soups, http://www.campbellsv8soup.com (accessed February 24, 2009).
16. Jena McGregor, "When Service Means Survival," *BusinessWeek* (March 2, 2009): 26–31.
17. Ajay K. Kohli and Bernard J. Jaworski, "Market Orientation: The Construct, Research Propositions, and Managerial Implications," *Journal of Marketing* (April 1990): 1–18; O. C. Ferrell, "Business Ethics and Customer Stakeholders," *Academy of Management Executive* 18 (May 2004): 126–129.
18. Eugene W. Anderson, Claes Fornell, and Sanal K. Mazvancheryl, "Customer Satisfaction and Shareholder Value," *Journal of Marketing* (October 2004): 172–185.
19. Kohli and Jaworski, "Market Orientation: The Construct, Research Propositions, and Managerial Implications."
20. Kwaku Atuahene-Gima, "Resolving the Capability-Rigidity Paradox in New Product Innovation," *Journal of Marketing* 69 (October 2005): 61–83.
21. Maria Halkieas, "Penney's American Living Brand Getting a Redo," *The Dallas Morning News,* August 15, 2008, http://www.dallasnews.com/sharedcontent/dws/bus/industries/retail/stories/0815208dmbuspenney.4c11d996.html (accessed February 24, 2009).
22. Gary F. Gebhardt, Gregory S. Carpenter, and John F. Sherry, Jr., "Creating a Marketing Orientation," *Journal of Marketing* 70 (October 2006), http://www.marketingpower.com.
23. Sunil Gupta, Donald R. Lehmann, and Jennifer Ames Stuart, "Valuing Customers," *Journal of Marketing Research* (February 2004): 7–18.
24. Lynn Russo Whylly, "Market: What a Girl Wants," *OMMA Magazine,* February 1, 2009, http://www.mediapost.com/publications/?fa=Articles.showArticle&art_aid=98355 (accessed February 24, 2009).
25. Janet Adamy, "McDonald's Tests Changes in $1 Burger as Costs Rise," *The Wall Street Journal,* August 4, 2008, B1.
26. Jena McGregor, "When Service Means Survival," *BusinessWeek* (March 2, 2009): 26–31.
27. Jacquelyn S. Thomas, Robert C. Blattberg, and Edward J. Fox, "Recapturing Lost Customers," *Journal of Marketing Research* (February 2004): 31–45.
28. Alan Grant and Leonard Schlesinger, "Realize Your Customers' Full Profit Potential," *Harvard Business Review* (September/October 1995): 59.
29. Jagdish N. Sheth and Rajendras Sisodia, "More Than Ever Before, Marketing Is under Fire to Account for What It Spends," *Marketing Management* (Fall 1995): 13–14.
30. Lynette Ryals and Adrian Payne, "Customer Relationship Management in Financial Services: Towards Information-Enabled Relationship Marketing," *Journal of Strategic Marketing* (March 2001): 3.
31. Best Buy Reward Zone Overview, https://myrewardzone.bestbuy.com/programOverview.jspx (accessed February 24, 2009).
32. Janet Adamy, "Starbucks Shifts Focus to Value, Cost Cutting," *The Wall Street Journal* (December 5, 2008): B1.
33. Werner J. Reinartz and V. Kumar, "On the Profiability of Long-Life Customers in a Noncontractual Setting: An Empirical Investigation and Implications for Marketing," *Journal of Marketing* (October 2000): 17–35.
34. Roland T. Rust, Katherine N. Lemon, and Valarie A. Zeithaml, "Return on Marketing: Using Customer Equity to Focus Marketing Strategy," *Journal of Marketing* (January 2004): 109–127.
35. Rajkumar Venkatesan and V. Kumar, "A Customer Lifetime Value Framework for Customer Selection and Resource Allocation Strategy," *Journal of Marketing* (October 2004): 106–125.
36. Sunil Gupta and Carl F. Mela, "What Is a Free Customer Worth?" *Harvard Business Review* (November 2008): 104.
37. O. C. Ferrell and Michael Hartline, *Marketing Strategy* (Mason, OH: South-Western, 2005): 108.
38. Gavin O'Malley, "Study: Email Strengthens Brand Image, Generates Sales," *Media Post News,* February 23, 2009, http://www.mediapost.com/publications/?fa=Articles.showArticle&art_aid=100814 (accessed February 26, 2009).
39. Paul Davidson, "It's Lights Out for Traditional Light Bulbs," *USA Today,* December 16, 2007, http://www.usatoday.com/money/industries/energy/environment/2007-12-16-lightbulbs_N.htm (accessed February 27, 2009).
40. Sharon Terlep, "Hyundai Plans 'Giveback' Program on Cars," *The Wall Street Journal* (January 6, 2009): B2.
41. "Kids' Food Pyramid Launched," CNN, September 28, 2005, http://www.cnn.com.
42. "U.S. Charitable Giving Estimated to Be $306.39 billion in 2007," *Giving USA Foundation,* http://www.givinginstitue.org/press_releases/20080622.html (accessed February 19, 2009).
43. Kelly Geyskens, Mario Pandlelaere, Siegfried DeWitte, and Luk Warlop, "The Backdoor to Overconsumption: The Effect of Associating 'Low-Fat' Food with Health References," *Journal of Public Policy & Marketing* 26 (Spring 2007): 118–125.
44. Heather Green, "How Amazon Aims to Keep You Clicking," *BusinessWeek* (March 2, 2009): 34–40.
45. "Southwest Airlines Fact Sheet," Southwest Airlines, http://www.iflyswa.com/about_swa/press/factsheet.html (accessed February 27, 2009).
46. Enid Burns, "Online Retail Sales Grew in 2005," *ClickZ,* January 5, 2006, http://www.clickz.com/showPage.html?page=3575456.
47. Pete Engardo, Kerry Capell, John Carey, and Kenji Hall, "Beyond the Green Corporation," *BusinessWeek* (January 9, 2007): 50–64; James Poniewozik, "Green Screens," *Time* (August 27, 2007): 62.

Feature endnotes

a. Alex Taylor III, "Wheeler Dealer," *Fortune*, October 15, 2007, http://money.cnn.com/2007/10/04/autos/smartcar_penske.fortune/index.htm (accessed February 20, 2009); Kellen Schetter, "Smart Car Offers Drivers New High MPG Option," *Greencar.com*, 2008, http://www.greencar.com/features/smart-car (accessed February 20, 2009); Michelle Krebs, "Smart Moves: Microcar Goes for Big Splash," *Auto Observer*, July 3, 2007, http://www.autoobserver.com/2007/07/smart-moves-mic.html (accessed February 20, 2009); *Smart Car of America*, http://www.smartcarofamerica.com/ (accessed February 20, 2009); Leila Abboud, "Small European Cars Shine," *The Wall Street Journal*, December 2, 2008 (accessed February 20, 2009); John Murphy, "Toyota Launches New Tiny Car," *The Wall Street Journal* (October 16, 2008): B10.

b. *Leatherman*, http://www.leathermn.com (accessed February 19, 2009); Fawn Fitter, "Outdoing the Swiss Army Knife," *Fortune Small Business*, July 25, 2007, http://money.cnn.com/magazines/fsb/fs/_archive/2007/07/01/100123045/index.htm (accessed February 19, 2009); Shelly Strom, "Leatherman Learns Patent Lesson the Hard Way," *Portland Business Journal*, April 12, 2002, http://www.bizjournals.com/portland/stories/2002/04/15/focus4.html (accessed February 19, 2009).

c. L. Bingham, "Enviros and City of Portland Cultivate a Movement to Top Buildings with Plants," *Oregon Environmental News*, January 9, 2009, http://www.oregonlive.com/environment/index.ssf/2009/01/environmentalists_and_the_city.html (accessed February 24, 2009).

Chapter 2

1. "All About Us," "Did You Know?," http://corporate.homedepot.com/wps/portal/!ut/p/.cmd/cs/.ce7_0_A/.s/7_0_113/_s.7_0_A/7_0_113 (accessed March 10, 2009); "Home Depot, Lowe's Facing Up to Challenges," Jennifer Waters, *MarketWatch*, July 9, 2007, http://www.marketwatch.com/news/story/goldman-sees-buyingopportunity-rivals/story.aspx?guid={84525FAB- C31A-4368-86B9-1254A5BA7652} (accessed March 10, 2009); Sheldon Liber, "Battle of the Brands: Home Depot vs. Lowe's," BloggingStocks.com, May 8, 2008, http://www.bloggingstocks.com/2008/05/08/battle-of-the-brands-home- depot-vs-lowes/2 (accessed February 11, 2009); "Corporate and Financial Overview," homedepot.com, http://corporate.homedepot.com/en_US/Corporate/Public_Relations/Online_Press_Kit/Docs/Corp_Financial_Overview.pdf (accessed February 11, 2009); "Fortune 500 2008," *Fortune*, http://money.cmm.com/magazines/fortune/fortune500/2008/full_list/ (accessed February 11, 2009).
2. O. C. Ferrell and Michael Hartline, *Marketing Strategy* (Mason, OH: South-Western, 2008), 10.
3. Christian Homburg, Karley Krohmer, and John P. Workman, Jr., "A Strategy Implementation Perspective of Market Orientation," *Journal of Business Research 57* (2004): 1331–1340.
4. Ferrell and Hartline, *Marketing Strategy*, 10.
5. Abraham Lustgarten, "iPod," in "Breakaway Brands," *Fortune* (October 31, 2005): 154–156.
6. Ferrell and Hartline, *Marketing Strategy*, 51.
7. Graham J. Hooley, Gordon E. Greenley, John W. Cadogan, and John Fahy, "The Performance Impact of Marketing Resources," *Journal of Business Research* 58 (2005): 18–27.
8. Associated Press, "Wal-Mart Expands Program Providing Drug Discounts," *The New York Times*, May 5, 2008, http://www.nytimes.com/2008/05/06/business/06drug.html?ref=business (accessed February 27, 2009).
9. Emily Bryson York, "Nestle, Pepsi and Coke Face Their Waterloo," *Polaris Institute*, October 8, 2007, http://www.polarisinstitute.org/nestle_pepsi_and_coke_face_their_waterloo (accessed February 27, 2009).
10. Derek F. Abell, "Strategic Windows," *Journal of Marketing* (July 1978): 21.
11. Cecile Rohwedder, "Tesco Tries to Catch a U.S. Curveball," *The Wall Street Journal* (March 2, 2009): B1.
12. David Kesmodel, "Constellation Brands to Change Its Product Mix," *The Wall Street Journal* (January 13, 2009): B7.
13. Ibid.
14. Jack Ewing, "Music Phones Tackle the iPod," *BusinessWeek Online*, July 11, 2006, http://www.businessweek.com.
15. Ibid.
16. "Designed to Grow," Procter & Gamble Annual Report, 2007, 5, http://thomson.mobular.net/thomson/7/2481/2810/ (accessed February 27, 2009).
17. Douglas Bowman and Hubert Gatignon, "Determinants of Competitor Response Time to a New Product Introduction," *Journal of Marketing Research* (February 1995): 42–53.
18. "Our Mission," Celestial Seasonings, http://www.celestialseasonings.com/whoweare/corporatehistory/mission.php (accessed May 16, 2007).
19. Cláudia Simões, Sally Dibb, and Raymond P. Fisk, "Managing Corporate Identity," *Journal of the Academy of Marketing Science* 33 (April 2005): 154–168.
20. "Johnson Controls Launches New Brand to Support Focus on Comfort, Safety and Sustainability," Encyclopedia.com, September 30, 2007, http://www.encyclopedia.com/doc/1G1-169292693.html (accessed February 27, 2009).
21. Jefferson Graham, "Google Cues Up with YouTube," *USA Today* (October 10, 2006): 1A.
22. Thomas Ritter and Hans Georg Gemünden, "The Impact of a Company's Business Strategy on Its Technological Competence, Network Competence and Innovation Success," *Journal of Business Research* 57 (2004): 548–556.
23. Kevin J. O'Brien, "Nokia Buys Software Maker for $8.1 Billion," *The New York Times*, October 1, 2007, http://www.nytimes.com/2007/10/01/technology/01cnd-nokia.html?scp=1&sq=Nokia%20Buys%Software%20Maker%20for%20&st=cse (accessed February 27, 2009).
24. "Designed to Grow," Procter & Gamble Annual Report, 2007, 4–5, http://thomson.mobular.net/thomson/7/2481/2801 (accessed February 27, 2009).
25. Information Resources, Inc., reported in Stephanie Thompson, "Nestlé, Hershey Figure Sticks Will Be Big Sellers," *Advertising Age* (October 3, 2005): 3.
26. Robert D. Buzzell, "The PIMS Program of Strategy Research: A Retrospective Appraisal," *Journal of Business Research* 57 (2004): 478–483.
27. Joseph P. Guiltinan and Gordon W. Paul, *Marketing Management: Strategies and Programs* (New York: McGraw-Hill, 1991), 43.
28. George S. Day, "Diagnosing the Product Portfolio," *Journal of Marketing* (April 1977): 30–31.
29. Serena Ng, Paul Glader, and Lingling Wei, "A Crisis of Confidence over GE Intensifies," *The Wall Street Journal Asia* (March 6–8, 2009): M1.
30. Isabelle Maignan, O. C. Ferrell, and Linda Ferrell, "A Stakeholder Model for Implementing Social Responsibility in Marketing," *European Journal of Marketing* 39 (September/October 2005): 956–977.
31. Shawn Tully, "Divorce Bank of America Style," *Fortune* (February 16, 2009): 70–72.
32. Maignan, Ferrell, and Ferrell, "A Stakeholder Model for Implementing Social Responsibility in Marketing."
33. G. Tomas, M. Hult, David W. Cravens, and Jagdish Sheth, "Competitive Advantage in the Global Marketplace: A Focus on Marketing Strategy," *Journal of Business Research* (January 2001): 1–3.
34. Kwaku Atuahene-Gima and Janet Y. Murray, "Antecedents and Outcomes of Marketing Strategy Comprehensiveness," *Journal of Marketing* (October 2004): 33–46.
35. Nancy Einhart, "How the New T-Bird Went Off Course," *Business 2.0* (November 2003): 74–76.
36. ACNeilson Analytics, as reported in Joe Bucherer, Libbey Paul, and Laurie Demeritt, "The Future of Health and Wellness," *Consumer Insight* (Summer 2006): 9.
37. Christian Homburg, John P. Workman, and Ove Jensen, "Fundamental Changes in Marketing Organization: The Movement Toward a Customer-Focused Organizational Structure," *Journal of the Academy of Marketing Science* (Fall 2000): 459–478.
38. Jack Neff, "Tissues Fit for the Toilet," *Advertising Age* (November 27, 2006): 3+.
39. Rajdeep Grewal and Patriya Tansuhaj, "The Chain of Effects from Brand Trust and Brand Affect to Brand Performance: The Role of Brand Loyalty," *Journal of Marketing* (April 2001): 67–80.
40. Steve Watkins, "Marketing Basics: The Four P's Are as Relevant Today as Ever," *Investor's Business Daily*, February 4, 2002, A1.
41. Bent Dreyer and Kjell Grnhaug, "Uncertainty, Flexibility, and Sustained Competitive Advantage," *Journal of Business Research* 57 (2004): 484–494.
42. Tara Kalwarski, "The American Household: A Nasty Dip in Net Worth," *BusinessWeek* (March 9, 2009): 12.
43. Ferrell and Hartline, *Marketing Strategy*, 257.
44. Maki Shiraki and Kazue Somiya, "Yoshinoya to Add 100 Restaurants as Consumers Seek Budget Meals," *Bloomberg News*, January 15, 2009, http://www.bloomberg.com/apps/news?pid=email_en&refer=japan&sid=aZPhvBeGwJo0 (accessed February 27, 2009).
45. Robert W. Palmatier, Lisa K. Scheer, and Jan-Benedict E.M. Steenkamp, "Customer Loyalty to Whom? Managing the Benefits and Risks of Salesperson-Owned Loyalty," *Journal of Marketing Research* XLIV (May 2007), http://www.marketingpower.com.
46. V. Kumar, "Customer Relationship Management," custom module for William M. Pride and O. C. Ferrell, *Marketing*, 14th ed. (Boston: Houghton Mifflin, 2006), http://www.prideferrell.com.
47. Chezy Ofir and Itamar Simonson, "The Effect of Stating Expectations on Customer Satisfaction and Shopping Experience," *Journal of Marketing Research* XLIV (February 2007), http://www.marketingpower.com.
48. V. Kumar, J. Andrew Peterson, and Robert P. Leone, "The Power of Customer Advocacy," in Jean L. Johnson and John Hulland (eds.), *2006: AMA Winter Educators' Conference*, in *Marketing Theory and Applications* 17 (Winter 2006), 81–82.

49. John Wieseke, Michael Ahearne, Son K. Lam, and Rolf von Dick, "The Role of Leaders in Internal Marketing," *Journal of Marketing* 73 (March 2009): 123–145.
50. Ian N. Lings, "Internal Market Orientation: Construct and Consequences," *Journal of Business Research* 57 (2004): 405–413.
51. Sybil F. Stershic, "Internal Marketing Campaign Reinforces Service Goals," *Marketing News* (July 31, 1998): 11.
52. White paper, "What Makes a Sales Contest Successful?" Kudo Spire, http://www.kudospire.com/what_makes_a_sales_contest_successful.htm (accessed March 8, 2009).
53. Betsy Spethmann, "Internal Affairs," *Promo,* March 1, 2006, http://promotmagazine.com.
54. Kee-hung Lee and T. C. Edwin Cheng, "Effects of Quality Management and Marketing on Organizational Performance," *Journal of Business Research* 58 (2005): 446–456; Wuthichai Sittimalakorn and Susan Hart, "Market Orientation Versus Quality Orientation: Sources of Superior Business Performance," *Journal of Strategic Marketing* (December 2004): 243–253.
55. Philip B. Crosby, *Quality Is Free: The Art of Making Quality Certain* (New York: McGraw-Hill, 1979): 9–10.
56. Nigel F. Piercy, "Market-Led Strategic Change," *The Marketing Review*, 2002, 2, 383–404, http://www.westburnpublishers.com/media/190619/m7e_chapters21_to_25.pdf (accessed October 26, 2009).
57. Douglas W. Vorhies and Neil A. Morgan, "Benchmarketing Marketing Capabilities for Sustainable Competitive Advantage," *Journal of Marketing* (January 2005): 80–94.
58. Kenneth W. Thomas and Betty A. Velthouse, "Cognitive Elements of Empowerment: An Interpretive' Model of Intrinsic Task Motivation," *Academy of Management Review* (October 1990): 666–681.
59. Ferrell and Hartline, *Marketing Strategy.*
60. Rohit Deshpande and Frederick E. Webster, Jr., "Organizational Culture and Marketing: Defining the Research Agenda," *Journal of Marketing* (January 1989): 3–15.
61. REI, http://www.rei.com (accessed January 18, 2007).
62. Kathleen Cholewka, "CRM: Lose the Hype and Strategize," *Sales & Marketing Management* (June 2001): 27–28.
63. Peter Verhoef and Peter S. H. Leeflang, "Understanding the Marketing Deaprtments' Influence within the Firm," *Journal of Marketing* 73 (March 2009): 14–37.
64. Bernard J. Jaworski, "Toward a Theory of Marketing Control: Environmental Context, Control Types, and Consequences," *Journal of Marketing* (July 1988): 23–39.
65. "Toyota Prius Waits for the Air to Clear," Easier.com, http://www.easier.com/view/News/Motoring/Toyota/article-226274.html, 13 January 2009 (accessed March 9, 2009).
66. "Quality Ratings by Brand," JD Power, http://www.jdpower.com/autos/ratings/quality-ratings-by-brand (accessed March 9, 2009).
67. Jack Neft, "U.S. Consumers Cut Down on Razor Use," *Advertising Age* (July 14, 2008): 4.

Feature endnotes

a. P. C. Beller, "Unlikely Hero," *Forbes* (February 2, 2009): 52–58; M. Shields, *Media Week*, July 7, 2008, http://libproxy.unm.edu/login?url=http://search.ebscohost.com/login.aspx?direct-true&db=ufh&AN=33277448&site=ehostlive&scope=site (accessed February 4, 2009).
b. "Spudware®," http://excellentpackaging.com/pages/1/SpudWare.pdf (accessed March 5, 2009); Ilana DeBare, "Ridding World of Plastic Forks," *San Francisco Chronicle,* January 7, 2007, http://www.sfgate.com/cgi-bin/article.cgi?f=/c/a/2007/01/07/BUG8KNE27Q1.DTL&hw=ridding=world+of+plastic+forks&sn=001&sc=1000 (accessed March 5, 2009).

Chapter 3

1. Susan Berfield, "There Will Be Water," *BusinessWeek* (June 23, 2008): 40–45; David Case, "A Mighty Wind," *Fast Company* (June 2008): 80–83; Neil King, Jr., "Pickens' Windmills Tilt Against Market Realities," *The Wall Street Journal* (January 13, 2009): A12; "T. Boone Pickens Stalls Wind Farm Project," *New Mexico Business Weekly,* November 12, 2008, http://www.bizjournals.com/albuquerque/stories/2008/11/10/daily23.html (accessed February 13, 2009).
2. Julie Halpert, "Efficiency vs. Economics," *Newsweek*, January 14, 2009, http://www.newsweek.com/id/179517 (accessed March 20, 2009); Tom Incantalupo, "In a Down Market, Hybrid Sales Holding Up," *Newsday*, March 19, 2009, http://www.newsday.com/business/ny-bzhybr196074577mar19,0,604642.story (accessed March 20, 2009).
3. P. Varadarajan, Terry Clark, and William M. Pride, "Controlling the Uncontrollable: Managing Your Market Environment," *Sloan Management Review* (Winter 1992): 39–47.
4. "Carbonated Soft-Drinks Suffer Setback in 2005, Beverage Marketing Corporation Reports," Beverage Marketing Corporation press release, April 2006, http://www.beveragemarketing.com/news2zz.htm.
5. O. C. Ferrell and Michael D. Hartline, *Marketing Strategy* (Mason, OH: South-Western, 2008), 58.
6. Ibid.
7. Ibid.
8. Michelle Norris, "Your Money: American Express' $300 Deal Shows Industry Trend," National Public Radio, March 12, 2009, http://www.npr.org/templates.story/story.php?storyId=101152431 (accessed March 12, 2009).
9. Rodolfo Vazquez, Maria Leticia Santos, and Luis Ignacio lvarez, "Market Orientation, Innovation and Competitive Strategies in Industrial Firms," *Journal of Strategic Marketing* (March 2001): 69–90.
10. "The American Household: A Nasty Dip in Net Worth," *Businessweek* (March 9, 2009): 13.
11. Susan Page, "Poll Finds That as the Economy Falls, Success Is Being Redefined, and Expectations Lowered," *USA Today* (March 10, 2009): A1.
12. Kathy Chu, "Consumers Hit by Sliding Credit Scores," *USA Today* (March 6–8, 2009): A1.
13. Ann Zimmerman, "Retail Shows Signs of Life," *The Wall Street Journal* (March 6, 2009): A1.
14. "Top All-Time Donors," Center for Responsive Politics, http://www.opensecrets.org/orgs/list.php (accessed March 20, 2009).
15. Lorrie Grant, "Scrimping to Splurge," *USA Today* (January 28, 2005): 1B.
16. Joseph Pereira, "Price-Fixing Makes Comeback After Supreme Court Ruling," *The Wall Street Journal* (August 18, 2008): A1.
17. "FTC Order Bars Firm from Failing to Provide Timely Rebates," Federal Trade Commission, March 11, 2009, http://www.ftc.gov/opa/2009/03/ats.shtm.
18. "National Restaurant Company Settles FTC Charges for Deceptive Gift Card Sales," Federal Trade Commission, press release, April 3, 2007, http://www.ftc.gov/opa/2007/04/darden.shtm.
19. Sarah Ellison, "Why Kraft Decided to Ban Some Food Ads to Children," *The Wall Street Journal,* Octboer 31, 2005, via http://www.commercialalert.org/news/archive/2005/10/small-bites-why-kraft-decided-to-ban-some-food-ads-to-children (accessed November 3, 2009).
20. David Tyler, "BBB Hangs Up On Cingular," *Rochester Democrat & Chronicle,* September 10, 2005, via http://notjust4techs.com/?p=25 (accessed Novermber 3, 2009).
21. "P&G Takes Issue with McNeil Ad Claims for Tylenol Cold Product," National Advertising Division, press release, August 1, 2007, http://www.nadreview.org (accessed March 12, 2009).
22. "NAD Refers BIE Health Products to the FTC and FDA," National Advertising Division press release, July17, 2006, http://www.nadreview.org.
23. "New Subscribers to Telecom Services Continues Growing in 2005," Cellular-News.com, October 5, 2005, http://www.cellular-news.com/story/12792.php.
24. Gwen Moran, "Top New Marketing Trends," MSNBC, August 7, 2006, http://www.msnbc.msn.com/id/14231013/.
25. Samantha Rose Hunt, "YouTube Viewers in U.S. Exceed 100 Million for First Time," *TG Daily*, March 6, 2009, http://www.tgdaily.com/content/view/41650/113/ (accessed March 20, 2009).
26. Thorne, Ferrell, and Ferrell, *Business and Society*, Third Edition, New York: Houghton Mifflin Co., 2008, 36.
27. Ibid.
28. Ibid.
29. U.S. Bureau of the Census, *Statistical Abstract of the United States, 2007* (Washington: U.S. Government Printing Office, 2006), 13.
30. Ibid., 50, 53.
31. Ibid., 12.
32. U.S. Bureau of the Census, "U.S. Interim Projections by Age, Sex, Race, and Hispanic Origin," March 18, 2004, http://www.census.gov/ipc/www/usinterimproj/natprojtab01a.pdf (accessed November 3, 2009).
33. Jeffrey M. Humphreys, "The Multicultural Economy 2007," *Georgia Business and Economic Conditions* 67 (Third Quarter 2007), 7.
34. Carlotta Mast, "Latino Liftoff," *Denver Post*, August 2007, via http://goliath.ecnext.com/coms2/gi_0199-6968970/Latino-liftoff-Colorado-companies-targeting.html (accessed November 3, 2009).
35. Isabelle Maignan and O. C. Ferrell, "Corporate Social Responsibility and Marketing: An Integrative Framework," *Journal of the Academy of Marketing Science,* (January 2004): 3–19.
36. Indra Nooyi, "The Responsible Company," *The Economist* (March 31, 2008): 132.
37. Peter Loftus, "Number of Vioxx-Related Lawsuits Tops 22,000 as Deadline Nears," *The Wall Street Journal,* September 29, 2006, http://online.wsj.com/article/SB115956023286178324.html?mod=home_law_more_news; "Report: Merck Aware of Vioxx Problems," *The Austin American-Statesman,* November 2, 2004, http://statesman.com.

38. Avon Breast Cancer Crusader Homepage, http://www.avoncompany.com/women/avoncrusade/ (accessed March 20, 2009).
39. Thorne, Ferrell, and Ferrell, *Business and Society*, 48–50.
40. O. C. Ferrell, "Business Ethics and Customer Stakeholders," *Academy of Management Executive* (May 2004): 126–129.
41. "2005 Corporate Citizenship Report," Pfizer, http://www.pfizer.com/pfizer/subsites/corporate_citizenship/ report/stakeholders_table.jsp (accessed January 19, 2007).
42. Archie Carroll, "The Pyramid of Corporate Social Responsibility: Toward the Moral Management of Organizational Stakeholders," *Business Horizons* (July/August 1991): 42.
43. William T. Neese, Linda Ferrell, and O. C. Ferrell, "An Analysis of Federal Mail and Wire Fraud Cases Related to Marketing," *Journal of Business Research* 58 (2005): 910–918.
44. Sundar Bharadwaj, "Do Firms Pay a Price for Deceptive Advertising?" Knowledge@Emory, October 15, 2009, http://knowledge.emory.edu/article.cfm?articleid=1275 (accessed November 3, 2009).
45. Jonathan King and David Acklin, "Creating Common Ground: A Lesson from the Past," *Journal of Business Ethics 14* (January 1995): 13.
46. Carl Bialik, "In Ads, 1 Out of 5 Stats Is Bogus," *The Wall Street Journal*, March 11, 2009, http://online.wsj.com/article/SB123672828150888771.html (accessed November 3, 2009).
47. "Consumer Cries Foul over Kraft Dip," *The Austin American-Statesman*, November 30, 2006, http://www.statesman.com.
48. Tim Barnett and Sean Valentine, "Issue Contingencies and Marketers' Recognition of Ethical Issues, Ethical Judgments and Behavioral Intentions," *Journal of Business Research* 57 (2004): 338–346.
49. "Charitable Giving Rises 6 Percent to More Than $160 Billion in 2005," Giving USA Foundation press release, June 7, 2006, http://www.aafrc.org/press_releases/trustreleases/0606_PR.pdf (accessed Novermber 3, 2009).
50. Jessica Stannard-Friel, "Corporate Giving Responds to Hurricane Katrina," *OnPhilanthropy*, August 30, 2005, http://www.onphilanthropy.com/onthescene/os2005-08-30.html.
51. Stacy Perman, "Scones and Social Responsibility," *BusinessWeek* (August 21/28, 2006): 38.
52. "Take Charge of Education," Target, http://sites.target.com/site/en/corporate/page.jsp?contentId=PRD03-001825 (accessed January 19, 2007).
53. Marianne Wilson, "Doing Good Is More Than a Feel-Good Option," *Chain Store Age* (October 2005): 771.
54. Jasmine Malik Chua, "Home Depot, Habitat for Humanity, Build Green Building Partnership," Treehugger, April 15, 2008, http://www.treehugger.com/files/2008/04/home-depot-habitat-for-humanity.php (accessed November 3, 2009).
55. "How Much Trash We Toss," Environmental Protection Agency, *USA Today Snapshot* (August 27, 2008): A1.
56. "Garbage Powers Windex Plant," *CNN*, March 11, 2009, http://money.cnn.com/video/technology/2009/03/11/fortune-bg-scjohnson.fortune/ (accessed March 1, 2009).
57. Peter Asmus, "17th Annual Business Ethics Awards," *Business Ethics* (Fall 2005): 18–20.
58. Isabelle Maignan and Debbie Thorne McAlister, "Socially Responsible Organizational Buying: How Can Stakeholders Dictate Purchasing Policies?" *Journal of Macromarketing* (December 2003): 78–89.
59. Stephanie Thompson, "Aveda Pressures Mags to Go Green," *Advertising Age* (November 29, 2004): 19.
60. Jill Gabrielle Klein, N. Craig Smith, and Andrew John, "Why We Boycott: Consumer Motivations for Boycott Participation," *Journal of Marketing* (July 2004): 92–109.
61. Bruce R. Gaumnitz and John C. Lere, "Contents of Codes of Ethics of Professional Business Organizations in the United States," *Journal of Business Ethics* 35 (2002): 35–49.
62. Jeff Leeds, "2 Are Fired at Clear Channel after a Misconduct Inquiry," *The New York Times*, October 12, 2005, http://www.nytimes.com.
63. Ferrell and Hartline, *Marketing Strategy*, Fourth Edition, Mason, OH: Cengage Learning, 2008, 76-79.
64. Marjorie Kelly, "Holy Grail Found: Absolute, Definitive Proof That Responsible Companies Perform Better Financially," *Business Ethics*, Winter 2005, http://www.business-ethics.com/current_issue/winter_2005_holy_grail_article.html; Xueming Luo and C. B. Bhattacharya, "Corporate Social Responsibility, Customer Satisfaction, and Market Value," *Journal of Marketing* 70 (October 2006), http://www.marketingpower.com; Isabelle Maignan, O. C. Ferrell, and Linda Ferrell, "A Stakeholder Model for Implementing Social Responsibility in Marketing," *European Journal of Marketing* 39 (September/October 2005): 956–977.
65. "Multi-Year Study Finds 21% Increase in Americans Who Say Corporate Support of Social Issues Is Important in Building Trust," Cone, Inc., press release, December 8, 2004, http://www.coneinc.com/Pages/pr_30.html.
66. Maignan, Ferrell, and Ferrell, "A Stakeholder Model for Implementing Social Responsibility in Marketing."

Feature endnotes

a. Jamin Brophy-Warren, "The New Examined Life," *Wall Street Journal* (December 6–7, 2008): W1, W11; Tom Hayes and Michael S. Malone, "Marketing in the World of the Web," *Wall Street Journal* (November 29–30, 2008): A13; Jessica E. Vascellaro, "Facebook Aims to Connect Its Users to Other Sites," *Wall Street Journal* (December 5, 2008): B4.
b. Anderson Cooper, " A Life Saver Called 'Plumpy'nut'," *60 Minutes*, CBS News, October 21, 2007, http://www.cbsnews.com/stories/2007/10/19/60minutes/main3386661.shtml (accessed March 2, 2009); "WHO Experts Raise Antiquated Nutrition Standards," Doctors without Borders, October 10, 2007, http://doctorswithoutborders.org/news/issue.cfm?id=2396 (accessed March 2, 2009); "Plumpy'nut in the Field," Nutriset, http://www.nutriset.fr/index.php?option=com_content&task=view&id=41&Itemid=33 (accessed March 2, 2009).
c. S. Elliot, "Trumpeting a Move to Put the Sun in SunChips," *The New York Times*, March 27, 2008, http://www.nytimes.com/2008/03/27/business/media/27adco.html?_r=2&scp=2&sq=&st=nyt&oref=slogin (accessed March 2, 2009);
Projects & Partners (2009), Solar Electric Light Fund, http://www.self.org/index.asp (accessed March 3, 2009); *Incentives*, DSIRE: Database of State Incentives for Renewables & Efficiencies, http://www.dsireusa.org/index.cfm?EE=0&RE=1 (accessed March 2, 2009).

Chapter 4

1. "Tell Us What You Really Think: Collecting Customer Feedback," *Inc. Magazine* (December 2008): 52–53; Noreen O'Leary, "Study: Customer Feedback Ignored," *Ad Week*, January 26, 2009, http://www.adweek.com/aw/-content_display/news/client/e3ic96aa80f511fb30f5635f219369f11aa (accessed February 10, 2009); Aphrodite Brinsmead, "Twitter and Google as Customer Service Tools," *TMC News*, February 9, 2009, http://www.tmcnet.com/usubmit/2009/02/09/3974434.htm (accessed February 10, 2009).
2. Anne L. Souchon, John W. Cadogan, David B. Procter, and Belinda Dewsnap, "Marketing Information Use and Organizational Performance: The Mediating Role of Responsiveness," *Journal of Strategic Marketing* (December 2004): 231–242; Bradley Johnson, "Understanding the Generation Wireless' Demographic," *Advertising Age* (March 20, 2006).
3. "A Wake-up Call for Coffee," *BusinessWeek* (October 22, 2007): 23.
4. Ellen Byron, "Marketers Target Men's Hair as Promising Frontier," *The Wall Street Journal*, December 1, 2008, B4.
5. Catherine Arnold, "Self-Examination: Researchers Reveal State of MR in Survey," *Marketing News* (February 1, 2005): 55, 56.
6. Kenneth Chang, "Enlisting Science's Lessons to Entice More Shoppers to Spend More," *The New York Times*, September 19, 2006, http://www.nytimes.com.
7. Bobby White, "Cisco Sets Its Sights on $34 Billion Market," *The Wall Street Journal*, September 24, 2008, B3.
8. A. Parasuraman, Dhruv Grewal, and R. Krishnan, *Marketing Research* (Boston: Houghton Mifflin, 2007), 63.
9. Ken Manning, O. C. Ferrell, and Linda Ferrell, "Consumer Expectations of Clearance vs. Sale Prices," University of Wyoming working paper, 2007.
10. Parasuraman, Grewal, and Krishnan, *Marketing Research*, 64.
11. Ibid., 73.
12. Vikas Mittal and Wagner A. Kamakura, "Satisfaction, Repurchase Intent, and Repurchase Behavior: Investigating the Moderating Effects of Customer Characteristics," *Journal of Marketing Research* (February 2001): 131–142.
13. Brian Steel, "Kellogg's Goes Virtual to Test Real Life Packaging," *Marketing News* (January 30, 2009): 13.
14. "BMW of North America," *Nielson Claritas*, http://www.claritas.com/target-marketing/ (accessed March 22, 2009).
15. Haya El Nasser, "Census Bureau No Longer Waiting 10 Years for Data," *The Coloradoan* (January 17, 2005): A2.
16. "Information Resources, Inc.," *Marketing News* (August 15, 2006): H22–24.
17. "External Secondary Market Research," *CCH Business Owner's Toolkit*, http://www.toolkit.cch.com/text/P03_3011.asp (accessed January 23, 2007).
18. Arnold, "Self-Examination."
19. Jack Neff, "Consumers Rebel Against Marketers' Endless Surveys," *Advertising Age*, October 2, 2006, http://www.adage.com.

20. Ibid.
21. Maria Grubbs Hoy and Avery M. Abernethy, "Nonresponse Assessment in Marketing Research: Current Practice and Suggested Improvements," in *Marketing Theory and Applications,* American Marketing Association Winter Educators' Conference Proceedings, 2002.
22. David Jobber, John Saunders, and Vince-Wayne Mitchell, "Prepaid Monetary Incentive Effects on Mail Survey Response," *Journal of Business Research* (January 2004): 347–350.
23. John Harwood and Shirley Leung, "Hang-Ups: Why Some Pollsters Got It So Wrong This Election Day," *The Wall Street Journal* (November 8, 2003): A1, A6.
24. Ibid.
25. Robert V. Kozinets, "The Field Behind the Screen: Using Netnography for Marketing Research in Online Communities," *Journal of Marketing Research* (February 2002): 61–72.
26. Glen L. Urban and John R. Hauser, "'Listening In' to Find and Explore New Combinations of Customer Needs," *Journal of Marketing* (April 2004): 72–87.
27. Alissa Quart, "Ol' College Pry," *Business 2.0,* April 3, 2001. "Where the Stars Design the Cars," *Business 2.0* (July 2005): 32.
28. Susanne Vranica, "Media Firms Team Up to Test Online Video Ad Formats," *The Wall Street Journal* (January 22, 2009): B4.
29. "Critics Say Obama's Focus-Group Approach More Style Than Substance," *Fox News,* March 5, 2009, http://www.foxnews.com/politics/first100days/2009/03/05obamas-focus-group-approach-style-substance/ (accessed March 23, 2009).
30. Peter DePaulo, "Sample Size for Qualitative Research," *Quirk's Marketing Research Review,* December 2000, http://www.quirks.com.
31. Theodore T. Allen and Kristen M. Maybin, "Using Focus Group Data to Set New Product Prices," *Journal of Product and Brand Management* (January 2004): 15–24.
32. David Armano, "Rethinking the Focus Group: Tropicana Design Flops," *Logic + Emotion,* February 23, 2009, http://darmano.typepad.com/logic_emotion/2009/02/tropicana-html (accessed March 15, 2009).
33. Sean Geehan and Stacy Sheldon, "Connecting to Customers," *Marketing Management* (November/December 2005): 37–42.
34. Kenneth Hein, "KFC Cooks Up Moms Panel," *BrandWeek,* August 22, 2006, www.brandweek.com.
35. Barbara Allan, "The Benefits of Telephone Depth Sessions," *Quirk's Marketing Research Review,* December 2000, http://www.quirks.com.
36. Bruce Horovitz, "Marketers Take a Close Look at Your Daily Routines," *USA Today,* April 29, 2007, http://www.usatoday.com/money/advertising/2007-04-29-watching-marketing_N.htm (accessed March 23, 2009).
37. Judy Strauss and Donna J. Hill, "Consumer Complaints by E-mail: An Exploratory Investigation of Corporate Responses and Customer Reactions," *Journal of Interactive Marketing* (Winter 2001): 63–73.
38. Kevin Kelleher, "66,207,986 Bottles of Beer on the Wall," *Business 2.0,* CNN, February 25, 2004, http://www.cnn.com.
39. D. Aacker, V. Kumar, and G. Day, *Marketing Research,* 8th ed. (New York: Wiley & Sons, 2004).
40. Marlus Wübeen and Florian von Wangenheim, "Predicting Customer Lifetime Duration and Future Purchase Levels: Simple Heuristics vs. Complex Models," in Jean L. Johnson and John Hulland, eds., *2006 AMA Winter Educators' Conference: Marketing Theory and Applications* 17 (Winter 2006): 83–84.
41. Thomas Mucha, "The Builder of Boomtown," *Business 2.0,* September 2005, http://www.business2.com.
42. "Ace Hardware," Claritas Case Study, http://www.claritas.com/target-mearketing/resources/case-study/ace-hardware-02.jsp (accessed March 13, 2009).
43. "Group Warns of Grocery Grab for Data," *Marketing News* (April 15, 2002): 7.
44. Noah Rubin Brier, John McManus, David Myron, and Christopher Reynolds, "Zero-In' Heroes," *American Demographics* (October 2004): 36–45.
45. Laurence N. Goal, "High Technology Data Collection for Measurement and Testing," *Marketing Research* (March 1992): 29–38.
46. Behrooz Noori and Mohammad Hossein Salimi, "A Decision-Support System for Business-to-Business Marketing," *Journal of Business & Industrial Marketing* 20 (2005): 226–236.
47. Carlos Denton, "Time Differentiates Latino Focus Groups," *Marketing News* (March 15, 2004): 52.
48. Lambeth Hochwald, "Are You Smart Enough to Sell Globally?" *Sales & Marketing Management* (July 1998): 52–56.
49. Ibid.

Feature endnotes

a. iModerate, http://imoderate.com (accessed March 23, 2009); Eric Peterson, "Tech Startup of the Month," *ColoradoBiz,* August 2007, http://www.imoderate.com/cms_images/file_9.pdf (accessed March 23, 2009); Deborah Vence, "10 Minutes with . . .," *Marketing News* (February 15, 2009): 26.

b. Piet Levy, "All Together Now." *Marketing News* (February 15, 2009): 24; "Marketing Through Online Communications," *Pronenet Advertising,* http://www.pronetadvertising.com/articles/marketing-through-online-communities.html (accessed March 2, 2009); Emily Steel, "Skittles Cozies Up to Social Media," *Media & Marketing* (March 3, 2009): B4.

c. Amy Galland, "Waste & Opportunity: U.S. Beverage Container Recycling Scorecard and Report, 2008," As You Sow, http://www.asyousow.org/sustainability/bev_survey.shtml (accessed March 23, 2009); *PepsiCo Packaging and Solid Waste,* http://www.pepsico.com/Purpose/Environment/Packaging-and-Solid-Waste .aspx (accessed March 2, 2009);"Coca-Cola, URRC Open World's Largest Plastic Bottle-to-Bottle Recycling Plant," *The New York Times,* January 14, 2009, http://markets.on.nytimes.com/research/stocks/news/press_release.asp?docKey=600-200901141200BIZWIRE_USPR_____BW5918-5D90ISCLLMB2M7U464FJFH6SET&provider=Businesswire&docDate=January %2014%2C%202009&press_symbol=US%3BKO (accessed March 23, 2009).

Chapter 5

1. "High School Musical 3: Senior Year (2008)," *The Numbers,* http://www.the-numbers.com/movies/2008/HISM3.php; Simon Dumenco, "Could 455 Million 'High School Musical' Viewers Be Wrong?" October 2008, http://www.adage.com/mediaworks/article?_id=131793; Steve Mason, "Friday Box Office: High School Musical 3 Hits Huge with $16.5M, $55M Weekend Likely," October 2008, http://www.slashfilm.com/2008/10/24/friday-box-office-high-school-musical-3-hits-huge-with-165m-55m-weekend-likely/; Mike Reynolds, "Cable's All-Time, Most-Watched Show: 'HSM2' Edges 'MNF,'" October 2008, http://www.multichannel.com/article/80659-Cable_s_All_Time_Most_Watched_Show_HSM2_Edges_MNF_.php (all accessed February 6, 2009).
2. Josh Quittner, "World of Fore!-craft," *Fortune,* (January 21, 2008): 32–34.
3. Montblanc—Writing Instruments, http://www.montblanc.com/products/26.php (accessed February 13, 2009).
4. Vanessa O'Connell, "Neiman Marcus's Cusp Tries for Younger Crowd," *The Wall Street Journal* (June 13, 2007): B1, http://online.wsj.com.
5. Aidan Malley, "Apple AT&T Neophytes to Define iPhone Audience," *Apple Insider,* http://www.appleinsider.comppleinsider.com (accessed February 4, 2009).
6. Service Corporation International, http://premium.hoovers.com/subscribe/co/factsheet.xhtml?ID=rrycrfchkhjkrh (accessed January 30, 2009).
7. Teens Turning Green, www.teensturninggreen.org (accessed February 6, 2009).
8. "Kids and Commercialism," Center for New American Dream, http://newdream.org/kids/facts.php (accessed February 18, 2009).
9. U.S. Bureau of the Census, *Statistical Abstract of the United States,* 2007 (Washington, DC: U.S. Government Printing Office).
10. "Dora the Explorer Leads Doll Revolution," CNN, August 13, 2007, http://www.cnn.com.
11. Jason Fields, "America's Families and Living Arrangements: 2003," *Current Population Reports* (Washington, DC: U.S. Census Bureau, November 2004): 1–20.
12. "Clients and Case Studies," MicroMarketing, Inc., http://www.micromarketing.com/clients/index.html (accessed January 24, 2007).
13. Jena McGregor, "At Best Buy, Marketing Goes Micro," *Business Week* (May 26, 2008): 52–54.
14. Emily Bryson York, "Taco Bell, Starbucks Trot Out 'Light' Offerings for New Year," *Advertising Age,* December 27, 2007, http://www.adage.com.
15. Joseph T. Plummer, "The Concept and Application of Life Style Segmentation," *Journal of Marketing* (January 1974): 33.
16. SRI Consulting Business Intelligence, http://www.sric-bi.com/VALS (accessed February 18, 2009).
17. "Energy Statistics," NationMaster, data from CIA June 14, 2007, www.nationmaster.com/graph/ene_ele_con_percap-energy-electricity-consumption-per-capita.
18. Susan Bergman, "U.S. Baby Boomer Attitude and Opportunity: At Home, at Work, and on the Road," *Package Facts,* June 1, 2008, http://www.packagedfacts.com/Baby-Boomer-Attitudes-1634923/ (accessed February 13, 2009).
19. Philip Kotler, *Marketing Management: Analysis, Planning, Implementation, and Control,* 7th ed. (Englewood Cliffs, NJ: Prentice Hall, 2003), 144.
20. Charles W. Chase, Jr., "Selecting the Appropriate Forecasting Method," *Journal of Business Forecasting* (Fall 1997): 2, 23, 28–29.
21. "ACNielsen Market Decisions: Controlled Market Testing," ACNielsen, http://us.acnielsen.com/products/rms_amd_controlledmktest.shtml (accessed February 5, 2009).
22. Constantine von Hoffman, "P&G Plans to Shrink Line of Detergents," *Brandweek,* (October 16, 2006): 6, http://www.brandweek.com.

Feature endnotes

a. Michael Learmonth, "Marketers Adapt as Social Networks Attract Older Users," *Advertising Age* (February 23, 2009): 14; Suzanne Kapner, "Facebook Tries to Sell Its Friends Again," *Fortune* (February 16, 2009): 24; Becky Ebenkamp, "Behavior Issues: Behavioral Targeting Is a Tricky Issue for Marketers," *Brandweek* (October 20, 2008): 21; Jeremy Kirk, "MySpace User Ad Targeting Will Be Optional," *Industry Standard,* April 29, 2008, http://www.thestandard.com/news/2008/04/29/myspace-user-ad-targeting-will-be-optional.

b. Andrew Scott, "Natural Eats, Tasty Profits," *Fairfield County Business Journal* (July 25, 2005): 1+; "Tasty Bite May Raise $12M to Fuel Growth," *The Economic Times* (July 8, 2006); Shivani Vora, "Curry in a Hurry," *Time*, (Feb. 12, 2007): G10; Tasty Bite, http://www.tastybite.com (accessed February 18, 2009).

c. Grant Ray, "The Clean, Green 2009 Zero X Machine," *Fast Company*, February 18, 2009, http://www.fastcompany.com/articles/2009/02/zero-x-electric-motorcycle.html; Phillip Hennessey, "Green Initiatives Are Hot," *Successful Meetings*, (July 2007): 11; Jim Hanas, "A World Gone Green," *Advertising Age*, (June 11, 2007): S-1; Dan Alaimo, "Green Housewares Growing: Mintel," *Supermarket News*, March 19, 2007, n.p.; Julie Gallagher, "Earth-Friendly Packaging May Have Grocers Seeing Green," *Supermarket News*, January 15, 2007, n.p.

Chapter 6

1. Jennifer Saranow, "Retailers Give It the Old College Try," *Wall Street Journal* (August 28, 2008): B8; Stuart Elliott, "Marketers Are Joining the Varsity," *New York Times,* June 11, 2007, C1, C4; Brian Steinberg, "Gimme an Ad! Brands Lure Cheerleaders," *Wall Street Journal* (April 19, 2007): B4.
2. Wayne D. Hoyer and Deborah J. MacInnis, *Consumer Behavior*, 4th ed. (Mason, OH: South-Western/Cengage Learning, 2010), 47–49.
3. Andrew D. Gershoff and Gita Venkataramani Johar, "Do You Know Me? Consumer Calibration of Friends' Knowledge," *Journal of Consumer Research* 32 (March 2006): 496+.
4. Barbara Kiviat, "Why We Buy," *Time* (August 27, 2007): 50–51.
5. Russell W. Belk, "Situational Variables and Consumer Behavior," *Journal of Consumer Research* (December 1975): 157–164.
6. Nathan Novemsky, Ravi Dhar, Norbert Schwarz, and Itamar Simonson, "Preference Fluency in Choice," *Journal of Marketing Research* 44 (August 2007): 347–356.
7. "Sorry Cupid, Santa's the One Handing Out Engagement Rings This Year—and He's Buying Them Online," *PR Newswire*, December 6, 2004.
8. Chien-Huang Lin, HsiuJu Rebecca Yen, and Shin-Chieh Chuang, "The Effects of Emotion and Need for Cognition on Consumer Choice Involving Risk," *Marketing Letters* 17 (January 2006): 47–60.
9. Ellen Byron, "Is the Smell of Moroccan Bazaar Too Edgy for American Homes?" *Wall Street Journal*, February 3, 2009.
10. "Scented Hotel Rooms? Hampton Says Nonsense!" Hampton Hotels, Press Release, October 2007, http://hospitality-1st.com/PressNews/Hampton-102307.html.
11. SRI Consulting Business Intelligence, http://www.sric-bi.com/VALS (accessed March 23, 2009).
12. David B. Wooten, "From Labeling Possessions to Possessing Labels: Ridicule and Socialization Among Adolescents," *Journal of Consumer Research* 33 (September 2006): 188+.
13. Christopher Hart and Pete Blackshaw, "Internet Inferno," *Marketing Management*, (January/February 2006): 21.
14. Donnel A. Briley and Jennifer L. Aaker, "When Does Culture Matter? Effects of Personal Knowledge on the Correction of Culture-Based Judgments," *Journal of Marketing Research* 33 (August 2006), http://marketingpower.com (accessed March 23, 2009).
15. "ACS Demographic and Housing Estimates: 2005–2007," U.S. Census Bureau, http://factfinder.census.gov (accessed March 23, 2009).
16. Jeffrey M Humphreys, "The Multicultural Economy 2008," *Georgia Business and Economic Conditions* 68 (Third Quarter 2008), http://www.selig.uga.edu/forecast/GBEC/GBEC0803q.pdf.
17. Marissa Miley, *Advertising Age* 80 (February 2, 2009): 3–26.
18. Ann Zimmerman, "To Boost Sales, Wal-Mart Drops One-Size-Fits-All Approach," *The Wall Street Journal* (September 7, 2006): A1, http://online.wsj.com.
19. "Target Dreams in Color for King Day and Beyond," Target Press Release, January 11, 2007, http://news.target.com/phoenix.xhtml?c=196187&p=irol-newsArticle&ID=949530.
20. "ACS Demographic and Housing Estimates: 2005–2007," U.S. Census Bureau, http://factfinder.census.gov (accessed March 23, 2009); Humphreys, "The Multicultural Economy 2008," *Georgia Business and Economic Conditions.*
21. "Ethnic Analysis," http://www.databankusa.com/Services/Ethnic.asp (accessed March 23, 2009).
22. Humphreys, "The Multicultural Economy 2008," *Georgia Business and Economic Conditions.*
23. Mindy Fetterman, "Stores Embrace Hispanic Tradition of 3 Kings Day," *USA Today*, January 1, 2008, http://www.usatoday.com/money/industries/retail/2008-01-01-three-kings-day_N.htm.
24. Della de la Fuente, "American Takes Latinos Home for the Holidays," *Brandweek*, November 19, 2007, http://www.brandweek.com/bw/news/leisuretrav/article_display.jsp?vnu_content_id=1003674048.
25. "ACS Demographic and Housing Estimates: 2005–2007," U.S. Census Bureau, http://factfinder.census.gov (accessed March 23, 2009).
26. Humphreys, "The Multicultural Economy 2008," *Georgia Business and Economic Conditions.*
27. Carol Angrisani, *Supermarket News* (November 10, 2008): 1–7.

Feature endnotes

a. Bruce Horovitz, "'Two Nobodies from Nowhere' Craft Winning Ad," *USA Today* (February 2, 2009): 4B; Stephanie Clifford, "Finding a Gold Mine in Digital Ditties," *New York Times* (October 28, 2008): A1+; Teresa F. Lindeman, "Ad Contest Has Heinz Seeking More from Public," *Pittsburgh Post-Gazette,* September 15, 2007, http://www.post-gazette.com.

b. Kathy Jackson, "Toyota Hopes New, Lighter Prius Will Give Sales a Lift," *Automotive News* (January 19, 2009): 16; John K. Teahen Jr., "Hybrids Aren't Taking Auto World by Storm," *Automotive News* (September 17, 2007): 20; Micheline Maynard, "Toyota Hybrid Makes a Statement, and That Sells," *New York Times* (July 4, 2007): A1, A11.

c. Facebook, http://www.facebook.com (Feb. 18, 2009); Steven Levy, "Facebook Grows Up," *Newsweek* (Aug. 20, 2007): 41–46; Ellen McGirt, "Hacker, Dropout, CEO," *Fast Company* (May 2007): 74–80; Brad Stone, "In Facebook, Investing in a Theory," *New York Times* (Oct. 4, 2007): C1, C2; iThink Online, http://www.targetx.com/ithink/?p=680#more-680, "The Aging of Facebook," February 6, 2009.

Chapter 7

1. Jacqueline Renerow, "Small Business Owners Get Intimate with Visa's New Network," *Response* (December 2008): 32; Charlotte Woolard, "Virtual Events Keep Down Costs," *B to B* (April 23, 2007): 31; Maggie Rauch, "Virtual Reality: How IBM Uses Web 2.0 to Grow Its Brand, from Wikis to Viral Video to Second Life," *Sales and Marketing Management* (January–February 2007): 18+.
2. *MRO + Distribution/Purchasing*, January 2009, Vol. 138, Issue 1, 29 (accessed February 20, 2009).
3. Bureau of the Census, *Statistical Abstract of the United States, 2009*, http://www.census.gov/compendia/statab/ (accessed March 6, 2009), Table 1007.
4. Ibid., Table 1007.
5. Ibid., Table 645.
6. Ibid., Table 410.
7. *Business Wire*, February 20, 2009 (accessed February 23, 2009).
8. "ZANA Network Members Get Access to Thousands of Government Contracts, *PR Newswire*, New York (December 5, 2007).
9. Hussey Seating, http://www.husseyseating.com (accessed February 9, 2009).
10. "Boeing, RyanAir Agree to Order for 32 Additional 737-800s," Boeing press release, September 29, 2006, http://www.boeing.com/news/releases/2006/q3/060929a_nr.html.
11. Das Narayandas and V. Kasturi Rangan, "Building and Sustaining Buyer-Seller Relationships in Mature Industrial Markets," *Journal of Marketing* (July 2004): 63.
12. Ellen Byron, "Aiming to Clean Up, P&G Courts Business Customers," *The Wall Street Journal*, January 26, 2007, B1, http://online.wsj.com.
13. Alex R. Zablah, Wesley J. Johnston, and Danny N. Bellenger, "Transforming Partner Relationships Through Technological Innovation," *Journal of Business & Industrial Marketing* 20 (August 2005): 355–363.
14. Cindy Claycomb and Gary L. Frankwick, "Dynamics of Buyers' Perceived Costs during a Relationship Development Process: An Empirical Assessment," *Journal of Business Research* 58 (2005): 1662–1671.
15. Leonidas C. Leonidou, "Industrial Buyers' Influence Strategies: Buying Situation Differences," *Journal of Business & Industrial Marketing* 20 (January 2005): 33–42.
16. Frederick E. Webster, Jr., and Yoram Wind, "A Generic Model for Understanding Organizational Buyer Behavior," *Marketing Management* (Winter/Spring 1996): 52–57.
17. George S. Day and Katrina J. Bens, "Capitalizing on the Internet Opportunity," *Journal of Business & Industrial Marketing* 20 (2005): 160–168.
18. Niklas Myhr and Robert E. Spekman, "Collaborative Supply-Chain Partnerships Built upon Trust and Electronically Mediated Exchange," *Journal of Business & Industrial Marketing* 20 (2005): 179–186.
19. "Development of NAICS," U.S. Census Bureau, http://www.census.gov/epcd/www/naicsdev.htm (accessed February 9, 2009).

Feature endnotes

a. "American Airlines Partners with EPA," *New Mexico Business Weekly*, February 25, 2009, http://www.bizjournals.com/Albuquerque/stories/2009/02/23/daily37.html; Ann Keeton, "American Air Sets Plan to Show Its Green Side," *Wall Street Journal*, July 18, 2007; Tom Chesshyre, "Paper Chase: Travel News," *The Times (London)*, March 31, 2007, 22; Daniel Michaels and Susan Carey, "Airlines Feel Pressure as Pollution Fight Takes Off," *Wall Street Journal* (December 12, 2006): A6.
b. Maha Atal, "Sustaining the Dream," *BusinessWeek* (Oct. 15, 2007): 60; Kristen Gerencher, "Treadmill Desks Let Employees Feel the Burn," *Boston Globe*, Mar. 26, 2006, n.p.; Reena Jana, "Exercise More Than Just Your Options," *BusinessWeek* (Oct. 29, 2007): 24; "Making the Tough Call," *Inc.* (Nov. 2007): 36+.
c. Jena McGregor, "Costco's Artful Discounts," *BusinessWeek*, (October 20, 2008): 58; Jim Wyss, "Local Vendors Audition for Retail Giant," *Miami Herald*, May 30, 2008, http://www.herald.com.

Chapter 8

1. Tom Wright, "Poorer Nations Go Online on Cellphones," *The Wall Street Journal*, December 5, 2008, B4; Shannon Shinn, "Dial M for Mobile," *BizEd* (January/February 2009): 32–39; Ashifi Gogo, "Ghanian Innovation on the Global Scene," *My Joy Online*, February 5, 2009, http://news.myjoyonline.com/technology/200902/25956.asp (accessed February 10, 2009); Irwin Greenstein, "5.3 Billion Reasons to Like Emerging Markets," *Contrarian Profits*, January 21, 2009, http://www.contrarianprofits.com/articles/53-billion-reasons-to-like-emerging-markets/11929 (accessed February 10, 2009).
2. "Visa Consolidates Global Image with New Ads, Marketing Campaign," *ISO & Agent* (March 5, 2009): 5.
3. "About Us," Wal-Mart Stores, Inc., http://walmartstores.com/AboutUs/ (accessed April 2, 2009); "2008 Annual Report," Starbucks.com, http://media.corporate-ir.net/media_files/irol/99/99518/AR2008.pdf (accessed April 1, 2009).
4. "The U.S. Commercial Service," Export.gov, http://www.export.gov/comm_svc/about_us/about_home.html (accessed January 5, 2007).
5. Gary A. Knight and S. Tamer Cavusgil, "Innovation, Organizational Capabilities, and the Born-Global Firm," *Journal of International Business Studies* (March 2004): 124–141.
6. "In Depth: Unilever," *BusinessWeek* (December 22, 2008): 47.
7. Gordon Fairclough and Janet Adamy, "Sex, Skin, Fireworks, Licked Fingers—It's a Quarter Pounder Ad in China," *The Wall Street Journal*, September 21, 2006, B1, http://online.wsj.com; "What Made McDonald's Click in India?" Hindustan Times.com, September 7, 2006, http://content.msn.co.in/Lifestyle/Work/LifeStyleHT_070906_1906.htm.
8. Matthew Futterman, "Football Tries a New Play to Score Overseas," *The Wall Street Journal* (October 9, 2008): B5.
9. Anton Piësch, "Speaking in Tongues," *Inc.* (June 2003): 50.
10. "Product Pitfalls Proliferate in Global Cultural Maze," *The Wall Street Journal* (May 14, 2001): B11.
11. George Balabanis and Adamantios Diamantopoulos, "Domestic Country Bias, Country-of-Origin Effects, and Consumer Ethnocentrism: A Multidimensional Unfolding Approach," *Journal of the Academy of Marketing Science* (January 2004): 80–95.
12. Ming-Huel Hsieh, Shan-Ling Pan, and Rudy Setiono, "Product-, Corporate-, and Country-Image Dimensions and Purchase Behavior: A Multicountry Analysis," *Journal of the Academy of Marketing Science* (July 2004): 251–270.
13. Janet Adamy, "Eyeing a Billion Tea Drinkers, Starbucks Pours It On in China," *The Wall Street Journal* (November 29, 2006): A1, http://online.wsj.com.
14. "Stumble or Fall?," *The Economist* (January 10, 2009): 63; Bob Davis, "U.S. to Push for Global Stimulus," *The Wall Street Journal* (March 9, 2009): A1.
15. Richard Wolf, "Obama, G-20 Unite on Recovery Package," *USA Today*, April 2, 2009, http://www.usatoday.com/news/world/2009-04-02-g20-summit_N.htm (accessed April 7, 2009).
16. Frederick Balfour, "Prying Open Asian Wallets," *BusinessWeek* (March 30, 2009): 77.
17. CIA, *World Factbook*, https://www.cia.gov/library/publications/the-world-factbook/ (accessed March 31, 2009).
18. Eric Bellman, "Rural India Snaps Up Mobile Phones," *The Wall Street Journal*, February 9, 2009, http://online.wsj.com/article/SB123413407376461353.html (accessed March 30, 2009).
19. "An $8 Billion Scandal Goes a Long Way," *The Economist* (February 28, 2009): 42; David Crawford, "Tax Havens Pledge to Yield on Secrecy," *The Wall Street Journal* (March 13, 2009): A1; L. Gordon Crovitz, "Swiss Banks and the End of Privacy," *The Wall Street Journal*, March 23, 2009, http://online.wsj.com/article/SB123776401389908783.html (accessed March 28, 2009).
20. Greg Hitt, Christopher Conkey, and José de Córdoba, "Mexico Strikes Back in Trade Dispute," *The Wall Street Journal* (March 17, 2009): A1.
21. "Will the New Congress Shift Gears on Free Trade?" *The Wall Street Journal* (November 18–19, 2006): A7.
22. Ibid.
23. Scott Lilly, "Should We Be Grateful to China for Buying U.S. Treasuries?" Center for American Progress, April 1, 2009, http://www.americanprogress.org/issues/2009/04/china_report.html (accessed April 2, 2009).
24. Charles R. Taylor, George R. Franke, and Michael L. Maynard, "Attitudes Toward Direct Marketing and Its Regulation: A Comparison of the United States and Japan," *Journal of Public Policy & Marketing* (Fall 2000): 228–237.
25. Adapted from O. C. Ferrell, John Fraedrich, and Linda Ferrell, *Business Ethics: Ethical Decision Making and Cases,* 6th ed. (Boston: Houghton Mifflin, 2005), 217–221.
26. "Counterfeiting and Piracy," Brand Protection Alliance, http://www.brandprotectionalliance.com/news/piracy.html (accessed April 2, 2009).
27. Frederik Balfour, "Fakes!," *BusinessWeek* (Feb. 7, 2005): 54–64.
28. Stefano Ponte, Lisa Ann Richey, and Mike Baab, "Bono's Project (RED) Initiative: Corporate Social Responsibility That Solves the Problems of 'Distant Others'," *Third World Quarterly* 30, Issue 2 (March 2009): 301–317.
29. Dave Izraeli and Mark S. Schwartz, "What We Can Learn from the Federal Sentencing Guidelines for Organizational Ethics," *Journal of Business Ethics* (July 1998): 9–10.
30. Tamara Monosoff, "New Regulations Impact Toy Makers," *MSNBC.com*, March 11, 2009, http://www.msnbc.msn.com/id/29635506/ (accessed March 30, 2009).
31. "Monsanto," *BusinessWeek* (December 22, 2008): 51.
32. "This Is Systembolaget," Systembolaget, http://www.systembolaget.se/Applikationer/Knappar/InEnglish/Swedish_alcohol_re.htm (accessed January 8, 2007).
33. Eric Belman, "Tata Will Sell Inexpensive Car by Lottery," *The Wall Street Journal* (March 24, 2009): B2.
34. "Internet Usage Statistics," http://www.internetworldstats.com/stats.htm (accessed March 31, 2009).
35. Source: CIA, *World Fact Book*, http://www.cia.gov/library/publications/the-world-factbook/ (accessed March 30, 2009).
36. Edward G. Thomas, "Internet Marketing in the International Arena: A Cross-Cultural Comparison," *Journal of International Business Strategy* 8, Issue 3 (October 11, 2008): 84–98.
37. Andreas B Eisingerich and Tobias Kretschmer, "In E-Commerce, More Is More," *Harvard Business Review* (March 2008): 20–21.
38. John Kao, "Tapping the World's Innovation Hot Spots," *Harvard Business Review* 87, Issue 3 (March 2009): 109–114.
39. "Report: Mobile Phone Users Double Since 2000," CNN, December 9, 2004, http://www.cnn.com.
40. Ting Shi, "A Gas Pump for 300 Million Phones," *Business 2.0* (June 2005): 78.
41. Steve Zahnniser and Jeremy Crago, *NAFTA at 15: Building on Free Trade,* United States Department of Agriculture, March 2009, http://www.ers.usda.gov/Publications/WRS0903/WRS0903.pdf (accessed April 5, 2009).
42. Ryan Emmot, "Drug War Hits Mexican Economy in Crisis," *Reuters,* April 3, 2009, http://www.reuters.com/article/worldNews/idUSTRE5325PG20090403 (accessed April 6, 2009).
43. Elisabeth Malkin, "NAFTA's Promise, Unfulfilled," *The New York Times,* March 23, 2009, http://www.nytimes.com/2009/03/24/business/worldbusiness/24peso.html (accessed April 5, 2009).
44. Sam Youngman and Bob Cusack, "Some Obama Promises Get Punted," *The Hill,* April 2, 2009, http://thehill.com/leading-the-news/some-obama-promises-get-punted-2009-04-02.html (accessed April 5, 2009).
45. "NAFTA Has a Record Trade Decline," Outsourced Logistics, April 1, 2009, http://outsourced-logistics.com/global_markets/news/nafta-record-declin-0401/ (accessed April 5, 2009).
46. Dave Michaels and Todd Gilman, "Pelosi Sees Mexican Truck Program's Revival as Unlikely," *The Dallas Morning News,* April 5, 2009, http://www.dallasnews.com/sharedcontent/dws/news/washington/tgillman/stories/DN-mexicantrucks_04bus.State.Edition1.124468d.html (accessed April 5, 2009).
47. "The European Union at a Glance," Europa (European Union) online, http://europa.eu.int/abc/index_en.htm# (accessed January 8, 2007).
48. Ibid.
49. Stanley Reid, with Ariane Sains, David Fairlamb, and Carol Matlack, "The Euro: How Damaging a Hit?" *BusinessWeek* (September 29, 2003): 63; "The Single Currency," CNN, http://www.cnn.com/SPECIALS/2000/eurounion/story/currency/ (accessed September 27, 2006).
50. T. R. Reid, "The New Europe," *National Geographic* (January 2002): 32–47.
51. Portal Oficial MERCOSUL/MERCOSUR, http://www.mercosur.int/msweb/ (accessed March 30, 2009).
52. Asia-Pacific Economic Cooperation, http://www.apec.org/ (accessed March 30, 2009).
53. Mina Kimes, "China's Drive into U.S. Car Market Stalls," *Fortune*, October 31, 2008, http://www.marketavenue.cn/upload/articles/ARTICLES_2024

.htm (accessed April 2, 2009); Chris Oliver, "ABD Cuts China Growth Outlook to 7% for 2009," Market Watch, March 31, 2009, http://www.marketwatch.com/news/story/adb-cuts-its-china-growth/story.aspx?guid=%7B92AAB619-06DD-40B9-A91C-B76C9157F101%7D&dist=google (accessed April 2, 2009); Keith Bradsher, "China Vies to Be World's Leader in Electric Cars," *The New York Times*, April 1, 2009, http://www.nytimes.com/2009/04/02/business/global/02electric.html?ref=global (accessed April 2, 2009).

54. Janet Adamy, "One U.S. Chain's Unlikely Goal: Pitching Chinese Food in China," *The Wall Street Journal* (October 20, 2006): A1, http://online.wsj.com.
55. Gordon Fairclough, "Dairymen Routinely Spike Milk in China," *The Wall Street Journal* (November 3, 2008): A1.
56. Stephanie N. Mehta, "Study: Dairy Scandal Taints all Chinese Brands," *Fortune*, November 12, 2008, http://money.cnn.com/2008/11/11/news/international/mehta_china.fortune/index.htm (accessed March 31, 2009).
57. "China Plans to Challenge U.S. Ban on Its Poultry," *The New York Times*, March 11, 2009, http://www.nytimes.com/2009/03/12/business/worldbusiness/12trade.html?scp=3&sq=china%20poultry&st=cse (accessed March 31, 2009).
58. Joe McDonald, "China Tries to Boost Exports, Risking Backlash," *Forbes*, http://www.forbes.com/feeds/ap/2009/03/31/ap6233013.html (accessed March 31, 2009).
59. "What Is the WTO?" World Trade Organization, http://www.wto.org/ (accessed January 8, 2007).
60. Leigh Thomas, "E.U., U.S., Canada Haul China Before WTO over Auto Parts Dispute," *Yahoo! News*, September 15, 2006, http://news.yahoo.com/s/afp/20060915/bs_afp/euuscanadachinawto_060915221834.
61. Joseph Lazaro, "WTO Predicts Worst Trade Decline in More Than 60 Years," *Daily Finance*, March 31, 2009, http://www.dailyfinance.com/2009/03/31/wto–predicts-the-worst-trade-decline-in-more-than-60-years/ (accessed March 31, 2009).
62. George Chryssochoidis and Vasilis Theoharakis, "Attainment of Competitive Advantage by the Exporter-Importer Dyad: The Role of Export Offering and Import Objectives," *Journal of Business Research* (April 2004): 329–337.
63. Vanessa O'Connell and Cheryl Lu-Lien Tan, "Designers Seek Foreign Sales," *The Wall Street Journal* (September 5, 2008): B2.
64. Gerry Khermouch, "'Whoa, Cool Shirt.' 'Yeah, It's a Pepsi,'" *BusinessWeek* (September 10, 2001): 84.
65. Farok J. Contractor and Sumit K. Kundu, "Franchising versus Company-Run Operations: Model Choice in the Global Hotel Sector," *Journal of International Marketing* (November 1997): 28–53.
66. "Tribune Outsourcing Customer Service, Cutting 250 Jobs," *USA Today*, August 28, 2006, http://www.usatoday.com/money/media/2006-08-28-tribune-cuts_x.htm.
67. J. Lynn Lunsford, "Outsourcing at Crux of Boeing Strike," *The Wall Street Journal* (September 8, 2008): B1.
68. Pankaj Ghemawat and Thomas Hout, "Tomorrow's Global Giants? Not the Usual Suspects," *Harvard Business Review* 86, Issue 11 (November 2008): 80–88.
69. Kathryn Rudie Harrigan, "Joint Ventures and Competitive Advantage," *Strategic Management Journal* (May 1988): 141–158.
70. "What We're About," NUMMI, http://www.nummi.com/co_info.html (accessed January 8, 2007).
71. Quentin Fottrell and Justin Scheck, "Dell Moving Irish Operations to Poland," *The Wall Street Journal* (January 9, 2009): B4.
72. Ronald Paul Hill and Kanwalroop Kathy Dhanda, "Globalization and Technological Advancement: Implications for Macromarketing and the Digital Divide," *Journal of Macromarketing* (December 2004): 147–155.
73. Deborah Owens, Timothy Wilkinson, and Bruce Kellor, "A Comparison of Product Attributes in a Cross-Cultural/Cross-National Context," *Marketing Management Journal* (Fall/Winter 2000): 1–11.
74. William E. Kilbourne, "Globalization and Development: An Expanded Macromarketing View," *Journal of Macromarketing* (December 2004): 122–135.
75. Anil K. Gupta and Vijay Govindarajan, "Converting Global Presence into Global Competitive Advantage," *Academy of Management Executive* (May 2001): 45–58.

Feature endnotes

a. TIER (Technology and Infrastructure for Emerging Regions), University of California at Berkeley, http://tier.cs.berkeley.edu/wiki/Wireless (accessed March 2, 2009); *Community Outreach*, Aravind Eye Care System, http://www.aravind.org/community/index.asp (accessed March 2, 2009).
b. BraBaby, http://www.brababy.com/ (accessed March 30, 2009); Jonathan Cheng, "A Small Firm Takes On Chinese Pirates," *The Wall Street Journal*, July 5, 2007, http://online.wsj.com/article/SB118359376477257609.html?mod=djemITP# (accessed March 30, 2009).
c. "Study: Dairy Scandal Taints All Chinese Brands," Stephanie N. Mehta, CNNMoney.com, November 11, 2008, http:/money.cnn.com/2008/11/11/news/international/Mehta_china.fortune/index.htm?postversion=2008111111 (accessed February 16, 2009); "Chinese Brands and the Financial Crisis: A Golden Opportunity?," Tom Doctoroff, *The Huffington Post*, February 9, 2009, http://www.huffingtonpost.com/tom-doctoroff/chinese-brands-and-the-fi_b_165435.html (accessed February 16, 2009); "The State of China's Brand Landscape in 2009: FAQs," Tom Doctoroff, *The Huffington Post*, October 26, 2008, http://www.huffingtonpost.com/tom-doctoroff/the -state-of-chinas-brand_b_138021.html (accessed February 16, 2009); "Made in China 2008: The Challenge for Chinese Brands Going Global," Interbrand, http://www.interbrand.com/images/studies/Made_in_China_2008.pdf (accessed February 16, 2009); Haier, http://www.haier.com/abouthaier/corporateprofile/index.asp (accessed February 16, 2009).

Chapter 9

1. David Kushner, "The Webkinz Effect," *Wired* (November 2008): 38; "Move Over, Beanie Babies, Webkinz Are Coming to a Store—and Virtual World—Near You," *Knowledge@Wharton*, September 19, 2007, http://knowledge.wharton.upenn.edu/article.cf?articleid=1805#; Bob Tedeschi, "Fuzzy Critters with High Prices Offer Lessons in New Concepts," *New York Times* (March 26, 2007): C4.
2. "Netflix Stock Sinks, Blockbuster Booms," *BusinessWeek Online*, January 2007, http://www.businessweek.com.
3. Steve Hargreaves, "Calming Ethanol-Crazed Corn Prices," *CNNMoney*, January 30, 2007, http://money.cnn.com/.
4. Ellen Byron, "Aiming to Clean Up, P&G Courts Business Customers," *The Wall Street Journal*, January 26, 2007, http://online.wsj.com.
5. Barry Janoff, "Reebock Sees Dollars, Scents in New Kool-Aid Line," *Brandweek*, January 29, 2009, http://www.brandweek.com/bw/news/apparelretail/article_display.jsp?vnu_content_id=1003703357.
6. Michael D. Johnson, Andreas Herrmann, and Frank Huber, "Evolution of Loyalty Intentions," *Journal of Marketing* 70 (April 2006), http://www.marketingpower.com.
7. OC Ferrell and Michael Heartline, *Marketing Strategy* (Mason, OH: South-Western, 2008), 172–173.
8. Dennis K. Berman and Ellen Byron, "P&G Sells Sure Deodorant Label to Private Firm Innovative Brands," *The Wall Street Journal* (September 26, 2006): B2, http://online.wsj.com.
9. Adapted from Everett M. Rogers, *Diffusion of Innovations* (New York: Macmillan, 1962): 81–86.
10. Ibid., 247–250.
11. "Dictionary of Marketing Terms," American Marketing Association, http://www.marketingpower.com/_layouts/Dictionary.aspx (accessed February 10, 2009).
12. Warren Church, "Investment in Brand Pays Large Dividends," *Marketing News* (November 15, 2006): 21.
13. Bethany McLean, "Classic Rock," *Fortune* (November 12, 2007): 35–40.
14. U.S. Bureau of the Census, *Statistical Abstract of the United States, 2009* (Washington, DC: U.S. Government Printing Office, 2008): 748.
15. C. D. Simms and P. Trott, "The Perception of the BMW Mini Brand: The Importance of Historical Associations and the Development of a Model," *Journal of Product & Brand Management* 15 (2006): 228–238.
16. Douglas B. Holt, *How Brands Become Icons: The Principles of Cultural Branding* (Boston: Harvard Business School Press, 2004).
17. Nigel Hollis, "Branding Unmasked," *Marketing Research* (Fall 2005): 24–29.
18. David A. Aaker, *Managing Brand Equity: Capitalizing on the Value of a Brand Name* (New York: Free Press, 1991): 16–17.
19. Don E. Schultz, "The Loyalty Paradox," *Marketing Management* (September/October 2005): 10–11.
20. "Store Brands Achieving New Heights of Consumer Popularity and Growth," Private Label Manufacturer's Association, http://plma.com/storeBrands/sbt08.html (accessed March 27, 2009).
21. Chiranjeev S. Kohli, Katrin R. Harich, and Lance Leuthesser, "Creating Brand Identity: A Study of Evaluation of New Brand Names," *Journal of Business Research* 58 (2005): 1506–1515.
22. Allison Fass, "Animal House," *Forbes* (February 12, 2007): 72–75.
23. Dorothy Cohen, "Trademark Strategy," *Journal of Marketing* (January 1986): 63.
24. Chiranjeev Kohli and Rajheesh Suri, "Brand Names That Work: A Study of the Effectiveness of Different Brand Names," *Marketing Management Journal* (Fall/Winter 2000): 112–120.
25. U.S. Trademark Association, "Trademark Stylesheet," no. 1A, n.d.

26. Dan Weeks, "Bacardi to Defend 'Vigorously' in Havana Club Lawsuit," *Caribbean Net News*, August 17, 2006, http://www.caribbeannetnews.com/cgi-script/csArticles/articles/000028/002823.htm.
27. Dorothy Cohen, "Trademark Strategy Revisited," *Journal of Marketing* (July 1991): 46–59.
28. "Kohl's Inks Exclusive Deal for Tony Hawk Footwear," *Los Angeles Business*, January 29, 2007, http://losangeles.bizjournals.com/losangeles/stories/2007/01/29/daily38.html.
29. Thomas J. Madden, Kelly Hewett, and Martin S. Roth, "Managing Images in Different Cultures: A Cross-National Study of Color Meanings and Preferences," *Journal of International Marketing* (Winter 2000): 90.
30. "Will Healthy Options = Healthy Sales?" *Packaging Digest* (July 2007): 28–33.
31. Joel Dresang, "Making Bacon Pop," *Milwaukee Journal-Sentinel*, November 17, 2007, http://www.jsonline.com/story/index.aspx?id=687166.
32. Valerie Folkes and Shashi Matta, "The Effect of Package Shape on Consumers' Judgment of Product Volume: Attention as a Mental Contaminant," *Journal of Consumer Research* (September 2004): 390.
33. "Looking for That Label," *Prepared Foods* (September 2006): 38.
34. Federal Trade Commission, http://www.ftc.gov (accessed March 25, 2009).

Feature endnotes

a. Cirque du Soleil, http://www.cirquedusoleil.com (accessed February 27, 2009); Douglas Belkin, "Talent Scouts for Cirque du Soleil Walk a Tightrope," *The Wall Street Journal* (Sept. 8, 2007): A1; Forrest Glenn Spencer, "It's One Big Circus," *Information Outlook* (Oct. 2007): 22–23.
b. Sarah Fister Gale, "How to Get Green Goods Flying Off the Shelves," *Green Biz*, March 2, 2009, http://www.greenbiz.com/feature/2009/03/02/how-get-green-goods-flying-off-shelves; Clifford Krauss, "Can They Really Call the Chainsaw Eco-Friendly?" *New York Times* (June 25, 2007): A1; Bruce Geiselman, "Aisle 7 for Eco Options," *Waste News* (April 30, 2007): 35; "Home Depot Hammers Out Eco Options ID Program," *Brandweek* (April 23, 2007): 5; http://www.homedepot.com.
c. Maggie Galehouse, "Going Green: Guitar Makers Are Strumming a New Tune," *Houston Chronicle* (January 23, 2009): 1; Greg Reitz, "Hotels Look to LEED to Boost Green Cred," *Green Lodging News*, February 6, 2009, http://greenerbuildings.com/news/2009/02/06/hotels-leed; Melissa Korn, "Cleaning Companies Go Green," *Wall Street Journal*, October 15, 2008, http://www.wsj.com; Randy Hofbauer, "On-product Labels Detail Green Claims," *Food & Beverage Packaging* (November 2008): 36; "USPS Goes LEED with Processing and Distribution Centers," *Building Design & Construction* (January 1, 2009): 14.

Chapter 10

1. Emily Lambert, "Cheap Thrills," *Forbes* (February 16, 2009): 72; Merlin Shrugs Off Gloom with Magical Results," *Leisure Report* (August 2008): 4; Penni Crabtree, "Legoland to Grow Again," *San Diego Union-Tribune*, November 7, 2007, http://www.signonsandiego.com; "Roll Up, Roll Up," *The Economist* (July 7, 2007): 66; "Merlin Outlines Three Key Reasons Behind Its Gardaland Purchase," *Leisure Report* (December 2006): 10.
2. Vanessa L. Facenda, "In Search of More Growth, P&G's Febreze Hits the Road," *BrandWeek*, August 6, 2007, http://www.brandweek.com.
3. Maria Sääksjärvi and Minuttu Lampinen, "Consumer Perceived Risk in Successive Product Generations," *European Journal of Innovation Management* 8 (June 2005): 145–156.
4. "Continental Introduces Five New Truck Tires at Mid-America Trucking Show," *PR Newswire*, March 19, 2009.
5. Arik Hesseldahl, "The Paperless Map Is the Killer App," *BusinessWeek* (November 26, 2007): 71–72.
6. Kate Macarthur, "Coke, Nestlé Offer a Workout in a Can," *Advertising Age* (October 16, 2006): 8.
7. "Making Headway with Helmets," *BusinessWeek* (January 15, 2007): 75.
8. Lee G. Cooper, "Strategic Marketing Planning for Radically New Products," *Journal of Marketing* (January 2000): 1–16.
9. Janet Adamy, "For McDonald's It's a Wrap," *The Wall Street Journal*, January 30, 2007, B1, http://online.wsj.com.
10. A. G. Lafley, "Proctor and Gamble," *BusinessWeek* (December 19, 2005): 62.
11. Stephen J. Carson, "When to Give Up Control of Outsourced New Product Development," *Journal of Marketing* 71 (January 2007): 49–66.
12. Dennis A. Pitta and Danielle Fowler, "Online Consumer Communities and Their Value to New Product Developers," *Journal of Product & Brand Management* 14 (2005): 283–291.
13. Deborah Ball, "As Chocolate Sags, Cadbury Gambles on a Piece of Gum," *The Wall Street Journal*, January 12, 2006, A1, http://online.wsj.com.
14. Jack Neff, "P&G Begins Slow Test of Probiotic Supplements," *Advertising Age*, December 12, 2007, http://www.adage.com.
15. John Reid Blackwell, "Philip Morris Joins SNUS Venture," *McClatchy-Tribune Business News*, February 4, 2009.
16. Alexander E. Reppel, Isabelle Szmigin, and Thorsten Gruber, "The iPod Phenomenon: Identifying a Market Leaders's Secrets through Qualitative Marketing Research," *Journal of Product & Brand Management* 15 (2006): 239–249.
17. Adapted from Michael Levy and Barton A. Weitz, *Retailing Management* (Burr Ridge, IL: Irwin/McGraw-Hill, 2001), 585.
18. Sidra Durst, "Shoe In," *Business 2.0 Magazine*, January 15, 2007, http://money.cnn.com/magazines/business2/business2_archive/2006/12/01/8394993/index.htm.
19. Steve Miller, "Ford Rises to a (Driving) Challenge," *BrandWeek*, January 5, 2007, http://www.brandweek.com/bw/news/autos/article_display.jsp?vnu _content_id=1003528228.
20. Stephanie Kang and Suzanne Vranica, "Condé Nast to Shutter House & Garden Magazine," *The Wall Street Journal* (November 6, 2007): B1, B10.
21. "Nikon to Stop Making Most Film Cameras," *Associated Press*, via http://www.msnbc.msn.com/id/10835599/.
22. Michelle Conlin, "Call Centers in the Rec Room," *BusinessWeek*, January 23, 2006, http://www.businessweek.com.
23. The information in this section is based on K. Douglass Hoffman and John E. G. Bateson, *Essentials of Services Marketing* (Mason, OH: South-Western, 2001); and Valarie A. Zeithaml, A. Parasuraman, and Leonard L. Berry, *Delivering Quality Service: Balancing Customer Perceptions* (New York: Free Press, 1990).
24. Don E. Schultz, "Lost in Transition," *Marketing Management* (March/April 2007): 10–11.
25. Jeremy J. Sierra and Shaun McQuitty, "Service Providers and Customers: Social Exchange Theory and Service Loyalty," *Journal of Services Marketing* 19 (October 2005): 392–400.
26. J. Paul Peter and James H. Donnelly, *A Preface to Marketing Management* (Burr Ridge, IL: Irwin/McGraw-Hill, 2003), 212.
27. Sabin Im, Charlotte H. Mason, and Mark B. Houston, "Does Innate Consumer Innovativeness Relate to New Product/Service Adoption Behavior? The Intervening Role of Social Learning via Vicarious Innovativeness," *Journal of the Academy of Marketing Science* 35 (2007): 63–75.
28. Sarah Nassauer, "Eliminating the Human Element," *The Wall Street Journal*, November 14, 2006, D7, http://online.wsj.com.
29. Robert Moore, Melissa L. Moore, and Michael Capella, "The Impact of Customer-to-Customer Interaction in a High Personal Contact Service Setting," *Journal of Services Marketing* 19 (July 2005): 482–491.
30. Michael D. Hartline and O. C. Ferrell, "Service Quality Implementation: The Effects of Organization and Managerial Actions of Customer Contact Employee Behavior," *Marketing Science Institute Report*, no. 93–122 (Cambridge, MA: Marketing Science Institute, 1993).
31. Raymond P. Fisk, Stephen J. Grove, and Joby John, *Interactive Services Marketing* (Boston: Houghton Mifflin, 2003), 91.
32. Ahmed Taher and Hanan El Basha, "Hetergeneity of Consumer Demand: Opportunities for Pricing of Services," *Journal of Product & Brand Management* 15 (2006): 331–340.
33. Laura Petrecca, "More Marketers Target Baby Boomers' Eyes, Wallets," *USA Today*, February 25, 2007, http://www.usatoday.com.
34. International Smart Tan Network Educational Institute, http://saloncertification.com/ (accessed March 25, 2009).
35. Pavel Strach and André M. Everett, "Brand Corrosion: Mass-Marketing's Threat to Luxury Automobile Brands after Merger and Acquisition," *Journal of Product & Brand Management* 15 (2006): 106–120.

Feature endnotes

a. Spanx, http://www.spanx.com (accessed Feb. 18, 2009); Meredith Bryan, "Spanx Me, Baby!," *The New York Observer*, Dec. 4, 2007, http://www.observer.com/2007/spanx-me-baby?page=1.
b. Claire Atkinson, "Carol's Daughter: Steve Stoute," *Advertising Age* (November 17, 2008): S14; "2008 Social Capitalist Awards: Profits with Purpose: New Leaf Paper," *Fast Company*, January 2008, http://www.fastcompany.com; Kemi Osukoya, "Small Firms See Big Potential in Going Green," *Wall Street Journal*, June 12, 2007, B4; Vanessa L. Facenda, "A Guide to the Small Green Health and Beauty Brands: Marketers Once Considered Niche Are Getting Exposure, Distribution in Mainstream Venues," *Brandweek* (August 6, 2007): 16; Julie Naughton, "At Carol's Daughter, the Family Continues to Grow," *WWD* (July 27, 2007): 5.
c. Sean Ludwig, "10 Corporate Accounts Worth Following," PCMag.com, February 28, 2009, http://www.pcmag.com/article2/0,2817,2341886,00.asp; Sarah Halzack, "Marketing Moves to the Blogosphere," *Washington Post* (August 25, 2008): D1; "Corporate Blogging: Conversation Starter," *New Media Age* (July 17, 2008): 19; Beth Snyder Bulik, "Does Your Company Need a Chief Blogger?" *Advertising Age* (April 14, 2008): 24; "A Peek into Corporate Blogging," *Advertising Age* (April 15, 2008): 24.

Chapter 11

1. Rob Pegoraro, "Amazon's Sequel to a Best-Selling Thriller," *Washington Post*, February 10, 2009, D1; Brad Stone, "Profit Rises at Amazon as Shoppers Seek Deals," *New York Times* (January 30, 2009): B3; Mylene Mangalindan, "Amazon's Latest Thriller: Growth," *Wall Street Journal* (October 24, 2007): A3; Brad Stone, "Amazon Says Profit Jumped in Quarter," *New York Times* (October 24, 2007): C3; Bob Tedeschi, "Nothing Says 'Buy' Like 'Free Shipping,'" *New York Times* (October 8, 2007): C8.
2. Rajneesh Suri and Kent B. Monroe, "The Effects of Time Constraints on Consumers' Judgments of Prices and Products," *Journal of Consumer Research* (June 2003): 92+.
3. "Hewlett-Packard," Professional Pricing Society, case study, http://members.pricingsociety.com/articles/not_free.pdf (accessed April 1, 2009).
4. Janet Adamy, "Corporate News: Starbucks—Coffee Empire Seeks to Seem Less Expensive in Recession," *Wall Street Journal* (February 9, 2009): B3.
5. David Krechevsky, "Target Ups Ante in Drug War," *Republican American*, November 23, 2006; "Wal-Mart Tests in Florida its $4 Generic-Drug Plan," *The Wall Street Journal*, September 21, 2006, http://online.wsj.com.
6. Lauren Young, "Candy's Getting Dandy," *BusinessWeek* (February 13, 2006): 88–89.
7. Heather Caliendo, "Tulsa-Based Fine Airport Parking Upgrades with Technology," *The (Oklahoma City) Journal Record*, March 16, 2009, www.journalrecord.com.
8. "Dictionary of Marketing Terms," American Marketing Association, http://www.marketingpower.com/_layouts/Dictionary.aspx (accessed April 1, 2009).
9. Ibid.
10. Elwin Green, "Gas Prices Aren't Slowing U.S. Motorists," *Pittsburgh Post-Gazette*, November 25, 2007, http://www.post-gazette.com/pg/07329/836591-28.stm.
11. Nicole C. Wong, "Sun Turning Around to See Profits Ahead," *The Mercury News*, February 6, 2007, http://www.siliconvalley.com/sunmicrosystems/ci_5171593.
12. Linda Halstad-Acharya, "Stuck in a Sea of Surcharges: Fuel Prices Abate, But the Add-Ons Keep Coming On," *Billings Gazette*, January 27, 2007, http://www.billingsgazette.net/articles/2007/01/27/news/local/25-stuck.txt.
13. Cecilie Rohwedder, Aaron O. Patrick, and Timothy W. Martin, "Grocer Battles Unilever on Pricing," *Wall Street Journal*, (February 11, 2009): B1.
14. Russell S. Winer, *Pricing* (Cambridge, MA: Marketing Science Institute, 2005), 20.
15. Manoj Thomas and Geeta Menon, "Internal Reference Prices and Price Expectations," *Journal of Marketing Research* XLIV (August 2007).
16. Donald Lichtenstein, Nancy M. Ridgway, and Richard G. Netemeyer, "Price Perceptions and Consumer Shopping Behavior: A Field Study," *Journal of Marketing Research* (May 1993): 234–235.
17. Gerald E. Smith and Thomas T. Nagle, "A Question of Value," *Marketing Management* (July/August 2005): 39–40.
18. Lichtenstein, Ridgway, and Netemeyer, "Price Perceptions and Consumer Shopping Behavior: A Field Study."
19. "Where Have All the Tightwads Gone?" *BusinessWeek* (October 15, 2007): 16.
20. Lichtenstein, Ridgway, and Netemeyer, "Price Perceptions and Consumer Shopping Behavior: A Field Study."
21. "Coty Inc. and HSN Announce New Partnership," HSN, Press Release, April 4, 2008, www.hsni.com/releasedetail.cfm?ReleaseID=327241.
22. Marc Levy, "Europe Studies Candy Prices of Hershey, Mars," *USA Today*, February 19, 2008, http://www.usatoday.com/money/industries/food/2008-02-19-candy-price-fixing_N.htm.

Feature endnotes

a. Arik Hesseldahl, "The iPhone Eyes Blackberry's Turf," *BusinessWeek* (June 23, 2008): 38; Andrea Chalupa, "Extravagant Electronics," *Portfolio.com*, Dec. 14, 2007, http://www.portfolio.com; "Marketing Society Awards for Excellence: International Brand Development," *Marketing* (June 20, 2007): 12; "Samsung Accused of Heavy Cost-Cutting," *UPI NewsTrack* (June 5, 2007): n.p.; "Samsung and LG Hear the Call for Low-End Mobiles," *Financial Times* (Mar. 26, 2007): 21: "Vertu Rings Till for British-Made Luxury Goods," PC Magazine Online, July 16, 2007, http://www.pcmag.com; John Walko, "Q3 Cell Phone Stats," *Electronic Engineering Times* (Dec. 3, 2007): 8; Interview with salesman at Exquisite Timepieces, Naples, FL, March 12, 2009.
b. Kim Yeager, "The Trend: Green and Colorful," *Star Tribune (Minneapolis-St. Paul)*, February 24, 2009, http://www.startribune.com/lifestyle/homegarden/40222152.html?elr=KArks7PYDiaK7DUHPYDiaK7DUiD3aPc:_Yyc:aUUr; Theresa Sullivan Barger, "Paint Free of Fumes, Pollution," *Hartford Courant* (June 29, 2007): H1; Amanda Schupak, "An Inconvenient Paint," *Forbes* (March 26, 2007): 70; Jim Edwards, "Dowdy Paint Gets Polish—and the Price Doubles," *Brandweek* (January 29, 2007): 12.
c. Mary Hance, "Peruse These Sites and Never Again Pay Full Price," *Tennessean*, March 8, 2009, http://www.tennessean.com; Mary Cowlett, "Online: Compare and Contrast," *Marketing* (January 28, 2009): 28; "Back-to-School Spending Slows as Shoppers Seek Bargains Online," *InformationWeek*, August 28, 2008, http://www.informationweek.com.

Chapter 12

1. Philip Elmer-DeWitt, "iPhone Sales Grew 245% in 2008—Gartner," *Fortune*, March 12, 2009, http://apple20.blogs.fortune.cnn.com/2009/03/12/iphone-sales-grew-245-in-2008-gartner; Mary Ellen Lloyd and Ben Chamy, "Wal-Mart to Sell iPhone Near Full Price," *Wall Street Journal* (December 27, 2008): B5; Alice Z. Cuneo, "iPhone: Steve Jobs," *Advertising Age* (November 12, 2007): S13; Katie Hafner and Brad Stone, "iPhone Owners Crying Foul over Price Cut" (September 7, 2007): C1, C7; Josh Krist, "The Painful Cost of First-on-the-Block Bragging Rights," *PC World* (December 2007): 53; Alex Markels, "Apple's Mac Sales Are Surging," *U.S. News & World Report* (September 26, 2007): n.p.
2. Mara der Hovanesian and Christopher Palmeri, "That Sinking Feeling," *BusinessWeek* (October 15, 2007): 32–36.
3. William C. Symonds and Robert Bernes, "Gillette's New Edge," *BusinessWeek Online*, February 6, 2006.
4. "New Bentley Pricing," Automotive.com, http://www.automotive.com/new-cars/pricing/01/Bentley/index.html (accessed February 21, 2009).
5. Robert J. Frank, Jeffrey P. George, and Laxman Narasimhan, "When Your Competitor Delivers More for Less," *McKinsey Quarterly*, http://www.mckinseyquarterly.com.
6. George J. Avlonitis and Kostis A. Indounas, "Pricing Objectives and Pricing Methods in the Services Sector," *Journal of Services Marketing* 19 (January 2005): 45–47.
7. "Five Actions CPOs Should Take Now to Address an Economic Downturn," *Marketwire*, April 23, 2008, http://www.marketwire.com/press-release/Emptoris-847780.html.
8. Marla Royne Stafford and Thomas F. Stafford, "The Effectiveness of Tensile Pricing Tactics in the Advertising of Services," *The Journal of Advertising* (Summer 2000): 45–46.
9. Dan Gallagher, "iPhone Price Raises Issue for Apple," *The Seattle Times*, January 15, 2007, http://seattletimes.nwsource.com/html/businesstechnology/2003525467_btapplepricing15.html.
10. Lee Gomes, "A Peek under PlayStation 3's Hood Shows Sony Is Selling at a Loss," *The Wall Street Journal*, November 21, 2006, http://online.wsj.com.
11. Mark Phelan, "$100,000 Corvette Supercar Aims to Best Exotic Rivals," *USA Today*, December 20, 2007, http://usatoday.com/money/autos/2007-12-20-corvette-zr1_N.htm.
12. Kris Hudson, "Competing Retailers Dispute Wal-Mart Trademark Request," *The Wall Street Journal*, November 7, 2006, http://online.wsj.com.
13. Christine Harris and Jeffery Bray, "Price Endings and Consumer Segmentation," *Journal of Product & Brand Management* 16 (March 2007): 200–205.
14. Rita Rubin, "Placebo Tests 'Costlier is Better' Notion," *USA Today*, March 4, 2008, http://www.usatoday.com/news/health/2008-03-04-placebo- effect_N.htm.
15. "Best Ideas," *BusinessWeek* (December 19, 2005): 76–77.

Feature endnotes

a. Lisa Rein, "Maryland Couple Basks in Savings from a 19-Year-Old Solar System," *Washington Post* (March 12, 2009): B1; "Green as Houses: Environmentalism and Building," *The Economist* (September 15, 2007): 42; Christopher Palmeri, "Green Homes: The Price Still Isn't Right," *BusinessWeek* (February 12, 2007): 67.
b. Gwendolyn Bounds, "TerraCycle Fashions a New Life for Old Wrappers," *The Wall Street Journal* (July 1, 2008): B5; Arden Dale, "Green Products Gain from New Price Equation," *The Wall Street Journal* (June 24, 2008): B7; Christopher Shulgan, "The Worm Wrangler," *Maclean's* (June 4, 2007): 34+; http://www.terracycle.net (accessed Feb. 27, 2009).
c. Elliot Zweibach, "Supervalu Accelerates EDLP," *Supermarket News* (November 24, 2008): n.p.; Mark Hamstra, "Making EDLP Credible," *Supermarket News* (January 14, 2008): n.p.

Chapter 13

1. "Charles Weiss, Blue Bell Creameries," *Kansas City Star*, February 23, 2009, http://www.kansascity.com/771/story/1050032.html; "Blue Bell Creameries' Sweet Success: Ice Cream Manufacturer Improves Inventory Visibility & Lot Control with ClearOrbit," *Business Wire*, July 11, 2007, http://www.allbusiness.com/services/business-services/4520976-1.html; "Blue Bell Creameries L.P.," http://www.referenceforbusiness.com/history2/63/Blue-Bell-Creameries-L-P.html; Amanda Loudin, "Blue Bell Creameries Licks Its Storage Shortage," *Inbound Logistics* (October 2007): 77, 79.
2. Kenneth Karel Boyer, Markham T. Frolich, and G. Tomas, *Extending the Supply Chain* (New York: AMACOM, 2005).
3. Ricky W. Griffin, *Principles of Management* (Boston: Houghton Mifflin, 2007), 400.
4. Lisa Harrington, "Getting Service Parts Logistics Up to Speed," *Inbound Logistics*, November 2006, http://www.inboundlogistics.com/articles/features/1106_feature02.shtml.

5. *The Supply Chain Management Spending Report, 2007-2008* (AMR Research).
6. Soonhong Min, John Mentzer, and Robert T. Ladd, "A Market Orientation in Supply Chain Management," *Journal of the Academy of Marketing Science* 35 (2007): 507–522.
7. Anthony J. Dukes, Esther Gal-Or, and Kannan Srinivasan, "Channel Bargaining with Retailer Asymmetry," *Journal of Marketing Research* 43 (February 2006).
8. W.W. Grainger, http://www.hoovers.com (accessed January 28, 2009).
9. "Ocean Spray and PepsiCo Form Strategic Alliance," Ocean Spray, press release, July 13, 2006, http://www.oceanspray.com/news/pr/pressrelease104.aspx.
10. Leo Aspinwall, "The Marketing Characteristics of Goods," in *Four Marketing Theories* (Boulder, CO: University of Colorado Press, 1961), 27–32.
11. Wroe Alderson, *Dynamic Marketing Behavior* (Homewood, IL: Irwin, 1965), 239.
12. Andrew Martin, "The Package May Say Healthy, but This Grocer Begs to Differ," *The New York Times*, November 6, 2006, http://www.nytimes.com.
13. Scott Kilman, "Smithfield to Buy Hog Farmer Premium Standard," *The Wall Street Journal*, September 19, 2006, A12, http://online.wsj.com.
14. Hans Greimel, "Japan Tobacco Buying Gallaher for $14.7B," *BusinessWeek Online*, December 15, 2006, http://www.businessweek.com/; Andrew Morse and Jason Singer, "Japan Returns to Global Stage as an Acquirer," *The Wall Street Journal*, December 16, 2006, A1, http://online.wsj.com.
15. Pete Engardio, with Michael Arndt and Dean Foust, "The Future of Outsourcing," *BusinessWeek* (January 30, 2006): 50–58.
16. Vicki O'Meara, "Take a Deep Breath Before Diving into Global Outsourcing," *Inbound Logistics* (September 2007): 36.
17. Lee Pender, "The Basic Links of SCM," *CIO*, http://www.itworld.com/CIO010205basic (accessed February 25, 2009).
18. "RedTail Solutions Announces Three New Modules for Its Managed EDI Service for Microsoft Dynamics GP," *Business Wire*, March 9, 2009, via http://www.supplychainmarket.com/article.mvc/RedTail-Solutions-Announces-Three -New-Modules-0001?VNETCOOKIE=NO.
19. Claire Swedberg, "Daisy Brand Benefits from RFID Analytics," *RFIDJournal*, January 18, 2008, http://www.rfidjournal.com/article/articleview/3860/1/1/.
20. "RFID Eyeing Bright Future," *Inbound Logistics* (September 2007): 25–26.
21. Amanda Loudin, "Giving Voice to Warehouse Productivity," *Inbound Logistics* (November 2006): 81–83.
22. Anne T. Coughlan, Erin Anderson, Louis W. Stern, and Adel I. El-Ansary, *Marketing Channels* (Upper Saddle River, NJ: Prentice-Hall, 2006), 510.
23. Merrill Douglas, "Taking an Eagle's-Eye View," *Inbound Logistics* (July 2007): 20–22.
24. Accuship, http://www.accuship.com/ (accessed April 8, 2009).
25. Anne T. Coughlan, Erin Anderson, Louis W. Stern, and Adel I. El-Ansary, *Marketing Channels* (Upper Saddle River, NJ: Prentice-Hall, 2006).

Feature endnotes

a. Martin LaMonica, "Microwind Turbines a Tough Sell in Massachusetts," *Cnet News*, March 17, 2009, http://news.cnet.com/8301-11128_3-10196182-54.html; Jennifer Alsever, "Wind Power the Home Edition," *Business 2.0* (January/February 2007); Southwest Windpower, http://www.windenergy.com/index_wind.htm, "Skystream 3.7," Southwest Windpower, http://www.skystreamenergy.com/skystream/product-info; Skystream 3.7 factsheet, Southwest Windpower, http://www.skystreamenergy.com/documents/datasheets/skystrea_%203.7t_datasheet.pdf.
b. "The World's Billionaires: #10 Amancio Ortega," *Forbes*, March 11, 2009, http://www.forbes.com/lists/2009/10/billionaires-2009-richest-people_Amancio-Ortega_9PLV.html; Kerry Capell, "Zara Thrives by Breaking All the Rules," *BusinessWeek* (October 20, 2008): 66; Christina Passariello, "Logistics Are in Vogue with Designers," *Wall Street Journal* (June 27, 2008): B1.
c. Lillian Kafka, "For Rail-Sent Fries, Supersized Benefits," MHW Group, white paper, Nov. 1, 2006, http://www.mhwgroup.com/Documentation/Manassas%20Rail%20Article.pdf; Amanda Loudin, "Freezing Transport Costs in Their Tracks," *Inbound Logistics*, Jan. 27, 2007, 251–254, http://www.inboundlogistics.com/articles/casebook/casebook0107.shtml; http://www.reyesholdings.com/martin_brower.html (accessed March 3, 2009).

Chapter 14

1. Mike Duff, "Target Luring Customers to Discount Stores with Meat, Produce, Bakery," Bnet Retail, February 24, 2009, http://industry.bnet.com/retail/1000699/target-luring-customers-to-discount-stores-with-meat-produce-bakery; "Target Will Slow Expansion," *MMR* (September 8, 2008): 1; "Target Adds 43 Units to Store Base," *MMR* (August 11, 2008): 2; Sharon Edelson, "On and Off the Mark: Wal-Mart Finding Way with Target in Sights," *WWD* (January 31, 2008): 1+; Sharon Clott, "Target to Showcase Diffusion Lines in Manhattan Pop-Up Shops," *New York Magazine*, August 20, 2008, http://www.nymag.com; http://target.com.
2. U.S. Bureau of the Census, *Statistical Abstract of the United States, 2009* (Washington, DC: U.S. Government Printing Office, 2008), Table 1008.
3. Wal-Mart Fact Sheet, Hoover's Online, http://www.hoovers.com/free (accessed April 6, 2009).
4. Georgia Lee, "Value-Oriented Chains Look to Seize Moment," *Women's Wear Daily*, December 9, 2008.
5. National Association of Convenience Stores, December 2007, http://www.naicsonline.com/NACS/News/FactSheet/Pages/IndustryStoreCount.aspx (accessed April 6, 2009).
6. Katy Bachman, "Suit Your Shelf," *Brandweek* (January 19, 2009): 10.
7. Sam's Club Fact Sheet, Costco Wholesale Corporation Fact Sheet, B.J.'s Wholesale Club Fact Sheet, Hoover's Online, http://www.hoovers.com/free (accessed April 6, 2009).
8. Rachel Brown, "Tiffany's Smaller Format Opens in California," *Women's Wear Daily* (October 27, 2008).
9. Janet Adamy, "For Subway, Every Nook and Cranny on the Planet Is Possible Site for a Franchise," *The Wall Street Journal*, September 1, 2006, A11, http://online.wsj.com.
10. Mall of America, http://www.mallofamerica.com/ (accessed April 6, 2009).
11. Debra Hazel, "Wide-Open Spaces," *Chain Store Age* (November 2005): 120; "ICSC Shopping Center Definitions," International Council of Shopping Centers, http://icsc.org/srch/lib/USDefinitions.pdf (accessed March 5, 2009).
12. Stephanie Kang, "After a Slump, Payless Tries on Fashion for Size," *The Wall Street Journal*, February 10, 2007, A1, http://online.wsj.com.
13. Amy Merrick, Jeffrey A. Trachtenberg, and Ann Zimmerman, "Department Stores Fight to Save a Model That May Be Outdated," *The Wall Street Journal*, March 12, 2002, http://online.wsj.com.
14. Steve Finlay, "RFID Offers Personal Touch," *Ward's Dealer Business* 43:4 (April 2009): 46.
15. Velitchka D. Kaltcheva and Barton A. Weitz, "When Should a Retailer Create an Exciting Store Environment?" *Journal of Marketing* 70 (January 2006), http://www.marketingpower.com.
16. Mindy Fetterman and Jayne O'Donnell, "Just Browsing at the Mall? That's What You Think," *USA Today*, September 1, 2006, http://usatoday.com.
17. Anick Bosmans, "Scents and Sensibility: When Do (In)Congruent Ambient Scents Influence Product Evaluations?" *Journal of Marketing* 70 (July 2006), http://www.marketingpower.com.
18. "Direct Marketing Expenditures Account for 50% of Total Advertising Expenditures, DMA's 2007 'Power of Direct Marketing' Report Reveals," Direct Marketing Association, press release, October 16, 2007, http://www.the-dma.org/cgi/disppressrelease?article=1015.
19. "Direct Marketing an $8 Billion Auto Industry Driver," *Brandweek*, January 28, 2008, http://www.brandweek.com/bw/news/recent/_display.jsp?vnu_content_id=1003702944.
20. "Current Do Not Call Registrations," Federal Trade Commission, http://www.ftc.gov/bcp/edu/microsites/donotcall/pdfs/DNC-Registrations-10-06-2008.pdf (accessed April 6, 2009).
21. "National Do-Not-Call Registry," Federal Trade Commission, http://www.ftc.gov/donotcall/ (accessed April 6, 2009).
22. "FTC Announces Law Enforcement Crackdown on Do Not Call Violators," Federal Trade Commission, press release, November 7, 2007, http://www.ftc.gov/opa/2007/11/dncpress.shtm.
23. Sucharita Mulpuru, "U.S. eCommerce Forecast: 2008 to 2012," Forrester Research, January 18, 2008, http://www.forrester.com/Research/Document/Excerpt/0,7211,41592,00.html.
24. "Fact Sheet: U.S. Direct Selling in 2005," *Direct Selling Association*, http://www.dsa.org/pubs/numbers/calendar05factsheet.pdf (accessed March 10, 2009).
25. "Impact on U.S. Economy," International Franchise Association, http://www.buildingopportunity.com/download/National%20Views.pdf (accessed April 6, 2009); "Franchise Industries," International Franchise Association, http://www.franchise.org/franchisecategories.aspx (accessed April 6, 2009).
26. Raymund Flandez, "New Franchise Idea: Fewer Rules, More Difference," *The Wall Street Journal*, September 18, 2007, http://online.wsj.com.
27. U.S. Bureau of the Census, *Statistical Abstract of the United States, 2009*, Table 1007.
28. "Genuine Parts Company," Hoover's Online, http://www.hoovers.com/free (accessed March 15, 2009).
29. "Universal Corporation," Hoover's Online, http://www.hoovers.com/free (accessed March 15, 2009).
30. "Red River Commodities, Inc.," Hoover's Online, http://www.hoovers.com/free (accessed March 15, 2009); Red River Commodities, Inc., http://www.redriv.com (accessed March 10, 2009).

Feature endnotes

a. Laura Paskus, "Owner Won't Melt Under Stress of Ice Cream Niche Business," *New Mexico Business Weekly* (July 27–August 2, 2007): 15; "Tara's Gets Organic in New Mexico," *Ice Cream Reporter,* Oct, 2005, www.allbusiness.com/manufacturing/food-manufacturing-dairy-product-ice-cream/592756-1.hrml; Tara's Organic Ice Cream, www.tarasorganic.com/ (accessed Feb. 26, 2009).
b. John Spears, "You May Have to Pay Tax on Plastic Bags," *Toronto Star,* March 11, 2009, http://www.thestar.com/News/GTA/article/600104; "Wal-Mart Sets Goal to Reduce Its Global Plastic Shopping Bag Waste by One-Third," *Biotech Week* (October 8, 2008): 3951; "IKEA Bags Use of Plastic Bags," *Atlanta Business Chronicle,* October 1, 2008, http://atlanta.bizjournals.com; Ellen Gamerman, "An Inconvenient Bag," *Wall Street Journal,* September 26, 2008, http://www.wsj.com; Elisabeth Rosenthal, "With Irish Tax, Plastic Bags Go the Way of Snakes," *New York Times* (February 2, 2008): A3.
c. Connie Robbins Gentry, "Green Means Go: Wal-Mart Raises Expectations for Transportation Sustainability," *Chain Store Age* (March 2009): 47+; "When It Comes to Sustainability, Wal-Mart Raises the Bar," *MMR* (December 15, 2008): 52; "Renewable Energy," Wal-Mart, http://walmartstores.com/GlobalWMStoresWeb/navigate.do?catg=347; Justin Thomas, "Wal-Mart Creates Its Own Electricity Company, Eyes Wind Power," *The Dallas Morning News,* January 29, 2007.

Chapter 15

1. Suzanne Vranica, "Fresh Palates for Burger King," *The Wall Street Journal* (December 4, 2008): B8; "Burger King Corp. Bets on World's Purest Taste Test," *Burger King News Release,* http://investor.bk.com/phoenix.zhtml?c=87140&p=irol-newsArticle_print&ID=1232415& (accessed March 25, 2009); Sharyn Alfonsi, Jim Bunn, and Imaeyen Ibanga, (Dec. 9, 2008). "Burger King Ads Flame-Broiled in Controversy," *ABC News,* December 9, 2008, http://abcnews.go.com/print?id=6423256 (accessed March 25, 2009).
2. Don Babwin, "IOC Takes Olympic Road Trip," *Victoria Advocate,* April 5, 2009, http://www.victoriaadvocate.com/news/2009/apr/05/bc-il-chicago-20164th-ld-writethru/?features (accessed April 5, 2009).
3. Bob Liodice, "Essentials for Integrated Marketing," *Advertising Age,* June 9, 2008, http://adage.com/print?article_id=127599 (accessed April 2, 2009).
4. Andrew Hampp, "How Branded Entertainment is Holding Up Amid Recession," *Advertising Age,* February 12, 2009, http://adage.com/print?articleid=134580 (accessed April 8, 2009); Michael Learmonth, "Got an Idea for Branded Content Play? Go to Google," *Advertising Age,* October 13, 2008, http://adage.com/print?articleid=131659 (accessed April 8, 2009).
5. Terence A. Shimp, *Advertising, Promotion, and Supplemented Aspects of Integrated Marketing Communications* (Fort Worth: Dryden Press, 2000), 117.
6. "Health Benefits," http://www.pomwonderful.com/health_benefits.html (accessed April 8, 2009).
7. Salvador Ruiz and María Sicilia, "The Impact of Cognitive and/or Affective Processing Styles on Consumer Response to Advertising Appeals," *Journal of Business Research* 57 (2004): 657–664.
8. John S. McClenahen, "How Can You Possibly Say That?" *Industry Week* (July 17, 1995): 17–19; Anton Piësch, "Speaking in Tongues," *Inc.* (June 2003): 50.
9. Samuel D. Bradley III and Robert Meeds, "The Effects of Sentence-Level Context, Prior Word Knowledge, and Need for Cognition on Information Processing of Technical Language in Print Ads," *Journal of Consumer Psychology* 14, no. 3 (2004): 291–302.
10. David M. Szymanski, "Modality and Offering Effects in Sales Presentations for a Good Versus a Service," *Journal of the Academy of Marketing Science* 29, no. 2 (2001): 179–189.
11. Rich Thomaselli, "How CBS Sports Can Use March Madness Success to Grow Online," March 11, 2009, http://adage.com/digital/article?article_id=135186 (accessed April 8, 2009).
12. Jim Downing, "Almond Industry May Go Way of Economy," *Sacramento Bee,* February 27, 2009, http://www.fresnobee.com/business/story/1229558.html (accessed April 10, 2009).
13. "Cause Related Marketing Campaign of the Year 2009," *PR Week,* March 5, 2009, http://www.prweekus.com/Cause-Related-Campaign-of-the-Year-2009/article/123791/ (accessed April 10, 2009).
14. "Monkey Magic," *The Independent,* January 11, 2007, http://news.independent.co.uk/media/article2144921.ece.
15. Emily Bryson York and Natalie Zmuda, "Top New Products of 2008: Gatorade G2 and Dunkin' Coffee," *Advertising Age,* March 25, 2009, http://adage.com/article?article_id=135523 (accessed April 10, 2009).
16. Emily Bryson York, "Looking for a Special Night Out? Try Hardees," *Advertising Age,* March 16, 2009, http://adage.com/article?article_id=135246 (accessed April 10, 2009).
17. Emily Bryson York and Natalie Zmuda, "Sampling: The New Mass Media." *Advertising Age,* May 12, 2008, http://adage.com/article?article_id=126983 (accessed April 10, 2009).
18. Time Media Kit, "2009 U.S. National Edition Rates," *Time,* http://www.time.com/time/mediakit/1/us/timemagazine/rates/national/index.html, (accessed April 10, 2009).
19. Joann Peck and Jennifer Wiggins, "It Just Feels Good: Customers' Affective Response to Touch and Its Influence in Persuasion," *Journal of Marketing* 70 (October 2006), http://www.marketingpower.com.
20. Charlie Moran, "Will Chris Brown Slow the Tempo of Artist Endorsements?" *Advertising Age,* February 11, 2009, http://adage.com/songsforsoap/post?article_id=134514 (accessed April 10, 2009).
21. "True North Nuts Help Homeless," *Cause Why Not?,* February 24, 2009, http://causewhynot.wordpress.com/2009/02/24/true-north-nuts-help-homeless/ (accessed April 2, 2009).
22. Mya Frazier, "Wal-Mart Looks to Refurbish Image with Political-Style Ads," *Advertising Age,* January 8, 2007, http://adage.com/article?article_id5114179.
23. John J. Burnett, *Promotion Management* (Boston: Houghton Mifflin, 1993): 7.
24. Andrew Hampp, "How 'Top Chef' Cooks Up Fresh Integrations," *Advertising Age,* October 30, 2008, http://adage.com/madisonandvine/article?article_id=132146 (accessed April 10, 2009).
25. Aaron Lewis, "US Ad Spending Fell 2.6% in 2008, Nielsen Reports," Nielsen Media Research, March 13, 2009, http://www.nielsenmedia.com/nc/portal/site/Public/menuitem.55dc65b4a7d5adff3f65936147a062a0/?vgnextoid=7df70529761ff110VgnVCM100000ac0a260aRCRD (accessed April 10, 2009).
26. Xueming Luo and Naveen Donthu, "Marketing's Credibility: A Longitudinal Investigation of Marketing Communications Productivity and Shareholder Value," *Journal of Marketing* 70 (October 2006), http://www.marketingpower.com.
27. "Most Memorable New Product Launch Nominee: Pepsi Tava," Launch PR, February 26, 2008, http://launchpr.typepad.com/schneiderassociates/2008/03/2007-most-memor.html (accessed April 10, 2009).
28. Geoffrey A. Fowler, "China Bans Nike's LeBron Ad as Offensive to Nation's Dignity," *The Wall Street Journal,* December 7, 2004, http://online.wsj.com.
29. John Eaton, "e-Word-of-Mouth Marketing," *Teaching Module* (Boston: Houghton Mifflin Company, 2006).
30. "The New Realities of a Low-Trust World," *Advertising Age,* February 13, 2006, http://www.adage.com.
31. Jack Neff, "Few CEOs Think They Are Effectively Tracking Social Media, Word-of-Mouth," *Advertising Age,* January 26, 2009, http://adage.com/cmostrategy/article?article_id=134085 (accessed April 10, 2009).
32. Jamin Warren and John Jurgensen, "The Wizards of Buzz," *The Wall Street Journal* (February 10–11, 2007): P1, P4.
33. Jon Fine, "OfficeMax's Wacky Marketing Strategy," *Business Week,* January 29, 2009, http://www.businessweek.com/magazine/content/09_06/b4118065841575.htm (accessed April 10, 2009).
34. Gerry Khermouch and Jeff Green, "Buzz Marketing," *BusinessWeek* (July 30, 2001): 50–51.
35. Andrew Hampp, "Turner Agrees to Pay Boston $2 Million," *Advertising Age,* February 5, 2007, http://adage.com/mediaworks/article?article_id=114825 (accessed April 10, 2009).
36. Allison Fass, "A Kingdom Seeks Magic," *Forbes* (October 16, 2006): 68–70.
37. Scott D. Lewis, "Fiona Apple vs. Sony," *The Oregonian* (April 15, 2005): D1.
38. Michael Bush, "DVR Households to Almost Double by 2014," *Advertising Age,* December 5, 2008, http://adage.com/mediaworks/article?article_id=133047 (accessed April 10, 2009).
39. Emma Hall, "Product Placement Faces Wary Welcome in Britain," *Advertising Age* (January 29, 2007): 4, 35.

Feature endnotes

a. Moira Lavelle, "Gold Medalist in Hot Water," *The Harriton Banner Online,* March 2009, http://www.hhbanner.com/2009/03/gold-medalist-in-hot-water/ (accessed April 14, 2009); Matthew Futterman, "How Phelps Became the Face of PureSport," *The Wall Street Journal* (December 3, 2008): B6; "USA Swimming Suspends Phelps for 3 Months," *WJZ TV,* February 6, 2009, http://wjz.com/local/Michael.Phelps.pot.2.928277.html?detectflash=false (accessed March 29, 2009).
b. "The PIVMAN System for Secure ID Checking," Core Street, http://www.corestreet.com/solutions/prod_tech/id/ (accessed April 14, 2009); *PIVMAN for First Response* comic, http://www.corestreet.com/about/library/other/pivman_comic-lores.pdf (accessed October 26, 2009).
c. Coleen Slevin, "Senate Committee Backs Ban on Plastic Bags," *Forbes,* February 12, 2009, http://www.forbes.com/feeds/ap/2009/02/12/ap6045313.html (accessed March 2, 2009); Lisa McLaughlin, "Paper, Plastic or Prada?" *Time,* August 2, 2007, http://www.time.com/time/magazine/article/0,9171,1649301,00.html (accessed March 3, 2009).

Chapter 16

1. Charisse Jones, "Winning Ad Made for Less Than $2,000." *USA Today* (February 3, 2009): B1; Stuart Elliott, "Amateur TV Ad Makers Are in the Chips," *The New York Times*, February 4, 2009, http://tvdecoder.blogs.nytimes.com/2009/02/04/amateur-tv-ad-makers-are-in-the-chips/?page (accessed February 5, 2009); Bruce Horovitz, "'Two Nobodies from Nowhere' Craft Winning Super Bowl Ad," *USA Today*, February 4, 2009, http://www.usatoday.com/money/advertising/admeter/2009admeter.htm?csp=34 (accessed February 7, 2009).
2. "Starbucks Revs Up Advertising with Taxi Rooftop Campaign," *Marketing News* (February 1, 2005): 12.
3. Aaron O. Patrick, "U.K. Spends Millions Nagging Its Citizens," *The Wall Street Journal*, January 24, 2006, B1, http://online.wsj.com.
4. "100 Leading National Advertisers," *Advertising Age*, December 29, 2008, http://adage.com/marketertrees08update/ (accessed April 22, 2009).
5. Emily Bryson York, "Quiznos Throws Subway Curve with 'Sexy' $4 Foot-Long," *Advertising Age*, March 23, 2009, http://adage.com/article?article_id=135435 (accessed April 11, 2009).
6. Christopher Palmeri, "Tesla's Electric Car for the (Well-Off) Masses," *Business Week*, March 27, 2009, http://www.businessweek.com/bwdaily/dnflash/content/mar2009/db20090326_679423.htm (accessed April 11, 2009).
7. Stewart Cockburn, "Netbooks—The New Breed of Ultra Portable Laptops," *Ezine @rticles*, March 28, 2009, http://ezinearticles.com/?Netbooks---The-New-Breed-of-Ultra-Portable-Laptops&id=2155901 (accessed April 11, 2009).
8. Joe Pereira, "New Balance Sneaker Ads Jab at Pro Athletes' Pretensions," *The Wall Street Journal* (March 10, 2005): B1.
9. Ibid.
10. Max Lakin, "Online Advertising Set to Contract," *Advertising Age*, February 26, 2009, http://adage.com/digital/article?article_id=134883, accessed April 11, 2009.
11. Mya Frazier, "Why a Texas Oilman Is Spending $58 Million to Promote Wind Power," *Advertising Age*, July 21, 2008, http://adage.com/article?article_id=129753 (accessed April 11, 2009).
12. Ilona A. Berney-Reddish and Charles S. Areni, "Sex Differences in Responses to Probability Markers in Advertising Claims," *Journal of Advertising* 35 (Summer 2006): 7–17.
13. Daniel J. Howard and Roger A. Kerin, "The Effects of Personalized Product Recommendations on Advertisement Response Rates: The 'Try This. It Works!' Technique," *Journal of Consumer Psychology* 14, no. 3 (2004): 271–279.
14. Suzanne Vranica, "Kodak Ads Get More Aggressive," *Wall Street Journal*, March 30, 2009, http://online.wsj.com/article/SB123836533076467327.html (accessed April 2, 2009).
15. Rik Pieters and Michel Wedel, "Attention Capture and Transfer in Advertising: Brand, Pictorial, and Text-Size Effects," *Journal of Marketing* (April 2004): 36–50.
16. William F. Arens, *Contemporary Advertising* (Burr Ridge, IL: Irwin/McGraw-Hill, 2007).
17. Jeremy Mullman, "Citibank Yanks Spots Starring Pair of Oddballs," *Advertising Age* (January 22, 2007): 25.
18. Natalie Zmuda, "Taking Stock of Successes and Stumbles," *Advertising Age*, February 23, 2009, http://adage.com/article?article_id=134742 (accessed April 11, 2009).
19. Brian Steinberg, "Bad Times Affect Ad Recall for Bowl Spots," *Advertising Age*, January 20, 2009, http://adage.com/mediaworks/article?article_id=133928 (accessed April 11, 2009).
20. "National Anti-Drug Strategy Youth Drug Prevention Campaign—Parent Component: 2007–2009," http://www.hc-sc.gc.ca/ahc-asc/activit/marketsoc/camp/nads-sna-eng.php#ce (accessed April 11, 2009).
21. Rupal Parekh, "Agency of the Year: Crispin, Porter & Bogusky," *Advertising Age*, January 19, 2009, http://adage.com/agencya-list08/article?article_id=133815 (accessed April 11, 2009).
22. George E. Belch and Michael A. Belch, *Advertising and Promotion* (Burr Ridge, IL: Irwin/McGraw-Hill, 2001), 576–577.
23. Shelly Banjo and Kelly K. Spors, "Musician Finds a Following Online," *The Wall Street Journal*, December 30, 2008, http://online.wsj.com/article/SB123060241431841475.html (accessed April 14, 2009).
24. Ben Klayman, "McDonald's Not Cutting' 09 Sponsorship Budget," *Reuters*, March 9, 2009, http://www.reuters.com/article/sportsNews/idUSTRE52864Q20090309 (accessed April 14, 2009).
25. Brent Bowen and Dean Headley, "2009 Airline Quality Ranking," April 2009, http://aqr.aero/aqrreports/2009aqr.pdf (accessed April 14, 2009).
26. Belch and Belch, *Advertising and Promotion*, 598.
27. Jeff Bailey, "JetBlue's CEO Is 'Mortified' After Fliers Are Stranded," *The New York Times*, February 19, 2007, http://www.nytimes.com/; Rich Thomaselli, "Management's Misjudgment Gives JetBlue a Black Eye," *Advertising Age*, February 19, 2007, http://www.adage.com.
28. Deborah L. Vence, "Stand Guard: In Bad Times, An Ongoing Strategy Keeps Image Intact," *Marketing News* (November 15, 2006): 15.
29. Bailey, "JetBlue's CEO Is 'Mortified' After Fliers Are Stranded"; Thomaselli, "Management's Misjudgment Gives JetBlue a Black Eye."

Feature endnotes

a. "The State of the News Media: An Annual Report on American Journalism," The Project for Excellence in Journalism, http://www.stateofthenewsmedia.com/2008 (accessed February 16, 2009); "New York Times Nov. Ad Revenue Drops 20.9 Percent," Associated Press, December 24, 2008, http://www.businessweek.com/ap/financialnews/D9595DCG4.htm (accessed January 20, 2009); David Folkenflik, "Imagining a City Without Its Daily Newspaper," National Public Radio, February 19, 2009, http://www.npr.org/templates/story/story.php?storyId=100256908&sc=emaf (accessed February 19, 2009).

b. Preserve, http://www.preserveproducts.com/ (accessed April 2, 2009); "Recycling: Sitting on Mainstream's Doorstep," Sustainable is Good, March 21, 2007, http://www.sustainableisgood.com/blog/2007/03/recycline_produ.html (accessed April 2, 2009); Nitasha Tiku, "Making the Most of a Brush with Fame," *Inc.* (August 2007): 19; Rob Walker, "Revalued," *The New York Times Magazine*, March 4, 2009, http://www.nytimes.com/2009/03/08/magazine/08wwln-consumed-t.html (accessed April 16, 2009).

c. Susan Gunelius, "Womenkind Uses Women to Create Ads," *Brand Curve*, November 21, 2007, http://www.brandcurve.com/womenkind-uses-women-to-create-ads/ (accessed April 2, 2009); Andrew McMains, "Womenkind Opens Doors," *AdWeek*, November 16, 2007, http://www.adweek.com/aw/national/article_display.jsp?vnu_content_id=1003673910 (accessed April 2, 2009); Susanne Vranica, "Ads Made for Women, by Women," *The Wall Street Journal*, November 21, 2007, B3.

Chapter 17

1. Jessi Hempel, "IBM's All-Star Salesman," CNNMoney.com, September 26, 2008, http://money.cnn.com/2008/09/23/technology/hempel_IBM.fortune/index2.htm (accessed January 27, 2009); "Challenges in OSS/BSS and Optimized Provisioning," *Sasken*, http://www.sasken.com/downloads/TGJ/issue3/challenges_in_oss_bss.htm (accessed Jan. 29, 2009); Rajesh Mahapatra, "IBM Wins Order from Vodafone's India Arm," *Washingtonpost.com*, December 10, 2007, http://www.washingtonpost.com/wp-dyn/content/article/2007/12/10/AR2007121000473.html (accessed Jan. 29, 2009).
2. "Advancing Patient Care Worldwide," Baxter International 2008 Annual Report, February 19, 2009, 15.
3. Jon M. Hawes, Anne K. Rich, and Scott M. Widmier, "Assessing the Development of the Sales Profession," *Journal of Personal Selling & Sales Management* (Winter 2004): 27–37.
4. "Research and Markets: The Cost of the Average Sales Call Today Is More Than 400 Dollars," *M2 Presswire* (February 28, 2006).
5. Eli Jones, Paul Busch, and Pater Dacin, "Firm Market Orientation and Salesperson Customer Orientation: Interpersonal and Intrapersonal Influence on Customer Service and Retention in Business-to-Business Buyer-Seller Relationships," *Journal of Business Research* 56 (2003): 323–340.
6. Sarah Lorge, "The Best Way to Prospect," *Sales & Marketing Management* (January 1998): 80.
7. Bob Donath, "Tap Sales 'Hot Buttons' to Stay Competitive," *Marketing News* (March 1, 2005): 8.
8. Ralph W. Giacobbe, Donald W. Jackson, Jr., Lawrence A. Crosby, and Claudia M. Bridges, "A Contingency Approach to Adaptive Selling Behavior and Sales Performance: Selling Situations and Salesperson Characteristics," *Journal of Personal Selling & Sales Management* 26 (Spring 2006): 115–142.
9. Richard G. McFarland, Goutam N. Challagalla, and Tasadduq A. Shervani, "Influence Tactics for Effective Adaptive Selling," *Journal of Marketing* 70 (October 2006), http://www.marketingpower.com. access date.
10. John Andy Wood, "NLP Revisted: Nonverbal Communications and Signals of Trustworthiness," *Journal of Personal Selling & Sales Management* 26 (Spring 2006): 198–204.
11. Stephen S. Porter, Joshua L. Wiener, and Gary L. Frankwick, "The Moderating Effect of Selling Situation on the Adaptive Selling Strategy—Selling Effectiveness Relationship," *Journal of Business Research* 56 (2003): 275–281.
12. Gary K. Hunter and William D. Perreault, Jr., "Making Sales Technology Effective," *Journal of Marketing* 71 (January 2007): 16–34.
13. Abbie Klaasesen, "Using Social Media to Listen to Consumers," *Advertising Age* (March 30, 2009): 32.
14. Fernando Jaramillo, Jay Prakash Mulki, and Paul Solomon, "The Role of Ethical Climate on Salesperson's Role Stress, Job Attitudes, Turnover Intention, and Job

Performance," *Journal of Personal Selling & Sales Management* 26 (Summer 2006): 272–282.

15. Eric G. Harris, John C. Mowen, and Tom J. Brown, "Re-examining Salesperson Goal Orientations: Personality, Influencers, Customer Orientation, and Work Satisfaction," *Journal of the Academy of Marketing Science* 33, no. 1 (2005): 19–35.
16. Michael A. Wiles and Rosann L. Spiro, "Research Notes: Attracting Graduates to Sales Positions and the Role of Recruiter Knowledge: A Reexamination," *Journal of Personal Selling & Sales Management* (Winter 2004): 39–48.
17. Jacqueline Durett, "Road Warriers: Making Honda a Fit for Gen-Y," *Sales & Marketing Management* (September 2006): 46–48.
18. Andrew B. Artis and Eric G. Harris, "Self-Directed Learning and Sales Force Performance: An Integrated Framework," *Journal of Personal Selling & Sales Management* 27 (Winter 2007), http://www.marketingpower.com.
19. Christine Galea, "Average Salary for Sales Staffers in 2005," *Sales & Marketing Management* (May 2006): 30.
20. Tara Burnthorne Lopez, Christopher D. Hopkins, and Mary Anne Raymond, "Reward Preferences of Salespeople: How Do Commissions Rate?" *Journal of Personal Selling & Sales Management* 26 (Fall 2006): 381–390.
21. Kirk Shinkle, "All of Your People Are Salesmen: Do They Know? Are They Ready?" *Investor's Business Daily* (February 6, 2002): A1.
22. "100 Best Companies to Work For 2009," *Fortune*, February 2, 2009, http://money.cnn.com/magazines/fortune/bestcompanies/2009/snapshots/32.html (accessed April 14, 2009).
23. Ibid.
24. John W. Barnes, Donald W. Jackson, Jr., Michael D. Hutt, and Ajith Kumar, "The Role of Culture Strength in Shaping Salesforce Outcomes," *Journal of Personal Selling & Sales Management* 26 (Summer 2006): 255–270.
25. Fernando Jaramillo, Jay Prakash Mulki, and Paul Solomon, "The Role of Ethical Climate on Salesperson's Role Stress, Job Attitudes, Turnover Intention, and Job Performance," *Journal of Personal Selling & Sales Management* 26 (Summer 2006): 272–282.
26. William H. Murphy, Peter A. Dacin, and Neil M. Ford, "Sales Contest Effectiveness: An Examination of Sales Contest Design Preferences of Field Sales Forces," *Journal of the Academy of Marketing Science* 32, no. 2 (2004): 127–143.
27. Patricia Odell, "Motivating the Masses," *Promo,* September 1, 2005, http://promomagazine.com.
28. Fernando Jaramillo, Jay Prakash Mulki, and Greg W. Marshall, "A Meta-Analysis of the Relationship Between Organizational Commitment and Salesperson Job Performance: 25 Years of Research," *Journal of Business Research* 58 (2005): 705–714.
29. Tracy Turner, "Wendy's Newest Pitch Aimed at Online Crowd," *The Columbus Dispatch,* April 3, 2009.
30. George E. Belch and Michael A. Belch, *Advertising and Promotion* (Burr Ridge, IL: Irwin/McGraw-Hill, 2001): 526–532.
31. Eric T. Anderson and Inseong Song, "Coordinating Price Reductions and Coupon Events," *Journal of Marketing Research* (November 2004): 411–422.
32. "All About Coupons," Coupon Council, http://www.couponmonth.com/pages/allabout.htm (accessed January 16, 2007); "Coupons Add Value: Education as Well," Coupon Council press release, August 23, 2006, http://www.couponmonth.com/pages/news.htm; Betsy Spethmann, "FSI Coupon Worth Reaches $300 Billion in 2006: MARX," *Promo,* January 4, 2007, http://promomagazine.com/othertactics/news/fsi_coupon_worth_300_billion_010407/.
33. Michel Laroche, Maria Kalamas, and Qinchao Huang, "Effects of Coupons on Brand Categorization and Choice of Fast Foods in China," *Journal of Business Research* (May 2005): 674–686.
34. Arthur L. Porter, "Direct Mail's Lessons for Electronic Couponers," *Marketing Management Journal* (Spring/Summer 2000): 107–115.
35. Rajneesh Suri, Srinivasan Swaminathan, and Kent B. Monroe, "Price Communications in Online and Print Coupons: An Empirical Investigation," *Journal of Interactive Marketing* (Autumn 2004): 74–86.
36. Karen Holt, "Coupon Crimes," *Promo,* April 1, 2004, http://promomagazine.com/mag/marketing_coupon_crimes/.
37. Brian Grow, "The Great Rebate Runaround," *BusinessWeek* (December 5, 2005): 34–37.
38. "For Our Members," Hallmark, https://www.hallmark.com/webapp/wcs/stores/servlet/ForOurMembersView?storeId=10001&cataloged=10051 (accessed April 14, 2009).
39. Mya Frazier, James Tenser, and Tricia Despres, "Retail Lesson: Small Programs Best," *Advertising Age* (March 20, 2006): S2–S3.
40. Amy Johanes, "Borders Launches Contests for Reward Members," *Promo,* February 7, 2007, http://promomagazine.com/contests/borders_contests_reward_members_020707/.
41. Amy Garber, "BK Franchisees File Class Action Suit Against McD," *Nation's Restaurant News* (August 29, 2005): 1.
42. Burt A. Lazar, "Agencies Held Liable for Client Ads, Promos," *Marketing News* (February 15, 2005): 6.

Feature endnotes

a. EarthCraft House, http://www.earthcrafthouse.com/ (April 14, 2009); Dawn Kent, "Green Home-Building Catching On in Birmingham during Slump," *The Birmingham News,* April 6, 2009, http://blog.al.com/businessnews/2009/04/green_homebuilding_catching_on.html (accessed April 14, 2009).
b. Sports Management Network, http://www.sportsmanagementnetwork.com/who .html (accessed April 2, 2009); Caponigro Public Relations, Inc., http://www.caponigro.com/html/strategicalliances.html (accessed April 2, 2009); "Individual Clients," Sports Management Network, http://www.sportsmanagementnetwork.com/clients_management.html (accessed April 2, 2009).
c. Nathalie Zmuda, "Coke: Buy 1 Rival, Get our Brand Free," *Advertising Age* (March 9 and 16, 2009): 1, 19; "Coke Promotion Gives Free Vault to Mountain Dew Customers," *Convenience Store News* (April 10, 2009): 1; "Coca Cola Brings Vault Drink Head to Head with Mtn Dew," yumsugar, March 11, 2009, http://www.yumsugar.com/2912146, (accessed April 11, 2009).

찾아보기

한글 찾아보기

기타

영어 찾아보기

A

B

C

D

E

F

G

N

O

P

Q